U0922416

2008内蒙古统计年鉴

内蒙古自治区统计局·编

INNER MONGOLIA STATISTICAL YEARBOOK

Compiled by Inner Mongolia Autonomous Region Bureau of Statistics

（总第21期　NO.21）

(京)新登字041号

图书在版编目(CIP)数据

内蒙古统计年鉴.2008 / 内蒙古自治区统计局 编
—北京:中国统计出版社,2008.10
ISBN 978-7-5037-5382-4

Ⅰ.内…
Ⅱ.内…
Ⅲ.统计资料 - 内蒙古 -2008- 年鉴
Ⅳ.C832.26-54

中国版本图书馆 CIP 数据核字(2008)第052473号

内蒙古统计年鉴 - 2008

作　　者 / 内蒙古自治区统计局
责任编辑 / 郑淼淼　熊　威
E - mail / yearbook@stats.gov.cn
责任校对 / 包利军　崔京英
封面设计 / 赵贵新
出版发行 / 中国统计出版社
通信地址 / 北京市西城区三里河月坛南街57号 中国统计出版社
邮　　编 / 100826
电　　话 / (010)63376907
印　　刷 / 内蒙古日信科技印务有限公司
经　　销 / 新华书店
开　　本 / 890×1240 毫米　1/16
字　　数 / 180万字
印　　张 / 59
印　　数 / 1-2000册
版　　别 / 2008年10月第1版
版　　次 / 2008年10月第1次印刷
书　　号 / ISBN 978-7-5037-5382-4/F·2622
定　　价 / **300.00元**

《内蒙古统计年鉴》编辑委员会

Editorial Board and Staff

编辑说明

一、《内蒙古统计年鉴》是一部按年度连续出版的大型统计资料书。本《年鉴》通过大量的统计数据，全面反映了2007年内蒙古社会、经济和科技发展变化情况，是国内外各界人士了解内蒙古、认识内蒙古的重要统计资料工具书。

二、年鉴全书分为两部分。第一部分为特载，载入了自治区党政部门重要文件和2007年国民经济和社会发展统计公报。第二部分为统计资料，分为25个细目。即:1.行政区划和自然资源;2.综合;3.国民经济核算;4.人口;5.就业人员和职工工资;6.固定资产投资;7.能源生产和消费;8.财政;9.物价指数;10.人民生活;11.城市概况;12.农业;13.工业;14.建筑业;15.运输和邮电;16.国内贸易;17.对外经济贸易;18.旅游;19.金融和保险;20.教育、科技和文化;21.体育、卫生、社会福利、环境保护和其他;22.盟市资料;23.旗县区资料;24.企业资料;25.附录。为了便于读者查阅，每个细目编排了主要统计指标解释。

三、本年鉴的统计数据大部分来自政府统计部门和业务部门年度统计报表，一部分来自抽样调查。

四、与《内蒙古统计年鉴-2007》相比较，本年鉴做了如下调整:

1.由于财政统计方法制度的改革和实行新的财政收支统计口径，年鉴财政部分增删了部分内容，调整了版面，并对2006年数据进行了调整。年鉴其它部分涉及财政的数据也依此进行了调整。

2.根据第二次农业普查结果，对年鉴的一些历史数据进行了调整。

五、资料中所使用的数量单位均采用国际统一标准计量单位。

六、本年鉴部分数据合计数或相对数由于单位取舍不同而产生的计算误差均未作机械调整。

七、本年鉴各表式中，有关对全表的注解均在该表上方，对表中部分指标的注解则在该表下方。

八、本年鉴表中的符号使用说明:空格表示该项统计指标数据不足本表最小单位数、不详或无该项数据;"#"表示其中的主要项。

PREFACE

Ⅰ.Inner Mongolia Statistical Yearbook is a regular large scale statistical reference book published yearly. With a vast amount of statistical data, the yearbook reflects various aspects of Inner Mongolia's socio economic, science and technology development. It is really an important and efficient statistical reference book for people of various circles in and outside China to know and understand Inner Mongolia.

Ⅱ. The yearbook has two parts: Special articles and Statistics. The first part consists of important documents of the Party and the government and Statistical Bulletin of the National Economic and Social Development in Inner Mongolia for 2007. The second part consists of all the 25 chapters as follow: 1.Division of Administrative Areas and Natural Resources; 2.General Survey; 3.National Accounts; 4. Population; 5.Employment and Wages; 6.Investment in Fixed Assets; 7.Production and Consumption of Energy; 8. Government Finance; 9. Prices Indices; 10. People's Livelihood; 11. General Survey of Cities; 12. Agriculture; 13. Industry; 14.Construction; 15. Transport, Postal and Tele–communications Services; 16. Domestic Trade; 17. Foreign Trade and Economic Cooperation; 18. Tourism; 19. Banking and Insurance; 20. Education, Science and Culture; 21. Sports, Public Health, Social Welfare, Environmental Protection and Other; 22. Information of Leagues and Cities; 23.Information of Banners and Counties (Districts and Cities); 24. Information of Enterprises; 25. Appendix. In order to make it convenient for readers to consult, we edit exploratory notes on main statistical indicators of every chapter.

Ⅲ. Most of the data in this yearbook sources are from annual statistical reports of government agencies, a small part sources from sample survey.

Ⅳ.Comparing with the content of Inner Mongolia Statistical Yearbook–2007, we added the content as follow:

1. Because of financial system's reform and implements the new financial revenue and expenditure caliber, so government finance and data of 2006 are adjusted.

2. According to results of the Second Agriculture Census, some data in this yearbook are adjusted.

Ⅴ. The units of measurement used in this yearbook are internationally standard measurement units.

Ⅵ. Statistical discrepancies due to rounding are not adjusted in this yearbook

Ⅶ. The notes concerning the whole table are placed at the upper part of table, while the notes concerning individual indicators are placed at the lower part.

Ⅷ. Notations used in this yearbook: blank space indicates that the figure is not large enough to be measured with the smallest unit in the table, or data are unknown or are not available;"#" indicates a major breakdown of the total.

内蒙古自治

内蒙古自治区统计局党组书记、局长 胡敏谦

胡敏谦局长在包头农普宣传月启动仪式上的讲话

国家统计局许宪春副局长、自治区政府任亚平副主席与自治区统计局领导班子

自治区统计局是自治区人民政府主管统计和国民经济核算工作的直属机构。负责组织领导各盟市、各部门的统计和国民经济核算工作，制定自治区统计制度和标准，组织管理全区统计调查项目的审批。组织实施重大区情区力普查，对国民经济、科技进步和社会发展等情况进行统计分析、统计预测和统计监督，提供决策咨询建议。统一管理、公布全区性的基本统计资料。

2007 年，自治区统计局深入贯彻落实科学发展观，紧紧围绕自治区党委、政府的工作重点，解放思想，求真务实，全区统计工作又迈上了新台阶。高质量地完成了全区第二次农牧业普查的数据采集、验收、上报和对外发布工作，积极进行了全区投入产出调查的各项准备工作，同时全区第二次经济普查前期准备工作也扎实展开。

在做好各项统计调查任务的同时，自治区统计局不断强化统计数据质量管理，进一步完善统计制度，改进统计方法，不断加强对统计业务工作的规范化管理和部门统计的沟通协调，强化能源、服务业、文化产业等薄弱环节的统计工作，积极推进全区统计基层基础建设工作，统计信息化建设取得新突破，统计普法、执法水平进一步提高，围绕需求，深入研究，统计咨询服务水平有了新的提高。

2008 年全区统计工作会议上自治区统计局领导与国家统计局领导、自治区领导在一起

2008 年全区统计工作会议在呼和浩特召开

农村考察

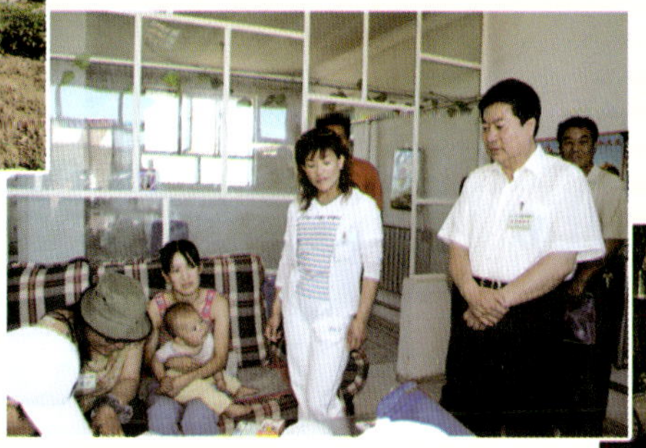

农普试点入户调查

迎奥运职工运动会

2008 年"五四"青年节迎奥运座谈会

草原明珠

中共内蒙古自治区党委常委、呼和浩特市市委书记
韩志然

呼和浩特市人民政府市长
汤爱军

呼和浩特——内蒙古自治区的首府城市，蒙古语意为“青色的城”，位于华北北部，内蒙古自治区中部，是全区政治、经济、科技、教育、文化中心。土地面积1.7万平方公里，总人口263.5万，市区人口160多万，是一座以蒙古族为主体，汉族为多数，满、回、朝鲜等36个民族共同聚居的塞外名城。呼和浩特是我国实施西部大开发战略中重要的中心城市之一，是中国中西部投资环境最好的地区之一。

改革开放以来，呼和浩特呈现出科学发展的勃勃生机。她的快速崛起和跨越式的发展，使其发生了令人瞩目的变化。

呼和浩特变“强”了。1978年经济总量仅有5.4亿元，2007年达1100.1亿元，29年间增长了46倍。特别是“十五”以来，7年间经济总量接近于翻两番，增速连续7年在全国27个省会城市保持第一。人均地区生产总值迅速增长，1978年仅为347元，2000年发展到8231元，2007年达到42015元，29年间年均增长12.6%。2005年呼和浩特市已成为“经济发展最具活力”的20个城市之一；成功的打造了“中国乳都”；投资环境也入围全国50优；2006年又被评为环渤海最适宜人居的城市之一。

呼和浩特变“富”了。1978年财政收入仅为1.4亿元，2007年达到155.1亿元，增长109倍；1980年城镇居民人均可支配收入为409元，2007年达到16920元，增长40.4倍；1980年农民人均纯收入142元，2007年达到6121元，增长42.1倍。城乡居民的“钱袋子”越来越鼓，1978年城乡居民储蓄存款额仅为0.6亿元，2007年达到511.4亿元，增长851.3倍。

呼和浩特变“大”了。城区面积由1978年的46平方公里扩大2007年达到150平方公里，扩大了2.3倍；随着经济的迅猛发展、城区面积的不断扩大，呼和浩特的吸引力越来越强，全市人口由1978年的154万人增加到2007年263.5万人。

塞外青城

呼和浩特变“蓝”了。改革开放以来，特别是近几年，我市加大了环境保护和整治力度，生态环境明显趋好。大青山生态治理、天然林保护、退耕还林还草、“三北”防护林、城区绿化等生态建设工程取得阶段性成果。城市环境质量明显改善。全年空气质量优良天数达到331天，成为北方十五个空气质量最好的城市之一。

新 华 广 场

呼和浩特越变越美，在美中寻求品味的同时也在提升着城市的功能。随着市和市四区行政办公大楼的外迁，呼和浩特为了真正实现“长高长大”，实施了“三个拓展、三个提高”的工程。

“三个拓展”：一是城市空间大幅度拓展。建成区面积由1978年的46平方公里扩大到2007年的150平方公里，29年增加104平方公里。二是道路框架进一步拓展。二环路全线贯通，市区内形成了八横八纵八车道的都市交通网络。开工建设了绕城高速公路。三是绿色空间不断拓展。相继改造建成了新华广场、大召广场、阿尔泰游乐园、大青山野生动物园、南湖湿地公园、蒙古风情园等一大批公共绿地和公园广场，环城水系建设快速推进，建成区绿化覆盖率由1978年的11.0%提高到33.8%。

“三个提高”：一是城市功能层次显著提高。相继建设了以体育场和体育馆为重点的内蒙古体育中心、以博物馆和乌兰恰特为重点的内蒙古文化艺术中心以及内蒙古国际会展中心，已经建成并正在建设一大批大型商场、星级酒店等高档建筑。同时，作为2008年奥运会首都机场备降场的白塔国际机场改造顺利完成。二是城市文化特色品位显著提高。加强历史文化遗产的保护和发掘，对昭君博物院、乌兰夫纪念馆、五塔寺、大召、席力图召、观音庙、公主府、将军衙署等文化古迹进行了修缮、复原和扩建，城市文脉得以传承发展；加大文化工程建设力度，完成了蒙元文化特色景观街、伊斯兰建筑特色景观街、多元文化特色景观街建设，启动了民族美术馆、大盛魁文化创意产业园等标志性文化设施建设，建成了太伟高尔夫球场、哈达门高原牧场、白石生态旅游区等一批特色旅游景区，富有民族和地区特色的城市“名片”得以充分打造，初步展示了草原都市的独特魅力。三是城市宜居水平显著提高。旧城区、城中村、出城口、小街巷改造同步加强，绿化、美化、亮化以及环境治理工作扎实推进，城市管理进社区活动广泛开展，市容大环境和居民生活小环境都有很大改观。

这就是巨变中的呼和浩特——一个充满活力的首府，一座蓄势待发的城市。

中国人民政治协商会议
内蒙古自治区委员会

自治区政协主席　陈光林

自治区政协主席陈光林视察二连浩特
国际语言学校与蒙古国小朋友亲切交谈

自治区政协常委(委员)积极为四川地震灾区捐款

自治区政协副主席郭子明(右)
云峰(左)为四川地震灾区捐款

内蒙古自治区发展和改革委员会

自治区发展改革委党组书记、主任　梁铁城

内蒙古自治区发展和改革委员会是自治区综合研究拟定经济和社会发展政策，进行总量平衡，指导总体经济体制改革的经济调节部门。2007年，自治区发展改革委坚持以科学发展观为统领，认真贯彻落实自治区党委、政府的决策部署，为促进全区经济社会又好又快发展做出了积极贡献。

认真落实宏观调控政策措施。紧紧抓住国家实施宏观调控的有利时机，积极争取国家政策和资金支持，围绕经济社会发展的重点领域和薄弱环节组织实施了一大批重点项目，为我区产业结构优化升级和经济社会又好又快发展奠定了基础。同时，加大节能减排工作力度，严控产能过剩行业盲目扩张。

努力抑制物价过快上涨。从加强监管和改善供求关系两方面入手，采取了从严控制出台调价项目、加强副食品价格监测预警、清理涉及副食品收费项目、实施临时价格干预、支持“米袋子”和“菜篮子”工程建设等措施，全区价格总水平上涨低于全国平均水平。

推进和谐社会建设。大力争取国家资金支持，加快社会事业发展，在教育、卫生、文化、体育等领域实施了一批重点项目。认真落实“七件实事”和“十项民生工程”，解决了79.8万人的安全饮水问题，完成了6.6万户沼气、3.5万户农牧民通电的任务，建设农村道路15600公里，新建廉租住房近9万平方米，帮助150个嘎查村实施了整村推进战略，易地扶贫搬迁2万贫困人口。

强化重大问题研究。编制完成了内蒙古和谐社会建设规划纲要和内蒙古社会主义新农村新牧区基础设施和社会事业发展规划。开展了主体功能区规划的编制工作，编制了现代物流业、民用支线机场布局等一批专项规划。组织开展了社会事业发展水平综合评价、建设电力外送和煤炭外运第三通道、褐煤提质等研究，形成了一大批有价值的成果，为自治区党委、政府提供了大量的宏观决策依据。

梁铁城主任参加十一届全国人大一次会议少数民族代表新闻发布会

自治区发展改革委庆七一表彰先进党组织党员大会

自治区发展改革委支援地震灾区动员大会

安华农业保险股份有限公司

安华保险副总裁兼内蒙古分公司总经理　张剑峰

安华保险内蒙古分公司在大兴安岭
农场管理局开展理赔现场大会

公司与包头市人民政府签订农业保险合作协议

安华农业保险股份有限公司是在国家重视“三农”发展，提出健全农业风险保障体系，探索建立政策性农业保险制度的大背景下，由中国保监会批准成立的商业化运作、综合性经营、并为政府代办政策性业务的全国性保险公司。公司确定了根植农村、安身农业、贴近农民、服务“三农”的企业宗旨，以创新为动力，以服务创品牌，积极探索农业经营发展的新思路、新模式，稳步开拓综合性保障的“三农”保险发展之路。

安华农业保险股份有限公司内蒙古分公司的发展得到了内蒙古自治区党委、政府、内蒙古保监局及社会各界的大力支持，凭借其先进的经营理念、独特的企业文化、高素质的员工队伍迅速发展壮大。全区已设立了呼和浩特、包头、鄂尔多斯、通辽、赤峰、巴彦淖尔、兴安盟、乌海、呼伦贝尔、乌兰察布等 10 家盟市中心支公司，中心支公司所辖的旗县营销服务部基本形成了覆盖全区的销售服务网络。

2007 年，安华内蒙古分公司在兴安盟、通辽、鄂尔多斯、巴彦淖尔、包头、海拉尔农牧场管理局、大兴安岭农场管理局等地的 29 个旗县、144 个乡镇、18 个苏木、14 个办事处、48 个农牧场、3573 个村、11 个龙头企业开展了农作物保险业务，为自治区 32.37 万农户提供了 22.7 亿元的农业风险保障，承保面积 978.26 万亩，占全区农业保险总面积的 51.18%，占开办地区农作物总面积的 43.7%。截止 2008 年 4 月 20 日，公司累计发放农业保险赔款 13026.13 万元，受益农户 26.2 万户，户均赔款 497.2 元，公司为灾后农户恢复生产、社会稳定做出了积极贡献，走出了一条安身农业的发展道路，为服务“三农”、构建社会主义和谐社会贡献力量。

安华保险内蒙古分公司在鄂尔多斯开展能繁母猪理赔大会

公司积极开展业务宣传咨询活动

合众人寿保险股份有限公司内蒙古分公司开业剪彩

稳步发展的内蒙古分公司人才济济

内蒙古分公司走进大学校园开展专场招聘活动

3.15 新华广场为客户提供保险咨询服务

合众人寿保险股份有限公司内蒙古分公司

AAA级信用企业

北京中企标国际信用评估中心有限公司
内蒙古企业信用评级组委会
呼和浩特市工商行政管理局
有效期至二〇〇九年十二月

内蒙古分公司获得 AAA 级信用企业奖状

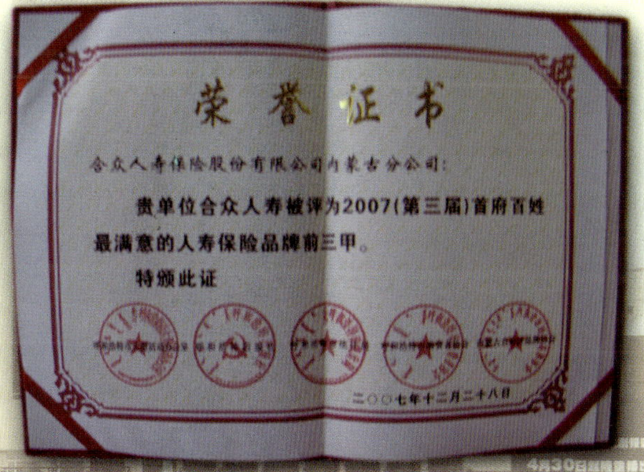
荣誉证书

合众人寿保险股份有限公司内蒙古分公司：

贵单位合众人寿被评为2007(第三届)首府百姓最满意的人寿保险品牌前三甲。

特颁此证

二〇〇七年十二月二十八日

内蒙古分公司荣获 2007 年首府百姓最满意寿险品牌前三甲

呼和浩特市新城区人民政府

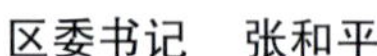

区委书记　张和平

区长　薛燕群

新城区位于内蒙古自治区首府呼和浩特市区东北部，北依大青山，面积 700 平方公里，其中，城区 55 平方公里，农区 645 平方公里，总人口 43 万余人，其中，农业人口 5 万人。新城区是一个由汉、蒙、满、回等 33 个民族组成的满族相对集中的聚居区，辖 1 个镇、8 个街道办事处，设 26 个行政村、51 个社区居委会。驻有呼和浩特市党政军机关、自治区和呼市大中专院校、科研、新闻、出版单位和体育场馆、博物馆、影剧院，是自治区和呼市交通、邮电、通讯的枢纽和对外开放的重要窗口。

近年来，新城区以科学发展观统领全局，围绕“三产立区、二产强区、一产补区、科教兴区、城建靓区”的总体发展思路，积极调整经济结构，切实转变增长方式，不断加快城市化、工业化、农业产业化进程，实现了“五个突破”、“八个转变”，综合经济实力显著增强，物质文明、精神文明、政治文明、生态文明协调发展，获得“全国科技进步先进区”、“全国社区卫生服务示范区”等 170 项国家和自治区荣誉称号。

经济快速健康协调发展。三次产业结构由 2000 年的 1.5:39.2:59.5 发展为现在的 1:17:82，产业结构更趋合理。农业农村工作不断加强，社会主义新农村建设有序推进。大力发展现代、高效农业，全面加快农业产业化步伐，初步形成了奶牛、奶山羊、生猪养殖和无公害蔬菜种植等特色主导产业，在全市率先完成了所有农产品基地的无公害认证。完成了《新城区社会主义新农村治理规划》，重点建设了三卜树、讨思浩等新农村试点村。2000 年以来，开展了大规模的生态建设，共完成人工造林 12.3 万亩，封山育林 15.6 万亩，全区森林覆盖率达到了 31%，生态环境得到极大改善。工业化进程加快。引进了大青山抽水蓄能电站、奥淳原生态酒庄园等一批重点工业企业。规划建设了 11 平方公里的呼和浩特鸿盛工业园区，现已升格为自治区级开发区。园区位于呼和浩特市五条经济带内，对外交通发达，距市区仅 5 公里，距呼和浩特白塔机场 2 公里，距白塔车站 1 公里，南临“区门第一道——机场路”，北临 110 国道和京包高速公路，距北京 460 公里。呼和浩特新建东客站位于园区南侧 1 公里，有通往法兰克福的国际物流专线，物流运输极为便利，北侧距园区 2 公里有内蒙古自治区新建 7 所大学，具有得天独厚的交通网络优势和市场辐射优势。目前一期 1.6 平方公里开发建设全部完成，二期工程全面启动，已引进 30 余家企业，初步形成了以服装加工、机械装备制造、电子信息、物流仓储为重点的产业发展布局。在全市率先启动建设了总部经济结算基地和科技孵化园，为引进、培育高科技企业打造了良好的发展平台。第三产业正做大做强。以改造、升级、优化传统服务业和积极扶持发展新兴服务业为手段，全面提升第三产业规模和档次，初步形成了中山东路及新华大街商贸电子金融核心区、兴安北路汽车贸易带、东库街建材装饰家居中心、车站东西街小商品批发中心、海东路餐饮一条街等特色街区。同时，深入挖掘深厚的历史文化资源和生态旅游资源，把建设社会主义新农村与发展旅游业有机结合起来，坚持“保护生态，合理利用，少量开发和惠泽农民”的原则，按照高起点规划、高标准建设、高速度发展的要求，编制完成了《新城区大青山生态旅游区总体规划》，引进北京恒利源通等多家企业，累计投资5亿元，开始建设东线天堂草原景观区、中线旅游休闲度假区和西线赛车竞技风景区，形成了以面铺窑沟、小井沟、哈拉沁沟为主线的大青山“一带三线”生态旅游业发展格局。通过在旅游方面加大招商引资力度，预计“十一五”期间，新城区旅游业总投资将达到200多亿元，使旅游业真正成为新的经济增长点。

城市建设成效显著，城区面貌发生巨大变化，城区整体承载功能和人居环境得到了明显改善。2002年以来，紧紧抓住区党政办公大楼外迁、城区框架拉开的有利契机，坚持新区建设与旧区改造并举的方针，抢抓城市建设的发展先机。投资约2亿元，对辖区内的100条小街巷进行了综合改造，实施了“拆旧建新”、“拆凉透绿”、“穿衣戴帽”等一系列市容综合整治工程和绿化、美化、亮化工程。建成区改造开发项目达60余个，总占地面积7000亩，总规划面积500万平方米，总投入240亿元。目前已有金天帝大厦、波士名人国际等20余个标志性高层建筑项目拔地而起。以修建成吉思汗大街和哲里木路北段为基础，以麻花板、府兴营两个“城中村”改造为切入点，以建设成吉思汗特色景观区为重点，全面拉开了北区建设的序幕。目前，已基本完成了麻花板、府兴营两个“城中村”改造，启动了毫沁营村、南店村、三合村、一家村等新一轮“城中村”改造建设。成吉思汗特色景观区围绕四大功能区域(一是由自治区体育馆、市新建体育场及赛马场构成的体育中心区域，二是以成吉思汗广场为标志的集广场文化、商贸金融等功能为一体的中心区域，三是以成吉思汗公园为标志的公园、文体娱乐中心区域，四是东河景观区域)已确定开发项目40余个，总占地面积8200亩，总规划面积650万平方米，总投入200亿元，已建成新建内蒙古体育馆、呼和浩特体育场、成吉思汗广场、府兴广场等项目20余个。其中自治区成立60周年大庆的主会场呼和浩特体育场投资6个亿，能容纳6万人，是我们西部地区目前规模最大、设施最完善的国际化标准体育场。

自治区党委书记储波来新城区调研

成吉思汗大街

科技、教育等社会各项事业全面发展，民生工作得到着力改善。科技普及工作扎实开展。教育教学水平在全市处于领先地位，被教育部命名为“校本教研基地区”，“教育强区”地位进一步巩固。制定了《新城区教育事业发展十一五规划》，2007年投资2.4亿元新建了12所中小学校。为贯彻落实市委《关于进一步改善民生切实解决涉及人民群众切身利益问题的若干意见》精神，研究制定了新城区51项具体民生工作，区财政将投入1.5亿元，下大力气在教育、卫生、住房、社会保障等方面解决事关群众切身利益的问题，逐步达到使群众“学有所教、劳有所得、老有所养、病有所医、住有所居”的目的。

2007年地区生产总值完成230亿元，完成任务的100.9%，同比增长20%；财政总收入完成15.99亿元，完成年初收入预算任务14.5亿元的110.3%，同比增长38.3%，其中，地方财政收入完成8.67亿元，同比增长26.3%；财政支出完成7.05亿元，同比增长43.8%；固定资产投资完成87.3亿元，完成任务的102.7%，同比增长27.8%；全年共引进项目47项，引进资金55亿元，完成年计划的100.5%，其中，区外资金29亿元，完成年计划的100.2%，区内资金26亿元，完成年计划的101.2%；工业现价总产值完成30.86亿元，同比增长14.3%；规模以上工业增加值完成7.1亿元，同比增长8.1%；社会消费品零售总额完成139.5亿元，同比增长25.8%；城市居民人均可支配收入实现18500元，同比增长13.9%；农民人均纯收入实现7640元，同比增长13.1%。在此基础上，确定了2008年经济和社会发展目标：地区生产总值达到276亿元，到2010年达到400亿元，年递增20%；财政收入突破20亿元，到2010年力争达到40亿元，年递增25%；固定资产投资达到105亿元；工业现价总产值达到40亿元，增长30%，其中规模以上工业增加值达到9.5亿元，增长33%；社会消费品零售总额达到167亿元，增长20%；招商引资达到66亿元；城镇居民人均可支配收入达到21300元，增长15%；农民人均纯收入达到8560元，增长12%；单位GDP耗能降低4.86%；人口出生率控制在11.5‰以内；城镇登记失业率控制在4%以内。

良好的投资环境，广阔的发展空间，独特的区域优势，便捷的交通条件，为新城区经济繁荣、社会进步，特别是“新北区”建设带来了新的机遇，也为新城区的未来绘就了宏伟的发展蓝图。昂扬奋进中的新城区，蕴藏着巨大的开发潜力，呈现出广阔的发展前景，是一块理想的投资热土。欢迎四海宾朋、八方来客前来旅游观光，投资开发，共同建设，共同发展，实现多赢。

呼和浩特市玉泉区人民政府

区委书记　田忠宝

区长　格尔图

玉泉区位于呼和浩特市西南部，是呼和浩特市的发祥地，已有400多年的悠久历史。现辖一镇八个街道办事处，全区面积258平方公里，总人口31万人，其中农业人口3.8万，总耕地面积8.016万亩，是一个以蒙古族为主体、汉族为多数的多民族聚居区。

近年来，玉泉区坚持以科学发展观统领全局，以“三带、两园、一区”（三带，是指西部工业带、商贸物流集散带、黄金旅游带；两园，是指蒙古风情园、南湖湿地公园；一区，是指新市区）为发展框架，以“工贸旅游文化强区”为建设目标，解放思想，深化改革，扎实工作，锐意进取，全区各项事业均取得了显著成绩。2007年，地区生产总值实现114亿元，较上年增长31%；财政收入达到20.3亿元，较上年增长31%；全区规模以上工业增加值达到23.5亿元，较上年增长25%；固定资产投资达到57亿元，较上年增长25%；城镇居民人均可支配收入达到15481元，较上年增长21%；农民人均纯收入达到7704元，较上年增长13.1%，综合经济实力已跃居自治区前列。

随着经济社会各项事业的全面进步，玉泉区正在围绕工业经济、商贸流通、现代农业、城市建设等工作重点，加快推进城镇化、新型工业化和服务业产业化进程，确保经济总量稳步上升、社会事业协调发展，全力打造具有民族历史文化特色的“工贸旅游强区”。

汇豪天下

冀东水泥

玉泉区夜景

呼和浩特市回民区人民政府

国家、自治区和呼市领导视察
回民区伊斯兰建筑特色景观街

自治区商业第一街——中山西路

改革开放以来，回民区经济快速发展，人民生活显著改善，实现了从贫穷到总体小康的历史性跨越。2007年，辖区地区生产总值达148.57亿元，城市居民人均可支配收入达16129元，农民人均纯收入达7935元。财政收入突破10亿大关，比1978年增长542倍，年均增速达24.25%。

1978年以来，随着街区工业的快速发展，辖区工业经济不断壮大。2001年，在原呼和浩特钢铁厂基础上改造兴建的金海工业园区为回民区工业提供了新的发展平台。如今回民区初步形成了以电力、化工、机械制造为支柱产业，以建材、纺织服装、食品加工、包装材料为优势产业的工业发展格局。2007年，实现工业总产值43.05亿元，比1978年增长482倍，年均增长23.74%。

30年来，回民区充分发挥商贸业的传统优势，建立了大批专业市场和商业网点，形成了以商业建筑面积60万平方米的中山西路商务核心区为主体，专业市场、便民市场为补充的商业贸易网络，商贸中心地位逐步确立。2007年，实现社会消费品零售总额121.13亿元，比1978年增长238倍，年均递增20.77%。

改革开放初期，辖区城市居民居住水平低，基础设施落后，制约着经济的快速发展和群众生活的改善。1996年，回民区率先在全市启动旧城区拆迁改造工程，到2007年拆除危旧房屋228万平方米，开工新建467万平方米，基本完成了旧城区改造任务；同时启动了城中村改造，拓宽改造了106条道路，人均公共绿地面积达12.9平方米，人居环境极大改善，城市功能日趋完善。伴随着伊斯兰建筑特色景观街和蒙满文化特色景观街的改造建成，首府城区面貌发生历史性变化。2007年成吉思汗景观街建成通车，标志着面积约14.88平方公里的回民区新区建设全面开工，五年之内，回民区新区将成为首府重要的城市副中心。

回民区金海工业园区

呼和浩特市赛罕区人民政府

基层医疗基础设施建设启动

活力赛罕　魅力首区

赛罕区位于呼和浩特市城区东南，是首府新型城区。全区总面积1025.2平方公里，其中城区面积14.5平方公里。全区总人口57.2万人，常住人口38.3万人，其中城镇人口23.6万人，农业人口14.7万人。辖6个乡镇、5个街道办事处、124个行政村、59个社区居委会。是一个以蒙古族为主体、汉族占多数的多民族聚居区。辖区内交通便利，自治区党政机关、高等院校、科研院所集中，是自治区科技、教育、文化的聚集区和行政中心区。

村民领到社保金

全区综合实力明显增强。2007年，全区地区生产总值达到184亿元，同比增长16.7%，财政收入达到24.5368亿元，同比增长27%，农民人均纯收入达到7385元，同比增长13%。城镇居民人均可支配收入达到17847元，同比增长24.9%。社会消费品零售总额达到63.8亿元，同比增长21.6%。全年招商引资实际到位资金完成45.59亿元，同比增长12%；固定资产投资共完成88.8亿元，同比增长24.2%。全区33家规模以上工业企业现价产值完成77.5亿元，同比增长3%，产销率达到98%。

东瓦窑菜市场

以菜奶业为主的第一产业取得新成绩。依托首府市场，我区大力发展蔬菜种植业和奶牛养殖业。2007年，全区菜田面积达5万亩，保护地面积达6000亩。共开发新菜田6500亩，新建蔬菜保护地3027亩，其中新建厚墙体温室1913亩。无公害蔬菜年商品量达3亿多公斤。累计建成标准化奶牛养殖小区13个，综合服务站5个，奶牛存栏数达18万头，鲜奶产量达70万吨，是中国乳都重要的奶源基地。

以开发区为载体的工业经济发展取得新突破。金桥开发区基础设施建设进一步完善，以金桥热电厂、天野化工、中石油呼和浩特石化公司、蒙昆烟草、神舟硅业为代表的新型工业体系逐步形成，扩建、改建和技术改造投资与新建投资项目全面增长。金桥开发区已具备了承载300—400亿元大型项目建设的能力，成为自治区20家重点开发区之一。

首府重要奶源基地

赛罕区先后荣获“全国先进文化区(县)”、“全国科技进步示范区”、“全国双拥模范区”、“全国残疾人工作先进区”等多项荣誉称号，开创了跨越式发展的新局面，成为自治区区域经济最具活力、最具生机的地区之一。

现代化工业基地

蔬菜保护地建设已成规模

强劲的服务业

呼和浩特经济技术开发区金川工业园区

呼和浩特经济技术开发区金川工业园区于1992年8月8日奠基成立，2000年7月2日经国务院批准为国家级经济技术开发区。批准规划面积6平方公里，已建成区面积达6平方公里。2005年，金川南区经市人民政府批准后动工，又经自治区人民政府审批后于2007年呈报国务院，金川南区规划面积14.45平方公里。

金川工业园区现有注册企业794家，形成了绿色食品、新型材料、轻工纺织、生物医药和电子信息等具有自身特色的五大产业体系，依托产业构建了伊利工业园、一汽集团汽车改装工业园、内蒙古生物发酵工业园、金川生物医药园、呼和浩特软件园等相关产业园区。2007年，园区累计完成工业总产值115.1亿元，同比增长25.4%，累计完成工业增加值37.3亿元，同比增长25.6%；其中，规模以上工业企业累计实现工业总产值和工业增加值分别为113.4亿元和36.9亿元，同比增长27.8%和24.2%。累计完成财政收入7.3亿元，同比增长18.55%。全年实际利用外资6203万美元，引进国内资金15.78亿元。

2008年，金川工业园区将按照解放思想、开拓创新、和谐共建、科学发展的指导思想和“二次创业”的发展要求，全面落实科学发展观，努力实现园区又好又快发展，为构建首府西部工业经济发展平台再创佳绩。

金川工业园区党委、管委会机关办公楼

金川广场

金川区全景

巴彦淖尔市人民政府

巴彦淖尔市市委书记　王素毅

巴彦淖尔市人民政府市长　王　波

巴彦淖尔系蒙古语，意为“富饶的湖泊”，位于中国正北方，内蒙古自治区西部，是镶嵌在黄河“几”字湾上的一颗璀璨的明珠。东接包头，西连银川，南隅黄河与鄂尔多斯市相望，北与蒙古国接壤。全市总面积 6.6 万平方公里，总人口 176 万人，有蒙、汉、回、满、鄂温克等 20 个民族。辖临河区、五原县、蹬口县、乌拉特前旗、乌拉特中旗、乌拉特后旗、杭锦后旗一区二县四旗。市政府所在地临河区。

巴彦淖尔市是一方富饶的热土，境内地貌神奇。阴山山脉绵延东西，耸立在巴彦淖尔市的腹地，蕴藏着丰富的矿产资源，铜、铅、锌、硫铁等矿产储量在内蒙古自治区乃至全国都名列前茅。阴山北麓是广阔的河套平原，地势平坦，土壤肥沃，引黄河水灌溉，是国家重要的商品粮基地。

巴彦淖尔市地处以京津为龙头的“呼(市)—包(头)—银(川)—兰(州)—青(海)”经济带上，是国家西部大开发的重点区域。北与蒙古国有 369 公里长的边境线，是自治区向北开放的前沿阵地。交通便利，境内包兰铁路和 110 国道横贯东西，京藏高速公路穿市而过。邮电通讯覆盖全境，网络遍布城乡。

蓝宇大厦

恒丰食品工业集团

河套农业

夜晚临河

三盛公水利枢纽全景

内蒙古自治区保险行业协会

协会第四届理事会会长　吴建林

内蒙古自治区保险行业协会成立于2001年8月，是我区保险业的行业自律组织，是由内蒙古民政厅民间组织管理局核准、中国保险监督管理委员会内蒙古监管局批复成立的社团组织。内蒙古保险行业协会现已历任四届，从成立之初的4家会员公司到现在已拥有会员单位32家，其中人身险保险公司10家、财产险保险公司12家、盟市保险行业协会10家。

内蒙古自治区保险行业协会的最高权利机构为会员代表大会，理事会是会员代表大会的执行机构，理事会选举产生会长、副会长。秘书处为理事会常设日常办公机构，由专职秘书长负责协会日常工作运转。秘书长是保险行业协会的法人代表，由社会公开招聘选拔确定，经理事会决议通过并报监管部门核准后产生。协会通过召开理事会、常务理事会共同商讨工作，不定期召开会长办公会议、同业总经理峰会、专业工作委员会会议决定重大问题。2008年3月31日协会召开第四届会员代表大会，聘请内蒙古金融办主任宋亮担任协会第四届理事会名誉会长，选举产生中国人民财产保险股份有限公司内蒙古分公司总经理吴建林为会长、中国平安人寿保险股份有限公司内蒙古分公司总经理刘中秋为副会长，协会三届理事会秘书长张玉峰当选为本届理事会副会长、秘书长。协会下设八个专业委员会，分别是车险专业委员会、非车险专业委员会、理赔专业委员会、个人保险专业委员会、团体保险专业委员会、银行保险专业委员会、中介专业委员会、宣传专业委员会，各专业委员会通过工作会议和走访会员单位与各公司交流情况，协调工作。

协会第四届理事会副会长　刘中秋

内蒙古保险行业协会的宗旨是：遵守国家宪法、法律、法规和国家经济金融方针政策，遵守社会道德风尚，深入贯彻科学发展观，依据《中华人民共和国保险法》在国家对保险业实行集中统一监督管理的前提下，配合保险监管部门督促会员自律，维护行业利益，促进行业发展，为会员提供服务，促进市场公开、公平、公正，全面提高保险业服务社会主义和谐社会的能力。

内蒙古保险行业协会的基本职责是自律和服务。重点发挥自律职能，促进市场公平，维护消费公正。同时做好维权、协调、交流、宣传等工作，为会员和消费者提供优质服务。

协会第四届理事会
副会长、秘书长　张玉峰

协会第四届会员代表大会

中国保险监督管理委员会内蒙古监管局

2007年，内蒙古保险业依托良好的宏观经济环境，以科学发展观为统领，各项工作取得新的进展，呈现出业务增长与效益提高、自身努力与政策支持、行业发展与服务大局协调统一的良好局面。

- 业务持续快速增长，行业实力明显增强
- 市场培育稳步推进，发展结构日趋合理
- 政策性农险快速发展，保险功能作用逐步彰显
- 保险监管成效显著，发展环境日益优化

中国建设银行内蒙古分行

大堂经理在开展咨询服务

服务窗口

建设银行内蒙古分行多年来坚持“客户至上,注重细节”的服务理念,把为客户提供优质服务,满足客户需求,培育客户忠诚作为追求的重要目标,全力打造服务品牌,努力提升服务水平。

加强规范化服务建设。制定了《建设银行内蒙古区分行柜面服务规范化标准》,统一了服务语言、服务态度、服务形象、服务纪律、服务技能、服务场所、服务设施服务道德、和受理客户投诉等9个标准,并通过明察暗访和强化考核等途径,大力推进规范化标准的落实。

大力推进网点转型。投入大量财力对营业网点进行标准化改造,健全服务功能。目前,已经有接近一半的网点转型。转型后的网点环境规范上档次,服务功能健全,服务流程简洁,销售能力有了很大提高。

积极开发理财服务产品。在大力发展传统业务的同时,根据客户和市场的需求,推出了财富中心理财、电子银行、龙卡系列产品、基金、代理保险、利得盈、实物黄金、国债等一系列产品和服务,同时还根据客户的特殊需求,为客户量身定制理财产品,产品和服务极大丰富。

此外,还更新了一大批自助设备,在全区统一制作、穿着职业装,提高了建设银行的社会形象。

自助服务区

低柜服务区

国家开发银行内蒙古分行

阿拉达尔吐中心小学投资助学捐赠奠基仪式
(郭明社行长讲话)

开发性金融支持内蒙古自治区国家助学贷款启动仪式

近年来，国家开发银行内蒙古分行在支持国家及自治区重点项目的同时，始终坚持“转向民生、注重富民”的“双极”发展战略，各项业务呈现出“发展好、亮点多、评价高”的良好态势。从 1999 年成立到 2004 年，分行资产规模实现第一次翻番。而仅仅两年后，资产规模再度翻番。目前，已突破 750 亿元，自治区主力银行地位稳固确立。同时一举实现了“五个最”，成为自治区各家银行中管理资产余额最大的银行；贷款增速最快的银行，贷款增速高出自治区平均水平 12 个百分点；不良贷款率最低的银行，贷款实际不良额和不良率均为零；经济效益最好、人均利润最高的银行，人均利润超过 700 万元；收获奖项、赞誉最多的银行，荣获了自治区和金融系统十余项大奖。

分行的民生业务始终突出“三个实”、紧靠“三个最”，力求谋实策、办实事、出实效，切实解决群众最关心、最直接、最现实的问题。目前分行民生领域贷款已全面展开，范围涵盖了 5 大领域、25 大类、50 个品种。在扶贫方面，坚持规划先行、精心设计，率先在兴安盟奏响了扶贫、脱贫、致富的产业化扶贫三部曲：向扎赉特旗发放生猪基地建设项目贷款 6000 万元；贷款支持当地生猪屠宰基地建设，延伸产业链条；在此基础上，为帮助困难群体彻底脱贫，适时推出了面向兴安盟地区妇女的微小贷款业务，得到了自治区领导和社会各界的广泛肯定与好评。

郭明社行长（前排左一）参加“开发性金融支持河套大学改扩建一期工程项目贷款合同签订仪式”

分行及时发放 2000 万元抗洪应急贷款，杭锦旗赠送牌匾表示感谢

妇女创业贷款签字仪式

分行全体员工向地震灾区遇难同胞默哀

阿拉达尔吐中心小学投资助学捐赠奠基仪式

扎赉特旗生猪产业化项目调研

中国银行 BANK OF CHINA 内蒙古自治区分行

行长　杨　勃

2007年，中国银行内蒙古自治区分行在以杨勃行长为首的党委班子领导下，认真贯彻科学发展观，积极转变经营理念和增长方式，完善风险管理和内控体系，努力发展各项业务，取得了良好的经营业绩。

【各项业务健康发展】严格执行国家宏观调控政策，把握信贷投放节奏，全年人民币公司贷款新增30.9亿元，支持了自治区重点行业、重点地区、重点客户和优质项目的发展。深化与重点客户的合作关系，与蒙牛乳业集团、自治区广电局建立了战略合作关系。完善零售贷款营销渠道，人民币零售贷款新增15.65亿元，市场占有率居同业之首。巩固国际结算优势地位，国际结算量达到39亿美元，居市场领先地位。大力发展资金业务、银行卡业务和"出国一站式金融服务"等特色业务，服务功能进一步增强。

【各项改革稳步推进】对绩效管理体系、费用资源配置办法予以完善和改进，实现各项政策的有机结合，推进经营机制和增长方式的转变。全面梳理产品价格，规范收费标准，促进了有偿服务业务的增长。落实网

中国银行内蒙古自治区分行
第二届"内蒙古百姓口碑最佳单位"
内蒙古日报社
内蒙古自治区品牌协会
二〇〇七年九月

2007[第3届]首府百姓最满意的品牌
大型有奖民意调查活动
中国银行被评为
最满意的银行品牌

中行获得荣誉

点布局整合规划，使机构资源配置进一步优化。加强 IT 蓝图建设，为新系统上线奠定了基础。

【继续加强风险管理和内部控制】全力以赴清收抓降，加快处置不良资产，较好地控制了信贷成本。落实劣质客户退出计划，进一步优化了资产结构。对贷款用途、资金流向进行全面核查，防止了信贷资金违规流向股市。启动授信发放集中审核工作，严格押品管理，提高了授信执行工作水平。加快建设内控三道防线，落实案件治理整改方案，推广事后监督系统，建立监控远程联网平台，规范各类印章、重要空白凭证的使用，强化银企对账工作，认真履行反洗钱法律义务。连续三年取得无案件发生的好成绩。

【积极开展奥运服务工作】加强奥运营销和品牌建设，认真做好奥运门票代销和特许商品销售工作，精心组织奥运火炬手选拔和奥运主题营销宣传活动，提升了品牌知名度，带动了业务发展。继续强化文优服务检查和培训工作，组织员工技能测评，充分发挥客户服务中心信息归集和反馈的作用，不断改进服务和管理，有效地巩固了服务竞争优势。

【扎实推进队伍建设和企业文化建设】认真学习十七大精神。加强基层党组织建设，全面加强各级班子建设和队伍建设。认真落实党风廉政建设《实施纲要》，稳步推进治理商业贿赂工作。继续加大员工培训力度，提高培训质量和效率。制定员工行为规范，编辑企业文化案例集，召开企业文化现场会，落实企业文化建设实施方案，有效地促进了全辖企业文化的落地。

中行与蒙牛集团签定战略合作协议双方领导合影

中国银行内蒙古自治区分行 2008 年工作会议

中行的开放式柜台服务拉近与客户的距离

内蒙古自治区农村信用社联合社

理事长　佟铁顺

理事长佟铁顺下基层调研

自治区联社办公楼

内蒙古农村信用社成立于二十世纪50年代，是由农牧民、农村工商户和各类经济组织入股组成，为农民、农业和农村经济发展服务的社区性金融机构。目前，全区农村信用社共有机构网点2400个，职工总数22845人。内蒙古自治区农村信用社联合社成立于2005年8月20日，是由全区93家旗县农村合作金融机构入股组成，经自治区政府授权，履行对全区农村信用社的管理、指导、协调和服务职能，具有独立法人资格的地方性金融机构。

自治区联社成立以后，带领全区农村信用社不断深化改革，改善经营，加强管理，加快信息电子化建设，积极支持新农村新牧区建设，各项工作取得了明显进展。截止2007年底，全区农村信用社资产总规模达到867亿元，比自治区联社成立之初的2005年底增加231亿元；各项存款余额640亿元，比2005年增加249亿元，增长了63.8%，占全区金融机构存款总量的12.9%，居第三位；各项贷款余额409亿元，比2005年增加164亿元，增长了66.5%，占全区金融机构贷款总量的10.9%，居第五位；固定资产净值10.2亿元，比2005年增加2.9亿元；所有者权益37亿元，其中股本金30亿元，分别比2005年增加14亿元、7.7亿元；当年实现利润6.7亿元，比2005年增加4.8亿元，增长了3.5倍。是我区机构网点最多、从业人员最多、资产规模最大的地方性金融机构。

自治区联社参加金融博览会展台现场

佟铁顺理事长与诺贝尔和平奖获得者孟加拉格莱珉银行董事长尤努斯就开展技术合作亲切交谈

自治区联社与鄂尔多斯市政府举行新农村新牧区建设合作协议签字仪式

农村信用社丰富多彩的文体活动

中国工商银行内蒙古自治区分行

工行内蒙古分行党委书记、行长　郝　彬

中国工商银行内蒙古自治区分行成立于 1985 年。多年来，我行始终秉承"以人为本、崇尚信誉、追求卓越、服务社会"的工作指导思想，始终以"服务地方经济、建设一流金融企业"为目标，积极发挥融资主渠道作用，努力为自治区经济社会持续快速协调发展，提供多功能、全方位的优质金融服务。特别是 2006 年全行股改上市后，按照总行党委的总体部署，立足地方经济和自身发展，牢固树立"以客户为中心、以市场为导向"的经营理念，深入落实科学的发展观，加快改革创新步伐，推进经营战略转型，积极开拓优质市场，不断改进服务方式，坚持走质量效益型的可持续发展之路，综合竞争能力和整体经营管理水平显著提高。

多年来，工商银行内蒙古分行认真执行国家宏观调控政策和总行信贷政策，紧紧抓住自治区经济快速增长的历史机遇，加大对电力、公路、煤炭、铁路等符合国家产业政策的重点优质项目、优势产业和高效企业的支持力度，近五年累计投放各类贷款超过 700 亿元。同时，为有效满足客户需求，先后推出了包括投资银行、电子银行、企业年金、资产托管等新业务在内的 150 余种产品和服务，建立了业内最为先进的科技网络平台和电子汇划系统。陆续实施了经营机制综合改革、机构扁平化改革、信贷管理体制改革、资金管理体制改革、财务管理体制改革、风险管理体制改革、守押社会化改革等一系列行之有效的改革创新，各项工作步入了良性发展的轨道。截至 2008 年 6 月末，在区内共辖 13 家二级分行、487 个分支机构，在岗员工 1.05 万人。人民币存款、贷款、中间业务、客户数量等主要指标居同业前列，其中人民币存款余额达到 1087 亿元，贷款余额 637 亿元。建行以来累计缴纳各项税金 27.85 亿元，为支持和促进自治区经济发展作出了积极贡献。

辛勤的工作得到了社会的充分肯定，2005 年，我行被自治区政府授予全区风险处置奖；2006 年，被自治区政府授予"全区金融工作特别贡献奖"。同时，2004 年和 2006 年两个年度，又先后获得总行经营绩效进步奖。

工行内蒙古分行领导给机关优秀党员颁奖

工行内蒙古分行领导和全体员工
积极踊跃向汶川地震灾区人民捐款

郝彬行长一行在华电包头发电有限公司进行工作调研

中国华融资产管理公司呼和浩特办事处

中国华融资产管理公司总裁丁仲篪同志(右二)来呼和浩特办事处检查指导工作

中国华融资产管理公司呼和浩特办事处于1999年四季度开始筹备,2000年4月26日挂牌成立,是中国华融资产管理公司的分支机构。

其主要任务是:收购(含商业化收购)、管理、处置金融机构的不良资产。其业务范围是:收购并经营银行和金融机构的不良资产(含商业化收购);追偿债务;对所收购的不良资产形成的资产进行租赁或者以其他形式转让、重组;债权转股权,并对企业阶段性持股;资产管理范围内公司的上市推荐及债券、股票承销;发行金融债券,向金融机构借款;向中央银行申请再贷款;财务及法律咨询,资产及项目评估;接受委托代理处置不良资产。

党委书记、总经理陈胜同志(中)在办事处2008年工作会议上讲话

办事处现内设机构有综合管理部、经营管理部、合规审查部、股权管理业务部、租赁业务部、委托事业部、投资担保业务部、证券信托业务部等8个部门。另设有业务审查(资产处置审查)、资产评估审查、财务审查、内部控制与风险管理四个专门委员会。现有职工62人。其中:长期用工40人;短期用工22人。

办事处组建后,对收购的不良贷款承继债权,行使债权主体权利,综合运用出售、置换、资产重组、债转股、证券化等方法对贷款及其抵押物进行处置;对债务人提供管理咨询、收购兼并、分立重组、等方面的服务,最大限度回收资产,减少损失。经过8年的处置,收购的不良债权资产已基本处置完毕。

办事处陈胜总经理与总经理助理签订2008年商业化收入目标责任状

表彰2007年度先进工作者

随着政策性资产处置任务的逐步完成,顺应向商业化转型的新形势,华融公司已明确了建立以资产经营管理为主业,以投行业务为特色,以证券、金融租赁、信托、基金、担保、期货等金融业务为依托,推进经营综合化、业务多元化、组织集团化、制度现代化,建立在国内外有较强竞争力和影响力的现代金融控股集团的战略目标,呼和浩特办事处在做好资产经营管理业务的同时,正在稳步拓展金融租赁、信托、担保、财务顾问等新业务。

陈胜总经理向租赁业务开展做出突出贡献者颁发专项奖励

中国长城资产管理公司呼和浩特办事处

总经理　张乐义

中国长城资产管理公司是1999年经国务院批准成立，具有独立法人资格的国有独资非银行金融企业，担负着防范化解金融风险、促进国有企业改革与发展和最大限度的保全国有资产的崇高使命。中国长城资产管理公司呼和浩特办事处作为其派出机构于2000年2月18日挂牌成立，行政级别为正厅级。公司现有职工73人，其中博士1名，注册律师1名，注册会计师2名，注册税务师1名，注册理财师2名，具有证券从业资格人员4名，具有大专以上学历的占88%，具有高中级职称的占53%。

自治区任亚平副主席在巡展会上

办事处成立以来，秉承公司的优良作风，在总公司党委的正确领导下，在自治区党委政府和有关部门的大力支持下，以“三个代表”重要思想为指导，贯彻落实科学发展观，充分运用国家赋予的政策和手段，加快对不良金融资产的有效处置和回收，为国有商业银行和国有大中型企业减轻包袱、转换机制、加快发展、和自治区经济运行环境的改善和金融体制改革的深化做出了积极贡献。

全国金融知识展览会呼和浩特市巡展会开幕现场

资产项目营销推介会

2006年，办事处全年回收现金4919.16万元，完成总公司计划的273.29%，连续七年完成总公司下达的各项经营指标任务，标志着办事处政策性资产处置圆满收尾。2007年，呼和浩特办事处进入了全面商业化资产经营管理处置阶段，于年初，在全国率先实行了机构人事改革，实现了干部员工选任机制的转变，初步建立了以商业化为核心的人力资源体系和考核激励机制。自治区60年大庆、金融博览会召开之际，办事处举办了一次大型的资产推介活动，取得了良好的营销成果，树立了良好的社会形象。2007年办事处共实现回收现金16,583万元，金融服务业务收入369万元和利润5,153万元，是全国五家全面完成各项任务的办事处之一，连续8年全面完成总公司下达的各项经营指标。2007年办事处获得总公司表彰全国“十佳项目经理”1名，先进个人8名，青年岗位能手1名，先进女职工1名，“文明家庭”1个。

资产项目营销推介会现场咨询服务

中国银联内蒙古分公司
总经理 戈岚

中国银联内蒙古分公司

中国银联是经国务院同意，中国人民银行批准设立的中国银行卡组织，成立于2002年3月，总部位于上海。中国银联处于银行卡产业核心和枢纽地位，充分发挥银行卡组织的职能作用，对银行卡产业发展发挥基础性作用，各银行通过银联跨行交易清算系统，实现银行卡跨银行、跨地区和跨境通用。

作为中国银联在全国第29家分支机构，中国银联内蒙古分公司于2007年5月18日正式成立，秉承总公司“积极承担社会职责与历史使命”的理念，从服务三农，服务地方经济和服务地方特色行业着手，构建政府推动、行业自律和市场机制相结合的产业机制，与各银行卡主体一道，从满足人民群众需求出发，紧紧围绕打造银行卡网络服务“畅通工程”、公务卡“阳光工程”、公共支付“便民工程”、服务地方经济和特色企业“品牌工程”、银行卡知识“普及工程”五个工程，努力构建我区“银行卡信息跨行转接中心”、“银行卡数据分析中心”、“银行卡风险管理控制中心”，让全区人民共享银行卡联网通用带来的便利。

在自治区政府和人民银行呼和浩特中心支行等相关部门的正确领导下，在内蒙古分公司的积极推动下，截止2007年底，全区银行卡累计发卡1350万张，较上年新增464万张，增幅34%；特约商户4798户，较上年新增1791家，增幅60%；POS机具10937台，较上年新增6873台，增幅169%；ATM机1221台，较上年新增351台，增幅40%。自治区持卡消费额179亿元，占社会消费品零售总额9.4%，比2006年新增2.3%.提前1年实现并超过“自治区银行卡产业发展五年规划”中2008年的目标。

中国银联内蒙古分公司将一如既往，再接再厉，与相关各方精诚合作，共同创造内蒙古银行卡产业更加美好的明天！

2007年5月18日，在中国银联内蒙古分公司开业典礼上，内蒙古自治区党委、政府、人大、政协等相关领导、自治区政府金融办、人民银行呼和浩特中心支行相关领导、中国银联总公司相关领导到会祝贺。

2007年7月，中国人民银行副行长苏宁（左二），自治区副主席任亚平（左一）光临指导“全国金融知识巡展暨内蒙古金融博览会”，期间参观了中国银联内蒙古分公司展台。

中国银联董事长刘廷焕（左四）、人民银行呼和浩特中心支行行长赵志华（左三）、人民银行乌兰浩特中心支行相关领导在内蒙古东部地区调研。

2007年12月-2008年3月，由自治区银行卡产业领导小组、自治区妇联、中国银联内蒙古分公司、自治区财贸轻纺烟草工会联合主办的“内蒙古自治区第二届‘银联杯’商业服务业收银员银行卡知识、技能竞赛内蒙古地区决赛”在呼和浩特市举行，自治区政府副主席布小林到会祝贺。

内蒙古分公司举办“目标管理与时间管理培训班”
内蒙古分公司通过多层次、多渠道、多领域的内部培训熔炼团队，加深员工对企业文化的理解，提升了团队的凝聚力和竞争力。

自治区人事厅厅长　赵世亮

内蒙古自治区人事厅

在自治区党委、政府的正确领导下，在国家人事部的有力指导下，内蒙古自治区人事厅党组带领全区广大人事干部认真学习邓小平理论和“三个代表”重要思想，贯彻党的“十七”大精神，落实科学发展观，围绕自治区经济社会发展这个中心，以人才强区战略统揽人事工作全局，完善一个总体工作思路（人事工作要坚持“一个统揽”，人事部门要实现“五个转变”，人才工作要创新“六个机制”，人才队伍建设要把握“七个统筹”）突出三大亮点工作（建设人才流入区、实施人才储备制度、主动为企业服务）取得五个方面（服务人事、创新人事、法制人事、和谐人事、阳光人事）的明显成就，全区人事人才工作迈上了新台阶，为自治区经济社会的又好又快发展提供了坚强的人才保证和可靠的智力支持。人事厅连续5年在领导班子实绩考核中被评为实绩突出单位，连续3年被评为全国人事系统调研科研工作先进单位，并获得“全国人事信息宣传工作先进单位”“全区思想政治工作优秀厅局”“区直机关党建工作先进厅局”“综合治理先进集体”“信访工作先进单位”“扶贫工作先进集体”等多项奖励。

全区人事人才工作会议

内蒙古自治区就业服务局

自治区就业服务局是受劳动保障行政部门委托，依照公务员管理，承担就业管理职能的准厅级单位。机关共设行政编制25名，实有人数25人。内设办公室、就业管理处、农牧民工管理处、失业保险处、培训处5个职能处室。

2007年，就业再就业各项工作取得了积极进展，截至年底，各项工作均超额完成国家和自治区下达的目标任务。

一是就业再就业人数显著增加。全区城镇新增就业25.1万人，完成年度计划的126%。城镇下岗失业人员再就业15.3万人，完成年度计划的128%（就业困难人员再就业6.4万人，完成年度计划的160%）。实现了“有就业愿望和能力的零就业家庭至少有一人就业”的目标。全区城镇登记失业率为4%，低于年初控制目标4.2%的0.2个百分点。

二是职业培训工作稳步推进。全区共培训城镇下岗失业人员18.8万人，培训后实现就业15.9万人，培训后就业率达85%；其中有17.7万名下岗失业人员享受到免费培训。创业培训1.3万人，培训后实现创业7881人，带动3.2万人实现就业。农牧民工转移培训14.3万人，完成计划的118%。

三是农村牧区劳动力转移就业工作取得新进展。农牧民工进城就业环境明显改善，农牧民工权益得到显著维护，圆满完成了自治区党委、政府提出的“2007年全区农村牧区富余劳动力转移就业要突破200万人”的目标。全区农村牧区富余劳动力转移就业人数达219.9万人，完成年度计划的110%。其中，转移就业个6月以上的为128万人，完成年度计划的118%。

四是失业保险工作稳中有进。失业保险参保人数为223.7万人，完成年度计划的100.3%。为8.53万人按时发放失业保险金2.44亿元。

局长王又红

盟市工作座谈会

民营企业招聘周

领导班子

内蒙古人口和计划生育委员会

纪念《中华人民共和国人口与计划生育法》实施5周年
扎兰屯市“双民”晚婚晚育奖励金
首发仪式

在扎兰屯市举办的《中华人民共和国人口与计划生育法》实施5周年纪念大会

自治区人口计生委主任王苏布道和参加展会的鄂温克旗代表在生殖健康博览会合影

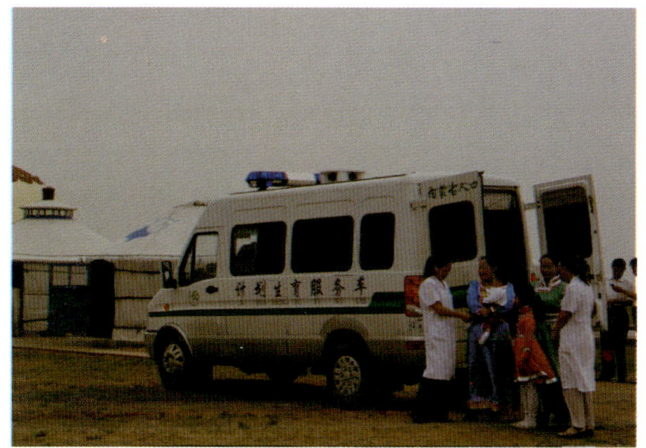

计划生育流动服务车为草原牧民服务

全国人口日活动现场

通辽市科尔沁区大林镇少生快富工程发放仪式上，安巨村的姜淑香领取到3000元的奖励金

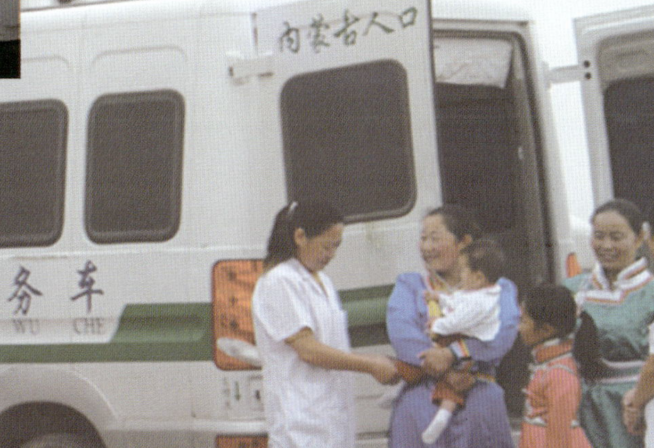

内蒙古高等级公路建设

总经理　包建设

飒爽英姿的员工队伍

整装待发的路政巡逻队伍

内蒙古高等级公路建设开发有限责任公司成立于2004年8月16日，是经内蒙古自治区人民政府批准组建的特许经营的大型国有独资企业。公司为一级法人，实行总经理负责制，自治区交通厅履行出资人职责。公司的经营范围是对自治区境内已建成运营的高速公路110国道内蒙古段、210国道内蒙古段、208国道白音查干至丰镇段，208国道二连浩特至赛汉塔拉段一级公路，与上述三条高速公路同向平行的二级公路辅道，以及公司再建的其它高等级公路的融资、建设、养护、收费、还贷、保护路产、维护路权、开发服务、资本运营进行统一经营管理。公司实行现代企业制度的法人治理结构和内部激励机制、约束机制以及归属清晰、权责明确、保护严格、流转顺畅的现代产权制度，对人员实行全员劳动合同制管理。公司现辖高速公路1337.6公里，一级公路121.3公里，二级公路1348公里，总资产近320亿元。

公司内设办公室、党委办公室、纪检监察室、政策法规研究室、人力资源部、计划财审部、运营管理部、养护工程部、规划开发部、工程建设管理部，另设结算中心、调度指挥监控中心、自治区交通厅派驻高等级公路路政支队，下设乌兰察布分公司、呼和浩特分公司、包头分公司、巴彦淖尔分公司、乌海分公司、服务区分公司、设备租赁分公司、六个公路建设工程项目管理分公司、绿化公司、综合产业开发公司、高速石油销售有限责任公司、公路工程局。

公司成立以来，在自治区交通厅的正确领导下，紧紧围

卧佛山隧道
长735m

开发有限责任公司

微笑服务

绕发展、廉政和服务这个主题，充分发挥全区交通建设开发的战略投资主体和主力军的作用，负重攻坚、改革创新、力谋发展，卓有成效地做了大量开创性的工作，在运营管理、公路建设和资本运营等方面均取得了显著成绩，为顺利实施“十一五”发展规划，全面开创内蒙古高等级公路建设运营的新局面奠定了坚实的基础，公司正沿着现代企业的运行轨道快速发展。内蒙古高等级公路的快速发展不仅为自治区经济的发展起到了强劲的拉动作用，而且为国家实施西部大开发战略提供了有力的交通保障。

干净整洁的呼集高速

今后，公司将按照自治区党委、政府的战略意图，在交通厅的正确领导下，依据现代企业制度和市场经济要求，紧紧抓住国家“把加快交通发展作为西部开发第一要务”的大好机遇，以提高运营管理效益为基础，以实施公路建设为重点，以推进公司股权结构多元化进程为方向，以为全区经济社会发展提供优质的交通保障服务为中心，进一步推进股份制改造进程，完善法人治理结构，实现资产规模大幅良性扩张，逐步形成全区范围内高速公路的规模化、集约化经营和优势互补、滚动发展的良性循环局面，努力把公司建设成为一个具有核心竞争力、资产优良、服务优质、效益稳定快速增长的大型股份制企业集团，为自治区经济社会的又好又快发展提供良好的公路基础设施和交通保障服务。

公路建设场面热火朝天

内蒙古自治区扶贫开

自治区主席助理扶贫办
主任崔国柱深入一线调研

扶贫办团结奋进的领导班子

自治区政府主席助理扶贫办主任：崔国柱
深入农牧区一线了解扶贫项目的落实情况

在党中央、国务院和国家有关部门的关怀支持下，在自治区党委、政府的正确领导下，全区各族人民艰苦奋斗，合力攻坚，全区扶贫开发工作取得了巨大成就。贫困人口由1986年底的600多万减少到2007年底78万人，农村贫困现象明显缓解，贫困地区基础建设得到加强，生产生活条件得到改善，农牧民收入明显增加，农牧业产业化有了新发展，各项社会事业得到了较快发展。扶贫开发的各项政策措施推动了贫困地区经济社会全面发展，不仅提高了贫困地区和贫困人口的自我发展能力，促进了经济健康持续协调发展，而且在维护政治稳定、增进民族团结、巩固边疆、促进社会和谐方面发挥了重要作用。

一、扶贫开发组织机构及职责

1986年，国务院成立贫困地区经济开发领导小组及其办公室，后更名为国务院扶贫开发领导小组及办公室，并在今年的机构改革中得到进一步加强。我区于1986年成立了扶贫开发工作领导小组，自治区人民政府副主席任亚平担任本届领导小组组长。自治区扶贫办是自治区扶贫开发领导小组的常设办事机构，1996年升格为正厅级单位，2000年机构改革时列入政府序列，为政府议事协调办事机构。负责贯彻执行国家关于扶贫开发的方针、政策；研究制订自治区扶贫开发的政策、规划、办法并组织实施；协调社会各界的扶贫工作和有关扶贫的国内、国际交流与合作；制订自治区农村牧区贫困人口和自治区级贫困县的扶持标准；负责组织贫困状况监测与统计；制订自治区扶贫资金分配方案，指导、监督和检查扶贫资金的使用，管理有关扶贫项目；承办国务院扶贫办和自治区人民政府及自治区扶贫开发领导小组交办的其他事项。

二、扶贫开发是一项长期的历史任务

扶贫开发是建设有中国特色社会主义伟大事业的一项历史任务，已基本解决的农村贫困人口的温饱问题只是完成这项历史任务的一个阶段性胜利。我国目前正处

发领导小组办公室

于并将长期处于社会主义初级阶段，在较长时期内存在贫困地区、贫困人口和贫困现象是不可避免的。当前尚未解决温饱的贫困人口，虽然数量不多，但是解决的难度很大。初步解决温饱问题的群众，由于生产生活条件尚未得到根本改变，他们的温饱还不稳定，巩固温饱成果的任务仍很艰巨。基本解决温饱的贫困人口，其温饱的标准还很低，在这个基础上实现小康、进而过上比较宽裕的生活，需要一个较长期的奋斗过程。至于从根本上改变贫困地区社会经济的落后状况，缩小地区差距，更是一个长期的历史性任务。

扶贫地区改良品种丰收在望

三、新阶段扶贫开发工作

自治区党委、政府高度重视扶贫开发工作，2006 年、2007 年连续两年，自治区党委、政府把扶贫开发列为自治区十大民生工程之一，2007 年又列入盟市旗县党政领导班子年度实绩考核内容。党的十七大报告明确提出了到 2020 年基本消除绝对贫困现象的奋斗目标，对扶贫开发工作提出了“一个加大、两个提高”的具体要求，即“加大对革命老区、民族地区、边疆地区、贫困地区发展的扶持力度”，“提高扶贫开发水平”，“逐步提高扶贫标准”。按照这一总的要求，结合我区实际，新阶段我区扶贫开发的主要任务是解决和巩固贫困人口的温饱问题，同时把扶持低收入人口，控制差距扩大，缓解相对贫困，促进社会和谐放在更主要的位置。在全面建立农村低保制度的情况下，继续坚持开发式扶贫方针，实行开发与保障相结合的方法，进一步加强领导，强化措施，增加投入，完善机制，按照“划分区域、分类扶持、加大投入、集中发展”的原则，促进贫困地区经济社会的全面、协调、可持续发展。

硕果累累

赤峰地区水浇地开发管道灌溉

扶贫产业化养羊项目

奶牛养殖小区

扶贫产业化养牛项目

托克托发电有限责任公司

内蒙古大唐国际托克托发电有限责任公司于1995年11月在呼和浩特市组建成立。公司资本金由北京大唐国际发电股份有限公司、北京国际电力开发投资公司和内蒙古蒙电华能热电股份有限公司三家股东分别以60%、25%、15%的比例出资注入。托克托电厂规划容量为8台600MW火电机组，总投资约200亿元。目前，8台600MW机组已投产发电，并成为国内目前最大的火力发电基地。

一期工程总投资60.7亿元，#1、#2机组分别于2006年6月、7月运行投产；二期工程总投资40.71亿元，#3、#4机组分别于2004年7月、9月投产发电；三期工程总资金50.2亿元，#5、#6机组分别于2005年9月、11月投产发电；四期工程总投资50亿元，#7、#8机组分别于2006年6月、8月分别实现投产发电。大唐托电所发电力全部供京、津、唐地区。2006年，托电全年完成发电量223亿千瓦时，完成工业总产值59.97亿元，实现销售收入59.99亿元，实现利润19.29亿元，为地方上缴税金7.16亿元。2007年，全部运行后预计可实现年产值70亿元，上缴税金10亿元。

华能呼伦贝尔能源开发有限公司

华能呼伦贝尔能源开发有限公司是华能集团公司的全资子公司，是在原华能伊敏煤电公司、呼伦贝尔市所属扎赉诺尔煤业公司、北方电力公司所属安泰热电公司的基础上组建的能源公司，位于内蒙古自治区呼伦贝尔市。公司于 2007 年 1 月 26 日注册成立。截至 2007 年末，总资产 183.6 亿元，在岗员工 21309 人。现有电力装机容量 267 万千瓦，煤矿年生产能力 2300 万吨，供热面积 1527 万平方米，承担着呼伦贝尔市 8 个地区的城市供热，在建红花尔基水库工程库容为 3.2 亿立方米（控股 60%）、两伊铁路工程 185 公里（参股 21%）。

华能呼伦贝尔能源开发有限公司组建以来，按照党的十七大精神和科学发展观要求，坚持“好”字优先、又好又快，“强”字当头、做强做大的原则，大力实施电煤热化路一体化发展战略。2007 年完成发电量 93.57 亿千瓦时，煤炭产量 1651.4 万吨，供热量 1583 万吉焦，销售收入 38.7 亿元，完成固定资产投资 32.9 亿元，上缴税费 65382 万元，公司名列内蒙古自治区二十强企业之一。

2008 年，华能呼伦贝尔能源开发有限公司计划发电量 140 亿千瓦时，煤炭产量 2210 万吨，新增供热面积 225 万平方米，销售收入 54 亿元，上缴税费 9 亿元。基本建设续建项目 5 个，新建项目 9 个，计划安排固定资产投资 66.8 亿元。

预计到“十一五”末，华能呼伦贝尔能源开发有限公司装机容量将达到 473 万千瓦，煤炭产量达到 3384 万吨，供热面积达到 3297 万平方米，控股库容 3.2 亿立方米的水利枢纽工程，煤化工年生产能力达到 60 万吨，参股建成 185 公里的铁路。实现销售收入 100 亿元，资产总额达到 360 亿元。规划到 2020 年，实现年产 1 亿吨煤炭、2000 万千瓦电力装机、年产 300 万吨煤化工产品、参股建设 400 公里铁路的“1234”战略目标，将华能呼伦贝尔能源开发有限公司发展成为以电力和煤炭为主导、煤电一体化为特色、电煤热化路协调发展，立足蒙东、辐射东北的大型能源企业。

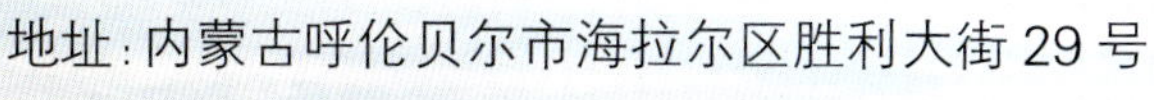
地址：内蒙古呼伦贝尔市海拉尔区胜利大街 29 号

邮编：021008

华能伊敏煤电公司发电厂
2×60 万千瓦机组单控室

华能呼伦贝尔能源开发有限公司

华能扎赉诺尔煤业公司国内
最先进的综采放顶采煤工艺

华能呼伦贝尔安泰热电公司铺设热网管线

乌海市人民政府

乌海市市委书记　白向群

乌海市市长　侯凤岐

乌海市是内蒙古自治区直辖市，是一座新兴的资源型工业城市，位于内蒙古自治区西部，总面积1754平方公里，辖海勃湾、乌达、海南三个区，总人口47.7万人。共有25个民族，其中少数民族24个，即：蒙古族、回族、满族、达斡尔族、朝鲜族、壮族、锡伯族、东乡族、布依族、藏族、苗族、土家族、鄂伦春族、彝族、侗族、鄂温克族、维吾尔族、俄罗斯族、畲族、水族、土族、保安族、黎族。中华人民共和国成立时，乌海地区只有410名居民。1958年，随着包兰铁路的开通和煤炭资源的开发，各族儿女从祖国的四面八方云集这里。1961年10月1日，海勃湾市和乌达市正式成立，分别隶属于伊克昭盟和巴彦淖尔盟。1976年1月10日，乌达市和海勃湾市合并，成立乌海市。

乌海市地处黄河上游，毗邻宁夏，是华北和西北地区交汇处，东北、华北通往西北的重要交通枢纽，同时还是“宁蒙陕”经济区的结合部和沿黄经济带的中心，是新疆、甘肃、宁夏开发运行的大通道，在国家实施西部大开发战略中占有重要位置。市政府所在海勃湾区距内蒙古自治区首府呼和浩特市526公里，距巴彦淖尔市临河区151公里，距宁夏回族自治区首府银川市150公里，距鄂尔多斯市东胜区392公里，距阿拉善盟巴音浩特镇188公里。1988年乌海市被国务院确定为内蒙古自治区经济体制改革实验区和对外国人开放城市，享有省级经济管理权限。乌海市矿产资源丰富，成组配套，得天独厚，是一片待开发建设的热土。乌海市矿产资源储备量大、品位好、易开采，并且相对配套，工业利用价值高。已探明金属、非金属矿藏有37种，其中，煤炭已探明储量30多亿吨，以优质焦煤为主，占全自治区已探明焦煤储量的60%左右；铁矿石储量600多万吨；煤系高岭土储量在11亿吨以上，约占全国探明储量的1/5；石灰石远景储量在200亿吨以上，高品质的石英砂、石英岩总储量达50亿吨，白云岩、耐火粘土、硅石储量也很可观。邻近地区还有丰富的盐、碱、芒硝、太西煤等，这些矿产储量大、品质高、配置条件好，是发展化工、建材等工业产品的重要原料。乌海市水土光热资源丰富，黄河流经市区105公里，昼夜温差大，日照时间长，有效积温高，无霜期达156～165天，属温带大陆性气候，适宜蔬菜瓜果生产，是国内可与新疆吐鲁番地区相媲美的优质葡萄生产基地，乌海市无核白葡萄在全国农业博览会上两次获得金奖。

乌海广场

乌海市夜景

经过40多年的开发建设，特别是改革开放以来，乌海市依托资

乌海火车站

源优势，努力改善投资环境，扩大开放，使综合经济实力不断增强。随着西部大开发的推进，特色工业优势凸显，工业化水平不断提升。依托经济开发区和重点项目建设，能源、化工、建材、特色冶金四个支柱产业优化升级。规模以上工业企业由2003年的83户上升到2007年的150户，其中产值超亿元的达到45户。1996年7月乌海市被国家建设部确定为全国矿区城市建设试点市。乌海工业经济连续五年保持了两位数以上的高速度，尤其是近几年，乌海市各项主要经济指标都保持了快速增长的势头。2007年国民生产总值完成190.04亿元，财政收入达到39.29亿元，四年固定资产投资累计完成290亿元左右。从整个经济发展趋势来看，主要工业产品升多降少，在列入统计的主要工业产品产量中，增长幅度较大的有洗精煤、电石、铁合金、焦炭、水泥、发电量。

城市建设景观

物华天宝，地杰人灵。乌海市具有丰富的旅游资源，有三个世界级的旅游产品，一是桌子山岩画群，是新石器至青铜时代北方游牧民族的艺术珍品，分布广、数量多、内容丰富、风格古朴，在国内外岩画界占有很高的地位；二是被学术界称为“活化石”的国家级保护植物四合木；三是拥有亚洲之最，长40米、底径1米的石炭纪硅化木。另外，乌海市还有李华中滩、胡杨岛等黄河中少有的滩岛，临近地区也有许多旅游景点，著名的贺兰山自然风景区、西夏王陵、沙湖、成吉思汗陵等。

公园奇石园

四合木是本保护区最有重要保护意义的物种，是内蒙古自治区境内唯一的特有属植物也是阿拉善荒漠特有的单种属植物，并且还是蒙古高原、亚洲中部的特征属之一，是国家二级、内蒙一级保护植物，全世界只在乌海地区作为建群种和优势种形成群落，是研究古生物、古地理及全球变化的极好素材，是植物中的大熊猫，现在受到国内外学术界高度重视。

乌海市发展潜力巨大，开发前景广阔，已形成“绿洲城市”的雏形。我们将坚持“优势互补、让利在先、互惠互利、共同发展的原则，以得天独厚的资源，快捷高效周到的服务和优惠政策，热诚欢迎国内外朋友到乌海观光旅游，投资建设，兴业取利，携手共建美好未来！同时，也真诚欢迎各界人士谏言献策，共筑光辉！

公园雕塑

内蒙古自治区商务厅

自治区商务厅党组书记、厅长　吕二喜

2007年全区实现社会消费品零售总额1904.1亿元，增长19.4%。全区外贸进出口总额达到77.4亿美元，全区进出口企业达到3861家，年出口额在1000万美元以上的企业达到41家，比上年增加17家，贸易伙伴遍及全球153个国家和地区。新批外商投资企业135家，实际使用外资达到21.5亿美元，全区累计审批设立外商投资企业2067家，主要涉及制造业、电力、采掘业、商业、房地产等行业。对俄进出口额实现29.9亿美元，增长30.2%，占全区进出口额的38.6%；全区对蒙进出口实现6.77亿美元，增长17.3%，占全区进出口额的8.7%。对俄蒙工程承包和劳务合作营业额实现3771万美元，协议投资6568万美元。2007年签订国外工程承包、设计咨询和劳务合作合同129个，合同总额2.2亿美元，完成营业额8032万美元，外派劳务7366人次。设立境外投资企业20家，投资总额7371万美元。2007年全区口岸进出境货运量约3320万吨，进出境客运量约416万人次。

2008年，全区商务和口岸经济工作将深入贯彻落实科学发展观，统筹国内发展与对外开放，努力实现又好又快发展。

一、以深化对俄对蒙经贸合作为重点，进一步加大向北开放力度

一是发挥我区区位优势，加强与俄蒙在矿产资源开发、冶金化工、木材加工、农业种植、食品加工等重点领域的合作。重点加强与俄赤塔州、阿加布里亚特自治区、卡尔梅克共和国、布里业特共和国、图瓦共和国，蒙古国扎门乌德、南戈壁省、东方省等地区的经贸合作，为别列佐夫铁矿、包钢与蒙古国达尔罕钢厂合作等项目做好服务。

二是切实抓好莫斯科“中国国家展”、圣彼得堡国际经济论坛和民交会上签约项目的跟踪落实工作。继续推动俄罗斯后贝加尔工业经济园区、赤塔州华商贸易加工合作园区、阿金斯克工业经济园区和蒙古国扎门乌德经济区的建设，组织国内外有优势企业入驻园区。

三是大力发展对外承包工程与劳务合作。在巩固和发展俄蒙等传统市场的基础上，支持企业实施“多元化”战略，加大开拓东南亚、中东、非洲、东欧和拉美市场的力度，努力培育对外工程承包、劳务合作新的增长点。

二、以保障市场供应为重点，认真做好市场监测工作

一是加强市场运行监测和调控。充分利用自治区市场监测三级网络平台，加强市场运行监测和预警，准确判断市场走势，及早发现市场波动苗头，提高工作前瞻性和主动性。进一步完善市场分析制度，及时发布市场信息，引导供给和需求，稳定居民消费预期。

二是突出保障重点。对关系人民群众生产生活的重要商品，要根据产销特点和可替代程度，实行分类管理。要认真研究制定重要商品供应的专项预案，确保春节、国庆等节假日等重大活动期间市场供应，保障低收入居民、学生等特殊群体的消费需求。

三是以改善民生为着力点，重点抓好连锁超市、社区菜场、快餐等生活保障性商业网点，解决居民就近购买放心肉、放心菜、放心早餐等基本问题。抓好猪肉质量安全监管，加强生猪屠宰企业资质等级认定工作。积极探索建立自治区重要生活必需品储备制度，稳定市场供应。

三、以促进社会消费为重点，全面推进商贸流通现代化进程

一是深入实施“万村千乡市场工程”和“双百市场工程”，提升农产品批发市场的质量和水平，培育畅通、高效的农产品流通体系。巩固和提高“万村千乡市场工程”的成果，拓展农家店经营范围，提高统一配送率，使农牧民消费更加安全、便利、实惠。

二是深化流通体制改革。有效整合商贸流通业资源，通过改制、重组、横向联合等方式，积极培育大型流通企业。继续完善市级商业网点规划，科学引导和规范城市商业网点布局，启动县级城市商业网点规划编制工作。

三是加快发展连锁经营、物流配送、特许经营、电子商务等现代流通方式，提升服务业档次。积极推动物流业发展，重点抓好自治区商贸领域10户重点物流企业，10个重点物流项目，指导呼和浩特、包头、通辽、巴彦淖尔市、满洲里完成物流发展规划。大力推广小肥羊、小尾羊、西贝等一批餐饮龙头企业运营模式，促进餐饮企业管理创新、服务创新。

四、以进一步扩大外贸进出口规模为重点，加快外贸增长方式转变

一是继续实施“科技兴贸”和“以质取胜”战略，充分利用西部外经贸发展促进资金、中小企业国际市场开拓资金、研发资助、出口信贷、出口信用保险等财政金融政策，扩大电器电子、重型汽车、稀土深加工、生物制药、有色金属加工、专用机械等商品的出口规模，提高深加工、高附加值产品的出口比重。

二是继续按照促进进出口基本平衡的发展方针，充分利用进口贴息资金和优惠信贷政策，鼓励和扶持企业扩大边贸化肥、铜精矿、煤炭、铁矿砂、原木等重要资源、矿产品的进口，扩大国内、区内急需的先进技术、关键设备、节能环保产品的进口。

三是利用国家探索建立服务贸易示范区的有利机遇，根据我区自身发展需要和市场需求，尽快完善服务贸易促进政策，搭建服务贸易促进平台，支持文化产品和服务出口，促进信息、金融、保险服务出口，扩大旅游、运输等传统服务出口。

五、以产业招商选资为重点，全面提升利用外资水平

一是创新招商引资理念，明确招商引资重点。按照国家经济宏观调控政策，严格限制高能耗、高污染、低水平投资，鼓励外商投资研发中心、高新技术产业、先进制造业和节能环保产业，鼓励外商投资现代农业、现代服务业和服务外包产业，促进产业升级，提高利用外资质量。

二是继续完善基础设施建设，不断夯实人力资源培养、创新服务平台、商务中介机构等软实力基础，为外资投入提供相应的支撑。按照合法、公平、透明、便民的原则，简化外资审批程序，提高行政效率和服务水平。不断完善外商投资投诉管理办法，依法保护境内外投资者的合法权益。

三是依托各类投洽会、博览会，继续推动与环渤海经济圈、东北亚经济区及长三角、珠三角等地区的交流和合作，主动承接沿海地区产业的二次转移，扩大利用外资规模。重点抓好2008年日中经济合作会议、厦洽会、中博会、东北亚博览会、哈洽会等境内外招商活动的组织工作，力争签订一批投资合作项目。

六、以优化口岸通关环境为重点，全面推动口岸经济繁荣和发展

一是充分挖掘口岸资源潜力，大力发展口岸加工业。重点建设满洲里口岸木材加工园区、大型重化工基地，二连浩特口岸木材、畜产品加工园区。依托策克口岸加快建设煤炭加工园区，依托甘其毛都口岸加快建设乌拉特中旗金泉工业园区，依托珠恩嘎达布其口岸加快建设乌力雅斯太工业园区。

二是加快口岸基础设施建设和“大通关”建设，重点抓好甘其毛都、策克、阿尔山、黑山头、满都拉、额布都格等口岸的基础设施建设。以建设和谐文明口岸为目标，以管理创新和技术创新为手段，全力推进“大通关”和共建文明口岸进程。

三是积极协调蒙古国相关部门早日实现策克、甘其毛都口岸常年开放。加大满都拉、额布都格口岸基础设施建设，为实现常年开放创造条件。做好巴格毛都、乌力吉口岸开放的前期准备工作，力争通过外交途径与蒙方达成双边开放协议。

内蒙古自治区文化厅

自治区文化厅党组书记、厅长王志诚同志在全区文化工作会议上讲话

党的十六大以来，随着我区经济社会的快速发展，文化在经济社会中的地位与作用进一步提升和凸显。文化工作越来越得到了各级党委、政府的高度重视，自治区党委和政府提出了建设民族文化大区的战略目标，对文化的投入逐年加大，全区财政投入由2000年1.65亿元，增加到2007年的6.13亿元，增长3.71倍。全区文化系统广大干部职工，解放思想，锐意进取，文化建设呈现出全面推进、稳步发展的良好态势。艺术创作和精品生产取得新成果，精品佳作不断涌现；公共文化服务体系建设深入推进，人民群众的文化权益切实得到保障；民族文化遗产保护与利用得到新加强，成为我区经济社会发展可持续发展的重要资源；文化产业培育和文化市场体现建设协调发展；文化设施建设有了显著改观；文化体制改革稳步推进；对外文化交流开创新局面。

文化部周和平副部长检查内蒙古古籍保护工作

目前，全区共有各类文化单位机构总数11425个，从业人员43986人，其中：国有文化单位2524个，从业人员17689人，分别占总数的22.1%、40.2%。全区共有艺术表演团体109个，5184人；共有艺术表演场馆31个，从业人员538人；图书馆113个，1735人；群众文化单位963个，3725人(群众艺术馆13个、文化馆102个、文化站848个)；文物事业单位118个，1623人(博物馆37个，文物管理机构77个，文物店2个)；电影发行放映单位888个，从业人员3576人；艺术教育单位6个，438人；文艺科研单位9个，122人；其他文化单位22个，395人。全区文化市场经营单位共有机构8901个。基本形成了较为完善的文化事业和文化产业发展体系。

乌兰部长在“三下乡”活动仪式上为群众赠书

文化信息资源共享工程基层点安装现场

内蒙古自治区交通厅

2007年全区交通工作会议在呼和浩特市召开，交通厅厅长常海与盟市交通局局长签定责任状。

2007年9月22日，交通厅厅长常海和自治区党委书记储波在海满一级公路通车仪式上

2007年8月，交通运输部部长李盛霖在交通厅厅长常海的陪同下在呼伦贝尔考察交通工作

2007年，在自治区党委、政府和交通部的正确领导下，全区交通工作以邓小平理论和"三个代表"重要思想为指导，深入贯彻落实科学发展观，紧紧围绕发展、服务、廉政三位一体的主题，抓住机遇，应对挑战，加大投资力度，调整交通结构，转变发展方式，深化改革创新，强化行业管理，圆满完成了年初确定的各项工作任务，以优异成绩迎接了党的十七大胜利召开和自治区成立60周年大庆。交通"三个服务"的能力和水平进一步提升，向全面完成"十一五"规划目标迈出了坚实的步伐。

公路建设承接"十一五"开局的大好来势。全年完成投资260.1亿元，较上年增长6.4%。全区新增公路9848公里，公路总里程达到13.8万公里。

重点公路建设稳步推进。全年新增高速、一级、二级公路513、412、1671公里，全区高速公路达到1768公里、一级公路达到2836公里、二级公路达到10778公里，分别占全区公路总里程的1.3%、2%、7.8%。赤通鲁、赤大、海满等一批高速、一级公路建成通车。

农村牧区公路建设进一步加快。全年完成投资68.3亿元，创历史新高。新改建县乡村公路1.8万公里，新增61个乡（镇、苏木）通油路、920个行政村（嘎查）通公路，超额完成了自治区十项民生工程确定的任务。全区乡（镇、苏木）通油路率达到81%、行政村（嘎查）通公路率达到63.4%，分别较上年提高5、4.8个百分点。建成乡镇客运站点86个。

交通各项改革进一步深化。深入推进公路建设管理权限下放改革，调动了地方政府建设公路的积极性。公路管养体制改革稳步推进，已有76个旗县基本完成改革任务，初步建立起了以地方政府为主的管养新体制。成立了东部区高等级公路管理处，交通厅对统贷统还的东部区高等级公路实施了统一管理。

公路运输能力进一步增强。加强运输组织和运力协调，保障了重点物资、鲜活农畜产品的运输，圆满完成了春运和"五一"、"十一"黄金周的运输任务。全年完成全社会客运量3.5亿人、旅客周转量219亿人公里、货运量7.3亿吨、货物周转量492亿吨公里，同比分别增长10%、10%、24%、28%。

自治区律师协会

第六次律师代表大会胜利召开

律协党总支召开先进性教育动员大会

司法厅厅长徐呼和在第七届国际研讨会上

自治区律师协会成立于1984年，是依法设立的社会团体法人，是自治区律师的自律性组织、依法对自治区律师执业机构和律师实施行业管理。自治区律师协会接受自治区司法厅、社会团体登记部门的监督和指导。自治区律师协会为中华全国律师协会的团体会员，接受中华全国律师协会的监督和指导。律师代表大会是律师协会的最高权利机构，理事会是律师代表的常设机构。现为第六届理事会，2005年由自治区第六次律师代表大会选举产生，共有理事33名，常务理事十八名，自治区律师协会会长宋建中，副会长巴布、杨淑岚、邓连戈，均为执业律师。自治区律师协会成立党组和监事会。律协党组分别由自治区司法厅分管律师工作的副厅长，公律处处长，律师协会会长、监事会主席、秘书长5人组成，监事会由7人组成，现任监事会主席王明志，副主席王明瑞。律师党组和监事会为加强律师队伍党建工作，保障行业管理工作的顺利进行起到了重要作用。

自治区现有执业律师2513人（其中专职律师2109人、兼职律师219人，法律援助律师107人，公司律师36人，公职律师34人）律师事务所239家（其中合伙所175家，合作所14家，国资47家，个人开业所3家）2007年，全区律师担任常年法律顾问2755家，刑事诉讼辩护及代理6286件，民事诉讼代理19855件，行政诉讼代理1093件，承办非诉讼法律事务2994件，咨询和代写法律文书102260份，参加公益事业和社会活动12779次，办理法律援助案件1699件，业务收费6779.76万元。今年以来，自治区律师在律师事务所规范化管理、律师队伍建设、律师培训、律师业务研讨与交流、律师文化建设等方面取得了一定成绩，受到了行业内外的充分肯定，为促进自治区律师事业发展作出了突出贡献。

托县燕山营小学向自治区律协赠送锦旗

自治区律协举办律师辩论大赛

岩英副厅长等参加第五届律师论坛

内蒙古自治区社会科学院

2007年7月31日，在自治区成立60周年大庆的献礼展示期间，自治区领导杨晶、陈光林、任亚平、乌兰、郝益东、罗啸天等，参观“内蒙古民族民间文化遗产数据库”的展示。

乌兰部长在社科院视察蒙文《大藏经》影印工作

内蒙古社会科学院党委书记吴团英研究员于2006年4月出访蒙古国科学院，就广泛的学术领域同该院签署了双方合作协议。

《草原文化研究丛书》首发式现场会

2007年9月13日，我院同自治区民委联合举办了“现代化背景下达斡尔族鄂温克族鄂伦春族俄罗斯族经济文化发展学术研讨会”。

2007年8月4日，内蒙古社会科学院同呼和浩特市政府、自治区社科联联合举办了“中国·内蒙古第四届草原文化研讨会”。

呼和浩特鸿盛工业园区

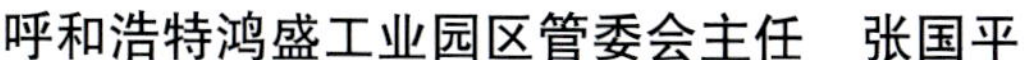

呼和浩特鸿盛工业园区管委会主任　张国平

内蒙古祺态服饰生产车间

呼和浩特鸿盛工业园区 2001 年 1 月经呼和浩特市人民政府批准建立。位于呼和浩特城区东北部的平原地带，总体规划面积 11 平方公里，一期开发面积 1.6 平方公里，已完成“八通二平”，二期规划面积 9.4 平方公里，目前已初具规模。园区具有良好的投资环境，完善的服务体系，优惠的投资政策，便捷的交通，优越的地理位置，是理想的投资区域。2003 年获自治区级乡镇企业科技示范区。2006 年被内蒙古自治区人民政府正式批准为自治区级开发区。

到目前为止园区共引进企业 36 家，其中正式投产企业 14 家，在建企业和项目 14 家，筹建企业 8 家，还有意向企业多家目前正在协商。到目前为止园区累计招商引资已超过 20 亿元。

鸿盛工业园区对外交通发达，距市区仅 5 公里，距呼和浩特白塔机场 1.5 公里，白塔车站 2 公里，距岁家营高速公路站口 2 公里。呼和浩特新建东客站位于园区南侧。南临“区门第一道——机场路”，北临 110 国道和京包高速公路，具有得天独厚的交通网络优势和市场辐射优势。

内蒙古兴鲁特金属结构生产车间

呼和浩特鸿盛工业园区将坚持走新型工业化发展的道路，全面协调可持续的科学发展，按照“高起点规划，高标准建设，高效益经营”的发展思路，严格遵循市场经济规律，根据市场需求变化趋势，逐步吸纳成熟稳定可产业化的实用技术，重点引进投资规模大、带动面宽、综合效益好的项目，形成规模聚集效应，实现产业机构化升级，建成发展布局合理，产业特色明显，投资环境良好的多种产业形式并存的外向型产业聚集区。

呼和浩特鸿盛工业园区在西部大开发的热潮中，将以真诚的合作态度，一流的服务质量，热诚欢迎海内外各界人士、企业家、财团来园区寻求发展，投资合作，实现双赢，共谋发展大业、共绘美好蓝图。

发展中的鸿盛园区

内蒙古广播电影电视局

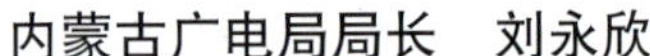
内蒙古广电局局长　刘永欣

全区广播影视工作会议场景

科学发展观，是发展中国特色社会主义必须坚持的重大战略思想，认真贯彻落实科学发展观是党的十七大报告的核心内容。党的十七大报告指出："科学发展观，第一要务是发展"，要求"全党同志要全面把握科学发展观的科学内涵和精神实质"，"把科学发展观贯彻落实到经济社会发展各个方面"。广播电影电视做为社会主义文化的重要组成部分，要大发展大繁荣，必须在科学发展观的指导下，创新发展理念，把握发展机遇，破解发展难题，加快发展步伐，提高发展质量，实现全面协调可持续发展。

一、以宣传工作为中心，建设现代化广播电视强势媒体

要进一步强化广播电视宣传工作的中心地位，始终把宣传工作摆在各项工作的首位，其他各项工作都要服从服务于宣传工作；要始终坚持广播电视作为党、政府和人民喉舌的根本属性不动摇，紧紧围绕党和政府的中心工作，密切关注人民群众关心的热点、难点问题，认真加强解疑释惑、政策解读、理顺情绪、化解矛盾工作，提高把握导向、引导舆论的水平；要按照党的十七大精神，用中国特色社会主义共同理想凝聚力量，用爱国主义和改革创新的时代精神鼓舞斗志，用社会主义荣辱观引领时尚，用社会主义核心价值体系引导社会思潮；要以全面提升节目质量、建设西部强势媒体为目标，创新办台理念和发展战略，立足实际，从本地区经济、历史、文化资源和市场及受众需求出发，对频率频道定位进行深入研究和科学调整，形成独特、鲜明的个性，大力推广栏目精品化、频率频道专业化、媒体品牌化，不断深化品牌内涵，提升品牌形象，扩大品牌价值，提高核心竞争力，实现可持续发展；要适应科技发展和受众分众化的趋势，大力发展网络广播电视、手机电视、移动多媒体等新媒体，形成一批具有时代精神、民族特色、品位高雅的新媒体品牌，拓展发展空间，增强发展动力，占领信息传播制高点，把握未来发展的主动权。

二、以事业建设为基础，构建广播电视公共服务体系

今后几年，我们要紧紧抓住以下三个机遇，做强做大全区广播电视事业，满足人民群众听广播、看电视、享受文化娱乐和科普教育的基本文化权益。一是抓住国家和自治区投资实施广播电视无线覆盖工程的机遇，精心组织好工程建设，大幅度提高中央和自治区广播电视节目在全区的覆盖水平。二是抓住国家发射直播卫星的机遇，加快推进"村村通"工程，按照以旗县为单位、集中整片推进的原则，先在部分盟市全面实现村村通广播电视，争取 2010 年在全区全部实现村村通广播电视，有条件的盟市要实现户户通广播电视，使全区广播电视覆盖率达到 98%左右。三是抓住自治区经济又好又快发展、财政收入大幅度增长的机遇，积极争取地方财政对广播电视加大投入力度，努力提高广播电视采编播设备的装备水平，大幅度提升节目制作能力，实现广播电视数字化播出；努力提高地方广播电视节目的覆盖率，使边远农村牧区群众能够收听收看到地方广播电视节目。通过实施上述三项工程，努力构建起覆盖全区城乡的广播电视公共服务体系，使事业建设的规模和水平进入全国强省之列。要进一步增强蒙古语广播电影电视的译制能力，提高译制水平。继续实施广播电视走出去工程，提高我区广播电视在周边国家的影响力。

三、以科技创新为支撑，努力提高广播影视数字化水平

要坚持以人为本、用户至上的原则，稳步推进有线电视数字化，2010 年全区旗县以上地区的有线电视全部实现数字化。要把有线数字电视整体转换工作放在贯彻科学发展观，维护改革发展稳定大局的大环境下来运作，既要符合科技发展的大趋势，又要考虑低收入群众的承受能力，充分尊重不同收视人群的选择权，不搞强制转换。要把 2008"优质服务年"的各项承诺落到实处，把整转工程作为民心工程，做到群众满意、政府放心、和谐转换、平稳过渡。积极稳妥地推进无线广播电视数字化，加快推进移动数字广播电视的发展。要以广播电视节目生产和传输、播出数字化为目标，抓紧调研论证、规划制定、人员培训等项工作，创新运行和管理方式，构建数字技术新体系。加快推进广播电视制作播出数字化进程，积极推进节目制作播出网络化，实现台内和电台、电视台之间资源共享，降低采访、制作成本，提高工作效率和新闻传播时效。

四、以经营、服务为重点，打造广播影视产业集群

2007年全区广播影视系统的产业发展取得明显成就，收入增长幅度达到42%，居全国前列，但总量在全国仍居于落后位次。这与全区经济又好又快发展的新局面不相适应，与我国东部省市和部分西部省区广播影视雄厚的产业基础和强劲的发展势头形成明显的反差。我们要敢于正视问题，找准制约发展的原因，站在新的起点上寻求新的突破。要牢固树立“第一要义是发展”的科学理念，改变满足现状、无所作为的精神状态，牢牢扭住发展这个主题，从全局和战略的高度谋划发展规划，创新发展机制，破解发展难题，实现广播影视产业持续、快速发展。要把握发展重点，突出抓好广告产业和网络产业这两大优势产业，继续保持高速增长态势。我区城镇居民和农牧民收入及社会消费品零售总额不断提高，广告市场份额明显增加，这为广播电视广告收入的持续增长提供了物质条件，加之广播电视节目质量的提高和广告经营机制的创新，为广告收入高速增长提供了现实可能性。我们要有充分的信心和智慧，要用更好的工作机制和激励机制抓好广告经营创收工作，把广告产业做强做大，为做好以宣传为中心的各项工作提供坚实的物质基础。要充分运用国家关于鼓励数字电视产业发展的政策，大力发展付费电视、视频点播、电视会议、互联网接入、家庭缴费、传输业务、资讯服务、设备生产等多种业务，形成多元化经营的产业格局，打造有线数字电视产业集群。要发挥内容产业优势，促进电影、电视剧的繁荣发展。内蒙古有着极为丰富影视剧创作资源，一是历史悠久、民族文化底蕴深厚，二是各类专业人才荟萃。过去我区曾生产过一大批在全国有影响的优秀影视作品，我们要立足现有基础，积极挖掘潜力，加强组织领导和市场运作，认真抓好题材选择、剧本创作、资金融通、拍摄生产、营销发行等各个环节的工作，做强做大我区的影视剧产业。同时，要大力扶持影视剧民营企业的发展，形成多种经济成分共同发展的产业格局。大力发展动画产业，充分发挥我区动漫人才优势和传统文化资源优势，积极争取国家动画精品专项资金支持，运用市场机制，做强动画产业，并抓好衍生产品开发，形成新的产业链条。

五、以推进改革为动力，进一步激发广播影视发展活力

要进一步解放思想，坚定改革的决心和信心，破除安于现状、回避矛盾、畏惧困难的心理，牢固树立改革是广播影视大发展大繁荣的根本动力和必由之路的观念，把改革与发展有机地统一起来，把改革做为发展的前提条件，把发展贯穿于改革的全过程，通过深化改革激发发展活力。按照“增加投入、转换机制、增强活力、改善服务”的要求，深化电台电视台的机制改革，重点做好广播电视节目制播分离改革，对于已经半市场化运作的文艺、体育类节目要争取完全进入市场，但要确保电台电视台对节目内容和播出的终审权。要积极吸纳社会资本进入广播电视节目制作领域，支持民营广播电视节目制作公司的成长发育，培育新的市场主体。要在确保较高广告收入基数和较高年增长率的前提下，进一步剥离广告经营，实现广告经营社会化、市场化。要以繁荣内蒙古电影事业为根本目标，积极推进电影厂体制机制改革。要着力抓好重大现实题材、历史题材、民族题材、农村牧区题材电影创作，通过多种形式和渠道吸引社会投资，每年拍摄几部在全国有影响、有较高票房收入的优秀电影；积极寻求有资金实力和人才实力的大型企业合资或合作兴建内蒙古电影、电视剧拍摄基地，使其成为集影视拍摄、旅游观光、餐饮娱乐于一体的电影产业发展基地；积极争取政府和大企业的支持，建立电影发展基金，增强电影产业持续投资的能力。

六、以队伍建设为根本，为广播影视繁荣发展提供组织保障

要以改革创新精神加强各级广播电视行政管理部门的自身建设，进一步转变职能，更加注重履行行业管理和公共服务职能，强化行政监督，提高依法行政水平。要大力推行政务公开，严格依法行政，建设服务型机关，自觉接受社会监督，切实解决监督缺失的问题。切实加强领导班子的思想政治建设和执政能力建设，努力加强学习，改善知识结构，加强广播影视发展战略研究，了解和掌握国际、国内广播影视发展趋势和规律，把领导班子建设成为善于把握全局、谋划长远发展、领导科学发展的坚强领导班子。切实加强全区广播影视系统各单位的作风建设，坚持改革创新，反对不思进取；坚持真抓实干，反对无所作为；坚持心系群众，反对衙门作风；坚持艰苦奋斗，反对享乐主义；坚持秉公用权，反对以权谋私。努力创造积极向上、和谐友好的工作环境，构建和谐广播影视系统。

要切实加强党风廉政建设。要按照党的十七大和中纪委十七届二次全会精神，紧密结合广播影视工作实际，深入开展党风廉政建设，坚持标本兼治、综合治理、惩防并举、注重预防的方针，建立和完善符合广播影视工作实际的反腐倡廉制度体系，形成权力运行监控机制。坚持新闻的党性原则和真实性原则，加强教育和监督，坚决防止有偿新闻、虚假新闻、人情新闻，做到有案必查，有错必纠。恪守大众传媒的职业道德，强化行业自律，继续加强对低俗之风、不良广告的治理，净化声屏荧屏，提高广播电视的社会公信力。加强对设备采购、工程招标、广告拍卖、电视剧购买、人员招聘等重大活动的监管，严格依照法定程序进行，做到公开、公正、透明，防止暗箱操作。坚决执行党的政治纪律和宣传纪律，贯彻“三贴近”原则，深入开展“大众传媒为大众”的活动，努力倾听受众的呼声，接受群众监督，坚持不懈地搞好行风建设。

要切实加强人才队伍建设。长期以来媒体间日趋激烈的竞争，说到底是人才的竞争。目前，我区广播影视系统人才总量不足，结构不合理，分布不均匀，特别是各门类的拔尖人才、复合型人才匮乏，已经成为制约事业、产业发展的主要矛盾，因此必须从战略的高度重视人才队伍建设。要加强教育培训工作，改进培训方式，创新培训内容，增强培训效果，努力提高各类人才的综合素质和专业技能。要改革用人制度，大胆起用政治上靠得住、业务上有本事、作风上过得硬的年轻优秀人才，促进人才队伍的年轻化。要改革收入分配制度，建立科学的人才评价体系，改变事业单位“机关化”的倾向，使收入分配向一线的优秀拔尖人才倾斜，形成科学的分配导向和激励机制。要牢固树立人才是第一资源的观念，努力创造尊重知识、尊重人才、尊重劳动、尊重创造的浓厚氛围，培养造就一批以新闻宣传、艺术创作、工程技术和经营管理人员为主体，专业门类比较齐全的优秀人才队伍，为全区广播影视大发展大繁荣提供人才保障。

开放发展中的阿拉善盟

中共阿拉善盟委员会书记　王玉明

中共阿拉善盟委员会副书记、盟长鲍常青(中)调研工作

策克口岸

贺兰山风力发电场

阿拉善盟位于内蒙古自治区最西部，北部与蒙古国交界，边境线长 735 公里。总面积 27 万平方公里，沙漠、戈壁、荒漠草原各占三分之一，总人口 21.73 万人。改革开放前，阿拉善还是一个基础较落后、信息闭塞的传统牧业地区，经济社会发展缓慢。1980 年建盟以来，阿拉善各族人民抓住机遇，发挥自身优势，深化改革，扩大开放，不断探索科学发展的新途径，实现了经济社会持续快速发展，综合实力不断增强。2007 年，全盟实现生产总值 111.76 亿元，完成财政收入 18.58 亿元，城镇居民可支配收入和农牧民人均纯收入分别达到 12459 元和 5072 元。

长期以来，我盟始终把生态环境保护与建设作为阿拉善生存发展的根本来抓，坚持“保护与建设并重，以保护为主”的方针，采取“退、保、建、管”等措施，实施了撤乡并镇、移民搬迁、退牧还草(林)、天然林保护、公益林生态效益补偿、飞播造林和人工增雨等工程，加速生态环境的自然恢复。截至目前，全盟 44 个苏木 228 个嘎查镇已撤并为 23 个苏木镇 190 个嘎查，共搬迁转移农牧民 1.5 万余人；围封、禁牧草场 3398 万亩，封禁区植被覆盖度由 8%—12% 提高到 15%—32%；腾格里沙漠东缘成功实施飞播林草 241 万亩，播区植被覆盖度达到 35% 以上，东居延海恢复最大水域面积 38.6 平方公里，局部区域生态环境明显好转。

坚持以工业为主的发展方向，重点规划建设煤化工、盐化工、特色冶金和电力能源产业，加大工业园区建设建设力度，提高集约化发展水平。目前全盟已形成年产 3.5 万吨金属钠、5 万吨氯酸钠、1.7 万吨靛蓝、310 万吨焦炭和铁矿石成品矿 260 万吨的生产能力。阿拉善盟现已成为世界规模最大的金属钠、亚洲规模最大的靛蓝、全国规模最大的氯酸钠生产基地。“一区多园”的阿拉善经济开发区已基本形成以制钠、氯碱为主的盐化工产业链和以甲醇、焦油加工为主的煤化工产业链，特色冶金工业园正在建设之中，2007 年阿拉善经济开发区被列为国家循环经济和生态工业园示范园区和自治区重点 PVC 工业园。在推进工业进程中，我盟认真落实国家、自治区关于淘汰落后生产力和节能减排的各项措施和要求，关停取缔了“十五小”、“新五小”企业 21 家，不符合国家产业政策和园区发展规划、污染物排放不达标的企业 12 家，建材、铁合金、焦化等一些环保重点治理企业全部完成环保设施的配套建设，并投入使用。2007 年，全盟二氧化硫和化学需氧量排放量分别减少529吨和1.038万吨。

坚持实施“引进来、走出去”战略,充分利用国内外两种资源、两个市场,不断扩大对外开放。目前,我盟与国外17个国家地区建立了经贸关系,有21家企业取得了进出口经营权,策克口岸已成为国家常年开放陆路口岸、内蒙古第三大陆路口岸。2007年,全盟利用外资445万美元,外贸进出口总额达到6004万美元,口岸进口原煤达121万吨。

以改善民生为目的,积极推进经济社会协调发展,建立和完善城乡一体的社会保障体系。按照统筹规划、相对集中的原则,加大教育布局调整和资源整合力度,全盟各类学校由“九五”末的82所调整为目前的55所,办学条件和质量明显改善。从2006年秋季开始,对全盟2.2万余名义务教育阶段的学生实行了全免费教育,同时对其中的6000余名农牧区寄宿学生补助了生活费,提高了贫困大学生的助学补贴标准。加强公共卫生设施建设,逐步完善疾病控制、医疗救治、卫生监督体系,全面推行了新型农牧区合作医疗和城镇居民基本医疗保险,农牧民参合率达到92.5%,城镇居民(无固定职业)医疗保险参保人数达1.6万人。盟、旗、苏木镇、嘎查村(社区)四级文化服务网络初步建立,广播、电视人口覆盖率分别由“九五”末的78%、73.2%提高到目前的88.7%和89.6%。积极推进城乡低保和养老保险一体化,城乡低保对象实现了应保尽保,农牧民养老保险参保人数达17907人,城镇居民(无固定职业)养老保险制度也已启动,公益林项目区符合条件的农牧民转为护林员并发放工资。落实了城乡一体的就业政策和服务措施,实现了农牧民与城镇待业人员的统一就业培训,同等条件就业。2007年,全盟城镇新增就业5527人,转移农牧民就业4681人,城镇登记失业率3.99%。

“十一五”期间,我们将坚持以推进城乡一体化建设统领经济社会发展,大力弘扬“顾全大局,无私奉献,坚韧不拔,艰苦奋斗”的阿拉善精神,全面落实科学发展观,突出生态建设、工业经济、城镇建设、公共服务四个重点,强化基础设施建设、矿产资源勘探、重大项目引进、发展环境优化、人口素质提高五项措施,力争实现经济总量扩张、增长方式转变、生态环境改善、城镇功能增强、居民待遇平等、保障水平提高六大突破,在全面建设小康社会和构建和谐阿拉善的进程中迈出坚实步伐。

“神舟六号”载人飞船在阿拉善大地成功腾起

阿拉善经济开发区庆华循环经济工业园

乌海至巴彦浩特一级公路

内蒙古自治区教育厅

2007 年教育部周济部长(左三)视察我区中职学校,与教师亲切交谈

自治区教育厅李东升厅长(左一)慰问教师

2007 年两基国检期间自治区教育厅李东升厅长(右一)陪同国家总督学、教育部副部长陈小娅(左一)视察

2007 年"六一"儿童节,自治区教育厅厅长李东升慰问留守儿童

2007 年,内蒙古教育厅坚持科学发展观,大力推进教育改革和发展,努力办好人民满意的教育,全区教育事业迈出了新的步伐,进入了新的发展阶段。

一、全面实现"两基"目标,基础教育实现了历史性跨越

从 1993 年开始实施"两基"工程,特别是"十五"以来,我区抓住国家实施各项重大教育工程的机遇,累计投入资金 378 亿元,农村牧区中小学布局结构调整逐步优化,办学条件明显改善,办学效益明显提高。2007 年 7 月,顺利通过"两基"国检,成为西部地区率先实现"两基"目标的省区之一。"两基"达标的历史性成就,标志着我区义务教育阶段的整体办学水平跨上了一个新的台阶。

目前,全区小学适龄儿童入学率比全国平均水平高 0.43 个百分点,小学毕业生可以全部升入初中;初中毕业生升学率比全国平均水平高 6.7 个百分点;青壮年非文盲率 97.3%;残疾儿童入学率超过 80%;义务教育阶段"两免"在全国率先实现城乡覆盖,农村、牧区中小学寄宿生补助标准得到较大幅度提高;进城务工人员子女就学问题也得到较好解决。

二、中等职业教育办学规模得到了恢复性发展,布局结构调整取得明显成效

2007 年,全区中等职业学校招生总规模达到 12.54 万人,比"十五"初的 2000 年增长 63.53%。国家助学金覆盖面达到了 97%,个别地区(如呼和浩特市)实现了全覆盖。管理体制改革和布局结构调整取得明显成效,校均规模由 508 人增加到 840 人,办学条件有所改善。共开设 9 个科类 246 个专业,基本上涵盖了各个行业和领域。

三、坚持"优先重点"发展方针,民族教育稳步前进

认真贯彻落实党的民族政策,坚持"优先重点"发展民族教育的方针,我区从办学体制、学校布局到困难学生救助等方面制定了八个方面的优惠政策,努力培养适应国家及自治区经济社会发展需要的蒙汉兼通的双语型人才。全区现有各类民族中小学 817 所,在校学生 37.44 万人,其中民族语言授课的 716 所,在校学生 27.27 万人。全区有 33 所普通高校开设了蒙古语授课专业和少数民族预科教育。少数民族学生(包括汉族以外的各民族)占在校生的比例,小学为 22.86%,中学为 24.28%,

大学为 30.17 %,研究生为 40.02%。

四、教师队伍整体素质明显提高

进一步加大教师培训工作力度，目前已形成自治区、盟市和旗县三级培训网络。至 2007 年底，全区小学教师合格率已达 99.3%，初中教师学历合格率为 97.71%，高中教师学历合格率为 87.31%，分别比 2000 年提升了 3.38、13.68 和 26.84 个百分点。教师学历合格率达到全国平均水平。

阳光体育师生同乐

2007 年 7 月两基国检反馈会

牧民学生欢快进入新校区

两基工作改善办学条件教师有了电子备课室

内蒙古财经学院

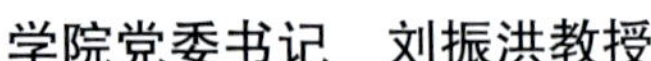

学院党委书记　刘振洪教授

学院院长　张亚民　教授

内蒙古财经学院始建于1960年，后几经更名，1979年恢复本科教育，1980年经国务院批准重建。1997年学院通过原国家教委的本科教学工作合格评估，2000年与原内蒙古经济管理干部学院合并组建成新的内蒙古财经学院，2005年取得硕士学位授予权，2006年原内蒙古财税职业学院和原内蒙古工商学校并入内蒙古财经学院，同年顺利通过国家教育部本科教学工作水平评估。经过近50年的建设和发展，学院办学规模越来越大，层次越来越高，实力越来越强，为自治区的经济建设和社会发展做出了重要贡献。

学院高度重视学科、专业、课程建设。目前，学院已经形成了以经济学、管理学学科为主，经济学、管理学、法学、文学、理学、工学六大学科相互支撑、协调发展的学科体系。学院现有商务学院等12个二级学院、中文系等4个直属系、1个直属教学部、经济与资源开发研究所等7个科研教辅机构。学院现有会计学等34个本科专业（含4个蒙语授课专业）和计算机应用技术等17个高职高专专业，有政治经济学、财政学、企业管理、会计学、统计学等5个硕士学位授权点。建成了财政学、会计学2个自治区重点学科，统计学、政治经济学、企业管理等3个自治区重点建设学科和会计学、金融学、统计学、经济学、酒店管理等6个自治区品牌专业，财政学等14门自治区精品课程。

目前，学院有全日制硕士研究生、普通本专科生14000人，有教职工1343人，其中专任教师762人。学院有具有硕士学位的专任教师417人，具有博士学位的专任教师80人，具有硕士以上学位的教师占专任教师的比例达到65.2%，具有高级职称的教师328人，占专任教师的43%。另外，先后聘请外籍专家41名。学院有自治区突出贡献中青年专家8名，享受政府特殊津贴6名，自治区“新世纪321人才工程”一、二层次人选11名，自治区高等教育人才培养“111”工程人选5名。

学院坐落在自治区首府呼和浩特市，占地2026.9亩，校舍总建筑面积近26万平方米，教学仪器设备值4741.7万元，教学用计算机1864台。学院建有经济管理实验实训中心、网络中心和各个专业的实验室或模拟训练教学设施，实验室面积达到4279M^2，多媒体教室、语音室座位数达到5353个。会计实验室、CAI实验室、计算机中心、硬件实验室被评为自治区“双基”合格实验室，自治区最大的文科实验中心——经济管理实

新校区规划设计方案鸟瞰图

学院领导向自治区政府连辑副主席汇报学院新校区建设规划

验实训中心和计算机信息管理实验教学中心先后被评为自治区实验教学示范中心。学院图书馆现有馆藏图书 102 万册，电子图书 14 万种（册），引进了 CNKI 系列数据库、书生之家数字图书馆等 11 个数据库；建成了 1 个馆藏中文图书书目数据库，2 个电子阅览室，“汇文文献信息服务系统”全面运行，初步实现了图书信息管理服务现代化。

为了进一步拓展办学空间，改善办学条件，学院正在建设新校区。新校区建设分两期进行，总建筑面积 34 万平方米，总投资近 6 亿元人民币。目前，一期工程基本完成，建筑面积 122648 平方米。

学院注重科学研究工作。现设有内蒙古经济与资源开发研究所等 7 个专业科研机构，出版《内蒙古财经学院学报》（经管版和综合版）和《内蒙古财院报》（蒙汉两种文字），其中《内蒙古财经学院学报》（经管版）被评为全国高校百强社科学报。2000 年以来，共发表论文 2600 余篇，其中 310 篇论文发表在《经济学动态》等国家级核心期刊，出版专著 45 部，主、参编教材 64 部，承担各级各类科研项目 471 项，获得国家和省部级科研成果奖励 234 项，其中，在自治区第八届哲学社会科学优秀成果评奖活动中有 49 项成果获奖，有 11 项获一、二等奖。

为全面推进素质教育，在突出抓好课堂教学和专业实践的同时，学院注重发挥“第二课堂”的作用，致力于学生多方面能力和素质的培养。学生实践能力和创新能力不断增强，公开发表的研究成果逐年增多，在全国大学生“挑战杯”、课外科技学术作品竞赛和创业计划大赛、“CCTV”英语演讲大赛、数学建模大赛等活动中多次获奖。

学院坚持思想政治教育、专业教育与大学思想、文化教育并举，努力提高学生的政治素质、人文素质和科学素养。2000 年以来，有 1000 多人次获得省、部级表彰奖励，有 551 人被评为自治区优秀毕业生，有 470 人次被评为自治区三好学生，有 463 人次被评为自治区优秀学生干部。多年来，学院应届本科毕业生年底就业率一直在 80% 以上，位居自治区高校前列，毕业生考取硕士研究生的数量也不断增加。2004 年，学院被评为“内蒙古自治区高校毕业生就业工作先进集体”。学院的毕业生遍及全国各地，他们以良好的政治素质、扎实的专业知识和实践创新能力博得了用人单位的好评，许多人已经成为单位的领导者、管理者和业务骨干。

正在建设中的图书馆

内蒙古工业大学

党委书记　荀黎明

校长　邢永明

实验楼

新教学楼

圖書館

内蒙古师范大学

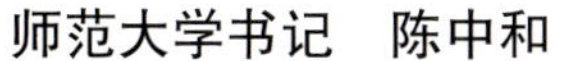

师范大学书记　陈中和

师范大学校长　杨一江

自治区党委书记储波来校视察

内蒙古师范大学创建于1952年，是新中国成立后党和国家在边疆少数民族地区最早建立的高等学校之一，自治区重点大学，是培养基础教育、民族教育师资和蒙汉兼通少数民族复合型人才的重要基地，是自治区中学教育培养中心、中小学教师继续教育中心、基础教育与民族教育改革发展研究中心，被誉为“民族教育的摇篮”。

学校占地面积3801亩，校舍建筑面积69.8万平方米，固定资产总值10.47亿元，其中教学仪器设备总值1.55亿元。馆藏图书214万册，电子图书72万册，长期订阅中外文期刊(含电子期刊)近14000种。学校下设20个职能处室，30个二级学院，4个教研部。现有教职工2354人，专任教师1430人，具有硕士、博士学位的教师占专任教师总数的47.4%，具有副高级以上职称的教师比例达到40%，有博士生导师、硕士生导师386人；国家和自治区有突出贡献中青年专家19人，入选国家“百千万人才工程”、自治区新世纪“321人才工程”、自治区高等教育人才培养“111人才工程”共115人(次)，享受政府津贴教师47人。

2004年5月教育部周济部长莅临我校视察工作

学校在校全日制本专科生25448人，各类研究生2500余人，成人教育学生11016人，各类留学生257人，形成了多层次的人才培养体系。学校开设58个本科专业，涵盖了8大学科门类，有自治区级教学示范中心4个，自治区重点学科13个，自治区重点培育学科5个，校级重点学科21个。

标志建筑－田家炳教育书院

学校现有博士一级学科点1个，硕士一级学科点7个、二级学科硕士点70个；有教育硕士、公共管理硕士等专业硕士学位授权点2个，此外，还具有高校教师在职攻读硕士学位授权和以研究生毕业同等学力申请硕士学位授权。有科研机构59个，自治区重点实验室3个，自治区高等学校人文社会科学重点研究基地2个。“十五”以来，学校教师出版学术著作314部；发表论文5927篇，其中被SCI、EI等收录的论文346篇；获得国家和省部级科研奖励216项；拥有国家发明专利3项。我校教师在国际权威刊物《Nature》上发表论文1篇。目前，学校主持各级科学研究项目641项，

我校学生合唱团荣获“第四届世界合唱比赛”金奖

内蒙古建筑职业技术学院

培养建设人才的摇篮

为内蒙古建筑职业技术学院题

实训楼

构造实训室

学院南门

学生公寓

内蒙古建筑职业技术学院是一所具有50余年办学历史的建筑类高职名校，由内蒙古自治区人民政府举办、自治区教育厅主管，是自治区唯一独立设置的建筑类高等院校，2007年被国家教育部、财政部确定为“国家示范性高等职业院校建设计划”立项建设单位。学院前身是成立于1956年的原内蒙古建筑学校，是全国6所建筑类重点中专之一，1999年举办高职教育。目前，学院是中央财政重点支持的建筑类职业技术教育实训基地项目建设单位、建设部确定的全区建设行业岗位培训与继续教育基地、全国50家高职高专校长联席会议成员单位；学院还是自治区人民政府确定的全区高职教育改革试点单位、自治区第一所人才培养工作水平评估获得优秀的院校、自治区高职高专教育研究会和毕业生就业工作促进会理事长单位。

学院现有南北两个校区，占地面积近1300余亩，校舍建筑总面积20余万平方米，固定资产总值1.7亿元。学院在职教职工528人，专任教师368人，其中高级职称教师118人，具备较高理论水平和丰富工程实践经验的“双师”素质教师226人。学院设有建筑学系、建筑工程系、管理工程系、机电与环境工程系、市政工程系、基础教学部、继续教育部等教学部门，拥有国家甲级资质的建筑勘察设计院和乙级资质的测量研究所等院属企业，承担自治区建设系统职（执）业资格培训、考试和建设行业职业技能鉴定工作。学院坚持依托建设行业办学，建立了以土建类专业为主干的专业群，开设29个专业。其中“建筑工程技术”、“建筑装饰工程技术”2个专业是国家级教学改革试点专业，“建筑工程技术”、“建筑装饰工程技术”、“供热通风与空调工程技术”、“工程造价”、“建筑设计”、“建筑工程管理”6个专业是自治区品牌专业。

2007年学院在内蒙古地区文科、理科、蒙授理科及中职技生对口考生的录取分数线均为自治区最高。学院坚持“以就业为导向”，先后与600余家区内外建筑企业建立了稳定的用人关系，形成了立体化的就业市场，近5年来毕业生就业率连续位居自治区高职高专院校之首，多次被评为“自治区普通高校毕业生就业工作先进集体”。

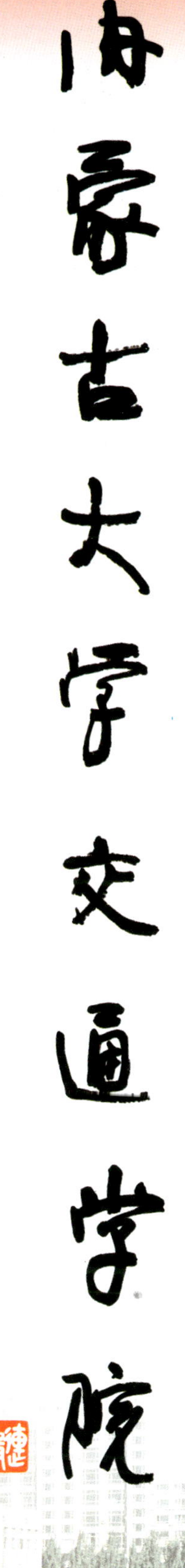

服务交通事业
培养优秀人才

内蒙古自治区副主席、内蒙古大学校长连辑为学院五十年华诞题词

连辑副主席题词

内蒙古大学交通学院是在原内蒙古大学职业技术学院和内蒙古大学理工学院交通系的基础上调整成立的学院。办学思路以应用学科为主兼顾相关学科方向；办学层次以本科、高职为主兼顾成人教育，在条件成熟时开办研究生教育；办学服务对象以内蒙古地区为主兼顾相邻地区。

学院占地 56.65 万平方米，现有校舍建筑总面积 10 万平方米。设有桥梁工程、道路工程、汽车工程、运输工程、机械工程、工程管理等 6 个学科方向；已开办“土木工程、交通运输”2 个本科专业 6 个二级学科方向（拟增加开设“汽车服务工程”等 7 个本科专业）；开设“道路桥梁工程技术、汽车运用技术”等 17 个交通类高职专业（拟增加开设市政工程技术等 4 个高职专业）。开办有高起本科和专起本科成人教育班。各学科均有独立的专业实验室及实训基地，设施完善，设备先进。学院图书馆藏书共 25.4 万册，与内蒙古大学图书馆数据联网。学院与区内外 40 多家交通企业签订了合作协议，建有相对稳定的实习实训基地。

2008 年 3 月，学院拥有专任教师 171 人，其中教授 5 人，副教授 61 人。教师中具有研究生学历（位）的 36 人。学院全日制在校生 2300 多人，其中本科 482 人，高职生 1820 人；成人教育在校生 1120 人。近年来，本科生一次就业率保持在 85%以上，高职生一次就业率保持在 90%以上。本科生考研率达 20%以上，主要考取学校有同济大学、东南大学、北京交通大学和长安大学等国内知名院校。

为充分发挥内蒙古大学科学研究与人才培养优势，内蒙古大学与内蒙古自治区交通厅决定合作共建内蒙古大学交通学院，双方本着互利双赢的原则，从高层次人才培养、科学研究、师资队伍建设和技术咨询与服务等方面积极开展合作；自治区交通厅将把内蒙古大学交通学院作为公路交通行业人才培养、科学研究和科技成果转化的重要依靠力量。

学院将遵循学校“开门办学、开放办学、开明办学”的办学理念，紧紧围绕自治区经济社会的发展目标和对交通人才需求，加强与交通行业尤其是自治区交通厅的合作，继续保持和扩大学院在人才培养、专业和资源上的优势，坚持“立足交通，依托行业，面向社会，服务经济”和多层次的办学思路，深化教学改革，注重质量和特色，实现学科、专业的跨越式发展，为自治区的经济建设和交通事业的发展提供人才和技术支持。

学院的总体发展目标是：大力开展交通教育教学、科研和技术服务活动，积极发展交通类本科教育和研究生教育，大力发展交通高等职业教育，坚持开展继续教育和专业技术培训。到 2015 年，将交通学院建成能主动适应交通行业发展需要，并在国内高等院校和交通行业中具有一定影响力，学科专业较齐全、师资力量较强、教学设备先进、教学设施齐全的高水平、特色鲜明的交通类工科教育基地。

教学楼

内蒙古电子信息职业技术学院

学院荣获首府百姓最满意的教育品牌，党委书记奇锦玉代表学院领奖

祁柱晓院长荣获中国改革十大新闻人物，图为在人民大会堂召开表彰大会上领奖

祁柱晓院长与联想集团副总裁刘秀稳签订校企合作协议

内蒙古电子信息职业技术学院是一所国办电子信息类高等专科院校，全国35所"国家示范性软件职业技术学院"之一，全国职业教育先进单位，国家重点建设示范性职业院校，全国职业技术院校职业指导工作先进单位，国家教育部、信息产业部批准的承担"计算机应用与软件技术专业技能型紧缺人才培养工程"的院校，内蒙古信息化技术技能人才培训基地；连续三年被评为内蒙古首府百姓最满意的教育品牌，是内蒙古人民满意的"金牌形象使者"，内蒙古信息化建设和信息产业发展先进集体，全区精神文明单位标兵，中国教育创新示范单位，是最具品牌提升价值教育机构，是内蒙古百姓口碑最佳单位"。2008年3月在全国首届高职院校就业工作"星级示范校"评选活动中获得"星级示范校"荣誉称号。

学院占地1066亩，设有软件学院、电子工程系、计算机科学系、信息管理系，2007年开设35个专业，其中电子政务专业为内蒙古党委机要局与学院联合招收的提前录取专业；校内建有2万平米的现代化图书馆和4300平米的具有先进仪器设备的实习实训基地；实习实训基地；建立了联想、TCL、海尔、创维、华硕、中软等近280个校外实习实训基地，计算中心、电子技术实验室已通过国家达标评估；配有电子阅览室和电子检索系统的图书馆，建有1000兆光纤为主干的宽带校园网和远程教育地面接收站，与全国重点大学共享教育资源；软件学院学生教室全部为专业教室，各系学生教室全部为多媒体教室。学院以实践教学为主，实践课时占到了50%以上。

学院有博士研究生学历教师4人，硕士研究生学历教师86人；副教授占46%，"双师型"教师占86%，教师每人配有一台笔记本电脑，全部应用多媒体教学技术。

学院是电子科技大学软件工程硕士内蒙古教学基地，设有教育部批准的全国29所试点远程网络本科教育点和函授本科教育点，学生在校利用业余时间可以同步完成电子科技大学专升本的学历教育；设有国家劳动和社会保障部职业技能鉴定所，设有国家信息产业部电子行业特有工种鉴定站，承担计算机类、电子类、管理类等近50种职业技能培训与鉴定。实现了专科、本科、硕士多层次的办学格局。

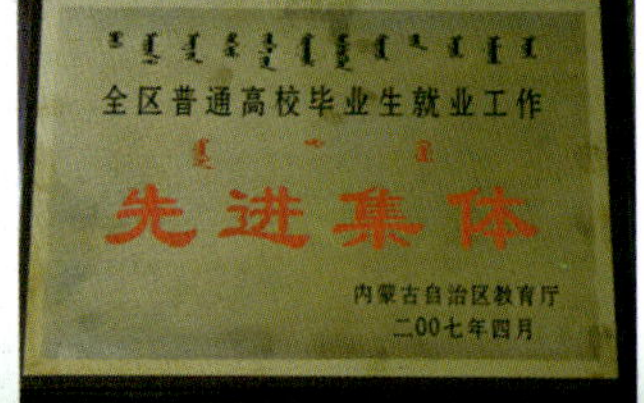

学院坚持"以就业为导向，以科学管理为基础，以教学质量为保障，以特色求发展"的办学理念，加快了学院建设、发展的步伐，现已形成了以普通高等职业教育为主体，兼有研究生、本科、大专教育，中等职业教育，短期培训和职业资格鉴定的教育教学体系。

目 录
CONTENTS

第一部分 特载
PART ONE SPECIAL ARTICLES

第二部分 统计资料
PART TWO STATISTICS

一、行政区划和自然资源
Divisions of Administrative Areas and Natural Resources

二、综合
General Survey

三、国民经济核算
National Accounts

四、人口
Population

五、从业人员和职工工资
Employment and Wages

六、固定资产投资
Investment in Fixed Assets

七、能源生产和消费
Production and Consumption of Energy

八、财政
Government Finance

九、物价指数
Price Indices

十、人民生活
People's Livelihood

十一、城市概况
General Survey of Cities

十二、农业
Agriculture

十三、工业
Industry

十四、建筑业
Construction

十五、运输和邮电
Transportation, Postal and Telecommunications Services

十六、国内贸易
Domestic Trade

十七、对外经济贸易
Foreign Trade and Economic Cooperation

十八、旅游
Tourism

十九、金融和保险
Banking and Insurance

二十、教育、科技和文化
Education, Science and Culture

二十一、体育、卫生、社会福利、环境保护和其它
Sports, Public Health, Social Welfare, Environmental Protection and Others

二十二、盟市资料
Statistics of Leagues and Cities

二十三、旗县区资料
Statistics of Banners, Counties and Districts

二十四、企业资料
Statistics of Enterprises

二十五、附录
Appendix

第一部分 特载

PART ONE SPECIAL ARTICLES

在中国共产党内蒙古自治区党委八届四次全委会议上的讲话

Report by Comrade Chu Bo on the Fourth Plenary Session of the Eighth Regional Committee of the Communist Party of China

内蒙古自治区党委书记 储波

(2007 年 11 月 26 日)

在全区上下认真学习贯彻党的十七大精神之际，中共中央总书记、国家主席、中央军委主席胡锦涛同志于 11 月 17 日至 19 日亲临我区视察。胡锦涛总书记一直对边疆民族地区的内蒙古十分关怀和关心。1994 年 8 月、1995 年 6 月、2000 年 4 月先后三次来我区视察指导。2003 年 1 月，党的十六大闭幕不久，胡锦涛总书记冒着隆冬严寒深入我区通辽市、锡林郭勒盟视察指导。党的十七大胜利闭幕后，胡锦涛总书记第一次到地方视察工作就来到内蒙古，充分体现了党中央对内蒙古各族人民的亲切关怀。视察期间，胡锦涛总书记先后深入鄂尔多斯市、呼和浩特市的农村牧区和工矿企业，亲切看望、慰问了农牧民群众和下岗、离退休职工，亲切接见了驻呼和浩特市人民解放军和武警部队师以上干部，作了许多重要指示。在听取自治区党委、政府的工作汇报后，胡锦涛总书记发表了重要讲话，对深入贯彻党的十七大精神、加快转变经济发展方式、高度重视改善民生、加强和改进党的建设等重大问题进行了深刻阐述。讲话内涵丰富、寓意深刻，具有很强的理论性、指导性，为我们深入贯彻落实党的十七大精神，在新的历史起点上更好地发展进步、开创未来指明了方向。

这次全委会议的主要任务，就是认真学习贯彻胡锦涛总书记重要讲话精神，进一步把学习贯彻党的十七大精神引向深入，进一步把科学发展、和谐发展推向前进，为夺取全面建设小康社会新胜利努力奋斗。

下面，我讲四个问题。

一、按照胡锦涛总书记“三个狠下功夫”的要求，不断把学习贯彻党的十七大精神引向深入

党的十七大是在我国改革发展关键阶段召开的一次十分重要的大会。当前，摆在全区各级党组织面前的首要政治任务，就是学习好、贯彻好党的十七大精神。胡锦涛总书记在讲话中指出，深入学习贯彻党的十七大精神，要在武装头脑上狠下功夫，切实帮助广大干部群众吃透党的十七大精神；在指导实践上狠下功夫，切实按照党的十七大精神研究和解决重大现实问题；在推动工作上狠下功夫，切实把党的十七大精神充分体现到各项工作部署和政策措施中去。我们一定要按照胡锦涛总书记“三个狠下功夫”的要求，在前一段学习贯彻的基础上，不断把我区学习贯彻十七大精神引向深入。

一是要全面准确地学习领会十七大和胡锦涛总书记重要讲话精神，切实把握精神实质。要结合学习胡锦涛总书记重要讲话，原原本本、认真细致地研读党的十七大文件，深刻理解党的十七大的主题，进一步增强高举中国特色社会主义伟大旗帜的自觉性和坚定性；深刻理解改革开放的伟大历史进程和宝贵经验，倍加珍惜、长期坚持、不断发展中国特色社会主义道路和中国特色社会主义理论体系；深刻理解科学发展观的科学内涵、精神实质和根本要求，坚定不移地走科学发展道路；深刻理解实现全面建设小康社会奋斗目标的新要求和社会主义经济建设、政治建设、文化建设、社会建设等方面的重大工作部署，充分激发为全面建设小康社会而奋斗的热情和干劲；深刻理解以改革创新精神全面推进党的建设新的伟大工程的重大任务，为使我们党始终成为中国特色社会主义事业的坚强领导核心而不懈努力。通过学习，使广大干部群众真正理解和把握十七大的精神实质，更好地用党的十七大精神统一思想、统一行动，凝聚力量、凝聚智慧。

二是要突出重点、创新方法，切实做到深入人心。要重点抓好各级领导干部的学习，分级搞好对县处级以上干部的集中轮训。各级党委中心组要把学习贯彻党的十七大和胡锦涛总书记重要讲话精神作为主要内容，制定计划，安排专题，坚持把集中学习与个人自学结合起来、通读文件与专题研讨结合起来、学习理论与思考问题结合起来，带头做到系统学、深入学，为广大党员和干部群众作出表率。同时，要组织宣讲团，利用报刊、电台、电视台等各种媒体，进行广泛深入宣传，全面推动十七大精神进企业、进学校、进社区、进乡村。要组织专家学者和有专长的实际工作者，围绕十七大提出的一系列新思想、新观点、新论断，围绕干部群众提出的难点、热点问题进行深入研究，努力推出一批有深度、有份量的研究成果。要坚持贴近实际、贴近生活、贴近群众，创新学习形式，善于用事实说话、用典型说话、用数字说话，做到既全面准确又深入浅出，切实增强宣传的吸引力和感染力。要根据不同对象、不同群体的需求，从不同角度、不同层次、不同侧面进行宣传，努力做到学习宣传活动使人喜闻乐见、给人教育启迪。

三是要紧密联系实际，切实解决问题。学习贯彻党的十七大和胡锦涛总书记重要讲话精神有没有明显成效，关键看各项工作有没有新进展、各项事业有没有新进步。要发扬理论联系实际的马克思主义学风，坚持学以致用、用以促学，把用党的十七大精神武装头脑、指导实践、推动工作作为学习的出发点和落脚点。要紧密结合思想实际，围绕干部群众提出的深层次思想理论问题和关心的热点、难点问题深入调研，切实做好解疑释惑和统一思想工作。要紧密结合工作实际，着眼中国特色社会主义事业总体布局，抓住制约科学发展、和谐发展的突出问题，找准结合点和切入点，切实拿出加强和改进工作的重大措施。要紧密结合群众愿望，全面把握人民群众的新期待，适应人民群众的新愿望，实现好、维护好、发展好最广大人民的根本利益。

总之，要通过深入学习贯彻，切实把党的十七大确定的重大理论观点、重大战略思想、重大工作部署和胡锦涛总书记重要讲话精神全面体现到各项工作中去，真正使学习贯彻的过程成为推动科学发展观贯彻落实的过程，成为推动经济社会又好又快发展的过程，成为推动改善民生的过程，成为推动党的建设全面加强的过程。

二、按照胡锦涛总书记“五个下大气力”的要求，努力推动经济又好又快发展

胡锦涛总书记在讲话中谈到，时隔近5年再来内蒙古，我们高兴地看到，“内蒙古各项事业发展很快，城乡面貌变化很大，改革开放和社会主义现代化建设取得新的显著成就。”要求我们加快转变经济发展方式，下大气力推进社会主义新农村新牧区建设，下大气力推进经济结构调整，下大气力推进自主创新，下大气力推进生态环境保护，下大气力推进改革开放。这“五个下大气力”，抓住了推进我区科学发展的关键。我区近年来发展势头良好，越是在这种情况下，越要重视转变经济发展方式，努力推动经济又好又快发展。

一是要在创新发展理念上取得新进展。从加快发展，到又快又好发展，再到又好又快发展，是我们党发展理念的深化和飞跃。特别是又好又快思想的确立，是马克思主义关于发展理念的重大创新。回顾这几年我区的发展历程，也同样经历了这样几个阶段。在深入贯彻落实科学发展观过程中，无论是呼包鄂优势地区，还是东部盟市和其它地区，都要把发展的基点定位在又好又快上，始终坚持好字当先、好为基础。强调好字当先、好为基础，就是要按照科学发展观的要求，进一步转变发展方式，坚持扩大国内需求特别是消费需求的方针，正确处理投资需求与消费需求的关系，促进经济增长由主要依靠投资、出口拉动向依靠消费、投资、出口协调拉动转变；坚持走新型工业化道路，大力发展现代农牧业、现代服务业，努力实现三次产业协调发展，促进经济增长由主要依靠第二产业带动向依靠第一、第二、第三产业协同带动转变；坚持实施科教兴区和人才强区战略，加大建设创新型自治区力度，促进经济增长由主要依靠增加物质资源消耗向主要依靠科技进步、劳动者素质提高、管理创新转变。强调好字当先、好为基础，就是要更加注重优化结构，更加注重提高发展的质量和效益，努力实现速度和结构、质量、效益相统一；更加注重保护环境，更加注重节约资源，努力实现经济发展和人口、资源、环境相协调；更加重视社会事业发展，更加重视民生，努力实现经济发展与社会发展、民生改善相协调。强调好字当先、好为基础，就是要在谋划科学发展过程中，眼界要宽一点，一定要按照中央要求，树立世界眼光和战略思维，更加自觉地把我区的发展置于全国乃至世界的发展大局中来谋划；眼界要远一点，既要立足当前，更要着眼长远，考虑未来、为了未来，不能只顾眼前、不顾长远，干吃祖宗饭、断子孙路的事，要多做打基础、利长远的事。强调好字当先、好为基础，就是要重实际、讲实干、求实效，切实用科学发展观武装头脑、指导实践、推动工作，着力转变不适应不符合科学发展观的思想观念，着力解决影响和制约科学发展的突出问题，切实把科学发展观贯彻落实到经济社会发展的各个方面。

二是要在调整优化经济结构上取得新进展。在谈到推进经济结构调整时，胡锦涛总书记指出，内蒙古这些年经济增长速度比较快，没有发展速度的压力，有条件在这些方面下功夫。同时要求我们，要增强经济结构调整的紧迫感，放眼全局推进经济结构调整、立足优势推进经济结构调整、紧扣节约推进经济结构调整。这完全符合我区实际，我们一定要深刻领会、切实执行。要在继续搞好生产力布局、所有制结构调整的同时，把产业结构调整放在突出位置，着力促进产业结构优化升级。要坚持把我区产业发展放到世界经济大背景中去把握、放到全国产业分布大格局中去谋划，紧紧抓住国际产业分工调整重组和我国东部地区产业转移的机遇，坚持以市场为导向，加快建设现代产业体系。要深入推进新型工业化，积极促进产业多元、产业延伸、产业升级，进一步做大做强优势特色产业，使优势更优、特色更特，产业层次更高、产业集中度更高、产业链条更长，市场份额更大，切实把我区优势特色产业培育成市场前景好、发展后劲足的产业。要大力发展现代农牧业。胡锦涛总书记在讲话中指出，内蒙古人均耕地面积和草原总面积居全国之首，是我国重要的粮食、畜牧业生产基地。要按照胡锦涛总书记的要求，毫不放松地抓好粮食生产，加快发展畜牧业特别是农区畜牧业，调整农牧业结构，推进农牧业产业化经营，完善农村牧区市场体系和农牧业服务体系。加快发展服务业，对于推进经济结构调整、转变经济发展方式、有效节能降耗，对于扩大就业、提高人民生活水平，具有极为重要的作用。要大力发展服务业特别是物流、金融、信息等生产性服务业和旅游、文化等新兴服务业。加大对服务业的投入，调整服务业结构和布局，推进服务领域改革，优化服务业发展环境，提高服务业比重和水平。要牢固树立资源基地也要厉行节约的意识，加快转变资源开发利用方式，加强资源开发的科学规划和有效保护，坚持有序开发和合理利用资源，建立健全资源有偿使用制度，大力发展循环经济，提高资源利用效率，逐步形成节约型的产业结构、增长方式、消费模式。

三是要在增强发展的协调性和可持续性上取得新进展。要把调整投资结构作为增强发展协调性和可持续性的重要抓手，在继续保持工业经济合理投资增速和规模的同时，着力调整投向，把更多的财力投向农村牧区、生态保护和基础设施建设，投向民生和社会事业。要进一步加大统筹城乡发展力度，加快建立以工促农、以城带乡长效机制，发挥工业对农牧业的支持反哺作用、城市对农村牧区的辐射带动作用，全面推进社会主义新农村新牧区建设，多渠道增加农牧民收入，加快农村牧区社会事业发展，努力形成城乡经济社会一体化新格局。要进一步加大统筹区域发展力度，继续鼓励呼包鄂优势地区率先发展，大力促进东部盟市全面振兴，努力实现全区各地协调发展。要进一步加大统筹经济社会发展力度，大力发展各项社会事业，切实解决经济社会发展存在的不协调问题，不断提高全社会的文明进步水平。要本着对国家、对民族、对子孙后代高度负责的精神，坚持走生态文明的发展道路，按照胡锦涛总书记的要求，把生态建设与生态保护、加强生态教育与健全体制、发挥政府作用与动员全社会力量结合起来，进一步完善政策、加大力度，切实保护好内蒙古这块辽阔草原，保护好大兴安岭这片绿色林海，坚持不懈地建设好祖国北方重要生态屏障。要进一步重申和强调，发展经济决不能以牺牲环境为代价。进一步落实节能减排工作责任制，强化检查考核，确保节能减排目标任务的实现。要进一步加强交通、水利、能源、信息、城镇等基础设施建设，不断提高基础设施承载产业、保障生活的能力。积极推进资源勘探详查工作，进一步摸清矿产资源和国土资源包括环境容量情况，切实提高资源接续能力。

四是要在推进改革开放和自主创新上取得新进展。要按照完善社会主义市场经济体制的要求，进一步加大改革力度，提高改革决策的科学性，增强改革措施的协调性，着力消除制约科学发展的体制机制障碍，更好地发挥市场配置资源的基础性作用。坚持和完善社会主义基本经济制度，加快推进国有企业改革，健全现代企业制度，大力鼓励、支持、引导非公有制经济发展，促进个体、私营经济健康发展。深化行政管理体制改革，减少政府对资源和要素配置的直接干预，强化公共服务职能。要按照胡锦涛总书记“在边字上做文章，在开放上下功夫，在内联上求发展”的要求，加强同兄弟省份的横向联合和协作，加强同区外大企业和企业集团的合作，加快形成与其它地区优势互补、共同发展的格局。充分利用我区毗邻俄蒙的地缘优势，坚持“引进来”和“走出去”相结合，大力加强口岸建设，大力发展边境贸易和口岸经济，积极有序地进行境外能源资源合作开发，切实做好向北开放这篇大文章，加快实现区位优势向开放优势转变。加大自主创新力度，注重发挥后发优势，实现技术跨越，突出企业创新主体地位，有重点地推进原始创新、集成创新和引进消化吸收再创新。要进一步优化发展环境，着力加强法治环境、信用环境和社会环境建设，积极发展各类要素市场，加快从资金流入区向资金、人才、技术和管理等要素流入区迈进。

三、按照胡锦涛总书记“三个着力”的要求，切实推进以改善民生为重点的社会建设

胡锦涛总书记在我区考察时，十分关注民生问题，多次深入农牧民和城市困难群众家中，仔细询问生产生活情况，嘱咐我们一定要把民生问题解决好。总书记亲民、爱民、为民的作风，使我们深受教育、深为感动。总书记指出：“改善人民生活，促进社会和谐，是科学发展观的内在要求，也是人民群众的根本利益所在”。要求我们着力保障和改善民生，着力加强民族和宗教工作，着力加强和改进社会管理。这“三个着力”的要求，对我们加强和谐社会建设具有很强的指导意义。我们一定要按照党的十七大的部署和胡锦涛总书记的要求，坚持以人为本，着力保障和改善民生，更加注重社会建设，努力使全区各族人民学有所教、劳有所得、病有所医、老有所养、住有所居，扎实推进和谐内蒙古建设。

一是以增收富民为重点，全力以赴做好保障和改善民生工作。近年来，随着经济的不断发展，我区城乡居民生活水平有了明显改善，但居民增收与经济增长不够协调，城乡人均收入仍低于全国平均水平。为此，自治区第八次党代会明确把“着力增收富民”确定为今后一个时期的重要目标和原则。各级在今后工作中，必须把增收富民作为坚持党的宗旨、落实执政为民的首要任务，作为各级干部最重要的政绩，积极探索、逐步建立收入增长与经济增长良性互动机制，稳步推进收入分配制度改革，着力促进城乡居民收入来源多元化、增收稳定化、分配公平化，切实提高城乡居民收入水平。要把扩大就业作为最大的民生工程来抓，实施积极的就业政策，坚持以创业带动就业，积极培育创业主体。健全面向全体劳动者的职业培训制度，完善面向所有困难群众的就业援助制度，统筹做好困难群众就业、高校毕业生就业、农村牧区富余劳动力转移就业工作，特别要确保零就业家庭至少实现一人就业。要健全完善社会保障体系，按照广覆盖、保基本、多层次、可持续的方针，以社会保障、社会救助、社会福利为基础，以基本养老、基本医疗、最低生活保障制度为重点，以慈善事业、商业保险为补充，加快建立完善覆盖城乡居民的社会保障体系，全面推行农村牧区低保制度，积极探索建立多种形式的农村牧区养老保险制度。要扎实推进民生工程建设，加大投入力度，切实解决好农牧民饮用安全水问题，推进经济适用住房和廉租房建设，多渠道解决低收入家庭住房困难。要抑制消费品价格过快上涨，重视“菜篮子”工程建设，完善和落实因基本生活必需品价格上涨对低收入群众的补助办法，切实保障群众生活。要正确处理尽力而为与量力而行的关系，多做让群众普遍受益、长期受益的事，坚持不懈地为群众办实事、解难事、做好事。

二是着眼于促进人的全面发展，大力发展各项社会事业。要进一步调整优化公共财政支出结构，努力促进公共服务均等化。要坚持把教育摆在优先发展位置，巩固“两基”达标成果，全面提高义务教育普及水平，逐步提高贫困小学、初中寄宿生的生活费补助标准，保障经济困难家庭、进城务工人员子女平等接受义务教育，保证考上大学的贫困家庭子女都能入学。要大力发展医疗卫生事业，加快推进医疗卫生体制改革，加紧建设覆盖城乡居民的公共卫生服务体系、医疗服务体系、医疗保障体系、药品供应保障体系，全面推进新型农村牧区合作医疗制度，加快推进以大病统筹为主的城镇居民医疗保障试点和普及工作，为群众提供安全、有效、方便、价廉的医疗卫生服务。要按照十七大关于推动社会主义文化大发展大繁荣的要求，切实把文化建设摆在突出位置，加强社会主义核心价值体系建设，加快推进和谐文化建设，深入推进民族文化大区建设，大力发展文化事业和文化产业，充分保障人民群众的基本文化权益，着力提高自治区的文化软实力，不断满足人民群众日益增长的精神文化需求。

三是坚持和谐为贵、稳定为重，努力营造和谐稳定的社会环境。在视察中，胡锦涛总书记对我区的民族团结进步事业给予充分肯定，指出“内蒙古自治区成立 60 年来，以各族人民共同团结奋斗、共同繁荣发展的不平凡历程，为我国民族团结进步事业发挥了重要作用，为我国实施民族区域自治树立了光辉典范”。这既是对我们的鼓励，也是对我们的鞭策。我们一定要以总书记的勉励为动力，以自治区成立 60 周年为新的起点，牢牢把握各民族共同团结奋斗、共同繁荣发展的主题，坚持和完善民族区域自治制度，加强民族团结进步教育，不断巩固和发展各民族紧密团结的大好局面，进一步开创我区民族团结进步事业的新局面。要全面贯彻党的宗教工作基本方针，依法管理宗教事务，积极引导宗教与社会主义社会相适应。要加强社会主义民主法制建设，不断扩大人民民主，加快推进依法治区进程。要创新社会管理理念和方式，加快形成科学有效的利益协调机制、诉求表达机制、矛盾调处机制，建立健全应急管理体制机制，最大限度地增加和谐因素、减少不和谐因素。要深刻认识和准确把握新形势下人民内部矛盾的特点和规律，建立健全正确处理人民内部矛盾的工作机制，进一步完善信访制度，健全党和政府主导的维护群众权益机制，努力从源头上减少人民内部矛盾的发生。要加强基层基础工作，深入开展矛盾纠纷排查化解工作，依法及时合理地处理群众反映的问题，努力把影响社会稳定的问题解决在基层和萌芽状态。要切实抓好安全生产，坚决遏制重特大安全事故发生，确保人民生命财产安全。要加强社会治安综合治理，深入开展平安创建活动，严密防范和严厉打击各种敌对势力的分裂、渗透、颠覆活动，确保社会大局稳定和边境安全。

加快推进以改善民生为重点的和谐社会建设，必须切实增强工作的自觉性、主动性和实效性。增强自觉性，就是要牢固树立执政为民的思想，树立群众利益无小事、民生问题大于天的理念，自觉坚持发展为了人民、发展依靠人民、发展成果由人民共享，把群众的生产生活、安危冷暖时刻放在心上、摆在首位，想问题、作决策、办事情都要以是否有利于改善民生、促进和谐为标准。增强主动性，就是要积极主动地研究和思考群众的所思所想、所愿所盼，敏锐把握影响群众生产生活的突出矛盾和关键问题，找准量力而行与尽力而为的结合点，适时出台富民惠民政策措施，及时解决群众生产生活中的实际困难和问题。增强实效性，就是要切实加大抓落实力度，把更多的人力、物力、财力和领导精力投到保障和改善民生上来，真正把改善民生的各项政策措施体现在为民办实事、办好事的实际行动中，以保障和改善民生的实际成效取信于民。关于明年为民办实事和民生工程建设问题，经自治区党委、政府研究后，下个月全区经济工作会议将作出安排。

四、按照胡锦涛总书记“四个大力加强”的要求，进一步加强和改进党的建设

党的十七大提出必须把党的执政能力建设和先进性建设作为主线，确立了思想建设、组织建设、作风建设、制度建设和反腐倡廉建设五位一体的总体布局，提出了使党始终成为立党为公、执政为民，求真务实、改革创新，艰苦奋斗、清正廉洁，富有活力、团结和谐的马克思主义执政党的总目标，明确了党的建设的六项任务。胡锦涛总书记在视察我区时要求我们，要全面贯彻落实十七大关于党的建设的总体部署，切实做到“四个大力加强”，即大力加强以坚定理想信念为重点的思想建设，大力加强领导班子和干部队伍建设，大力加强基层党的建设，大力加强作风建设和反腐倡廉建设。各级一定要按照胡锦涛总书记重要讲话的要求，以改革创新精神加强和改进党的建设，为自治区的改革发展稳定提供坚强的组织保证。

要深入推进理论武装工作。深入学习贯彻中国特色社会主义理论体系，着力用马克思主义中国化最新成果武装头脑。要深入学习贯彻邓小平理论和“三个代表”重要思想，深入学习实践科学发展观，深化广大党员干部对党的基本理论、基本路线、基本纲领、基本经验和十七大报告确立的重大理论观点、重大战略思想、重大工作部署的认识，把科学理论转化为坚定理想信念、改造客观世界和主观世界的强大武器，进一步增强贯彻落实的自觉性和坚定性。要坚持在统一思想中解放思想，积极适应国内外形势的新变化，顺应各族人民过上更好生活的新期待，立足社会主义初级阶段的基本国情和区情，科学分析经济全球化的新机遇新挑战，全面认识工业化、信息化、城镇化、市场化、国际化深入发展的新形势新任务，深刻把握我区发展面临的新课题新矛盾，正确制定符合科学发展观要求、符合内蒙古实际的政策措施，通过思想的大解放促进事业的大发展。

要深入推进领导班子和干部队伍建设。深入贯彻落实科学发展观，推动我区经济社会又好又快发展，关键在各级领导班子和领导干部。要按照党的十七大和胡锦涛总书记重要讲话要求，着眼于提高科学执政、民主执政、依法执政水平，增强领导班子整体功能，优化领导班子结构。要把提高领导科学发展能力作为各级领导班子建设的着力点，教育引导各级领导干部自觉学习实践科学发展观，把各级领导班子建设成为坚定贯彻党的理论和路线方针政策、善于领导科学发展的坚强领导集体。认真研究和解决地方党委领导班子配备改革后出现的新情况新问题，健全民主集中制，完善领导班子议事和决策机制，增强班子的创造力、凝聚力、战斗力。深化干部人事制度改革，全面贯彻干部“四化”方针和德才兼备原则，切实把那些德才兼备、实绩突出、群众公认、善于领导科学发展的干部及时选拔到领导岗位上来。

要深入推进基层党的建设。认真落实胡锦涛总书记“抓基层、打基础的工作始终不能放松”的要求，进一步巩固和发展先进性教育活动成果，完善落实“三个切入点、五个载体、一条主线、两个关键”的基层党建工作总体思路。认真洛实基层党建责任制，突出抓好基层党组织领导班子建设，优化组织设置，扩大组织覆盖，创新活动方式，充分发挥基层党组织推动发展、服务群众、凝聚人心、促进和谐的作用。扎实抓好党员队伍建设基础工程，组织引导广大党员认真学习和遵守党章，建立党员党性定期分析制度，构建党员联系和服务群众工作体系，健全让党员经常受教育、永葆先进性长效机制。建立健全城乡一体化党员动态管理机制，坚持不懈地提高党员素质，充分发挥党员在促进改革发展稳定中的先锋模范作用。积极推进党内民主建设，以扩大党内民主带动人民民主，以增进党内和谐促进社会和谐。

要深入推进作风建设和反腐倡廉建设。胡锦涛总书记在视察中告诫我们：“内蒙古是边疆地区，条件比较艰苦，工作难度比较大，加强作风建设尤其重要。”我们一定要把党的作风建设放在更加突出的位置，始终不渝坚持立党为公、执政为民，坚持权为民所用、情为民所系、利为民所谋，切实做到在思想上尊重群众、政治上代表群众、感情上贴近群众、行动上深入群众、工作上为了群众。要大力弘扬求真务实精神，大兴求真务实之风，自觉做到清醒、静心、实干。大力发扬谦虚谨慎的工作作风，大力弘扬艰苦奋斗的革命精神，坚持勤俭节约、勤俭办一切事业，自觉抵制拜金主义、享乐主义、极端个人主义的侵蚀，始终做到“两个务必”。要加强党风廉政建设和反腐败工作，建立健全惩治和预防腐败体系，形成拒腐防变教育长效机制、反腐倡廉制度体系、权力运行监督机制，拓展从源头上防治腐败工作领域。要牢固树立马克思主义的世界观、人生观、价值观，坚持正确的权力观、地位观、利益观，不断增强拒腐防变能力，做到在各种诱惑面前一身正气、一尘不染。广大党员特别是领导干部，要按照胡锦涛总书记要求，一定要居安思危、增强忧患意识，一定要戒骄戒躁、艰苦奋斗，一定要刻苦学习、埋头苦干，一定要加强团结、顾全大局，切实做到思想上始终清醒、政治上始终坚定、作风上始终务实。

党的十七大为我们描绘了新的发展蓝图，胡锦涛总书记视察内蒙古时对我们提出了殷切希望。我们一定要更加紧密地团结在以胡锦涛同志为总书记的党中央周围，高举中国特色社会主义伟大旗帜，以邓小平理论和“三个代表”重要思想为指导，深入贯彻落实科学发展观，团结带领全区各族干部群众，以更加奋发有为的精神状态和求真务实的工作作风，站在新起点，创造新业绩，把自治区的改革开放和现代化建设继续推向前进！

政府工作报告

Report on the Work of the Government

——2008年1月20日在内蒙古自治区第十一届人民代表大会第一次会议

内蒙古自治区主席　杨晶

本届政府2003年1月就职，五年任期即将结束。现在，我代表自治区人民政府向大会报告工作，请予审议，并请自治区政协委员和列席会议的同志们提出意见。

一、过去五年工作的回顾

自治区十届人大一次会议以来的五年，是不平凡的五年。在党中央、国务院和自治区党委的正确领导下，自治区政府团结带领全区各族人民，坚持以邓小平理论和“三个代表”重要思想为指导，深入贯彻落实科学发展观，抓住国家实施西部大开发和振兴东北地区等老工业基地战略机遇，加快改革开放和现代化建设步伐，经济社会发展实现了重大跨越。

——综合经济实力大幅提升。全区生产总值由2002年的1940.9亿元增加到2007年的6018.8亿元，年均增长20%；财政总收入由206.8亿元增加到1018.1亿元，年均增长37.5%，经济总量和财政实力由全国后列迈进中列。人均生产总值超过3000美元，进入全国前列。

——经济结构发生深刻变化。三次产业结构从19.3∶38.9∶41.8调整为13∶51.2∶35.8，由工业化初期进入中期阶段。非公有制经济比重由27%提高到40%，城镇化率由44%提高到50.2%，所有制和生产力布局结构调整取得积极进展。

——自主发展机制开始形成。五年累计完成固定资产投资13517亿元，年均增长43.9%，办成了一些多年想办而没有条件办的大事。投资主体实现多元化，社会投资占全部投资比重达到77%；发展环境优化，生态和基础设施建设成效显著，法治、服务、诚信等软环境明显改善；市场化程度不断提高，企业的市场主体地位、市场在资源配置中的基础性作用进一步增强。

——人民生活得到明显改善。城镇居民人均可支配收入由6051元增加到12378元，农牧民人均纯收入由2086元增加到3953元，在全国的位次明显前移。城乡居民衣食住行和享有的基本公共服务水平不断提高。全部免除了农牧业税，加大直接补贴力度，农牧民得到更多实惠。建立了城乡居民最低生活保障制度，困难群众基本生活得到保障。

——文化和社会建设迈出新步伐。民族文化大区建设取得丰硕成果，人民群众精神文化生活更加丰富。各级各类教育迅速发展，在西部省区市率先实现“两基”达标。就业规模不断扩大，社会保障体系建设加强。抗击非典取得重大胜利，公共卫生体系不断健全。社会管理逐步加强，依法行政水平稳步提高。民族团结、社会稳定、人民安居乐业的和谐局面进一步巩固和发展。

五年来，本届政府以科学发展观为指导，以富民强区为己任，按照不断完善的发展思路，认真履行职责，狠抓工作落实，在推动科学发展、促进社会和谐方面进行了积极探索和实践。

（一）坚持把解决好“三农三牧”问题作为重中之重。不断加强农牧业基础地位，全面落实各项支农惠农政策，农牧业和农村牧区开始步入以工促农、以城带乡、城乡统筹发展新阶段。农牧业综合生产能力显著增强，粮食总产量达到350亿斤左右，牧业年度牲畜存栏突破1亿头（只），牛奶、羊肉产量跃居全国首位。农牧业结构不断优化，畜牧业产值占第一产业比重达到46%，其中农区畜牧业占全部畜牧业比重达到70%，优质高产高效农作物比重达到55%，分别提高10.8、24.6和10.7个百分点。大力发展现代农牧业，农牧业综合机械化水平达到60%，主要农作物良种覆盖率达到95%，大小畜良种比重达到90%。农牧业产业化经营成效显著，农畜产品加工率达到60%，加工企业销售收入增长4.8倍，160万农牧户从中受益。加强农村牧区基础设施和公共服务设施建设，实现了县县通油路、乡乡通公路、村村通电，各项社会事业全面推进。加快农村牧区生产力和人口布局调整，在转移农牧民、富裕农牧民的同时，推动了农牧业生产方式转变和生态恢复。

（二）坚持走具有地区特色的新型工业化道路。把做大做强工业作为加快自治区现代化建设的重要任务，不断调整优化结构，转变发展方式，走大项目、大产业、大基地的路子，着力推进产业多元、延伸和升级，实现了工业经济又好又快发展。五年来，全区工业增加值增长2.4倍，规模以上工业企业实现利润增长12.4倍，对经济增长贡献率达到51.7%，成为带动自治区经济增长的主导力量。坚持突出重点、培育特色、服务全国，壮大优势特色产业，形成了以能源、冶金、农畜产品加工等六大产业为支撑、具有相当规模和层次的产业体系。营业收入超百亿元的企业从无到有达到11户，培育了19个中国驰名商标，14个中国名牌产品，成为国家重要的能源、农畜产品深加工和重化工业基地，在发展自身的同时为国家做出了积极贡献。加快转变经济发展方式，大力加强节能减排工作，重视发展循环经济和清洁生产，建设了一批国际国内领先项目，淘汰了一大批落后生产能力，产业水平明显提升。坚持规划先行、集约发展，基本完成了以特色园区为基础、优势产业基地为骨干的工业布局，为集聚生产要素、推进集群化发展创造了良好条件。

（三）坚持产业、城乡和区域协调发展。从规划指导、政策扶持和优化环境入手，加快发展服务业。五年来，全区服务业增加值增长 1.2 倍，对地方税收的贡献率达到 50%，对城镇就业的贡献率达到 70%。商贸流通、交通运输等传统服务业规模不断扩大，旅游、金融保险等现代服务业快速发展。坚持转移人口与提高城镇承载能力并举，积极稳妥地推进城镇化，累计新增城镇人口 158 万人，城市建成区面积扩大了 25%，城市面貌和人居环境显著改观，中心城市辐射带动能力不断增强，基本形成了支撑全区协调快速发展的城镇体系。坚持非均衡发展与协调发展相统一，呼包鄂等优势地区保持强劲发展势头，东部盟市加快振兴，其他盟市发展活力逐步增强。

（四）坚持改善经济社会发展条件。始终把生态建设作为最大的基础建设来抓，五年共完成林业生态建设面积 5098 万亩，水土流失综合治理面积 3285 万亩，草原建设总规模 1 亿亩以上，禁牧休牧草原面积 6.5 亿亩以上。加强重点区域、重点流域和重点行业环境治理，全区环境质量明显改善，地表水水质达标率由 27.8%提高到 66.1%，城市空气质量好于二级以上天数普遍增加。基础设施建设取得重大进展，基本建成贯通自治区东西的高等级公路、铁路和电力三大通道。全区公路建设累计投资 1100 多亿元，新增公路里程 2 万多公里，公路等级和通达广度、深度明显提高。铁路建设累计投资 306 亿元，新增铁路里程 1238 公里，是过去 10 年新增里程的总和。新建、改扩建民用机场 8 个，航线通达国内外 48 个城市。电网建设累计投资 300 亿元，形成了连接东西、辐射区内外的高等级主干网架。加快水利设施建设步伐，新增农田有效灌溉面积 416 万亩，发展节水灌溉面积 937 万亩，解决了 427 万人的饮水困难和安全问题。大力整顿国土资源市场秩序，促进了土地和矿产资源节约集约利用。加强地勘工作，累计投入 92.6 亿元资金，地质勘查取得重大突破，煤炭和贵金属储量跃居全国首位，资源保障能力进一步增强。

（五）坚持以改革开放和科技进步为动力。加快国有资产管理体制和国有企业改革，实施“增量式”战略重组，完成了内蒙古电力等 11 家大中型国有企业和外贸、物资、商粮三大流通集团改革，地勘单位企业化改革走在全国前列，国有企业活力明显增强。农村牧区综合改革逐步深化，投融资体制改革取得积极进展，财税、粮食流通体制和教育、文化、卫生等各项改革稳步推进。产权、资源等要素市场不断完善，现代市场体系建设步伐加快。对外开放和招商引资成效显著，向北开放步入新阶段，口岸经济和以资源开发为重点的对外经贸合作取得重要进展。五年来，全区进出口总额增长 1.6 倍，累计引进国内（区外）资金实际到位 5279 亿元。把实施科教兴区和人才强区战略作为转变发展方式的关键环节，取得重大科技成果 1497 项，科技进步对经济增长的贡献率达到 48%。加强人才工作，人才流失现象初步遏制，在一些地区和行业形成人才流入大于流出的局面。

（六）坚持全面发展各项社会事业。充分发挥公共财政的职能作用，自治区财政累计投入 616 亿元，切实加强各项社会事业。积极推进教育均衡发展，完成了寄宿制学校建设、农村牧区中小学危房改造和远程教育网络建设工程，农村牧区教育资源得到整合，办学条件显著改善。高等教育进入大众化阶段，质量稳步提高。职业教育取得积极进展，民族教育得到优先重点发展。公共卫生体系建设取得新突破，疾病控制、医疗救治和农村牧区医疗卫生条件显著改善，重大疾病预防控制水平进一步提高。新型农村牧区合作医疗制度实现全覆盖，城镇医疗保险试点开始启动，城镇社区卫生和中蒙医药事业取得新进展。加强人口和计划生育工作，低生育水平保持稳定。大力发展文化事业和文化产业，艺术精品不断涌现，基层文化建设和文物保护工作得到加强，广播影视、新闻出版、哲学和社会科学事业蓬勃发展，精神文明创建活动不断深入。群众体育和竞技体育协调发展。人防、气象、测绘、地震、档案、史志、无线电管理等各项工作都取得了新成绩。

（七）坚持把解决民生问题摆在突出位置。加大就业和社会保障工作力度，五年累计新增城镇就业 102 万人，累计安置就业困难对象 24.8 万人，帮助零就业家庭实现至少一人就业。“两个确保”和“三条保障线”政策得到有效落实，养老、医疗保险参保人数分别增加了 77.9 万人和 131 万人，企业退休人员养老金标准提高了 64%，低保制度保障了 160 多万城乡困难群众的基本生活。教育资助力度不断加大，对义务教育阶段学生全面实施了“两免一补”政策，中等职业教育助学金资助面达到 90%以上，高等教育资助政策覆盖所有贫困家庭大学生。针对城镇低收入住房困难家庭的住房保障制度开始实施。扶贫工作成效显著，解决了 50 万绝对贫困人口的温饱问题。加强抗灾救灾工作，及时发放救灾款物，妥善安置了受灾群众的生产生活。红十字、残疾人事业、老龄、青少年和妇女儿童权益保障工作取得了新进展。

（八）坚持加强政府自身建设。加快建设公共财政体系，在财力增强的基础上实现了由保工资保运转的“吃饭财政”向公共财政转变。积极推进政府决策科学化和民主化，自觉接受人大依法监督和政协民主监督，加强与各民主党派、工商联和无党派人士联系。认真落实依法治区方略，坚持依法行政，提请自治区人大常委会审议了 38 部地方性法规议案，制定并颁布了 31 部行政规章，圆满完成“四五”普法任务。政务公开范围明显扩大，行政审批制度改革不断深入。严格机构设置和编制管理，行政事业单位人员增长得到有效控制。加强审计监督，规范资金运行，推动了廉政建设。狠抓源头治理和行政效能监察，政风、行风建设得到加强。全面贯彻党的民族和宗教政策，各族群众权益和宗教信仰自由得到保障，少数民族聚居区发展加快。加大市场监管和专项整治力度，保障了产品质量和食品药品安全。加强安全生产基础和制度建设，安全生产形势总体稳定。认真做好信访工作，集中解决了一批群众反映强烈的突出问题。严厉打击刑事犯罪活动，平安内蒙古建设深入推进。国防动员和后备力量建设不断加强，双拥工作深入开展。积极支持祖国航天事业发展。

刚刚过去的 2007 年，我们深入贯彻落实科学发展观，坚持好中求快、扬长补短、以人为本，各项工作都取得了新成绩。地区生产总值增长 19%，财政总收入增长 42.8%，城镇居民人均可支配收入和农牧民人均纯收入分别实际增长 14.6%和 13.2%。新增城镇就业 25.1 万人。居民消费价格总水平上涨 4.6%，低于全国平均涨幅。经济结构调整迈出新步伐，生态和基础设施建设继续加强，节能减排初见成效，主要污染物排放首次出现“双降”。加强民生工作，投入 100 多亿元，为群众办了“七件实事”、实施了“十项民生工程”。各项社会事业全面进步，民主法制、精神文明建设取得新成绩。成功举办了自治区成立 60 周年庆祝活动，充分展示了党的民族政策的辉煌成就和内蒙古的新形象，受到各方面的广泛赞誉。

总的看，这五年是我区改革开放和全面建设小康社会取得重大进展的五年，是发展基础、发展机制和综合实力实现历史性跨越的五年，是城乡面貌显著改变、人民得到更多实惠的五年。今天的内蒙古，已经站在了新的历史起点上！五年来的成功实践使我们深深地体会到：实现经济社会又好又快发展，必须按照党中央、国务院和自治区党委的决策部署，深入贯彻落实科学发展观，坚持从国家宏观大局和自治区实际出发，不断完善发展思路，创造性地开展工作；必须坚持以经济建设为中心，加快经济结构战略性调整，转变经济发展方式，努力提高发展的质量和效益，大力推进新型工业化、农牧业产业化和城镇化，实现“三化”互动；必须坚持改革开放和科技进步，把借助外力和启动内力有机结合起来，不断完善市场经济体制机制，扩大对内对外开放，充分发挥科技、人才的重要作用；必须切实增强发展的协调性和可持续性，统筹城乡、区域、经济社会发展，加强生态和基础设施建设，走生产发展、生活富裕、生态良好的文明发展道路；必须把以人为本的理念贯穿发展全过程，下大力解决好人民群众最直接、最关心、最现实的利益问题，把发展成果更多更好地体现在改善民生上；必须坚持各民族共同团结奋斗、共同繁荣发展，不断巩固和发展团结稳定的大好局面。

各位代表，过去五年成绩的取得，是党中央、国务院和自治区党委正确领导的结果，是自治区人大、政协有效监督和大力支持的结果，是全区各族人民辛勤劳动、团结奋斗的结果，也是社会各界关心、帮助的结果。在这里，我代表自治区人民政府，向为内蒙古改革发展做出贡献的同志们，向所有关心和支持内蒙古工作的朋友们，表示衷心的感谢和崇高的敬意！

在看到成绩的同时，我们也清醒地认识到存在的矛盾和问题。一是整体经济实力还不强。虽然近年来我区发展比较快，但历史欠帐较多，发展基础比较薄弱，做大经济总量、提升地区综合竞争力的任务依然十分艰巨。二是结构性矛盾仍然比较突出。从三次产业看，主要靠工业拉动，服务业占 GDP 比重和对经济增长的贡献仍低于全国平均水平；从三大需求看，主要靠投资拉动，经济外向度不高；从所有制和企业组织结构看，非公有制经济和中小企业发展不快。三是经济增长方式仍比较粗放。资源综合开发利用水平不高，延伸加工和自主创新能力不强，发展的资源成本、环境代价和物质消耗还比较大，节能减排形势十分严峻。四是城乡、区域、经济社会发展不平衡。城乡二元结构还比较明显，农牧业基础薄弱，抗御自然灾害能力不强，生态环境仍然比较脆弱，基础设施承载产业、保障生活的能力需进一步增强；区域发展不够协调，地区间差距较大，基础薄弱地区发展面临较多困难；社会事业发展仍然相对滞后，与人民群众的需求有较大差距。五是和谐社会建设需进一步加强。城乡居民收入差距仍在拉大且尚未达到全国平均水平，与经济增长不够协调，部分低收入群众生活还比较困难，物价特别是食品价格涨幅较大对低收入群体造成影响。劳动就业、社会保障、收入分配、教育卫生、居民住房、安全生产等方面还有很多问题亟待解决，影响社会稳定的群体性事件时有发生。六是政府职能转变还不能适应经济社会发展要求，体制改革相对滞后，政府服务意识、办事效率和依法行政能力还需要提高，形式主义、官僚主义问题比较突出，奢侈浪费、消极腐败现象仍然不同程度地存在。我们要高度重视这些问题，采取有效措施认真加以解决。

二、今后五年总体思路和 2008 年的工作

今后五年是全面建设小康社会的关键时期。经过近年来的不懈努力，我区已初步奠定了科学发展的新基础，开始形成了科学发展的新机制，逐步完善了科学发展的新思路，正处于全面推进经济社会又好又快发展的新阶段。抓住机遇，开拓创新，努力把改革开放和现代化建设继续推向前进，就可以进一步提升我区的综合实力和竞争力，缩小与发达地区的差距，发展的协调性和可持续性将明显增强，文化更加繁荣，社会事业全面进步，各族人民生活水平和质量不断提高，社会更加和谐安定，在实现经济社会又好又快发展上迈出新步伐，从而为实现全面建设小康社会和“走进前列”的宏伟目标打下更加牢固的基础。展望未来，我们充满信心。

今后五年，政府工作的总体要求是：全面贯彻党的十七大和自治区第八次党代会精神，高举中国特色社会主义伟大旗帜，以邓小平理论和“三个代表”重要思想为指导，深入贯彻落实科学发展观，着力转变经济发展方式，加快推进新型工业化、农牧业产业化和城镇化进程，大力推动改革开放和自主创新，继续加强生态和基础设施建设，加快各项社会事业发展，更加重视改善民生和促进社会和谐，全面推进经济建设、政治建设、文化建设和社会建设，实现经济社会又好又快发展，建设富强民主文明和谐的内蒙古。按照这一要求，政府工作的主要任务是：

——加快转变经济发展方式。牢牢把握发展第一要务，抓住经济建设这个中心，聚精会神搞建设、一心一意谋发展，不断增强经济实力，力争经济总量、人均生产总值再上一个新台阶。坚持好字优先，加快推进发展方式转变，大力发展现代产业体系。积极发展现代农牧业，努力实现农牧业大区向农牧业强区的转变；坚持走新型工业化道路，努力实现资源优势向产业优势的转变；大力发展服务业，努力实现经济增长主要由二产带动向三次产业协同带动转变。优化投资结构，着力扩大消费需求，促进经济增长由主要依靠投资拉动向投资、消费、出口协调拉动转变。深入实施科教兴区、人才强区战略，加快创新型内蒙古和人才流入区建设，努力实现经济增长由主要依靠增加物质资源消耗向主要依靠科技进步、劳动者素质提高和管理创新转变。

——增强发展的协调性和可持续性。加快城乡一体化步伐，扎实推进社会主义新农村新牧区建设，显著改善农村牧区基础设施和公共服务条件。积极稳妥地推进城镇化，提高城市综合承载能力和辐射带动力，培育新的经济增长极。深入实施区域发展战略，促进优势地区率先发展，全面振兴东部盟市，支持其他盟市又好又快发展。着力推进生态文明建设，坚持不懈地做好生态恢复和环境保护工作，稳定改善生态环境质量，积极推进“生态内蒙古”建设。加强资源勘探和节约集约利用，提高资源保障能力和精深加工水平。加大节能减排工作力度，确保完成“十一五”规划目标。加强能源、交通、水利等基础设施建设，构建保障有力、适度超前的支撑体系。

——进一步深化改革、扩大开放。加快重点领域和关键环节改革步伐，构建有利于科学发展的体制机制。完善现代企业制度和现代产权制度，鼓励、支持、引导非公有制经济健康发展。加强现代市场体系建设，发展各类生产要素市场，健全社会信用体系。统筹对内对外开放，全面提升外向型经济发展水平。进一步优化投资环境，提高引资水平，努力实现由资本流入区向要素流入区转变。充分利用两个市场、两种资源，切实做好向北开放这篇大文章，加快区位优势向开放优势的转变。

——大力推进以改善民生为重点的社会建设。加快建立收入增长与经济增长良性互动机制，不断提高城乡居民收入水平并缩小收入差距，努力实现城乡居民收入达到全国平均水平的目标。大力发展社会事业。优先发展教育，完善现代国民教育体系，提高全民受教育程度，满足群众教育需求。坚持公共医疗卫生的公益性质，加快建设覆盖城乡居民的公共卫生服务、医疗服务和药品供应保障体系。实施扩大就业的发展战略，继续落实和完善积极的就业政策，努力实现更加充分的社会就业。以社会保险、社会救助、社会福利为基础，以基本养老、基本医疗、最低生活保障制度和廉租住房制度为重点，加快建设与经济发展水平相适应、覆盖城乡居民的社会保障体系。加强和改善社会管理，促进社会和谐稳定。

——加强精神文明、民主法制和政府自身建设。坚持社会主义先进文化方向，加强社会主义核心价值体系和民族文化大区建设，大力发展文化事业和文化产业，推动文化大发展大繁荣。坚持和完善民族区域自治制度，巩固发展平等团结互助和谐的社会主义民族关系。全面落实依法治区方略，推进依法行政，加强法治政府建设。加快行政管理体制改革，着力转变政府职能，推进政企、政资、政事和政府与市场中介组织分开，规范行政行为，提高行政效能，建设服务型政府。

各位代表，2008年是全面贯彻落实党的十七大精神的第一年，也是新一届政府的起步之年。做好今年的政府工作，具有重要意义。党的十七大和胡锦涛总书记视察我区的重要讲话，为我们进一步指明了发展方向；中央继续加强和改善宏观调控，把防止经济增长由偏快转为过热、防止价格由结构性上涨演变为明显通货膨胀作为宏观调控的首要任务，实施稳健的财政政策和从紧的货币政策，为我区调整优化经济结构、转变发展方式带来新的机遇；国家深入推进西部大开发和全面实施东北地区振兴规划，加大对农业农村、生态和基础设施建设以及民生领域的投入，为我区发展优势特色产业、强化薄弱环节创造了良好条件。我们必须认清形势，坚定信心，自觉将自治区发展置于全国发展大局之中，服从大局、服务全局，努力实现又好又快发展。

今年经济社会发展的主要预期目标是：在优化结构、提高效益、降低消耗和保护环境的基础上，生产总值增长15%，财政总收入增长 25%，城镇居民人均可支配收入实际增长12%，农牧民人均纯收入实际增长 10%，新增城镇就业 20 万人，城镇登记失业率控制在 4??2%以内，居民消费价格总水平涨幅低于全国平均涨幅，单位GDP能耗下降水平好于上年，化学需氧量、二氧化硫排放量在消化当年增量的基础上进一步下降，确保完成国家下达的指标。实现上述目标，必须重点抓好以下工作：

（一）扎实推进社会主义新农村新牧区建设。加快建设现代农牧业产业体系，走特色、绿色、生态农牧业道路。继续实施优质粮食产业、大型商品粮基地建设和沃土工程，粮食播种面积稳定在 7000 万亩左右，确保粮食产量稳定增长，促进经济作物和特色种植业发展。大力发展现代畜牧业，提高畜牧业在第一产业中的比重。以规模养殖和健康养殖为重点，突出发展农区畜牧业；以落实草畜平衡和禁牧休牧轮牧制度为重点，促进草原畜牧业可持续发展。继续大力推进产业化经营，培育发展带动力强的龙头企业，在产业聚集、延伸和升级上下功夫，加快建设规模化、专业化、标准化产业基地，提高农畜产品转化增值率。积极推进农牧业机械化，加快先进实用、生产急需农牧业机械推广。加强农牧业综合信息平台、产业标准化和农畜产品质量安全检测体系建设，强化动植物疫病防控，对重大动物疫病实施免费强制免疫。加快防灾减灾体系建设，积极发展避灾型农牧业。

突出抓好农牧业基础设施建设。不断加大投入，确保财政支农支牧投入的增量明显高于上年，政府固定资产投资用于农村牧区的增量明显高于上年，政府土地出让收入用于农村牧区建设的增量明显高于上年。调整耕地占用税、城市维护建设税使用方向和范围，加大对“三农三牧”的支持力度。继续完善投入机制和管理办法，构建稳定的多层次投入机制。加强以水利为中心的农田草牧场基本建设，增加小型农田水利工程建设补助专项资金，大力发展节水灌溉。加大土地复垦整理力度，改造中低产田，建设一批高标准农田。继续加强农村牧区道路、电力、通信、沼气等基础设施和新能源建设。科学编制农牧业功能区规划，进一步调整优化农村牧区生产力和人口布局。对于封禁区牧民转移而流转的草场，坚持政府管理、封育保护。充分认识牧区、林区的特殊性，创新发展思路，搞好新牧区、新林区建设。

千方百计增加农牧民收入。挖掘农牧业和农村牧区内部增收潜力，实现农牧业由增产增收向提质增收转变。完善产业化经营利益分配机制，大力发展农牧民专业合作组织，使农牧民从生产、流通、销售等环节中充分受益。加快农村牧区劳动力转移，积极发展劳务经济，为农牧民提供更多非农就业机会。继续实行粮食直补，增加农资综合补贴，扩大良种、农牧机具购置补贴范围，提高补贴标准，全面推开补贴资金“一卡通”工作。扩大农牧业政策性保险范围，对奶牛、能繁母猪等养殖户给予补助补贴。不折不扣地落实好退耕还林、退牧还草等各项补助。加强对各项支农惠农政策落实的监督检查，确保惠民政策落实到位，严禁各种变相乱收费。坚持开发式扶贫方针，整合扶贫资金，逐步提高扶贫标准，加快整村推进步伐，解决10万绝对贫困人口温饱问题，扶持15万低收入人口增收。

（二）加快工业结构优化升级。加强重点项目建设与管理。严格落实国家宏观调控政策措施和发展建设规划，严格执行建设项目市场准入标准，严格履行项目审批、审核和备案程序。根据国家产业政策和市场需求，围绕结构调整和转变发展方式，优化工业投资结构，加快推进技术水平高、规模大、带动力强的重点项目建设，促进工业经济持续发展。强化项目综合管理，加快建立项目管理联动机制，坚决遏制违法违规项目开工建设。

全面提升产业发展水平。以完善产业体系和引导投资优化为重点，推进产业多元。继续发展壮大资源型特色产业，加快非资源型产业发展。采取产业政策引导、资源配置倾斜、投资平台打造等措施，大力发展化学工业、装备制造业和高新技术产业。以产业链建设和产品结构调整为重点，推动产业延伸。突出抓好特色产业精深加工，提高就地加工转化率，积极引导中小企业、民营企业进入产品深加工和为大企业配套服务领域。以淘汰落后产能和提高准入标准为重点，加快产业升级步伐。继续下大力淘汰一批落后生产能力，坚决杜绝资源消耗大、污染排放多、技术含量低的项目建设。加快工业园区和基地建设，实现由抓具体项目向抓产业基地转变，促进企业和各类生产要素集中，培育产业集群。

打好节能减排攻坚战。今年是完成“十一五”节能减排约束性目标的关键一年，必须下更大力气，力争取得突破性进展。通过发展服务业、非资源型产业、循环经济和淘汰落后产能等措施，实现结构性节能减排。开发推广节约、循环利用资源和治理污染的先进适用技术，加大对现有工艺、设备技术改造，实现技术性节能减排。加快实施重点节能减排工程，建设循环经济园区，完成大中型火电机组和非电行业脱硫改造，大力开发太阳能、风能、生物质能等可再生清洁能源和新能源，加强污水、垃圾处理设施建设和运行管理，实现工程性节能减排。同时，抓好建筑、交通运输等其它领域的节能环保工作。实施有利于节能减排的价格、财税和金融政策，使节能减排要求与企业切身利益更加紧密地结合起来。强化工作责任，把节能减排目标完成情况作为检验工作成效的重要标准和考核评价的重要内容，实行严格的问责制和一票否决制。加强宣传教育，增强全社会节能环保意识，深入开展节能减排全民行动。

（三）大力提升服务业发展水平。在改造发展传统服务业的同时，大力发展现代服务业。以培育和引进龙头物流企业、建设物流枢纽和园区为重点，积极发展现代物流业，提升物流专业化、社会化服务水平。加强房地产业宏观调控，促进以住宅业为重点的房地产业健康有序发展。大力发展旅游业，加强重点旅游景区和精品线路建设，强化市场监管，提高旅游服务水平。加快发展信息、咨询、律师、会计、资产评估等中介服务业，积极发展新闻出版、影视演出、文博会展等文化产业，打造独具特色的民族文化产业品牌。强化面向农村牧区的服务业，完善以生产销售、科技信息和金融服务为主体的农村牧区社会化服务体系。

大力发展现代金融业。继续引进区外金融机构，支持地方金融企业做大做强，扩大金融机构覆盖面，提高金融服务水平。认真贯彻落实国家货币政策，积极引导金融机构优化信贷结构，加大对符合产业政策、程序完备、有利于产业结构优化升级项目的支持，鼓励金融机构加强对社会事业、民生工程以及“三农三牧”、基础设施、自主创新、节能环保、中小企业等领域的信贷支持。发挥商业保险的积极作用，拓宽保险服务范围，鼓励和引导保险业进入经济社会发展薄弱领域。扩大企业直接融资规模，积极支持符合条件的企业上市融资和发行债券。

认真落实鼓励服务业发展的政策措施，进一步优化服务业发展环境。逐步扩大服务业发展引导资金规模，鼓励社会资金加大对服务业投入。深化服务领域改革开放，对于基本公共服务之外、能够实行市场化经营的社会事业领域服务业，积极放开搞活、推向市场。继续推进行政事业单位中介职能和后勤服务社会化，加快由自我服务向社会服务转变。进一步规范服务市场秩序，创造有利于扩大服务消费的社会环境。

（四）加快建设创新型内蒙古。坚持走具有我区特色的自主创新道路，把增强自主创新能力贯彻到经济社会发展各个方面。加强工业领域技术创新，加快建设国内一流的羊绒、乳品、生物制药、稀土产业研发中心，国内领先的煤液化、气化及系列煤化工研发中心，适合自治区资源特点的材料工业、可再生能源产业研发中心，集中扶持 10 项国际先进和 100 项国内先进的工业研发项目，培育 10 户国家级企业技术中心，努力实现关键领域的技术突破。抓好农牧业科技创新，深入实施科技进村入户工程，促进农牧业科技推广应用。以信息化建设为重点，加快服务业和各项社会事业科技创新，推进国民经济和社会信息化。

完善鼓励技术创新和成果产业化的政策法规、激励机制和市场环境，加快建设以企业为主体、市场为导向、产学研相结合的技术创新体系。发挥大企业在自主创新中的重要作用，增强中小企业的创新活力。加快落实支持企业创新的财税、金融、消费和政府采购政策，建立健全科技投入稳定增长机制，增加财政支持技术创新投入，引导社会资金投入，形成多元化科技投入体制。大力实施知识产权战略，加快培育具有自主知识产权的核心技术和知名品牌，促进科研成果产业化应用。

加强创新型人才队伍建设。深入实施人才强区战略，加快推进以高层次、高技能人才为重点的各类人才队伍建设，大力培养自主创新的领军人物和中青年高级专家，做好引进区外高级专门人才工作，努力建设一支素质优良的创新型人才队伍和企业家队伍，为推动科技创新提供人才保障。加强宣传教育，在全社会营造尊重劳动、尊重知识、尊重人才、尊重创造的良好氛围。

（五）继续加强生态环境保护和基础设施建设。积极推进“生态内蒙古”建设，必须坚持不懈地做好生态恢复和环境保护工作。切实加强各项重点生态工程建设，力争完成退牧还草 2000 万亩、新增造林合格面积 1000 万亩。坚持禁牧休牧轮牧的保护性措施，做好生态恶劣地区人口转移和安置，促进生态环境的自我修复。大力发展林沙产业，支持生态后续产业发展。加强自然保护区、生态功能区和草原、林地、湿地、沙地保护，坚决制止乱砍滥伐、乱采滥挖、超载过牧等破坏行为。建立健全生态效益补偿制度，切实让那些为生态建设做出贡献的地方和群众受益。加大环境保护工作力度，做好重点流域水污染防治，严防水污染事件。保护好集中饮用水源地，确保城乡居民饮水安全。以主要城市空气污染治理、污水和垃圾处理为重点，加强城市环境综合整治。大力推广循环利用和清洁生产，全面加强企业环境保护工作。

加快交通、水利、电网等基础设施建设。加强以高速公路和干线公路为主的公路快速通道网络建设，突出抓好区内连接通道、重要出区通道、资源开发通道及边防公路建设，确保公路建设完成投资 260 亿元。加快推进重点铁路项目建设，完成投资 160 亿元，铁路施工总里程 6156 公里，新增铁路里程 700 公里以上。继续完善区内电网，积极推进外送电通道建设。加快管道运输工程和改扩建机场建设步伐。加强重点水利枢纽和水库建设，抓好病险水库除险加固。加大用水结构调整和水权置换力度，以水资源为基本依据布局重大工业项目。落实最严格的耕地保护制度，坚决制止和打击非法用地行为。继续加大矿产资源勘查力度，全面实行有偿使用、市场出让矿业权制度。严格落实矿产资源开发规划和保护措施，严厉打击以采代探、乱采滥挖等违法行为，尽快建立有序、综合、循环利用资源的长效机制。保护大型整装煤田，综合治理煤田火区和沉陷区。

（六）进一步推进城乡、区域协调发展。继续完善城镇体系，加快呼包鄂城市群和区域中心城市建设。严格城市规划的制定和落实，科学确定城镇建设规模和布局，提高城镇土地利用效率。加快棚户区和城中村改造，加强城市道路、水电气热管网和公共服务设施建设，大力发展公共交通。落实优惠政策，加快发展建筑业。发挥城镇间关联效应和对农村牧区的辐射带动作用，抓好旗县所在地城关镇建设，开展农村牧区中心村庄规划及示范建设，建立起城乡互动发展机制，推进城乡一体化进程。

壮大县域经济实力，认真落实有关扶持政策，突出抓好中小企业和非公有制经济发展。积极发展与大中城市、大项目衔接配套产业，实施一个产业带动百户中小企业和一个园区带动百户中小企业的“双百工程”，大力发展延伸、协作、配套型中小企业。积极推进公平准入，改善融资条件，破除体制性障碍，鼓励支持非公有资本进入公用事业、基础设施、社会事业等领域，支持非公有制经济参与国企重组和境外投资。建立完善信用担保和评价体系，切实解决好非公有制经济和中小企业融资难的问题。

统筹区域发展。鼓励呼包鄂等优势地区率先向工业化更高阶段迈进，加强技术创新、制度创新和可持续发展能力建设，加快产业结构升级和城乡一体化步伐。大力支持东部盟市以产业发展为中心，高起点、高标准承接和培育特色产业。自治区将在生态和基础设施建设、社会事业、扶贫开发等方面对东部盟市给予倾斜。继续扶持革命老区、边境地区和人口较少民族地区发展，缩小地区间基本公共服务差距。加快编制自治区主体功能区规划，引导生产要素合理流动。

（七）不断加大改革开放力度。今年是改革开放 30 周年，我们要系统总结自治区改革开放的丰富实践和宝贵经验，科学规划新时期改革开放工作，力争取得更大进展。

继续推进各项改革。加快国有企业股份制改革，规范国有产权转让，完善企业法人治理结构。健全国有资产监管体系，做好国有资本经营预算工作，强化国有资产运营监管。加快现代市场体系建设，整顿和规范市场经济秩序。稳步推进生产要素价格改革，形成有利于促进能源资源节约和生态环境保护的价格机制。加快投资体制改革，规范政府投资行为。继续深化农村牧区综合改革。积极化解乡村债务，确保年底前完成农村牧区义务教育债务化解任务。稳定和完善农村牧区基本经营制度，规范土地和草牧场的依法流转，发展多种形式的适度规模经营。加大农村牧区金融改革力度，发挥农村信用社的主渠道作用，抓好农村牧区合作银行试点工作。搞好国有农牧场、林场体制改革，搞好集体林权制度改革试点，将林地使用权和林木所有权落实到户。积极推进自治区森工集团综合体制改革。按照国家总体部署，推进行政管理体制改革。加快事业单位分类改革，做好文化体制改革试点工作，推进医药卫生体制改革。

努力扩大对内对外开放。做好招商引资工作，调整引资结构，积极引进加工制造等非资源型产业，引导外资投向服务业、社会事业等薄弱领域。加强与发达地区的经济技术协作，主动承接先进生产力转移，鼓励区外大企业在我区设立地区总部和研发中心。抓住中俄、中蒙睦邻友好关系继续发展的机遇，深入推进向北开放，力争在与俄蒙经贸交流合作、互利共赢上实现新突破。加强同俄罗斯和蒙古国地方政府的交往，支持企业和民间交流，进一步拓展双方在经济、科技、教育、文化、卫生等多领域合作，加快实施资源合作项目。加强口岸基础设施特别是加工园区建设，大力发展进口资源落地深加工。

（八）促进社会事业全面进步。坚持把教育摆在优先发展的位置。确保义务教育投入达到法定标准并逐年增长，推动义务教育均衡发展。不断完善义务教育阶段“两免”政策，逐步提高经费保障水平。继续巩固提高“两基”达标水平，合理调整中小学布局，加强标准化学校建设和农村牧区初中校舍改造，积极发展农村牧区学前教育。推进高中招生制度改革，加快普及高中阶段教育。优化高校学科专业结构，推进重点高校、重点学科、品牌专业建设，提高高等教育质量。继续扩大职业教育规模，加强职业教育基础建设。优先、重点发展民族教育，设立专项补助资金，积极推进少数民族地区“双语教学”。关注特殊教育，鼓励社会力量办学，大力提高教师队伍专业化水平。

加快发展医疗卫生事业。加强农村牧区三级卫生服务网络、新型农村牧区合作医疗制度和城市社区卫生服务体系建设。加快建设覆盖城乡的药品供应保障体系，控制药品价格，保证用药安全。抓好重大传染病预防控制。加强医疗救治体系建设，改善医疗服务质量。强化卫生执法监督。积极推进蒙医药的标准化、现代化建设。完善城乡医疗救助制度，将常见病、多发病纳入救助范围。继续落实现行生育政策，重点加强农村牧区计划生育服务体系建设，强化流动人口计划生育服务和管理。

深入推进民族文化大区建设。健全公共文化服务体系，改善城市社区和农村牧区文化设施，继续实施一批公共文化建设重点工程，丰富群众精神文化生活。坚持精品战略，繁荣文艺创作，打造民族文化品牌。继续实施广播电视西新工程和“村村通工程”。加强文化市场监管和文物古籍、非物质文化遗产保护，重视哲学和社会科学发展。围绕“全民健身与奥运同行”主题，提高群众体育和竞技体育水平。

（九）高度重视并着力改善民生。做好就业和社会保障工作。坚持以创业带动就业，完善扶持政策，加强职业技能培训，提高城镇新增劳动力和农村牧区转移劳动力的就业和创业能力。做好高校毕业生、退伍军人、残疾人就业工作，制定优惠政策，鼓励大学生到农村牧区和偏远艰苦地区工作。建立城乡统一规范的劳动力市场，积极推进农民工参加工伤、医疗保险。认真贯彻落实《中华人民共和国劳动合同法》，加强劳动监察，维护劳动者合法权益，建立和谐的劳动关系。进一步扩大社会保险覆盖面，解决好困难群众特别是失地农牧民的就业和社会保障问题。提高城镇基本养老保险统筹层次，探索建立农村牧区养老保险制度。加强社会保险基金征缴和监管，确保基金安全。认真做好老龄、青少年和妇女儿童权益保障工作，加大敬老院和儿童福利院建设力度，支持红十字等慈善事业和残疾人事业发展。

努力增加居民收入。规范劳动、资本、技术、管理等生产要素按贡献参与分配制度，逐步提高劳动报酬在初次分配中的比重。严格执行并适当提高企业职工最低工资标准，加快建立企业职工和农民工工资、离退休人员养老金、困难群体保障和救助金正常增长和支付保障机制。积极探索工资集体协商机制，发布行业平均工资指导线，努力推进经济增长与职工收入增长相协调。加强对垄断性行业收入分配监管，健全国有资本收益、国有企业利润分配调节机制，逐步缩小行业收入差距。

稳定物价水平。全面落实国家扶持粮食、生猪、油料、蔬菜生产和奶业发展的政策措施，切实保障市场供应。完善和落实补助办法，增加补贴资金，减轻物价上涨给低收入群众生活造成的困难。健全廉租住房制度，加大经济适用住房建设力度，增加中低价位、中小户型普通商品住房供应，重视解决低收入群众的住房问题，抑制房价过快上涨。加强行政事业性收费管理，严格规范各种经营服务性收费。加强对重要生活必需品的价格监管，确保能源、燃料、化肥、公用事业及教育、医疗服务等价格稳定，依法严厉查处各种价格违法和乱收费行为。

突出办好“八件实事”。一是城镇居民最低生活保障标准平均提高20元。二是农村牧区最低生活保障范围由85万人扩大到110万人。三是城镇居民基本医疗保险实际参保人数达到200万人以上，启动覆盖全区城镇的医疗救助制度。四是继续提高新型农村牧区合作医疗补助标准，农牧民参合率达到90%以上。五是继续提高企业退休人员养老金标准。六是扩大教育补助覆盖面，提高补助救助标准，惠及260万城乡中小学生；提高高校生均经费，扩大特困生贷款贴息补助规模。七是改善城镇低保住房困难家庭居住条件。八是解决重砷、重氟区80万人的安全饮水。同时，抓好涉及民生的其他重点工作。

（十）加强精神文明和民主法制建设。深入学习贯彻党的十七大精神，大力开展学习实践科学发展观活动，不断增强贯彻落实科学发展观的自觉性和坚定性。加强社会主义核心价值体系建设，广泛开展群众性精神文明创建活动。全面贯彻党的民族宗教政策，落实民族区域自治法，用足用好国家支持少数民族和民族地区发展的各项政策。认真执行人大及其常委会的决议和决定，及时报告工作，自觉接受监督。积极支持人民政协履行职能，主动听取各民主党派、工商联和无党派人士的意见建议。认真办理人大代表建议和政协委员提案，加强同工会、共青团、妇联等人民团体的联系。完善基层民主管理制度，坚持把提高村民自治水平、完善自治机制作为新农村新牧区建设的重要内容，加快构建乡村事务决策权、执行权、监督权适度分离、相互制约、相互协调的新机制。积极开展法制宣传教育和法律援助。高度警惕和坚决防范各种分裂、渗透、颠覆、破坏活动，加强边防建设和边境管控，切实维护边境稳定和国家安全。加强全民国防教育、国防后备力量建设和人民防空工作，深入开展双拥共建活动。

认真做好维护社会安全稳定工作。加强产品质量安全监管，突出抓好食品、药品和医疗器械市场整顿。深入推进安全隐患专项整治，严格落实安全生产责任制，继续整顿关闭小煤矿，加强非煤矿山、危险化学品、道路交通及其它行业的安全监管。严格执行安全生产责任追究制度，有效遏制重特大安全事故。完善突发事件应急体制，提高防范和处置突发事件的能力。强化信访工作责任制，深入开展矛盾纠纷排查调处活动，妥善处理信访突出问题及群体性事件，切实维护群众利益。加强社会治安综合治理，完善社会治安防控体系，深入开展平安创建活动，依法防范和打击违法犯罪活动，保障人民生命财产安全。

三、切实加强政府自身建设

加快建设服务型政府。进一步转变政府职能，健全政府职责体系，在加强和改善经济调节、市场监管的同时，更加注重履行社会管理和公共服务职能，着力改善民生和加强社会建设。围绕推进基本公共服务均等化和主体功能区建设，加快完善公共财政体系。规范转移支付，增强基层政府提供公共服务的财政保障能力。加强税收征管，确保财政收入持续稳定增长。强化预算管理和监督，规范预算外收入使用。加强发展规划、产业政策制定，提高政府经济调节水平。优化政府机构设置，健全部门间协调配合机制，努力解决机构重叠、权责脱节等问题。

深入推进依法行政。坚持用制度管钱、管事、管人，规范政府行政行为，严格按照法定权限和程序履行职责。认真贯彻国务院《全面推进依法行政实施纲要》，提高政府立法质量，理顺行政执法体制，强化行政执法监督，规范行政执法行为。深入实施行政许可法，继续减少行政审批事项，规范审批和许可行为。强化行政监督，大力推进政务公开，凡涉及群众利益和公共政策事项，一律实行公开办事制度。实行政府绩效管理和行政问责制度，加大对滥用权力和失职渎职行为的追究力度。

加强政风建设。牢固树立正确的政绩观，弘扬求真务实精神，加强调查研究，力戒形式主义和虚报浮夸。加大对权力的制约和监督，坚持从源头预防和治理腐败。强化民主决策，健全决策责任追究制度。加强对重点领域、重点部门和重点资金的审计监督，稳步推进经济责任审计，扩大审计成果应用。加强对政府投资决策和资金安排的监管，规范政府采购、土地和矿产资源出让、国有资产转让等行为，深入开展治理商业贿赂和清理违规建设楼堂管所工作。发扬艰苦奋斗作风，坚决制止铺张浪费，努力降低行政成本，建设节约型政府。加强电子政务建设，精简各类会议和文件，努力提高行政效率，为社会、企业和群众提供优质便捷的服务。加强公务员队伍和领导班子作风建设，始终坚持党的思想路线，坚持清正廉洁，以良好的精神风貌和扎实的工作，努力创造经得起时代、历史和人民检验的新业绩。

各位代表，党的十七大为我们描绘了社会主义现代化建设的宏伟蓝图。站在新的历史起点上，我们要更加紧密地团结在以胡锦涛同志为总书记的党中央周围，高举中国特色社会主义伟大旗帜，以邓小平理论和“三个代表”重要思想为指导，深入贯彻落实科学发展观，团结奋斗，开拓创新，扎实工作，为夺取全面建设小康社会新胜利而努力奋斗！

关于内蒙古自治区 2007 年国民经济和社会发展计划执行情况与 2008 年国民经济和社会发展计划草案的报告

Report on the National Economic and Social Development for 2007 and the Draft Plan for 2008 in Inner Mongolia

——2008 年 1 月 20 日在内蒙古自治区第十一届人民代表大会第一次会议

内蒙古自治区发展和改革委员会

一、2007 年国民经济和社会发展计划执行情况

过去的一年，在自治区党委的正确领导下，全区上下认真学习贯彻党的十七大、胡锦涛总书记视察我区重要讲话和自治区第八次党代会精神，按照自治区十届人大五次会议的总体部署，深入贯彻落实科学发展观，加快推进经济结构调整，积极转变发展方式，坚持以人为本，切实加强和谐社会建设，全区经济社会继续保持又好又快发展，圆满完成了十届人大五次会议确定的各项预期目标。初步统计，全年实现生产总值 6000 亿元左右，同比增长 19%左右；全社会固定资产投资完成 4404.8 亿元，增长 29.3%；社会消费品零售总额 1904.1 亿元，增长 19.4%；外贸进出口总额 77.5 亿美元，增长 30.2%；财政总收入完成 1018.1 亿元，增长 42.8%；城镇居民人均可支配收入达到 12378 元，实际增长 14.6%；农牧民人均纯收入 3953 元，实际增长 13.2%。

（一）经济发展的协调性进一步改善。按照科学发展观的要求，统筹兼顾，切实加强薄弱环节，区域发展、产业发展逐步趋于协调。

区域发展趋于协调。呼包鄂地区继续保持领先优势，东部地区加快振兴步伐，东部五盟市固定资产投资增长、地方财政收入增长高于全区平均水平。农业大市工业化步伐加快，通辽、赤峰、巴彦淖尔工业增加值增长率超过全区平均水平。边境地区呈现加快发展趋势。

产业发展趋于协调。从三次产业结构看，第三产业发展加快，增长速度进一步提高。从农牧业内部结构看，粮食播种面积继续扩大，产量稳步提高，粮食产量达到 350 亿斤左右。畜牧业加快向质量效益型转变，主要畜产品产量稳定增长，全年牛奶产量 950.9 万吨，增长 8%；肉类总产量 201.8 万吨，增长 4%。从工业内部结构看，煤炭、钢铁行业继续较快增长，全年煤炭产量 3.5 亿吨，增长 17%；钢产量 1039.8 万吨，增长 20.8%。化工、装备制造产业发展加快，全年聚氯乙烯产量 44.2 万吨，增长 61.1%；载货汽车 1.6 万辆，增长 46.7%。电力、农畜产品加工业增长有所放缓，全年发电量 1852.2 亿千瓦小时，增长 27.6%；乳制品产量 368 万吨，增长 4.3%。从服务业内部结构看，交通运输、金融服务等生产性服务业增长较快，商贸餐饮、旅游、房地产等生活性服务业稳步发展。全年完成货物发送量 10.3 亿吨，增长 22.5 %。12 月末全区金融机构人民币存款余额 4953.7 亿元，增长 22.7%；贷款余额 3767.7 亿元，增长 17.6%。

（二）节能减排力度加大。各地在电力、钢铁、有色、化工、建材、煤炭等重点耗能行业，组织实施了工业余热余压利用、燃煤工业锅炉改造、区域热电联产等一批重点项目，对 85 户重点耗能企业实行挂牌督办制度，对 50 户重点用能企业的能源审计工作全面展开。全年关停小火电机组总容量 103.8 万千瓦，关闭小煤炭产能 600 万吨、小钢铁产能 369.3 万吨、小水泥产能 142.4 万吨、焦炭产能 462 万吨、铁合金产能 27 万吨、电石产能 10 万吨，节能工作初见成效。认真落实国家关于污染物减排的各项规定，对污染物排放实施严格管理，主要污染物排放首次出现“双降”，进入全国“减排”第一序列。

（三）经济增长的持续性进一步增强。生态建设得到加强，全年完成退牧还草 2000 万亩，治理荒漠化面积 2925 万亩。基础设施条件不断改善，全年新增农田有效灌溉面积 102.7 万亩，节水灌溉面积 274.6 万亩；新增 500 千伏输变电线路 1334 公里，220 千伏输变电线路 669 公里；新增铁路里程 187 公里，公路里程 9300 公里，其中高速公路 513 公里。资源保障能力进一步提高，累计查明煤炭资源储量 6583.4 亿吨，金资源储量 106.8 吨、银资源储量 21344.8 吨，煤炭和贵金属储量跃居全国第一位。石油、天然气勘探实现重大突破，苏里格气田累计探明天然气地质储量 5336.5 亿立方米，海拉尔盆地探明石油地质储量 8968.2 万吨。查明和预测铁矿资源储量 26.5 亿吨，10 种有色金属矿产查明资源储量总计 2539.5 万吨。

（四）各项改革不断深化。国有企业改革取得新成果，包钢钢铁主业整体上市得到批准，盐业公司与中盐集团重组取得实质性进展。区直事业单位改革试点工作基本结束，26 家试点单位全部进行了财政补助方式、机构编制核准备案和

人事制度改革，农口所属事业单位开展了人事制度改革。财政体制改革加快推进，自治区本级 100 个部门 1400 个预算单位纳入集中支付范围，旗县全面推行了“乡财县管”管理方式。农村金融改革取得较大突破，全区拟实行统一法人信用社 77 家，已开业 71 家，新成立 1 家农村商业银行、1 家农村合作银行、1 家村镇银行、1 家贷款子公司、2 家资金互助社、3 家小额贷款公司。

（五）民生状况不断改善。自治区党委、政府确定的“七件实事”和“十项民生工程”顺利实施，“两项承诺”全面兑现。全年完成 389 个嘎查村、3.5 万户共 12 万农牧民的通电任务，解决了 1850 个自然村的通信问题和 75 万人的安全饮水问题，新增沼气用户 6.6 万户。建设通乡油路 3300 公里，新增通油路苏木乡镇 60 个，通公路嘎查村 300 个。廉租房和经济适用住房建设步伐加快，新建廉租住房 2700 套 13.5 万平方米。教育资助力度加大，为 260 万中小学生免费提供教科书和免除杂费，为 56.4 万寄宿制贫困学生发放生活补助，资助中等职业学校贫困学生 14.3 万人。社会救助工作积极推进，城镇低保补贴标准平均每人提高 20 元，农村牧区低保覆盖人口扩大到 85 万人。农民工转移和维权工程取得新进展，农牧民转移就业 200 万人。

（六）社会事业全面进步。坚持以人为本，落实“五个统筹”，促进经济社会协调发展，科技、教育、卫生、文化等各项事业全面进步。

科技教育事业全面发展。科技创新和推广体系进一步完善，全年实施技术跨越引导、社会发展科技支撑、科技成果转化示范三大科技工程 18 项，取得了 205 项重大科技成果。基础教育得到加强，西部地区“两基”攻坚工程、中小学远程教育网络工程进展顺利，全区 101 个旗县区全部实现“两基”达标。高中阶段教育稳步发展，中等职业教育规模进一步扩大，高中阶段教育毛入学率达到 75.2%，比上年提高 12.2 个百分点。高等教育办学规模继续扩大，全区普通高校招生 9.8 万人，高等教育毛入学率达到 19.8%，比上年提高 0.4 个百分点。

医疗卫生事业进一步加强。组织实施了 303 个苏木乡镇卫生院、18 个旗县医院、20 个旗县妇幼保健所、14 个旗县蒙医医院建设项目，农村牧区卫生基础设施得到进一步改善。新型农村牧区合作医疗试点工作进展顺利，农牧业人口覆盖面达到 100%，参合率达到 84.4%。人口计划生育工作进一步加强，人口自然增长率控制在 5.8‰以内。

文化事业繁荣发展。民族文化大区建设取得积极进展，内蒙古博物馆、乌兰恰特大剧院、内蒙古体育馆等自治区成立 60 周年大庆项目全部投入使用，乡镇综合文化站、抢救性文物保护、国家文化与自然遗产地保护建设工程开始启动实施。广播电视发展步伐不断加快，20 户以上已通电自然村通广播电视工程开始启动实施，西新工程四期第一阶段建设任务顺利实施，全区广播综合覆盖率达到 94%，电视综合覆盖率达到 92.4%，分别提高 1.2 个百分点。

总的来看，过去一年我区经济呈现平稳快速发展的态势，经济增长的速度、结构、质量、效益协调兼顾，薄弱环节得到加强，总体经济运行更加健康，但也存在一些困难和问题，主要是：第三产业比重偏低，建筑业和中小企业发展缓慢，结构性矛盾仍然比较突出；经济增长方式粗放，发展的资源成本、环境代价、物质消耗仍然较大，节能减排形势还相当严峻；价格上涨压力较大，投资结构有待进一步改善，落实宏观调控任务还比较艰巨；就业形势还不容乐观，社会保障体系还不健全，城乡居民收入增长与经济增长还不够协调，和谐社会建设需要进一步加强。对于这些问题，我们将采取有效措施逐步加以解决。

二、2008 年国民经济和社会发展的主要任务

按照全区经济工作会议的总体要求，2008 年国民经济和社会发展的主要预期目标是：在优化结构、提高效益、降低消耗和保护环境的基础上，生产总值增长 15%，财政收入增长 25%，城镇居民人均可支配收入实际增长 12%，农牧民人均纯收入实际增长 10%，城镇新增就业 20 万人，城镇登记失业率控制在 4.2%以内，居民消费价格总水平涨幅低于全国平均涨幅。实现上述目标，关键是要全面贯彻党的十七大、胡锦涛总书记视察我区重要讲话、中央和自治区经济工作会议精神，认真落实国家宏观调控政策措施，着力转变发展方式，加快推进“三化”进程，大力推动改革开放、科技进步和生态文明建设，更加注重改善民生，促进社会和谐。

（一）坚决贯彻落实中央宏观调控政策措施。全面落实中央关于防止经济增长由偏快转为过热、防止价格由结构性上涨演变为明显通货膨胀的宏观调控任务，结合自治区实际，在优化投资结构、控制“两高”行业扩张和抑制物价过快上涨等方面切实加大工作力度。

继续优化固定资产投资结构。认真贯彻国务院《关于加强和规范新开工项目管理的通知》精神，按照符合国家产业政策、发展建设规划、土地供应政策和市场准入标准等“八个必须”条件，严格履行投资项目的审批、核准和备案程序，严格控制新开工项目。强化投资项目综合管理，加快建立新开工项目管理联动机制。坚决贯彻有保有压、分类指导的宏观调控基本方针，引导社会资金更多地投向农牧业和农村牧区、社会事业、自主创新、节能减排、改善民生、加强薄弱环节等方面。进一步加强生态、水利、能源、交通等重大项目和重要基础设施建设，从严控制楼堂馆所项目。加强对全社会投资活动的监管，做好对全社会投资总量、结构和投资环境的监测预测。

严格控制“两高”行业扩张。从严限制新上“两高”行业扩能项目，认真执行国家对“两高”行业和产能过剩行业项目的审批要求，坚决防止区外落后产能和污染严重项目向我区转移。加强在建项目监督检查，建立健全合规项目公告制度。促进“两高”行业优胜劣汰，鼓励重组兼并，限制扩

大产能，加大差别电价实施力度。

抑制价格总水平过快上涨。全面落实国家扶持粮食、生猪、油料生产和奶业发展的政策措施，特别是"米袋子"、"菜篮子"工程建设，保障粮食、食用植物油、肉类等重要农产品供应，确保基本生活必需品供应不断档。推进资源性产品价格和环保收费改革，加快实施阶梯式水价政策，推动供热收费改革，继续降低部分药品价格，制定社区卫生院和农村牧区医疗单位处方药品最高零售价格，做好经济适用住房成本测算工作，制定廉租房租金管理办法。全面推行教育、医疗等行政事业性收费公示制度，推进普通高校学费结构调整，进一步做好高速公路收费办法与现行收费政策的衔接工作。加大价格和收费专项检查力度，维护市场正常秩序。

（二）扎实推进社会主义新农村新牧区建设。认真贯彻落实中央农村工作会议精神，进一步加强农牧业基础设施建设，着力改善农牧民生产生活条件，扎实推进新农村新牧区建设。

大力发展现代农牧业。加强农业综合生产能力建设，严格保护耕地特别是基本农田，确保粮食播种面积稳定在7000万亩左右。积极调整畜牧业布局，提高农区畜牧业比重，加快畜牧业向质量、效益与生态安全并重的方向转变。健全科技等农牧业社会化服务体系，在农牧业良种培育、先进种养技术集成、农牧业机械化、保护性耕作、测土配方施肥等方面启动一批科技重点项目。高度关注农畜产品质量安全，突出抓好动植物疫病防控工作，全面实施农畜产品质量安全检验检测体系建设工程。

加强农牧业和农村牧区基础建设。加强以水利为中心的农田草牧场基本建设，全年新增有效灌溉面积100万亩，节水灌溉面积200万亩。努力改善农牧民生产生活条件，全年力争解决2.4万户农牧民通电用电和700个自然村通电话问题，新增户用沼气池6万座，新增通油路苏木乡镇60个、通公路嘎查村300个。

继续深化农村牧区改革。深入推进农村牧区综合改革，积极化解乡村债务。稳定和完善农村牧区基本经营制度，发展多种形式的适度规模经营。积极推进国有农牧场体制和集体林权制度改革，加快征地制度改革，从严控制征地规模，解决好被征地农牧民的就业和社会保障问题。

努力提升农牧业产业化经营水平。完善农口资金整合措施，协调金融机构加大对龙头企业信贷支持，重点解决农畜产品收购资金困难问题。有效发挥规模优势和品牌效应，培育壮大龙头企业。加强农畜产品生产基地建设，按照优势农畜产品生产布局规划，建设一批高标准奶牛养殖示范小区、优质肉牛和肉羊标准化养殖育肥基地和优质专用马铃薯种植示范基地。加快发展农牧民专业合作组织，提高农牧民进入市场的组织化程度。

积极拓宽农牧民增收渠道。充分挖掘农牧业内部增收潜力，创新和完善龙头企业、基地和农牧民的利益联接机制和互动发展长效机制，支持发展农畜产品精深加工。大力拓展农牧民增收渠道，强化农牧民职业技能培训，有序组织劳务输出，努力提高非农就业和非农收入比重。落实各项涉农涉牧补贴，继续实行粮食直补政策，增加农资综合补贴，扩大良种补贴范围，增加和提高农机具购置补贴种类和标准，农机具购置补贴覆盖到所有农业旗县。

（三）推动产业结构优化升级。加强自主创新能力建设，推动优势产业向集约化、集群化方向发展，大力发展服务业，增强消费对经济增长的拉动作用。

加快推进工业结构调整。全面落实自治区党委、政府关于加快工业结构调整的总体战略，着力推进产业多元、产业延伸、产业升级。产业多元方面，继续抓好大型煤电基地、大型风电场和热电联产项目建设，加快推进准格尔、东胜、胜利等大型煤炭基地项目，呼伦贝尔360万千瓦电站群、包头巴音20万千瓦风电场等重点项目，新增火电装机400万千瓦，风电装机100万千瓦。加强有色金属基地建设，重点抓好铜、铅、锌等优势矿业开发和冶炼加工项目。大力发展装备制造业，支持呼包鄂地区运输机械、工程机械、煤化工设备、风力发电设备等基地建设。加快发展高新技术产业，努力提高稀土、电子信息、生物制药产业规模和层次。产业延伸方面，突出抓好以煤炭深加工为主的化学工业，确保神华集团108万吨煤液化项目建成投产，开工建设中天合创300万吨二甲醚项目。积极推动有色金属、PVC等行业向下游延伸，新增铝后加工规模30万吨，铜精深加工规模8万吨。产业升级方面，围绕煤化工、钢铁、有色金属、装备制造等行业，加快制定相关技术标准，高起点引进国内外先进技术，提高消化吸收和再创新能力，新上项目技术和装备水平要力争达到国际国内同行业先进水平。

着力提高自主创新能力。继续实施自主创新能力建设工程，以大型企业和重点项目为依托，积极争取建设国家工程研究中心、国家工程实验室和国家级企业技术中心。组织实施一批重大科技专项，全力支持煤液化、硅铝钛合金、稀土兆瓦级风电机组等具有完全自主知识产权项目的工业化生产。

大力发展服务业。积极发展面向生产的服务业，重点推进现代物流业和金融业发展，突出抓好准格尔大路煤炭物流园区等物流节点建设，启动实施通辽白银泰来等一批农畜产品批发市场项目。加快发展面向生活的服务业，重点抓好城镇社区服务和面向农村牧区居民的生活服务业。逐步提高居民收入在国民收入分配中的比重，提高劳动报酬在初次分配中的比重，进一步拓宽消费领域，改善消费环境，增强消费增长对经济发展的拉动作用。加快发展旅游业，加强重点旅游景区和线路建设，合理开发和保护旅游资源。继续加大服务业政策扶持力度，加快完善促进服务业发展的财税、信贷、土地和价格等政策。

（四）继续加大节能减排力度。加快形成以政府为主导、企业为主体、全社会共同推进的工作格局，强化各项政策措施，力争单位生产总值能耗较大幅度下降，主要污染物排放得到有效控制。

进一步加大源头控制力度。加快淘汰落后产能步伐，全年确保关停小火电机组容量42.4万千瓦，淘汰煤炭产能600万吨、小水泥产能120万吨、焦炭90万吨、铁合金20万吨、电石60万吨。落实高耗能产品限量生产计划，实施单位产品能耗限额制度，全面落实主要用能产品限额目录和超限额能耗加价管理办法。

加大重点企业、重点领域节能降耗力度。抓好85户重点耗能企业和年耗能5000吨标准煤以上企业的节能工作，加快实施国家节能重点工程和自治区节能“三百”重点项目。严格执行自治区关于电力、钢铁、有色金属、化工、建材、煤炭六大行业节能降耗新标准，有效降低主要产品单耗水平。加快实施建筑、交通运输、商业及民用、政府机构等领域节能标准，确保单位GDP能耗降幅大于上年。

全力抓好主要污染物减排工作。全面推行排污许可证制度，对直接或间接排放水污染物、大气污染物的一切排污单位，严格履行法定的排污申报登记。二氧化硫减排方面，全部完成现役大中型火电机组脱硫改造任务，新建和现役机组全部实现在线监测。冶金、建材、化工等非电行业要落实重点企业目录管理制度，强化硫回收和脱硫设施建设。积极开展用大型集中供热、热电联产替代小采暖锅炉，减少燃料煤消耗量，力争二氧化硫排放总量比上年下降8.1%。化学需氧量减排方面，加快城镇污水处理设施建设，全年新开工建设37个城镇污水处理项目，并确保8个污水处理厂建成并投入运行，所有工业园区必须建成污水处理厂。加大对已建污水处理厂和造纸、制药等工业废水排放量大的行业监管力度，力争化学需氧量排放量比上年下降9%。

（五）加强生态保护和基础设施建设。巩固和扩大生态保护及建设成果，加强水利、交通和城市基础设施建设，进一步改善经济社会发展的基础条件。

生态方面，重点抓好天然林资源保护、退耕还林、退牧还草、京津风沙源治理、“三北”防护林等生态保护治理工程，做好巩固退耕还林的前期工作，全年力争完成退牧还草2000万亩、京津风沙源治理612万亩、天然林资源保护184万亩、“三北”防护林建设43万亩，造林合格面积达到1000万亩，新增水土流失治理面积650万亩。水利方面，加快三座店水利枢纽等在建工程进度，开工建设海勃湾水利枢纽和一批病险水库除险加固工程，继续推进黄河、嫩江防洪工程的实施。交通方面，力争开工建设锡林浩特至乌兰浩特、京包线集宁至包头三四线等重点铁路项目，牙克石至甘南等高速公路项目，全年新增铁路里程700公里以上，新增高速公路里程300公里；新开工建设阿尔山机场、二连浩特机场。城镇基础设施建设方面，重点抓好36个旗县所在地供水项目建设，城镇供水普及率达到77%。

（六）促进区域经济协调发展。进一步加大统筹城乡发展力度，加快发展县域经济，促进东部盟市振兴。

努力提高城镇化水平。加强城市建设规划和引导，统筹考虑承接人口转移、促进产业发展、加强基础设施建设和保护生态环境等因素，提高城市建设水平。加快呼包鄂城市群和区域中心城市建设，提升以城关镇、建制镇和中心镇为重点的中小城镇发展水平，增强城镇的经济实力、承载能力和辐射带动力。继续深化户籍、就业、社保等城乡配套改革，畅通城乡生产要素的双向流动。加快推进建筑业发展，支持中小建筑企业向专业化、技术型方向发展，力争使建筑业发展取得新突破。

发展壮大县域经济。积极发展特色产业，特别是县域工业，培育县域新的经济增长点。加强旗县和中心集镇的规划和建设，发挥集镇在县域经济中的集聚和辐射带动作用。加强城镇之间的关联效应和城镇对乡村的辐射带动，使小城镇特别是中心镇成为农村牧区人口和劳动力的转移载体。

促进区域协调发展。继续鼓励呼包鄂地区率先发展，加快提升地区综合实力和竞争力。抓住国家振兴东北等老工业基地的有利时机，全面落实东北地区振兴规划，搞好与东北经济区政策、产业、项目对接，制订出台我区实施国家振兴东北地区规划的具体方案。大力扶持边境地区、少数民族聚居区、“三少”民族地区发展，继续在政策、资金、产业培育、基础设施和生态建设等方面予以倾斜，增强自我发展能力。全面完成主体功能区规划编制任务，科学划定和分类推进不同功能区的开发与建设，促进人口、经济布局与资源环境的承载能力相协调。

（七）进一步推进改革开放。抓住当前宏观形势较好的有利时机，进一步深化改革，扩大开放，加快形成有利于推动科学发展、促进社会和谐的体制机制。

着力深化各项改革。继续深化国有企业改革，完善国有资产监管体系，推行国有资本经营预算制度。落实鼓励、支持和引导非公有制经济发展的各项政策，实施中小企业成长工程，改善中小企业和非公有制经济发展环境。加快推进农村牧区综合改革，积极化解乡村债务，抓好县域金融服务体系综合试点工作，有序推进农村合作银行、小额贷款公司、担保公司等机构建设。稳步推进生产要素价格改革，形成有利于促进能源资源节约和生态环境保护的价格机制。积极推进行政管理体制改革，加快社会事业领域的改革，全面完成自治区直属高等院校（职业院校）、医疗机构等事业单位改革，搞好事业单位分类管理工作。

加快对外开放步伐。积极实施“走出去”战略，推动蒙东能源公司开发俄罗斯别列佐夫铁矿等项目尽快进入实施阶段，加快赤塔华商园区等对俄合作园区项目建设，支持包钢集团与澳大利亚中央金属公司合作勘探铁矿等项目前期工作。着力调整招商引资结构，提高招商引资项目的质量和水平，全年引进国内（区外）资金1850亿元。努力保持外贸进出口稳定增长，外贸进出口总额达到90亿美元。

（八）加强以民生为重点的社会建设。从解决人民群众最关心、最直接、最现实的问题入手，继续加大对民生工程的投入力度，扎实推进和谐社会建设。

加快发展各项社会事业。教育方面，全面实行城乡免费义务教育，在进一步巩固农村牧区免费义务教育的基础上，今年秋季起免除城市义务教育学杂费。落实义务教育政府投入保障机制，加大职业教育投入力度，全年完成31个旗县初中校舍改造任务和18所中等职业教育基础能力建设项目。卫生方面，加快农村牧区卫生服务体系和城镇社区服务网络建设，完成113个乡镇卫生院、33个旗县医院、25个旗县妇幼保健机构、14个旗县中蒙医院建设任务，建成40所城市社区卫生服务中心。文化方面，加快实施“村村通广播电视”工程、无线覆盖工程和西新工程四期项目建设，为10.3万户已通电的广播电视盲村解决通广播电视问题，建设46个乡镇综合文化站、452个嘎查村体育健身场地和120处社区体育活动站点。

进一步加强就业工作。坚持实施积极的就业政策，加强就业和再就业服务工作，力争实现城镇新增就业目标。继续改善非公有制经济和小企业创业环境，鼓励新增劳动力自谋职业和自主创业，以创业带动就业。建立健全就业援助制度，及时帮助“零就业”家庭解决就业。全力做好高校毕业生、退伍军人、残疾人就业工作。积极推进劳动合同和集体合同制度，加强劳动争议处理和劳动保障监察，严厉打击各种非法用工行为。

加快完善社会保障体系。努力扩大社会保障覆盖面，城镇参加基本养老保险人数达到375万人，基本医疗保险人数达到360万人。加强农村牧区社会救助工作，实施好盟市级儿童福利院、流浪未成年人救助保护中心和残疾人综合服务中心项目，进一步提高五保对象供养标准和敬老院集中供养率。努力解决城镇低收入人群住房困难，全年建设经济适用住房700万平方米、廉租住房50万平方米。因地制宜实施“整村推进”、产业化扶贫和农村牧区劳动力转移培训，全年净减少贫困人口10万人。

继续加大为民办实事力度。在继续抓好2007年民生工程的同时，今年要为群众办“八件实事”。一是提高城镇居民最低生活保障标准，全区平均提高20元；二是扩大农村牧区最低生活保障范围，保障人数由85万人扩大到110万人；三是大力推进城镇居民基本医疗保险，力争实际参保人数达到200万人以上，启动覆盖全区城镇的医疗救助制度；四是提高新型农村牧区合作医疗补助标准，农牧民参合率达到90%以上；五是继续提高企业离退休人员养老金补助标准；六是扩大教育补助覆盖面，提高补助救助标准，惠及260万城乡中小学生，提高高校生均经费，扩大特困生贷款贴息补助规模；七是改善城镇低保住房困难家庭居住条件；八是解决重砷、重氟区80万人饮水安全问题。

2008年是全面贯彻党的十七大精神的第一年，也是实施“十一五”规划承上启下的关键一年，做好今年的各项工作，对巩固和发展当前的大好形势，顺利实现“十一五”规划的预期目标，具有十分重要的意义。我们要紧密团结在以胡锦涛同志为总书记的党中央周围，深入贯彻落实科学发展观，以饱满的热情、科学的态度、扎实的作风，推动全区经济社会又好又快发展。

关于2007年预算执行情况和2008年预算(草案)的报告

Report on the Implementation of Budgets for 2007 and Draft Budgets for 2008 in Inner Mongolia

——2008年1月20日在内蒙古自治区第十一届人民代表大会第一次会议上

内蒙古自治区财政厅

受自治区人民政府委托，现将2007年预算执行情况和2008年预算草案的报告提请本次人民代表大会审议，并请自治区政协各位委员提出意见。

一、2007年全区预算执行情况

2007年是自治区成立60周年，在自治区党委、政府的正确领导下，各地区、各部门坚持科学发展观，认真贯彻落实中央各项方针政策和自治区十届人大五次会议的有关决定、决议，经济建设和社会各项事业发展实现了重大跨越，全区及自治区本级预算执行情况良好，财政收入增长较快，重点支出得到保障，圆满完成了本年预算确定的各项目标和任务。

2007年年初，财政部进一步明确了地方财政总收入的口径。全区及本级地方财政总收入是指一般预算收入和上划中央的国内增值税、国内消费税、企业所得税和个人所得税。地方财政支出是指地方一般预算支出。与原口径相比，基金收支不再列入财政收支范围，但在管理上仍然纳入财政综合预算，由各级政府统筹安排，严格管理。从2008年起，全区各级财政统一按新口径统计地方财政总收入和支出。以下报告不做特别说明均为新口径计算结果。

2007年年初提请人代会审议的全区地方财政总收入预算为715亿元。根据12月31日汇总的国库数据，全区地方财政总收入入库835.3亿元，完成年度预算的116.8%，比上年增加240.7亿元，增长40.5%，其中：一般预算收入完成492.3亿元，完成年度预算的119.2%，比上年增加148.9亿元，增长43.4%；上划中央税收收入343亿元，完成年度预算的113.6%，比上年增加91.8亿元，增长36.5%。

2007年中央财政对我区各类补助收入634.5亿元，比上年增加145.1亿元，其中：返还性和财力性转移支付387.4亿元，比上年增加79亿元；各类专项转移支付247.1亿元，比上年增加66.1亿元。2007年自治区财政下达盟市补助收入538亿元，比上年增加104.6亿元，其中：返还性和财力性转移支付333.5亿元，比上年增加75.2亿元；各类专项转移支付204.5亿元，比上年增加29.4亿元。

汇总全区地方财政一般预算收入、中央补助收入和上年财政结转结余以及调入资金，2007年全区总财力为1260.8亿元，其中：一般预算收入492.3亿元，中央财政各类补助收入634.5亿元，上年财政结转结余以及调入资金等134亿元。

2007年年初全区地方财政支出预算为747亿元。2007年年末全区地方财政支出1083.6亿元，比上年增加271.4亿元，增长33.4%。为了加强超收收入和结余资金的管理，自治区政府决定建立自治区本级预算稳定调节基金，转入预算稳定调节基金35亿元后，全区地方财政支出完成调整预算的88.7%。2007年全区财政结转结余资金142.2亿元，其主要原因是由于中央财政为了实现宏观调控的目标，补助我区的部分专项资金在2007年年底才下达，导致这部分资金未能在当年拨付到位。结转资金将按规定用途陆续拨付，结余资金将由各级政府统筹安排，经法定程序批准后使用。结转结余资金的具体数额，待上级财政批复决算后向同级人大常委会报告。

按原口径计算，全区财政总收入实现1018.1亿元，比上年增加305.2亿元，增长42.8%。其中：基金预算收入182.8亿元，比上年增加64.5亿元，增长54.5%。全区财政总支出达到1266亿元，比上年增加351亿元，增长38.4%。其中：基金预算支出182.4亿元，比上年增加79.6亿元，增长77.4%。

2007年自治区本级一般预算收入122.9亿元，比上年增加60亿元，增长95.3%，增长较快主要是探矿权、采矿权价款及使用费等一次性入库收入增加30亿元，扣除这些因素，本级一般预算收入增长47.7%；同时，按照自治区与盟市财政体制调整办法，自治区本级按比例从盟市集中了一部分收入，又通过基数返还和转移支付补助给盟市。中央对我区的各类补助收入列自治区本级收入96.5亿元，其中：返还性和财力性转移支付53.9亿元，各类专项转移支付42.6亿元。汇总自治区本级一般预算收入、中央补助收入和上年财政结转结余资金等，自治区本级总财力287亿元。自治区本级一般预算支出179.5亿元，比上年增加41.3亿元，增长29.9%，转入自治区本级预算稳定调节基金35亿元后，完成调整预算的 74.7%。2007 年自治区本级财政结余结转资金 72.5 亿元，结余结转较多主要是由于中央部分专项资金下达较晚，在本级形成结转，2008 年将继续下达补助盟市。

与 2007 年年初预算相比，自治区本级超收 49.6 亿元，扣除一次性入库的“两权”收入 30 亿元后，本级实际可支配的超收收入 19.6 亿元。主要用于能繁母猪和优质后备奶牛补贴配套、将 18 个城区义教阶段中小学生纳入“两免”范围、对自治区直属高校银行贷款实行财政贴息、提高城市低保补助标准、落实优抚对象和部分退役军人生活补助政策以及节能减排等方面，结余部分转入自治区本级预算稳定调节基金。盟市、旗县超收收入的使用情况，分别由同级政府向人大常委会报告。

2007 年全区预算执行主要情况是：

（一）在国民经济快速发展的基础上，几大主体税种增势强劲，突显了对财政收入增长的拉动作用

2007 年，自治区国民经济继续保持又好又快的发展势头，经济结构不断优化，经济效益稳步提升，为超额完成财政收入任务奠定了坚实的基础。特别是工业化、城镇化和农牧业产业化进程加快，为几大主体税种的增长注入了新的活力。去年全区地方财政总收入中，税收收入 690.8 亿元，占 82.7%，比上年增加 178.9 亿元，增长 34.9%。其中：增值税完成 315.6 亿元，增加 77.6 亿元，增长 32.6%；营业税完成 115.2 亿元，增加 26.4 亿元，增长 29.7%；企业所得税和个人所得税完成 148.3 亿元，增加 49.9 亿元，增长 50.7%。以上四大主体税种实现收入 579.1 亿元，占全区地方财政总收入的 69.3%。此外，资源税、城市维护建设税、契税等地方税以及行政事业性收费和罚没收入等非税收入也都保持了较高的增长速度。财政收入形势好主要是经济形势好的反映，但也存在一次性、政策性因素。如：受固定资产投资和工业生产增长较快、资源性产品价格上扬等影响，相关行业税收超常规增长；深化矿产资源有偿使用制度改革，探矿权、采矿权价款及使用费收入增加较多。扣除这些因素，财政收入增长与经济发展情况是基本相适应的。

（二）财政支农力度加大，社会主义新农村新牧区建设成效显著

进一步健全财政支农支牧资金稳定增长机制，促进农牧业稳定发展、农牧民持续增收、农村牧区全面进步。2007 年全区财政支农支牧支出 108.4 亿元，比上年增加 24.1 亿元，增长 28.6%。一是加大涉农补贴政策实施力度。落实粮食直补、农资综合补贴、农牧业良种补贴、能繁母猪补贴、优质后备奶牛补贴等各项涉农补贴资金 21.8 亿元；推行政策性农业保险试点，投入保费补助资金 3.4 亿元，玉米、大豆、小麦主要农作物保险投保面积达 1900 万亩，占其播种面积的 40%。二是着力改善农村牧区生产生活条件。继续推进农业综合开发，投入财政资金 7 亿元，改造中低产田 86.7 万亩，人工种草和改良草场面积 78.5 万亩。筹集和安排农牧林业产业化资金 3.2 亿元，重点支持了 124 个农牧业产业化项目、30 个林业产业化基地和服务体系建设。下达土地整理项目资金 11 亿元，土地整理面积 12.5 万公顷，新增耕地 8043 公顷。中央财政下达我区产粮大县奖励资金 5.8 亿元，比上年增加 1.8 亿元，新增我区产粮大县 2 个，使我区产粮大县总数达到 34 个。全区各级财政投入农村牧区饮水安全工程建设资金 3 亿元，解决了 76 万人饮水安全问题。投入扶贫开发资金 11.7 亿元，重点用于整村推进工程、产业化扶贫、“三少民族”农牧民贫困户危旧房和茅草屋改造。安排防灾救灾资金 3.9 亿元，主要用于森林防火、草原鼠虫害防治、动物疫病防治等。落实劳动力转移培训资金 6130 万元，9 万农牧民参加了“阳光雨露”工程，3 万农牧民参加了新型农牧民科技培训，提高了就业和创业能力。三是积极支持建立多元化的支农投入机制。安排引导性资金 9100 万元，在全区 13 个旗县开展整合支农资金试点，提高了财政支农资金使用的规模效益。积极探索建立小型农田水利“民办公助”机制，安排补助资金 8960 万元，财政补助比例达到 36.8%，有效调动了农牧民投入农田水利建设的积极性。四是加快生态建设步伐。2007 年自治区争取国家生态建设资金 52 亿元，重点支持天然林保护、退耕还林还草等生态工程建设。进一步完善天然林保护工程政策，积极推进退耕还林后续政策调整，完善森林生态效益补偿基金制度。

（三）重点支出得到保障，各项社会事业加快发展

财政支出继续向重点社会事业倾斜，全面完成自治区党委确定的“七件实事”和“十项民生工程”。一是加快社会保障体系建设。2007 年全区财政用于就业和社会保障支出 151.2 亿元，比上年增加 37.6 亿元，增长 33%。全区筹集资金 11.6 亿元，进一步提高城镇居民最低生活保障水平，低保补助标准平均提高 20 元，覆盖城镇低保对象 75 万人；针对猪肉等食品价格上涨，对低保对象发放临时性补贴 8584 万元；安排农村牧区最低生活保障补助资金 3.7 亿元，将农村牧区最低生活保障范围扩大到 85 万人，每人每天补助标准提高到不低于 1.2 元；落实企业职工基本养老保险调标政策，在前两年人均月增加 170 元的基础上，2007 年再增加 105 元，共补助资金 27.4 亿元，全区 89 万企业退休职工基本养老金月平均达到 975 元，居全国中等水平；开展了城镇非就业居民医疗保险试点工作。二是支持教育事业发展。2007 年全区教育支出 153.4 亿元，比上年增加 42.4 亿元，增长 38.3%。全区投入农村牧区义务教育保障经费 12.5 亿元，比上年增加 3.6 亿元，将自治区规定必设课程教科书列入免费范围，将义教阶段学生全部纳入“两免”范围，率先在全国实施了义务教育“两免”政策。自治区本级财政安排 8429 万元，从 2007 年秋季起对全区义教阶段 14.3 万蒙语授课寄宿生实行食宿费补助政策；安排 6400 万元用于提高农村牧区义务教育阶段中小学贫困家庭寄宿生生活补助费标准，小学每生每年由 150 元提高到 300 元，初中每生每年由

210元提高到450元。下拨资金6亿元，支持化解农村牧区义务教育“普九”债务。完善贫困家庭学生资助政策体系，安排普通高校、高等和中等职业学校奖助学金2亿元，受助学生22.2万人；安排高校助学贷款贴息及风险补偿金2351万元，保证每一个大学生不因贫困而失学。自治区本级投入5000万元，采用以奖代投的方式支持职业教育发展。加大对高等院校的扶持力度，安排高教专款1.4亿元，重点用于高校学科建设、直属高校银行贷款贴息补助等。三是支持公共卫生事业发展。全区公共卫生支出43.7亿元，比上年增加13.2亿元，增长43.2%，重点用于农村牧区医疗卫生事业发展、城市社区卫生服务体系建设和城市医疗救助。全区投入财政资金5.9亿元，全面推行新型农村牧区合作医疗制度，实现了覆盖所有旗县（区），筹资标准由每人每年30元提高到50元，农牧民参合率达到85%以上，参合农牧民达到1100万人，提前一年实现国家制定的基本建立新型农村牧区合作医疗制度的目标。为支持自治区蒙医院建设，投入财政资金8700万元。四是支持科技创新。全区科技支出9.1亿元，增加1.8亿元，增长23.8%。自治区本级财政新增科技创新引导奖励资金1.1亿元，搭建了融资平台，放大了财政资金功能。五是支持文化事业发展。全区文化事业支出10.7亿元，增加3.3亿元，增长45%，重点用于支持文化体制改革、文化信息资源共享工程、农村牧区电影放映工程。六是全区计划生育经费支出6.5亿元，继续推进农村牧区计划生育家庭奖励扶助制度和“少生快富”工程等。此外，积极向中央财政争取并多方筹措资金，与各方共同努力，为自治区成立60周年大庆建设工程及相关活动提供经费保障。

（四）综合运用多种财税手段，促进经济又好又快发展

2007年，全区财政用于工业商业事务、城乡社区事务等方面的支出194.9亿元，比上年增加60.7亿元，增长45.2%。一是大力支持节能减排工作。争取国家节能减排资金9亿元，自治区配套4.5亿元，重点用于城镇污水处理设施配套管网以奖代补、淘汰落后产能奖励、节能技术改造奖励和环保三大体系能力建设补助等。二是加快自治区新型工业化发展进程。安排工业重点项目等专项资金2.3亿元，重点用于发展循环经济，支持企业技术改造，加快工业园区基础设施建设，扶持中小企业发展。三是支持发展服务业和劳动密集型非资源型产业。自治区本级投入服务业专项资金3100万元，支持现代物流项目18个，专项补助“三农”服务项目34个。下拨旅游业发展专项资金3800万元，重点用于旅游环境建设、重点旅游项目启动引导等方面。四是大力支持企业改革和发展。累计完成75户中央企业分离办社会工作任务，中央财政划转经费补助基数3亿元；安排资金1.3亿元，支持区直及区直下划企业分离办教育工作；到2007年底累计拨付资金14.3亿元，支持五户煤炭企业实施政策性破产，安置职工3.7万人。五是深化矿产资源有偿使用制度改革，促进资源节约利用和环境保护。加大“两权”价款征收力度，进一步增加对地质勘查项目的投入和采煤沉陷区治理。六是支持城市基础设施和小城镇建设，加快“城中村”改造步伐。2007年全区城市基础设施和小城镇建设等方面的资金88.7亿元，比上年增加35.6亿元，增长66.9%。安排口岸建设补助资金1.6亿元，用于加强口岸基础设施建设和保障口岸正常运转。

（五）进一步加大转移支付力度，促进基本公共服务均等化

一是完善现行一般性转移支付办法，提高对财政困难旗县的最低支出保障标准，将义教学生人数、城乡低保等公共财政保障人群纳入转移支付补助范围。贯彻落实科学发展观，鼓励各地淘汰落后产能，对由此造成的减收给予适当补助。加大对边境旗县、基层政权的补助力度。2007年自治区下达盟市、旗县一般性转移支付81.2亿元，比上年增加37.2亿元，增长84.4%。二是完善激励性转移支付办法，加大对经济发展快、收入贡献多的地区的补助力度。2007年自治区下达盟市、旗县激励性转移支付28.6亿元，比上年增加3.9亿元，增长15.7%。三是认真落实中央对财政困难旗县的奖补政策，增加了对缩小地区间财力差距、控制财政供养人员和保证重点支出增长的奖补政策。2007年自治区下达缓解县乡财政困难奖补资金16.2亿元，比上年增加4.6亿元，增长39.7%。

（六）大力支持各项改革，体制和制度创新迈出新步伐

积极推进行政事业单位收入分配制度改革，规范公务员津补贴发放标准和资金来源。认真落实艰苦边远地区津贴政策和行政事业单位人员的住房补贴政策。深化部门预算改革，推进综合预算，建立非税收入管理、行政事业单位资产管理与预算管理相结合的制度。出台了《内蒙古自治区本级部门预算支出绩效考评管理办法》，推进财政支出绩效考评工作。加快推进盟市和旗县部门预算改革。国库集中支付制度改革取得新进展，在盟市本级预算单位全部纳入国库集中支付改革范围的基础上，全区有88个旗县实施了国库集中支付改革。农村牧区综合改革深入开展，化解农村牧区义务教育“普九”债务工作全面启动，并被国家列入全国试点省区之一。非税收入收缴管理制度改革进展加快，改革范围不断扩大。全区政府采购规模达到84.4亿元，节约资金10.5亿元，在节能、环保等方面较好地发挥了扶持和导向作用。

2007年财政运行中也存在着一些亟待解决的问题，如：对教育、就业、社会保障等民生问题的投入力度仍需继续加大；财政资金管理存在薄弱环节，支出责任划分不够清晰，资金使用效益有待提高；收入结构不尽合理，可用财力比重尚需提高；部分旗县财力薄弱，基层公共服务的财政保障能力还需进一步增强；各级政府的债务负担较重，防范和化解财政风险的任务非常艰巨。对这些问题，我们必须高度重视，通过不断深化改革、加快发展、严肃法纪和规范管理等综合措施，着力加以解决。

二、2008年预算草案

根据自治区党委、人大对财政经济工作的总体部署，2008年全区财政收支预算安排的指导思想是：认真贯彻党的十七大和自治区第八次党代会精神，坚持科学发展观，促进和谐内蒙古建设，实现自治区经济社会全面健康可持续发展。依法加强收入征管，确保财政收入稳定增长，收入质量不断提高；坚持以人为本，不断优化财政支出结构，着力保障和改善民生；围绕推进基本公共服务均等化和主体功能区建设，完善公共财政体系，增强基层政府的公共服务能力；深化财税改革，加强财政监督，不断提高依法理财、科学理财和民主理财水平。

根据全区经济工作会议的总体部署和具体要求，依据国民经济增长预期目标，综合考虑2008年企业所得税“两法”合并、中央实行节能减排税收优惠政策、提高个人所得税工资薪金所得减除费用标准以及东五盟市的部分行业实行增值税转型试点等减收因素，加上中央对我区生态、调资等补助收入相对稳定，按照积极稳妥、统筹兼顾、留有余地的原则，2008年全区地方财政总收入安排1006亿元，比上年实际完成数（扣除一次性入库的“两权”收入30亿元）增加201亿元，增长25%，高于2008年地区生产总值增幅10个百分点。全区地方财政支出预算安排976亿元，加上上年结转和预算执行中中央增加的专项补助，全年实际支出预计达到1260亿元，比上年实际支出增长16%以上。

根据《预算法》的规定，各级政府预算由同级人民政府编制，报同级人民代表大会审查批准。下面，重点报告自治区本级预算的安排情况：

根据现行财政体制划定的收入范围和明确的补助数额，2008年自治区本级财政一般预算总财力安排508.5亿元，其中：一般预算收入116.1亿元，中央明确的财力性补助收入392.4亿元。根据收支平衡的原则，返还和补助盟市358.4亿元，本级支出预算相应安排150.1亿元，扣除列收列支的专项收入后，2008年本级实际可安排145.1亿元，比上年年初预算数增加29亿元，增长25%。

按照财政部的规定，政府预算按照新的收支分类科目编制，财政支出按经济和功能分类，分别从不同角度反映政府的支出活动。按经济分类划分，自治区本级一般预算支出安排情况是：基本支出预算安排63.3亿元，占一般预算支出的42.2%，其中：行政事业单位工资福利支出27.8亿元，商品和服务支出即公用经费18亿元，对个人和家庭的补助支出17.5亿元；各类专项支出安排86.8亿元，占一般预算支出的57.8%。

按功能分类划分，自治区本级一般预算支出主要安排情况是：

——安排一般公共服务支出32.2亿元，比上年年初预算增加8.5亿元，增长35.9%，其中专项资金安排10.2亿元。主要用于自治区行政事业单位的人员经费、公用经费、专项业务费等事务性支出。安排计划生育专项1亿元，增加2000万元，全区人均计划生育经费由2006年的17.9元提高到2008年的20元。

——安排公共安全和国防支出13.5亿元，比上年年初预算增加2.3亿元，增长16.7%。其中专项资金安排4亿元，重点用于公检法司基层单位改善办案和装备条件，支持政法机关开展各种专项斗争，加强消防装备和基础设施建设，增加军队武警经费补助。

——安排教育支出21.2亿元，比上年年初预算增加8.6亿元，增长67.9%，符合《教育法》规定的增长要求。其中专项资金安排11.9亿元，重点用于在全区范围内实行义教阶段中小学生“两免”政策和蒙语授课寄宿生食宿费补助政策；调整提高义教阶段中小学课本费、公用经费、维修费和寄宿生生活费财政补助标准；继续支持职业教育和民族教育事业发展；适当增加高校特困生贷款贴息及风险基金，对自治区直属高等院校银行贷款给予贴息补助。

——安排科学技术支出3.8亿元，比上年年初预算增加1.1亿元，增长38.3%，符合《科技进步法》规定的增长要求。其中专项资金安排3.1亿元，主要用于科技发展创新引导奖励、自然科学基金、科技应用与研究开发以及科技创新、创业服务平台建设。

——安排文化体育与传媒支出3.8亿元，比上年年初预算增加1.2亿元，增长46.4%。其中专项资金安排1.9亿元，主要用于广播电视“无线覆盖”、文化信息资源共享工程、农村牧区电影放映工程、支持备战全国第十一届运动会和全民体育健身工程。

——安排社会保障和就业支出20亿元，比上年年初预算增加4亿元，增长25.2%。其中专项资金安排8.9亿元，重点用于提高企业退休人员基本养老金待遇；推进城镇非就业居民基本医疗保险，覆盖面达到应参保人数的70%以上，实际参保人数达到200万人以上；提高城市居民最低生活保障补助标准，平均每人每月提高20元；扩大农村牧区农牧民最低生活保障范围，将低保对象由85万人扩大到110万人；落实促进就业再就业的各项财税扶持政策，继续安排下岗职工再就业小额贷款风险补偿等资金。

——安排医疗卫生支出8.1亿元，比上年年初预算增加2.6亿元，增长47.6%。其中专项资金安排5.2亿元，重点用于全面推行农村牧区新型合作医疗制度，将自治区承担补助标准提高20元，参合率达到90%以上；对区直医疗机构改善医疗条件贷款给予财政贴息；支持城镇社区公共卫生服务体系及农村牧区基层卫生组织建设。

——安排环境保护支出2.3亿元，比上年年初预算增加7298万元，增长47.2%。其中专项资金安排2.2亿元，主要用于环境三大体系能力建设、集中饮用水源地污染防治、区域环境安全保护、自然保护区建设。

——安排城乡社区事务支出3.8亿元，比上年年初预算增加1.9亿元，增长96.7%。其中专项资金安排3.6亿元，主要用于采用以奖代投的方式，支持新建城镇污水、垃圾处理厂和城镇污水处理奖励；支持廉租住房建设，逐步解决城市低收入家庭住房困难问题；支持城市建设维护和规划以及"城中村"改造奖励。

——安排农林水事务支出11.3亿元，比上年年初预算增加3.3亿元，增长41%，符合《农业法》规定的增长要求。其中专项资金安排9.8亿元，主要用于落实各项涉农补贴政策；加强农村牧区饮水安全等基础设施建设；落实扶贫开发及农业综合开发项目地方配套资金；安排设施农业补助、支农资金整合试点配套资金。

——安排工业、交通运输、商业等事务支出12.3亿元。其中专项资金安排11.6亿元，主要用于推动自治区工业化进程、加快旅游业发展、扶持中小企业、培育工业自主知名品牌、推动外贸经济发展等方面。

——安排其他支出17.8亿元，比上年年初预算增加0.7亿元，增长4.2%。其中专项资金安排14.4亿元，主要包括预算内基本建设投资7.2亿元，增加1亿元；住房公积金1.6亿元，增加7764万元；政府预备费2亿元，增加5000万元；口岸建设补助5000万元，增加2000万元；服务业发展专项资金5000万元，增加2000万元；列收列支的行政性收费安排的项目资金有所减少。

此外，2008年，自治区本级基金预算收入安排55.3亿元，比上年实际完成数增加8.6亿元，增长18.5%。基金收入主要来源是养路费、地方教育费附加和水利建设基金；相应安排基金支出55.3亿元，比上年年初预算数增加23.3亿元，增长72.8%。

三、深化改革，扎实工作，圆满完成2008年财政预算

（一）加强和改善财政宏观调控，支持自治区经济又好又快发展

大力推进新型工业化进程，强化工业对财政增收的支撑作用。合理运用财税政策手段，支持区内企业开发具有自主知识产权的高新技术装备和产品，促进企业自主创新。落实节能减排财税优惠政策，加快建立促进节能减排新机制。推进矿产资源有偿使用制度改革，逐步建立和完善资源开发生态补偿机制。抓住国家将我区东部五盟市纳入振兴东北老工业基地战略的契机，尽快落实东部五盟市部分行业增值税转型等优惠政策。充分运用税收、贴息、担保等政策，支持中小企业和非公有制经济发展。通过财政补助或贷款贴息等方式，培育第三产业新的增长点，提高第三产业对财政收入的贡献率。加大口岸建设投入，大力发展边境贸易和口岸经济，进一步扩大对外开放。

（二）加强财政收入管理，确保完成2008年收入目标

切实重视和加强财政收入的征收、管理和监督工作，特别是要加强资源税、矿产资源补偿费等资源性收入征管；认真清理到期减免税，严禁出台资源开采、加工企业税收优惠政策。坚持依法治税，做到应收尽收，保证财政收入持续稳定增长。全面实施新的企业所得税法，遵循国民待遇原则，公平各类企业税负，同时妥善解决跨地区经营企业所得税税收转移问题。贯彻落实资源税改革各项政策措施，特别是做好即将实施的煤炭、石油、天然气资源税从价定率征收工作。进一步规范政府性基金和单位非税收入管理，完善彩票公益金、罚没收入等非税收入征缴制度，严格实行"收支两条线"管理。试行国有资本经营预算制度，制定企业国有资本收益收取管理办法，开展国有资本经营收益收缴试点。

（三）积极探索有效的财政保障方式，支持构建改善民生的长效机制

坚持以人为本，进一步完善公共财政制度，着力解决好人民群众最关心、最直接、最现实的利益问题。积极争取中央财政的支持，充分调动各级政府的积极性，整合各种财政资源，增加对"三农三牧"、教育、科技、社会保障、节能减排等公共服务领域的投入，优先保障和改善民生。科学安排好政府结余资金和超收财力，重点用于解决民生问题以及消化历史欠账，增强经济社会发展后劲。按照《内蒙古自治区本级预算稳定调节基金管理暂行办法》的要求，合理筹集并科学运用自治区本级预算稳定调节基金，重点用于年度中间落实国家政策要求和自治区超前规划的增支政策、弥补重大减收因素造成的资金缺口、应对自然灾害等突发性事件等。积极筹措廉租住房保障资金，落实对廉租住房建设等方面的税费优惠政策，加快解决城市低收入家庭的住房困难问题。密切关注价格上涨对民生的影响，及时落实各项财政补贴政策，保障困难群体基本生活。同时，运用财税杠杆，支持粮油肉等农产品生产，保障基本生活必需品供应，减少物价上涨对人民群众生活的影响。

（四）完善转移支付制度，增强基层政府公共服务能力

按照财力与事权相匹配的原则，进一步扩大一般性转移支付的规模，在以人均财力为主计算转移支付的基础上，逐步加大社会事业支出占转移支付的比重。加大对边境旗县、少数民族聚居旗县、财政困难旗县的转移支付力度，促进地区间基本公共服务均等化。完善激励与约束并重的机制，健全激励性转移支付制度，并与中央"三奖一补"政策相衔接，完善对基层财政的奖补政策。调整专项转移支付管理办法，逐步清理归并自治区本级的专项拨款，并选择项目试点，将自治区本级历年补助盟市形成基数且不再二次分配的专项转移支付切块下达，将其收支纳入盟市预算管理。

（五）深化财政各项改革，全面加强财政科学化、精细化管理

加强行政事业单位资产管理，行政事业单位国有资产出租出借收入和处置收入实行"收支两条线"，新增资产配置纳入部门预算，将资产管理与预算管理有效结合。按照财政部的要求，改进超收收入使用办法，逐步将超收收入转入下年度使用，提高财政资金安排使用的科学性和有效性。继续

深化非税收入收缴改革，规范收缴方式和程序，逐步将非税收入全部纳入部门预算统筹管理，推行行政事业收费和罚没收入与执收执罚单位利益彻底脱钩的财政预算管理办法。全面推行国库集中支付改革，自治区所有预算单位和全部旗县都要实行国库集中支付，逐步推行公务卡结算制度。深化政府采购制度改革，进一步扩大政府采购规模和范围。加快推进财政支出绩效评价工作，逐步扩大预算支出绩效考评范围，研究把绩效考评结果作为下一年度预算安排的依据。加强政府性债务管理，建立健全政府债务管理和审批制度。推进农村牧区综合改革，以化解农村牧区义务教育“普九”债务为突破口，加强乡村债务清理化解工作。

（六）加强对财政运行全过程的监督，全面推进依法理财

贯彻落实《各级人民代表大会常务委员会监督法》，自觉接受人大常委会对财政预决算的监督工作，积极配合和支持自治区人大常委会对本级预算重点支出、超收收入以及上级财政资金安排使用情况的审查工作。按照财政部的要求，建立分工明确、职责清晰的部门预算管理责任制，各部门承担预算执行的主体责任，财政部门承担预算执行的监管责任。进一步从制度上划清财政部门、主管部门和具体用款单位之间的资金监管责任。逐步整合监督检查力量，重点加强支农支牧、教育和社会保障等财政投入大、社会影响面广的专项资金的监督检查力度，确保专款专用，提高资金使用效益。积极配合审计部门的审计监督，坚决查处违反财经纪律的行为，进一步规范财政资金分配，提高资金使用的规范性、安全性和有效性。

各位代表，完成 2008 年的预算收支任务十分艰巨，站在新的起点上，我们要深入贯彻落实党的十七大精神，按照自治区党委的决策部署和本次会议对财政工作提出的各项要求，统一思想，坚定信心，锐意改革，扎实工作，为开创我区改革开放和现代化建设的新局面做出更大的贡献。

内蒙古自治区
2007年国民经济和社会发展统计公报
Statistical Bulletin of the National Economic and Social Development in Inner Mongolia for 2007

内蒙古自治区统计局

国家统计局内蒙古调查总队

（2008年2月28日）

2007年，全区各族人民在自治区党委、政府的正确领导下，以邓小平理论和“三个代表”重要思想为指导，深入贯彻落实科学发展观，努力构建社会主义和谐社会，认真执行国家宏观调控的各项政策措施，积极推进和深化各项改革，发挥资源优势，不断优化发展环境，大力发展优势特色产业，增强发展的协调性和可持续性，认真落实节能减排各项目标责任制，国民经济呈现增长较快、结构优化、效益提高、民生改善的良好态势，社会各项事业全面进步。全区经济社会发展已站到一个新的历史起点上。

一、综合

初步核算，全年生产总值6018.81亿元，按可比价格计算，比上年增长19%。其中，第一产业增加值784.08亿元，增长5.8%；第二产业增加值3079.81亿元，增长25.3%；第三产业增加值2154.92亿元，增长15.6%。第一产业对经济增长的贡献率为 4.1%，第二产业对经济增长的贡献率为64.3%，第三产业对经济增长的贡献率为31.6%。全区生产总值中一、二、三次产业比例由上年的 13.6：48.6：37.8 调整为13：51.2：35.8。按常住人口计算，全年人均生产总值25092元，比上年增长18.6%，按年平均汇率折算达3300美元。2003-2007年五年间，全区生产总值增长1.48倍，年均增长20%。

全年居民消费价格总水平比上年上涨4.6%。其中，食品类价格上涨13.3%，居住类价格上涨4.4%，其它消费品和服务类价格均略有上涨或保持稳定。工业品出厂价格和原材料、燃料及动力购进价格分别比上年上涨5.7%和4.8%，固定资产投资价格上涨3.8%。[详见附表1]

年末全区就业人员1080.81万人，比上年末增加29.65万人。其中，城镇单位就业人员 245.79 万人，比上年末增加3.19万人，增长1.3%。全年领取再就业优惠证的下岗失业人员再就业15.31万人，年末城镇登记失业率为4%，比上年末下降0.13个百分点。

全年完成财政总收入1018.14亿元，比上年增加305.17亿元，增长42.8%。其中，地方财政总收入835.29亿元，地方财政总收入中一般预算收入492.28亿元，分别增长40.5%和 43.4%。全年地方财政支出 1083.57 亿元，比上年增长33.4%。其中，社会保障和就业支出151.19亿元，比上年增长33%；医疗卫生支出43.66亿元，增长43.2%；教育支出153.36亿元，增长38.3%。2003-2007年五年间，全区财政总收入增长3.9倍，年均增长37.5%。

国民经济和社会发展中存在的主要问题是：经济结构性矛盾依然突出，产业结构调整步伐和升级步伐相对滞后；受各方面综合因素的影响，居民消费价格存在由结构性上涨向全面上涨转化的风险，遏制居民价格总水平继续走高，仍是宏观调控的重点和难点；受我区产业结构趋于重型化的制约，能源消耗水平相对偏高，节能减排任务依然艰巨；城乡居民收入增长与经济增长不够协调；就业形势压力依然较大等。

二、农业

全年农作物种植面积642.7万公顷，比上年增加12.98万公顷。其中，粮食作物种植面积 462.75 万公顷，比上年增加 16.56 万公顷。全年粮食总产量 1750 万吨，创历史最高水平，比上年增产45.06万吨，增长2.6%。其中，小麦、玉米和稻谷产量分别增长4.2%、5.8%和16.2%。全年油料产量 105.92 万吨，下降 9.3%；甜菜产量 195.55 万吨，增长12%；蔬菜产量1285.89万吨，增长9.5%；水果产量208.06万吨，下降5.6%。2003-2007年五年间，全区粮食产量增长24.5%，年均增长4.5%。

牧业年度全区牲畜存栏头数达10952.03万头（只），比上年同期下降0.9%；牲畜总增6205.06万头(只)，增长8.7%，牲畜总增率达 56.2%。牧业年度良种及改良种牲畜总头数10307.04万头(只)，比重为94.11%，比上年同期提高1.07个百分点。全年肉类总产量201.8万吨，比上年增长4%；牛奶产量950.9万吨，增长8%；山羊绒产量6746吨，增长1.5%；禽蛋产量51.52万吨，增长3%；水产品产量9.4万吨，增长8.0%。[详见附表2]

林业全年完成营造林面积59.01万公顷，造林成活率达85%。其中，人工造林29.5万公顷，飞播造林4.01万公顷，封山育林25.5万公顷。全年完成退耕还林造林面积3.49万公顷，完成天然林资源保护工程造林面积12.33万公顷，完成京津风沙源治理工程造林面积13.67万公顷，完成“三北”防护林四期工程造林面积3.39万公顷，幼林抚育（作业）面积76.07万公顷。年末全区森林面积2050.67万公顷，森林覆盖率达17.57%。林业系统自然保护区个数达到132个，保护区面积991.12万公顷，被保护的物种达到3430种。

年末全区农牧业机械总动力2209.27万千瓦，比上年增长7.6%；机耕地面积518.61万公顷，增长6.6%；机电井数量38.51万眼，增长0.3%；年内新增农田有效灌溉面积27.73万公顷，发展节水灌溉面积62.47万公顷；全年农村用电量34.10亿千瓦时，增长6.7%；化肥施用量（折纯）140.29万吨，增长10.5%。

三、工业和建筑业

全年全部工业增加值2668.58亿元，比上年增长27.6%。其中，规模以上工业企业完成增加值2365.27亿元，比上年增长30%。在规模以上工业企业中，国有企业增加值增长28.2%，集体企业增加值增长45%，股份合作企业增加值增长60.4%，股份制企业增加值增长30.1%，外商及港澳台投资企业增加值增长24.7%，其它经济类型企业增加值增长41.1%。在规模以上工业企业中，轻工业增加值478.83亿元，增长22.3%；重工业增加值1886.44亿元，增长32.1%。2003-2007年五年间，全部工业增加值增长2.4倍，年均增长28.1%。全年规模以上工业新产品产值79.80亿元，比上年增长29.3%；出口交货值190.22亿元，比上年下降0.1%。能源、冶金、化工、装备制造、农畜产品加工业和高新技术六大优势特色产业增加值占90%以上，成为拉动工业生产快速增长的主要动力。彩色电视机、食用植物油、乳制品和啤酒产量分别比上年增长1.5倍、30.7%、4.3%和11%，载货汽车增长46.7%，原煤、发电量、焦炭、水泥、粗钢和电解铝等产量增长幅度较大。[详见附表3]

2007年1-11月，全区规模以上工业企业经济效益综合指数295.8，比上年同期提高63.5点；实现利润445.55亿元，比上年增长63.8%。其中，国有及国有控股企业实现利润198.74亿元，增长60.6%；规模以上工业亏损企业亏损额19.08亿元，同比下降3.2%。全年规模以上工业企业产品销售率97.9%，比上年提高0.4个百分点。

全年建筑业增加值411.23亿元，比上年增长12.6%。全区具有建筑业资质等级的建筑施工企业748个，施工企业房屋建筑施工面积4948.15万平方米，竣工房屋面积2930.74万平方米，房屋建筑竣工率59.2%。全年具有建筑业资质等级的建筑企业实现利润33.79亿元，实现税金28.64亿元，分别比上年增长18.9%和45.3%。

四、固定资产投资

全年全社会固定资产投资总额4404.75亿元，比上年增长29.3%，增幅比上年上升2.6个百分点。其中，城乡50万元以上项目固定资产投资4330.02亿元，增长29.6%，增幅比上年上升3.9个百分点。从投资主体看，国有经济单位投资1729.56亿元，增长35.4%；集体单位投资47.93亿元，增长60.7%；个体投资88.38亿元，增长11.5%；其他经济类型单位投资2538.88亿元，增长25.7%。按项目隶属关系分，地方项目完成投资3321.90亿元，增长11%；中央项目完成投资507.23亿元，增长22.9%。2003-2007年五年间，全区固定资产投资累计完成13517.3亿元，增长5.2倍，年均增长43.9%。

在全区固定资产投资中，第一产业投资188.50亿元，增长7.6%；第二产业投资2245.78亿元，增长22.3%；其中，工业投资2220.26亿元，增长22.1%；第三产业投资1970.47亿元，增长41.2%。全年房地产开发投资500.89亿元，同比增长54.1%。从主要行业投资看，农林牧渔业投资188.50亿元，增长7.6%；电力、燃气及水的生产和供应业投资671.13亿元，增长14.6%；交通运输、仓储及邮政业投资526.62亿元，增长32.5%；水利、环境和公共设施管理业投资342.87亿元，增长58.6%。

全年新开工项目7576个，在建项目计划总投资9316.50亿元，分别比上年增长9.6%和8.4%。在全区城乡50万元以上项目固定资产投资中，全部建成投产项目7133个，项目建成投产率74.5%；新增固定资产3130.96亿元，固定资产交付使用率72.3%。新增主要生产能力有：焦炭140万吨，铁合金452.7万吨，水泥1044万吨，发电机组容量978.1万千瓦，电解铝16.15万吨，生铁80.5万吨。城镇住宅施工面积5460.19万平方米，比上年增长35.8%；城镇住宅竣工面积2265.42万平方米，增长22.7%；其中，经济适用房147.18万平方米，增长17.5%。商品房竣工面积1834.03万平方米，比上年增长37.6%；商品房销售面积2087.41万平方米，增长46.1%；农户竣工住宅596万平方米，增长2.2%。

五、国内贸易

全年社会消费品零售总额 1904.11 亿元，比上年增长 19.4%，高于上年 3.4 个百分点。分城乡看，城市消费品零售额 1302.53 亿元，增长 20.4%；县的消费品零售额 379.61 亿元，增长 17.6%；县以下消费品零售额 221.96 亿元，增长 16.1%。分行业看，批发零售贸易业零售额 1503.6 亿元，增长 18.6%；住宿和餐饮业零售额 357.50 亿元，增长 23.8%；其他行业零售额 43.03 亿元，增长 10.5%。2003-2007 年五年间，全区社会消费品零售总额增长 1.3 倍，年均增长 18.2%。

消费品市场呈现三大亮点：一是住宿和餐饮业零售额增长明显高于批零贸易业，全年住宿和餐饮业零售额比上年增长 23.8%，增速快于批发零售贸易业 5.2 个百分点。二是消费结构呈现积极变化，汽车、居住、家庭装饰等消费不断扩大，汽车类零售额增长 41.3%；家电和通讯类消费品升级步伐加快，家用电器和音像器材类增长 52%。三是城乡市场消费品零售额均保持较快增长，其中市的零售额增长 20.4%，县及县以下的零售额增长 17.1%。

六、对外经济

全年海关进出口总额 77.45 亿美元，比上年增长 30.2%。其中，出口总额 29.48 亿美元，增长 37.6%；进口总额 47.97 亿美元，增长 26.1%。从主要贸易方式看，一般贸易进出口额达 43.43 亿美元，占 56.1%，比上年增长 40.4%；边境小额贸易进出口额达 30.04 亿美元，占 38.8%，比上年增长 30.6%。2003-2007 年五年间，全区海关进出口总额增长 1.6 倍，年均增长 20.9%。

全年新批准外商直接投资企业 135 家，实际利用外商直接投资 21.49 亿美元，比上年增长 23.4%。年末全区在工商部门注册的“三资”企业 1071 家，比上年增加 41 家，增长 4%。2003-2007 年五年间，全区累计外商直接投资额达到 60.7 亿美元，增长 8.4 倍。

全年共签订国外工程承包、劳务合作及境外投资协议合同金额 2.21 亿美元，比上年增长 10.5%；完成营业额 8032 万美元，比上年增长 19.7%。

七、交通、邮电和旅游业

全年各种运输方式完成货运量 102906.8 万吨，比上年增长 22.3%。其中，铁路 29605 万吨，增长 17.7%；公路 73300 万吨，增长 24.3%；民航 1.8 万吨，下降 10%。全年各种运输方式完成货物周转量 2121.6 亿吨公里，比上年增长 18%。其中，铁路 1629.4 亿吨公里，增长 15.3%；公路 492 亿吨公里，增长 28.1%；民航 0.2 亿吨公里，与上年持平。全年各种运输方式完成客运量 38798.1 万人，增长 9.3%。其中，铁路 3488.7 万人，增长 1.8%；公路 35039 万人，增长 10.1%；民航 270.4 万人，增长 2.7%。全年各种运输方式完成旅客周转量 379 亿人公里，比上年增长 8.9%。其中，铁路 134.75 亿人公里，增长 10.3%；公路 219.46 亿人公里，增长 10%；民航 24.8 亿人公里，下降 5.3%。年末民用汽车保有量 147.54 万辆，比上年增长 13.2%。其中，私人轿车保有量 47.77 万辆，增长 30.4%。

全年邮电业务总量（2000 年不变价）372.5 亿元，比上年增长 44.5%。其中，电信业务总量 361.7 亿元，增长 45.9%；邮政业务总量 10.78 亿元，增长 8.9%。年末（本地电话）局用交换机总容量 321.7 万门，下降 24.8%。年末本地网固定电话用户 525.2 万户，下降 2.9%。其中，城市电话用户 411.39 万户，下降 3.4%；乡村电话用户 113.84 万户，下降 0.9%。年末移动电话用户 1046.9 万户，增长 19.8%。年末全区固定及移动电话用户总数达到 1572.1 万户，比上年末增加 157.2 万户。全区电话普及率（包括固定和移动电话）达到 65.88 部/百人，增长 11%。年末全区互联网络用户 141.73 万户，下降 2%。

全年实现旅游总收入 390.77 亿元，比上年增长 39.7%。其中接待入境旅游人数 149.45 万人次，增长 21.3%；旅游外汇收入 5.45 亿美元，增长 34.9%。国内旅游人数 2908.17 万人次，比上年增长 18.6%；国内旅游收入 351.01 亿元，增长 41.4%。

八、金融、证券和保险业

年末全区金融机构各项人民币存款余额 4953.70 亿元，比上年末增加 917.45 亿元，增长 22.7%。其中，企业存款余额 1364.57 亿元，比上年末增加 332.08 亿元，增长 32.1%；储蓄存款余额 2541.92 亿元，比上年末增加 270.49 亿元，增长 11.9%。年末全区金融机构各项人民币贷款余额 3767.74 亿元，比上年末增加 562.55 亿元，增长 17.6%。其中，短期贷款余额 1533.04 亿元，比上年末增加 179.34 亿元，增长 13.2%；中长期贷款余额 2106.10 亿元，比上年末增加 405.94 亿元，增长 23.9%；个人消费贷款余额 186.69 亿元，比上年末增加 59.83 亿元，增长 46.1%。全年金融机构现金收入 17721.23 亿元，现金支出 17957.71 亿元，分别比上年增长 24.7%和 24.5%，收支相抵，货币净投放 236.48 亿元，比上年增长 12.8%。

12 月末，全区证券公司开户数已达 39.17 万户，比上年同期增加 11.57 万户，增长 41.9%；证券交易额 3788.26 亿元，比上年同期增加 3058.26 亿元，增长 4.2 倍。

全年保险业实现保费收入 97.75 亿元，比上年增长

35.9%。其中，财产险实现保费收入37.36亿元，增长71.1%；人身险实现保费收入60.39亿元，增长20.5%。全年保险业赔款与给付支出32.22亿元，增长87.4%。其中，财产险赔款19.32亿元，增长91.8%；人身险赔付12.9亿元，增长81.2%。

九、教育和科学技术

年末全区共有普通高等学校36所，全年招收学生9.91万人，比上年增长22.3%；年末在校学生28.38万人，比上年末增长12.2%，其中，少数民族在校学生8.57万人，在少数民族在校学生中有蒙古族6.99万人，分别增长23.5%和22.7%；全年毕业学生6.72万人，增长20.8%。年末全区有研究生培养单位9个，比上年增加1个；全年招收研究生3536人，比上年增长7.5%；年末在校研究生9888人，比上年末增长13.7%，其中，少数民族在校研究生3549人，在少数民族在校学生中有蒙古族研究生3031人，分别增长16.4%和10%。年末有中等职业教育学校276所，比上年增加20所；招收学生11.40万人，比上年增长29.9%；年末在校学生26.50万人，比上年末增长21.2%，其中，少数民族在校学生4.71万人，增长6.2%；全年毕业学生6.21万人，增长2.8%。年末有普通高中342所，全年招收学生18.58万人，比上年下降8.2%；年末在校学生56.14万人，比上年末下降0.01%，其中，少数民族学生14.91万人，少数民族学生中有蒙古族学生12.86万人，分别下降0.02%和1.6%；全年毕业学生17.01万人，增长8.3%。年末有普通初中1087所，全年招收学生25.15万人，比上年下降20%；年末在校学生94.12万人，比上年末下降8.6%，其中，少数民族学生23.25万人，下降4.8%；全年毕业学生32.22万人，比上年下降9.2%。全区初中阶段毛入学率94.16%。年末有小学4177所，全年招收学生26.01万人，比上年下降0.3%；年末在校学生158.46万人，比上年末增长1.3%；全年毕业学生25.15万人，比上年下降19.3%。全年小学适龄儿童入学率99.71%。全区幼儿园在园幼儿29.04万人。

全年共取得重大科技成果242项，其中，基础理论成果42项，应用技术成果198项，软科学成果2项。全年专利申请2015项，授权专利1313项，分别比上年增长3.5%和34.3%；年内签订各类技术合同945项，技术合同成交金额11.09亿元。其中向区外输出技术成交金额1.45亿元。

年末全区拥有产品质量检验机构109个，比上年增加13个。其中国家检测中心4个。

十、文化、卫生和体育

年末全区有艺术事业机构147个，从业人员5641人；艺术表演团体108个，其中乌兰牧骑60个。年末全区有电影事业机构889个，从业人员3661人；全年生产故事片8部，制作蒙语译制片41部。年末拥有各类电影放映单位786个。拥有文化馆102座，公共图书馆110座，博物馆35座，档案馆140座，已开放各类档案154万卷。年末全区拥有广播电台13座，中短波广播发射台和转播台58座，广播人口覆盖率92.98%，比上年提高0.14个百分点；拥有电视台14座，一千瓦以上电视发射台和转播台90座，电视人口覆盖率91.44%，比上年提高0.21个百分点；年末全区有线电视用户260万户，比上年增长11.7%。自治区和盟市两级全年出版报纸26185万份，其中蒙文版1409万份；出版各类期刊1260万册，其中蒙文版117万册；出版图书5946万册，其中蒙文版798万册。

年末全区共有卫生机构3755个。其中，医院475个，农村牧区卫生院1338个，疾病预防控制机构140个，妇幼卫生机构113个，专科疾病防治院（所）51个。年末全区医疗卫生单位拥有病床7.06万张，比上年增长0.4%。其中，医院拥有病床5.17万张，乡镇卫生院拥有病床1.33万张，妇幼卫生机构拥有病床0.24万张。年末全区拥有卫生技术人员10.26万人。其中，医院拥有5.38万人，乡镇卫生院拥有1.72万人，疾病预防控制机构拥有0.56万人，妇幼卫生机构拥有0.44万人；执业医师、助理医师5.06万人，注册护士2.80万人。农村牧区卫生事业不断加强，拥有农村牧区村级卫生室1.33万个，拥有乡村医生和卫生员1.80万人，分别比上年增长1.6%和1.5%。年内开展新型农村合作医疗试点的旗县达到95个，比上年增加56个；覆盖农村牧区人口1335万人，比上年增加672.1万人。

年内全区体育健儿在国内外重大竞赛中获奖牌1432枚。其中，国外获奖牌14枚，国内获奖牌1418枚；破亚洲记录1项，破自治区记录12项。

十一、环境保护

全区确定的自然保护区203个，比上年增加13个。其中，国家级自然保护区22个，自治区级自然保护区60个。自然保护区面积1388.35万公顷，其中国家级自然保护区面积350.62万公顷。全区拥有生态示范区建设试点单位28个。年末全区环境保护系统拥有职工4389人，比上年末增长5.3%；年末全区拥有各级环境监测站70个，环境监测人员1058人。全区监测的15个城市空气质量达到二级标准的9个，达到三级标准的5个，未达到三级标准的1个。

十二、人口、人民生活和社会保障

全年出生人口24.49万人，人口出生率10.21‰；死亡人口13.74万人，人口死亡率5.73‰；人口自然增长率4.48‰，比上年增长0.52个千分点。年末全区总人口2405.06万人，比上年增加12.71万人，其中少数民族人口526.13万人，在少数民族人口中有蒙古族人口429.89万人。城镇人口1206.14万人，占全区总人口的比重50.2%；乡村人口1198.92万人，占全区总人口的比重49.8%。男性人口1237.78万人，女性人口1167.28万人。在总人口中，65岁及以上老年人口达171.24万人，占全区总人口的比重为7.12%，比上年提高0.25个百分点。

全年城镇居民人均可支配收入12378元，比上年增加2020元，增长19.5%，扣除价格因素实际增长14.6%。其中，人均财产性收入231.4元，人均转移性收入2335.6元，分别增长10.6%和11.6%。城镇居民人均消费性支出9281.5元，增长21.1%。城镇居民家庭恩格尔系数为30.4%，比上年上升0.2个百分点。全年农牧民人均纯收入3953元，比上年增加611元，增长18.3%，扣除价格因素实际增长13.2%。其中，人均工资性收入716.9元，增长21.4%；人均家庭经营性收入2786.1元，增长15.8%；人均转移性和财产性收入450.2元，增长30.5%。农牧民人均生活消费支出3256元，增长17.5%。农村牧区居民家庭恩格尔系数为39.3%，比上年上升0.3个百分点。2003-2007年五年间，全区城镇居民人均可支配收入年均实际增长12.7%，农牧民人均纯收入年均实际增长9.7%。城乡居民每百户主要耐用品拥有量有不同程度增长。[详见附表4]

年末全区参加基本养老保险人数370.9万人，比上年增长4%；参加失业保险职工223.71万人，领取失业保险金人数为8.52万人；全年参加基本养老保险的离退休人员96.61万人，比上年增长6.1%；养老金社会发放率达到100%；全年全区参加基本医疗保险人数352.6万人，比上年增长11.5%；全年有248.75万职工和103.85万退休人员参加了基本医疗保险。全年共有170.88万人得到国家最低生活保障救济。

年末全区各类社会福利院床位2.47万张，比上年增长4.4%，收养1.87万人，增长8.3%；年末全区城镇建立各种社区服务设施5035个。其中社区服务中心441个，比上年增加77个。全年筹集社会福利资金3.87亿元，销售社会福利彩票11.04亿元，均比上年增长37.4%；接受社会捐赠2609.7万元。

[illegible]：本公报为初步统计数，生产总值及分产业增加值绝[illegible]按现价计算，增长速度按可比价格计算。

附表1：居民消费价格变动情况

类　　别	2007年
居民消费价格指数(上年=100)	104.6
城市	104.3
农村牧区	105.2
食品类	113.3
粮　食	107.1
肉禽及其制品	134.7
蛋	124.8
水产品	108.1
鲜　菜	107.7
鲜　果	101.1
烟酒及用品	100.9
衣着类	99.9
家庭设备用品及服务	100.7
医疗保健及个人用品	100.8
交通和通讯	99.3
娱乐教育文化用品及服务	100.7
居　住	104.4
服务项目	102.4
城　市	101.8
农　村	103.4

附表2：主要农畜产品产量和牲畜存栏数

产品名称	计量单位	2007年	比上年增长%
粮食	万吨	1750	2.6
其中：小麦	万吨	151.79	4.2
玉米	万吨	1155.31	5.8
稻谷	万吨	76.24	16.2
大豆	万吨	91.42	-12.5
薯类	万吨	155.45	-13.9
油料	万吨	105.92	-9.3
甜菜	万吨	195.55	12
水果（含果用瓜）	万吨	208.06	-5.6
蔬菜	万吨	1285.89	9.5
肉类总产量	万吨	201.8	4
猪牛羊肉产量	万吨	180.56	5
猪肉	万吨	60.34	-0.5
牛肉	万吨	39.4	8
羊肉	万吨	80.82	8.1
禽蛋	万吨	51.52	3
牛奶	万吨	950.9	8
绵羊毛	万吨	9.9	1
山羊绒	吨	6746	1.5

牧业年度牲畜存栏	万头(只)	10952.03	-0.9
大牲畜	万头	1051.69	4.5
羊	万只	8825.82	-1.9
猪	万口	1074.53	2.6

附表 3：主要工业产品产量

产品名称	计量单位	2007 年	比上年增长%
食用植物油	万吨	42.2	30.7
成品糖	万吨	19.5	-29.6
乳制品	万吨	367.9	4.3
液体乳	万吨	313.5	1.1
原盐	万吨	246.4	15.3
卷烟	亿支	215	16.2
纱	万吨	4.6	8.5
布	万米	14809.6	9.1
白酒	万升	28571	9.4
啤酒	万升	84047	11
移动电话机	万部	142.58	-30.3
彩色电视机	万部	830.26	148.8
原煤	万吨	35438	19.1
天然原油	万吨	167.4	持平
汽油	万吨	45.9	-24.2
柴油	万吨	53.7	-0.4
天然气	亿立方米	70.5	32.8
发电量	亿千瓦小时	1931.9	34
生铁	万吨	1260.1	13.7
粗钢	万吨	1040.3	20.7
钢材	万吨	912.3	10.7
铁合金	万吨	306.2	23.4
十种有色金属	万吨	134.9	53
水泥	万吨	2871.2	29.6
平板玻璃	万重量箱	1395.7	39.6
化肥（折纯）	万吨	84.4	10.1
载货汽车	辆	15837	46.7

附表 4：城乡人民生活

项　目	计量单位	2007 年	比上年增长%
城镇居民平均每百户耐用消费品拥有量			
彩色电视机	台	108.73	-5.1
电 冰 箱	台	95.05	9.5
洗 衣 机	台	96.56	0.7
家用电脑	台	31.93	19.1
家用汽车	辆	6.49	44.5
农牧民平均每百户耐用消费品拥有量			
电 视 机	台	102.28	-1.0
其中：彩电	台	93.35	3.2
电 冰 箱	台	26.12	26.9
洗 衣 机	台	48.54	4.4
摩 托 车	辆	62.86	3.9

第二部分　统计资料

PART TWO STATISTICS

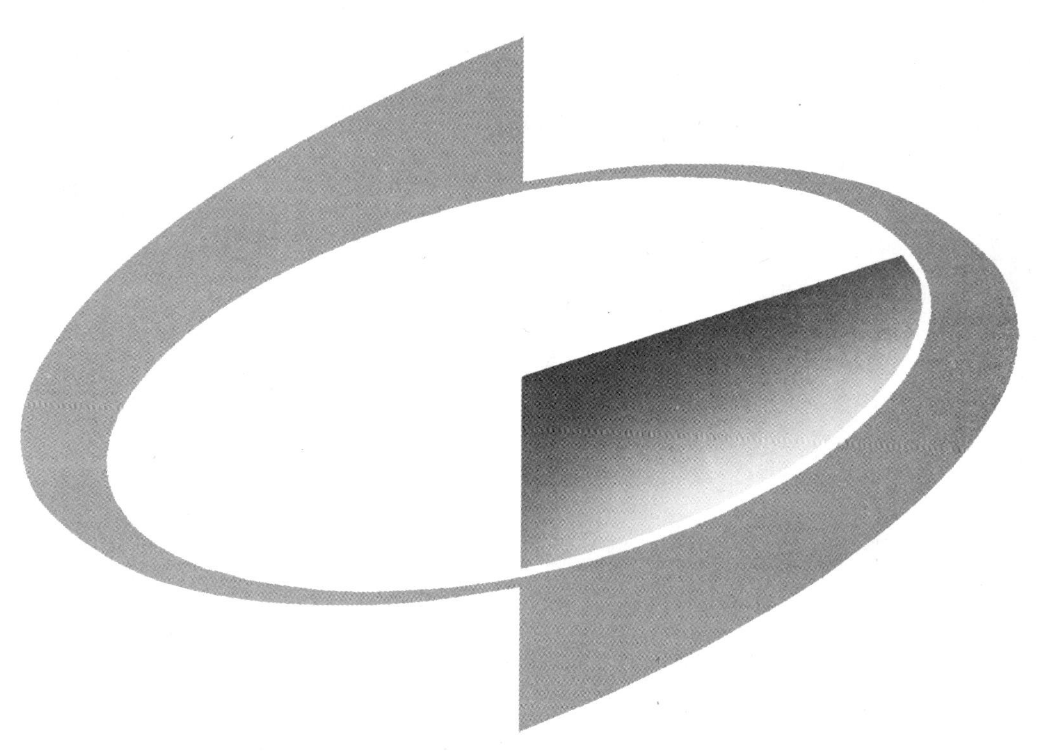

一　行政区划和自然资源

DIVISIONS OF ADMINISTRATIVE AREAS AND NATURAL RESOURCES

资料整理：蔡雨成

Arranged by Cai Yucheng

1-1 自然资源
Natural Resources

项目	Item	2007
土地资源	**Land Resources**	
土地总面积(万平方公里)	Total Land Area(10 000 sq.km)	118.3
#年末实有耕地面积(万公顷)	Cultivated Land at the Year-end(10 000 hectares)	713.3
耕地面积占土地面积的比重(%)	Composition of Cultivated Land in Total Land Area(%)	6.0
林业用地面积(万公顷)	Area of Afforestated Land(10 000 hectares)	4068.3
森林资源	**Forests Resources**	
森林面积(万公顷)	Forest Area(10 000 hectares)	2050.7
森林覆盖率(%)	Forest-Coverage Rate(%)	17.57
林木蓄积量(亿立方米)	Stock Volume of the Forest(100 million cu.m)	12.9
草原资源	**Prairie Resources**	
草原总面积(万公顷)	Prairie Area(10 000 hectares)	8666.7
#可利用面积(万公顷)	Utilizable Area(10 000 hectares)	6818.0
水利资源	**Water Resources**	
水资源总量(亿立方米)	Total Water Resources Volume(100 million cu.m)	295.86
地表水资源量	Surface Water Volume	183.03
地下水资源量	Ground Water Volume	206.88
矿产资源	**Mineral Resources**	
煤保有储量(亿吨)	Coal Ensured Reserves(100 million tons)	2981.53
铁矿石保有储量(亿吨)	Iron Ore Ensured Reserves(100 million tons)	28.01
磷矿石保有储量(亿吨)	Phosphate Ore Ensured Reserves(100 million tons)	2.76
稀土氧化物保有储量(万吨)	Rare-earth Ensured Reserves(10 000 tons)	7754.40
铜保有储量(万吨)	Copper Ensured Reserves(10 000 tons)	478.13
铅保有储量(万吨)	Lead Ensured Reserves(10 000 tons)	541.03
锌保有储量(万吨)	Zinc Ensured Reserves(10 000 tons)	1517.43
盐保有储量(万吨)	Salt Ensured Reserves(10 000 tons)	17782.65

注：地表水资源量与地下水资源量之和不等于水资源总量，有重复计算部分。

a)Total Water Resources Volume is not equal to Surface Water Volume plus Ground Water Volume,there is Duplicated Measurement between Surface Water and Ground Water.

1-2 全区行政区划

地区	Region	旗县级个数 (个) Number of Areas at County Level (unit)	旗县(市、区)及名称
全区合计	**Total**	**101**	**旗52个、县17个、盟(市)辖县级市11个、区21个。**
呼和浩特市	Hohhot City	9	新城区、回民区、玉泉区、赛罕区、土默特左旗、托克托县、和林格尔县、清水河县、武川县。
包 头 市	Baotou City	9	东河区、昆都仑区、青山区、石拐区、白云矿区、九原区、土默特右旗、固阳县、达尔罕茂明安联合旗。
呼伦贝尔市	Hulunbeier City	13	海拉尔区、满洲里市、扎兰屯市、牙克石市、额尔古纳市、根河市、阿荣旗、莫力达瓦达斡尔族自治旗、鄂伦春自治旗、鄂温克族自治旗、新巴尔虎右旗、新巴尔虎左旗、陈巴尔虎旗。
兴 安 盟	Xingan League	6	乌兰浩特市、阿尔山市、科尔沁右翼前旗、科尔沁右翼中旗、扎赉特旗、突泉县。
通 辽 市	Tongliao City	8	科尔沁区、霍林郭勒市、科尔沁左翼中旗、科尔沁左翼后旗、开鲁县、库伦旗、奈曼旗、扎鲁特旗。
赤 峰 市	Chifeng City	12	红山区、元宝山区、松山区、阿鲁科尔沁旗、巴林左旗、巴林右旗、林西县、克什克腾旗、翁牛特旗、喀喇沁旗、宁城县、敖汉旗。
锡林郭勒盟	Xilinguole League	12	二连浩特市、锡林浩特市、阿巴嘎旗、苏尼特左旗、苏尼特右旗、东乌珠穆沁旗、西乌珠穆沁旗、太仆寺旗、镶黄旗、正镶白旗、正蓝旗、多伦县。
乌兰察布市	Wulanchabu City	11	集宁区、丰镇市、卓资县、化德县、商都县、兴和县、凉城县、察哈尔右翼前旗、察哈尔右翼中旗、察哈尔右翼后旗、四子王旗。
鄂尔多斯市	Erdos City	8	东胜区、达拉特旗、准格尔旗、鄂托克前旗、鄂托克旗、杭锦旗、乌审旗、伊金霍洛旗。
巴彦淖尔市	Bayannaoer City	7	临河区、五原县、磴口县、乌拉特前旗、乌拉特中旗、乌拉特后旗、杭锦后旗。
乌 海 市	Wuhai City	3	海勃湾区、海南区、乌达区。
阿 拉 善 盟	Alashan League	3	阿拉善左旗、阿拉善右旗、额济纳旗。

Divisions of Administrative Areas in Inner Mongolia

Name of Areas at County(Banner, City and District)

52 Banners, 17 Counties.11 Cities at County Level, 21 Districts under Jurisdiction of Cities.

Xincheng District, Huimin District, Yuquan District, Saihan District, Tumotezuo Banner, Tuoketuo County, Helingeer County, Qingshuihe County, Wuchuan County.

Donghe District, Kundulun District, Qingshan District, Shiguai District, Baiyun Mineral District, Jiuyuan District, Tumoteyou Banner, Guyang County, Daerhanmaomingan Union Banner.

Hailaer District, Manzhouli City, Zhalantun City, Yakeshi City, Eerguna City, Genhe City, Arong Banner, Molidawadawoer Nationality Autonomous Banner, Elunchun Nationality Autonomous Banner, Ewenke Nationality Autonomous Banner, Xinbaerhuyou Banner, Xinbaerhuzuo Banner, Chenbaerhu Banner.

Wulanhaote City, Aershan City, Keerqinyouyiqian Banner, Keerqinyouyizhong Banner, Zhalaite Banner, Tuquan County.

Keerqin District, Huolinguole City, Keerqinzuoyizhong Banner, Keerqinzuoyihou Banner, Kailu County, Kulun Banner, Naiman Banner, Zhalute Banner.

Hongshan District, Yuanbaoshan District, Songshan District, Alukeerqin Banner, Balinzuo Banner, Balinyou Banner, Linxi County, Keshiketeng Banner, Wengniute Banner, Kalaqin Banner, Ningcheng County, Aohan Banner.

Erlianhaote City, Xilinhaote City, Abaga Banner, Sunitezuo Banner, Suniteyou Banner, Dongwuzhumuqin Banner, Xiwuzhumuqin Banner, Taipusi Banner, Xianghuang Banner, Zhengxiangbai Banner, Zhenglan Banner, Duolun County.

Jining District, Fengzhen City, Zhuozi County, Huade County, Shangdu County, Xinghe County, Liangcheng County, Chahaeryouyiqian Banner, Chahaeryouyizhong Banner, Chahaeryouyihou Banner, Siziwang Banner.

Dongsheng District, Dalate Banner, Zhungeer Banner, Etuokeqian Banner, Etuoke Banner, Hangjin Banner, Wushen Banner, Yijinhuoluo Banner.

Linhe District, Wuyuan County, Dengkou County, Wulateqian Banner, Wulatezhong Banner, Wulatehou Banner, Hangjinhou Banner.

Haibowan District, Hainan District, Wuda District.

Alashanzuo Banner, Alashanyou Banner, Ejina Banner.

1-3 边境、牧区、山老区旗县市

地区	Region	旗县级个数(个) Number of Areas at County Level (unit)	旗县(市、区)及名称
边境旗市	**Banners & Cities of Frontier**	**20**	
包头市	Baotou City	1	达尔罕茂明安联合旗。
呼伦贝尔市	Hulunbeier City	6	根河市、陈巴尔虎旗、满洲里市、新巴尔虎右旗、新巴尔虎左旗、额尔古纳市。
兴安盟	Xingan League	2	科尔沁右翼前旗、阿尔山市。
锡林郭勒盟	Xilinguole League	5	东乌珠穆沁旗、阿巴嘎旗、苏尼特左旗、二连浩特市、苏尼特右旗。
乌兰察布市	Wulanchabu City	1	四子王旗。
巴彦淖尔市	Bayannaoer City	2	乌拉特中旗、乌拉特后旗。
阿拉善盟	Alashan League	3	阿拉善左旗、阿拉善右旗、额济纳旗。
牧区旗市	**Banners & Cities of Pastoral Area**	**33**	
包头市	Baotou City	1	达尔罕茂明安联合旗。
呼伦贝尔市	Hulunbeier City	4	鄂温克族自治旗、新巴尔虎右旗、新巴尔虎左旗、陈巴尔虎旗。
兴安盟	Xingan League	1	科尔沁右翼中旗。
通辽市	Tongliao City	3	科尔沁左翼中旗、科尔沁左翼后旗、扎鲁特旗。
赤峰市	Chifeng City	5	阿鲁科尔沁旗、巴林左旗、巴林右旗、克什克腾旗、翁牛特旗。
锡林郭勒盟	Xilinguole League	9	锡林浩特市、阿巴嘎旗、苏尼特左旗、苏尼特右旗、东乌珠穆沁旗、西乌珠穆沁旗、镶黄旗、正镶白旗、正蓝旗。
乌兰察布市	Wulanchabu City	1	四子王旗。
鄂尔多斯市	Erdos City	4	鄂托克前旗、鄂托克旗、杭锦旗、乌审旗。
巴彦淖尔市	Bayannaoer City	2	乌拉特中旗、乌拉特后旗。
阿拉善盟	Alashan League	3	阿拉善左旗、阿拉善右旗、额济纳旗。
半牧区旗市	**Banners & Cities of Semi-Pastoral Area**	**21**	
呼伦贝尔市	Hulunbeier City	3	扎兰屯市、阿荣旗、莫力达瓦达斡尔族自治旗。
兴安盟	Xingan League	3	科尔沁右翼前旗、扎赉特旗、突泉县。
通辽市	Tongliao City	4	科尔沁区、开鲁县、库伦旗、奈曼旗。
赤峰市	Chifeng City	2	林西县、敖汉旗。
锡林郭勒盟	Xilinguole League	1	太仆寺旗。
乌兰察布市	Wulanchabu City	2	察哈尔右翼中旗、察哈尔右翼后旗。
鄂尔多斯市	Erdos City	4	东胜区、达拉特旗、准格尔旗、伊金霍洛旗。
巴彦淖尔市	Bayannaoer City	2	磴口县、乌拉特前旗。
山老区旗县	**Counties & Banners of Mountain & Old Liberated Area**	**25**	
呼和浩特市	Hohhot City	5	土默特左旗、赛罕区、武川县、和林格尔县、清水河县。
包头市	Baotou City	3	土默特右旗、固阳县、达尔罕茂明安联合旗。
赤峰市	Chifeng City	2	喀喇沁旗、宁城县。
乌兰察布市	Wulanchabu City	8	卓资县、兴和县、丰镇市、凉城县、察哈尔右翼前旗、察哈尔右翼中旗、察哈尔右翼后旗、四子王旗。
鄂尔多斯市	Erdos City	6	达拉特旗、准格尔旗、鄂托克前旗、鄂托克旗、杭锦旗、乌审旗。
巴彦淖尔市	Bayannaoer City	1	乌拉特前旗。

Banners, Counties and Cities of Frontier, Pure Pastoral Area, Mountain Area and Old Liberated Area

Name of Areas at County(Banner, City & District)

Daerhanmaomingan Union Banner.

Genhe City, Chenbaerhu Banner, Manzhouli City, Xinbaerhuyou Banner, Xinbaerhuzuo Banner, Eerguna City.

Keerqinyouyiqian Banner, Aershan City.

Dongwuzhumuqin Banner, Abaga Banner, Sunitezuo Banner, Erlianhaote City, Suniteyou Banner.

Siziwang Banner.
Wulatezhong Banner, Wulatehou Banner.
Alashanzuo Banner, Alashanyou Banner, Ejina Banner.

Daerhanmaomingan Union Banner.

Ewenke Nationality Autonomous Banner, Xinbaerhuyou Banner, Xinbaerhuzuo Banner, Chenbaerhu Banner.

Keerqinyouyizhong Banner.
Keerqinzuoyizhong Banner, Keerqinzuoyihou Banner, Zhalute Banner.

Alukeerqin Banner Balinzuo, Banner, Balinyou Banner, Keshiketeng Banner, Wengniute Banner.

Xilinhaote City, Abaga Banner, Sunitezuo Banner, Suniteyou Banner, Dongwuzhumuqin Banner, Xiwuzhumuqin Banner, Xianghuang Banner, Zhengxiangbai Banner, Zhenglan Banner.
Siziwang Banner.
Etuokeqian Banner, Etuoke Banner, Hangjin Banner, Wushen Banner.
Wulatezhong Banne, Wulatehou Banner.
Alashanzuo Banner, Alashanyou Banner, Ejina Banner.

Zhalantun City, Arong Banner, Molidawadawoer Nationality Autonomous Banner.
Keerqinyouyiqian Banner, Zhalaite Banner, Tuquan County.
Keerqin District, Kailu County, Kulun Banner, Naiman Banner.
Linxi County, Aohan Banner.
Taipusi Banner.
Chahaeryouyizhong Banner, Chahaeryouyihou Banner.
Dongsheng City, Dalate Banner, Zhungeer Banner, Yijinhuoluo Banner.
Dengkou County, Wulateqian Banner.

Tumotezuo Banner, Saihan District, Wuchuan County, Helingeer County, Qingshuihe County.
Tumoteyou Banner, Guyang County, Daerhanmaomingan Union Banner.
Kalaqin Banner, Ningcheng County.
Zhuozi County, Xinghe County, Fengzhen City, Liangcheng County, Chahaeryouyiqian Banner, Chahaeryouyizhong Banner, Chahaeryouyihou, Siziwang Banner.

Dalate Banner, Zhungeer Banner, Etuokeqian Banner, Etuoke Banner, Hangjin Banner, Wushen Banner.

Wulateqian Banner.

1-4 主要城市气温(2007年)

Monthly Average Temperature of Major Cities(2007)

单位：摄氏度 (℃)

城市	City	1月 Jan.	2月 Feb.	3月 Mar.	4月 Apr.	5月 May	6月 June	7月 July	8月 Aug.	9月 Sept.	10月 Oct.	11月 Nov.	12月 Dec.	年平均 Annual Average
呼和浩特	Hohhot	-9.1	-2.1	2.0	10.0	17.8	22.8	24.0	23.3	17.4	7.9	-0.1	-6.2	9.0
包　头	Baotou	-9.0	-2.3	2.0	10.1	18.1	22.1	23.8	23.1	17.0	7.3	-0.4	-6.3	8.8
海拉尔	Hailaer	-22.5	-16.4	-11.1	2.8	12.2	20.6	22.3	21.4	14.2	1.1	-10.6	-18.9	1.3
乌兰浩特	Wulanhaote	-11.1	-5.7	-3.2	7.6	16.4	23.9	24.0	23.0	17.3	6.8	-4.0	-9.8	7.1
通　辽	Tongliao	-9.8	-3.0	-0.7	9.3	17.9	25.3	24.6	24.0	18.3	8.5	-1.8	-9.7	8.6
赤　峰	Chifeng	-8.9	-1.7	0.2	9.2	17.8	25.4	24.1	23.1	18.2	8.5	-1.5	-6.6	9.0
锡林浩特	Xilinhaote	-19.3	-8.6	-4.8	5.1	13.7	22.9	22.8	20.5	15.8	4.3	-5.9	-14.9	4.3
集　宁	Jining	-12.0	-4.3	-1.8	6.2	14.3	19.9	20.6	20.3	14.6	5.4	-3.0	-8.9	5.9
东　胜	Dongsheng	-8.1	-0.8	0.4	8.4	16.6	20.0	21.2	21.0	15.3	6.8	0.4	-6.3	7.9
临　河	Linhe	-7.3	-0.7	2.5	10.9	19.2	22.9	24.0	23.9	17.8	8.5	0.9	-5.6	9.8
乌　海	Wuhai	-8.7	-0.3	3.2	11.0	19.9	23.0	24.5	24.4	17.7	8.2	0.2	-7.4	9.6
巴彦浩特	Bayanhaote	-7.1	0.7	2.0	9.5	18.4	21.1	22.2	22.7	15.9	7.6	2.0	-5.2	9.2

1-5 主要城市平均相对湿度(2007年)

Monthly Average Relative Humidity of Major Cities(2007)

单位：% (%)

城市	City	1月 Jan.	2月 Feb.	3月 Mar.	4月 Apr.	5月 May	6月 June	7月 July	8月 Aug.	9月 Sept.	10月 Oct.	11月 Nov.	12月 Dec.	年平均 Annual Average
呼和浩特	Hohhot	56	51	48	29	30	43	49	48	50	57	49	56	47
包　头	Baotou	55	53	51	32	30	48	51	51	54	60	51	55	49
海拉尔	Hailaer	74	73	70	50	45	43	51	51	45	53	64	73	58
乌兰浩特	Wulanhaote	61	44	41	36	41	45	60	61	52	42	50	53	49
通　辽	Tongliao	56	41	44	35	41	44	65	62	57	49	49	64	51
赤　峰	Chifeng	43	40	52	35	36	39	62	58	52	47	56	51	48
锡林浩特	Xilinhaote	72	65	63	40	37	35	48	56	38	44	51	73	52
集　宁	Jining	56	46	52	34	30	44	54	51	51	59	53	59	49
东　胜	Dongsheng	45	41	56	30	27	50	56	53	52	56	44	55	47
临　河	Linhe	47	49	51	30	25	46	53	47	49	51	48	54	46
乌　海	Wuhai	43	45	48	26	24	46	50	47	51	53	43	50	44
巴彦浩特	Bayanhaote	39	38	50	27	25	40	47	45	50	50	35	41	41

1-6 主要城市降水量(2007年)

Monthly Precipitation of Major Cities(2007)

单位：毫米 (millimeters)

城市	City	1月 Jan.	2月 Feb.	3月 Mar.	4月 Apr.	5月 May	6月 June	7月 July	8月 Aug.	9月 Sept.	10月 Oct.	11月 Nov.	12月 Dec.	全年 Annual Total
呼和浩特	Hohhot	0.8	16.0	18.5	3.3	23.5	40.5	57.1	14.8	35.2	44.1	0.2	7.2	261.2
包　头	Baotou	0.3	12.0	15.0	24.3	9.0	50.3	33.2	9.6	34.2	47.3	0.3	2.6	238.1
海拉尔	Hailaer	8.6	1.7	23.1	13.2	23.8	25.3	39.6	73.0	3.1	7.0	6.7	7.4	232.5
乌兰浩特	Wulanhaote	3.1	1.6	4.2	17.9	29.6	127.0	88.4	69.5	9.2	5.4	2.2	1.7	359.8
通　辽	Tongliao	0.8		5.5	2.4	18.3	33.1	51.8	31.8	32.6	13.0	1.6	4.1	195.0
赤　峰	Chifeng		5.9	23.6	4.8	29.3	13.3	106.1	71.0	17.7	10.4	10.5	3.1	295.7
锡林浩特	Xilinhaote	0.9	0.7	8.9	1.5	35.1	13.1	33.4	33.8	9.6	6.6	0.7	6.2	150.5
集　宁	Jining	0.5	3.8	21.1	14.3	25.7	35.8	43.5	38.0	41.5	35.0	0.4	0.4	260.0
东　胜	Dongsheng	0.7	10.1	39.1	20.8	28.4	56.2	60.6	92.3	23.6	37.9	0.1	4.1	373.9
临　河	Linhe		9.2	10.2	2.8	5.0	83.1	21.1	5.2	8.1	19.9		1.2	165.8
乌　海	Wuhai	0.3	6.0	17.8	5.2	6.0	114.2	17.8	37.4	14.5	8.8		0.3	228.3
巴彦浩特	Bayanhaote	1.0	4.4	21.4	8.7	34.7	91.9	20.5	17.3	34.6	11.5			246.0

1-7 主要城市日照时数(2007年)

Monthly Sunshine Hours of Major Cities(2007)

单位：小时 (hours)

城市	City	1月 Jan.	2月 Feb.	3月 Mar.	4月 Apr.	5月 May	6月 June	7月 July	8月 Aug.	9月 Sept.	10月 Oct.	11月 Nov.	12月 Dec.	全年 Annual Total
呼和浩特	Hohhot	186.5	207.2	227.2	272.3	276.2	195.9	245.4	261.3	229.1	209.1	179.4	158.2	2647.8
包　头	Baotou	206.6	220.1	240.7	300.8	305.9	203.8	256.4	264.0	247.0	224.8	216.0	181.7	2867.8
海拉尔	Hailaer	123.3	160.0	210.7	260.0	219.9	227.5	264.1	202.9	226.2	157.3	165.8	112.4	2330.1
乌兰浩特	Wulanhaote	194.1	201.4	224.4	295.3	262.2	244.1	281.0	275.0	252.0	236.2	205.3	175.6	2846.6
通　辽	Tongliao	206.8	234.1	234.9	284.1	276.1	319.1	294.5	308.3	269.8	248.8	203.7	180.5	3060.7
赤　峰	Chifeng	223.1	234.5	202.6	254.9	261.4	286.4	253.8	293.1	278.0	238.8	200.9	190.5	2918.0
锡林浩特	Xilinhaote	204.7	229.6	238.4	259.4	285.7	286.9	286.3	258.3	276.5	260.5	216.3	141.3	2943.9
集　宁	Jining	199.7	211.0	244.1	286.0	316.7	204.6	255.8	298.7	258.8	251.9	218.7	194.6	2940.6
东　胜	Dongsheng	243.0	235.1	251.9	306.6	318.0	230.3	252.2	273.9	245.1	219.5	233.3	201.0	3009.9
临　河	Linhe	221.8	222.3	244.9	283.7	323.8	250.2	256.6	287.6	244.7	246.4	244.6	180.2	3006.8
乌　海	Wuhai	200.3	210.3	238.1	273.9	323.0	249.6	275.1	280.0	228.7	205.7	239.3	191.4	2915.4
巴彦浩特	Bayanhaote	235.7	211.3	233.5	283.6	324.0	267.2	277.9	239.7	218.0	194.1	250.8	210.7	2946.5

主要统计指标解释

行政区划 指国家对行政区域的划分。根据宪法规定，我国的行政区域划分如下：(1)全国分为省、自治区、直辖市；(2)省、自治区分为自治州(盟)、县(旗)、自治县(旗)、市；(3)自治州分为县、自治县、市；(4)旗、县、自治县(旗)分为乡、民族乡、镇；(5)直辖市和较大的市分为区、县(旗)；(6)国家在必要时设立的特别行政区。

国土 指一个主权国家管辖下的领土、领海和领空。

气候 指地球与大气之间长期能量交换与质量交换所形成的一种自然环境状态，它是多种因素综合作用的结果。气候既是人类生活和生产的环境要素之一，又是供给人类生活和生产的重要资源。气温、降水、湿度等气象要素的多年平均值是用来描述一个地区气候状况的主要参数，而各种气象要素某年、某月的平均值(或总量)则可以反映出该时期天气气候状况的重要特征。

自然资源 指人类可以直接从自然界获得 ，并用于生产和生活的物质资源。自然资源一般可以分成可再生资源和非再生资源两大类。可再生资源指在较短时间内可以再生、可以循环利用的资源，包括土地资源、水资源、气候资源、生物资源和海洋资源等。非再生资源指在使用后不能再生的资源，包括矿产资源和地热能源。

土地资源 土地指陆地的表层部分，它主要由岩石、岩石的风化物和土壤构成。土地资源按利用类型可以分为农用地、建筑用地和未利用地。农用地包括耕地、园地、林地、牧草地和水面。建筑用地包括居民点及工矿用地、交通用地和水利设施用地。未利用地指农用地和建筑用地以外的土地，包括滩涂、荒漠、戈壁、冰川和石山等。

耕地面积 指种植各种农作物的土地面积，包括灌溉水田、望天田、水浇地、旱地、菜地等。

林业用地面积 指生长乔木、竹类、灌木、沿海红树林等林木的土地面积，包括有林地、灌木林、疏林地、未成林造林地、迹地、苗圃等。

草地面积 指牧区和农区用于放牧牲畜或割草，植被盖度在 5%以上的草原、草坡、草山等面积。包括天然的和人工种植或改良的草地面积。

森林资源 指森林、林木、林地以及依托森林、林木、林地生存的野生动物、植物和微生物。林木指树木和竹子。森林指以乔木为主体的植物群落，是集生的乔木及与共同作用的植物、动物、微生物和土壤、气候等的总体。

活立木总蓄积量 指一定范围内土地上全部树木蓄积的总量，包括森林蓄积、疏林蓄积、散生木蓄积和四旁树蓄积。

森林面积 指由乔木树种构成，郁闭度 0.2 以上(含 0.2)的林地或冠幅宽度 10 米以上的林带的面积，即有林地面积。森林面积包括天然起源和人工起源的针叶林面积、阔叶林面积、针阔混交林面积和竹林面积，不包括灌木林地面积和疏林地面积。

森林蓄积量 指一定森林面积上存在着的林木树干部分的总材积。它是反映一个国家或地区森林资源总规模和水平的基本指标之一，也是反映森林资源的丰富程度、衡量森林生态环境优劣的重要依据。

森林覆盖率 指一个国家或地区森林面积占土地面积的百分比。在计算森林覆盖率时，森林面积包括郁闭度 0.2 以上的乔木林地面积和竹林地面积，国家特别规定的灌木林地面积、农田林网以及四旁(村旁、路旁、水旁、宅旁)林木的覆盖面积。森林覆盖率是反映森林资源的丰富程度和生态平衡状况的重要指标。计算公式为：

森林覆盖率(%)=森林面积/土地总面积×100%

水资源 水在自然界中以固体、液体和气态三种聚集状态存在，分布于海洋、陆地(包括土壤)以及大气之中，通过水循环形成水资源。水资源包括经人类控制并直接可供灌溉、发电、给水、航运、养殖等用途的地表水和地下水，以及江河、湖泊、井、泉、潮汐、港湾和养殖水域等。水资源是发展国民经济不可缺少的重要自然资源。

地表水和地下水 陆地上的水因空间分布不同，可以分为地表水和地下水。地表水指分别存在于河流、湖泊、沼泽、冰川和冰盖等水体中水分的总称，又称陆地水。地下水指储存在地面以下饱和岩土孔隙、裂隙及溶洞中的水。

内陆水域总面积 指江、河、湖泊、池塘、塘堰、水库等各种流水或蓄水的水面占地面积。

径流 指大气降水扣除损耗外，从地表和地下向流域出口断面汇集的水流。径流可分为地表径流、地下径流和壤中流。地表径流指沿地表向河流、湖泊、沼泽、海洋等汇集的水流；地下径流指沿潜水层或隔水层间的含水层，向河流、湖泊、沼泽、海洋等汇集的地下水水流。

径流量 指在一定时段内通过河流某一过水断面的水量，用以反映一个国家或地区水资源的丰欠程度。计算公式为：

径流量=降水量-蒸发量

矿产资源 矿产指由地质作用形成，富集于地壳中或出露于地表达到工农业利用要求的有用矿物。矿产是一种重要的自然资源，是社会发展的重要物质基础。从某种意义上讲，一个国家对矿产资源开发利用的广度和深度，可以作为这个国家经济发展水平的标志。

矿产保有储量 指探明的矿产储量(包括工业储量和远景储量)，扣除已开采部分和地下损失量后的年末实有储量，是反映国家矿产资源现状的重要指标。

流域 每条河流都有自己的干流和支流，干支流共同组成这条河流的水系。每条河流都有自己的集水区域，这个集水区域就称为该河流的流域。

外流河 指直接或间接流入海洋的河流，供给外流河水的区域称为外流区域。

内陆河 指在陆地内部干燥地区，河水沿途消失于沙漠或注入内陆湖泊的河流。供给内陆河河水的区域称为内陆区域。

气温 指空气的温度，我国一般以摄氏度(℃)为单位表示。气象观测的温度表是放在离地面约 1.5 米处通风良好的百叶箱里测量的。因此，通常说的气温指的是离地面 1.5 米处百叶箱中的温度。其统计计算方法为：

月平均气温是将全月各日的平均气温相加，除以该月的天数而得。

年平均气温是将 12 个月的月平均气温累加后除以 12 而得。

相对湿度 指空气中实际水气压与当时气温下的饱合水气压之比。其统计方法与气温相同。

降水量 指从天气降落到地面的液态或固态(经融化后)水，未经蒸发、渗透、流失而在地面上积聚的深度。其统计计算方法为:

月降水量是将全月各日的降水量累加而得。

年降水量是将 12 个月的月降水量累加而得。

日照时数 指太阳实际照射地面的时间。其统计方法与降水量相同。

Explanatory Notes on Main Statistical Indicators

Administrative Division refers to the division of administrative areas by the state. The Constitution of the People's Republic of China stipulates that the administrative areas in China are divided as:1) The whole country is divided into provinces, autonomous regions and municipalities directly under the central government; 2) Provinces and autonomous regions are divided into autonomous prefectures (leagues) , counties (banners) , autonomous counties and cities; 3) Autonomous Prefectures are divided into counties , autonomous counties and cities; 4) Counties and autonomous counties are divided into townships, nationality townships and towns; 5) Municipalities and large cities are divided into districts and counties, 6) The state establish special administrative regions when necessary.

Territory refers to territorial land, sea and air space under the administration of a sovereign state.

Climate refers to the natural environmental status formed by the long-time exchange of energy and mass between the earth and the air, and is the results of interaction of many factors. Climate is both one of the environment factors and the important resources for the living and production activities of the human being. The average values across several years of meteorological factors such as temperature, rainfall and humidity are used as important parameters to describe the climate of a region, while the average values (or total values) of a given year or month of meteorological factors reflect the key characteristics of climate for that period of time.

Natural Resources refer to material resources that could be obtained from the nature by human being and used for production and living. Natural resources in general can be classified as renewable resources and non-renewable resources. Renewable resources refer to resources that could be renewed and recycled during a relatively short period of time, including land resource, water resource, climate resource, biology resource and marine resource. Non-renewable resources include resources that could not be renewed, such as minerals and geothermal resource.

Land Resource Land refers to the surface of the earth, consisting of mainly rocks and its weathering and earth. Land resource can be classified, by its utilization, as land for agriculture, land for construction and unused land. Land for agriculture includes cultivated land, plantation land, forestland, grassland and waters. Land for construction includes land for residential purpose, for manufacturing and mining, for transportation and for water conservancy projects. Unused land refers to land other than land for agriculture and construction, including beaches, deserts, Gobi, glaciers and Rock Mountains.

Area of Cultivated Land refers to land for the cultivation of various farm crops, including irrigated land, manual-watered land, dry Land and vegetable land.

Area of Afforestated Land refer to land for trees, bamboo, bushes and mangrove, including forest-cover land, bush-covered land, sparse forest land, land Planned for afforestation and nurseries of young trees.

Area of Grassland refers to areas of grassland, grass-slopes and grass-covered hills with a vegetation-covering rate of over 5% that are used for animal husbandry or harvesting of grass. It includes natural, cultivated and improved grassland areas.

Forest Resource refers to forests, trees, forest land and wild animals, plants and microorganism that live on forest and trees. Trees include trees and bamboo. Forest refers to the population of clusters of trees and other plants, animals and microorganism as well as the earth and climate that have interactions with the trees.

Total Standing Stock Volume refers to the total stock volume of trees growing in land, including trees in forest, tress in sparse forest, scattered trees and trees planted by the side of farm houses and along the roads, rivers and fields.

Forest Area refers to the area of forest land where trees and bamboo grow with canopy density above 0. 2, including land of natural woods and planted woods, but excluding bush land and thin forest land. It reflects the total areas of afforestation.

Stock Volume of Forest refers to total stock volume of wood growing in forest area, which shows the total size and level of forest resources of a country or a region. It is also an important indicator illustrating the richness of forest resource and the status of forest ecological environment.

Forest Coverage Rate refers to the ratio of area of afforested land to total land area. This indicator shows the forest resources and afforestation progress of a country or a region. According to regulations of the government, in addition to afforested land, the area of bush forest, the area of forest land inside farm land and the area of trees planted by the side of farm houses and along the roads, rivers and fields should also be included in the area of afforested land in the calculation of the forest coverage-rate. The formula for calculating forest coverage rate is as follows:

Forestry coverage rate (%)=

Area of afforested Land/ Area of Total Land × 100%

Water Resource Water exists in the nature in solid, liquid and gaseous states, is distributed in the ocean, land (including earth) /and air, and constitutes the water resource through the circulation of water. Water resource includes the surface water and underground water that is controlled by the human being for irrigation, power-generation, water supply, navigation and cultivation. It also includes rivers, lakes, wells, springs, tides, gulf and water area for cultivation. Water resource as an important natural resource is indispensable for the development of the national economy.

Surface Water and Underground Water Water on earth can be divided into surface water and underground water according to its distribution. Surface water refers to moisture exists in rivers, lakes, swamps, glaciers, icecaps and so on. It is also called land water. The underground water refers to water deposited underground in the cranny and the hole of saturated rock soil and in the water-eroded cave.

Inland Water Area refers to water area of rivers, lakes, ponds, reservoir, etc.

Runoff refers to the water gathered at the way out of the cross section of drainage area either from the surface or underground after deducting the wastage of the precipitation. Runoff can be divided into surface runoff, underground runoff and within soil runoff. Surface runoff refers to water flow to the rivers, lakes, swamps, and seas on the surface of the earth. Underground runoff refers to water flow to rivers, lakes, swamps, and seas through the water-bearing stratum of confined layer or unconfined layer.

Volume of Runoff refers to the total volume of water running through a certain cross section of a river during a certain period of time, reflecting the water resource condition in a country or a region. The formula for calculating volume or runoff is as follows:

Runoff = Precipitation - Evaporation

Mineral Resources refer to useful minerals that can be used for industrial or agricultural purposes enriched in lithosphere or on earth due to the geological process.

Ensured Mineral Reserves refer to the actual mineral reserves, which equal to the proven mineral reserves (including industrial reserves and prospective reserves) minus extracted parts and underground losses. This indicator shows the current condition of the mineral resources of a country.

Drainage Area Each river has its own main stream and branches to form the water system of the river. Each river has its own catchments area, which is also called as the drainage area of the river.

Out-flowing Rivers refer to rivers directly or indirectly flowing into the sea. The area providing water to the out-flowing rivers is called as out-flowing area.

Inland Rivers refer to rivers in inland dry areas that die away in desert on the way or infuse into inland lakes. The area providing water to the inland rivers is called as inland area.

Temperature refers to the air temperature. China uses centigrade (^{0}C) as the unit. The thermometry used for weather observation is put in a breezy shutter, which is 1. 5 meters high from the ground. Therefore, the commonly used temperature refers to the temperature in the breezy shutter 1. 5 meters away from the ground. The calculation method is as follows:

Monthly average temperature is the summation of average daily temperature of one month divided by the actual days of that particular month.

Annual average temperature is the summation of monthly average of a year divided by 12 months.

Relative Humidity refers to the ratio of actual water vapor pressure to the saturation water vapor pressure under the current temperature. The calculation method is the same as that of temperature.

Volume of Precipitation refers to the deepness of liquid state or solid state (thawed) water falling from the sky to the ground that has not been evaporated, infiltrated or run off. The calculation method is as follows:

Monthly precipitation is the summation of daily precipitation of a month.

Annual precipitation is the summation of 12 months , precipitation of a year.

Sunshine Hours refer to the actual hours of sun irradiating the earth. The calculation method is the same as that of the precipitation.

二 综 合

GENERAL SURVEY

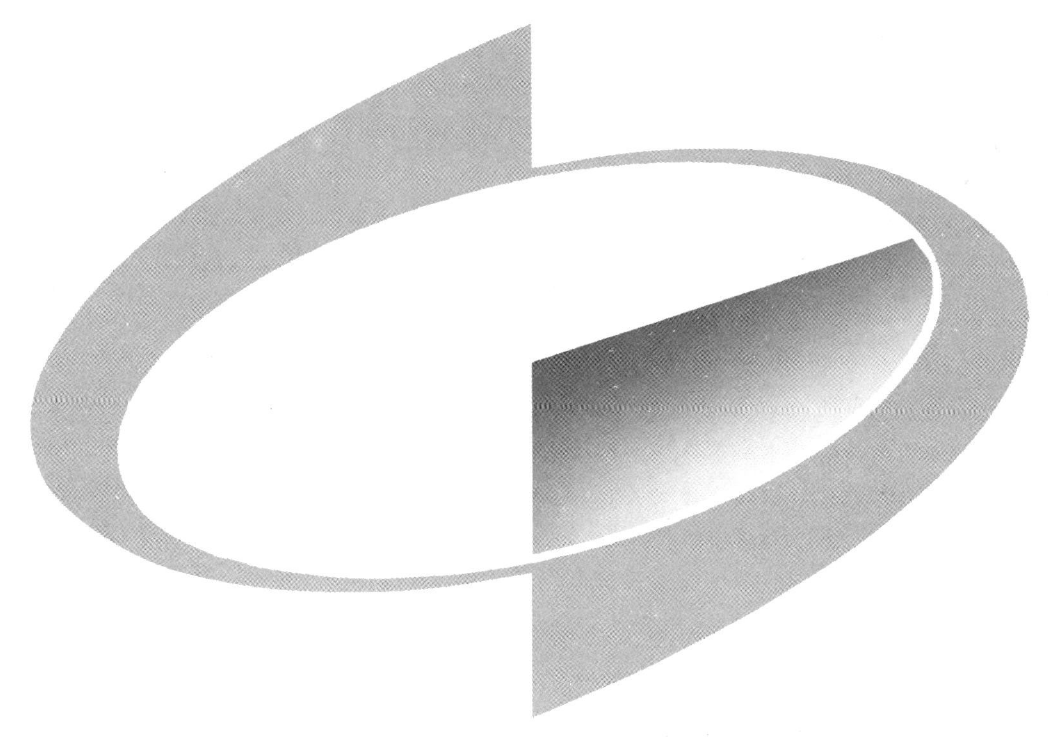

资料整理：崔京英

Arranged by Cui Jingying

2-1 平均每天主要社会经济活动

Major Indicators on Average Daily Social and Economic Activities

指　标	Item	1990	1995	2000	2005	2007
全区每天创造的财富	**Autonomous Regional Daily Production**					
生产总值(万元)	Gross Domestic Product(10 000 yuan)	8748	23481	42168	106727	166880
第一产业	Primary Industry	3084	7128	9611	16152	20879
第二产业	Secondary Industry	2806	8460	15961	48581	86426
工 业	Industry	2388	6983	13265	40490	75142
建筑业	Construction	418	1477	2695	8091	11285
第三产业	Tertiary Industry	2858	7893	16596	41994	59574
# 运输邮电业	Transportation, Postal & Telecommunications Services	567	1900	4807	11548	15898
商业饮食业	Commerce	683	2275	5353	12551	18151
财政收入(万元)	Government Revenue(10 000 yuan)	904	2092	4263	14695	27900
财政支出(万元)	Government Expenditures(10 000 yuan)	1668	2799	7152	20126	34688
粮食(吨)	Grain(ton)	26657	28915	34025	45540	49619
油料(吨)	Oil-bearing Grops(ton)	1901	1923	3189	3348	2175
肉类(吨)	Meat(ton)	1469	2243	3929	6299	5656
牛奶(吨)	Cow Milk(ton)	1012	1331	2186	18934	24912
水产品(吨)	Aquatic Products(ton)	83	130	198	226	256
布(万米)	Cloth(10 000 m)	29.55	23.42	9.01	22.84	40.58
乳制品(吨)	Dairy products(ton)	60	83	182	8425	10054
原煤(万吨)	Coal(10 000 tons)	13.05	19.33	19.86	70.16	97.09
发电量(万千瓦小时)	Electricity(10 000 kwh)	4645	7631	12033	28948	52930
钢(吨)	Steel(ton)	7480	9736	11605	22068	28503
成品钢材(吨)	Steel Products(ton)	4807	7062	10381	20487	24995
水泥(吨)	Cement(ton)	6246	9569	17260	44719	78662
每天消费量	**Daily Consumption**					
最终消费(万元)	Final Consumption Expenditure(10 000 yuan)	5937	14778	23936	49576	72096
居民消费(万元)	Resident Consumption(10 000 yuan)	4652	11314	17427	32815	46410

2-1 续表 continued

指标	Item	1990	1995	2000	2005	2007
农民	Peasants	2368	4984	6517	8477	10929
非农业居民	Non-agricultural Residents	2284	6330	10910	24338	35481
政府消费(万元)	Government Consumption Expenditure (10 000 yuan)	1285	3464	6508	16761	25687
能源消费量(万吨标准煤)	Energy Consumption(10 000 tons of SCE)	6.64	8.95	10.79	29.49	40.14
社会消费品零售总额(万元)	Total Retail Sales of Consumer Goods(10 000 yuan)	3577	8083	13260	36825	52167
每天其他经济活动	**Other Daily Economic Activities**					
资产形成总额(万元)	Gross Capital Formation(10 000 yuan)	3416	10219	17591	77947	123134
固定资产形成	Fixed Capital Formation	1939	7484	12039	73568	119353
存货增加	Changes in Stock	1477	2735	5552	4379	3781
城镇新建住宅面积(万平方米)	Residential Buildings Completed in Urban Areas(10 000 sq.m)	0.96	1.65	2.78	3.40	6.20
农牧民个人新建住宅面积(万平方米)	Private Residential Building Complated in Rural Areas(10 000 sq.m)	1.36	2.65	2.36	1.40	1.63
货运量(万吨)	Freight Traffic(10 000 tons)	73.09	89.68	122.27	200.22	281.94
客运量(万人)	Passenger Traffic(10 000 persons)	28.70	50.06	64.52	87.98	105.63
进出口总额(万美元)	Total Imports and Exports(USD 10 000)	132.68	307.70	557.80	1414.22	2121.81
邮电业务总量(万元)	Volume of Postal and Telecoms Services(10 000 yuan)	58.07	264.50	1541.00	5471.78	9972.87
城乡存款新增额(万元)	Outstanding Amount of Savings Deposit (10 000 yuan)	822	2496	2140	10129	7413
图书出版(万册)	Books Published(10 000 copy)	21.78	17.97	20.34	24.35	24.78
杂志出版(万册)	Magazines Issued(10 000 copy)	3.46	2.84	4.34	3.79	3.82
报纸出版(万份)	Newspapers Issued(10 000 copy)	44.36	44.62	49.23	169.37	74.47
邮寄函件(万件)	Letters Delivered(10 000 piece)	22.14	45.83	26.51	8.61	11.70
每天人口变动与婚姻	**Daily Population Changes & Marriages**					
出生(人)	Births(person)	1117	1073	645	659	671
死亡(人)	Deaths(person)	293	417	359	357	376
结婚(对)	Marriages(couple)	435	475	416	423	509
离婚(对)	Divorces(couple)	60	75	89	107	130

2-2 社会经济主要指标人均水平

Major per Capita Indicators on Society and Economy

指 标	Item	1985	1990	1995	2000	2005	2007
生产总值(元)	**Gross Domestic Product(yuan)**	**809**	**1478**	**3772**	**6502**	**16331**	**25393**
财政收入(元)	**Government Revenue(yuan)**	**67**	**154**	**336**	**657**	**2249**	**4245**
农牧业生产	**Agriculture Production**						
耕地面积(公顷)	Cultivated Land(hectare)	0.25	0.23	0.24	0.31	0.31	0.30
粮食产量(千克)	Output of Grain(kg)	301.37	454.15	464.40	524.60	696.82	755.02
油料产量(千克)	Output of Oil-bearing Crops(kg)	39.66	32.38	30.90	49.20	51.23	33.10
甜菜产量(千克)	Output of Beet Roots(kg)	126.80	110.36	116.00	59.69	57.98	49.40
年末大牲畜(头)	Large Animals at the Year-end(head)	0.37	0.33	0.31	0.26	0.33	0.34
年 末 羊(只)	Sheep and Goats at the Year-end(head)	1.23	1.41	1.46	1.50	2.27	2.11
年末生猪(口)	Hogs at the Year-end(head)	0.23	0.24	0.34	0.31	0.29	0.27
肉类产量(千克)	Output of Meat(kg)	17.90	25.02	36.03	60.58	96.38	86.07
# 牛肉产量(千克)	Output of Beef(kg)	2.35	3.99	4.10	9.23	14.09	16.93
羊肉产量(千克)	Output of Mutton(kg)	4.20	5.96	7.42	13.44	30.37	33.70
猪肉产量(千克)	Output of Pork(kg)	10.88	13.43	20.97	32.37	36.90	25.14
牛奶产量(千克)	Output of Cow Milk(kg)	12.18	17.25	21.37	33.70	289.71	379.08
羊 毛(千克)	Wool(kg)	2.53	2.87	2.64	2.89	4.30	4.39
主要工业产品产量	**Output of Major Industrial Products**						
原 煤(吨)	Coal(ton)	1.60	2.22	3.10	3.06	10.74	14.77
原 盐(吨)	Salt(ton)	0.03	0.04	0.03	0.05	0.09	0.10
木 材(立方米)	Timber(cu.m)	0.25	0.25	0.22	0.14	0.14	0.17
发 电 量(千瓦小时)	Electricity(kwh)	401	791	1225	1855	4429	8054
糖(千克)	Sugar(kg)	8.92	7.64	7.51	5.09	6.18	8.11
乳 制 品(千克)	Dairy Products(kg)	0.71	1.03	1.33	2.81	128.90	152.99
呢 绒(米)	Woolen Fabric(m)	0.40	0.49	0.65	0.18	0.26	0.35
水 泥(吨)	Cement(ton)	0.09	0.11	0.15	0.27	0.68	1.20
钢(吨)	Steel(ton)	0.09	0.13	0.16	0.18	0.34	0.43
生 铁(吨)	Pig Iron(ton)	0.09	0.13	0.15	0.19	0.39	0.53
社会消费品零售额(元)	**Total Retail Sales of Consumer Goods(yuan)**	**377**	**610**	**1379**	**2571**	**5635**	**7938**
人民生活	**People's Livelihood**						
职工平均工资(元)	Average Wage of Staff & Workers(yuan)	1095	1846	4134	6974	15985	21884
# 国 有(元)	State-owned Units(yuan)	1169	1971	4407	7261	16598	22822
集 体(元)	Urban Collective-owned Units(yuan)	872	1441	3001	4826	10804	14338
城镇居民可支配收入(元)	Annual Disposable Income of Urban Residents(yuan)	666	1155	2846	5129	9137	12378
城镇居民消费支出(元)	Living Expenditure of Urban(yuan)	595	982	2482	3928	6929	9282
农牧民家庭纯收入(元)	Net Income of Rural Residents(yuan)	400	647	1300	2038	2989	3953
农牧民家庭生活消费支出(元)	Living Expenditure of Residents(yuan)	325	539	1261	1615	2446	3256
城乡居民储蓄存款年末余额(元)	Outstanding Amount of Saving Deposits of Residents at the Year-end(yuan)	144	515	1804	3875	8274	10597

2-3 国民经济和社会发展总量与速度

指 标	Item	总量指标				
		1978	1990	1995	2000	2005
人口与就业	**Population and Employment**					
人口(万人)	**Population(10 000 persons)**					
年末总人口	Population at the Year-end	1823.4	2162.6	2284.4	2372.4	2386.4
市镇人口	Urban	397.5	781.1	873.1	1001.1	1126.4
乡村人口	Rural	1425.9	1381.4	1411.3	1371.3	1260.0
男性人口	Male	957.8	1127.6	1187.6	1227.2	1229.3
女性人口	Female	865.6	1035.0	1096.8	1145.2	1157.1
就业(万人)	**Employment(10 000 persons)**					
从业人数	Employment	652.8	924.6	1029.4	1061.6	1041.1
#职工人数	Staff and Workers	227.6	369.7	383.7	263.9	239.6
城镇登记失业人数	Unemployed in Urban Areas		15.2	14.0	12.7	17.8
宏观经济	**Macroeconomic Indicator**					
国民经济核算(亿元)	**National Accounting (100 million yuan)**					
生产总值	Gross Domestic Product	58.04	391.31	857.06	1539.12	3895.55
第一产业	Primary Industry	18.96	112.57	260.18	350.80	589.56
第二产业	Secondary Industry	26.37	102.43	308.78	582.57	1773.21
第三产业	Tertiary Industry	12.71	104.31	288.10	605.74	1532.78
固定资产投资(亿元)	**Investment in Fixed Assets (100 million yuan)**					
全社会固定资产投资总额	Investment in Fixed Assets		70.77	273.06	430.42	2687.84
#国有单位	State-owned Units		56.77	210.00	275.06	1644.71
集体单位	Collective-owned Units		3.06	11.14	27.15	41.14
个体经济	Individuals		10.94	44.09	51.64	84.26
财政(亿元)	**Public Finance(100 million yuan)**					
财政收入	Government Revenue	6.90	32.98	76.35	155.59	536.36
财政支出	Government Expenditures	18.69	60.90	102.18	261.06	734.61
物价总指数(上年=100)	**Price Indices(preceding year=100)**					
商品零售价格总指数	General Retail Price Index	101.0	102.9	116.8	98.8	101.5
居民消费价格总指数	General Consumer Price Index		102.3	117.5	101.3	102.4
农产品生产者价格总指数	Price Indices of Farm Products by Category of Commodities	101.6	95.2	124.7	99.7	103.2
能源生产与消费(万吨标准煤)	**Production and Consumption of Energy(10 000 tons of SCE)**					
能源生产总量	Total Energy production	1070.63	2821.61	4642.02	4701.23	19082.33
能源消费总量	Total Energy Consumption		2423.51	3268.44	3937.54	10764.90

Principal Aggregate Indicators on National Economic and Social Development and Their Related Indices and Growth Rates

Aggregate Data	速度指标(%) Indices and Growth Rates(%)								
2007	指数(2007年比以下各年) Index(2007 as Percentage of the following years)					平均增长速度 Average Annual Growth Rate			
	1978	1990	1995	2000	2005	1979-2007	1991-1995	1996-2000	2001-2005
2405.1	131.9	111.2	105.3	101.4	100.8	1.0	1.1	0.8	0.1
1206.1	303.4	154.4	138.1	120.5	107.1	3.9	2.3	2.8	2.4
1198.9	84.1	86.8	85.0	87.4	95.2	-0.6	0.4	-0.6	-1.7
1237.8	129.2	109.8	104.2	100.9	100.7	0.9	1.0	0.7	0.03
1167.3	134.9	112.8	106.4	101.9	100.9	1.0	1.3	1.2	0.2
1081.5	165.7	117.0	105.1	101.9	103.9	1.8	2.2	0.6	-0.4
243.5	107.0	65.9	63.5	92.3	101.6	0.2	0.7	-7.2	-1.9
18.5		121.4	131.9	145.4	103.7		-1.6	-1.9	6.9
6091.12	2636.1	860.6	527.6	312.3	141.7	11.9	10.3	11.1	17.1
762.10	623.8	244.5	200.7	147.3	107.2	6.5	4.0	6.4	6.6
3154.56	3235.4	1357.9	742.0	433.8	159.9	12.7	12.8	11.3	22.1
2174.46	5740.8	1050.6	558.5	294.2	134.0	15.0	13.5	13.7	17.0
4404.75		6224.0	1613.1	1023.4	163.9		31.0	9.5	44.2
2222.19		3914.4	1058.2	807.9	135.1		29.9	5.5	43.0
88.61		2895.8	795.4	326.4	215.4		29.5	19.5	8.7
88.38		807.9	200.5	171.1	104.9		32.1	3.2	10.3
1018.35	14748.9	3087.8	1333.9	654.5	189.9	18.8	18.3	15.3	28.1
1266.11	6774.7	2079.0	1239.1	485.0	172.4	15.6	10.9	20.6	23.0
103.6	390.6	194.8	111.1	108.4	105.1	4.8	11.9	0.5	0.6
104.6		245.3	132.5	117.4	106.2		13.1	2.5	2.0
114.9							15.5	-3.6	
26725.88	2496.3	947.2	575.7	568.5	140.1	11.7	10.5	0.3	32.3
14649.39		604.5	448.2	372.0	136.1		6.2	3.8	22.3

2-3 续表 1

指 标	Item	总量指标				
		1978	1990	1995	2000	2005
产 业	**Industry**					
农林牧渔业	**Farming, Forestry, Animal Husbandry & Fishery**					
耕地面积(万公顷)	Cultivated Areas(10 000 hectares)	532.60	496.6	549.1	731.70	735.50
从业人员(万人)	Persons Engaged in (10 000 persons)	393.80	477.5	503.0	524.30	529.18
总产值(亿元)	Gross Output(100 million yuan)	28.35	156.92	373.59	543.16	980.21
主要农畜产品产量	Output of Major Farm & Livestock					
粮食(万吨)	Grain(10 000 tons)	499.00	972.97	1055.40	1241.90	1662.20
油料(万吨)	Oil Bearing Crops(10 000 tons)	12.50	69.38	70.20	116.40	122.20
甜菜(万吨)	Beet Roots(10 000 tons)	43.10	236.44	263.50	141.30	138.30
造林面积(万公顷)	Forested Areas(10 000 hectares)	29.79	29.75	40.25	58.90	38.38
肉类(万吨)	Meat(10 000 tons)		53.61	81.89	143.40	229.91
牛奶(万吨)	Cow milk(10 000 tons)		36.95	48.57	79.80	691.08
羊毛(万吨)	Wool(10 000 tons)		6.15	5.99	6.85	10.25
羊绒(吨)	Cashmere(ton)		2076	3114	3815	6646
水产品(万吨)	Aquatic Products(10 000 tons)	1.50	3.04	4.76	7.21	8.26
六月末牲畜总数(万头只)	Livestock(10 000 heads)	4162.3	5307.5	6065.7	7300.47	10615.3
大牲畜(万头)	Large Animals(10 000 heads)	697.5	784.5	783.8	803.31	934.20
羊(万只)	Sheep and Goats(10 000 heads)	2860.5	3955.2	4302.5	5406.23	8713.00
生猪(万口)	Hogs(10 000 heads)	604.30	567.2	979.4	1090.92	968.10
工业生产	**Industrial Production**					
工业总产值(亿元)	Gross Output(100 million yuan)	52.96	263.33	626.52	1202.85	3861.58
轻工业(亿元)	Light Industry(100 million yuan)	22.05	108.51	215.92	464.26	1171.70
重工业(亿元)	Heavy Industry(100 million yuan)	30.91	154.82	410.61	738.59	2689.88
工业增加值(亿元)	Value Added(100 million yuan)	21.84	87.18	254.88	484.19	1477.88
主要工业产品产量	Output of Industrial Products					
原煤(万吨)	Raw Coal(10 000 tons)	2194	4762	7055	7247	25608
原油(万吨)	Crude Oil(10 000 tons)				90.50	146.92
原盐(万吨)	Raw Salt(10 000 tons)	65.18	93.28	76.13	126.68	215.84
木材(万立方米)	Timber(10 000 cu.m)	378.17	525.96	504.35	321.65	340.96
发电量(亿千瓦小时)	Electricity(100 million kwh)	37.38	169.54	278.54	439.21	1056.59
糖(包括土糖)(万吨)	Sugar(10 000 tons)	4.23	16.37	17.07	12.04	14.75
乳制品(万吨)	Dairy Products(10 000 tons)	0.31	2.2	3.03	6.65	307.53
呢绒(万米)	Woolen Fabric(10 000 m)	336.80	1041.85	1477.00	421.20	611.76
服装(万件)	Garments(10 000 units)		1046	4868	1794.70	1980.72
机制纸及纸板(万吨)	Machine Made Paper(10 000 tons)	4.25	13.59	19.15	12.19	25.74
水泥(万吨)	Cement(10 000 tons)	91.91	227.97	349.27	630.00	1632.25
钢(万吨)	Steel(10 000 tons)	99	273.01	355.36	423.59	805.49
生铁(万吨)	Pig Iron(10 000 tons)	107	280.66	345.78	440.83	922.69
成品钢材(万吨)	Steel Products(10 000 tons)	36.23	175.47	257.77	378.91	747.77
电视机(万台)	Television Sets(10 000 sets)	0.10	38.45	32.68	51.80	239.09
建筑业	**Construction**					
建筑业从业人数(万人)	Employed Persons(10 000 persons)		27.02	30.98	35.30	26.35
建筑企业总产值(亿元)	Gross output Value(100 million yuan)		27.89	85.52	138.80	381.30
施工房屋面积(万平方米)	Building Floor Space(10 000 sq.m)		1490.00	1010.92	1816.94	2958.88
竣工房屋面积(万平方米)	Completed Floor Space(10 000 sq.m)		1159.80	511.86	1130.00	1623.38
交通运输	**Transportation**					
货运量(万吨)	Freight Traffic(10 000 tons)	8213	26676	32732	44629	73082
铁路	Railways	3861	6909	8347	9648	22060
公路	Highways	4352	19767	24384	34979	51020
空运	Civil Aviation		0.17	1.13	2.00	2.00
客运量(万人)	Passenger Traffic(10 000 persons)	3422	10475	18273	23549	32114
铁路	Railways	1753	2433	2909	3378	3259
公路	Highways	1669	8012	15248	20061	28604
空运	Civil Aviation		30	116	110	251

continued

Aggregate Data	速度指标(%) Indices and Growth Rates(%)								
2007	指数(2007年比以下各年) Index(2007 as Percentage of the following years)					平均增长速度 Average Annual Growth Rate			
	1978	1990	1995	2000	2005	1979-2007	1991-1995	1996-2000	2001-2005
713.33	133.9	143.6	129.9	97.5	97.0	1.0	2.0	5.9	0.1
538.56	136.8	112.8	107.1	102.7	101.8	1.1	1.0	0.8	0.2
1276.44	628.7	280.7	222.8	156.6	107.8	6.5	4.7	7.3	7.7
1811.10	362.9	186.1	171.6	145.8	109.0	4.5	1.6	3.3	6.0
79.40	635.2	114.4	113.1	68.2	65.0	6.6	0.2	10.6	1.0
118.50	274.9	50.1	45.0	83.9	85.7	3.5	2.2	-11.7	-0.4
59.01	198.1	198.4	146.6	100.2	153.8	2.4	6.2	7.9	-8.2
206.46		385.1	252.1	144.0	89.8		8.8	11.8	9.9
909.30		2460.9	1872.1	1139.5	131.6		5.6	10.4	54.0
10.53		171.2	175.8	153.7	102.7		-0.5	2.7	8.4
6689		322.2	214.8	175.3	100.6		8.4	4.1	11.7
9.36	624.0	307.9	196.6	129.8	113.3	6.5	9.4	8.7	2.8
10854.4	260.8	204.5	178.9	148.7	102.3	3.4	2.7	3.8	7.8
1039.4	149.0	132.5	132.6	129.4	111.3	1.4	-0.02	0.5	3.1
8774.6	306.8	221.8	203.9	162.3	100.7	3.9	1.7	4.7	10.0
1040.50	172.2	183.4	106.2	95.4	107.5	1.9	2.3	11.5	-2.4
7143.37	4089.6	1388.9	794.5	453.1	168.8	13.7	11.8	11.9	21.8
2069.37	4378.2	1408.3	835.0	408.1	154.2	13.9	11.0	15.4	21.5
5074.00	3670.8	1305.3	723.1	469.6	175.2	13.2	12.5	9.0	21.8
2742.67	3303.9	1384.0	795.2	439.6	166.3	12.8	11.7	12.6	21.5
35438	1615.2	744.2	502.3	489.0	138.4	10.1	8.2	0.5	28.7
167.38				185.0	113.9				10.2
246.45	378.1	264.2	323.7	194.5	114.2	4.7	-4.0	10.7	11.2
416.66	110.2	79.2	82.6	129.5	122.2	0.3	-0.8	-8.6	1.2
1931.95	5168.4	1139.5	693.6	439.9	182.8	14.6	10.4	9.5	19.2
19.46	460.0	118.9	114.0	161.6	131.9	5.4	0.8	-6.7	4.1
366.97	118377.4	16680.5	12111.2	5518.3	119.3	27.6	6.6	17.0	115.3
832.32	247.1	79.9	56.4	197.6	136.1	3.2	7.2	-22.2	7.8
2277.70		217.8	46.8	126.9	115.0		36.0	-18.1	2.0
25.88	608.9	190.4	135.1	212.3	100.5	6.4	7.1	-8.6	16.1
2871.17	3123.9	1259.5	822.0	455.7	175.9	12.6	8.9	12.5	21.0
1040.36	1050.9	381.1	292.8	245.6	129.2	8.4	5.4	3.6	13.7
1260.09	1177.7	449.0	364.4	285.8	136.6	8.9	4.3	5.0	15.9
912.32	2518.1	519.9	353.9	240.8	122.0	11.8	8.0	8.0	14.6
830.26	830260.0	2159.3	2540.6	1602.8	347.3	36.5	-3.2	9.7	35.8
38.62		142.9	124.7	109.4	146.6		2.8	2.6	-5.7
681.10		2442.1	796.4	490.7	178.6				22.4
5198.00		348.9	514.2	286.1	175.7		-7.5	12.4	10.2
3186.00		274.7	622.4	281.9	196.3		-15.1	17.2	7.5
102907	1253.0	385.8	314.4	230.6	140.8	9.1	4.2	6.4	10.6
29605	766.8	428.5	354.7	306.9	134.2	7.3	3.9	2.9	18.0
73300	1684.3	370.8	300.6	209.6	143.7	10.2	4.3	7.5	7.8
2.00		1176.5	177.0	100.0	100.0		46.1	12.1	
38781	1133.3	370.2	212.2	164.7	120.8	8.7	11.8	5.2	6.4
3489	199.0	143.4	119.9	103.3	107.1	2.4	3.6	3.0	-0.7
35039	2099.4	437.3	229.8	174.7	122.5	11.1	13.7	5.6	7.4
253		843.3	218.1	230.0	100.8		31.1	-1.1	17.9

2-3 续表 2

指 标	Item	总量指标				
		1978	1990	1995	2000	2005
邮电通信业	**Postal & Telecoms Services**					
邮电业务总量(亿元)	Total Revenue(100 million yuan)	0.42	2.12	9.66	56.25	199.72
函 件(万件)	Letters Delivered(10 000 pieces)	6658	8080	16728	9677	3143
报刊期发数(万份)	Newspapers and Magazines Distributed(10 000 copies)	253	346	486	395	194
局用交换机容量(万门)	Capacity of office Telephone Exchange(10 000 lines)	5.08	24.13	105.92	254.30	430.45
电话机(万部)	Telephone sets(10 000 units)	9.96	29.66	85.49	322.20	1254.30
国内贸易	**Domestic Trade**					
社会消费品零售总额(亿元)	Total Retail Sales of Consumer Goods(100 million yuan)	36.83	130.58	313.31	608.55	1344.1
对外经济贸易	**Foreign Trade**					
进出口总额(亿美元)	Exp. & Imp.(USD100 million)	0.16	4.84	11.23	20.36	51.62
进口额	Imports	0.05	1.60	5.15	10.14	30.97
出口额	Exports	0.11	3.25	6.08	10.22	20.65
实际利用外资额(万美元)	Amount of Foreign Capital Actually Utilized(USD 10 000)		2530	10838	54819	140007
国际旅游	**International Tourism**					
来华旅游人数(万人)	Tourists(10 000 persons)		2.04	30.09	39.19	100.16
旅游外汇收入 (万美元)	Earnings (USD 10 000)		648	9052	12645	35207
金融保险	**Finance and Insurance**					
金融机构各项存款(亿元)	Deposits of Banking (100 million yuan)	16.47	169.77	566.34	1270.13	3298.15
金融机构各项贷款(亿元)	Loans of Banking (100 million yuan)	40.33	272.92	819.87	1340.74	2588.57
中资保险公司保险金额(亿元)	Amount Insured (100 million yuan)			1426	1624	10504
中资保险公司保费收入(亿元)	Insurance Premium (100 million yuan)			9.11	24.63	60.87
中资保险公司赔款及给付(亿元)	Chaim and Paymen (100 million yuan)			4.87	7.92	10.76
教育、科技、文化	**Education, Sci., Tech & Culture**					
教育	**Education**					
专任教师数(人)	Full-teachers(person)					
普通高等学校	Higher Education	2949	6755	7070	8856	16189
中等学校	Secondary Schools	81208	96166	98437	101036	107704
小学	Primary Schools	121364	153799	153461	129242	118988
在校学生数(人)	Students Enrollment(person)					
普通高等学校	Higher Education	12567	32428	37248	71967	229354
中等学校	Secondary Schools	1624573	1234474	1304852	1621258	1798804
小学	Primary Schools	2917772	2342865	2343129	2015076	1596381
教育经费支出 (亿元)	Expenditures(100 million yuan)			31.7	55.28	116.22
科技	**Science and Technology**					
科学家、工程师数(人)	Scientists & Engineers(person)			5748	20543	25501
研究与发展经费支出(万元)	Expenditures on R&D (10 000 yuan)			2023.0	24605.8	113208
技术市场成交额(万元)	Transaction in Technical Markets(10 000 yuan)			25000	60287	310620
文化	**Culture**					
出版数量	Publications					
图书(万册·张)	Books(10 000 copies)	3200.00	7948.00	6560.00	7423.34	8888.15
杂志(万册)	Magazines(10 000 copies)		1264.00	1036.00	1585.46	1384.00
报纸(万份)	Newspapers(10 000 copies)		16192.00	16286.00	17967.23	61819
电视节目制作时间(小时)	Time for TV Programs(hours)			9843	12916	71091

continued

Aggregate Data	速度指标(%) Indices and Growth Rates(%)								
2007	指数(2007年比以下各年) Index(2007 as Percentage of the following years)					平均增长速度 Average Annual Growth Rate			
	1978	1990	1995	2000	2005	1979-2007	1991-1995	1996-2000	2001-2005
364.01	48438.0	17176.6	3772.4	647.5	182.3	23.8	35.4	42.2	37.5
4270	64.1	52.8	25.5	44.1	135.9	-1.5	15.7	-10.4	-20.1
246	97.2	71.1	50.6	62.3	126.8	-0.1	7.0	-4.1	-13.3
723.00	14232.3	2996.3	682.6	284.3	168.0	18.6	34.4	19.1	20.0
1550.00	15562.2	5225.9	1813.1	481.1	123.6	19.0	23.6	30.4	31.2
1904.11	5170.0	1458.2	607.7	312.9	141.7	14.6	19.1	14.2	17.2
77.45	48406.3	1600.2	689.7	380.4	150.0	23.8	18.3	12.6	20.5
47.97	95940.0	2998.1	931.5	473.1	154.9	26.7	26.3	14.5	25.0
29.47	26790.9	906.8	484.7	288.4	142.7	21.3	13.3	10.9	15.1
238780		9437.9	2203.2	435.6	170.5		33.8	38.3	20.6
149.45		7326.0	496.7	381.3	149.2		71.3	5.4	20.6
54500		8410.5	602.1	431.0	154.8		69.4	6.9	22.7
4953.70	30077.1	2917.9	874.7	390.0	150.2	21.7	27.2	17.5	21.0
3767.74	9342.3	1380.5	459.6	281.0	145.6	16.9	24.6	10.3	14.1
17360			1217.4	1068.8	165.3			2.6	45.3
97.75			1073.0	396.9	160.6			22.0	19.8
32.22			661.6	406.8	299.4			10.2	6.3
19483	660.7	288.4	275.6	220.0	120.3	6.7	0.9	4.6	12.8
108119	133.1	112.4	109.8	107.0	100.4	1.0	0.5	0.5	1.3
115205	94.9	74.9	75.1	89.1	96.8	-0.2	-0.04	-3.4	-1.6
284057	2260.3	876.0	762.6	394.7	123.9	11.4	2.8	14.1	26.1
1760821	108.4	142.6	134.9	108.6	97.9	0.3	1.1	4.4	2.1
1584593	54.3	67.6	67.6	78.6	99.3	-2.1	0.002	-3.0	-4.6
195.74			617.5	354.1	168.4			11.8	16.0
30942			538.3	150.6	121.3			-1.6	4.4
241982			11961.5	983.4	213.7			30.7	35.7
453721			1814.9	752.6	146.1			19.3	38.8
9046.3	282.7	113.8	137.9	121.9	101.8	3.6	-3.8	2.5	3.7
1395.00		110.4	134.7	88.0	100.8		-3.9	8.9	-2.7
27182		167.9	166.9	151.3	44.0		0.1	2.0	8.1
57158			580.7	442.5	80.4			5.6	40.6

2-3 续表 3

指标	Item	总量指标 1978	1990	1995	2000	2005
家庭、生活、环境	**Family, Livelihood & Environment**					
家庭	**Family**					
城镇居民平均每户家庭人口(人)	Average Household Size in Urban Areas(person)		3.73	3.34	3.08	3.00
农村居民平均每户家庭人口(人)	Average Household Size in Rural Areas(person)	5.78	5.00	4.50	4.10	3.78
婚姻	**Marriages and Divorces**					
结婚数(万对)	Number of Marriages(10 000 couples)		15.88	17.35	15.20	15.45
离婚数(万对)	Number of Divorces(10 000 couples)		2.19	2.75	3.25	3.92
居住	**Housing**					
城市居民人均居住面积(平方米)	Per Capita Net Floor Space of Urban Residents(sq.m)	3.50	8.98	12.06	15.54	26.09
农村居民人均居住面积(平方米)	Per Capita Net Floor Space of Rural Residents(sq.m)		11.90	15.29	17.00	19.70
生活	**People's Livelihood**					
城镇居民人均可支配收入(元)	Per Capita Annual Income of Urban Households(yuan)	301.01	1155.00	2845.72	5129.10	9136.80
农村牧区居民人均纯收入(元)	Per Capita Net Income of Rural Residents(yuan)	131.37	647.45	1300.00	2038.21	2988.87
农民人均纯收入(元)	Farmers(yuan)	126.07	607.15	1208.38	1869.00	2813.35
牧民人均纯收入(元)	Herdsmen(yuan)	188.00	905.67	1870.97	3355.00	4341.18
城乡储蓄存款余额(亿元)	Amount of Saving Deposits in Urban & Rural(100 million yuan)	2.53	93.44	410.82	875.74	1973.60
工资和福利	**Wages and Welfare**					
工资总额(亿元)	Total Wages(100 million yuan)	14.98	66.22	156.12	185.96	387.73
职工平均工资(元)	Average Wage of Staff & Workers(yuan)	712	1846	4134	6974	15985
离休、退休、退职职工人数(万人)	Number of Retired Resigned Staff and Workers(10 000 person)		47.55	55.75	75.45	126.72
离休、退休、退职费(万元)	Pensions for & Retired Staff and Workers(10 000 yuan)				480884	1289082
卫生	**Health Care**					
医院、卫生院(个)	Number of Hospitals(unit)	1723	1856	2003	1988	1834
医生(人)	Number of Doctors(person)	26724	41453	49345	52299	50308
医院、卫生院床位数(张)	Number of Hospital Beds(unit)	24079	57558	61933	63156	64002
市政建设	**City Construction**					
自来水供应量(亿吨)	Tap Water Supply(100 million tons)	0.88	1.88	6.32	6.18	6.11
下水道长度(公里)	Length of Sewer Pipelines(km)		1751	2156	2693	4505
城市煤气和天然气供气量(万立方米)	Volume of Coal & Natural Gas Supply in Urban Areas(10 000 cu.m)		2581	5694	7485	16330
公共汽车总数(辆)	Total Number of Public Buses(unit)	425	911	2078	2128	3594
铺装道路长度(公里)	Length of Paved Roads(km)	677	1509	2229	2771	3867
绿地面积(公顷)	Areas of Green Land(hectare)	2143	7132	13394	16541	24632
环境、灾害	**Environment and Disaster**					
污染治理项目本年完成投资额(亿元)	Investment of Pollution Treatment in the Year(100 million yuan)				5.59	2.57
火灾发生数(起)	Number of Fire Disasters(times)				2096	5422
火灾损失(万元)	Fire Loss(10 000 yuan)				1365	1687
交通事故发生数(起)	Number of Traffic Accidents(times)				9521	8452
交通事故损失(万元)	Loss of Traffic Accidents(10 000 yuan)				2539	2785

continued

Aggregate Data	速度指标(%) Indices and Growth Rates(%)								
2007	指数(2007年比以下各年) Index(2007 as Percentage of the following years)					平均增长速度 Average Annual Growth Rate			
	1978	1990	1995	2000	2005	1979-2007	1991-1995	1996-2000	2001-2005
2.87		76.9	85.9	93.2	95.7		-2.2	-1.6	-0.5
3.66	63.3	73.2	81.3	89.3	96.8	-1.6	-2.1	-1.4	-1.6
18.57		116.9	107.0	122.2	120.2		1.8	-2.6	0.3
4.73		216.0	172.0	145.5	120.7		4.7	3.4	3.8
28.88	825.1	321.6	239.5	185.8	110.7	7.5	3.3	16.3	10.9
21.00		176.5	137.3	123.5	106.6		5.1	2.0	3.0
12378.00	811.6	428.1	332.5	210.4	128.4	13.7	19.8	12.5	12.2
3953.10	655.0	292.0	239.1	160.3	124.5	12.5	15.0	9.4	8.0
3750.03	564.2	271.1	234.9	165.6	125.5	12.4	14.8	9.1	8.5
5509.91	624.9	255.3	213.9	137.6	119.5	12.4	15.6	12.4	5.3
2541.92	100471.1	2720.4	618.7	290.3	128.8	26.9	30.0	16.4	17.6
536.59	3582.0	810.3	343.7	288.6	138.4	13.1	18.7	3.6	15.8
21884	591.0	458.1	400.0	297.3	136.9	12.5	17.5	11.0	18.0
121.81		256.2	218.5	161.4	96.1		3.2	6.2	10.9
1520960				316.3	118.0				21.8
1815	105.3	97.8	90.6	91.3	99.0	0.2	1.5	-0.2	-1.6
48403	181.1	116.8	98.1	92.6	96.2	2.1	3.5	1.2	-0.8
65780	273.2	114.3	106.2	104.2	102.8	3.5	1.5	0.4	0.3
5.63	639.8	299.5	89.1	91.1	92.1	6.6	27.4	-0.4	-0.2
5619		320.9	260.6	208.7	124.7		4.2	4.5	10.8
37528		1454.0	659.1	501.4	229.8		17.1	5.6	16.9
4754	1118.6	521.8	228.8	223.3	132.3	8.7	17.9	0.5	11.1
4871	719.5	322.8	218.5	175.8	126.0	7.0	8.1	4.4	6.9
27914	1302.6	391.4	208.4	168.8	113.3	9.3	13.4	4.3	8.3
16.75				299.6	651.8				-14.4
7292				347.9	134.5				20.9
3057				223.9	181.2				4.3
6302				66.2	74.6				-38.3
1799				70.9	64.6				1.9

2-4 国民经济和社会发展结构

Structural Indicators on National Economic and Social Development

单位：% (%)

指标	Item	1985	1990	1995	2000	2005	2007
人口城乡结构	**Urban and Rural Structure of Population**						
城镇	Urban	43.4	36.1	38.2	42.2	47.2	50.2
乡村	Rural	56.6	63.9	61.8	57.8	52.8	49.8
人口性别结构	**Sexual Structure of Population**						
男	Male	51.8	52.1	52.0	51.7	51.5	51.5
女	Female	48.2	47.9	48.0	48.3	48.5	48.5
就业产业结构	**Industrial Structure of Employment**						
第一产业	Primary Industry	60.4	55.8	52.1	52.2	53.8	52.6
第二产业	Secondary Industry	20.4	21.8	21.9	17.1	15.6	17.0
第三产业	Tertiary Industry	19.2	22.4	26.0	30.7	30.5	30.4
生产总值三次产业结构	**Industrial Structure of GDP**						
第一产业	Primary Industry	32.7	35.3	30.4	22.8	15.1	12.5
第二产业	Secondary Industry	34.8	32.1	36.0	37.8	45.5	51.8
第三产业	Tertiary Industry	32.5	32.6	33.6	39.4	39.4	35.7
国民总支出中总投资和总消费结构	**Investment and Consumption as Percentage of National Expenditures**						
总投资	Investment	37.6	39.0	43.5	41.7	73.0	73.8
总消费	Consumption	77.5	67.9	62.9	56.8	46.5	43.2
工农业总产值中农、轻、重结构	**Structure of Gross Output Value of Agriculture, Light Industry and Heavy Industry**						
农业	Agriculture	39.3	37.3	38.2	31.1	20.2	15.2
轻工业	Light Industry	24.5	25.8	21.6	27.0	24.2	24.5
重工业	Heavy Industry	36.2	36.9	45.3	43.0	55.6	60.3
农、林、牧、渔业产值结构	**Structure of Gross Output Value of Agriculture**						
农业	Farming	63.9	65.7	62.0	56.8	48.3	48.6
林业	Forestry	6.6	4.0	3.2	4.3	4.1	5.0
牧业	Animal Husbandry	29.2	29.6	34.0	37.8	45.4	43.8
渔业	Fishery	0.6	0.7	0.8	1.1	0.7	0.9
工业总产值中轻、重工业结构	**Structure of Gross Output Value of Industry**						
轻工业	Light Industry	40.3	41.2	34.5	38.6	30.3	29.0
重工业	Heavy Industry	59.7	58.8	65.5	61.4	69.7	71.0
固定资产投资额三次产业投资结构	**Type of Industry as Percentage of Total Investment in FixedAssets Capital Construction**						
第一产业	Primary Industry	9.3	7.6	8.6	11.1	5.2	4.7
第二产业	Secondary Industry	49.0	57.3	64.8	34.3	58.9	57.3
第三产业	Tertiary Industry	41.7	35.1	26.6	54.6	35.9	38.0
财政收入结构	**Structure of Financial Revenue**						
地方	Local Government			57.2	71.1	62.5	82.0
中央	Turn over to Central Government			42.8	28.9	37.5	18.0
教育经费占财政支出的比例	**Educational Expenses as Percentage in Financial Expenditures**	**13.4**	**14.1**	**16.2**	**11.6**	**10.7**	**12.1**

2-4 续表 continued

单位：%　　(%)

指 标	Item	1985	1990	1995	2000	2005	2007
建筑业总产值结构	**Structure of Gross Output Value of Construction Enterprises**						
土木工程建筑业	Civil Engineering Construction	95.7	96.9	90.0	90.1	94.7	95.6
线路管道设备安装业	Line and Equipment Installation	4.3	3.1	9.5	9.3	4.5	4.1
建筑物装修装饰业	Building Decoration			0.5	0.6	0.8	0.3
货运量结构(按运输方式分)	**Structure of Freight Traffic by Means of Transportation**						
铁路	Railways	48.0	26.0	27.5	21.6	30.2	28.8
公路	Highways	52.0	74.0	72.5	78.4	69.8	71.2
航空	Civil Aviation						
管道	Pipelines						
社会消费品零售总额构成	**Composition of Retail Sales of Consumer Goods**						
市	Cities	50.0	55.0	58.0	60.0	66.9	68.4
县	Counties	27.0	25.9	24.0	24.0	20.7	19.9
县以下	Below Counties	23.0	19.1	18.0	16.0	12.4	11.7
学校在校学生结构	**Structure of Student Enrollment**						
大学生	College and University Students	0.8	0.9	1.0	4.8	6.3	7.8
中学生	Secondary School Students	32.7	34.2	35.4	40.9	49.6	48.5
小学生	Primary School Students	66.5	64.9	63.6	54.3	44.1	43.7
科技经费内部支出结构	**Structure of Internal Expenditures on Scientific and Technological Activities**						
# 劳务费	Service Fees				44.6	19.7	20.4
研究与发展经费支出	Expenditures of Research and Development				35.6	34.0	50.1
城镇居民消费结构	**Consumption Structure of Urban Residents**						
食 品 类	Food	46.1	48.3	48.4	34.5	31.4	30.4
衣 着 类	Clothing	20.0	16.5	16.3	14.3	15.1	15.1
用品及其他	Articles for Daily Use and Others	33.9	35.2	29.0	42.6	43.1	44.4
居 住	Residence			6.3	8.6	10.4	10.1
农牧民消费结构	**Consumption Structure of Rural Residence**						
食 品 类	Food			59.7	44.8	43.1	39.3
衣 着 类	Clothing			7.3	6.9	6.1	7.0
用品及其他	Articles for Daily Use and Others			19.7	32.9	37.1	39.1
居 住	Residence			13.3	15.4	13.7	14.6
卫生技术人员结构	**Medical Technical Personnel**						
医生	Doctors	41.9	42.8	48.3	51.9	41.5	45.8
护师、护士	Nurses	14.5	22.9	24.1	25.6	22.3	28.1

2-5 国民经济和社会发展比例和效益

Indicators on Proportions and Efficiency in National Economic and Social Development

指 标	Item	1990	1995	2000	2005	2007
人口与就业	**Population and Employment**					
人口	Population					
出生率(‰)	Birth Rate(‰)	21.2	17.2	12.1	10.1	10.2
死亡率(‰)	Death Rate(‰)	7.2	6.7	5.9	5.5	5.7
自然增长率(‰)	Natural Growth Rate(‰)	14.0	10.5	6.1	4.6	4.5
就业	Employment					
就业者负担人数(人)	Dependency Ratio(person)	1.89	1.86	1.92	1.91	1.81
三次产业从业者比例 (以第一产业为100)	Employment Ratio by type of Industry (Employment in Primary industry=100)					
第一产业	Primary Industry	100	100	100	100	100
第二产业	Secondary Industry	39.1	41.9	33.0	29.0	32.3
第三产业	Tertiary Industry	40.3	50.0	58.8	56.7	57.7
城镇登记失业率(%)	Unemployment Rate in Urban Areas(%)	3.49	3.17	3.34	4.26	4.00
宏观经济	**Macro Economy**					
国民经济核算	National Accounting					
三次产业增加值比例 (以第一产业为100)	Ratio of Value-added by Type of Industry (Value added in Primary industry=100)					
第一产业	Primary Industry	100	100	100	100	100
第二产业	Secondary Industry	91.0	118.7	166.1	300.8	413.9
第三产业	Tertiary Industry	92.7	110.7	172.7	260.0	285.3
人均生产总值(元)	Per Capita GDP(yuan)	1478	3772	6502	16331	25393
固定资产投资	Investment in Fixed Assets					
全社会固定资产投资占生产总值比例(%)	Proportion of Investment in Fixed Assets to GDP(%)	22.2	31.9	28.0	69.0	72.3
全社会房屋建筑面积竣工率(%)	Rate of Total Floor Space of Buildings Completed in Construction(%)	77.8	80.7	75.5	53.5	61.3
财政	Finance					
财政收入占生产总值比例(%)	Proportion of Government Revenue to GDP(%)	10.3	8.9	10.1	13.8	16.7
财政支出占生产总值比例(%)	Proportion of Government Expenditures to GDP(%)	19.0	11.9	17.0	18.9	20.8
利用外资	Utilization of Foreign Capital					
实际利用外资额占签订利用外资额比例(%)	Proportion of Foreign Capital Actually Used toTotal Amount of Foreign Capital for Utilization by Signed Contracts or greements(%)	35.8	169.6	106.9	86.6	170.1
能源生产与消费	Production and Consumption of Energy					
能源生产弹性系数	Elasticity Ratio of Energy Production	0.66	1.61	0.27	0.94	1.04
能源消费弹性系数	Elasticity Ratio of Energy Consumption	1.09	1.61	0.77	1.06	0.72
每万元生产总值消耗的能源(吨标准煤)	Energy Consumption Per 10 000 yuan GDP(ton of SCE)	7.59	3.81	2.31	2.48	2.31

2-5 续表 1 continued

指 标	Item	1990	1995	2000	2005	2007
产 业	**Industrial**					
农牧业	Agriculture					
人均耕地面积(公顷)	Per Capita Cultivated Land(hectare)	0.23	0.24	0.31	0.31	0.30
农业从业者人均耕地面积(公顷)	Cultivated Land per Agricultural Laborer(hectare)	1.06	1.10	1.39	1.65	1.64
每公顷耕地农业机械总动力(千瓦)	Total Power of Agricultural Machinery per Hectare of Cultivated Land(kw)	1.53	1.64	1.85	2.61	3.10
每公顷耕地用电量(万千瓦小时)	Electric Power Consumption per Hectare of Cultivated Land(10 000 kwh)	229	305	291	398	478
每公顷耕地化肥用量(千克)	Chemical Fertilizer Consumption per Hectare of Cultivated Land(kg)	70	98	102	159	197
每公顷耕地生产的农业产值(元)	Agricultural Output Value per Hectare of Cultivated Land(yuan)	2077	4210	4214	6443	8697
农业从业者人均农产品产量(千克)	Output of Farm products per Agricultural Laborer(kg)					
粮 食	Grain	2070	2105	2366	3719	4152
油 料	Oil-bearing Crops	148	140	222	273	182
甜 菜	Beet Roots	503	525	269	309	272
肉 类	Meat	114	163	273	514	473
每公顷播种面积农产品产量(千克)	Output of Farm Crops per Hectare of Sown Area(kg)					
粮 食	Grain	2511	2547	2800	3800	3550
油 料	Oil-bearing Crops	1340	1260	1324	1759	1492
甜 菜	Beet Roots	24884	18821	23998	36328	39114
工业企业效益(规模以上工业)	Economic Efficiency of Industry					
综合效益指数	Index of Multipurpose Efficiency			88.80	203.61	295.80
总资产贡献率(%)	Ratio of Total Assets to Industrial Output Value(%)			6.69	12.70	15.00
资产负债率(%)	Assets-Liability Ratio(%)			59.46	59.53	61.12
成本费用利润率(%)	Ratio of Profits to Industrial Cost(%)			2.41	8.52	9.71
流动资产周转次数(次/年)	Number of Times of Annual of Turn-over Circulating Funds(times/year)			1.26	2.32	2.66
全员劳动生产率(元/人·年)	Labor Prouctivity(yuan/person·year)	9718	11399	21989	135616	268398
建筑业	Construction					
技术装备率(元/人)	Machinery per Laborer(yuan/person)	2434	3053	5844	11822	9846
产值利税率(%)	Ratio of Per-tax Profits to Gross Output Value(%)	6.2	3.6	4.2	8.3	9.5
全员劳动生产率(元/人)(按总产值计算)	Overall Labor Productivity(yuan/person) (in terms of gross output value per employee)	1369	28440	39319	81750	99341
交通运输业	Transportation					
铁路网密度(公里/万平方公里)	Railway Density(km/10 000 sq.km)	47	49	61	65	80
公路网密度(公里/万平方公里)	Highway Density(km/10 000 sq.km)	366	378	569	1052	1172
铁路货运密度(吨/公里)	Railway Freight Traffic Density(ton/km)	12338	14391	14705	29186	29724
公路货运密度(吨/公里)	Highway Freight Traffic Density(ton/km)	4597	5443	5194	6456	5288
邮电通信业	Postal & Telecommunications Services					
固定电话普及率(部/百人)	Access to Telephones(set/100 persons)	0.8	2.9	8.7	22.7	21.8
移动电话普及率(部/百人)	Access to Mobile Phones(set/100 persons)		0.1	4.9	29.9	43.5
国内贸易	Domestic Trade					
人均社会消费品零售额(元)	Per Capita Retail Sales of Consumer Goods(yuan)	610	1298	2045	5635	7938
对外经济贸易	Foreign Trade					
进出口总额占生产总值比例(%)	Proportion of Total Imports & Exports to GDP(%)	7.9	10.9	11.0	10.7	9.3

2-5 续表 2 continued

指标	Item	1990	1995	2000	2005	2007
金融保险	Finance and Insurance					
金融机构存款占生产总值比例(%)	Bank Deposits as Percentage of GDP(%)	53.2	66.1	82.5	84.7	81.3
金融机构贷款占生产总值比例(%)	Bank Loans as Percentage of GDP(%)	85.5	95.7	87.1	66.4	61.9
教育、科技、文化	**Education, Science, Tech & Culture**					
教育	Education					
学龄儿童入学率(%)	Rate of School-age Children Enrollment(%)	97.9	98.9	99.5	99.4	99.7
小学升学率(%)	Rate of Graduates of primary Schools Entering Junior Secondary Schools(%)	81.8	90.0	96.1	100.0	100.0
初中升学率(%)	Rate of Graduates of Junior Secondary Schools Entering Senior Secondary Schools(%)	42.1	48.6	60.2	73.0	87.3
学校教师负担系数(%)	Student-teacher Ratio(in percentage)(%)					
高等学校	Colleges and Universities	4.8	5.3	8.1	14.2	14.6
中等学校	Secondary Schools	12.7	13.2	16.1	16.7	16.3
小学学校	Primary Schools	15.2	15.3	15.6	13.4	13.8
科技	Science and Technology					
研究与开发经费支出占生产总值比例(%)	R&D Expenditures as Percentage of GDP(%)		0.09	0.16	0.29	0.40
文化	Culture					
每百万人有艺术表演团体(个)	Number of Troupes per Million Persons(unit)	5.8	5.2	4.9	4.6	4.5
每百万人有公共图书馆(个)	Number of Public Libraries per million Persons(unit)	4.9	4.7	4.6	4.6	4.7
每百万人有博物馆(个)	Number of Museums per million Persons (unit)	0.5	0.7	1.1	1.4	1.5
家庭、生活、环境	**Family, People's Livelihood & Environment**					
家庭	Family					
负担少儿系数(%)	Dependency Ratio of Children(%)	42.1	38.2	29.0	22.4	21.7
负担老年系数(%)	Dependency Ratio of the Aged(%)	5.9	6.8	7.3	8.8	9.3
生活	People's Livelihood					
城镇居民与农牧民收入增长率比例(1978=100)	Proportion of Growth Rate of Annual Income of Urban Residents to the Growth Rate of Annual Net Income of Rural Residents(1978=100)	0.85	0.89	0.94	1.20	1.24
福利	Welfare					
离退休退职费占工资总额比例(%)	Pensions for Retired Veterans,Retired and Resigned Persons as Percentage of Total Wages(%)			25.9	33.2	28.3
离退休退职人员占在职人员比例(%)	Proportion of the Number of Workers Who Have Retired or Resigned to the Number of Employed Ones(%)	12.9	14.5	28.6	52.9	50.0
卫生	Health Care					
每万人医院数(个)	Number of Hospitals per 10 000 Persons(unit)	0.9	0.9	0.9	0.8	0.8
每万人医生数(个)	Number of Doctors per 10 000 Persons(unit)	19	22	22	21	20
每万人医院床位数(张)	Number of Hospital Beds per 10 000 Persons (unit)	26.6	27.3	28.2	29.1	27.4
市政建设	City Construction					
城市自来水普及率(%)	Percentage of Households with Access to Tap Water(%)	73.4	80.7	89.1	83.9	81.5
城市用气普及率(%)	Percentage of Households with Access to Tap Gas(%)	16.8	40.5	58.6	68.2	76.0
每万人绿地面积(公顷)	Public Green Areas per 10 000 Persons(hectare)	3.3	5.9	7.0	7.8	10.6

主要统计指标解释

可比价格 指计算各种总量指标所采用的扣除了价格变动因素的价格，可进行不同时期总量指标的对比。按可比价格计算总量指标有两种方法：一种是直接用产品产量乘某一年的不变价格计算；另一种是用价格指数进行缩减。

不变价格 指以同类产品某年的平均价格作为固定价格，用于计算各年的产品价值。按不变价格计算的产品价值消除了价格变动因素，不同时期对比可以反映生产的发展速度，新中国成立后，随着工农业产品价格水平的变化，国家统计局先后五次制定了全国统一的工业产品不变价格和农业产品不变价格。从 1952 年到 1957 年使用 1952 年工(农)业产品不变价格。从 1957 年到 1970 年使用 1957 年不变价格，从 1971 年到 1980 年使用 1970 年不变价格，从 1981 年到 1990 年使用 1980 年不变价格，从 1991 年开始使用 1990 年不变价格。

平均增长速度 我国计算平均增长速度有两种方法：一种是习惯上经常使用的“水平法”，又称几何平均法，是以间隔期最后一年的水平同基期水平对比来计算平均每年增长(或下降)速度；另一种是“累计法”，又称代数平均法或方程法，是以间隔期内各年水平的总和同基期水平对比来计算平均每年增长(或下降)速度。在一般正常情况下，两种方法计算的平均每年增长速度比较接近，但在经济发展不平衡、出现大起大落时，两种方法计算的结果差别较大。

本《年鉴》内所列的平均增长速度，除固定资产投资用“累计法”计算外，其余均用“水平法”计算。从某年到某年平均增长速度的年份，均不包括基期年在内。如建国四十三年的平均增长速度是以 1949 年为基期计算的，则写为 1950-1992 年平均增长速度，其余类推。

企业(单位)登记注册类型 是以在工商行政管理机关登记注册的各类企业为划分对象，以工商行政管理部门对企业登记注册的类型为依据，将企业登记注册类型分为内资企业、港澳台商投资企业和外商投资企业三大类。内资企业包括国有企业、集体企业、股份合作企业、联营企业、有限责任公司、股份有限公司、私营公司和其他企业；港澳台商投资企业和外商投资企业分别包括合资经营企业、合作经营企业、独资经营企业和股份有限公司。对不在工商行政管理部门进行登记注册的行政机关、事业单位和社会团体，主要按其经费来源和管理方式进行划分。

国有企业 指企业全部资产归国家所有，并按《中华人民共和国企业法人登记管理条例》规定登记注册的非公司制的经济组织。不包括有限责任公司中的国有独资公司。

集体企业 指企业资产归集体所有，并按《中华人民共和国企业法人登记管理条例》规定登记注册的经济组织。

股份合作企业 指以合作制为基础，由企业职工共同出资入股，吸收一定比例的社会资产投资组建，实行自主经营，自负盈亏，共同劳动，民主管理，按劳分配与按股分红相结合的一种集体经济组织。

联营企业 指两个及两个以上相同或不同所有制性质的企业法人或事业单位法人，按自愿、平等、互利的原则，共同投资组成的经济组织。联营企业包括国有联营企业、集体联营企业、国有与集体联营企业和其他联营企业。

有限责任公司 指根据《中华人民共和国公司登记管理条例》规定登记注册，由两个以上、五十个以下的股东共同出资，每个股东以其所认缴的出资额对公司承担有限责任，公司以其全部资产对其债务承担责任的经济组织。有限责任公司包括国有独资公司以及其他有限责任公司。

股份有限公司 指根据《中华人民共和国公司登记管理条例》规定登记注册，其全部注册资本由等额股份构成并通过发行股票筹集资本，股东以其认购的股份对公司承担有限责任，公司以其全部资产对其债务承担责任的经济组织。

私营企业 指由自然人投资设立或由自然人控股，以雇佣劳动为基础的营利性经济组织。包括按照《公司法》、《合伙企业法》、《私营企业暂行条例》规定登记注册的私营有限责任公司、私营股份有限公司、私营合伙企业和私营独资企业。

其他内资企业 指上述企业之外的其他内资经济组织。

与港澳台商合资经营企业 指港澳台地区投资者与内地企业依照《中华人民共和国中外合资经营企业法》及有关法律的规定，按合同规定的比例投资设立、分享利润和分担风险的企业。

与港澳台商合作经营企业 指港澳台地区投资者与内地企业依照《中华人民共和国中外合作经营企业法》及有关法律的规定，依照合作合同的约定进行投资或提供条件设立、分配利润和分担风险的企业。

港澳台商独资经营企业 指依照《中华人民共和国外资企业法》及有关法律的规定，在内地由港澳台地区投资者全额投资设立的企业。

港澳台商投资股份有限公司 指根据国家有关规定，经外经贸部依法批准设立，其中港、澳、台商的股本占公司注册资本的比例达 25%以上的股份有限公司。凡其中港、澳、台商的股本占公司注册资本的比例小于 25%的，属于内资企业中的股份有限公司。

中外合资经营企业 指外国企业或外国人与中国内地企业依照《中华人民共和国中外合资经营企业法》及有关法律的规定，按合同规定的比例投资设立、分享利润和分担风险的企业。

中外合作经营企业 指外国企业或外国人与中国内地企业依照《中华人民共和国中外合作经营企业法》及有关法律的规定，依照合作合同的约定进行投资或提供条件设立、分配利润和分担风险的企业。

外资企业 指依照《中华人民共和国外资企业法》及有关法律的规定，在中国内地由外国投资者全额投资设立的企业。

外商投资股份有限公司 指根据国家有关规定，经外经贸部依法批准设立，其中外资的股本占公司注册资本的比例达 25%以上的股份有限公司。凡其中外资股本占公司注册资本的比例小于 25%的，属于内资企业中的股份有限公司。

行政机关、事业单位和社会团体 参照企业登记注册类型，主要按其经费来源和管理方式划分。具体规定如下：

(1)行政机关：包括国家机关和政党机关，原则上均列为“国有”。但有特殊规定的，如供销社等，则列为“集体”。

(2)事业单位：包括经国家机构编制部门和有关业务主管部门批准成立的各类事业单位，不包括实行企业化管理的事业单位。事业单位的划分办法如下：

①由国家财政预算拨款或列入财政预算外资金管理以及经费主要来源于国有主管部门或国有上级单位的事业单位，列为“国有”。

②经费主要来源于集体单位的事业单位，列为“集体”。

③公民个人(或个人合伙)开办的事业单位，列为“私营”。

④上述以外的其他事业单位，如果其经费来源不明确，按管理方式进行归类。

(3)社会团体：包括经民政部门批准成立以及未纳入社会团体管理条例范围的工会、妇联等各类社会团体。社会团体的划分办法如下：

①未纳入民政部社会团体管理条例范围的工会、妇联、共青团、青联、工商联、科协、侨联等社会团体，国家拨款设立的基金会或基金管理组织以及经费主要来源于国有业务主管部门或国有上级单位的社会团体，列入“国有”。

②经费主要来源于集体单位的社会团体，列为“集体”。

③公民个人(或个人合伙)开办的社会团体，划为“私营”。

④上述以外的其他社会团体，如果其经费来源不明确，改按管理方式进行归类。

Explanatory Notes on Main Statistical Indicators

Comparable Prices refer to prices that are used to remove the factors of price change in calculating economic aggregates, so as to facilitate comparison of aggregates over time. Two methods are used for calculating economic aggregates at comparable prices: 1. Multiplying the output of products by their constant prices of certain year; 2. Deflation of data at current prices by relevant price index.

Constant Price refers to the average price of a given product in certain year, which is used for comparison of output value over time. As the output value at constant prices removes the factor of price changes, it reflects the trend of production development over time. Since 1949, with the changes in general price level, the State Statistical Bureau has issued nationally unified constant prices five times; the 1952 constant prices for 1952-1957; the 1957 constant prices for 1957-1971; the 1970 constant prices for 1971-1980; the 1980 constant prices for 1981-1990; and the 1990 constant prices have been used since 1991.

Average Annual Growth Rate Two methods for calculating average annual growth rate are applied in China, one is often called "level approach" or the method of calculating geometric average, which is derived by comparing the level of the last year of the interval with that of the beginning year; the other is called accumulative approach or algebraic average or equation method, which is derived by the summation of the actual figure of each year in the interval divided by the figure in the base year.

Usually the results calculated by the two methods are fairly close, but they differed sharply when uneven economic development occurred with striking fluctuations in growth.

The average annual growth rates listed in this statistical yearbook are calculated by "level approach" except for the growth rate of investment in fixed assets. The base years are not listed when the years are listed for average annual growth rates. For instance, the average annual growth rate of 43 years since 1949 is listed as average annual growth rate of 1950-1992 without listing the base year 1949. And the analogy of this is also the same for the rest of the years.

Registration Status of Enterprises Enterprises are classified into 3 categories, namely domestic- funded enterprises, enterprises with investment from Hong Kong, Macao and Taiwan, and enterprises with foreign investment, in the light of the registration status of an enterprise in industrial and commercial administration agencies. Domestic funded enterprises include state owned enterprises, collective owned enterprises, cooperative enterprises, joint ownership enterprises, limited liability corporations, share holding corporations Ltd. , private enterprises and other enterprises. Included in the enterprises with investment from Hong Kong, Macao and Taiwan and enterprises with foreign investment are joint venture enterprises, cooperative enterprises, sole investment enterprises and share holding corporations Ltd. For government agencies, institutions and social organizations which are not requested to be registered in industrial and commercial administration agencies, they are classified mainly by their sources of funds and way of management.

State-owned Enterprises refer to non- corporation economic units where the entire assets are owned by the state and which have registered in accordance with the Regulation of the People's Republic of China on the Management of Registration of Corporate Enterprises. Excluded from this category are sole state funded corporations in the limited liability corporations.

Collective-owned Enterprises refer to economic units where the assets are owned collectively and which have registered in accordance with the Regulation of the People's Republic of China on the Management of Registration of Corporate Enterprises.

Cooperative Enterprises refer to a form of collective economic units (enterprises) where capitals come mainly from employees as their shares, with certain proportion of capital from the outside, where production is organized on the basis of independent operation, independent accounting for profits and losses, joint work, democratic management, and a distribution system that integrates remuneration according to work with dividend according to capital share.

Joint Ownership Enterprises refer to economic units established by two or more corporate enterprises or corporate institutions of the same or different ownership, through joint investment on the basis of equality, voluntary participation and mutual benefits. They include state joint ownership enterprises, collective joint ownership enterprises, joint state-collective enterprises, other joint ownership enterprises.

Limited Liability Corporations refer to economic units established with investment from 2-50 investors and registered in accordance with the Regulation of the people's Republic of China on the Management of Registration of Corporations, each investor bearing limited liability to the corporation depending on its share of investment, and the corporation bearing liability to its debt to the maximum of its total assets. Limited liability corporations include exclusive state-funded limited liability corporations and other limited liability corporations.

Share-holding Corporations Ltd refer to economic units registered in accordance with the Regulation of the People's Republic of China on the Management of Registration of Corporations, with total registered capitals divided into equal shares and raised through issuing stocks. Each investor bears limited liability to the corporation depending on the holding of shares, and the corporation bears liability to its debt to the maximum of its total assets.

Private Enterprises refer to profit-making economic units invested and established by natural persons, or controlled by natural persons using employed labour. Included in this category are private limited liability corporations, private share-holding corporations Ltd. , private partnership enterprises and private funded enterprises registered in accordance with the Corporation Law, Partnership Enterprises Law and Interim Regulations on private Enterprises.

Other Domestic-funded Enterprises refer to domestic-funded economic units other than those mentioned above.

Joint-venture Enterprises with Funds from Hong Kong, Macao and Taiwan refer to enterprises jointly established by investors from Hong Kong, Macao and Taiwan with enterprises in the mainland of China in accordance with the Law of the People's Republic of China on Sino-foreign Joint Venture Enterprises and other relevant laws, where the share of investment, profits and risks is stipulated in the contract.

Cooperative Enterprises with Funds from Hong Kong, Macao and Taiwan established by investors from Hong Kong, Macao and Taiwan with enterprises in the mainland of China in accordance with the Law of the People's Republic of China on Sino-foreign Cooperative Enterprises and other relevant laws, where the investment or provision of facilities, and the share of profits and risks is stipulated in the cooperative contract.

Enterprises with Sole (exclusive) Investment from Hong Kong, Macao and Taiwan refer to enterprises established in the mainland of China with exclusive investment from investors from Hong Kong, Macao and Taiwan in accordance with the Law of the People's Republic of China on Foreign-Funded Enterprises and other relevant laws.

Share-holding Corporations Ltd. with Investment from Hong Kong, Macao and Taiwan refer to established with the approval by organization and staffing departments of the government, but exclude institutions share-holding corporations Ltd. established with the approval from the Ministry of Foreign Trade and Economic Relations in line with relevant state regulations, where the share of investment from Hong Kong, Macao or Taiwan businessmen exceeds 25% of the total registered capital of the corporation. In case the share of investment from Hong Kong, Macao or Taiwan is less than 25% of the total registered capital, the enterprise is to be classified as domestic funded share holding corporation Ltd.

Joint-venture Enterprises with Foreign Investment refer to enterprises jointly established by foreign enterprises of foreigners with enterprises in the mainland of China in accordance with the Law of the People's Republic of China on Sino-foreign Joint Venture Enterprises and other relevant laws, where the share of investment, profits and risks is stipulated in the contract.

Cooperation Enterprises with Foreign Investment refer to enterprises jointly established by foreign enterprises or foreigners with enterprises in the mainland of China in accordance with the Law of the People's Republic of China on Sino-foreign Cooperative Enterprises and other relevant laws, where the investment or provision of facilities, and the share of profits and risks is stipulated in the cooperative contract.

Enterprises with Sole (exclusive) Foreign Investment refer to enterprises established in the mainland of China with exclusive investment from foreign investors in accordance with the Law of the People's Republic of China on Foreign-Funded Enterprises and other relevant laws.

Share-holding Corporations Ltd. with Foreign Investment refer to share-holding corporations Ltd. established with the approval from the Ministry of Foreign Trade and Economic Relations in line with relevant state regulations, where the share of investment from foreign investors exceeds 25% of the total registered capital of the corporation. In case the share of foreign investment is less than 25% of the total registered capital, the enterprise is to be classified as domestic–funded share–holding corporation Ltd.

Government Agencies, Institutions and Social Organizations are classified into following categories by source of funds and way of management taking reference of the registration status of enterprises:

(1) Government agencies include state and party agencies, classified in principles as " state-owned ". There are exceptions, such as supply and marketing cooperatives which are classified as "collective".

(2) Institutions: include institutions of various types where enterprise management system is introduced. Institutions are further classified as follows:

(a) Institutions whose main budget is listed in the Government budget appropriations or extra-budget funds, or allocated from the budget of their competent government agencies. Such institutions are classified as "state-owned".

(b) Institutions whose budget mainly comes from collective units. Such institutions are classified as "collective".

(c) Institutions Established by Individual(group of Citizen) are classified as " Private ".

(d) Institutions other than those mentioned above whose source of budget is not clear. Such institutions are classified by way of management.

(3) Social organizations: include social organizations established with the approval from the Ministry of Civil Affairs, and organizations that are not covered by social organization management regulations such as trade unions, women's federations etc. Social organizations are further classified as follows:

(a) Social organizations that are not covered by social organization management regulations of the Ministry of Civil Affairs such as trade unions, women's federations, communist youth leagues, youth associations, industrial and commerce associations, scientists associations, overseas Chinese associations, etc. , foundations and fund management organizations established with funds from the state, and social organizations whose funds mainly come from the budget of their competent government agencies. Such institutions are classified as "state-owned".

(b) Social organizations whose budget mainly comes from collective units. Such institutions are classified as "collective".

(c) Social organizations established by individual or a group of citizens, which are classified as "private".

(d) Social organizations other than those mentioned above whose source of budget is not clear. Such organizations are classified by way of management.

三　国民经济核算

NATIONAL ACCOUNTS

资料整理：张文军　高 坤

Arranged by Zhang Wenjun, Gao Kun

3-1 生产总值
Gross Domestic Product

本表按当年价格计算。
Data in value terms in this table are calculated at current prices.

单位：亿元 (100 million yuan)

年份 Year	生产总值 Gross Domestic Product	第一产业 Primary Industry	第二产业 Secondary Industry	工业 Industry	建筑业 Construction	第三产业 Tertiary Industry	#交通运输仓储邮电通讯业 Transportation, Post and Telecommunications	#批发和零售贸易餐饮业 Wholesale, Retail & Catering Trade	人均生产总值(元) Per Capita GDP (yuan)
1952	12.16	8.64	1.37	0.99	0.38	2.15	0.41	0.59	173
1953	15.57	10.44	2.25	1.57	0.68	2.88	0.56	1.02	211
1954	19.46	12.37	3.65	2.57	1.08	3.44	0.77	1.20	249
1955	17.49	10.25	3.53	2.73	0.80	3.71	0.78	1.18	213
1956	24.60	14.11	5.43	3.95	1.48	5.06	1.05	1.57	283
1957	21.27	11.29	5.05	3.80	1.25	4.93	0.65	1.78	232
1958	28.10	12.55	9.65	7.04	2.61	5.90	1.54	2.17	292
1959	35.76	14.75	13.41	9.90	3.51	7.60	2.59	2.65	349
1960	36.56	11.80	17.11	13.17	3.94	7.65	2.17	2.81	325
1961	25.25	11.40	7.25	6.06	1.19	6.60	1.44	2.18	215
1962	25.12	12.75	6.56	5.80	0.76	5.81	1.29	1.61	215
1963	29.02	12.71	9.90	8.24	1.66	6.41	1.49	2.04	243
1964	32.55	14.04	11.43	9.37	2.06	7.08	1.67	2.30	262
1965	35.41	15.21	12.08	9.65	2.43	8.12	2.26	2.57	275
1966	38.32	17.12	13.01	10.33	2.68	8.19	2.00	2.71	289
1967	31.80	13.87	10.43	8.46	1.97	7.50	1.58	2.16	233
1968	32.96	14.87	10.54	8.49	2.05	7.55	1.57	2.11	235
1969	32.90	14.78	10.52	8.40	2.12	7.60	1.56	2.07	227
1970	39.17	17.69	12.94	9.87	3.07	8.54	2.03	2.69	263
1971	41.61	16.82	15.99	12.50	3.49	8.80	2.18	2.56	271
1972	39.36	14.56	15.54	12.12	3.42	9.26	2.13	2.66	247
1973	44.07	16.22	18.14	14.29	3.85	9.71	2.38	2.58	269
1974	43.26	15.97	17.30	13.35	3.95	9.99	2.24	2.74	256
1975	48.55	18.15	20.02	15.52	4.50	10.38	2.49	2.66	280
1976	48.09	18.51	18.77	15.11	3.66	10.81	2.49	2.69	272
1977	51.65	18.91	21.60	16.48	5.12	11.14	2.56	2.73	287

3-1 续表 continued

本表按当年价格计算。

Data in value terms in this table are calculated at current prices.

单位：亿元 (100 million yuan)

年 份 Year	生产总值 Gross Domestic Product	第一产业 Primary Industry	第二产业 Secondary Industry	工 业 Industry	建筑业 Construction	第三产业 Tertiary Industry	# 交通运输仓储邮电通讯业 Transportation, Post and Telecommunications	# 批发和零售贸易餐饮业 Wholesale, Retail & Catering Trade	人均生产总值(元) Per Capita GDP (yuan)
1978	58.04	18.96	26.37	21.84	4.53	12.71	2.76	2.87	317
1979	64.14	21.03	28.37	23.52	4.85	14.74	2.85	3.25	343
1980	68.40	18.03	32.26	27.30	4.96	18.11	4.12	4.01	361
1981	77.91	27.14	32.04	27.92	4.12	18.73	3.71	4.00	407
1982	93.22	33.32	37.21	32.35	4.86	22.69	5.12	5.20	480
1983	105.88	35.90	41.98	35.90	6.08	28.00	6.58	6.32	535
1984	128.20	42.98	47.74	39.04	8.70	37.48	8.28	10.34	640
1985	163.83	53.54	56.95	45.90	11.05	53.34	10.85	19.65	809
1986	181.58	54.64	61.55	49.74	11.81	65.39	12.59	24.11	888
1987	212.27	62.21	70.42	58.26	12.16	79.64	12.77	32.91	1025
1988	270.81	90.20	85.72	70.28	15.44	94.89	14.30	38.88	1291
1989	292.69	89.08	98.96	83.66	15.30	104.65	18.63	35.58	1377
1990	319.31	112.57	102.43	87.18	15.25	104.31	20.69	24.92	1478
1991	359.66	117.19	124.03	102.74	21.29	118.44	26.84	27.76	1642
1992	421.68	126.86	152.56	120.85	31.71	142.26	32.65	35.04	1906
1993	537.81	149.96	203.46	162.53	40.93	184.39	44.21	47.44	2423
1994	695.06	208.53	254.52	205.98	48.53	232.01	53.93	63.14	3094
1995	857.06	260.18	308.78	254.88	53.90	288.10	69.36	83.03	3772
1996	1023.09	312.82	364.77	304.81	59.96	345.50	89.13	103.70	4457
1997	1153.51	322.52	422.39	355.10	67.29	408.60	114.08	126.82	4980
1998	1262.54	341.62	458.86	382.44	76.42	462.06	126.06	144.96	5406
1999	1379.31	342.91	510.47	425.13	85.34	525.93	145.98	168.59	5861
2000	1539.12	350.80	582.57	484.19	98.38	605.74	175.46	195.39	6502
2001	1713.81	358.89	655.68	541.02	114.66	699.24	204.42	226.46	7216
2002	1940.94	374.69	754.78	614.89	139.89	811.47	244.28	266.54	8162
2003	2388.38	420.10	967.49	773.50	193.99	1000.79	296.80	312.12	10039
2004	3041.07	522.80	1248.27	1015.37	232.90	1270.00	360.39	382.66	12767
2005	3895.55	589.56	1773.21	1477.88	295.33	1532.78	421.52	458.10	16331
2006	4841.82	634.94	2374.96	2025.72	349.24	1831.92	492.72	560.93	20264
2007	6091.12	762.10	3154.56	2742.67	411.89	2174.46	580.26	662.51	25393

注：从2004年开始第一产业为农业、林业、牧业、渔业及农林牧渔服务业。

a)The Primary Industry has included Farming,Forestry, Animal Husbandry, Fishery and Their Services Since 2004.

3-2 生产总值构成

Composition of Gross Domestic Product

本表按当年价格计算。
Data in value terms in this table are calculated at current prices.

单位：% (%)

年 份 Year	生产总值 Gross Domestic Product	第一产业 Primary Industry	第二产业 Secondary Industry	工 业 Industry	建筑业 Construction	第三产业 Tertiary Industry	# 交通运输仓储邮电通讯业 Transportation, Post and Telecommunications	# 批发和零售贸易餐饮业 Wholesale, Retail & Catering Trade
1952	100	71.1	11.3	8.1	3.1	17.6	3.4	4.9
1953	100	67.1	14.5	10.1	4.4	18.4	3.6	6.6
1954	100	63.6	18.8	13.2	5.5	17.6	4.0	6.2
1955	100	58.6	20.2	15.6	4.6	21.2	4.5	6.7
1956	100	57.4	22.1	16.1	6.0	20.5	4.3	6.4
1957	100	53.1	23.7	17.9	5.9	23.2	3.1	8.4
1958	100	44.7	34.3	25.1	9.3	21.0	5.5	7.7
1959	100	41.2	37.5	27.7	9.8	21.3	7.2	7.4
1960	100	32.3	46.8	36.0	10.8	20.9	5.9	7.7
1961	100	45.1	28.7	24.0	4.7	26.2	5.7	8.6
1962	100	50.8	26.1	23.1	3.0	23.1	5.1	6.4
1963	100	43.8	34.1	28.4	5.7	22.1	5.1	7.0
1964	100	43.1	35.1	28.8	6.3	21.8	5.1	7.1
1965	100	43.0	34.1	27.3	6.9	22.9	6.4	7.3
1966	100	44.7	34.0	27.0	7.0	21.3	5.2	7.1
1967	100	43.6	32.8	26.6	6.2	23.6	5.0	6.8
1968	100	45.1	32.0	25.8	6.2	22.9	4.8	6.4
1969	100	44.9	32.0	25.5	6.4	23.1	4.7	6.3
1970	100	45.2	33.0	25.2	7.8	21.8	5.2	6.9
1971	100	40.4	38.4	30.0	8.4	21.2	5.2	6.2
1972	100	37.0	39.5	30.8	8.7	23.5	5.4	6.8
1973	100	36.8	41.2	32.4	8.7	22.0	5.4	5.9
1974	100	36.9	40.0	30.9	9.1	23.1	5.2	6.3
1975	100	37.4	41.2	32.0	9.3	21.4	5.1	5.5
1976	100	38.5	39.0	31.4	7.6	22.5	5.2	5.6
1977	100	36.6	41.8	31.9	9.9	21.6	5.0	5.3

3-2 续表 continued

本表按当年价格计算。
Data in value terms in this table are calculated at current prices.

单位：% (%)

年份 Year	生产总值 Gross Domestic Product	第一产业 Primary Industry	第二产业 Secondary Industry	工业 Industry	建筑业 Construction	第三产业 Tertiary Industry	# 交通运输仓储邮电通讯业 Transportation, Post and Telecommunications	# 批发和零售贸易餐饮业 Wholesale, Retail & Catering Trade
1978	100	32.7	45.4	37.6	7.8	21.9	4.8	4.9
1979	100	32.8	44.2	36.7	7.6	23.0	4.4	5.1
1980	100	26.4	47.2	39.9	7.3	26.4	6.0	5.9
1981	100	34.8	41.1	35.8	5.3	24.1	4.8	5.1
1982	100	35.8	39.9	34.7	5.2	24.3	5.5	5.6
1983	100	33.9	39.6	33.9	5.7	26.5	6.2	6.0
1984	100	33.5	37.2	30.5	6.8	29.3	6.5	8.1
1985	100	32.7	34.8	28.0	6.7	32.5	6.6	12.0
1986	100	30.1	33.9	27.4	6.5	36.0	6.9	13.3
1987	100	29.3	33.2	27.4	5.7	37.5	6.0	15.5
1988	100	33.3	31.7	26.0	5.7	35.0	5.3	14.4
1989	100	30.4	33.8	28.6	5.2	35.8	6.4	12.2
1990	100	35.3	32.1	27.3	4.8	32.6	6.5	7.8
1991	100	32.6	34.5	28.6	5.9	32.9	7.5	7.7
1992	100	30.1	36.2	28.7	7.5	33.7	7.7	8.3
1993	100	27.9	37.8	30.2	7.6	34.3	8.2	8.8
1994	100	30.0	36.6	29.6	7.0	33.4	7.8	9.1
1995	100	30.4	36.0	29.7	6.3	33.6	8.1	9.7
1996	100	30.6	35.7	29.8	5.9	33.7	8.7	10.1
1997	100	28.0	36.6	30.8	5.8	35.4	9.9	11.0
1998	100	27.1	36.3	30.3	6.0	36.6	10.0	11.5
1999	100	24.9	37.0	30.8	6.2	38.1	10.6	12.2
2000	100	22.8	37.9	31.5	6.4	39.3	11.4	12.7
2001	100	20.9	38.3	31.6	6.7	40.8	11.9	13.2
2002	100	19.3	38.9	31.7	7.2	41.8	12.6	13.7
2003	100	17.6	40.5	32.4	8.1	41.9	12.4	13.1
2004	100	17.2	41.0	33.4	7.6	41.8	11.9	12.6
2005	100	15.1	45.5	37.9	7.6	39.4	10.8	11.8
2006	100	13.1	49.1	41.9	7.2	37.8	10.2	11.6
2007	100	12.5	51.8	45.0	6.8	35.7	9.5	10.9

3-3 生产总值指数

Indices of Gross Domestic Product

本表按可比价格计算。

The indices in this table are calculated at comparable prices.

(上年=100) (Preceding year=100)

年份 Year	生产总值 Gross Domestic Product	第一产业 Primary Industry	第二产业 Secondary Industry	工业 Industry	建筑业 Construction	第三产业 Tertiary Industry	#交通运输仓储邮电通讯业 Transportation, Post and Telecommunications	#批发和零售贸易餐饮业 Wholesale, Retail & Catering Trade	人均生产总值 Per Capita GDP
1953	116.3	107.5	159.9	153.7	176.3	127.4	140.6	174.3	110.6
1954	119.4	111.3	160.4	162.3	156.1	117.6	137.8	117.1	112.8
1955	90.7	83.7	97.5	107.0	74.8	107.4	101.6	98.0	86.0
1956	138.7	136.6	152.3	143.2	183.3	131.4	133.3	133.8	131.0
1957	110.9	117.5	98.3	101.7	89.1	106.2	61.9	113.1	105.3
1958	125.3	105.3	184.0	178.6	200.5	127.1	238.5	121.9	119.4
1959	122.9	112.6	139.2	140.7	135.0	125.2	166.9	122.0	115.3
1960	95.8	77.9	126.6	132.1	111.2	86.5	84.1	106.0	87.3
1961	65.3	80.7	39.3	42.6	28.0	95.5	66.1	77.6	62.3
1962	94.7	105.2	84.3	89.1	59.9	86.5	90.4	73.7	95.5
1963	119.7	108.9	148.6	140.0	214.3	115.0	114.4	126.7	117.0
1964	113.2	111.8	117.1	115.5	125.5	111.3	112.6	112.9	108.9
1965	109.8	105.9	113.6	110.8	126.8	112.6	135.1	111.8	105.8
1966	110.0	112.4	114.4	113.7	117.4	99.7	88.4	105.6	106.8
1967	83.3	81.1	81.2	83.0	74.5	91.2	79.4	79.8	81.1
1968	99.9	98.9	102.6	102.0	105.4	98.3	99.2	97.8	96.9
1969	100.8	99.5	103.4	102.5	107.4	99.8	99.2	97.7	97.7
1970	123.3	119.7	140.2	134.0	164.8	105.6	129.6	130.0	120.0
1971	102.1	95.0	106.5	109.1	98.2	108.7	108.0	95.3	99.0
1972	107.8	117.0	97.2	97.0	97.9	110.4	93.1	99.4	104.1
1973	111.7	110.8	116.8	117.9	112.8	105.0	111.7	96.9	108.3
1974	96.2	94.3	95.4	93.5	102.6	101.8	94.0	106.1	93.3
1975	111.3	111.7	115.6	116.2	113.9	103.1	111.1	97.3	108.6
1976	99.4	101.8	94.7	98.4	82.1	103.2	100.0	100.9	97.4
1977	107.0	102.2	114.5	108.5	139.2	103.7	103.2	101.5	105.2

3-3 续表 continued

本表按可比价格计算。

The indices in this table are calculated at comparabl prices.

上年=100 (Preceding year=100)

年份 Year	生产总值 Gross Domestic Product	第一产业 Primary Industry	第二产业 Secondary Industry	工业 Industry	建筑业 Construction	第三产业 Tertiary Industry	# 交通运输仓储邮电通信业 Transportation, Post and Telecommunications	# 批发和零售贸易餐饮业 Wholesale, Retail & Catering Trade	人均生产总值 Per Capita GDP
1978	108.0	98.8	117.2	127.3	84.6	108.9	107.7	105.2	106.3
1979	109.8	107.7	108.6	108.4	110.0	116.0	103.3	113.1	107.4
1980	101.7	76.0	113.3	116.6	97.6	122.9	144.5	123.5	100.2
1981	110.6	141.8	96.3	98.2	85.7	103.4	90.0	99.9	109.4
1982	118.6	118.2	117.4	117.3	117.9	121.1	138.1	129.9	116.9
1983	109.8	105.0	109.9	108.5	118.8	116.7	117.4	116.1	107.8
1984	116.1	114.0	110.2	107.3	127.7	128.1	119.3	156.8	116.2
1985	117.2	114.1	108.2	105.5	121.7	133.0	129.3	175.1	114.6
1986	105.9	91.7	105.4	106.4	101.2	120.4	115.6	120.0	104.8
1987	109.0	106.8	107.0	109.3	96.5	112.5	96.2	125.6	107.7
1988	109.8	117.3	111.1	108.1	126.6	103.2	111.9	99.5	108.4
1989	102.7	95.1	104.9	107.2	94.9	106.8	121.6	102.6	101.4
1990	107.5	124.4	99.4	99.2	100.5	103.1	101.1	93.4	105.8
1991	107.5	104.0	110.8	108.2	126.0	107.9	121.4	102.5	106.0
1992	111.0	104.0	115.4	110.7	138.8	113.8	118.4	117.1	109.9
1993	111.7	105.0	113.9	112.3	120.5	115.7	119.2	120.9	111.3
1994	111.2	103.2	113.1	114.8	106.9	116.1	121.6	118.6	109.8
1995	110.1	103.9	111.0	112.7	104.2	114.1	118.8	116.4	108.9
1996	114.4	121.4	111.4	115.2	95.5	112.3	114.3	114.3	113.2
1997	110.8	102.0	114.0	114.9	109.4	114.3	119.0	117.8	109.8
1998	110.7	106.2	109.6	110.0	107.2	114.7	116.8	115.9	109.7
1999	108.8	101.0	110.0	110.7	105.9	112.7	113.5	116.3	108.0
2000	110.8	102.6	111.7	112.2	108.9	114.5	117.4	117.0	110.1
2001	110.7	102.0	110.9	110.2	114.1	115.5	116.1	115.9	110.3
2002	113.2	104.4	115.7	113.9	124.3	115.3	120.2	117.3	113.0
2003	117.9	105.9	127.7	121.8	153.3	114.5	120.3	116.2	117.9
2004	120.5	111.7	122.8	124.9	115.6	122.0	122.1	119.3	120.4
2005	123.8	109.1	134.9	138.5	121.3	118.1	115.4	117.9	123.6
2006	119.0	103.2	127.1	129.8	113.6	115.8	113.4	115.9	118.8
2007	119.1	103.9	125.8	128.1	112.7	115.7	117.4	113.5	118.6

3-4 生产总值指数
Indices of Gross Domestic Product

本表按可比价格计算。
The indices in this table are calculated at comparable prices

1952年=100 (1952=100)

年份 Year	生产总值 Gross Domestic Product	第一产业 Primary Industry	第二产业 Secondary Industry	工业 Industry	建筑业 Construction	第三产业 Tertiary Industry	#交通运输仓储邮电通信业 Transportation, Post and Telecommunications	#批发和零售贸易餐饮业 Wholesale, Retail & Catering Trade	人均生产总值 Per Capita GDP
1952	100	100	100	100	100	100	100	100	100
1953	116.3	107.5	159.9	153.7	176.3	127.4	140.6	174.3	110.6
1954	138.9	119.6	256.6	249.5	275.2	149.8	193.8	204.1	124.8
1955	125.9	100.1	250.1	266.9	206.0	160.9	196.9	200.0	107.4
1956	174.6	136.8	380.9	382.1	377.5	211.3	262.5	267.6	140.7
1957	193.6	160.8	374.2	388.7	336.3	224.5	162.5	302.7	148.2
1958	242.6	169.3	688.6	694.0	674.2	285.4	387.5	368.9	176.9
1959	298.1	190.6	958.4	976.7	910.2	357.3	646.9	450.0	204.1
1960	285.6	148.5	1213.1	1289.8	1011.9	309.1	543.8	477.0	178.1
1961	186.4	119.9	476.5	549.9	283.7	295.1	359.4	370.3	111.0
1962	176.5	126.1	401.8	490.1	169.9	255.4	325.0	273.0	106.0
1963	211.3	137.3	597.2	685.9	364.1	293.8	371.9	345.9	124.0
1964	239.3	153.5	699.5	791.9	457.0	327.0	418.8	390.5	135.1
1965	262.7	162.5	795.0	877.1	579.3	368.3	565.6	456.8	143.0
1966	288.9	182.6	909.8	997.2	680.4	367.2	500.0	460.8	152.7
1967	240.8	148.1	739.2	827.7	506.7	334.9	396.9	367.6	123.8
1968	240.6	146.5	758.6	844.1	534.2	329.1	393.8	359.5	120.1
1969	242.6	145.7	784.6	864.9	573.6	328.3	390.6	351.4	117.3
1970	299.1	174.4	1100.0	1159.0	945.1	346.6	506.3	456.8	140.7
1971	305.3	165.7	1171.8	1264.8	927.7	376.6	546.9	435.1	139.2
1972	329.1	193.9	1138.9	1226.7	908.3	415.8	509.4	432.4	144.9
1973	367.5	214.8	1329.8	1446.2	1024.3	436.5	568.8	418.9	157.0
1974	353.7	202.6	1268.7	1351.8	1050.6	444.4	534.4	444.6	146.5
1975	393.8	226.3	1467.3	1570.2	1197.1	458.4	593.8	432.4	159.1
1976	391.2	230.4	1389.9	1544.8	983.0	473.1	593.8	436.5	155.0
1977	418.7	235.4	1591.6	1676.8	1367.9	490.7	612.5	443.2	163.1

3-4 续表 continued

本表按可比价格计算。
The indices in this table are calculated at comparable prices.

1952年=100 (1952=100)

年 份 Year	生产总值 Gross Domestic Product	第一产业 Primary Imdustry	第二产业 Secondary Industry	工 业 Industry	建筑业 Construction	第三产业 Tertiary Industry	# 交通运输仓储邮电通信业 Transportation, Post and Telecommunications	# 批发和零售贸易餐饮业 Wholesale, Retail & Catering Trade	人均生产总值 Per Capita GDP
1978	452.2	232.5	1865.3	2134.7	1157.6	534.2	659.4	466.2	173.4
1979	496.3	250.5	2026.3	2241.9	1459.9	619.5	680.9	527.1	186.3
1980	504.6	190.5	2295.8	2682.5	1280.1	761.5	983.9	651.1	186.7
1981	558.1	270.1	2210.8	2566.6	1276.3	787.4	886.0	650.4	204.2
1982	661.8	319.3	2595.1	3006.4	1514.7	953.9	1223.3	844.7	238.8
1983	726.9	335.4	2850.8	3166.6	2021.3	1113.2	1435.9	980.9	257.5
1984	844.4	382.4	3135.9	3613.9	1900.0	1425.5	1712.8	1538.0	299.1
1985	989.8	436.3	3399.5	3811.0	2318.8	1896.5	2215.0	2692.8	342.7
1986	1048.0	400.2	3582.7	4053.5	2345.9	2282.8	2561.1	3232.3	359.1
1987	1142.1	427.6	3832.2	4429.5	2263.1	2568.3	2463.2	4060.2	386.6
1988	1254.0	501.6	4259.3	4789.9	2865.3	2651.2	2755.3	4038.8	419.2
1989	1288.3	476.7	4470.0	5136.7	2718.9	2831.2	3351.4	4142.3	425.0
1990	1385.2	593.2	4444.5	5095.8	2733.6	2919.0	3386.7	3867.8	449.5
1991	1488.7	616.9	4926.5	5513.1	3445.2	3149.9	4111.9	3965.6	476.5
1992	1652.6	641.8	5687.2	6102.3	4780.7	3584.0	4869.8	4642.3	523.7
1993	1845.3	673.9	6480.5	6855.9	5747.0	4145.0	5804.3	5611.2	582.9
1994	2051.2	695.5	7329.5	7870.2	6143.6	4810.9	7058.0	6652.8	640.1
1995	2259.3	722.6	8133.5	8869.4	6400.8	5490.7	8387.3	7742.0	697.0
1996	2584.3	877.2	9064.7	10218.5	6110.4	6165.5	9589.8	8847.1	789.3
1997	2862.1	894.8	10333.8	11740.1	6686.7	7046.3	11414.7	10423.6	866.4
1998	3167.0	950.2	11322.7	12915.0	7169.1	8080.3	13335.9	12078.4	950.8
1999	3446.7	959.7	12452.7	14299.5	7591.5	9105.7	15130.4	14045.7	1026.8
2000	3817.3	984.7	13912.2	16045.4	8266.6	10422.5	17764.3	16427.2	1130.6
2001	4225.8	1003.9	15423.1	17681.2	9435.2	12033.7	20628.9	19032.6	1246.8
2002	4782.1	1048.1	17842.6	20135.5	11725.3	13879.9	24793.4	22329.2	1409.1
2003	5638.0	1109.9	22784.9	24520.4	17977.0	15886.5	29823.7	25944.0	1661.3
2004	6793.8	1239.8	27878.8	30625.9	20781.0	19381.5	36414.7	30963.5	2005.2
2005	8410.8	1352.6	37744.8	42416.8	25207.4	22889.6	42022.6	36519.5	2478.4
2006	10008.8	1395.9	47973.6	55057.0	28635.6	26506.1	47653.6	42326.1	2944.3
2007	11920.5	1450.3	60350.8	70528.0	32272.3	30667.6	55945.3	48040.2	3492.0

3-5 第三产业增加值

Value-added of the Tertiary Industry

本表按当年价格计算。

Data in value terms in this table are calculated at current prices.

单位：亿元 (100 million yuan)

行 业	Sector	2006	2007
总 计	**Total**	**1831.92**	**2174.46**
交通运输、仓储和邮政业	Transportation and Postal Services	426.16	510.42
信息传输、计算机服务和软件业	Information Transmission,Computer Services & Software	69.27	73.30
批发和零售业	Wholesale and Retail Trade	390.90	458.42
住宿和餐饮业	Hotel and Restaurants	170.03	204.09
金融业	Banking	105.31	137.81
房地产业	Real Estate	122.32	148.04
租赁和商务服务业	Leasing and Business Services	39.85	45.98
科学研究、技术服务和地质勘查业	Scientific Research, Technical Services & Geological Prospecting	27.70	32.19
水利、环境和公共设施管理业	Water Conservancy, Environment and Public Facilities Administraion	18.60	23.56
居民服务和其他服务业	Services to Households and Other Services	109.40	122.22
教育	Education	109.95	123.38
卫生、社会保障和社会福利业	Health Care, Social Security and Social Welfare	58.29	67.51
文化、体育和娱乐业	Culture, Sports and Entertainment	27.19	32.08
公共管理和社会组织	Public Administration and Social Organizations	156.95	195.46
国际组织	International Organizations		

3-6 第三产业增加值构成
Composition of Value-added of the Tertiary Industry

本表按当年价格计算。
Data in value terms in this table are calculated at current prices.
单位：% (%)

行 业	Sector	2006	2007
总 计	**Total**	**100.0**	**100.0**
交通运输、仓储和邮政业	Transportation and Postal Services	23.3	23.5
信息传输、计算机服务和软件业	Information Transmission,Computer Services & Software	3.8	3.4
批发和零售业	Wholesale and Retail Trade	21.3	21.1
住宿和餐饮业	Hotel and Restaurants	9.3	9.4
金融业	Banking	5.7	6.3
房地产业	Real Estate	6.7	6.8
租赁和商务服务业	Leasing and Business Services	2.2	2.1
科学研究、技术服务和地质勘查业	Scientific Research, Technical Services & Geological Prospecting	1.5	1.5
水利、环境和公共设施管理业	Water Conservancy, Environment and Public Facilities Administraion	1.0	1.1
居民服务和其他服务业	Services to Households and Other Services	6.0	5.6
教育	Education	6.0	5.7
卫生、社会保障和社会福利业	Health Care, Social Security and Social Welfare	3.2	3.1
文化、体育和娱乐业	Culture, Sports and Entertainment	1.5	1.5
公共管理和社会组织	Public Administration and Social Organizations	8.5	8.9
国际组织	International Organizations		

3-7 第三产业增加值指数

Indices of Value-added of the Tertiary Industry

本表按可比价格计算。

The indices in this table are calculated at comparable prices

上年=100 (Preceding year=100)

行业	Sector	2006	2007
总计	**Total**	**115.8**	**115.7**
交通运输、仓储和邮政业	Transportation and Postal Services	114.1	119.3
信息传输、计算机服务和软件业	Information Transmission,Computer Services & Software	109.7	106.7
批发和零售业	Wholesale and Retail Trade	114.0	113.3
住宿和餐饮业	Hotel and Restaurants	120.5	113.8
金融业	Banking	126.5	126.6
房地产业	Real Estate	118.0	116.0
租赁和商务服务业	Leasing and Business Services	110.5	112.7
科学研究、技术服务和地质勘查业	Scientific Research, Technical Services & Geological Prospecting	111.5	113.7
水利、环境和公共设施管理业	Water Conservancy, Environment and Public Facilities Administraion	117.2	121.2
居民服务和其他服务业	Services to Households and Other Services	127.4	109.3
教育	Education	113.7	112.0
卫生、社会保障和社会福利业	Health Care, Social Security and Social Welfare	117.9	114.8
文化、体育和娱乐业	Culture, Sports and Entertainment	119.7	117.2
公共管理和社会组织	Public Administration and Social Organizations	110.6	119.1
国际组织	International Organizations		

3-8 支出法生产总值和结构

本表按当年价格计算。
Data in value terms in this table are calculated at current prices.

年份 Year	支出法生产总值(亿元) Gross Domestic Product by Expenditure Approach (100 million yuan)	# 最终消费 Final Consumption Expenditure	# 资本形成总额 Gross Capital Formation	资本形成率(投资率)(%) Capital Formation Rate (%)	最终消费率(消费率)(%) Final Consumption Rate (%)	最终消费 绝对数(亿元) Absolute Figure (100 million yuan) 居民消费 Household Consumption Expenditure	农村居民 Rural House	城镇居民 Urban House	政府消费 Government Consumption Expenditure
1978	58.04	42.91	21.20	36.5	73.9	37.76	17.73	20.03	5.15
1979	64.14	50.84	23.18	36.1	79.3	44.68	20.96	23.72	6.16
1980	68.40	62.10	18.88	27.6	90.8	55.83	28.22	27.61	6.27
1981	77.91	76.51	18.80	24.1	98.2	67.08	34.52	32.56	9.43
1982	93.22	88.01	26.10	28.0	94.4	79.07	43.66	35.41	8.94
1983	105.88	94.01	35.58	33.6	88.8	83.79	46.17	37.62	10.22
1984	128.20	106.57	45.81	35.7	83.1	89.38	48.80	40.58	17.19
1985	163.83	127.04	61.60	37.6	77.5	105.12	57.88	47.24	21.92
1986	181.58	144.84	60.22	33.2	79.8	118.22	59.54	58.68	26.62
1987	212.27	166.12	67.84	32.0	78.3	135.28	68.71	66.57	30.84
1988	270.81	184.46	110.15	40.7	68.1	149.57	77.59	71.98	34.89
1989	292.69	199.14	115.48	39.5	68.0	160.50	81.50	79.00	38.64
1990	319.31	216.70	124.68	39.0	67.9	169.79	86.44	83.35	46.91
1991	359.66	245.90	137.00	38.1	68.4	188.61	93.35	95.26	57.29
1992	421.68	271.08	196.10	46.5	64.3	208.10	101.92	106.18	62.98
1993	537.81	328.42	288.52	53.6	61.1	253.40	108.73	144.67	75.02
1994	695.06	420.89	331.11	47.6	60.6	327.89	135.91	191.98	93.00
1995	857.06	539.41	372.98	43.5	62.9	412.97	181.91	231.06	126.44
1996	1023.09	609.65	446.26	43.6	59.6	468.29	201.49	266.80	141.36
1997	1153.51	685.71	474.80	41.2	59.4	517.07	220.25	296.82	168.64
1998	1262.54	721.60	542.31	43.0	57.2	539.13	226.71	312.42	182.47
1999	1379.31	800.77	577.78	41.9	58.1	592.94	224.28	368.66	207.83
2000	1539.12	873.65	642.07	41.7	56.8	636.10	237.88	398.22	237.55
2001	1713.81	974.44	679.54	39.7	56.9	681.07	229.92	451.15	293.37
2002	1940.94	1135.65	862.20	44.4	58.5	794.46	239.68	554.78	341.19
2003	2388.38	1257.47	1339.07	56.1	52.6	848.04	257.25	590.79	409.43
2004	3041.07	1492.27	1945.29	64.0	49.1	962.85	270.61	692.24	529.42
2005	3895.55	1809.52	2845.06	73.0	46.5	1197.75	309.42	888.33	611.77
2006	4841.82	2131.20	3466.11	71.6	44.0	1385.90	350.46	1035.44	745.30
2007	6091.12	2631.52	4494.40	73.8	43.2	1693.96	398.90	1295.06	937.56

Gross Domestic Product and Structure by Expenditure Approach

Final Consumption Expenditure				资本形成总额 Gross Capital Formation			
比重 Proportion				绝对数(亿元) Absolute Figure (100 million yuan)		比重 (资本形成总额=100) Proportion (Gross Capital Formation=100)	
最终消费=100 Final Consumption Expenditure=100		居民消费=100 Household Consumption=100					
居民消费 Household Consumption Expenditure	政府消费 Government Consumption Expenditure	农村居民 Rural Households	城镇居民 Urban Households	固定资本形成总额 Gross Fixed Capital Formation	存货增加 Changes in Inventories	固定资本形成总额 Gross Fixed Capital Formation	存货增加 Changes in Inventories
88.0	12.0	47.0	53.0	16.56	4.64	78.1	21.9
87.9	12.1	46.9	53.1	17.65	5.53	76.1	23.9
89.9	10.1	50.5	49.5	15.78	3.10	83.6	16.4
87.7	12.3	51.5	48.5	15.53	3.27	82.6	17.4
89.8	10.2	55.2	44.8	20.94	5.16	80.2	19.8
89.1	10.9	55.1	44.9	29.66	5.92	83.4	16.6
83.9	16.1	54.6	45.4	40.85	4.96	89.2	10.8
82.7	17.3	55.1	44.9	50.94	10.66	82.7	17.3
81.6	18.4	50.4	49.6	47.57	12.65	79.0	21.0
81.4	18.6	50.8	49.2	53.32	14.52	78.6	21.4
81.1	18.9	51.9	48.1	72.05	38.10	65.4	34.6
80.6	19.4	50.8	49.2	70.68	44.80	61.2	38.8
78.4	21.6	50.9	49.1	70.77	53.91	56.8	43.2
76.7	23.3	49.5	50.5	100.66	36.34	73.5	26.5
76.8	23.2	49.0	51.0	149.24	46.86	76.1	23.9
77.2	22.8	42.9	57.1	219.39	69.13	76.0	24.0
77.9	22.1	41.4	58.6	250.23	80.88	75.6	24.4
76.6	23.4	44.0	56.0	273.16	99.82	73.2	26.8
76.8	23.2	43.0	57.0	276.04	170.22	61.9	38.1
75.4	24.6	42.6	57.4	318.97	155.83	67.2	32.8
74.7	25.3	42.1	57.9	353.40	188.90	65.2	34.8
74.0	26.0	37.8	62.2	389.97	187.80	67.5	32.5
72.8	27.2	37.4	62.6	439.42	202.65	68.4	31.6
69.9	30.1	33.8	66.2	510.02	169.52	75.1	24.9
70.0	30.0	30.2	69.8	729.37	132.83	84.6	15.4
67.4	32.6	30.3	69.7	1228.26	110.81	91.7	8.3
64.5	35.5	28.1	71.9	1817.73	127.56	93.4	6.6
66.2	33.8	25.8	74.2	2685.22	159.84	94.4	5.6
65.0	35.0	25.3	74.7	3353.88	112.23	96.8	3.2
64.4	35.6	23.5	76.5	4356.39	138.01	96.9	3.1

3-9 工农业总产出及指数

Gross Output of Industry and Agriculture & Related Indices

年 份 Year	工农业总产出(亿元, 当年价) Gross Output of Industry and Agriculture (100 million yuan, at Current prices)			指数(以1952年为100, 可比价) Indices of Output of Industry & Agriculture (1952=100, at comparable Prices)		
	总计 Total	农业总产出 Gross Output of Agriculture	工业总产出 Gorss Output of Industry	工农业总产出 Gross Output of Industry & Agriculture	农业总产出 Gross Output of Agriculture	工业总产出 Gross Output of Industry
1952	13.70	12.10	1.60	100.0	100.0	100.0
1953	16.90	14.35	2.55	109.2	106.0	152.0
1954	20.54	19.77	3.77	123.9	116.2	224.7
1955	20.01	15.60	4.41	120.2	109.2	264.0
1956	25.57	19.52	6.05	151.3	135.7	356.7
1957	17.50	11.20	6.30	134.0	114.1	394.7
1958	27.63	15.60	12.03	191.4	150.9	722.7
1959	36.92	18.14	18.78	236.0	168.0	1127.3
1960	45.14	16.57	28.57	259.7	149.4	1704.7
1961	32.97	17.04	15.93	181.8	128.5	880.0
1962	31.31	17.05	14.26	164.4	120.9	734.7
1963	38.69	17.43	21.26	202.0	134.9	1080.7
1964	43.87	20.82	23.05	235.6	163.1	1186.7
1965	46.20	19.40	26.80	243.0	148.4	1482.7
1966	50.49	20.93	29.56	272.0	160.1	1738.7
1967	41.74	21.46	20.28	238.4	164.2	1210.0
1968	43.27	22.08	21.19	235.9	156.0	1284.0
1969	42.27	19.95	22.32	230.3	140.9	1401.3
1970	51.80	24.00	27.80	298.9	169.8	1990.7
1971	54.76	23.67	31.09	318.9	167.2	2306.7
1972	52.74	21.17	31.57	302.0	146.3	2342.7
1973	60.39	27.72	32.67	348.8	190.5	2424.0
1974	59.35	29.57	29.78	337.4	194.6	2210.0
1975	67.70	30.80	36.90	379.3	199.4	2737.3
1976	68.90	31.29	37.61	387.5	202.0	2819.3
1977	72.51	28.43	44.08	403.5	183.5	3286.7

3-9 续表 continued

年 份 Year	工农业总产出(亿元, 当年价) Gross Output of Industry and Agriculture (100 million yuan, at Current Prices)			指数(以1952年为100, 可比价) Indices of Output of Industry Agriculture (1952=100, at Comparable Prices)		
	总 计 Total	农业总产出 Gross Output of Agriculture	工业总产出 Gorss Output of Industry	工农业总产出 Gross Output of Industry & Agriculture	农业总产出 Gross Output of Agriculture	工业总产出 Gross Output of Industry
1978	81.30	28.40	53.00	440.9	183.9	3810.0
1979	88.98	31.58	57.40	465.8	194.3	4024.0
1980	90.10	30.70	59.40	447.9	168.5	4110.0
1981	101.20	39.40	61.80	479.6	201.8	4120.7
1982	120.90	47.20	73.70	553.2	233.6	4741.3
1983	134.00	52.40	81.50	601.1	250.5	5196.7
1984	151.30	61.30	90.00	659.0	280.7	5617.3
1985	186.10	73.20	112.90	752.1	309.6	6552.7
1986	203.70	77.30	126.50	781.4	293.3	7178.7
1987	238.60	87.70	150.80	856.0	305.3	8072.7
1988	316.20	122.40	193.90	975.9	348.6	9197.3
1989	371.50	128.30	243.10	1056.5	347.0	10356.0
1990	420.30	156.90	263.30	1147.0	412.0	10780.7
1991	468.50	164.10	304.40	1222.3	428.4	11648.9
1992	544.00	180.30	363.70	1336.5	453.2	12965.2
1993	691.16	220.80	470.36	1487.9	484.9	14756.1
1994	831.42	309.32	522.10	1642.0	500.7	16821.9
1995	1013.72	387.20	626.52	1797.9	521.2	18840.5
1996	1210.88	465.32	745.56	2070.8	644.8	21007.2
1997	1361.73	489.43	872.30	2297.6	660.9	24158.3
1998	1476.46	534.38	942.08	2504.3	704.8	26574.1
1999	1587.44	532.31	1055.13	2707.1	712.4	29497.3
2000	1746.01	543.16	1202.85	2961.2	729.9	33036.9
2001	1903.09	555.90	1347.19	3205.9	744.3	36704.0
2002	2122.77	586.97	1535.80	3545.0	780.7	41842.6
2003	2591.05	655.94	1935.11	4246.6	826.1	52297.6
2004	3656.51	851.30	2805.21	5704.0	942.3	73380.7
2005	4841.79	980.21	3861.58	7249.8	1047.8	95923.1
2006	6259.62	1058.50	5201.12	9033.2	1084.5	124700.0
2007	8419.82	1276.45	7143.37	11345.7	1134.4	161985.3

3-10 居民消费水平

Household Consumption

本表绝对数按当年价格计算，指数按可比价格计算。

Absolute figures in this table are calculated at current prices, while indices are calculated at comparable prices.

年份 Year	绝对数(元) Value(yuan)			指数(上年=100) Index(Preceding year=100)			指数(1952=100) Index(1952=100)		
	全部居民 All Householde	农村居民 Agricultural Households	城镇居民 Non-agricultural Households	全部居民 All Householde	农村居民 Agricultural Households	城镇居民 Non-agricultural Households	全部居民 All Households	农村居民 Agricultural Households	城镇居民 Non-agricultural Households
1952	99	88	171				100.0	100.0	100.0
1953	103	93	165	105.0	105.0	96.4	105.0	105.1	96.4
1954	106	93	173	102.8	100.1	105.0	108.0	105.2	101.3
1955	101	85	179	95.3	91.5	103.5	102.9	96.3	104.8
1956	118	98	205	116.3	114.9	114.5	119.7	110.6	120.0
1957	120	99	209	102.1	101.5	101.9	122.3	112.2	122.3
1958	125	99	228	104.0	99.9	109.2	127.1	112.1	133.5
1959	131	99	232	104.5	99.9	101.3	132.8	112.1	135.3
1960	126	93	205	96.5	93.8	88.6	128.2	105.2	119.9
1961	125	96	191	98.6	103.0	92.9	126.4	108.4	111.3
1962	121	98	187	97.5	102.8	97.9	123.3	111.4	109.0
1963	119	96	183	97.7	97.7	98.0	120.5	108.9	106.8
1964	118	96	190	99.2	99.7	103.9	119.5	108.6	111.0
1965	119	95	190	101.2	99.2	100.3	121.0	107.7	111.3
1966	131	102	212	109.7	107.6	111.1	132.7	115.9	123.6
1967	139	108	225	106.3	105.8	106.2	141.1	122.5	131.2
1968	132	100	221	94.9	92.3	98.2	134.0	113.1	128.9
1969	129	88	236	97.5	88.6	107.2	130.6	100.1	138.2
1970	139	99	241	108.0	111.7	101.9	141.0	111.8	140.8
1971	146	98	273	105.0	99.1	113.1	148.1	110.8	159.3
1972	156	97	303	106.8	99.3	111.2	158.2	110.0	177.2
1973	169	113	305	108.5	116.9	100.5	171.6	128.6	178.0
1974	170	115	310	100.3	101.1	101.6	172.2	130.1	181.0
1975	179	122	321	105.6	106.3	103.6	181.8	138.2	187.5
1976	190	128	343	106.1	105.2	107.0	192.8	145.3	200.7
1977	200	135	355	105.1	105.5	103.5	202.7	153.3	207.6

3-10 续表 continued

本表绝对数按当年价格计算, 指数按可比价格计算。

Absolute figures in this table are calculated at current prices, while indices are calculated at comparable prices.

年份 Year	绝对数(元) Value(yuan)			指数(上年=100) Index(Preceding year=100)			指数(1952=100) Index(1952=100)		
	全部居民 All House-holde	农村居民 Agricul-tural House-holds	城镇居民 Non agricul-tural House-holds	全部居民 All House-holde	农村居民 Agricul-tural House-holds	城镇居民 Non-agricul-tural House-holds	全部居民 All House-holds	农村居民 Agricul-tural House-holds	城镇居民 Non-agricul-tural House-holds
1978	207	138	370	103.4	101.8	104.2	209.7	156.1	216.4
1979	239	161	420	115.8	116.8	113.4	242.8	182.3	245.4
1980	295	213	484	123.2	132.5	115.3	299.1	241.5	282.8
1981	350	257	567	115.5	116.2	115.0	345.4	280.7	325.2
1982	407	318	619	115.7	124.1	107.9	399.5	348.2	350.9
1983	423	334	632	104.1	106.3	100.4	416.0	370.3	352.4
1984	446	349	671	100.0	99.0	101.1	416.2	366.7	356.3
1985	519	412	762	105.2	105.5	104.3	438.0	386.8	371.6
1986	578	418	942	107.9	100.5	117.2	472.6	388.9	435.5
1987	653	480	1039	105.2	107.9	101.6	497.3	419.4	442.5
1988	713	541	1086	94.1	97.7	89.4	468.1	409.7	395.4
1989	755	565	1157	92.6	89.8	95.0	433.5	368.1	375.6
1990	786	592	1189	99.3	97.0	101.3	430.5	357.0	380.4
1991	861	633	1330	107.0	107.9	105.7	460.7	385.1	402.2
1992	941	686	1461	103.1	104.2	101.6	474.9	401.4	408.7
1993	1142	779	1755	103.1	100.1	105.2	487.6	402.4	429.8
1994	1460	967	2284	103.2	100.7	104.7	503.4	405.2	450.0
1995	1817	1289	2683	105.3	111.1	100.4	529.9	450.2	451.8
1996	2040	1424	3031	104.2	102.5	104.9	552.2	461.4	474.0
1997	2232	1551	3311	105.7	105.3	105.5	583.8	485.9	500.0
1998	2309	1603	3391	103.9	103.8	103.0	606.8	504.3	515.0
1999	2520	1601	3871	110.0	100.2	115.2	667.3	505.3	593.3
2000	2687	1720	4045	105.3	106.2	103.1	702.7	536.7	611.7
2001	2868	1694	4431	106.2	98.0	108.9	746.1	525.9	666.2
2002	3341	1793	5327	113.9	100.6	118.9	850.2	529.1	792.1
2003	3565	1945	5593	104.7	105.1	103.6	890.3	556.1	820.6
2004	4042	2077	6415	110.7	103.7	111.9	985.3	576.6	918.2
2005	5021	2426	8004	111.6	114.6	108.5	1099.6	660.8	996.2
2006	5800	2816	9043	113.7	113.7	111.4	1250.2	751.3	1109.8
2007	7062	3286	10930	116.5	110.9	115.9	1456.5	833.2	1286.3

主要统计指标解释

地区收入总值 指一个地区所有常住单位在一定时期内收入初次分配的最终结果。一地区常住单位从事生产活动所创造的增加值在初次分配中主要分配给该地区的常住单位，但也有一部分以生产税及进口税（扣除生产和进口补贴）、劳动者报酬和财产收入等形式分配给非常住单位；同时，地区外生产所创造的增加值也有一部分以生产税及进口税（扣除生产和进口补贴）、劳动者报酬和财产收入等形式分配给该地区的常住单位，从而产生了地区收入总值的概念。它等于地区生产总值加上来自地区外的净要素收入。与地区生产总值不同，地区收入总值是个收入概念，而地区生产总值是个生产概念。

地区生产总值 是按市场价格计算的地区生产总值的简称。它是一个地区所有常住单位在一定时期内生产活动的最终成果。地区生产总值有三种表现形式，即价值形态、收入形态和产品形态。从价值形态看，它是所有常住单位在一定时期内所生产的全部货物和服务价值超过同期投入的全部非固定资产货物和服务价值的差额，即所有常住单位的增加值之和；从收入形态看，它是所有常住单位在一定时期内所创造并分配给常住单位和非常住单位的初次分配收入之和；从产品形态看，它是最终使用的货物和服务减去进口货物和服务。在实际核算中，地区生产总值的三种表现形态表现为三种计算方法，即生产法、收入法和支出法。三种方法分别从不同的方面反映地区生产总值及其构成。

支出法地区生产总值 指一个地区所有常住单位在一定时期内用于最终消费、资本形成总额，以及货物和服务的净出口总额，它反映本期生产的地区生产总值的使用构成。

最终消费 指常住单位在一定时期内对于货物和服务的全部最终消费支出，也就是常住单位为满足物质、文化和精神生活的需要，从本国经济领土和国外购买的货物和服务的支出；不包括非常住单位在本国经济领土内的消费支出。最终消费分为居民消费和政府消费。

居民消费 指常住住户对货物和服务的全部最终消费支出。居民消费按市场价格计算，即按居民支付的购买者价格计算。购买者价格是购买者取得货物所支付的价格，包括购买者支付的运输和商业费用。居民消费除了直接以货币形式购买货物和服务的消费之外，还包括以其他方式获得的货物和服务的消费支出，即所谓的虚拟消费支出。居民虚拟消费支出包括以下几种类型：单位以实物报酬及实物转移的形式提供给劳动者的货物和服务；住户生产并由本住户消费了的货物和服务，其中的服务仅指住户的自有住房服务；金融机构提供的金融媒介服务；保险公司提供的保险服务。

政府消费 指政府部门为全社会提供公共服务的消费支出和免费或以较低价格向住户提供的货物和服务的净支出。前者等于政府服务的产出价值减去政府单位所获得的经营收入的价值，政府服务的产出价值等于它的经常性业务支出加上固定资产折旧；后者等于政府部门免费或以较低价格向住户提供的货物和服务的市场价值减去向住户收取的价值。

资本形成总额 指常住单位在一定时期内获得的减去处置的固定资产加存货的变动，包括固定资本形成总额和存货增加。

固定资本形成总额 指常住单位购置、转入和自产自用的固定资产，扣除固定资产的销售和转出后的价值，分有形固定资产形成总额和无形固定资产形成总额。有形固定资产形成总额包括一定时期内完成的建筑工程、安装工程和设备工器具购置(减处置)价值，以及土地改良、新增役、种、奶、毛、娱乐用牲畜和新增经济林木价值。无形固定资产形成总额包括矿藏的勘探、计算机软件、娱乐和文学艺术品原件等获得减处置。

存货增加 指常住单位存货实物量变动的市场价值，即期末价值减期初价值的差额。存货增加可以是正值，也可以是负值；正值表示存货上升，负值表示存货下降。它包括生产单位购进的原材料、燃料和储备物资等存货，以及生产单位生产的产成品、在制品等存货等。

货物和服务净出口 指货物和服务出口减货物和服务进口的差额。出口包括常住单位向非常住单位出售或无偿转让的各种货物和服务的价值；进口包括常住单位从非常住单位购买或无偿得到的各种货物和服务的价值。由于服务活动的提供与使用同时发生，因此服务的进出口业务并不发生出入境现象，一般把常住单位从国外得到的服务作为进口，非常住单位从本国得到的服务作为出口。货物的出口和进口都按离岸价格计算。

劳动者报酬 指劳动者因从事生产活动所获得的全部报酬。包括劳动者获得的各种形式的工资、奖金和津贴，既包括货币形式的，也包括实物形式的；还包括劳动者所享受的公费医疗和医药卫生费、上下班交通补贴和单位支付的社会保险费等。对于个体经济来说，其所有者所获得的劳动报酬和经营利润不易区分，这两部分统一作为劳动者报酬处理。

生产税净额 指生产税减生产补贴后的余额。生产税指政府对生产单位生产、销售和从事经营活动以及因从事生产活动使用某些生产要素(如固定资产、土地、劳动力)所征收的各种税、附加费和规费。生产补贴与生产税相反，指政府对生产单位的单方面收入转移，因此视为负生产税，包括政策亏损补贴、粮食系统价格补贴、外贸企业出口退税收入等。

固定资产折旧 指一定时期内为弥补固定资产损耗按照核定的固定资产折旧率提取的固定资产折旧，或按国民经济核算统一规定的折旧率虚拟计算的固定资产折旧。它反映了固定资产在当期生产中的转移价值。各类企业和企业化管理的事业单位的固定资产折旧是指实际计提并计入成本费中的折旧费；不计提折旧的政府机关、非企业化管理的事业单位和居民住房的固定资产折旧是按照统一规定的折旧率和固定资产原值计算的虚拟折旧。原则上，固定资产折旧应按固定资产的重置价格计算，但是目前我国尚不具备对全社会固定资产进行重估价的基础，所以暂时只能采用上述办法。

营业盈余 指常住单位创造的增加值扣除劳动者报酬、生产税净额和固定资产折旧后的余额。它相当于企业的营业利润加上生产补贴，但要扣除从利润中开支的工资和福利等。

直接消耗系数 指某一个部门生产单位总产出需要直接消耗各部门产品和服务的数量，也称为投入系数。它反映该部门与其他部门之间直接的技术经济联系和直接依赖关系。

完全消耗系数 指增加某一个部门单位总产出需要完全消耗各部门产品和服务的数量。完全消耗系数等于直接消耗系数和全部间接消耗系数之和，它是全面揭示国民经济各部门之间技术经济的全部联系和相互依赖关系的主要指标。

Explanatory Notes on Main Statistical Indicators

Gross National Product (GNP) refers to the final result of the primary distribution of the income created by all the resident units of a region during a certain period of time. The value added created by the resident units of a region engaged in production activities is mainly distributed to the resident units of that region while a part of it is distributed to the non resident units in the form of production tax and import duties (minus subsidies to production and import), remuneration for the laborers and property income. At the meantime, a part of the value added created abroad is distributed to the resident units of the region in the form of production tax and import duties (minus subsidies to production and import), remuneration for the laborers and property income. Thus the concept of gross national product is formed, which equals to gross domestic product plus net factor income from abroad. Unlike gross domestic product, which is a concept of production, gross national product is a concept of income.

Gross Domestic Product (GDP) refers to the final products of all resident units in a region during a certain period of time. Gross domestic product is expressed in three different forms, i.e. value, income, and products respectively. The form of value refers to the total value of all products and services produced by all resident units during a certain period of time minus total value of intimidate input of materials and services of the nature of non fixed assets or the summation of the value added of all resident units; the form of income includes all the income created by all resident units and distributed primarily to all resident and non resident units; the form of products refers to the value of all final goods and services for final use by all resident units plus the value of net exports of goods and services during a given period of time. In the practice of national accounting, gross domestic product is calculated with three approaches, i. e. production approach, income approach, and expenditure approach, which reflect gross domestic product and its composition from different aspects.

GDP Calculated with Expenditure Approach refers to total expenditure on final consumption, total capital formation and net export of goods and services by resident units of a region in a certain period of time. It reflects the composition of GDP by its use.

Final Consumption refers to the total expenditure of resident units on final consumption of goods and services in a certain period, namely the expenditure of the resident units for purchases of goods and services from domestic economic territory and abroad to meet the requirements of material, cultural and spiritual life. It excludes the expenditure of non-resident units on consumption in the economic territory of the country. The final consumption is classified into household consumption and government consumption.

Households Consumption refers to the total expenditure of resident households on the final consumption of goods and services. The households consumption is calculated at market prices, namely the purchaser's prices which the households pay; the purchasers' prices of goods are the prices the households pay when they obtain the goods, including the transport and commercial expenses paid by the households. In addition to the consumption of goods and services bought by the households directly with money, the expenditure on goods and services obtained by the households in other ways, i. e. the so called imputed expenditure on consumption, is also included in the households consumption. The imputation expenditure of the households on consumption includes the following types:(a) the goods and services provided to the households by the units in the form of payment in kind and transfer in kind; (b) the goods and services produced and consumed by the households themselves, in which the services refer only to the services provided by the residential buildings owned by the households; (c) the services of financial intermediary provided by the financial institutions; (d) the insurance services provided by the insurance companies.

Government Consumption refers to the expenditure on the consumption of the public services provided by the government to the whole society and the net expenditure on the goods and services provided by the government to the households at free charge or lower prices. The former equals to the output value of the government services minus the value of operating income obtained by the government departments. (The output value of the government services equals to its current operating expenditure plus depreciation of fixed assets) . The latter equals to the market value of the goods and services provided by the government free of charge or at low prices to the households minus the value received by the government from the households.

Total Capital Formation refers to the fixed assets acquired minus those disposed and the change in inventory, including the total fixed assets formation and the increase in inventory.

Total Fixed Capital Formation refers to the value of fixed assets purchased, transferred in by the resident units and those produced and used by themselves deducting the value of fixed assets sold and transferred out.

It can be classified into total tangible assets formation and total intangible assets formation. The total tangible assets formation include the value of the construction projects, installation projects completed and the equipment, apparatus and instruments purchased as well as the value of land improved, the value of draught animals, breeding stock, milk, wool and recreational animals and the newly increased economic forest in a certain period. The total intangible assets formation includes the prospecting of minerals, the acquisition of computer software, the originals of recreational works and works of literature and arts minus the disposal of them.

Increase in Inventory refers to the market value of the change in inventory, i. e. the difference of value between the beginning and the end of the period. The increase in inventory can be positive or negative. A positive value indicates the increase in inventory while a negative value indicates the decrease in stock. The inventory includes the raw materials, fuels and reserve materials purchased by the production units as well as the inventory of finished products, semi finished products, work in progress, etc.

Net Export of Goods and Services refers to the difference of the exports of goods and services minus the imports of goods and services. The imports include the value of various goods and services sold or gratuitously transferred by the resident units to the non-resident units. The imports include the value of various goods and services purchased or gratuitously acquired by the resident units from the non-resident units. Because the provision of services and the use of them happen simultaneously, the import and export of services do not appear to have the phenomena of crossing the border of the country. The acquisition of services by the resident units from abroad is usually treated as import while the acquisition of services by non-resident units in this country is usually treated as export. The export and import of goods are calculated at FOB.

Laborers' Remuneration refers to the whole payment of various forms earned by the laborers from the productive activities they are engaged in. It includes wages, bonuses and allowances the laborers earned in monetary form and in kind. It also includes the free medical services provided to the laborers and the medicine expenses, traffic subsidies and social insurance fee paid by the laborers , working units for them. As the individual economy is concerned, since the laborers , remuneration is not easily distinguished from the operating profit, both are treated as laborers remuneration.
direct interdependence between the sector and other sectors.

Net Taxes on Production refers to the residual of the taxes on production minus the subsidies on production. The taxes on production refers to the various taxes, extra charges and fees levied on the production units on their production, sale and business activities as well as on some factors of production, such as fixed assets, land and labor force, used in the production activities they are engaged in. In contrast to the taxes on production, the subsidies on production refer to the unilateral transfer of part of the government's revenue to the production units and is therefore regarded as negative taxes on production. They include subsidies on the loss due to implementation of government policies, price subsidies to the grain institutions, foreign trade corporations receipts from drawback, etc.

Depreciation of Fixed Assets refers to the depreciation of fixed assets of a given period, drawn in accordance with the stipulated depreciation rate for the purpose of compensating the wear loss or the fixed assets or the depreciation of fixed assets calculated in a fictitious way in accordance with the stipulated unified depreciation rate in the national economic accounting system. It reflects the value of transfer of the fixed assets in the production of the current period. The depreciation of fixed assets in various enterprises and institutions managed as enterprises refers to the depreciation expenses actually drawn and calculated as part of the coast. In government agencies and institutions not managed as enterprises, which do not draw the depreciation expenses, as well as for the houses of residents, the depreciation of fixed assets is the imputed depreciation, which is calculated in accordance with the stipulated unified depreciation rate. In principle, the depreciation of fixed assets should be calculated on the basis of the re purchased value of the fixed assets. However, there is no actual condition to re-evaluate all the fixed assets in China. Therefore, the above-mentioned methods are temporarily adopted at present.

Operating Surplus refers to the balance of the value added created by the resident units deducting the labourers' remuneration, net taxes on production and the depreciation of fixed assets. It is equivalent to the business profit of the enterprises plus subsidies on production, but the wages and welfare expenses paid from the profits should be deducted.

Direct Input Coefficient refers to the volume of products and services of all sectors consumed directly by a certain sector's productive units, which are needed for their total output. It is also named as technical coefficient. It represents the direct technical economical ties and

Total Input Coefficient refers to the volume of products and services of all sectors needed for a certain sectors productive units to increase their total output. Total input coefficient is equal to the sum of direct input coefficient and total indirect input coefficient. It is a major indicator to disclose the technical economical ties and interdependence between sectors of the national economy.

四 人口
POPULATION

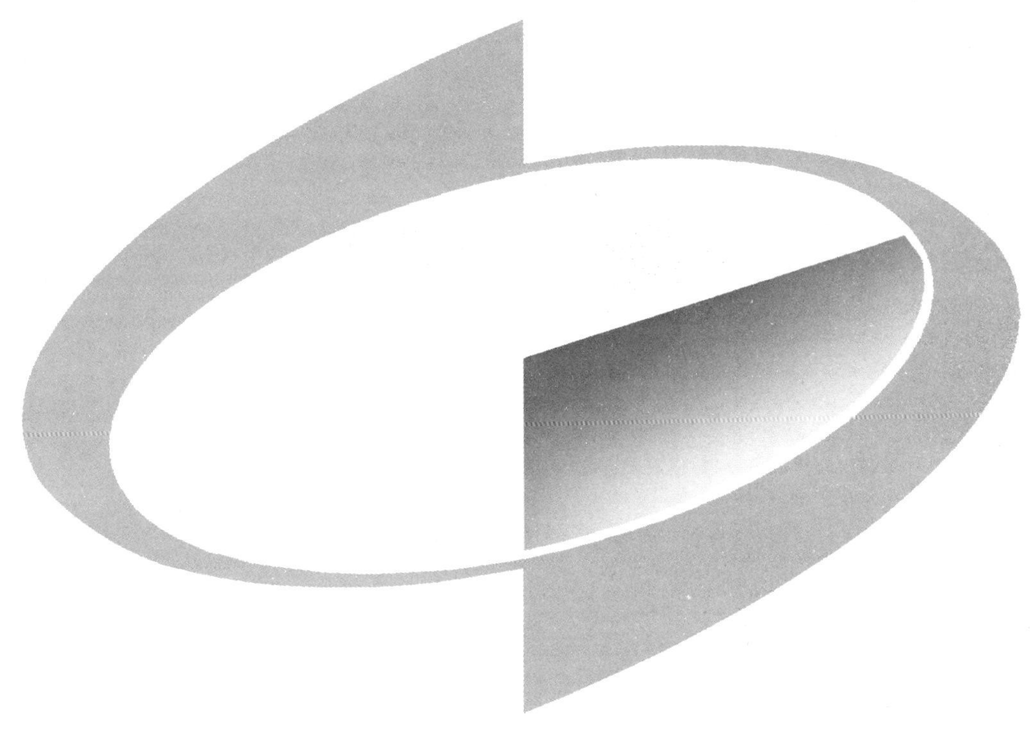

资料整理：马莉莉

Arranged by Ma Lili

4-1 历次全国人口普查内蒙古人口基本情况

Basic Statistics on All Region Population Census in 1953, 1964, 1982, 1990 and 2000

单位：万人 (10 000 persons)

指标	Item	1953	1964	1982	1990	2000
总人口	**Total Population**	**610.02**	**1233.41**	**1927.43**	**2145.65**	**2375.54**
男	Male	343.19	669.28	1005.29	1115.57	1228.90
女	Female	266.83	564.13	922.14	1030.08	1146.64
总户数(万户)	**Total Number of Households (10 000 households)**	**138.70**	**261.39**	**420.00**	**529.34**	**708.16**
家庭户	Family Households			418.75	527.31	695.48
集体户	Non-family Households			1.25	2.03	12.68
各年龄组人口	**Population by Age**					
0-5岁	Age 0-5			237.01	246.92	151.13
6-14岁	Age 6-14			447.58	363.45	354.43
15-64岁	Age 15-64			1173.22	1449.29	1742.85
65岁及以上	Age 65 and Over			69.62	85.99	127.13
民族人口	**Nationality Population**					
汉族	Han Nationality	512.00	1072.94	1627.76	1729.00	1882.39
蒙古族	Mongolian Nationality	88.82	138.45	248.94	337.97	402.92
其他少数民族	other Minority Nationalities	7.24	22.00	50.73	78.67	90.23
15岁及以上人口	**Population Aged 15 and Over**			**1242.84**	**1535.28**	**1869.98**
6岁及以上人口按受教育程度分组	**Population Aged 6 and Over by Educational Level**			**1690.42**	**1898.73**	**2224.41**
大学本科	University				10.83	24.47
大学专科	Three Years College			11.00	20.90	65.88
中专	Specialized Secondary School				42.97	89.66
高中	Senior Secondary School			143.68	173.07	237.22
初中	Junior Secondary School			371.99	546.55	826.65
小学	Primary School			631.58	716.68	739.60
不识字或识字很少	Illiterate and Semi-Illiterate			422.29	332.82	240.93
市镇乡村人口	**Population of Cities, Towns & Countyside**					
市镇人口	City & Town		305.10	556.14	779.69	1013.88
乡村人口	County		928.31	1371.29	1365.96	1361.66

注：1953、1964、1982和1990年数据为年中数(7月1日零时)，2000年数据为2000年11月1日零时快速汇总数。

a)Data on 1953,1964,1982 and 1990 is year-middle data(at zero hour of Jul.1). Data on 2000 is Data at zero hour of Nov.1.

4-2 年末总人口数及构成

Population and Its Composition at the year-end

单位：万人　　　　(10 000 persons)

年份 Year	年末总人口 Total Population (year-end)	按性别分 By sex		按农业、非农业分 By Agricultural & Non-agricultural Population		按城乡分 By Residence	
		男 Male	女 Female	农业人口 Agricultural	非农业人口 Non-agricaltural	市镇人口 Urban	乡村人口 Rural
1947	561.7	313.9	247.8			68.4	493.3
1949	608.1	334.0	274.1			75.2	532.9
1952	715.9	394.3	321.6			91.9	624.0
1957	936.0	519.3	416.7			175.4	760.6
1965	1296.4	700.1	596.3			268.3	1028.1
1970	1491.0	799.0	692.0			320.8	1170.2
1975	1737.9	918.6	819.3	1306.3	431.6	379.3	1358.6
1978	1823.4	957.8	865.6	1360.8	462.6	397.5	1425.9
1980	1876.5	981.2	895.3	1380.8	495.7	433.1	1443.4
1981	1902.9	994.9	908.0	1390.6	512.3	445.2	1457.7
1982	1941.6	996.0	945.6	1414.6	527.0	565.2	1376.4
1983	1969.8	1009.8	960.0	1431.9	537.9	573.8	1396.0
1984	1993.1	1022.7	970.4	1444.9	548.2	847.1	1146.0
1985	2015.9	1043.6	972.3	1441.2	574.7	874.1	1141.8
1986	2040.7	1058.0	982.7	1451.7	589.0	932.2	1108.5
1987	2066.4	1062.3	1004.1	1456.7	609.7	1004.5	1061.9
1988	2093.9	1083.2	1010.7	1461.9	632.0	1033.8	1060.1
1989	2122.2	1102.4	1019.8	1470.8	651.5	1055.8	1066.5
1990	2162.6	1127.6	1035.0	1496.8	665.7	781.1	1381.4
1991	2183.9	1132.8	1051.0	1506.9	677.0	807.4	1376.4
1992	2206.6	1142.1	1064.5	1519.5	687.1	817.1	1389.5
1993	2232.4	1149.8	1082.6	1525.2	707.2	831.8	1400.6
1994	2260.5	1161.5	1099.0	1534.6	725.9	849.3	1411.2
1995	2284.4	1187.6	1096.8	1541.3	743.1	873.1	1411.3
1996	2306.6	1198.0	1108.6	1546.8	759.8	887.2	1419.4
1997	2325.7	1207.5	1118.2	1549.6	776.1	905.6	1420.1
1998	2344.9	1216.7	1128.2	1552.1	792.8	936.7	1408.2
1999	2361.9	1224.6	1137.3	1553.7	808.2	967.8	1394.1
2000	2372.4	1227.2	1145.2	1535.4	837.0	1001.1	1371.3
2001	2377.5	1228.6	1148.9	1525.9	851.6	1035.1	1342.4
2002	2378.6	1228.3	1150.3	1514.5	864.1	1047.9	1330.7
2003	2379.6	1228.2	1151.4	1500.6	879.0	1064.6	1315.0
2004	2384.4	1229.9	1154.5	1472.6	911.8	1093.5	1290.9
2005	2386.4	1229.3	1157.1	1436.1	950.3	1126.4	1260.0
2006	2392.4	1231.3	1161.1	1435.7	956.7	1163.6	1228.7
2007	2405.1	1237.8	1167.3	1434.4	970.7	1206.1	1198.9

注：1985-1989年数据是根据1982年、1990年第三、第四次人口普查数据调整的，1990年以后数据是人口变动抽样调查调整数，其余年份为户籍统计数(下表同)。

a)Data in 1985-1989 were adjusted on the basis of the 1982 and 1990 National Population Censuses.Since 1990, data have been stimated on the basis of the annual National Sample Surveys on Population Changes.Data of other years were taken from the annual reports of the Ministry of public Security.(The next table is the same).

4-3 人口出生率、死亡率、自然增长率
Birth Rate, Death Rate and Natural Growth Rate

年 份 Year	出生率 Birth Rate(‰)	死亡率 Death Rate(‰)	自然增长率 Natural Growth Rate(‰)	人口机械增长率 Migratory Growth Rate(‰)
1954	58.8	20.9	37.9	17.4
1955	37.5	11.4	26.1	24.4
1956	29.5	7.9	21.6	40.0
1957	37.2	10.5	26.7	16.3
1958	28.4	7.9	20.5	31.7
1959	30.8	11.0	19.8	54.8
1960	29.4	9.4	20.0	94.1
1961	22.1	8.8	13.3	-37.1
1962	38.2	9.0	29.2	-21.7
1963	41.3	8.5	32.8	3.7
1964	41.9	11.8	30.1	0.9
1965	40.0	9.3	30.7	2.8
1966	36.1	8.1	28.0	-2.8
1967	34.9	7.7	27.2	3.5
1968	34.9	7.3	27.6	1.2
1969	32.5	6.8	25.7	8.4
1970	32.3	6.2	26.1	-5.1
1971	29.7	5.6	24.1	18.0
1972	30.7	6.6	24.1	6.3
1973	28.3	5.7	22.6	7.1
1974	25.9	6.1	19.8	12.4
1975	23.3	6.1	17.2	1.8
1976	20.1	5.5	14.6	3.3
1977	18.1	5.4	12.7	3.5
1978	18.5	5.2	13.3	0.6
1979	18.1	4.9	13.2	-0.3
1980	16.5	4.9	11.5	
1981	17.3	4.9	12.4	1.3
1982	21.2	5.7	15.5	-0.8
1983	20.0	5.5	14.5	
1984	18.9	5.5	13.4	-1.7
1985	17.2	5.7	11.5	-0.1
1986	19.1	5.9	13.2	-1.0
1987	19.7	6.1	13.6	-1.1
1988	19.0	5.7	13.3	-0.1
1989	19.3	5.8	13.5	-0.7
1990	21.2	7.2	14.0	-1.1
1991	16.8	7.0	9.8	-1.2
1992	17.1	6.7	10.3	-1.3
1993	18.5	6.8	11.7	-0.5
1994	19.0	6.5	12.5	-0.3
1995	17.2	6.7	10.5	-0.1
1996	16.1	6.4	9.7	0.1
1997	15.2	7.0	8.3	0.1
1998	14.4	6.2	8.2	
1999	13.3	6.1	7.2	-0.2
2000	12.1	5.9	6.1	-0.6
2001	10.8	5.8	5.0	-0.4
2002	9.6	5.9	3.7	-0.7
2003	9.2	6.2	3.1	-1.1
2004	9.5	6.0	3.6	-1.6
2005	10.1	5.5	4.6	-3.8
2006	9.9	5.9	4.0	-1.5
2007	10.2	5.7	4.5	0.8

4-4 年末总人口及人口变动
Population and Its Changes at year-end

项 目	Item	2006	2007	2007年比 2006年增长(%) Growth Rate
一、总人口(万人)	**Total Population (10 000 persons)**	**2392.35**	**2405.06**	**0.53**
#蒙古族	Mongolian Nationality	423.83	429.89	1.43
其他少数民族	Other Minority Nationalities	95.35	96.24	0.93
按性别分	**By sex**			
男(万人)	Male(10 000 persons)	1231.30	1237.78	0.53
女(万人)	Female(10 000 persons)	1161.05	1167.28	0.54
按城乡分	**By Residence**			
市镇人口(万人)	Urban(10 000 persons)	1163.64	1206.14	3.65
乡村人口(万人)	Rural(10 000 persons)	1228.71	1198.92	-2.42
按农业非农业分	**By Agriculture and Non-agriculture**			
农业人口(万人)	Agriculture(10 000 persons)	1435.65	1434.38	-0.09
非农业人口(万人)	Non-agriculture (10 000 persons)	956.70	970.68	1.46
二、人口自然变动	**Population Natural Changes**			
出生人口(万人)	Briths(10 000 persons)	23.58	24.49	3.86
男	Male	12.28	12.81	4.32
女	Female	11.30	11.68	3.36
死亡人口(万人)	Deaths(10 000 persons)	14.12	13.74	-2.69
出生率(‰)	Birth Rate(‰)	9.87	10.21	0.34
死亡率(‰)	Death Rate(‰)	5.91	5.73	-0.18
自然增长率(‰)	Natural Growth Rate(‰)	3.96	4.48	0.52

注：本表数据根据人口变动情况抽样调查资料推算。

a)Date in the table have been estimated on the basis of the annual Autonomous Regional Sample Surveys on population Changes.

4-5 民族人口及构成

Population Nationality and Its Composition

单位：人 (person)

项 目	Item	2006	2007	构成 % Composition	
				2006	2007
汉族	Han	18809093	18979713	78.95	78.63
蒙古族	Mongolian	4144424	4276553	17.40	17.72
回族	Hui	210748	212689	0.88	0.88
满族	Man	499287	506342	2.10	2.10
朝鲜族	Korean	23800	24117	0.10	0.10
达斡尔族	Daur	82342	83610	0.35	0.35
鄂温克族	Ewenki	28774	29085	0.12	0.12
鄂伦春族	Oroqen	4816	5000	0.02	0.02
壮族	Zhuang	1684	1741	0.01	0.01
藏族	Tibetan	1195	1287	0.01	0.01
锡伯族	Xibe	3301	3231	0.01	0.01
苗族	Miao	1355	1434	0.01	0.01
土家族	Tujia	1250	1404	0.01	0.01
彝族	Yi	905	1073		
维吾尔族	Uygur	209	195		
其他少数民族	Other Minority Nationalities	9988	9978	0.04	0.04
外国人加入中国籍	Foreigners Naturalized China	19	22		

注:本表数据为公安户籍统计数。

a) Date in the Table is Registered Statistics

4-6 年末民族人口数

Population by Nationality at the Year-end

年份 Year	在人口总数中 Total Populational Including							
	汉族(万人) Han(10000 persons)	蒙古族(万人) Mongolian (10000 persons)	回族(万人) Hui(10000 persons)	满族(万人) Man(10000 persons)	朝鲜族(人) Korean (person)	达斡尔族(人) Daur (person)	鄂温克族(人) Ewenki (person)	鄂伦春族(人) Oroqen (person)
1947	469.6	83.2	4.4	1.7	5601	16281	4998	905
1948	485.8	83.4	4.4	1.7	5679	16374	5056	909
1949	515.4	83.5	4.5	1.8	5718	16484	5118	911
1950	565.9	84.7	4.6	1.8	5921	16932	5269	916
1951	589.6	87.1	4.7	1.9	6242	18060	5546	919
1952	614.4	91.2	5.0	2.0	6590	19129	5611	929
1953	649.3	98.5	5.2	2.1	6841	19480	5667	953
1954	687.6	102.7	5.4	2.2	7120	21304	5976	989
1955	725.6	105.5	5.8	2.3	7589	21883	6313	1067
1956	775.7	108.6	6.2	2.0	10213	22253	5665	1009
1957	811.2	111.6	6.7	2.1	11247	24278	6178	949
1958	857.1	114.1	7.5	2.5	12674	27656	6723	1025
1959	930.7	115.5	8.0	3.0	13209	29884	6593	1124
1960	1049.8	121.4	9.4	3.2	14056	30420	6935	1135
1961	1021.0	123.5	10.5	2.8	12457	30918	7508	1143
1962	1023.5	129.7	10.0	3.2	11934	31201	8558	1129
1963	1061.1	134.6	10.3	3.8	11827	32509	8469	1145
1964	1091.4	140.3	11.2	5.0	11328	34819	9038	1205
1965	1129.4	144.5	11.3	5.3	11412	35980	9191	1272
1966	1158.3	148.3	11.4	5.5	11513	36620	9591	1318
1971	1358.2	169.7	13.2	6.8	13884	40440	11038	1364
1972	1401.7	172.9	13.4	6.9	13426	42966	11195	1409
1973	1444.5	178.5	13.8	7.1	13864	44971	11268	1454
1974	1493.4	182.6	14.2	7.4	14400	46420	11639	1499
1975	1521.7	186.6	14.3	7.6	14862	48333	12426	1544
1976	1549.0	189.5	14.6	7.8	15750	48967	13554	1592
1977	1573.9	193.1	14.7	7.9	15420	52733	12753	1524
1978	1592.9	198.6	15.0	8.0	15403	55372	12657	1579
1979	1617.0	202.1	14.6	8.7	20881	53954	15592	1600
1980	1632.7	209.0	15.3	10.3	16193	56399	14722	1699
1981	1651.5	215.3	15.8	11.0	16062	56801	15245	1754
1982	1637.9	253.2	17.0	23.7	17337	56883	17525	2186
1983	1657.5	260.3	17.0	24.9	17800	59500	18000	2200
1984	1671.0	268.1	17.6	26.0	18400	60500	18300	2300
1985	1686.2	274.7	17.1	27.1	18600	61500	18900	2300
1986	1696.8	285.5	17.7	29.4	19485	64129	19840	2483
1987	1706.9	297.2	18.3	32.3	19743	65167	20412	2561
1988	1721.8	307.3	18.5	34.4	20152	66462	20499	2686
1989	1729.9	315.7	18.8	35.7	21147	69579	20853	2793
1990	1749.1	328.5	18.7	40.0	22380	70959	22494	2976
1991	1758.7	333.1	19.0	40.9	22047	71598	23138	3171
1992	1766.1	338.3	19.5	41.4	22161	72432	23321	3262
1993	1779.4	343.4	19.7	42.1	21963	73574	23928	3242
1994	1791.6	349.6	19.7	42.8	22735	73354	24427	3302
1995	1803.4	356.5	19.9	43.7	22741	72680	24545	3447
1996	1820.0	364.2	20.0	44.8	22772	73689	25059	3436
1997	1836.8	371.8	20.4	45.5	22759	74992	25632	3599
1998	1851.0	378.6	20.4	46.2	23068	73797	25578	3568
1999	1865.5	382.8	21.0	46.0	23825	73818	26001	3813
2000	1832.5	386.0	20.9	47.0	23278	76374	26546	3704
2001	1843.7	391.8	20.8	48.1	23841	77145	26870	3846
2002	1855.0	396.0	21.1	47.8	24009	79202	27423	3968
2003	1860.6	404.0	21.1	48.7	23863	79195	27915	3998
2004	1866.5	408.0	21.3	48.7	24117	79960	28285	4229
2005	1853.8	412.7	21.0	49.1	23503	79248	27931	4791
2006	1880.9	414.4	21.1	49.9	23800	82342	28774	4816
2007	1898.0	427.7	21.3	50.6	24117	83610	29085	5000

注：本表数据为公安户籍统计数。

a) Date in the Table is Registered Statistics

主要统计指标解释

人口数 指一定时点、一定地区范围内的有生命的个人的总和。

年度统计的年末人口数指每年 12 月 31 日 24 时的人口数。

市镇总人口和乡村总人口

其定义有两种口径：

第一种口径(按行政建制)

市人口：市管辖区域内的全部人口(含市辖镇，不含市辖区县)；

镇人口：县辖镇的全部人口(不含市辖镇)；

县人口：县辖乡人口。

第二种口径(按常住人口划分)

市人口：设区的市的区人口和不设区的市所辖的街道人口；

镇人口：不设区的市所辖镇的居民委员会人口和县辖镇的居民委员会人口；

县人口：除上述两种人口以外的全部人口。

1952-1980 年数据为第一种口径的数据，1982 年以后的数据为第二种口径的数据。

出生率(又称粗出生率) 指在一定时期内(通常为一年)平均每千人所出生的人数的比率，一般用千分率表示。计算公式为：

出生率=年出生人数/年平均人数×1000‰

式中：出生人数指活产婴儿，即胎儿脱离母体时(不管怀孕月数)，有过呼吸或其他生命现象。年平均人数指年初、年底人口数的平均数，也可用年中人口数代替。

死亡率(又称粗死亡率) 指在一定时期内(通常为一年)一定地区的死亡人数与同期平均人数(或期中人数)之比，一般用千分率表示。计算公式为：

死亡率=年死亡人数/年平均人数×1000‰

人口自然增长率 指在一定时期内(通常为一年)人口自然增加数(出生人数减死亡人数)与该时期内平均人数(或期中人数)之比，一般用千分率表示。计算公式为：

人口自然增长率=(本年出生人数-本年死亡人数)/年平均人数×1000‰

人口自然增长率=人口出生率 – 人口死亡率

在业人口(又称就业人口) 指十五周岁及十五周岁以上人口中从事一定的社会劳动并取得劳动报酬或经营收入的人口。

不在业人口 指十五周岁及十五周岁以上人口中未从事社会劳动的人口，包括在校学生、料理家务、待升学、市镇待业、离退休、退职、丧失劳动能力等非在业人口。

Explanatory Notes on Main Statistical Indicators

Total Population refers to the total number of people alive at a certain point of time within a given area.

The annual statistics on total population is taken at midnight, the 3lst of December.

Urban Population and Rural Population There are two definitions. The first definition (according to the administrative organizational system) :

City population: Total population under the jurisdiction of city (including population of the town under the jurisdiction of city. excluding the population of counties under the jurisdiction of city) .

Town population: Total population of town under the jurisdiction of county (excluding the population of town under the jurisdiction of city) .

County population: Total population of country under the jurisdiction of county) .

The second definition (classified by the permanent population) :

City population: Total population of districts under the jurisdiction of city with district establishment and the population of street under the jurisdiction of city without district establishment.

Town population: Total resident committees population of towns under the jurisdiction of city without district establishment and the resident committee's population of towns under the jurisdiction of county.

County population: Total population except city population and town population.

Data from 1952 to 1980 is the figures according to the first definition. Data since 1982 are the figure according to the second definition.

Birth Rate of (Crude Birth Rate) refers to the ratio of the number of births to the average population during a certain period of time (usually a year) which is often expressed in‰. The following formula is used:

Birth Rate = Number of Births /Average Number of Population ×1000‰

Number of births refers to live births i. e. the births when babies had showed any vital phenomena regardless of the length of pregnancy.

Annual Average Number of Population is the average of the number of population at the beginning of the year and that at the end of the year. Sometimes it is substituted for with the mid year population.

Death Rate (or Crude Death Rate) refers to the ratio of the number of deaths to the average population (or mid year population) during a certain period of time (usually a year) which is often expressed in‰. The following formula is used:

Death Rate =Number of Deaths /Annual Average Number of Population ×1000‰

Natural Growth Rate of Population refers to the ratio of natural increase in population (number of births minus number of deaths) in a certain period of time (usually a year) to the average population (or mid year population) of the same period which is often expressed in‰. The following formulas are applied:

Natural Growth of Population =(Number of Births - Number of Deaths) / Average Number of Population ×1000‰

Natural Growth Rate of Population=Birth Rate–Death Rate

Employed Population refers to population aged 15 or over engaging in social labor which generates income.

Unemployed Population refers to population aged 15 or over not engaging in any social labor which generates income, including students enrolled in schools, house wives, students waiting for entering schools with higher level, urban job seekers, retirees job quitters, disabled, etc.

五 从业人员和职工工资

EMPLOYMENT AND WAGES

资料整理：金 玮

Arranged by Jin Wei

5-1 就业基本情况
Employment

项目	Item	1995	2000	2005	2007
就业人员总计(万人)	**Total Number of Employed Persons(10 000 persons)**	**1029.4**	**1061.6**	**1041.1**	**1081.5**
第一产业	Primary Industry	536.8	553.7	560.5	569.3
第二产业	Secondary Industry	225.0	182.4	162.7	183.6
第三产业	Tertiary Industry	267.6	325.5	317.9	328.6
就业人员构成(总计=100)	**Composition of Employed Persons(total=100)**				
第一产业	Primary Industry	52.1	52.2	53.8	52.6
第二产业	Secondary Industry	21.9	17.1	15.6	17.0
第三产业	Tertiary Industry	26.0	30.7	30.5	30.4
按城乡分就业人员(万人)	**Number of Employed Persons by Urban and Rural Areas(10 000 persons)**	**1029.4**	**1061.6**	**1041.1**	**1081.5**
城镇就业人员	**Urban Employed Persons**	**440.0**	**430.1**	**350.3**	**383.5**
#国有单位	State-owned Units	302.3	201.1	162.0	162.0
城镇集体单位	Urban Collective-owned Units	70.8	25.6	12.4	11.1
股份合作单位	Share Holding Units	5.9	2.9	1.8	1.9
联营单位	Joint-owned Units	0.3	0.6	0.3	0.3
有限责任公司	Limited Liability Corporations		26.0	47.0	48.1
股份有限公司	Share-holding Corporations Ltd.		8.2	14.3	17.7
私营企业	Private Enterprises	7.6	28.6	47.1	61.8
港澳台商投资单位	Units Funded by Entrepreneurs from Hong Kong, Macao & Taiwan	2.0	1.7	1.6	1.5
外商投资单位	Foreign Funded Units	2.2	2.2	2.5	2.7
个体	Self-employed Individuals	36.7	88.2	60.2	75.2
乡村从业人员	**Rural Employed Persons**	**589.4**	**631.5**	**690.8**	**698.0**
#私营企业	Private Enterprises	2.5	12.8	21.1	21.1
个体	Self-employed Individuals	26.6	71.5	22.1	18.4
职工人数(万人)	**Number of Staff and Workers(10 000 persons)**	**383.7**	**263.9**	**239.6**	**243.5**
国有单位	State-owned Units	302.3	197.3	159.7	160.2
城镇集体单位	Urban Collective-owned Units	70.8	25.4	12.2	10.9
其他单位	Units of Other Types of Ownership	10.6	41.2	67.7	72.4
城镇单位女性就业人员(万人)	**Number of Female Employment in Urban Units(10 000 persons)**	**149.9**	**102.9**	**91.8**	**92.3**
城镇登记失业人数(万人)	**Number of Registered Unemployed Persons in Urban Areas (10 000 persons)**	**13.97**	**12.65**	**17.75**	**18.46**
城镇登记失业率(%)	**Registered Unemployment Rate in Urban Areas(%)**	**3.17**	**3.34**	**4.26**	**4.00**

注：1. 1998年及以后城镇单位就业人员、职工人数统计口径有调整，详见本篇末指标解释。

2. 2007年全社会就业人员中不包括社会自由从业人员。

a)Statistical coverage of staff and workers employed in urban units was adjusted after 1998.Please refer to the explanatory notes at the end of this chapter.

b)Social total number of employed persons doesn't include social self-employed persons in 2007.

5-2 按三次产业划分的年末就业人员

Number of Employed Persons at the Year-end by Type of Industry

年份 Year	就业人员(万人) Total (10 000 persons)	第一产业 Primary Industry	第二产业 Secondary Industry	第三产业 Tertiary Industry	构成(合计=100) Composition in Percentage(total=100) 第一产业 Primary Industry	第二产业 Secondary Industry	第三产业 Tertiary Industry
1952	345.3	302.6	13.0	29.7	87.63	3.76	8.61
1957	400.6	347.4	21.1	32.1	86.72	5.27	8.01
1965	476.8	379.7	45.3	51.8	79.64	9.50	10.86
1970	524.4	405.2	63.6	55.6	77.27	12.13	10.60
1975	607.5	441.6	95.5	70.4	72.69	15.72	11.59
1978	652.8	438.0	120.5	94.3	67.10	18.45	14.45
1980	698.4	460.7	129.7	108.0	65.97	18.57	15.46
1981	731.2	478.8	136.4	116.0	65.48	18.66	15.86
1982	762.4	501.5	140.1	120.8	65.78	18.38	15.84
1983	798.8	515.8	146.7	136.3	64.57	18.37	17.06
1984	827.8	524.5	154.5	148.8	63.36	18.66	17.98
1985	856.6	517.8	174.8	164.0	60.45	20.40	19.15
1986	875.4	521.7	184.6	169.1	59.60	21.08	19.32
1987	891.0	490.3	188.0	212.7	55.03	21.10	23.87
1988	909.7	490.0	200.1	219.6	53.86	22.00	24.14
1989	910.3	491.3	199.1	219.9	53.97	21.87	24.16
1990	924.6	515.5	201.4	207.7	55.76	21.78	22.46
1991	962.9	537.9	208.8	216.2	55.86	21.68	22.45
1992	976.0	531.4	217.1	227.5	54.45	22.24	23.31
1993	1008.2	535.4	220.4	252.4	53.10	21.86	25.04
1994	1033.4	536.5	225.1	271.8	51.92	21.78	26.30
1995	1029.4	536.8	225.0	267.6	52.15	21.85	26.00
1996	1039.0	546.8	223.4	268.8	52.63	21.50	25.87
1997	1050.3	544.6	213.2	292.5	51.85	20.30	27.85
1998	1050.3	542.6	207.1	300.6	51.66	19.72	28.62
1999	1056.7	555.4	185.5	315.8	52.56	17.55	29.89
2000	1061.6	553.7	182.4	325.5	52.20	17.10	30.70
2001	1067.0	550.5	179.3	337.2	51.60	16.80	31.60
2002	1086.1	552.3	173.7	360.1	50.90	16.00	33.10
2003	1005.2	548.7	152.5	303.9	54.59	15.17	30.24
2004	1026.1	559.3	153.0	313.8	54.51	14.91	30.58
2005	1041.1	560.5	162.7	317.9	53.83	15.64	30.53
2006	1051.2	565.3	168.0	317.8	53.78	15.98	30.23
2007	1081.5	569.3	183.6	328.6	52.64	16.98	30.38

注：1. 2003年以后就业人员中不包括社会自由就业人员。

2. 2004年三次产业就业人员和构成按相关数据进行了调整。

a)Social total number of employed persons doesn't include social self-employed persons after 2003.

b)The number of employed persons in tertiary industry and its composition in 2004 is adjusted by relation data.

5-3 分行业城镇单位年末女性就业人员(2007年)

Number of Female Employed in Urban Units at the Year-end by Sector(2007)

单位：人 (person)

项目	Item	合计 Total	国有单位 State-owned Units	城镇集体单位 Urban Collective-owned Units	其他单位 Units of Other Types of Ownership
总计	**Total**	**922561**	**630247**	**45486**	**246828**
按企、事业和机关分组	**Grouped by Enterprises, Institutions and Agencies**				
企业	Enterprises	488700	205826	37681	245193
事业	Institutions	347709	338334	7740	1635
机关	Agencies & Organizations	86152	86087	65	
按国民经济行业分组	**Grouped by Sector**				
农、林、牧、渔业	Farming, Forestry, Animal Husbandry and Fishery	97134	93615	423	3096
采矿业	Mining	30460	7097	1092	22271
制造业	Manufacturing	164829	10575	14630	139624
电力、燃气及水的生产和供应业	Production & Supply of Electric Power, Gas and Water	30296	20615	249	9432
建筑业	Construction	28063	6671	4447	16945
交通运输、仓储和邮政业	Transportation, Storage and Postal Services	41444	34508	1212	5724
信息传输、计算机服务和软件业	Information Transmission, Computer Service & Computer Software	16204	13265	10	2929
批发和零售业	Wholesale and Retail Trade	34939	15572	2105	17262
住宿和餐饮业	Quarters and Catering	16131	7251	1489	7391
金融业	Banking	44824	21735	9652	13437
房地产业	Real Estate	5650	3518	36	2096
租赁和商务服务业	Leasing and Commercial Services	8553	5941	1110	1502
科学研究、技术服务和地质勘查业	Scientific Research,Technical Services & Geological Prospecting	14325	13577	71	677
水利、环境和公共设施管理业	Water Conservancy, Environment and Public Facilities Administration	28933	26636	1203	1094
居民服务和其他服务业	Resident Services and Other Services	5897	4009	1260	628
教育	Education	181405	179598	169	1638
卫生、社会保障和社会福利业	Health Care, Social Security and Social Welfare	63789	56667	6268	854
文化、体育和娱乐业	Culture, Sports & Recreational Services	13993	13742	23	228
公共管理和社会组织	Public Administration and Social Organizations	95692	95655	37	
国际组织	International Organizations				

5-4 按登记注册类型和城乡划分的年末就业人员

单位：万人

年份 Year	总计 Total	城镇						
		小计 Subtotal	# 国有单位 State-owned Units	# 集体单位 Collective-owned Units	# 股份合作单位 Share Holding Units	# 联营单位 Joint-owned Units	# 有限责任公司 Limited Liability Corporations	# 股份有限公司 Share-holding Corporations Ltd.
1952	345.3	49.9	16.9					
1957	400.6	56.3	46.1	9.4				
1965	476.8	101.2	86.5	13.4				
1970	524.4	124.8	110.9	13.9				
1975	607.5	176.9	143.8	32.9				
1978	652.8	227.8	183.2	44.4				
1980	698.4	225.4	200.6	53.7				
1985	856.6	335.6	241.4	79.0				
1987	891.0	359.7	260.2	82.5		0.1		
1988	909.7	373.3	268.3	84.7		0.2		
1989	910.3	375.4	271.0	86.0		0.3		
1990	924.6	386.6	282.3	87.0		0.4		
1991	962.9	404.2	293.2	89.3		0.6		
1992	976.0	415.7	302.1	89.6		1.0		
1993	1008.2	434.2	301.1	87.4	1.2	0.3		
1994	1033.4	453.8	301.7	76.1	5.0	0.4		
1995	1029.4	440.0	302.3	70.8	5.9	0.3		
1996	1039.0	434.7	302.1	66.8	5.9	0.3		
1997	1050.3	444.9	291.9	59.4	7.1	0.2		
1998	1050.3	443.4	252.4	45.7	2.9	0.8	18.1	6.9
1999	1056.7	435.7	232.4	37.8	2.9	0.9	23.4	8.0
2000	1061.6	430.1	201.1	25.6	2.9	0.6	26.0	8.2
2001	1067.0	434.5	188.9	20.5	2.2	0.5	29.3	9.3
2002	1086.1	435.6	177.8	17.7	1.9	0.4	34.4	11.1
2003	1005.2	352.9	169.2	15.8	2.0	0.3	40.2	12.0
2004	1026.1	350.3	166.6	13.5	1.7	0.3	43.3	13.0
2005	1041.1	350.3	162.0	12.4	1.8	0.3	47.0	14.3
2006	1051.2	365.0	160.5	11.5	1.5	0.3	49.3	14.3
2007	1081.5	383.5	162.0	11.1	1.9	0.3	48.1	17.7

Number of Employed Persons at the Year-end by Status of Registration and Residence in Urban and Rural Areas

(10 000 persons)

Urban Area				乡 村Rural Area		
# 私营企业 Private Enterprises	# 港澳台商投资单位 Economic Units Funded by Entrepreneurs from Hong Kong, Macao and Taiwan	# 外商投资单位 Foreign Funded Economic Units	# 个 体 Self-employed individuals	合 计 Sub-total	# 私营企业 Private Enterprises	# 个体 Self-employed Individuals
			33.0	295.4		
			0.8	344.3		
			1.3	375.6		
				399.6		
			0.2	430.6		
			0.2	425.0		
			1.1	443.0		
			15.2	521.0		
			16.9	531.3		
			20.1	536.4		
			18.1	534.9		
			16.9	538.0		
			21.1	558.7		
			23.0	560.3		
3.8	1.0	1.1	28.7	574.0		
5.5	1.4	1.7	38.1	579.6		
7.6	2.0	2.2	36.7	589.4	2.5	26.6
10.8	1.9	2.7	40.7	604.3	3.2	32.9
14.0	2.1	2.8	57.9	605.4	3.7	37.1
23.0	2.3	1.7	73.2	606.9	5.9	48.8
25.1	2.0	2.1	88.0	621.0	13.6	59.7
28.6	1.7	2.2	88.2	631.5	12.8	71.5
30.4	1.7	1.8	96.2	632.5	15.2	73.7
29.0	1.8	2.0	87.9	650.5	22.8	77.6
35.7	1.7	2.5	72.8	652.3	15.6	35.6
44.2	1.1	2.7	56.1	675.8	17.0	21.8
47.1	1.6	2.5	60.2	690.8	21.1	22.1
53.3	1.3	2.7	69.0	686.2	20.3	18.8
61.8	1.5	2.7	75.2	698.0	21.1	18.4

5-5 分行业年末职工(2007年)

Number of Staff and Workers at the Year-end by Sector(2007)

单位：人 (person)

项目	Item	合计 Total	国有单位 State-owned Units	城镇集体单位 Urban Collective-owned Unit	其他单位 Units of Other Types of Ownership
总计	**National Total**	**2435444**	**1602614**	**108757**	**724073**
按企、事业和机关分组	**Grouped by Enterprises, Institutions and Agencies**				
企业	Enterprises	1439489	626445	91916	721128
事业	Institutions	708796	689209	16642	2945
机关	Agencies & Organizations	287159	286960	199	
按国民经济行业分组	**Grouped by Sector**				
农、林、牧、渔业	**Farming, Forestry, Animal Husbandry and Fishery**	**290621**	**280836**	**1897**	**7888**
农业	Farming	112136	108652	521	2963
林业	Forestry	106283	106213	70	
畜牧业	Animal Husbandry	31624	26713	26	4885
渔业	Fishery	4621	4615		6
农、林、牧、渔服务业	Agricultural Services	35957	34643	1280	34
采矿业	**Mining**	**172955**	**36405**	**4459**	**132091**
制造业	**Manufacturing**	**416562**	**29579**	**30691**	**356292**
电力、燃气及水的生产和供应业	**Production and Supply of Electric Power, Gas and Water**	**93466**	**63261**	**807**	**29398**
建筑业	**Construction**	**154562**	**30467**	**18181**	**105914**
房屋和土木工程建筑业	Housing and Civil Engineering Construction	145902	27502	17112	101288
建筑安装业	Installation of Buildings	6524	2780	1019	2725
建筑装饰业	Decoration of Buildings	331	69	24	238
其他建筑业	Other Construction	1805	116	26	1663
交通运输、仓储和邮政业	**Transportation, Storage and Postal Services**	**158431**	**141170**	**3907**	**13354**
铁路运输业	Railway Transport	88770	85469	3016	285
道路运输业	Roadway Transport	32674	26705	455	5514
城市公共交通业	Public traffic in Cities	11619	5043		6576
水上运输业	Waterway Transport	156	156		
航空运输业	Air Transport	3344	3277		67
管道运输业	Pipeline Transport				
装卸搬运和其他运输服务业	Loading,Unloading, Carrying and Transport	1538	344	436	758
仓储业	Storage	7430	7276		154
邮政业	Postal Services	12900	12900		
信息传输、计算机服务和软件业	**Information Transmission, Computer Service & Computer Software**	**35424**	**30584**	**21**	**4819**
电信和其他信息传输服务	Telecommunication and other Information Transmission	35080	30464		4616
计算机服务业	Computer Services	126	71	21	34
软件业	Software	218	49		169
批发和零售业	**Wholesale & Retail Trade**	**71181**	**36551**	**5616**	**29014**
批发业	Wholesale Trade	37008	27130	1153	8725
零售业	Retail Trade	34173	9421	4463	20289
住宿和餐饮业	**Quarters and Catering**	**26067**	**12319**	**2277**	**11471**
住宿业	Quarters	20101	11634	1328	7139
餐饮业	Catering	5966	685	949	4332

5-5 续表 continued

单位：人 (person)

项 目	Item	合 计 Total	国有单位 State-owned Units	城镇集体单位 Urban Collective-owned Unit	其他单位 Units of Other Types of Ownership
金融业	**Finance**	**74396**	**40604**	**19736**	**14056**
银行业	Banking	63488	33011	19542	10935
证券业	Bond	446	123		323
保险业	Insurance	9556	6802		2754
其他金融活动	Others	906	668	194	44
房地产业	**Real Estate**	**14210**	**8377**	**90**	**5743**
房地产开发经营	Development & Management	5704	1407	58	4239
租赁和商务服务业	**Leasing and Commercial Services**	**25613**	**18349**	**3263**	**4001**
租赁业	Leasing Services	41	14		27
商务服务业	Commercial Services	25572	18335	3263	3974
科学研究、技术服务和地质勘查业	**Scientific Research ,Technical Services & Geological Prospecting**	**39965**	**37859**	**156**	**1950**
研究与试验发展	Research and Development	9044	9036		8
专业技术服务业	Special Technical Services	17750	15688	138	1924
科技交流和推广服务业	Science and Technological Exchanging and Spreading	3420	3384	18	18
地质勘查业	Geological Prospecting	9751	9751		
水利、环境和公共设施管理业	**Water Conservancy, Environment and Public Facilities Administration**	**62185**	**57148**	**2508**	**2529**
水利管理业	Water Conservancy	17439	17012	97	330
环境管理业	Environment	32819	29634	2396	789
公共设施管理业	Public Facilities Administration	11927	10502	15	1410
居民服务和其他服务业	**Resident Services and Other Services**	**14730**	**11580**	**2081**	**1069**
居民服务业	Resident Services	4695	3338	654	703
其他服务业	Other Services	10035	8242	1427	366
教育	**Education**	**333953**	**330876**	**272**	**2805**
卫生、社会保障和社会福利业	**Health Care, Social Security and Social Welfare**	**106782**	**92868**	**12630**	**1284**
卫生	Health Care	99895	86081	12559	1255
社会保障业	Social Security	3735	3735		
社会福利业	Social Welfare	3152	3052	71	29
文化、体育和娱乐业	**Culture, Sports and Recreational Services**	**31765**	**31322**	**48**	**395**
新闻出版业	Press	4378	4368		10
广播、电视和音像业	Radio ,Television and Audio-visual	11901	11680		221
文化艺术业	Culture and Arts	13626	13594	32	
体育	Sports	1554	1554		
娱乐业	Recreational Services	306	126	16	164
公共管理和社会组织	**Public Administration and Social Organization**	**312576**	**312459**	**117**	
中国共产党机关	Chinese Communist Party Agencies	17413	17413		
国家机构	Government Agencies	286038	285921	117	
人民政协和民主党派	People's Politics Consultative Conference and Democratic Parties	3097	3097		
群众团体、社会团体和宗教组	Mass Organization ,Social Organization and Religious Organization	6028	6028		
基层群众自治组织	Basic Mass Autonomous Organization				
国际组织	**International Organizations**				
国际组织	International Organizations				

5-6 年末分行业专业技术人员(2007年)

单位：人

地 区	Region	全 区 Total	呼和浩特市 Hohhot City	包头市 Baotou City	呼伦贝尔市 Hulunbeier City
总 计	**Total**	**732767**	**99838**	**89517**	**69312**
农、林、牧、渔业	Farming, Forestry, Animal Husbandry & Fishery	49293	1446	1570	5595
采矿业	Mining	19378	19	1822	4863
制造业	Manufacturing	68166	11612	29385	2352
电力、燃气及水的生产和供应业	Production & Supply of Electric Power,Gas & Water	22483	2494	2108	3270
建筑业	Construction	29761	5269	5123	2052
交通运输、仓储和邮政业	Transportation, Storage & postal Services	19282	2926	1161	830
信息传输、计算机服务和软件业	Information Transmission,Computer Service & Computer Software	10211	1837	850	983
批发和零售业	Wholesale & Retail Trade	9057	1382	856	871
住宿和餐饮业	Quarters & Catering	3236	1507	392	259
金融业	Banking	35729	6411	4163	3713
房地产业	Real Estate	3306	311	348	364
租赁和商务服务业	Leasing & Commercial Services	6264	1864	429	815
科学研究、技术服务和地质勘查业	Scientific Research,Technical Services & Geological Prospecting	22047	7437	3154	1890
水利、环境和公共设施管理业	Water Conservancy, Environment & Public Facilities Administration	10714	1346	1010	820
居民服务和其他服务业	Resident Services & Other Services	1709	131	38	80
教育	Education	288597	36087	25803	27892
卫生、社会保障和社会福利业	Health Care, Social Security & Social Welfare	81996	9990	8349	8974
文化、体育和娱乐业	Culture, Sports & Recreational Services	17218	5169	1382	2256
公共管理和社会组织	Public Administration & Social Organization	34320	2600	1574	1433
国际组织	International Organizations				

Number of Technical Personnel at the Year-end by Sector(2007)

(person)

兴安盟 Xingan League	通辽市 Tongliao City	赤峰市 Chifeng City	锡林郭勒盟 Xilinguole League	乌兰察布市 Wulanchabu City	鄂尔多斯市 Erdos City	巴彦淖尔市 Bayannaoer City	乌海市 Wuhai City	阿拉善盟 Alashan League	直报单位 Unit of Direct Report
41112	**78340**	**118279**	**30902**	**48648**	**45828**	**46454**	**19918**	**10681**	**33938**
3404	6217	3028	2269	2066	1721	2546	184	665	18582
157	352	2613	835	210	4969	496	1934	1079	29
1745	2714	6837	1068	2048	2697	3285	2891	352	1180
752	1952	2772	1129	2536	2178	2163	844	285	
651	3345	4100	829	1318	447	3005	1876	570	1176
734	1173	1587	839	1330	618	870	449	370	6395
460	975	600	668	1385	524	351	366	420	792
576	1172	1946	405	440	315	419	267	57	351
90	171	278	127	119	90	50	55	5	93
1436	3741	3795	1944	2900	2205	3409	1161	834	17
164	442	751	292	123	119	83	259	24	26
239	234	217	297	90	252	210	257	271	1089
1326	1481	1715	929	1067	662	1275	491	445	175
577	1030	1675	595	639	751	1817	318	136	
44	34	120	98	64	15	13	67	12	993
20002	38847	59464	11908	21971	19157	18035	6058	2982	391
5201	9480	14547	4184	5393	4926	6268	1806	1367	1511
715	1427	1595	1085	828	1052	776	297	510	126
2839	3553	10639	1401	4121	3130	1383	338	297	1012

5-7 私营企业年末就业人员(2007年)

Number of Employed Persons in Private Enterprises at the Year-end(2007)

单位：户、人 (household)(person)

项 目	Item	合 计 Total			城 镇 Urban Areas			乡 村 Rural Areas		
		户数 Number of Enter-prises	就业人员 Number of Empl-oyed Persons	#投资者 Empl-oyers	户数 Number of Enter-prises	就业人员 Number of Empl-oyed Persons	#投资者 Empl-oyers	户数 Number of Enter-prises	就业人员 Number of Empl-oyed Persons	#投资者 Empl-oyers
总 计	**Total**	**63270**	**828767**	**169889**	**50618**	**618015**	**135350**	**12652**	**210752**	**34539**
农、林、牧、渔业	Farming, Forestry, Animal Husbandry and Fishery	1973	26659	5686	1345	13401	3896	628	13258	1790
采矿业	Mining	2218	48626	5526	1164	21568	2753	1054	27058	2773
制造业	Manufacturing	10336	198488	31476	7177	125114	21737	3159	73374	9739
电力、燃气及水的生产和供应业	Production & Supply of Electric Power,Gas & Water	407	9494	1324	312	6565	1093	95	2929	231
建筑业	Construction	2546	59639	9590	2192	49722	8365	354	9917	1225
交通运输、仓储业和邮电业	Transportation, Storage & postal Services	2144	23354	6467	1767	18095	5253	377	5259	1214
信息传输、计算机服务和软件业	Information Transmission,Compute- Service & Software	1792	13293	3275	1525	11414	2659	267	1879	616
批发和零售业	Wholesale & Retail	25839	274595	63688	20893	221326	51659	4946	53269	12029
住宿和餐饮业	Quarters & Catering	2371	30850	6207	2079	25664	5399	292	5186	808
房地产业	Real Estate	2897	38117	8363	2680	34358	7743	217	3759	620
租赁和商业服务业	Leasing & Commercial Services	4302	39261	12378	3827	33943	10716	475	5318	1662
居民服务和其他服务业	Resident Services & Other Services	3007	35439	7306	2602	30310	6442	405	5129	864
卫生、社会保障和社会福利业	Health Care, Social Security & Social Welfare	80	978	258	67	846	179	13	132	79
文化、体育和娱乐业	Culture, Sports & Recreational Services	420	3968	801	341	3332	662	79	636	139
其他行业	Others	2938	26006	7544	2647	22357	6794	291	3649	750

注：本资料由工商部门提供。

a)The Statistics are provided by the Department of Industry and Commerce.

5-8 个体年末就业人员(2007年)

Number of Self-employed Individuals at the Year-end(2007)

单位:户、人 (household)(person)

项 目	Item	合 计 Total		城 镇 Urban Areas		乡 村 Rural Areas	
		户 数 Number of Households	就业人员 Number of Employed Individuals	户 数 Number of Households	就业人员 Number of Employed Individuals	户 数 Number of Households	就业人员 Number of Employed Individuals
总 计	**Total**	**509393**	**935777**	**411153**	**751775**	**98240**	**184002**
农、林、牧、渔业	Farming, Forestry, Animal Husbandry and Fishery	1895	5518	925	3322	970	2196
采矿业	Mining	1151	6955	467	3696	684	3259
制造业	Manufacturing	27331	75138	20534	53292	6797	21846
电力、燃气及水的生产和供应业	Production & Supply of Electric Power,Gas & Water	144	330	59	233	85	97
建筑业	Construction	326	1778	247	990	79	788
交通运输、仓储和邮电业	Transportation, Storage & postal Services	51951	75048	46350	68513	5601	6535
信息传输、计算机服务和软件业	Information Transmission,Computer Service & Computer Software	3620	6578	3226	5929	394	649
批发零售业	Wholesale & Retail	268158	462825	213236	366100	54922	96725
住宿和餐饮业	Quarters & Catering	63720	141084	51918	116158	11802	24926
房地产业	Real Estate	1251	4733	1213	4510	38	223
租赁和商业服务业	Leasing & Commercial Services	2759	4968	2554	4468	205	500
居民服务和其他服务业	Resident Services & Other Services	69301	118763	55532	97324	13769	21439
卫生、社会保障和社会福利业	Health Care, Social Security & Social Welfare	2751	4875	2344	4033	407	842
文化、体育和娱乐业	Culture, Sports & Recreational Services	4692	8762	4277	8014	415	748
其他行业	Others	10343	18422	8271	15193	2072	3229

注：本资料由工商部门提供。

a)The Statistics are provided by the Department of Industry and Commerce.

5-9 城镇就业及失业人数

Employment and Unemployment in Urban Areas

年份 Year	当年需要安置人数(人) Number of Need Settled down(person)	当年就业人数(人) New Employment in the Year(person)	年末城镇失业人数(人) Unemployment at year-end(person)			失业青年占城镇失业人数(%) Percentage of Young Unemployed Persons to Total Unemployed Persons In Urban Areas	登记失业率(%) Registered Unemploy -ment Rate in Urban Areas
			合计 Total	失业青年 Youth	#女青年 Female		
1979		212267	429080				15.01
1980	429100	202696	367280				12.62
1981	464100	344573	283181				9.39
1982	488300	202958	285369				9.11
1983	464100	179283	267539	200340	118998	74.88	8.18
1984	427500	198995	177568	154862	94559	87.21	5.34
1985	335600	178336	138773	116939	73140	84.27	3.97
1986	347000	207440	127726	117477	62683	91.97	3.51
1987	307800	161514	129753	118699	70580	91.48	3.48
1988	268100	140598	123579	116792	67630	94.51	3.69
1989	266700	116515	143681	135679	78826	94.43	3.78
1990	282800	124582	151916	142721	82631	93.95	3.49
1991	292500	140710	146319	136929	80088	93.58	2.68
1992	275300	154848	114894	107026	61745	93.15	3.49
1993	226400	107653	113405	99184	58281	87.46	2.62
1994	215400	88637	123660	111602	65544	90.25	2.86
1995	232084	87033	139713	123135	74850	88.13	3.17
1996	263436	86341	144107	101083	58311	70.14	3.47
1997	258299	105927	145253	102837	59602	70.79	3.40
1998	265256	115162	131138	78096	43191	59.55	3.13
1999	222695	96002	123858	64958	32897	52.45	3.10
2000	239620	106020	126478	61785	32408	48.85	3.34
2001	274460	116527	144689	66892	35535	46.23	3.70
2002	345500	174300	162700				4.10
2003	406755	215118	175889				4.50
2004	430454	245309	185118				4.59
2005	451039	261359	177483				4.26
2006	527624	320781	179786				4.13
2007	511642	319431	184573				4.00

注：本资料由劳动社会保障厅提供。

a)The Statistics are provided by the Bureau of Labour and Social Insurance

5-10 职工工资总额和指数

Total Wages of Staff and Workers and Related Index

年 份 Year	工资总额(万元) Total Wages(10 000 yuan)				指数(上年=100) Index(preceding year=100)			
	总 计 Total	国有单位 State-owned Units	城镇集体单位 Urban Collective-owned Units	其他单位 Units of Other Types of Ownership	总计 Total	国有单位 State-owned Units	城镇集体单位 Urban Collective-owned Units	其他单位 Units of other Types of Ownership
1952	10337	7099	3238					
1957	39634	34054	5580					
1965	70670	63788	6882					
1970	77531	71047	6484					
1975	111072	99489	11583					
1978	149779	128019	21760		112.7	115.5	98.6	
1980	198255	164897	33358		110.0	109.0	115.0	
1981	210486	175079	35407		104.2	104.2	104.2	
1982	230005	189964	40041		107.4	106.7	111.2	
1983	247989	203182	44807		106.5	105.7	110.6	
1984	292787	234455	58332		112.5	110.0	124.1	
1985	339534	271875	67619	40	106.5	106.5	106.4	
1986	405310	324839	80423	48	113.1	113.3	112.7	113.8
1987	436260	350557	85628	75	99.2	99.5	98.1	143.2
1988	531584	429383	102028	173	104.1	104.7	101.8	196.5
1989	589385	475264	113791	330	96.2	96.0	96.7	165.4
1990	662156	540255	121270	631	110.4	111.7	104.7	187.9
1991	755609	615184	139230	1194	107.7	107.4	108.3	178.6
1992	897992	735751	160172	2069	109.3	110.0	105.8	159.3
1993	1090634	894747	185691	10196	104.3	104.5	99.6	423.4
1994	1410664	1178947	201545	30172	104.1	106.0	87.3	238.1
1995	1561199	1312079	208706	40414	94.5	95.0	88.4	114.4
1996	1758549	1483936	227478	47136	104.6	105.1	101.3	108.4
1997	1853641	1586052	210134	57455	100.8	102.2	88.3	116.5
1998	1747030	1375390	161525	210115	96.2	88.5	77.9	376.2
1999	1779688	1379154	141567	258967	101.6	100.0	87.3	122.9
2000	1859617	1442792	125315	291510	103.2	103.3	87.4	111.1
2001	2105277	1633364	121820	350093	118.3	118.4	86.1	135.2
2002	2374765	1791830	112018	490918	112.8	109.7	92.0	140.2
2003	2723285	1988162	115527	619597	114.7	111.0	103.1	126.2
2004	3230903	2339836	122021	769046	118.6	117.7	105.6	124.1
2005	3877342	2656826	136088	1084428	120.0	113.5	111.5	141.0
2006	4469480	3078254	141470	1249756	115.3	115.9	104.0	115.3
2007	5365887	3660690	159016	1546181	120.1	118.9	112.4	123.7

注：1998年及以后职工工资总额为在岗职工的工资总额，指数按可比口径计算(以下各表同)。

a)Data on total wages since1998 refer to wages of fully employed staff and workers, and the index was calculated on the basis of comparable coverage (similarly in the following tables).

5-11 职工平均工资及指数

Average Wages of Staff and Workers and Related Index

年份 Year	职工平均工资(元) Average Wages(yuan)				指数(上年=100) Index(preceding year=100)			
	总计 Total	国有单位 State-owned Units	城镇集体单位 Urban Collective-owned Units	其他单位 Units of Other Types of Ownership	总计 Total	国有单位 State-owned Units	城镇集体单位 Urban Collective-owned Units	其他单位 Units of Other Types of Ownership
1952	400	454	319					
1957	691	729	505					
1965	728	751	544					
1970	648	671	475					
1975	667	707	495					
1978	712	749	563		100.0	105.1	102.1	
1980	796	839	635		104.8	105.4	103.4	
1981	807	851	642		99.5	99.5	99.2	
1982	826	869	669		100.6	100.4	102.5	
1983	862	903	714		103.1	102.7	105.5	
1984	986	1047	801		109.0	110.5	106.9	
1985	1095	1169	872	1023	102.0	102.5	100.0	
1986	1239	1325	982	1034	107.3	107.4	106.7	95.8
1987	1301	1410	1053	1000	96.8	98.1	98.8	89.1
1988	1548	1641	1251	1105	101.7	99.5	101.5	94.4
1989	1685	1779	1381	1451	94.4	94.0	95.7	113.9
1990	1846	1971	1441	1858	107.6	108.8	102.5	125.8
1991	2012	2148	1573	1984	102.8	102.8	103.0	100.7
1992	2339	2493	1823	2292	106.9	106.8	106.6	106.3
1993	2796	2998	2107	2940	102.7	103.2	99.3	110.2
1994	3675	3942	2667	3299	105.7	105.8	101.9	90.3
1995	4134	4407	3001	3906	96.1	95.5	96.1	101.1
1996	4716	4996	3508	4283	106.0	105.4	108.6	102.0
1997	5124	5462	3551	4687	103.9	104.5	96.8	104.6
1998	5792	5979	4184	6367	102.9	101.5	99.5	119.3
1999	6347	6580	4548	6526	109.3	109.7	108.4	102.2
2000	6974	7261	4826	6947	108.5	108.9	104.8	105.1
2001	8250	8737	5525	7579	117.6	119.6	113.8	108.4
2002	9683	10287	6431	8777	116.4	116.8	115.4	114.9
2003	11279	11929	7620	10391	114.8	114.2	116.7	116.6
2004	13324	14209	9010	11965	115.2	116.2	115.4	112.3
2005	15985	16598	10804	15514	120.0	116.8	119.9	129.7
2006	18469	19386	12469	17391	115.5	116.8	115.4	112.1
2007	21884	22822	14338	20980	118.5	117.7	115.0	120.6

注：职工平均工资指数考虑价格因素。

a)When index of average wages of staff and workers was calculated ,the factor of price was considered.

5-12 分行业全部在岗职工平均工资

Average Wage of All Staff and Workers Being on Duty by Sector

单位：元 (yuan)

项 目	Item	2006	2007	2007年比2006年增长(%) Growth Rate
总 计	**Total**	**18469**	**21884**	**18.5**
按企、事业和机关分组	**Grouped by Enterprises, Institutions & Agencies**			
企业	Enterprises	17452	20696	18.6
事业	Institutions	19663	23174	17.9
机关	Agencies & Organizations	20727	24760	19.5
按国民经济行业分组	**Grouped by Sector**			
农、林、牧、渔业	Farming, Forestry, Animal Husbandry & Fishery	10151	11580	14.1
采矿业	Mining	21577	27334	26.7
制造业	Manufacturing	15683	19148	22.1
电力、燃气及水的生产和供应业	Production and Supply of Electric Power, Gas & Water	33022	36806	11.5
建筑业	Construction	13311	15452	16.1
交通运输、仓储和邮政业	Transportation, Storage & Postal Services	22688	26330	16.1
信息传输、计算机服务和软件业	Information Transmission, Computer Service and Computer Software	26139	26540	1.5
批发和零售业	Wholesale and Retail Trade	13616	15027	10.4
住宿和餐饮业	Quarters and Catering	12020	13365	11.2
金融业	Banking	24889	30214	21.4
房地产业	Real Estate	15197	18075	18.9
租赁和商务服务业	Leasing and Commercial Services	17862	19961	11.8
科学研究、技术服务和地质勘查业	Scientific Research,Technical Services & Geological Prospecting	23772	28138	18.4
水利、环境和公共设施管理业	Water Conservancy, Environment & Public Facilities Administration	14684	18383	25.2
居民服务和其他服务业	Resident Services & Other Services	21612	22933	6.1
教育	Education	21393	25474	19.1
卫生、社会保障和社会福利业	Health Care, Social Security and Social Welfare	20510	24155	17.8
文化、体育和娱乐业	Culture, Sports and Recreational Services	20814	23767	14.2
公共管理和社会组织	Public Administration and Social Organization	20553	24542	19.4
国际组织	International Organizations			

5-13 分行业职工平均工资(2007年)

Average Wage of Staff and Workers by Sector(2007)

单位：元 (yuan)

项 目	Item	合 计 Total	国有单位 State-owned Units	城镇集体单位 Urban Collective-owned Units	其他单位 Units of Other Types of Ownership
总 计	**Total**	**21884**	**22822**	**14338**	**20980**
按企、事业和机关分组	**Grouped by Enterprises, Institutions & Agencies**				
企业	Enterprises	20696	21243	14618	21005
事业	Institutions	23174	23465	12600	14663
机关	Agencies & Organizations	24760	24759	26545	
按国民经济行业分组	**Grouped by Sector**				
农、林、牧、渔业	Farming, Forestry, Animal Husbandry & Fishery	11580	11653	8371	9794
采矿业	Mining	27334	27685	14383	27671
制造业	Manufacturing	19148	17201	11523	19983
电力、燃气及水的生产和供应业	Production and Supply of Electric Power, Gas & Water	36806	33856	13121	43760
建筑业	Construction	15452	18961	15856	14376
交通运输、仓储和邮政业	Transportation, Storage & Postal Services	26330	27868	10176	14207
信息传输、计算机服务和软件业	Information Transmission, Computer Service and Computer Software	26540	25735	10476	32080
批发和零售业	Wholesale and Retail Trade	15027	17504	11638	12395
住宿和餐饮业	Quarters and Catering	13365	14070	10623	13169
金融业	Banking	30214	30662	22139	40310
房地产业	Real Estate	18075	21089	9356	14210
租赁和商务服务业	Leasing and Commercial Services	19961	22430	11334	15541
科学研究、技术服务和地质勘查业	Scientific Research,Technical Services & Geological Prospecting	28138	28637	21980	18737
水利、环境和公共设施管理业	Water Conservancy, Environment & Public Facilities Administration	18383	19014	5818	16180
居民服务和其他服务业	Resident Services & Other Services	22933	26638	8598	12591
教育	Education	25474	25590	15419	12732
卫生、社会保障和社会福利业	Health Care, Social Security and Social Welfare	24155	25659	14033	14635
文化、体育和娱乐业	Culture, Sports and Recreational Services	23767	23885	13577	16886
公共管理和社会组织	Public Administration and Social Organization	24542	24540	30878	
国际组织	International Organizations				

5-14 国有单位年末就业人员和劳动报酬(2007年)

Employed Persons at the Year-end & Earnings in State-owned Units(2007)

项 目	Item	就业人员(人) Number of Employed (person)	# 女 性 Female	在岗职工(人) Fully Employed Staff & Workers (person)	# 专业技术人员 Technical personnel
总 计	**Total**	**1620076**	**630247**	**1602614**	**583773**
按企、事业和机关分组	**Grouped by Enterprises, Institutions & Agencies**				
企业	Enterprises	636877	205826	626445	112164
事业	Institutions	694742	338334	689209	442221
机关	Agencies & Organizations	288457	86087	286960	29388
按国民经济行业分组	**Grouped by Sector**				
农、林、牧、渔业	Farming, Forestry, Animal Husbandry & Fishery	281106	93615	280836	47827
采矿业	Mining	36472	7097	36405	6408
制造业	Manufacturing	29636	10575	29579	4426
电力、燃气及水的生产和供应业	Production & Supply of Electric Power, Gas & Water	63667	20615	63261	15005
建筑业	Construction	31193	6671	30467	8425
交通运输、仓储和邮政业	Transportation, Storage & Postal Services	141829	34508	141170	17208
信息传输、计算机服务和软件业	Information Transmission, Computer Service & Computer Software	30750	13265	30584	9104
批发和零售业	Wholesale & Retail Trade	37664	15572	36551	5363
住宿和餐饮业	Quarters & Catering	12418	7251	12319	1656
金融业	Banking	43657	21735	40604	20470
房地产业	Real Estate	8433	3518	8377	1814
租赁和商务服务业	Leasing & Commercial Services	18595	5941	18349	4625
科学研究、技术服务和地质勘查业	Scientific Research,Technical Services & Geological Prospecting	38043	13577	37859	20609
水利、环境和公共设施管理业	Water Conservancy, Environment & Public Facilities Administration	58418	26636	57148	10287
居民服务和其他服务业	Resident Services & Other Services	15377	4009	11580	1494
教育	Education	332116	179598	330876	286372
卫生、社会保障和社会福利业	Health Care, Social Security & Social Welfare	93799	56667	92868	71240
文化、体育和娱乐业	Culture, Sports & Recreational Services	31453	13742	31322	17121
公共管理和社会组织	Public Administration & Social Organization	315450	95655	312459	34319
国际组织	International Organizations				

5-14 续表 continued

单位：万元 (10 000 yuan)

行 业	Sector	单位就业人员劳动报酬 Total Remuneration	在岗职工工资总额 Wages of Fully Employed Staff & Workers	其他就业人员劳动报酬 Remuneration for Other Employed Persons	# 聘用的离退休人员 Re-employed Retirements
总 计	**Total**	**3686453**	**3660690**	**25763**	**2825**
按企、事业和机关分组	**Grouped by Enterprises, Institutions & Agencies**				
企业	Enterprises	1358672	1339271	19401	1482
事业	Institutions	1620789	1615564	5226	1218
机关	Agencies & Organizations	706992	705856	1137	126
按国民经济行业分组	**Grouped by Sector**				
农、林、牧、渔业	Farming, Forestry, Animal Husbandry & Fishery	327119	326868	251	12
采矿业	Mining	100997	100847	150	150
制造业	Manufacturing	52237	52156	81	52
电力、燃气及水的生产和供应业	Production & Supply of Electric Power, Gas & Water	212443	211867	577	322
建筑业	Construction	71035	70724	311	27
交通运输、仓储和邮政业	Transportation, Storage & Postal Services	392414	390593	1821	212
信息传输、计算机服务和软件业	Information Transmission, Computer Service &Software	76813	76645	168	
批发和零售业	Wholesale & Retail Trade	66243	64492	1751	40
住宿和餐饮业	Quarters & Catering	17240	17111	129	18
金融业	Banking	129543	124496	5047	90
房地产业	Real Estate	17229	17189	40	1
租赁和商务服务业	Leasing & Commercial Services	41127	40918	208	100
科学研究、技术服务和地质勘查业	Scientific Research,Technical Services & Geological Prospecting	108093	107626	467	108
水利、环境和公共设施管理业	Water Conservancy, Environment & Public Facilities Administration	109804	108092	1712	26
居民服务和其他服务业	Resident Services & Other Services	38190	29272	8918	534
教育	Education	847631	846797	834	137
卫生、社会保障和社会福利业	Health Care, Social Security & Social Welfare	240836	239159	1677	840
文化、体育和娱乐业	Culture, Sports & Recreational Services	74488	74393	96	18
公共管理和社会组织	Public Administration & Social Organization	762970	761444	1527	139
国际组织	International Organizations				

5-15 城镇集体单位年末就业人员和劳动报酬(2007年)

Employed Persons at the Year-end & Earnings in Urban Collective-owned Units(2007)

项 目	Item	就业人员(人) Number of Employed (Person)	# 女 性 Female	在岗职工(人) Fully Employed Staff & Workers (person)	# 专业技术人员 Technical personnel
总 计	**Total**	**110567**	**45486**	**108757**	**27594**
按企、事业和机关分组	**Grouped by Enterprises, Institutions & Agencies**				
企业	Enterprises	93608	37681	91916	16911
事业	Institutions	16760	7740	16642	10665
机关	Agencies & Organizations	199	65	199	18
按国民经济行业分组	**Grouped by Sector**				
农、林、牧、渔业	Farming, Forestry, Animal Husbandry and Fishery	1960	423	1897	576
采矿业	Mining	4464	1092	4459	993
制造业	Manufacturing	30993	14630	30691	2879
电力、燃气及水的生产和供应业	Production & Supply of Electric Power, Gas & Water	807	249	807	92
建筑业	Construction	18351	4447	18181	2477
交通运输、仓储和邮政业	Transportation, Storage & Postal Services	3966	1212	3907	210
信息传输、计算机服务和软件业	Information Transmission, Computer Service & Software	21	10	21	11
批发和零售业	Wholesale & Retail Trade	5668	2105	5616	738
住宿和餐饮业	Quarters & Catering	2298	1489	2277	223
金融业	Banking	19790	9652	19736	8750
房地产业	Real Estate	90	36	90	21
租赁和商务服务业	Leasing & Commercial Services	4077	1110	3263	305
科学研究、技术服务和地质勘查业	Scientific Research,Technical Services & Geological Prospecting	156	71	156	99
水利、环境和公共设施管理业	Water Conservancy, Environment & Public Facilities Administration	2508	1203	2508	13
居民服务和其他服务业	Resident Services & Other Services	2235	1260	2081	114
教育	Education	272	169	272	180
卫生、社会保障和社会福利业	Health Care, Social Security & Social Welfare	12746	6268	12630	9906
文化、体育和娱乐业	Culture, Sports & Recreational Services	48	23	48	6
公共管理和社会组织	Public Administration & Socia Organization	117	37	117	1
国际组织	International Organizations				

5-15 续表 continued

单位：万元 (10 000 yuan)

行 业	Sector	单位就业人员劳动报酬 Total Remuneration	在岗职工工资总额 Wages of Fully Employed Staff & Workers	其他就业人员劳动报酬 Remuneration for Other Employed Persons	#聘用的离退休人员 Re-employed Retirements
总 计	**Total**	**160873**	**159016**	**1857**	**216**
按企、事业和机关分组	**Grouped by Enterprises, Institutions & Agencies**				
企业	Enterprises	139341	137624	1717	124
事业	Institutions	21001	20862	140	92
机关	Agencies & Organizations	531	531		
按国民经济行业分组	**Grouped by Sector**				
农、林、牧、渔业	Farming, Forestry, Animal Husbandry and Fishery	1607	1604	3	1
采矿业	Mining	6185	6176	8	8
制造业	Manufacturing	36095	35841	254	52
电力、燃气及水的生产和供应业	Production & Supply of Electric Power, Gas & Water	845	845		
建筑业	Construction	32668	32321	347	33
交通运输、仓储和邮政业	Transportation, Storage & Postal Services	4276	4122	154	9
信息传输、计算机服务和软件业	Information Transmission, Computer Service & Software	22	22		
批发和零售业	Wholesale & Retail Trade	6767	6622	145	
住宿和餐饮业	Quarters & Catering	2574	2492	82	
金融业	Banking	43378	43344	34	1
房地产业	Real Estate	84	84		
租赁和商务服务业	Leasing & Commercial Services	3906	3505	402	2
科学研究、技术服务和地质勘查业	Scientific Research,Technical Services & Geological Prospecting	325	325		
水利、环境和公共设施管理业	Water Conservancy, Environment & Public Facilities Administration	1425	1425		
居民服务和其他服务业	Resident Services & Other Services	2067	1781	286	21
教育	Education	419	419		
卫生、社会保障和社会福利业	Health Care, Social Security & Social Welfare	17804	17662	142	89
文化、体育和娱乐业	Culture, Sports & Recreational Services	71	71		
公共管理和社会组织	Public Administration & Social Organization	355	355		
国际组织	International Organizations				

5-16 其他单位年末就业人员和劳动报酬(2007年)

Employed Persons at the Year-end and Earnings in other Types of Ownership(2007)

项 目	Item	就业人员(人) Number of Employed (Person)	#女 性 Female	在岗职工(人) Fully Employed Staff and Workers (person)	# 专业技术人员 Technical personnel
总 计	**Total**	**734506**	**246828**	**724073**	**121400**
按企、事业和机关分组	**Grouped by Enterprises, Institutions & Agencies**				
企业	Enterprises	731517	245193	721128	119341
事业	Institutions	2989	1635	2945	2059
机关	Agencies & Organizations				
按国民经济行业分组	**Grouped by Sector**				
农、林、牧、渔业	Farming, Forestry, Animal Husbandry and Fishery	7894	3096	7888	890
采矿业	Mining	132480	22271	132091	11977
制造业	Manufacturing	357087	139624	356292	60861
电力、燃气及水的生产和供应业	Production & Supply of Electric Power, Gas & Water	29439	9432	29398	7386
建筑业	Construction	106107	16945	105914	18859
交通运输、仓储和邮政业	Transportation, Storage & Postal Services	13359	5724	13354	1864
信息传输、计算机服务和软件业	Information Transmission, Service & Software	4826	2929	4819	1096
批发和零售业	Wholesale & Retail Trade	29121	17262	29014	2956
住宿和餐饮业	Quarters & Catering	11578	7391	11471	1357
金融业	Banking	22135	13437	14056	6509
房地产业	Real Estate	6261	2096	5743	1471
租赁和商务服务业	Leasing & Commercial Services	4037	1502	4001	1334
科学研究、技术服务和地质勘查业	Scientific Research,Technical Services & Geological Prospecting	2040	677	1950	1339
水利、环境和公共设施管理业	Water Conservancy, Environment & Public Facilities Administration	2529	1094	2529	414
居民服务和其他服务业	Resident Services & Other Services	1071	628	1069	101
教育	Education	2824	1638	2805	2045
卫生、社会保障和社会福利业	Health Care, Social Security & Social Welfare	1323	854	1284	850
文化、体育和娱乐业	Culture, Sports & Recreational Services	395	228	395	91
公共管理和社会组织	Public Administration & Social Organization				
国际组织	International Organizations				

5-16 续表 continued

单位：万元 (10 000 yuan)

行 业	Sector	单位就业人员劳动报酬 Total Remuneration	在岗职工工资总额 Wages of Fully Enployed Staff & Workers	其他就业人员劳动报酬 Remuneration for Other Employed Persons	# 聘用的离退休人员 Re-employed Retirements
总 计	**Total**	**1565289**	**1546181**	**19108**	**1829**
按企、事业和机关分组	**Grouped by Enterprises, Institutions & Agencies**				
企业	Enterprises	1560911	1541860	19051	1781
事业	Institutions	4379	4321	58	48
机关	Agencies & Organizations				
按国民经济行业分组	**Grouped by Sector**				
农、林、牧、渔业	Farming, Forestry, Animal Husbandry and Fishery	7828	7820	7	7
采矿业	Mining	353030	352158	873	440
制造业	Manufacturing	709729	708567	1162	794
电力、燃气及水的生产和供应业	Production & Supply of Electric Power, Gas & Water	125780	125728	52	47
建筑业	Construction	186374	185888	487	120
交通运输、仓储和邮政业	Transportation, Storage & Postal Services	17599	17592	7	6
信息传输、计算机服务和软件业	Information Transmission, Computer Service & Software	14106	14096	10	9
批发和零售业	Wholesale & Retail Trade	33981	33905	76	39
住宿和餐饮业	Quarters & Catering	14588	14437	151	83
金融业	Banking	71478	55857	15621	103
房地产业	Real Estate	9157	8742	415	24
租赁和商务服务业	Leasing & Commercial Services	6534	6459	75	30
科学研究、技术服务和地质勘查业	Scientific Research,Technical Services & Geological Prospecting	3653	3553	101	64
水利、环境和公共设施管理业	Water Conservancy, Environment & Public Facilities Administration	3729	3729		
居民服务和其他服务业	Resident Services & Other Services	1345	1342	2	1
教育	Education	3598	3580	18	8
卫生、社会保障和社会福利业	Health Care, Social Security & Social Welfare	2010	1957	54	54
文化、体育和娱乐业	Culture, Sports & Recreational Services	772	772		
公共管理和社会组织	Public Administration & Social Organization				
国际组织	International Organizations				

主要统计指标解释

经济活动人口 指在16岁以上，有劳动能力，参加或要求参加社会经济活动的人口；包括从业人员和失业人员。

从业人员 指从事一定社会劳动并取得劳动报酬或经营收入的人员，包括全部职工、再就业的离退休人员、私营业主、个体户主、私营和个体从业人员、乡镇企业从业人员、农村从业人员、其他从业人员(包括民办教师、宗教职业者、现役军人等)。这一指标反映了一定时期内全部劳动力资源的实际利用情况，是研究我国基本国情国力的重要指标。

各单位的从业人员 指在各级国家机关、政党机关、社会团体及企业、事业单位中工作，取得工资或其他形式的劳动报酬的全部人员。包括在岗职工、再就业的离退休人员、民办教师以及在各单位中工作的外方人员和港澳台方人员、兼职人员、借用的外单位人员和第二职业者。不包括离开本单位仍保留劳动关系的职工。各单位的从业人员反映了各单位实际参加生产或工作的全部劳动力。

城镇私营和个体从业人员 城镇私营从业人员指在工商管理部门注册登记，其经营地址设在县城关镇(含城关镇)以上的私营企业从业人员；包括私营企业投资者和雇工。城镇个体从业人员指在工商管理部门注册登记，并持有城镇户口或在城镇长期居住，经批准从事个体工商经营的从业人员；包括个体经营者和在个体工商户劳动的家庭帮工和雇工。

城镇登记失业人员 指有非农业户口，在一定的劳动年龄内，有劳动能力，无业而要求就业，并在当地就业服务机构进行求职登记的人员。

城镇登记失业率 指城镇登记失业人数同城镇从业人数与城镇登记失业人数之和的比。计算公式为：

城镇登记失业率=城镇登记失业人数/(城镇从业人数+城镇登记失业人数)×100%

职工 指在国有经济、城镇集体经济、联营经济、股份制经济、外商和港、澳、台投资经济、其他经济单位及其附属机构工作，并由其支付工资的各类人员，不包括返聘的离退休人员、民办教师、在国有经济单位工作的外方人员和港、澳、台人员(1998年以后的数据均为在岗职工数据，其他相关指标如职工工资总额，职工平均工资等指标也从1998年按此口径进行了相应调整)。

国有单位职工 指在国有经济单位及其附属机构工作，并由其支付工资的各类人员。

城镇集体单位职工 指在城镇集体经济单位及其管理部门工作，并由其支付工资的各类人员。

其他单位职工 指在联营经济、股份制经济、外商投资经济、港、澳、台投资经济单位工作，并由其支付工资的各类人员。

在岗职工 指在本单位工作并由单位支付工资的人员，以及有工作岗位，但由于学习、病伤产假等原因暂未工作，仍由单位支付工资的人员。

职工工资总额 指各单位在一定时期内直接支付给本单位全部职工的劳动报酬总额。工资总额的计算原则应以直接支付给职工的全部劳动报酬为根据。各单位支付给职工的劳动报酬以及其他根据有关规定支付的工资，不论是计入成本的还是不计入成本的，不论是按国家规定列入计征奖金税项目的，还是未列入计征奖金税项目的，不论是以货币形式支付的还是以实物形式支付的，均包括在工资总额内。

奖金 指支付给职工的超额劳动报酬和增收节支的劳动报酬。

津贴和补贴 指为了补偿职工特殊或额外的劳动消耗和因其他特殊原因支付给职工的津贴，以及为了保证职工工资水平不受物价影响支付给职工的物价补贴。

职工平均工资 指企业、事业、机关单位的职工在一定时期内平均每人所得的货币工资额。它表明一定时期职工工资收入的高低程度，是反映职工工资水平的主要指标。计算公式为：

职工平均工资=报告期实际支付的全部职工工资总额/报告期全部职工平均人数

职工平均工资指数 指报告期职工平均工资与基期职工平均工资的比率，是反映不同时期职工货币工资水平变动情况的相对数。计算公式为：

职工平均工资指数=报告期职工平均工资/基期职工平均工资

职工平均实际工资指数 职工平均实际工资指扣除物价变动因素后的职工平均工资。职工平均实际工资指数是反映实际工资变动情况的相对数，表明职工实际工资水平提高或降低的程度。计算公式为：

职工平均实际工资指数=报告期职工平均工资指数/报告期城镇居民消费价格指数×100%

Explanatory Notes on Main Statistical Indicators

Economically Active Population refers to the population aged 16 and over who are capable to work, are participating in or willing to participate in economic activities, including employed persons and unemployed persons.

Employees refers to the persons who are engaged in social labor and receive remuneration payment or earn business income, including: total staff and workers, re-employed retirees, employers of private enterprises, self-employed workers, employers in private and individual economy, employees in township, employed persons in the rural areas, and other employed persons (including teachers in the schools run by the local people, people engaged in religious profession and the servicemen, etc.) . This indicator reflects the actual utilization of total labor force during a certain period of time and is often used for the research on China's economic affairs and national power.

Persons Employed in Various Units refer to all the persons working in government agencies of various levels, political and party organizations, social organizations, enterprises and institutions, and receiving wages or other forms of payment. They include fully employed staff and workers, re-employed retirees, teachers in schools run by the local people, foreigners and Chinese compatriots from Hong Kong, Macao and Taiwan working in various units, part time employees, employees of other units working temporarily at current posts, and employees holding the second job, but exclude staff and workers who have left their working units while keeping their labor contract (employment relation) unchanged. This indicator reflects the total number of laborers actually engaged in production or other operations in various units.

Persons-Employed in Private Enterprises and Self Employed Individuals in Urban Areas Persons employed in private enterprises refer to the persons employed in the private enterprises which have been registered at the departments of industrial and commercial administration and are situated at a county town (i. e. a town where the county government is located) for business operation or at urban areas with the level higher than a county town. The self employed individuals in urban areas refer to persons who hold the certificates of residence in urban areas or have resided in the urban areas for a long time and have been registered at the departments of industrial and commercial administration and approved to be engaged in individual industrial or commercial business, including self-employed persons as well as helpers and hired laborers who work in the individual households engaged in industrial or commercial business.

Registered Urban Unemployed Persons The registered unemployed persons in urban areas refer to the persons who are registered as permanent residents in the urban areas engaged in non agricultural activities, aged within the range of working age, capable to labor, unemployed but desirous to be employed and have been registered at the local employment service agencies to apply for a job.

Registered Urban Unemployment Rate Registered unemployment rate in urban areas refers to the ratio of the number of the registered unemployed persons to the sum of the number of employed persons and the registered unemployed persons. The formula is as follows:

Registered urban unemployment rate = number of registered urban unemployed persons / (urban employed person number + registered urban unemployed person number) ×100%

Staff and Workers refer to the persons who work in (and receive payment there from) enterprises and institutions of state ownership, collective ownership, joint ownership, share holding, foreign ownership, and ownership by entrepreneurs from Hong Kong, Macao, and Taiwan, and other types of ownership and their affiliated units, excluding the retired persons invited to work in the units again, teachers in the schools run by the local people and foreigners and persons coming from Hong Kong, Macao, and Taiwan and working in the state owned economic units. (The figures since 1998 refer to those of fully employed staff and workers. Other relative figures since 1998, such as total wages of staff and workers, average wage of staff and workers, etc. , were adjusted according to the standard) .

Staff and Workers in State owned-Economic Units refer to the persons who work in the state owned economic units or their attached units and are listed in their payrolls.

Staff and Workers of Collective Owned Units in Urban Areas refer to the persons who work in collective owned units in urban areas and their administration departments and receive payment there from.

Staff and Workers in Units of Other types of Ownership refer to those who work in (and receive payment there from) enterprises and institutions of joint ownership, share holding, foreign ownership, and ownership by entrepreneurs from Hong Kong, Macao, and Taiwan.

Fully Employed Staff and Workers refer to persons who work in, and receive wages from their working units, as well as persons who have their work posts, but are temporarily absent from work for reasons of study or on sick, injury or maternal leave and still receive wages from their working units.

Total Wages of Staff and Workers refer to the total remuneration payment to staff and workers in various units during a certain period of time. The calculation of total wages is based on the total remuneration payment to the staff and workers. Therefore, all the wages and salaries and other payments to staff and workers are included in the total wages regardless of their sources, category, and forms (in kind or cash) .

Bonus refers to remuneration payment to workers for extra work and for increasing earnings and practicing economy.

Subsidies and Allowances refer to subsidies paid to staff and workers for compensating special or extra labor and allowances paid to staff and workers to offset the impact of inflation on real wages.

Average Wage of Staff and Workers refers to the average wage in money terms per person during a certain period of time for staff and workers in enterprises, institutions, and government agencies, which reflects the general level of wage income during a certain period of time and is calculated as follows:

Average Wage of Staff and Workers = Total Wages of Staff and Workers in Reference Period / Average Number of Staff and Workers in Reference Period

Index of Average Wage of Staff and Worker refers to the ratio of average wage of staff and workers at the report time to that at the reference time. It reflects the relative changing degree of average wage in money terms at the several of time, which is calculated as following:

Index of Average Wage of Staff and Worker = average wage of staff and workers at the report time / average wage of staff and workers at the reference time

Index of Average Real Wage of Staff and Worker refers to the average wage which has removed the factor of price change. Index of average real wage of staff and worker reflects the relative changing degree of average real wage, and indicates the degree of the rising or declining degree of real wage of staff and worker, which is calculated as following:

Index of Average Real Wage of Staff and Worker = Index of Average Wage of Staff and Worker at the Report Time / Urban Consumer Prices Index at the Report Time ×100%

六 固定资产投资

INVESTMENT IN FIXED ASSETS

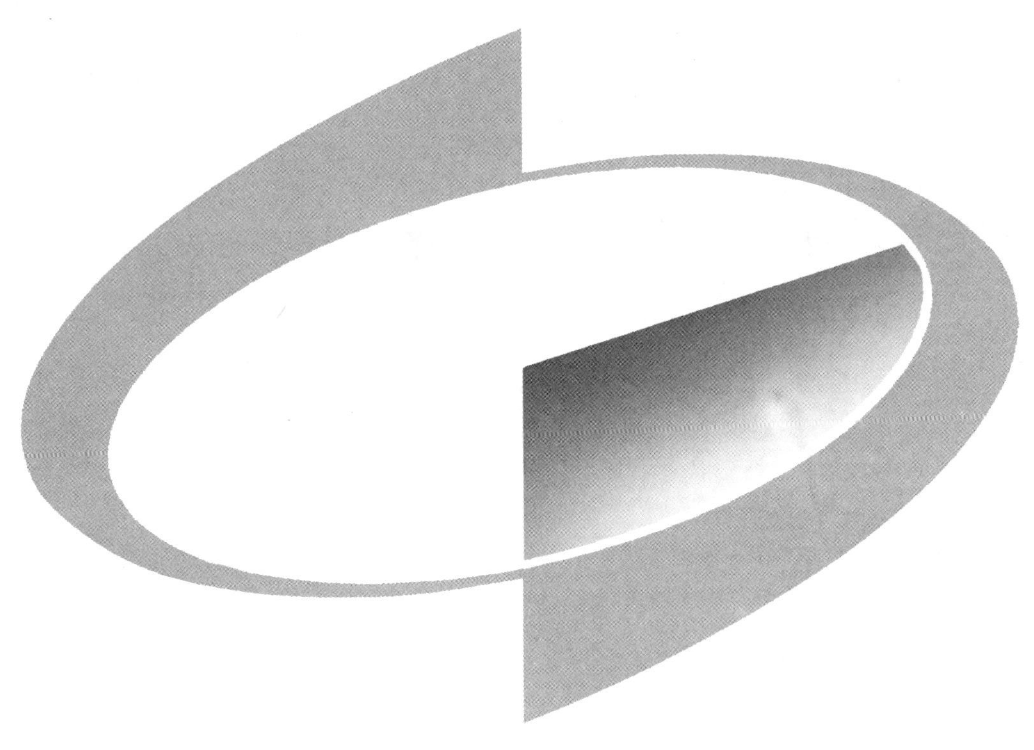

资料整理：云俊生 陈剑明

Arranged by Yun Junsheng, Chen Jianming

6-1 全社会固定资产投资

Total Investment in Fixed Assets

指标	Item	2006	2007	2007年比2006年增长% Increase Rate in 2007 over 2006(%)
投资总额(亿元)	**Total Investment(100 million yuan)**	**3406.35**	**4404.75**	**29.31**
按登记注册类型分	Grouped by Status of Registration			
国有	State-owned Units	1277.48	1729.63	35.39
集体	Collective-owned Units	29.83	47.93	60.68
股份合作	Cooperative Units	43.21	31.97	-26.01
联营	Joint-ownership Economic Units	2.63	7.81	196.96
# 国有联营	State Joint-ownership Economic Units	0.82	6.79	728.05
集体联营	Collective Joint-ownership Enterprises	0.60	0.74	23.33
国有与集体联营	Joint State-collective	0.21	0.03	-85.71
有限责任公司	Limited Liability Corporations	1094.14	1355.68	23.90
# 国有独资	Exclusive State-funded	163.41	193.87	18.64
股份有限公司	Share-holding Corporations	396.82	408.96	3.06
私营	Private Enterprises	374.11	567.26	51.63
其他	Others	38.42	53.50	39.25
港澳台商投资	Economic Units Funded by Entrepreneurs from Hong Kong.Macao and Taiwan	25.56	26.84	5.01
外商投资	Foreign Funded Economic Units	44.92	86.80	93.23
个人投资	Individuals	79.24	88.38	11.53
# 农村个人（农户）	Rural Individuals	65.57	74.73	13.97
按城乡分组	Grouped by Urban and Rural Area			
城镇	Urban	3307.82	4286.87	29.60
#房地产开发	Real Estate Development	325.02	500.89	54.11
农村	Rural	98.53	117.88	19.64
#非农户	Non-AgriculturalHouseholds	32.96	43.15	30.92
按资金来源分	Grouped by Source of Funds			
国家预算内资金	State Budgetary Appropriation	157.55	162.73	3.29
国内贷款	Domestic Loans	402.42	452.59	12.47
利用外资	Foreign Investment	21.83	30.20	38.34
自筹资金	Fund Raising	2542.15	3418.20	34.46
其他资金	Others	208.10	242.00	16.29
按构成分	Grouped by Use of Funds			
建筑安装工程	Construction and Installation	2391.87	3097.45	29.50
设备工器具购置	Purchase of Equipment and Instruments	698.68	906.55	29.75
其他费用	Others	315.81	400.75	26.90
房屋建筑面积(万平方米)	**Floor Space of Buildings(10 000 sq.m)**			
施工面积	Floor Space under Construction	8093.40	10343.94	27.81
竣工面积	Floor Space Completed	4223.00	4922.51	16.56
# 住宅	Residential Buildings	2444.77	2900.41	18.64

注：按资金来源分组为财务拨款数，各项相加不等于投资总额。以下各表同。

a)Total investment grouped by sources of finance refers to financial appropriation, and the broken down figures do not add up to the total. The same as in the following tables.

6-2 全社会固定资产投资(按登记注册类型和产业分)

单位：亿元

年 份 Year	投资总额 Total Investment	# 住宅 Residential Buildings	按登记注册类型分 国有及国有控股 State-owned or Controlling Share Hold Units	集体 Collective-owned Units	#城镇集体 Urban
1985	52.42	11.17	39.10	2.51	1.38
1986	47.57	7.76	37.00	2.52	1.54
1987	53.32	9.65	39.06	3.07	1.86
1988	72.05	12.61	49.23	4.44	2.43
1989	70.68	12.71	52.92	3.98	2.06
1990	70.77	13.71	56.77	3.06	1.32
1991	100.66	19.64	81.63	4.72	1.98
1992	149.24	15.38	123.61	6.52	3.29
1993	217.40	41.26	178.41	7.93	3.72
1994	250.99	46.65	200.74	8.29	2.41
1995	273.06	51.93	210.00	11.14	2.42
1996	275.54	59.47	208.10	11.96	2.87
1997	317.50	59.63	223.35	12.37	2.83
1998	350.16	77.27	225.69	14.69	2.60
1999	383.37	87.06	241.76	24.51	2.63
2000	430.42	87.38	275.06	27.15	3.61
2001	496.43	96.04	269.69	28.00	4.01
2002	715.09	98.35	370.96	27.94	7.54
2003	1209.44	114.27	630.70	33.04	11.16
2004	1808.91	154.19	1191.80	35.69	13.48
2005	2687.84	206.01	1644.71	41.14	14.84
2006	3406.35	374.17	1724.00	61.69	28.73
2007	4404.75	523.85	2222.19	88.61	45.46

Total Investment in Fixed Assets by Status of Registration and Industry

(100 millon yuan)

			按隶属关系分 By Administrative Relationship	
个体 Indivi duals	#农村个人投资(农户) Indivdual Invest-ment in Rural Areas	其他类型投资 Others	中央项目 Central Government Projects	地方项目 Local Projects
10.81	8.74		23.44	28.98
8.05	6.00		17.48	30.09
11.19	8.86		17.96	35.36
18.38	14.91		24.63	47.42
13.78	10.84		29.31	41.37
10.94	8.13		29.81	40.96
14.31	11.03		42.16	58.50
19.11	13.27		62.50	86.74
19.68	12.66	11.38	78.02	139.38
30.46	23.23	11.50	92.55	158.44
44.09	36.53	7.83	98.50	174.56
44.18	36.66	11.30	96.53	179.01
45.90	39.01	35.88	142.34	175.16
53.03	40.94	56.75	109.49	240.67
55.06	43.01	62.04	90.28	293.09
51.64	45.88	76.57	60.41	370.01
86.25	48.74	112.49	60.31	436.12
100.57	52.16	215.62	103.75	611.34
138.86	55.68	406.84	129.78	1079.66
79.67	58.24	501.75	150.82	1658.09
84.26	62.05	917.73	255.66	2432.18
76.11	65.57	1544.55	412.73	2993.62
88.38	74.73	2005.58	507.23	3897.52

6-2 续表 Continued

单位：亿元 (100 million yuan)

年份 Year	按三次产业分 Grouped by Type of Industry			房屋建筑面积 Floor Space of Buildings		
	第一产业 Primary Industry	第二产业 Secondary Industry	第三产业 Tertiary Industry	施工面积 (万平方米) Floor space under Construction (10 000 sq.m)	竣工面积 (万平方米) Floor Space Completed (10 000 sq.m)	# 住宅 Residential Buildings
1985	4.85	25.69	21.88	2524.6	2064.4	1379.2
1986	3.49	23.66	20.42	1769.8	1359.5	931.6
1987	1.92	26.55	24.85	1892.3	1518.8	1023.8
1988	5.58	38.89	27.58	1953.1	1513.5	1088.9
1989	5.38	42.05	23.25	1638.0	1282.4	912.5
1990	5.39	40.55	24.83	1490.0	1159.8	844.4
1991	8.02	54.53	38.11	2122.2	1570.8	1167.8
1992	10.18	81.05	58.01	1408.0	1409.7	959.8
1993	7.62	106.17	62.35	1752.9	1885.1	1230.1
1994	11.25	132.09	60.00	2419.0	1907.2	1413.8
1995	18.95	143.34	58.84	2744.2	2216.0	1569.3
1996	16.75	128.90	70.42	2749.9	2099.7	1584.2
1997	24.15	145.14	88.59	2972.9	2476.6	1709.1
1998	29.44	131.69	144.40	3276.4	2638.7	1788.7
1999	37.27	101.92	153.19	3342.6	2555.1	1825.2
2000	38.03	117.76	187.25	3444.1	2599.9	1874.9
2001	40.79	152.86	206.74	3633.2	2618.2	1807.8
2002	80.83	245.55	290.37	3942.5	2805.0	1783.0
2003	90.78	508.49	495.90	5138.3	3416.0	2028.1
2004	110.72	920.37	623.63	5735.2	3542.2	1991.6
2005	129.48	1462.36	889.99	6448.6	3453.1	1882.5
2006	171.92	1815.51	1044.75	8093.4	4223.0	2444.8
2007	183.41	2222.96	1474.53	10343.9	4922.5	2900.4

6-3 全社会固定资产投资(按资金来源和构成分)

Total Investment of Fixed Assets by Source of Finance & Use of Fund

年份 Year	按资金来源分 Grouped by Source of Finance				按构成分 Grouped by Use of Funds		
	国家预算内资金 State Budgetary Appropriations	国内贷款 Domestic Loans	利用外资 Foreign Investment	自筹和其他资金 Fund Raising and Others	建筑安装工程 Construction and Installation	设备工具器具购置 Purchase of Equipment & Instruments	其他费用 Others
投资额(万元) Investment (10 000 yuan)							
1990	148453	132199	57241	369846	466990	160187	80562
1991	177154	212819	129313	515106	692780	206234	105747
1992	187841	399716	217757	744941	1003377	330977	158877
1993	145484	524756	228825	1153498	1475388	495323	203289
1994	190289	646675	172001	1442919	1538978	657469	278796
1995	175546	583256	232002	1617671	1609643	749927	370991
1996	150246	710872	76386	1661729	1666690	664510	424171
1997	143587	997032	79710	1880868	1937796	753100	484275
1998	266157	888211	45659	2211536	2306538	708744	486673
1999	442502	689372	144490	2442264	2627258	735037	417817
2000	435776	761680	155448	2732802	2985528	870546	448109
2001	437274	1066975	301567	2867155	3439701	939451	585138
2002	1130966	1106042	184314	4071758	4678575	1521943	950372
2003	1242788	2285156	96546	7811394	7896627	2562501	1635268
2004	1289467	3042138	144704	13065722	12162580	4069938	1856578
2005	1553343	5175125	153742	19267580	18378345	5917539	2582513
2006	1575533	4024239	218262	27502516	23918688	6986773	3158053
2007	1627300	4525908	302027	36602031	30974513	9065513	4007482
构成(%) Percentage							
1990	21.0	18.7	8.1	52.2	66.0	22.6	11.4
1991	17.1	20.6	12.5	49.8	69.0	20.5	10.5
1992	12.1	25.8	14.0	48.1	67.2	22.2	10.6
1993	7.1	25.6	11.1	56.2	67.9	22.8	9.3
1994	7.8	26.4	7.0	58.8	62.2	26.6	11.2
1995	6.7	22.4	8.9	62.0	58.9	27.5	13.6
1996	5.8	27.3	2.9	63.9	60.5	24.1	15.4
1997	4.6	32.2	2.6	60.6	61.0	23.7	15.3
1998	7.8	26.1	1.3	64.8	65.9	20.2	13.9
1999	11.9	18.5	3.9	65.7	69.5	19.4	11.1
2000	10.7	18.6	3.8	66.9	69.4	20.2	10.4
2001	9.3	22.8	6.5	61.4	69.3	18.9	11.8
2002	17.4	17.0	2.8	62.8	65.4	21.3	13.3
2003	10.9	20.0	0.8	68.3	65.3	21.2	13.5
2004	7.4	17.3	0.8	74.5	67.2	22.5	10.3
2005	5.9	19.8	0.6	73.7	68.4	22.0	9.6
2006	4.7	12.1	0.7	82.5	70.2	20.5	9.3
2007	3.8	10.5	0.7	85.0	70.3	20.6	9.1

6-4 按登记注册类型分的全社会固定资产投资(2007年)

指标	Item	总计 Total	内资 国有 State-owned Units	集体 Collective-owned Units	股份合作 Coopeative Units
投资总额(万元)	**Total Investment(10 000 yuan)**	**44047508**	**17296293**	**479349**	**319710**
按资金来源分	Grouped by Source of Funds				
国家预算内资金	State Appropriations	1627300	1499711	520	5016
国内贷款	Domestic Loans	4525908	2356761	1650	49695
利用外资	Foreign Investment	302027	62583		
自筹资金	Fund Raising	34182016	11444255	445103	252420
其他资金	Others	2420015	1136328	26529	5160
按城乡分组	Grouped by Urban and Rural Area				
城镇	Urban	42868733	17185662	454601	319590
#房地产开发	Real Estate Development	5008862	120183	11227	11619
农村	Rural	1178775	110631	24748	120
# 农村个人	Rural Individuals	747324			
按构成分	Grouped by Use of Funds				
建筑安装工程	Construction and Installation	30974513	13032698	387775	279538
设备、工具器具购置	Purchase of Equipment & Instruments	9065513	2621925	36820	24844
其他费用	Others	4007482	1641670	54754	15328
新增固定资产(万元)	**Newly Increased Fixed Assets (10 000 yuan)**	**31985335**	**13901983**	**447714**	**576578**
房屋建筑面积(万平方米)	**Floor Space of Buildings (10 000 sq.m)**				
施工面积	Floor Space Under Construction	10343.94	2251.50	303.07	22.97
竣工面积	Floor Space Completed	4922.51	1097.50	151.85	9.62
# 住宅	Residential Buildings	2900.41	441.93	109.73	3.95

Total Investment in Fixed Assets by Status of Registration(2007)

Domistic-funded Enterprises					港澳台投资 Economic Units Funded by Entrepreneurs from HK,Macao & Taiwan	外商投资 Foreign Funded Economic Units	个 人 投 资 Indivi-duals	
联营经济 Joint-owned Economic Units	有限责任公司 Limited Liabibity Corp.	股份有限公司 Share-holding Corp.Ltd.	私营 Private Enter-prises	其他 Others				#个体经营 Manage by Individuals
78058	**13556757**	**4089638**	**5672559**	**534991**	**268393**	**867981**	**883779**	**95386**
60120	19792	7820	10750	8503	6868	8200		
	1145959	510715	205110	32865	74041	64280	84832	1825
	18611	4080	12633	16200	41428	146492		
19802	11695653	3514260	4943552	392627	143088	583097	748159	79565
1626	567583	29963	503972	80347	887	16839	50781	13716
77558	13506722	4084717	5558067	427716	268273	867831	117996	85259
5426	2480967	131107	2210513	6500	21548	9772		
500	50035	4921	114492	107275	120	150	765783	10127
							747324	
71813	8670482	2882047	4262805	379418	129962	419670	458305	78108
1685	3625599	1023893	832924	90158	129017	402507	276141	12847
4560	1260676	183698	576830	65415	9414	45804	149333	4431
28158	**9448084**	**1921266**	**3652223**	**390110**	**296197**	**511513**	**811509**	**92604**
9.12	3540.62	294.41	2839.55	60.71	65.88	91.90	864.21	35.47
8.51	1382.66	158.80	1170.78	49.35	26.03	26.13	841.28	33.36
4.19	823.00	71.48	807.75	23.91	4.61	3.26	606.59	6.01

6-5 按各种分组的国有经济固定资产投资

Investment in Fixed Assets of State-owned Units

指 标	Item	1995	2000	2005	2007
投资总额(万元)	**Total Investment(10 000 yuan)**	**2099845**	**2750621**	**11253580**	**17296293**
按资金来源分	Grouped by Source of Funds				
国家预算内资金	State Budgetary Appropriations	167282	375824	1354101	1499711
国内贷款	Domestic Loans	514959	509425	2641703	2356761
利用外资	Foreign Investment	207128	127053	61032	62583
自筹资金	Fund Raising	939696	1139959	5584185	11444255
其他资金	Others	153491	454853	1133247	1136328
按构成分	Grouped by Use of Funds				
建筑安装工程	Construction and Installation	1173494	1925160	8604982	13032698
设备、工具器具购置	Purchase of Equipment and Instruments	615448	554610	1644986	2621925
其他费用	Others	310903	270851	1003612	1641670
按建设性质分	Grouped by Type of Construction				
# 新建	New Construction	820541	588067	6674345	11732606
扩建	Expansion	917390	1258468	2655493	3311127
改建	Reconstruction	242964	604524	1522155	1491038
按产业分	Grouped by Type of Industry				
第一产业	Primary Industry	22483	162552	739787	973152
第二产业	Secondary Industry	1350248	774968	3969509	5827669
第三产业	Tertiary Industry	488069	1460516	6134414	9690131
按国民经济主要行业分	Grouped by Main Sector				
农业	Agriculture	22483	162552	739787	1022797
工业	Industry	1341029	767129	3950737	5815509
# 能源工业	Energy	800786	427666	3473684	5007060
运输邮电业	Transportation, Postal and Telecommunications Services	280048	866275	2996162	4106736
新增固定资产(万元)	**Newly Increased Fixed Assets(10 000 yuan)**	**1766780**	**1877577**	**8086849**	**13901983**
房屋建筑面积(万平方米)	**Floor Space of Buildings(10 000 sq.m)**				
施工面积	Floor Space Under Construction	874.36	1177.96	1688.92	2251.50
竣工面积	Floor Space Completed	493.23	757.69	928.08	1097.50
# 住宅	Residential Buildings	281.08	466.73	365.35	441.93

注：1.改建投资中不含单纯建造生活设施投资。

2.按国民经济行业分、按建设性质分不含房地产投资，其他统计分组的含。

3.根据新国民经济核算标准，对第一产业投资进行了调整。

a) The investment in reconstruction includes the investment in construction of facilities simply for the improvement of residents'life.

b) The investment in the real estate development is not included in the investment grouped by main sector and by type of construction.

c) Data on primary industry has been adjusted according to the new classification standards of national economic accounting.

6-6 按各种分组的城镇固定资产投资
Investment in Fixed Assets in Urban Area by Group

指标	Item	2005	2006	2007
投资总额(万元)	**Total Investment(10 000 yuan)**	**25908651**	**33078198**	**42868733**
隶属关系分	**By Administrative Relationship**			
中央项目	Central Government Projects	2552077	4127264	5072316
地方项目	Local Projects	23356574	28950934	37796417
按资金来源分	Grouped by Source of Funds			
国家预算内资金	State Budgetary Appropriations	1513537	1535666	1600779
国内贷款	Domestic Loans	5075839	3925129	4409272
利用外资	Foreign Investment	151830	217662	302027
自筹资金	Fund Raising	16388628	24635337	33277131
其他资金	Others	2053712	2021717	2292847
按构成分	Grouped by Use of Funds			
建筑安装工程	Construction and Installation	17883378	23413807	30342484
设备、工具器具购置	Purchase of Equipment and Instruments	5568811	6709709	8731774
其他费用	Others	2456462	2954682	3794475
按产业分	Grouped by Type of Industry			
第一产业	Primary Industry	943719	1251514	1277005
第二产业	Secondary Industry	14428784	18035240	22053332
第三产业	Tertiary Industry	8727722	10277781	14585492
按国民经济主要行业分	Grouped by Main Sector			
农业	Agriculture	943719	1281825	1327825
工业	Industry	14366710	18087151	22055069
# 能源工业	Energy	7912901	9638167	12034870
运输邮电业	Transportation, Postal and Telecommunications Services	3723972	4116925	5692283
新增固定资产(万元)	**Newly Increased Fixed Assets(10 000 yuan)**	**16383857**	**20948428**	**30901797**
房屋建筑面积(万平方米)	**Floor Space of Buildings(10 000 sq.m)**			
施工面积	Floor Space Under Construction	5463.91	7248.27	9400.56
竣工面积	Floor Space Completed	2509.92	3400.56	4029.85
# 住宅	Residential Buildings	1241.76	1846.91	2264.3

注： 1.按国民经济行业分、按建设性质分不含房地产投资，其他统计分组的含。
2.根据新国民经济核算标准，对第一产业投资进行了调整。

a) The investment in the real estate development is not included in the investment grouped by main sector and by type of construction.

b) Data on the investment in primary industry has been adjusted according to the new classification standards of national economic accounting.

6-7 国民经济各行业按建设性质分的城镇固定资产投资(2007年)

Investment in Fixed Assets in Urban Area by Type of Construction (2007)

单位：万元 (10 000 yuan)

行 业	Sector	投资额 Investmert	# 新 建 New Constr-uction	# 扩 建 Expa-nsion	# 改 建 Recons-truction
全 区	**Autonomous Regional Total**	**37859871**	**25677554**	**6583719**	**4344438**
农、林、牧、渔业	**Farming, Forestry, Animal Husbandry & Fishery**	**1327825**	**733491**	**476024**	**99321**
农 业	Farming	176705	151768	19438	4125
林 业	Forestry	426255	159204	210017	53364
畜牧业	Animal Husbandry	348685	160874	179424	8387
渔 业	Fishery	17500	14000	3500	
农、林、牧、渔服务业	Agricultural Services	358680	247645	63645	33445
采矿业	**Mining**	**5942058**	**3183014**	**1227556**	**1510619**
煤炭开采和洗选业	Coal Mining & Processing	3284199	1469995	433083	1368252
石油和天然气开采业	Extraction of Petroleum & Natural Gas	1169997	1045952	117010	3630
黑色金属矿采选业	Mining & Dressing of Ferrous Metals	663082	235905	343465	82812
有色金属矿采选业	Mining & Dressing of Nonferrous Metals	600601	265385	290336	43925
非金属矿采选业	Mining & Dressing of Nonmetal Minerals	222979	165777	42462	12000
其他采矿业	Mining of Other Mineral	1200		1200	
制造业	**Manufacturing**	**9402423**	**6650263**	**1410790**	**1190148**
农副食品加工业	Processing of Agricultural Side-line Food	750690	527007	147521	61942
食品制造业	Food Manufacturing	504340	266616	201700	35014
饮料制造业	Beverage Manufacturing	208044	75253	103838	24325
烟草制品业	Tobacco Products	19285		11404	
纺织业	Textile Industry	121971	71933	27555	10462
纺织服装、鞋、帽制造业	Textile Products, Clothes, Shoes & Hats	26778	11140	5988	7060
皮革、毛皮、羽毛（绒）及其制品业	Leather, Furs, Down & Related Products	53579	40202	560	8517
木材加工及木、竹、藤、棕、草制品业	Timber Processing, Bamboo, Cane, Palm Fiber & Straw Products	117190	97343	7640	9007
家具制造业	Furniture Manufacturing	14678	11750	1368	1300
造纸及纸制品业	Paper-making & Paper Products	141626	112094	7500	17762
印刷业和记录媒介的复制	Printing & Record Pressing	41020	18390		21670
文教体育用品制造业	Cultural, Educational & Sports Goods	3250	150		2490
石油加工、炼焦及核燃料加工业	Petroleum Processing , Coke Products & Processing of Nuclear Fuel	1156782	1125365	12023	19394
化学原料及化学制品制造业	Raw Chemical Materials & Chemical Products	1983525	1600900	244358	132607
医药制造业	Medicine Manufacturing	180853	111643	20515	41475
化学纤维制造业	Chemical Fiber Manufacturing				

注：此表未包括房地产投资。

a)Data in this table doesn't include real estate development.

6-7 续表 1 continued

单位：万元 (10 000 yuan)

行业	Sector	投资额 Investment	#新建 New Construction	#扩建 Expansion	#改建 Reconstruction
橡胶制品业	Rubber Products	37184	19010	304	15630
塑料制品业	Plastic Products	72534	42726	14196	11737
非金属矿物制品业	Nonmetal Mineral Products	873738	504259	252075	101154
黑色金属冶炼及压延加工业	Smelting & Pressing of Ferrous Metals	904321	549103	85387	266321
有色金属冶炼及压延加工业	Smelting & Pressing of Nonferrous Metals	883927	735072	80932	67503
金属制品业	Metal Products	186704	128506	19612	34156
通用设备制造业	Manufacturing of General Purpose Equipment	333722	131383	36804	144213
专用设备制造业	Special Purposes Equipment Manufacturing	202586	89165	14188	76339
交通运输设备制造业	Transportation Equipment Manufacturing	290985	220086	31940	38959
电气机械及器材制造业	Electric Equipment & Machinery	207796	111021	59442	29882
通信设备、计算机及其他电子设备制造业	Manufacturing of Telecommunications, Computer & Other Electronic Equipment	26942	20702	6240	
仪器仪表及文化、办公用机械制造业	Instruments, Meters, Cultural & Office Machinery	10420	1191	2600	6629
工艺品及其他制造业	Handicrafts & Other Production	13425	12175	1250	
废弃资源和废旧材料回收加工业	Recovering of Abandoned Resource & Waste Materical	34528	16078	13850	4600
电力、燃气及水的生产和供应业	**Production & Supply of Electric Power,Gas & Water**	**6710588**	**5305826**	**1033271**	**223494**
电力、热力的生产和供应业	Production & Supply of Electric Power and Heating Power	6342365	5063082	943858	188428
燃气生产和供应业	Production & Supply of Gas	81527	63837	5160	12530
水的生产和供应业	Production & Supply of Water	286696	178907	84253	22536
建筑业	**Construction**	**227949**	**117311**	**15213**	**15382**
房屋和土木工程建筑业	Housing & Civil Engineering Construction	178151	87014	10001	3953
建筑安装业	Installation of Buildings	28760	19000	100	9660
建筑装饰业	Decoration of Buildings	20038	10597	4812	1769
其他建筑业	Other Construction	1000	700	300	
交通运输、仓储和邮政业	**Transportation, Storage & Postal Services**	**5215259**	**3683566**	**867595**	**538749**
铁路运输业	Railway Transport	1368449	904453	219809	211116
道路运输业	Roadway Transport	3348202	2493076	511035	302503
城市公共交通业	Public Traffic in Cities	35239	2912	3380	
水上运输业	Waterway Transport	5000	5000		
航空运输业	Air Transport	135626	2200	104903	14000
管道运输业	Pipeline Transport	123420	121000		2420
装卸搬运和其他运输服务业	Loading,Unloading,Carrying & Transport	19948	12440	5858	150
仓储业	Storage	174575	142485	17810	8560
邮政业	Postal Services	4800		4800	
信息传输、计算机服务和软件业	**Information Transmission,Computer Service & Computer Software**	**563925**	**272698**	**74438**	**128109**
电信和其他信息传输服务	Telecommunication & other Information Transmission	558135	272698	74438	125219
计算机服务业	Computer Services				
软件业	Software	5790			2890
批发和零售业	**Wholesale & Retail Trade**	**709531**	**540430**	**86340**	**63882**
批发业	Wholesale Trade	431135	355902	41343	24889
零售业	Retail Trade	278396	184528	44997	38993
住宿和餐饮业	**Quarters & Catering**	**474244**	**330837**	**34836**	**96361**
住宿业	Quarters	292478	208681	26967	53720
餐饮业	Catering	181766	122156	7869	42641

6-7 续表 2 continued

单位：万元 (10 000 yuan)

行业	Sector	投资额 Investment	# 新建 New Construction	# 扩建 Expansion	# 改建 Reconstruction
金融业	**Banking**	**29360**	**11799**	**3771**	**6820**
银行业	Banking	20465	11239	936	1740
证券业	Bond				
保险业	Insurance	4850	300		4130
其他金融活动	Others	4045	260	2835	950
房地产业	**Real Estate**	**423578**	**262427**	**46201**	**9183**
房地产业	Real Estate	423578	262427	46201	9183
租赁和商务服务业	**Leasing & Commercial Services**	**31700**	**27120**	**2348**	**82**
租赁业	Leasing Services	560	560		
商务服务业	Commercial Services	31140	26560	2348	82
科学研究、技术服务和地质勘查业	**Scientific Research ,Technical Services & Geological Prospecting**	**217350**	**104526**	**75489**	**18420**
研究与试验发展	Research & Development	18924	15052	1000	2822
专业技术服务业	Special Technical Services	42892	10509	24229	480
科技交流和推广服务业	Science & Technology Exchanging & Spreading	2477	1406		
地质勘查业	Geological Prospecting	153057	77559	50260	15118
水利、环境和公共设施管理业	**Water Conservancy, Environment & Public Facilities Administration**	**3438854**	**2521962**	**560300**	**306980**
水利管理业	Water Conservancy	322037	193156	66578	32763
环境管理业	Environment	176126	112106	23546	30244
公共设施管理业	Public Facilities Administration	2940691	2216700	470176	243973
居民服务和其他服务业	**Resident Services & Other Services**	**52509**	**37701**	**350**	**14458**
居民服务业	Resident Services	40068	28280	350	11438
其他服务业	Other Services	12441	9421		3020
教育	**Education**	**573729**	**337148**	**185174**	**20678**
教育	Education	573729	337148	185174	20678
卫生、社会保障和社会福利业	**Health Care, Social Security &Social Welfare**	**258875**	**141665**	**34192**	**31166**
卫生	Health Care	228211	114767	31851	31166
社会保障业	Social Security	2390	2260	70	
社会福利业	Social Welfare	28274	24638	2271	
文化、体育和娱乐业	**Culture, Sports & Recreational Services**	**592960**	**530762**	**32660**	**23724**
新闻出版业	Press	25213	24348	120	745
广播、电视和音像业	Radio ,Television & Audio-visual	13753	10053	1950	1250
文化艺术业	Culture & Arts	319278	294433	22125	2629
体育	Sports	105324	97796	215	2690
娱乐业	Recreational Services	129392	104132	8250	16410
公共管理和社会组织	**Public Administration & Social Organization**	**1667154**	**885008**	**417171**	**46862**
中国共产党机关	Chinese Communist Party Agencies	16082	305	14860	
国家机构	Government Agencies	1300316	611574	365163	35842
人民政协和民主党派	People's Politics Consultative Conference & Democratic Parties				
群众团体、社会团体和宗教组织	Mass Organization ,Social Organization and Religious Organization	86587	40324	35803	10140
基层群众自治组织	Basic Mass Autonomous Organization	264169	232805	1345	880
国际组织	**International Organizations**				
国际组织	International Organizations				

6-8 国民经济各行业城镇固定资产投资和新增固定资产(2007年)

Investment in Fixed Assets in Urban Area & Newly Increased Fixed Assets by Sector(2007)

单位：万元 (10 000 yuan)

行 业	Sector	投资额 Invest-ment	# 地方项目 Local Projects	新增固定资产 Newly Increased Fixed Assets	# 地方项目 Local Projects
全　区	**Autonomous Regional Total**	**37859871**	**32787555**	**28145069**	**25621839**
农、林、牧、渔业	**Farming, Forestry, Animal Husbandry & Fishery**	**1327825**	**1326145**	**1131287**	**1129607**
农 业	Farming	176705	176705	137474	137474
林 业	Forestry	426255	425298	349215	348258
畜牧业	Animal Husbandry	348685	348685	313588	313588
渔 业	Fishery	17500	17500	14000	14000
农、林、牧、渔服务业	Agricultural Services	358680	357957	317010	316287
采矿业	**Mining**	**5942058**	**4564889**	**3680597**	**3313023**
煤炭开采和洗选业	Coal Mining & Processing	3284199	2503418	1753313	1501154
石油和天然气开采业	Extraction of Petroleum & Natural Gas	1169997	573609	638424	523009
黑色金属矿采选业	Mining & Dressing of Ferrous Metals	663082	663082	613215	613215
有色金属矿采选业	Mining & Dressing of Nonferrous Metals	600601	600601	473122	473122
非金属矿采选业	Mining & Dressing of Nonmetal Minerals	222979	222979	201323	201323
其他采矿业	Mining of Other Mineral	1200	1200	1200	1200
制造业	**Manufacturing**	**9402423**	**8607102**	**5993142**	**5615697**
农副食品加工业	Processing of Agricultural Side-line Food	750690	750690	596653	596653
食品制造业	Food Manufacturing	504340	491840	374617	362517
饮料制造业	Beverage Manufacturing	208044	208044	157902	157902
烟草制品业	Tobacco Products	19285		45693	
纺织业	Textile Industry	121971	121971	93763	93763
纺织服装、鞋、帽制造业	Textile Products, Clothes, Shoes & Hats	26778	26778	22748	22748
皮革、毛皮、羽毛（绒）及其制品业	Leather, Furs, Down & Related Products	53579	53579	32842	32842
木材加工及木、竹、藤、棕、草制品业	Timber Processing, Bamboo, Cane, Palm Fiber & Straw Products	117190	117190	117627	117627
家具制造业	Furniture Manufacturing	14678	14678	21568	21568
造纸及纸制品业	Paper-making & Paper Products	141626	138926	63099	60199
印刷业和记录媒介的复制	Printing & Record Pressing	41020	41020	39160	39160
文教体育用品制造业	Cultural, Educational & Sports Goods	3250	3250	3250	3250
石油加工、炼焦及核燃料加工业	Petroleum Processing , Coke Products & Processing of Nuclear Fuel	1156782	719292	35398	32796
化学原料及化学制品制造业	Raw Chemical Materials& Chemical Products	1983525	1944885	1075773	1068654
医药制造业	Medicine Manufacturing	180853	180853	151592	151592
化学纤维制造业	Chemical Fiber Manufacturing				

注：此表未包括房地产投资。

a)Data in this table doesn't include real estate development.

6-8 续表 1 continued

单位：万元 (10 000 yuan)

行业	Sector	投资额 Investment	# 地方项目 Local Projects	新增固定资产 Newly Increased Fixed Assets	# 地方项目 Local Projects
橡胶制品业	Rubber Products	37184	37184	30674	30674
塑料制品业	Plastic Products	72534	72534	62570	62570
非金属矿物制品业	Nonmetal Mineral Products	873738	873568	717256	716856
黑色金属冶炼及压延加工业	Smelting & Pressing of Ferrous Metals	904321	853509	644354	643550
有色金属冶炼及压延加工业	Smelting & Pressing of Nonferrous Metals	883927	869427	720118	589618
金属制品业	Metal Products	186704	186504	144068	143868
通用设备制造业	Manufacturing of General Purpose Equipment	333722	322422	309325	300225
专用设备制造业	Special Purposes Equipment Manufacturing	202586	103194	196380	83363
交通运输设备制造业	Transportation Equipment Manufacturing	290985	214291	201448	156938
电气机械及器材制造业	Electric Equipment & Machinery	207796	176158	62775	54275
通信设备、计算机及其他电子设备制造业	Manufacturing of Telecommunications, Computer & Other Electronic Equipment	26942	26942	13096	13096
仪器仪表及文化、办公用机械制造业	Instruments, Meters, Cultural & Office Machinery	10420	10420	13540	13540
工艺品及其他制造业	Handicrafts & Other Production	13425	13425	12325	12325
废弃资源和废旧材料回收加工业	Recovering of Abandoned Resource & Waste Materical	34528	34528	33528	33528
电力、燃气及水的生产和供应业	**Production & Supply of Electric Power,Gas & Water**	**6710588**	**5165282**	**6135643**	**5073968**
电力、热力的生产和供应业	Production & Supply of Electric Power and Heating Power	6342365	4811545	5835459	4788270
燃气生产和供应业	Production & Supply of Gas	81527	71917	55918	46308
水的生产和供应业	Production & Supply of Water	286696	281820	244266	239390
建筑业	**Construction**	**227949**	**227949**	**192605**	**192605**
房屋和土木工程建筑业	Housing & Civil Engineering Construction	178151	178151	144863	144863
建筑安装业	Installation of Buildings	28760	28760	28760	28760
建筑装饰业	Decoration of Buildings	20038	20038	17982	17982
其他建筑业	Other Construction	1000	1000	1000	1000
交通运输、仓储和邮政业	**Transportation, Storage & Postal Services**	**5215259**	**4355659**	**3705792**	**3254771**
铁路运输业	Railway Transport	1368449	603279	522446	172285
道路运输业	Roadway Transport	3348202	3330092	2956421	2865161
城市公共交通业	Public Traffic in Cities	35239	35239	33898	33898
水上运输业	Waterway Transport	5000	5000		
航空运输业	Air Transport	135626	64806	73693	68893
管道运输业	Pipeline Transport	123420	123420		
装卸搬运和其他运输服务业	Loading,Unloading,Carrying & Transport	19948	19948	20978	20978
仓储业	Storage	174575	173875	93556	93556
邮政业	Postal Services	4800		4800	
信息传输、计算机服务和软件业	**Information Transmission,Computer Service & Computer Software**	**563925**	**300612**	**358038**	**212388**
电信和其他信息传输服务	Telecommunication & other Information Transmission	558135	294822	352248	206598
计算机服务业	Computer Services				
软件业	Software	5790	5790	5790	5790
批发和零售业	**Wholesale & Retail Trade**	**709531**	**708219**	**557887**	**556575**
批发业	Wholesale Trade	431135	429823	273494	272182
零售业	Retail Trade	278396	278396	284393	284393
住宿和餐饮业	**Quarters & Catering**	**474244**	**431528**	**429427**	**428446**
住宿业	Quarters	292478	249762	253027	252046
餐饮业	Catering	181766	181766	176400	176400

6-8 续表 2 continued

单位：万元 (10 000 yuan)

行业	Sector	投资额 Investment	# 地方项目 Local Projects	新增固定资产 Newly Increased Fixed Assets	# 地方项目 Local Projects
金融业	**Banking**	**29360**	**18735**	**30640**	**18295**
银行业	Banking	20465	9840	21045	8700
证券业	Bond				
保险业	Insurance	4850	4850	5550	5550
其他金融活动	Others	4045	4045	4045	4045
房地产业	**Real Estate**	**423578**	**423578**	**309585**	**309585**
房地产业	Real Estate	423578	423578	309585	309585
租赁和商务服务业	**Leasing & Commercial Services**	**31700**	**31700**	**24462**	**24462**
租赁业	Leasing Services	560	560	560	560
商务服务业	Commercial Services	31140	31140	23902	23902
科学研究、技术服务和地质勘查业	**Scientific Research ,Technical Services & Geological Prospecting**	**217350**	**192019**	**122510**	**106437**
研究与试验发展	Research & Development	18924	4194	13322	2550
专业技术服务业	Special Technical Services	42892	42562	34228	33898
科技交流和推广服务业	Science & Technology Exchanging & Spreading	2477	2477	2477	2477
地质勘查业	Geological Prospecting	153057	142786	72483	67512
水利、环境和公共设施管理业	**Water Conservancy, Environment & Public Facilities Administration**	**3438854**	**3351379**	**2982063**	**2912163**
水利管理业	Water Conservancy	322037	300297	279885	275720
环境管理业	Environment	176126	176126	113609	113609
公共设施管理业	Public Facilities Administration	2940691	2874956	2588569	2522834
居民服务和其他服务业	**Resident Services & Other Services**	**52509**	**52509**	**53809**	**53809**
居民服务业	Resident Services	40068	40068	41368	41368
其他服务业	Other Services	12441	12441	12441	12441
教育	**Education**	**573729**	**573729**	**375296**	**375296**
教育	Education	573729	573729	375296	375296
卫生、社会保障和社会福利业	**Health Care, Social Security & Social Welfare**	**258875**	**258090**	**225822**	**225037**
卫生	Health Care	228211	227426	203725	202940
社会保障业	Social Security	2390	2390	2390	2390
社会福利业	Social Welfare	28274	28274	19707	19707
文化、体育和娱乐业	**Culture, Sports & Recreational Services**	**592960**	**550048**	**365824**	**364314**
新闻出版业	Press	25213	25213	1550	1550
广播、电视和音像业	Radio ,Television & Audio-visual	13753	13753	23843	23843
文化艺术业	Culture & Arts	319278	277868	113521	113011
体育	Sports	105324	104324	40674	39674
娱乐业	Recreational Services	129392	128890	186236	186236
公共管理和社会组织	**Public Administration & Social Organization**	**1667154**	**1648383**	**1470640**	**1455361**
中国共产党机关	Chinese Communist Party Agencies	16082	16082	2082	2082
国家机构	Government Agencies	1300316	1281545	1132607	1117328
人民政协和民主党派	People's Politics Consultative Conference & Democratic Parties				
群众团体、社会团体和宗教组织	Mass Organization ,Social Organization and Religious Organization	86587	86587	85277	85277
基层群众自治组织	Basic Mass Autonomous Organization	264169	264169	250674	250674
国际组织	**International Organizations**				
国际组织	International Organizations				

6-9 按行业分城镇50万元以上施工、投产项目个数(2007年)

Number of Construction Projects over 500 Thousand Yuan under Construction and Put into Use in Urban Area by Sector (2007)

行业	Sector	施工项目(个) Number of Projects Under Construction (unit)	#新开工项目 Started This Year	全部建成投产项目(个) Number of Projects Started This Year (unit)	项目建成投产率(%) Percentage of Projects Completed and Put into Use
全　区	**Autonomous Regional Total**	**8874**	**6897**	**6473**	**72.9**
农、林、牧、渔业	**Farming, Forestry, Animal Husbandry & Fishery**	**552**	**480**	**460**	**83.3**
农 业	Farming	86	74	70	81.4
林 业	Forestry	162	137	135	83.3
畜牧业	Animal Husbandry	116	100	96	82.8
渔 业	Fishery	4	4	3	75.0
农、林、牧、渔服务业	Agricultural Services	184	165	156	84.8
采矿业	**Mining**	**896**	**635**	**604**	**67.4**
煤炭开采和洗选业	Coal Mining & Processing	355	207	188	53.0
石油和天然气开采业	Extraction of Petroleum & Natural Gas	30	24	17	56.7
黑色金属矿采选业	Mining & Dressing of Ferrous Metals	162	129	130	80.2
有色金属矿采选业	Mining & Dressing of Nonferrous Metals	197	164	155	78.7
非金属矿采选业	Mining & Dressing of Nonmetal Minerals	151	110	113	74.8
其他采矿业	Mining of Other Mineral	1	1	1	100.0
制造业	**Manufacturing**	**2369**	**1689**	**1530**	**64.6**
农副食品加工业	Processing of Agricultural Side-line Food	359	279	263	73.3
食品制造业	Food Manufacturing	132	105	103	78.0
饮料制造业	Beverage Manufacturing	70	54	50	71.4
烟草制品业	Tobacco Products	2		1	50.0
纺织业	Textile Industry	67	56	49	73.1
纺织服装、鞋、帽制造业	Textile Products, Clothes, Shoes & Hats	14	12	11	78.6
皮革、毛皮、羽毛（绒）及其制品业	Leather, Furs, Down & Related Products	15	12	6	40.0
木材加工及木、竹、藤、棕、草制品业	Timber Processing, Bamboo, Cane, Palm Fiber & Straw Products	89	68	74	83.1
家具制造业	Furniture Manufacturing	14	10	13	92.9
造纸及纸制品业	Paper-making & Paper Products	34	22	22	64.7
印刷业和记录媒介的复制	Printing & Record Pressing	15	12	12	80.0
文教体育用品制造业	Cultural, Educational & Sports Goods	3	3	3	100.0
石油加工、炼焦及核燃料加工业	Petroleum Processing , Coke Products & Processing of Nuclear Fuel	29	12	8	27.6
化学原料及化学制品制造业	Raw Chemical Materials& Chemical Products	227	165	141	62.1
医药制造业	Medicine Manufacturing	41	32	27	65.9
化学纤维制造业	Chemical Fiber Manufacturing				

6-9 续表 1 continued

行业	Sector	施工项目(个) Number of Projects Under Construction (unit)	# 新开工项目 Started This Year	全部建成投产项目(个) Number of Projects Started This Year (unit)	项目建成投产率(%) Percentage of Projects Completed and Put into Use
橡胶制品业	Rubber Products	14	13	11	78.6
塑料制品业	Plastic Products	41	39	36	87.8
非金属矿物制品业	Nonmetal Mineral Products	300	247	244	81.3
黑色金属冶炼及压延加工业	Smelting & Pressing of Ferrous Metals	265	109	65	24.5
有色金属冶炼及压延加工业	Smelting & Pressing of Nonferrous Metals	228	82	65	28.5
金属制品业	Metal Products	85	72	64	75.3
通用设备制造业	General Purpose Equipment	114	104	103	90.4
专用设备制造业	Special Purposes Equipment	63	55	54	85.7
交通运输设备制造业	Transportation Equipment	71	61	57	80.3
电气机械及器材制造业	Electric Equipment & Machinery	40	35	22	55.0
通信设备、计算机及其他电子设备制造业	Telecommunications, Computer & Other Electronic Equipment	9	6	4	44.4
仪器仪表及文化、办公用机械制造业	Instruments, Meters, Cultural & Office Machinery	5	4	4	80.0
工艺品及其他制造业	Handicrafts & Other Production	7	6	6	85.7
废弃资源和废旧材料回收加工业	Recovering of Abandoned Resource & Waste Materical	16	14	12	75.0
电力、燃气及水的生产和供应业	**Production & Supply of Electric Power,Gas & Water**	**616**	**455**	**411**	**66.7**
电力、热力的生产和供应业	Electric Power and Heating Power	461	336	306	66.4
燃气生产和供应业	Production & Supply of Gas	31	25	22	71.0
水的生产和供应业	Production & Supply of Water	124	94	83	66.9
建筑业	**Construction**	**104**	**90**	**92**	**88.5**
房屋和土木工程建筑业	Housing & Civil Engineering	80	68	70	87.5
建筑安装业	Installation of Buildings	8	8	8	100.0
建筑装饰业	Decoration of Buildings	14	12	12	85.7
其他建筑业	Other Construction	2	2	2	100.0
交通运输、仓储和邮政业	**Transportation, Storage & Postal**	**701**	**548**	**486**	**69.3**
铁路运输业	Railway Transport	79	55	42	53.2
道路运输业	Roadway Transport	527	423	383	72.7
城市公共交通业	Public Traffic in Cities	6	3	4	66.7
水上运输业	Waterway Transport	1	1		
航空运输业	Air Transport	14	5	5	35.7
管道运输业	Pipeline Transport	4	4		
装卸搬运和其他运输服务业	Loading,Unloading,Carrying & Transport	7	5	7	100.0
仓储业	Storage	62	51	44	71.0
邮政业	Postal Services	1	1	1	100.0
信息传输、计算机服务和软件业	**Information Transmission,Computer Service & Computer Software**	**125**	**118**	**113**	**90.4**
电信和其他信息传输服务	Telecommunication & other Information Transmission	124	117	112	90.3
计算机服务业	Computer Services				
软件业	Software	1	1	1	100.0
批发和零售业	**Wholesale & Retail Trade**	**332**	**284**	**282**	**84.9**
批发业	Wholesale Trade	151	132	124	82.1
零售业	Retail Trade	181	152	158	87.3
住宿和餐饮业	**Quarters & Catering**	**232**	**202**	**181**	**78.0**
住宿业	Quarters	120	98	80	66.7
餐饮业	Catering	112	104	101	90.2

6-9 续表 2 continued

行 业	Sector	施工项目(个) Projects Under Construction (unit)	# 新开工项目 Started This Year	全部建成投产项目(个) Projects Started This Year (unit)	项目建成投产率(%) Percentage of Projects Completed and Put into Use
金融业	**Banking**	**35**	**31**	**31**	**88.6**
银行业	Banking	27	24	23	85.2
证券业	Bond				
保险业	Insurance	5	4	5	100.0
其他金融活动	Others	3	3	3	100.0
房地产业	**Real Estate**	**155**	**140**	**121**	**78.1**
房地产业	Real Estate	155	140	121	78.1
租赁和商务服务业	**Leasing & Commercial Services**	**25**	**18**	**16**	**64.0**
租赁业	Leasing Services	2	2	2	100.0
商务服务业	Commercial Services	23	16	14	60.9
科学研究、技术服务和地质勘查业	**Scientific Research ,Technical Services & Geological Prospecting**	**82**	**75**	**68**	**82.9**
研究与试验发展	Research & Development	9	8	6	66.7
专业技术服务业	Special Technical Services	14	12	12	85.7
科技交流和推广服务业	Science & Technology Exchanging & Spreading	3	3	3	100.0
地质勘查业	Geological Prospecting	56	52	47	83.9
水利、环境和公共设施管理业	**Water Conservancy, Environment & Public Facilities Administration**	**1096**	**920**	**850**	**77.6**
水利管理业	Water Conservancy	208	145	154	74.0
环境管理业	Environment	74	58	45	60.8
公共设施管理业	Public Facilities Administration	814	717	651	80.0
居民服务和其他服务业	**Resident Services & Other Services**	**55**	**54**	**55**	**100.0**
居民服务业	Resident Services	37	36	37	100.0
其他服务业	Other Services	18	18	18	100.0
教育	**Education**	**367**	**293**	**298**	**81.2**
教育	Education	367	293	298	81.2
卫生、社会保障和社会福利业	**Health Care, Social Security & Social Welfare**	**185**	**152**	**151**	**81.6**
卫生	Health Care	150	121	120	80.0
社会保障业	Social Security	2	2	2	100.0
社会福利业	Social Welfare	33	29	29	87.9
文化、体育和娱乐业	**Culture, Sports & Recreational Services**	**171**	**112**	**118**	**69.0**
新闻出版业	Press	4	1	2	50.0
广播、电视和音像业	Radio ,Television & Audio-visual	17	15	15	88.2
文化艺术业	Culture & Arts	70	41	43	61.4
体育	Sports	30	20	18	60.0
娱乐业	Recreational Services	50	35	40	80.0
公共管理和社会组织	**Public Administration & Social Organization**	**776**	**601**	**606**	**78.1**
中国共产党机关	Chinese Communist Party Agencies	7	6	5	71.4
国家机构	Government Agencies	681	523	526	77.2
人民政协和民主党派	People's Politics Consultative Conference & Democratic Parties				
群众团体、社会团体和宗教组织	Mass ,Social Organization and Religious Organization	39	30	33	84.6
基层群众自治组织	Basic Mass Autonomous	49	42	42	85.7
国际组织	**International Organizations**				
国际组织	International Organizations				

6-10 城镇固定资产投资新增主要生产能力(2007年)

Newly Increased Productive Capacities ThroughInvestment in Fixed Assets in Urban Area(2007)

能力名称	Item	2007
原煤开采（万吨 / 年）	Coal Mining (10 000 tons/year)	8483
洗煤（万吨 / 年）	Washer Coal (10 000 tons/year)	1815
焦炭（万吨 / 年）	Coke (10 000 tons/year)	144
天然原油开采（万吨 / 年）	Petroleum Extraction (10 000 tons/year)	60.16
天然气开采（亿立方米 / 年）	Extraction of Petroleum and Natural Gas (10 000 cu.m/year)	33.74
铁矿开采(原矿)（万吨 / 年）	Iron-ore Mining (10 000 tons/year)	840.07
生铁（万吨 / 年）	Iron Smelting (10 000 tons/year)	64
粗钢（万吨 / 年）	Crude Steel (10 000 tons/year)	84
铁合金（折标吨 / 年）	Iron Alloy,Electric Furnace (10 000 tons/year)	375100
铜采矿(原矿)（万吨 / 年）	Copper Ore Mining (10 000 tons/year)	512.5
铜选矿：	Copper Ore Dressing	
处理原矿（万吨 / 年）	Crude Ore Dressing (10 000 ton/year)	87
铜含量（吨 / 年）	Copper Content (ton/year)	108100
铜冶炼（吨 / 年）	Copper Smelting (ton/year)	240000
#电解铜（吨 / 年）	Electrolytic Copper (ton/year)	120000
铅锌采矿(原矿)（万吨 / 年）	Plumbum / Zinc Ore Mining (10 000 tons/year)	386.1
铅锌选矿：	Plumbum and Zinc Ore Dressing	
处理原矿（万吨 / 年）	Crude Ore Dressing (10 000 tons/year)	801.2
铅含量（吨 / 年）	Plumbum Content (ton/year)	84193
锌含量（吨 / 年）	Zinc Content (ton/year)	193336
锌冶炼（吨 / 年）	Zinc Smelting (ton/year)	75000
#电解锌（吨 / 年）	Electrolytic Zinc (ton/year)	55000
氧化铝（吨 / 年）	Aluminum Oxide (ton/year)	30000
电解铝（吨 / 年）	Electrolytic Aluminum (ton/year)	133000
黄金（公斤 / 年）	Gold (kg/year)	911
火力发电（万千瓦）	Thermal Power (10 000 kw)	689.6
其他发电（万千瓦）	Other Power (10 000 kw)	207.1
输电线路长度(11万伏及以上)（公里）	Length of Electric Cable (over 110 000 va)(km)	4750.29
水泥（万吨 / 年）	Cement (10 000 tons/year)	1207
石墨及炭素制品（吨 / 年）	Product of Graphite (ton/year)	28700
烧碱（吨 / 年）	Caustic Soda (ton/year)	604000
纯碱（吨 / 年）	Soda Ash (ton/year)	25000
电石（吨 / 年）	Calcium Carbide (ton/year)	445000

6-10 续表 continued

能力名称	Item	2007
合成氨（吨／年）	Synthetic Ammonia (10 000 tons/year)	54000
氮肥（吨／年）	Nitrogen Fertlizers (ton/year)	107000
磷肥（吨／年）	Phosphate (ton/year)	20000
钾肥（吨／年）	Potash Fertilizer (ton/year)	2500
乙烯（吨／年）	Ethylene (ton/year)	400
精甲醇（吨／年）	Extracted Methanol (ton/year)	350000
塑料树脂及共聚物（吨／年）	Plastic Resin and Copolymer (ton/year)	945350
中成药（吨／年）	Chinese Patent Drug (ton/year)	7150
棉纺锭（锭）	Cotton Spindles(unit)	50000
毛纺锭（锭）	Wool Spindles(unit)	2500
啤酒（万吨／年）	Beer (10 000 tons/year)	50.5
白酒（万吨／年）	Liquor (10 000 tons/year)	10.34
机制纸浆（万吨／年）	Machine-made Pulp (10 000 tons/year)	9.9
机制纸（万吨／年）	Machine-made Paper (10 000 tons/year)	2.3
机制纸板（万吨／年）	Machine-made Paperboards (10 000 tons/year)	14.5
移动通信基站设备(指安装能力)（个／年）	Mobile Phone (set/year)	536
程控交换机 (指安装能力)（万线／年）	Program-controlled Switchboards(10 000 lines/year)	3.38
新建铁路主线正线交付运营里程（公里）	Length of Newly Built Main Railway put into Operation (km)	461.2
新建公路（公里）	Length of New Railway (km)	10312.99
#高速公路（公里）	Expressway (km)	205.46
一级公路（公里）	First Class Highway (km)	737.37
二级公路（公里）	Second Class Highway (km)	350
改建公路（公里）	Length of Reconstructed Highways (km)	6192.32
#一级公路（公里）	First Class Highway (km)	261.5
二级公路（公里）	Second Class Highway (km)	233.7
新建独立公路桥梁（延长米）	New-built Separate Highway and Bridge (extended meter)	1968.5
新建独立公路桥梁（座）	New-built Separate Highway and Bridge (unit)	13
造林面积（万亩）	Afforested Area (10 000 mu)	475.65
水库容量(总库容)（亿立方米）	Capacity of Reservors (100 million cu.m)	1.19
有效灌溉面积（万亩）	Effective Irrigated Area (10 000 mu)	16.71
各类院校：学生席位（个）	All Kinds Of School: Student Seat (unit)	147461
建筑面积（平方米）	Floor space(sq.m)	949232
医院病床（张）	Sick Beds (unit)	5233
宾馆、旅馆、招待所客房数（间）	Rooms in Guest Houses,Hotels and Hostels (unit)	4557
宾馆、旅馆、招待所客房数（平方米）	Rooms in Guest Houses,Hotels and Hostels (sq.m)	261387
城市自来水供水能力（万吨/日）	Capacity of City Tap Water Supply (10 000 tons/day)	118.14
城市公共交通车辆购置（辆）	purchase of City Communiting Vehicles (unit)	70
城市道路扩建长度（公里）	Length of City Road Extended (km)	927.57
城市道路扩建面积（万平方米）	Area of City Road Extended (10 000 sq.m)	1350.63
城市排水管道铺设长度（公里）	Length of Sewer PiPelines (km)	167.26
城市污水处理能力（万吨／日）	Disposal Capacity of Sewage (10 000 tons/day)	38.38

6-11 按各种分组的农村固定资产投资
Investment in Fixed Assets in Rural by Group

指 标	Item	2007
投资总额(万元)	**Total Investment(10 000 yuan)**	**431451**
按资金来源分	Grouped by Source of Funds	
国家预算内资金	State Budgetary Appropriations	26521
国内贷款	Domestic Loans	35679
利用外资	Foreign Investment	
自筹资金	Fund Raising	264383
其他资金	Others	101303
按构成分	Grouped by Use of Funds	
建筑安装工程	Construction and Installation	282250
设备、工具器具购置	Purchase of Equipment and Instruments	76700
其他费用	Others	72501
按建设性质分	Grouped by Type of Construction	
# 新建	New Construction	332773
扩建	Expansion	51475
改建	Reconstruction	23868
按产业分	Grouped by Type of Industry	
第一产业	Primary Industry	177760
第二产业	Secondary Industry	146340
第三产业	Tertiary Industry	70106
按国民经济主要行业分	Grouped by Main Sector	
农业	Agriculture	178263
工业	Industry	145473
# 能源工业	Energy	3690
运输邮电业	Transportation, Postal and Telecommunications Services	12582
新增固定资产(万元)	**Newly Increased Fixed Assets(10 000 yuan)**	**416365**
房屋建筑面积(万平方米)	**Floor Space of Buildings(10 000 sq.m)**	
施工面积	Floor Space Under Construction	129.38
竣工面积	Floor Space Completed	98.66
# 住宅	Residential Buildings	40.11

注: 1.改建投资中不含单纯建造生活设施投资。
2.按国民经济行业分、按建设性质分不含房地产投资, 其他统计分组的含。
3.根据新国民经济核算标准, 对第一产业投资进行了调整。
4.本表统计范围为城市以下非农户投资项目。

a) The investment in reconstruction includes the investment inconstruction of facilities simply for the improvement of esidents'life.

b) The investment in the real estate development is not included in the investment grouped by main sector and by type of construction.

c) Data on the investment in primary industry has been adjusted according to the new classification standards of national economic accounting.

d)Framework in this table is non-farmer Investment.

6-12 国民经济各行业按建设性质分的农村固定资产投资(2007年)

Investment in Fixed Assets of Rural by Construction & Sector(2007)

单位：万元 (10 000 yuan)

行 业	Sector	投资额 Investment	#新建 New Construction	#扩建 Expansion	#改建 Reconstruction	新增固定资产 Newly Increased Fixed Assets
全　　区	**Total**	**431451**	**332773**	**51475**	**23868**	**416365**
农、林、牧、渔业	**Farming, Forestry, Animal Husbandry & Fishery**	**178263**	**158709**	**14038**	**4886**	**169941**
农 业	Farming	84397	76136	5050	3211	80727
林 业	Forestry	6750	5760	934	56	6750
畜牧业	Animal Husbandry	59564	56593	2656		50964
渔 业	Fishery	745	430			745
农、林、牧、渔服务业	Agricultural Services	26807	19790	5398	1619	30755
采矿业	**Mining**	**41516**	**27535**	**11031**	**2150**	**36523**
煤炭开采和洗选业	Coal Mining & Processing	800		500	300	800
石油和天然气开采业	Petroleum & Natural Gas					
黑色金属矿采选业	Mining of Ferrous Metals	6700	4050	2000	650	3700
有色金属矿采选业	Mining of Nonferrous Metals	16025	11565	4260	200	16075
非金属矿采选业	Mining of Nonmetal Minerals	17991	11920	4271	1000	15948
其他采矿业	Mining of Other Mineral					
制造业	**Manufacturing**	**99840**	**73608**	**14493**	**10459**	**90628**
农副食品加工业	Processing of Agricultural Food	23910	17135	1915	4860	20423
食品制造业	Food Manufacturing	2719	1900	601	218	1906
饮料制造业	Beverage Manufacturing	2522	550	1972		2522
烟草制品业	Tobacco Products					
纺织业	Textile Industry	570	300		270	570
纺织服装、鞋、帽制造业	Textile , Clothes, Shoes & Hats	100	100			100
皮革、毛皮、羽毛（绒）及其制品业	Leather, Furs, Down & Related Products	1500		1500		1500
木材加工及木、竹、藤、棕、草制品业	Timber, Bamboo, Cane, Palm Fiber & Straw Products	5271	4771	500		5271
家具制造业	Furniture Manufacturing	720	150	395	175	720
造纸及纸制品业	Paper-making & Paper Products	1320	800	520		520
印刷业和记录媒介的复制	Printing & Record Pressing					
文教体育用品制造业	Cultural, Educational & Sports					
石油加工、炼焦及核燃料加工业	Petroleum, Coke Products & Processing of Nuclear Fuel					
化学原料及化学制品制造业	Raw Chemical Materials & Products	30739	22482	5330	2927	29991
医药制造业	Medicine Manufacturing	2300	2300			
化学纤维制造业	Chemical Fiber					

6-12 续表 1 continued

单位：万元 (10 000 yuan)

行 业	Sector	投资额 Investment	#新建 New Construction	#扩建 Expansion	#改建 Reconstruction	新增固定资产 Newly Increased Fixed Assets
橡胶制品业	Rubber Products					
塑料制品业	Plastic Products	2060	2060			2060
非金属矿物制品业	Nonmetal Mineral Products	20653	16784	1350	1419	20099
黑色金属冶炼及压延加工业	Smelting & Pressing of Ferrous Metals	1154	384		590	1154
有色金属冶炼及压延加工业	Smelting & Pressing of Nonferrous Metals					
金属制品业	Metal Products	2305	2005	300		1500
通用设备制造业	General Purpose Equipment	950	950			900
专用设备制造业	Special Purposes Equipment Manufacturing					
交通运输设备制造业	Transportation Equipment Manufacturing					
电气机械及器材制造业	Electric Equipment & Machinery					
通信设备、计算机及其他电子设备制造业	Manufacturing of Telecommunications, Computer & Other Electronic Equipment					
仪器仪表及文化、办公用机械制造业	Instruments, Meters, Cultural & Office Machinery					
工艺品及其他制造业	Handicrafts & Other Production	330	220	110		330
废弃资源和废旧材料回收加工业	Recovering of Abandoned Resource & Waste Materical	717	717			1062
电力、燃气及水的生产和供应业	**Production & Supply of Electric Power,Gas & Water**	**4117**	**3231**	**235**	**651**	**2078**
电力、热力的生产和供应业	Production & Supply of Electric Power and Heating Power	1898	1247		651	651
燃气生产和供应业	Production & Supply of Gas	992	992			992
水的生产和供应业	Production & Supply of Water	1227	992	235		435
建筑业	**Construction**	**1240**	**975**		**265**	**1240**
房屋和土木工程建筑业	Housing & Civil Engineering Construction	1240	975		265	1240
建筑安装业	Installation of Buildings					
建筑装饰业	Decoration of Buildings					
其他建筑业	Other Construction					
交通运输、仓储和邮政业	**Transportation, Storage & Postal Services**	**12372**	**8487**	**3805**	**80**	**12292**
铁路运输业	Railway Transport					
道路运输业	Roadway Transport	10617	7132	3405	80	10537
城市公共交通业	Public Traffic in Cities					
水上运输业	Waterway Transport					
航空运输业	Air Transport					
管道运输业	Pipeline Transport					
装卸搬运和其他运输服务业	Loading,Unloading,Carrying & Transport					
仓储业	Storage	1755	1355	400		1755
邮政业	Postal Services					
信息传输、计算机服务和软件业	**Information Transmission,Computer Service & Computer Software**	**710**	**210**			**710**
电信和其他信息传输服务	Telecommunication & other Information Transmission	710	210			710
计算机服务业	Computer Services					
软件业	Software					
批发和零售业	**Wholesale & Retail Trade**	**13243**	**12657**	**586**		**11937**
批发业	Wholesale Trade	7579	6993	586		7573
零售业	Retail Trade	5664	5664			4364
住宿和餐饮业	**Quarters & Catering**	**1254**	**388**	**740**	**126**	**1334**
住宿业	Quarters	981	115	740	126	1061
餐饮业	Catering	273	273			273

6-12 续表 2 continued

单位：万元 (10 000 yuan)

行业	Sector	投资额 Investment	#新建 New Construction	#扩建 Expansion	#改建 Reconstruction	新增固定资产 Newly Increased Fixed Assets
金融业	**Banking**	**715**			**715**	**715**
银行业	Banking	65			65	65
证券业	Bond					
保险业	Insurance					
其他金融活动	Others	650			650	650
房地产业	**Real Estate**	**7923**	**3777**			**6553**
房地产业	Real Estate	7923	3777			6553
租赁和商务服务业	**Leasing & Commercial Services**					
租赁业	Leasing Services					
商务服务业	Commercial Services					
科学研究、技术服务和地质勘查业	**Scientific Research ,Technical Services & Geological Prospecting**	**836**		**836**		**1315**
研究与试验发展	Research & Development					
专业技术服务业	Special Technical Services					
科技交流和推广服务业	Science & Technology Exchanging & Spreading					
地质勘查业	Geological Prospecting	836		836		1315
水利、环境和公共设施管理业	**Water Conservancy, Environment & Public Facilities Administration**	**8325**	**5910**	**1040**	**1375**	**7843**
水利管理业	Water Conservancy	4247	2987	50	1210	4165
环境管理业	Environment	145	145			145
公共设施管理业	Public Facilities Administration	3933	2778	990	165	3533
居民服务和其他服务业	**Resident Services & Other Services**	**500**	**500**			**500**
居民服务业	Resident Services	500	500			500
其他服务业	Other Services					
教育	**Education**	**861**	**680**	**80**	**101**	**760**
教育	Education	861	680	80	101	760
卫生、社会保障和社会福利业	**Health Care, Social Security & Social Welfare**	**1614**	**1193**	**256**	**165**	**1553**
卫生	Health Care	1354	933	256	165	1293
社会保障业	Social Security					
社会福利业	Social Welfare	260	260			260
文化、体育和娱乐业	**Culture, Sports & Recreational Services**	**1433**	**583**	**850**		**1369**
新闻出版业	Press					
广播、电视和音像业	Radio ,Television & Audio-visual					
文化艺术业	Culture & Arts	264	264			200
体育	Sports					
娱乐业	Recreational Services	1169	319	850		1169
公共管理和社会组织	**Public Administration & Social Organization**	**56689**	**34330**	**3485**	**2895**	**69074**
中国共产党机关	Chinese Communist Party Agencies					
国家机构	Government Agencies	19220	12386	2755	2595	20245
人民政协和民主党派	People's Politics Consultative Conference & Democratic Parties					
群众团体、社会团体和宗教组织	Mass Organization ,Social Organization and Religious Organization	300	300			300
基层群众自治组织	Basic Mass Autonomous Organization	37169	21644	730	300	48529
国际组织	**International Organizations**					
国际组织	International Organizations					

6-13 按行业分农村施工、投产项目个数(2007年)

Number of Construction Projects Under Construction and Put into Use in Rural by Sector (2007)

行业	Sector	施工项目(个) Number of Projects Under Construction (unit)	# 新开工项目 Started This Year	全部建成投产项目(个) Number of Projects Started This Year (unit)	项目建成投产率(%) Percentage of Projects Completedand Put into Use
全　　区	**Autonomous Regional Total**	**722**	**679**	**658**	**91.1**
农、林、牧、渔业	**Farming, Forestry, Animal Husbandry & Fishery**	**164**	**156**	**146**	**89.0**
农业	Farming	33	29	28	84.8
林业	Forestry	9	9	9	100.0
畜牧业	Animal Husbandry	74	73	63	85.1
渔业	Fishery	3	3	3	100.0
农、林、牧、渔服务业	Agricultural Services	45	42	43	95.6
采矿业	**Mining**	**70**	**63**	**62**	**88.6**
煤炭开采和洗选业	Coal Mining & Processing	2	2	2	100.0
石油和天然气开采业	Petroleum & Natural Gas				
黑色金属矿采选业	Mining of Ferrous Metals	11	10	7	63.6
有色金属矿采选业	Mining of Nonferrous Metals	22	21	21	95.5
非金属矿采选业	Mining of Nonmetal Minerals	35	30	32	91.4
其他采矿业	Mining of Other Mineral				
制造业	**Manufacturing**	**242**	**232**	**220**	**90.9**
农副食品加工业	Processing of Agricultural Food	76	73	66	86.8
食品制造业	Food Manufacturing	10	9	7	70.0
饮料制造业	Beverage Manufacturing	6	6	6	100.0
烟草制品业	Tobacco Products				
纺织业	Textile Industry	3	3	2	66.7
纺织服装、鞋、帽制造业	Textile , Clothes, Shoes & Hats	1	1	1	100.0
皮革、毛皮、羽毛（绒）及其制品业	Leather, Furs, Down Products	1	1	1	100.0
木材加工及木、竹、藤、棕、草制品业	Timber Processing, Bamboo, Cane, Palm Fiber & Straw Products	21	21	21	100.0
家具制造业	Furniture Manufacturing	3	3	3	100.0
造纸及纸制品业	Paper-making & Paper Products	2	2	1	50.0
印刷业和记录媒介的复制	Printing & Record Pressing				
文教体育用品制造业	Cultural, Educational & Sports Goods				
石油加工、炼焦及核燃料加工业	Petroleum Processing , Coke Products & Processing of Nuclear Fuel				
化学原料及化学制品制造业	Raw Chemical Materials & Products	17	15	15	88.2
医药制造业	Medicine Manufacturing	1			
化学纤维制造业	Chemical Fiber Manufacturing				

6-13 续表 1 continued

行业	Sector	施工项目(个) Number of Projects Under Construction (unit)	#新开工项目 Started This Year	全部建成投产项目(个) Number of Projects Started This Year (unit)	项目建成投产率(%) Percentage of Projects Completed Put into Use
橡胶制品业	Rubber Products				
塑料制品业	Plastic Products	8	8	8	100.0
非金属矿物制品业	Nonmetal Mineral Products	74	72	71	95.9
黑色金属冶炼及压延加工业	Smelting & Pressing of Ferrous Metals	4	3	4	100.0
有色金属冶炼及压延加工业	Smelting of Nonferrous Metals				
金属制品业	Metal Products	6	6	5	83.3
通用设备制造业	General Purpose Equipment	2	2	2	100.0
专用设备制造业	Special Purposes Equipment				
交通运输设备制造业	Transportation Equipment				
电气机械及器材制造业	Electric Equipment & Machinery				
通信设备、计算机及其他电子设备制造业	Manufacturing of Telecommunications, Computer & Other Electronic Equipment				
仪器仪表及文化、办公用机械制造业	Instruments, Meters, Cultural & Office Machinery				
工艺品及其他制造业	Handicrafts & Other Production	3	3	3	100.0
废弃资源和废旧材料回收加工业	Recovering of Abandoned Resource & Waste Materical	4	4	4	100.0
电力、燃气及水的生产和供应业	**Production & Supply of Electric Power,Gas & Water**	**12**	**11**	**9**	**75.0**
电力、热力的生产和供应业	Production & Supply of Electric Power and Heating Power	4	4	2	50.0
燃气生产和供应业	Production & Supply of Gas	3	3	3	100.0
水的生产和供应业	Production & Supply of Water	5	4	4	80.0
建筑业	**Construction**	**8**	**8**	**8**	**100.0**
房屋和土木工程建筑业	Housing & Civil Construction	8	8	8	100.0
建筑安装业	Installation of Buildings				
建筑装饰业	Decoration of Buildings				
其他建筑业	Other Construction				
交通运输、仓储和邮政业	**Trans, Storage & Postal Services**	**26**	**24**	**23**	**88.5**
铁路运输业	Railway Transport				
道路运输业	Roadway Transport	21	19	18	85.7
城市公共交通业	Public Traffic in Cities				
水上运输业	Waterway Transport				
航空运输业	Air Transport				
管道运输业	Pipeline Transport				
装卸搬运和其他运输服务业	Loading,Unloading,Carrying & Transport				
仓储业	Storage	5	5	5	100.0
邮政业	Postal Services				
信息传输、计算机服务和软件业	**Information Transmission,Computer Service & Computer Software**	**1**	**1**	**1**	**100.0**
电信和其他信息传输服务	Telecommunication & other Information Transmission	1	1	1	100.0
计算机服务业	Computer Services				
软件业	Software				
批发和零售业	**Wholesale & Retail Trade**	**45**	**45**	**44**	**97.8**
批发业	Wholesale Trade	24	24	24	100.0
零售业	Retail Trade	21	21	20	95.2
住宿和餐饮业	**Quarters & Catering**	**6**	**5**	**6**	**100.0**
住宿业	Quarters	4	3	4	100.0
餐饮业	Catering	2	2	2	100.0

6-13 续表 2 continued

行 业	Sector	施工项目(个) Number of Projects Under Construction (unit)	#新开工项目 Started This Year	全部建成投产项目(个) Number of Projects Started This Year (unit)	项目建成投产率(%) Percentage of Projects Completedand Put into Use
金融业	**Banking**	**2**	**2**	**1**	**50.0**
银行业	Banking	1	1	1	100.0
证券业	Bond				
保险业	Insurance				
其他金融活动	Others	1	1		
房地产业	**Real Estate**	**10**	**9**	**8**	**80.0**
房地产业	Real Estate	10	9	8	80.0
租赁和商务服务业	**Leasing & Commercial Services**				
租赁业	Leasing Services				
商务服务业	Commercial Services				
科学研究、技术服务和地质勘查业	**Scientific Research ,Technical Services & Geological Prospecting**	**2**		**2**	**100.0**
研究与试验发展	Research & Development				
专业技术服务业	Special Technical Services				
科技交流和推广服务业	Science & Technology Exchanging & Spreading				
地质勘查业	Geological Prospecting	2		2	100.0
水利、环境和公共设施管理业	**Water Conservancy, Environment & Public Facilities Administration**	**26**	**24**	**24**	**92.3**
水利管理业	Water Conservancy	15	15	14	93.3
环境管理业	Environment	1	1	1	100.0
公共设施管理业	Public Facilities Administration	10	8	9	90.0
居民服务和其他服务业	**Resident Services & Other Services**	**1**	**1**	**1**	**100.0**
居民服务业	Resident Services	1	1	1	100.0
其他服务业	Other Services				
教育	**Education**	**4**	**4**	**3**	**75.0**
教育	Education	4	4	3	75.0
卫生、社会保障和社会福利业	**Health Care, Social Security & Social Welfare**	**9**	**9**	**8**	**88.9**
卫生	Health Care	8	8	7	87.5
社会保障业	Social Security				
社会福利业	Social Welfare	1	1	1	100.0
文化、体育和娱乐业	**Culture, Sports & Recreational Services**	**5**	**5**	**4**	**80.0**
新闻出版业	Press				
广播、电视和音像业	Radio ,Television & Audio-visual				
文化艺术业	Culture & Arts	2	2	1	50.0
体育	Sports				
娱乐业	Recreational Services	3	3	3	100.0
公共管理和社会组织	**Public Administration & Social Organization**	**89**	**80**	**88**	**98.9**
中国共产党机关	Chinese Communist Party Agencies				
国家机构	Government Agencies	60	55	59	98.3
人民政协和民主党派	People's Politics Consultative Conference & Democratic Parties				
群众团体、社会团体和宗教组织	Mass Organization ,Social Organization and Religious Organization	1	1	1	100.0
基层群众自治组织	Basic Mass Autonomous Organization	28	24	28	100.0
国际组织	**International Organizations**				
国际组织	International Organizations				

6-14 农村新增主要生产能力(2007年)

Newly Increased Productive Capacities of Rural(2007)

能力名称	Item	2007
原煤开采（万吨 / 年）	Coal Mining (10 000 tons/year)	8
铁矿开采(原矿)（万吨 / 年）	Iron-ore Mining (10 000 tons/year)	13.5
铁矿石成品矿（万吨 / 年）	Mine of Iron Ore (10 000 tons/year)	23.0
生铁（万吨 / 年）	Iron Smelting (10 000 tons/year)	15.5
铁合金（折标吨 / 年）	Iron Alloy, Electric Furnace(10 000 tons/year)	1013
铜采矿(原矿)（万吨 / 年）	Copper Ore Mining(10 000 tons/year)	21.7
铅锌采矿(原矿)（万吨 / 年）	Plumbum / Zinc Ore Mining (10 000 tons/year)	23.1
铅锌选矿：(1)处理原矿（万吨 / 年）	Crude Ore Dressing (10 000 tons/year)	8
(2)铅含量（吨 / 年）	Plumbum Content(ton/year)	2650
(3)锌含量（吨 / 年）	Zinc Content (ton/year)	4050
黄金（公斤 / 年）	Gold (kg/year)	35
银选矿：	Silver Ore Dressing	
处理原矿（吨 / 年）	Crude Ore Dressing (ton/year)	10350
银含量（公斤 / 年）	Silver Content (kg/year)	1100
纯碱（吨 / 年）	Soda Ash (ton/year)	20000
白酒（万吨 / 年）	Liquor(10 000 tons/year)	0.35
新建公路（公里）	Length of New Highways (km)	536
# 二级公路（公里）	Second Class Highway (km)	25
改建公路（公里）	Lengh of Reconstructed Highways (km)	12
新(扩)建客、货运站（个）	New-Built or Expanded Passenger & Freight Stations (unit)	1
新(扩)建客、货运站（平方米）	New-Built or Expanded Passenger & Freight Stations (sq.m)	200
造林面积（万亩）	Afforested Area (10 000 mu)	12.42
有效灌溉面积（万亩）	Effective Irrigated Area (10 000 mu)	6.2
各类院校：学生席位（个）	All Kinds Of School: Student Seat (unit)	493
建筑面积（平方米）	Floor Space(sq.m)	2280
医院病床（张）	Sick Beds(unit)	78
宾馆、旅馆、招待所客房数（间）	Rooms in Guest Houses,hotels and hostels (unit)	230
宾馆、旅馆、招待所客房数（平方米）	Rooms in Guest Houses,hotels and hostels (sq.m)	5500

6-15 农村个人固定资产投资和建房

Individual Investment in Fixed Assets & Building Construction in Rural Areas

年份 Year	投资总额 (万元) Total Investment (10 000 yuan)	# 竣工房屋投资 Investment in Buildings Completed		施工房屋建筑面积 (万平方米) Floor Space of Buildings Under Construction (10 000 sq.m)	竣工房屋建筑面积 (万平方米) Floor Space of Buildings Completed (10 000 sq.m)		竣工房屋造价 (元/平方米) Cost of Buildings Completed (yuan/sq.m)	
		小计 Subtotal	# 住宅 Residential Buildings		总计 Total	# 住宅 Residential Buildings	总计 Total	# 住宅 Residential Buildings
1985	87369	48929	35718	1112	1112	812		44.0
1986	59978		17787	636	590	549		32.4
1987	88573		31132	749	719	613		50.8
1988	149132		38671	696	684	635		60.9
1989	108402		45730	692	668	572		79.9
1990	81263	45120	42971	552	552	495	81.7	86.8
1991	110319	74186	66180	1010	910	782	81.5	84.6
1992	132675	74766	56356	813	770	656	97.1	85.8
1993	126581	62776	53630	1258	900	629	99.8	85.3
1994	195856	109418	102269	1007	967	789	113.2	129.6
1995	365345	193582	177824	1239	1221	967	158.5	183.9
1996	381618	239963	208326	1238	1224	1020	196.0	204.2
1997	390141	230023	174965	1344	1344	1018	171.1	171.9
1998	409854	207169	179393	1382	1216	875	170.4	205.0
1999	430084	231832	196678	1173	1051	863	220.6	227.9
2000	458815	220926	200248	1092	985	860	224.3	232.8
2001	502098	253278	229572	1151	1079	916	234.6	250.6
2002	521562	223103	199163	1117	1047	869	213.1	229.2
2003	556773	220324	195820	1109	1018	848	207.0	221.6
2004	582376	188669	163294	923	880	728	214.4	224.3
2005	620529	207046	170065	738	710	510	291.6	333.5
2006	655749	252738	211770	780	769	583	328.7	363.2
2007	747324	284341	238955	814	794	596	358.1	400.9

6-16 房地产开发情况

Main Indicators of Real Estate Development

指 标	Item	2006	2007
企业个数(个)	**Number of Enterprises(unit)**	**1173**	**1415**
内资	Domestic Funded	1163	1405
# 国有	State-owned Enterprises	35	36
集体	Collective-owned Enterprises	6	6
股份有限公司	Share-holding Corporations Ltd.	5	57
私营	Private Enterprises	513	641
港、澳、台投资	Funded by Entrepreneurs From Hong Kong.Macao and Taiwan	5	6
外商投资	Foreign Funded	5	4
平均从业人员(人)	**Average Number of Employed Persons(person)**	**31649**	**40460**
内资	Domestic Funded	31247	40081
# 国有	State-owned Enterprises	695	597
集体	Collective-owned Enterprises	77	443
股份有限公司	Share-holding Corporations Ltd.	73	1616
私营	Private Enterprises	13634	19732
港、澳、台投资	Funded by Entrepreneurs From Hong Kong.Macao and Taiwan	321	254
外商投资	Foreign Funded	81	125
土地开发及购置	**Land Development and Purchase**		
本年土地开发面积(万平方米)	Land Space Developed This Year(10 000 sq.m)	634.80	1001.04
土地购置费用(万元)	Land Space Purchased Costs(10 000 yuan)	516527	713319
待开发的土地面积(万平方米)	Land Space Needed to Development(10 000 sq.m)	380.15	754.27
本年土地购置面积(万平方米)	Land Space Purchased This Year(10 000 sq.m)	1309.72	1817.96
房地产开发建设投资总规模及完成投资(万元)	**General Scale of & Actually Completed Investment in Real Estate Development(10 000 yuan)**		
实际需要总投资	Total Investment Actually Needed	6786360	10869181
自开始建设至本年底累计完成投资	Accumulative Investment Actually Made Since Starting of Construction up to the End This Year	4341520	7437496
# 本年完成投资	Investment Made This Year	3250196	5008862
#商品房建设投资	Investment in Commercial Buildings	2559408	
全部建成尚需投资	Further Investment Required for the Completion of Construction	2444840	3431685
按用途分的房地产开发完成投资额(万元)	**Actually Completed Investment of Enterprises for Real Estate Development by Use(10 000 yuan)**		
本年完成投资额	Investment Made This Year	3250196	5008862
住宅	Residential Buildings	2556779	3838894
# 别墅、高档公寓	Villas and Good Apartments	148433	263544
经济适用房屋	Economical Houses	247193	337472
办公楼	Office Buildings	86950	134023
商业营业用房	Houses for Business Use	514578	748752
其他	Others	91889	287193
资金来源小计(万元)	**Source of Funds(10 000 yuan)**	**3201283**	**5050185**
# 国内贷款	Domestical Loans	144023	221729
利用外资	Foreign Investment	1397	9830
自筹资金	Fund Raising	2582572	3954261
其他资金来源	Others	473291	864365

6-16 续表 continued

指 标	Item	2006	2007
房屋建筑面积(万平方米)	**Floor Space of Buildings(10 000 sq.m)**		
施工面积	Floor Space under Construction	3601.48	5272.67
本年新开工面积	Floor Space Started This Year	2556.02	3305.29
#住宅	Residential Buildings	2159.86	2739.55
#经济适用房屋	Economical Houses	222.13	240.12
竣工面积	Floor Space Completed	1332.85	1832.91
#住宅	Residential Buildings	1101.66	1552.36
#经济适用房屋	Economical Houses	125.21	137.27
竣工房屋价值(万元)	Value of Buildings Completed(10 000 yuan)	1492260	2407903
竣工房屋造价(元/平方米)	Cost of Buildings Completed(yuan/sq.m)	1119.6	1313.7
按用途分新开工房屋面积(万平方米)	**Floor Space Started of Houses by Use(10 000 sq.m)**		
本年新开工房屋面积	Floor Space of Selling House	2556.02	3305.29
住 宅	Residential Buildings	2159.86	2739.55
#别墅、高档 公 寓	Villas and Good Apartments	85.08	156.64
#经济适用房 屋	Economical Houses	222.13	240.12
办公楼	Office Buildings	63.89	84.83
商业营业用 房	Houses for Business Use	277.93	396.82
其 他	Others	54.34	84.09
商品房屋销售情况	**Selling of Commercial Houses**		
房屋销售面积(万平方米)	Floor Space of Selling House(10 000 sq.m)	1428.97	2087.67
#住宅	Residential Buildings	1250.1	1809.73
#经济适用房屋	Economical Houses	169.41	188.30
商品房销售额(万元)	Total Sales Of Commercial House (10 000 yuan)	2588397	4690015
#住宅	Residential Buildings	2033649	3645747
#经济适用房屋	Economical Houses	224742	263386
商品房屋销售价格(元/平方米)	Selling Price of House(yuan/sq.m)	1811.4	2246.5
#住宅	Residential Buildings	1626.8	2014.5
#经济适用房屋	Economical Houses	1326.6	1398.8
按用途分商品房屋销售面积	**Floor Space of Selling House by Use**		
房屋销售面积(万平方米)	Floor Space of Selling House(10 000 sq.m)	1428.97	2087.67
住 宅	Residential Buildings	1250.1	1809.73
#别墅、高档 公 寓	Villas and Good Apartments	33.79	115.12
#经济适用房 屋	Economical Houses	169.41	188.30
办公楼	Office Buildings	18.29	42.86
商业营业用 房	Houses for Business Use	147.49	199.76
其 他	Others	13.09	35.32
房地产开发企业的资产负债(万元)	**Asset Balance of Enterprises for Real Estate Development（10 000 yuan）**		
实收资本合计	Total Capital Hold	1057132	1691239
#国家资本金	State Capital	33201	40321
资产总计	Total Assets	4775883	7971761
累计折旧	Total Depreciation	55781	52276
#本年折旧	Depreciation This Year	14881	13291
负债总计	Total Liabilities	3323448	5890481
所有者权益	Creditors Equity	1452435	2081280
资产负债率(%)	Ratio of Liabilities to Assets	69.6	73.9
经营总收入(万元)	**Total Revenue(10 000 yuan)**	**2145533**	**3771551**
#土地转让收入	Land Transferred	10334	7941

6-17 按登记注册类型分的房地产开发投资(2007年)

指标	Item	总计 Total	内资 国有 State-owned Units	内资 集体 Collective-owned Units
企业个数(个)	**Number of Enterprises(unit)**	**1415**	**36**	**6**
#亏损企业个数	Loss-Making Enterprises	503	15	2
本年完成投资额（万元）	**Investment Completed This Year(10 000yuan)**	**5008862**	**120183**	**11227**
#商品房建设投资	Investment for Commercial Housing Construction			
#土地开发投资	Investment for Land Development	303474	926	1050
按构成分	Grouped by Use of Funds			
建筑工程	Construction Projects	4077156	111207	10128
安装工程	Installation Projects	30806	1004	230
设备工器具购置	Purchase of Equipment, Tools and Instruments	22434		100
其他费用	Other Funds	878466	7972	769
#土地购置费	Purchase of Land	713319	7326	
按构成用途分	Grouped by Use of Project			
住宅	Residential Buildings	3838894	102400	11089
#经济适用房	Economical Houses	337472	35124	1368
别墅、高档公寓	Villa, Top Grade Flat	263544		
办公楼	Office Buildings	134023	765	
商业营业用房	Business Buildings	748752	11487	138
其他	Others	287193	5531	
本年新增固定资产(万元)	**Newly Increased This Year(10 000 yuan)**	**2756728**	**82318**	**13407**
资金来源(万元)	**Finance Sources(10 000yuan)**			
国内贷款	Domestic Loans	221729	1740	
利用外资	Foreign Investment	9830		
自筹资金	Fund Raising	3954261	122785	8300
#自有资金	Self-owned	2560030	98785	4650
其他资金来源	Others	864365	65290	1480
#定金及预收款	Fund Ordered and Pre-received	598715	58035	880
土地开发(平方米)	**Land Development (sq.m)**			
本年土地开发面积	Area of Land Development This Year	10010379	280266	46600
待开发土地面积	Area of Land to be Developed	7542673	149810	
本年购置土地面积	Area of Land Purchased This Year	18179634	274999	
本年土地成交价款(万元)	Value of Land Transaction(10 000yuan)	817231	7521	

Investment in Real Estate Development by Type of Registration(2007)

Domistic-funded Enterprises						港澳台投资 Economic Units Funded by Entrepreneurs from HK,Macao & Taiwan	外商投资 Foreign Funded Economic Units
股份合作 Coopeative Enterprises	联营经济 Joint-owned Economic Units	有限责任公司 Limited Liabibity Corp.	股份有限公司 Share-holding Corp.Ltd.	私营 Private Enter-prises	其他 Others		
6	**2**	**655**	**57**	**641**	**2**	**6**	**4**
2	1	204	15	259		2	3
11619	**5426**	**2480967**	**131107**	**2210513**	**6500**	**21548**	**9772**
		125554	6170	168672	915	187	
7819	3576	1996191	117724	1799554	5280	16205	9472
		11382	1500	15770	920		
		9395	32	12857	50		
3800	1850	463999	11851	382332	250	5343	300
1200	1850	389442	10148	298047		5306	
419	3500	1848771	105109	1737632	4950	18865	6159
		151399	4595	142801	2185		
		116722	120	142103			4599
		72309	100	59447	650		752
9280	1256	389367	18449	315813	700	791	1471
1920	670	170520	7449	97621	200	1892	1390
4249	**5426**	**1326627**	**93045**	**1220756**	**6500**	**4400**	
195		76922	1500	131158	500	9714	
		9330				500	
9745	4000	1983530	102931	1699578	5350	8270	9772
9400	4000	1241641	60398	1130534		850	9772
1200	1426	382394	26150	385775	650		
1200	1426	232971	8180	296023			
		4830213	206375	4561773	17500	67652	
		5203890	69410	2119563			
12185	38646	9997011	255966	7533175		67652	
1200	1850	393503	8246	399605		5306	

主要统计指标解释

全社会固定资产投资 固定资产投资是社会固定资产再生产的主要手段。通过建造和购置固定资产的活动，国民经济不断采用先进技术装备，建立新兴部门，进一步调整经济结构和生产力的地区分布，增强经济实力，为改善人民物质文化生活创造物质条件。这对我国的社会主义现代化建设具有重要意义。

固定资产投资额是以货币表现的建造和购置固定资产活动的工作量，它是反映固定资产投资规模、速度、比例关系和使用方向的综合性指标。全社会固定资产投资按经济类型可分为国有、集体、个体、联营、股份制、外商、港澳台商、其他等。

城镇固定资产投资 指城镇各种登记注册类型的企业、事业、行政单位及个体户进行的计划总投资(或实际需要总投资)50万元及50万元以上的建设项目投资、房地产开发投资、城镇和工矿区私人建房投资。县城及以上区域内发生的投资，县及县以上各级政府及主管部门直接领导、管理的建设项目和企业事业单位的投资均为城镇固定资产投资。

房地产开发投资 指房地产开发公司、商品房建设公司及其他房地产开发法人单位和附属于其他法人单位实际从事房地产开发或经营的活动单位统一开发的包括统代建、拆迁还建的住宅、厂房、仓库、饭店、宾馆、度假村、写字楼、办公楼等房屋建筑物和配套的服务设施，土地开发工程(如道路、给水、排水、供电、供热、通讯、平整场地等基础设施工程)的投资；不包括单纯的土地交易活动。

农村投资 包括在农村区域范围内进行固定资产投资活动的企业、事业、行政单位及农村个人投资。

建设总规模 是指在报告期内所有施工项目的计划总投资。这个指标和施工项目相对应。

在建总规模 是指在报告期末所有在建项目的计划总投资。

在建净规模 是指报告期末所有在建项目建成投产尚需的投资总量。

在建净规模＝在建总规模－累计完成投资。

固定资产投资的资金来源 根据固定资产投资的资金来源不同，分为国家预算内资金、国内贷款、利用外资、自筹资金和其他资金来源。

(1)国家预算内资金：指中央财政和地方财政中由国家统筹安排的基本建设拨款和更新改造拨款，以及中央财政安排的专项拨款中用于基本建设的资金和基本建设拨款改贷款的资金等。

(2)国内贷款：指报告期内企、事业单位向银行及非银行金融机构借入的用于固定资产投资的各种国内借款。包括银行利用自有资金及吸收的存款发放的贷款、上级主管部门拨入的国内贷款、国家专项贷款(包括煤代油贷款、劳改煤矿专项贷款等。)、地方财政专项资金安排的贷款、国内储备贷款、周转贷款等。

(3)利用外资：指报告期内收到的用于固定资产投资的国外资金，包括统借统还、自借自还的国外贷款，中外合资项目中的外资，以及对外发行债券和股票等。国家统借统还的外资指由我国政府出面同外国政府、团体或金融组织签订贷款协议、并负责偿还本息的国外贷款。

(4)自筹资金：指建设单位报告期内收到的，用于进行固定资产投资的上级主管部门、地方和企、事业单位自筹资金。

(5)其他资金来源：指报告期内收到的除以上各种拨款、借款、自筹资金之外，其他用于固定资产投资的资金。

固定资产投资按国民经济行业分 建设项目归哪个行业，按其建成投产后的主要产品或主要用途及社会经济活动性质来确定。基本建设按建设项目划分国民经济行业，更新改造、国有单位其他固定资产投资及城镇集体投资根据整个企业、事业单位所属的行业来划分。一般情况下，一个建设项目或一个企业、事业单位只属于一种国民经济行业。为了更准确地反映国民经济各行业之间的比例关系，联合企业(总厂)所属分厂属于不同行业的，原则上按分厂划分行业。

固定资产投资按建设性质分 建设项目的性质一般分为新建、扩建、改建、迁建、恢复。基本建设按建设项目划分建设性质，更新改造、国有单位其他固定资产投资及城镇集体投资等按整个企业、事业单位的建设情况确定建设性质，房地产开发单位、农村投资、城镇工矿区私人建房等投资不划分建设性质。

(1)新建：一般是指从无到有、“平地起家”新开始建设的单位。有的单位原有的基础很小，经过建设后其新增加的固定资产价值超过原有固定资产价值(原值)三倍以上的也算新建。

(2)扩建：一般是指为扩大原有产品的生产能力，在厂内或其他地点增建主要生产车间(或主要工程)、独立的生产线或分厂的企业；事业单位和行政单位在原单位增建业务用房(如学校增建教学用房、医院增建门诊部或病床用房、行政机关增建办公楼等)也作为扩建。

(3)改建：一般是指现有企业、事业单位为了技术进步，提高产品质量，增加花色品种，促进产品升级换代，降低消耗和成本，加强资源综合利用和三废治理、劳保安全等，采用新技术、新工艺、新设备、新材料等对现有设施、工艺条件进行技术改造或更新(包括相应配套的辅助性生产、生活福利设施)。有的企业为充分发挥现有生产能力，进行填平补齐而增建不增加本单位主要产品生产能力的车间等，也属于改建。

固定资产投资按构成分 固定资产投资活动按其工作内

容和实现方式分为建筑安装工程，设备、工具、器具购置，其他费用三个部门。

(1)建筑安装工程(建筑安装工作量)：指各种房屋、建筑物的建造工程和各种设备、装置的安装工程。包括各种房屋建造工程，各种用途设备基础和各种工业窑炉的砌筑工程；为施工而进行的各种准备工作和临时工程以及完工后的清理工作等；铁路、道路的铺设，矿井的开凿及石油管道的架设等；水利工程；防空地下建筑等特殊工程；以及各机械设备的安装工程；为测定安装工程质量，对设备进行的试运工作。在安装工程中，不包括被安装设备本身的价值；

(2)设备、工具、器具购置：指购置或自制达到固定资产标准的设备、工具、器具的价值，固定资产的标准按财务部门规定。新建单位、扩建单位的新建车间按照设计和计划要求购置或自制的全部设备、工具、器具，不论是否达到固定资产标准均计入"设备、工具、器具购置"中。

(3)其他费用：指在固定资产建造和购置过程中发生的，除建筑安装工程和设备、工具、器具购置以外的各种应摊入固定资产的费用。

施工项目 指报告期内曾进行建筑或安装工程施工活动的建设项目，包括报告期内新开工项目、报告期以前开工跨人报告期继续施工的项目以及报告期施过工并在报告期内全部建成投产或停缓建的项目。

全部建成投产项目 工业项目是指设计文件规定形成生产能力的主体工业及其相应配套的辅助设施全部建成，经负荷试运转，证明具备生产设计规定合格产品的条件，并经过验收鉴定合格或达到竣工验收标准，与生产性工程配套的生活福利设施可以满足近期正常生产的需要，正式移交生产的建设项目。非工业项目是指设计文件规定的主体工程和相应的配套工程全部建成，能够发挥设计规定的全部效益，经验收鉴定合格或达到竣工验收标准，正式移交作用的建设项目。

新增生产能力 指通过固定资投资活动而增加的设计能力或工程效益，它是用实物形态表示的固定资产投资的成果，也是考核投资经济效果的重要依据。新增生产能力的计算，是以能独立发挥生产能力或工程效益的单项工程(或项目)为对象。当单项工程(或项目)建成，经有关部门鉴定合格，正式移交投入生产，即可算新增生产能力。

新增生产能力或工程效益有以下几种表现形式：

(1) 用产品数量表示，以工程在单位时间内（一般是一年）所能生产的产品数量（即年产量）表示。如原煤开采用万吨/年表示。

(2) 用单位时间内所能处理的原料数量表示，以工程每天（或小时）所能处理原料的数量表示。

(3) 以新增的主要设备数量或容量表示，如棉纺锭锭数、发电机组容量等。

(4) 以节约的原材料、燃料、动力实物量表示，适用于反映更新改造节约项目的效益。

(5) 以建筑物容积、容量、面积或长度表示，是非工业项目或工程新增效益的一种表现形式。如水库容量、铁路公路里程等。

根据工程的特点，有时需要用两种或两种以上的复合计量单位表示新增生产能力（或工程效益），如新增内燃机生产能力同时用年产台数、千瓦数表示等。

房屋建筑面积 指从房屋外墙线算起的各层平面面积的总和，包括可供使用的有效面积和房屋结构(如柱、墙)占用的面积。多层建筑按各层(包括地下室)面积总和计算。

住宅建筑面积 指施工和竣工房屋建筑面积中供居住用的施工和竣工房屋建筑面积。

施工面积 指报告期内施工的全部房屋建筑面积。包括本期新开工的面积、上期跨入本期继续施工的房屋面积、上期停缓建在本期恢复施工的房屋面积、本期竣工的房屋面积及本期施工后又停缓建的房屋面积。

竣工面积 指在报告期内房屋建筑按照设计要求已全部完工，达到住人和使用条件，经验收鉴定合格，正式移交使用单位的建筑面积。

房屋建筑面积竣工率 批一定时期内房屋竣工面积占同期房屋施面积的比率。它是从房屋建筑施工速度的角度反映投资效果和建筑业经济效益的指标。

新增固定资产 指通过投资活动所形成的新的固定资产价值，包括已经建成投入生产或交付使用的工程价值和达到固定资产标准的设备、工具、器具的价值及有关应摊入的费用。它是以价值形式表示的固定资产投资成果的综合性指标，可以综合反映不同时期、不同部门、不同地区的固定资产投资成果。

建设项目投产率 指一定时期内全部建成投入生产项目个数与同期正式施工项目个数的比率。它是从项目建设速度的角度反映投资效果的指标。

商品房销售面积 指报告期内出售商品房屋的合同总面积(即双方签署的正式买卖合同中所确定的建筑面积)。由现房销售建筑面积和期房销售建筑面积两部分组成。

商品房销售额 指报告期内出售商品房屋的合同总价款(即双方签署的正式买卖合同中所确定的合同总价)。该指标与商品房销售面积同口径，由现房销售额和期房销售额两部分组成。

固定资产交付使用率 指一定时期新增固定资产与同期完成投资额的比率。它是反映各个时期固定资产动用速度，衡量建设过程中投资效果的一个综合性指标。

Explanatory Notes on Main Statistical Indicators

Total Investment in Fixed Assets in the Whole Country Investment in fixed assets is the essential means for Social reproduction of fixed assets. By means of construction and purchase of fixed assets, more advanced technologies and equipment are adopted in the national economy, and new sectors are established, which promote the adjustment of economic structure and the regional distribution of productive forces and enhance the economic strengths so as to provide the material conditions for improving people's livelihood. This is significant for speeding up the drive of socialist modernization in China.

Amount of investment in fixed assets refers to the volume of activities in construction and purchases of fixed assets in monetary terms. It is a comprehensive indicator which shows the size, pace, proportional relations and use orientation of the investment in fixed assets. Total investment in fixed assets in the whole country includes, by status of economic ownership, the investment by the state owned units, collective units, individuals, joint ownership units, share holding units, as well as investment by businessmen from foreign countries and from Hong Kong, Macao and Taiwan, and by other units.

Urban Investment in Fixed Assets refers to construction projects involving a total planned (or required) investment of 500,000 yuan and over by urban enterprises and institutions of various types of ownership, by administrative units and by individuals, investment in real estate development, and housing investment by individuals in urban areas and in industrial and mining areas. In other words, all investments that take place in county towns and urban areas, investment in construction projects under the direct leadership and management of government agencies at and above county levels and investments by enterprises and institutions at and above county levels are covered in urban investment in fixed assets.

Investment in Real Estate Development It includes the investment by the real estate development companies, commercial buildings construction companies and other real estate development units of various types of ownership in the construction of house buildings, such as residential buildings, factory buildings, warehouses, hotels, guesthouses, holiday villages, office buildings, and the complementary service facilities and land development projects, such as roads, water supply, water drainage, power supply, heating, telecommunications, land leveling and other projects of infrastructure. It excludes the activities in simple land transactions.

Investment in Rural Areas refers to investment in fixed assets by enterprises, institutions and individuals in rural areas.

Total Size of Construction refers to the planned total investment for all construction projects during the reference period.

Total Size of Investment in Projects under Construction refers to the planned total investment of all projects under construction at the end of the reference period.

Net Size of Investment in Projects under Construction refers to the required investment of all projects under construction at the end of the reference period.

Net Size of Investment = Total Size of Investment – accumulated completed investment

Sources of funds for Investment in Fixed Assets State budgetary appropriation, domestic loans, foreign investment, self raised funds, and others.

(1) State budgetary appropriation refers to appropriation in the budget of the central and local governments earmarked for capital construction and for innovation projects, and the special appropriation from the budget of the central government for capital construction and for the transfer fund to banks to be issued as loans for capital construction projects.

(2) Domestic loans refer to various funds borrowed by enterprises and institutions from banks and non bank financial institutions during the reference period for the purpose of investment in fixed assets, including loans issued by banks from their self owned funds and deposit, loans appropriated by higher responsible authorities, special loans by government (including loan for replacing petroleum with coal, special loan for reform through labor coal mines) , loans arranged by local government from special funds, domestic reserve loan, and working loan, etc. .

(3) Foreign Investment refers to foreign funds received during the reference period for the purpose of investment in fixed assets, including foreign funds borrowed and managed by the government, by individual units, foreign fund in joint venture program, and issue of bonds and stocks at the international financial markets. The foreign funds borrowed and managed by the government refer to foreign loans borrowed by the government from foreign governments, organizations, or financial institutions under official agreements signed by both parties, under which government is responsible for the repayment of both the principal and interests of the foreign loans.

(4) Self-raised funds refer to funds received by construction enterprises from their higher responsible authorities, local governments, or raised by enterprises or institutions themselves for the purpose of investment in fixed assets during the reference period.

(5) Others refer to funds received during the reference period which are not included in the above mentioned sources.

Investment in Fixed Assets by Sector The classification of construction projects by sector is determined by the major products or the purpose of the projects when they are put into production or use, and by the nature of their social economic activities. The investment in capital construction is classified by construction projects, while investment in innovation, other investment by state owned units and urban collective units are classified according to the sector which the whole enterprise or institution belongs to. In general, one project or one enterprise or institution can only belong to one sector. In order to reflect more accurately the proportions among various sectors, the branch factories of integrated complex are classified into different sectors according to their economic activities.

Investment in Fixes by Type of Construction The construction projects in general can be classified by the type of construction into new construction, expansion, reconstruction and moving away. In capital construction, the type of construction is determined by the condition of the project. In investment in innovation, in other investment by state owned units and investment by collective owned units, the type of construction is determined by the condition of the whole enterprise or institutions. Investment by type of construction is not applied to investment by real estate development units, investment in rural areas and investment in housing by urban individuals.

(1) New construction in general refers to newly constructed units. In the case in which the value of the original fixed assets is quite small, and the value of newly added fixed assets exceeds the original ones by three times, the expansion construction is considered as new construction.

(2) Expansion refers to construction of new major production workshop or independent production line within a factory or in other locations, or construction of a branch factory so as to increase the production capacity of the original products. Newly constructed business houses in institutions and administrative organizations (such as the newly constructed teaching buildings in schools, clinics or bed building in hospitals, and office buildings in administrative agencies, etc.) Are also classified as expansion.

(3) Reconstruction refers to technical innovation and transformation of the existing equipment and technical conditions undertaken by enterprises and institutions for the purposes of technological advancement, improvement in product quality, enlarging variety of products, promoting new generation of products, reducing production consumption and cost, promoting comprehensive utilization of resources, strengthening treatment of waste gas, waste water and solid wastes, and safety in production, etc. through application of new technologies and techniques, use of new equipment and new materials(including accessory facilities for production or for living and welfare purposes) . Construction of new workshops for improving existing production capacity rather than increasing production capacity is also considered as reconstruction.

Investment in Fixed Assets by Structure refers to the three major parts of investment activities, i. e. construction and installation, purchase of equipment and instrument, and other expenses.

(1) Construction and installation (work volume of construction and installation) refers to the construction of various houses and buildings and installation of various kinds of equipment and instruments, including construction of various houses, equipment foundations and industrial kilns and stoves, preparation works for project construction, and clearing up works post project construction, pavement of railways and roads, drilling of mines and putting up of oil pipes, construction of projects of water conservancy, construction of underground air raid shelters and construction of other special projects, installation of various machinery the quality of installation projects, The value of equipment installed is not included in the value of installation projects.

(2) Purchase of equipment and instruments refers to the total value of equipment, tools, and vessels purchased or self produced which come up to standards for fixed assets. Equipment, tools and vessels purchased or self produced for new work shops by newly established or expanded units are categorized as" purchase of equipment and instruments" no matter whether they come up to the standards for fixed assets or not.

(3) Other expenses refer to expenses occurring during the construction or purchase of fixed assets other than construction, installation or purchase of equipment and instruments.

Projects Under Construction refer to projects having construction and installation activities undertaken in the reference period, including projects started in the reference period, or continued from the previous period, or completed and put into production or suspended in the reference period.

Projects Completed and Put into Use Industrial projects refer to the major projects and accessory facilities completed which result in forming production capacity and have been checked and accepted while the living and welfare facilities have been completed and can ensure normal production and formally put into production.

Non-industrial projects refer to the major projects and accessory facilities completed which possess the designed capacity and have been checked, accepted and formally put into production.

Newly Increased Production Capacity refers to the increase of designed capacity and project efficiency through investment in fixed assets, which reflects the accomplishment of investment in fixed assets in kind. The calculation of newly increased production capacity is based on individual project which operates independently and efficiently. When an individual project is completed and checked and accepted and put into production, it is counted as newly increased production capacity.

The newly increased production capacity and project efficiency are usually expressed in one of the following forms:

(1) output of products, i. e. the output that the project can produce during a given period (usually a year) . For instance, the capacity in coal mining is expressed in 10, 000 tons/year, etc;

(2) raw materials processing capacity, i. e. the volume of raw materials that could be processed by the project per day (or per hour) , such as tons of materials processed per day by a sugar refining project or edible vegetable oil project, or tons of urban sewage processed per day;

(3) number or capacity of major equipment increased, such as number of cotton or silk looms increased, wool spindles increased, or capacity (in kilowatt s) of power generators increased;

(4) saved raw materials, fuels or power, which are mainly used for the efficiency of innovation and transformation projects; and

(5) physical measures (volume, capacity, area, and length) of construction, which is typical for non industrial projects, for instance, the length of new railways, etc.

Features of projects sometimes call for combined use of two or more measurement to reflect the increased production capacity (or project efficiency) , for instance, the new capacity for the production of internal combustion engines are expressed in sets per year and kilowatts per year simultaneously.

Floor Space of Buildings under Construction and Completed refers to total floor space in each story of buildings calculated from the outside line of building walls, including both usable space and the space occupied by constructions like pillars or walls. The floor space of multi story buildings includes the total floor space of each story (including basement) .

Floor Space of Residential Buildings refers to the floor space of the residential buildings under construction and completed among the total space of buildings under construction and completed.

Floor Space Under Construction refers to total floor space of all buildings under construction during the reference period, including floor space of newly started buildings during the reference period, floor space of construction extended from the previous period to the current period, floor space of construction suspended during the previous period and resumed in the current period, floor space of construction completed in the current period, and floor space of construction started and then suspended in the current period.

Floor Space of Buildings Completed refers to the floor space of buildings completed in the reference period, which have come up to the designed standards and have been put into use.

Completion Rate of Floor Space of Buildings refers to the ratio of the floor space of buildings completed in certain period of time to the floor space of buildings under construction in the same period, which reflects the investment result and economic efficiency of the construction industry from the angle of the speed of project construction.

Newly Increased Fixed Assets refer to the newly increased value of fixed assets through investment, including the value of projects completed and put into production, the value of equipment, tools, and vessels considered as fixed assets, as well as the relevant expenses as investment in fixed assets. This is a comprehensive indicator of investment in fixed assets, reflecting the achievements of investment in fixed assets in different periods, different sectors, and different regions.

Rate of Construction Projects Completed and put into Use refers to the ratio of the number of construction projects completed and put into use in certain period of time to the number of projects under construction in the same period, this reflects the investment efficiency from the angle of the speed of projects construction.

Area of Commercial Housing Sold refers to total contracted area of commercial housing (i.e. area of floor space as designated in the formal contracts signed by both sides) during the reference time. It constitutes floor space of completed housing and floor space of future housing.

Value of Commercial Housing Sold refer to total value of contracts (i.e. value of sales/purchase for selling/purchase of commercial housing as designated in the contracts signed by both sides) during the reference time. It has the same coverage as the area of commercial housing sold, constituting completed housing and floor space of future housing

Rate of Projects of Fixed Assets Completed and Put into Operation refers to the ratio of the newly increased fixed assets to the total investment made in the same period. This is a comprehensive indicator, reflecting the speed of the employment of fixed assets and the investment efficiency.

七　能源生产和消费

PRODUCTION AND CONSUMPTION OF ENERGY

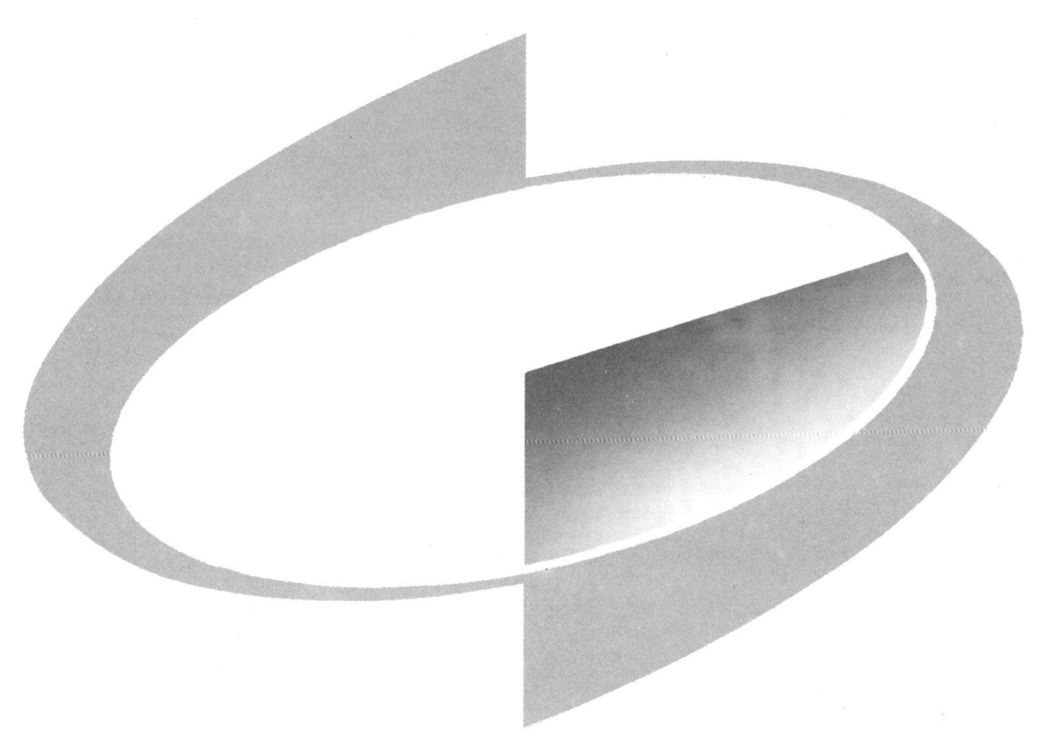

资料整理：斯 琴

Arranged by Si Qin

7-1 能源生产总量及构成

Total Production of Energy and Its Composition

年 份 Year	能源生产总量 (万吨标准煤) Total Energy Production (10 000 tons of SCE)	占能源生产总量的比重(%)As Percentage of Total Energy Production(%)			
		原 煤 Coal	原 油 Crude Oil	天然气 Natural Gas	水 电 Hydro-power
1978	1070.63	99.83			0.17
1980	1078.94	99.81			0.19
1985	2027.75	99.99			0.19
1986	2007.72	99.85			0.15
1987	2092.12	99.82			0.18
1988	2252.60	99.88			0.12
1989	2688.70	99.90			0.10
1990	2821.61	99.81			0.19
1991	3069.14	99.81			0.19
1992	3221.65	95.43			0.13
1993	3647.44	94.05	3.96		0.04
1994	3994.00	94.27	5.69		0.05
1995	4642.02	94.55	5.41		0.03
1996	4767.47	95.48	4.49		0.03
1997	5354.63	96.46	3.53		0.03
1998	5019.91	96.28	3.66		0.06
1999	4566.42	96.34	3.59		0.05
2000	4701.23	95.90	2.75		0.12
2001	6047.84	96.40	2.01	1.41	0.13
2002	8428.61	97.21	1.40	1.22	0.10
2003	10814.13	97.14	1.22	1.30	0.29
2004	15586.70	97.32	1.04	1.34	0.23
2005	19082.33	95.86	1.10	2.69	0.27
2006	22298.37	95.33	1.10	3.17	0.09
2007	26725.88	94.71	0.89	3.51	0.18

注：电力折算标准煤的系数根据当年平均发电煤耗计算，下表同。

a) The coefficient for conversion of electric power into SCE(standard coal equivalent)is calculated on the basic of the data on the average coal consumption in generating electric power in the same year.The same as in the following tables.

7-2 能源消费总量及构成

Total Consumption of Energy and Its Composition

年份 Year	能源消费总量(万吨标准煤) Total Energy Production (10 000 tons of SCE)	占能源消费总量的比重(%) As Percentage of Total Energy Consumption(%)				单位GDP能耗(吨标准煤/万元) Energy Consumption Per 10 000 yuan of GDP (ton of SCE/10 000 yuan)	单位工业增加值能耗(吨标准煤/万元) Energy Consumption Per 10 000 yuan of Industrial Value-added (ton of SCE/10 000 yuan)	单位GDP电耗(千瓦时/万元) Electricity Consumption Per 10 000 yuan of Industrial Value-added (kw /10 000 yuan)
		原煤 Coal	原油 Crude Oil	天然气 Natural Gas	水电 Hydro-power			
1985	1870.66							
1986	1856.66	57.38	0.11		0.16			
1987	1967.11	55.76	0.07		0.20			
1988	2035.52	54.25	0.04		0.14			
1989	2250.36	54.89	0.04		0.12			
1990	2423.51	52.77	0.04		0.22			
1991	2505.19	53.30	0.03		0.20			
1992	2554.99	50.50	1.65		0.17			
1993	2676.11	93.00	4.94		0.05			
1994	2812.19	94.63	4.87		0.07			
1995	3268.44	82.38	3.82		0.05			
1996	3144.36	93.87	4.56		0.05			
1997	3708.95	93.23	4.36		0.05			
1998	3440.06	95.44	4.78		0.09	2.42		
1999	3634.88	94.97	4.96		0.06	2.39		
2000	3937.54	93.14	4.58		0.14	2.31		
2001	4453.48	93.34	4.27	0.04	0.16	2.30		
2002	5190.12	93.47	3.47	0.05	0.16	2.35		
2003	6612.77	95.58	2.78	0.41	0.15	2.42		
2004	8601.81	96.71	1.14	0.05	0.16	2.51	6.33	1761.20
2005	10764.90	92.30	1.75	0.78	0.17	2.48	5.67	1714.10
2006	12805.52	89.97	1.55	1.49	0.13	2.41	5.37	1913.10
2007	14649.39	90.50	1.39	2.41	0.33	2.31	4.88	2101.68

注：1.1999年以后能源消费量为估算数。

2.单位GDP能耗中电力、热力按等价热值折算。

a)Data on energy consumption were estimated figures since 1999.

b)Electric power & heat are converted on the basic of equal caloric value in the energy consumption per 10 000 yuan of GDP.

7-3 综合能源平衡表

Overall Energy Balance

单位：万吨标准煤 (10 000 tons of SCE)

项 目	Item	1990	1995	2000	2005	2007
可供消费的能源总量	**Total Energy Available for Consumption**	**2418.00**	**2922.20**	**3996.41**	**9493.38**	**12612.44**
一次能源生产量	Primary Energy Output	2821.61	4642.02	4701.23	19082.33	26725.88
回收量	Recovery of Energy			193.37	391.33	776.29
进口量	Imports	3.33	4.56		228.02	610.74
出口量(-)	Exports(-)	16.81	48.38	141.96	-11.21	-921.72
年初年末库存差额	Stock Changes in the Year	-57.33	-61.74	47.81	416.06	352.43
能源消费总量	**Total Energy Consumption**	**2423.51**	**3268.44**	**3937.54**	**9642.64**	**12723.24**
在总量中：	Consumption by Sector					
1.农、林、牧、渔业	1.Farming, Forestry, Animal Husbandry & Fishery	83.39	100.09	128.62	319.53	346.50
2.工业	2.Industry	1368.62	1338.90	2059.93	6936.80	9352.40
3.建筑业	3.Construction	29.69	35.69	57.57	105.80	131.41
4.交通运输、仓储及邮电通信业	4.Transportation, Storage, Post & Telecommunications Services	152.46	154.58	151.07	686.73	892.21
5.批发、零售业和住宿餐饮业	5.Wholesale，Retail Trade, Quarters & Catering	43.72	73.44	92.87	308.58	406.97
6.其他	6.Others	115.66	128.19	80.27	271.38	364.32
7.生活消费	7.Residential Consumption	437.18	155.45	225.40	1006.47	1229.44
在总量中：	Consumption by Usage					
(一)终端消费	(Ⅰ)Final Consumption	2230.72	1986.38	2795.70	8808.27	11832.69
# 工业	Industry	1368.62	1338.90	2059.93	6109.78	8461.85
(二)加工转换损失量	(Ⅱ)Losses in Processing & Transformation	135.67	905.20	1119.59	827.02	919.57
# 炼焦	Coking	43.91	36.52	16.30	255.60	190.13
炼油	Petroleum Refining		1.11	24.69	4.12	2.69
(三)损失量	(III)Other Losses	57.12	376.86	22.25	7.34	
平衡差额	**Balance**	**-5.51**	**-346.24**	**58.87**	**-149.26**	**-110.80**

注： 1.村办工业包括在工业中(下同)。
2.电力、热力按等价热值折算，因此加工转换损失量中不包括发电、供热损失量。
3.进口量包括我国飞机、轮船在国外加油量；出口量包括外国飞机、轮船在我国加油量。

a)Data on industry include the data of village-run industry.(The same as in the following tables).

b)Electric power & heat are converted on the basic of equal caloric value.Therefore, losses in processing and transformation exclude losses in power generation and heating.

c)Data on imports include the petroleum consumed by the Chinese airplane and ships in refueling abroad.Data on exports include the petroleum consumed by the foreign airplanes and ships in refueling in China.

7-4 石油平衡表
Petroleum Balance

单位：万吨 (10 000 tons)

项目	Item	2006	2007
可供量	**Total Energy Available for Consumption**	**759.93**	**841.63**
生产量	Output	171.88	167.38
外省(区、市)调入量	Transfer From Other Province(Region、City)	635.58	730.75
本省(区、市)调出量(-)	Transfer to Other Province(Region、City)(-)	-111.71	-126.28
年初年末库存差额	Stock Changes in the Year	9.07	2.18
消费量	**Total Energy Consumption**	**759.93**	**841.63**
在消费总量中:	Consumption by Sector		
1.农、林、牧、渔业	1.Farming, Forestry, Animal Husbandry and Fishery	72.92	77.83
2.工业	2.Industry	93.13	92.27
3.建筑业	3.Construction	25.37	26.84
4.交通运输、仓储及邮电通信业	4.Transportation, Storage, Post and Telecommunications Services	418.91	483.22
5.批发、零售业和住宿餐饮业	5.Wholesale，Retail Trade, Quarters and Catering	71.90	78.77
6.其他	6.Others	45.76	50.32
7.生活消费	7.Residential Consumption	31.95	32.38
在消费总量中:	Consumption by Usage		
(一)终端消费	(Ⅰ)Final Consumption	749.19	855.98
# 工业	Industry	82.39	106.61
(二)中间消费	(Ⅱ)Intermediate Consumption	131.39	133.05
(用于加工转换)	(Consumed in Transformation)		
发电	Power Generation	0.81	0.62
供热	Heating		0.01
炼焦	Coking		
制气	Gas Production		
(三)洗选损耗	(Ⅲ)Losses in Coal Washingand Dressing		
平衡差额	**Balance**		

注：生产量为原油产量。

a)Data on output refer to the output of crude oil.

7-5 煤炭平衡表
Coal Balance Sheet

单位：万吨 (10 000 tons)

项 目	Item	1995	2000	2005	2007
可供量	**Total Energy supply**	**4342.19**	**5817.19**	**13706.67**	**18338.90**
生产量	Output	7055.21	7247.29	25607.69	35437.94
进口量	Imports			248.80	633.20
出口量(-)	Exports(-)	-71.51	-197.59		-1290.38
年初年末库存差额	Stock Changes in the Year		117.49	584.06	-396.05
消费量	**Total Energy Consumption**	**4329.02**	**5739.52**	**13921.81**	**18531.50**
在消费总量中：	Consumption by Sector				
1.农、林、牧、渔业	1.Farming,Forestry,Animal Husbandry & Fishery	57.87	75.25	127.82	127.05
2.工业	2.Industry	934.94	1420.45	12359.47	16945.18
3.建筑业	3.Construction	30.75	30.55	76.96	101.99
4.交通运输、仓储及邮电通信业	4.Transport, Storage, Post & Telecomm Services	186.65	99.99	178.67	139.84
5.批发、零售业和住宿餐饮业	5.Wholesale，Retail Trade, Quarters & Catering	65.87	37.58	187.24	257.34
6.其他	6.Others	92.11	38.00	170.40	256.30
7.生活消费	7.Residential Consumption	144.00	143.44	811.25	703.81
在消费总量中：	Consumption by Usage				
(一)终端消费	(Ⅰ)Final Consumption	1512.19	1845.26	4440.07	3716.11
# 工业	Industry	934.94	1420.45	2887.73	2129.79
(二)中间消费	(Ⅱ)Intermediate Consumption	2786.83	3864.26	9471.74	14815.39
(用于加工转换)	(Consumed in Transformation)				
发电	Power Generation	1882.61	2566.34	6277.23	10482.82
供热	Heating	275.56	366.26	808.20	1164.37
炼焦	Coking	60.45	126.06	1590.07	2062.41
制气	Gas Production			1.96	
(三)洗选损耗	(Ⅲ)Losses in Coal Washing				
平衡差额	**Balance**	**13.17**	**77.67**	**-215.14**	**-192.60**

注：生产量为原煤产量。
a)Data on output refer to the output of raw coal.

7-6 电力平衡表

Electricity Balance Sheet

单位：亿千瓦小时 (100 million kwh)

项 目	Item	1990	1995	2000	2005	2007
可供量	**Total Energy supply**	**169.54**	**278.54**	**439.22**	**1025.27**	**1846.15**
生产量	Output	169.54	278.54	439.22	1025.27	1846.15
水电	Hydro-power	1.34	1.43	5.59	11.38	11.31
火电	Thermal Power	168.50	277.11	432.09	1010.21	1791.03
核电	Nuclear Power					
进口量	Imports					
出口量(-)	Exports(-)					
消费量	**Total Energy Consumption**	**121.82**	**186.83**	**256.07**	**667.72**	**1160.21**
在消费总量中：	Consumption by Sector					
1.农、林、牧、渔业	1.Farming, estry,Animal Husbandry & Fishery	9.10	11.59	16.99	27.73	31.81
2.工业	2.Industry	95.28	145.52	195.65	566.67	1037.85
3.建筑业	3.Construction	1.50	1.79	4.27	2.43	3.30
4.交通运输、仓储及邮电通信业	4.Transportation, Storage, Post & Telecommunications Services	1.45	2.50	4.22	6.14	6.69
5.批发、零售业和住宿餐饮业	5.Wholesale，Retail Trade, Quarters & Catering	1.50	2.94	5.65	8.75	12.62
6.其他	6.Others	4.20	6.88	7.36	14.41	17.06
7.生活消费	7.Residential Consumption	8.79	15.61	22.36	41.80	50.89
在消费总量中：	Consumption by Usage					
(一)终端消费	(Ⅰ)Final Consumption	115.84	186.83	256.07	667.72	1160.21
#工业	Industry	95.28	145.52	195.65	566.67	1037.85
(二)输配电损失量	(Ⅱ)Losses in Transmission	5.98				

7-7 分行业能源消费总量和主要能源品种消费量(2007年)
Consumption of Total Energy & Its Main Varieties by Sector(2007)

行业	Sector	能源消费总量(万吨标准煤) Total Energy Consumption (10 000 tons of SCE)	煤炭消费量(万吨) Coal Consumption (10 000 tons)	焦炭消费量(万吨) Coke Consumption (10 000 tons)	原油消费量(万吨) Crude Oil Consumption (10 000 tons)	汽油消费量(万吨) Gasoline Consumption (10 000 tons)
消费总量	**Total Consumption**	**12723**	**18532**	**1213**	**143**	**236**
农、林、牧、渔业	**Farming, Forestry, Animal Husbandry & Fishery**	**346**	**127**	**4**		**25**
工业	**Industry**	**9352**	**16945**	**1194**	**143**	**11**
采矿业	**Mining**	**1180**	**1516**	**17**	**10**	**4**
煤炭开采和洗选业	Coal Mining & Processing	920	1367	12		2
石油和天然气开采业	Extraction of Petroleum & Natural Gas	37	5		10	
黑色金属矿采选业	Mining & Dressing of Ferrous Metals	90	32	3		1
有色金属矿采选业	Mining & Dressing of Nonferrous Metals	88	46	2		
非金属矿采选业	Mining & Dressing of Nonmetal Minerals	37	66			
其他采矿业	Mining of Other Mineral	8				
制造业	**Manufacturing**	**7164**	**4911**	**1176**	**133**	**7**
农副食品加工业	Processing of Agricultural Side-line Food	172	197	1		1
食品制造业	Food Manufacturing	126	156			
饮料制造业	Beverage Manufacturing	76	83			
烟草制品业	Tobacco Products	13	3			
纺织业	Textile Industry	54	67			
纺织服装、鞋、帽制造业	Textile Products, Clothes, Shoes & Hats	4	3			
皮革、毛皮、羽毛(绒)及其制品业	Leather, Furs, Down & Related Products	2	1			
木材加工及木、竹、藤、棕、草制品业	Timber Processing, Bamboo, Cane, Palm Fiber & Straw Products	22	11			
家具制造业	Furniture Manufacturing	7	1			
造纸及纸制品业	Paper-making & Paper Products	39	52			
印刷业和记录媒介的复制	Printing & Record Pressing	3				
文教体育用品制造业	Cultural, Educational & Sports Goods	1				

注：1.工业能源消费量中包括村办工业。

2. 工业分行业数字中不包括其他石油制品和其他焦化产品，但工业合计中包括。

a)The energy consumption by the industrial sector includes the consumption by village run industry.

b)The consumption of other petroleum products and other coking products (such as benzence etc.) is included in the total consumption of the industrial sector , but not included the various industrial branches.

7-7 续表 1 continued

行业	Sector	煤油消费量(万吨) Kerosene Consumption (10 000 tons)	柴油消费量(万吨) Diesel Oil Consumption (10 000 tons)	燃料油消费量(万吨) Fuel Oil Consumption (10 000 tons)	天然气消费量(亿立方米) Natural Gas Consumption (100 million cu.m)	电力消费量(亿千瓦小时) Electricity Consumption (100 million kwh)
消费总量	**Total Consumption**	**6**	**579**	**7**	**27**	**1160**
农、林、牧、渔业	**Farming, Forestry, Animal Husbandry & Fishery**		**53**			**32**
工业	**Industry**		**71**	**7**	**22**	**1038**
采矿业	**Mining**		**51**			**58**
煤炭开采和洗选业	Coal Mining & Processing		38			25
石油和天然气开采业	Extraction of Petroleum & Natural Gas		1			4
黑色金属矿采选业	Mining & Dressing of Ferrous Metals		8			12
有色金属矿采选业	Mining & Dressing of Nonferrous Metals		3			11
非金属矿采选业	Mining & Dressing of Nonmetal Minerals		1			4
其他采矿业	Mining of Other Mineral					2
制造业	**Manufacturing**		**14**	**6**	**15**	**782**
农副食品加工业	Processing of Agricultural Side-line Food		1			6
食品制造业	Food Manufacturing					3
饮料制造业	Beverage Manufacturing					3
烟草制品业	Tobacco Products					2
纺织业	Textile Industry					3
纺织服装、鞋、帽制造业	Textile Products, Clothes, Shoes & Hats					
皮革、毛皮、羽毛(绒)及其制品业	Leather, Furs, Down & Related Products					
木材加工及木、竹、藤、棕、草制品业	Timber Processing, Bamboo, Cane, Palm Fiber & Straw Products					1
家具制造业	Furniture Manufacturing					1
造纸及纸制品业	Paper-making & Paper Products					2
印刷业和记录媒介的复制	Printing & Record Pressing					1
文教体育用品制造业	Cultural, Educational & Sports Goods					

7-7 续表 2 continued

行 业	Sector	能源消费总量(万吨标准煤) Total Energy Consumption (10 000 tons of SCE)	煤炭消费量(万吨) Coal Consumption (10 000 tons)	焦炭消费量(万吨) Coke Consumption (10 000 tons)	原油消费量(万吨) Crude Oil Consumption (10 000 tons)	汽油消费量(万吨) Gasoline Consumption (10 000 tons)
石油加工、炼焦及核燃料加工业	Petroleum Processing , Coke Products & Processing of Nuclear Fuel	297	1440		133	
化学原料及化学制品制造业	Raw Chemical Materials & Chemical Products	1894	506	262		1
医药制造业	Medicine Manufacturing	48	55			
化学纤维制造业	Chemical Fiber Manufacturing	3				
橡胶制品业	Rubber Products	4				
塑料制品业	Plastic Products	4	1			
非金属矿物制品业	Nonmetal Mineral Products	533	571	5		
黑色金属冶炼及压延加工业	Smelting & Pressing of Ferrous Metals	2959	1166	895		1
有色金属冶炼及压延加工业	Smelting & Pressing of Nonferrous Metals	775	542	11		2
金属制品业	Metal Products	19	3			
通用设备制造业	Manufacturing of General-Purpose Equipment	22	9			
专用设备制造业	Special Purposes Equipment Manufacturing	56	8	1		
交通运输设备制造业	Transportation Equipment Manufacturing	6	3			
电气机械及器材制造业	Electric Equipment & Machinery	7	28			
信设备、计算机及其他电子设备制造业	Manufacturing of Telecommunications, Computer & Other Electronic Equipment	6	1			
仪器仪表及文化、办公用机械制造业	Instruments, Meters, Cultural & Office Machinery	5				
工艺品及其他制造业	Handicrafts & Other Production	6	2			
废弃资源和废旧材料回收加工业	Recovering of Abandoned Resource & Waste Materical	1				
电力、燃气及水的生产和供应业	**Production & Supply of Electric Power, Gas & Water**	**1008**	**10518**			**1**
电力、热力的生产和供应业	Production & Supply of Electric Power & Heating Power	953	10478			1
燃气生产和供应业	Production & Supply of Gas	41	38			
水的生产和供应业	Production & Supply of Water	14	2			
建筑业	**Construction**	**132**	**102**			**11**
交通运输、仓储及邮电通信业	**Transportation,Storage, Postal & Telecommunications Services**	**892**	**140**			**114**
批发、零售业和住宿、餐饮业	**Wholesale，Retail Trade, Quarters & Catering**	**407**	**257**	**13**		**37**
其他	**Others**	**364**	**256**			**28**
生活消费	**Residential Consumption**	**1230**	**704**	**2**		**10**

7-7 续表 3 continued

行业	Sector	煤油消费量(万吨) Kerosene Consumption (10 000 tons)	柴油消费量(万吨) Diesel Oil Consumption (10 000 tons)	燃料油消费量(万吨) Fuel Oil Consumption (10 000 tons)	天然气消费量(亿立方米) Nat ural Gas Consumption (100 million cu.m)	电力消费量(亿千瓦小时) Electricity Consumption (100 million kwh)
石油加工、炼焦及核燃料加工业	Petroleum Processing , Coke Products & Processing of Nuclear Fuel					3
化学原料及化学制品制造业	Raw Chemical Materials & Chemical Products		1		14	249
医药制造业	Medicine Manufacturing					5
化学纤维制造业	Chemical Fiber Manufacturing					1
橡胶制品业	Rubber Products					1
塑料制品业	Plastic Products					1
非金属矿物制品业	Nonmetal Mineral Products		3	6		31
黑色金属冶炼及压延加工业	Smelting & Pressing of Ferrous Metals		7			293
有色金属冶炼及压延加工业	Smelting & Pressing of Nonferrous Metals		1			164
金属制品业	Metal Products					4
通用设备制造业	Manufacturing of General-Purpose Equipment					2
专用设备制造业	Special Purposes Equipment Manufacturing				1	2
交通运输设备制造业	Transportation Equipment Manufacturing		1			
电气机械及器材制造业	Electric Equipment & Machinery					1
通信设备、计算机及其他电子设备制造业	Manufacturing of Telecommunications, Computer & Other Electronic Equipment					1
仪器仪表及文化、办公用机械制造业	Instruments, Meters, Cultural & Office Machinery					1
工艺品及其他制造业	Handicrafts & Other Production					1
废弃资源和废旧材料回收加工业	Recovering of Abandoned Resource & Waste Materical					
电力、燃气及水的生产和供应业	**Production & Supply of Electric Power, Gas & Water**		**6**	**1**	**7**	**197**
电力、热力的生产和供应业	Production & Supply of Electric Power & Heating Power		6	1	4	193
燃气生产和供应业	Production & Supply of Gas				3	1
水的生产和供应业	Production & Supply of Water					3
建筑业	**Construction**		**16**			**3**
交通运输、仓储及邮电通信业	**Transportation,Storage, Postal & Telecommunications Services**	**6**	**363**			**7**
批发、零售业和住宿、餐饮业	**Wholesale，Retail Trade, Quarters & Catering**		**42**			**13**
其他	**Others**		**22**			**17**
生活消费	**Residential Consumption**		**12**		**5**	**51**

7-8 能源生产弹性系数

Elasticity Ratio of Energy Production

年份 Year	能源生产比上年增长% Growth Rate of Energy Production over Preceding Year (%)	电力生产比上年增长% Growth Rate of Electricity Production over Preceding Year (%)	生产总值比上年增长% Growth Rate of Gross Domestic Product(GDP) over Preceding Year (%)	能源生产弹性系数 Elasticity Ratio of Energy Production	电力生产弹性系数 Elasticity Ratio of Electricity Production
1984	10.15	14.35	16.4	0.62	0.89
1985	20.49	15.69	18.2	1.15	0.91
1986	-0.99	39.54	5.9	-0.17	6.30
1987	4.20	13.76	9.0	0.47	1.53
1988	7.67	9.33	9.8	0.78	0.95
1989	19.36	11.12	2.7	7.17	4.12
1990	4.94	10.51	7.5	0.66	1.40
1991	8.77	11.31	7.5	1.17	1.51
1992	4.97	17.63	11.0	0.45	1.60
1993	13.22	5.82	11.7	1.13	0.50
1994	9.50	11.07	11.2	0.85	0.99
1995	16.22	6.61	10.1	1.61	0.65
1996	2.70	16.32	14.4	0.19	1.13
1997	12.32	5.62	10.8	1.14	0.52
1998	-6.25	2.39	10.7	-0.58	0.22
1999	-9.03	8.62	8.8	-1.03	0.98
2000	2.95	16.87	10.8	0.27	1.56
2001	28.64	5.98	10.6	2.68	0.56
2002	39.37	11.27	13.2	2.98	0.85
2003	27.99	25.05	17.6	1.59	1.42
2004	44.13	26.09	20.9	2.11	1.25
2005	22.43	31.01	23.8	0.94	1.30
2006	18.96	38.13	19.0	1.00	2.01
2007	19.86	30.36	19.1	1.04	1.59

注：生产总值增长速度按可比价格计算，下表同。

a)The growth rates of GDP are calculated at comparable prices.The same as in the following tables.

7-9 能源消费弹性系数

Elasticity Ratio of Energy Consumption

年份 Year	能源消费比上年增长% Growth Rate of Energy Consumption over Preceding Year (%)	电力消费比上年增长% Growth Rate of Electricity Consumption over Preceding Year (%)	生产总值比上年增长% Growth Rate of Gross Domestic Product(GDP) over Preceding Year (%)	能源消费弹性系数 Elasticity Ratio of Energy Consumption	电力消费弹性系数 Elasticity Ratio of Electricity Consumption
1986	1.97	7.94	5.9	0.33	1.35
1987	5.95	9.70	9.0	0.66	1.08
1988	3.48	14.15	9.8	0.36	1.44
1989	10.03	13.95	2.7	3.71	5.17
1990	8.21	13.55	7.5	1.09	1.81
1991	3.37	3.87	7.5	0.45	0.52
1992	1.98	10.65	11.0	0.18	0.97
1993	4.74	39.43	11.7	0.41	3.37
1994	5.08	-17.23	11.2	0.45	-1.54
1995	16.22	-18.43	10.1	1.61	-1.82
1996	-3.80	49.76	14.4	-0.26	3.46
1997	17.96	4.68	10.8	1.66	0.43
1998	-7.25	-10.42	10.7	-0.68	-0.97
1999	5.66	24.91	8.8	0.64	2.83
2000	8.33	8.15	10.8	0.77	0.75
2001	13.10	9.22	10.6	1.24	0.87
2002	16.54	14.57	13.2	1.25	1.10
2003	27.41	26.89	17.6	1.56	1.53
2004	30.08	31.72	20.9	1.44	1.52
2005	25.15	24.67	23.8	1.06	1.04
2006	16.06	32.48	19.0	0.85	1.71
2007	13.69	31.11	19.1	0.72	1.63

注:1999年以后为估算数。

a) The data were estimated figures since 1999.

主要统计指标解释

能源生产总量 指一定时期内全区一次能源生产量的总和，是观察全区能源生产水平、规模、构成和发展速度的总量指标。一次能源生产量包括原煤、原油、天然气、水电、核能及其他动力能(如风能、地热能等)发电量，不包括低热值燃料生产量、生物质能、太阳能等的利用和由一次能源加工转换而成的二次能源产量。

能源消费总量 指一定时期内全区物质生产部门、非物质生产部门和生活消费的各种能源的总和，是观察能源消费水平、构成和增长速度的总量指标。能源消费总量包括原煤和原油及其制品、天然气、电力，不包括低热值燃料、生物质能和太阳能等的利用。能源消费总量分为终端能源消费量、能源加工转换损失量和损失量三部分。

(1)终端能源消费量：指一定时期内全区生产和生活消费的各种能源在扣除了用于加工转换二次能源消费量和损失量以后的数量。

(2)能源加工转换损失量：指一定时期内全区投入加工转换的各种能源数量之和与产出各种能源产品之和的差额，是观察能源在加工转换过程中损失量变化的指标。

(3)能源损失量：指一定时期内能源在输送、分配、储存过程中发生的损失和由客观原因造成的各种损失量，不包括各种气体能源放空、放散量。

能源生产弹性系数 是研究能源生产增长速度与国民经济增长速度之间关系的指标。计算分式为：

能源生产弹性系数=能源生产总量年平均增长速度/国民经济年平均增长速度

国民经济年平均增长速度，可根据不同的目的或需要，用地区收入总值、地区生产总值等指标来计算，本年鉴是采用国内生产总值指标计算的。

电力生产弹性系数 是研究电力生产增长速度与国民经济增长速度之间关系的指标。一般来说，电力的发展应当快于国民经济的发展，也就是说电力应超前发展。计算公式为：

电力生产弹性系数=电力生产量年平均增长速度/国民经济年平均增长速度

能源消费弹性系数 是反映能源消费增长速度与国民经济增长速度之间比例关系的指标。计算公式为：

能源消费弹性系数=能源消费量年平均增长速度/国民经济年平均增长速度

电力消费弹性系数 反映电力消费增长速度与国民经济增长速度之间比例关系的指标。计算公式为：

电力消费弹性系数=电力消费量年平均增长速度/国民经济年平均增长速度

能源加工转换效率 指一定时期内能源经过加工、转换后，产出的各种能源产品的数量与同期内投入加工转换的各种能源数量的比率。它是观察能源加工转换装置和生产工艺先进与落后、管理水平高低等的重要指标。计算公式为：

能源加工转换效率=能源加工、转换产出量/能源加工、转换投入量×100%

Explanatory Notes on Main Statistical Indicators

Total Energy Production refers to the total production of primary energy by all energy producing enterprises in the autonomous region in a given period of time. It is a comprehensive indicator to show the capacity, scale, composition and development of energy production of the country. The production of primary energy includes that of coal, crude oil, natural gas, hydropower and elect recite generated by nuclear energy and other means such as wind power and geothermal power. However, it excludes the production of fuels of low calorific value, bio-energy, solar-energy and the secondary energy converted from the primary energy.

Total Domestic Energy Consumption refers to the total consumption of energy of various kinds by material production sectors, nonmaterial production sectors and households in the autonomous region in a given period of time. It is a comprehensive indicator to show the scale, composition and development of energy consumption. The total energy consumption includes that of coal, crude oil and their products, natural gas and electricity. However, it excludes the consumption of fuel of low calorific value, bio-energy and solar energy. Total domestic energy consumption can be divided into three parts:

(1) Final Energy Consumption: It refers to the total energy consumption by material production sectors. Non material production sectors and households in the autonomous region in a given period of time, but excludes the consumption in conversion o f the primary energy into the secondary energy and the loss in the process of energy conversion.

(2) Loss During the Process of Energy Conversion: It refers to the total input of various kinds of energy for conversion, minus the total output of various kinds of energy in the autonomous region in a given period of time. It is an indicator to show the loss that occurs during the process of energy conversion.

(3) Loss: It refers to the total of the loss of energy during the course of energy transport, distribution and storage and the loss caused by any objective reason in a given period of time. The loss of various kinds of gas due to gas discharges and stocktaking is excluded.

Elasticity Ratio of Energy Production is an indicator to show the relationship between the growth rate of energy production and the growth rat e of the national economy. The formula is:

Elasticity Ratio of Energy Production=Average Annual Growth Rate of Energy Production ÷ Average Annual Growth Rate of National Economy

The average annual growth rate of the national economy can be shown by the gross national product, gross domestic product and other indicators, depending upon the purposes or needs. The gross domestic product is used in calculation of the ratio in this chapter.

Elasticity Ratio of Electricity Production is an indicator to show the relations hip between the growth rate of electricity production and the growth rate of the national·economy. Generally speaking, the growth rate of electricity production should be higher than that of the national economy. Its formula is:

Elasticity Ratio of Electricity Production = Average Annual Growth Rate of Electricity Production ÷ Average Annual Growth Rate of National Economy

Elasticity Ratio of Energy Consumption is an indicator to show the relationship between the growth rate of energy consumption and the growth r ate of the national economy. The formula is:

Elasticity Ratio of Energy Consumption=Average Annual Growth Rate of Energy Consumption ÷ Average Annual Growth Rate of National Economy

Elasticity Ratio of Electricity Consumption is an indicator to show the relation ship between the growth rate of electricity consumption and the growth rate of t he national economy. The formula is:

Elasticity Ratio of Electricity Consumption = Average Annual Growth Rate of Electricity ÷ Average Annual Growth Rate of National Economy

Efficiency of Energy Processing and Conversion refers to the ratio of the total output of energy products of various kinds after processing and conversion and the total input of energy of various kinds for processing and conversion in the same reference period. It is an important indicator to show the current conditions of energy processing and conversion equipment, production technique and management. The formula is:

Efficiency of Energy Processing and Conversion = Output of Energy After Processing and Conversion ÷ Input of Energy for Processing and Conversion×100%

八　财政

GOVERNMENT FINANCE

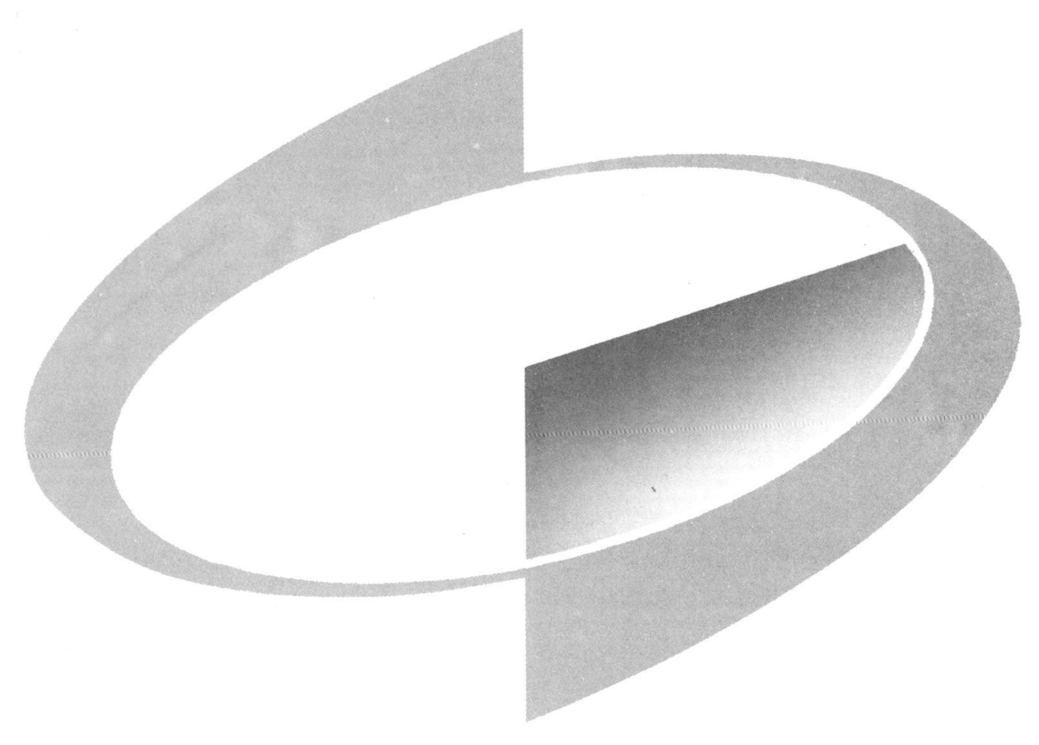

资料整理：王艳伟

Arranged by Wang Yanwei

8-1 财政收支总额及增长速度

Total Government Revenue and Expenditures and Their Increase Rate

年 份 Year	财政总收入 (万元) Total Revenue (10 000 yuan)	财政总支出 (万元) Total Expenditures (10 000 yuan)	增长速度(%) Incease Rate(%)	
			财政总收入 Total Revenue	财政总支出 Total Expenditures
1947	9	39		
1948	110	262	1122.2	571.8
1949	739	786	571.8	200.0
1950	5347	4562	623.5	480.4
1951	5376	6025	0.5	32.1
1952	13335	10280	148.0	70.6
1953	8657	13997	-35.1	36.2
1954	18503	18045	113.7	28.9
1955	21090	17489	14.0	-3.1
1956	27597	29032	30.9	66.0
1957	31385	26771	13.7	-7.8
1958	42764	64432	36.3	140.7
1959	70269	99357	64.3	54.2
1960	89917	122162	28.0	23.0
1961	49529	56471	-44.9	-53.8
1962	33590	37641	-32.2	-33.3
1963	38345	39952	14.2	6.1
1964	43219	49683	12.7	24.4
1965	45967	51808	6.4	4.3
1966	48455	59224	5.4	14.3
1967	40232	47949	-17.0	-19.0
1968	38882	41477	-3.4	-13.5
1969	27680	61706	-28.8	48.8
1970	44088	78582	59.3	27.3
1971	36543	90915	-17.1	15.7
1972	31314	97994	-14.3	7.8
1973	34123	114983	9.0	17.3
1974	26863	124842	-21.3	8.6
1975	27375	129157	1.9	3.6
1976	26587	138332	-2.9	7.1
1977	29339	140470	10.4	1.5

8-1 续表 continued

单位：万元 (10 000 yuan)

年 份 Year	财政总收入 (万元) Total Revenue (10 000 yuan)	财政总支出 (万元) Total Expenditures (10 000 yuan)	增长速度(%) Incease Rate(%) 财政总收入 Total Revenue	增长速度(%) Incease Rate(%) 财政总支出 Total Expenditures
1978	69046	186888	135.3	33.0
1979	45553	210416	-34.0	12.6
1980	41284	183721	-9.4	-12.7
1981	41585	163506	0.7	-11.0
1982	51842	203074	24.7	24.2
1983	69891	228273	34.8	12.4
1984	84556	308604	21.0	35.2
1985	131789	341832	55.9	10.8
1986	160206	438955	21.6	28.4
1987	194326	455597	21.3	3.8
1988	241343	510137	24.2	12.0
1989	286679	558124	18.8	9.4
1990	329763	609023	15.0	9.1
1991	393966	666190	19.5	9.4
1992	390775	720731	-0.8	8.2
1993	561177	882773	43.6	22.5
1994	682167	928235	21.6	5.1
1995	763458	1021780	11.9	10.1
1996	932403	1263825	22.1	23.7
1997	1112749	1429118	19.3	13.1
1998	1312330	1817593	17.9	27.2
1999	1436887	2128369	9.5	17.1
2000	1555898	2610629	8.3	22.7
2001	1677409	3359808	7.8	28.7
2002	2068097	4133327	23.3	23.0
2003	2580321	4710924	24.8	14.0
2004	3646653	6027524	41.3	27.9
2005	5363633	7346079	47.1	21.9
2006	7129718	9149716	32.9	24.6
2007	10183492	12661145	42.8	38.4

注：在财政收支中，价格补贴1985年以前冲减财政收入，1986年以后列为财政支出。

a) Government price subsidies were listed as negative revenue items prior to 1986, but they have been listed as expenditure items in government accounts since 1986.

8-2 财政总收入占生产总值的比重

Government Revenue as Percentage to Gross Domestic Product

年 份 Year	财政总收入 (亿元) Total Revenue (100 million yuan)	生产总值 (亿元) Gross Domestic Products (100 million yuan)	财政收入占 生产总值的比重(%) Percentage of Government Revenue to GDP(%)
1949	0.001	5.37	
1952	1.33	12.16	11.0
1953	0.87	15.57	5.6
1957	3.14	21.27	14.8
1962	3.36	25.12	13.4
1965	4.60	35.41	13.0
1970	4.41	39.17	11.3
1975	2.74	48.55	5.6
1978	6.90	58.04	11.9
1979	4.56	64.14	7.1
1980	4.13	68.40	6.0
1981	4.16	77.91	5.3
1982	5.18	93.22	5.6
1983	6.99	105.88	6.6
1984	8.46	128.20	6.6
1985	13.18	163.83	8.0
1986	16.02	181.58	8.8
1987	19.43	212.27	9.2
1988	24.13	270.81	8.9
1989	28.67	292.69	9.8
1990	32.98	319.31	10.3
1991	39.40	359.66	11.0
1992	39.08	421.68	9.3
1993	56.12	537.81	10.4
1994	68.23	695.06	9.8
1995	76.35	857.06	8.9
1996	93.24	1023.09	9.1
1997	111.27	1153.51	9.6
1998	131.12	1262.54	10.4
1999	143.69	1379.31	10.4
2000	155.59	1539.12	10.1
2001	167.74	1713.81	9.8
2002	206.81	1940.94	10.7
2003	258.03	2388.38	10.8
2004	364.67	3041.07	12.0
2005	536.36	3895.55	13.8
2006	712.97	4841.82	14.7
2007	1018.35	6091.12	16.7

8-3 财政分项收入
Government Revenue by Source

单位：万元 (10 000 yuan)

年份 Year	财政总收入 Total Government Revenue	地方财政总收入 Local Government Revenue	一般预算收入 General Budgetary Financial Revenue	#工商税收 Industrial and Commercial Tax	#契税和耕地占用税 Contract Tax and Tax on The Occupancy of Cultuvated Land	#企业所得税 Income Tax of Enterprises	#国有企业上缴利润 Payed Profits by State-owned Enterprises
1947	9	9	9			1	
1948	110	110	110			20	
1949	739	739	739	149		196	
1950	5347	5347	5347	1852		1568	
1951	5376	5376	5376	2266		1306	
1952	13335	13335	13335	3744		5049	
1953	8657	8657	8657	4507		2550	
1954	18503	18503	18503	7725		5260	
1955	21090	21090	21090	8549		6324	
1956	27597	27597	27597	11797		9328	
1957	31385	31385	31385	12535		9409	
1958	42764	42764	42764	15174		17065	
1959	70269	70269	70269	19237		39150	
1960	89917	89917	89917	24690		52872	
1961	49529	49529	49529	16531		24238	
1962	33590	33590	33590	18027		7788	
1963	38345	38345	38345	19929		9734	
1964	43219	43219	43219	20196		12499	
1965	45967	45967	45967	22577		13144	
1966	48455	48455	48455	21712		16086	
1967	40232	40232	40232	20303		9058	
1968	38882	38882	38882	20537		7549	
1969	27680	27680	27680	20168		1509	
1970	44088	44088	44088	27399		6076	
1971	36543	36543	36543	29455		-1820	
1972	31314	31314	31314	31085		-5822	
1973	34123	34123	34123	34954		-9309	
1974	26863	26863	26863	34257		-16136	
1975	27375	27375	27375	40295		-21044	
1976	26587	26587	26587	43142		-25703	
1977	29339	29339	29339	49579		-29193	

8-3 续表 continued

单位：万元 (10 000 yuan)

年 份 Year	财政总收入 Total Government Revenue	地方财政总收入 Local Government Revenue	一般预算收入 General Budgetary Financial Revenue	#工商税收 Industrial and Commercial Tax	#契税和耕地占用税 Contract Tax and Tax on The Occupancy of Cultuvated Land	#企业所得税 Income Tax of Enterprises	#国有企业上缴利润 Payed Profits by State-owned Enterprises
1978	69046	69046	69046	54486		3234	
1979	45553	45553	45553	54648		-20749	
1980	41284	41284	41284	58537		-26724	
1981	41585	41585	41585	62493		-32579	
1982	51842	51842	51842	71540		-35624	
1983	69891	69891	69891	78370		-25171	
1984	84556	84556	84556	86862		-20618	
1985	131789	131789	131789	119871		36495	7429
1986	160206	160206	160206	145866		37092	706
1987	194326	194326	194326	176890		35797	9344
1988	241343	241343	241343	214128		41206	11050
1989	286679	286679	286679	261270		40045	3193
1990	329763	329763	329763	278480		40954	17895
1991	393966	393966	393966	299621		39320	16833
1992	390775	390775	390775	335490		38992	12382
1993	561177	561177	561177	511777		37311	9745
1994	682167	362969	362969	261719		43005	4900
1995	763458	437028	437028	278344		62222	4070
1996	932403	572571	548777	339614		56853	5230
1997	1112747	731774	660777	415328		60554	5964
1998	1312330	897747	776654	492585		50815	12083
1999	1436887	1008228	865714	502477		80821	13766
2000	1555898	1106808	950320	546435		105983	12815
2001	1677630	1173825	994313	571829		151985	19489
2002	2068097	1329097	1128546	673679		90287	40610
2003	2580321	1627213	1387157	857381		71615	60521
2004	3646653	2382753	1967589	1220909		86995	147494
2005	5363633	3350925	2774553	1768690		193550	147758
2006	7129718	5945874	3433774	2183213	148893	272831	188849
2007	10183492	8354915	4923615	3342205	134741	419186	234394

注：1.1984年以前企业所得税包括国有企业上缴利润和国有企业亏损补贴；

2.1994年以来地方财政收入为分税制财政体制统计口径。

a)Before 1984, Enterprises income tax including payed profits and planned subsidies for the losses of the state-owned enterprises;

b)Since 1994, Revenue of the local governments has been counted by the classification of the structure of the government finance.

8-4 地方财政支出及主要支出项目

Local Government Expenditures by Accounting Item

单位：万元 (10 000 yuan)

项目	Item	2006	2007
地方财政支出	**Local Government Expenditure**	**8121330**	**10823054**
一般公共服务	General Public Services	1565364	1940317
外交	Foreign Affairs	1175	120
国防	National Defense	11704	13560
公共安全	Public Security	476336	608509
教育	Education	1109209	1535674
科学技术	Science and Technology	73637	92228
文化体育与传媒	Operating Expenses of Culture , Sports and Media	218906	277115
# 文化	Culture	73986	107328
新闻出版	News Published	4831	10993
社会保障和就业	Social Security and Employment	1136394	1520235
# 社会福利	Social Welfare	7239	11814
医疗卫生	Public Health	304794	438658
环境保护	Environment Protection	575525	610133
城乡社区事务	City and Countryside Community Business	758786	1219317
农林水事务	Expenses of Agriculture,Forestry,Water	842647	1085176
交通运输	Transportation	254442	484945
工业商业金融等事务	Operating Expenses of Industrial, Commercial & Finanial Departments	583867	720189
其他支出	Others	208544	276878

注：数据来自于自治区财政厅年度总决算报表，以下各表同。

a)Date are from final accounts report form of provincial finance department .The same as in the following tables.

8-5 财政用于科学技术的支出

Government Expenditure for Scientific and Technological

单位：万元 (10 000 yuan)

项目	Item	2006	2007
合计	**Total**	**73637**	**92228**
科学技术管理事务	Administrative Affairs of Scientific and Technological	8709	8602
基础研究	Basic Research	2051	1997
应用研究	Applied Research	6820	6525
技术研究与开发	Technological Research and Development	40353	56746
科技条件与服务	Condition and Service of Scientific and Technological	1095	1565
社会科学	Social Sciences	2246	2945
科学技术普及	Scientific and Technological Popularization	5202	7539
科技交流与合作	Scientific and Technological International Exchange and Cooperation	43	113
其他	Others	7118	6196

8-6 财政用于教育支出

Government Expenditure for Education

单位：万元 (10 000 yuan)

项目	Item	2006	2007
合计	**Total**	**1109209**	**1535674**
教育管理事务	Administrative Affairs of Education	19163	29945
普通教育	General Education	867511	1176293
职业教育	Vocational Education	93182	150773
成人教育	Adult Education	1612	1371
广播电视教育	Radio and Television Education	3010	3328
特殊教育	Special Education	2724	3982
教师进修及干部继续教育	Teacher Further Education and Cadre Continuing Education	22541	25501
教育附加及基金支出	Education Surcharge and Fund Expenditure	86218	123331
其他	Others	13248	21150

8-7 财政用于社会保障和就业的支出

Government Expenditure for Social Security and Employment

单位：万元 (10 000 yuan)

项目	Item	2006	2007
合计	**Total**	**1136394**	**1520235**
社会保障和就业管理事务	Administrative Affairs of Social Security and Employment	32414	41046
民政管理事务	Administrative Affairs of Civil Affairs	18214	26238
财政对社会保险基金的补助	Subsidy of Social Insurance Fund from Government Finance	281508	362083
行政事业单位离退休	Expenditure for Retired Persons in Administrative Department	515173	654611
企业改革补助	Subsidy of Enterprise Reform	5784	64266
就业补助	Subsidy of Employment	79672	82748
抚恤	Pensions for Disable and Bereaved Families	28314	32003
退役安置	Retirement Places	18299	31381
社会福利	Social Welfare	7239	11814
残疾人事业	Disabled Persons Enterprise	4854	7587
城市居民最低生活保障	Receiving Minimum Living Allowance in Urban Area	85304	115717
其他城镇社会救济	Others Social Relief In Urban Area	4441	7561
自然灾害生活救助	Life Salvation of Natural Disaster	19888	19723
红十字事业	Red Cross	1991	2885
农村最低生活保障	Receiving Minimum Living Allowance in Rural Area	21552	31012
其他农村社会救济	Others Social Relief In Rural Area		19110
其他	Others	11747	10450

8-8 财政用于农林水事务支出

Government Expenditure for Agriculture,Forestry and Water Conservation

单位：万元 (10 000 yuan)

项目	Item	2006	2007
合计	**Item**	**842647**	**1085176**
农业	Agriculture	327548	484225
林业	Forestry	150946	162805
水利	Water Conservation	215241	266390
南水北调	South-to-North Water Diversion		
扶贫	Poverty Alleviation	77669	101456
农业综合开发	Comprehensive Agricultural Development	54997	67682
其他	Others	16246	2618

8-9 财政用于工业商业金融等事务支出

Government Expenditure for Industry,Trade and Financial

单位：万元 (10 000 yuan)

项目	Item	2006	2007
合计	**Total**	**583867**	**720189**
采掘业	Mining	49667	32834
制造业	Manufacturing	65628	56074
建筑业	Construction	15212	10472
电力	Production	15793	37990
信息产业	Information Industries	6095	4170
旅游业	Tourism	21366	23360
金融业	Financial Intermediation	2355	9500
安全生产	Production Safety	6495	10147

8-10 各项税收收入
Government Tax Revenue

单位：万元 (10 000 yuan)

年份 Year	税收总额 Total Tax	地方税收 Local Government Tax	工商税收 Industrial and Commercial Tax	农业各税 Agricultural and Related	企业所得税 Income Tax of Enterprises	税收总额占财政收入比重(%) Percentage of Government Tax Revenue to Government Revenue(%)
1947	4	4	4		1	44.4
1948	69	69	26	43	20	62.7
1949	431	431	149	282	196	58.3
1950	3588	3588	1908	1680	1568	67.1
1951	2871	2871	2361	510	1306	53.4
1952	6544	6544	3856	2700	5049	49.1
1953	4981	4981	4546	450	2550	57.5
1954	12373	12373	7867	4544	5260	66.9
1955	14249	14249	8904	5370	6324	67.6
1956	17834	17834	12334	5512	9328	64.6
1957	21579	21579	16209	5550	9409	68.8
1958	25331	25331	19733	5598	17065	59.2
1959	29277	29277	22771	6506	39150	41.7
1960	34050	34050	27640	6410	52872	47.9
1961	23348	23348	18421	4297	24238	47.2
1962	24442	24442	19442	5000	7788	72.8
1963	27163	27163	21167	5996	9734	70.8
1964	29705	29705	22205	7500	12499	68.7
1965	31784	31784	25656	6128	13144	69.1
1966	31722	31722	24744	6978	16086	65.5
1967	30754	30754	23235	7519	9058	76.4
1968	30590	30590	23954	6636	7549	78.7
1969	25668	25668	20403	5265	1509	92.7
1970	37427	37427	27800	9627	6076	84.9
1971	37573	37573	29830	7743	-1820	102.8
1972	36369	36369	31524	4845	-5822	116.1
1973	42897	42897	35397	7500	-9309	125.7
1974	42330	42330	34726	7604	-16136	157.5
1975	47743	47743	40849	6894	-21044	174.4
1976	51665	51665	43677	7988	-25703	194.3
1977	57440	57440	50169	7271	-29193	195.8

8-10 续表 continued

单位：万元 (10 000 yuan)

年份 Year	税收总额 Total Tax	地方税收 Local Government Tax	工商税收 Industrial and Commercial Tax	农业各税 Agricultural and Related	企业所得税 Income Tax of Enterprises	税收总额占财政收入比重(%) Percentage of Government Tax Revenue to Government Revenue(%)
1978	60750	60750	55111	5639	3234	88.0
1979	63755	63755	57597	6158	-20749	139.9
1980	64858	64858	61190	3668	-26724	157.1
1981	71049	71049	65071	6022	-32579	170.9
1982	81872	81872	75171	6701	-35624	157.9
1983	89833	89833	82205	7628	-25171	128.5
1984	99926	99926	91152	8774	-20618	118.2
1985	130558	130558	119865	10688	36495	97.5
1986	155167	155167	145866	9432	37092	96.8
1987	187130	187130	176890	10483	35797	96.3
1988	228758	228758	214128	15117	41206	94.8
1989	317150	317150	261270	16397	40045	110.6
1990	342192	342192	278480	23565	40954	103.8
1991	355665	355665	299621	23181	39320	90.3
1992	363571	363571	335490	29712	38992	93.0
1993	540247	540247	511777	29736	37311	96.3
1994	631630	312432	261719	58722	43005	92.6
1995	672614	346184	278344	66469	60801	88.1
1996	870713	510884	339614	113751	57519	93.3
1997	988192	607219	415328	130023	61868	88.8
1998	1085216	670633	492585	127233	50815	82.7
1999	1144680	716021	502477	134371	80821	79.7
2000	1226549	777459	546435	126444	105983	78.8
2001	1315328	811744	571829	105819	151985	78.4
2002	1624794	885794	673679	121828	90287	78.6
2003	2018522	1065414	857381	136418	71615	78.2
2004	2704290	1440390	1220909	132486	86995	74.2
2005	4082530	2069822	1768690	107582	193550	76.1
2006	5118845	2606745	2183213	148893	272831	71.8
2007	6910357	3479057	3342205	134741	419186	67.9

注： 1.农业各税包括农业税、牧业税、耕地占用税、农业特产税和契税。从2006年，农业各税不包括农业税、牧业税和农业特产税。
2.企业所得税中1985-1993年包括国有企业调节税，1994年以后包括地方金融企业所得税，2002年以后包括上划中央税收收入。

a)The agricultural and retail taxes include the agricultural tax, the animal husbandry tax, the tax on the use of cultivated land, the tax on special agricultural products and the contract tax.Since2006,the agricultural and retail taxes do not include the agricultural tax, the animal husbandry tax and the tax on special agricultural products

b)During the Years 1985 to 1993, the income tax levied on state-owned enterprises included the tax for adjusting income. Since 1994,it has also included the income tax levied on banking institutions.

主要统计指标解释

财政收入 指国家财政参与社会产品分配所取得的收入，是实现国家职能的财力保证。财政收入所包括的内容几经变化，目前主要包括：

(1)各项税收：包括增值税、营业税、消费税、土地增值税、城市维护建设税、资源税、城市土地使用税、印花税、个人所得税、企业所得税、关税、农牧业税和耕地占用税等。

(2)专项收入：包括征收排污费收入、征收城市水资源费收入、教育费附加收入等。

(3)其他收入：包括基本建设贷款归还收入、基本建设收入、捐赠收入等。

(4)国有企业计划亏损补贴：这项为负收入，冲减财政收入。

财政支出 国家财政将筹集起来的资金进行分配使用，以满足经济建设和各项事业的需要，主要包括：

(1)基本建设支出：指按国家有关规定，属于基本建设范围内的基本建设有偿使用、拨款、资本金支出以及经国家批准对专项和政策性基建投资贷款，在部门的基建投资额中统筹支付的贴息支出。

(2)企业挖潜改造资金：指国家预算内拨给的用于企业挖潜、革新和改造方面的资金。包括各部门企业挖潜改造资金和企业挖潜改造贷款资金，为农业服务的县办“五小”企业技术改造补助，挖潜改造贷款利息支出。

(3)地质勘探费用：指国家预算用于地质勘探单位的勘探工作费用，包括地质勘探管理机构及其事业单位经费、地质勘探经费。

(4)科技三项费用：指国家预算用于科技支出的费用，包括新产品试制费、中间试验费、 重要科学研究补助费。

(5)支援农村生产支出：指国家财政支援农村集体(户)各项生产的支出。包括对农村举办的小型农田水利和打井、喷灌等的补助费，对农村水土保持措施的补助费，对农村举办的小水电站的补助费，特大抗旱的补助费，农村开荒补助费，扶持乡镇企业资金，农村农技推广和植保补助费，农村草场和畜禽保护补助费，农村造林和林木保护补助费，农村水产补助费，发展粮食生产专项资金。

(6)农林水利气象等部门的事业费用：指国家财政用于农垦、农场、农业、畜牧、农机、林 业、森工、水利、水产、气象、乡镇企业的技术推广、良种推广(示范)、动植物(畜禽、森 林)保护、水质监测、勘探设计、资源调查、干部训练等项费用，园艺特产场补助费，中等专业学校经费，飞播牧草试验补助费，营林机构、气象机构经费，渔政费以及农业管理事业费等。

(7)工业交通商业等部门的事业费：指国家预算支付给工交商各部门用于事业发展的经费， 包括勘探设计费、中等专业学校经费、技术学校经费、干部训练费。

(8)文教科学卫生事业费：指国家预算用于文化、出版、文物、教育、卫生、中医、公费医疗、体育、档案、地震、海洋、通讯、电影电视、计划生育、党政群干部训练、自然科学、 社会科学、科协等项事业的经费支出和高技术研究专项经费。主要包括工资、补助工资、福利费、离退休费、助学金、公务费、设备购置费、修缮费、业务费、差额补助费。

(9)抚恤和社会福利救济费：指国家预算用于抚恤和社会福利救济事业的经费。包括由民政部门开支的烈士家属和牺牲病残人员家属的一次性、定期抚恤金，革命伤残人员的抚恤金，各种伤残 补助费，烈军属、复员退伍军人生活补助费，退伍军人安置费，优抚事业单位经费，烈士纪念建筑物管理、维修费，自然灾害救济事业费和特大自然灾害灾后重建补助费等。

(10)行政事业单位离退休支出：指实行归口管理的行政事业单位离退休经费。

(11)社会保障补助支出：指国家预算用于社会保障的补助支出，包括对社会保障基金的补助、促进就业补助、国有企业下岗职工补助、补充全国社会保障基金等。

(12) 国防支出：指国家预算用于国防建设和保卫国家安全的支出，包括国防费、国防科研事业费、民兵建设以及专项工程支出等。

(13)行政管理费：包括行政管理支出，党派团体补助支出，外交支出、公安安全支出，司法 支出、法院支出，检察院支出和公检法办案费用补助。

(14) 政策性补贴支出：指经国家批准，由国家财政拨给的政策性补贴支出。主要包括粮、棉、油差价补贴，平抑物价和储备糖补贴，农业生产资料价差补贴，粮食风险基金，副食品风险基金，地方煤炭风险基金等。

(15)债务利息支出：指国家预算中用于偿还国内外债务利息的支出。

中央财政收入和地方财政收入 指按财政体制划分的中央本级收入和地方本级收入。1994 年分税制财政体制以后，属于中央财政的收入包括关税、海关代征消费税和增值税，消费税，中央企业所得税，地方银行和外资银行及非银行金融企业所得税，铁道、银行总行、保险总公司等集中缴纳的营业税、所得税、利润和城市维护建设税，增值税的 75%部分，证券交易税(印花税)94%部分和海洋石油资源税。属于地方财政的收入包括营业税，地方企业所得税，个人所得税，城镇土地使用税，固定资产投资方向调节税，城镇维护建设税，房产税，车船使用税，印花税、屠宰税，农牧业税，农业特产税，耕地占用税，契税，增值税 25%部分，证券交易税(印花税)6%部分和除海洋石油资源税以外的其他资源税。

中央财政支出和地方财政支出 指根据政府在经济和社会活动中的不同职责，划分中央和地方政府的责权，按照政府的责权划分确定的支出。中央财政支出包括国防支出，武装警察部队支出，中央级行政管理费和各项事业费，重点建设支出以及中央政府调整国民经济结构、协调地区发展、实施宏观调控的支出。地方财政支出主要包括地方行政管理和各项事业费，地方统筹的基本建设、技术改造支出，支援农村生产支出，城市维护和建设经费，价格补贴支出等。

预算外资金收支 预算外资金指国家机关、事业单位和社会团体为履行或代行政府职能，依据国家法律、法规和具有法律效力的规章而收取、提取和安排使用 的未纳入国家预算管理的各种财政性资金。其范围主要包括：法律、法规规定的行政事业性收费、基金和附加收入等；国务院或省级人民政府及其财政、计划(物价)部门审批的行政事业性收费；国务院及财政部审批建立的基金、附加收入等；主管部门所属单位集中上缴资金 ；用于乡镇政府开支的乡自筹和乡统筹资金；其他未纳入预算管理的财政性资金。社会保障基金在国家财政尚未建立社会保障预算制度以前，先按预算外资金管理制度进行管理，专款 专用。财政部门在银行开设统一的专户，用于预算外资金收入和支出管理。部门和单位的预算外收入必须上缴同级财政专户，支出由同级财政按预算外资金收支计划和单位财务收支计划统筹安排，从财政专户中拨付，实行收支两条线管理。

Explanatory Notes on Main Statistical Indicators

Government Revenue refers to the revenue of the government finance by means of participating in the distribution of the social products, which are the financial resources for ensuring the government to function. The contents of government revenue have been changed several times. Now it includes the following main items:

(1) Various tax revenues, including value added tax, business tax, consumption tax, land value added tax, tax on city maintenance and construction, resources tax, tax on use of urban land, stamp tax, personal income tax, enterprise income tax, tariff, tax on agriculture and animal husbandry and tax on occupancy of cultivated l and, etc.

(2) Special revenues, including revenue collected from imposing fee on sewage treatment, revenue collected from imposing fee on urban water resources, and extra charges for education, etc.

(3) Other revenues, including revenue from the repayment of capital construction l loan, revenue from capital construction projects, and donations and grants.

(4) Planned subsidies for the losses of the state owned enterprises. This is s an item of negative revenue, used to eat up part of the government revenue.

Government Expenditure refers to the distribution and use of the funds the government finance has raise d, so as to meet the needs of economic construction and various causes. It include s the following main items:

(1) Expenditure for capital construction: It refers to the non gratuitous use and appropriation of funds for capital construction in the range of capital construction, outlay of capital as well as the loans on capital construction approved by the government for special purpose or policy purpose and the expenditure with discount paid in an overall way within the amount of the funds appropriated to the departments for capital construction.

(2) Innovation funds of the enterprises: They refer to the funds appropriated from the government budget for the enterprises to tap the latent power, upgrade the technology and carry out innovation, including the innovation fund of the departments, loan of the enterprises for innovation, subsidies on the innovation of the small fertilizer plant, small cement plant, small coal mines, small machinery plant and small steel plant, the expenditure of interest for the loan for innovation.

(3) Geological prospecting expenses: They refer to the expenses appropriated from the government budget to the geological prospecting units for the expenditure of the prospecting work, including the expenditures of the administrative agencies for geological prospecting and their institutional units as well as the geologic al prospecting expenditure.

(4) Expenditures for science and technology promotion: They refer to the expense s appropriated from the government budget for the scientific and technological expenditure, including new products development expenditure, expenditure for intermediate trial and subsidies on important scientific researches.

(5) Expenditure for supporting rural production: It refers to the expenditures appropriated from the government budget for supporting the various expenditures of the rural collective units or households for production, including the subsidies to the small water conservancy projects and well drilling, sprinkling irrigation projects run by the villages; subsidies on the rural water and soil conserving measures; subsidies to the small power stations run by the villages; subsidies to the expenditure for fighting against particularly severe draughts; subsidies on the rural was the land exclamation; fund for supporting the township enterprises; subsidies to the expenditure for popularization of the agricultural technologies and plant protection in the rural areas; subsidies to the expenditure for the protection of grasslands and cattle and fowls; subsidies on afforestation and forest protection in rural areas; subsidies on the rural aquatic products industry; special fund for developing grain production.

(6) Operating expenses of the departments of farming, forestry, water conservancy and meteorology etc. : They refer to the expenses appropriated from the government budget for the expenditures of agricultural exclamation, farms, agriculture, animal husbandry, agricultural machinery, forestry, timber industry, water conservancy, aqua tic products industry, meteorology, technology popularization in township enterprises, popularization (demonstration) of improved varieties, plant (cattle and fowls, forest) protection, water quality monitoring, prospecting and designing, resources investigation, cadres training, subsidies to horticulture gardens, expenditure of specialized secondary schools, subsidies on the experiments of sowing herbage seeds by flights, expenditures of afforestation agencies and meteorology agencies, expenses for fishery administration and operating expenses for agricultural administration, etc.

(7) Operating expenses of the departments of industry, transport and commerce: They refer to the expenses appropriated from the government budget to the departments of industry, transport and commerce for the expenditure of business development, including expenses for prospecting and designing, expenditures of specialized

secondary schools, expenditures of the technical training schools and expenditures or cadres training, etc.

(8) Operating expenses of the departments of culture, education, science and public health: They refer to the expenses appropriated from the government budget for t he expenditures of the causes of culture, publication, cultural relics, education, public health, traditional Chinese medical science, free medical services, sports, archives, earthquake, ocean, communications, broadcasting, film and television, family planning; expenditure for training of cadres of government, party and mass organization; expenditures for natural sciences, social sciences, associations for science and technology and the special expenditure for the high tech researches. They include mainly wages, extra wages, welfare funds, pension for the retirees, stipend, expenses for official business, expenses for equipment purchases, expenses for repairs, business expenses and subsidies to the un its which are unable to support their expenditures by their own earnings.

(9) Pension for the disabled or for the families of the bereaved and relief funds for social welfare: They refer to the funds appropriated from the government bud get for the expenditures of pension for the disabled or for the families of the bereaved and relief funds for social welfare, including the lump sum or regular pension paid by the departments of civil affairs to the members of martyrs families and families of those who died for the public interest, pension to the revolutionary disabled, subsidies for permanent disability of various kinds, subsidies to the military martyrs dependents and the demobilized servicemen, expenditure for settling down the demobilized servicemen, operating expenses of the consoling institutions, expenses for management and repair of the commemorative buildings for the martyrs, the expenses managed by the departments of civil affairs for the retirees and those who have quitted their work, expenses for social relief in rural and urban areas, operating expenses for providing relief to the areas of natural calamity and subsidies on the reconstruction after the particularly severe natural calamities, etc.

(10) Expenditures on retiree : It refers to the expenditures of government agencies and institutions that covered by the state budget.

(11) Expenditures on subsidies to social security system: It refers to expenditure from the state budget for subsidies to the social insurance fund, subsidies to promoting employment, subsidies to laid-off workers of state-owner enterprises, supplement to national social security funds, etc.

(12) Expenditures for national defence: They refer to the funds appropriated from the government budget for the expenditures for building up national defence and safeguarding national security, including expenses of national defence, expenses o f scientific researches on national defence, expenses for building up people's militia and expenditure for special projects, etc.

(13) Administrative expenses: They include expenditure for administration, subsidies to the parties and mass organizations, diplomatic expenditure, expenditure for public security, judicial expenditure, law court expenditure, procuratorial expenditure and subsidies to the expenses for treating the cases by the public security departments, procuratorial organs and law courts.

(14) Expenditure for price subsidies: It refers to the expenditure appropriated, with the approval of the government, from the government budget for the policy subsidies to price adjustment, including the fund for the increase of grain prices, the subsidies to the difference between the selling prices and purchasing prices o f grains, cotton and edible oil, awards in addition to the purchasing prices of cotton, risk fund for non staple food, subsidies on the prices of meat and meat products, subsidies on the price difference for curbing the high market prices of meat, meat products and vegetables and the subsidies approved by the government on the prices of textbooks and newsprint of newspapers and periodicals.

(15) Expenditure on interest of debts: It refers to expenses from the state budget on paying interest of domestic and foreign debts.

Revenue of the central government and revenue of the local governments In accordance with the classification of the structure of the government finance in 1994 on the basis of the classification of channels for collection of tax revenues, the revenue of the central government and the revenue of the local governments have different coverage. The revenue of the central government includes tariff, consumption tax and value added tax levied by the customs, consumption tax, income tax of the enterprises subordinate to the central government, income taxes of the local banks, foreign funded banks and non bank financial institutions, business tax, income tax and profits of railways, head offices of banks, head office of insurance company, which are handed over to the government in a centralized way, tax on city maintenance and construction, 75% of the value added tax, tax on ocean petroleum resources, 94% of the tax on stock dealing (stamp tax) . The revenue of the local governments includes business tax, income tax of the enterprises subordinate to the local government, personal income tax, tax on the use of urban land, tax on the adjustment of the investment in fixed assets, tax on town maintenance and construction, tax on real estates, tax on the use of vehicles and ships, stamp tax, slaughter tax, tax on agriculture and animal husbandry, tax on special agricultural products, tax on the occupancy of cultivated land, contract tax, 25% of the value added tax, 6% of the tax on stock dealing(stamp tax) and tax on resources other than the ocean petroleum resources.

Expenditure of the central government and expenditure of the local governments according to the different functions of the central government and local governments in the economic and social activities, the rights of affairs administration are classified between the central government and local governments; and the classification of the expenditure between the central government and local governments are made on the basis of the classification of the rights of affairs administration between them. The expenditure of the central government includes the expenditure for national defence, expenditure for armed police forces, the administrative expenses and various operating expenses at the level of central government, expenditure for key projects and the expenditure of the central government for adjusting the national economic structure, coordinating the development among different regions and exercising the macro economic regulation and control. The expenditure of the local governments includes mainly the administrative expenses and various operating expenses at the level of local governments, the expenditure for capital construction and technological innovation with the funds raised by the local government, expenditure for supporting rural production, expenditure for city maintenance and construction and expenditure for price subsidies, etc.

Extra-budgetary revenue and expenditure Extra-budgetary fund refers to financial fund of various types not covered by the regular government budgetary management, which is collected, allocated or arranged by government agencies, institutions and social organizations while performing duties delegated to them or on behalf o f the government in accordance with laws, rules and regulations. It mainly covers following items: administrative and institutional fees, funds and extra charges that are stipulated by laws and regulations; administrative and institutional fees approved by the State Council and provincial governments and their financial and planning (price management) departments; funds and extra charges established by the State Council and the Ministry of Finance; funds turned over to competent departments by their subordinate institutions; self raised and collected funds by township governments for their own expenditure; and other financial funds that a re not covered in budgetary management. Social security funds are treated as extra budget fund and managed for its exclusive use, given the circumstance that separate government budgetary system for social security is yet to be designed. Special accounts are opened by the financial departments in banks for the management of revenue and expenditure of extra budgetary fund. Extra budgetary revenue and expenditure is managed separately, namely, revenue of institutions and departments must enter into the special accounts of the financial department s at the same administrative level, and their extra budgetary expenditure is arranged in line with the extra budget plans and appropriated from these accounts.

九 物价指数

PRICE INDICES

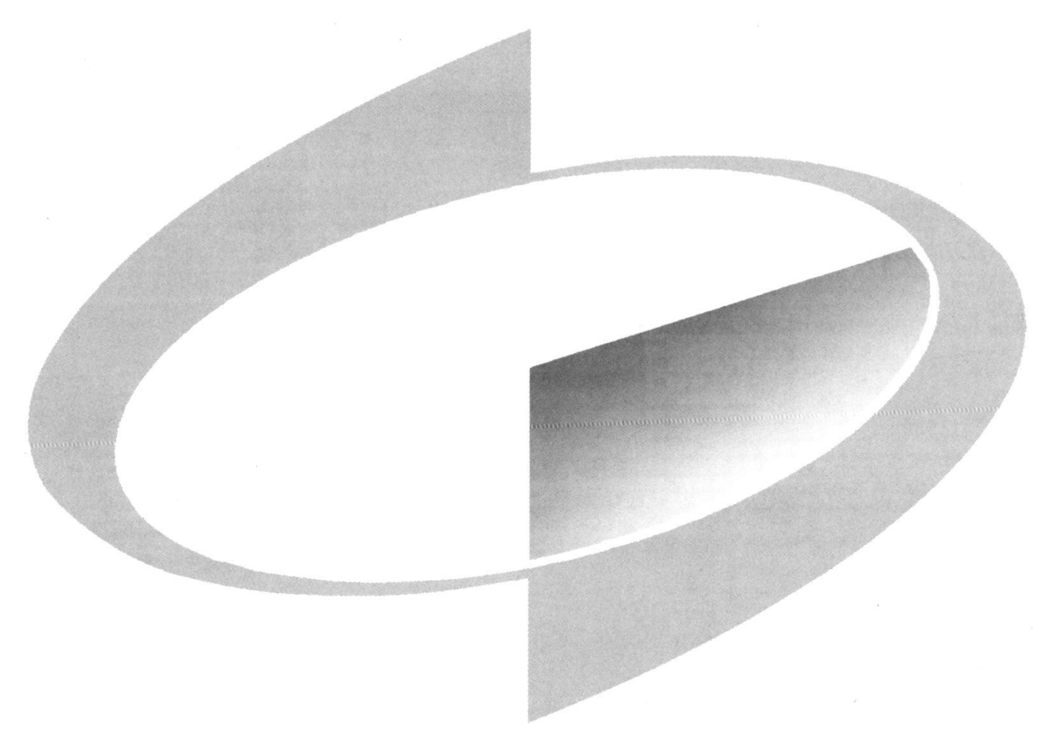

资料整理：浩毕斯 张宝明 刘世友

Arranged by Hao Bisi, Zhang Baoming, Liu Shiyou

9-1 各种价格总指数

General Price Indices

(上年=100) (preceding year=100)

年 份 Year	居民消费价格指数 General Consumer Price Index	城市居民消费价格指数 Urban Areas	农村居民消费价格指数 Rural Areas	商品零售价格指数 General Retail Price Index	农产品收购价格指数 General Purchasing Price Index of Farm Products	农村工业品零售价格指数 General Rural Retail Price Index of Industrial Products	工业农业商品综合比价指数 General Price Parity Index of Industrial & Farm Products
1952		110.7		109.4	100.1	109.8	109.7
1953		104.7		103.2	113.3	102.2	90.2
1957		97.8		99.3	105.1	98.3	93.5
1962		104.9		108.2	101.7	107.9	106.1
1965		98.6		99.6	99.1	98.1	99.0
1970		100.4		100.1	101.1	100.4	99.3
1975		101.4		100.7	101.8	99.5	98.0
1978		101.5		101.0	101.6	100.0	98.8
1979		102.3		101.9	120.2	99.6	82.9
1980		106.1		105.5	112.0	100.4	89.6
1981		101.9		101.8	106.3	100.9	94.9
1982		101.7		101.7	99.9	101.4	101.5
1983		101.2		101.0	101.6	100.9	99.3
1984	104.0	104.9	102.2	104.4	106.9	103.6	96.9
1985	109.3	108.9	110.0	108.5	113.5	103.9	91.5
1986	105.2	105.5	104.5	105.0	114.1	103.1	90.4
1987	107.8	108.5	106.0	108.1	118.6	105.7	89.1
1988	116.3	117.0	115.0	116.3	124.6	114.3	91.7
1989	115.7	114.7	118.3	115.9	105.1	117.9	112.2
1990	102.3	101.8	103.4	102.9	95.2	107.0	112.4
1991	104.6	106.0	102.5	104.5	95.0	103.4	108.8
1992	107.4	108.7	103.9	106.8	104.0	102.4	98.5
1993	114.1	114.7	112.5	112.5	115.5	110.5	95.7
1994	122.9	124.3	121.3	119.6	144.6	116.7	80.7
1995	117.5	117.1	118.0	116.8	124.7	112.8	90.5
1996	107.6	107.5	107.7	105.8	96.3	105.8	109.9
1997	104.5	104.6	104.3	102.3	94.9	102.7	108.2
1998	99.3	99.3	99.2	98.1	97.3	99.0	101.7
1999	99.8	100.3	99.1	97.7	93.8	97.3	103.7
2000	101.3	101.3	101.2	98.8	99.7	99.6	99.9
2001	100.6	100.6	100.5	100.0	105.7	99.4	94.0
2002	102.3	100.8	105.4	99.4	99.0	99.3	100.3
2003	102.2	101.5	103.5	99.6		98.9	
2004	102.9	102.5	103.9	102.7		102.8	
2005	102.4	102.0	103.3	101.5			
2006	101.5	101.3	102.0	101.4			
2007	104.6	104.3	105.2	103.6			

注：工农业商品综合比价指数是以农产品收购价格指数为100，下表同。

a)The general purchasing price index of farm products is taken as 100 in calculating the general price parity index of industrial and farm products.The same as in the following table.

9-2 各种价格总指数

General Price Indices

(1978年=100) (1978=100)

年 份 Year	居民消费价格指数 General Consumer Price Index	城市居民消费价格指数 Urban Areas	农村居民消费价格指数 Rural Areas	商品零售价格指数 General Retail Price Index	农产品收购价格指数 General Purchasing Price Index of Farm Products	农村工业品零售价格指数 General Rural Retail Price Index of Industrial Products	工农业商品综合比价指数 General Price Parity Index of Industrial & Farm Products
1978		100.0		100.0	100.0	100.0	
1979		102.3		101.9	120.2	99.6	82.9
1980		108.5		107.5	134.6	100.0	74.3
1981		110.6		109.4	143.1	100.9	70.5
1982		112.5		111.3	143.0	102.3	71.5
1983	100.0	113.8	100.0	112.4	145.2	103.2	71.1
1984	104.0	119.4	102.2	117.3	155.3	106.9	68.8
1985	113.7	130.0	112.4	127.3	176.2	111.1	63.1
1986	119.6	137.2	117.5	133.7	201.1	114.6	57.0
1987	128.9	148.9	124.5	144.5	238.5	121.1	50.8
1988	149.9	174.2	143.2	168.1	297.2	138.4	46.6
1989	173.5	199.8	169.4	194.8	312.3	163.2	52.3
1990	177.5	203.3	175.2	200.5	297.3	174.5	58.7
1991	185.6	215.6	179.6	209.5	282.4	180.5	63.9
1992	199.3	234.3	186.6	223.7	293.7	184.9	63.0
1993	227.5	268.7	209.9	251.7	339.3	204.1	60.2
1994	279.5	334.1	254.6	301.0	490.6	238.2	48.6
1995	328.5	391.2	300.4	351.6	611.8	268.8	43.9
1996	353.4	420.5	323.5	372.0	589.1	284.3	48.2
1997	369.3	439.9	337.4	380.6	559.1	291.9	52.2
1998	366.7	436.8	334.7	373.3	544.0	289.0	53.1
1999	366.0	438.1	331.7	364.7	510.3	281.2	55.1
2000	370.8	443.8	335.7	360.3	508.7	280.1	55.1
2001	372.2	446.5	337.4	360.3	537.7	278.4	51.8
2002	380.8	450.1	355.6	358.1	532.3	276.5	51.9
2003	389.2	456.9	368.0	356.7		273.5	
2004	400.5	468.3	382.4	366.3		281.2	
2005	410.1	477.7	395.0	371.8			
2006	416.3	487.3	402.9	377.0			
2007	435.4	508.3	423.9	390.6			

9-3 居民消费价格分类指数(2007年)

Consumer Price Indices by Category(2007)

(上年=100) (preceding year=100)

项目	Item	全区 Autonomous Regional Indices	城市 Urban Indices	农村 Rural Indices
居民消费价格总指数	**General Consumer Price Index**	**104.6**	**104.3**	**105.2**
非食品价格指数	Non-food Price Index	100.8	100.4	101.6
服务项目价格指数	Service Index	102.4	101.8	103.4
扣除鲜菜鲜果总指数	General Index Except Fresh Vegetables & Fruits	104.6	104.4	104.9
消费品价格指数	Consumer Goods Price Index	105.2	105.0	105.6
食品	**Food**	**113.3**	**113.3**	**113.4**
粮食	Grain	107.1	108.6	105.7
# 大米	Rice	107.4	112.1	104.1
面粉	Flour	107.5	108.9	106.4
淀粉	Starches	113.3	112.7	113.5
干豆类及豆制品	Bean and Its Products	106.4	105.8	107.6
油脂	Oil or Fat	126.1	124.3	128.1
# 食用植物油	Edible Vegetable Oil	123.7	123.0	124.2
肉禽及其制品	Meal, Poultry and Their Products	134.7	135.2	134.0
食用畜肉及副产品	Meal and Its Products	142.5	142.5	143.5
# 猪肉	Pork	154.3	154.5	158.4
牛肉	Beef	128.2	130.0	123.8
羊肉	Mutton	134.4	133.9	136.1
禽	Poultry	125.2	128.6	120.5
加工肉禽	Products of Meal and Poultry	113.0	115.2	108.0
蛋	Eggs	124.8	125.7	121.9
水产品	Aquatic Products	108.1	111.1	104.5
鱼	Fish	107.7	112.0	104.6
其它水产品	Other Aquatic Products	107.8	109.1	101.6
菜	Vegetables	106.7	105.1	106.7
调味品	Flavoring	107.2	105.8	107.5
# 盐	Salt	118.7	117.5	117.6
糖	Carbohydrate	98.5	98.0	99.0
# 食糖	Sugar	96.6	91.4	99.2
糖果	Candy	99.7	100.9	98.6
茶及饮料	Tea and Beverages	100.4	100.6	99.9
茶叶	Tea	101.3	102.2	100.1
饮料	Beverages	100.0	100.1	99.8
干鲜瓜果	Dried and Fresh Melon and Fruits	103.7	100.2	107.6

9-3 续表 1 continued

(上年=100) (preceding year=100)

项目	Item	全区 Autonomous Regional Indices	城市 Urban Indices	农村 Rural Indices
# 鲜瓜果	Fresh Fruits	101.1	96.9	105.9
糕点饼干	Cake & Biscuit	104.2	104.6	103.6
液体乳及乳制品	Milk and Its Products	102.3	103.3	99.4
# 鲜奶	Fresh Milk	101.6	102.7	98.4
奶粉	Milk Powder	101.5	103.0	100.1
在外用膳食品	Outdoor Food	106.8	107.3	105.6
# 主食	Staple Food	105.4	105.7	104.7
炒菜	Fried Dishes	107.6	108.3	105.5
其它食品	Other Food	102.0	102.7	100.9
烟酒及用品	**Tobacco and Liquor and Articles for Them**	**100.9**	**101.0**	**100.7**
烟草	Tobacco	101.1	100.7	101.3
# 国产卷烟	Cigarette Made in China	101.0	100.4	101.4
酒	Alcoholic Drink	100.7	101.6	100.0
# 白酒	Liquor	101.0	102.1	100.1
啤酒	Beer	100.0	100.5	99.6
吸烟饮酒用品	Articles for Smoking and Drinking	100.1	100.2	100.0
衣着	**Clothing**	**99.9**	**99.2**	**100.8**
服装	Garments	99.9	99.4	100.3
男式服装	Men's Garment	100.4	100.0	100.2
女式服装	Women's Garment	99.0	98.6	99.8
儿童服装	Children's Garment	101.6	101.5	101.7
衣着材料	Clothing Material	100.4	100.4	100.4
# 棉布	Cotton Cloth	100.8	100.2	100.9
化纤布	Chemical Fiber Cloth	100.2	99.9	100.4
毛线	Wool	99.1	100.8	98.1
鞋袜帽	Footwear and Hats	99.6	98.4	101.6
鞋	Shoes	99.3	98.0	102.2
袜子	Socks and Stockings	100.2	101.0	99.7
帽子	Hats	101.0	101.4	100.8
衣着加工服务费	Service Charges of Clothing Processing	100.7	101.2	100.7
家庭设备用品及维修服务	**Household Facilities and Repairing Services**	**100.7**	**101.1**	**99.9**
耐用消费品	Durable Consumer Goods	100.6	101.0	99.5
家具	Furniture	99.8	100.1	99.2
家庭设备	Household Facilities	101.3	101.9	99.8

9-3 续表 2 continued

(上年=100) (preceding year=100)

项目	Item	全区 Autonomous Regional Indices	城市 Urban Indices	农村 Rural Indices
#洗衣机	Washing Machine	101.2	101.6	100.7
电冰箱(柜)	Refrigerator	100.1	100.1	99.8
电炊具	Electric Cooking Appliances	99.1	99.5	98.7
室内装饰品	Interior Decorations	99.9	100.0	99.5
床上用品	Bed Articles	102.0	103.5	99.8
家庭日用杂品	Daily Use Household Articles	100.5	100.7	100.1
家庭服务及加工维修服务	Family Service and Repairing Service	101.6	101.6	102.3
医疗保健和个人用品	**Medicine & Medical Articles and Personal Necessities**	**100.8**	**99.7**	**102.6**
医疗保健	Medical and Health Care	99.5	98.6	101.2
医疗器具及用品	Medical Appliances and Articles	94.4	91.8	100.2
中药材及中成药	Traditional Chinese Medicine	103.7	102.4	107.2
西药	Western Medicine	96.5	95.7	98.2
保健器具及用品	Health Care Appliances and Articles	99.3	99.5	99.8
医疗保健服务	Medical and Health Care Services	100.6	100.1	101.1
#挂号费	Registration Fee	101.4	100.6	102.5
手术费	Operation Fee	100.0	100.0	100.0
住院费	Hospitalization Expenses	100.0	99.9	100.0
个人用品及服务	Personal Necessities and Services	103.4	102.1	105.4
化妆美容用品	Cosmetic and Beauties	99.4	99.2	100.3
清洁化妆用品	Articles for Daily Use	100.8	99.8	102.8
个人饰品	Personal Decorations	103.5	101.5	105.3
个人服务	Personal Services	108.2	107.6	108.6
交通和通讯	**Transportation and Communication**	**99.3**	**97.8**	**102.0**
交通	Transportation	101.0	100.6	101.5
交通工具	Means of Transportation	99.0	98.7	99.2
#摩托车	Motor	99.3	98.7	99.6
自行车	Bike	99.3	99.7	99.2
轿　车	Automobile	97.9	97.2	98.3
车用燃料及零配件	Fuel and Spares of Vehicles	102.8	103.0	101.2
#汽油	Gasoline	102.5	102.4	102.8
柴油	Diesel Oil	107.3	107.5	106.4
车辆使用及维修费	Utilize and Repair Costs of Vehicles	102.0	101.5	102.7

9-3 续表 3 continued

(上年=100) (preceding year=100)

项目	Item	全区 Autonomous Regional Indices	城市 Urban Indices	农村 Rural Indices
市区公共交通费	Public Traffic in City	105.3	100.8	118.1
#公共汽车票	Bus Ticket	108.9	100.9	123.5
出租汽车	Taxi	101.0	100.4	111.7
城市间交通费	Traffic between Cities	101.0	101.7	100.7
#火车票	Train Ticket	100.0	100.1	100.0
长途汽车	Long Distance Bus	101.8	103.5	100.9
通信	Communication	97.3	95.5	103.4
通信工具	Means of Communication	86.9	84.4	92.7
通信服务	Service of Communication	101.0	99.1	108.6
娱乐教育文化用品及服务	**Recreation, Education and Culture Articles & Services**	**100.7**	**100.4**	**101.0**
文娱用耐用消费品及服务	Durable Consumer Goods for Recreation Use and Service	96.2	95.7	96.5
#电视机	Television	93.4	93.5	93.3
激光视盘机	Video Disc Player	94.0	95.6	87.7
照相机	Camera	94.7	93.2	97.2
电　脑	Computer	97.4	97.1	98.5
教育	Education	102.1	102.2	101.9
教材及参考书	Teaching Materials and Reference Books	100.1	99.7	100.3
学杂托幼费	Tuition and Child Care	102.2	102.4	102.0
文化娱乐类	Cultural and Recreational Articles	100.4	100.5	100.2
文化娱乐用品	Culture and Recreation	99.7	99.6	99.7
书报杂志	Newspapers and Magazines	100.4	100.1	100.8
文娱费	Recreational Fee	101.4	101.9	100.6
旅游	Tourism	101.0	102.2	101.2
居住	**Residence**	**104.4**	**105.3**	**103.2**
建房及装修材料	Housing and Building Decoration Material	101.5	101.9	101.3
#木材	Wood	107.9	106.9	108.3
水泥	Cement	99.9	95.4	101.4
涂料	Paint	102.4	103.1	102.1
玻璃	Glass	98.4	100.2	97.8
租房	Rent	105.0	105.3	105.0
自有住房	Individual-own House	105.9	107.4	103.5
水、电、燃料	Water, Electricity and Fuels	105.7	106.3	104.3
#水	Water	110.1	112.4	105.9
电	Electricity	103.1	103.5	102.3

9-4 商品零售价格分类指数(2007年)

Retail Price Indices by Category of Commodities(2007)

(上年=100) (preceding year=100)

项目	Item	全区 Autonomous Regional Indices	城市 Urban Indices	农村 Rural Indices
商品零售价格指数	**General Retail Price Index**	**103.6**	**103.4**	**104.0**
食品	**Food**	**112.6**	**112.4**	**113.0**
粮食	Grain	107.3	108.4	105.5
淀粉	Starch	113.9	110.0	115.9
干豆类及豆制品	Dry Beans and Bean Products	105.5	104.4	107.4
油脂	Oil or Fat	126.2	124.3	129.5
肉禽及制品	Meal, Poultry	134.1	135.1	132.2
蛋	Eggs	124.1	125.0	120.6
水产品	Aquatic Products	108.3	110.7	102.5
菜	Vegetables	104.0	102.8	106.4
调味品	Condiments	105.4	106.0	106.4
糖	Sugar	98.9	98.1	99.4
干鲜瓜果	Dried and fresh Fruits	101.3	99.5	105.7
糕点饼干面包	Cake, Biscuits and Bread	104.4	104.7	103.7
液体乳及乳制品	Mike and Its Products	103.1	104.0	99.4
在外用膳食品	Out-of-home Food	107.4	107.9	106.0
其他食品	Other Food	102.7	103.4	100.7
饮料烟酒	**Beverages, Tobacco and Liquor**	**100.9**	**101.2**	**100.3**
茶及饮料	Tea and Beverages	100.8	101.1	100.0
烟草	Tobacco	100.5	100.5	100.6
酒	Liquor	101.2	101.9	100.0
服装鞋帽	**Garments, Shoes and Hats**	**99.1**	**98.6**	**100.3**
服装	Garments	99.3	99.2	99.7
鞋袜帽	Shoes, Sock and Cap	99.2	97.9	101.9
其他	Others	94.4	92.2	98.8
纺织品	**Textiled**	**101.8**	**102.7**	**100.1**
衣着材料	Material of Cloth	100.4	100.3	100.5
床上用品	Bedding	103.1	104.7	99.5
家用电器及音像器材	**Household Appliances**	**97.7**	**98.1**	**96.8**
文化办公用品	**Cultural and Office Goods**	**98.6**	**98.5**	**98.8**
日用品	**Articles for Daily Use**	**100.4**	**100.5**	**100.6**
体育娱乐用品	**Sports Entertainment Goods**	**99.1**	**99.0**	**99.3**
交通通信用品	**Transportation and communication**	**93.1**	**92.1**	**95.5**
家　具	**Furniture**	**99.6**	**100.0**	**98.4**
化妆品	**Cosmetics**	**99.8**	**99.3**	**101.0**
金银珠宝	**Jewelry**	**108.0**	**106.7**	**110.8**
中西药品及医疗保健用品	**Traditional Chinese and Western Medicines**	**100.1**	**98.8**	**102.9**
医疗器具及用品	Medical Appliances and Articles	94.7	91.6	100.4
中药材及中成药	Traditional Chinese Medicine	105.9	103.0	111.7
西药	Western Medicines	96.9	96.7	97.4
保健品及器具	Health Care Appliances and Articles	99.9	100.1	99.7
书报杂志及电子出版物	**Newspapers,Magazines and Electronic Publications**	**99.7**	**99.6**	**99.9**
燃料	**Fuels**	**104.6**	**104.9**	**103.8**
建筑材料及五金电料	**Building Materials and Hardwares**	**103.1**	**103.4**	**102.7**

9-5 农产品生产者价格分类指数

Yielding Price Indices of Farm Products by Category of Commodities

(上年=100) (preceding year=100)

项 目	Item	2006	2007
总指数	**General Index**	**103.6**	**114.9**
农产品	**Farm Products**	**105.4**	**114.8**
谷物(原粮)	Grain(Primary Grain)	106.9	115.7
小麦	Wheat	101.3	101.0
稻谷	Rice	106.6	104.2
玉米	Corn	108.0	118.6
杂粮	Other grain	104.9	108.6
马铃薯	Potatos	119.6	102.5
豆类	Legume	99.2	122.3
# 大豆	Soybean	97.3	125.3
油料	Edible Oil	102.4	113.0
甜菜	Sugar Beet	110.9	106.0
牧草	Herbage	103.5	118.7
蔬菜	Vegetables	109.9	112.2
水果	Fruits	65.6	117.9
中药材	Raw Material of Traditional Chinese Medicine	113.2	139.6
林产品	**Forest Products**	**107.7**	**107.7**
畜产品	**Livestock Products**	**101.1**	**116.6**
牛	Cattles	100.3	118.9
羊	Sheep and Goats	102.6	117.9
猪	Hogs	94.1	126.2
家禽	Poultry	95.1	119.3
禽蛋	Poultry's egg	93.0	123.6
牛奶	Milk	100.6	102.9
绵羊毛	Sheep's wool	99.1	125.0
山羊绒	Cashmere	109.8	106.4
水产品	**Aquatic Products**	**102.5**	**101.8**

9-6 农业生产资料价格分类指数
Price Indices of Agricultural Means of Production by Category

(上年=100) (preceding year=100)

项 目	Item	2004	2005	2006	2007
总指数	**General Index**	**109.5**	**108.3**	**101.1**	**103.0**
小农具	Small Farm Tools	96.3	100.7	100.1	100.4
饲料	Forage	115.3	103.4	102.9	104.7
幼禽家畜	Young Livestock & Fowls	138.8	109.5	89.4	121.5
大牲畜	Large Animal	106.1	100.9		
半机械化农具	Semi-mechanized Farm Tools	98.7	102.4	100.2	100.4
机械化农具	Mechanized Farm Tools	103.9	100.7	100.3	100.6
化学肥料	Chemical Fertilizer	109.0	118.3	101.0	101.1
农药及农药械	Pesticide & Its Appliances	101.9	99.0	100.6	100.0
化学农药	Chemical Pesticide	102.4	99.3	100.6	99.9
农药械具	pesticidal Appliance	99.1	97.8	100.4	100.2
农机用油	Oil for Farm Machinery	107.7	109.9	109.2	103.9
其他	Others	104.8	106.7	101.3	102.3

9-7 工业品出厂价格分类指数
Ex-factory Price Indices of Industrial Products

(上年=100) (preceding year=100)

项 目	Item	2004	2005	2006	2007
全部工业品	**Total Industry Products**	**105.1**	**105.1**	**103.0**	**105.7**
生产资料	**Means of Production**	**106.3**	**106.5**	**103.8**	**105.9**
采掘工业	Mining & Quarrying Industry	108.7	120.1	111.7	107.6
原材料工业	Raw Materials Industry	107.0	104.8	103.0	105.1
加工工业	Manufacturing Industry	104.8	102.1	99.5	105.5
生活资料	**Consumer Goods**	**101.5**	**100.9**	**100.7**	**104.8**
食品类	Food	102.4	100.9	101.4	106.0
衣着类	Clothing	99.3	100.9	101.2	102.1
一般日用品	Articles for Daily Uses	101.3	102.7	102.0	104.8
耐用消费品	Durable Consumer Goods	96.8	96.6	90.9	98.6

9-8 主要工业原材料购进价格指数

Purchasing Price Index of Majority Industrial Raw Materials

(上年=100) (preceding year=100)

项目	Item	2004	2005	2006	2007
原材料、燃料、动力购进价格总指数	**General Purchasing Price Index of Raw Materials and Energy**	**109.2**	**109.9**	**105.9**	**104.8**
燃料、动力	Fuels and Energy	106.6	114.8	109.8	105.3
黑色金属材料	Ferrous Metals	118.0	107.5	99.7	105.3
#钢材	Steel Products	112.8	104.2	98.1	103.8
有色金属材料和电线	Nonferrous Metals and Wires	124.0	117.0	117.7	99.4
化工原料	Chemical Raw Materials	108.9	108.9	100.8	105.0
木材及纸浆	Wood and Paper Pulps	100.8	102.5	102.5	102.6
建筑材料类及非金属矿	Construction Materials	102.4	106.2	102.1	102.8
其它工业原材料类及半成品	Other Industrial Raw Materials and Semi-products	104.4	102.3	104.1	104.7
农副产品类	Farm and Sideline Products	109.3	104.8	101.6	106.7
纺织原料类	Textile Raw Materials	102.9	103.2	104.2	102.0

9-9 固定资产投资价格指数

Price Indices of Investment in Fixed Assets

(上年=100) (preceding year=100)

项目	Item	2004	2005	2006	2007
固定资产投资	**Investment in Fixed Assets**	**105.0**	**103.7**	**103.3**	**103.8**
建筑安装工程	Construction and Installation	105.9	104.5	104.1	104.6
设备、工器具购置	Purchase of Equipment,Tools & Instruments	104.1	101.2	100.7	100.3
其他费用	Others	101.4	103.4	103.9	105.2

主要统计指标解释

商品零售价格指数 是反映城乡商品零售价格变动趋势的一种经济指数。零售物价的调整变动直接影响到城乡居民的生活支出和国家的财政收入，影响居民购买力和市场供需平衡，影响消费与积累的比例。因此，计算零售价格指数，可以从一个侧面对上述经济活动进行观察和分析。

居民消费价格指数 是反映一定时期内城乡居民所购买的生活消费品价格和服务项目价格变动趋势和程度的相对数，是对城市居民消费价格指数和农村居民消费价格指数进行综合汇总计算的结果。利用居民消费价格指数，可以观察和分析消费品的零售价格和服务价格变动对城乡居民实际生活费支出的影响程度。

城市居民消费价格指数 是反映城市居民家庭所购买的生活消费品价格和服务项目价格变动趋势和程度的相对数。城市居民消费价格指数可以观察和分析消费品的零售价格和服务项目价格变动对职工货币工资的影响，作为研究职工生活和确立工资政策的依据。

农村居民消费价格指数 是反映农村居民家庭所购买的生活消费品价格和服务项目价格变动趋势和程度的相对数。农村居民消费价格指数可以观察农村消费品零售价格和服务项目价格变动对农村居民生活消费支出的影响，直接反映农民生活水平的实际变化情况，为分析和研究农村居民生活问题提供依据。

农产品收购价格指数 是反映国有商业、集体商业、个体商业、外贸部门、国家机关、社会团体等各种经济类型的商业企业和有关部门收购农产品价格的变动趋势和程度的相对数。农产品收购价格指数可以观察和研究农产品收购价格总水平的变化情况，以及对农民货币收入的影响，作为制订和检查农产品价格政策的依据。

农村工业品零售价格指数 是反映农村市场工业品零售价格水平变动趋势和程度的相对数。通过农村工业品零售价格指数，可以观察工业品零售价格变动对农民货币支出的影响。

工业品出厂价格指数 是反映全部工业产品出厂价格总水平变动趋势和程度的相对数，包括工业企业售给本企业以外所有单位各种产品和直接售给居民用于生活消费的产品。通过工业品出厂价格指数能观察出厂价格变动对工业总产值的影响。

固定资产投资价格指数 是反映固定资产投资额价格变动趋势和程度的相对数。固定资产投资额是由建筑安装工程投资完成额、设备、工器具购置投资完成额和其他费用投资完成额三部分组成的。编制固定资产投资价格指数应首先分别编制上述三部分投资的价格指数，然后采用加权算术平均法求出固定资产投资价格总指数。

编制固定资产投资价格指数可以准确地反映固定资产投资中涉及的各类商品和取费项目价格变动趋势和变动幅度，消除按现价计算的固定资产投资指标中的价格变动因素，真实地反映固定资产投资的规模、速度、结构和效益，为国家科学地制定、检查固定资产投资计划并提高宏观调控水平，为完善国民经济核算体系提供科学的、可靠的依据。

Explanatory Notes on Main Statistical Indicators

Retail Price Index reflects the general change in retail prices of commodities. The change and adjustment in retail prices directly affect the living expenditure of urban and rural residents, government revenue, purchasing power of residents and the equilibrium of market supply and demand, and the ratio of consumption to accumulation. Therefore, the calculation of retail p rice index is useful to analyze the changes of the above economic activities.

Consumer Price Index reflects the trend and degree of changes in prices of consumer goods and services purchased by urban and rural residents, and is a composite index derived from the urban consumer price index and the rural consumer price index. Consumer price index can be used to analyze the impact of consumer price change on actual expenditure for living cost of urban and rural residents.

Urban Consumer Price Index reflects the trend and degree of changes in prices of consumer goods and services purchased by urban households. It can be used to observe and analyze the impact of price changes in consumer goods and services on money wages of staff and workers, and provide basis for policy making concerning t he living cost and wages of staff and workers.

Rural Consumer Price Index reflects the trend and degree of changes in prices of consumer goods and services purchased by rural households. It can be used to observe the impact of change in retail prices of consumer goods and service prices in rural areas on living expenditure of rural households, and t o show the changes in the living standard of peasants. It provides basis for analysis and research on condition of life in rural areas.

Index of Purchasing Prices of Farm Products reflects the trend and degree of changes in purchasing prices of farm products purchased by state owned, collective owned, and individual commercial enterprises, foreign trade sectors, government agencies, social organizations and other units of various types of ownership. It is used to observe the impact of change in purchasing prices of farm products on the cash income of peasants, and serves as basis for the formulation and supervision of pricing policies for farm products.

Retail Price Index of Rural Industrial Products reflects the t rend and degree of changes in prices of industrial products in rural market and can be used to observe the impact of the price change on farmers money expenditure.

Ex-Factory Price Index of Industrial Products reflects the trend and degree of changes in general ex factory prices of all industrial products, including sales of industrial products by an industrial enterprise to all units outside the enterprise, as well as sales of consumer goods to residents. It can be used to analyze the impact of ex-factory prices on gross industrial output value.

Price Index of Investment in Fixed Assets reflects the trend and degree of changes in prices of investment in fixed assets. The investment in fixed assets consists of three components, namely the investment in construction and installation, the investment in Purchases of equipment and instrument, and the investment in other items. Price index of investment in fixed assets is calculated as the weighted arithmetic mean of the price indices of the three components of investment in fixed assets. Removing the factor of price change in the aggregates of investment at current prices, this indicator shows the changes in the pr ices of commodities and fees involved in the investment of fixed assets, and can be used to observe the actual size, growth, structure, and efficiency of investment in fixed assets and provides reliable and scientific data for government planning, management, decision making, and further improving the current national accounting system.

十　人民生活

PEOPLE’S LIVELIHOOD

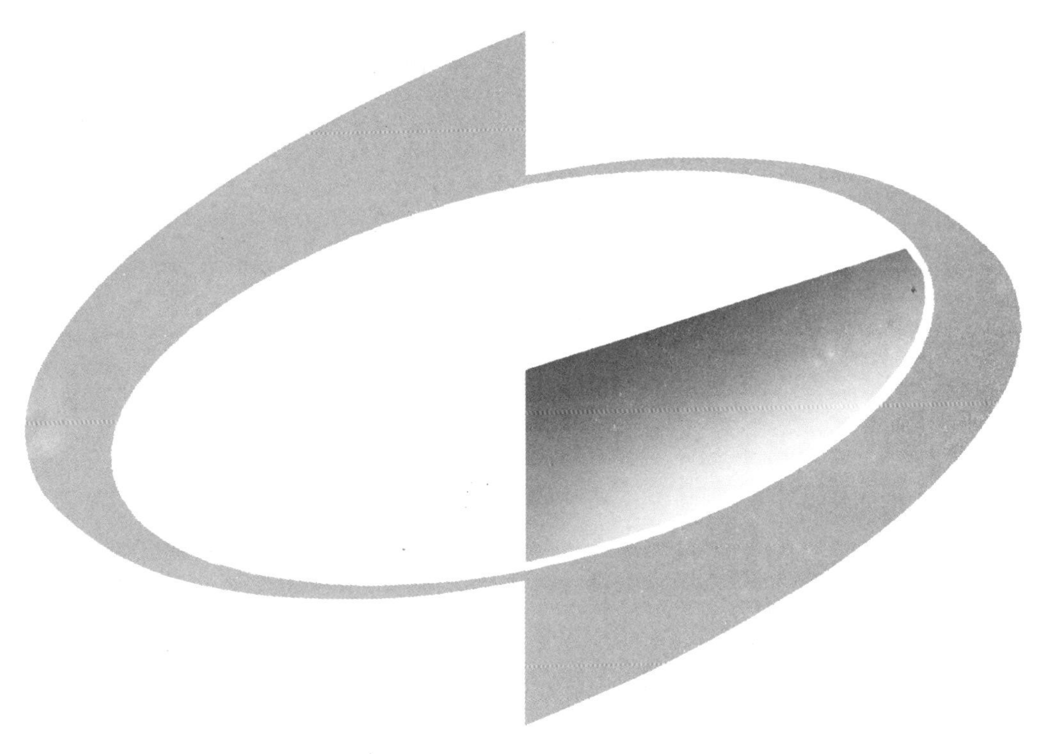

资料整理：高志宇　陈宝华　谢瑞平　方　玲　李凤鸣

Arranged byGao Zhiyu, Chen Baohua,
Xie Ruiping, Fang Ling, Li Fengming

10-1 人民物质文化生活情况

People's Material & Cultural Life

项 目	Item	1990	1995	2000	2005	2007
就 业	**Employment**					
每一农村劳动力负担人数(人)	Dependents per Rural Laborer(person)	1.68	1.55	1.48	1.42	1.39
每一城镇就业者负担人数(人)	Dependents per Urban Employee(person)	1.89	1.86	1.92	1.91	1.81
城镇登记失业率(%)	Urban Unemployment Rate(%)	3.80	3.17	3.34	4.26	4.00
收 入	**Income of Rural & Urban Residents**					
农村牧区人均纯收入(元)	Per Capita Net Income of Rural(yuan)	647	1300	2038	2989	3953
农民人均纯收入	Peasants	607	1208	1869	2813	3750
牧民人均纯收入	Herdermen	906	1871	3355	4341	5510
农村牧区居民家庭人均纯收入指数(1978=100)	Index of Per Capita Net Income of Rural Residents(1978=100)	224.3	274.0	408.7	526.1	655.0
城镇居民人均可支配收入(元)	Per Capita Disposable Income of Urban Residents(yuan)	1155	2846	5129	9137	12378
城镇居民人均可支配收入指数(1978=100)	Index of Annual Per Capita Disposable Income of Urban Residents(1978=100)	189.6	244.1	385.8	632.3	811.6
职工年平均工资(元)	Average Wages of Staff & Workers (yuan)	1846	4134	6974	15985	21884
消 费	**Consumption**					
农村牧区居民人均消费支出(元)	Expenditure of Rural Residents(yuan)	539	1261	1615	2446	3256
农村居民人均消费支出	Peasants	492	1181	1442	2244	2965
牧区居民人均消费支出	Herdsmen	843	1762	2959	4006	5487
城镇居民人均消费支出(元)	Expenditure of Urban Residents(yuan)	982	2482	3928	6929	9281
恩格尔系数(%)	Engel Coefficient(%)					
城镇居民	Urban Residerts	48.3	48.4	34.5	31.4	30.4
农民家庭	Households of Peasant	59.2	59.7	47.7	45.1	41.0
牧民家庭	Households of Herdsman	48.3	48.1	33.8	34.3	32.5
储 蓄	**Savings**					
城乡居民年底储蓄余额(亿元)	Balance of Savings Deposit of Rural & Urban Residents (100 million yuan)	110	410	876	1974	2542
平均每人储蓄存款余额(元)	Per Capita Balance of Saving Deposit(yuan)	515	1804	3875	8274	10597
住房面积(平方米)	**Per Capita Floor Space(sq.m)**					
农村牧区平均每人居住	Rural Areas	11.9	15.3	17.0	19.7	21.0
城市平均每人居住	Urban Areas	8.98	12.06	15.54	26.09	28.88
城市公用事业	**Public Utilities in Urban Areas**					
自来水普及率(%)	Rate of Access to Tap Water(%)	73.4	80.7	89.1	83.9	81.5
燃气普及率(%)	Rate of Access to Gas(%)	16.8	40.5	58.6	68.2	75.6
每万人拥有绿地面积(公顷)	Green Area per 10 000 Persons(hectare)	3.3	5.9	7.0	7.8	10.6
文 化	**Culture**					
城镇每百户有彩色电视机(台)	Number of Color TV Set per 100 Households in Urban Areas(unit)	53.43	84.22	106.66	113.34	108.73
农村每百户有电视机(台)	TV sets per 100 Households in Rural Areas(unit)	42.14	84.89	96.07	102.00	102.00
广播综合人口覆盖率(%)	Broadcast Covering Rate (%)			85.6	92.6	93.0
电视综合人口覆盖率(%)	TV Covering Rate of Population(%)			81.4	90.2	91.4
每人每年拥有报纸(份)	Newspapers per Capita(copy)	2.06	7.17	7.56	25.92	11.33
每人每年拥有图书杂志(册)	Books & Magazines per capita(copy)	4.30	3.34	3.79	4.31	4.35
教 育	**Education**					
学龄儿童入学率(%)	Enrollment Ratio of School Age Children(%)	97.90	98.90	99.50	99.40	99.71
每万人口中在校大学生数(人)	Number of University Students per 10 000 Persons(person)	15.10	16.39	29.60	96.15	118.42
卫 生	**Public Health**					
每万人有医院、卫生院病床(张)	Number of Hospital Beds per 10 000 Persons(unit)	26.62	27.25	28.24	26.83	27.42
每万人有卫生技术人员(人)	Number of Medical Technical Personnel per 10 000 Persons(person)	45.10	44.97	42.39	43.01	44.10
每万人有医生数(人)	Doctors per 10 000 Persons(person)	19	22	22	21	20

10-2 城乡居民家庭人均收入及指数

年份 Year	农牧民人均纯收入 Annual Net Income of Rural Households per Capita			
	农牧民 Peasant and Herdsman		农民 Peasant	
	绝对数(元) Value(yuan)	指数(1978=100) Index	绝对数(元) Value(yuan)	指数(1978=100) Index
1978	131	100.0	126	100.0
1979	164	115.8	156	114.9
1980	192	123.9	181	121.6
1981	241	146.1	228	144.0
1982	288	163.8	273	162.0
1983	325	174.1	294	163.6
1984	368	189.0	336	179.6
1985	400	192.3	360	180.0
1986	382	171.3	340	157.7
1987	426	185.7	389	175.8
1988	547	219.3	500	209.4
1989	553	214.5	478	179.9
1990	647	224.3	607	208.1
1991	651	242.1	618	208.7
1992	719	251.8	672	222.3
1993	829	254.1	778	225.2
1994	1062	266.2	970	228.6
1995	1300	274.0	1208	240.2
1996	1602	314.5	1552	288.7
1997	1780	335.9	1705	304.6
1998	1982	379.2	1911	341.5
1999	2003	403.5	1903	350.3
2000	2038	408.7	1869	340.8
2001	1973	393.2	1784	323.4
2002	2086	411.7	1948	350.3
2003	2268	436.5	2133	373.1
2004	2606	474.0	2465	406.9
2005	2989	526.1	2813	449.6
2006	3342	578.7	3188	501.4
2007	3953	655.0	3750	564.2

Per Capita Annual Income of Urban and Rural Household and Related Index

牧民 Herdsman		城镇居民可支配收入 Annual Disposable Income of Urban Residents per Capita	
绝对数(元) Value(yuan)	指数(1978=100) Index	绝对数(元) Value(yuan)	指数(1978=100) Index
188	100.0	301.0	100.0
236	116.8	350.1	115.5
265	118.8	407.1	124.7
326	137.2	418.3	124.7
387	153.0	452.7	133.6
530	199.5	474.2	138.5
573	206.5	548.8	152.8
650	219.9	666.0	173.0
649	205.1	773.6	187.4
662	203.3	819.7	183.0
850	233.4	915.8	174.8
1038	249.0	1052.8	175.9
906	244.8	1155.0	189.6
868	230.8	1294.7	200.5
1022	264.1	1478.9	210.7
1164	262.5	1883.3	235.2
1664	314.5	2503.0	251.5
1871	292.1	2845.7	244.1
1951	278.1	3431.8	273.9
2345	321.8	3944.7	300.9
2516	345.2	4353.0	334.5
2698	370.5	4770.5	365.5
3354	454.2	5129.1	385.8
3277	441.0	5535.9	411.9
3052	403.9	6051.0	446.7
3201	418.0	7012.9	509.6
3571	444.2	8123.1	575.9
4341	522.8	9136.8	632.3
4502	532.7	10358.0	708.2
5510	624.9	12378.0	811.6

10-3 城镇居民家庭基本情况
Basic Conditions of Urban Households

项 目	Item	1990	1995
调查户数(户)	**Number of Households Surveyed (household)**	**1400**	**1400**
平均每户家庭人口(人)	**Average Household Size(person)**	**3.73**	**3.34**
平均每户就业人口(人)	**Average Number of Employed Persons per Household(person)**	**1.97**	**1.80**
平均每户就业面(%)	**Percentage of Employment per Household(%)**	**52.79**	**53.89**
平均每一就业者负担人数(包括就业者本人)(人)	**Number of Persons Supported by Each Employee including the employee himself or herself(person)**	**1.89**	**1.86**
平均每人全部年收入(元)	**Per Capita Annual Income(yuan)**	**1160**	**2874**
#可支配收入	Disposable Income	1155	2846
薪水	Salary		
国有单位职工工资	Wages of Staff & Workers in State-owned Units	704	1941
集体及其它经济类型单位职工工资	Wages of Staff and Workers in Collective owned Units and Units of Other Type of Ownership	104	147
职工从工作单位得到的其他收入	Other Income of Staff and Workers from Their Working Units	61	103
个体经营劳动者收入	Income of Individual Laborers	16	62
被聘用或留用的离退休人员收入	Income of Re employed Retirees	7	16
其他就业者收入	Income of Other Employees	4	2
其他劳动收入	Part time Income	28	84
财产性收入	Property Income	11	39
转移性收入	Transfer Income	180	474
其他收入	Other Income		
平均每人消费性支出(元)	**Per Capita Annual Living Expenditures for Consumption(yuan)**	**982**	**2482**
#食 品	Food	474	1202
衣 着	Clothing	162	405
家庭设备用品及服务	Household Facilities, Articles and Service		168
医疗保健	Medicine and Medical Service	20	100
交通通讯	Transportation and Communications		123
娱乐教育文化服务	Recreation, Education & Cultural Service		224
居 住	Residence		156
杂项商品与服务	Miscellaneous Commodities and Services		104

10-3 续表 continued

项目	Item	2000	2005	2007
调查户数(户)	**Number of Households Surveyed (household)**	**2300**	**2420**	**2420**
平均每户家庭人口(人)	**Average Household Size(person)**	**3.08**	**3.00**	**2.87**
平均每户就业人口(人)	**Average Number of Employed Persons per Household(person)**	**1.61**	**1.57**	**1.59**
平均每户就业面(%)	**Percentage of Employment per Household(%)**	**52.15**	**52.33**	**55.40**
平均每一就业者负担人数(包括就业者本人)(人)	**Number of Persons Supported by Each Employee including the employee himself or herself(person)**	**1.92**	**1.91**	**1.81**
平均每人全部年收入(元)	**Per Capita Annual Income(yuan)**	**5151**	**9565**	**13779**
# 可支配收入	Disposable Income	5129	9137	12378
薪水	Salary		6669	
国有单位职工工资	Wages of Staff & Workers in State owned Units	2909		
集体及其它经济类型单位职工工资	Wages of Staff and Workers in Collective-owned Units and Units of Other Type of Ownership	191		
职工从工作单位得到的其他收入	Other Income of Staff and from Their Working Units		508	
个体经营者净收入	Income of Individuals	495	858	
被聘用或留用的离退休人员收入	Income of Re employed Retirees	93		
其他就业者收入	Income of Other Employees	13		
其他劳动收入	Part time Income	187		
财产性收入	Property Income	59	161	206
转移性收入	Transfer Income	1110	1877	2336
其他收入	Other Income			
平均每人消费性支出(元)	**Per Capita Annual Living Expenditures for Consumption(yuan)**	**3928**	**6929**	**9281**
# 食 品	Food	1353	2178	2825
衣 着	Clothing	561	1048	1397
家庭设备用品及服务	Household Facilities, Articles and Service	289	394	562
医疗保健	Medicine and Medical Service	287	533	719
交通通讯	Transportation and Communications	359	756	1124
娱乐教育文化服务	Recreation, Education & Cultural Service	488	969	1245
居 住	Residence	339	723	942
杂项商品与服务	Miscellaneous Commodities and Services	252	328	468

10-4 城镇居民家庭基本情况(2007年)

项 目	Item	全 区 All Regional Cities and County Towns
调查户数(户)	**Number of Households Surveyed(household)**	**2420**
平均每户家庭人口(人)	Average Household Size(person)	2.87
平均每户就业人口(人)	Average Number of Employees per Household(person)	1.59
平均每户就业面(%)	Percentage of Employed Persons per Household(%)	55.4
平均每一就业者负担人数(包括就业者本人)(人)	Number of Persons Supported by Each Employee (including the employee himsel for herself)(person)	1.81
平均每人全部年收入(元)	Per Capita Annual Income(yuan)	13779
平均每人可支配收入(元)	Per Capita Disposable Income(yuan)	12378
平均每人消费性支出(元)	Per Capita Annual Living Expenditure(yuan)	9281

10-5 城镇居民家庭平均每人全年消费性支出及构成(2007年)

单位：元

项 目	Item	总平均 Average	最低收入户 lowest Income Households (first decile)	#困难户 Difficult Households (first five percent)
消费性支出	**Total Living Expenditures**	**9281**	**4636**	**3909**
食 品	Food	2825	1604	1370
#粮 食	Grain	280	263	263
肉禽及其制品	Meat, Poultry and Related Products	501	324	277
蛋 类	Eggs	56	50	43
水产品	Aquatic Products	55	38	39
奶及奶制品	Milk and Dairy Products	133	71	59
衣 着	Clothing	1397	580	459
#服 装	Garments	121	69	65
家庭设备用品及服务	Household Facilities, Articles and Services	562	312	207
#耐用消费品	Durable Consumer Goods	248	128	61
医疗保健	Medicine and Medical Services	719	386	415
交通和通讯	Transportation and Communications	1124	425	356
娱乐教育文化服务	Recreation, Education and Cultural Services	1245	596	573
#文娱用耐用消费品	Durable Consumer Goods for Recreational Use	352	113	85
居 住	Residence	942	581	410
#住 房	Housing	321	168	44
杂项商品和服务	Miscellaneous Commodities	468	151	119

Basic Conditions of Urban Households(2007)

按收入等级分 Grouped by Percentile of Households							
最低收入户 lowest Income Households (first decile)	# 困难户 Difficult Households (first five percent)	低收入户 Low Income Households (second decile)	中等偏下户 Lower Middle Income Households (second quintile)	中等收入户 Middle Income Households (third quintile)	中等偏上户 Upper Middle Income Households (fourth quintile)	高收入户 High Income Households (ninth decile)	最高收入户 Highest Income Households (tenth decile)
242	**121**	**242**	**484**	**484**	**484**	**242**	**242**
3.19	3.21	3.02	3.03	2.83	2.72	2.58	2.41
1.48	1.38	1.58	1.76	1.55	1.52	1.53	1.54
46.4	43.0	52.3	58.1	54.8	55.9	59.3	63.9
2.16	2.33	1.91	1.72	1.83	1.79	1.69	1.56
5641	4543	8077	10288	13448	17988	22643	32992
4861	3988	7206	9475	12507	16187	19656	28846
4636	3909	6048	7120	9388	11552	14233	20530

Per Capita Annual Living Expenditure of Urban Households and its Composition(2007)

(yuan)

低收入户 Low Income Households (second decile)	中等偏下户 Lower Middle Income Households (second quintile)	中等收入户 Middle Income Households (third quintile)	中等偏上户 Upper Middle Income Households (fourth quintile)	高收入户 High Income Households (ninth decile)	最高收入户 Highest Income Households (tenth decile)
6048	**7120**	**9388**	**11552**	**14233**	**20530**
2042	2269	2975	3513	4199	5017
256	239	292	319	340	316
419	455	554	612	603	640
57	53	54	61	60	65
49	47	57	69	75	69
101	118	158	164	170	189
828	1180	1493	1738	2188	2799
92	105	115	138	155	175
315	389	568	688	831	1494
133	153	253	285	393	763
685	487	616	1036	986	1462
568	727	1062	1309	1736	3911
740	975	1340	1553	1953	2599
175	313	368	444	523	802
606	767	838	1104	1517	2101
145	239	200	347	700	1047
263	326	495	611	823	1147

10-6 按收入等级分的城镇居民家庭平均每人全年现金收入(2007年)

单位：元

项 目	Item	总平均 Average	最低收入户 lowest Income Households (first decile)	# 困 难 户 Difficult Households (first five percent)
实际收入	**Real Income**	**13778.85**	**5640.96**	**4542.92**
# 可支配收入	Disposable Income	12377.84	4860.71	3988.18
薪水	Salary	9300.62	3564.61	2845.1
财产收入	Property Income	206.35	22.47	12.37
# 利 息	Interest	32.73	2.71	1.31
红 利	Bonus	71.98	5.95	1.21
其它财产租金收入	Other Property and Rent Income	97.57	86.78	35.12
转移收入	Transfer Income	2335.56	875.7	796.45
# 离退休金	Pension	2045.31	692.37	544.01
赡养收入	Supporting Income	47.08	26.87	33.43
赠送收入	Giving Income	157.22	38.37	43.96
借贷收入	**Loan Income**	**3386.9**	**1778.17**	**1308.1**
# 提取储蓄存款	Withdraw Saving Deposit	2930.1	1350.93	1061.83
收回借出款	Paid back Loan	30.64	92.86	40.72
收回储蓄性保险本金	Withdraw Saving Premium	3.28	14.89	17.92
兑售有价证券	Securities Encashed and Sold	4.18		
为购置房屋从银行贷款	Loan from Bank for Buying Housing	223.15	147.64	
其它借贷收入	Other Loan Income	2.45	0.32	

Per Capita Annual Cash Income of Urban Households by Level of Income(2007)

(yuan)

低收入户 Low Income Households (second decile)	中等偏下户 Lower Middle Income Households (second quintile)	中等收入户 Middle Income Households (third quintile)	中等偏上户 Upper Middle Income Households (fourth quintile)	高收入户 High Income Households (ninth decile)	最高收入户 Highest Income Households (tenth decile)
8077.2	**10288.48**	**13447.7**	**17988.02**	**22643.19**	**32991.96**
7205.99	9474.7	12507.12	16186.92	19655.7	28845.62
5651.82	7789.56	9830.16	12251.57	15182.49	17175.4
50.36	62.75	159.98	144.03	325.86	1484.2
1.28	11.89	20.46	20.67	83.98	224.39
13.42	23.75	64.23	38.78	162.7	474.63
39.04	50.84	57.08	154.76	194.81	258.5
1179.36	1186.07	2178.47	3477.21	4251.45	6953.23
1101.14	1069.69	2039.59	3119.44	3819.32	5375.25
16.75	18.93	41.78	62.25	83.21	181.43
30.46	58.6	67.14	216.34	220.89	983.1
2000.78	**1675.83**	**2986.05**	**4452.03**	**5635.07**	**11202.67**
1605.22	1449.38	2493.77	4070.45	5072.17	9752.39
11.18	18.95	15.81	14.38	81.07	19.18
		3.01	4.55		1.96
0.85		5.31		41.39	
162.42	74.49	342.21	236.27		934.54
0.43	0.75	10.79	1.62		

10-7 城镇居民家庭平均每人全年购买的主要商品数量

Per Capita Annual Purchases of Major Commodities in Urban Households

项目	Item	1990	1995	2000	2005	2007
粮　　食(千克)	Grain(kg)	134.98	101.17	77.72	80.99	53.59
食用植物油(千克)	Edible Vegetable Oil(kg)	4.45	5.82	5.56	6.14	6.42
猪　　肉(千克)	Pork(kg)	11.43	11.82	11.59	11.61	10.21
牛 羊 肉(千克)	Beef and Mutton(kg)	6.39	5.02	6.61	8.33	8.96
家　　禽(千克)	Poultry(kg)	0.59	1.77	3.25	3.82	3.14
鲜　　蛋(千克)	Fresh Eggs(kg)	2.31	7.92	9.67	8.71	8.09
水 产 品(千克)	Aquatic Products(kg)		3.44	4.30	4.29	4.27
鲜　　菜(千克)	Fresh Vegetables(kg)	162.03	125.87	107.45	103.85	95.91
干　　菜(千克)	Dry Vegetables(kg)					10.90
食　　糖(千克)	Sugar(kg)	1.44	1.14	1.08	0.90	
糖　　果(千克)	Candy(kg)	0.68		0.53	0.63	
卷　　烟(盒)	Cigarettes(pack)	38.06	29.71	26.13	21.69	
白　　酒(千克)	Strong White Spirit(kg)	3.77	3.78	3.17	2.75	3.05
啤　　酒(千克)	Beer(kg)	3.91	6.31	4.95	6.25	6.01
茶　　叶(千克)	Tea(kg)					
鲜 瓜 果(千克)	Fresh Melons and Fruits(kg)	41.50	42.77	63.11	61.19	57.48
鲜　　奶(千克)	Fresh Milk(kg)	2.80	5.83	12.58	20.71	20.41
夹 克 衫(件)	Jackets(piece)					
毛 线 衣(件)	Woollen Sweater(piece)					
衬　　衫(件)	Shirts(piece)					
裤　　子(条)	Pants(piece)			0.54		
棉　　布(米)	Cotton Cloth(m)					
化 纤 布(米)	Chemical Fiber Cloth(m)	1.74		0.50		
呢　　绒(米)	Woolen Fabric(m)					
绸　　缎(米)	Silk and Satin(m)					
毛　　线(千克)	Knitting Wool(kg)					
皮　　鞋(双)	Leather Shoes(pair)	0.55	0.86	0.97		
旅 游 鞋(双)	Jogging Shoes(pair)					
布　　鞋(双)	Cloth Shoes(pair)	0.93				
肥　　皂(块)	Soap(piece)	3.57		1.28		
洗 衣 粉(千克)	Washing Powder for Clothes(kg)	1.43		1.47		
煤　　炭(千克)	Coal(kg)	480.64		205.07	224.54	129.00
液化石油气(千克)	Liquefied Gas(kg)	2.17		8.27	12.53	10.85

10-8 城镇居民家庭平均每百户耐用消费品年末拥有量
Number of Major Durable Consumer Goods Owned Per 100 Urban Households at Year-end

项 目	Item	2006	2007
组合家具(套)	Composite Furniture	75.67	
摩托车(辆)	Motorcycle	27.61	21.10
自行车(辆)	Bicycle	180.31	
家用汽车(辆)	Automobile	4.49	6.49
洗衣机(台)	Washing Machine	95.91	96.56
电风扇(台)	Electric Fan	61.11	
电冰箱(台)	Refrigerator	86.81	95.05
冰 柜(台)	Freezer	14.94	
彩色电视机(台)	Color TV Set	113.35	108.73
影碟机(台)	Video Disc Player	55.94	
录放像机(台)	Video recorder	7.91	
家用电脑(台)	Computer	26.82	31.93
组合音响(套)	Hi -Fi Stereo Component System	14.59	14.87
摄相机(架)	Pickup Camera	3.07	4.82
照相机(架)	Camera	36.85	35.08
钢 琴(架)	Piano	1.18	1.10
中高档乐器(件)	Other High Grade Music Instrument	7.59	6.88
微波炉(台)	Micro Wave Oven	28.35	31.42
空调器(台)	Air Conditioner	9.04	9.24
电炊具(台)	Electric Cooking Utensils	160.91	
淋浴热水器(台)	Shower	45.03	46.23
排油烟机(台)	Kitchen Ventilator	65.77	
洗碗机(台)	Washing-up Machine	0.23	0.61
消毒碗柜(台)	Sterilized Cupboard	1.73	2.20
饮水机(台)	Drinking Machine	31.89	
吸尘器(台)	Dust Catcher	11.07	
健身器材(件)	Healthy Equipment	2.34	2.18
移动电话(部)	Mobile Telephone	140.33	161.64
普通电话(部)	Telephone	89.32	77.20
传真机(部)	Fax Machine	0.44	

10-9 按收入等级分的城镇居民家庭平均每人全年购买商品数量(2007年)

Per Capita Annual Purchases of Major Commodities of Urban Households by Level of Income(2007)

项 目	Item	总平均 Average	最低收入户 lowest Income Households	# 困难户 Difficult Households	低收入户 Low Income Households	中等偏下户 Lower Middle Income Households	中等收入户 Middle Income Households	中等偏上户 Upper Middle Income Households	高收入户 High Income Households	最高收入户 Highest Income Households
淀粉及薯类(千克)	Starches & Tubers(kg)									
大米(千克)	Rice(kg)	29.68	35.90	38.68	32.10	27.93	26.06	28.12	32.78	30.00
面粉(千克)	Flour(kg)	23.91	28.76	27.77	23.88	20.69	28.28	22.88	21.28	21.67
食用植物油(千克)	Edible Vegetable Oil(kg)	6.42	6.16	5.58	6.30	5.91	6.22	7.22	7.29	6.72
食用动物油(千克)	Edible Animal Oil(kg)									
猪肉(千克)	Pork(kg)	10.21	8.50	7.79	10.58	9.18	9.66	12.15	11.95	11.30
牛肉(千克)	Beef(kg)	4.03	2.85	2.19	3.25	3.94	4.67	4.83	4.03	4.38
羊肉(千克)	Mutton(kg)	4.93	2.47	1.99	3.27	4.23	5.85	6.54	5.73	8.00
家禽(千克)	Poultry(kg)									
鸡(千克)	Chicken(kg)	2.96	2.45	2.15	2.85	2.88	3.10	3.30	2.91	3.22
禽制品(千克)	Products of Poultry(kg)									
鲜蛋(千克)	Fresh Eggs(kg)	8.09	7.88	7.09	8.52	7.90	7.42	8.49	8.20	8.96
鱼(千克)	Fish(kg)									
虾(千克)	Shrimp(kg)	4.02	3.68	3.67	4.21	3.70	3.89	4.62	4.61	3.77
水产制品(千克)	Aquatic Products(kg)	0.25	0.12	0.12	0.19	0.19	0.30	0.33	0.39	0.35
鲜菜(千克)	Fresh Vegetables(kg)	95.91	91.41	87.91	92.02	89.02	94.01	106.29	107.66	104.36
干菜(千克)	Dried Vegetables(kg)									
菜制品(千克)	Products of Vegetables(kg)									
白酒(千克)	liquor(kg)	3.05	2.27	1.92	2.61	2.99	2.57	3.45	3.87	4.89
果酒(千克)	Fruit Wine(kg)	0.09	0.04	0.05	0.06	0.08	0.09	0.10	0.12	0.22
啤酒(千克)	Beer(kg)	6.01	6.65	6.40	7.66	5.97	5.57	5.47	5.08	5.42
其他酒(千克)	Other Liquor(kg)									
鲜果(千克)	Fresh Fruits(kg)	39.15	28.04	25.13	37.70	35.50	41.73	43.91	43.26	53.11
鲜瓜(千克)	Melons(kg)	18.33	12.09	11.89	14.12	15.75	19.69	23.31	23.51	25.96
糕点(千克)	Cake(kg)	3.78	2.94	2.28	4.10	3.84	3.80	3.85	4.08	3.93
鲜乳品(千克)	Fresh Dairy Products(kg)	20.41	12.98	10.78	15.55	17.29	24.66	25.48	25.14	26.51
奶粉(千克)	Milk Powder(kg)	0.39	0.23	0.29	0.64	0.52	0.29	0.32	0.19	0.31
酸奶(千克)	Yogurt Milk(kg)	2.48	1.13	1.06	1.60	1.90	3.20	3.01	3.79	4.19
男士服装(件)	Men's Clothing(piece)									
女士服装(件)	Women's Clothing(piece)									
儿童服装(件)	Children's Clothing (piece)									
鞋类(双)	Shoes(pair)	2.92	2.36	2.08	2.52	2.88	3.10	3.04	3.15	3.88

10-10 按收入等级分的城镇居民家庭平均每百户耐用消费品年末拥有量(2007年)

Number of Durable Consumer Goods Owned Per 100 Urban Households at Year-end by Level of Income(2007)

项 目	Item	总平均 Average	最低收入户 lowest Income Households	#困难户 Difficult Households	低收入户 Low Income Households	中等偏下户 Lower Middle Income Households	中等收入户 Middle Income Households	中等偏上户 Upper Middle Income Households	高收入户 High Income Households	最高收入户 Highest Income Households
组合家具(套)	Composite Furniture									
摩托车(辆)	Motorcycle	32.10	21.09	17.83	32.96	39.11	36.66	30.27	27.51	23.76
自行车(辆)	Bicycle									
家用汽车(辆)	Automobile	6.49	2.24	3.11	0.95	2.63	7.97	7.05	11.44	22.29
洗衣机(台)	Washing Machine	96.56	89.45	87.26	94.05	94.60	98.57	101.55	98.83	98.53
电风扇(台)	Electric Fan									
电冰箱(台)	Refrigerator	95.05	79.55	76.91	84.21	95.65	96.33	102.24	104.83	102.26
冰 柜(台)	Freezer									
彩色电视机(台)	Color TV Set	108.73	108.76	105.54	110.44	105.81	106.60	109.96	111.53	113.87
影碟机(台)	Video Disc Player									
录放像机(台)	Video recorder									
家用电脑(台)	Computer	31.93	9.30	9.15	22.02	27.69	37.13	35.99	48.28	53.18
组合音响(套)	Hi -Fi Stereo Component System	14.87	8.26	6.94	7.79	15.54	16.85	17.02	17.91	20.33
摄相机(架)	Pickup Camera	4.82	0.74	1.07	1.72	2.97	4.70	5.95	12.86	9.94
照相机(架)	Camera	35.08	16.58	20.02	20.29	30.29	40.41	42.00	51.03	53.69
钢 琴(架)	Piano	1.10	0.53	1.07	0.66	0.06	1.77	0.60	0.95	5.33
中高档乐器(件)	Other High Grade Music Instrument	6.88	3.73	4.72	2.86	9.02	6.49	8.37	6.69	8.61
微波炉(台)	Micro Wave Oven	31.42	9.55	11.56	12.65	23.67	36.94	40.74	53.63	57.31
空调器(台)	Air Conditioner	9.24	1.13	1.07	1.28	8.13	9.75	11.82	16.77	20.91
电炊具(台)	Electric Cooking Utensils									
淋浴热水器(台)	Shower	46.23	13.99	12.22	24.15	37.84	56.64	62.14	68.87	68.15
排油烟机(台)	Kitchen Ventilator									
洗碗机(台)	Washing-up Machine	0.61				0.25	0.68		1.84	3.20
消毒碗柜(台)	Sterilized Cupboard	2.20	0.89	1.35		0.74	1.40	3.59	4.92	7.49
饮水机(台)	Drinking Machine									
吸尘器(台)	Dust Catcher									
健身器材(件)	Healthy Equipment	2.18	0.33	0.67	0.35	1.09	3.25	2.37	3.30	6.74
移动电话(部)	Mobile Telephone	161.64	118.51	105.25	142.80	159.42	169.85	170.31	187.51	191.74
普通电话(部)	Telephone	77.20	70.83	74.79	71.50	80.04	75.70	81.12	78.19	79.67
传真机(部)	Fax Machine									

10-11 农村牧区居民家庭基本情况

Basic Conditions of Rural Households

项 目	Item	1995	2000	2005	2007
调查户数(户)	**Number of Households Surveyed(Household)**	**2060**	**2036**	**2060**	**2060**
调查户常住人口(人)	**Number of Permanent Residentsin the Households Surveyed(person)**	**9293**	**8351**	**7782**	**7531**
平均每户常住人口(人)	Average Number of Permanent Residents per Household(person)	4.50	4.10	3.78	3.66
平均每户整半劳力(人)	Average Number of Able-bodied and Semi-able-bodied Laborers per Household(person)	2.90	2.77	2.67	2.62
平均每个劳动力负担人口(含本人)(人)	Average Number of Persons Supported by a Laborer(including the laborer himself)(person)	1.55	1.48	1.42	1.39
平均每人年收入(元)	**Per Capita Annual Income(yuan)**				
总收入	Total Revenue	2272.40	3440.31	5345.92	6787.27
纯收入	Net Income	1300.00	2038.21	2988.87	3953.10
现金收入	Cash Income		2448.89	4235.13	5483.17
按纯收入分组户数	**Percentage of Households Grouped by**				
占调查户比重(%)	**Per Capita Annual Net Income(%)**				
500元以下	Under500 Yuan		4.17	4.17	3.35
500-800(元)	500-800 Yuan		6.78	3.35	3.05
800-1000(元)	800-1000 Yuan		7.17	3.79	1.55
1000-1500(元)	1000-1500 Yuan		22.94	9.17	6.13
1500-1700(元)	1500-1700 Yuan		8.94	4.32	3.54
1700-2000(元)	1700-2000 Yuan		10.56	8.50	4.95
2000-2500(元)	2000-2500 Yuan		13.31	13.79	9.18
2500-3000(元)	2500-3000 Yuan		8.69	11.60	10.78
3000-4000(元)	3000-4000 Yuan		8.60	16.99	15.73
4000以上(元)	4000 Yuan and over		8.84	24.32	41.74
平均每人年支出(元)	**Per Capita Annual Expenditure(yuan)**				
总支出	Total Expenditure	2236.50	3123.29	5091.91	6485.07
家庭经营费用支出	Expenditure for Household Business		1009.60	2084.79	2501.28
生活消费支出	Expenditure for Consumption		1614.91	2446.17	3256.15
其他非生产性支出	Other Nonproductive Expenditures		158.68	560.95	727.64
现金支出	Cash Expenditure	1826.71	2355.68	4174.02	5466.33
生产费用	Productive Costs	509.33	833.36	1910.02	2306.06
缴纳税金和上交集体承包费支出等	Taxes and Payments to Collective Units		219.15	9.09	9.11
生活消费支出	Expenditure for Consumption	798.80	1170.97	1992.06	2761.13

10-12 农民家庭基本情况
Basic Conditions of Households of Peasants

项目	Item	1995	2000	2005	2007
调查户数(户)	**Number of Households Surveyed(Household)**	**1820**	**1820**	**1840**	**1840**
调查户常住人口(人)	**Number of Permanent Residentsin the Households Surveyed(person)**	**7999**	**7398**	**6888**	**6662**
平均每户常住人口(人)	Average Number of Permanent Residents per Household(person)	4.40	4.06	3.74	3.62
平均每户整半劳力(人)	Average Number of Able-bodied and Semi-able-bodied Laborers per Household(person)	2.80	2.75	2.66	2.62
平均每个劳动力负担人口(含本人)(人)	Average Number of Persons Supported by a Laborer(including the laborer himself)(person)	1.57	1.48	1.41	1.38
平均每人年收入(元)	**Per Capita Annual Income(yuan)**				
总收入	Total Revenue	2053.80	3006.58	4872.38	6187.18
纯收入	Net Income	1208.40	1868.62	2813.35	3750.03
现金收入	Cash Income		2089.00	3809.72	4924.94
按纯收入分组户数占调查户比重(%)	**Percentage of Households Grouped by per Capita Annual Net Income(%)**				
500元以下	Under500 Yuan		4.45	4.51	3.26
500-800(元)	500-800 Yuan		7.31	3.33	3.21
800-1000(元)	800-1000 Yuan		7.64	4.13	1.58
1000-1500(元)	1000-1500 Yuan		24.00	9.29	6.36
1500-1700(元)	1500-1700 Yuan		9.45	4.40	3.48
1700-2000(元)	1700-2000 Yuan		10.93	8.64	5.33
2000-2500(元)	2000-2500 Yuan		13.20	14.13	9.51
2500-3000(元)	2500-3000 Yuan		8.02	11.90	10.97
3000-4000(元)	3000-4000 Yuan		7.47	17.39	16.30
4000(元)以上	4000 Yuan and over		7.53	22.28	40.00
平均每人年支出(元)	**Per Capita Annual Expenditure(yuan)**				
总支出	Total Expenditure	2098.10	2679.38	4604.97	5773.43
家庭经营费用支出	Expenditure for Household Business	664.00	804.80	1825.09	2144.67
生活消费支出	Expenditure for Consumption	1180.50	1441.78	2243.79	2965.14
现金支出	Cash Expendiure	1584.30	1992.27	3710.85	4804.13
生产费用	Productive Costs	535.60	690.67	1667.96	1957.00
缴纳税金和上交集体承包费支出等	Taxes and Payments to Collective Units	104.20	176.14	8.32	9.87
生活消费支出	Expenditure for Consumption	689.20	995.18	1780.32	2475.17

10-13 牧民家庭基本情况

Basic Conditions of Households of Herdsmen

项 目	Item	1995	2000	2005	2007
调查户数(户)	**Number of Households Surveyed(Household)**	**240**	**216**	**220**	**220**
调查户常住人口(人)	**Number of Permanent Residentsin the Households Surveyed(person)**	**1294**	**953**	**894**	**869**
平均每户常住人口(人)	Average Number of Permanent Residents per Household(person)	5.39	4.41	4.06	3.95
平均每户整半劳力(人)	Average Number of Able-bodied and Semi-able-bodied Laborers per Household(person)	3.00	2.92	2.72	2.68
平均每个劳动力负担人口(含本人)(人)	Average Number of Persons Supported by a Laborer(including the laborer himself)(person)	1.80	1.51	1.49	1.47
平均每人年收入(元)	**Per Capita Annual Income(yuan)**				
总收入	Total Revenue	3364.60	6807.26	8994.41	11387.69
纯收入	Net Income	1871.00	3354.71	4341.18	5509.91
现金收入	Cash Income	3474.10	5234.96	7512.81	9762.72
按纯收入分组户数	**Percentage of Households Grouped by**				
占调查户比重(%)	**Per Capita Annual Net Income(%)**				
500元以下	Under 500 Yuan		1.85	1.36	4.09
500-800(元)	500-800Yuan		2.32	3.64	1.83
800-1000(元)	800-1000Yuan		3.24	0.91	1.36
1000-1500(元)	1000-1500Yuan		13.89	8.18	4.09
1500-1700(元)	1500-1700Yuan		4.63	3.64	4.09
1700-2000(元)	1700-2000Yuan		7.41	7.27	1.82
2000-2500(元)	2000-2500Yuan		9.26	10.91	6.36
2500-3000(元)	2500-3000Yuan		14.35	9.09	9.09
3000-4000(元)	3000-4000Yuan		18.06	13.64	10.90
4000(元)以上	4000 Yuan and over		25.00	41.36	56.36
平均每人年支出(元)	**Per Capita Annual Expenditure(yuan)**				
总支出	Total Expenditure	3348.90	6569.29	8843.59	11940.71
家庭经营费用支出	Expenditure for Household Business	1092.50	2599.41	4085.68	5235.18
生活消费支出	Expenditure for Consumption	1762.20	2958.94	4005.48	5487.05
其他非生产性支出	Other Nonproductive Expenditures	75.90	149.92	329.10	1218.49
现金支出	Cash Expendiure	3312.50	5176.73	7742.65	10542.05
生产费用	Productive Costs		1941.02	3775.01	4982.09
缴纳税金和上交集体承包费支出等	Taxes and Payments to Collective Units		553.01	15.06	3.25
生活消费支出	Expenditure for Consumption		2535.55	3623.48	4953.36

10-14 农村牧区居民家庭平均每人总收入和纯收入

Per Capita Annual Gross and Net Income of Rural Households

单位：元 (yuan)

项 目	Item	2006	2007
总收入	**Gross Income**	**5802.52**	**6787.27**
工资性收入	Laborers'Remuneration	590.70	716.86
在非企业组织中劳动得到	Obtained from Non-enterprises	111.93	139.25
在本地企业中劳动得到	Obtained from Native Enterprises	239.75	291.36
外出从业得到	Obtained from Going on Business	239.02	286.25
其他	Others		
家庭经营收入	Income from Household Business Operation	4834.73	5576.66
农业收入	Farming	2828.62	3172.62
林业收入	Forestry	31.44	21.43
牧业收入	Animal Husbandry	1813.85	2207.29
渔业收入	Fishery	0.01	
工业收入	Industry	16.53	24.61
建筑业收入	Construction	9.42	15.80
交通运输和邮电业收入	Transportation Telecommunication	32.46	34.49
批发零售贸易餐饮业收入	Wholesale and Retail Trade and Catering Services	51.83	55.45
社会服务业收入	Social Services	23.97	17.11
文教卫生业收入	Culture, Education and Health Care	7.16	6.18
其他家庭经营收入	Others	17.81	20.14
转移性和财产性收入	Transfer Income and Property Income	377.08	393.75
纯收入	**Net Income**	**3341.88**	**3953.10**
按收入来源分	**By Source**		
工资性收入	Laborers' Remuneration	590.70	716.86
家庭经营纯收入	Net Income from Household Business	2406.21	2786.08
转移性和财产性收入	Transfer Income and Property Income	344.97	450.16

10-15 农民家庭平均每人总收入和纯收入

Per Capita Annual Gross and Net Income of Household of Peasants

单位：元 (yuan)

项 目	Item	2006	2007
总收入	**Gross Income**	**5358.1**	**6187.18**
基本收入	Basic Income		
劳动者报酬收入	Laborers' Remuneration	612.72	747.61
在非企业组织中劳动得到	Obtained from Non enterprises	112.72	144.91
在本地企业中劳动得到	Obtained from Native Enterprises	244.85	302.32
外出从业得到	Obtained from Going on Business	255.16	300.38
其他	Others		
家庭经营收入	Income from Household Business Operation	4378.97	4958.76
农业收入	Farming	3042.87	3390.77
林业收入	Forestry	32.9	20.58
牧业收入	Animal Husbandry	1137.36	1370.72
渔业收入	Fishery	0.01	
工业收入	Industry	15.56	38.17
建筑业收入	Construction	10.66	17.86
交通运输和邮电业收入	Transportation Telecommunication	29.56	32.14
批发零售贸易餐饮业收入	Wholesale and Retail Trade and Catering Services	55.61	57.82
社会服务业收入	Social Services	26.70	19.34
文教卫生业收入	Culture, Education and Health Care	8.11	6.99
其他家庭经营收入	Others	19.62	21.20
转移性和财产性收入	Transfer Income and Property Income	366.40	480.81
按收入来源分	**Net Income By Source**		
纯收入	**Net Income**	**3188.34**	**3750.03**
基本收入	Basic Income		
劳动者报酬收入	Laborers' Remuneration	612.72	747.61
家庭经营纯收入	Net Income from Household Business	2238.7	2562.39
转移性和财产性收入	Transfer Income and Property Income	336.91	440.02

10-16 牧民家庭平均每人总收入和纯收入

Per Capita Annual Gross and Net Income of Households of Herdsmen

单位：元 (yuan)

项 目	Item	2006	2007
总收入	**Gross Income**	**9159.71**	**11387.69**
基本收入	Basic Income		
劳动者报酬收入	Laborers' Remuneration	424.30	481.10
在非企业组织中劳动得到	Obtained from Non-enterprises	105.97	95.90
在本地企业中劳动得到	Obtained from Native Enterprises	201.19	207.31
外出从业得到	Obtained from Going on Business	117.13	177.89
其他	Others		
家庭经营收入	Income from Household Business Operation	8277.59	10313.66
农业收入	Farming	1210.18	1500.20
林业收入	Forestry	22.80	27.93
牧业收入	Animal Husbandry	6924.13	8620.64
渔业收入	Fishery		
工业收入	Industry	23.90	57.51
建筑业收入	Construction		
交通运输和邮电业收入	Transportation Telecommunication	55.92	52.47
批发零售贸易餐饮业收入	Wholesale and Retail Trade and Catering Services	23.29	37.26
社会服务业收入	Social Services	3.36	
文教卫生业收入	Culture, Education and Health Care		
其他家庭经营收入	Others	14.01	11.95
转移性和财产性收入	Transfer Income and Property Income	457.82	592.92
纯收入	**Net Income**	**4501.76**	**5509.91**
按收入来源分	**By Source**		
基本收入	Basic Income		
劳动者报酬收入	Laborers' Remuneration	424.30	481.10
家庭经营纯收入	Net Income from Household Business	3671.55	4500.96
转移性和财产性收入	Transfer Income and Property Income	405.91	527.84

10-17 农村牧区居民家庭平均每人生活消费支出
Per Capita Living Expenditure of Rural Households

单位：元 (yuan)

项目	Item	2006	2007
生活消费支出	**Living Expenditure**	**2771.97**	**3256.15**
按消费类别分	**By Category of Consumption**		
食品	Food	1082.07	1280.05
# 主食	Staple Food	278.66	320.28
副食	Non-staple Food	414.27	527.12
其他食品	Other Food	242.43	270.32
衣着	Clothing	184.60	228.44
居住	Residence	352.85	473.98
家庭设备用品及服务	Household Facilities, Articles and Services	98.02	117.64
医疗保健	Medicine and Medical Services	232.76	281.46
交通通讯	Transportation and Communications	361.83	375.58
文教娱乐用品及服务	Cultural, Education and Recreational Articles and Services	398.47	423.75
其他商品及服务	Other Commodities and Services	61.38	75.29
按消费性质分	**By Source of Consumption**		
货币性消费	**Consumption Paid by Money**	**2378.60**	**2761.13**
食品	Food	726.06	827.27
衣着	Clothing	184.07	227.70
居住	Residence	316.74	433.12
家庭设备用品及服务	Household Facilities, Articles and Services	97.95	117.64
医疗保健	Medicine and Medical Services	232.76	281.46
交通通讯	Transportation and Communications	361.83	375.58
文教娱乐用品及服务	Cultural, Education and Recreation Articles and Services	398.47	423.75
其他商品及服务	Other Commodities and Services	60.72	74.62
实物性消费	**Consumption in kind**	**392.65**	**494.44**
食品	Food	356.01	452.88
衣着	Clothing	0.53	0.70
居住	Residence	36.11	40.86

10-18 农民家庭平均每人生活消费支出

Per Capita Living Expenditure of Households of Peasants

单位：元 (yuan)

项 目	Item	1995	2000	2005	2007
生活消费支出	**Living Expenditure**	**1180.50**	**1441.78**	**2243.79**	**2965.14**
按消费类别分	**By Category of Consumption**				
食品	Food	704.70	687.72	1012.84	1214.51
#主食	Staple Food	362.90	300.46	289.29	321.55
副食	Non-staple Food	239.00	243.29	430.55	498.00
其他食品	Other Food	84.00	106.05	199.70	249.17
衣着	Clothing	86.20	90.85	130.13	195.32
居住	Residence	157.00	216.17	316.94	464.40
家庭设备用品及服务	Household Facilities, Articles and Services	50.00	50.67	70.28	101.62
医疗保健	Medicine and Medical Services	48.50	90.13	151.05	250.84
交通通讯	Transportation and Communications	22.40	62.56	231.86	285.48
文教娱乐用品及服务	Cultural, Education and Recreational Articles and Services	97.50	212.63	292.16	395.15
其他商品及服务	Other Commodities and Services	14.20	31.05	38.52	57.84
按消费性质分	**By Source of Consumption**				
货币性消费	**Consumption Paid by Money**	**689.20**	**995.18**	**1780.32**	**2475.17**
食品	Food	232.90	298.33	595.80	768.04
衣着	Clothing	85.70	90.83	128.58	194.53
居住	Residence	137.90	158.99	274.30	422.44
家庭设备用品及服务	Household Facilities, Articles and Services	50.00	50.67	70.28	101.62
医疗保健	Medicine and Medical Services	48.50	90.13	151.05	250.84
交通通讯	Transportation and Communications	22.40	62.56	231.86	285.48
文教娱乐用品及服务	Cultural, Education and Recreation, Articles and Services	97.50	212.63	292.16	395.15
其他商品及服务	Other Commodities and Services	14.30	31.05	36.29	57.08
实物性消费	**Consumption in kind**	**491.30**	**446.60**	**461.23**	**489.22**
食品	Food	471.80	389.39	417.04	446.47
衣着	Clothing	0.50	0.02	1.55	0.79
居住	Residence	19.10	57.18	42.64	41.96

10-19 牧民家庭平均每人生活消费支出

Per Capita Living Expenditure of Households of Herdsmen

单位：元　　(yuan)

项 目	Item	2006	2007
生活消费支出	**Living Expenditure**	**4655.47**	**5487.05**
按消费类别分	**By Category of Consumption**		
食品	Food	1435.68	1782.52
# 主食	Staple Food	287.45	310.61
副食	Non-staple Food	543.92	750.43
其他食品	Other Food	379.88	432.19
衣着	Clothing	386.64	482.02
居住	Residence	376.09	547.43
家庭设备用品及服务	Household Facilities, Articles and Services	224.40	240.45
医疗保健	Medicine and Medical Services	454.07	516.26
交通通讯	Transportation and Communications	1059.12	1066.29
文教娱乐用品及服务	Cultural, Education and Recreational Articles and Services	602.32	643.02
其他商品及服务	Other Commodities and Services	117.16	209.06
按消费性质分	**By Source of Consumption**		
货币性消费	**Consumption Paid by Money**	**4290.86**	**4953.36**
食品	Food	1094.08	1281.28
衣着	Clothing	386.64	482.02
居住	Residence	353.65	514.98
家庭设备用品及服务	Household Facilities, Articles and Services	223.82	240.45
医疗保健	Medicine and Medical Services	454.07	516.26
交通通讯	Transportation and Communications	1059.12	1066.29
文教娱乐用品及服务	Cultural, Education and Recreation, Articles and Services	602.32	643.02
其他商品及服务	Other Commodities and Services	117.16	209.06
实物性消费	**Consumption in kind**	**364.04**	**533.69**
食品	Food	341.60	501.24
衣着	Clothing		
居住	Residence	22.44	32.45

10-20 农村牧区居民家庭平均每人主要消费品消费量

Per Capita Consumption of Major Consumer Goods in Rural Households

项 目	Item	2006	2007
粮食(公斤)	Grain(kg)	188.26	190.86
蔬菜(公斤)	Fresh Vegetables(kg)	77.94	77.74
食油(公斤)	Edible Oil(kg)	3.85	3.79
猪牛羊肉(公斤)	Pork, Beef and Mutton(kg)	25.75	23.62
家禽(公斤)	Poultry(kg)	1.63	2.06
蛋及制品(公斤)	Eggs and Related Products(kg)	4.51	4.38
水产品(公斤)	Fish and Shrimp(kg)	1.72	1.93
食糖(公斤)	Sugar(kg)	1.07	1.05
酒 (公斤)	Liquor(kg)	14.28	14.43

10-21 农民家庭平均每人主要消费品消费量

Per Capita Consumption of Major Consumer Goods in Households of Peasants

项 目	Item	2006	2007
粮 食(公斤)	Grain(kg)	203.06	204.82
蔬 菜(公斤)	Fresh Vegetables(kg)	80.77	80.66
食 油(公斤)	Edible Oil(kg)	3.97	3.89
猪牛羊肉(公斤)	Pork, Beef and Mutton(kg)	24.25	21.09
家 禽(公斤)	Poultry(kg)	1.71	2.17
蛋及制品(公斤)	Eggs and Related Products(kg)	4.98	4.80
鱼 虾(公斤)	Fish and Shrimp(kg)	1.87	2.10
食 糖(公斤)	Sugar(kg)	0.99	1.02
酒(公斤)	Liquor(kg)	14.62	14.94

10-22 牧民家庭平均每人主要消费品消费量

Per Capita Consumption of Major Consumer Goods in Households of Herdsmen

项 目	Item	2006	2007
粮 食(公斤)	Grain(kg)	156.66	158.92
蔬 菜(公斤)	Fresh Vegetables(kg)	56.54	55.35
食 油(公斤)	Edible Oil(kg)	2.97	3.03
猪牛羊肉(公斤)	Pork, Beef and Mutton(kg)	37.11	43.03
家 禽(公斤)	Poultry(kg)	0.97	1.21
蛋及制品(公斤)	Eggs and Related Products(kg)	0.93	1.13
鱼 虾(公斤)	Fish and Shrimp(kg)	0.59	0.70
食 糖(公斤)	Sugar(kg)	1.63	1.32
酒(公斤)	Liquor(kg)	11.74	10.54

10-23 农村牧区居民家庭平均每百户耐用消费品年末拥有量

Number of Durable Consumer Goods Owned Per 100 Rural Households at the Year-end

品 名	Item	2006	2007
电话机(部)	(unit)	40.73	43.83
洗衣机(台)	Washing Machine(unit)	47.00	49.00
家用电冰箱(台)	Refrigerator(unit)	21.00	26.00
摩托车(辆)	Motorcycle(unit)	60.00	63.00
黑白电视机(台)	Black and White TV Set(unit)	13.00	9.00
彩色电视机(台)	Color TV Set(unit)	90.00	93.00
影碟机(台)	(unit)	15.00	22.00
照相机(架)	Camera(unit)	4.00	3.00

10-24 农民家庭平均每百户耐用消费品年末拥有量

Number of Durable Consumer Goods Owned Per 100 Households of Peasants at the Year-end

品 名	Item	2006	2007
自行车(辆)	Bicycle(unit)	67.00	68.00
电话机(部)	(unit)	41.00	45.00
洗衣机(台)	Washing Machine(unit)	47.99	50.00
家用电冰箱(台)	Refrigerator(unit)	19.29	25.00
摩托车(辆)	Motorcycle(unit)	53.59	56.00
黑白电视机(台)	Black and White TV Set(unit)	12.17	8.00
彩色电视机(台)	Color TV Set(unit)	90.33	94.00
影碟机(台)	(unit)	21.00	19.00
照相机(架)	Camera(unit)	2.01	2.00

10-25 牧民家庭平均每百户耐用消费品年末拥有量

Number of Durable Consumer Goods Owned Per 100 Households of Herdsmen at the Year-end

品 名	Item	2006	2007
自行车(辆)	Bicycle(unit)	14	12
电话机(部)	(unit)	39	36
洗衣机(台)	Washing Machine(unit)	34	38
家用电冰箱(台)	Refrigerator(unit)	31	34
摩托车(辆)	Motorcycle(unit)	118	118
电视机(台)	TV Set(unit)	111	109
#彩色电视机(台)	Color TV Set(unit)	92	90
影碟机(台)	(unit)	39	41
照相机(架)	Camera(unit)	17	14

10-26 农牧民家庭房屋使用情况
Housing Conditions of Rural Households

项 目	Item	2006	2007
牧民家庭	**Households of Herdsmen**		
本年新建购房屋面积(平方米/户)	**Rooms Newly Built Within the Year Per Household Floor Space of Houses(sq.m/househole)**	**1.07**	**2.07**
# 砖木结构	Brick and Wood Structure	0.89	0.66
每平方米价值(元)	Value per Square Meter(yuan)	356.84	384.28
年末使用房屋	**Rooms Used at the End of Year**		
居住面积(平方米/人)	Per Capita Floor Space(sq.m/person)	20.94	22.47
# 砖木结构	Brick and Wood Structure	12.19	14.01
钢筋混凝土结构	Reinforced Concrete Structures	0.28	0.77
房屋价值(元/平方米)	Value per Room(yuan/sq.m)	248.44	261.77
农民家庭	**Households of Peasants**		
本年新建房屋面积(平方米/户)	**Rooms Newly Built Within the Year Per Capita Floor Space of Houses(sq.m/person)**	**1.51**	**2.01**
# 砖木结构	Brick and Wood Structure	1.47	1.85
钢筋混凝土结构	Reinforced Concrete Structure		0.16
每平方米价值(元)	Value per Square Meter(yuan)	276.77	424.34
年末使用房屋	**Rooms Used at the End of Year**		
居住面积(平方米/人)	Per Capita Floor Space(sq.m/person)	20.00	20.79
# 砖木结构	Brick and Wood Structure	12.12	13.21
钢筋混凝土结构	Reinforced Concrete Structures	0.22	0.14
房屋价值(元/平方米)	Value per Room(yuan/sq.m)	192.58	202.59

注：本表为农村抽样调查资料。
a)Data in this table are obtained from the sample surveys on rural households.

主要统计指标解释

城镇居民家庭全部收入 指被调查城镇居民家庭全部的实际收入，包括经常或固定得到的收入和一次性收入。不包括周转性收入，如提取银行存款、向亲友借款、收回借出款以及其他各种暂收款。

城镇居民家庭可支配收入 指被调查的城镇居民家庭在支付个人所得税、财产税及其他经常性转移支出后所余下的实际收入。

城镇居民家庭消费性支出 指被调查的城镇居民家庭用于日常生活的全部支出，包括购买商品支出和文化生活、服务等非商品性支出。不包括罚没、丢失款和缴纳的各种税款(如个人所得税、牌照税、房产税等)，也不包括个体劳动者生产经营过程中发生的各项费用。

城镇居民家庭购买商品支出 指被调查的城镇居民家庭为自用或赠送亲友而购买商品的全部支出，包括从商店、工厂、饮食业、工作单位食堂、集市以及直接从农民手中购买各种商品的开支。商品支出分为以下八类：食品；衣着；家庭设备用品及服务；医疗保健；交通与通信；娱乐、教育、文化服务；居住；杂项商品和服务。

农村牧区居民家庭纯收入 指农村牧区常住居民家庭总收入中，扣除从事生产和非生产经营费用支出、缴纳税款和上交承包集体任务金额以后剩余的，可直接用于进行生产性、非生产性建设投资、生活消费和积蓄的那一部分收入。农村牧区居民家庭纯收入包括从事生产性和非生产性的经营收入，取自在外人口寄回带回和国家财政救济、各种补贴等非经营性收入；既包括货币收入，又包括自产自用的实物收入。但不包括向银行、信用社和向亲友借款等属于借贷性的收入。

农村牧区居民家庭生活消费支出 指农村牧区常住居民家庭用于日常生活的全部开支，是反映和研究农牧民家庭实际生活消费水平高低的重要指标。

城镇居民储蓄存款余额 指某一时点城乡居民存入银行及农村信用社的储蓄金额，包括城镇居民储蓄存款和农牧民个人储蓄存款，不包括居民的手存现金和工矿企业、部队、机关、团体等单位存款。

Explanatory Notes on Main Statistical Indicators

Total Income of Urban Households refers to the total actual income of the sample households, including regular or fixed income and occasional income. The income of a circulating nature such as withdrawal from bank deposits, loans borrowed from relatives or friends, repayment of loans received and various temporary collection of money are excluded.

Disposable Income of Urban Households refers to the income of the sample households which can be used for daily expenses, i. e. . total income minus income tax, property tax and other current transfers.

Expenditure for Consumption of Urban Households refers to total expenditure of the sample households for consumption in daily life, including expenditure for various commodities and expenses for non commodity items such as culture and service, etc. , but excluding fines and confiscation, loss, tax payments(such as income tax, license tax, real estates tax, etc.) And various expenses by individual laborers for business purposes.

Expenditure for Purchases of Commodities of Urban Households refers to total expenses of the sample households for the purchases of commodities, for their own use or as gifts to relatives and friends, from shops, factories, catering trade, canteens, markets and from the peasants. Such expenditure is classified into eight categories: food, clothing, household appliances and services, health care and medical services, transport and communications, recreation, education and cultural services, housing, miscellaneous goods and services.

Net Income of Rural Households refers to the total income of the permanent residents of the rural households during a year after the deduction of the expenses for productive and non-productive business operation, the payment for taxes and the payment for collective units for their contracted tasks, which can then be spent for investments in productive and non-productive construction, for consumption in daily life and for savings deposit. It is a comprehensive indicator to show the actual level of the income of the peasants' household. The net income of the rural households includes not only the income from the productive and non-productive business operation, but also the income from the non business operation, such as the money remitted or brought back by the members of the household who are in other places, the government relief payment and various subsidies. It includes not only the money income, but also the income in kind. But the income from borrowing from banks, friends and relatives is excludes.

Expenditure of Rural Households for Consumption refers to total expenses of rural households on daily life, including expenses on food, clothing, housing, fuel, articles for daily use, and expenses on cultural life and services. This indicator is used to show the actual consumption level of peasants.

The Savings Deposits of Urban and Rural Residents refers to the total value of Savings deposits of urban and rural households in banks and rural credit cooperatives at a given point of time, including the savings deposit of urban residents and the savings deposit of rural residents. The cash in hand by residents and the deposits of organizations such as enterprises, military units, government agencies, institutions, etc. are not included.

十一　城市概况

GENERAL SURVEY OF CITIES

资料整理：崔京英　杨力英

Arranged by Cui Jingying, Yang Liying

11-1 城市社会经济指标(2007年)

Main Social and Economic Indicators of Cities(2007)

指标	Item	2007
年末人口数(万人)	**Population (year-end) (10 000 persons)**	**866.45**
#非农业人口	Non-agricultural Population	602.07
全社会从业者人数(万人)	**Number of Employed Persons(10 000 persons)**	**456.55**
#单位职工人数	Staff and Workers	137.84
按产业分的从业人员	Grouped by Industry	456.55
第一产业	Primary Industry	102.85
第二产业	Secondary Industry	134.43
第三产业	Tertiary Industry	219.28
土地面积(万平方公里)	**Total Area (10 000 sq.km)**	**14.63**
生产总值(亿元)	**Gross Domestic Product (100 million yuan)**	**3450.13**
第一产业	Primary Industry	182.21
第二产业	Secondary Indutry	1480.79
#工业	Industry	1280.72
第三产业	Tertiary Industry	1787.14
生产总值指数(上年=100)	Indices of Gross Domestic Product (Preceding year=100)	120.5
农林牧渔业总产值(当年价格,亿元)	**Gross Agricultural Output Value (at current prices) (100 million yuan)**	**294.97**
年末实有耕地面积(万公顷)	**Area of Cultivated land year-end (10 000 hectares)**	**130.23**
主要农产品产量	**Output of Major Agricultural Products**	
粮食产量(万吨)	Gain (10 000 tons)	356.88
猪牛羊肉产量(万吨)	Pork, Beef and Mutton (10 000 tons)	40.24
水果(万吨)	Fruits (10 000 tons)	11.25
水产品(万吨)	Aquatic Products (10 000 tons)	2.57
规模以上工业	**Industry of All State-owned & Non-state-owned Industrial Enterprises above Designated Size**	
工业总产值(当年价格,亿元)	Gross Output Value (100 million yuan)	3142.63
工业增加值(当年价，亿元)	Value Added (100 million yuan)	1247.77
工业产品销售收入(亿元)	Sales Revenue (100 millon yuan)	2854.05
工业利润总额(亿元)	Total Profits(100 million yuan)	273.60
运输邮电	**Transportation, Postal and Telecom**	
客运量(发送)(亿人)	Passenger Traffic (100 million persons)	0.75
货运量(发送)(亿吨)	Freight Traffic (100 million tons)	3.14

注：本表数据不包括市辖县统计数。

a)Data in this table don't include the data of county directly under the city.

11-1 续表 continued

指 标	Item	2007
邮电业务总量 (2000年不变价.亿元)	Revenud of Postal and Telecommunications Services (at 2000 constant prices) (100 million yuan)	161.51
本地网电话机部数(万部)	Number of Telephons Sets(10 000 sets)	337.44
固定资产投资额(亿元)	**Total Investment in Fixed Assets (100 million yuan)**	**2002.54**
社会消费品零售总额(亿元)	**Total Retail Sales of Consumer Goods (100 million yuan)**	**1323.13**
实际利用外资金额(亿美元)	**Amount of Foreign Capital Actually Utilized (USD 100 million)**	**11.03**
在校学生数(万人)	**Student Enrollment (10 000 persons)**	
普通高等学校	Number of Regular Institutes of Higher Education	27.80
中等专业学校	Number of Specialized Secondary Schools	15.66
普通中学	Number of Regular Secondary Schools	69.15
小 学	Number of Primary Schools	65.82
成人高等学校	Noumber of Schools Higher Education for Aduals	10.22
医院、卫生院数(个)	**Number of Hospitals (units)**	**520**
医院、卫生院床位数(万张)	**Number of Beds in Hospitals (10 000 units)**	**4.32**
卫生技术人员数(万人)	**Number of Medical Technical Personnel in Hospitals (10 000 persons)**	**4.71**
专业技术人员数(万人)	**Number of Technical Personnel (10 000 persons)**	**32.42**
在岗职工工资总额(亿元)	**Total Wages of Fully Emploged Staff and Workers (100 million yuan)**	**315.18**
年底城乡储蓄存款 余额(亿元)	**Outstanding Amount of Savings Deposit in Urban and Rural Areas at year end(100 million yuan)**	**1810.39**
地方财政一般预算收入(亿元)	**Budgetary Reuenue of Local Governments (100 million yuan)**	**149.83**

11-2 城市主要经济指标(2007年)

Main Economic Indicators of Cities(2007)

城市名称	City	土地面积 (万平方公里) Total Area (10 000 Sq.km)	年末总人口 (万人) Population (year-end) (10 000 persons)	年末非农业人口 (万人) Nonagricultural Population (year-end) (10 000 persons)	生产总值 (不包括市辖县) (亿元) Gross Domestic Product (100 million yuan)
合 计	**Total**	**68.33**	**2185.69**	**918.96**	**3450.13**
呼和浩特市	Hohhot City	1.72	263.52	103.15	680.39
包头市	Baotou City	2.77	249.61	134.73	1064.44
呼伦贝尔市	Hulunbeier City	25.30	270.56	178.49	78.93
通辽市	Tongliao City	5.95	309.46	118.67	228.48
赤峰市	Chifeng City	9.00	437.66	105.59	243.88
乌兰察布市	Wulanchabu City	5.50	213.82	69.92	60.87
鄂尔多斯市	Erdos City	8.68	154.79	46.34	290.01
巴彦淖尔市	Bayannaoer City	6.44	174.19	62.13	107.76
乌海市	Wuhai City	0.17	47.70	44.85	190.04
满洲里市	Manzhouli City	0.07	16.34	16.33	79.64
扎兰屯市	Zhalantun City	1.68	43.22	16.79	49.22
牙克石市	Yakeshi City	2.76	38.18	36.72	52.86
根河市	Genhe City	1.97	16.49	16.48	18.16
额尔古纳市	Eerguna City	2.80	8.51	7.85	15.75
乌兰浩特市	Wulanhaote City	0.08	29.32	22.88	46.17
阿尔山市	Aershan City	0.74	4.80	4.80	5.14
霍林郭勒市	Huolinguole City	0.06	7.63	6.56	80.33
二连浩特市	Erlianhaote City	0.40	8.81	8.63	25.50
锡林浩特市	Xilinhaote City	1.58	21.45	18.78	76.72
丰镇市	Fengzhen City	0.27	33.67	9.17	55.84

11-2 续表 1 continued

城市名称	City	农业总产值(亿元) Gross Agricultural Output Value (100 million yuan)	不包括市辖县 Counties Excluded	工业总产值(亿元) Gross Industrial Output Value (100 million yuan)	不包括市辖县 Counties Excluded	客运总量(万人) Total Passenger Traffic (10 000 persons)	货运总量(万吨) Total Freight Traffic (10 000 tons)	固定资产投资(亿元) Investment in Fixed Assets (10000 million yuan)	不包括市辖县 Counties Excluded
合 计	**Total**	**1054.79**	**294.97**	**5488.56**	**3142.63**	**32717**	**68767**	**3878.89**	**2002.54**
呼和浩特市	Hohhot City	108.85	24.37	822.78	449.58	3842	7356	570.24	415.90
包头市	Baotou City	78.29	12.65	1286.41	1156.39	10737	13230	803.51	604.50
呼伦贝尔市	Hulunbeier City	118.34	6.27	258.12	42.37	4241	5764	243.28	31.48
通辽市	Tongliao City	185.53	46.71	586.62	312.17	2530	6755	354.61	190.10
赤峰市	Chifeng City	203.70	48.50	565.86	234.78	2838	7917	415.13	152.80
乌兰察布市	Wulanchabu City	106.43	2.91	325.01	44.29	1676	4277	195.90	32.44
鄂尔多斯市	Erdos City	84.81	3.30	959.42	196.86	2921	12990	862.02	188.22
巴彦淖尔市	Bayannaoer City	146.42	39.65	344.24	103.25	2774	3301	271.78	65.00
乌海市	Wuhai City	3.86	3.86	218.46	226.29	511	4371	70.91	70.95
满洲里市	Manzhouli City	2.81	2.81	30.36	30.36	120	3369	43.50	43.50
扎兰屯市	Zhalantun City	28.50	28.50	34.17	34.17	638	736	14.17	14.17
牙克石市	Yakeshi City	20.00	20.00	22.84	22.84	1642	3044	14.02	14.02
根河市	Genhe City	7.55	7.55	5.58	5.58	95	280	3.55	3.55
额尔古纳市	Eerguna City	12.25	12.25	3.41	3.41	29	42	4.08	4.08
乌兰浩特市	Wulanhaote City	7.58	7.58	39.64	39.64	175	630	13.91	13.91
阿尔山市	Aershan City	2.40	2.40	-		30	135	4.12	4.12
霍林郭勒市	Huolinguole City	2.60	2.60	93.57	93.57	65	3025	60.32	60.32
二连浩特市	Erlianhaote City	0.30	0.30	13.41	13.41	57	79	15.07	15.07
锡林浩特市	Xilinhaote City	8.28	8.28	68.59	68.59	385	1962	58.41	58.41
丰镇市	Fengzhen City	14.48	14.48	65.08	65.08	247	440	20.00	20.00

注：工业总产值为规模以上工业企业。

a) The gross industrial output value is covered all state-owned and Non-state-owned industrial enterprises above designated size.

11-2 续表 2 continued

城市名称	City	地方财政一般预算收入(亿元) Budgetary Revenueof Local Governments (100 million yuan)	#不包括市辖县 Counties Excluded	城乡居民年底储蓄余额(亿元) Outstanding Amount of Savings Deposit of Urban and Rural Residents year-end(100 million yuan)	在岗职工人数(万人) Number of Fully-empolyec Staff and Workers (10 000 persons)	#不包括市辖县 Counties Excluded	在岗职工工资总额(亿元) Total Wages of Fully-empolyed Staff and Workers (100 million yuan)	#不包括市辖县 Counties Excluded
合 计	**Total**	**346.52**	**149.83**	**2422.63**	**224.09**	**137.84**	**460.71**	**315.18**
呼和浩特市	Hohhot City	57.96	27.81	506.79	36.19	29.69	80.71	68.10
包头市	Baotou City	76.75	43.83	474.01	32.89	28.10	88.32	78.29
呼伦贝尔市	Hulunbeier City	29.00	2.25	267.47	37.30	4.44	50.43	9.49
通辽市	Tongliao City	23.64	5.37	135.84	22.42	9.21	38.53	16.11
赤峰市	Chifeng City	28.18	10.92	305.21	31.29	12.78	57.58	27.03
乌兰察布市	Wulanchabu City	15.23	1.86	157.56	13.78	5.66	27.88	10.92
鄂尔多斯市	Erdos City	77.02	21.73	226.00	15.93	5.67	50.28	19.60
巴彦淖尔市	Bayannaoer City	18.79	4.39	161.66	14.83	6.39	25.14	11.47
乌海市	Wuhai City	12.55	6.17	100.34	10.46	10.46	23.99	23.19
满洲里市	Manzhouli City	8.62	8.62	59.61	3.15	3.15	6.90	6.90
扎兰屯市	Zhalantun City	0.78	0.78	23.20	2.48	2.48	4.04	4.04
牙克石市	Yakeshi City	1.97	1.97	43.53	2.36	2.36	4.45	4.45
根河市	Genhe City	0.31	0.31	18.12	3.72	3.72	5.27	5.27
额尔古纳市	Eerguna City	0.26	0.26	10.60	2.14	2.14	3.53	3.53
乌兰浩特市	Wulanhaote City	1.25	1.25	36.66	3.76	3.76	7.04	7.04
阿尔山市	Aershan City	0.20	0.20	4.30	0.57	0.57	0.67	0.67
霍林郭勒市	Huolinguole City	3.47	3.47	10.86	1.23	1.23	4.66	4.66
二连浩特市	Erlianhaote City	1.36	1.36	14.46	0.51	0.51	1.43	1.43
锡林浩特市	Xilinhaote City	4.59	4.59	32.34	4.16	4.16	8.71	8.71
丰镇市	Fengzhen City	2.69	2.69	17.64	1.36	1.36	4.28	4.28

11-3 城市公用事业基本情况

Basic Statistics on Urban Public Utilities

项目	Item	2006	2007
城市及建筑物面积	**Cities Areas and Floor Space of Buildings**		
建成区面积(平方公里)	Developed Areas(sq.km)	830.09	886.68
城市人口密度(人/平方公里)	Population Density of Urban Districts(person/sq.km)	598	622
年末实有房屋建筑面积(万平方米)	Total Floor Space of Buildings(yearend)(10 000 sq.m)	35296.54	41698.62
年末实有住宅建筑面积(万平方米)	Total Floor Space of Residential Buildings (year-end)(10 000 sq.m)	21887.22	26399.14
人均住房面积(平方米)	Capita Buildings Space(sq.m)	25.72	30.47
供水、供气及供热	**Water Supply, Gas Supply and Heating**		
自来水年供水量(万吨)	Annual Supply of Tap Water(10 000 tons)	60090	56251.05
#生活用水量	Water Consumption for Residentialuse	13243	13201.44
平均每人日生活用水(升)	Per Capita Water Consumption for Residential use(liter)	105.08	102.09
用水普及率(%)	Percentage of Population with Access to Tap Water(%)	80.67	81.45
煤气供气量(万立方米)	Coal Gas Supply(10 000 cu.m)	6113	6999.97
#家庭用量	Consumption of Coal Gas for Residential Use	4233	4497.96
天然气供气量(万立方米)	Natural Gas Supply(10 000 cu.m)	18370	30528
#家庭用量	Consumption of Natural Gas for Residedtial Use	2558	15865.91
液化石油气供气量(吨)	Liquefied Petroleum Gas(ton)	99616	73841.72
#家庭用量(吨)	Consumption of Liquefied Gas for Residential use(ton)	90355	50101.87
煤气管道长度(公里)	Length of Gas Pipelines(km)	1024	703
用气普及率(%)	Percentage of Population with Access to Gas(%)	71.03	75.60
集中供热面积(万平方米)	Heated Area(10 000 sq.m)	13155.70	16109.90
市政工程	**Municipal Engineering**		
铺装道路长度(公里)	Length of Paved Roads(km)	4279.00	4871.00
平均每万人拥有道路长度(公里)	Length of Paved Roads per 10000 Population(km)	6.71	6.07
铺装道路面积(万平方米)	Area of Paved Roads(10 000 sq.m)	7332.00	9016.00
人均铺装道路面积(平方米)	Area of Paved Roads per Population(sq.m)	11.34	11.30
下水道长度(公里)	Length of Sewer Pipelines(km)	4779.00	5619.00
平均每万人拥有下水道(公里)	Length of Sewer Pipelines per 10000 Population(km)	7.49	7.00
公共交通	**Public Traffic**		
公共汽车总数(辆)	Number of Public Transportation Vehicles(unit)	4124	4754
平均每万人拥有(辆)	Number of Public Transportation Vehicles Per 10 000 Population(unit)	6.08	7.11
出租汽车(辆)	Taxi(unit)	33775	37607
城市绿化	**Afforestation in Cities**		
绿地面积(公顷)	Public Green Areas(hectare)	25551	27914
人均绿地面积(平方米)	Public Green Areas per(Population(sq.m)	9.39	10.63
公园动物园个数(个)	Number of Parks and Zoos(unit)	91	99
公园动物园面积(公顷)	Area of Parks and Zoos(hectare)	4679.00	6668.00
环境卫生	**Environmental Sanitation**		
清运垃圾(万吨)	Volume of Garbage Disposal(10 000 tons)	331.20	349.93
清运粪便(万吨)	Disposal of Excrement and Urine(10 000 tons)	98.10	96.58
每万人有公厕(座)	Public Lavatories per 10 000 Population(unit)	7.05	5.54

注：人均拥有指标按城市人口计算。

a)Data on the public utilities per 10 000 population are based on population in urban areas.

11-4 城市面积和房屋建筑及住房(2007年)
Basic Statistics on Building Construction and Housing Condition in Cities(2007)

地区	Region	建成区面积(平方公里) Developed Areas (sq.km)	征用土地面积(平方公里) Land Put in Requisition for State Construction Projects (sq.km)	市区人口密度(人/平方公里) Population Density of Urban Districts (person/sq.km)	年末城市实有房屋建筑面积(万平方米) Total Floor Space of Buildings (year-end) (10 000 sq.m)	年末城市实有住宅建筑面积(万平方米) Total Floor Space of Residential Buildings (year-end) (10 000 sq.m)
合 计	**Total**	**886.68**	**34.54**	**622**	**41698.62**	**26399.14**
呼和浩特市	Hohhot City	150.00	4.21	649	6381.25	2933.44
包头市	Baotou City	180.00		649	7137.83	3829.49
呼伦贝尔市	Hulunbeier City	28.00		1950	5473.75	4016.85
通辽市	Tongliao City	35.30		8536	2745.72	1657.18
赤峰市	Chifeng City	75.90	1.55	1521	4940.74	3118.80
乌兰察布市	Wulanchabu City	35.00		2869	2625.00	1897.00
鄂尔多斯市	Erdos City	99.68	20.00	601	2890.22	2106.19
巴彦淖尔市	Bayannaoer City	32.38	1.45	475	2469.90	1840.16
乌海市	Wuhai City	37.51		248	1725.00	1355.50
满洲里市	Manzhouli City	27.06		311	818.00	471.00
扎兰屯市	Zhalantun City	19.20		463	515.00	357.00
牙克石市	Yakeshi City	15.70		5504	943.00	753.00
根河市	Genhe City	17.50		215	344.00	268.00
额尔古纳市	Eerguna City	10.37		158	294.00	176.00
乌兰浩特市	Wulanhaote City	26.04	2.06	917	792.00	543.00
阿尔山市	Aershan City	10.44		234	127.97	66.84
霍林郭勒市	Huolinguole City	18.00		197	193.93	130.41
二连浩特市	Erlianhaote City	20.20	1.92	7760	185.49	79.72
锡林浩特市	Xilinhaote City	23.40		340	767.82	530.56
丰镇市	Fengzhen City	25.00	3.35	486	328.00	269.00

11-5 城市自来水(2007年)

Basic Statistics on Tap Water Supply in Cities(2007)

地 区	Region	年末自来水生产能力(万吨/日) Production Capacity of Tap Water (year-end) (10 000 tons/day)	年末供水管道长度(公里) Length of Water Supply Pipelines (year-end) (km)	全年供水总量(万吨) Total Annual Volume of Water Supply (10 000 tons)	# 生活用水 For Residential Use	# 生产用水 For Productive Use	用水人口(万人) Number of Residents with Access to Tap Water (10 000 persons)	人均日生活用水量(升) Per Capita Daily Consumption of Tap Water for Residedtial Use(litre)
合 计	**Total**	**372.93**	**6877**	**56251**	**13201**	**22520**	**600.37**	**102.09**
呼和浩特市	Hohhot City	58.70	639	10259	1945	3283	126.64	80.84
包头市	Baotou City	102.69	1548	12080	3427	3911	132.07	112.91
呼伦贝尔市	Hulunbeier City	12.70	135	2059	564	1120	20.40	117.24
通辽市	Tongliao City	45.80	540	7265	705	4098	39.00	144.92
赤峰市	Chifeng City	36.00	653	4808	1109	2082	47.97	99.26
乌兰察布市	Wulanchabu City	4.80	242	1190	500	380	28.00	63.41
鄂尔多斯市	Erdos City	8.70	589	1912	599	431	34.00	63.15
巴彦淖尔市	Bayannaoer City	4.40	141	831	493	128	28.00	62.23
乌海市	Wuhai City	48.40	965	8957	1858	4414	43.56	226.86
满洲里市	Manzhouli City	4.30	327	1616	769	338	22.40	114.48
扎兰屯市	Zhalantun City	1.20	66	334	107	80	6.00	73.97
牙克石市	Yakeshi City	1.60	28	183	88		5.00	83.84
根河市	Genhe City	7.10	44	253	77	89	5.70	65.66
额尔古纳市	Eerguna City	0.17	38	63	27	4	1.62	96.40
乌兰浩特市	Wulanhaote City	5.60	107	912	201	8	20.10	56.02
阿尔山市	Aershan City	0.57	28	60	19	15	1.30	63.22
霍林郭勒市	Huolinguole City	4.60	281	445	319	49	11.01	95.06
二连浩特市	Erlianhaote City	2.10	62	202	25	44	8.00	22.88
锡林浩特市	Xilinhaote City	11.70	334	630	270	32	11.60	88.33
丰镇市	Fengzhen City	11.80	110	2193	101	2014	8.00	46.58

11-6 城市煤气、液化石油气、天然气(2007年)

Basic Statistics on Supply of Gas, Liquefied Petroleum Gas and Natural Gas in Cities(2007)

地 区	Region	人工煤气生产能力(万立方米/日) Production Capacity of Coal Gas(10 000 cu.m/day)	管道长度(公里) Length of Gas Pipelines(km)		全年供气总量 Total Gas Supply			用气人口(万人) Population with Access to Gas(10 000 persons)		
			人工煤气 Coal Gas	天然气 Natural Gas	人工煤气(万立方米) Coal Gas (10 000 cu.m)	液化石油气(吨) Liquefied Petroleum Gas(ton)	天然气(万立方米) Natural Gas (10 000 cu.m)	人工煤气 Coal Gas	液化石油气 Liquefied Petroleum Gas	天然气 Natural Gas
合 计	**Total**	**195.40**	**703**	**1311**	**7000**	**73842**	**30528**	**81.21**	**326.94**	**149.11**
呼和浩特市	Hohhot City	16.40	250	528	3416	18420	13180	16.50	49.30	54.04
包头市	Baotou City	164.00	317	339	3084	4061	14895	56.70	28.81	56.96
呼伦贝尔市	Hulunbeier City					2464			17.00	
通辽市	Tongliao City			47		3460	207		6.00	30.00
赤峰市	Chifeng City					8170			59.00	
乌兰察布市	Wulanchabu City			56		3500	44		24.00	1.80
鄂尔多斯市	Erdos City			160		2227	2197		30.00	5.53
巴彦淖尔市	Bayannaoer City					15010			25.00	
乌海市	Wuhai City	15.00	136		500	1600		8.01	9.60	
满洲里市	Manzhouli City					4207			18.24	
扎兰屯市	Zhalantun City					880			8.30	
牙克石市	Yakeshi City					2208			8.00	
根河市	Genhe City					616			3.00	
额尔古纳市	Eerguna City					1410			3.30	
乌兰浩特市	Wulanhaote City					2700			13.00	
阿尔山市	Aershan City					185			0.60	
霍林郭勒市	Huolinguole City					210			5.00	
二连浩特市	Erlianhaote City					414			4.00	
锡林浩特市	Xilinhaote City			181		1400	5		12.10	0.78
丰镇市	Fengzhen City					700			2.69	

11-7 城市集中供热(2007年)

Basic Statistics on Heating in Cities(2007)

地 区	Region	供应能力 Heating Capacity		供热总量 Volume Supplied		管道长度(公里) Length of Pipelines(km)		供热面积(万平方米) Heated Area (10 000 sq.m)
		蒸汽(吨/小时) Steam (ton/hour)	热水(兆瓦) Hot Water (mw)	蒸汽(万吉焦) Steam (10 000 gigajouies)	热水(万吉焦) Hot Water (10 000 gigajoules)	蒸汽 Steam	热水 Hot Water	
合 计	**Total**	**1024**	**16042**	**190**	**12427**	**30**	**3912**	**16109.9**
呼和浩特市	Hohhot City	40	2977	12	1324	2	328	2967.2
包头市	Baotou City	582	4227		2502		1666	3669.2
呼伦贝尔市	Hulunbeier City		338		517		90	543.3
通辽市	Tongliao City		1003		896		303	998.2
赤峰市	Chifeng City	400	2349	173	1620	22	171	2715.3
乌兰察布市	Wulanchabu City		256		518		179	320.0
鄂尔多斯市	Erdos City		1088		614		233	1044.2
巴彦淖尔市	Bayannaoer City		444				84	764.0
乌海市	Wuhai City		602		507		282	703.0
满洲里市	Manzhouli City		610		566		168	549.3
扎兰屯市	Zhalantun City		80		195		32	152.0
牙克石市	Yakeshi City		187		420		44	300.0
根河市	Genhe City		91		289		9	75.5
额尔古纳市	Eerguna City		17		103		11	48.6
乌兰浩特市	Wulanhaote City		370		364		50	491.7
阿尔山市	Aershan City		17		90		11	15.0
霍林郭勒市	Huolinguole City		126		531		76	148.0
二连浩特市	Erlianhaote City		266		376		62	109.0
锡林浩特市	Xilinhaote City		994		995		113	455.0
丰镇市	Fengzhen City	2		5		6		41.4

11-8 城市市政工程(2007年)

Basic Statistics on Municipal Engineering in Cities(2007)

地 区	Region	年末实有铺装道路长度(公里) Length of Paved Roads (year-end) (km)	年末实有铺装道路面积(万平方米) Area of Paved Roads (year-end) (10 000 sq.m)	城市桥梁(座) Number of Bridges (unit)	城市排水管道长度(公里) Length of Sewer Pipelines (km)	城市污水日处理能力(万吨) Daily Disposal Capacity of Sewage (10 000 tons)	城市路灯(千盏) Number of Street Lights (1000 unit)
合 计	**Total**	**4871**	**9016**	**283**	**5619**	**116.20**	**447**
呼和浩特市	Hohhot City	596	1356	41	489	10.00	134
包头市	Baotou City	1142	1817	30	1423	26.50	39
呼伦贝尔市	Hulunbeier City	173	269	8	146	5.00	7
通辽市	Tongliao City	163	555	7	506	20.00	62
赤峰市	Chifeng City	296	488	29	286	15.00	48
乌兰察布市	Wulanchabu City	170	340	18	191	6.30	29
鄂尔多斯市	Erdos City	536	1302	5	1049	4.00	29
巴彦淖尔市	Bayannaoer City	357	714	9	456	6.00	29
乌海市	Wuhai City	359	503	48	218	4.00	15
满洲里市	Manzhouli City	291	494	8	130		5
扎兰屯市	Zhalantun City	71	113	28	30	4.00	7
牙克石市	Yakeshi City	54	84	3	38	3.40	5
根河市	Genhe City	37	55	4	8		1
额尔古纳市	Eerguna City	74	76	3	4		1
乌兰浩特市	Wulanhaote City	98	119	5	107	2.00	11
阿尔山市	Aershan City	53	47	7	30		2
霍林郭勒市	Huolinguole City	66	157	11	207	4.00	2
二连浩特市	Erlianhaote City	88	104	2	78		16
锡林浩特市	Xilinhaote City	124	319		146	4.00	3
丰镇市	Fengzhen City	123	104	17	77	2.00	2

11-9 城市公共汽车、出租汽车(2007年)

Basic Statistics on Buses and Taxis in Cities(2007)

地 区	Region	年末实有公共汽车(辆) Public Transportation Vehicles(year-end) (unit)	运 客 总 数 (万人次) Number of Passengers Carried (10 000 Person times)	出租汽车 (辆) Number of Taxis (unit)
合 计	**Total**	**4754**	**52319**	**37607**
呼和浩特市	Hohhot City	1353	23691	4666
包头市	Baotou City	1174	10956	5850
呼伦贝尔市	Hulunbeier City	212	920	2120
通辽市	Tongliao City	143	1250	4256
赤峰市	Chifeng City	365	5196	3304
乌兰察布市	Wulanchabu City	89	810	2800
鄂尔多斯市	Erdos City	470	3102	1810
巴彦淖尔市	Bayannaoer City	112	1000	1560
乌海市	Wuhai City	419	3075	953
满洲里市	Manzhouli City	37	216	1252
扎兰屯市	Zhalantun City	70	500	1896
牙克石市	Yakeshi City	38	63	1420
根河市	Genhe City	36	248	277
额尔古纳市	Eerguna City			264
乌兰浩特市	Wulanhaote City	96	304	2100
阿尔山市	Aershan City	14	3	61
霍林郭勒市	Huolinguole City	42	115	328
二连浩特市	Erlianhaote City	20	140	490
锡林浩特市	Xilinhaote City	47	550	1750
丰镇市	Fengzhen City	17	180	450

11-10 城市园林绿化(2007年)

Basic Statistics on Parks, Gardens and Green Areas in Cities(2007)

地 区	Region	城市园林绿地面积(公顷) Total Area (hectare)	公共绿地面积(公顷) Public Green Areas (hectare)	公 园(个) Number of Parks (unit)	公园面积(公顷) Area of Parks (hectare)
合 计	**Total**	**7839**	**24068**	**99**	**6668**
呼和浩特市	Hohhot City	1854	4791	19	2380
包头市	Baotou City	1834	6673	17	1335
呼伦贝尔市	Hulunbeier City	544	878	2	484
通辽市	Tongliao City	445	1158	3	242
赤峰市	Chifeng City	371	1515	14	251
乌兰察布市	Wulanchabu City	888	1184	2	578
鄂尔多斯市	Erdos City	303	1704	10	210
巴彦淖尔市	Bayannaoer City	141	832	7	118
乌海市	Wuhai City	420	1187	6	334
满洲里市	Manzhouli City	213	717	4	48
扎兰屯市	Zhalantun City	150	468	1	68
牙克石市	Yakeshi City	68	438	1	66
根河市	Genhe City	35	325	2	27
额尔古纳市	Eerguna City	39	299	1	10
乌兰浩特市	Wulanhaote City	332	651	2	332
阿尔山市	Aershan City	4	122		12
霍林郭勒市	Huolinguole City	25	299	1	15
二连浩特市	Erlianhaote City	26	249	1	26
锡林浩特市	Xilinhaote City	36	400	2	36
丰镇市	Fengzhen City	111	178	4	96

11-11 城市公共卫生(2007年)

Basic Statistics on Urban Sanitation in Cities(2007)

地 区	Region	清扫面积 (万平方米) Area Under Cleaning Program (10 000 sq.m)	生活垃圾清运量 (万吨) Volume of Garbage Disposal (10 000tons)	粪便清运量 (万吨) Volume of Excrement and Urine Disposal (10 000 tons)	环卫机械总数 (台) Environmental Sanitation Equipment (unit)	公共厕所 (座) Number of Public Lavatories (unit)
合 计	**Total**	**8578**	**349.9**	**96.58**	**1292**	**4449**
呼和浩特市	Hohhot City	1951	39.9	4.40	233	429
包头市	Baotou City	1385	65.3	23.18	238	229
呼伦贝尔市	Hulunbeier City	247	16.4	1.10	50	158
通辽市	Tongliao City	516	25.0	9.00	51	210
赤峰市	Chifeng City	941	35.4	4.22	62	198
乌兰察布市	Wulanchabu City	198	18.4	5.80	90	324
鄂尔多斯市	Erdos City	1178	22.2	8.62	112	666
巴彦淖尔市	Bayannaoer City	258	14.7	7.93	55	403
乌海市	Wuhai City	471	23.0	18.19	97	585
满洲里市	Manzhouli City	281	14.0	2.00	73	329
扎兰屯市	Zhalantun City	80	11.1	2.92	29	40
牙克石市	Yakeshi City	93	7.6	0.26	26	24
根河市	Genhe City	46	5.0		12	30
额尔古纳市	Eerguna City	52	3.0	1.40	12	10
乌兰浩特市	Wulanhaote City	220	17.1	1.80	19	201
阿尔山市	Aershan City	18	2.5	0.50	7	39
霍林郭勒市	Huolinguole City	50	7.0		22	52
二连浩特市	Erlianhaote City	182	6.6	0.80	19	65
锡林浩特市	Xilinhaote City	240	7.0	3.00	29	233
丰镇市	Fengzhen City	171	8.8	1.46	56	224

11-12 城市设施水平(2007年)

Level of Public Facilities in Cities(2007)

地区	Region	城市人口用水普及率(%) Percentage of Population with Access to Tap Water(%)	城市用气普及率(%) Percentage of Population with Access to Gas(%)	每万人拥有公共汽车辆(标台) Number of Public Buses per 10 000 Persons (st.set)	人均拥有铺装道路面积(平方米) Per Capita Area of Paved Roads (sq.m)	人均公共绿地面积(平方米) Per Capita Public Green Areas (sq.m)	每万人拥有公共厕所(座) Number of Public Lavatories per 10 000 Population (unit)
全 区	**All Region**	**81.45**	**75.60**	**7.11**	**12.23**	**10.63**	**5.54**
呼和浩特市	Hohhot City	95.00	89.90	11.67	10.17	13.91	3.75
包头市	Baotou City	78.50	84.68	8.76	10.80	10.90	1.65
呼伦贝尔市	Hulunbeier City	77.51	64.59	6.57	10.22	20.67	6.01
通辽市	Tongliao City	88.38	81.58	3.24	12.58	10.08	4.76
赤峰市	Chifeng City	62.71	77.12	4.95	6.38	4.85	1.66
乌兰察布市	Wulanchabu City	85.47	78.75	2.32	10.38	27.11	10.78
鄂尔多斯市	Erdos City	90.57	94.65	12.23	34.68	8.07	14.48
巴彦淖尔市	Bayannaoer City	88.33	78.86	3.53	22.52	4.45	7.60
乌海市	Wuhai City	100.00	40.43	8.26	11.55	9.64	13.43
满洲里市	Manzhouli City	98.25	80.00	1.18	21.67	9.34	20.18
扎兰屯市	Zhalantun City	41.78	57.80	4.04	7.87	10.45	2.66
牙克石市	Yakeshi City	37.85	60.56	2.04	6.36	5.15	0.63
根河市	Genhe City	75.90	39.95	3.33	7.32	4.66	3.99
额尔古纳市	Eerguna City	40.50	82.50		19.00	9.75	1.21
乌兰浩特市	Wulanhaote City	83.61	54.08	2.95	4.95	13.81	6.86
阿尔山市	Aershan City	40.63	18.75	8.44	14.69	1.25	6.39
霍林郭勒市	Huolinguole City	95.74	43.48	3.65	13.65	2.17	5.20
二连浩特市	Erlianhaote City	53.69	26.85	1.34	6.98	1.74	7.40
锡林浩特市	Xilinhaote City	83.39	92.60	3.38	22.93	2.59	15.03
丰镇市	Fengzhen City	58.74	19.75	0.88	7.64	8.15	6.97

主要统计指标解释

年末自来水生产能力 指年底城建部门管理的自来水厂和自备水源的社会单位取水、净化、送水、出厂输水干管等环节的实际生产能力。

年末供水管道长度 指从送水泵到用户水表之间所有管道的长度。全年供水总量指公用自来水厂和自备水源的社会单位全年的供水总量，包括有效供水量及损失水量。

年末供水总量 指报告期供水企业（单位）供出的全部水量，包括有效供水量及损失水量。

生活用水量 指居民日常生活与公共福利设施的用水量，包括居民、饮食店、旅馆、医院、理发店、浴池、洗衣店、游泳池、商店、学校、机关、部队等单位的用水量。

城市人口用水普及率 指城市用水的非农业人口数(不包括临时人口和流动人口)与城市非农业人口总数之比。计算公式为：

用水普及率=城市用水的非农业人口数/城市非农业人口数×100%

人工煤气生产能力 指城市煤气厂制气、净化、输送等环节的综合实际生产能力。

输气管道长度 指由压缩机、鼓风机、储气罐的出口到用户煤气表之间的全部管道长度。

全年供气总量 指全年售给各类用户的全部煤气量，包括工业用量、家庭用量和其他用量。

城市用气普及率 指使用煤气(包括人工煤气、液化石油气、天然气)的城市非农业人口数(不包括临时人口和流动人口)与城市非农业人口总数之比。计算公式为：

城市煤气普及率=城市用气的非农业人口数/城市非农业人口总数×100%

城市供热能力 指热电厂、热力公司和达到标准的集中采暖锅炉房和城市输送的供热源的设计能力，即每小时向城市输送蒸汽、热水的能力。

城市供热总量 指热电厂、热力公司和达到标准的集中采暖锅炉房向城市输送的全部蒸汽、热水量。

城市供热管道长度 指热电厂、热力公司和达到标准的集中采暖锅炉房管理的集中供热热源到用户之间的全部供气、供热水的管道长度。

年底实有铺装道路长度 指除土路外，路面经过铺装宽度在 3.5 米以上的道路，包括高级、次高级道路和普通道路。

城市桥梁 指城市范围内，修建在河道上的桥梁和道路与道路立交、道路跨越铁路的立交桥及人行天桥。包括永久性桥和半永久性桥，不包括临时性桥、铁路桥、涵洞。

城市下水道总长度 指所有排水总管、干管、支管及暗渠、检查井、连接井进出水口等长度之和。

城市污水日处理能力 指污水处理厂每昼夜处理污水量的设计能力。

年末实有公共汽车 指年底可参加营运的全部车辆数，包括营运车辆数和库存查封未参加营运的车辆。不包括非营运车辆，如架线车、油罐车、工程车、货车及其他专用车辆和借入的客运车辆。

城市园林绿地面积 指城市公共绿地、专用绿地、生产绿地、防护绿地、郊区风景名胜区的全部面积。

公共绿地 指供游览休息的各种公园、动物园、植物园、陵园以及花园、游园和供游览休息用的林荫道绿地、广场绿地，不包括一般栽植的行道树及林荫道的面积。

Explanatory Notes on Main Statistical Indicators

Production Capacity of Tap Water at the Year-end refers to the actual comprehensive production capacity of the waterworks administered by the urban construction department and those owned by enterprises or institutions, taking the capacity of the main links, such as water inflow, purification, conveyance and outflow of the trunk pipelines into account.

Length of Water Supply Pipelines at the Year-end refers to the total length of all the pipelines between the water pumps and the users water meters.

Annual Volume of Water Supply refers to the total volume of water supplied by the public water works and those owned by individual enterprises and institutions during the whole year, including both the effective water supply and loss during the water supply.

Consumption of Water for Residential Use refers to the water consumption of households for daily life and the water consumption of public welfare facilities, including the consumption of restaurants, hotels, hospitals, barber shops, public bathhouses, laundries, swimming pools, shops, schools, institutions, army units and other units.

Percentage of Urban Population with Access to Tap Water refers to the ratio of the urban non-agricultural population (excluding temporary and mobile population) with access to tap water to the total urban non-agricultural population. The formula is:

Percentage of Population with Access to Tap Water = Urban Non-agricultural Population with Access to Tap Water ÷ Urban Non-agricultural Population×100%

Production Capacity of Gasworks Gas refers to the actual comprehensive production capacity of the urban gasworks in gas generation, purification and delivery.

Length of Gas Pipelines refers to the total length of pipelines between the outlet of the compressor, blower or gas tank and the gas meters of users.

Volume of Gas Supply refers to the total volume of gas sold to users in a year, including the volume for industrial use, residential use and other uses.

Percentage of Urban Population with Access to the Gas refers to ratio of the urban non-agricultural population with access to gas(including gas, liquefied petroleum gas and natural gas) to the urban non agricultural population(excluding temporary and mobile population) . The formula is:

Percentage of Population with Access to Gas = Urban Non-agricultural Population with Access to Gas Urban Non-agricultural Population×100%

Heating Capacity in Urban Area refers to the capacity of hourly supply of steam and hot water to cities by thermal power plants, heating corporations and centralized heating boiler rooms which meet certain standard.

Heating Volume in Urban Area refers to the total volume of steam and hot water supplied to cities every year by thermal power plants, heating corporations and centralized heating boiler rooms which meet certain standard.

Length of Heating Pipelines refers to the total length of pipelines for centralized supply of steam and hot water from the thermal power plants, heating corporations and centralized heating boiler rooms which meet certain standard to the users.

Length of Paved Roads at the Year-end refers to the length of roads with a paved surface, and with a width of more than 3.5 meters, including high quality, medium quality and ordinary roads.

Urban Bridges refer to bridges over river courses, great separated junctions and overpasses in urban areas. Permanent bridges and semi permanent bridges are included. Temporary bridges, railway bridges and culverts are excluded.

Length of Urban Sewage Pipes refers to the total length of general drainage, trunks. Branch and blind drainage, inspection wells, connection wells, inlets and outlets, etc.

Daily Disposal Capacity of Urban Sewage refers to the designed 24-hour capacity of sewage disposal at the sewage treatment works.

Number of Public Vehicles at the Year-end refers to the total number of operational buses available at the year-end, including the year-end operational vehicles and vehicles in stock. Non-operational vehicles such astringing cars, tank cars, machine shop cars, trucks and other special vehicles and the borrowed passenger vehicles are excluded.

Area of Urban Gardens and Green Areas refers to the total area of urban public green land, special green land, production green land, protection green land and suburban scenic spots.

Public Green Area refers to green areas of various parks, zoos, botanical gardens, cemeteries, amusement parks, tree flanked boulevards' Greenland squares for tourism and relaxing. Areas with trees planted along side the streets and boulevards are excluded.

十二　农业

AGRICULTURE

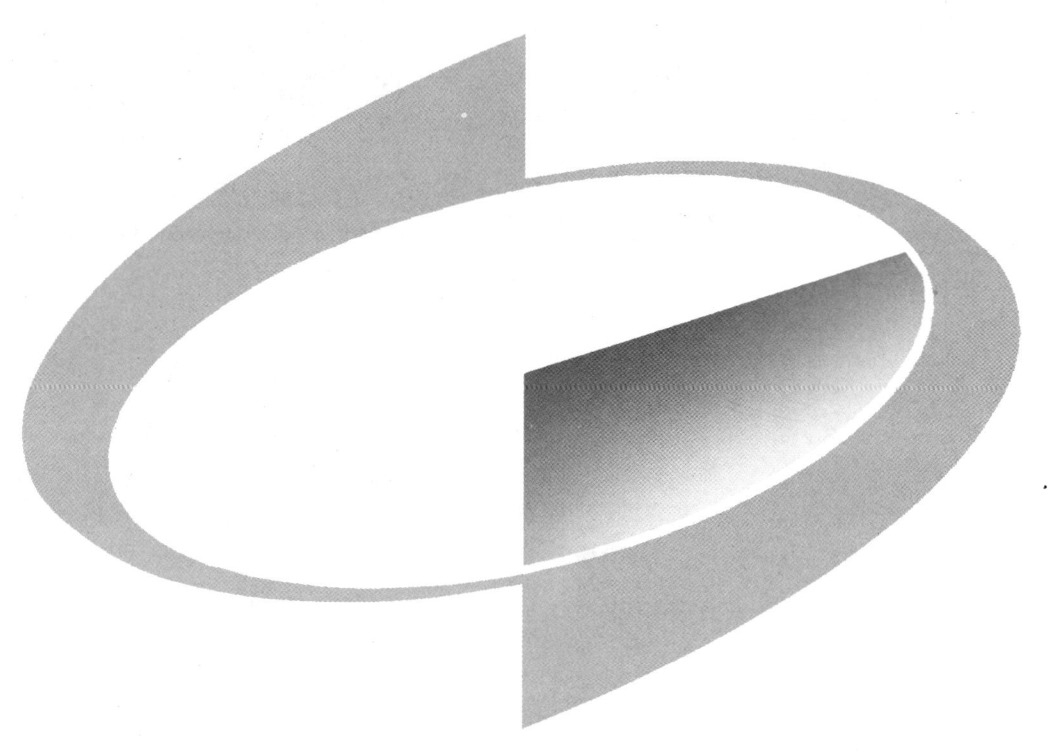

资料整理：范志生　陈　旭

徐蒙生　共　青　李丽萍 秦文忠　刘世友　邱艳丽

Arranged by Fan Zhisheng, Chen Xu, Xu Mengsheng,

Gong Qing, Li Liping, Qin Wenzhong, Liu Shiyou, Qiu Yanli

12-1 农村牧区基层组织和农牧业基本情况(2007年)

Basic Conditions of Rural Grassroots Units, Farming &Animal Husbandry(2007)

指标	Item	总计 Total	农村 Farm Area	牧区 Pastoral Area
农村牧区基层组织情况	**Basic Conditions of Rural Grassroots Units**			
乡镇(苏木)(个)	Number of Township &Town Governments(unit)	602	423	179
# 镇(个)	Number of Town Governments(unit)	412	329	83
村委会(嘎查)(个)	Number of Villages' Committees(unit)	11308	8941	2367
农村牧区社会基础设施	**Rural Fundamental Facilities of Society**			
自来水受益村(个)	Number of Villages Benefiting from Pipewater(unit)	4972	4519	453
通汽车村(个)	Number of Villages Automobiles Arriving at(unit)	10645	8612	2033
通电话村(个)	Number of Villages with Telecomm Services(unit)	10577	8577	2000
农村牧区人口与从业人口	**Rural Population &Employment**			
乡村户数(万户)	Number of Rural Households(10 000 households)	357.05	317.09	39.95
乡村人口(万人)	Rural Population(10 000 persons)	1319.85	1169.75	150.10
乡村劳动力资源(万人)	Resource of Rural Laborers(10 000 persons)	783.54	696.34	87.19
乡村从业人员(万人)	Number of Rural Employed Persons(10 000 persons)	698.04	618.30	79.73
男(万人)	Male(10 000 persons)	391.52	347.58	43.94
女(万人)	Female(10 000 persons)	306.51	270.71	35.79
按行业分乡村劳动力	**Rural Employed Persons by Sector**			
农林牧渔业从业人员(万人)	Number of Rural Employee of Farming, Foresting, Animal Husbandry & Fishery(10 000 persons)	538.56	467.36	71.20
# 农业从业人员(万人)	Farming(10 000 persons)	436.21	408.46	27.74
牧业从业人员(万人)	Animal Husbandry(10 000 persons)	76.29	37.48	38.80
工业从业人员(万人)	Employed Persons of Industry(10 000 persons)	29.70	28.32	1.37
建筑业从业人员(万人)	Employed Persons of Construction(10 000 persons)	43.73	41.96	1.76
交通运输业、仓储及邮电通信从业人员(万人)	Employed Persons of Transport, Storage, Post &Telecommunication Services(10 000 persons)	13.30	12.71	0.58
批零贸易及餐饮从业人员(万人)	Employed Persons of Wholesale, Retail Trade & Catering Service(10 000 persons)	33.74	31.39	2.35
其他非农行业人员(万人)	Employed Persons of Other Non-agricultural Trades(10 000 persons)	39.01	36.55	2.46
农牧业生产条件	**Productive Condition of Farming & Animal Husbandry**			
年末实有耕地面积(万公顷)	Cultivated Areas at Year-end(10 000 hectares)	713.33		
农作物总播种面积(万公顷)	Total Sown Areas(10 000 hectares)	676.15		
年末草场面积(万公顷)	Areas of Grassland at Year-end(10 000 hectares)	8800.00		
有效灌溉面积(万公顷)	Irrigated Areas(10 000 hectares)	281.66		
农牧业机械总动力(万千瓦)	Total Power of Machinery for Farming &Animal Husbandry(10 000 kw)	2209.00		
化肥施用量(折纯)(万吨)	Consumption of Chemical Fertilizers(10 000 tons)	140.29		
农村牧区用电量(亿千瓦小时)	Electricity Consumed in Rural Area &Pastoral Area(100 Million kwh)	34.09		
主要农牧业生产情况	**Output of Farming &Animal Husbandry**			
粮食总产量(万吨)	Gross Yield of Grain(10 000 tons)	1811.07		
牲畜总增头数(万头只)	Total Number of Livestocks Added(10 000 heads)	6274.92		
肉类总产量(万吨)	Gross Output of Meat(10 000 tons)	206.46		
蔬菜总产量(万吨)	Gross Output of Vegetables(10 000 tons)	1277.47		

12-2 农、林、牧、渔业总产值

Gross Output Value of Farming, Forestry, Animal Husbandry and Fishery

单位:万元 (10 000 yuan)

年份 Year	农林牧渔业总产值 Total	#农业 Farming	#种植业 Plant Products Industry	#林业 Forestry	#畜牧业 Animal Husbandry	#渔业 Fishery
1947	47200	37335	35588	48	9770	47
1949	60100	47780	46217	60	12200	60
1952	120600	96601	94430	844	22914	241
1957	112000	82992	25712	1792	26992	224
1962	170500	116281	100084	2387	50639	1193
1965	194000	129980	109998	4656	58200	1164
1970	240000	158160	140160	9360	72000	480
1975	308300	198545	169256	8016	101122	617
1978	283500	187961	173786	10490	84200	849
1979	315800	206533	189796	11369	97266	632
1980	306844	197403	181340	13460	95199	782
1981	394274	255550	232657	22848	114744	1132
1982	471608	307328	274780	31393	131391	1496
1983	524301	347389	299604	38108	136887	1917
1984	612772	408789	341956	44356	157230	2397
1985	731955	465638	401175	48284	214048	3985
1986	772500	483567	402848	43670	239908	5355
1987	877426	544449	450608	36254	290178	6545
1988	1223765	729359	614262	38582	447432	8392
1989	1267208	763517	639781	39968	453357	10366
1990	1569192	1031256	888314	62298	464131	11507
1991	1640837	1066021	918894	66705	494474	13637
1992	1802705	1156550	1005362	78040	552787	15328
1993	2208047	1420784	1265080	91549	677461	18253
1994	3093195	1892180	1682500	103350	1070005	27659
1995	3735936	2311734	2080477	121176	1271609	31417
1996	4653285	2995270	2731580	139653	1485617	32745
1997	5043396	3142026	2833824	152632	1712322	36416
1998	5343765	3353206	3032350	168785	1773911	47863
1999	5323166	3187204	2852798	210062	1871452	54448
2000	5431645	3083645	2725199	236071	2054581	57349
2001	5559041	3075703	2706529	260696	2162426	60216
2002	5869716	3321447	3043459	288371	2205642	54256
2003	6663815	3359567	2640337	479357	2671028	49373
2004	8513045	4115399	3334515	465808	3746932	59527
2005	9802098	4738918	3837514	397888	4445801	72420
2006	10584953	5422303	4338302	490057	4392499	91053
2007	12764437	6204176	4752347	636860	5596517	109486

注：本表绝对数按当年价格计算。

a)Data value terms in this table are calculated at current prices.

12-3 主要年份农业总产值指数

Indices of Gross Output Value of Farming, Forestry, Animal Husbandry and Fishery

按可比价格计算。

Indices are calculated at comparable prices。

上年=100 (Preceding year=100)

年份 Year	农林牧渔业总产值 Total	#农业 Farming	#种植业 Plant Products Industry	#林业 Forestry	#畜牧业 Animal Husbandry	#渔业 Fishery
1979	104.8	102.8	102.8	102.3	108.4	70.5
1980	87.1	81.4	96.3	87.1	96.9	96.3
1981	120.2	123.2	123.2	151.9	112.2	131.1
1982	115.8	115.2	115.2	113.8	111.9	101.6
1983	107.2	106.8	106.8	120.4	99.6	109.7
1984	112.1	110.1	110.1	113.3	105.1	106.7
1985	110.3	113.0	113.0	104.2	113.6	129.5
1986	94.7	88.9	88.9	85.8	104.1	121.6
1987	104.1	103.3	103.3	83.2	104.6	105.6
1988	114.2	120.2	120.2	95.6	109.0	109.6
1989	98.3	91.9	91.9	101.5	108.5	121.6
1990	120.2	133.7	133.7	114.1	102.4	100.8
1991	104.0	101.3	101.3	104.3	108.8	112.8
1992	105.8	106.8	106.7	113.0	105.2	110.0
1993	107.1	123.4	109.1	111.4	104.3	115.7
1994	103.3	99.3	96.7	104.7	108.4	124.7
1995	103.5	99.9	98.1	106.7	110.9	111.7
1996	123.7	131.4	136.0	103.8	114.9	99.7
1997	104.0	98.7	98.0	110.1	112.7	103.9
1998	106.5	108.5	108.8	105.3	103.1	126.2
1999	101.3	97.4	96.7	111.6	106.3	113.6
2000	102.5	100.3	99.9	115.0	104.1	104.8
2001	102.0	99.3	98.7	109.5	104.9	105.5
2002	104.9	106.5	114.1	110.8	102.0	102.2
2003	106.2	94.8	91.6	110.1	122.0	87.2
2004	114.9	109.4	110.5	93.0	126.0	107.4
2005	111.2	110.6	110.2	82.6	115.2	116.0
2006	103.7	107.9	106.1	112.8	97.5	116.1
2007	104.0	100.7	96.3	117.1	106.0	117.9

12-4 年末主要农牧业机械拥有量

Major Machinery for Farming & Animal Husbandry at Year-end

项 目	Item	2006	2007
农牧业机械原值(万元)	Original Value of Machinery for Farming and Animal Husbandry(10 000 yuan)	1309908	1436945
农牧业机械净值(万元)	Net Value of Machinery for Farming & Animal Husbandry (10 000 yuan)	997638	1092205
农牧业机械总动力(万千瓦)	Total Power of Machinery for Farming & Animal Husbandry (10 000 kw)	2053	2209
大中型农用拖拉机(混合台)	Large & Medium Agricultural Tractors (mixed unit)	91735	170668
大中型农用拖拉机(万千瓦)	Large & Medium Agricultural Tractors(10 000 kw)	224	420
小型拖拉机(台)	Mini -Tractors (unit)	557298	538042
小型拖拉机(万千瓦)	Mini -Tractors (10 000 kw)	652	625
联合收割机(台)	Combine Harvesters (unit)	5015	5527
联合收割机(万千瓦)	Combine Harvesters (10 000 kw)	30	32
农用运输车(万辆)	Trucks for Agricultural Use (10000unit)	7	8
农用运输车(万千瓦)	Trucks for Agricultural Use (10 000 kw)	159	182
排灌用电动机(台)	Electric Motor for Irrigating & Draining (unit)	172712	173595
排灌用电动机(万千瓦)	Electric Motor for Irrigating & Draining (10 000 kw)	126	127
排灌用柴油机(台)	Diesel Engine for Irrigating & Draining (unit)	177830	181681
排灌用柴油机(万千瓦)	Diesel Engine for Irrigating & Draining (10 000 kw)	169	172
大中型拖拉机配套农具(部)	Number of Large & Medium Agricultural Tractor Towing Farm Machinery (unit)	152992	252379
小型拖拉机配套农具(部)	Number of Mini-tractor Towing Farm Machinery (unit)	796113	806243
机动脱粒机(台)	Motorized Threshing Machines (unit)	80806	96012
机动割晒机(台)	Motorized Harvesters (unit)	16297	17012
机引牧草收割机(部)	Towed Harvesters for Grass (unit)	41035	46600
饲料粉碎机(部)	Smashing Machines for Feed (unit)	124293	120453
机动剪毛机(台)	Motorized Sheepshears (unit)	240	345
农 用 水 泵(万台)	Water Pumps for Agricultural Use (10 000 unit)	37	37

12-5 灌溉、化肥施用量、农村牧区用电、水库和治理水土情况

Irrigation, Consumption of Chemical Fertilizers, Electricity Consumption of Rural Area, Number of Reservoirs and Areas of Soil Erosion under Control

项 目	Item	2006	2007
有效灌溉面积(万公顷)	Effective Irrigated Areas(10 000 hectares)	275.81	281.66
# 灌区有效灌溉面积(万公顷)	Effective Irrigated Areas in Irrigation Area(10 000 hectares)	129.93	130.17
节水灌溉面积(万公顷)	Watersaving Irrigated Areas(10 000 hectares)	165.26	181.64
喷灌和滴灌(万公顷)	Jetting Irrigation Dropping Irrigatation(10000 hectares)	49.87	52.78
管道输水(万公顷)	Pipeline Transportation(10 000 hectares)	60.21	67.55
化肥施用量(万吨)	Consumption of Chemical Fertilizers(10 000 tons)	126.70	140.29
氮肥(万吨)	Nitrogenous Fertilizer(10 000 tons)	63.00	67.60
磷肥(万吨)	Phosphate Fertilizer(10 000 tons)	22.00	25.20
钾肥(万吨)	Potash Fertilizer(10 000 tons)	10.00	13.46
复合肥(万吨)	Compound Fertilizer(10 000 tons)	32.00	34.03
农村用电量(万千瓦时)	Electricity Consumption in Rural Area(10 000 kwh)	319535	340982
水库个数(座)	Number of Reservoirs(unit)	487	489
大型水库(座)	Large(unit)	9	10
中型水库(座)	Medium-sized(unit)	76	76
小型水库(座)	Small(unit)	402	403
水库容量(亿立方米)	Capacity of Reservoirs(100 million cu.m)	82.53	85.35
大型水库(亿立方米)	Large(100 million cu.m)	48.87	51.46
中型水库(亿立方米)	Medium-Sized(100 million cu.m)	26.81	26.79
小型水库(亿立方米)	Small(100 million cu.m)	6.85	7.10
治理水土面积(万公顷)	Areas of Soil Erosion under Control(10 000 hectares)	955.75	990.17

12-6 农牧民家庭平均每户年末固定资产原值

Original Value of Fixed Assets Owned Per Rural Household (End of Year)

单位:元 (yuan)

项 目	Item	2006	2007
年末生产性固定资产原值	**Original Value of Productive Fixed Assets at year-end**	**14334.54**	**15359.90**
役畜、产品畜	Draught Animals, Commodity Animals	3328.92	3484.19
大中型铁木农具	Large and Medium Wood and Iron Farm Tools	834.06	931.60
农林牧渔业机械	Machinery for Farming, Forestry, Animal Husbandry and Fishery	4546.98	4785.15
工业机械	Industrial Machinery	30.55	119.77
运输机械	Transport Machinery	296.77	237.11
生产用房	Building for Productive Purpose	3860.25	4308.22
其他生产用固定资产	Others	1437.01	1493.86

12-7 农牧民家庭平均每百户年末拥有固定资产数量

Number of Fixed Assets Owned Per 100 Rural Households (End of Year)

项 目	Item	2006	2007
汽 车(辆)	Automobiles(unit)	2	2
大中型拖拉机(台)	Large and Medium Tractors(unit)	3	6
小型和手扶拖拉机(台)	Mini - tractors and Walking Tractors(unit)	51	47
机动脱粒机(台)	Motorized Threshing Machines(unit)	4	3
胶 轮 大 车(辆)	Carts with Rubber Tires(unit)	30	29
水 泵(台)	Pumps(unit)	33	34
役 畜(头)	Draught Animals(head)	68	65
产 品 畜(头)	Commodity Animals(head)	223	236

12-8 农民家庭平均每户年末生产性固定资产原值

Original Value of Productive Fixed Assets Owned Per Peasant Household (End of Year)

单位:元 (yuan)

项 目	Item	2006	2007
年末生产性固定资产原值	**Original Value of Productive Fixed Assets at Year-end**	**12270.23**	**13128.12**
役畜、产品畜	Draught Animals, Commodity Animals	3182.03	3316.47
大中型铁木农具	Large and Medium Wood and Iron Farm Tools	759.25	843.55
农林牧渔业机械	Machinery for Farming, Forestry, Animal Husbandry and Fishery	4044.70	4342.94
工业机械	Industrial Machinery	34.21	134.09
运输机械	Transport Machinery	330.00	265.46
生产用房	Building for Productive Purpose	3103.00	3399.48
其他生产用固定资产	Others	817.04	826.13

12-9 农民家庭平均每百户固定资产拥有量

Number of Fixed Assets Owned Per 100 Peasant Households (End of Year)

项 目	Item	2006	2007
汽 车(辆)	Automobiles(unit)	1	1
大中型拖拉机(台)	Large and Medium Tractors(unit)	3	5
小型和手扶拖拉机(台)	Mini - tractors and Walking Tractors(unit)	49	46
机动脱粒机(台)	Motorized Threshing Machines(unit)	4	3
胶 轮 大 车(辆)	Carts with Rubber Tires(unit)	31	31
水 泵(台)	Pumps(unit)	33	34
役 畜(头)	Draught Animals(head)	68	65
产 品 畜(头)	Commodity Animals(head)	77	79

12-10 牧民家庭年末生产性固定资产原值及固定资产拥有量

Original Value and Number of Productive Fixed Assets Owned Herdsman Households (End of Year)

项 目	Item	2006	2007
生产性固定资产原值(平均每户)(元)	**Original Value of Productive Fixed Assets Owned Per Herdsman Household(yuan)**	**31600**	**34026**
役畜、产品畜(元)	Draught Animals, Commodity Animals(yuan)	4557	4887
大中型牧业工具(元)	Large and Medium Animal Husbandry Tools(yuan)	1460	1668
农林牧业机械(元)	Machinery for Farming, Forestry and Animal Husbandry(yuan)	8730	4844
运 输 机 械(元)	Transport Machinery(yuan)		
生产资料拥有量(平均每百户)	**Number of Productive material (Per 100 Households)**		
汽 车(辆)	Automobiles(unit)	8.00	6.00
大中型拖拉机(台)	Large and Medium -Tractors(unit)	3.00	12.00
小型拖拉机(台)	Mini -Tractors(unit)	68.00	52.00
水 泵(台)	Pumps (unit)	36.00	32.00

12-11 农业机械化、电气化情况

Basic Statistics on Agricultural Mechanization and Electrification

项 目	Item	2006	2007
农业机械化程度	**Level of Agricultural Mechanization**		
机耕地面积(万公顷)	Areas of Tractor Plowing(10 000 hectares)	486.75	518.61
占耕地面积的比重(%)	Percentage to Cultivated Areas(%)	65.07	80.70
机械播种面积(万公顷)	Areas of Mechine Sowing(10 000 hectares)	438.31	464.85
占农作物总播种面积的比重(%)	Percentage to Total Sown Areas(%)	69.61	72.30
机械收割面积(万公顷)	Areas of Machine Harvesting(10 000 hectares)	161.29	175.15
占农作物总播种面积的比重(%)	Percentage to Total Sown Areas(%)	25.61	27.30
每公顷耕地拥有农业机械总动力(瓦特)	Total Power of Machinery for Per Hectare(w)	2744.65	2909.13
农业电气化情况	**Level of Agricultural Electrification**		
农村用电量(亿千瓦小时)	Electricity Consumption by Rural Area (100 million kwh)	31.95	34.10
平均每公顷耕地用电量(千瓦小时)	Electricity Consumption Per Hectare(kwh)	427.14	553.59
乡村(嘎查)及村以下办水电站个数(个)	Number of Hydroelectric Stations Run by Villiges and Lower Level (unit)	3	7
发 电 量(万千瓦小时)	Number of Generating Electricity(10 000 kwh)	6.00	360.00

12-12 耕地面积、造林面积和播种面积

Cultivated Areas, Afforested Areas and Sown Areas

单位：万公顷 (10 000 hectares)

年 份 Year	年末实有耕地面积 Cultivated Areas at Year end	水 田 Paddy Fields	旱 地 Dry Fields	# 水浇地 Irrigated Fields	当年造林面积 Annual Afforested Hilly Areas	总播种面积 Total Sown Areas	粮食作物播种面积 Sown Areas of Grain Crops	经济作物播种面积 Sown Areas of Industrial Crops
1947	396.7	0.8	395.9	29.5		347.9	318.9	20.4
1948	417.0	0.9	416.1	31.6		372.7	337.2	27.1
1949	433.1	1.4	431.7	32.1		389.6	352.8	28.0
1950	472.6	2.0	470.6	33.5	0.53	423.8	388.8	28.3
1951	506.3	1.8	504.5	39.8	1.66	469.7	416.0	46.2
1952	517.4	1.5	515.9	52.9	4.43	494.9	436.0	49.7
1953	531.9	1.6	530.3	54.3	3.68	477.6	428.7	40.5
1954	531.6	1.1	530.5	55.5	3.93	484.9	437.8	36.6
1955	542.3	1.4	540.9	57.9	3.73	488.6	435.8	41.9
1956	569.9	3.3	566.6	68.0	12.79	531.0	472.9	42.8
1957	571.5	4.3	567.2	64.5	8.27	527.9	463.2	48.6
1958	555.3	9.4	545.9	104.1	37.13	505.5	445.2	40.9
1959	539.3	9.7	529.6	100.1	31.93	487.0	414.2	56.6
1960	602.0	9.8	592.2	108.3	39.10	575.0	486.2	56.1
1961	609.7	7.0	602.7	78.3	7.41	580.0	503.1	43.8
1962	586.7	4.0	582.7	55.4	4.73	544.6	484.7	39.0
1963	554.2	3.6	550.6	56.3	5.23	526.1	471.6	36.4
1964	561.4	3.1	558.3	67.4	15.86	534.2	478.4	39.5
1965	561.5	1.9	559.6	86.9	20.00	528.1	470.9	37.9
1966	548.0	1.7	546.3	110.7	16.32	510.0	449.4	33.7
1967	540.3	1.7	538.6	99.4	15.55	510.2	448.5	35.9
1968	531.2	2.3	528.9	91.5	11.10	497.1	443.4	34.0
1969	534.3	2.9	531.4	87.0	9.61	499.3	445.7	35.7
1970	545.0	2.8	542.2	93.6	11.71	508.4	453.5	35.3
1971	544.1	1.9	542.2	95.1	16.33	503.5	451.0	32.2
1972	542.7	2.1	540.6	100.5	16.20	499.8	444.1	33.9
1973	541.2	1.7	539.5	107.0	18.77	498.9	441.0	35.5
1974	537.7	1.5	536.2	113.1	20.59	496.3	436.1	36.4
1975	534.1	1.5	532.6	124.7	23.68	490.9	429.0	37.7
1976	526.7	2.0	524.7	130.3	26.19	480.7	410.1	42.9
1977	525.1	2.7	522.4	122.8	34.52	478.1	406.5	44.7

12-12 续表 continued

单位：万公顷 (10 000 hectares)

年份 Year	年末实有耕地面积 Cultivated Areas at Year-end	水田 Paddy Fields	旱地 Dry Fields	#水浇地 Irrigated Fields	当年造林面积 Annual Afforested Hilly Areas	总播种面积 Total Sown Areas	粮食作物播种面积 Sown Areas of Grain Crops	经济作物播种面积 Sown Areas of Industrial Crops
1978	532.6	1.7	530.9	120.9	29.79	482.4	409.4	44.9
1979	534.7	1.7	533.0	115.2	30.47	488.1	404.2	52.8
1980	525.2	1.5	523.7	106.0	29.81	479.7	388.2	61.1
1981	518.6	1.7	516.9	103.2	38.12	466.2	385.4	55.6
1982	510.9	1.6	509.3	101.1	51.65	464.1	384.3	58.2
1983	506.5	1.7	504.8	100.5	60.94	463.1	383.7	58.5
1984	500.6	1.9	498.7	96.1	69.91	463.1	376.2	63.9
1985	493.0	2.3	490.7	94.2	70.41	454.9	342.2	91.4
1986	489.5	2.7	486.8	97.9	22.63	455.6	358.1	71.6
1987	485.1	2.8	482.3	101.0	24.83	447.4	355.6	64.3
1988	487.1	3.6	483.5	104.3	26.60	455.9	363.6	66.8
1989	491.2	5.1	486.1	110.2	23.70	457.6	372.1	61.9
1990	496.6	7.6	489.0	117.3	29.80	472.2	387.5	62.6
1991	500.5	8.7	491.8	123.6	41.08	476.8	387.9	68.9
1992	508.1	9.5	498.6	127.3	51.82	485.4	392.5	72.4
1993	517.1	7.4	509.7	130.8	39.68	486.8	398.7	67.3
1994	531.0	6.5	524.5	132.1	37.19	492.5	402.7	66.3
1995	549.1	8.4	540.7	135.8	40.25	507.9	414.3	71.3
1996	592.4	9.1	583.3	146.5	43.59	529.1	442.4	64.9
1997	746.3	11.3	735.0	173.5	46.44	583.8	490.6	80.4
1998	722.4	11.3	711.0	171.7	47.78	602.7	503.1	85.9
1999	752.4	11.6	740.8	191.9	53.40	607.7	495.1	97.2
2000	731.7	12.1	719.6	194.6	59.00	591.4	443.6	122.9
2001	709.1	11.1	698.0	195.5	73.19	570.7	438.3	92.4
2002	709.1	11.6	697.5	202.1	90.74	588.7	434.3	104.0
2003	686.3	10.1	676.3	207.9	83.60	574.9	405.1	103.6
2004	711.5	10.9	700.6	244.7	63.09	592.4	418.1	100.0
2005	735.5	9.3	726.2	249.4	38.38	621.6	437.4	104.0
2006	713.3	8.3	705.0	179.1	47.98	659.0	493.7	87.8
2007	713.3	8.3	705.0	179.1	59.01	676.2	510.2	85.7

注：1997年耕地面积为农业普查数据；1997年以后耕地面积以该口径调整。

a) The Cultivated Areas at end of 1997 is obtained from Agricultural Census; The Cultivated Areas after 1997 is calculated at this specification.

12-13 主要粮食作物播种面积

Sown Areas of Major Grain Crops

单位：万公顷 (10 000 hectares)

年份 Year	农作物总播种面积 Total Sown Area	粮食作物播种面积 Sown Areas of Grain Crops	谷物 Cereal	小麦 Wheat	玉米 Corn	稻谷 Rice	谷子 Millet	莜麦 Sweet-oats	糜黍 Broom Corn Millet	薯类 Tubers	豆类 Beans	#大豆 Soybean
1947	347.9	318.9		22.6	19.1	0.8	61.0	32.0	42.0	15.1		14.7
1948	372.7	337.2		25.0	20.1	0.9	63.8	33.1	46.0	16.2		14.9
1949	389.6	352.8		26.7	22.4	1.4	65.7	35.3	46.7	16.6		16.5
1950	423.8	388.8		29.6	24.7	2.0	73.3	40.3	49.3	17.1		11.7
1951	469.7	416.0		33.9	19.1	1.6	73.5	52.7	56.5	21.8		11.1
1952	494.9	436.0		43.9	22.9	1.5	79.8	60.8	71.5	22.1		15.8
1953	477.6	428.7		47.6	24.4	0.8	77.0	62.0	69.1	21.1		21.7
1954	484.9	437.8		58.0	26.4	1.0	73.3	60.4	70.4	20.6		22.7
1955	488.6	435.8		60.2	31.9	1.4	71.9	64.7	68.8	19.8		26.9
1956	531.0	472.9		60.1	50.6	2.9	88.7	59.6	71.9	21.9		24.2
1957	527.9	463.2		64.0	36.2	4.0	84.7	64.2	68.1	22.4		26.8
1958	505.5	445.2		57.9	57.6	8.9	81.8	55.5	48.1	39.4		21.2
1959	487.0	414.2		59.7	35.1	8.9	68.2	61.4	53.6	27.1		20.5
1960	575.0	486.2		73.7	52.2	8.9	79.1	63.2	66.6	29.6		23.0
1961	580.0	503.1		80.8	48.7	6.3	73.0	67.8	73.2	31.2		23.1
1962	544.6	484.7		67.1	50.1	3.9	79.7	69.7	68.8	26.7		23.5
1963	526.1	471.6		67.1	45.0	3.5	76.8	70.7	66.0	27.1		
1964	534.2	478.4		71.4	47.7	3.4	83.1	71.3	63.4	26.0		26.6
1965	528.1	470.9		72.5	50.1	1.8	85.3	66.3	63.9	24.2		24.4
1966	510.1	449.4		71.4	66.4	1.6	80.3	62.2	55.9	32.2		21.7
1967	510.2	448.5		74.1	62.3		82.2	63.3	52.4	24.4		
1968	497.1	443.4		72.3	56.2		78.1	61.7	55.1	23.7		
1969	499.3	445.7		78.3	53.3		81.1	64.2	45.7	22.5		
1970	508.4	453.5		84.8	52.4		82.1	65.2	53.7	21.8		
1971	503.5	451.0		85.7	63.5		79.7	58.7	50.3	22.9		
1972	499.8	444.1		83.8	61.6		72.3	54.8	53.1	23.6		
1973	498.9	441.0		86.9	59.7		78.0	50.5	51.1	25.6		
1974	496.3	436.1		87.0	66.5		74.7	48.6	45.0	25.6		
1975	490.9	429.0		92.1	70.9		68.5	47.3	40.3	26.9		
1976	480.7	410.1		105.5	70.7		57.2	39.1	34.7	25.3		
1977	478.1	406.5		108.4	65.2		55.9	40.4	31.2	26.6		

12-13 续表 continued

单位：万公顷 (10 000 hectares)

年 份 Year	农作物总播种面积 Total Sown Area	粮食作物播种面积 Sown Areas of Grain Crops	谷 物 Cereal	小 麦 Wheat	玉 米 Corn	稻 谷 Rice	谷 子 Millet	莜 麦 Sweet-oats	糜 黍 Broom Corn Millet	薯 类 Tubers	豆 类 Beans	# 大 豆 Soybean
1978	482.4	409.4		108.6	66.8		56.7	38.6	29.6	29.2		
1979	488.1	404.2		95.2	67.0	1.6	56.4	45.4	37.6	27.7		18.3
1980	479.7	388.2		95.7	65.3	1.5	50.2	47.4	36.0	25.2		17.1
1981	466.2	385.4		90.3	59.2	1.6	53.4	43.8	41.5	23.2		19.4
1982	464.1	384.3		87.8	50.5	1.6	57.0	44.4	39.7	24.3		23.9
1983	463.1	383.7		91.1	49.4	1.7	55.9	45.0	38.2	25.4		21.9
1984	463.1	376.3		93.2	46.4	1.8	51.9	41.4	40.9	24.6		19.3
1985	454.9	342.2		92.7	43.4	2.4	46.3	36.5	31.1	22.7		21.9
1986	455.6	358.1		93.7	54.8	2.7	41.4	34.0	32.4	22.5		26.4
1987	447.4	355.7		92.1	66.0	2.8	38.7	33.8	26.8	22.9		27.5
1988	455.9	363.6		97.4	66.9	3.5	38.5	28.9	26.8	25.3		31.1
1989	457.6	372.1		100.8	69.6	5.3	37.4	26.8	13.0	24.7		31.8
1990	472.2	387.5		115.4	77.4	7.9	35.7	26.5	11.7	24.6		30.1
1991	476.8	387.9		119.2	81.2	8.8	33.4	25.2	11.0	23.9		30.1
1992	485.4	392.5	318.8	133.4	77.5	9.4	28.5	18.7	9.8	25.0	48.7	35.6
1993	486.8	398.7	293.6	118.9	76.2	7.3	25.8	17.2	7.9	26.3	78.8	57.1
1994	492.5	402.7	292.1	103.4	83.7	6.8	23.3	16.9	8.5	25.3	85.3	60.4
1995	507.9	414.3	300.9	101.7	99.2	7.9	23.7	13.7	8.2	35.5	77.9	55.7
1996	529.1	442.4	323.2	109.4	111.6	9.0	25.2	13.0	17.1	41.6	77.6	55.5
1997	583.8	490.6	339.0	116.5	127.9	12.2	25.7	11.3	20.7	46.4	105.2	75.8
1998	602.7	503.1	340.5	109.3	147.1	11.8	22.4	10.2	14.9	50.1	112.5	77.1
1999	607.7	495.1	330.9	93.8	157.2	11.7	20.7	9.3	12.4	58.2	106.0	73.7
2000	591.4	443.6	264.8	61.7	129.8	11.8	16.4	6.2	12.8	65.0	113.7	79.4
2001	570.7	438.3	263.8	51.6	151.9	8.6	17.6	3.3	11.5	56.7	117.9	75.5
2002	588.7	434.3	271.8	46.5	156.2	9.0	17.7	4.5	10.0	58.0	104.6	59.6
2003	574.9	405.1	243.4	31.8	159.1	6.7	14.2	4.4	8.1	53.6	108.2	69.7
2004	592.4	418.1	258.3	41.9	167.6	8.1	12.6	3.8	7.4	52.8	107.0	75.3
2005	621.6	437.4	273.4	46.1	180.6	8.4	12.5	3.9	6.1	56.2	107.7	79.7
2006	659.0	493.7	302.4	48.4	191.6	9.1	14.3	5.0	6.9	59.5	131.8	97.3
2007	676.2	510.2	330.3	56.8	201.2	10.8	13.7	6.4	6.8	62.2	117.6	74.7

12-14 主要经济作物播种面积

Sown Areas of Major Industrial Crops

单位：万公顷 (10 000 hectares)

年份 Year	经济作物播种面积 Sown Areas of Industrial Crops	油料 Oil bearing Crops	葵花籽 Sunflo-wer Seeds	胡麻籽 Flax Seeds	油菜籽 Rape Seeds	甜菜 Beet-roots	烟叶 Tob-acco	麻类 Fiber Crops	蔬菜 Vege-table	果用瓜 Melons (use on Fruit)	其它作物播种面积 Sown Areas of other Crops	#青饲料 Green fodder
1947	20.4	18.7		7.8	2.3		0.2	0.8	2.3		38.6	
1948	27.1	25.0		8.5	2.4		0.2	1.0	4.7		8.4	
1949	28.0	25.8		9.2	1.9		0.2	1.0	5.0		8.8	
1950	28.3	25.0		9.4	3.4		0.1	0.8	3.7		6.6	
1951	46.2	36.4		14.3	5.0		0.2	0.9	4.2		7.5	
1952	49.7	46.6		17.7	6.9		0.2	1.5	5.1		9.3	
1953	40.5	38.4		17.2	6.0		0.2	1.2	4.7		8.3	
1954	36.7	34.9		17.3	4.8		0.2	0.9	5.6		10.4	
1955	41.9	39.6		21.5	4.8	0.8	0.3	0.9	6.0		11.0	
1956	42.8	39.8		21.6	5.6	1.0	0.3	0.9	6.3		15.3	
1957	48.6	43.1		22.7	5.4	1.4	0.3	1.7	6.6		16.1	
1958	40.9	35.9		18.9	4.6	1.6	0.3	1.6	7.4		19.4	
1959	56.6	48.6		23.8	5.8	2.4	0.4	2.1	8.8		16.1	
1960	56.1	48.1		21.8	8.1	3.7	0.3	2.0	152.0		32.7	
1961	43.8	38.3		16.6	7.3	1.9	0.5	1.9	19.1		33.1	
1962	39.0	34.4		14.3	6.3	0.7	0.5	2.1	12.2		20.8	
1963	36.4	31.8		14.9	4.5	0.8	0.4	2.1	9.5		18.1	
1964	39.5	33.5		14.8	5.1	1.5	0.4	1.9	8.1		16.3	
1965	37.9	31.4		14.7	4.7	1.9	0.3	1.8	7.9		19.3	
1966	33.7	27.8		13.1	4.1	2.2	0.3	1.6	8.2		26.9	
1967	35.9	28.9				2.8					25.8	
1968	34.0	27.4				2.8					19.7	
1969	35.7	38.3				3.1					17.9	
1970	35.3	28.9				2.9					19.6	
1971	32.2	26.7				2.4					20.3	
1972	33.9	27.2				3.6					21.8	
1973	35.5	27.2				4.6					22.4	
1974	36.4	28.4				4.1					23.8	
1975	37.7	28.8				4.7					24.2	
1976	42.9	32.4				5.7					27.7	
1977	44.7	34.2				5.3					26.9	

12-14 续表 continued

单位：万公顷 (10 000 hectares)

年份 Year	经济作物播种面积 Sown Areas of Indus-trial Crops	油料 Oil-bearing Crops	葵花籽 Sunflo-wer Seeds	胡麻籽 Flax Seeds	油菜籽 Rape Seeds	甜菜 Beet-roots	烟叶 Tob-acco	麻类 Fiber Crops	蔬菜 Vege-table	果用瓜 Melons (use on Fruit)	其它作物播种面积 Sown Areas of other Crops	# 青饲料 Green fodder
1978	44.9	34.8				4.8					28.1	
1979	52.8	41.9	5.7	19.1	7.1	4.5	0.4	1.6	8.9	2.0	31.1	15.3
1980	61.1	52.0	16.3	18.9	7.9	5.6	0.3	1.2	8.5	1.4	30.4	14.0
1981	55.6	46.9	14.3	14.6	8.1	5.7	0.4	0.9	7.3	1.6	25.2	10.4
1982	58.2	49.3	15.0	16.4	7.8	6.1	0.5	0.4	6.8	1.5	21.6	9.7
1983	58.5	49.0	15.4	16.3	6.8	6.1	0.2	0.3	6.7	1.3	20.9	9.6
1984	63.9	54.3	21.5	15.4	6.9	6.1	0.2	0.2	6.1	1.7	23.0	11.8
1985	91.4	76.6	30.1	18.3	8.8	10.0	0.4	0.3	5.8	2.0	21.4	11.4
1986	71.6	60.4	25.8	15.6	6.7	7.5	0.4	0.3	5.7	2.0	26.0	14.4
1987	64.3	54.6	22.3	16.6	6.6	7.5	0.3	0.1	6.4	1.6	27.4	16.7
1988	66.8	53.7	19.0	17.4	7.3	10.3	0.5	0.1	6.1	1.7	25.6	14.6
1989	61.9	51.1	17.7	16.4	4.9	8.2	0.7	0.1	6.3	1.2	23.6	13.0
1990	62.6	51.8	17.2	16.8	6.0	9.5	0.5	0.3	6.4	0.9	22.2	12.4
1991	68.9	55.1	19.7	17.2	7.5	11.9	0.7	0.4	5.9	0.9	20.1	11.2
1992	72.4	58.2	22.6	16.9	9.1	10.8	0.4	0.5	7.8	1.5	20.5	9.8
1993	67.3	50.3	18.3	15.2	7.9	10.9	0.4	0.1	8.2	1.5	20.9	9.5
1994	66.3	53.1	20.7	15.2	10.8	11.8	0.2	0.4	7.1	1.3	23.5	10.6
1995	71.3	55.7	20.7	15.1	13.5	14.0	3.0	0.8	1.3	1.3	9.9	
1996	64.9	50.6	18.9	14.6	11.8	12.7	0.8	0.4	8.8	1.5	21.8	8.4
1997	78.8	49.9	21.6	13.5	11.7	12.6	1.6	0.4	11.8	1.8	14.4	9.8
1998	84.3	56.7	27.1	11.5	15.6	11.7	0.6	0.3	11.5	2.6	15.3	9.3
1999	97.2	68.0	35.1	10.5	17.5	6.6	0.7	0.6	16.4	4.1	15.4	9.0
2000	122.9	87.9	36.3	10.1	29.5	5.9	0.8	0.1	20.9	4.8	25.0	13.1
2001	92.4	60.8	32.0	3.8	19.9	5.8	0.6	0.3	18.2	3.5	40.0	33.3
2002	104.0	68.9	34.5	7.6	22.5	7.1	0.5	0.4	20.8	3.6	50.4	43.8
2003	103.6	72.3	32.8	6.8	28.0	3.7	0.7	0.5	19.2	3.8	66.2	56.5
2004	100.0	67.1	29.5	5.9	27.8	3.6	0.6	0.8	20.4	3.5	74.3	65.5
2005	104.0	69.5	35.6	5.6	25.6	3.8	0.8	1.0	22.1	3.9	80.2	72.2
2006	87.8	59.2	25.7	4.9	23.0	3.0	0.4	0.7	17.2	5.3	77.5	62.4
2007	85.7	53.3	26.3	3.8	15.2	3.0	0.3	0.4	21.8	4.7	80.3	60.1

12-15 主要年份主要农产品产量

Yield of Major Farm Crops in Major Years

单位:万吨 (10 000 tons)

年份 Year	粮食 Grain	谷物 Cereal	小麦 Wheat	玉米 Corn	稻谷 Rice	谷子 Millet	莜麦 Sweet-oats	糜子 Broom Corn Millet	薯类 Tubers	豆类 Beans	#大豆 Soybean
1947	184.5		10.0	19.0	1.2	43.5	16.9	13.0	14.8		6.3
1949	212.5		13.0	24.0	2.0	43.5	18.6	19.2	18.1		8.0
1952	348.5		25.5	28.5	2.5	72.0	33.0	42.7	42.9		12.2
1957	302.5		52.5	34.5	4.2	51.0	32.7	33.8	29.2		14.6
1965	382.0		59.5	81.0	2.8	64.0	35.9	34.6	22.2		16.0
1970	469.5		66.0	101.0		95.0	46.5	42.0	25.0		
1975	519.5		93.5	157.0		71.5	34.0	36.0	37.5		
1978	499.0		88.0	173.5	3.6	60.0	25.0	26.5	42.0		
1980	396.5		82.7	139.2	4.1	39.7	21.3	19.0	30.0		12.4
1981	510.0		99.8	142.6	4.0	59.9	37.8	36.3	37.6		19.3
1982	530.0		126.7	105.9	4.7	71.2	37.2	23.3	41.6		24.3
1983	560.2		120.9	142.9	4.2	79.2	20.9	26.4	41.9		24.3
1984	594.4		144.2	148.3	6.0	73.6	32.5	26.4	49.9		24.3
1985	604.1		148.5	159.8	7.8	78.6	28.6	18.1	48.2		28.8
1986	528.5		130.8	192.7	8.3	38.3	15.9	12.3	36.4		41.0
1987	607.0		125.7	273.3	7.7	52.1	7.3	10.1	33.7		36.7
1988	738.3		163.4	305.5	12.0	46.4	20.9	15.5	61.2		47.5
1989	677.9		187.5	285.1	19.2	31.3	9.0	10.0	42.5		36.9
1990	973.0		261.7	393.1	31.1	59.4	25.3	13.6	61.3		47.7
1991	958.5		280.2	413.7	35.2	45.1	17.0	9.3	46.5		45.1
1992	1046.8	937.4	330.3	435.4	41.4	44.3	13.3	12.4	58.7	50.7	40.0
1993	1108.3	930.9	298.5	453.9	33.0	48.4	12.1	9.2	63.8	113.6	90.1
1994	1083.5	910.4	234.8	482.3	30.5	41.4	10.0	10.7	55.3	117.8	94.0
1995	1055.4	914.1	262.2	518.4	39.6	23.9	8.8	7.3	74.3	67.0	52.5
1996	1535.3	1301.7	318.9	751.5	51.0	49.3	13.4	11.4	124.0	109.6	83.4
1997	1421.0	1188.0	307.9	677.9	70.6	41.1	7.6	11.0	114.4	118.7	97.4
1998	1575.4	1319.9	282.7	839.8	60.3	44.3	10.0	10.8	127.0	128.5	93.8
1999	1428.5	1210.6	273.1	771.4	68.8	29.2	6.4	5.5	110.7	107.2	82.5
2000	1241.9	947.9	181.8	629.2	72.2	15.0	2.7	5.3	184.3	109.7	85.8
2001	1239.1	1016.5	127.1	757.0	56.7	25.7	1.3	5.1	108.8	113.8	83.4
2002	1406.1	1097.7	121.5	821.5	56.0	30.3	3.9	5.3	168.5	139.9	96.4
2003	1360.7	1092.3	79.0	888.7	45.0	21.4	5.9	5.5	174.5	93.9	53.6
2004	1505.4	1180.4	110.5	948.0	54.5	19.9	5.6	5.1	189.8	135.1	103.1
2005	1662.2	1342.1	143.6	1066.2	62.1	23.4	2.8	4.5	156.0	164.1	130.9
2006	1806.7	1486.0	172.2	1134.6	65.3	26.6	7.0	2.9	178.6	142.1	103.7
2007	1811.1	1528.0	175.9	1161.4	81.4	23.1	2.1	5.4	153.9	129.1	85.7

12-15 续表 continued

单位：万吨 (10 000 tons)

年份 Year	油料 Oil-bearing Crops				甜菜 Beet-roots	烟叶 Tobacco	麻类 Fiber Crops	蔬菜 Veget-ables	果用瓜 Melons (Use on Fruit)
		葵花籽 Sunflower Seeds	胡麻籽 Flax Seeds	油菜籽 Rape -seeds					
1947	6.0		1.6	0.7		0.2	0.3	21.1	
1949	9.0		2.5	0.7		0.1	0.4	44.9	
1952	17.5		5.2	2.1	0.1	0.1	0.8	46.4	
1957	13.0		7.5	1.5	22.1	0.2	0.6	66.4	
1965	9.0		4.7	0.9	20.9	0.2	0.5	110.7	
1970	10.5				34.0				
1975	10.5				37.1				
1978	12.5				43.1				
1980	25.0	16.5	4.6	1.8	81.2	0.2	0.4	157.6	9.7
1981	36.5	23.7	4.7	2.2	82.3	0.6	0.4	147.1	17.5
1982	49.0	32.0	8.2	3.0	115.2	0.9	0.2	156.8	16.3
1983	54.0	38.7	5.7	1.5	135.1	0.3	0.1	199.0	19.4
1984	60.0	42.1	8.4	3.0	141.0	0.3	0.1	158.5	23.3
1985	79.5	49.5	10.8	4.6	254.2	0.6	0.3	182.7	33.4
1986	66.0	48.4	7.6	2.2	159.0	0.6	0.2	220.9	36.9
1987	54.0	38.6	6.4	2.2	167.8	0.4	0.1	195.4	34.1
1988	56.5	35.0	10.3	3.2	219.0	0.8	0.1	203.0	36.3
1989	48.6	33.8	6.0	1.7	177.6	0.9	0.1	226.8	30.0
1990	69.4	41.7	11.5	4.4	236.4	0.8	0.7	243.3	22.8
1991	71.8	50.1	10.8	3.3	302.8	1.2	0.8	220.5	27.9
1992	81.4	56.8	11.1	5.5	260.1	0.8	1.4	271.2	50.9
1993	72.6	49.8	9.6	5.7	278.6	1.3	0.2	327.6	44.5
1994	65.0	44.5	8.7	8.3	233.6	0.9	0.9	267.9	121.8
1995	70.2	47.2	8.0	9.5	263.5	0.5	1.5	308.3	40.5
1996	81.4	53.9	11.2	10.5	320.7	1.8	1.0	365.4	49.6
1997	73.1	53.5	8.5	8.9	306.4	4.1	0.6	420.4	61.9
1998	90.3	59.4	10.6	14.1	259.2	1.3	0.3	433.4	84.4
1999	100.9	71.6	7.2	18.5	136.8	1.6		594.9	121.8
2000	116.4	69.1	6.5	30.5	141.3	1.4	0.1	759.9	161.7
2001	80.6	61.0	1.9	13.0	133.1	1.0	0.4	768.7	106.9
2002	108.9	70.4	6.5	28.2	195.0	1.0	1.0	755.3	120.8
2003	102.3	62.6	6.9	25.3	99.4	1.6	1.2	846.8	103.2
2004	103.7	58.9	7.3	31.3	96.3	1.3	1.9	872.8	109.6
2005	122.2	85.3	4.6	28.3	138.3	2.0	2.5	1009.1	156.8
2006	101.1	56.7	5.6	23.5	105.5	2.6	1.7	1171.4	190.8
2007	79.4	48.7	2.5	12.8	118.5	1.6	1.4	1277.5	181.1

12-16 主要农产品产量及单位面积产量

Yield of Major Farm Crops and Yield of Major Farm Crops Per Hectare

年份	Item	2006 总产量（万吨）Total Yield (10000 tons)	2006 单位面积产量（公斤/公顷）Yield Per Hectare (kg/hectare)	2007 总产量（万吨）Total Yield (10000 tons)	2007 单位面积产量（公斤/公顷）Yield Per Hectare (kg/hectare)
粮食	**Grain**	**1806.7**	**3660**	**1811.1**	**3550**
谷物	Cereal	1486.0	4915	1528.0	4626
#稻谷	Rice	65.3	7134	81.4	7528
小麦	Wheat	172.2	3561	175.9	3098
玉米	Corn	1134.6	5923	1161.4	5772
高粱	Sorghum	39.0	4280	36.8	4744
谷子	Millet	26.6	1861	23.1	1681
莜麦	Sweet Oats	7.0	1402	2.1	324
糜子	Broom Corn Millet	2.9	895	5.4	1893
荞麦	Buckwheat	10.8	1013	15.7	977
豆类	Beans	142.1	1078	129.1	1098
#大豆	Soybean	103.7	1066	85.7	1147
薯类	Tubers	178.6	3003	153.9	2473
油料	**Oil bearing Crops**	**101.1**	**1708**	**79.4**	**1492**
#葵花籽	Sunflower Seeds	56.7	2206	48.7	1848
油菜籽	Rape seeds	23.5	1024	12.8	844
胡麻籽	Flax Seeds	5.6	1145	2.5	667
甜菜	**Beetroots**	**105.5**	**35704**	**118.5**	**39114**
棉花	**Cotton**	**0.2**	**1131**	**0.4**	**1384**
麻类	**Fiber Crops**	**1.7**	**2555**	**1.4**	**3260**
蔬菜	**Vegetables**	**1171.4**	**68227**	**1277.5**	**58546**
瓜类(果用瓜)	**Melons (Use on Fruit)**	**190.8**	**36092**	**181.1**	**38377**
水果	**Fruits**	**22.9**	**4684**	**25.2**	**5352**

12-17 自然灾害面积

Areas Covered by Natural Disaster

单位：万公顷 (10 000 hectares)

项 目	Item	2006	2007
农作物受灾面积	**Areas Covered**	**444.55**	**475.46**
#旱 灾	Drought	264.10	431.38
洪涝灾	Flood	17.87	13.58
风雹灾	Windstorm and Hail	30.66	19.88
低温冷冻灾	Freeze Injury	119.02	1.88
病虫害	Plant Diseases and Insect Pests	6.97	8.22
农作物绝收面积	**Areas Without Output**	**114.96**	**215.87**
#旱 灾	Drought	59.80	204.99
洪涝灾	Flood	7.47	4.56
风雹灾	Windstorm and Hail	13.17	4.83
低温冷冻灾	Freeze Injury	32.15	0.42
病虫害	Plant Diseases and Insect Pests	1.15	1.06

12-18 造林面积和封山育林面积(2007年)

Area of Afforestation and Closing Hill for Afforestation(2007)

单位：万公顷 (10 000 hectares)

地 区	Region	造林面积 Area of Afforestation	人工造林 Artificial Afforestation	飞播造林 Afforestation by Plane	无林地和疏林地新封 No forest & woodland to the new closure
总 计	**Total**	**59.01**	**29.50**	**4.01**	**25.50**
呼和浩特市	Hohhot City	4.19	1.50		2.70
包头市	Baotou City	2.19	0.56		1.63
呼伦贝尔市	Hulunbeier City	1.42	1.03		0.39
兴安盟	Xingan League	1.50	1.44		0.06
通辽市	Tongliao City	7.94	3.51		4.43
赤峰市	Chifeng City	9.86	6.57	0.20	3.10
锡林郭勒盟	Xilinguole League	5.38	1.20	0.67	3.52
乌兰察布市	Wulanchabu City	7.73	5.74		1.99
鄂尔多斯市	Erdos City	10.20	4.67	2.00	3.52
巴彦淖尔市	Bayannaoer City	6.14	2.34	0.67	3.13
乌海市	Wuhai City	0.48	0.25		0.22
阿拉善盟	Alashan League	1.82	0.53	0.48	0.81
内蒙古森工集团		0.16	0.16		

12-19 林业基本情况
Basic Statistics on Forestry

单位：万公顷、个 (10 000 hectares、unit)

项 目	Item	2006	2007
造林、封育面积	**Areas of Afforesting and closing hill for afforestation**	**47.98**	**59.01**
人工造林	Artificial Afforestation	16.16	29.5
飞播造林	Afforestation by Plane	9.49	4.01
当年封山育林面积	Area of Closing Hill for Afforestation this Year	22.33	25.5
按六大林业重点工程分	**Classified by Six Key Projects**		
天然林资源保护工程造林、封山育林	Afforestation of Protection of Natural Forest and Closing Hill for Afforestation	11.21	12.33
退耕还林工程造林、封山育林	Afforestation of Returning Land for Farming to Forestry and Closing Hill for Afforestation	5.82	7.3
#退耕地造林	Afforesting on the Returned Farmland	1.56	3.49
京津风沙源治理工程造林、封山育林	Afforestation & Closing Hill for Afforestation of Controlling Sand Sround Beijing & Tianjin	18.33	17.18
“三北”四期防护林工程造林、封山育林	Afforestation & Closing Hill for Afforestation of the Forth Stage of "The Three North Shelter Forest Project"	6.52	3.39
速生丰产用材林基地建设工程	Project of Establishing the Base of Fast-growing and High-yield Timber Forest		
林业系统野生动植物保护和自然保护区建设工程	Project of Protesting Wild Animals and Plants and Setting up Nature Reserve		
自然保护区个数	Number of Nature Reserve	125	132
#国家级	National Nature Reserve	15	16
自然保护区面积	Area of Nature Reserve	939.5	988.36
造林面积按权属分	**Areas of Afforestation Classified by Ownership**		
国有造林	National Afforestation	4.04	7.87
国社合作造林	Cooperation Afforestation		0.31
集体造林	Collective Afforestation	8.57	21.72
个人造林	Private Afforestation	13.04	29.11
造林面积按林种分	**Areas of Afforestation classified by sorts of forests**		
用材林	Timber Forest	0.52	1.73
经济林	Economic Forest	1.08	1.27
防护林	Shelter Forest	24.05	55.04
薪炭林	Firewood Forest		0.02
其他林	Others		0.95
森林覆盖率(%)	**Forest Cover Rate(%)**	**17.57**	**17.57**

12-20 草原建设及利用情况

Basic Statistics on Construction and Utilization of Grasslands

项 目	Item	2006	2007
草场面积(万公顷)	**Areas of Grasslands(10 000 hectares)**	**8800.00**	**8800.00**
# 承包到户面积(万公顷)	Areas Contracted with Households (10 000 hectares)	5346.67	5788.24
草库伦面积(围栏草场面积)(万公顷)	**Areas of Fenced Grasslands(10 000 hectares)**	**2204.82**	**2492.47**
# 当年新增面积(万公顷)	Annual Newly Increased Areas (10 000 hectares)	557.51	202.87
人工种草保有面积(万公顷)	**Areas of Grasslands Planted and Surviving (10 000 hectares)**	**145.73**	**127.80**
# 当年种草面积(万公顷)	Annual Areas of Planted Grasslands (10 000 hectares)	79.88	73.13
飞机播种面积(万公顷)	Aircraft Sowing(10 000 hectares)	7.02	7.38
当年打草量(万吨)	**Annual Quantity of Harvested Grass(10 000 tons)**	**1199.54**	**914.07**
现有畜棚数(万间)	**Number of Animal Sheds in Present(10 000 units)**		
畜棚面积(万平方米)	Areas of Animal Sheds(10 000 sq.m)		
每平米畜棚拥有牲畜数(只/平方米)	Number of Animals per Square meter in Sheds(head/sq.m)		
现有畜圈数(万座)	**Number of Animal Corrals in Present (10 000 units)**		
畜圈面积(万平方米)	Areas of Animal Corrals(10 000 sq.m)		
每平米畜圈拥有牲畜数(只/平方米)	Number of Animals per Square meter in Corrals(head/sq.m)		
草原利用率	**Utilization Rate of Grasslands**		
草原(可利用草原)载畜量(只/万公顷)	Animal Loading Capacity of Grasslands (head/10 000 hectares)		

注:每平方米畜棚、畜圈拥有牲畜及草原载畜量均按标准羊单位计算;草原载畜量为每万公顷草场饲养牲畜数量。

a) Number of Animals per S.m in Sheds, Number of Animals per S.m Corrals and Animal Loading Capacity of Grasslands are Calculated at standardized sheep; Animal Loading Capacity of Grasslands is the number of animals which per 10000 hectares grassland can load.

12-21 牲畜总头数和总增头数

Total Number of Livestock and Livestock Added

单位:万头(只) (10 000 heads)

项目	Item	2006 总头数 年中数 Year-middle	2006 总头数 年末数 Year-end	2006 总增头数 Total Number Added of Livestocks	2007 总头数 年中数 Year-middle	2007 总头数 年末数 Year-end	2007 总增头数 Total Number Added of Livestocks
大牲畜和羊合计	**Total Number of Large Animals, Sheep and Goats**	**9989.38**	**5888.70**	**5022.06**	**9813.96**	**5886.90**	**5314.84**
大牲畜	Large Animals	986.77	786.17	300.74	1039.37	822.73	348.27
牛	Cattles	780.11	577.30	257.38	820.14	617.44	300.83
#良种及改良种乳牛	Fine Breed and Improved Milk Cows	292.88	240.56	101.28	300.54	256.62	114
马	Horses	73.45	181.91	14.62	75.90	69.73	18.13
驴	Donkeys	80.07	88.59	24.62	91.32	87.41	24.27
骡	Mules	41.92	42.79	2.55	40.65	39.71	3.27
骆驼	Camels	11.22	9.60	1.57	11.35	8.45	1.78
羊	**Sheep and Goats**	**9002.61**	**5102.53**	**4721.32**	**8774.60**	**5064.17**	**4966.57**
绵羊	Sheep	6054.32	3113.90	3512.9	5724.05	3165.69	3580.47
#细毛羊及改良羊	Nap Sheep or Improved Sheep	2046.06	1014.51		1873.69	1028.24	
半细毛羊及改良羊	Semi-nap Sheep or Improved Sheep	757.17	355.07		751.23	440.81	
山羊	Goats	2948.29	1988.62	1208.42	3050.54	1898.47	1386.1
猪	**Hogs**	**1061.09**	**620.09**	**687.56**	**1040.47**	**637.42**	**960.08**

注：总增头数是指牧业年度繁殖成活仔畜头数减去期内成幼畜死亡头数。

a) Total Number of Livestoks Added refers to survival number of newborn livestocks in the period subtract death livestocks.

12-22 牲畜总头数

Total Number of Livestock

单位：万头(只) (10 000 heads)

年份 Year	年中数 Year-middle 合计 Total	大牲畜 Large Animals	羊 Sheep & Goats	猪 Hogs	年末数 Year-end 合计 Total	大牲畜 Large Animals	羊 Sheep & Goats	猪 Hogs
1947	931.9	271.0	570.8	90.1	851.8	262.9	510.8	78.1
1948	949.9	286.5	571.6	91.8	869.1	277.9	511.6	79.6
1949	1058.6	313.7	642.6	102.3	968.6	304.3	575.6	88.7
1950	1191.4	343.1	731.8	116.5	1068.4	331.1	636.3	101.0
1951	1418.1	388.0	902.0	128.1	1278.6	372.5	795.0	111.1
1952	1749.9	450.6	1143.2	156.1	1467.6	430.3	902.0	135.3
1953	2105.2	504.5	1434.4	166.3	1844.7	442.5	1235.0	167.2
1954	2428.6	558.4	1672.2	198.0	1959.0	494.7	1292.6	171.7
1955	2501.3	586.9	1724.4	190.0	1912.3	514.7	1232.9	164.7
1956	2635.2	591.6	1874.9	168.7	2094.4	496.9	1451.2	146.3
1957	2438.9	552.7	1713.9	172.3	1809.9	450.5	1210.0	149.4
1958	2674.0	550.7	1879.7	243.6	2184.9	468.1	1505.6	211.2
1959	3070.8	589.0	2244.2	237.6	2576.7	537.2	1833.5	206.0
1960	3315.5	612.9	2431.7	270.9	2709.4	553.5	1921.0	234.9
1961	3305.4	623.4	2494.8	187.2	2671.2	550.5	1958.4	162.3
1962	3497.3	643.3	2621.0	233.0	2801.4	568.1	2031.3	202.0
1963	3981.7	699.7	3005.5	276.5	3242.4	628.3	2374.4	239.7
1964	4282.5	750.1	3242.1	290.3	3315.5	664.6	2399.2	251.7
1965	4488.4	787.9	3388.3	312.2	3606.1	716.2	2619.2	270.7
1966	4012.8	748.5	2969.0	295.3	3231.4	680.4	2295.0	256.0
1967	4164.6	730.0	3140.6	294.0	3469.4	680.9	2531.0	257.5
1968	4150.7	750.2	3067.6	332.9	3288.2	679.8	2349.0	259.4
1969	3844.5	721.7	2823.1	299.7	3213.0	665.1	2311.2	236.7
1970	3865.2	726.4	2840.3	298.5	3319.6	689.1	2356.4	274.1
1971	4032.5	754.3	2922.0	356.2	3419.7	712.2	2363.4	344.1
1972	4197.2	775.6	2985.5	436.1	3478.5	717.2	2372.3	389.0
1973	4317.2	781.3	3092.7	443.2	3654.6	738.2	2519.4	397.0
1974	4425.5	805.8	3160.3	459.4	3707.0	752.3	2532.6	422.1
1975	4628.5	820.3	3307.9	500.3	3757.6	766.8	2638.1	352.7
1976	4465.4	808.4	3058.0	599.0	3649.0	748.7	2397.8	502.5
1977	4428.6	784.1	3056.4	588.1	3643.4	715.3	2394.6	533.5

12-22 续表 continued

单位：万头(只) (10 000 heads)

年 份 Year	年中数 Year-middle 合 计 Total	大牲畜 Large Animals	羊 Sheep & Goats	猪 Hogs	年末数 Year-end 合 计 Total	大牲畜 Large Animals	羊 Sheep & Goats	猪 Hogs
1978	4162.3	697.5	2860.5	604.3	3586.5	659.3	2378.1	549.1
1979	4513.4	724.6	3177.6	611.2	3873.1	685.3	2633.2	554.6
1980	4656.8	741.3	3317.0	598.5	3753.3	681.3	2553.4	518.6
1981	4565.6	723.2	3307.2	535.2	3817.2	678.9	2670.0	468.3
1982	4721.9	744.3	3474.0	503.6	3903.9	708.0	2735.0	460.9
1983	4413.6	739.9	3177.9	495.8	3539.8	694.7	2418.0	427.1
1984	4259.5	740.9	3053.7	464.9	3488.3	698.2	2377.3	412.8
1985	4341.8	775.3	3060.7	505.8	3667.4	736.6	2468.4	462.4
1986	4434.5	799.5	3082.7	552.3	3734.5	751.3	2502.2	481.0
1987	4555.2	811.5	3219.9	523.8	3731.0	730.8	2544.7	455.5
1988	4685.9	792.3	3408.8	484.8	4093.8	734.6	2892.8	466.4
1989	5301.5	812.7	3945.0	543.8	4215.4	718.6	3009.5	487.3
1990	5307.5	784.9	3955.2	567.4	4254.4	707.5	3023.9	523.0
1991	5568.2	783.8	4160.0	624.4	4220.5	699.8	2960.9	559.8
1992	5558.0	774.4	4067.4	716.2	4168.4	690.2	2856.7	621.5
1993	5577.9	771.8	3942.1	864.0	4231.9	685.7	2860.3	685.9
1994	5711.3	756.6	4038.9	915.8	4450.7	682.4	3028.1	740.2
1995	6065.7	783.8	4302.5	979.4	4795.0	708.3	3321.0	765.7
1996	6697.7	825.5	4804.3	1067.9	5066.8	734.9	3561.8	770.1
1997	7112.4	840.8	5164.8	1106.8	5180.4	714.0	3656.7	809.7
1998	7387.2	817.8	5383.5	1185.9	5206.3	677.3	3712.9	816.1
1999	7436.2	802.8	5491.6	1141.7	5147.6	667.4	3702.6	777.6
2000	7300.5	803.3	5406.2	1090.9	4912.0	622.1	3551.6	738.3
2001	7135.0	702.3	5427.8	1004.9	4817.6	536.3	3515.9	765.4
2002	7260.1	652.0	5675.2	932.9	5176.9	543.4	3951.7	681.8
2003	7987.6	718.1	6396.1	873.5	5713.3	615.4	4450.1	647.7
2004	9274.4	814.5	7514.7	945.2	6722.9	718.2	5318.5	686.2
2005	10615.3	934.2	8713.0	968.1	6903.5	783.2	5420.0	700.3
2006	11050.5	986.8	9002.6	1061.1	6508.8	786.2	5102.5	620.1
2007	10854.4	1039.4	8774.6	1040.5	6524.3	822.7	5064.2	637.4

12-23 大牲畜和羊(年中数)

Total Number of Large Animals, Sheep and Goats(Year-middle)

单位：万头(只)　　(10 000 heads)

年份 Year	合计 Total	牛 Cattles	马 Horses	驴 Donkeys	骡 Mules	骆驼 Camels	绵羊 Sheep	山羊 Goats
1947	841.8	174.6	48.7	33.7	3.0	11.0	342.6	228.2
1948	858.1	186.7	48.1	37.6	3.2	10.9	348.0	223.6
1949	956.3	208.5	45.3	44.9	3.2	11.8	403.8	238.8
1950	1074.9	232.1	45.0	94.1	3.7	13.2	457.3	274.5
1951	1290.1	262.6	50.5	56.3	4.3	14.3	550.2	351.9
1952	1593.8	307.1	59.7	63.6	4.9	15.3	692.4	450.8
1953	1938.9	348.9	67.0	66.4	5.4	16.8	853.7	580.7
1954	2230.6	385.6	73.8	74.7	6.2	18.1	991.3	680.9
1955	2311.3	394.2	83.5	81.2	7.8	20.2	1030.6	693.8
1956	2466.5	389.0	90.9	82.1	8.5	21.2	1098.8	776.1
1957	2266.6	353.2	94.5	74.6	8.1	22.3	992.5	721.4
1958	2430.4	346.9	95.9	77.5	8.2	22.2	1097.9	781.8
1959	2833.2	380.7	103.1	73.5	8.5	23.2	1281.0	963.2
1960	3044.6	402.8	109.5	66.0	9.0	25.6	1379.0	1052.7
1961	3118.2	415.7	116.3	57.1	8.9	25.4	1417.8	1077.0
1962	3264.3	421.2	125.3	61.1	8.9	26.8	1453.3	1167.7
1963	3705.2	454.2	140.4	68.6	9.3	27.2	1696.3	1309.2
1964	3992.2	476.7	155.6	78.7	10.4	28.7	1875.7	1366.4
1965	4176.2	493.2	166.9	85.3	11.6	30.9	2017.4	1370.9
1966	3717.5	454.3	165.9	88.6	13.4	26.3	1844.2	1124.8
1967	3870.6	436.7	163.0	88.8	16.0	25.5	1952.8	1187.8
1968	3817.8	427.5	180.7	92.2	19.2	30.6	1935.8	1131.8
1969	3544.8	396.9	184.9	86.0	22.4	31.5	1755.1	1068.0
1970	3566.7	390.5	196.7	86.7	23.2	29.3	1815.4	1024.9
1971	3676.3	400.2	205.5	88.8	27.2	32.6	1887.8	1034.2
1972	3761.1	409.8	212.7	90.9	28.8	33.4	1974.6	1010.9
1973	3874.0	410.2	218.9	90.6	30.6	31.0	2119.0	973.7
1974	3966.1	418.1	231.4	93.1	32.3	30.9	2186.8	973.5
1975	4128.2	422.7	239.0	91.2	34.2	33.2	2304.2	1003.7
1976	3866.4	423.2	231.2	84.4	35.2	34.4	2162.4	895.6
1977	3840.5	412.3	224.9	76.3	34.7	35.9	2183.5	872.9

12-23 续表 continued

单位：万头(只) (10 000 heads)

年份 Year	合计 Total	牛 Cattles	马 Horses	驴 Donkeys	骡 Mules	骆驼 Camels	绵羊 Sheep	山羊 Goats
1978	3558.0	358.5	192.8	75.9	34.4	35.9	1986.7	873.8
1979	3902.2	376.2	198.2	78.0	34.1	38.2	2212.4	965.2
1980	4058.3	391.1	196.3	80.9	34.1	38.9	2354.7	962.3
1981	4030.4	381.6	187.7	79.8	33.9	40.2	2408.7	898.5
1982	4218.3	404.2	189.1	75.2	35.0	40.8	2543.8	930.2
1983	3917.8	407.4	185.1	74.3	37.6	35.6	2394.8	783.1
1984	3794.6	404.0	184.2	78.1	40.8	33.8	2273.4	780.3
1985	3836.0	424.0	189.4	85.2	44.6	32.2	2263.2	797.5
1986	3882.2	437.3	192.3	90.8	48.5	30.6	2255.5	827.2
1987	4031.4	445.2	194.2	93.2	51.9	27.0	2365.3	854.6
1988	4201.1	438.4	184.1	91.4	53.8	24.6	2454.1	954.7
1989	4757.7	457.8	180.9	92.1	56.5	25.4	2776.0	1169.0
1990	4740.1	439.8	169.2	93.0	58.2	24.7	2734.3	1220.9
1991	4943.8	434.9	166.8	96.7	61.8	23.6	2847.4	1312.6
1992	4841.9	426.4	164.1	97.6	65.3	21.0	2779.8	1287.7
1993	4713.8	424.2	161.9	100.1	68.0	17.7	2652.3	1289.8
1994	4795.5	415.4	158.2	96.8	69.7	16.6	2694.6	1344.3
1995	5086.3	442.7	158.0	97.6	69.4	16.1	2779.6	1522.9
1996	5629.8	477.2	161.5	100.4	70.1	16.3	3083.4	1720.9
1997	6005.6	488.0	161.3	102.9	72.2	16.5	3285.0	1879.9
1998	6201.3	478.6	149.9	101.8	71.8	15.7	3419.0	1964.5
1999	6294.5	475.2	140.4	100.9	71.6	14.8	3544.0	1947.6
2000	6209.6	490.2	130.5	99.5	69.5	13.6	3537.4	1868.8
2001	6130.1	431.4	108.4	87.9	62.3	12.3	3408.1	2019.7
2002	6327.2	419.6	87.6	80.4	55.5	8.9	3476.8	2198.4
2003	7114.1	499.3	79.2	81.1	49.4	9.1	3974.0	2422.1
2004	8329.2	600.0	74.6	82.9	47.0	10.1	4936.7	2578.0
2005	9647.2	721.9	74.5	84.3	43.0	10.6	5904.3	2808.7
2006	9989.4	780.1	73.5	80.1	41.9	11.2	6054.3	2948.3
2007	9814.0	820.1	75.9	91.3	40.7	11.4	5724.1	3050.5

12-24 牲畜增减变化情况(2007年, 年末数)

Number of Newly Increased and Decreased Livestock(End of 2007)

单位:万头(只) (10 000 heads)

项 目	Item	繁殖仔畜 New Born Stocks	成活仔畜 Survival New Born Stocks		成幼畜死亡 Death Number of Young and Adult Stocks	
			头数 Number	成活率 (%) Survival Rate	头数 Number	死亡率 (%) Death Rate
大牲畜和羊合计	**Total Number of Large Animals, Sheep and Goats**	**4561.99**	**4451.71**	**97.58**	**76.71**	**1.30**
大牲畜	Large Animals	312.63	303.69	97.14	5.29	0.67
牛	Cattles	265.36	257.54	97.05	4.27	0.74
#良种及改良种乳牛	Fine Breed and Improved Milk Cows	110.86	105.34	95.02	1.64	0.68
马	Horses	17.25	16.82	97.5	0.38	0.56
驴	Donkeys	24.95	24.39	97.8	0.41	0.46
骡	Mules	3.54	3.46	97.6	0.11	0.26
骆驼	Camels	1.54	1.49	96.6	0.13	1.33
羊	Sheep and Goats	4249.36	4148.01	97.6	71.41	1.40
绵羊	Sheep	3155.35	3079.28	97.6	47.99	1.54
山羊	Goats	1094.00	1068.74	97.7	23.42	1.18
猪	**Hogs**	**763.83**	**744.10**	**97.4**	**15.62**	**2.52**

12-24 续表 continued

单位:万头(只) (10 000 heads)

项 目	Item	自宰自食 killed for Self-use	出卖 Selling	#出卖肉畜 Sold Meat Stocks	出栏率 (%) Slaughter Rate	商品率 (%) Commodity Rate
大牲畜和羊合计	**Total Number of Large Animals, Sheep and Goats**	**499.56**	**5290.36**	**4689.62**	**88.12**	**98.22**
大牲畜	Large Animals	21.58	392.05	292.65	39.97	121.84
牛	Cattles	17.55	314.65	236.24	43.96	113.36
马	Horses	0.64	24.44	19.24	29.28	168.35
驴	Donkeys	2.51	38.69	27.63	34.02	151.24
骡	Mules	0.42	11.79	8.05	19.80	443.15
骆驼	Camels	0.47	2.48	1.49	20.34	171.05
羊	Sheep and Goats	477.98	4898.30	4396.97	95.54	96.72
绵羊	Sheep	325.50	3601.30	3231.83	114.24	97.34
山羊	Goats	152.48	1297.00	1165.14	66.26	95.03
猪	**Hogs**	**222.12**	**803.39**	**553.83**	**125.14**	**71.48**

12-25 牲畜总增情况(年中数)

Total Number of Newly Increased Livestock(Middle of Year)

单位:万头(只) (10 000 heads)

项 目	Item	总增头数 Total Number of Livestocks Added		总增率(%) Growth Rate	
		2006	2007	2006	2007
大牲畜和羊合计	**Total Number of Large Animals, Sheep and Goats**	**5022.06**	**5386.17**	**52.06**	**53.92**
大牲畜	Large Animals	300.74	321.77	32.19	32.61
牛	Cattles	257.38	277.56	35.65	35.58
# 良种及改良种乳牛	Fine Breed and Improved Milk Cows	101.28	100.28	40.23	34.24
马	Horses	14.62	14.52	19.63	19.76
驴	Donkeys	24.62	25.58	29.2	31.95
骡	Mules	2.55	2.66	5.94	6.34
骆驼	Camels	1.57	1.45	14.85	12.93
羊	Sheep and Goats	4721.32	5064.40	54.19	56.25
绵羊	Sheep	3512.9	3699.77	59.46	61.11
山羊	Goats	1208.42	1364.77	43.08	46.29
猪	**Hogs**	**687.56**	**776.72**	**71.02**	**73.20**

12-26 牲畜增减变化情况(2007年,年中数)

Number of Newly Increased and Decreased Livestock(Middle of 2007)

单位:万头(只) (10 000 heads)

项 目	Item	繁殖成活仔畜 New Born Stocks And Survival New Born Stocks				成幼畜死亡 Death Number of Stocks	
		繁殖仔畜 New Born Stocks	成活仔畜 Survival New Born Stocks	成活率(%) Surv-ival Rate	繁成率(%) Rate of Breeding and Surviving	头数 Number	死亡率(%) Death Rate
大牲畜和羊合计	**Total Number of Large Animals, Sheep and Goats**	**5650.27**	**5504.41**	**97.42**	**126.28**	**118.24**	**1.18**
大牲畜	Large Animals	334.46	329.03	98.38	72.52	7.25	0.74
牛	Cattles	288.03	283.53	98.44	75.16	5.96	0.76
# 良种及改良种乳牛	Fine Breed and Improved Milk Cows	105.06	102.48	97.55	55.27	2.20	0.75
马	Horses	15.52	15.10	97.33	57.13	0.59	0.80
驴	Donkeys	26.45	26.05	98.50	57.45	0.46	0.58
骡	Mules	2.83	2.77	97.98		0.11	0.27
骆驼	Camels	1.63	1.58	96.60	33.83	0.13	1.14
羊	Sheep and Goats	5315.81	5175.38	97.36	132.53	110.98	1.23
绵羊	Sheep	3872.30	3777.65	97.56	143.26	78.03	1.29
山羊	Goats	1443.51	1397.72	96.83	110.20	32.95	1.12
猪	**Hogs**	**818.71**	**798.23**	**97.50**	**1042.35**	**21.52**	**2.03**

12-27 能繁殖母畜、耕畜及改良畜(2007年, 年中数)

Female Parent Stocks, Plow Stocks and Improved Stock(Middle of 2007)

单位: 万头(只) (10 000 heads)

项 目	Item	能繁殖母畜 Female Parent Stocks	耕 畜 Plow Stocks	良种牲畜 Fine Breed Stocks	改良种牲畜 Improved Stocks
大牲畜和羊合计	**Total Number of Large Animals, Sheep and Goats**	**5729.00**	**156.70**	**3587.16**	**5602.37**
大牲畜	Large Animals	516.27	156.70	265.94	591.01
牛	Cattles	439.63	31.55	226.86	503.57
# 良种及改良种乳牛	Fine Breed and Improved Milk Cows	178.68			
马	Horses	29.16	35.77	12.81	35.20
驴	Donkeys	42.73	58.26	19.07	51.13
骡	Mules		30.27		
骆驼	Camels	4.75	0.85	7.19	1.12
羊	Sheep and Goats	5212.72		3321.22	5011.36
绵羊	Sheep	3464.60		2257.55	3218.50
# 细毛羊及改良羊	Nap Sheep or Improved Sheep	872.49			
半细毛羊及改良羊	Semi nap Sheep or Improved Sheep	293.34			
山羊	Goats	1748.13		1063.67	1792.86
猪	**Hogs**	**90.74**		**306.50**	**646.59**

12-28 能繁殖母畜、耕畜及改良畜(2007年, 年末数)

Female Parent Stocks, Plow Stocks and Improved Stock(End of 2007)

单位: 万头(只) (10 000 heads)

项 目	Item	能繁殖母畜 Female Parent Stocks	耕 畜 Plow Stocks	良种牲畜 Fine Breed Stocks	改良种牲畜 Improved Stocks
大牲畜和羊合计	**Total Number of Large Animals,Sheep and Goats**	**3963.86**	**139.69**	**2445.64**	**3068.76**
大牲畜	Large Animals	445.65	139.69	244.28	432.07
牛	Cattles	372.96	20.36	206.51	347.42
马	Horses	26.77	33.86	14.99	33.68
驴	Donkeys	41.97	53.94	17.24	50.68
骡	Mules		31.07		
骆驼	Camels	3.94	0.45	5.54	0.29
羊	Sheep and Goats	3518.21		2001.36	2636.69
绵羊	Sheep	2241.12		1255.87	1619.60
山羊	Goats	1277.09		745.49	1017.09
猪	**Hogs**	**99.48**		**197.54**	**394.96**

12-29 主要畜禽产品产量

Output of Major Livestock and Poultry

项 目	Item	2006	2007
当年出栏肉猪头数(头)	Annual Number of Sold Fatten Hogs (head)	9182689	7759498
当年出栏和自宰的肉用牛(头)	Annual Number of Sold and Killed Meat Cattles (head)	2880797	2537889
当年出售和自宰的肉用羊(只)	Annual Numberof Sold and Killed Mutton Goats and Sheep (head)	45143063	48749435
当年肉类总产量(吨)	Annual Output of Meat (ton)	2230188	2064581
# 猪肉产量(吨)	Pork (ton)	818508	603051
牛肉产量(吨)	Beef (ton)	459213	406104
羊肉产量(吨)	Mutton (ton)	759661	808277
奶类产品(吨)	Milks (ton)	8821669	9246619
# 牛 奶(吨)	Cow Millk (ton)	8691601	9092979
山羊毛产量(吨)	Goat Wool (ton)	9636	9567
绵羊毛产量(吨)	Sheep Wool (ton)	98691	95753
山羊绒产量(吨)	Cashmere (ton)	6853	6689
蜂蜜产量(吨)	Honey (ton)	3906	4291
禽蛋产量(吨)	Poultry Eggs (ton)	482575	416889
年末实有家禽(万只)	Number of Poultry at Yearend (10 000 heads)	4656.49	3997.07
年内牛皮产量(张)	Annual Output of Cattle Skin (unit)	2187981	2654720
绵羊皮产量(张)	Output of Sheep Skin (unit)	35271722	36948744
山羊皮产量(张)	Output of Goat Skin (unit)	11183967	14321408
驼绒产量(吨)	Output of Fine Hair of Camel (ton)	382	406
出售肉类总量(吨)	Products of Sold Meat (ton)	1820250	1794479
# 出售猪肉(吨)	Pork (ton)	630941	486584
出售牛肉(吨)	Beef (ton)	303423	363185
出售羊肉(吨)	Mutton (ton)	654241	700273
出售牛羊奶数量(吨)	Products of Sold Milk (ton)	7870796	8050541
出售羊毛数量(吨)	Products of Sold Wool of Sheep and Goats (ton)	95031	89006
出售家禽只数(万只)	Number of Sold Poultry (10 000 heads)	11708.43	8412.08
水 产 品(吨)	Aquatic Products (ton)	87049	93565

主要统计指标解释

农林牧渔业总产值 指以货币表现的农、林、牧、渔业全部产品的总量，它反映一定时期内农业生产总规模和总成果。农业总产值的计算方法通常是按农林牧渔业产品及其副产品的产量分别乘以各自单位产品价格求得；少数生产周期较长，当年没有产品或产品产量不易统计的，则采用间接方法匡算其产值；然后将四业产品产值相加即为农业总产值。

粮食产量 指全社会的产量。包括国有经济经营的、集体统一经营的和农民家庭经营的粮食产量，还包括工矿企业办的农场和其他生产单位的产量。粮食除包括稻谷、小麦、玉米、高粱、谷子及其他杂粮外，还包括薯类和豆类。其产量计算方法，豆类按去豆荚后的干豆计算；薯类(包括甘薯和马铃薯，不包括芋头和木薯)1963 年以前按每 4 公斤鲜薯折 1 公斤粮食计算，从 1964 年开始改为按 5 公斤鲜薯折 1 公斤粮食计算。城市郊区作为蔬菜的薯类(如马铃薯等)按鲜品计算，并且不作粮食统计。其他粮食一律按脱粒后的原粮计算。

油料产量 指全部油料作物的生产量。包括花生、油菜籽、芝麻、向日葵籽、胡麻籽(亚麻籽)和其他油料。不包括大豆，木本油料和野生油料。花生以带壳干花生计算。

水产品产量 指人工养殖的水产品和天然生长的水产品的捕捞量。包括海水的鱼类、虾蟹类、贝类和藻类以及内陆水域的鱼类、虾蟹类和贝类，不包括淡水生植物。

猪、牛、羊肉产量 指当年出栏并已屠宰、除去头蹄下水后带骨肉(即胴体重)的重量。

牲畜总增头数 是反映牲畜的总体增长情况、牲畜头数增殖情况和死亡损失情况的一项数量指标，以大畜、小畜和猪分畜种计算。

总增头数=期内繁殖成活仔畜头数—期内成幼畜死亡头数

期末牲畜存栏头数 指调查期末农村各种合作经济组织和国营农场，农民个人，机关、团体、学校、工矿企业，部队等单位以及城镇居民饲养的大牲畜、猪、羊的存栏头数。

耕地面积 指可以用来种植农作物、经常进行耕锄的田地，包括熟地、当年新开荒地、连续撂荒未满三年的耕地和当年的休闲地(轮歇地)，还包括以种植农作物为主并附带种植桑树、茶树、果树和其他林木的土地，以及沿海、沿湖地区已围垦利用的“海涂”、“湖田”等面积。不包括属于专业性的桑园、茶园、果园、果木苗圃、林地、芦苇地、天然或人工草地面积。

农作物播种面积 指实际播种或移植有农作物的面积。凡是实际种植有农作物的面积，不论种植在耕地上还是种植在非耕地上，均包括在农作物播种面积中。在播种季节基本结束后，因遭灾而重新改种和补种的农作物面积，也包括在内。

有效灌溉面积 指具有一定的水源，地块比较平整，灌溉工程或设备已经配套，在一般年景下当年能够进行正常灌溉的耕地面积。

农用化肥施用量 指本年内实际用于农业生产的化肥数量，包括氮肥、磷肥、钾肥和复合肥。化肥施用量要求按折纯量计算数量。折纯量是把氮肥、磷肥、钾肥分别按含氮、含五氧化二磷、含氧化钾的百分之一百成份进行折算后的数量。复合肥按其所含主要成分折算。

农业机械总动力 指主要用于农、林、牧、渔业的各种动力机械的动力总和。包括耕作机械、排灌机械、收获机械、农用运输机械、植物保护机械、牧业机械、林业机械、渔业机械和其他农业机械［内燃机按引擎马力折成瓦(特)计算、电动机按功率折成瓦(特)计算］。不包括专门用于乡、镇、村、组办工业、基本建设、非农业运输、科学试验和教学等非农业生产方面用的动力机械与作业机械。

农林牧渔业劳动力 指全社会直接参加农林牧渔业生产活动的劳动力。

Explanatory Notes on Main Statistical Indicators

Gross Output Value of Farming, Forestry, Animal Husbandry and Fishery refers to the total value of products of farming, forestry, animal husbandry and fishery, which reflects the total scale and result of agricultural production during a given period. Gross output value of agriculture is obtained by first multiplying the output of each product or by product by its price, resulting in the output value of each single item. For a small number of products, annual output of which is not available or difficult to get due to the long production growing process involved, the output value is estimated through an indirect approach. The sum of output value of all products of farming, forestry, animal husbandry, and fishery is then equal to the gross output value of agriculture.

Grain Yield refers to the yield in the whole country including grains produced by state farms, collective units, industrial enterprises and mines. Grain includes rice, wheat, corn, sorghum, millet and other miscellaneous grains as well as tubers and beans. Output of beans refers to dry beans without pods. The output of tubers (sweet potatoes and potatoes, not including taros and cassava) was converted into that of grain at the ratio 4:1, i. e. 4 kilograms of fresh tubers was equivalent to 1 kilogram of grain up to 1963. Since 1964 the ratio for conversion has been 5:1. Tubers supplied as vegetables (such as potatoes) in cities and suburbs are calculated as fresh vegetables and their output is not included in the output of grain . Output of all other grains refers to husked grain.

Yield of Oil-bearing Crops refers to the total yield of oil bearing crops of various kinds, including peanuts, (dry, in shell) rape seeds, sesame, sunflower seeds, flax seeds, and other oil bearing crops, Soybeans, oil bearing woody plants, and wild oil bearing crops are not included.

Output of Aquatic Products refers to catches of both artificially cultured and naturally grown aquatic products, including fish, shrimps, crabs and shellfish in sea and inland water as well as seaweed. Freshwater plants are not included.

Output of pork, Beef, and Mutton refers to the meat of slaughtered hogs, cattle, sheep and goats with head, feet, and offal taken away.

Total Number of Livestock Added is a kind of numeral index which reflects the total statistics of increase, breeding and death of livestock, it is calculated at different kinds of livestock.

Total Number of Livestock Added = Survival Number of Newborn Livestock in the given Period-Death Number of Livestock

Number of Livestock in stock at Beginning(or End) refers to the total number of large animals, pigs, sheep, etc. raised by rural cooperative organizations, state farms, rural individuals, government agencies, schools, industrial and mining enterprises, army, and urban residents at the beginning(or end) of the reference period.

Cultivated Area (Area under cultivation) refers to farmland which is plowed constantly for growing crops, including cultivated land, newly cultivated land in the current year, farmland left without cultivation for less than three years and fallow land in the current year, rotation land, rotation land of grass and crops, farmland with some fruit trees, mulberry trees and other trees and cultivated seashore land, lake land and etc. The land of mulberry fields, tea plantations, orchards, nurseries of young plants, forestland, reed land, natural and manmade grassland and other land are not included in cultivated land.

Sown Area of Crops refers to area of land sown or transplanted with crops regardless of being in cultivated area or non-cultivated area. Area of land re sown due to natural disasters is also included.

Irrigated Area refers to areas that are effectively irrigated, i. e. level land which has water source and complete sets of irrigation facilities to lift and move adequate water for irrigation purpose under normal conditions.

Consumption of Chemical Fertilizers in Agriculture refers to the quantity of chemical fertilizers applied in agriculture in the year, including nitrogenous fertilizer, phosphate fertilizer, potash fertilizer, and compound fertilizer. The consumption of chemical fertilizers is required in calculation to convert the gross weight into weight containing 100% effective component. Compound fertilizer is converted with its major component.

Total Power of Farm Machinery refers to total mechanical power of machinery used in farming, forestry, animal husbandry, and fishery, including ploughing, irrigation and drainage, harvesting, transport, plant protection, stock breeding, forestry and fishery. The power of internal combustion engines is required to convert horsepower into watts and the power of electric motors is required to be converted into watts. Machinery employed for non-agricultural purposes, such as the machines used in township run and village run industry, construction, non agricultural transport, scientific experiments and teaching, is excluded.

Labour Force Engaged in Farming, Forestry, Animal Husbandry and Fishery refers to the total laborers who are directly engaged in production of farming, forestry, animal husbandry and fishery.

十三　工业

INDUSTRY

资料整理：梁卫国　杨文武

Arranged by Liang Weiguo, Yang Wenwu

13-1 工业企业单位数和工业总产值
Number of Industrial Enterprises and Gross Industrial Output Value by Ownership

项 目	Item	2000	2005	2007
企业单位数(个)	**Number of Industrial Enterprises(unit)**	**147769**	**130898**	**116364**
在总计中：	Of the Total:			
国有及国有控股企业	State-owned Enterprises(including enterprises with controlling share hold by the state)	757	525	435
在总计中：	Of the Total:			
轻工业	Light Industry	97464	81391	71726
重工业	Heavy Industry	50305	49507	44638
在总计中：	Of the Total:			
国有企业	State-owned Enterprises	545	353	349
集体企业	Collective-owned Enterprises	3874	1207	1185
个体企业	Individual-owned Enterprises	133421	119446	104283
其他经济类型企业	Enterprises of Other Types of Ownership	9929	9892	10547
# 股份制经济	Share-holding Corporations	371	2382	2635
外商及港澳台商投资企业	Enterprises Funded by Foreigners or by Entrepreneurs from Hong Kong, Macao and Taiwan	90	245	278
工业总产值(亿元)	**Gross Industrial Output Value (100 million yuan)**	**1202.85**	**3861.58**	**7143.37**
在总计中：	Of the Total:			
国有及国有控股企业	State-owned Enterprises(including enterprises with controlling share hold by the state)	636.95	1684.26	2708.92
在总计中：	Of the Total:			
轻工业	Light Industry	464.26	1171.70	2069.37
重工业	Heavy Industry	738.59	2689.88	5074.00
在总计中：	Of the Total:			
国有企业	State-owned Enterprises	245.68	415.17	706.77
集体企业	Collective-owned Enterprises	65.64	60.94	92.12
个体企业	Individual-owned Enterprises	245.29	405.69	655.61
其他经济类型企业	Enterprises of Other Types of Ownership	646.24	2979.78	5688.88
# 股份制经济	Share-holding Corporations	410.35	1927.37	3460.34
外商及港澳台商投资企业	Enterprises Funded by Foreigners or by Entrepreneurs from Hong Kong, Macao and Taiwan	58.10	358.39	661.65

注：工业总产值按核算口径工业总产出计算。

a)The gross industrial output value is calculated at gross industrial output of national accounts .

13-2 工业总产值

Gross Industrial Output Value

本表按当年价计算。

Data in this table are calculated at current prices.

单位：亿元 (100 million yuan)

年份 Year	工业总产值 Total Industry	按轻重工业分 Grouped by Light & Heavy Industry		按经济类型分 Grouped by Ownership			
		轻工业 Light Industry	重工业 Heavy Industry	国有及国有控股企业 State-owned or Controlling Share Hold Industry	集体企业 Collective-owned Industry	个体企业 Individual-Owned Industry	其他经济类型企业 Industry of Other Types of Ownership
1952	1.63	1.06	0.57	0.91	0.01	0.71	
1957	6.33	3.48	2.85	5.23	1.02	0.08	
1962	14.26	7.84	6.42	11.78	2.29	0.18	
1965	26.79	9.61	17.18	24.15	2.60	0.03	
1970	27.80	8.85	18.95	25.16	2.64		
1975	36.89	15.28	21.61	30.22	6.67		
1978	52.96	22.05	30.91	40.89	10.78		
1979	57.40	23.90	33.50	44.32	11.68		
1980	59.39	24.58	34.81	46.23	13.13	0.02	0.01
1981	61.76	28.41	33.35	49.10	12.60	0.04	0.02
1982	73.73	31.45	42.28				
1983	81.53	34.06	47.47	65.76	15.62	0.13	0.03
1984	90.02	36.99	53.03	75.57	17.09	0.35	0.02
1985	112.93	45.78	67.15	91.86	20.38	0.65	0.04
1986	126.46	52.69	73.77	97.87	25.67	2.84	0.07
1987	150.84	64.10	86.74	115.86	30.93	3.94	0.11
1988	193.86	86.41	107.45	144.60	42.21	6.76	0.28
1989	243.13	105.31	137.82	178.22	55.03	9.20	0.68
1990	263.33	108.51	154.82	193.14	57.69	11.55	0.94
1991	304.43	108.98	195.45	233.55	55.15	13.03	2.70
1992	363.72	131.55	234.91	276.33	67.11	15.98	4.30
1993	470.36	141.87	328.49	371.91	70.25	20.77	7.42
1994	522.10	169.98	352.12	392.39	94.14	24.44	11.13
1995	626.52	215.92	410.61	389.89	121.40	63.86	51.37
1996	745.56	293.21	452.35	454.64	145.67	78.81	66.45
1997	872.30	347.20	525.10	505.74	162.26	116.68	87.62
1998	942.08	371.08	571.00	472.70	162.87	176.56	129.95
1999	1055.13	383.65	671.48	559.69	87.03	206.43	201.97
2000	1202.85	464.26	738.59	636.95	65.64	245.29	254.97
2001	1347.19	536.76	810.43	689.16	53.92	269.87	334.24
2002	1535.80	614.38	921.42	767.98	61.46	307.63	398.73
2003	1935.11	754.71	1180.40	849.26	77.44	387.60	620.81
2004	2805.21	893.21	1912.00	1182.28	52.38	358.06	1212.50
2005	3861.58	1171.70	2689.88	1684.26	60.94	405.69	1710.69
2006	5201.12	1506.72	3694.40	1972.38	67.07	477.35	2684.32
2007	7143.37	2069.37	5074.00	2708.92	92.12	655.61	3686.72

注：工业总产值按核算口径工业总产出计算。

a)The gross industrial output value is calculated at gross industrial output of national accounts.

13-3 工业总产值指数

Indices of Gross Industrial Output Value

(上年=100) (preceding year=100)

年份 Year	工业总产值 Total Industry	按轻重工业分 Grouped by Light & Heavy Industry		按经济类型分 Grouped by Ownership			
		轻工业 Light Industry	重工业 Heavy Industry	国有及国有控股企业 State-owned or Controlling Share Hold Industry	集体企业 Collective-owned Industry	个体企业 Individual-Owned Industry	其他经济类型企业 Industry of Other Types of Ownership
1978	116.2	109.0	121.9	114.2	110.1		
1979	106.7	101.5	110.3	108.4	112.9		
1980	104.8	112.3	99.9	104.0	107.5		
1981	100.6	110.9	92.9	102.7	92.8	191.7	300.0
1982	115.1	107.9	121.1	114.9	115.5	200.5	96.7
1983	109.6	108.4	110.5	110.3	106.3	173.2	120.0
1984	108.1	107.4	108.6	108.0	107.1	252.9	87.0
1985	116.6	116.8	116.6	113.9	93.6	444.7	157.5
1986	109.6	112.8	107.2	107.7	146.0	168.3	188.7
1987	112.5	115.6	110.0	111.5	113.5	130.8	136.2
1988	113.9	116.1	112.2	110.7	121.1	152.1	229.2
1989	112.6	107.7	116.7	110.7	117.0	122.1	217.9
1990	104.1	102.8	105.0	104.1	100.7	120.7	134.0
1991	108.1	108.1	108.0	106.4	107.8	138.4	156.1
1992	111.3	108.0	113.5	107.9	118.4	133.8	148.5
1993	113.8	106.0	117.2	105.1	124.5	143.9	272.5
1994	114.0	118.0	113.2	103.7	122.1	142.0	295.0
1995	112.0	115.5	111.0	107.2	97.0	186.8	126.3
1996	111.5	112.5	110.1	101.6	124.6	158.9	161.1
1997	115.0	117.2	112.0	101.5	118.0	127.4	140.0
1998	110.0	109.7	110.4	106.5	86.6	114.8	145.3
1999	111.0	117.2	105.9	109.6	91.3	111.1	123.6
2000	112.0	120.7	106.8	106.7	67.2	125.5	135.6
2001	111.1	114.1	108.6	106.3	76.6	110.3	125.4
2002	114.0	116.8	112.5	115.1	108.4	112.4	137.4
2003	125.0	123.6	125.9	109.1	119.9	108.3	146.1
2004	129.7	127.5	130.8	126.2	68.0	93.1	149.6
2005	130.7	126.0	133.2	134.7	113.4	111.0	133.6
2006	132.1	126.1	134.7	122.6	126.9	115.4	153.9
2007	127.8	122.3	130.1	125.0	129.6	129.9	141.1

注：本表按可比价格计算，以上年为100。

a)Data in this table are calculated at comparable prices, preceding year=100.

13-4 规模以上工业企业分行业职工(2007年)

Number of Staff & Workers in Industrial Enterprises above Designated Size by Industrial Branch(2007)

单位：万人 (10 000 persons)

项 目	Item	2007
总 计	**Total**	**93.28**
按登记注册类型分	**Grouped by Ownership**	
国有	State-owned	11.22
集体	Collective-owned	1.85
其他	Other Ownership	80.21
按行业分	**Grouped by Sector**	
采矿业	**Mining**	**23.21**
煤炭开采和洗选业	Coal Mining & Processing	15.24
石油和天然气开采业	Petroleum & Natural Gas Pumped	0.51
黑色金属矿采选业	Mining & Dressing of Ferrous Metals	2.82
有色金属矿采选业	Mining & Dressing of Nonferrous Metals	3.20
非金属矿采选业	Mining & Dressing of Nonmetal Minerals	1.44
其他采矿业	Mining of Other Mineral	0.01
制造业	**Manufacturing**	**60.97**
农副食品加工业	Processing of Agricultural Side-Line Food	5.21
食品制造业	Food Manufacturing	3.91
饮料制造业	Beverage Manufacturing	2.25
烟草制品业	Tobacco Products	0.20
纺织业	Textile Industry	5.18
纺织服装、鞋、帽制造业	Textile Products, Clothes, Shoes & Hats	0.78
皮革、毛皮、羽毛（绒）及其制品业	Leather, Furs, Down & Related Products	0.16
木材加工及木、竹、藤、棕、草制品业	Timber Processing, Bamboo, Cane, Palm Fiber & Straw Products	1.40
家具制造业	Furniture Manufacturing	0.13
造纸及纸制品业	Paper-making & Paper Products	1.03
印刷业和记录媒介的复制	Printing & Record Pressing	0.21
文教体育用品制造业	Cultural, Educational & Sports Goods	
石油加工、炼焦及核燃料加工业	Petroleum Processing ,Coke Products & Processing of Nuclear Fuel	1.47
化学原料及化学制品制造业	Raw Chemical Materials & Chemical Products	6.63
医药制造业	Medicine Manufacturing	1.61
化学纤维制造业	Chemical Fiber Manufacturing	0.05
橡胶制品业	Rubber Products	0.05
塑料制品业	Plastic Products	0.35
非金属矿物制品业	Nonmetal Mineral Products	5.32
黑色金属冶炼及压延加工业	Smelting & Pressing of Ferrous Metals	11.07
有色金属冶炼及压延加工业	Smelting & Pressing of Nonferrous Metals	4.04
金属制品业	Metal Products	0.79
通用设备制造业	Manufacturing of General-Purpose Equipment	1.87
专用设备制造业	Special Purposes Equipment Manufacturing	4.42
交通运输设备制造业	Transportation Equipment Manufacturing	1.14
电气机械及器材制造业	Electric Equipment & Machinery	0.80
通信设备、计算机及其他电子设备制造业	Manufacturing of Telecoms,Computer & Other Electronic Equipment	0.47
仪器仪表及文化、办公用机械制造业	Instruments, Meters, Cultural & Office Machinery	
工艺品及其他制造业	Handicrafts & Other Production	0.42
废弃资源和废旧材料回收加工业	Recovering of Abandoned Resource & Waste Materical	0.02
电力、燃气及水的生产和供应业	**Production & Supply of Electric Power,Gas & Water**	**9.10**
电力、热力的生产和供应业	Production & Supply of Electric Power & Heating Power	7.91
燃气生产和供应业	Production & Supply of Gas	0.24
水的生产和供应业	Production & Supply of Water	0.96

注：规模以上工业是指全部年主营业务收入500万元及以上的工业法人企业(下同)。

a)Industrial enterprises above designated size refer to the industiral enterprises with an annual operating income of over 5 million yuan(The next table is the same)

13-5 规模以上工业企业工业总产值

Gross Industrial Output Value of Industrial Enterprises above Designated Size

单位：万元 (10 000 yuan)

行 业	Item	2006年工业总产值(现价) Gross Industrial Output Value in 2006 (at current prices)	2007年工业总产值(现价) Gross Industrial Output Value in 2006 (at current prices)
总 计	**Total**	**41400506**	**58129603**
按经济类型分	**Grouped by Ownership**		
在总计中：	Of the Total:		
国有及国有控股企业	State-owned Enterprises(including with controlling share hold by the state)	18423566	23273120
在总计中：	Of the Total:		
集体企业	Collective-owned Enterprises	249085	635966
股份有限公司	Share-holding Corporation	7037535	10613600
外商投资企业	Foreign Funded Enterprises	2973733	4982102
港澳台商投资企业	Enterprises Funded by Entrepreneurs from Hong Kong, Macao and Taiwan	1516049	1805354
按轻重工业分	**Grouped by Light & Heavy Industry**		
轻工业	Light Industry	10605945	14178917
重工业	Heavy Industry	30794561	43950686
按企业规模分	**Grouped by Size of Enterprises**		
大型企业	Large	14204265	16171804
中型企业	Medium-sized	12350158	19434823
小型企业	Small	14846083	22522977
按行业分	**Grouped by Sector**		
煤炭开采和洗选业	Coal Mining and Processing	4906724	7401779
石油和天然气开采业	Petroleum and Natural Gas Pumped	612683	661850
黑色金属矿采选业	Mining and Dressing of Ferrous Metals	880662	1305750
有色金属矿采选业	Mining and Dressing of Nonferrous Metals	1037386	1752356
非金属矿采选业	Mining and Dressing of Nonmetal Minerals	343519	579463
其他采矿业	Mining of Other Mineral	8482	7822
农副食品加工业	Processing of Agricultural Side-line Food	2797918	3856273
食品制造业	Food Manufacturing	3100895	3841298
饮料制造业	Beverage Manufacturing	590532	847717

13-5 续表 1 continued

单位：万元 (10 000 yuan)

行 业	Item	2006年工业总产值(现价) Gross Industrial Output Value in 2006 (at current prices)	2007年工业总产值(现价) Gross Industrial Output Value in 2006 (at current prices)
烟草制品业	Tobacco Products	236353	316176
纺织业	Textile Industry	1880607	2535685
纺织服装、鞋、帽制造业	Textile Products, Clothes, Shoes and Hats	100612	129465
皮革、毛皮、羽毛(绒)及其制品业	Leather, Furs, Down & Related Products	34704	57318
木材加工及木、竹、藤、棕、草制品业	Timber Processing, Bamboo, Cane, Palm Fiber & Straw Products	315474	558295
家具制造业	Furniture Manufacturing	45080	75961
造纸及纸制品业	Paper-making and Paper Products	198186	295668
印刷业和记录媒介的复制	Printing and Record Pressing	39098	45208
文教体育用品制造业	Cultural, Educational and Sports Goods		
石油加工、炼焦及核燃料加工业	Petroleum Processing , Coke Products & Processing of Nuclear Fuel	1145913	1400851
化学原料及化学制品制造业	Raw Materials & Chemical Products	2081326	3339462
医药制造业	Medicine Manufacturing	581092	760429
化学纤维制造业	Chemical Fiber Manufacturing	6093	7705
橡胶制品业	Rubber Products	2919	12897
塑料制品业	Plastic Products	94109	133178
非金属矿物制品业	Nonmetal Mineral Products	1243286	1852060

13-5 续表 2 continued

单位：万元 (10 000 yuan)

行 业	Item	2006年工业总产值(现价) Gross Industrial Output Value in 2006 (at current prices)	2007年工业总产值(现价) Gross Industrial Output Value in 2006 (at current prices)
黑色金属冶炼及压延加工业	Smelting and Pressing of Ferrous Metals	6800965	7813175
有色金属冶炼及压延加工业	Smelting and Pressing of Nonferrous Metals	3150172	5806374
金属制品业	Metal Products	143763	252855
通用设备制造业	Manufacturing of General Purpose Equipment	333335	507174
专用设备制造业	Special Purposes Equipment Manufacturing	972888	1243381
交通运输设备制造业	Transportation Equipment Manufacturing	615315	1006241
电气机械及器材制造业	Electric Equipment and Machinery	166891	263813
通信设备、计算机及其他电子设备制造业	Manufacturing of Telecomm ,Computer & Other Electronic Equipment	801983	952771
仪器仪表及文化、办公用机械制造业	Instruments, Meters, Cultural & Office Machinery		
工艺品及其他制造业	Handicrafts and Other Production	76490	113015
废弃资源和废旧材料回收加工业	Recovering of Abandoned Resource & Waste Materical	3099	7038
电力、热力的生产和供应业	Production & Supply of Electric Power & Heating Power	5524319	7558908
燃气生产和供应业	Production and Supply of Gas	450307	698864
水的生产和供应业	Production and Supply of Water	77330	131325

13-6 规模以上工业企业主要经济指标(2007年)

单位:万元

项 目	Item	企业单位数(个) Number of Enterprises (unit)	工业总产值(现价) Gross Industrial Output Value (at current prices)	工业增加值(现价) Value Added of Industry (at current prices)
总 计	**Total**	**3364**	**58129603**	**24953378**
在总计中:	Of the Total:			
亏损企业	Enterprises at Lose	494	4046444	1742960
按轻重分	**Grouped by Light & Heavy Industry**			
轻工业	Light Industry	1107	14178917	5141759
重工业	Heavy Industry	2257	43950686	19811618
按行业分	**Grouped by Sector**			
采矿业	Mining	630	11709021	7058560
制造业	Manufacturing	2482	38031484	14328559
电力、燃气及水的生产和供应业	Production & Supply of Electric Power,Gas & Water	252	8389098	3566259
按企业规模分	**Grouped by Size of Enterprises**			
大型企业	Large	50	16171804	7607623
中型企业	Medium sized	388	19434823	8602795
小型企业	Small	2926	22522977	8742960
按登记注册类型分组	**Grouped by Registration Status**			
内资企业	Domestic-funded Enterprise	3178	51342147	23046840
国有企业	State-owned Enterprises	194	5725184	2936352
中央企业	Central Enterprises	32	1850038	1066059
地方企业	Local Enterprises	162	3875146	1870293
集体企业	Collective-owned Enterprises	97	635966	281312
股份合作企业	Cooperative Enterprises	28	466843	282769
联营企业	Joint Ownership Enterprises	6	175187	103098
国有联营企业	State joint Ownership Enterprises	1	143410	88798
集体联营企业	Collective Joint Ownership Enterprises	2	12713	5412
国有与集体联营企业	Joint State Collective Enterprises	1	2185	1226
其他联营企业	Other Joint Ownership Enterprises	2	16880	7661
有限责任公司	Limited Liability Corporations	1093	21861233	10212067
国有独资公司	Exclusive State-funded Limited Liability Corporations	47	5554758	3191288
股份有限公司	Share-holding Corporations Ltd.	190	10613600	4536218
私营企业	Private Enterprises	1562	11745862	4645493
其他企业	Other Enterprises	8	118273	49531
港澳台商投资企业	Enterprises Funded by Entrepreneurs from Hong Kong, Macao and Taiwan	60	1805354	-135471
外商投资企业	Enterprises Funded by Foreigners	126	4982102	2042008

Main Indicators of Industrial Enterprises above Designated Size(2007)

(10 000 yuan)

资产合计 Total Assets	流动资产合计 Circulating Funds	流动资产年平均余额 Annual Average Balance of Funds Circulating	固定资产原价 Original Value of Fixed Assets	固定资产净值年平均余额 Annual Average Balance of Net Value of Fixed Assets	流动负债合计 Liquid Liabilities
75123611	**24130552**	**21853622**	**48581525**	**32797059**	**27087486**
6469464	2718990	2482993	3627863	2681324	3257700
10262824	4797182	4504617	4356887	3036115	4620500
64860788	19333371	17349004	44224639	29760944	22466986
15403927	6000321	5153776	7381617	4740163	4646291
34336079	14637740	13488940	16572982	11154122	14953653
25383605	3492491	3210906	24626926	16902774	7487543
23434425	8364423	7432567	14185223	8789650	8493711
26345613	8738417	8024425	15624702	10305591	9281983
25343574	7027712	6396629	18771600	13701818	9311792
60666696	20207104	18131228	38768039	26039248	21827607
7880402	2339883	2022991	6437378	4033053	2535665
2646460	994574	793867	1868910	1094519	823292
5233942	1345309	1229124	4568467	2938534	1712373
318801	215903	196628	113705	68930	154954
688197	242527	203507	158893	108818	179689
423312	75266	77942	482958	339651	94362
399107	59196	62149	471886	332738	82091
10944	6211	5870	5002	3548	4388
1321	785	964	1275	499	944
11941	9075	8959	4795	2866	6939
32157403	9669172	8695204	20231636	13759186	10471274
13886832	3732775	3398440	8270999	5274426	3412936
12101878	4125261	3636060	8197728	5357072	4909857
6987830	3487146	3255597	3097345	2338117	3415409
108873	51947	43300	48396	34422	66399
7880544	1345188	1247461	6571170	4572421	2754423
6576371	2578261	2474933	3242316	2185390	2505456

13-6 续表

单位:万元

项 目	Item	长期负债合计 Long-term Liabilities	所有者权益 Creditors Equity	实收资本 Total Capital Hold
总 计	**Total**	**17141384**	**29949987**	**16075802**
在总计中：	Of the Total:			
亏损企业	Enterprises at Lose	1333069	1737723	1451057
按轻重分	**Grouped by Light & Heavy Industry**			
轻工业	Light Industry	726717	4717734	2227385
重工业	Heavy Industry	16414667	25232253	13848417
按行业分	**Grouped by Sector**			
采矿业	Mining	2112918	8605058	3727627
制造业	Manufacturing	2918909	16184511	8473636
电力、燃气及水的生产和供应业	Production & Supply of Electric Power,Gas & Water	12109557	5160418	3874539
按企业规模分	**Grouped by Size of Enterprises**			
大型企业	Large	3663582	11101052	6090671
中型企业	Medium-sized	5610206	11101139	5056875
小型企业	Small	7867596	7747796	4928257
按登记注册类型分组	**Grouped by Registration Status**			
内资企业	Domestic funded Enterprise	12951875	25124958	13242316
国有企业	State-owned Enterprises	2963270	1953510	1203107
中央企业	Central Enterprises	908477	903114	422566
地方企业	Local Enterprises	2054793	1050396	780542
集体企业	Collective-owned Enterprises	8282	155422	46569
股份合作企业	Cooperative Enterprises	135296	373009	35298
联营企业	Joint Ownership Enterprises	1307	93681	75748
国有联营企业	State joint Ownership Enterprises		83054	67900
集体联营企业	Collective Joint Ownership Enterprises	999	5557	4856
国有与集体联营企业	Joint State Collective Enterprises	299	77	77
其他联营企业	Other Joint Ownership Enterprises	9	4993	2915
有限责任公司	Limited Liability Corporations	7183026	14461885	7930377
国有独资公司	Exclusive State-funded Limited Liability Corporations	2506217	7963456	4136583
股份有限公司	Share-holding Corporations Ltd.	2105918	5093895	2330700
私营企业	Private Enterprises	554078	2951778	1593116
其他企业	Other Enterprises	698	41777	27402
港澳台商投资企业	Enterprises Funded by Entrepreneurs from Hong Kong, Macao and Taiwan	3150732	1973422	1248906
外商投资企业	Enterprises Funded by Foreigners	1038777	2851608	1584580

continued

(10 000 yuan)

主营业务收入 Revenues of Main Business	主营业务成本 Cost of Main Business	主营业务税金及附加 Sales Tax and Extra Charges	利润总额 Total Profits	本年应交增值税 Value Added Tax Payable
57753451	**42859506**	**955034**	**6419873**	**3133652**
3983003	3352515	126404	-321897	160859
13631828	10128425	301927	1184847	412607
44121623	32731081	653107	5235026	2721045
11941075	7083421	256302	2472532	915729
37776061	29929390	624693	2894330	1381285
8036315	5846694	74040	1053011	836638
16872645	12717108	258825	1777604	946603
19320077	13435539	450926	3098768	1163748
21560729	16706859	245284	1543501	1023302
49697441	37010335	798296	5507780	2716322
4782229	3047753	201402	651721	449614
1883018	1180368	169111	134690	182176
2899211	1867385	32291	517031	267438
618089	469450	8440	30136	20785
424171	306681	10582	54158	20871
174171	119683	1923	34739	20912
143409	96600	1722	32079	19105
13350	9846	94	1684	1174
2197	1104	82	92	151
15214	12133	24	885	483
21386892	15540802	311323	2962501	1271546
6042782	4430319	87126	833646	404735
10650500	8409833	119013	981181	508075
11535794	9020746	143450	782793	414494
125596	95386	2163	10551	10025
3020679	2469412	22312	166989	202609
5035331	3379759	134426	745104	214722

13-7 国有及国有控股工业企业主要经济指标(2007年)

单位:万元

项 目	Item	企业单位数(个) Number of Enterprises (unit)	工业总产值(现价) Gross Industrial Output Value (at curent prices)
总 计	**Total**	**435**	**23273120**
在总计中:亏损企业	Of the Total: Enterprises at Lose	93	1938967
在总计中:中央企业	Of the Total: Central Enterprises	69	9488620
地方企业	Local Enterprises	366	13784499
在总计中：轻工业	Of the Total:Light Industry	87	2177334
重工业	Heavy Industry	348	21095786
在总计中:	Of the Total:		
采矿业	Mining	60	4787657
制造业	Manufacturing	192	11429938
电力、燃气及水的生产和供应业	Production & Supply of Electric Power,Gas & Water	183	7055524
在总计中:	Of the Total:		
大型企业	Large	35	11978290
中型企业	Medium-sized	120	7107656
小型企业	Small	280	4187174

13-7 续表

单位：万元

行 业	Item	长期负债合计 Long-term Liabilities	所有者权益 Creditors Equity
总 计	**Total**	**13670655**	**17912366**
在总计中:亏损企业	Of the Total:Enterprises at Lose	1144347	1080115
在总计中:中央企业	Of the Total:Central Enterprises	4961152	8539314
地方企业	Local Enterprises	8709502	9373052
在总计中：轻工业	Of the Total:Light Industry	189885	1304245
重工业	Heavy Industry	13480770	16608120
在总计中:	Of the Total:		
采矿业	Mining	1372072	4981869
制造业	Manufacturing	1213506	8542475
电力、燃气及水的生产和供应业	Production & Supply of Electric Power,Gas & Water	11085077	4388022
在总计中:	Of the Total:		
大型企业	Large	2871653	8831149
中型企业	Medium-sized	4246520	6092209
小型企业	Small	6552482	2989008

Main Indicators on Economic Benefit of State-owned and State Holding Majority Shares Industrial Enterprises(2007)

(10 000 yuan)

工业增加值 (现价) Value Added of Industry (at curent prices)	资产合计 Total Assets	流动资产合计 Circulating Funds	流动资产年平均余额 Annual Average Balance of Circulating Funds	固定资产原价 Original Value of Fixed Assets	固定资产净值年平均余额 Annual Average Balance of Net Value of Fixed Assets	流动负债合计 Liquid Liabilities
10852573	**47389031**	**11856604**	**10706151**	**35787854**	**23353967**	**15140234**
836457	4370055	1780982	1653929	2614299	1911299	2017303
5099597	18922266	5152311	4530529	13400085	8614877	5407486
5752976	28466766	6704293	6175622	22387769	14739090	9732748
868341	2621548	1055253	937856	1037664	654012	1121218
9984233	44767483	10801350	9768294	34750190	22699955	14019016
3346509	8373608	2841870	2411845	5044248	3075542	2006369
4563560	16055501	6087635	5552183	7866760	4943295	6272416
2942505	22959923	2927098	2742123	22876845	15335130	6861449
6037255	18295936	6297325	5574018	12246996	7474429	6590324
3482700	14841169	3497092	3229932	10292117	6595383	4186138
1332618	14251927	2062187	1902201	13248741	9284154	4363772

continued

(10 000 yuan)

实收资本 Total Capital Hold	主营业务收入 Revenues of Main Business	主营业务成本 Cost of Main Business	主营业务税金及附加 Sales Tax and Extra Charges	利润总额 Total Profits	本年应交增值税 Value Added Tax Payable
10125119	**23654088**	**17560816**	**427798**	**2726178**	**1657747**
855318	2038239	1700775	19190	-118438	99676
4180935	9309893	6274743	283435	1471850	695403
5944184	14344195	11286072	144363	1254328	962344
531555	2150738	1433686	151063	201474	103664
9593564	21503350	16127130	276735	2524705	1554084
2648072	4994680	2952578	132855	995319	419567
4103995	11934078	9729975	226416	839506	456488
3373052	6725331	4878263	68527	891353	781693
5240002	12595789	9779489	176211	1083762	680796
2688469	7321078	4768726	211253	1467490	572764
2196648	3737220	3012600	40334	174926	404188

13-8 规模以上集体工业企业主要经济指标(2007年)

单位:万元

项 目	Item	企业单位数(个) Number of Enterprises (unit)	工业总产值(现价) Gross Industrial Output Value (at current prices)
总计	**Total**	**97**	**635966**
在总计中：亏损企业	Of the Total: Enterprises at Lose	12	39304
在总计中：轻工业	Of the Total: Light Industry	13	49482
重工业	Heavy Industry	84	586484
在总计中：	Of the Total:		
采矿业	Mining	34	117433
制造业	Manufacturing	61	513460
电力、燃气及水的生产和供应业	Production & Supply of Electric Power,Gas & Water	2	5073
在总计中：	Of the Total:		
大型企业	Large		
中型企业	Medium-sized	4	18041
小型企业	Small	93	617925

13-8 续表

单位：万元

项 目	Item	长期负债合计 Long-term Liabilities	所有者权益 Creditors Equity
总 计	**Total**	**8282**	**155422**
在总计中：亏损企业	Of the Total: Enterprises at Lose	1438	4105
在总计中：轻工业	Of the Total: Light Industry	4029	7780
重工业	Heavy Industry	4253	147642
在总计中：	Of the Total:		
采矿业	Mining	1856	32086
制造业	Manufacturing	5909	121845
电力、燃气及水的生产和供应业	Production & Supply of Electric Power,Gas & Water	517	1491
在总计中：	Of the Total:		
大型企业	Large		
中型企业	Medium-sized		9660
小型企业	Small	8282	145762

Main Indicator on Economic Benefit of Collective-owned Enterprises above Designated Size(2007)

(10 000 yuan)

工业增加值(现价) Value Added of Industry (at current prices)	资产合计 Total Assets	流动资产合计 Circulating Funds	流动资产年平均余额 Annual Average Balance of Circulating Funds	固定资产原价 Original Value of Fixed Assets	固定资产净值年平均余额 Annual Average Balance of Net Value of Fixed Assets	流动负债合计 Liquid Liabilities
281312	**318801**	**215903**	**196628**	**113705**	**68930**	**154954**
14312	29016	16096	16888	17191	9504	23473
19855	22137	11819	11304	14196	9362	10312
261457	296664	204083	185324	99509	59568	144642
65837	67739	30422	27298	30936	20818	33797
213020	247100	184073	167946	79157	45841	119204
2456	3961	1407	1383	3613	2272	1954
8819	22945	11091	7534	16749	7606	13193
272493	295856	204812	189094	96956	61324	141761

continued

(10 000 yuan)

实收资本 Total Capital Hold	主营业务收入 Revenue of Main Business	主营业务成本 Cost of Main Business	主营业务税金及附加 Sales Tax and Extra Charges	利润总额 Total Profits	本年应交增值税 Value Added Tax Payable
46569	**618089**	**469450**	**8440**	**30136**	**20785**
4381	35526	32477	422	87	704
4786	44580	34754	1359	2624	1195
41782	573508	434696	7081	27512	19591
14256	114021	86267	3079	14269	7002
31531	499228	379981	5237	15330	13592
782	4840	3202	125	537	191
6212	18148	14974	413	464	791
40357	599941	454476	8027	29672	19995

13-9 规模以上工业企业分行业主要经济指标(2007年)

单位:万元

行业	Item	企业单位数(个) Enterprise (unit)	工业总产值(现价) Gross Industrial Output Value (at current prices)
总计	**Total**	**3364**	**58129603**
采矿业	**Mining**	**630**	**11709021**
煤炭开采和洗选业	Coal Mining & Processing	299	7401779
石油和天然气开采业	Petroleum & Natural Gas Extraction	8	661850
黑色金属矿采选业	Mining & Dressing of Ferrous Metals	139	1305750
有色金属矿采选业	Mining & Dressing of Nonferrous Metals	104	1752356
非金属矿采选业	Mining & Dressing of Nonmetal Minerals	79	579463
其他采矿业	Mining of Other Mineral	1	7822
制造业	**Manufacturing**	**2482**	**38031484**
农副食品加工业	Processing of Agricultural Side-Line Food	430	3856273
食品制造业	Food Manufacturing	128	3841298
饮料制造业	Beverage Manufacturing	99	847717
烟草制品业	Tobacco Products	2	316176
纺织业	Textile Industry	184	2535685
纺织服装、鞋、帽制造业	Textile Products, Clothes, Shoes & Hats	31	129465
皮革、毛皮、羽毛（绒）及其制品业	Leather, Furs, Down & Related Products	14	57318
木材加工及木、竹、藤、棕、草制品业	Timber Processing, Bamboo, Cane, Palm Fiber & Straw Products	91	558295
家具制造业	Furniture Manufacturing	12	75961
造纸及纸制品业	Paper-making & Paper Products	32	295668
印刷业和记录媒介的复制	Printing & Record Pressing	19	45208
文教体育用品制造业	Cultural, Educational & Sports Goods		
石油加工、炼焦及核燃料加工业	Petroleum Processing , Coke Products & Processing of Nuclear Fuel	39	1400851
化学原料及化学制品制造业	Raw Chemical Materials & Chemical Products	337	3339462
医药制造业	Medicine Manufacturing	72	760429
化学纤维制造业	Chemical Fiber Manufacturing	2	7705
橡胶制品业	Rubber Products	3	12897
塑料制品业	Plastic Products	42	133178
非金属矿物制品业	Nonmetal Mineral Products	279	1852060
黑色金属冶炼及压延加工业	Smelting & Pressing of Ferrous Metals	223	7813175
有色金属冶炼及压延加工业	Smelting & Pressing of Nonferrous Metals	125	5806374
金属制品业	Metal Products	65	252855
通用设备制造业	Manufacturing of General-Purpose Equipment	94	507174
专用设备制造业	Special Purposes Equipment Manufacturing	48	1243381
交通运输设备制造业	Transportation Equipment Manufacturing	32	1006241
电气机械及器材制造业	Electric Equipment & Machinery	49	263813
通信设备、计算机及其他电子设备制造业	Manufacturing of Telecommunications, Computer & Other Electronic Equipment	17	952771
仪器仪表及文化、办公用机械制造业	Instruments, Meters, Cultural & Office Machinery		
工艺品及其他制造业	Handicrafts & Other Production	10	113015
废弃资源和废旧材料回收加工业	Recovering of Abandoned Resource & Waste Materical	3	7038
电力、燃气及水的生产和供应业	**Production & Supply of Electric Power,Gas & Water**	**252**	**8389098**
电力、热力的生产和供应业	Production & Supply of Electric Power & Heating Power	214	7558908
燃气生产和供应业	Production & Supply of Gas	6	698864
水的生产和供应业	Production & Supply of Water	32	131325

Main Indicators of Industrial Enterprises above Designated Size by Industrial Branch(2007)

(10 000 yuan)

工业增加值(现价) Value Added of Industry (at current prices)	资产合计 Total Assets	流动资产合计 Circulating Funds	流动资产年平均余额 Annual Average Balance of Circulating Funds	固定资产原价 Original Value of Fixed Assets	固定资产净值年平均余额 Annual Average Balance of Net Value of Fixed Assets	流动负债合计 Liquid Liabilities
24953378	**75123611**	**24130552**	**21853622**	**48581525**	**32797059**	**27087486**
7058560	**15403927**	**6000321**	**5153776**	**7381617**	**4740163**	**4646291**
4735576	11452202	4144418	3456008	5257430	3428217	3458286
538853	1243700	498722	490848	994696	560824	67406
650658	880531	450167	427154	380957	251958	459138
849466	1382005	740167	623130	487818	311253	551968
282057	444259	165923	155612	260360	187702	108262
1950	1231	924	1024	357	209	1231
14328559	**34336079**	**14637740**	**13488940**	**16572982**	**11154122**	**14953653**
1397706	1950284	846794	777103	874002	627631	872982
1276218	2438913	984988	867789	968618	733508	1077832
349009	791852	333697	302121	393725	260564	306131
239517	231245	130819	134783	107911	55875	60863
875314	2280516	1279609	1286432	697047	390242	1135747
47629	108537	84720	64993	33258	21446	69664
21074	34028	18593	15302	15261	12164	12439
198904	294945	146659	117624	183404	134209	132430
28851	25286	15388	12242	10578	10415	12645
105157	280651	110396	107118	165866	127973	137205
14203	43003	17016	17233	32928	17059	25130
447134	1282224	681185	746828	580668	388803	654943
1293530	3014936	1033823	987754	2034253	1291509	1214528
331385	827862	309990	287669	467371	320607	391448
2789	6328	5508	4735	1215	793	5019
6655	6517	3918	4021	3330	1948	2881
55961	96223	52029	48941	33248	27087	30549
760889	2751219	779091	719190	1357672	990076	927651
3405635	8566674	3411412	3010004	5096148	3409839	3615127
2041636	5135274	1773310	1508730	1930987	1277920	1941090
89386	204623	106772	98521	91578	73063	103388
196828	363532	253759	226777	150956	85308	228915
461017	1808636	976563	968644	749958	560243	928315
294796	1012849	732902	637276	348491	165519	653436
102683	222899	122985	112457	95946	78641	111690
228417	368312	322439	324361	63602	34669	224532
53970	169820	101520	98948	65853	39777	73962
2268	18894	1860	1344	19112	17235	3112
3566259	**25383605**	**3492491**	**3210906**	**24626926**	**16902774**	**7487543**
3180983	24335808	3086958	2881197	24039496	16425072	7152422
323213	455195	177555	131368	211236	180686	121380
62063	592602	227978	198341	376194	297016	213741

13-9 续表

单位：万元

行业	Item	长期负债合计 Long-term Liabilities	所有者权益 Creditors Equity	实收资本 Total Capital Hold
总计	**Total**	**17141384**	**29949987**	**16075802**
采矿业	**Mining**	**2112918**	**8605058**	**3727627**
煤炭开采和洗选业	Coal Mining & Processing	1840147	6127122	2492794
石油和天然气开采业	Petroleum & Natural Gas Extraction	78910	1097384	653928
黑色金属矿采选业	Mining & Dressing of Ferrous Metals	96291	324091	163416
有色金属矿采选业	Mining & Dressing of Nonferrous Metals	21553	807454	293292
非金属矿采选业	Mining & Dressing of Nonmetal Minerals	76016	249007	123698
其他采矿业	Mining of Other Mineral			500
制造业	**Manufacturing**	**2918909**	**16184511**	**8473636**
农副食品加工业	Processing of Agricultural Side-Line Food	91676	980868	419530
食品制造业	Food Manufacturing	156272	1203167	453870
饮料制造业	Beverage Manufacturing	93996	386363	213545
烟草制品业	Tobacco Products	938	168444	110034
纺织业	Textile Industry	97882	872800	412803
纺织服装、鞋、帽制造业	Textile Products, Clothes, Shoes & Hats	685	37884	26555
皮革、毛皮、羽毛（绒）及其制品业	Leather, Furs, Down & Related Products	3199	18377	9903
木材加工及木、竹、藤、棕、草制品业	Timber Processing, Bamboo, Cane, Palm Fiber & Straw Products	36717	124683	88021
家具制造业	Furniture Manufacturing	353	11288	3479
造纸及纸制品业	Paper-making & Paper Products	8906	129753	101920
印刷业和记录媒介的复制	Printing & Record Pressing	3258	14615	10670
文教体育用品制造业	Cultural, Educational & Sports Goods			
石油加工、炼焦及核燃料加工业	Petroleum Processing , Coke Products & Processing of Nuclear Fuel	149258	477015	352436
化学原料及化学制品制造业	Raw Chemical Materials & Chemical Products	303868	1485017	1062002
医药制造业	Medicine Manufacturing	91622	344160	212048
化学纤维制造业	Chemical Fiber Manufacturing		1309	280
橡胶制品业	Rubber Products	350	3287	2883
塑料制品业	Plastic Products	16495	49168	25816
非金属矿物制品业	Nonmetal Mineral Products	499326	1312828	578576
黑色金属冶炼及压延加工业	Smelting & Pressing of Ferrous Metals	785076	4145395	2838816
有色金属冶炼及压延加工业	Smelting & Pressing of Nonferrous Metals	121819	3058664	772635
金属制品业	Metal Products	4900	76603	52726
通用设备制造业	Manufacturing of General-Purpose Equipment	16463	114649	93395
专用设备制造业	Special Purposes Equipment Manufacturing	254370	625800	335569
交通运输设备制造业	Transportation Equipment Manufacturing	111801	245559	153019
电气机械及器材制造业	Electric Equipment & Machinery	17267	93898	81894
通信设备、计算机及其他电子设备制造业	Manufacturing of Telecommunications, Computer & Other Electronic Equipment	3404	140288	40042
仪器仪表及文化、办公用机械制造业	Instruments, Meters, Cultural & Office Machinery			
工艺品及其他制造业	Handicrafts & Other Production	42967	52891	16019
废弃资源和废旧材料回收加工业	Recovering of Abandoned Resource & Waste Materical	6043	9738	5150
电力、燃气及水的生产和供应业	**Production & Supply of Electric Power, Gas & Water**	**12109557**	**5160418**	**3874539**
电力、热力的生产和供应业	Production & Supply of Electric Power & Heating Power	11884945	4677951	3603493
燃气生产和供应业	Production & Supply of Gas	116151	217664	140824
水的生产和供应业	Production & Supply of Water	108461	264803	130222

continued

(10 000 yuan)

主营业务收入 Revenues of Main Business	主营业务成本 Cost of Main Business	主营业务税金及附加 Sales Tax & Extra Charges	利润总额 Total Profits	本年应交增值税 Value Added Tax Payable
57753451	**42859506**	**955034**	**6419873**	**3133652**
11941075	**7083421**	**256302**	**2472532**	**915729**
7764927	4485285	191720	1594693	632746
653854	274668	11854	172607	58874
1237753	889940	19641	164751	63947
1706471	1000352	18666	512718	131891
570213	426055	14413	27582	27716
7856	7121	8	181	556
37776061	**29929390**	**624693**	**2894330**	**1381285**
3659294	2762048	45442	340396	70952
3698142	2637299	22256	384574	146196
800954	541260	61167	74898	31838
304741	106375	129260	37647	35259
2512433	2068993	17685	154706	38389
137156	115139	262	2979	3423
54923	41378	95	3169	2104
517877	388910	5690	27660	24265
67197	47801	1605	5153	1965
284434	222223	1508	18794	11710
43268	32128	770	4525	1450
1412539	1162567	38828	70776	54828
3403908	2733573	20749	163253	121419
711598	480562	14879	79005	23788
6318	5787	6	95	83
10191	8291	14	976	912
135628	107499	2019	10641	3710
1773286	1343691	22080	173076	93745
8249117	7052007	87068	548447	310525
5771930	4594294	133493	641002	276839
261482	194453	3570	36831	3446
502343	405921	3026	26114	17150
1242103	1089172	3255	4163	37976
944510	758697	5671	9017	29769
244494	195007	3636	18011	16462
915382	760002	370	49414	12742
103796	68259	269	8484	10146
7017	6055	22	528	195
8036315	**5846694**	**74040**	**1053011**	**836638**
7211453	5169173	71874	956904	819689
692143	579760	1391	92690	10290
132719	97761	775	3417	6658

13-10 国有及国有控股工业企业分行业主要经济指标(2007年)

单位:万元

行业	Item	企业单位数(个) Number of Enterprise (unit)	工业总产值(现价) Gross Industrial Output Value (at current prices)
总计	**Total**	**435**	**23273120**
采矿业	**Mining**	**60**	**4787657**
煤炭开采和洗选业	Coal Mining & Processing	34	3642392
石油和天然气开采业	Petroleum & Natural Gas Extraction	5	592401
黑色金属矿采选业	Mining & Dressing of Ferrous Metals	2	178852
有色金属矿采选业	Mining & Dressing of Nonferrous Metals	11	142093
非金属矿采选业	Mining & Dressing of Nonmetal Minerals	8	231920
其他采矿业	Mining of Other Mineral		
制造业	**Manufacturing**	**192**	**11429938**
农副食品加工业	Processing of Agricultural Side-Line Food	17	193746
食品制造业	Food Manufacturing	12	1143586
饮料制造业	Beverage Manufacturing	5	96603
烟草制品业	Tobacco Products	2	316176
纺织业	Textile Industry	7	167761
纺织服装、鞋、帽制造业	Textile Products, Clothes, Shoes & Hats	5	30854
皮革、毛皮、羽毛（绒）及其制品业	Leather, Furs, Down & Related Products	1	1835
木材加工及木、竹、藤、棕、草制品业	Timber Processing, Bamboo, Cane, Palm Fiber & Straw Products	3	37730
家具制造业	Furniture Manufacturing		
造纸及纸制品业	Paper-making & Paper Products	2	19744
印刷业和记录媒介的复制	Printing & Record Pressing	3	6126
文教体育用品制造业	Cultural, Educational & Sports Goods		
石油加工、炼焦及核燃料加工业	Petroleum Processing , Coke Products & Processing of Nuclear Fuel	5	709781
化学原料及化学制品制造业	Raw Chemical Materials & Chemical Products	15	440017
医药制造业	Medicine Manufacturing	7	91449
化学纤维制造业	Chemical Fiber Manufacturing		
橡胶制品业	Rubber Products	1	9441
塑料制品业	Plastic Products	1	4470
非金属矿物制品业	Nonmetal Mineral Products	27	290207
黑色金属冶炼及压延加工业	Smelting & Pressing of Ferrous Metals	10	4408146
有色金属冶炼及压延加工业	Smelting & Pressing of Nonferrous Metals	17	1348811
金属制品业	Metal Products	2	10482
通用设备制造业	Manufacturing of General-Purpose Equipment	16	178886
专用设备制造业	Special Purposes Equipment Manufacturing	17	1096938
交通运输设备制造业	Transportation Equipment Manufacturing	7	761901
电气机械及器材制造业	Electric Equipment & Machinery	6	15134
通信设备、计算机及其他电子设备制造业	Manufacturing of Telecommunications, Computer & Other Electronic Equipment	2	8051
仪器仪表及文化、办公用机械制造业	Instruments, Meters, Cultural & Office Machinery		
工艺品及其他制造业	Handicrafts & Other Production	2	42064
废弃资源和废旧材料回收加工业	Recovering of Abandoned Resource & Waste Materical		
电力、燃气及水的生产和供应业	**Production & Supply of Electric Power,Gas & Water**	**183**	**7055524**
电力、热力的生产和供应业	Production & Supply of Electric Power & Heating Power	160	6914323
燃气生产和供应业	Production & Supply of Gas	1	76825
水的生产和供应业	Production & Supply of Water	22	64376

Main Indicators on Economic Benefit of State-owned and State Holding Majority Shares Industrial Enterprises by Industrial Branch(2007)

(10 000 yuan)

工业增加值(现价) Value Added of Industry (at current prices)	资产合计 Total Assets	流动资产合计 Circulating Funds	流动资产年平均余额 Annual Average Balance of Circulating Funds	固定资产原价 Original Value of Fixed Assets	固定资产净值年平均余额 Annual Average Balance of Net Value of Fixed Assets	流动负债合计 Liquid Liabilities
10852573	**47389031**	**11856604**	**10706151**	**35787854**	**23353967**	**15140234**
3346509	**8373608**	**2841870**	**2411845**	**5044248**	**3075542**	**2006369**
2559494	6751153	2176191	1764922	3838123	2380501	1864647
483792	1195338	474947	474162	968710	537609	50301
101175	113212	67413	63475	46291	22839	41837
69915	83846	43135	32616	41453	26178	24650
132133	230059	80184	76670	149672	108415	24935
4563560	**16055501**	**6087635**	**5552183**	**7866760**	**4943295**	**6272416**
64042	477245	111622	91558	101674	58694	155804
367253	949693	383647	303095	277798	188310	502147
32519	50002	23301	21247	26931	15785	15817
239517	231245	130819	134783	107911	55875	60863
42008	84302	51857	51751	43878	29738	45559
12670	55308	44832	37022	17492	10030	42294
796	1592	721	721	695	629	2117
12636	57706	30618	8043	42370	25930	22379
6854	42111	14267	11138	24685	13376	23140
2647	16022	1856	3027	15201	8030	11214
142362	541930	257135	247567	303862	171549	250829
178996	848500	157269	170091	672574	370616	245838
46140	176053	66333	66890	104313	54831	76827
4423	4153	2874	3040	2284	1196	1875
1647	1529	742	580	932	686	575
108004	852166	163788	151314	329105	215959	196958
2122327	6188512	2311719	2047942	3944285	2602034	2490012
469236	2498327	516127	468215	674059	356973	495500
3146	44169	23076	23076	20318	15445	8101
71881	184080	136888	122387	79686	39380	118469
413454	1720076	920816	917528	716735	536285	882802
194968	834065	624923	563421	268327	121940	538486
5106	35218	14149	14271	19262	14808	14836
2370	9091	7095	6225	14438	1548	3546
18557	152409	91163	87251	57944	33647	66429
2942505	**22959923**	**2927098**	**2742123**	**22876845**	**15335130**	**6861449**
2877960	22482872	2764550	2591863	22553986	15096025	6735144
30260	107691	27658	20804	78394	66406	15833
34285	369360	134890	129456	244465	172700	110472

13-10 续表

单位:万元

行业	Item	长期负债合计 Long-term Liabilities	所有者权益 Creditors Equity
总计	**Total**	**13670655**	**17912366**
采矿业	**Mining**	**1372072**	**4981869**
煤炭开采和洗选业	Coal Mining & Processing	1172316	3701167
石油和天然气开采业	Petroleum & Natural Gas Extraction	78910	1066127
黑色金属矿采选业	Mining & Dressing of Ferrous Metals	43931	27444
有色金属矿采选业	Mining & Dressing of Nonferrous Metals	5787	53410
非金属矿采选业	Mining & Dressing of Nonmetal Minerals	71129	133722
其他采矿业	Mining of Other Mineral		
制造业	**Manufacturing**	**1213506**	**8542475**
农副食品加工业	Processing of Agricultural Side-Line Food	5359	314819
食品制造业	Food Manufacturing	21217	426329
饮料制造业	Beverage Manufacturing	8764	25421
烟草制品业	Tobacco Products	938	168444
纺织业	Textile Industry	3118	35626
纺织服装、鞋、帽制造业	Textile Products, Clothes, Shoes & Hats	586	12131
皮革、毛皮、羽毛（绒）及其制品业	Leather, Furs, Down & Related Products		-525
木材加工及木、竹、藤、棕、草制品业	Timber Processing, Bamboo, Cane, Palm Fiber & Straw Products	9400	25927
家具制造业	Furniture Manufacturing		
造纸及纸制品业	Paper-making & Paper Products	4040	14930
印刷业和记录媒介的复制	Printing & Record Pressing	2000	2808
文教体育用品制造业	Cultural, Educational & Sports Goods		
石油加工、炼焦及核燃料加工业	Petroleum Processing , Coke Products & Processing of Nuclear Fuel	33688	256413
化学原料及化学制品制造业	Raw Chemical Materials & Chemical Products	26778	572184
医药制造业	Medicine Manufacturing	8531	90695
化学纤维制造业	Chemical Fiber Manufacturing		
橡胶制品业	Rubber Products		2278
塑料制品业	Plastic Products		954
非金属矿物制品业	Nonmetal Mineral Products	132288	522314
黑色金属冶炼及压延加工业	Smelting & Pressing of Ferrous Metals	495175	3203325
有色金属冶炼及压延加工业	Smelting & Pressing of Nonferrous Metals	64454	1938124
金属制品业	Metal Products	2079	15789
通用设备制造业	Manufacturing of General-Purpose Equipment	8117	57493
专用设备制造业	Special Purposes Equipment Manufacturing	251181	585942
交通运输设备制造业	Transportation Equipment Manufacturing	83899	211169
电气机械及器材制造业	Electric Equipment & Machinery	8725	11616
通信设备、计算机及其他电子设备制造业	Manufacturing of Telecommunications, Computer & Other Electronic Equipment	422	5037
仪器仪表及文化、办公用机械制造业	Instruments, Meters, Cultural & Office Machinery		
工艺品及其他制造业	Handicrafts & Other Production	42747	43233
废弃资源和废旧材料回收加工业	Recovering of Abandoned Resource & Waste Materical		
电力、燃气及水的生产和供应业	**Production & Supply of Electric Power, Gas & Water**	**11085077**	**4388022**
电力、热力的生产和供应业	Production & Supply of Electric Power & Heating Power	10936417	4191534
燃气生产和供应业	Production & Supply of Gas	64800	27058
水的生产和供应业	Production & Supply of Water	83860	169431

continued

(10 000 yuan)

实收资本 Total Capital Hold	主营业务收入 Revenues of Main Business	主营业务成本 Cost of Main Business	主营业务税金及附加 Sales Tax and Extra Charges	利润总额 Total Profits	本年应交增值税 Value Added Tax Payable
10125119	**23654088**	**17560816**	**427798**	**2726178**	**1657747**
2648072	**4994680**	**2952578**	**132855**	**995319**	**419567**
1927083	3862825	2312478	103743	740530	335788
633753	583783	250610	11407	160825	55920
20275	176961	112419	5632	44585	5059
23881	140158	85553	1924	40058	7831
43080	230953	191518	10149	9321	14969
4103995	**11934078**	**9729975**	**226416**	**839506**	**456488**
78977	181007	138081	1658	34942	4793
124198	1119706	775197	10317	94407	47076
13143	89900	61519	5371	5047	2590
110034	304741	106375	129260	37647	35259
36480	184773	151971	1505	23634	2929
12581	42789	37609	9	1276	487
500	1670	885	13	163	74
13258	37989	31077	263	1066	3302
7100	15925	12382	106	1934	1033
2449	6152	4277	60	276	653
244087	730039	632821	22578	22710	18453
344933	444239	345428	2675	41124	20095
79412	87923	61743	2393	3149	4048
1883	8370	6982		795	819
300	4350	3643	20	480	243
114367	297297	221404	2663	35848	20796
2137399	4904117	4328074	26276	300121	178357
249979	1339297	1006041	16519	224443	45943
10678	19081	13899	138	495	138
56376	194441	160029	631	188	7934
310500	1103861	970523	2718	-2448	35810
122068	746295	612503	1059	7578	23541
17926	14969	11866	69	423	491
3390	7922	3936	93	2884	827
11977	47225	31709	24	1322	796
3373052	**6725331**	**4878263**	**68527**	**891353**	**781693**
3312081	6583702	4764309	67670	888292	778012
20000	76825	65219	530	6519	
40971	64803	48735	328	-3459	3680

13-11 规模以上集体工业企业分行业主要经济指标(2007年)

单位:万元

行业	Item	企业单位数(个) Number of Enterprise (unit)	工业总产值(现价) Gross Industrial Output Value (at current prices)
总计	**Total**	**97**	**635966**
采矿业	**Mining**	**34**	**117433**
煤炭开采和洗选业	Coal Mining & Processing	26	79891
石油和天然气开采业	Petroleum & Natural Gas Extraction		
黑色金属矿采选业	Mining & Dressing of Ferrous Metals	4	16030
有色金属矿采选业	Mining & Dressing of Nonferrous Metals	3	18817
非金属矿采选业	Mining & Dressing of Nonmetal Minerals	1	2695
其他采矿业	Mining of Other Mineral		
制造业	**Manufacturing**	**61**	**513460**
农副食品加工业	Processing of Agricultural Side-Line Food	5	12691
食品制造业	Food Manufacturing		
饮料制造业	Beverage Manufacturing		
烟草制品业	Tobacco Products		
纺织业	Textile Industry		
纺织服装、鞋、帽制造业	Textile Products, Clothes, Shoes & Hats	3	6845
皮革、毛皮、羽毛（绒）及其制品业	Leather, Furs, Down & Related Products		
木材加工及木、竹、藤、棕、草制品业	Timber Processing, Bamboo, Cane, Palm Fiber & Straw Products		
家具制造业	Furniture Manufacturing		
造纸及纸制品业	Paper-making & Paper Products	2	1580
印刷业和记录媒介的复制	Printing & Record Pressing	1	1286
文教体育用品制造业	Cultural, Educational & Sports Goods		
石油加工、炼焦及核燃料加工业	Petroleum Processing , Coke Products & Processing of Nuclear Fuel		
化学原料及化学制品制造业	Raw Chemical Materials & Chemical Products	7	17829
医药制造业	Medicine Manufacturing	1	23963
化学纤维制造业	Chemical Fiber Manufacturing		
橡胶制品业	Rubber Products		
塑料制品业	Plastic Products	1	2100
非金属矿物制品业	Nonmetal Mineral Products	14	43235
黑色金属冶炼及压延加工业	Smelting & Pressing of Ferrous Metals	5	22851
有色金属冶炼及压延加工业	Smelting & Pressing of Nonferrous Metals	4	322194
金属制品业	Metal Products	5	12002
通用设备制造业	Manufacturing of General-Purpose Equipment	5	23260
专用设备制造业	Special Purposes Equipment Manufacturing		
交通运输设备制造业	Transportation Equipment Manufacturing	2	1193
电气机械及器材制造业	Electric Equipment & Machinery	6	22431
通信设备、计算机及其他电子设备制造业	Manufacturing of Telecommunications, Computer & Other Electronic Equipment		
仪器仪表及文化、办公用机械制造业	Instruments, Meters, Cultural & Office Machinery		
工艺品及其他制造业	Handicrafts & Other Production		
废弃资源和废旧材料回收加工业	Recovering of Abandoned Resource & Waste Materical		
电力、燃气及水的生产和供应业	**Production & Supply of Electric Power,Gas & Water**	**2**	**5073**
电力、热力的 生产和供应业	Production & Supply of Electric Power & Heating Power	1	1955
燃气生产和供应业	Production & Supply of Gas		
水的生产和供应业	Production & Supply of Water	1	3118

Main Indicators on Economic Benefit of Collective-owned Enterprises above Designated Size by Industrial Branch(2007)

(10 000 yuan)

工业增加值(现价) Value Added of Industry (at current prices)	资产合计 Total Assets	流动资产合计 Circulating Funds	流动资产年平均余额 Annual Average Balance of Circulating Funds	固定资产原价 Original Value of Fixed Assets	固定资产净值年平均余额 Annual Average Balance of Net Value of Fixed Assets	流动负债合计 Liquid Liabilities
281312	**318801**	**215903**	**196628**	**113705**	**68930**	**154954**
65837	**67739**	**30422**	**27298**	**30936**	**20818**	**33797**
49745	51731	20302	18687	23890	16120	21033
7404	8699	5240	5182	4925	2760	7368
8129	6168	4042	2641	1661	1639	4967
559	1142	838	788	460	300	429
213020	**247100**	**184073**	**167946**	**79157**	**45841**	**119204**
4063	8866	3191	2871	6019	5114	3379
2513	2365	1317	1356	1001	1304	
722	694	385	544	274	547	
204	1828	927	1710	700	1458	470
6308	24601	12818	9883	4361	17433	40
10845	7045	5501	3259	1282	3179	652
744	557	403	130	70	343	
16937	26303	16108	16026	9118	16737	263
8338	20056	10426	8629	4890	13515	
140952	113879	87223	16546	11225	31352	
2952	7748	5659	2839	1193	5217	56
8565	15051	10319	4136	2370	10815	59
464	2160	1270	1141	663	929	967
9414	15948	12720	6939	3582	12996	703
2456	**3961**	**1407**	**1383**	**3613**	**2272**	**1954**
947	2621	1080	1080	2305	1280	1509
1509	1340	327	303	1308	992	445

13-11 续表

单位：万元

行业	Item	长期负债合计 Long-term Liabilities	所有者权益 Creditors Equity
总计	**Total**	**8282**	**155422**
采矿业	**Mining**	**1856**	**32086**
煤炭开采和洗选业	Coal Mining & Processing	1849	28848
石油和天然气开采业	Petroleum & Natural Gas Extraction		
黑色金属矿采选业	Mining & Dressing of Ferrous Metals		1331
有色金属矿采选业	Mining & Dressing of Nonferrous Metals		1201
非金属矿采选业	Mining & Dressing of Nonmetal Minerals	7	707
其他采矿业	Mining of Other Mineral		
制造业	**Manufacturing**	**5909**	**121845**
农副食品加工业	Processing of Agricultural Side-Line Food	2700	2770
食品制造业	Food Manufacturing		
饮料制造业	Beverage Manufacturing		
烟草制品业	Tobacco Products		
纺织业	Textile Industry		
纺织服装、鞋、帽制造业	Textile Products, Clothes, Shoes & Hats		1062
皮革、毛皮、羽毛（绒）及其制品业	Leather, Furs, Down & Related Products		
木材加工及木、竹、藤、棕、草制品业	Timber Processing, Bamboo, Cane, Palm Fiber & Straw Products		
家具制造业	Furniture Manufacturing		
造纸及纸制品业	Paper-making & Paper Products		147
印刷业和记录媒介的复制	Printing & Record Pressing	470	-101
文教体育用品制造业	Cultural, Educational & Sports Goods		
石油加工、炼焦及核燃料加工业	Petroleum Processing , Coke Products & Processing of Nuclear Fuel		
化学原料及化学制品制造业	Raw Chemical Materials & Chemical Products	40	7124
医药制造业	Medicine Manufacturing	651	3215
化学纤维制造业	Chemical Fiber Manufacturing		
橡胶制品业	Rubber Products		
塑料制品业	Plastic Products		214
非金属矿物制品业	Nonmetal Mineral Products	263	9274
黑色金属冶炼及压延加工业	Smelting & Pressing of Ferrous Metals		6450
有色金属冶炼及压延加工业	Smelting & Pressing of Nonferrous Metals		82526
金属制品业	Metal Products	56	2475
通用设备制造业	Manufacturing of General-Purpose Equipment	59	4177
专用设备制造业	Special Purposes Equipment Manufacturing		
交通运输设备制造业	Transportation Equipment Manufacturing	967	264
电气机械及器材制造业	Electric Equipment & Machinery	703	2250
通信设备、计算机及其他电子设备制造业	Manufacturing of Telecommunications, Computer & Other Electronic Equipment		
仪器仪表及文化、办公用机械制造业	Instruments, Meters, Cultural & Office Machinery		
工艺品及其他制造业	Handicrafts & Other Production		
废弃资源和废旧材料回收加工业	Recovering of Abandoned Resource & Waste Materical		
电力、燃气及水的生产和供应业	**Production & Supply of Electric Power,Gas & Water**	**517**	**1491**
电力、热力的生产和供应业	Production & Supply of Electric Power & Heating Power	309	803
燃气生产和供应业	Production & Supply of Gas		
水的生产和供应业	Production & Supply of Water	208	688

continued

(10 000 yuan)

实收资本 Total Capital Hold	主营业务收入 Revenues of Main Business	主营业务成本 Cost of Main Business	主营业务税金及附加 Sales Tax and Extra Charges	利润总额 Total Profits	本年应交增值税 Value Added Tax Payable
46569	**618089**	**469450**	**8440**	**30136**	**20785**
14256	**114021**	**86267**	**3079**	**14269**	**7002**
12632	78113	54173	2378	13485	5995
558	14433	12389	313	387	426
706	18780	17595	351	299	260
360	2695	2111	37	99	321
31531	**499228**	**379981**	**5237**	**15330**	**13592**
1239	12096	9050	840	384	69
720	6791	6546	10	9	75
38	1737	1424	12	137	57
300	1286	1222	4	-53	34
2833	14901	12065	127	216	580
2278	19552	14466	400	1750	873
89	2097	2061	7	15	48
4682	41305	32329	270	1454	1990
2062	24272	20398	261	89	1210
9590	316596	231668	2994	9234	6137
1081	13038	12170	72	-58	217
2469	22814	19899	78	663	1479
404	1092	832	5	-71	54
3748	21651	15851	158	1562	769
782	**4840**	**3202**	**125**	**537**	**191**
569	1723	1156	32	140	105
213	3118	2046	93	397	86

13-12 主要工业产品产量

年份 Year	原煤 (万吨) Coal (10000 tons)	原盐 (万吨) Salt (10000 tons)	发电量 (亿千瓦小时) Electricity (100 million kwh)	钢 (万吨) Steel (10000 tons)	成品钢材 (万吨) Steel Products (10000 tons)	生铁 (万吨) Pig Iron (10000 tons)	水泥 (万吨) Cement (10000 tons)	木材 (万立方米) Timber (10000 cu·m)	平板玻璃 (万重量箱) Plate Glass (10000 Weight cases)	小型拖拉机 (台) Small Tractors (unit)
1947	35	6.84	0.13					6.47		
1949	46	6.51	0.12					17.47		
1952	75	11.91	0.15					42.71		
1957	217	43.89	0.92			0.02		186.67		
1965	806	8.16	12.55	34	1.76	51.00	3.06	391.36		
1970	1215	63.58	22.01	81	16.02	66.00	11.14	244.43		
1975	1699	38.03	28.26	49	27.44	50.00	57.64	378.65	6.74	361
1978	2194	65.18	37.78	99	36.23	107.00	91.91	378.17	11.83	193
1980	2211	43.00	49.05	133	41.32	138.00	109.85	414.55	23.66	537
1981	2180	45.53	54.50	132	37.71	137.00	104.40	427.15	23.99	370
1982	2382	48.79	58.40	129	54.94	137.00	124.43	448.71	40.75	1365
1983	2487	61.61	60.82	134	60.47	151.00	145.88	480.48	121.60	6196
1984	2740	62.74	69.55	149	74.80	160.00	151.40	478.47	175.53	12118
1985	3204	66.34	80.46	170	100.14	182.00	185.11	502.07	112.84	16025
1986	3292	99.13	111.24	186	106.85	214.00	207.97	626.99	154.54	12045
1987	3410	97.29	126.54	216	130.53	257.00	218.84	596.00	157.41	17073
1988	3734	86.88	138.47	221	137.70	227.00	239.62	594.74	118.82	23780
1989	4382	109.97	153.72	242	157.27	255.00	250.55	527.89	235.32	12488
1990	4762	93.28	169.54	273	175.47	281.00	227.97	525.96	250.20	12464
1991	4923	100.66	189.04	269	179.69	271.00	270.60	483.87	254.92	14520
1992	5039	116.05	222.29	309	210.97	302.00	319.61	494.19	163.64	12852
1993	5514	111.93	235.23	346.11	244.58	329.95	371.50	500.02	341.07	3700
1994	6052	107.09	261.27	335.75	267.11	328.88	312.00	500.00	393.55	4522
1995	7055	76.13	278.54	355.36	257.77	345.78	349.27	504.35	445.42	7903
1996	7317	83.22	324.01	431.95	291.44	428.12	399.84	540.73	388.14	3948
1997	8303	100.00	342.23	453.32	339.94	450.84	465.76	524.15	399.77	5070
1998	7769	148.28	350.41	404.36	342.10	408.74	486.82	486.86	339.49	2881
1999	7071	132.07	380.61	416.30	365.80	424.86	549.70	379.23	390.93	5809
2000	7247	126.68	439.22	423.60	378.91	440.84	630.00	321.65	371.58	8419
2001	8163	136.75	465.50	453.75	388.39	476.06	698.00	280.72	464.33	5266
2002	11471	149.18	517.98	515.58	484.71	556.12	787.22	274.61	752.61	4175
2003	14707	148.72	647.73	576.83	560.36	606.90	947.86	255.35	852.49	1335
2004	21235	161.82	816.75	626.54	604.62	678.46	1282.83	377.75	1074.45	572
2005	25608	215.84	1056.59	805.49	747.77	922.69	1632.25	340.96	1144.59	
2006	29760	206.45	1416.00	861.86	823.97	1108.33	2215.59	350.52	999.52	
2007	35438	246.45	1931.95	1040.36	912.32	1260.09	2871.17	416.66	1395.72	16730

注:1979年以后化肥产量按折合100%计算。

Output of Major Industrial Products

化肥 (万吨) Chemical Fertilizer (10000 tons)	机制纸及纸板 (万吨) Machine-made Paper and Paperboards (10000 tons)	合成洗涤剂 (吨) Synthetic Detergents (ton)	糖 (万吨) Sugar (10000 tons)	电视机 (台) Television Sets (unit)	彩色电视机 (台) Color Television Sets (unit)	自行车 (辆) Bicycle (unit)	纱 (吨) Yarn (ton)	布 (万米) Cloth (10000 m)
	0.37		1.83					
0.49	0.69		0.16				104	37
0.88	1.83		4.17				706	238
2.91	1.88		5.80				10267	5562
8.19	3.08	1352	3.28	150			8559	4741
16.65	4.25	2042	4.23	1020			14278	7604
4.00	4.24	2646	6.92	13803		1121	14814	7950
6.22	4.02	2641	10.93	26736		18189	15328	8270
9.54	4.67	3322	9.58	41360		13559	14884	8448
10.16	2.50	4851	12.87	52992	3000	6206	13475	8202
10.81	7.16	6417	17.28	100111	8676	15317	12851	7168
9.81	9.53	7898	17.88	175087	66889	25074	14951	7104
10.16	10.70	8261	20.60	155047	84448	62038	16860	8109
12.13	10.92	11919	17.15	220168	108858	61500	19334	8814
12.84	11.73	19354	15.22	276936	135286	51276	21612	10313
12.18	13.02	16353	19.76	342102	134548	44004	22581	10548
13.48	13.59	11936	16.37	384151	157331	19110	23950	10785
12.50	15.05	9530	23.54	286128	170647	7732	24090	10826
13.44	15.64	10454	29.23	293761	213085	10552	20912	9537
13.03	14.45	11686	26.43	333600	229200	5000	17742	8782
17.92	14.90	13130	18.34	410000	305285	10000	19343	9232
17.35	19.15	17326	17.07	326833	270907	600	19105	8548
20.95	20.14	10588	27.21	228718	170210	2524	18921	8728
16.87	16.03	7730	26.70	156560	115779	1955	19782	8271
21.12	13.76	4240	20.12	34307	34307	1548	18241	7197
43.72	14.27	2252	11.95	127796	125396	1627	18312	6191
35.54	12.19	1929	12.04	518000	518000	504	15718	3287
39.58	14.33	1064	19.67	961388	961388		20523	4078
48.70	18.59	127	18.77	1267016	1267016		23814	5275
50.93	18.92	329	14.74	1342993	1342993		22560	4685
57.87	25.17		10.67	2374871	2374871		22171	4203
65.58	25.74		14.75	2390900	2390900		32194	8337
68.95	19.73	1994	25.88	3337425	3337425		14512	13576
84.30	25.88	263	19.46	8302633	8302633		45580	14810

a)The output of chemical fertilizer is calculated on the basis of 100% effective content since 1979.

13-13 主要工业产品产量

Output of Major Industrial Products

项目	Item	2006	2007
原 煤(万吨)	Coal(10 000 tons)	29759.63	35437.94
汽 油(万吨)	Gasoline(10 000 tons)	60.57	45.93
柴 油(万吨)	Diesel Oil(10 000 tons)	53.93	53.73
天然气(亿立方米)	Natural Gas(100 million cu.m)	53.07	70.47
原 油(万吨)	Crude Oil(10 000 tons)	171.88	167.38
发电量(亿千瓦小时)	Electricity(100 million kwh)	1416.00	1931.95
食用植物油(万吨)	Edible Vegetable Oil(10 000 tons)	32.31	42.20
罐 头(万吨)	Canned Food(10 000 tons)	0.07	0.05
乳 制 品(万吨)	Dairy Products(10000 tons)	345.76	366.97
液体乳（万吨）	Liquid Dairy(10 000 tons)	310.11	319.42
啤 酒(千升)	Beer(1000 litres)	756904.00	840468.00
白 酒(千升)	Liquor(1000 litres)	236583.00	285706.00
卷 烟(万支)	Cigarettes(10000 pcs)	1850000.00	2150000.00
呢 绒(万米)	Woolen Piece Goods(10 000 m)	722.78	832.32
服 装(万件)	Garments(10 000 pcs)	2104.57	2277.70
中成药(万吨)	Traditional Chinese Medicine(10 000 tons)	0.59	0.59
化学原料药(万吨)	Chemical Medicine(10 000 tons)	21.44	22.88
胶合板(万立方米)	Plywood(10 000cu·m)	11.78	20.39
纤 维 板(万立方米)	Fiberboard(10 000cu·m)	39.04	32.32
印 染 布(万米)	Printed and Dyed Cloth(10 000 m)	239.68	
焦 炭(万吨)	Coke(10 000 tons)	1060.15	1440.25
硫 酸(万吨)	Sulfuric Acid(10 000 tons)	96.68	84.41
烧碱(氢氧化钠)(万吨)	Caustic Soda(10 000 tons)	41.41	50.79
纯碱(无水碳酸钠)(万吨)	Soda Ash(10 000 tons)	78.88	80.71
农用化学肥料(万吨)	Chemical Fertilizer(10 000 tons)	68.95	84.30
氮 肥(万吨)	Nitrogen Fertilizers(10 000 tons)	67.47	72.48
磷 肥(万吨)	Phosphate Fertlizers(10 000 tons)	1.34	11.82

注：生产量包括规模以下工业企业工业产品产量。

a)The output of products includes the products of industrial enterprises below designated size.

13-13 续表 continued

项　　目	Item	2006	2007
合成氨(万吨)	Synthetic Ammonia(10 000 tons)	71.80	79.75
水泥(万吨)	Cement(10 000 tons)	2215.59	2871.17
平板玻璃(万重量箱)	Plate Glass(10 000 weight cases)	999.52	1395.72
铝(万吨)	Aluminum(10 000 tons)	66.94	102.43
生铁(万吨)	Pig Iron(10 000 tons)	1108.33	1260.09
钢(万吨)	Steel(10 000 tons)	861.86	1040.36
成品钢材(万吨)	Steel Products(10 000 tons)	823.97	912.32
载货汽车(辆)	Trucks(unit)	8907	15837
铁路货车(万辆)	Railway Freight Coaches(10 000 units)	0.21	0.24
彩色电视机(万部)	Color Television Sets(10 000 sets)	333.74	830.26
激光视盘机(万台)	Laser Video Disc Player(10 000 sets)	812.97	
显示器(万台)	Monitor(10 000 sets)	0.11	
铁合金(万吨)	Ferroalloy(10 000 tons)	245.77	306.25
精甲醇(万吨)	Purified Carbinol(10 000 tons)	27.20	139.80
化学农药原药(万吨)	Original Chemical Peoticide(10 000 tons)	1.37	2.11
碳化钙(电石)(万吨)	Calcium Carbide(10 000 tons)	418.78	564.46
铁矿石原矿量(万吨)	Crudeiron Ore(10 000 tons)	4026.48	5605.80
洗煤(万吨)	Washed Coal(10 000 tons)	1865.47	2385.04
硫铁矿石(万吨)	Pyritel Ore(10 000 tons)	46.10	46.77
配混合饲料(万吨)	Forage(10 000 tons)	202.94	274.51
精炼铜(万吨)	Refined Copper(10 000 tons)	6.34	9.87

13-14 主要工业产品生产能力(2007年)
Production Capacity of Major Industrial Products(2007)

产品名称	Item	2007
原煤(万吨)	Coal(10 000tons)	45500.78
焦炭(万吨)	Coke(10 000tons)	1697.31
天然原油(万吨)	Crude Oil(10 000tons)	183.28
炭化钙(电石)(万吨)	Calcium Carbide (10 000tons)	769.47
发电设备容量总计(万千瓦)	Capacity Of Generator (10 000kw)	3624.5
卷烟(万支)	Cigarettes(10 000pieces)	2290000
农用氮磷钾化学肥料(万吨)	Chemical Fertilizer(10 000tons)	130.19
化学纤维(吨)	Chemical Fiber(10 000tons)	8800
棉布织机(万台)	Looms(10 000sets)	0.5
原铝(万吨)	Aluminum(10 000 tons)	117
水泥(万吨)	Cement(10 000tons)	3942.82
平板玻璃(万重量箱)	Plate Glass(10 000weight cases)	1756.46
生铁(万吨)	Pig Iron(10 000tons)	1442.53
钢(万吨)	Steel(10 000tons)	1235.17
钢材(万吨)	Rolled Steel(10 000tons)	1364.5
铁合金(万吨)	Ferroalloy(10 000tons)	399.35
载货汽车(辆)	Truck(unit)	16400
移动通信手持机(手机)(万部)	Mobile-phone(10 000units)	500
电视机(万台)	Television Sets(10 000sets)	280
#彩色电视机(万台)	Color TV Sets(10 000sets)	280

主要统计指标解释

工业 指从事自然资源的开采，对采掘品和农产品进行加工和再加工的物质生产部门。具体包括：(1)对自然资源的开采，如采矿、晒盐、森林采伐等(但不包括禽兽捕猎和水产捕捞)(2)对农副产品的加工、再加工，如粮油加工、食品加工、轧花、缫丝、纺织、制革等；(3)对采掘品的加工、再加工，如炼铁、炼钢、化工生产、石油加工、机器制造、木材加工等，以及电力、自来水、煤气的生产和供应等；(4)对工业品的修理、翻新，如机器设备的修理，交通运输工具(包括小卧车)的修理等。

工业统计调查单位 工业统计调查单位分为两类：独立核算法人工业企业和工业活动单位。

(1)独立核算法人工业企业 是指从事工业生产经营活动的单位。独立核算法人工业企业应同时具备以下条件：①依法成立，有自己的名称、组织机构和场所，能够承担民事责任；②独立拥有和使用资产，承担负债，有权与其他单位签订合同；③独立核算盈亏，并能够编制资产负债表。

(2)工业活动单位 是指在一个场所从事一种或主要从事一种工业生产活动的经济单位。它包括独立核算工业企业按主营业务活动(即工业生产活动)划分的主营业务活动单位和非工业企业所属的工业生产活动单位(即原非独立核算工业生产单位)。工业活动单位，一般应同时具备以下三个条件：①具有一个场所，从事一种或主要从事一种工业活动；②单独组织工业生产、经营或业务活动；③单独核算收入和支出。

轻工业 指主要提供生活消费品和制作手工工具的工业。按其所使用的原料不同，可分为两大类：(1)以农产品为原料的轻工业，是指直接或间接以农产品为基本原料的轻工业。主要包括食品制造、饮料制造、烟草加工、纺织、缝纫、皮革和毛皮制作、造纸以及印刷等工业；(2)以非农产品为原料的轻工业，是指以工业品为原料的轻工业。主要包括文教体育用品、化学药品制造、合成纤维制造、日用化学制品、日用玻璃制品、日用金属制品、手工工具制造、医疗器械制造、文化和办公用机械制造等工业。

重工业 是指为国民经济各部门提供物质技术基础的主要生产资料的工业。按其生产性质和产品用途，可以分为下列三类：(1)采掘(伐)工业，是指对自然资源的开采，包括石油开采、煤炭开采、金属矿开采、非金属矿开采和木材采伐等工业；(2)原材料工业，指向国民经济各部门提供基本材料、动力和燃料的工业。包括金属冶炼及加工、炼焦及焦炭、化学、化工原料、水泥、人造板以及电力、石油和煤炭加工等工业；(3)加工工业，是指对工业原材料进行再加工制造的工业。包括装备国民经济各部门的机械设备制造工业、金属结构、水泥制品等工业，以及为农业提供的生产资料如化肥、农药等工业。

根据上述划分原则，修理业中以重工业产品为修理作业对象的划为重工业，反之划为轻工业。

工业总产值 是以货币表现的工业企业在一定时期内生产的已出售或可供出售工业产品总量，它反映一定时间内工业生产的总规模和总水平。它包括：在本企业内不再进行加工，经检验、包装入库(规定不需包装的产品除外)的成品价值，对外加工费收入，自制半成品、在产品期末期初差额价值。工业总产值采用“工厂法”计算，即以工业企业作为一个整体，按企业工业生产活动的最终成果来计算，企业内部不允许重复计算，不能把企业内部各个车间(分厂)生产的成果相加。但在企业之间、行业之间、地区之间存在着重复计算。

工业增加值 是指工业行业在报告期内以货币表现的工业生产活动的最终成果。

实收资本 指企业实际收到的投资人投入的资本。按投资主体可分为国家资本、集体资本、法人资本、个人资本、港澳台资本和外商资本等。

资产合计 指企业拥有或控制的能以货币计量的经济资源。包括各种财产、债权和其他权利。资产按其流动性划分为流动资产、长期投资、固定资产、无形及递延资产和其他资产。

(1)流动资产 指企业可以在一年内或者超过一年的一个生产周期内变现或耗用的资产合计。包括现金及各种存款、短期投资、应收及预付款项、存货等。

(2)固定资产 指企业固定资产净值、固定资产清理、在建工程、待处理固定资产损失所占用的资金合计。

(3)无形资产 指企业长期使用而没有实物形态的资产。包括专利权、非专利技术、商标权、著作权、土地使用权、商誉等。

负债合计 指企业承担的能以货币计量，将以资产或劳务偿付的债务。负债一般按偿还期长短分为流动负债和长期负债、递延税项等。

(1)流动负债 指企业在一年内或者超过一年的一个营业周期内需要偿还的债务合计，其中包括短期借款、应付及预收款项、应付工资、应交税金和应交利润等。

(2)长期负债 指企业在一年以上或者超过一年的一个营业周期以上需要偿还的债务合计，其中包括长期借款、应付债务、长期应付款项等。

所有者权益 指企业投资人对企业净资产的所有权。企业净资产等于企业全部资产减去全部负债后的余额，其中包括投资者对企业的最初投入，以及资本公积金、盈余公积金和未分配利润，对股份制企业即为股东权益。

固定资产原价 指企业在建造、购置、安装、改建、扩建、技术改造某项固定资产时所支出的全部货币总额。它一般包括买价、包装费、运杂费和安装费等。

固定资产净值 是指固定资产原价减去历年已提折旧额后的净额。

流动资产 是指可以在一年或者超过一年的一个营业周期内变现或者耗用的资产，包括现金及各种存款、短期投资、应收及预付货款、存货等。

产品销售收入 指企业销售产品和提供劳务等主要经营业务取得的业务总额。

产品销售成本 指企业销售产品和提供劳务等主要经营业务的实际成本。

产品销售税金及附加 指企业销售产品和提供工业性劳务等主要经营业务应负担的城市维护建设税、消费税、资源税和教育费附加。

产品销售利润 指企业销售产品和提供工业性劳务等主要经营业务收入扣除其成本、费用、税金后的利润。

利润总额 指企业实现的利润。

应交增值税 指企业在报告期内应交纳的增值税额。

总资产贡献率 反映企业全部资产的获利能力，是企业经营业绩和管理水平的集中体现，是评价和考核企业盈利能力的核心指标。计算公式为：

总资产贡献率(%)=(利润总额+税金总额+利息支出)/平均资产总额×100%

资产负债率 该指标既反映企业经营风险的大小，也反映企业利用债权人提供的资金从事经营活动的能力。计算公式为：

总资产负债率(%)=负债总额/资产总额×100%

工业成本费用利润率 指在一定时期内实现的利润与成本费用之比，是反映工业生产成本及费用投入的经济效益指标，同时也是反映降低成本的经济效益的指标。

计算公式为：

工业成本费用利润率(%)=利润总额/成本费用总额×100%

工业增加值率 指在一定时期内工业增加值占同期工业总产值的比重，反映降低中间消耗的经济效益。计算公式为：

工业增加值率(%)=工业增加值(现价)/工业总产值(现价)×100%

流动资金周转次数 指在一定时期内流动资产完成的周转次数，反映流动资产的周转速度。计算公式为：

流动资金周转次数=产品销售收入/全部流动资产平均余额

产品销售率 指报告期工业销售产值与同期全部工业总产值之比，是反映工业产品已实现销售的程度，分析工业产销衔接情况，研究工业产品满足社会需求程度的指标。计算公式为：

产品销售率(%)=工业销售产值/工业总产值(现价)×100%

全员劳动生产率 指根据产品的价值量指标计算的平均每一个从业人员在单位时间内的产品生产量。是考核企业经济活动的重要指标，是企业生产技术水平、经营管理水平、职工技术熟练程度和劳动积极性的综合表现。目前我国的全员劳动生产率是将工业企业的工业增加值除以同一时期全部从业人员的平均人数来计算的。计算公式为：

全员劳动生产率=工业增加值/全部从业人员平均人数

为了使各年度的全员劳动生产率数字可以比较，1990年以前各年的全员劳动生产率均按指数换算成1990年不变价格。

单位生产总值能耗 是指某地区总能耗与生产总值之比，也就是每产生万元生产总值所消耗的能源消费量。它是衡量能源利用水平和效率的综合性指标。计算公式是万元生产总值能耗=能源消费量(吨标准煤)/地区生产总值(万元)。

Explanatory Notes on Main Statistical Indicators

Industry refers to the material production sector which is engaged in extraction of natural resources and processing and reprocessing of minerals and agricultural products, including (1) extraction of natural resources, such as mining, salt production, logging (but not including hunting and fishing) ; (2) processing and reprocessing of farm and sideline produces, such as rice husking, flour milling, wine making, oil pressing, cotton ginning, silk reeling, spinning and weaving, and leather making; (3) manufacture of industrial products, such as steel making, iron smelting, chemicals manufacturing, petroleum processing, machine building, timber processing; water and gas production and electricity generation and supply; (4) repairing of industrial products such as the repairing of machinery and means of transport(including cars) .

Units of Industrial Statistics and Inquiry They are classified into two categories (1) corporate industrial enterprises with independent accounting system (2) industrial establishments.

(1) Corporate industrial enterprises with independent accounting system refer to enterprises engaging in industrial production activities, which meet the following requirements: ①They are established legally, having their own names, organizations, location, able to take civil liability; ②They possess and use their assets independently, assume liabilities, and are entitled to sign contracts with other units; ③They are financially independent and compile their own balance sheets.

(2) Industrial establishments refer to economic units which located in one single place and engaged entirely or primarily in one kind of industrial activity, including financially independent industrial enterprises and units engaged in industrial activities under the non industrial enterprises (or financially dependent) . Industrial establishments generally meet the following requirements: ①They have each one location and are engaged in one kind of industrial activity each; ②They operate and manage their industrial production activities separately; ③They have accounts of income and expenditures separately.

Light Industry refers to the industry that produces consumer goods and hand tools. It consists of two categories, depending on the materials used:

(1) Industries using farm products as raw materials. These are branches of light industry which directly or indirectly use farm products as basic raw materials, including the manufacture of food and beverages, tobacco processing, textile, clothing, fur and leather manufacturing, paper making printing, etc.

(2) Industries using non-farm products as raw materials. These are branches of light industry which use manufactured goods as raw materials, including the manufacture of cultural, educational articles and sports goods, chemicals, synthetic fiber, chemical products for daily use, glass products for daily use, metal products for daily use, hand tools, medical apparatus and instruments, and the manufacture of cultural and clerical machinery

Heavy Industry refers to the industry which produces capital goods, and provides various sectors of the national economy with necessary material and technical basis. It consists of the following three branches according to the purpose of production or the use of products:

(1) Mining, quarrying and logging industry refers to the industry that extracts natural resources, including extraction of petroleum, coal, metal and non metal and logging.

(2) Raw materials industry refers to the industry that provides various sectors of the national economy with raw materials, fuels and power. It includes smelting and processing of metals, coking and coke chemistry, chemical materials and building materials such as cement, plywood, and power, petroleum refining and coal dressing.

(3) Manufacturing industry refers to the industry that processes raw materials. It includes machine building industry which equips sectors of the national economy, industries of metal structure and cement products, industries producing means of agricultural production, such as chemical fertilizers and pesticides. According to the above principle of classification, the repairing trades which are engaged primarily in repairing products of heavy industry are classified into heavy industry while these engaged in repairing products of light industry are classified into light industry.

Gross Industrial Output Value is the total volume of industrial products sold or available for sale in value terms which reflects the total achievements and overall scale of industrial production during a given period. It includes the value of the finished products, which are not to be further processed in the enterprises and have been inspected, packed and put in storage, the value of industrial services rendered to other units, and the changes in the value of the semi finished products and products in process between the beginning and closing of the period. The gross industrial output value is calculated with "factory method". No double calculations are to be made within the same enterprise. However, double counting does occur among different enterprises.

Value-added of Industry refers to the final results

of industrial production of the industrial trade in money terms during the reference period.

Capital Obtained refers to capital actually received by the enterprise from investors. It can be further classified by investors as state capital, collective capital, corporate capital, individual capital, capital from Hong Kong, Macao and Taiwan and foreign capital.

Total Assets refer to all economic resources, owned or controlled by enterprises that could be measured in monetary terms, including properties, creditors equity and other economic rights of all forms. Classified by the degree of equitability, total assets include circulating assets, long term investment, fixed assets, intangible assets and deferred assets, and other assets.

(1) Circulating assets (working capital) refer to assets which can be cashed in or spent or consumed in an operating cycle of one year or over one year, including cash, all kinds of deposits, short term investment, receivables, advance payment, stock, etc.

(2) Fixed assets refer to the net value of fixed assets, clearance of fixed assets, project under construction, fixed assets losses in suspense. These are corporations, fund holdings.

(3) Intangible assets refer to the assets without material form used by enterprises over a long time, such as patents, non patent technologies, trade marks, copyright, land use right, business reputation, etc.

Total Liabilities refer to the debts, measured in monetary terms, that enterprises are responsible for repayment in the form of cash, assets or labour. Classified by terms of repayment, liability includes liquid liabilities and long-term liabilities.

(1) Liquid liabilities (also called quick liabilities or immediate liabilities) refer to enterprises' total debt payable within an operating cycle of one year or over one year, including short term loans, payables and advance payments, wages payable, taxes payable and profit payable, etc.

(2) Long term liabilities refers to total debt payable within an operating cycle of one year or over one year, including long term loans, payable liabilities, long term payables, etc.

Creditors' Equity refers to investors' ownership of net assets of the enterprise. It is equal to the total assets of the enterprise minus its total liabilities, including the primary input from investors, capital accumulation fund, surplus accumulation fund and undistributed profit. It is the shareholder's equity in shareholding companies.

Original Value of Fixed Assets refers to the original value of all fixed assets owned by industrial enterprises, calculated at the cost paid at the time of purchase, installation, reconstruction, expansion, and technical innovation and transformation of the said assets, which includes expenses on purchase, package, transportation, and installation, etc.

Net Value of Fixed Assets is obtained by deducting depreciation over years from the original value of fixed assets.

Working Capital (Circulating Assets) refers to assets which can be cashed in or spent or consumed in an operating cycle of one year or over one year, which includes cash, various deposits, short term investment, and receivable payments, and advance payments, stock, etc.

Sales Revenue of Industrial Products refers to the revenue from the sales of products by industrial enterprises and the revenue from services provided and etc.

Sales Cost of Industrial Products refers to the actual cost of products of industrial enterprises and industrial services provided, etc. .

Tax and Extra Charges on Sales of Products refer to the tax on city maintenance and construction, consumption tax, resources tax and extra charges for education, which should be borne by the enterprises in selling products and providing industrial services.

Sales Profit of Products refers to the profit gained by the enterprises by deducting cost, charges and taxes from the business income of the enterprises obtained in selling products and providing industrial services.

Total Profits refer to the profits gained by the enterprises.

Value-added Tax Payable refers to the amount of the value added tax which should be paid by the enterprises in the reporting period.

Ratio of Profits, Taxes and Interests to Average Assets reflects the profit making capability of all assets of the enterprise and is a key indicator manifesting the performance and management and evaluating the profit making potential of the enterprise. It is calculated as follows:

Ratio of profits, taxes and interests to average assets(%) =[(Total profits + total Taxes + interest payment) ÷ average assets] ×100%

Ratio of Debts to Assets reflect both the operation risk and the capability of the enterprise in making use of the capital from the creditors. It is calculated as follows:

Ratio of debts to assets (%) =(Total debts ÷ total assets) ×100%

Ratio of Profits to Total Industrial Costs refers to the ratio of profits realized in a given period to the total costs in the same period, which reflects the economic efficiency of input cost and is calculated as follows:

Ratio of Profits to Total Industrial Cost(%) =(Total

Profits ÷ Total Costs) ×100%

Value-added Rate of Industry refers to the ratio of value added of industry in a given period to the gross output value in the same period, which reflects the economic efficiency of cutting down the intermediate input and is calculated as follows:

Value added Rate of Industry(%) = [Value added of Industry(at current prices)] ÷ [Gross Output Value(at Current Prices)] ×100%

Turnover of Working Capital refers to the number of times of turnover of working capital in a given period of time, which reflects the speed of the turnover of working capital and is calculated as follows:

Turnover of Working Capital (%) =(Sales Revenue of Products) ÷(Average Balance of Total Working Capital) ×100%

Ratio of Sales to Gross Output Value refers to the sales of industrial products to the gross industrial output value during the reference period, and is important in reflecting the linkage between production and sales and the extent of the needs of the society that has been met by the supply of industrial products. It is calculated as follows:

Ratio of Sales to Gross Output Value=Industrial sales ÷ Gross industrial output value (at current prices) ×100%

Overall Labour Productivity of Industrial Enterprises refers to the average output per employed person in industrial enterprises in value terms. At present, the value added and the average number of staff and workers of an industrial enterprise in a given period are used to calculate the overall labour productivity. The formula used is:

Overall Labour Productivity=(Value Added of Industry) ÷(Average Number of Staff and Workers)

For the purpose of comparison of the overall labour productivity among different years, the data on the overall labour productivity of the years prior to 1990 have been adjusted on the basis of 1990 constant prices.

Energy Consumption of 10 000 yuan GDP refers to the ratio of the bobal energy consumption to GDP,means to produce per-10 000 yuan of GDP consuming how much energy. It is a general indicator to show the relationship between utiltity and efficiency of energy . the formula is:

Energy Consumption of 10 000 yuan GDP=Total Energy Consumption (ton of SCE)/GDP (10 000 yuan)

十四　建筑业

CONSTRUCTION

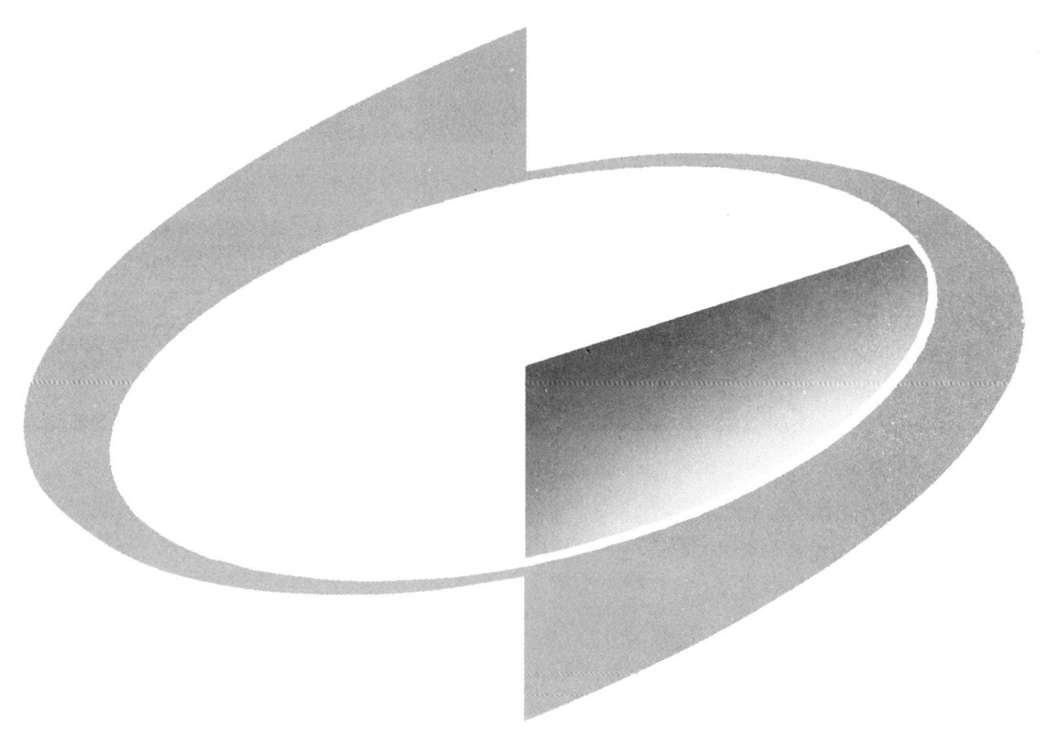

资料整理：胡梅林　李　宇

Arranged by Hu Meilin, Li Yu

14-1 建筑业企业基本情况

Basic Statistics on Construction Enterprises

年 份 Year	总 计 Total	国 有 State-owned	城镇集体 Urban Collective-owned	其他经济 Others
企业单位数(个)				
Number of Enterprises(unit)				
2000	984	140	211	633
2001	919	112	192	615
2002	726	56	67	603
2003	674	39	31	604
2004	674	18	9	647
2005	676	20	14	642
2006	703	17	7	679
2007	734	18	11	705
年末从业人员(万人)				
Number of Persons Engaged(10 000 persons)				
2000	35.30	9.20	6.68	19.42
2001	39.37	9.40	6.71	23.26
2002	27.68	5.00	1.88	20.80
2003	26.63	2.10	0.67	23.86
2004	27.53	1.69	0.15	25.69
2005	26.35	1.57	0.32	24.26
2006	29.62	2.84	0.14	26.64
2007	38.62	3.88	0.22	34.52
建筑业总产值(亿元)				
Gross Output Value (100 million yuan)				
2000	138.80	50.11	21.29	67.40
2001	178.26	61.12	23.96	93.18
2002	220.02	50.53	13.68	155.81
2003	257.66	36.34	9.92	211.40
2004	354.51	29.42	2.44	322.65
2005	381.30	38.78	3.10	339.42
2006	467.00	38.17	2.74	426.09
2007	681.10	76.64	2.53	601.93

14-2 建筑业企业主要经济指标(2007年)

指标	Item	合计 Total
建筑业企业个数(个)	Number of Construction Enterprises(unit)	734
年末从业人员(万人)	Number of Persons Engaged(10 000 persons)	38.62
自有机械设备净价(万元)	Fixed Machinery and Equipment Owned(net valued)(10 000 yuan)	380233
自有机械设备台数(万台)	Number of Machinery and Equipment Owned(10 000 sets)	13.74
自有机械设备总功率(万千瓦)	Total Power of Machinery and Equipment Owned(10 000 kw)	223.17
建筑业总产值(万元)	Gross Output Value of Construction(10 000 yuan)	6811038
建筑工程	Construction Projects	5901725
安装工程	Installation Projests	616780
其他产值	Other	292534
竣工产值	Output of Buildings Completed	5339217
建筑业增加值(万元)	Value Added of Construction(10 000 yuan)	1811698
# 固定资产折旧(万元)	Depreciation of Fixed Assets(10 000 yuan)	68543
应付工资(万元)	Wages Payable(10 000 yuan)	967187
应付福利费(万元)	Welfare Expenses Payable(10 000 yuan)	107314
工程结算税金及附加(万元)	Taxes and Extra Charges on Project Settle Accounts(10 000 yuan)	276250
管理费用中的税金(万元)	Taxes in Management Expenses(10 000 yuan)	17309
工程结算利润(万元)	Profits of Project Settle Accounts(10 000 yuan)	653872
施工面积(万平方米)	Floor Space of Buildings Under Construction(10 000 sq.m)	5197.52
竣工面积(万平方米)	Floor Space of Buildings Completed(10 000 sq.m)	3185.72
利润总额(万元)	Total Profits(10 000 yuan)	353223
税金总额(万元)	Total Tax(10 000 yuan)	293559
劳动生产率	Overall Labor Productivity	
按总产值计算(元/人)	In Terms of Gross Output Value(yuan/person)	99341
按增加值计算(元/人)	In Terms of Value-added(yuan/person)	26424
技术装备率(元/人)	Value of Machines per Laborer(yuan/person)	9846
动力装备率(千瓦/人)	Power of Machines per Laborer(kw/person)	5.78
房屋建筑面积竣工率(%)	Rate of Floor Space of Buildings Completed(%)	61.3
产值利润率(%)	Ratio of Profit to Gross Output Value(%)	5.2
产值利税率(%)	Ratio of Pre-tax Profit to Gross Output Value(%)	9.5

Main Economic Indicators on Construction Enterprises(2007)

内资企业 Domestic Funded Enterprises	#国有 State-owned Enterprises	#集体 Collective-owned Enterprise	#股份合作企业 Share Holding Enterprises	#私营企业 Private Enterprises	港澳台商投资企业 Funded by Entrepreneurs from Hong Kong, Macao and Taiwan	外商投资企业 Foreign Funded Enterprises
733	15	6	5	278		1
38.61	3.06	0.16	0.06	12.63		0.01
380142	27093	702	370	119138		91
13.73	0.28	0.04	0.01	3.94		0.01
223.04	9.88	0.71	0.22	59.92		0.13
6810175	435025	19257	6050	2402996		864
5900861	396255	13773	5034	2154638		864
616780	9848	4404	1016	153632		
292534	28922	1053		94727		
5338353	144646	13386	5226	1909780		864
1811124	109589	5958	1842	662407		574
68478	5305	649	136	20546		65
966743	69423	3128	1316	331576		445
107280	9573	409	163	34966		34
276224	14517	1138	195	84842		26
17309	1186	65	8	6405		0
653840	29375	2221	354	281634		32
5196.50	24.09	9.34	3.50	2273.05		1.02
3184.70	8.81	9.34	3.50	1419.60		1.02
353219	6648	359	21	181929		4
293533	15703	1203	203	91246		26
99358	115793	113474	55103	99631		43180
26424	29170	35107	16777	27464		28685
9846	8856	4526	5771	9436		8604
5.78	3.23	4.60	3.42	4.75		12.58
61.3	36.6	100.0	100.0	62.5		100.0
5.2	1.5	1.9	0.3	7.6		0.5
9.5	5.1	8.1	3.7	11.4		3.5

14-3 建筑业企业分行业主要经济指标(2007年)

项 目	Item	合 计 Total
建筑业企业个数(个)	Number of Construction Enterprises(unit)	734
年末从业人员(万人)	Number of Persons Engaged(10 000 persons)	38.62
自有机械设备净价(万元)	Fixed Machinery and Equipment Owned(net valued)(10 000 yuan)	380233
自有机械设备台数(万台)	Number of Machinery and Equipment Owned(10 000 set)	13.74
自有机械设备总功率(万千瓦)	Total Power of Machinery and Equipment Owned(10 000 kw)	223.17
建筑业总产值(万元)	Gross Output Value of Construction(10 000 yuan)	6811038
建筑工程	Construction Projects	5901725
安装工程	Installation Projests	616780
其他产值	Other	292534
竣工产值	Output of Buildings Completed	5339217
建筑业增加值(万元)	Value Added of Construction(10 000 yuan)	1811698
# 固定资产折旧(万元)	Depreciation of Fixed Assets(10 000 yuan)	449042
应付工资(万元)	Wages Payable(10 000 yuan)	967187
应付福利费(万元)	Welfare Expenses Payable(10 000 yuan)	107314
工程结算税金及附加(万元)	Taxes and Extra Charges on Project Settle Accounts(10 000 yuan)	276250
管理费用中的税金(万元)	Taxes in Management Expenses(10 000 yuan)	17309
工程结算利润(万元)	Profits of Project Settle Accounts(10 000 yuan)	653872
施工面积(万平方米)	Floor Space of Buildings Under Construction(10 000 sq.m)	5197.52
竣工面积(万平方米)	Floor Space of Buildings Completed(10 000 sq.m)	3185.72
利润总额(万元)	Total Profits(10 000 yuan)	353223
税金总额(万元)	Total Tax(10 000 yuan)	293559
劳动生产率	Overall Labor Productivity	
按总产值计算(元/人)	In Terms of Gross Output Value(yuan/person)	99341
按增加值计算(元/人)	In Terms of Value-added(yuan/person)	26424
技术装备率(元/人)	Value of Machines per Laborer(yuan/person)	9846
动力装备率(千瓦/人)	Power of Machines per Laborer(kw/person)	5.78
房屋建筑面积竣工率(%)	Rate of Floor Space of Buildings Completed(%)	61.3
产值利润率(%)	Ratio of Profit to Gross Output Value(%)	5.2
产值利税率(%)	Ratio of Pre-tax Profit to Gross Output Value(%)	9.5

Main Economic Indictors of Construction Enterprises by Branch(2007)

房屋和土木工程建筑业 Housing & Civil Engineering Construction	# 房屋工程建筑 Housing	# 土木工程建筑 Civil Engineering	建筑安装业 Installation of Buildings	建筑装饰业 Decoration of Building	其他建筑业 Other Construction
612	459	153	68	28	26
36.68	27.71	8.96	1.49	0.24	0.20
357206	211666	145540	14214	1547	7267
13.01	11.18	1.83	0.46	0.23	0.04
212.42	136.71	75.71	8.13	0.43	2.20
6509937	4386957	2122980	219632	23133	58337
5767052	4066535	1700518	86834	5474	42364
490066	180234	309832	120870	2623	3221
252818	140188	112630	11928	15036	12752
5095963	3506066	1589898	173476	21305	48473
1730700	1212998	517701	63217	7524	10257
410801	223679	187122	25720	3997	8523
925821	692187	233634	32800	3826	4740
102064	74600	27464	4177	445	629
265195	174482	90713	8159	740	2156
16055	11377	4679	1024	92	138
620626	387785	232841	24689	4043	4514
5114.66	5082.49	32.17	80.95		1.90
3141.17	3113.17	27.99	44.55		
339839	219572	120267	11136	1455	794
281250	185858	95392	9184	832	2293
98631	88803	127874	113605	80686	172238
26221	24554	31183	32699	26242	30284
9739	7637	16237	9534	6331	35502
5.79	4.93	8.45	5.45	1.76	10.73
61.4	61.3	87.0	55.0		
5.2	5.0	5.7	5.1	6.3	1.4
9.5	9.2	10.2	9.3	9.9	5.3

14-4 建筑施工企业主要财务指标(2007年)

单位:万元

项 目	Item	资产合计 Total Assets	流动资产合计 Total Circulating Assets	#存 货 Stock	长期投资 Longterm Investment
总 计	**Total**	**4956344**	**3374475**	**603505**	**310783**
按企业登记注册类型分	**Grouped by Type of Enterprises Registered**				
内资企业	Domestic Investment	4955341	3373563	603400	310783
国有企业	State-owned	285184	167290	28458	52718
集体企业	Collective-owned	22853	15806	1224	2910
私营企业	Private	1554394	1021847	201101	103462
联营企业	Joint-owned	19841	5392	50	411
股份有限公司	Share Holding Company	586891	385129	41688	66076
有限责任公司	Limited-liability Company	2471992	1769920	329171	82878
股份合作企业	Share Holding Cooperative	3772	2162	425	15
其他企业	Others	10414	6017	1284	2313
外商投资企业	Foreign Funded	1003	912	105	
港、澳、台商投资企业	Hong kong, Macao & Taiwan Funded				
按行业类别分	**Grouped by Sector**				
房屋和土木工程建筑业	Housing Construction and Civil Engineering Industry	4604509	3114814	568105	299857
建筑安装业	Construction and Installation Industry	254698	205325	26331	5883
建筑装饰业	Construction and Decoration Industry	39938	20552	3582	1457
其他建筑业	Other Construction Industries	57200	33784	5487	3586
按隶属关系分	**Grouped by Administrative Relationship**				
中 央	Central	372767	284039	68361	8643
地 方	Local	4583578	3090435	535144	302140
自治区属	Approach to Autonomous Region	906685	606194	80407	120738
盟市属	Approach to Leagues & Cities	913191	653861	88957	31737
旗县属及以下	Approach to Banners & Counties and under	2763702	1830380	365780	149666
按企业资质等级分	**Grouped by Intelligent Grade of Enterprises**				
#一 级	First	1931116	1399295	187293	154808
二 级	Second	1323471	831601	160223	104031
三级及以下	Third and under	1147073	734187	143658	39149

Main Financial Indicators on Construction Enterprises With Independent Accounting System(2007)

(10 000 yuan)

固定资产合计 Total Fixed Assets	固定资产原价合计 Original Value of Fixed Assets	# 生产经营用 for Production Use	累计折旧 Accumulative Depreciation	# 本年折旧 Of this Year	在建工程 Under Construction	无形及递延资产合计 Intangible & Deffered Assets	# 无形资产 Intangible	其它资产 others
1090576	**1413332**	**1181871**	**449042**	**68543**	**74645**	**166645**	**149343**	**13865**
1090485	1412990	1181779	448792	68478	74645	166645	149343	13865
45231	76628	58496	33516	5305		19945	18876	
3155	8035	5960	4895	649		753	462	229
369950	424542	370926	94934	20546	31130	55003	47812	4132
14038	776	727	531	147	4105			
114208	124707	107911	29737	6005	14068	20848	16412	630
540882	773760	634643	283633	35605	25342	69995	65731	8317
1595	2478	1589	903	136				
1427	2065	1528	644	85		101	50	557
91	341	91	250	65				
1024375	1312466	1102668	410801	62255	73854	152341	137513	13122
34702	59098	48404	25720	3440	584	8720	7031	68
12825	16641	7243	3997	882	30	4738	3989	366
18674	25127	23555	8523	1965	178	847	811	309
50745	90951	83481	44245	5595	3773	28646	27346	693
1039831	1322381	1098389	404796	62949	70872	137999	121997	13172
136857	198360	177298	68973	10205	2184	40730	33655	2167
199030	258731	211064	95121	12712	17411	23661	23477	4902
703944	865290	710027	240702	40032	51277	73608	64866	6103
271323	387421	349258	144912	19526	17825	100007	93118	5683
364437	445508	391017	121015	19802	32539	19029	17333	4374
344205	405831	321370	113603	18964	19635	27157	20488	2375

14-4 续表 1

单位：万元

项 目	Item	负债合计 Total Liability	流动负债合计 Total Circulating Liability	长期负债合计 Total Longterm Liability	所有者权益合计 Owner-ship Interest
总 计	**Total**	**3031328**	**2823803**	**207525**	**1925017**
按企业登记注册类型分	**Grouped by Type of Enterprises Registered**				
内资企业	Domestic Investment	3031125	2823600	207525	1924217
国有企业	State-owned	211785	210215	1569	73399
集体企业	Collective-owned	15543	14069	1474	7310
私营企业	Private	758129	724844	33285	796266
联营企业	Joint-owned	14888	14888		4953
股份有限公司	Share Holding Company	431525	334452	97073	155366
有限责任公司	Limited-liability Company	1595719	1523955	71763	876273
股份合作企业	Share Holding Cooperative	607	607		3166
其他企业	Others	2930	570	2360	7485
外商投资企业	Foreign Funded	203	203		800
港、澳、台商投资企业	HK., Macao & Taiwan Funded				
按行业类别分	**Grouped by Sector**				
房屋和土木工程建筑业	Housing Construction and Civil Engineering Industry	2798796	2593662	205135	1805713
建筑安装业	Construction & Installation	185235	184686	550	69463
建筑装饰业	Construction & Decoration	15486	15362	124	24451
其他建筑业	Other Construction Industries	31810	30093	1716	25390
按隶属关系分	**Grouped by Administrative Relationship**				
中 央	Central	296292	292557	3735	76474
地 方	Local	2735035	2531246	203789	1848543
自治区属	Approach to Auto. Region	743746	638977	104768	162940
盟市属	Approach to Leagues & Cities	595731	564519	31213	317459
旗县属及以下	Approach to Counties and under	1395558	1327750	67809	1368144
按企业资质等级分	**Grouped by Intelligent Grade of Enterprises**				
#一 级	First	21445	21427	18	15093
二 级	Second	128265	127237	1028	74518
三 级及以下	Third and under	63905	62322	1583	65697

continued

(10 000 yuan)

实收资本 Contrib-uted Capital	国家资本 State	集体资本 Collective	法人资本 Institu-tionnal Units	个人资本 Indivi-duals	港澳台资本 Hong kong, Macao & Taiwan	外商资本 Foreign	工程结算收入 Revenue of Settlement of Projects
1218200	**131384**	**72506**	**378959**	**634769**		**582**	**6720919**
1217400	131384	72506	378959	634551			6720055
53133	48770		4363				430746
5594		3594	2000				18386
448915			163228	285687			2338683
3161			2550	611			4440
82451	12432	6764	12244	51011			554839
618435	70181	61351	193421	293482			3360856
2269		797	1153	319			6050
3443				3443			6056
800				218		582	864
1121418	119768	64437	338595	598036		582	6398486
54139	7787	7770	16336	22246			243085
21046	687	300	11373	8686			23414
21598	3141		12655	5803			55934
66888	22599	918	43088	283			412049
1151312	108785	71588	335871	634487		582	6308870
105076	41228	12032	16905	34911			1056804
214602	43097	14033	52714	104758			1033568
831634	24459	45523	266252	494818		582	4218498
12286	4049	3000	1500	3737			44653
60797	3272	16919	23258	17347			169686
48309	3091	3861	17724	23633			146873

14-4 续表 2

单位：万元

项 目	Item	工程结算成本 Cost of Settlement of Projects	工程结算税金及附加 Tax and Extra Charges of Settlement of Projects	工程结算利润 Profits of Settlement of Projects
总 计	**Total**	**5754987**	**276250**	**653872**
按企业登记注册类型分	**Grouped by Type of Enterprises Registered**			
内资企业	Domestic Investment	5754181	276224	653840
国有企业	State-owned	386413	14517	29375
集体企业	Collective-owned	15003	1138	2221
私营企业	Private	1962172	84842	281634
联营企业	Joint-owned	3912	30	483
股份有限公司	Share Holding Company	465079	22032	58321
有限责任公司	Limited-liability Company	2911373	153277	280408
股份合作企业	Share Holding Cooperative	5475	195	354
其他企业	Others	4754	193	1044
外商投资企业	Foreign Funded	806	26	32
港、澳、台商投资企业	Hong kong, Macao & Taiwan Funded			
按行业类别分	**Grouped by Sector**			
房屋和土木工程建筑业	Housing Construction and Civil Engineering Industry	5479095	265195	620626
建筑安装业	Construction and Installation Industry	209508	8159	24689
建筑装饰业	Construction and Decoration Industry	18454	740	4043
其他建筑业	Other Construction Industries	47931	2156	4514
按隶属关系分	**Grouped by Administrative Relationship**			
中 央	Central	365100	12314	33522
地 方	Local	5389887	263936	620351
自治区属	Approach to Autonomous Region	922529	49509	75500
盟市属	Approach to Leagues & Cities	893123	52223	86106
旗县属及以下	Approach to Banners & Counties and under	3574236	162204	458745
按企业资质等级分	**Grouped by Intelligent Grade of Enterprises**			
#一 级	First	38375	1823	4335
二 级	Second	148374	5684	14264
三级及以下	Third and under	122078	5672	17889

continued

(10 000 yuan)

其他业务收入 Revenue of Other Business	其他业务利润 Profits of Other Business	管理费用 Manage-ment Expenses	#税 金 Taxes	#财产保险费 Premium of Property	财务费用 Financial Expense	# 利息支出 Interest Expendi-ture	营业利润 Operating Profits	利润总额 Total Profits
62826	**11290**	**260573**	**17309**	**1603**	**44817**	**32955**	**359772**	**353223**
62826	11290	260545	17309	1603	44817	32955	359768	353219
1446	56	21612	1186	32	936	597	6884	6648
908	443	2046	65	27	30	10	588	359
5314	1769	79215	6405	430	18415	14522	185774	181929
		132	20	2	1	1	350	221
3532	593	17023	1009	170	8775	8401	33117	33606
51621	8424	140015	8613	941	16583	9417	132235	129619
		336	8	1			18	21
5	5	167	3		78	6	804	816
		28	0				4	4
59491	10154	241179	16055	1441	43402	31901	346199	339839
3014	949	13757	1024	145	543	294	11338	11136
103	65	2222	92	6	309	222	1577	1455
218	122	3415	138	10	563	538	658	794
23384	751	28554	1144	74	1398	1176	4322	3131
39442	10539	232020	16166	1529	43419	31779	355451	350092
1709	855	42055	2774	315	9198	8757	25102	24787
11465	2165	39844	2432	447	5140	3715	43287	43751
26268	7519	150120	10959	767	29082	19307	287062	281555
68	55	3394	230	276	223	184	773	651
10175	2233	13699	681	30	1105	117	1692	1717
7000	935	7709	407	52	981	594	10134	9760

14-4 续表 3

单位：万元

项 目	Item	应交所得税 Income Tax Payable	应付利润 Profits Payable	劳动待业保险费 Premium for Employment
总 计	**Total**	**96030**	**113525**	**29700**
按企业登记注册类型分	**Grouped by Type of Enterprises Registered**			
内资企业	Domestic Investment	96030	113525	29700
国有企业	State-owned	2411	2649	2703
集体企业	Collective-owned	225	167	177
私营企业	Private	50796	52005	4679
联营企业	Joint-owned	20	19	
股份有限公司	Share Holding Company	8015	8590	2436
有限责任公司	Limited-liability Company	34454	49422	19698
股份合作企业	Share Holding Cooperative	46	40	7
其他企业	Others	63	634	
外商投资企业	Foreign Funded	0	0	
港、澳、台商投资企业	Hong kong, Macao & Taiwan Funded			
按行业类别分	**Grouped by Sector**			
房屋和土木工程建筑业	Housing Construction and Civil Engineering Industry	92901	109457	27110
建筑安装业	Construction and Installation Industry	2041	2709	2543
建筑装饰业	Construction and Decoration Industry	244	626	27
其他建筑业	Other Construction Industries	843	734	20
按隶属关系分	**Grouped by Administrative Relationship**			
中 央	Central	752	1166	4900
地 方	Local	95279	112359	24800
自治区属	Approach to Autonomous Region	7802	7400	4354
盟市属	Approach to Leagues & Cities	9797	14958	7686
旗县属及以下	Approach to Banners & Counties and under	77680	90001	12761
按企业资质等级分	**Grouped by Intelligent Grade of Enterprises**			
#一 级	First	180	363	12
二 级	Second	978	1684	1443
三 级及以下	Third and under	2512	3724	424

continued

(10 000 yuan)

本年应付工资总额 Total Wages Payable in the Year	# 主营业务应付工资 Wage Payable of Major Business	本年应付福利费总额 Welfares Payable in the Year	# 主营业务应付 of Major Business	建筑业增加值 Value Added of Construction
967187	**955334**	**107314**	**104790**	**2373881**
966743	954889	107280	104756	2372923
69423	69421	9573	9572	165753
3128	2993	409	347	7445
331576	326802	34966	33360	834184
500	500	69	69	1176
82308	81730	9838	9560	202476
477497	471362	52230	51685	1156347
1316	1316	163	163	3050
996	766	33		2492
445	445	34	34	957
925821	914292	102064	99593	2271238
32800	32585	4177	4128	80983
3826	3762	445	443	9373
4740	4695	629	625	12287
47452	46108	4979	4875	110233
919735	909226	102335	99915	2263648
141038	140987	18669	18669	338918
146897	145915	17426	17287	359966
631799	622323	66241	63959	1564764
6216	6216	414	414	13815
35075	35019	3992	3978	82169
17159	16774	2036	1988	44617

主要统计指标解释

建筑业统计单位 指从事房屋、构筑物建造和设备安装活动的法人企业。建筑业法人企业应同时具备的条件是：①依法成立，有自己的名称、组织机构和场所，能够承担民事责任；②独立拥有和使用资产，承担负债，有权与其他单位签订合同；③独立核算盈亏，能够编制资产负债表。

建筑业总产值(即自行完成施工产值) 是以货币表现的建筑安装企业在一定时期内生产的建筑业产品的总和。建筑业总产值包括：

(1)建筑工程产值：指列入建筑工程预算内的各种工程价值。

(2)安装工程产值：指设备安装工程价值，不包括被安装设备本身价值。

(3)其他产值：建筑业总产值中，除建筑工程、安装工程以外的产值。包括房屋、构筑物修理产值、非标准设备制造产值、总包企业向分包企业收取的管理费以及不能明确划分的施工活动所完成的产值。

a 房屋、构筑物修理产值：指房屋、构筑物修理所完成的价值，但不包括被修理房屋、构筑物本身的价值和生产设备的修理价值。

b 非标准设备制造产值：指加工制造没有定型的、非标准的生产设备的加工费和原材料价值，以及附属加工厂为本企业承建工程制作的非标准设备的价值。

建筑业增加值 指建筑业企业在报告期内以货币表现的建筑业生产经营活动的最终成果。目前建筑业增加值采用分配法(收入法)计算，即从收入的角度出发，根据生产要素在生产过程中应得的收入份额计算。具体计算公式为：

建筑业增加值=本年提取的固定资产折旧+主营业务应付工资+主营业务应付福利费+管理费用中的劳动待业保险金、税金+工程结算税金及附加+工程结算利润

房屋建筑施工面积 指在报告期内施工的全部房屋建筑面积、包括本期新开工的房屋面积、上期施工跨入本期继续施工的房屋面积、上期停缓建在本期恢复施工的房屋面积、本期竣工的房屋面积及本期施工后又停缓建的房屋面积。

房屋建筑竣工面积 指在报告期内房屋建筑按照设计要求全部完工，达到了住人和使用条件，经验收鉴定合格，正式移交使用单位的房屋建筑面积。

自有机械设备年末总台数 指归本企业所有，属于本企业固定资产的生产性机械设备年末总台数。包括施工机械、生产设备、运输设备以及其他设备。

自有机械设备年末总功率 指本企业自有施工机械、生产设备、运输设备以及其他设备等列为在册固定资产的生产性机械设备年末总功率，按设定能力或查定能力计算。包括机械本身的动力和为该机械服务的单独动力设备，如电动机等。计算单位用千瓦，动力换算可按 1 马力=0.735 千瓦折合成千瓦数。电焊机、变压器、锅炉不计算动力。

工程结算收入 指企业承包工程实现的工程价款结算收入，以及向发包单位收取的除工程价款以外的按规定列作营业收入的各种款项，如临时设施费、劳动保险费、施工机械调迁费等以及向发包单位收取的各种索赔款。

工程结算利润 指已结算工程实现的利润，如亏损以“-”号表示。计算公式为：

工程结算利润=工程结算收入-工程结算成本-工程结算税金及附加

企业总收入 指与企业生产经营直接有关的各项收入，包括工程结算收入和其他业务收入。计算公式为：

企业总收入=工程结算收入+其他业务收入

Explanatory Notes on Main Statistical Indicators

Statistical Unit in Construction refers to corporate enterprise engaged in the construction of buildings and structures and in the installation of equipment. A corporate construction enterprise should meet the following requirements: ①being set up in line with relevant legal basis, having its full name, organization and location, and capable of taking civil liabilities; ②independently possessing and using its assets and assuming its liabilities, and entitled to sign contracts with other institutions; ③ making independent accounts of its profits and losses, and capable of compiling its own balance sheet.

Gross Output Value of Construction (Output Value of Projects Under Construction) refers to total of construction products, expressed in money terms, completed by construction and installation enterprises during a given period of time. It includes:

(1) Output value of construction projects, that is the value of projects covered by the project budgets;

(2) Output value of installation projects, that is the value of the installation of equipment, (excluding the value of the equipment to be installed) ;

(3)Other Output value:

a 、Output value of repair of buildings and structures, that is the value created through the repairs of buildings or structures, but does not include the value of buildings or structures being repaired and the value of the repair of production equipment;

b 、Output value of manufactured nonstandard equipment, that is the value of nonstandard production equipment which including raw materials and manufacturing cost made for the construction project, and the equipment manufactured by subsidiary workshops.

Value added of Construction refers to the final result of the activities of production and management of construction in monetary terms in the reference period. At present, the value added of construction is calculated with the income approach. In other words, it is the sum of income of various production factors in the production process. The formula is as follows:

Value added of construction = depreciation of fixed assets in the year + wages payable of the major operation + welfare expenses payable of the major operation + insurance premium and tax for waiting for employment in the administrative expenses + taxes and surcharges on project settlement + profit gained from Project settlement.

Floor Space of Buildings Under Construction refers to floor space of buildings under construction during the reference period, including newly started buildings, buildings started earlier and continued during the reference period, and buildings suspended earlier but restarted during the reference period, buildings completed during the reference period, and buildings under construction , and then suspended during the reference period.

Floor Space of Buildings Completed refers to the floor space of buildings that are completed in the reference period in accordance with the requirements of the design, up to the standard for putting them into use, and have been checked and accepted by concerned departments as qualified ones.

Total Number of Machinery and Equipment Owned by the End of Year refers to the number of machines and equipment owned by the enterprises, and listed as the fixed assets of the enterprises by the end of the year, including machinery and equipment for construction, production and transportation.

Total Power of Machinery and Equipment Owned by the End of Year refers to the total power of machinery and equipment owned by the enterprises, and listed as the fixed assets of the enterprises by the end of the year, including machinery and equipment for construction, production and transportation. The power of the machinery is calculated on basis of the designed or verified capacity, covering the power of the machinery/equipment and the separate power equipment serving the machinery/equipment(such as electric motors) , but excluding welders, transformers and boilers. The unit used for the calculation of power is kilowatt, with horsepower converted to kilowatt by 1 horse power = 0. 735 kilowatt.

Income from Settlement of Projects refers to the income received by the construction enterprise from the contracted project through settlement procedures, and other charges to the contractoree as operational costs in addition to the value of the project, such as temporary facility fee, labour insurance premium, moving cost of construction equipment, as well as various types of claims to the contractee.

Profit from Settlement of Projects refers to profit realized through settled projects. It is calculated with the following formula:

Profit from Settlement of Projects=Income from Settlement of Projects - Cost - Taxes and Other Cost

Total Revenue of Enterprises refers to the sum of income from production and operation of enterprises, including income from settlement of projects and other operational income, namely:

Total Revenue of Enterprises = Income from Settlement of Projects + Other Operational Income

十五　运输和邮电

TRANSPORTATION,POSTAL AND TELECOMMUNICATIONS SERVICES

资料整理：贾金辉

Arranged by Jia Jinhui

15-1 交通运输业基本情况

Basic Conditions of Transportation

指标	Item	2006	2007
运输线路长度(公里)	**Length of Transportation Routes(km)**		
中央铁路营业里程	Railways in Operation	5035	5040
地方铁路	Local Railways	1490	1788
公路	Highways	128762	138610
内河	Navigable Inland Waterways	2517	2517
民航	Total Civil Aviation Routes	20656	17701
客运量总计(万人)	**Total Passenger Traffic(10 000 persons)**	**35512**	**38781**
铁路	Railways	3437	3489
公路	Highways	31817	35039
民用航空	Civil Aviation	258	253
旅客周转量总计(亿人公里)	**Total Passenger Kilometers(100 million passenger-km)**	**345.27**	**377.11**
铁路	Railways	122.20	134.75
公路	Highways	199.47	219.46
民用航空	Civil Aviation	26.24	22.90
货运量总计(万吨)	**Total Freight Traffic(10 000 tons)**	**84137**	**102907**
铁路	Railways	25157	29605
公路	Highways	58978	73300
民用航空	Civil Aviation	2	2
货物周转量总计(亿吨公里)	**Total Freight Ton-kilometers(100 million ton-km)**	**1798.35**	**2121.40**
铁路	Railways	1414.03	1629.40
公路	Highways	384.12	492.00
民用航空	Civil Aviation	0.20	0.20
民用汽车拥有量(辆)	**Number of Civil Motor Vehicles Owned(unit)**	**1303429**	**1475382**
#私人汽车拥有量(辆)	Number of Motor Vehicles Owned by Individuals(unit)	1021367	1169393
载客汽车辆数(辆)	Number of Buses and Cars(unit)	513375	643648
#私人	Private-owned	378576	489286
载货汽车辆数(辆)	Number of Trucks(unit)	284285	305163
#私人	Private-owned	180361	200629
民用运输船舶拥有量(艘)	**Number of Civil Transport Vessels(unit)**	**883**	**856**

注：公路部门营运汽车统计口径为全社会营运汽车。

a)The statistical coverage of number of motor vehicles owned by highway departments has extended to motor vehicles of all society.

15-2 主要交通运输工具和线路里程

Major Tools and Length of Transports

年 份 Year	载货汽车(辆) Trucks (unit)	载客汽车(辆) Buses and Cars (unit)	铁路 Railways 机车(台) Locomotives (unit)	铁路 Railways 客车(辆) Passenger Coaches (unit)	飞机(架) Number of Civil Aircraft(unit)	铁路正线延展里程(公里) Extention Length of the Trunk Lines(km)	公路线路里程(公里) Total Length of Highways (km)
1947	76	18				1557	1974
1948	81	25				1557	1872
1949	89	25				1557	2394
1950	227	53				1557	3259
1951	343	78				1557	4037
1952	344	101				1574	4821
1953	617	173				1574	5495
1954	1066	269				1912	6253
1955	1750	391				1912	8325
1956	2459	496				2106	11501
1957	2828	641				2404	13020
1958	3492	797				2644	18020
1959	4100	996				3091	18752
1960	5198	1061				3222	21131
1961	5446	970				3219	21131
1962	5595	1003				3222	22804
1963	5398	1033				3190	22195
1964	5871	1000				3299	22103
1965	6335	1348				3541	25688
1966	7335	1718				3635	25180
1967	6905	1605				3496	24407
1968	7110	1669				3496	25234
1969	7007	1781				3590	25676
1970	8174	2027				3593	27605
1971	9140	2316				3491	31355
1972	11061	2852				3537	34676
1973	14388	3733				3747	29043
1974	15496	4237				3747	30308
1975	19611	5172				3747	31362
1976	23281	6046				3697	33414
1977	25001	6448				3755	36471

15-2 续表 continued

年 份 Year	载货汽车(辆) Trucks (unit)	载客汽车(辆) Buses and Cars (unit)	铁路 Railways 机车(台) Locomotives (unit)	铁路 Railways 客车(辆) Passenger Coaches (unit)	飞机(架) Number of Civil Aircraft (unit)	铁路线路里程(公里) Length of the Railway Lines(km)	公路线路里程(公里) Total Length of Highways (km)	民航通航里程(公里) Length of Civil Aviation Routes(km)
1978	29027	7669				3803	37535	
1979	33011	8476				3760	23769	
1980	38647	9969				4361	35016	3734
1981	42482	11842	341	601	16	4379	35856	3734
1982	47125	13254	500	910	16	4360	36828	2933
1983	49674	14087	507	955	18	4360	37939	2933
1984	51663	15405	562	1003	18	4355	37456	7565
1985	57354	19078	532	838	21	4364	38198	7565
1986	66258	23409	627	1121	21	4405	40380	8824
1987	68618	24883	667	1282	19	4821	41984	10005
1988	71856	29940	706	1275	18	4825	42800	23193
1989	77909	32634	691	1339	19	5445	43080	21745
1990	87161	35763	676	1471	19	5596	43274	21431
1991	95489	41081	686	1522	21	5653	43396	20506
1992	103757	47958	661	1473	20	5770	43704	22496
1993	115807	58084	641	1561	19	5800	43789	38976
1994	118985	65374	668	1661	19	5733	44202	51951
1995	131055	85825	759	1802	18	5790	44753	48136
1996	111675	94187	789	1802	18	7588	45744	76116
1997	130350	118978	650	1771	19	7031	49992	66532
1998	142255	144216	745	1694	19	7083	58430	61199
1999	157377	169241	838	1595	13	7331	63824	64426
2000	167004	188154	883	1818	9	7179	67346	40469
2001	180481	241364	865	1886	11	7240	70408	51476
2002	182971	237719	898	1903	11	7475	72673	56890
2003	202306	286481	912	1757	10	7476	74135	78705
2004	240591	341371	892	1753	13	7885	75976	76725
2005	248809	384575	892	1753	15	7689	124465	55218
2006	284285	513375	980	1492	15	7839	128762	20656
2007	305163	643648	1123	1324	15	9580	138610	17701

15-3 运输线路长度

Length of Transports Routes

单位：公里 (km)

项 目	Item	2006	2007
铁路延展长度	**Length of Railways Routes**	**7839**	**9580**
中央铁路	Central Railways		
正线延展里程	Extention Length of the Trunk Lines	6349	7260
营业里程	Length of Railways in Operations	5035	5040
#呼铁局	Huhhot Railway Bureau	1587	1589
哈铁局(内蒙地段)	Harbin Railway Bureau(Section of Inner Mongolia)	1736	1736
沈铁局(内蒙地段)	Shengyang Railway Bureau(Section of Inner Mongolia)	1624	1629
地方铁路线路里程	Local Railways Length of Routes	1490	1788
公路	**Highways**		
公路里程	Total Length of Highways	128762	138610
等级公路	Expressway and Class I to IV Highway	83831	90823
#高速公路	Expressway	1255	1768
一级公路	First Class	2424	2836
二级公路	Second Class	9107	10778
等外路	Highway Below Class IV	44931	47787
内河	**Inland Rivers**		
航道里程	Length of Navigabe Inland Waterways	2517	2517
民用航空	**Civil Aviation**	**20656**	**17701**
国内航线	Domestic Routes	18360	17701
国际航线	International Routes	2296	

15-4 民用车辆船舶年末拥有量

Figure of Civil Vehicles and Shipping at the Year-end

项 目	Item	2006		2007	
		合计 Total	#私人 Private-owned	合计 Total	#私人 Private-owned
铁路运输工具	**Tool of Railway Transport**				
中央铁路：机车(台)	Central Railways:Locomotives(unit)	862		898	
客车(辆)	Passenger Coaches(unit)	1390		1251	
地方铁路：机车(台)	Local Railways:Locomotives(unit)	141		225	
客车(辆)	Passenger Coaches(unit)	102		73	
民用汽车(辆)	**Number of Civil Motor Vehicles(unit)**	**1303429**	**1021367**	**1475382**	**1169393**
#载货汽车(辆)	Number of Trucks(unit)	284285	180361	305163	200629
载客汽车(辆)	Buses and Cars(unit)	513375	378576	643648	489286
轮胎式拖拉机(台)	**Type Tractors(unit)**	**419139**	**402373**	**63603**	**63523**
摩托车(辆)	**Motors(unit)**	**1428182**	**1248776**	**1437574**	**1421984**
#两轮摩托车	Two-wheel Motors	1388022	1209265	1399372	1384055
载货车挂车(辆)	**Trailer(unit)**	**655085**	**655085**	**696807**	**696807**
民用运输船(艘)	**Civil Transport Vessels(unit)**	**883**		**856**	
#机动运输船(艘)	Motor Vessels(unit)	336		386	
非机动船(艘)	Non-motor Vessels(unit)	412		394	
挂浆船(艘)	Vessels with Oar(unit)	135		76	
民航飞机(架)	**Civil Aircraft(unit)**	**15**		**15**	
#通用飞机	General Aircraft	15		15	

15-5 客货运输量
Passenger Traffic and Freight Traffic

年份 Year	客运量 (万人) Passenger Traffic (10 000 persons)	铁路 Railways	公路 Highways	货运量 (万吨) Freight Traffic (10 000 tons)	铁路 Railways	公路 Highways
1949			0.6		0.2	0.2
1950			0.8	0.2		0.2
1951			3.0	396	391	5
1952			16	447	417	30
1953			39	755	526	229
1954			58	1168	694	474
1955			87	1433	496	937
1956			131	2093	622	1471
1957			189	2224	739	1485
1958			181	3390	1039	2351
1959	1238	993	245	6911	2657	4254
1960	1754	1456	298	5986	3289	2697
1961	2022	1723	299	3749	2355	1394
1962	1869	1585	284	2729	1754	975
1963	1416	1118	298	2235	1434	801
1964	1268	914	354	2759	1640	1116
1965	1320	852	468	3614	2060	1554
1966	1463	836	627	4160	2425	1735
1967	1688	978	710	4409	2881	1528
1968	1651	990	661	3284	1889	1395
1969	1546	1046	500	3200	1792	1408
1970	1688	1016	672	4625	2882	1743
1971	1865	1080	785	4964	2749	2215
1972	2223	1164	1059	5387	2859	2528
1973	2338	1199	1139	5477	2668	2709
1974	2364	1161	1203	5453	2604	2849
1975	2599	1324	1275	6325	3190	3135
1976	2588	1300	1288	6487	3114	3373
1977	3017	1564	1453	7399	3529	3870

15-5 续表 continued

年 份 Year	客运量 (万人) Passenger Traffic (10 000 persons)	铁路 Railways	公路 Highways	航空 Civil Aviation	货运量 (万吨) Freight Traffic (10 000 tons)	铁路 Railways	公路 Highways	航空 Civil Aviation
1978	3422	1753	1669		8213	3861	4352	
1979	3470	1689	1781		8046	3924	4122	
1980	4162	1994	2164	4	7653	4142	3511	0.05
1981	4250	2071	2176	3	7305	3989	3316	0.05
1982	4926	2288	2635	3	8314	4317	3997	0.04
1983	5703	2556	3145	2	9103	4542	4561	0.04
1984	6313	2738	3573	2	10149	4957	5192	0.03
1985	6673	2784	3884	5	11588	5510	6078	0.13
1986	7612	2833	4775	4	15348	5638	9710	0.06
1987	8493	2965	5509	19	16979	6065	10914	0.06
1988	9518	3242	6242	34	18533	5296	13237	0.06
1989	9411	2997	6405	9	22515	6678	15837	0.06
1990	10475	2433	8012	30	26676	6909	19767	0.17
1991	9148	2565	6543	40	25678	7027	18651	0.24
1992	10406	2801	7567	38	29126	7198	21928	0.34
1993	11165	3014	8108	43	31708	7587	24121	0.41
1994	15294	3042	12162	90	31386	7812	23573	0.90
1995	18273	2909	15248	116	32732	8347	24384	1.13
1996	18099	2563	15418	118	34321	9435	24885	1.15
1997	19148	2735	16287	126	39008	9960	29047	1.27
1998	20205	2542	17552	111	39564	8227	31336	1.17
1999	21498	2824	18576	98	41652	8747	32903	1.90
2000	23549	3378	20061	110	44629	9648	34979	2.00
2001	24133	2956	21041	136	45970	9816	36145	0.90
2002	25376	2824	22421	132	47879	10639	37239	1.00
2003	23521	2552	20831	138	50046	11513	38532	1.10
2004	28954	3235	25510	209	61259	18560	42697	1.60
2005	32114	3259	28604	251	73082	22060	51020	2.00
2006	35512	3437	31817	258	84137	25157	58978	1.98
2007	38781	3489	35039	253	102907	29605	73300	1.79

15-6 客货周转量
Passenger-kilometers and Freight Ton-kilometers

年份 Year	旅客周转量 (亿人公里) Passenger-kilometers (100 million passenger-km)	铁路 Railways	公路 Highways	航空 Civil Aviation	货物周转量 (亿吨公里) Freight Ton-kilometers (100 milion ton km)	#铁路 Railways	#公路 Highways
1978	31.80	22.38	9.42		224.55	214.96	9.59
1980	43.19	31.84	11.35		174.92	164.78	10.14
1981	45.55	34.33	11.22	0.15	252.36	243.98	8.38
1982	52.06	37.50	14.40	0.16	299.40	288.62	10.78
1983	61.41	43.92	17.36	0.13	348.97	335.57	13.40
1984	70.63	50.29	20.34	0.13	391.94	376.45	15.49
1985	82.53	58.34	23.86	0.32	442.51	424.30	18.20
1986	90.85	62.57	28.03	0.25	470.56	449.30	21.26
1987	100.92	65.55	33.78	1.59	492.62	469.12	23.50
1988	115.69	74.49	37.58	3.62	491.93	466.08	25.85
1989	111.29	68.18	39.84	3.27	579.63	501.93	77.70
1990	99.01	57.54	38.07	3.40	621.90	519.41	102.49
1991	104.90	60.64	40.06	4.20	608.08	505.15	102.93
1992	113.60	69.24	40.26	4.10	655.89	515.18	137.56
1993	152.95	74.44	74.03	4.48	697.86	546.50	151.36
1994	174.86	75.09	89.55	10.22	734.25	586.94	143.85
1995	173.58	71.97	89.85	11.76	785.12	625.56	159.56
1996	167.10	63.79	90.68	12.63	832.66	658.96	170.11
1997	180.27	69.14	97.69	13.43	881.49	695.86	182.18
1998	187.91	76.13	100.44	11.34	844.35	657.08	187.27
1999	205.50	88.00	108.18	9.26	898.80	701.00	197.75
2000	219.10	92.30	116.30	10.50	1041.20	828.60	211.80
2001	225.30	89.70	121.90	13.70	1090.10	869.70	220.30
2002	236.80	92.70	130.70	13.40	1132.00	900.50	231.40
2003	222.06	85.74	122.14	14.18	1218.22	976.18	241.91
2004	290.24	108.63	155.28	26.33	1441.39	1171.39	269.84
2005	323.12	113.22	178.98	30.92	1604.31	1280.75	323.35
2006	354.24	122.20	199.47	26.24	1798.35	1414.03	384.12
2007	377.11	134.75	219.46	22.90	2121.40	1629.40	492.00

15-7 邮电业务基本情况

Basic Conditions of Post and Telecommunications Services

指标	Item	2006	2007
邮电业务总量(万元)	Business Volume of Post and Telecommunications Service(10 000 yuan)	2545460	3640097
邮政业务总量	Business Volume of Post Service	98860	107785
电信业务总量	Business Volume of Telecommunications Service	2446600	3532312
函件(万件)	Number of Letters(10 000 pcs)	4273	4270
包件(万件)	Number of Parcels(10 000 pcs)	140	128
特快专递(万件)	Pieces of Express Mail Services(10 000 pcs)	272	322
报刊期发数(万份)	Number of Newspapers and Magazines Circulation(10 000 copies)	215	246
长途电话(万次)	Number of Long distance Calls(10 000 times)	34500	77033
本地电话年末用户(万户)	Local Telephone Subscribers at Year-end (10 000 subscribers)	541	525
年末市内电话用户(万户)	Local(Urban)Telephone Subscribers at Year-end (10 000 subscribers)	425.9	411.4
#住宅电话用户	Residential Telephone Subscribers	334.1	322.4
年末农村电话用户(万户)	Number of Rural Telephones Subscribers at Year-end (10 000 subscribers)	114.8	113.8
年末移动电话用户(万户)	Number of Mobile Telephones Subscribers at Year-end (10 000 subscribers)	874.1	1047.0
年末互联网用户(万户)	Number of Subscribers of Internet Service at Year-end (10 000 subscribers)	143.2	142.0
邮电局所(处)	Number of Post &Telecommunications Offices(unit)	1711	1702
邮路总长度(公里)	Length of Postal Routes (km)	58523	61900
#汽车邮路	Highway Routes	44027	43851
铁路邮路	Railway Routes	5946	5946
长话电路(路)	Number of Long-distance Telephone Lines(line)	451770	2837160
局用交换机容量(万门)	Capacity of Office Telephone Exchanges(10 000 lines)	427.8	723.0
中央国有	Central State-owned	427.8	723.0
地方国有	Local State-owned		
电话机(含移动电话)(万部)	Number of Telephone Sets(10 000 units)	1415.0	1572.0
中央国有	Central State-owned	1415.0	1572.0
地方国有	Local State-owned		

注：邮电业务总量按2000年不变价格计算。

a)The business volume of post and telecommunications is calculated at 2000 constant prices.

15-8 城乡邮电局所和电话机数

Number of Post and Telecommunications Office and Telephones

年份 Year	邮电局所(处) Number of Telecommunications Offices (unit)	城市 Urban	乡村 Rural	每万人口中邮电局所(处) Number of Post and Telecoms Offices per 10 000 Person (unit)	本地网电话机部数(万部) Number of Telephone in Local Network (10 000 set)	城市本地网 Urban	乡村本地网 Rural	每万人口中电话机数(部) Number of Telephones per 10 000 persons (set)
1949	114	100	14	0.19	0.04		0.04	0.66
1952	353	330	23	0.49	0.04		0.04	0.56
1957	563	149	414	0.60	1.03	0.90	0.13	18.71
1958	799	308	481	0.82	1.31	1.17	0.14	25.69
1965	951	161	790	0.73	3.33	2.23	1.10	13.88
1970	1111	216	895	0.75	2.07	1.49	0.58	15.13
1975	835	151	684	0.48	2.66	1.98	0.68	14.59
1978	857	163	694	0.48	3.10	2.36	0.74	17.00
1979	1513	206	1307	0.82	5.87	4.16	1.71	31.70
1980	1515	212	1303	0.81	6.04	4.34	1.70	32.19
1981	1519	212	1307	0.80	6.13	4.57	1.56	32.21
1982	1520	218	1302	0.78	6.47	4.97	1.50	33.32
1983	1517	216	1301	0.77	6.98	5.46	1.52	35.44
1984	1545	232	1313	0.78	7.63	6.14	1.49	38.28
1985	1603	232	1371	0.80	8.51	7.00	1.51	42.21
1986	1634	254	1380	0.80	9.07	7.56	1.51	44.45
1987	1615	229	1386	0.78	10.31	8.71	1.60	49.89
1988	1632	236	1396	0.78	12.67	10.98	1.69	60.51
1989	1636	232	1404	0.77	14.70	12.81	1.89	69.27
1990	1638	225	1413	0.76	16.83	14.80	2.03	77.82
1991	1645	230	1415	0.75	18.48	16.34	2.14	84.62
1992	1648	228	1420	0.75	21.18	18.66	2.52	95.98
1993	1651	233	1418	0.74	28.05	25.08	2.97	125.65
1994	1765	247	1518	0.78	62.47	59.51	2.96	276.35
1995	1804	419	1385	0.79	65.89	63.59	2.26	289.94
1996	1831	424	1407	0.80	85.98	85.07	0.91	374.60
1997	1837	407	1430	0.79	105.64	89.44	16.20	454.23
1998	1815	414	1401	1.20	150.08	128.66	21.42	640.05
1999	1739	413	1326	0.74	155.26	127.63	27.63	657.35
2000	1728	417	1311	0.73	206.90	166.35	40.55	872.11
2001	1671	446	1215	0.70	258.00	203.00	55.00	1087.51
2002	1671	521	1150	0.70	311.20	242.60	68.60	1308.64
2003	1678	551	1127	0.71	430.04	345.09	84.95	1807.19
2004	1672	559	1113	0.70	501.96	399.86	102.10	2107.30
2005	1743	600	1143	0.73	541.90	433.98	107.92	2270.78
2006	1711	615	1096	0.72	540.83	425.91	114.86	2260.49
2007	1702	617	1085	0.71	525.22	411.38	113.84	2183.85

15-9 邮电业务量

Telecommunications Services

年 份 Year	邮电业务总量(万元) Business Volume of post & Telecommunications (10 000 yuan)	邮政业务总量 Business Volume of Post	电信业务总量 Business Volume of Telecommunications	邮电业务总量指数(1978年=100) Index of Business Volume of Post & Telecommunications(1978=100)	函 件(万件) Number of Letters (10 000 pcs)	特快专递(万件) Pieces of Express Mail Services (10 000 pcs)	报刊期发数(万份) Newspapers & Magazines Circulation (10 000 copies)
1978	7515			100	6658		253
1980	8216			109	7146		329
1985	11471			153	9416		605
1986	11953			159	9589		507
1987	14436			192	9778		596
1988	17119			228	9946	1	515
1989	18652			248	8637	1	342
1990	21194	7373	13821	282	8080		
1991	25096	8126	16970	334	7782	3	419
1992	32195	10093	22102	428	8001	9	412
1993	46809	11866	34943	623	9539	28	560
1994	69688	15317	54371	927	10858	55	567
1995	96552	19031	77521	1284	16728	95	486
1996	128846	21677	107169	1714	10277	153	625
1997	174001	25413	148588	2314	9479	157	650
1998	247762	29003	218759	3295	8521	115	408
1999	391291	34591	356700	5204	8332	100	341
2000	562463	59463	523000	7481	9677	111	395
2001	580521	76007	504515	10956	12249	147	268
2002	903848	80448	823400	17058	14002	167	249
2003	1085474	85115	1000359	20486	22066	205	249
2004	1566250	86250	1480000	20842	6229	230	218
2005	1997246	89351	1907895	26577	3143	251	194
2006	2545460	98860	2446600	33872	4273	272	215
2007	3640097	107785	3532312	48438	4270	322	246

注：邮电业务总量2000年及以前按1990年不变价格计算，2001年以后按2000年价格计算。

a)Business Volume of Post and telecommunications before 2000 is calculated at 1990 constant Prices,and after 2001 it is calculated at 2000 constant Prices.

15-9 续表 1 continued

年 份 Year	集邮业务 (万元) Philately (10 000 yuan)	长途电话 (万次) Number of Long Distance Telephone Calls(10 000 times)	无线寻呼用户 (户) Number of Subscribers of Pageing Service (subscriber)	移动电话用户 (户) Number of Mobile Telephone Subscribers (subscriber)	国际互联网络用户 (户) Number of Subscribers of Internet Service (subscriber)
1978		451			
1980		495			
1985		792			
1986		856			
1987		923	175		
1988	287	1100	558		
1989		1071	1120		
1990	1373	1257	1747		
1991	2149	1722	3799	70	
1992	3959	2615	8246	636	
1993	4829	4856	24549	2298	
1994	4944	7623	52794	8351	
1995	4935	10422	102653	21852	
1996	6248	14349	179383	52388	25
1997	10173	15686	300692	127630	382
1998	11158	17429	420108	258881	1454
1999	10024	19101	530011	533000	10306
2000	7830	21088	780008	1153000	56556
2001	11768	22160	430000	2090000	161420
2002	12527	23358	315000	3172000	330133
2003	7095	23696	104000	4790500	547046
2004	4833	51408	51500	5945700	824000
2005	4996	49600	3000	7123000	1061143
2006	2759	34500	1467	8741300	1432319
2007	2555	77033		10469307	1417322

15-9 续表 2 continued

年 份 Year	本地电话年末用户(户) Number of Subscribers of Local Telephone at Year-end (subscribers)	城市电话用户 Number of Urban Telephone Subscribers	# 住宅电话 Residential Telephone Subscribers	乡村电话用户 Rural Telephone Subscribers	# 住宅电话 Residential Telephone Subscribers	公用电话(户) Public Telephone (Subscribers)
1978	30991	23561		7430		218
1980	60483	43435		17048		95
1985	86230	71101	733	15129	87	317
1986	97947	82004	2096	15943	156	386
1987	110409	93869	3047	16540	366	436
1988	127372	109781	6484	17591	484	467
1989	147108	128187	24732	18921	398	391
1990	168328	147964	32003	20364	518	278
1991	184856	163414	41193	21442	1785	376
1992	211796	186574	64151	25222	3319	679
1993	280512	250772	118788	29740	6139	1480
1994	440361	409220	265776	31141	10482	2958
1995	658577	635945	441383	22632	10586	6887
1996	859754	850652	615126	9102	3349	11759
1997	1056355	894372	697425	161983	118986	20400
1998	1254391	1040109	845015	214282	172736	32451
1999	1552582	1276323	1027119	276259	236006	41271
2000	2069000	1664000	1339000	405000	358000	48039
2001	2580000	2030000	1620000	550000	490000	70000
2002	3112000	2426000	1884000	686000	616000	74000
2003	4300400	3450900	2607300	849500	765400	168063
2004	5019600	3998600	3223000	1021000	823300	268800
2005	5420000	4340000	3455000	1079000	824000	382600
2006	5408300	4259700	3341200	1148600	1066500	430500
2007	5252301	4113873	3224093	1138428	1050367	408798

15-10 年末邮电局所数及邮递线路

Postal and Telecommunications Services Facilities(Year-end)

年 份 Year	邮电局所(处) Number of Post and Telecommunica-tions Offices (unit)	信筒信箱 (处) Number of Post Boxes (unit)	邮路总长度 (公里) Length of Postal Routes (km)	# 汽车邮路 Highway Routes	# 铁路邮路 Railway Routes	农村投递线路 (公里) Rural Delivery Routes (km)
1978	857		94978	19250	2674	
1980	1515	3220	70944	35115	5740	
1985	1603	3557	59292	36174	6726	117800
1986	1634	3554	60831	37480	7023	110363
1987	1615	3671	60591	36485	7174	111786
1988	1632	3721	59203	35843	7024	110093
1989	1636	3637	63017	36037	7025	116686
1990	1638	3549	64495	36666	6802	109926
1991	1645	3600	67048	37235	6772	108231
1992	1648	3496	66966	37230	6772	107295
1993	1651	3590	66139	36401	6772	105501
1994	1765	3561	67551	39339	7050	101706
1995	1804	3576	68751	41030	6929	102757
1996	1831	3641	68873	43729	6929	104694
1997	1837	3616	71006	45955	6623	103991
1998	1815	3471	69261	44286	5936	107262
1999	1739	3059	64183	43747	5173	107280
2000	1728	3096	63759	43232	5514	106539
2001	1671	4502	72499	42969	5838	111394
2002	1671	3478	62307	42558	5764	111395
2003	1678	3022	62344	42799	5764	111636
2004	1672	5541	57762	43074	5699	110812
2005	1743	8630	60713	43895	6196	109398
2006	1711	8767	58523	44027	5946	109635
2007	1702	2567	61900	43851	5946	111007

15-11 年末电信电路及长途电信线路

Line of Telecommunications Facilities(Year-end)

年 份 Year	长话业务电路 (路) Long Distance Telephone Lines(line)	# 光缆电路 Optical Cable Lines	# 数字电路 Digital Lines	长途光缆线路长度 (公里) Length of Long Distance Optical Cable Lines(km)
1990	1736			
1991	2349	351		309
1992	3191	611	881	309
1993	6593	1663	2154	950
1994	10043	4230	1658	3274
1995	11669	6765	8578	8074
1996	17174	13760	15920	9282
1997	19199	17220	18833	9846
1998	30569	27320	30559	11416
1999	26053		26053	11625
2000	48309		48309	16420
2001	84036		84036	15890
2002	166749		166749	25018
2003	247110		247110	28597
2004	213030		213030	31114
2005	364200		364200	35400
2006	451770		451770	38031
2007	2837160		2837160	34416

15-12 邮电通信水平

Level of Postal and Telecommunications Services

指 标	Item	1995	2000	2005	2007
全区邮电通信水平	**Autonomous Regional Level**				
平均每人每年发函件数(件)	Annual Average Number of Letters Mailed per Capita(piece)	4.72	4.09	1.32	1.77
平均每百人每年订报刊数(份)	Annual Average Number of Newspaper and Magazine Subscribed per 100 Persons(copy)	21.39	16.69	8.13	10.23
平均每百人拥有本地网电话机部数(部)	Number of Local Telephone Sets Owned per 100 Persons(set)	2.90	8.75	22.7	21.03
农村邮电通信水平	**Rural Level**				
设有邮电局、所的乡(镇)比重(%)	Percentage of Townships with Post and Telephone Communications Offices(%)		100	100	100
通电话的乡(镇)比重(%)	Percentage of Townships with Telephone Communication(%)	94.20	100	100	100
进入长话自动网的乡(镇)比重(%)	Percentage of Townships with Connected Autoexchange Net of Long Distance Call(%)	37.60	100	100	100

15-13 电信设备年末拥有量

Telecommunications Facilities at the Year-end

年 份 Year	长途自动交换机容量(路端) Capacity of Long-distance Telehone Exchanges (circuit)	本地电话局用交换机容量(门) Capacity of Local-office Telehone Exchanges (line)	#中央国有 Central State-owned	#地方国有 Local State-owned	电话机(部) Number of Telephone (set)	#中央国有 Central State-owned	#地方国有 Local State-owned
1978		50830	312180	19550	99636	42726	56910
1980		104050	60450	43600	106473	74235	32238
1985		156280	108230	48050	156929	128360	28569
1986		163960	113930	50030	181936	149191	32745
1987		179070	128820	50250	164123	129670	34453
1988	200	193155	141190	51965	232159	194589	37570
1989	1560	222675	169540	53135	266627	226723	39904
1990	1560	241305	188020	53285	296601	253525	43076
1991	2249	268605	212950	55655	329689	283773	45916
1992	5342	351793	251230	100563	363537	312632	50905
1993	9906	449154	358984	90170	454013	398342	55671
1994	25895	682979	618964	64015	624729	595081	29648
1995	68127	1059151	1029828	29323	854869	838265	16604
1996	70336	1284301	1260288	24013	1100640	1088151	12489
1997	81050	1554614	1226356	328258	1313097	1063609	249488
1998	92200	1889691	1508344	381347	1500674	1200539	300135
1999	94200	2119776	1769500	350276	2086000	1748959	337041
2000	96320	2543000	2122789	420211	3222000	2577600	644400
2001	110000	3034400	3034400		4670000	4670000	
2002	137060	3463000	3463000		6284000	6284000	
2003	68640	3705538	3705538		9090500	9090500	
2004	74000	7224000	7224000		10966000	10966000	
2005	79211	4304500	4304500		12543000	12543000	
2006	158974	4277900	4277900		14149600	14149600	
2007	339509	7230000	7230000		15721608	15721608	

主要统计指标解释

铁路营业里程 又称营业长度(包括正式营业和临时营业里程)，指办理客货运输业务的铁路正线总长度。凡是全线或部分建成双线及以上的线路，以第一线的实际长度计算；复线、站线、段管线、岔线和特殊用途线以及不计算运费的联络线都不计算营业里程。铁路营业里程是反映铁路运输业基础设施发展水平的重要指标，也是计算客货周转量、运输密度和机车车辆运用效率等指标的基础资料。

铁路正线延展里程 指正线第一线、第二线、第三线和其他正线建筑里程之和，不包括站线、段管线、岔线及特殊用途线的延展里程。它是作为计算铁路上钢轨、枕木及路基砂石需要量的主要依据。

铁路电气化里程 指在全部铁路营业里程中已安装了供电线路及设备，可以供电力机车牵引列车运行的区段的总里程。

铁路自动、半自动闭塞里程 为保证列车安全运行，在一个区间、同一时间内，一般只允许一列列车运行，这种保证列车在这个区间安全间隔运行的技术方法称为“闭塞”。自动和半自动闭塞里程是指装有列车自动或人工完成闭塞状态的铁路设备里程。自动或半自动闭塞里程占铁路营业里程的比重是反映铁路现代化的重要标志之一。

公路里程 指在一定时期内实际达到《公路工程技术标准 JTJ01-88》规定的等级公路，并经公路主管部门正式验收交付使用的公路里程数。包括大中城市的郊区公路以及通过小城镇街道部分的公路里程和桥梁、渡口的长度，不包括大中城市的街道、厂矿、林区生产用道和农业生产用道的里程。两条或多条公路共同经由同一路段，只计算一次，不得重复计算里程长度。它是反映公路建设发展规模的重要指标，也是计算运输网密度等指标的基础资料。

内河航道里程 也称内河通航里程，指在一定时期内，能通航运输船舶及排筏的天然河流、湖泊水库、运河及通航渠道的长度。包括全年季节性通航累计三个月以上的航道，不包括仅供零散流放竹、木排的河道。它是内河水运网规模、水平和发展情况的主要指标。

民用航空线里程 指民航运输定期班机飞行的航线长度的总和。航线长度按机场之间的距离计算，通常有两种计算方法：一是将每条航线长度相加称为重复计算航线里程；二是将两线或两条以上航线经过同一区段里程，只计算一次航线长度称为不重复计算航线里程，一般常用的是后者，它能确切反映民航运输网的规模，是表明民航事业为国民经济服务和方便人民生活程度的主要指标。

输油(气)管道长度 也称输油(气)里程，指油品(或天然气)的实际输送距离，一般按输油(气)管道的单线长度计算。若包括复线和备用线长度则称为输油(气)管道延展长度，是指管道铺设的实际长度。我们通常使用的是不包括复线的“输油(气)管道里程”，它是反映管道运输发展规模和水平的主要指标。

货(客)运量 指在一定时期内，各种运输工具实际运送的货物(旅客)数量。它是反映运输业为国民经济和人民生活服务的数量指标，也是制定和检查运输生产计划、研究运输发展规模和速度的重要指标。货运按吨计算，客运按人计算。货物不论运输距离长短、货物类别，均按实际重量统计。旅客不论行程远近或票价多少，均按一人一次客运量统计；半价票、小孩票也按一人统计。

货(客)运密度 指在一定时期内某种运输方式在营运线路的某一区段平均每公里线路通过的货物(旅客)运输周转量。计算公式为：

货(客)运密度=货物(旅客)周转量/营业线路长度

货(客)运密度是反映交通运输线路上货物(旅客)运输量运输繁忙程度的主要指标，是平衡运输线路运输能力和通过能力，规划线路建设及改造、配备技术设备，研究运输网布局的重要依据。

货物(旅客)周转量 指在一定时期内，由各种运输工具运送的货物(旅客)数量与其相应运输距离的乘积之总和。它是反映运输业生产总成果的重要指标，也是编制和检查运输生产计划，计算运输效率、劳动生产率以及核算运输单位成本的主要基础资料。计算货物周转量通常按发出站与到达站之间的最短距离，也就是计费距离计算。计算公式为：

货物(旅客)周转量=Σ货物(旅客)运输量×运输距离

铁路货车平均静载重 指铁路货车在始发站静止状态下平均每年装载的货物重量，用以分析货车完成装车时车辆载重力的利用情况。计算公式为：

货车平均静载重=货物发送吨数/装车数

静载重的多少取决于运送货物的性质、种类、车辆的类型和装载技术的高低。根据货车的平均标记载重与静载重进行对比，可以反映货车载重能力的利用程度。计算公式为：

货车载重力利用率(%)=货车平均静载重/货车平均标记载重×100%

铁路货运机车日产量 指在一定时期内，平均每台货运机车在一昼夜内所完成的总重吨公里数，包括载运货物的重量和车辆本身的自重。它从时间和牵引能力两方面反映了机车运用效率。计算公式为：

货运机车平均日产量=货运总重吨公里数/货运机车台日数

邮电业务总量 指以价值量形式表现的邮电通信企业为社会提供各类邮电通信服务的总数量。邮电业务量按专业分类包括函件、包件、汇票、报刊发行、邮政快件、特快专递、邮政储蓄、集邮、公众电报、用户电报、传真、长途电话、出租电路、市话无线寻呼、移动电话、分组交换数据通信、出租代维等。计算方法为各类产品乘以相应的平均单价(不变价)之和，再加上出租电路和设备、代用户维护电话交换机和线路等的服务收入。它综合反映了一定时期邮电业务发展的总成果，是研究邮电业务量构成和发展趋势的重要指标。计算公式为：

邮电业务总量=Σ(各类邮电业务量×不变单价)+出租代维及其他业务收入

无线寻呼电话用户 指携带小型寻呼机、接收市话用户通过无线寻呼中心，在规定范围内向其发出声音、数字或文字显示信息的用户。在寻呼台办理登记手续的无线寻呼用户，每一部寻呼机按一户计算。

移动电话用户　指在移动电话营业部门登记，通过移动电话交换机进入电话网、占有移动电话号码的电话用户。用户数量以实际办理登记手续进入邮电部门移动电话网的户数进行计算，一部或一台移动电话统计为一户。

电话用户　指接入国家公众固定资产电话网，并按固定电话业务进行经营管理的电话用户。1997 年以前，电话用户分为市内电话用户和农村电话用户。市内电话用户是指接入县城及县以上城市电话网上的电话用户；农村电话用户是指接入县邮电局农话台及县以下农村电话交换点，以县城为中心(除市话用户外)联通县、乡(镇)、行政村、村民小组的用户。从 1997 年起，电话用户数分组调整为以用户所在区域划分为“城市电话用户”和“乡村电话用户”与过去的按市内电话和农村电话划分方法不同。而电话用户数、电话机部数统计方法不变。

住宅电话　指话机装在居民住宅里的电话，包括私人付费、公费和免费三个部分。

私人付费电话　指住宅居民自费安装并自己缴纳通话费的电话。

Explanatory Notes on Main Statistical Indicators

Length of Railways in Operation refers to the total length of the trunk line under passenger and freight transportation (including both full operation and temporary operation) . The calculation is based on the actual length of the first line even if this line has a full or partial double track or more tracks, excluding double tracks, station sidings, tracks under the charge of station, branch lines, special purpose lines and the non payable connecting lines, The length of railways in operation is an important indicator to show the development of the infrastructure for the railway transport, and also the essential data to calculate volume of passenger freight transport, traffic density and utilization efficiency of the locomotives and carriages.

Extenuation Length of Trunk Lines refers to the sum of the first, the second, the third lines and other constructed length of the trunk railways, excluding the extenuation length of the station lines, lines under the jurisdiction of depots, sidings and lines for special purpose. It provides important information for the calculation of the needs for rails, sleepers, sand and stone for the construction of railways.

Length of Electrified Railways refers to the length of the section of railways in operation in which the power supply lines and other equipment are installed for the running of electrified locomotives. The proportion of the length of electrified railways to the total length of railways in operation is an important indicator to show the modernization of railways.

Automatic-blocking and Semi-automatic blocking Length of Railways Blocking is a spacing technique by which a section of the railway only allows one train to pass at a time, in order to ensure the traffic safety. Automatic (semiautomatic) blocking length of railways refers to railways installed with equipment to perform automatic or manual blocking of trains, the proportion of automatic/semi automatic blocking length to the total length of railways in operation is an important indicator to show the modernization of railways.

Length of Highways refers to the length of highways which are built in conformity with the grades specified by the highway engineering standard formulated by the Ministry of Communications, and have been formally checked and accepted by departments of highways and put into use. The length of highways includes that of the suburb highways at large and medium sized cities, highways passing through streets at small cities and towns, and also the length of bridges and ferries. It does not include the length of streets in big and medium sized cities and highways built for the production purpose at factories, mines, forest areas and agricultural areas. If two or more highways go the same section of the way, the length of the section is only calculated for once and no duplication is allowed. The length of highways is an important indicator to show the development of the highway construction and to provide essential information to calculate the transport network density.

Length of Navigable Inland Waterways an indicator reflecting the size and development of inland water network, it refers to the length of the natural rivers, lakes, reservoirs, canals, and ditches open to navigation during a given period, which enables the transport by ships and rafts. It includes the channels open to navigation for over an accumulative 3 months in a year, yet this does not include the river courses which are only used to float odd logs and bamboo rafts.

Length of Civil Aviation Routes refers to the length of all routes for regular civil aviation flights. There are usually two ways to calculate the distance between airports connected by the route length: One is to put the length of all air routes together, called duplicated calculation of the length of the routes, the other is not to allow the duplication in calculation when two or more routes passing the same section of aviation routes. The latter is usually used, as it can precisely show the size of the civil aviation network and indicate the extent of civil aviation serving the national economy and the people.

Length of Oil (Gas) Pipelines used as an indicator to show the development, scale and level of the pipeline transportation, it refers to the actual transport distance of oil (or gas) products, and is in general calculated in the length of single pipeline. If the length of the double pipelined and alternate pip-line is included, it is called the extension length of the oil (gas) pipelines, which indicates the actual length of the pipelines built, excluding double pipelines.

Freight (Passenger) Traffic refers to the volume of freight (passenger) transported with various means. Freight transport is calculated in tons and passenger traffic is calculated in the number of persons. Despite the type of freight and traveling distance, the freight transport is calculated in the actual weight of the goods: and despite the traveling distance and ticket price, the passenger traffic is calculated by the principle that one person can be counted only once in one travel. The passenger who travels a half price ticket or a child ticket is also calculated as one person. The freight (passenger) traffic provides a quantitative measure to show how the transport industry serves the national economy and people, and is also an important indicator for planning the transport industry and for studying the development scale and speed of the transport industry.

Freight (Passenger) Traffic Density refers to the freight(passenger) traffic volume carried by a particular means of transportation during a given period through one kilometer of a specific section of transportation route. The formula is as follows.

Freight (Passenger) Traffic Density =[Freight Ton-kilometers (Passenger-kilometers)] ÷(Length of Route in Operation)

Freight (passenger) traffic density reflects the degree of business of freight (passenger) traffic on transportation routes, and therefore provides important information for balancing transport capability, planning construction and upgrading of transport routes and studying the distribution of transport network.

Freight Ton-kilometers (Passenger kilometers) refer to the sum of the products of the volume of transported cargo(passengers) multiplying by the transport distance, usually using ton kilometer and passenger kilometer as units for measurement. Normally, the shortest distance between the departure station and the destination station (i. e, the payable distance) is the basis to calculate the freight Ton kilometers. This is an important indicator to show the total results of the transport industry, to prepare and examine the transport plan and to measure the efficiency, the labour productivity and the unit cost of transport. The formula is as follows:

Freight Ton kilometers(Passenger kilometers) = {Freight (Passenger) Traffic × Distance of Transportation}

Measuring unit: ton kilometer(person kilometer)

Static Load of Freight Cars refers to the average cargo weight as loaded by each freight car under the static condition at the departure station. It is used to show the utilization extent of the loading capacity of the freight cars. The formula is:

Static Load (ton) of Freight Car=(Tonnage of Goods Dispatched) ÷(Number of Freight Cars Loaded)

The static load of freight cars is determined by the nature and type of goods loaded, the type of vehicles, and the technique of loading. The difference between the average marked load and the static load of freight cars reflects the utilization of loading capacity of freight cars. For its calculation the following formula is applied:

Utilization Rate of Capacity of Freight Cars(%) =Σ [(Average Static Load)] ÷(Average Marked Load) ×100%

Average Daily Haul of Freight Locomotives refers to the average total ton kilometers accomplished by each freight transport locomotive over day and night during a given period of time. It includes both the weight of the goods carried and the dead weight of the train itself. It is a comprehensive indicator reflecting the locomotive efficiency in terms of both time and the pulling force.

Average Daily Haul of Freight Transport Locomotive(ton kilometer) = [(Total Ton (Kilometers of Freight)] ÷(Daily Number of Freight Transport Locomotive).

Business Volume of Post and Telecommunications refers to the total amount of post telecommunications services, expressed in value terms, provided by the post and telecommunications departments for the society. Post and telecommunication services can be classified as letters, parcels, remittance, issue of newspapers and magazines, fast mail service, express mail service, savings deposits, stamps for collection, public and individual telegraph service, facsimiles, long distance telephone service, leasing of telephone lines, urban paging service, mobile telephone service, data transfer and transmission, etc. The accounting approach is to multiply the service products of all types with their average unit price (constant price) to get sum of business value, plus income from other services such as leasing of telephone lines and equipment, maintenance of telephone switchboards and lines on behalf of customers. This indicator reflects the overall results of post and telecommunications service during a given period, and is important to study the composition of business service and the development of post and telecommunications service.

The formula is follows:

Business Volume of Post and Telecommunications

= Σ(Transaction of Post and Telecommunication Service × Constant Price) + Income from Leasing, Maintenance and other Services

Subscribers of Paging Services refer to subscribers who carry small size pagers and receive audio signals, digital signals or character signals sent out by telephone through wireless paging center within assigned area. Each pager is counted as a subscriber.

Mobile Telephone Subscribers refer to the persons who own mobile telephone number connected with the mobile telephone communication network and have registered in mobile communication enterprises. The number of subscribers is calculated only when the subscribers who have gone through all the register formalities and entered into the mobile telephone network. One mobile telephone is treated as a subscriber.

Telephones Subscribers refer to subscribers that are connected to the public line telephone network provided with telephone services. Before 1997, telephone subscribers were classified as city subscribers and village subscribers. City subscribers referred to those connected to city telephone networks in county towns and cities, while village subscribers referred to those connected to village telephone stations at and below counties. Since 1997, the classification of telephone subscribers was modified on the basis of physical location of the subscribers as "urban telephone subscribers "and" rural telephone subscribers", which is different from the previous classification of categorizing "local telephones "and "rural telephones", while the definition of total subscribers and total number of telephones remain unchanged.

Household telephone subscribers refer to telephone sets installed in the dwelling units of residents, include 3 types of payment for the service: private payment, public payment and free service.

Private-paid telephone subscribers refer to subscribers of households who pay for the installation and service of telephones.

十六　国内贸易

DOMESTIC TRADE

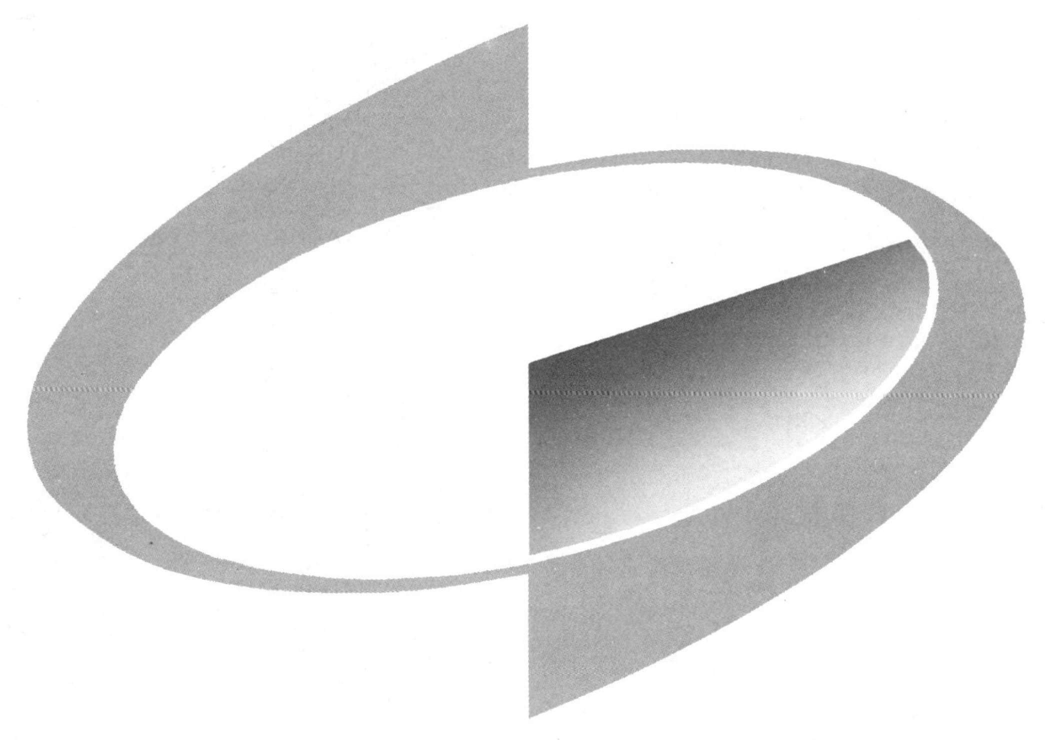

资料整理：王亦兵　柏　丽

Arranged by Wang Yibing, Bai Li

16-1 社会消费品零售总额(按销售单位所在地和行业分)

Total Retail Sale of Consumer Goods by Location of Retailers and by Sector

单位：万元 (10 000 yuan)

年 份 Year	社会消费品零售总额 Total Retail Sales of Consumer Goods	市 City	县 County	县以下 Under County Level
1978	368336	109765	173880	84691
1979	396306	115097	212109	69100
1980	443085	134370	234472	74243
1981	473558	154209	220104	102245
1982	521169	168509	184330	168330
1983	576479	213026	190936	172517
1984	682854	272508	219274	191072
1985	756373	379587	204430	172356
1986	848809	435847	226870	186092
1987	963006	493222	257461	212323
1988	1188967	615424	319333	254210
1989	1256875	674326	333493	249056
1990	1305760	718633	338223	248904
1991	1455207	847989	378809	228409
1992	1686851	978585	421058	287208
1993	2222885	1274436	520515	427934
1994	2656752	1556018	612519	488215
1995	3133114	1787351	764355	581408
1996	3644208	2046368	935855	661985
1997	4171634	2494448	987127	690059
1998	4699727	2834462	1093481	771784
1999	5326021	3274132	1212618	839271
2000	6085451	3782591	1382488	920372
2001	6959858	4408005	1549876	1001977
2002	8253061	5255468	1805237	1192356
2003	9561995	6208135	2036284	1317576
2004	11607118	7720880	2398047	1488191
2005	13441043	8992846	2785634	1662563
2006	15952651	10805915	3262828	1883908
2007	19041084	13025336	3796142	2219606

16-1 续表 continued

单位：万元 (10 000 yuan)

年份 Year	批发零售贸易业 Wholesale and Retail Sale Trade	餐饮业 Catering Trade	制造业 Manufacturing	农业生产者 Agriculture	其他行业 Others
1978	324557	9176	18424	4500	11679
1979	349203	9873	19823	4806	12601
1980	377210	12425	26812	11745	14893
1981	395242	13436	32747	12613	19520
1982	429129	15383	40642	16000	20015
1983	468060	17180	49112	18419	23708
1984	540456	21996	64587	28201	27614
1985	639621	26309	83076	43560	34446
1986	717482	31180	83815	51319	42686
1987	822095	37134	84602	60161	50035
1988	1022036	45026	110832	72734	54327
1989	1097906	44454	121209	81943	40349
1990	1154732	46081	126464	93257	41615
1991	1277458	54716	138160	111773	49581
1992	1424440	61275	166494	138677	74718
1993	1812421	274859			135605
1994	2182469	326337			147946
1995	2558304	396339			178471
1996	2972167	472720			199321
1997	3400261	563531			207842
1998	3807265	658848			233614
1999	4284513	786023			255485
2000	4875210	941049			269192
2001	5569681	1102355			287822
2002	6609147	1348192			295722
2003	7640622	1601569			319804
2004	9207247	2026590			373281
2005	10674223	2341242			425578
2006	12637995	2843016			471640
2007	15035816	3574986			430282

16-2 限额以上批发和零售业、住宿和餐饮业基本情况 (2007年，按登记注册类型分)

Basic Conditions of Enterprises above Designated Size of Wholesale and Retail Sale, Hotels and Catering Trades by Registration(2007)

指 标	Item	法人企业(个) Number of Corporation Unit(unit)	产业活动单位数(个) Number of Active Unit (unit)	从业人数(人) Persons Engaged (person)
总 计	**Total**	**1171**	**2359**	**143514**
一、批发业合计	**Wholesale Trade**	**278**	**706**	**33123**
内资企业	**Domestic Funded Enterprises**	**276**	**704**	**33040**
国有企业	State-owned Enterprises	70	239	13175
集体企业	Collective-owned Enterprises	5	21	367
股份合作企业	Cooperative Enterprises	2	8	252
联营企业	Joint Ownership Enterprises			
国有联营公司	State Joint Ownership Enterprises			
集体联营企业	Collective Joint Ownership Enterprises			
国有与集体联营企业	Joint State collective Enterprises			
其他联营企业	Other Joint Ownership Enterprises			
有限责任公司	Limited Liability Corporations	93	158	7350
国有独资企业	State funded Corporations	3	8	208
其他有限责任公司	Other Limited Liability Corporations	90	150	7142
股份有限公司	Share-holding Corporations Ltd.	16	157	6436
私营企业	Private Enterprises	89	120	5431
私营独资企业	Private-funded Enterprises	2	2	84
私营合伙企业	Private Partnership Enterprises	1	1	7
私营有限责任公司	Private Limited Liability Corporations	80	111	4502
私营股份有限公司	Private Share-holding Corporations Ltd.	6	6	838
其他企业	Other Enterprises	1	1	29
港、澳、台商投资企业	**Enterprises with Investment from Hong Kong, Macao & Taiwan**			
港澳台资合资经营	Joint-venture Enterprises (HK,Macao & Taiwan)			
港澳台资合作经营	Cooperative Enterprises (HK,Macao & Taiwan)			
港澳台商独资企业	Sole Investment from HK, Macao & Taiwan			
港澳台商投资股份有限公司	Share-holding Co.,Ltd.from HK, Macao & Taiwan			
外商投资企业	**Enterprises With Foreign Investment**	**2**	**2**	**83**
中外合资经营	Joint venture Enterprises	2	2	83
中外合作经营	Cooperation Enterprises			
外资企业	Enterprises with Sole Foreign Investment			
外商投资股份有限公司	Share-holding Co., Ltd.with Foreign Investment			
二、零售业合计	**Retail Trade**	**396**	**1060**	**49671**
内资企业	**Domestic Funded Enterprises**	**392**	**1053**	**49400**
国有企业	State-owned Enterprises	39	460	7911
集体企业	Collective-owned Enterprises	7	15	562
股份合作企业	Cooperative Enterprises	6	6	227
联营企业	Joint Ownership Enterprises			
国有联营公司	State Joint Ownership Enterprises			
集体联营企业	Collective Joint Ownership Enterprises			
国有与集体联营企业	Joint-State-collective Enterprises			
其他联营企业	Other Joint Ownership Enterprises			
有限责任公司	Limited Liability Corporations	123	259	15744
国有独资企业	State funded Corporations			
其他有限责任公司	Other Limited Liability Corporations	123	259	15744
股份有限公司	Share-holding Corporations Ltd.	36	80	7392

16-2 续表 1 continued

指标	Item	法人企业(个) Number of Corporation Unit (unit)	产业活动单位(个) Number of Active Unit (unit)	从业人数(人) Persons Engaged (person)
私营企业	Private Enterprises	178	230	17236
私营独资企业	Private funded Enterprises	18	19	907
私营合伙企业	Private Partnership Enterprises	6	7	469
私营有限责任公司	Private Limited Liability Corporations	139	188	14410
私营股份有限公司	Private Share holding Corporations Ltd.	15	16	1450
其他企业	Other Enterprises	3	3	328
港、澳、台商投资企业	**Enterprises with Investment from Hong Kong, Macao & Taiwan**	**2**	**2**	**80**
港澳台资合资经营	Joint-venture Enterprises (HK,Macao & Taiwan)	2	2	80
港澳台资合作经营	Cooperative Enterprises (HK,Macao & Taiwan)			
港澳台商独资企业	Sole Investment from HK, Macao & Taiwan			
港澳台商投资股份有限公司	Share-holding Co.,Ltd.from HK, Macao & Ttaiwan			
外商投资企业	**Enterprises With Foreign Investment**	**2**	**5**	**191**
中外合资经营企业	Joint venture Enterprises		1	83
中外合作经营企业	Cooperation Enterprises		2	39
外资企业	Enterprises with Sole Foreign Investment	1	1	17
外商投资股份有限公司	Share-holding Co., Ltd.with Foreign Investment	1	1	52
三、住宿业合计	**Hotels**	**206**	**231**	**27382**
内资企业	**Domestic Funded Enterprises**	**199**	**224**	**25612**
国有企业	State owned Enterprises	60	69	9964
集体企业	Collective owned Enterprises	10	10	819
股份合作企业	Cooperative Enterprises	7	8	626
联营企业	Joint Ownership Enterprises	1	2	101
国有联营公司	State Joint Ownership Enterprises		1	40
集体联营企业	Collective Joint Ownership Enterprises			
国有与集体联营企业	Joint State collective Enterprises			
其他联营企业	Other Joint Ownership Enterprises	1	1	61
有限责任公司	Limited Liability Corporations	42	46	6432
国有独资企业	State funded Corporations	1	2	395
其他有限责任公司	Other Limited Liability Corporations	41	44	6037
股份有限公司	Share holding Corporations Ltd.	9	12	1088
私营企业	Private Enterprises	65	72	6035
私营独资企业	Private funded Enterprises	18	18	1014
私营合伙企业	Private Partnership Enterprises	3	3	273
私营有限责任公司	Private Limited Liability Corporations	39	43	4053
私营股份有限公司	Private Share holding Corporations Ltd.	5	8	695
其他企业	Other Enterprises	5	5	547
港、澳、台商投资企业	**Enterprises with Investment from Hong Kong, Macao Taiwan**	**3**	**3**	**943**
港澳台资合资经营	Joint-venture Enterprises (HK,Macao & Taiwan)	3	3	943
港澳台资合作经营	Cooperative Enterprises (HK,Macao & Taiwan)			
港澳台商独资企业	Sole Investment from HK, Macao & Taiwan			
港澳台商投资股份有限公司	Share-holding Co.,Ltd.from HK, Macao & Ttaiwan			
外商投资企业	**Enterprises With Foreign Investment**	**4**	**4**	**827**
中外合资经营企业	Joint venture Enterprises	2	2	133
中外合作经营企业	Cooperation Enterprises			
外资企业	Enterprises with Sole Foreign Investment	2	2	694
外商投资股份有限公司	Share-holding Co., Ltd.with Foreign Investment			

16-2 续表 2 continued

指标	Item	法人企业(个) Number of Corporation Unit (unit)	产业活动单位(个) Number of Active Unit (unit)	从业人数(人) Persons Engaged (person)
四、餐饮业合计	**Catering Trade**	**291**	**362**	**33338**
内资企业	**Domestic Funded Enterprises**	**287**	**335**	**31785**
国有企业	State owned Enterprises	16	17	2023
集体企业	Collective owned Enterprises	3	3	132
股份合作企业	Cooperative Enterprises	4	5	470
联营企业	Joint Ownership Enterprises			
国有联营公司	State Joint Ownership Enterprises			
集体联营企业	Collective Joint Ownership Enterprises			
国有与集体联营企业	Joint State collective Enterprises			
其他联营企业	Other Joint Ownership Enterprises			
有限责任公司	Limited Liability Corporations	65	76	7644
国有独资企业	State funded Corporations		1	161
其他有限责任公司	Other Limited Liability Corporations	65	75	7483
股份有限公司	Share holding Corporations Ltd.	15	24	1507
私营企业	Private Enterprises	160	181	18368
私营独资企业	Private funded Enterprises	41	50	3377
私营合伙企业	Private Partnership Enterprises	9	10	583
私营有限责任公司	Private Limited Liability Corporations	95	104	13064
私营股份有限公司	Private Share holding Corporations Ltd.	15	17	1344
其他企业	Other Enterprises	24	29	1641
港、澳、台商投资企业	**Enterprises with Investment from Hong Kong, Macao Taiwan**	**2**	**2**	**125**
港澳台资合资经营	Joint-venture Enterprises (HK,Macao & Taiwan)	1	1	45
港澳台资合作经营	Cooperative Enterprises (HK,Macao & Taiwan)			
港澳台商独资企业	Sole Investment from HK, Macao & Taiwan	1	1	80
港澳台商投资股份有限公司	Share-holding Co.,Ltd.from HK, Macao & Ttaiwan			
外商投资企业	**Enterprises With Foreign Investment**	**2**	**25**	**1428**
中外合资经营企业	Joint venture Enterprises			
中外合作经营企业	Cooperation Enterprises		2	107
外资企业	Enterprises with Sole Foreign Investment	1	16	950
外商投资股份有限公司	Share-holding Co., Ltd.with Foreign Investment	1	7	371

16-3 限额以上批发、零售贸易业商品销售总额 (2007年,按行业分)

Total Sales of Enterprise above Designated Size in Wholesale & Retail Trade by Sector(2007)

单位：万元 (10 000 yuan)

指 标	Item	销售总额 Total Sales	批 发 Whole sale	零售 Retail
总 计	**Total**	**12933110**	**8414665**	**4518446**
批发业合计	**Wholesale Trade**	**9074520**	**7904639**	**1169881**
农畜产品	Workstock Products	409749	375138	34610
# 谷物、豆及薯类	Cereal,Beans & Tubers			
食品、饮料及烟草制品	Food, Beverages & Tobaccos	1824347	1701258	123090
# 米、面制品及食用油	Grains & Edible Oil	130468	126353	4115
果品、蔬菜	Fruits & Vegetables			
肉、禽、蛋及水产品	Meat,Poultry,Eggs & Aquatic			
纺织、服装及日用品	Textile, Garment & Household	13982	10909	3074
# 纺织品、针织品及原料	Textile,Kintwear			
服装	Garment			
文化、体育用品及器材	Cultural,Sports & Equipment	30194	25974	4221
医药及医疗器材	Medicines & Medical Appliances	128173	123214	4959
矿产品、建材及化工产品	Minerals,Building & Chemicals	5984948	5095900	889048
# 石油及制品	Petroleum & Related Products	1566421	703531	862890
煤炭及制品	Coal & Related Products	3274870	3254156	20713
化肥	Chemical Materials	216051	216051	
机械设备、五金交电及电子产品	Machinery,Hardware,Electrics	331136	303770	27367
# 汽车、摩托车及零配件	Automobile,Motorcycles & Parts	150109	136528	13581
贸易经纪与代理	Trading Brokerage & Agency	18345	18345	
其他	Others	333646	250132	83514
零售业合计	**Retail Trade**	**3858590**	**510026**	**3348564**
综合零售	Comprehensive Retail	719816	44546	675271
# 百货	Consumer Goods	517005	13709	503296
食品、饮料及烟草制品专门零售	Food, Drink & Tobaccos	38238	11926	26311
# 粮油	Grains & Edible Oil			
纺织、服装及日用品专门零售	Textile , Garment & Household	66296		66296
# 纺织品及针织品	Textile & Kintwear Products			
服装	Garments	31625		31625
鞋帽	Shoes & Hats			
文化、体育用品及器材专门零售	Cultural,Sports Goods	29291	929	28362
# 文具用品	Cultural Goods			
体育用品	Sports Goods			
图书	Books	27793	929	26864
报刊	Newspapers & Magazines			
医药及医疗器材专门零售	Medicines & Medical Appliances	48525	21581	26944
汽车、摩托车、燃料及零配件专门零售	Auto,Motorbikes,Fuel & Accessory	2531217	376724	2154493
家用电器及电子产品专门零售	Electronic Products	286518	34821	251697
# 计算机、软件及辅助设备	Computers, Software	37784	16515	21268
五金、家具及室内装修材料专门零售	Hardware,Furniture & Home Decoration Material	117329	13050	104279
无店铺及其他零售	Non-Shop Retail & Other Retails	21361	6449	14912

16-4 限额以上批发零售贸易业商品分类销售额

Total Sales of Enterprises above Designated Size in Wholesale and Retail Sale by Category of Main Commodities

单位：万元 (10 000 yuan)

项 目	Item	合计 Total		批发 Wholesale		零售 Retail Sale	
		2006	2007	2006	2007	2006	2007
食品类	Food	1942008	2373872	1738962	2140147	158605	233725
#肉禽蛋类	Meat, Poultry and Eggs	35711	43557	9963	12626	21605	30931
饮料类	Beverages	33952	53204	21793	32400	10621	20804
烟酒类	Tobacco and Liquor	1096542	1210766	1062324	1180844	34700	29922
服装、鞋帽类	Garments, Footwear and Hats	272425	392498	7438	10523	210322	381975
针、纺织品类	Knitwear and Textiles	45518	49990	7426	7974	34182	42016
化妆品类	Cosmetics	22315	26251	138	146	21767	26105
金银珠宝类	Gold, Silver and Jewelry	21486	31589		240	16260	31349
日用品类	Articles for Daily Use	86758	116922	9788	7584	72687	109338
#洗涤用品类	Washing Articles	20843	25219	5422	5289	13434	19930
五金、电料类	Hardware and Electrical Materials	9917	17448	2308	1770	7035	15678
体育、娱乐用品类	Sports and Recreation Articles	7169	9829		964	5010	8865
书报杂志类	Newspapers and Magazines	48190	55584	19315	27810	25506	27774
电子出版物及音像制品类	E journal and Video Products	6797	7059			5396	7059
家用电器和音像器材类	Household Appliances and Video Appliances	267829	332808	72309	34961	150482	297847
中西药品类	Traditional Chinese and Western Medicines	132271	153065	101076	108952	24818	44113
文化、办公用品类	Cultural and Official Goods	52039	81134	25139	19589	22998	61545
家具类	Furniture	9587	18405	21		5834	18405
通讯器材类	Communication Appliances	39153	38467	8436	10097	26705	28370
煤炭及制品类	Coal and Related Product	2683669	3357606	2675249	3344418	5117	13188
木材及制品类	Wood and Wooden Product	128848	224294	121679	209545	7503	14749
石油及制品类	Petroleum and Related Product	2428957	3064129	919932	1804415	1093933	1259714
化工材料类	Raw Chemical Materials	449230	387096	448867	386428		668
黑色金属材料类	Ferrous Metals Materials						
有色金属材料类	Nonferrous Metals						
建筑及装潢材料类	Building and Decoration Materials	73442	80751	31972	54471	21376	26280
机电产品设备类	Mechanical and Electrical Products	106790	181835	93339	156076	9529	25759
#农机类	Agricultural Machinery	33095	28623	31892	28601		22
种子饲料类	Seed and Feedstuff	16289	13216	16289	13216		
棉麻、土畜类	Cotton, Hemp and Local livestock	222		220		2	

16-5 星级住宿业经营情况（2007年）

Business of Star-ranking Hotels （2007）

单位：万元 (10 000 yuan)

指标	Item	营业额 Business Revenue	#客房收入 Revenue from Hotel Rooms	#餐费收入 Revenue from Meals	#商品销售收入 Revenue from Commodities
总　计	**Total**	**198324**	**90208**	**97736**	**3654**
按国民经济行业分组	**Grouped by Sector**				
旅游饭店	Tourist Hotel	159002	71468	79357	2495
一般旅馆	General Hotel	35684	17307	16260	1090
其他住宿服务	Others	3638	1434	2119	69
按地区分	**By Region**				
呼和浩特市	Hohhot City	79811	36111	40022	390
包　头　市	Baotou City	29368	13560	13506	1085
呼伦贝尔市	Hulunbeier City	19031	8968	8801	486
兴　安　盟	Xingan League	4035	2695	1334	
通　辽　市	Tongliao City	11674	5965	4918	463
赤　峰　市	Chifeng City	14135	6882	6728	286
锡林郭勒盟	Xilinguole League	15605	7703	7378	8
乌兰察布市	Wulanchabu City	6554	2732	3172	411
鄂尔多斯市	Erdos City	16122	4654	10895	515
巴彦淖尔市	Bayannaoer City	1423	698	668	11
乌　海　市	Wuhai City				
阿拉善盟	Alashan League	567	240	314	

16-6 餐饮业销售情况(2007年)

Catering Trade(2007)

单位：万元 (10 000 yuan)

指标	Item	营业收入 Business Revenue	# 商品零售额 Retail Sales of Commodities
总 计	**Total**	**3520456**	**3481577**
按限额标准分	**By Size of Enterprises**		
限额以上企业	Above Designated Size	237049	198170
正餐服务	Dinner Services	223199	184320
快餐服务	Fast Food Services	13850	13850
饮料及冷饮服务	Cold/Ice drink,Icecream/Ice Lolly Services		
其他餐饮服务	Others		
限额以下企业	Below Designated Size	3283407	3283407
按地区分	**By Region**		
呼和浩特市	Hohhot City	990707	976813
包 头 市	Baotou City	863835	858228
呼伦贝尔市	Hulunbeier City	295561	291339
兴 安 盟	Xingan League	88078	87859
通 辽 市	Tongliao City	169487	169487
赤 峰 市	Chifeng City	234391	233752
锡林郭勒盟	Xilinguole League	117655	117384
乌兰察布市	Wulanchabu City	167815	166954
鄂尔多斯市	Erdos City	366452	358358
巴彦淖尔市	Bayannaoer City	114511	114510
乌 海 市	Wuhai City	72407	68858
阿 拉 善 盟	Alashan League	39558	38035

16-7 限额以上批发零售贸易企业资产及负债(2007年,按登记注册类型分)

Assets and Liability of Enterprises above Designated Size in Whole sale and Retail Sale by Registration(2007)

单位：万元 (10 000 yuan)

指 标	Item	资产合计 Total Assets	# 流动资产 Circulating Funds	# 固定资产 Fixed Asset	负债合计 Total Liabilities
总 计	**Total**	**5388586**	**3651009**	**733654**	**3584937**
一、批发业合计	**Wholesale Trade**	**3659578**	**2565896**	**334089**	**2365856**
内资企业	**Domestic-Funded Enterprises**	**3657763**	**2564143**	**334051**	**2363873**
国有企业	State-owned	1533236	1079851	176473	806985
集体企业	Collective owned	30895	18191	899	17967
股份合作企业	Cooperative	34270	20147	3246	27897
联营企业	Joint Ownership				
国有联营公司	State Joint Ownership				
集体联营企业	Collective Joint Ownership				
国有与集体联营企业	Joint State collective				
其他联营企业	Other Joint Ownership				
有限责任公司	Limited Liability Co.	1311674	1000974	61695	1013368
国有独资企业	State funded	190843	186756	2242	185195
其他有限责任公司	Other Limited Liability Co.	1120831	814218	59453	828173
股份有限公司	Share holding Co. Ltd.	409925	197705	57666	263802
私营企业	Private Enterprises	337287	246805	34066	233250
私营独资企业	Private funded	11034	8453	581	7766
私营合伙企业	Private Partnership	3010	3010		2590
私营有限责任公司	Private Limited Liability Co.	305884	225211	30138	212810
私营股份有限公司	Private Share holding Co. Ltd.	17359	10131	3348	10083
其他企业	Other Enterprises	476	470	6	604
港、澳、台商投资企业	**Enterprises with Investment from Hong Kong, Macao & Taiwan**				
港澳台资合资经营	Joint-venture				
港澳台资合作经营	Cooperative				
港澳台商独资企业	Sole Investment				
港澳台商投资股份有限公司	Share-holding Co.Ltd.				
外商投资企业	**Enterprises With Foreign Investment**	**1815**	**1753**	**38**	**1983**
中外合资经营企业	Joint venture	1815	1753	38	1983
中外合作经营企业	Cooperation				
外资企业	Enterprises with Sole				
外商投资股份有限公司	Share-holding Co. Ltd.				

16-7 续表 continued

单位：万元 (10 000 yuan)

指标	Item	资产合计 Total Assets	# 流动资产 Circula-ting Funds	# 固定资产 Fixed Asset	负债合计 Total Liabi-lities
二、零售业合计	**Retail Trade**	**1729008**	**1085113**	**399565**	**1219081**
内资企业	**Domestic Funded Enterprises**	**1707862**	**1069190**	**396176**	**1200722**
国有企业	State owned	238006	71727	92801	185921
集体企业	Collective owned	13549	12570	785	12219
股份合作企业	Cooperative	10219	7848	1909	8537
联营企业	Joint Ownership				
国有联营公司	State Joint Ownership				
集体联营企业	Collective Joint Ownership				
国有与集体联营企业	Joint State collective				
其他联营企业	Other Joint Ownership				
有限责任公司	Limited Liability Co.	440758	302130	93417	302217
国有独资企业	State funded				
其他有限责任公司	Other Limited Liability Co.	440758	302130	93417	302217
股份有限公司	Share holding Co. Ltd.	275783	178235	61625	184773
私营企业	Private Enterprises	727244	495383	144719	505504
私营独资企业	Private funded	20176	16885	2164	18012
私营合伙企业	Private Partnership	11563	1958	8294	9817
私营有限责任公司	Private Limited Liability Co.	664226	452366	128603	455873
私营股份有限公司	Private Share holding Co. Ltd.	31279	24175	5657	21802
其他企业	Other Enterprises	2304	1297	921	1551
港、澳、台商投资企业	**Enterprises with Investment from Hong Kong, Macao & Taiwan**	**11328**	**9517**	**679**	**11158**
港澳台资合资经营	Joint-venture	11328	9517	679	11158
港澳台资合作经营	Cooperative				
港澳台商独资企业	Sole Investment				
港澳台商投资股份有限公司	Share-holding Co.Ltd.				
外商投资企业	**Enterprises With Foreign Investment**	**9817**	**6406**	**2710**	**7201**
中外合资经营企业	Joint venture				
中外合作经营企业	Cooperation				
外资企业	Enterprises with Sole	1759	1748	12	986
外商投资股份有限公司	Share-holding Co. Ltd.	8058	4658	2699	6215

16-8 限额以上批发、零售贸易企业资产及负债(2007年,按行业分)

Assets and Liability of Enterprises above Designated Size in Wholesale and Retail by Sector(2007)

单位：万元　　(10 000 yuan)

指标	Item	资产合计 Total Assets	#流动资产 Circula-ting Funds	#固定资产 Fixed Asset	负债合计 Total Liabi-lities
总计	**Total**	**5388586**	**3651009**	**733654**	**3584937**
批发业合计	**Wholesale Trade**	**3659578**	**2565896**	**334089**	**2365856**
农畜产品	Workstock Products	358701	265527	45358	287536
#谷物、豆及薯类	Cereal,Beans & Tubers				
食品、饮料及烟草制品	Food, drink & Tobaccos	569018	407414.2	99300	245241
#米、面制品及食用油	Grains & Edible Oil	145417	123045	14111	125244
果品、蔬菜	Fruits & Vegetables				
肉、禽、蛋及水产品	Meat,Poultry,Eggs & Aqui- Products				
纺织、服装及日用品	Textile,Garment & Household Goods	5512	4740	642	4627
#纺织品、针织品及原料	Textile,Kintwear & Material				
服装	Garment				
文化、体育用品及器材	Cultural,Sports Goods & Equipment	42806	20353	17027	14850
医药及医疗器材	Medicines & Medical Appliances	60086	52652	3371	40412
矿产品、建材及化工产品	Minerals,Building Materials & Chemicals	1931430	1351669	145030	1259881
#石油及制品	Petroleum & Related Products	338886	87595	91172	189369
煤炭及制品	Coal & Related Products	552155	464461	38928	449691
化肥	Chemical Materials	177538	157076	7892	155409
机械设备、五金交电及电子产品	Machinery, Equipment, Hardware, Electrical Products	218475	187461	17849	188741
#汽车、摩托车及零配件	Motor Vehicles,Motorcycles & Parts	153808	139325	12257	132624
贸易经纪与代理	Trading Brokerage & Agency	21330	13365	2729	11002
其他	Others	452220	262714	2782	313565
零售业合计	**Retail Trade**	**1729008**	**1085113**	**399565**	**1219081**
综合零售	Comprehensive Retail	423606	220720	152503	330586
#百货零售	Consumer Goods	307810	144841	131352	251824
食品、饮料及烟草制品	Food, Beverages & Tobaccos Products	45517	27167	12699	33648
#粮油	Grains & Edible Oil				
纺织、服装及日用品	Textile , Garment & Household Goods	48472	24134	18243	32361
#纺织品及针织品	Textile & Kintwear Products				
服装	Garments	23415	11815	16653.8	16654
鞋帽	Shoes & Hats				
文化、体育用品及器材	Cultural,Sports Goods	35648	14159	14575	35436
#文具用品	Cultural Goods				
体育用品	Sports Goods				
图书	Books	34417	13101	14426	35243
报刊	Newspapers & Magazines				
医药及医疗器材	Medicines & Medical Appliances	27183	20954	3326	21358
汽车、摩托车、燃料及零配件	Auto,Motorbikes, Fuel & Spare & Accessory & Parts	917695	596351	159834	651599
家用电器及电子产品	Household Appliances & Electronic Products	110482	96996	9486	89901
#计算机、软件及辅助设备	Computers, Software & Appliances	14894	12279	2500	10402
五金、家具及室内装修材料	Hardware,Furniture and Interior Decoration Material	110853	79192	26264	18288
无店铺及其他	Non-Shop Retail & Other Retails	9552	5439	2635	5906

16-9 限额以上餐饮企业资产及负债(2007年,按登记注册类型和行业分)

Assets and Liability of Enterprises above Designated Size in Catering Trades by Registration and by Sector(2007)

单位：万元 (10 000 yuan)

指标	Item	资产合计 Total Assets	#流动资产 Circulating Funds	#固定资产 Fixed Asset	负债合计 Total Liabi-lities
总 计	**Total**	**348537**	**106376**	**175846**	**209807**
按登记注册类型分	**By Status of Registration**				
内资企业	**Domestic Funded Enterprises**	**297361**	**102573**	**135326**	**174135**
国有企业	State owned	36660	10900	24227	18655
集体企业	Collective owned	1258	301	882	433
股份合作企业	Cooperative	1460	1018	257	1013
联营企业	Joint Ownership				
国有联营公司	State Joint Ownership				
集体联营企业	Collective Joint Ownership				
国有与集体联营企业	Joint State collective				
其他联营企业	Other Joint Ownership				
有限责任公司	Limited Liability Co.	82543	27481	45571	53005
国有独资企业	State funded Co.				
其他有限责任公司	Other Limited Liability Co.	82543	27481	45571	53005
股份有限公司	Share holding Co. Ltd.	23653	11675	2616	15251
私营企业	Private Enterprises	145003	48617	58369	81786
私营独资企业	Private funded	19163	6811	10901	9779
私营合伙企业	Private Partnership	2363	826	1054	517
私营有限责任公司	Private Limited Liability Co.	87765	32963	42502	49200
私营股份有限公司	Private Share holding Co. Ltd.	35713	8019	3912	22290
其他企业	Other .	6785	2581	3403	3992
港、澳、台商投资企业	**Enterprises with Investment from HK , Macao & Taiwan**	**942**	**814**	**128**	**340**
港澳台资合资经营	Joint-venture Enterprises (HK,Macao & Taiwan)	641	562	79	188
港澳台资合作经营	Cooperative Enterprises (HK,Macao & Taiwan)				
港澳台商独资企业	Sole Investment from HK, Macao & Taiwan	301	252	49	152
港澳台商投资股份有限公司	Share-holding Co.,Ltd.from HK, Macao & Ttaiwan				
外商投资企业	**Enterprises With Foreign Investment**	**50234**	**2989**	**40392**	**35332**
中外合资经营企业	Joint venture				
中外合作经营企业	Cooperation				
外资企业	Enterprises with Sole Foreign Investment	49850	2666	40364	35270
外商投资股份有限公司	Share-holding Co.Ltd. with Foreign Investment	384	323	29	62
按服务业分	**By Business Categories**				
正餐服务	Dinner Services	348469	106342	175812	209793
快餐服务	Fast Food Services	68	34	34	15
饮料及冷饮服务	Cold drink Services				

16-10 限额以上批发零售贸易企业主要财务指标 (2007年,按登记注册类型分)

Main Financial Indicators of Enterprises above Designated Size in Wholesale and Retail Sale by Registration(2007)

单位：万元 (10 000 yuan)

指标	Item	商品销售收入 Sales Revenue	商品销售成本 Cost of Sales	经营费用 Manag-ement Cost	商品销售税金及附加 Sales Tax & Extra Changes	商品销售利润 Total Profits
批发零售贸易业总计	**Total**	**12489113**	**10661954**	**447999**	**39933**	**1439072**
一、批发业合计	**Wholesale Trades**	**8698588**	**7336636**	**291338**	**30332**	**1102451**
内资企业	**Domestic Funded Enterprises**	**8688208**	**7327015**	**291137**	**30331**	**1101824**
国有企业	State owned	2431246	1989776	82055	10620	350627
集体企业	Collective owned	29150	20486	609	101	1269
股份合作企业	Cooperative	59498	47740	1563	174	11584
联营企业	Joint Ownership					
国有联营公司	State Joint Ownership					
集体联营企业	Collective Joint Ownership					
国有与集体联营企业	Joint State collective					
其他联营企业	Other Joint Ownership					
有限责任公司	Limited Liability Co.	4325276	3705297	116525	16345	563131
国有独资企业	State funded Co.	1859406	1471901	3579	9438	378025
其他有限责任公司	Other Limited Liability Co.	2465870	2233396	112945	6907	185105
股份有限公司	Share holding Corporations Ltd.	944922	833241	55368	963	105681
私营企业	Private	894684	727233	34739	2126	69345
私营独资企业	Private funded	22290	17363	676	55	4872
私营合伙企业	Private Partnership	13644	12923	683		721
私营有限责任公司	Private Limited Liability Co.	775140	629769	30918	1668	51730
私营股份有限公司	Private Share holding Co. Ltd.	83610	67177	2462	403	12022
其他企业	Other Enterprises	3433	3242	278	3	187
港、澳、台商企业	**Enterprises from HK, Macao & Taiwan**					
港澳台资合资经营	Joint-venture Enterprises (HK,Macao & Taiwan)					
港澳台资合作经营	Cooperative Enterprises (HK,Macao & Taiwan)					
港澳台商独资企业	Sole Investment from HK, Macao & Taiwan					
港澳台商投资股份有限公司	Share-holding Co.,Ltd.from HK, Macao & Ttaiwan					
外商企业	**Enterprises Foreign Investment**	**10380**	**9622**	**202**	**1**	**627**
中外合资经营企业	Joint venture	10380	9622	202	1	627
中外合作经营企业	Cooperation					
外资企业	Sole Foreign Investment					
外商投资股份有限公司	Share-holding Co. Ltd.with Foreign Investment					

16-10 续表 continued

单位：万元 (10 000 yuan)

指标	Item	商品销售收入 Sales Revenue	商品销售成本 Cost of Sales	经营费用 Manag-ement Cost	商品销售税金及附加 Sales Tax & Extra Changes	商品销售利润 Total Profits
二、零售企业合计	**Retail Sale Trades**	**3790525**	**3325317**	**156661**	**9601**	**336621**
内资企业	**Domestic Funded Enterprises**	**3770069**	**3313164**	**156355**	**9441**	**331154**
国有企业	State owned	1041120	934950	60068	1191	89726
集体企业	Collective owned	33402	30318	1406	203	1887
股份合作企业	Cooperative	32493	27853	1228	802	848
联营企业	Joint Ownership					
国有联营公司	State Joint Ownership					
集体联营企业	Collective Joint Ownership					
国有与集体联营企业	Joint State collective					
其他联营企业	Other Joint Ownership					
有限责任公司	Limited Liability Co.	882582	790587	31294	2228	62598
国有独资企业	State funded Co.					
其他有限责任公司	Other Limited Liability Co.	882582	790587	31294	2228	62598
股份有限公司	Share holding Corporations Ltd.	563582	483010	24008	1452	56399
私营企业	Private	1209812	1040459	37757	3216	119020
私营独资企业	Private funded	36917	33915	2372	173	2131
私营合伙企业	Private Partnership	65107	61365	802	41	3450
私营有限责任公司	Private Limited Liability Co.	1045052	896321	31518	2632	103492
私营股份有限公司	Private Share holding Co. Ltd.	62736	48858	3065	370	9947
其他企业	Other Enterprises	7079	5986	595	349	676
港、澳、台商投资企业	**Enterprises with Investment from Hong Kong, Macao & Taiwan**	**3485**	**2025**		**5**	**1455**
港澳台资合资经营	Joint-venture Enterprises (HK,Macao & Taiwan)	3485	2025		5	1455
港澳台资合作经营	Cooperative Enterprises (HK,Macao & Taiwan)					
港澳台商独资企业	Sole Investment from HK, Macao & Taiwan					
港澳台商投资股份有限公司	Share-holding Co.,Ltd.from HK, Macao & Ttaiwan					
外商投资企业	**Enterprises With Foreign Investment**	**16970**	**10128**	**306**	**154**	**4012**
中外合资经营企业	Joint venture					
中外合作经营企业	Cooperation					
外资企业	Sole Foreign Investment	10370	6948	256	34	712
外商投资股份有限公司	Share-holding Co. Ltd.with Foreign Investment	6600	3180	50	120	3300

16-11 限额以上批发、零售贸易企业主要财务指标(2007年,按行业分)

Main Financial Indicators of Enterprises above Designated Size in Wholesale and Retail Sale by Sector(2007)

单位：万元 (10 000 yuan)

指标	Item	商品销售收入 Sales Revenue	商品销售成本 Cost of Sales
总计	**Total**	**12489113**	**10661954**
批发业合计	**Wholesale Trade**	**8698588**	**7336636**
农畜产品批发	Workstock Products	395319	347222
# 谷物、豆及薯类批发	Cereal,Beans & Tubers		
食品、饮料及烟草制品批发	Food, Beverages & Tobaccos	1683217	1361131
# 米、面制品及食用油批发	Grains & Edible Oil	130448	109744
果品、蔬菜批发	Fruits & Vegetables		
肉、禽、蛋及水产品批发	Meat,Poultry,Eggs & Aquatic Products		
纺织、服装及日用品批发	Textile Products, Garment & Household Goods	14284	12447
# 纺织品、针织品及原料批发	Textile,Kintwear Products & Material		
服装批发	Garment		
文化、体育用品及器材批发	Cultural,Sports Goods & Equipment	30194	23755
医药及医疗器材批发	Medicines & Medical Appliances	126424	115606
矿产品、建材及化工产品批发	Minerals,Building Materials & Chemical Products	5758463	4868154
# 石油及制品批发	Petroleum & Related Products	1351773	1225329
煤炭及制品批发	Coal & Related Products	3204869	2615582
化肥批发	Chemical Materials	216051	185783
机械设备、五金交电及电子产品批发	Machinery, Equipment,Hardware,Communication, Electrical Appliances & Products	338696	307561
# 汽车、摩托车及零配件批发	Motor Vehicles,Motorcycles & Parts	158362	149061
贸易经纪与代理	Trading Brokerage & Agency	18345	15297
其他批发	Others	333646	285464
零售业合计	**Retail Trade**	**3790525**	**3325317**
综合零售	Comprehensive Retail	696542	606169
# 百货零售	Consumer Goods	510420	444357
食品、饮料及烟草制品专门零售	Special Retail of Food, Beverages & Tobaccos Products	32288	27910
# 粮油零售	Grains & Edible Oil		
纺织、服装及日用品专门零售	Special Retail of Textile Products, Garment & Household Goods	50375	31904
# 纺织品及针织品零售	Textile & Kintwear Products		
服装零售	Garments	30103	17578
鞋帽零售	Shoes & Hats		
文化、体育用品及器材专门零售	Special Retail of Cultural,Sports Goods and Equipment	27677	19378
# 文具用品零售	Cultural Goods		
体育用品零售	Sports Goods		
图书零售	Books	26179	18505
报刊零售	Newspapers & Magazines		
医药及医疗器材专门零售	Special Retail of Medicines & Medical Appliances	47646	37999
汽车、摩托车、燃料及零配件专门零售	Special Retail of Auto,Motorbikes, Fuel & Spare & Accessory & Parts	2531685	2264629
家用电器及电子产品专门零售	Special Retail of Household Appliances & Electronic Products	277808	245086
# 计算机、软件及辅助设备零售	Computers, Software & Office Appliances	37766	32772
五金、家具及室内装修材料专门零售	Special Retail of Hardware,Furniture and Interior Decoration Material	107352	78735
无店铺及其他零售	Non-Shop Retail & Other Retails	19153	13508

16-11 续表 continued

单位：万元 (10 000 yuan)

指标	Item	经营费用 Management Cost	商品销售税金及附加 Sales Tax & Extra Changes	商品销售利润 Total Profits
总 计	**Total**	**447999**	**39933**	**1439072**
批发业合计	**Wholesale Trade**	**291338**	**30332**	**1102451**
农畜产品批发	Workstock Products	26012	374	46440
# 谷物、豆及薯类批发	Cereal,Beans & Tubers			
食品、饮料及烟草制品批发	Food, Beverages & Tobaccos	41679	4934	290828
# 米、面制品及食用油批发	Grains & Edible Oil	3029	6	18158
果品、蔬菜批发	Fruits & Vegetables			
肉、禽、蛋及水产品批发	Meat,Poultry,Eggs & Aquatic Products			
纺织、服装及日用品批发	Textile, Garment & Household Goods	390	10	651
# 纺织品、针织品及原料批发	Textile,Kintwear Products & Material			
服装批发	Garment			
文化、体育用品及器材批发	Cultural,Sports Goods & Equipment	495	28	1839
医药及医疗器材批发	Medicines & Medical Appliances	4667	180	9061
矿产品、建材及化工产品批发	Minerals,Building Materials & Chemical Products	177641	23253	696827
# 石油及制品批发	Petroleum & Related Products	79136	2551	115477
煤炭及制品批发	Coal & Related Products	74099	16030	504495
化肥批发	Chemical Materials	7955	134	20268
机械设备、五金交电及电子产品批发	Machinery, Hardware,Electrical	12180	433	12936
# 汽车、摩托车及零配件批发	Motor Vehicles,Motorcycles & Parts	7094	63	3170
贸易经纪与代理	Trading Brokerage & Agency	671	68	2980
其他批发	Others	27604	1053	40888
零售业合计	**Retail Trade**	**156661**	**9601**	**336621**
综合零售	Comprehensive Retail	29659	3110	64295
# 百货零售	Consumer Goods	12539	2575	42018
食品、饮料及烟草制品专门零售	Special Retail of Food, Beverages & Tobaccos Products	1591	160	3421
# 粮油零售	Grains & Edible Oil			
纺织、服装及日用品专门零售	Special Retail of Textile Products, Garment & Household Goods	2989	660	15350
# 纺织品及针织品零售	Textile & Kintwear Products			
服装零售	Garments	2046	398	10147
鞋帽零售	Shoes & Hats			
文化、体育用品及器材专门零售	Special Retail of Cultural,Sports Goods and Equipment	1939	133	6031
# 文具用品零售	Cultural Goods			
体育用品零售	Sports Goods			
图书零售	Books	1835	60	5692
报刊零售	Newspapers & Magazines			
医药及医疗器材专门零售	Medicines & Medical Appliances	3942	97	5606
汽车、摩托车、燃料及零配件专门零售	Special Retail of Auto,Motorbikes, Fuel & Spare & Accessory & Parts	100900	4237	195793
家用电器及电子产品专门零售	Special Retail of Household Appliances & Electronic Products	11862	593	23188
# 计算机、软件及辅助设备零售	Computers, Software & Office Appliances	646	20	3858
五金、家具及室内装修材料专门零售	Special Retail of Hardware,Furniture and Interior Decoration Material	3085	537	20778
无店铺及其他零售	Non-Shop Retail & Other Retails	692	74	2159

16-12 限额以上星级住宿企业主要财务指标 (2007年,按登记注册类型和行业分)

Main Financial Indicators of Enterprises above Designated Size in Star-ranking Hotel by Registration and by Sector(2007)

单位：万元 (10 000 yuan)

指标	Item	商品销售收入 Sales Revenue	商品销售成本 Cost of Sales	经营费用 Manag-ement Cost	商品销售税金及附加 Sales Tax & Extra Changes	商品销售利润 Total Profits
总计	**Total**	**187368**	**68357**	**51516**	**9383**	**91994**
按登记注册类型分	**By Status of Registration**					
内资企业	**Domestic Funded Enterprises**	**170138**	**61362**	**46835**	**8741**	**82402**
国有企业	State owned	75037	24169	20263	3880	41080
集体企业	Collective owned	5698	1881	1532	209	2170
股份合作企业	Cooperative	2071	1111	434	101	687
联营企业	Joint Ownership	358	201	82	7	149
国有联营公司	State Joint Ownership					
集体联营企业	Collective Joint Ownership					
国有与集体联营企业	Joint State collective					
其他联营企业	Other Joint Ownership	358	201	82	7	149
有限责任公司	Limited Liability Co.	37554	13964	10743	2304	19836
国有独资企业	State funded Co.	1699	537	747	88	1074
其他有限责任公司	Other Limited Liability Co.	35855	13427	9996	2216	18762
股份有限公司	Share holding Co.Ltd.	4449	1669	2103	186	2024
私营企业	Private Enterprises	40017	16932	10719	1853	13450
私营独资企业	Private funded	6659	2220	994	219	2053
私营合伙企业	Private Partnership	2025	1528	517	66	431
私营有限责任公司	Private Limited Liability Co.	27635	11815	8127	1366	10225
私营股份有限公司	Private Share holding Co. Ltd.	3699	1369	1080	202	742
其他企业	Other	4954	1435	959	201	3007
港、澳、台商投资企业	**Enterprises with Investment from HK , Macao & Taiwan**	**13334**	**5032**	**3740**	**481**	**7821**
港澳台资合资经营	Joint-venture Enterprises (HK,Macao & Taiwan)	13334	5032	3740	481	7821
港澳台资合作经营	Cooperative Enterprises (HK,Macao & Taiwan)					
港澳台商独资企业	Sole Investment from HK, Macao & Taiwan					
港澳台商投资股份有限公司	Share-holding Co.,Ltd.from HK, Macao & Ttaiwan					
外商投资企业	**Enterprises With Foreign Investment**	**3896**	**1963**	**941**	**161**	**1772**
中外合资经营企业	Joint venture	2594	765	710	132	1697
中外合作经营企业	Cooperation					
外资企业	Sole Foreign Investment	1302	1198	231	29	75
外商投资股份有限公司	Share-holding Co. Ltd. with Foreign Investment					
按国民经济行业分	**By Sector**					
旅游饭店	Tourist Hotel	151452	53788	42630	7786	75178
一般旅馆	General Hotel	32284	13228	7104	1433	14689
其他住宿服务	Others	3632	1341	1781	165	2127

16-13 限额以上餐饮企业主要财务指标
(2007年,按登记注册类型和行业分)
Main Financial Indicators of Enterprises above Designated Size in Catering Trades by Registration and by Sector(2007)

单位：万元 (10 000 yuan)

指标	Item	商品销售收入 Sales Revenue	商品销售成本 Cost of Sales	经营费用 Manag-ement Cost	商品销售税金及附加 Sales Tax & Extra Changes	商品销售利润 Total Profits
总 计	**Total**	**206349**	**106025**	**55643**	**10216**	**74781**
按登记注册类型分	**By Status of Registration**					
内资企业	**Domestic Funded Enterprises**	**200376**	**102620**	**50434**	**9921**	**74082**
国有企业	State owned	15624	7195	7228	656	6630
集体企业	Collective owned	674	462	753	32	180
股份合作企业	Cooperative	3094	1812	743	119	490
联营企业	Joint Ownership					
国有联营公司	State Joint Ownership					
集体联营企业	Collective Joint Ownership					
国有与集体联营企业	Joint State collective					
其他联营企业	Other Joint Ownership					
有限责任公司	Limited Liability Co.	52082	24695	15323	3430	21226
国有独资企业	State funded Co.					
其他有限责任公司	Other Limited Liability Co.	52082	24695	15323	3430	21226
股份有限公司	Share holding Co.Ltd.	8575	4536	2063	378	2995
私营企业	Private Enterprises	109318	58140	22468	4814	38603
私营独资企业	Private funded	22201	11146	4698	1072	8656
私营合伙企业	Private Partnership	4416	2226	695	253	1836
私营有限责任公司	Private Limited Liability Co.	68493	36022	13775	3022	23222
私营股份有限公司	Private Share holding Co. Ltd.	14209	8745	3300	467	4890
其他企业	Other	11010	5780	1857	493	3958
港、澳、台商投资企业	**Enterprises with Investment from HK , Macao & Taiwan**	**1674**	**787**	**2980**	**80**	**763**
港澳台资合资经营	Joint-venture Enterprises (HK,Macao & Taiwan)	743	279	231	34	430
港澳台资合作经营	Cooperative Enterprises (HK,Macao & Taiwan)					
港澳台商独资企业	Sole Investment from HK, Macao & Taiwan	932	508	2749	47	333
港澳台商投资股份有限公司	Share-holding Co.,Ltd.from HK, Macao & Ttaiwan					
外商投资企业	**Enterprises With Foreign Investment**	**4299**	**2618**	**2229**	**214**	**-64**
中外合资经营企业	Joint venture					
中外合作经营企业	Cooperation					
外资企业	Sole Foreign Investment	1382	1204	1530	68	-1420
外商投资股份有限公司	Share-holding Co. Ltd. with Foreign Investment	2916	1414	699	146	1357
按国民经济行业分	**By Sector**					
正餐服务	Dinner Services	206191	105946	55606	10203	74714
快餐服务	Fast Food Services	159	79	37	12	67
饮料及冷饮服务	Cold drink Services					
其他餐饮服务	Others					

主要统计指标解释

社会消费品零售总额　指国民经济各行业直接售给城乡居民和社会集团的消费品总额。它是反映各行业通过多种商品流通渠道向居民和社会集团供应的生活消费品总量，是研究国内零售市场变动情况、反映经济景气程度的重要指标。

社会消费品零售总额包括：(1)售给城乡居民作为生活用的商品和修建房屋用的建筑材料；(2)售给社会集团的各种办公用品和公用消费品；(3)售给机关、团体、学校、部队、企业、事业单位的职工食堂和旅店(招待所)附设专门供本店旅客食用，不对外营业的食堂的各种食品、燃料；企业、单位和国营农场直接售给本单位职工和职工食堂的自己生产的产品；(4)售给部队干部、战士生活用的粮食、副食品、衣着品、日用品、燃料；(5)售给来华的外国人、华侨、港澳台同胞的消费品；(6)居民自费购买的中、西药品、中药材及医疗用品；(7)报社、出版社直接售给居民和社会集团的报纸、图书、杂志，集邮公司出售的新、旧纪念邮票、特种邮票、首日封、集邮册、集邮工具等；(8)旧货寄售商店自购、自销部分的商品；(9)煤气公司、液化石油气站售给居民和社会集团的煤气灶具和罐装液化石油气；(10)农民售给非农业居民和社会集团的商品。不包括售给国民经济各部门企业、事业单位(包括国有经济的农场)生产经营用的各种原材料、燃料、设备、工具等和售给批发零售贸易业、餐饮业作为转卖用的商品，旧货寄售商店受托寄售卖出的商品，服务业的营业收入，邮局出售邮票的收入，自来水、电力、煤气生产(供应)单位的产品供应收入，也不包括农民之间的商品销售。

批发零售贸易业商品购、销、存总额　指各种登记注册类型的批发、零售贸易业(不包括个体)企业(单位)以本企业(单位)为总体的商品购进、销售、库存总额。

商品购进总额　指从本企业(单位)以外的单位和个人购进(包括从境外直接进口)作为转卖或加工后转卖的商品总额。它反映批发零售贸易业从国内、国外市场上购进商品的总量。商品购进总额包括：(1)从工农业生产者购进的商品；(2)从出版社、报社的出版发行部门购进的图书、杂志和报纸；(3)从各种登记注册类型的批发零售贸易企业(单位)购进的商品；(4)从其他单位购进的商品，如从机关、团体、企业等单位购进的剩余物资，从餐饮业、服务业购进的商品，从海关、市场管理部门购进的缉私和没收的商品，从居民手中收购的废旧商品等；(5)从国(境)外直接进口的商品。不包括企业(单位)为自身经营用和未通过买卖行为而收入的商品以及销售退回、商品升溢等。

商品销售总额　指对本企业(单位)以外的单位和个人出售(包括对境外直接出口)的商品总额。它反映批发零售贸易业在国内市场上销售商品以及出口商品的总量。商品销售总额包括：(1)售给城乡居民和社会集团消费用的商品；(2)售给工业、农业、建筑业、运输邮电业、批发零售贸易业、餐饮业、服务业等作为生产、经营使用的商品；(3)售给批发零售贸易业作为转卖或加工后转卖的商品；(4)对国(境)外直接出口的商品。不包括出售本企业(单位)自用的废旧包装用品；未通过买卖行为付出的商品；经本单位介绍，由买卖双方直接结算，本单位只收取手续费的业务；购货退出的商品以及商品损耗和损失等。

批发零售贸易业库存　指报告期末各种登记注册类型的批发零售贸易企业(单位)已取得所有权的商品。它反映批发零售贸易企业(单位)的商品库存情况和对市场商品供应的保证程度。期末库存包括：(1)存放在批发零售贸易业经营单位(如门市部、批发站、经营处)仓库、货场、货柜和货架中的商品；(2)挑选、整理、包装中的商品；(3)已记入购进而尚未运到本单位的商品，即发货单或银行承兑凭证已到而货未到的部分，(4)寄放他处的商品，如因购货方拒绝承付而暂时存放在购货方的商品和已办完加工成品收回手续而未提回的商品；(5)委托其他单位代销(未作销售或调出)尚未售出的商品；(6)代其他单位购进尚未交付的商品。不包括所有权不属于本单位的商品、拨付除批发零售贸易业以外的其他行业所属独立核算加工厂等加工生产尚未收回成品的商品、代国家物资储备部门保管的商品等。

库存总额采用的计算价格是：农副产品采购单位按购进价计算；批发单位按进货价计算；零售单位按核算价格计算，即按什么价格核算就按什么价格计算。

餐饮业营业收入　指餐饮企业、活动单位或个体户的全部营业额，包括商品零售额和其他服务性收入。其主要反映餐饮企业、活动单位或个体户的经营情况及发展变化趋势。

餐饮业商品零售额　指餐饮企业、活动单位或个体户直接对居民和社会集团零售的各种商品。包括：（1）经烹饪、调制加工后出售的各种食品，如主食、炒菜、凉拌菜等；（2）不经加工直接转卖的各种外购商品，如卷烟、酒、饮料、熟食、水果等；（3）附设非独立核算的销售商品的小卖部出售的各种食品及其他商品。

消费品市场成交额　指从事消费品交易的商品市场的全部商品成交金额。消费品市场包括农副产品市场和工业消费品市场。

Explanatory Notes on Main Statistical Indicators

Total Retail Sales of Consumer Goods refer to the sum of retail sales of consumer goods sold by all sectors of the national economy to urban and rural residents and social groups. This indicator is used to show the supply of consumer goods through various channels to households and institutions, and is very important for the study on changes at the domestic retail market, and on economic cycles

The retail sales of consumer goods include:(1) commodities sold to urban and rural residents for their daily use and building materials sold to them for the construction or repair of houses; (2) office appliances and supplies sold to institutions; (3) food and fuels sold to canteens of institutions, enterprises, schools, military units and to canteens of hotels and hostels that only serve their guests, and commodities produced by enterprises, institutions or state farms and sold directly to their employees or their canteens; (4) grain and non staple food, clothing, daily articles and fuels sold to military personnel; (5) consumer goods sold to foreigners, overseas Chinese, and Chinese compatriots from Taiwan, Hong Kong and Macao during their stay in the mainland of China; (6) Chinese and western medicines, herbs and medical facilities purchased by residents; (7) newspapers, books and magazines directly sold to residents and social groups by publishers, new and old commemorative stamps, special stamps, first day covers, stamp albums and other stamp collection articles sold by stamp companies; (8) consumer goods purchased and then sold by second hand shops; (9) stoves and other heating facilities and liquefied gas sold by gas companies to households and institutions; and (10) commodities sold by farmers to non agricultural residents and social groups . Excluded under this heading are: raw materials, fuels, equipment, tools sold to enterprises, institutions and state farms for production purpose; commodities sold to trade establishments for reselling; commissioned sales at second hand shops; operational income of urban public utilities; stamps sold at post offices; income of water, power, gas production and supply establishments from the supply of their products; and sales of commodities among farmers.

Purchase, Sales and Stock of Commodities by Wholesale and Retail Trade refer to the purchase, sales and stock of commodities by wholesale and retail establishments of different status of registration (excluding individual sellers) .

Total Purchases of Commodities refer to the total value of purchases of commodities by the establishments from other establishments or individuals (including direct import from abroad) for the purpose of re selling, either with or without further processing of the commodities purchased. This indicator is used to show the total value of purchases of commodities by wholesale and retail establishments from domestic and overseas markets. The total purchases include: (1)agricultural and industrial products purchased from producers; (2)books, magazines and newspapers purchased from distribution departments of the publishers;(3)commodities purchased from wholesale and retail establishments of different status of registration; (4)commodities purchased from other units, such as surplus materials purchased from government agencies, enterprises or institutions, commodities purchased from catering and service establishments, confiscated goods purchased from customs authorities or market management agencies, second hand goods and wastes purchased from residents; and (5)commodities directly imported from abroad. Excluded are commodities purchased by establishments (units) for use in their own business operation, commodities obtained without buying or selling procedures, rejected commodities, etc.

Total Sales of Commodities refer to value of commodities sold by the establishments to other establishments and individuals (including direct export) . This indicator is used to show the total value of sales of commodities at domestic markets and export. The total sales include:(1) commodities sold to urban and rural residents and social groups for their consumption; (2) commodities sold to establishments in industry, agriculture, construction, transportation, post and telecommunications, wholesale and retail trades, catering trade and public utility for their production and operation; (3) commodities sold to wholesale and retail establishments for re selling, with or without further processing; and (4) commodities for direct export to other countries. Excluded are selling of waste packaging materials used by the establishments (units) themselves, commodities transferred without buying or selling procedures, commission income from brokerage in transactions whose settlement is directly handled by buyers and sellers, rejected commodities in the purchase, loss in commodities, etc.

Commodity Stock of Wholesale and Retail Enterprises refers to total commodities possessed by wholesale and retail enterprises (units) of various types of registration status at the end of the reference period, which reflects the commodity stock level of various wholesale and retail enterprises and the potential for market supply. It includes:(1) commodities located in storage, garages, counters, and shelves of operating units(such as sale stores, wholesale centers, and operating offices) of wholesale and retail enterprises; (2) commodities in the process of selecting, sorting, and packing; (3) commodities not arrived but recorded as purchase in the account, i. e. . commodities not arrived but payment receipts for the commodities from the sellers or the banks arrived; (4) commodities deposited in other places rather than places mentioned above, for instance: commodities in the hold of purchasers temporarily due to the refusal of payment and commodities not taken back after going through the formalities; (5) commodities entrusted to other units to sell but not sold yet; (6) commodities purchased for other units but not delivered yet. Commodities not included as stock are those not owned by the enterprises (units) , those allocated to financially independent factories rather than wholesale and retail enterprises for processing but not taken back yet, and finally those put in stock by wholesale and retail enterprises on behalf of the state material reserves units.

For the calculation of the value of commodities stock,the value is calculated at purchasing prices in agricultural goods purchasing units and wholesale units, and at the accounting prices in retail units.

Business Income of Catering Industryrefer to the total turnover of catering businesses, establishments or individuals, including retail sales and other services income. It reflects the operational and managerial conditions and development trend of catering businesses, establishment s and individuals in t his sector.

Retail Sales of Commodities in Catering Indus tryrefer to retail sales to residents and social groups by catering enterprises, establishments and individual, including: (1) various food sold after cooking and processing, such as: staple food, cooked dishes, cold and dressed dishes and so on. (2) re-selling commodities without further processing, such as: cigarettes, liquor, beverage, cooked food, fruit s and son on. (3) various food and other commodities sold in and ascent buffets with dependant accounting system.

Volume of Transaction at Free Markets for Consumer Goods refers to the value of transaction or all goods at the free trade markets for consumer goods, where markets include both free markets for farm and sideline products and for manufactured consumer goods.

十七　对外经济贸易

FOREIGN TRADE AND ECONOMIC COOPERATION

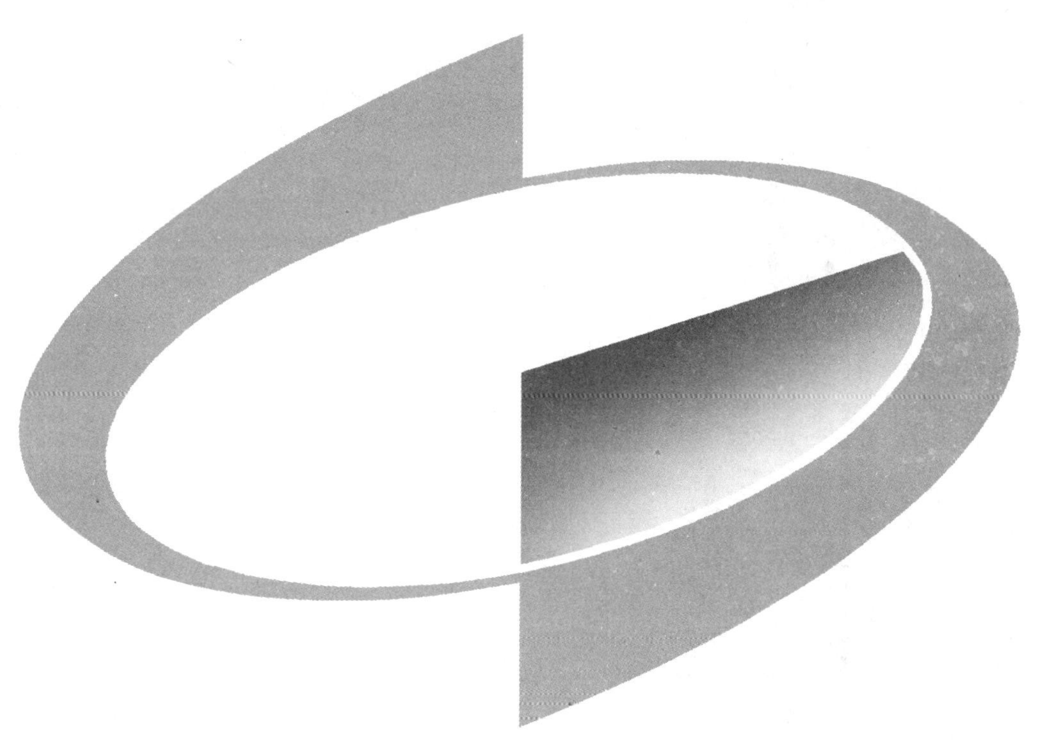

资料整理：钱新源

Arranged by Qian Xinyuan

17-1 对外经济贸易

Foreign Trade and Economic Cooperation

指标	Item	2000	2005	2007
进出口总额(万元人民币)	**Total Imports and Exports (RMB10 000 yuan)**	**1687811**	**4165757**	**5657121**
出口总额	Total Exports	847114	1666408	2152965
进口总额	Total Imports	840697	2499349	3504156
进出口总额(万美元)	**Total Imports and Exports(USD 10 000)**	**203596**	**516190**	**774460**
出口总额	Total Exports	102185	206489	294741
进口总额	Total Imports	101411	309701	479719
外商投资企业进出口额(万美元)	**Total Imports and Exports of Foreign-funded Enterprises(USD 10 000)**	**13597**	**82872**	**67579**
出口总额	Total Exports	11535	41547	40000
进口总额	Total Imports	2062	41325	27579
对外签订利用外资协议(合同)项目(个)	**Number of Projects for Utilization of Foreign Capital in the Signed Agreements & Contracts(unit)**	**127**	**209**	**135**
对外借款	Foreign Loans	32	12	
外商直接投资	Foreign Direct Investments	95	197	135
对外签订利用外资协议(合同)金额(万美元)	**Total Amount of Foreign Capital to Be Utilized in the Signed Agreements & Contracts(USD 10 000)**	**51273**	**161700**	**140411**
对外借款	Foreign Loans	25475	23369	
外商直接投资	Foreign Direct Investments	25798	138331	140411
外商其他投资	Other Foreign Investments			
实际利用外资额(万美元)	**Total Amount of Foreign Capital Actually Used(USD 10 000)**	**54819**	**140007**	**238780**
对外借款	Foreign Loans	43583	21430	23891
外商直接投资	Foreign Direct Investments	11236	118577	214889
外商其他投资	Other Foreign Investments			
外商投资企业基本情况	**Registered Foreign-funded Enterprises**			
年底登记户数(户)	Number of Registered Enterprises(unit)	874	914	1071
投资总额(万美元)	Total Investment(USD 10 000)	253634	1264645	1714846
注册资本(万美元)	Registered Capital(USD 10 000)	171773	627138	860163
# 外方	Capital from Foreign Partners	84084	407333	578949
对外经济合作(万美元)	**Economic Cooperation with Foreign Countries & Territories(USD 10 000)**			
合同金额	Contracted Value	5157	18017	22131
# 对外承包工程	Contracted Projects	1730	4613	13645
对外劳务合作	Labor Services	3427	13404	8486
完成营业额	Value of Business Fulfilled	2549	6100	8032
# 对外承包工程	Contracted Projects	404	1986	5057
对外劳务合作	Labor services	2145	4114	2975

17-2 外贸进出口贸易总额

Total Imports and Exports

年 份 Year	按人民币计算(万元) RMB 10 000 Yuan			按美元计算(万美元) USD 10 000		
	进出口总额 Total Imports & Exports	出口总额 Total Exports	进口总额 Total Imports	进出口总额 Total Imports & Exports	出口总额 Total Exports	进口总额 Total Imports
1952				1062		1062
1957				1754		1754
1965				333		333
1970				554	158	396
1975				925	394	531
1978	2674	1768	906	1552	1026	526
1980	6555	3970	2585	4397	2663	1734
1981	10676	8100	2576	6008	4558	1450
1982	15733	13881	1852	8173	7211	962
1983	17615	11176	6439	9001	5711	3290
1984	28557	20661	7896	10912	7895	3017
1985	59053	43880	15173	18448	13708	4740
1986	89086	63656	25430	23937	17104	6833
1987	113130	84310	28820	30398	22654	7744
1988	141303	109390	31913	37968	29393	8575
1989	161191	125158	36033	43312	33630	9682
1990	252898	169483	83415	48430	32456	15974
1991	321692	224597	97095	59964	41865	18099
1992	507068	319168	187901	93555	58887	34668
1993	1041650	561843	479807	120283	64878	55405
1994	914685	513373	401312	106128	59565	46563
1995	937671	506785	430886	112310	60840	51470
1996	1038914	569132	469782	124981	68590	56391
1997	1086188	609458	476730	131027	73519	57508
1998	1147173	681635	465538	138581	82343	56238
1999	1330986	750028	580958	160786	90605	70181
2000	1687811	847114	840697	203596	102185	101411
2001	2109035	943996	1165039	254819	114056	140763
2002	2487279	1134776	1352503	300494	137095	163399
2003	2576975	1192581	1384394	311353	144089	167264
2004	3350865	1391710	1959155	404865	168152	236713
2005	4165757	1666408	2499349	516190	206489	309701
2006	4643967	1672155	2971812	594717	214140	380577
2007	5657121	2152965	3504156	774460	294741	479719

注：本表2003年以后数据由呼和浩特海关提供（下同）。

a) Data after 2003 in this table were obtained from the Hohhot Customs statistics.The same as in the following table.

17-3 对外贸易出口总额

Total Amount of Export Commodities

单位:万美元 (USD 10 000)

项 目	Item	2006	2007
出口总额	**Total Amount**	**214140**	**294741**
按商品类别分	**By Category of Commodities**		
活动物;动物产品	Live Animals & Animal Products	2963	3753
植物产品	Vegetables, Fruits & Cereals	12259	23342
动植物油脂及分解产品;精制食用油脂;动植物蜡	Animal & Vegetable Oils, Fats & Wax, Refined Edible Oils & Fats	389	220
食品、饮料、酒及醋;烟草及代用品的制品	Food, Beverages, Liquor & Vinegar, Tobacco & Tobacco Substitutes	7619	10003
矿产品	Minerals	1672	2913
化学工业及其相关工业的产品	Chemicals & Related Products	20883	28817
塑料及其制品;橡胶及其制品	Plastics & Related Products,Rubber & Related Products	4412	3770
生皮、皮革、毛皮及制品;鞍具挽具;旅行用品、手提包及类似物品;动物肠线制品	Raw Hides, Leather, Furs & Related Products, Saddle,Travel Articles, Handbags and Similar Containers	2076	1334
木及木制品;木炭;软木及制品;稻草、秸杆、针茅或其他编结材料制品;篮筐及柳条编结品	Wood & Wooden Products, Charcoal, Cork & Related Products, Straws, Plaited Products, Baskets & Wickerwork	1849	2296
木浆及其他纤维状纤维素浆;纸及纸板的废碎品;纸、纸板及其制品	Paper Pulp & Cellulose Pulp, Paper and Waste Paper,Paperboard & Related	445	369
纺织原料及纺织制品	Textile Materials & Products	48726	50568
鞋、帽、伞、杖、鞭及其零件;已加工的羽毛及其制品;人造花;人发制品	Footwear, Headgear, Umbrellas, Canes, Whips, Processed Feather, Artificial Flowers, Wigs	2138	1436
石料石膏水泥石棉云母及类似材料的制品;陶瓷产品;玻璃及其制品	Gypsum, Cement, Asbestos, Mica, Ceramic Glass	2912	3917
天然或养殖珍珠、宝石或半宝石、贵金属、包贵金属及其制品,仿首饰硬币	Pearls, Precious or , Jewelry Metal or Rolled Precious Metal, Artificial Jewelry,Coins	3841	4849
贱金属及其制品	Base Metals & Related Products	73506	116431
机器、机械器具、电气设备及零件;录音机及放声机、电视图象声音的录制和重放设备及零附件	Machinery, Electric Equipment & Accessories, Recorders, Video Recorder & Accessories	16265	16072
车辆、航空器、船舶及有关运输设备	Locomotives, Vehicles, Aircraft, Ship and Related Transportation Equipment	8000	21615
光学、照相、电影、计量、检验、医疗或外科用仪器设备、精密仪器及设备:钟表:乐器:及其零附件	Optical, Photos, Film, Measuring & Medical Instruments & Equipment,Clocks, Musical Instruments,Related Parts & Accessories	841	906
其他	Others	3344	2130
按国家(地区)分	**Country(Territory)**		
中国香港	Hong kong, China	10681	9278
中国澳门	Macao, China	93	144
中国台湾	Taiwan, China	2340	4688
日　本	Japan	30091	44146
新加坡	Singapore	4406	5282
德　国	Federal Republic of Germany	3165	3623
法　国	France	2763	3520
意大利	Italy	16624	17149
英　国	United Kingdom	7699	5435
加拿大	Canada	1558	1430
美　国	United States	29233	30474
比利时	Belgium	5320	7067
俄罗斯	Russia	8840	20848
蒙　古	Mongolia	11877	18421
韩　国	Korea	20912	28366

17-4 对外贸易出口主要商品数量
Main Export Commodities of Foreign Trade in Volume

项 目	Item	2006	2007
荞 麦(吨)	Buckwheat(ton)	15700	20297
玉米(吨)	Corn(ton)	390917	805441
马铃薯(吨)	Potato(ton)	51093	51429
活 牛(头)	Live Cattles(head)	7491	10473
鲜、冻牛肉（吨）	Fresh,Frozen Beef (ton)	1167	929
鲜、冻羊肉（吨）	Fresh,Frozen Mutton (ton)	2620	3053
抗菌素及药品（吨）	Antibiotic and Other Medicines	3831	3768
羊绒毛纱线(千克)	Cashmere Yarn(kg)	800545	799858
毛纺机织物（万米）	Wool Textile(10 000 m)	399	318
已梳山羊绒(吨)	Cashmere Combed(ton)	854	422
番茄酱罐头(吨)	Tomato Tin(ton)	47123	82366
羊绒衫(件/千克)	Cashmere Sweater(unit/kg)	6256319	7323451
皮革或再生皮革制的衣服(件)	Fur Clothing(unit)		8564
地毯（平方米）	Carpet(sq.m)	1595067	1023046
饲料添加剂(吨)	Additive of Forage(ton)	19019	20099
玻璃及其制品（万美元）	Glass and its products(USD 10000)	1750	2261
锁（吨）	Lock(ton)		
铁合金(吨)	Ferroalloy(ton)	287646	378537
钢材（万美元）	Rolled Steel(USD 10000)	38418	67310
未锻轧铝（吨）	Unwrought Aluminum(ton)	14387	1051
未锻造银(千克)	Unwrought Silver(kg)	110372	125023
硅铁(吨)	Ferro-silicon(ton)	30014	307279
稀土金属、钪、钇、及其混合物（吨）	Metals of Rare-earth and other Mixture(ton)	11468	11914
数字化视频光盘（DVD）（播放机）（台）	Digital Video Player(unit)	853630	

17-5 对外贸易进口总额及主要商品数量

Main Import Commodities of Foreign Trade in Amount & Volume

项目	Item	2006	2007
进口总额(万美元)	**Total Import Amount(USD 10 000)**	**380577**	**479719**
按主要商品类别分	**By Categories of Commodities**		
活动物；动物产品	Live Animals & Animal Products	1878	1992
植物产品	Vegetables; Fruits & Cereals	1283	366
动植物油脂及分解产品；精制食用油脂；动植物蜡	Animal & Vegetable Oils; Fats & Wax; Refined Edible Oils & Fats	581	907
食品、饮料、酒及醋；烟草及代用品的制品	Food; Beverages; Liquor & Vinegar; Tobacco & Tobacco Substitutes	299	908
矿产品	Minerals	125759	156857
化学工业及其相关工业的产品	Chemicals & Related Products	52835	54407
塑料及其制品；橡胶及其制品	Plastics & Related Products; Rubber & Related Products	13201	13525
生皮、皮革、毛皮及制品；鞍具挽具；旅行用品、手提包及类似物品；动物肠线制品	Raw Hides; Leather; Furs & Related Products; Saddle;Travel Articles; Handbags & Similar Containers	1161	1495
木及木制品；木炭；软木及制品；稻草、秸杆、针茅或其他编结材料制品；篮筐及柳条编结品	Wood & Wooden Products; Charcoal; Cork & Related Products; Straws; Plaited Products; Baskets & Wickerwork	103688	153659
木浆及其他纤维状纤维素浆；纸及纸板的废碎品；纸、纸板及其制品	Paper Pulp & Cellulose Pulp;Paper & Waste Paper;Paperboard & Related	16594	16998
纺织原料及纺织制品	Textile Materials & Products	1662	1386
鞋、帽、伞、杖、鞭及其零件；已加工的羽毛及其制品；人造花；人发制品	Footwear; Headgear; Umbrellas;Canes; Whips; Processed Feather;Artificial Flowers; Wigs		
石料石膏水泥石棉云母及类似材料的制品；陶瓷产品；玻璃及其制品	Gypsum; Cement; Asbestos; Mica; Ceramic Glass	174	236
天然或养殖珍珠、宝石或半宝石、贵金属、包贵金属及其制品，仿首饰硬币	Natural or Cultivated Pearls; Precious or Semi-Stones; Jewelry of Precious Metal or Rolled Precious Metal; Artificial Jewelry;Coins	4885	547
贱金属及其制品	Base Metals & Related Products	8089	11713
机器、机械器具、电气设备及零件；录音机及放声机、电视图象声音的录制和重放设备及零附件	Machinery; Electric Equipment & Accessories; Recorders; Video Recorder & Accessories	43421	53765
车辆、航空器、船舶及有关运输设备	Locomotives; Vehicles; Aircraft; Ship & Related Transportation Equipment	3297	7096
光学、照相、电影、计量、检验、医疗或外科用仪器设备、精密仪器及设备；钟表；乐器；及其零附件	Optical,Photographic, Film; Measuring,Medical,Music Instruments & Equipment;Clocks;Parts & Accessories	1753	3630
其他	Others	17	232
按品种分	**By Varieties**		
钢铁（万美元）	Steel(USD 10 000)	6285	3049
金属矿砂(吨)	Metal Ores(ton)	2587904	3425996
塑料及其制品（万美元）	Plastics & Related Products(USD 10 000)	5475	5847
原木(立方米)	Logs(cu.m)	10887390	13242384
化肥(吨)	Chemical Fertilizers(ton)	1068445	1014256
橡胶及其制品（万美元）	Rubber & Related Products(USD 10 000)	7727	7678
有机化学品（万美元）	Organic Chemicals(USD 10 000)	27636	25742

17-6 利用外资
Utilization of Foreign Capital

单位：万美元 (USD 10 000)

年 份 Year	实际利用外资额 Total Amount of Foreign Capital Actually Used	对外借款 Foreign Loans	外商直接投资 Direct Foreign Investments	外商其他投资额 Other Foreign Investments
1984	178	178		
1985	530			530
1986	664	230	136	298
1987	1120	468	109	543
1988	961	491	337	133
1989	3050	2415	42	593
1990	2530	1199	1064	267
1991	5532	5422	110	
1992	7910	7300	610	
1993	19213	10713	8093	407
1994	29086	17484	11602	
1995	61801	37696	10605	13500
1996	38355	32931	5424	
1997	44209	29076	8433	6700
1998	44253	31771	9082	3400
1999	40133	30683	9450	
2000	54819	43583	11236	
2001	47342	36466	10876	
2002	58211	35410	22801	
2003	66529	29724	36805	
2004	89664	26921	62743	
2005	140007	21430	118577	
2006	196863	22797	174066	
2007	238780	23891	214889	

17-7 利用外资(按方式分,2007年)

Utilization of Foreign Capital and Investment(by Pattern 2007)

单位:万美元 (USD 10 000)

指标	Item	实际使用金额 Used Value
总 计	**Total**	**238780**
对外借款	**Foreign Loans**	**23891**
外国政府贷款	Government Loans	11138
国际金融机构贷款	Loans from International Financial Organizations	
买方信贷	Buyer Credit	10942
外国银行商业贷款	Commercial Loans	
对外发行债券	External Bonds	
其他	Others	1811
外商直接投资	**Foreign Direct Investments**	**214889**
合资经营企业	Joint Ventures Enterprises	57165
合作经营企业	Cooperative Operation Enterprises	5310
外资企业	Foreign Investment Enterprises	50582
外商投资股份制企业	Foreign Investment Share Enterprises	101832
合作开发	Cooperative Development	
其 他	Others	
外商其他投资	**Other Foreign Investment**	
对外发行股票	Sale Share	
国际租赁	International Lease	
补偿贸易	Compensation Trade	
加工装配	Processing and Assembly	

17-8 按行业分外商实际直接投资额(2007年)

Actually Used Amount of Foreign Direct Investment by Sector(2007)

单位：万美元 (USD 10 000)

行业	Sector	2007
总计	**Total**	**214889**
农、林、牧、渔业	Farming, Forestry, Animal Husbandry & Fishery	1006
采矿业	Mining	3339
制造业	Manufacturing	151680
电力、燃气及水的生产和供应业	Production & Supply of Electric Power, Gas & Water	40735
建筑业	Construction	4910
交通运输、仓储和邮政业	Transportation, Storage & Postal Services	31
信息传输、计算机服务和软件业	Information Transmission, Computer Service & Computer Software	
批发和零售业	Wholesale & Retail Trade	237
住宿和餐饮业	Quarters & Catering	8158
金融业	Banking	
房地产业	Real Estate	4698
租赁和商务服务业	Leasing & Commercial Services	21
科学研究、技术服务和地质勘查业	Scientific Research,Technical Services & Geological Prospecting	61
水利、环境和公共设施管理业	Water Conservancy, Environment & Public Facilities Administration	
居民服务和其他服务业	Resident Services & Other Services	13
教育	Education	
卫生、社会保障和社会福利业	Health Care, Social Security & Social Welfare	
文化、体育和娱乐业	Culture, Sports & Recreational Services	
公共管理和社会组织	Public Administration & Social Organization	
国际组织	International Organizations	

17-9 年末登记外商投资企业行业分布(2007年)

Sector Distribution Registered of Foreign-Funded Enterprises(2007)

行业	Sector	企业数(户) Number of Registered Enterprises (unit)	投资总额(万美元) Total Investment (USD 10 000)	注册资本(万美元) Registeres Capital (USD 10 000)	#外方 Capital Invested by Foreign Partner
总计	**Total**	**1071**	**1714846**	**860163**	**578949**
农、林、牧、渔业	Farming, Forestry, Animal Husbandry & Fishery	97	87292	54000	46384
采矿业	Mining	74	114117	70500	59771
制造业	Manufacturing	577	533327	294718	196229
电力、燃气及水的生产和供应业	Production & Supply of Electric Power, Gas & Water	40	666386	283586	152478
建筑业	Construction	28	97891	48450	37512
交通运输、仓储和邮政业	Transportation, Storage & Postal Services	14	19863	9109	6982
信息传输、计算机服务和软件业	Information Transmission, Computer Service & Software	2	78	78	78
批发和零售业	Wholesale & Retail Trade	40	26204	10712	7367
住宿和餐饮业	Quarters & Catering	55	49143	18547	14545
金融业	Banking	1	250	125	125
房地产业	Real Estate	39	35039	19979	18706
租赁和商务服务业	Leasing & Commercial Services	14	5467	1065	1047
科学研究、技术服务和地质勘查业	Scientific Research,Tech Services & Geological Prospecting	30	21425	13315	10162
水利、环境和公共设施管理业	Water Conservancy, Environment & Public Facilities Administration	6	20552	10250	8188
居民服务和其他服务业	Resident Services & Other Services	27	9177	7406	4643
教育	Education	8	2092	1325	515
卫生、社会保障和社会福利业	Health Care, Social Security & Social Welfare	4	10237	8520	6802
文化、体育和娱乐业	Culture, Sports & Recreational Services	12	4854	2589	2084
公共管理和社会组织	Public Administration & Social Organization				
其他行业	Others	3	11452	5889	5331

17-10 对外经济合作

Economic Cooperation with Foreign Countries or Territories

年份 Year	合同数 (份) Number of Contracts (copy)	合同金额 (万美元) Contracted Value (USD 10 000)	完成营业额 (万美元) Value of Business Fulfilled (USD 10 000)
总计 Total			
1976-1988	2	613	337
1989	32	11772	6150
1990	99	5572	2787
1991	72	2636	1450
1992	242	8245	4536
1993	143	12281	6755
1994	124	6047	2176
1995	151	6258	4281
1996	164	8532	4636
1997	100	2943	1853
1998	103	4540	2393
1999	102	5298	3173
2000	80	5157	2549
2001	84	5403	2511
2002	110	7440	5092
2003	120	7510	2742
2004	120	55958	6082
2005	92	18017	6100
2006	109	19800	6710
2007	129	22131	8032
对外承包工程 Contracted Projects			
1976-1988			
1989	5	938	191
1990	30	2070	1064
1991	3	220	121
1992	4	1003	694
1993	1	3360	1848
1994	3	2296	287
1995	5	756	1083
1996	14	1459	1182
1997	5	434	688
1998	25	1362	718
1999	21	2119	1269
2000	9	1730	404
2001	10	3630	1561
2002	24	5040	2622
2003	16	3366	1385
2004	2	21	735
2005	8	4613	1986
2006	15	13595	4177
2007	3	13645	5057
对外劳务合作 Labor Cooperation			
1976-1988	2	613	337
1989	27	10834	5959
1990	60	3507	1723
1991	69	2416	1329
1992	238	7242	3842
1993	142	8921	4907
1994	121	3751	1889
1995	146	5502	3198
1996	150	7073	3454
1997	95	2509	1175
1998	78	3178	1675
1999	81	3178	1903
2000	71	3427	2145
2001	74	1773	950
2002	86	2400	2470
2003	104	4144	1357
2004	118	55937	5347
2005	84	13404	4114
2006	94	6205	2533
2007	126	8486	2975

主要统计指标解释

进出口总额 海关进出口总额指实际进出我国国境的货物总金额。包括对外贸易实际进出口货物，来料加工装配进出口货物，国家间、联合国及国际组织无偿援助物资和赠送品，华侨、港澳台同胞和外籍华人捐赠品，租赁期满归承租人所有的租赁货物，进料加工进出口货物，边境地方贸易及边境地区小额贸易进出口货物(边民互市贸易除外)，中外合资经营企业、中外合作经营企业、外商独资企业进出口货物和公用物品，到日离岸价格在规定限额以上的进出口货样和广告品(无商业价值、无使用价值和免费提供出口的除外)，从保税仓库提取在中国境内销售的进口货物，以及其他进出口货物。进出口总额用以观察一个国家在对外贸易方面的总规模。我国规定出口货物按离岸价格统计，进口货物按到岸价格统计。

商品经营单位所在地进、出口额 指所在地海关注册登记的有进出口经营权的企业实际进、出口额。

利用外资 指我国各级政府、部门、企业和其他经济组织通过对外 借款、吸收外商直接投资以及用其他方式筹措的境外现汇、设备、技术等。

对外借款 是我国利用外资的重要部分。指通过对外正式签订借款 协议，从境外筹措的资金 ，包括外国政府贷款、国际金融组织贷款、外国银行商业贷款、出口信贷以及对外发行债券等。1996 年及以前还包括对外发行股票。

外商直接投资 指外国企业和经济组织或个人(包括华侨、港澳台胞以及我国在境外注册的企业)按我国有关政策、法规，用现汇、实物、技术等在我国境内开办外商独资企业、与我国境内的企业或经济组织共同举办中外合资经营企业，合作经营企业或合作开发资源的投资 (包括外商投资收益的再投资)，以及经政府有关部门批准的项目投资总额内企业从境外借入的资金。

外商其他投资 指除对外借款和外商直接投资以外的各种利用外资的形式。包括企业在境内外股票市场公开发行的以外币计价的股票(目前主要是在香港证券市场发行的 H 股和在境内证券市场发行的 B 股)发行价总额，国际租赁进口设备的应付款，补偿贸易中外商提供的进口设备、技术、物料的价款，加工装配贸易中外商提供的进口设备、物料的价款。

对外承包工程 指各对外承包公司以招标议标承包方式承揽的下列业务：(1)承包国外工程建设项目，(2)承包我国对外经援项目，(3)承包我国驻外机构的工程建设项目，(4)承包我国境内利用外资进行建设的工程项目，(5)与外国承包公司合营或联合承包工程项目时我国公司分包部分，(6)对外承包兼营的房屋开发业务。对外承包工程的营业额是以货币表现的本期内完成的对外承包工程的工作量，包括以前年度签订的合同和本年度新签订的合同在报告期内完成的工作量。

对外劳务合作 指以收取工资的形式向业主或承包商提供技术和劳动服务的活动。我国对外承包公司在境外开办的合营企业，中国公司同时又提供劳务的，其劳务部分也纳入劳务合作统计。劳务合作营业额按报告期向雇主提交的结算数(包括工资、加班费和奖金等)统计。

对外设计咨询 指以服务成果向业主收费的技术服务项目。包括承担地形地貌测绘，地质资源勘探与普查，建设区域规划，提供设计文件、图纸、生产工艺技术资料和工程技术经济咨询，工程项目的可行性考察、研究和评估，进行技术指导和培训人员等；也包括承担国(境)内利用外资进行建设的工程项目的上述规定的设计咨询项目的收取外币部分。

Explanatory Notes on Main Statistical Indicators

Total Imports and Exports at Customs refer to the value of commodities imported into and exported from the boundary of China. They include the actual imports and exports through foreign trade, imported and exported goods under the processing and assembling trades and materials, supplies and gifts as aid given gratis between governments and by the United Nation and other international organizations, and contributions donated by over seas Chinese, compatriots in Hong Kong and Macao and Chinese with foreign citizenship, leasing commodities owned by tenant at the expiration of leasing period, the imported and exported commodities processed with imported materials, commodities trading in border areas(excluding mutual exchange goods) , the imported and exported commodities and articles for public use of the Sino foreign joint ventures, cooperative enterprises and ventures exclusively with foreign own investment. Also included are import or export of samples and advertising goods for whose CIF or FOB value are beyond the permitted ceiling (excluding goods of no trading or use value and free commodities for export) , imported goods sold in China from bonded warehouses and other imported or exported goods. The indicator of the total imports and exports at customs can be used to ob serve the total size of external trade in a country. In accordance with the stipulation of the Chinese government, imports are calculated at CIF, while exports are calculated at FOB

Import and Export Value by Location of China's Foreign Trade Managing Units refers to actual value of imports and exports carried out by corporations which have been registered by the local customhouse and are vested with right to run import export business.

Utilization of Foreign Capital refers to remittance, equipment and technology financed from abroad, by loans, foreign direct investment and other forms undertaken by the Chinese governments at all levels by various departments, enterprises and other economic units.

Foreign Borrowings an important part of China's utilization of foreign capital, it refers to funds borrowed from abroad through formal signing o f borrowing agreements with foreign institutions, including loans of foreign governments, loans of international financial institutions, commercial loans of foreign banks, export credit, and funds raised by Chinese bonds (and shares before 1996) issued abroad.

Direct Investment by Foreign Entrepreneurs refers to the investments inside China by foreign enterprises and economic organizations or individuals (including overseas Chinese, compatriots from Hong Kong and Macao, and Chinese enterprises registered abroad) , following the relevant policies and laws of China, for the establishment of ventures exclusively with foreign own investment, Sino-foreign joint ventures and cooperative enterprises or for co operative exploration of resources with enterprises or economic organizations in China. It includes the re investment of the foreign entrepreneurs with the profits gained fro m the investment an d the funds that enterprises borrow from abroad in the total investment of projects which are approved by the relevant department of the government.

Other Investment by Foreign Entrepreneurs refers to all forms of utilization of foreign capitals other than foreign borrowings and foreign direct investment. It includes the total value of stock shares in foreign currencies issued by enterprises at domestic or foreign stock exchanges (now mainly consisting of H shares issued at Hong Kong Security Market and B shares issued at domestic security markets) , rent payable for the imported equipment through international leasing arrangement, cost of imported equipment, technology and materials provided by foreign counterparts in compensation trade and processing and assembly trade.

Contracted Projects with Foreign Countries refer to projects undertaken by Chine se contractors (project contracting companies) through bidding process. They include:(1) overseas civil engineering construction projects financed by foreign investors;(2) overseas projects financed by the Chinese government through its foreign aid programs;(3) construction projects of Chinese diplomatic missions, trade offices and other institutions stationed abroad;(4) construction projects in China financed by foreign investment;(5) subcontracted projects to be taken by Chinese contractors through a joint umbrella project with foreign contractor;(6) housing development projects. The business income from international contracted projects is the work volume of contracted projects completed during the reference period, expressed in monetary terms, including completed work on projects signed in previous years.

Service Cooperation with Foreign Countries refers to the activities of providing technology and labour services to employers or contractors in the forms of receiving salaries and wages. Labour services providing by contractual joint venture s of Chinese international contracting corporations should be included in the statistics of service cooperation with foreign countries. The business income of labour service co-operation is the income in the form of wages and salaries, over time pay, bonuses and other remuneration received from the employers during the reference period.

Overseas Design and Consultation Service refers to projects wit h charges for technical services from overseas operators. It includes geographic and topographic mapping, geological resource prospecting and survey, planning of construction areas, provision of design documents, blueprints, materials on production process and techniques, as well as engineering, technical and economic consultation, and feasibility study, research and evaluation of projects. Also included under this category are the abovementioned services of foreign financed projects in China that are paid in foreign currencies.

十八 旅游

TOURISM

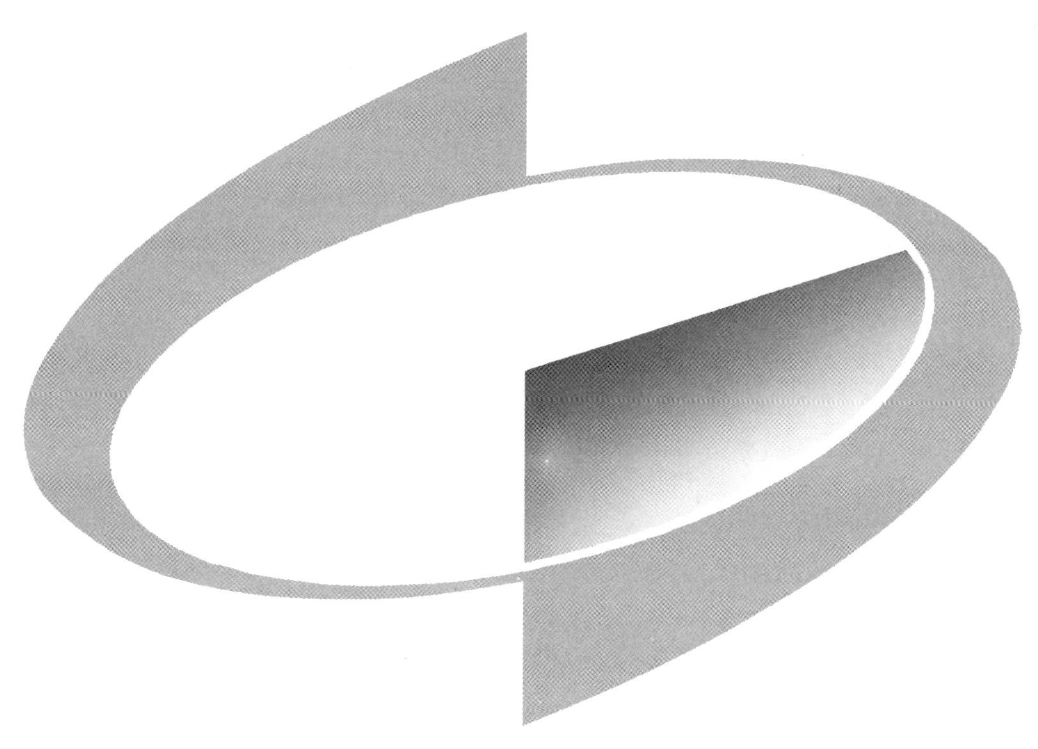

资料整理：王秀云

Arranged by Wang Xiuyun

18-1 旅游业基本情况
Basic Statistics on Tourism

指标	Item	2000	2005	2007
旅行社总数(个)	**Total Number of Agencies(unit)**	**88**	**404**	**589**
国际旅行社	International Travel Agencies	25	40	52
国内旅行社	Domestic Travel Agencies	63	364	537
旅行社职工人数(人)	**Number of Staff and Workers of Travel Agencies(person)**	**1075**	**2051**	
国际旅行社	International Travel Agencies	562	480	
国内旅行社	Domestic Travel Agencies	513	1571	
星级宾馆个数(个)	**Total Number of Stars Hotel(unit)**		**202**	**232**
入境旅游人数(人次)	**Total Number of International Tourists Inbound (person-times)**	**391970**	**1001635**	**1494500**
外国人	Foreigners	384000	995007	1474344
华侨	Overseas Chinese			
港澳同胞	Compatriots from Hong Kong and Macao	2814	5550	14524
台湾同胞	Compatriots from Taiwan	5156	1078	5632
国内居民出境总人数(人次)	**Total Number of Domestic Resident Outbound(person-times)**	**19425**	**25808**	**12300**
#旅行社组织出境游	For Private Purpose	19425	25808	12300
国内旅游人数(万人次)	**Number of Domestic Tourism (10 000 person times)**	**735**	**2062**	**2908**
旅游总收入(亿元人民币)	**Income of Tourism(100 million yuan)**	**42.72**	**208.09**	**390.77**
国际旅游外汇收入(万美元)	Earnings from International Tourism (USD 10 000)	12645	35207	54500
国内旅游收入(万元人民币)	Earnings from Domestic Tourism (10 000 RMB yuan)	322300	1797200	3510100

18-2 各地区旅行社单位数(2007年末)

Number of Travel Agencies by Region(End of 2007)

地 区	Region	旅行社数(个) Total Number of Travel Agencies (unit)	国际旅行社 International Travel Agencies	国内旅行社 Domestic Travel Agencies
全 区	**Autonomous Regional Total**	**589**	**52**	**537**
呼和浩特市	Hohhot City	158	18	140
包 头 市	Baotou City	72	4	68
呼伦贝尔市	Hulunbeier City	107	14	93
兴 安 盟	Xingan League	31	2	29
通 辽 市	Tongliao City	27	2	25
赤 峰 市	Chifeng City	63	1	62
锡林郭勒盟	Xilinguole League	26	6	20
乌兰察布市	Wulanchabu City	19	1	18
鄂尔多斯市	Erdos City	42	3	39
巴彦淖尔市	Bayannaoer City	20	1	19
乌 海 市	Wuhai City	13		13
阿拉善盟	Alashan League	11		11

18-3 各地区星级宾馆个数(2007年末)

Number of Stars Hotels by Region(End of 2007)

单位：个 (unit)

地 区	Region	星级宾馆个数 Total Number of Stars Hotels	五星级 Five Stars	四星级 Four Stars	三星级 Three Stars	二星级 Two Stars	一星级 One Stars
全 区	**Autonomous Regional Total**	**232**	**5**	**12**	**59**	**139**	**17**
呼和浩特市	Hohhot City	34	2	6	13	13	
包 头 市	Baotou City	32	2	1	12	17	
呼伦贝尔市	Hulunbeier City	34		1	12	19	2
兴 安 盟	Xingan League	6				6	
通 辽 市	Tongliao City	17		1	4	10	2
赤 峰 市	Chifeng City	28		1	5	22	
锡林郭勒盟	Xilinguole League	23			3	15	5
乌兰察布市	Wulanchabu City	13			1	12	
鄂尔多斯市	Erdos City	26	1	1	6	15	3
巴彦淖尔市	Bayannaoer City	11				7	4
乌 海 市	Wuhai City	4		1	1	2	
阿拉善盟	Alashan League	4			2	1	1

18-4 接待外国旅游人数

Number of Foreign Tourists by Country

国别(地区)	country(district)	2006	2007
入境旅游人数总计(人次)	**Total Number of Entry Tourists(person times)**	**1232468**	**1494500**
外国人(包括外籍华人)	Foreigners(Including Chinese owning foreign nationality)	1223456	1474616
日 本	Japan	29218	44070
菲 律 宾	Philippines	310	1355
新 加 坡	Sigapore	3338	3440
美 国	United States	10492	9905
加 拿 大	Canada	3920	4152
英 国	United Kingdom	4910	5940
德 国	Federal Republic of Germany	7453	7440
法 国	France	1530	3293
意 大 利	Italy	3267	1844
瑞 士	Switzerland	1069	840
荷 兰	Netherlands	88	325
澳 大 利 亚	Australia	3117	4642
新 西 兰	New Zealand	430	390
俄 罗 斯	Russia	536890	608720
蒙 古	Mongolia	577154	734341
华 侨	Overseas Chinese		
港澳台同胞	Chinese Compatriots from Hong Kong, Macao and Taiwan	9012	19884
旅游者平均逗留天数(天)	**Average Days of Tourist Staying(day)**	**2.02**	**2.75**
外国人(包括外籍华人)	Foreigners(Including Chinese owing foreign nationality)	2.02	2.73
华 侨	Overseas Chinese		
港澳台同胞	Chinese Compatriots from Hong Kong, Macao and Taiwan	2.50	2.77

18-5 入境旅游外汇收入
Foreign Exchange Earnings

项 目	Item	2006	2007
旅游外汇收入总额(万美元)	**Foreign Exchange Earnings (USD 10000)**	**40379**	**54485**
长途交通费	Long Distance Transportation	5209	7737
# 飞 机	Air	4280	6484
火 车	Railway	444	654
汽 车	Highway	485	599
住 宿	Accommodation	4845	7192
餐 饮	Cater	3069	3378
景区游览	Visiting	1292	1907
娱 乐	Entertainment	686	1035
购 物	Shopping	22289	29694
市内交通	Local Transportation	404	654
邮电通讯	Postal and Communication	686	981
其 他	Other	1898	1907

18-6 国内旅游情况
Condition of Civil Tourism

项 目	Item	2006	2007
国内旅游总人数(万人次)	**Total of Civil Tourist (10 000 person-times)**	**2452**	**2908**
# 城镇居民	Urban Residents	2452	2908
农村居民	Rural Residents		
国内旅游总花费(万元)	**Total Expenditure of Civil Tourist (10 000 yuan)**	**2482400**	**3510100**
# 城镇居民	Urban Residents	2482400	3510100
农村居民	Rural Residents		
人均花费(元/天)	Per Capita Expenditure (yuan/day)	393	410

主要统计指标解释

旅游人数 包括入境国际旅游者人数、出境居民人数和国内旅游者人数。

(1)入境国际旅游者人数：指来中国参观、访问、旅行、探亲、访友、休养、考察、参加会议和从事经济、科技、文化、教育、宗教等活动的外国人、华侨、港澳同胞和台湾同胞的人数。不包括外国在我国的常驻机构，如使领馆、通讯社、企业办事处的工作人员；来我国常住的外国专家、留学生以及在岸逗留不过夜人员。

(2)出境居民人数：指大陆居民因公务活动或私人事务短期出境的人数。公务活动出境居民人数包括在国际交通工具上的中国服务员工，因私出境居民人数不包括在国际交通工具上的中国服务员工。

(3)国内旅游者人数：指我国大陆居民和在我国常住 1 年以上的外国人、华侨、港澳台同胞离开常住地在境内其他地方的旅游设施内至少停留一夜，最长不超过 6 个月的人数。

国际旅游(外汇)收入 指入境旅游的外国人、华侨、港澳同胞和台湾同胞在中国大陆旅游过程中发生的一切旅游支出，对于国家来说就是国际旅游(外汇)收入。

国际旅行社 指经营对外招徕并接待外国人、华侨、港澳同胞和台湾同胞来中国、归国或回内地旅游业务的旅行社。

国内旅行社 指负责经营招徕、组团、接待国内旅客的旅游业务，以及不对外招徕，负责经营接待国际旅行社或其它涉外部门组织的外国人、华侨、港澳同胞和台湾同胞来中国、归国或回内地的旅游业务的旅行社。

星级饭店 指已评定星级的饭店。

Explanatory Notes on Main Statistical Indicators

Number of Tourists include international tourists entering into China, Chinese residents going abroad and domestic tourists.

(1) International tourists refer to foreigners, overseas Chinese, Chinese compatriots from Hong Kong, Macao and Taiwan coming to China for sightseeing, visits, tours, family reunions, vacations, study tours, conferences and other activities of a business, scientific and technological, cultural, educational and religious nature. It does not include representatives and employees of resident institutions of foreign countries in China such as embassies, consulates, news agencies and offices of foreign companies and organizations, nor does it include long term foreign experts or students residing in China, or persons in transition without spending a night in China.

(2) Chinese residents going abroad refer to Chinese residents going abroad for short terms for either public business or private purposes. Chinese employees working on international transport carriers are included in those going abroad for public business purpose, not in those for private purpose.

(3) Domestic tourists refer to residents of the mainland of China who stay for one night at least, but no more than 6 months at tourist facilities in other places than their permanent residence within the territory of the mainland China, including foreigners, overseas Chinese and Chinese compatriots from Hong Kong, Macao and Taiwan who have resided in China for over one year.

Foreign Exchange Earnings from International Tourism refer to the total expenditures of foreigners, overseas Chinese, Chinese compatriots from Hong Kong, Macao and Taiwan during their stay in the mainland of China, which are earnings of foreign exchange from international tourism from the point of view from China.

International Travel Agencies refer to travel agencies engaged in the promotion, solicitation, organization and reception of tours to the mainland of China by foreigners, overseas Chinese, Chinese compatriots from Hong Kong, Macao and Taiwan.

Domestic Travel Agencies refer to travel agencies engaged in the promotion, solicitation, organization and reception of domestic tourists, and in the reception of foreigners, overseas Chinese, Chinese compatriots from Hong Kong, Macao and Taiwan organized by international travel agencies or other departments concerned, without their own promotion and solicitation programs.

Star-hotels refer to hotels rated with stars.

十九　金融和保险

BANKING AND INSURANCE

资料整理：包利军

Arranged by Bao Lijun

19-1 银行业金融机构、人员数(2007年末)

Number of Institutions and Persons Engaged in Finance System(End of 2007)

项 目	Item	机构数(个) Number of Institutions (unit)	年末人数(人) Number of Staff and Workers (person)
总计	**Total**	**5105**	**65371**
中国工商银行	Industrial and Commercial Bank of China	491	10506
中国农业银行	Agricultural Bank of China	619	11895
中国银行	Bank of China	241	4108
国家开发银行	State Development Bank	1	114
中国建设银行	Construction Bank of China	286	7930
中国农业发展银行	Agricultural Development Bank of China	84	1976
交通银行	Bank of Communications	12	425
华夏银行	Hua Xia Bank	4	186
浦发银行	Bank	1	80
中信银行	China Citic Bank	1	87
招商银行	China Merchants Bcmk	1	79
城市商业银行	City Commercial Bank	184	3030
农村信用社	Rural Credit Cooperatives	2384	18495
农村合作银行	Rural Coopeyation Bank	29	293
农村商业银行	Rural Commercial Bank	44	367
农村资金互助社	Rural Fund Cooperation Society	2	13
村镇银行	Rural and Taon Bank	1	9
邮政储蓄银行	Postal Sauings Bank	714	5450
资产管理公司	Asset Management Corporation	3	178
信托投资公司	Trust and Investment Corporation	2	140
贷款公司	Loan Corporation	1	10

19-2 金融机构现金收入(2007年)

Cash Income of Financial Institutions(2007)

单位：万元 (10 000 yuan)

项 目	Item	2007
收入总计	**Total Income**	**177212301**
商品销售收入	Income from Commodity Sales	13818914
服务业收入	Income from Service Trade	5980386
税款收入	Income from Taxes	1470989
城乡个体经营收入	Income from Urban and Rural Individual Business	4240196
储蓄存款收入	Income from Savings Deposits	135910551
其他金融机构收入	Income from Other Financial Institutions	703583
居民归还贷款收入	Income from Repayment of Loans by Residents	4373203
汇兑收入	Income from Remittances	1292595
有价证券收入	Income from Securities	75250
其他收入	Other Income	9346634
#兑换外币收入	Income from Exchange of Foreign Currencies	45129

19-3 金融机构现金支出(2007年)

Cash Expenditures of Financial Institutions(2007)

单位：万元 (10 000 yuan)

项目	Item	2007
支出总计	**Total**	**179577080**
工资性支出	Wages	8632274
农副产品采购支出	Purchases of Agricultural and Sideline Products	4249055
工矿及其他产品采购支出	Expenditures for Purchases of Industrial and Mineral Products	4305830
行政事业管理费支出	Government and Enterprises Overhead	5335859
城乡个体经营支出	Expenditures for Individual Business	5670150
储蓄存款支出	Expenditure for Savings Deposits	134917922
其他金融机构支出	Expenditure for Other Financial Institutions	1251962
居民提取贷款支出	Expenditure for Loans by Residents	4442628
汇兑支出	Expenditure for Remittances	898221
有价证券支出	Expenditure for Securitizes	71316
其他支出	Other Expenditure	9801862

19-4 金融机构现金投放回笼差额

Cash Statistics of Financial Institutions

单位：万元 (10 000 yuan)

年份 Year	现金收入 Cash Income	现金支出 Cash Expenditures	投放 Currency Issuance
1957	96679	100217	3538
1962	143970	152371	8401
1965	145337	149936	4599
1970	176281	179675	3394
1975	248013	266734	18721
1978	298013	321277	23264
1980	418115	462285	44170
1986	1250322	1379167	128845
1987	1602153	1714137	111984
1988	2270253	2481981	211728
1989	2508577	2744153	235576
1990	2847454	3149857	302403
1991	3434787	3772786	337999
1992	4569761	5150855	581094
1993	6802651	7642020	839369
1994	9564614	10546016	981402
1995	13031467	14186247	1154780
1996	15761966	17020632	1258666
1997	34244200	35993800	1749200
1998	41387500	43300600	1913100
1999	34243414	35993245	1749831
2000	41387490	43300578	1913088
2001	49696827	51539283	1842456
2002	58538869	60426223	1887354
2003	75397042	77336143	1939101
2004	96818901	98403367	1584466
2005	115366652	117562936	2196284
2006	142164120	144261481	2097361
2007	177212301	179577080	2364779

19-5 金融机构人民币存、贷款年末余额

Saving Deposits and Loans of Financial Institutions at the Year-end

单位：万元　　(10 000 yuan)

年份 Year	各项存款余额合计 Depoits	# 企业存款 Depoits of Enterprises	# 城乡储蓄存款 Urban and Rural Savings Deposits	各项贷款余额合计 Loans	# 工业贷款 Loans to Industrial Enterprises	# 商业贷款 Loans to Commercial Enterprises	# 农业贷款 Agricultural Loans
1949	140	120		195	92	91	12
1950	1525	635	119	767	75	459	233
1951	4227	1619	219	3312	402	2163	747
1952	9034	3161	397	7089	593	5017	1479
1953	9937	3543	590	16492	1367	13360	1765
1954	12477	4223	1256	33777	2146	29908	1723
1955	17259	4126	1235	40223	2445	36242	1536
1956	15456	6427	2426	40576	3745	30496	6330
1957	19212	5527	3456	45042	3536	36810	4696
1958	50202	14707	5481	66279	12923	48083	5273
1959	62204	11976	7776	140589	49725	86119	4745
1960	83174	14756	10272	177063	85910	84703	6450
1961	76297	19608	5616	173300	59865	105884	7551
1962	66097	31248	3708	140530	37211	93696	9623
1963	63565	27446	4144	107154	25294	73514	8346
1964	86304	19796	5885	98027	25451	72465	111
1965	76946	22060	6913	102246	24133	77336	777
1966	91036	29410	7386	134554	30299	92977	11278
1967	85323	29687	7814	146590	44634	89084	12872
1968	94204	34411	8380	154190	51580	89045	13565
1969	84049	33112	7068	174312	61467	97906	14939
1970	98931	35109	7844	233001	68242	150137	14622
1971	105614	39136	9504	268530	82034	172315	14181
1972	102931	40288	11994	260678	77738	165836	17104
1973	127154	51746	14163	279108	88418	167532	23158
1974	123097	50332	15959	292432	91734	174258	26440
1975	148439	68452	17464	318410	92559	196711	29140
1976	153865	70737	18552	345268	95167	216124	33977
1977	162209	67821	21908	367586	97370	231722	38494

19-5 续表 continued

单位：万元 (10 000 yuan)

年 份 Year	各项存款余额合计 Deposits	# 企业存款 Deposits of Enterprises	# 城乡储蓄存款 Urban & Rural Savings Deposits	各项贷款余额合计 Loans	# 工业贷款 Loans to Industrial Enterprises	# 商业贷款 Loans to Commercial Enterprises	# 农业贷款 Agricultural Loans	# 基建贷款 Loans for Capital Construction	# 技改贷款 Loans for Technical Innovation
1978	164678	67214	25307	403314	110930	246495	45889		
1979	206997	75522	33092	436393	120396	256689	52236		
1980	231227	82688	48642	492949	129636	289980	67516		5677
1981	296065	103970	63106	558697	141810	330354	68239		14667
1982	364613	114791	84452	620194	148745	355038	73375	15587	26437
1983	442119	121952	112569	710563	175272	402264	75706	24778	28525
1984	500609	169826	155599	809114	219008	434714	86724	24767	32332
1985	560822	165393	210077	905412	275658	490451	89030	22465	42905
1986	782114	291284	290738	1291351	373446	590163	99373	48935	82523
1987	971166	337985	389691	1520239	436267	689530	114882	93458	188982
1988	1198527	401268	508287	1802119	537013	819194	126932	66132	119188
1989	1360860	382088	679584	2127588	681802	944070	139861	78510	139794
1990	1697712	424678	934355	2729173	869405	1272231	158545	109050	158675
1991	2057796	483906	1193618	3268535	1017327	1447576	188438	229244	201602
1992	2628246	783031	1497165	3951616	1153695	1683779	229783	353655	275853
1993	3505394	773581	2321390	5297191	1379014	2033053	427737	603560	327876
1994	4577562	1135970	3183199	6743662	1617514	2290203	229180	1054354	382402
1995	5663419	1303563	4108239	8198675	1879398	2566713	428884	1535360	466283
1996	7037693	1651490	5053804	10029833	2215841	3025593	510457	2011886	547128
1997	8455291	1993334	6050130	11721737	2518926	3467961	582678	2565495	587911
1998	9966107	2233337	7075160	13187511	2813556	3764324	533490	2885535	652933
1999	10923695	2512228	7976283	13641685	2649791	3794411	614282	3005261	636275
2000	12701349	3041165	8757399	13407383	2313181	3565930	692289	2513615	577427
2001	14987869	3750596	9867305	14707493	2570704	3437091	874092	3041254	594685
2002	17352559	4227073	11381038	16497795	2795982	3402539	1041324	4280175	139797
2003	20909846	5442363	13556610	19241312	3264636	3121745	1136558	5342779	222438
2004	25763691	6900717	16038752	22397621	3330576	2956277	1412981	6897652	302228
2005	32981538	8448175	19735996	25885704	3216173	3465313	1750056	8841665	358323
2006	40365605	10326769	22713442	32051943	4561123	3548955	1921286	11503692	259640
2007	49537024	13645713	25419224	37677360	4953807	3763969	2294291	13216458	188389

19-6 金融机构人民币信贷收支
Sources and Uses of Credit Funds of Financial Institutions

单位:万元 (10 000 yuan)

项 目	Item	2007
各项存款	**Deposits**	**49537024**
#企业存款	Deposits of Enterprises	13645713
财政存款	Treasury Deposits	2888723
机关团体存款	Deposits of Government Agencies and Organizations	2986263
储蓄存款	Savings Deposits	25419224
#定 期	Fixed Deposits	12512498
农业存款	Agricultural Deposits	1130365
其他类存款	Other Deposits	3425578
各项贷款	**Loans**	**37677360**
短期贷款	Short-term Loans	15330362
工业贷款	Loans to Industrial Enterprises	4953807
商业贷款	Loans to Commercial Enterprises	3763969
#农副产品采购贷款	Loans of Purchases of Agricultural and Sideline Products	
建筑业贷款	Loans to Construction Enterprises	257502
农业贷款	Agricultural Loans	2294291
乡镇企业贷款	Loans to Urban Collective Entepises	390423
三资企业贷款	Loans to Sino-foreign Joint Venture and Cooperative Enterprises and Foreign funded Enterprises	62123
私营及个体工商企业贷款	Loans to Private Enterprises and Individuals	406899
其他短期贷款	Other Short-term Loans	3201347
中长期贷款	Medium-term & Long-term Loans	21060998
基本建设贷款	Loans to Capital Construction	13216458
技术改造贷款	Loans to Technical Updates and Transformation	188389
其他中长期贷款	Other Medium-term & Long-term Loans	7656152
票据融资	Circulated Fund by Bills	1254317
各项垫款	Money Advanced	31628

19-7 商业银行人民币信贷收支

Sources and Uses of Credit Funds of Commercial Banks

(年末余额)单位：万元 (year-end)(10 000 yuan)

项 目	Item	2007
各项存款	**Deposits**	**36615723**
#企业存款	Deposits of Enterprises	12604438
机关团体存款	Deposits of Government Agencies and Organizations	2778607
储蓄存款	Savings Deposits	17892573
#定 期	Fixed Deposits	8918880
农业存款	Agricultural Deposits	75676
其他类存款	Other Deposits	3264430
各项贷款	**Loans**	**25545441**
短期贷款	Short-term Loans	8511131
工业贷款	Loans to Industrial Enterprises	4953607
商业贷款	Loans to Commercial Enterprises	1046079
建筑业贷款	Loans to Construction Enterprises	257502
农业贷款	Agricultural Loans	189954
乡镇企业贷款	Loans to Urban Collective Enterpises	922
三资企业贷款	Loans to Sino-foreign Joint Venture and Cooperative Enterprises and Foreign funded Enterprises	62123
私营及个体工商 企业贷款	Loans to Private Enterprises and Individuals	362339
其他短期贷款	Other Short-term Loans	1638604
中长期贷款	Medium-term & Long-term Loans	15767314
基本建设贷款	Loans to Capital Construction	9760922
技术改造贷款	Loans to Technical Updates and Transformation	188389
其他中长期贷款	Other Medium-term & Long-term Loans	5818004
票据融资	Circulated Fund by Bills	1235367
各项垫款	Money Advanced	31628

19-8 金融机构法定存款利率

Legal Interest Rates on Deposits of Financial Institutions

单位：年利率%　　　　(annual interest rate %)

项 目	Item	2007年 3月18日 Mar. 18, 2007	2007年 5月19日 May. 19, 2007	2007年 7月21日 Jul. 21, 2007	2007年 8月22日 Aug. 22, 2007	2007年 9月15日 Sep. 15, 2007	2007年 12月21日 Dec. 21, 2007
个人人民币储蓄存款	**Household Deposits**						
活期	Demand	0.72	0.72	0.81	0.81	0.81	0.72
定期	Time						
三个月	3Months	1.98	2.07	2.34	2.61	2.88	3.33
半年	6Months	2.43	2.61	2.88	3.15	3.42	3.78
一年	1Year	2.79	3.06	3.33	3.6	3.87	4.14
二年	2Year	3.33	3.69	3.96	4.23	4.50	4.68
三年	3Year	3.96	4.41	4.68	4.95	5.22	5.40
五年	5Year	4.41	4.95	5.22	5.49	5.76	5.85
企业单位	**Enterprises Deposits**						
活期	Demand	0.72	0.72	0.81	0.81	0.81	0.72
定期	Tirne						
三个月	3Months	1.98	2.07	2.34	2.61	2.88	3.33
半年	6Months	2.43	2.61	2.88	3.15	3.42	3.78
一年	1Year	2.79	3.06	3.33	3.6	3.87	4.14
二年	2Year	3.33	3.69	3.96	4.23	4.50	4.68
三年	3Year	3.96	4.41	4.68	4.95	5.22	5.40
五年	5Year	4.41	4.95	5.22	5.49	5.76	5.85
大额可转让定期存单	**CDs**						
1个月	1Months						
3个月	3Months	1.98	2.07	2.34	2.61	2.88	3.33
6个月	6Months	2.43	2.61	2.88	3.15	3.42	3.78
9个月	9Months						
12个月	12Months	2.79	3.06	3.33	3.6	3.87	4.14

19-9 金融机构法定贷款利率

Legal Interest Rates on Loans of Financial Institutions

单位：年利率%　　　　(annual interest rate%)

项 目	Item	2004年 10月29日 Oct. 29, 2004	2006年 8月19日 Aug. 19, 2006	2007年 7月21日 Jul. 21, 2007	2007年 8月22日 Aug. 22, 2007	2007年 9月15日 Sep. 15, 2007	2007年 12月21日 Dec. 21, 2007
流动资金贷款	**Working Capital Loans**						
一般流动资金	Ordinary						
六个月	6 Months	5.22	5.58	6.03	6.21	6.48	6.57
一年	1 Year	5.58	6.12	6.84	7.02	7.29	7.47
个体工商户贷款	Individuals Enterprises						
固定资产投资贷款	**Fixed Asset Investment Loans**						
技术改造贷款	Technical Innovation	c	c	c	c	c	c
基本建设贷款	Capital Construdtion						
一年以内及一年	1 Year or Less	5.22-5.58	2.58-6.12	6.84	6.21-7.02	6.48-7.29	6.57-7.47
一年以上至三年	1 Year to 3 Years	5.76	6.30	7.02	7.20	7.47	7.56
三年以上至五年	3 Years to 5 Years	5.85	6.48	7.20	7.38	7.65	7.74
五年以上	More than 5 Year	6.12	6.84	7.38	7.56	7.83	7.83

注：c与同档次基本建设贷款相同。

a) "c" Same as interest rates on capital construction loans with corresponding maturity

19-10 上市公司情况

Summary for Number of Listed Companies

单位：个 (unit)

年 份 Year	全区合计 All Region	上交所 Shanghai Stock Exchange	深交所 Shenzhen Stock Exchange	#仅发A股公司 A share Only	#仅发B股公司 B share Only	H股 H share	增发A股公司 A Share Add
1994	1	1		1			
1995	1	1			1		
1996	4	1	3	4			
1997	5	3	2	4	1		
1998	2	2		2			
1999	1	1		1			
2000	5	5		5			
2001	1	1		1			1
2002							2
2003							
2004	2	1		1		1	
2005	1	1		1			
2006							
2007	1		1	1			

注：2002年发行A股公司为增发A股。

a)The companies issuing A share in 2002 only issued A share add.

19-11 股票发行筹资情况

Issuing Summary for Stocks

年 份 Year	股票发行量（万股） Amount Issued (10 000 shares)	A股 A share	B股 B share	A、B股配股 A & B Shares Rights Issued	H股 H share	股票筹资额（亿元） Raised Capital (100 million yuan)	A股 A share	B股 B share	A、B股配股 A & B Shares Rights Issued	H股 H share
1989	1820	1820				0.5	0.5			
1994	5000	5000				1.95	1.95			
1995	11000		11000			4.38	4.38			
1996	6520	5020		1500		3.46	2.86		0.60	
1997	51800	22200	16600	13000		25.36	10.83	5.61	8.92	
1998	32852	13100	19752	22.72		8.37		14.35		
1999	13095			13095		9.71		9.71		
2000	38230	30800		7430		32.58	24.10		8.48	
2001	44720	43000		1720		33.84	31.57		2.27	
2002	15896	15896				17.95	17.95			
2003	1258			1258		7.84			7.84	
2004	40000	5000			35000	17.78	3.49			14.29
2005	14000	14000				4.68	4.68			
2006										
2007	7800	7800				7.64	7.64			

19-12 中资保险公司业务技术指标(2007年)

Economic and Technical Indicators of Insurance Companies Funded With Chinese Capital(2007)

项 目	Item	保险金额 (亿元) Amount Insured (100 million yuan)	保费收入 (万元) Premium (10 000 yuan)	赔款及给付 (万元) Claim and Payment (10 000 yuan)
总 计	**Total**	**17360**	**977478**	**322170**
财产保险	**Property Insurance**	**8245**	**373568**	**193170**
企业财产险	Enterprise Property Insurance	2529	28514	15381
家庭财产险	Family Property Insurance	154	3165	615
机动车辆险	Motor Vehicle Insurance	1837	279559	136599
货物运输险	Freight Transport Insurance	218	4060	1295
建筑、安装工程	Construction and Installation Projects	230	4476	1243
其它财产保险	Other Property Insurance	4	308	672
责任险	**Liability Insurance**	**3196**	**8258**	**3299**
产品责任险	Products Liability Insurance	160	204	113
雇主责任险	Employers Liability Insurance	36	1263	551
公众责任险	Public Liability Insurance	521	4315	1446
其它责任险	Other Liability Insurance	2479	2476	1189
信用保险	**Credit Insurance**			
保证保险	**Guarantee Insurance**	**25**	**1896**	**510**
农业保险	**Agriculture Insurance**	**52**	**43332**	**33557**
人身保险	**Life Insurance**	**9115**	**603910**	**129000**
寿险	Life Insurance	730	535046	102810
健康险	Health Insurance	1663	34467	13676
人身意外伤害险	Unforeseen Human Injury Insurance	6722	34397	12514

注:"企业财产险"中包括"机器损坏保险"。

a)The Data of Enterprise Property Insurance Including Machine Damage Insurance.

19-13 财产保险业务收入与赔付(2007年)
Premiums and Claim & Payment of Property Insurance(2007)

单位：万元 (10 000 yuan)

项 目	Item	保险金额 Amount Insured	保费收入 Promiums	已决赔款 Indmnity	未决赔款 Loss Assessment of Unsrttled Claims
财产保险	**Property Insurance**	**82454154**	**373568**	**177944**	**41822**
#企业财产险	Enterprise Property	25287004	28514	14794	4498
家庭财产险	Family Property	1539584	3165	447	66
机动车辆险	Motor Vehicle Insurance	18370694	279559	123033	33096
货物运输保险	Freight Transport Insurance	2178365	4060	1191	314
责任险	Liability Insurance	31964758	8258	3005	1613
#产品责任险	Products Liability Insurance	1604806	204	113	29
雇主责任险	Employers Liability Insurance	363470	1263	537	294
公众责任险	Public Liability Insurance	5210902	4315	1444	1271
其他责任险	Other Liability Insurance	24785580	2476	912	19
保证保险	Guarantee Insurance	249258	1896	537	199
农业保险	Agriculture Insurance	518596	43332	33048	1286
#种植业险	Planting Insurance	335276	29943	24298	96
养殖业险	Animal Husbandry Insurance	183320	13389	8750	1190

19-14 人身保险业务收入与赔付(2007年)
Premiums and Claim & Payment of Accident in Surance Insurance(2007)

项 目	Item	新保承保人数(万人) New Person of Insurance (10 000 Persons)	保费收入(万元) Premiums (10 000 yuan)	赔款(万元) Claim (10 000 yuan)	满期给付(万元) Value of Expiration Payment (10 000 yuan)
总 计	**Total**	**941**	**603910**	**24807**	**104193**
寿险	Life Insurance	26	535046		102810
#非分红产品	Non-Share out Bonus Products	5	229972		45244
分红产品	Share out Bonus Products	16	247852		57323
投资连接产品	Products Link to Insvestment	0	2062		22
万能产品	All-purpose Products	5	55159		222
意外伤害保险	Unforeseen Human Injury Insurance	513	34397	12514	
#一年期以内	Less than one Year	105	16145	7195	
一年期	One Year	408	18252	5319	
健康保险	Health Insurance	402	34467	12293	1383
#一年期(及一年期以内)	One Year(Less than one Year)	395	15715	12293	
一年期以上	Over One Year	7	18752		1383

主要统计指标解释

信贷资金 指金融机构以信用方式积聚和分配的货币资金。金融机构信贷资金的来源有各项存款、对国际金融机构负债、流通中货币、银行自有资金及当年结益等；信贷资金的运用有各项贷款、黄金占款、外汇占款、财政借款及在国际金融机构中的资产等。

存款 指企业、机关、团体或居民根据资金必须收回的原则，把货币资金存入银行或其他信用机构保管并取得一定利息的一种信用活动形式。根据存款对象的不同可划分为企业存款、财政存款、机关团体存款、基本建设存款、城镇储蓄存款、农村存款等科目。它是银行信贷资金的主要来源。

贷款 指银行或其他信用机构根据资金必须归还的原则，按一定利率，为企业、个人等提供资金的一种信用活动形式。我国银行贷款分为流动资金贷款、固定资产贷款、城乡个体工商户贷款以及农业贷款等科目。

中资保险公司 指中国公民、法人或其他组织出资(含外资参股)设立的保险公司。

保险金额 指保险人承担赔偿或者给付保险金责任的最高限额。

保费 指投保人为取得保险人在约定范围内所承担赔偿责任而支付给保险人的费用。

赔款 指保险人根据保险合同的规定，向被保险人支付的赔偿保险责任损失的金额。

给付 包括死伤医疗给付和满期给付。死伤医疗给付是指保险人根据人寿保险及长期健康保险合同的规定，因被保险人在保险期内发生保险责任范围内的保险事故支付给被保险人(或受益人)的金额。满期给付是指被保险人生存期满，保险人按人寿保险合同规定支付给被保险人的满期保险金额。

Explanatory Notes on Main Statistical Indicators

Credit Funds refer to the funds issued as loans by banking institutions. The sources of credit funds of the banking institutions included deposits, Liabilities to international financial institutions, currency in circulation, self-owned funds and current retained profits, etc. The credit funds can be used in forms of loans, gold, foreign exchange, government debt and assets in the international financial institutions.

Deposit is a form of credit by which enterprises, institutions, organizations or households can put money into banks and other credit institutions for safekeeping and interest earning under the principle of free withdrawal. According to different depositors, deposits are divided into enterprise deposits, treasury deposits, deposits of government agencies and organizations, capital construction deposits, urban savings deposits, rural deposits and other deposits. Deposits are major sources of the credit funds of banks.

Loan is a form of credit by which banks and other credit institutions provide funds at certain interest rate to enterprises and individuals in the light of the principle of unconditional repayment. Loans from Chinese banks include circulating capital loans, fixed assets loans, loans to urban and rural individuals engaged in industrial and commercial business and agricultural loans.

Insurance Companies Funded with Chinese Capital refer to insurance companies established with capitals from Chinese citizens, corporate institutions or other organizations (including companies with shares from foreign capital) .

Amount Insured refers to the maximum that the insurant will get for the claim of the case insured.

Premium is the fee paid by the insurant to the insurer to obtain the obligation of compensation from the insurance within the agreed terms.

Settled Claim is the compensation paid by the insurer to the insurant in accordance with the insurance contract.

Payment includes payment for death, injury or medical treatment and mature payment. Payment for death, injury or medical treatment refers to the money paid to the insurant (or the beneficiary) in accordance with the life or health insurance contract when the insurant encounters accidents within the insured period covered in the contract. Mature payment refers to the mature payment to the insurant in accordance with the life insurance contract at the end of the insured period.

二十 教育、科技和文化

EDUCATION, SCIENCE AND CULTURE

资料整理：宋秀平 毅 茹 邰焱燚

Arranged by Song Xiuping, Yi Ru, Tai Yanyi

20-1 教育事业基本情况

Basic Statistics on Education

项 目	Item	2006	2007
学校数(所)	**Number of Schools(unit)**		
普通高等学校	Regular Institutions of Higher Education	36	36
普通中等学校	Secondary Schools	1747	1640
#中等专业学校	Specialized Secondary Schools	74	75
中等技术学校	Technical Secondary Schools	70	73
中等师范学校	Teacher Secondary Schools	4	2
普通中学	Regular Secondary Schools	1484	1382
职业中学	Vocational Secondary Schools	189	183
小 学	Primary Schools	4884	4177
幼儿园	Kindergartens	1504	1554
特殊教育	Special Schools	28	27
专任教师(人)	**Number of Full time Teachers(person)**		
普通高等学校	Regular Instiutions of Higher Education	19101	19483
普通中等学校	Secondary Schools	108717	108119
#中等专业学校	Specialized Secondary Schools	4587	4447
中等技术学校	Technical Secondary Schools	4324	4291
中等师范学校	Teacher Secondary Schools	263	156
普通中学	Regular Secondary Schools	95116	94491
职业中学	Vocational Secondary Schools	9014	9181
小 学	Primary Schools	116582	115205
幼儿园	Kindergartens	12130	12929
特殊教育	Special Schools	696	720
招生数(人)	**New Student Enrollment(person)**		
普通高等学校	Regular Institutions of Higher Education	81011	99088
普通中等学校	Secondary Schools	599877	545980
#中等专业学校	Specialized Secondary Schools	41274	52359
中等技术学校	Technical Secondary Schools	39770	51594
中等师范学校	Teacher Secondary Schools	1504	765
普通中学	Regular Secondary Schools	505865	431339
职业中学	Vocational Secondary Schools	52738	62282
小 学	Primary Schools	260748	260093
幼儿园	Kindergartens	201941	196360
特殊教育	Special Schools	397	552
在校学生(人)	**Student Enrollment(person)**		
普通高等学校	Regular Institutions of Higher Education	252917	284057
普通中等学校	Secondary Schools	1802490	1760821
#中等专业学校	Specialized Secondary Schools	114804	129312
中等技术学校	Technical Secondary Schools	109822	127227
中等师范学校	Teacher Secondary Schools	4982	2085
普通中学	Regular Secondary Schools	1551957	1480251
高 中	Senior Secondary Schools	561484	561400
初 中	Junior Secondary Schools	990473	918851
职业中学	Vocational Secondary Schools	135729	151258
小 学	Primary Schools	1563790	1584593
幼儿园	Kindergartens	291059	290382
特殊教育	Special Schools	3168	3943
毕业生数(人)	**Graduates(person)**		
普通高等学校	Regular Institutions of Higher Education	55653	67204
普通中等学校	Secondary Schools	564899	549122
#中等专业学校	Specialized Secondary Schools	30826	30933
中等技术学校	Technical Secondary Schools	29101	30273
中等师范学校	Teacher Secondary Schools	1725	660
普通中学	Regular Secondary Schools	491313	481771
高 中	Senior Secondary Schools	157028	170116
初 中	Junior Secondary Schools	334285	311655
职业中学	Vocational Secondary Schools	42760	36418
小 学	Primary Schools	311752	251506
幼儿园	Kindergartens	170983	161773
特殊教育	Special Schools	197	294

注：1、普通中学的高中学校数包括高级中学和完全中学.

2、毕业生数、招生数、在校学生数包括成人高校附设普通班学生数。

a)Number of senior secondary schools in regular secondary schools include senior secondary schools & whole secondary schools.

b)The number of graduates,new student enrollment and student enrollment studiing in general class belonging to adult university.

20-2 在校学生民族构成

Composition of Student Enrollment by Nationality

单位:人 (person)

项　目	Item	2006	2007
普通高等教育	**Regular Institutions of Higher Education**	**252917**	**284057**
蒙古族	Mongolian	57008	71175
其他少数民族	Other Minority Nationality	12383	14511
高等教育中研究生	Postgradate Students Enrollment	8694	9888
蒙古族	Mongolian	2755	2936
其他少数民族	Other Minority Nationality	294	296
中等专业学校	**Specialized Secondary Schools**	**114804**	**129312**
中等技术学校	Technical Schools	111528	127227
蒙古族	Mongolian	23169	26269
其他少数民族	Other Minority Nationality	2817	3291
中等师范学校	Teacher Training Schools Secondary	4982	2085
蒙古族	Mongolian	641	240
其他少数民族	Other Minority Nationality	177	71
普通中学	**Rogular Secondary Schools**	**1551957**	**1480251**
高中	Senior	561484	561400
蒙古族	Mongolian	130757	128678
其他少数民族	Other Minority Nationality	18391	20442
初中	Junior	990473	918851
蒙古族	Mongolian	208878	202185
其他少数民族	Other Minority Nationality	31084	27200
职业中学	**Vocational Secondary Schools**	**135729**	**151258**
蒙古族	Mongalian	18326	22829
其他少数民族	Other Minority Nationality	2946	3485
小学	**Primary Schools**	**1563790**	**1584593**
蒙古族	Mongolian	325541	321562
其他少数民族	Other Minority Nationality	38762	40643

20-3 普通高等学校分类情况(2007年)

Basic Statistics of Colleges and Universities by Different Types(2007)

项　目	Item	学校数(所) Number (unit)	毕业生数(人) Graduates (person)	招生数(人) New Student Enrollment (person)	在校学生(人) Student Enrollment (person)
普通高校	**Regular Institutions of Higher Education**	**36**	**66783**	**99088**	**283829**
综合大学	Comprehensive Universities	14	20854	29294	84354
理工院校	Science and Engineering Universities	12	24681	38560	107224
农业大学	Agricultural Universities	1	5481	7309	23592
医药院校	Medicinal Universities	1	1863	3915	10920
师范院校	Normal Universities	2	9019	10638	33058
财经院校	Economics and Finance Universities	3	4138	8018	21494
政法院校	Law Universities	1	541	478	1527
体育院校	Physical Universities	1	192	402	931
艺术院校	Arts Universities	1	14	474	729

注：毕业生、在校生数不含成人高校附设普通班学生数。

a)The number of student does not include the number of student who as studing in general class belonging to adult university.

20-3 续表 continued

项　目	Item	教职工合计(人) Number of Staff and Workers (person)	#专任教师 Teachers	#正、副教授 Professors and Asso.Prof.	#讲师 Lecturers	#助教、教员 Assistants and Instructors
普通高校	**Universities and Colleges**	**31653**	**19483**	**7006**	**6193**	**6284**
综合大学	Comprehensive Universities	12306	7041	2613	2397	2031
理工院校	Science and Engineering Universities	9767	6577	2101	1938	2538
农业大学	Agricultural Universities	2453	1541	724	472	345
医药院校	Medicinal Universities	1275	760	255	221	284
师范院校	Normal Universities	3315	1987	762	708	517
财经院校	Economics & Finance Universities	1838	1085	423	304	358
政法院校	Law Universities	293	177	68	51	58
体育院校	Physical Universities	173	144	31	52	61
艺术院校	Arts Universities	233	171	29	50	92

20-4 普通高等院校基本情况(2007年)
Basic Statistics of Colleges and Universities(2007)

项　目	Item	毕业生数(人) Graduates (person)	招生数(人) New Student Enrollment (person)	在校生数(人) Student Enrollment (person)
内蒙古大学	Inner Mongolia University	3936	3736	14252
内蒙古科技大学	Inner Mongolia Science & Technology University	7896	10926	35108
内蒙古工业大学	Inner Mongolia Engineering University	5640	5938	21451
内蒙古农业大学	Inner Mongolia Agriculture University	5481	7309	23592
内蒙古医学院	Inner Mongolia Medicinal College	1863	3915	10920
内蒙古师范大学	Inner Mongolia Normal University	6709	7835	25448
内蒙古民族大学	Inner Mongolia Nationality University	4563	4682	17169
赤峰学院	Chifeng College	2048	2550	8058
内蒙古财经学院	Inner Mongolia Eco & Finance College	3042	4635	13703
呼伦贝尔学院	Hulunbeier College	3120	3519	11432
内蒙古建筑职业技术学院	Hohhot Professional and Technical College	2482	2834	7954
集宁师范高等专科学校	Jining Teacher Training Academy	2310	2803	7610
内蒙古丰州职业学院	Inner Mongolia Fengzhou College	222	646	1481
河套大学	Hetao University	1414	2411	5649
内蒙古民族高等专科学校	Inner Mongolia Nationality Academy	1300	1796	4691
包头职业技术学院	Baotou Pro.& Tech. College	1849	3213	7436
兴安职业技术学院	Xingan Pro. & Tech. College	383	1006	1854
呼和浩特职业学院	Hohhot Vocational College	2649	3147	8934
包头轻工职业技术学院	Baotou Light Industry Professional and Technical College	1474	2582	6221
内蒙古电子信息职业技术学院	Inner Mongolia Electronics Vocational College	1790	2980	6843
内蒙古机电职业技术学院	Inner Mongolia Machinery & Electronics Professional and Technical College	1380	3343	7863
内蒙古化工职业学院	Inner Mongolia Chemical Engineering Vocational College	1890	2556	5823
内蒙古商贸职业学院	Inner Mongolia Trade Vocational College	1096	2637	6697
锡林郭勒职业学院	Xilingguole Vocational College	577	1507	3141
内蒙古警察职业学院	Inner Mongolia Police Vocational College	541	478	1527
内蒙古体育职业学院	Inner Mongolia Sport Vocational College	192	402	931
乌兰察布职业学院	Wulanchabu Vocational College	125	1448	2977
通辽职业学院	Tongliao Vocational College	517	1539	2951
科尔沁艺术职业学院	Keerqin Arts Vocational College	14	474	729
内蒙古交通职业技术学院	Inner Mongolia Transport Tech College	80	1580	3387
包头钢铁职业技术学院	Baotou Iron and Steel Vocational College	118	1044	2157
乌海职业技术学院	Wuhai Vocational College	82	940	2102
内蒙古科技职业学院	Inner Mongolia Sci & Tech College		624	879
内蒙古北方职业技术学院	Inner Mongolia North Tech College		644	915
赤峰职业技术学院	Chifeng Vocational College		663	850
内蒙古经贸外语职业学院	Inner Mongolia Trade & Language College		746	1094

注：学生数中不含成人高校附设普通班学生数。

a)The number of student does not include the number of student who was studing in general class belonging toadult university.

20-4 续表 continued

项　目	Item	教职工总数（人）Number of Staff & Workers (person)	#专任教师 Teacher	#中级职称以上教师 Medium over Professional Certification
内蒙古大学	Inner Mongolia University	2481	1363	1065
内蒙古科技大学	Inner Mongolia Science & Technology University	3210	2012	1303
内蒙古工业大学	Inner Mongolia Engineering University	2006	1279	889
内蒙古农业大学	Inner Mongolia Agriculture University	2453	1541	1196
内蒙古医学院	Inner Mongolia Medicinal College	1275	760	476
内蒙古师范大学	Inner Mongolia Normal University	2354	1430	1101
内蒙古民族大学	Inner Mongolia Nationality University	1755	955	658
赤峰学院	Chifeng College	1463	829	579
内蒙古财经学院	Inner Mongolia Eco & Finance College	1343	767	531
呼伦贝尔学院	Hulunbeier College	1125	788	471
内蒙古建筑职业技术学院	Hohhot Pro. and Tech. College	542	336	202
集宁师范高等专科学校	Jining Teacher Training Academy	961	557	369
内蒙古丰州职业学院	Inner Mongolia Fengzhou Vocational College	85	50	43
河套大学	Hetao University	1091	557	412
内蒙古民族高等专科学校	Inner Mongolia Nationality Academy	496	320	203
包头职业技术学院	Baotou Pro. and Tech. College	853	529	307
兴安职业技术学院	Xingan Pro and Tech College	552	355	269
呼和浩特职业学院	Hohhot Vocational College	1016	612	369
包头轻工职业技术学院	Baotou Light Industry Professional and Technical College	570	425	190
内蒙古电子信息职业技术学院	Inner Mongolia Electronics Vocational College	465	396	256
内蒙古机电职业技术学院	Inner Mongolia Machinery & Electronics Professional and Technical College	622	495	289
内蒙古化工职业学院	Inner Mongolia Chemical Engineering Vocational College	584	467	230
内蒙古商贸职业学院	Inner Mongolia Trade Vocational College	408	278	183
锡林郭勒职业学院	Xilingguole Vocational College	715	386	309
内蒙古警察职业学院	Inner Mongolia Police Vocational College	293	177	119
内蒙古体育职业学院	Inner Mongolia Sport College	173	144	83
乌兰察布职业学院	Wulanchabu Vocational College	510	312	234
通辽职业学院	Tongliao Vocational College	724	414	328
科尔沁艺术职业学院	Keerqin Arts Vocational College	233	171	79
内蒙古交通职业技术学院	Inner Mongolia Tansport Vocational Technological College	315	228	132
包头钢铁职业技术学院	Baotou Iron and Steel Vocational College	293	180	134
乌海职业技术学院	Wuhai Vocational College	197	180	93
内蒙古科技职业学院	Inner Mongolia Science & Technology College	110	50	14
内蒙古北方职业技术学院	Inner Mongolia North Technology College	171	42	34
赤峰职业技术学院	Chifeng Vocational College	122	58	36
内蒙古经贸外语职业学院	Inner Mongolia Trade & Language College	87	40	13

20-5 科技活动基本情况(2007年)

Basic Statistics on Scientific and Technological Activities(2007)

项目	Item	2007
科技活动	**Scientific and Technological Activities**	
科技活动人员(人)	**Number of Persons Engaged in Scientific and Technological Activities(person)**	**41998**
#科学家与工程师	Scientists and Engineers	30942
研究与试验发展折合全时人员(人年)	**Number of Full-time Persons in Research and Developmeut Activities(person year)**	**15373**
#科学家与工程师	Scientists and Engineers	12878
科技经费筹集额(万元)	**Funding for Scientific and Technological Activities(10 000 yuan)**	**495670**
#政府资金	Government Funds	113553
企业资金	Self-raised by Enterprises	340595
银行贷款	Bank Loans	20299
科技经费内部支出(万元)	**Expenditures for Scientific and Technological Activities (10 000 yuan)**	**483002**
#劳务费	Service Fees	98402
固定资产购建费	Purchases of Fixed Assets	167570
#研究与试验发展经费内部支出	Research and Development Expenses	241982
基础研究	Fundamental Research	5251
应用研究	Applied Research	23400
试验发展	Experimental Development	208564
研究与发展经费支出占生产总值比重(%)	**Proportion of Research and Development Expenses to GDP(%)**	**0.4**
技术成果和国家奖励	**Achievements in Scientific and Technological Research and National Prizes Won**	
自治区科技进步奖(项)	Number of Major Achievements in Science and Technology(item)	100
国家发明奖(项)	Number of National Invention Prizes Awarded(item)	
国家科学技术进步奖(项)	Number of National Scientific and Technological Progress Prizes Awarded(item)	1
技术市场成交额(万元)	**Transaction Value in Technical Market(10 000 yuan)**	**453721**
专 利	**Patent**	
专利申请受理量(件)	Total Patent Applications Examined(item)	2015
发明	Creation and Inventions	565
实用新型	Utility Models	966
外观设计	Designs	484
专利申请批准量(件)	Total Patent Applications Certified(item)	1313
发明	Creation and Inventions	120
实用新型	Utility Models	788
外观设计	Designs	405

20-6 地方国有单位各类专业技术人员

Special Technical Personnel of State-owned Units

单位:人 (person)

年份 Year	合 计 Total	工程技术人员 Engineering	农业技术人员 Agriculture	科学研究人员 Scientific Research	卫生技术人员 Health Care	教学人员 Teaching
1986	298360	50544	16026	1561	43130	137854
1987	344667	58353	17665	1794	44962	166079
1988	385181	66901	18436	1646	47332	158905
1989	428612	71848	18649	1845	49311	175621
1990	442659	75686	19644	1803	51184	180408
1991	453193	78705	20168	1839	53585	184784
1992	461901	79224	20710	2174	54257	187739
1993	454591	77474	18534	2043	54236	192023
1994	463501	77624	19096	2026	54873	199488
1995	471197	78640	18781	1877	56045	205952
1996	476610	78450	18946	1832	56854	214200
1997	477411	77127	19010	1792	60806	218651
1998	476012	74538	18499	1762	60990	223704
1999	504045	78903	19246	1992	65578	242551
2000	509470	77348	19076	2002	68954	250740
2001	497202	69548	18979	2084	69156	257165
2002	486215	64635	18288	1927	68725	260445
2003	514746	68669	22202	2029	72508	274565
2004	532891	65362	26978	2631	80287	286581
2005	534906	62700	27393	2401	81181	291842
2006	536071	59529	27465	1985	81658	300322
2007	553733	70527	27645	2160	82346	303470

20-7 国有各类独立科技机构、人员、经费(2007年)

Number of State-owned Research and Development Institutions, Persons and Funds(2007)

项 目	Item	旗县以上国有科技机构合计 R & D Institutions at & above County Level	自然科学与技术领域 Natural Sciences and Techonology	转制科研机构 Transform Character of Institutions	社会与人文科学领域 Social Sciences & Humanities	科技信息与文献机构 Scientific Technological Information & Literature Institutions	旗县属科技机构 Scientific Institation of County
机构数(个)	Institutions(unit)	134	78	32	12	12	6
从业人员数(人)	Staff & workers(person)	11376	7605	3037	508	226	96
#从事科技活动人员	Scientific & Tech Activities	7815	5384	1780	450	201	71
#科学家、工程师	Scientists & Engineers	5719	3837	1397	349	136	24
经费收入总额(万元)	Income(10 000 yuan)	196284	86822	100990	7021	1451	300
#政府拨款	Government Appropriations	77258	64722	6982	4282	1272	294
经费支出总额(万元)	Expenditures(10 000 yuan)	171654	77550	86949	5816	1339	300
#科技经费支出额	Service Charge	93599	63703	22956	5648	1292	258
R&D经费支出额	Fands of R&D	37758	25712	9335	2691	20	9
固定资产(万元)	Fixed Assets(10 000 yuan)	143227	89487	47356	5155	1229	119
课题数(个)	Number of Topics(unit)	788	596	125	50	17	4
课题经费支出(万元)	Funds of Topic(10 000 yuan)	35421	21622	11009	2344	446	14
#R&D经费支出	Funds of R&D	26609	17466	6859	2276	8	8
课题投入人员(人年)	Persons of Topics(person-year)	3110	2398	518	136	58	10
#R&D课题投入	R&D of Topics	2334	1804	406	122	2	5
专利申请受理(项)	Number of Patent Applications Accepted(item)	58	37	11		10	
专利授权(项)	Number of Patent Applications Granted(item)	18	7	11			
科技论文(篇)	Science Papers(piece)	775	626	92	57		

注：R&D为研究与发展(Research and Development)的缩写。

a) R&D is abridge of Research and Development.

20-8 旗县以上国有独立自然科学与技术领域及转制科研机构、人员、经费(2007年)

Transformed and State-Owned Natural Scientific and Technological Institutions, Staff and Expenditure (2007)

项 目	Item	机构数(个) Institutions (unit)	从业人数(人) Staff & workers (person)	# 从事科技活动 Science & Technology	# 科学家工程师 Scientists & Engineers
总 计	**Total**	**110**	**10642**	**7164**	**5234**
按隶属关系分	**Grouped by Level**				
国务院部门属	Central Government	12	3304	2261	1679
自治区属	Autonomous Region	31	3305	2371	1904
盟市属	Leagues and Cities	67	4033	2532	1651
按行政地域分	**Grouped by Region**				
呼和浩特市	Hohhot City	46	5315	3773	2884
包 头 市	Baotou City	12	2340	1356	1013
呼伦贝尔市	Hulunbeier City	8	396	314	219
兴 安 盟	Xingan League	5	119	72	60
通 辽 市	Tongliao City	5	491	274	182
赤 峰 市	Chifeng City	5	335	288	189
锡林郭勒盟	Xilinguole League	5	263	202	128
乌兰察布市	Wulanchabu City	5	296	174	88
鄂尔多斯市	Erdos City	7	347	277	227
巴彦淖尔市	Bayannaoer City	8	620	332	188
乌 海 市	Wuhai City	1	53	39	18
阿拉善盟	Alashan League	3	67	63	38

20-8 续表 continued

单位：万元 (10 000 yuan)

项 目	Item	经费收入总额 Income	# 政府拨款 Government Appropriations	经费支出总额 Expenditures	# 科技经费 Scientific Charge	固定资产原值 Purchasing Fixed	课题经费支出 Funds of Topics
总 计	**Total**	**187811**	**71704**	**164499**	**86660**	**136843**	**32631**
按隶属关系分	**Grouped by Level**						
国务院部门属	Central Government	86643	29795	82626	34854	69837	15153
自治区属	Autonomous Region	60037	23488	43612	32843	37507	12829
盟市属	Leagues and Cities	41131	18421	38261	18963	29498	4648
按行政地域分	**Grouped by Region**						
呼和浩特市	Hohhot City	89755	45256	71404	55048	75032	21130
包 头 市	Baotou City	76102	9150	73027	15779	39521	8144
呼伦贝尔市	Hulunbeier City	5062	4139	4718	3770	4008	693
兴 安 盟	Xingan League	813	798	965	626	1258	176
通 辽 市	Tongliao City	2627	1940	2560	1804	1543	549
赤 峰 市	Chifeng City	2240	2204	2136	2031	1485	434
锡林郭勒盟	Xilinguole League	3115	1211	1615	1266	1907	96
乌兰察布市	Wulanchabu City	1097	1097	1097	955	354	31
鄂尔多斯市	Erdos City	2756	1737	2801	1782	9058	338
巴彦淖尔市	Bayannaoer City	3588	3525	3521	2968	2229	789
乌 海 市	Wuhai City	288	288	288	274	258	118
阿拉善盟	Alashan League	367	359	367	356	191	134

20-9 大中型工业企业科技活动基本情况

Basic Statistics on Scientific and Technological Activities of Large and Medium-sized Industrial Enterprises

项 目	Item	2006	2007
单位数(个)	**Number of units(units)**	**411**	**449**
#有科技活动单位数	Having Scientific and Technological Activities	100	94
有R&D活动单位数	Having Activivities of R&D	53	57
从业人员年平均人数(人)	**Average of Staff and Workers(person)**	**583560**	**593813**
#科技活动人员	Persons Engaged in Scientific & Technological Activities	22391	24257
科学家和工程师	Scientists and Engineers	15683	17540
R&D人员折合全时人员(人年)	**Persons Engaged in R&D Converted into Full-time Persons(person/year)**	**9198**	**9546**
#科学家和工程师	Scientists and Engineers	7277	7779
科技活动经费筹集额(万元)	**Funds for Scientific and Technological Activities(10 000 yuan)**	**311888**	**358932**
#政府资金	Government Funds	22708	21989
企业资金	Enterprises Funds	254205	304557
金融机构贷款	Bank Loans	29489	17477
其他资金	Other Funds	5486	14909
科技经费内部支出(万元)	**Internal Expenditures of Funds of R&D (10 000 yuan)**	**305521**	**348260**
#劳务费	Labor Wage	52150	64721
固定资产购建费	Expenditures of Purchasing and Fixing Fixed Assets	138065	128955
R&D经费内部支出(万元)	**Inter Expenditures of Funds of R&D(10 000 yuan)**	**120494**	**193113**
#基础研究	Fundamental Research	89	249
应用研究	Applied Research	17250	3336
试验发展	Experiment and Development	103155	188063

20-10 高等学校科技活动基本情况

Basic Statistics on Scientific and Technological Activities of Colleges and Universities

项 目	Item	2006	2007
单位数(个)	**Number of units(unit)**	**15**	**27**
#有科技活动单位数	Units Having Scientific and Technological Activites	15	26
有R&D活动单位数	Units Having Activities of R&D	15	26
科技活动人员(人)	**Persons Engaged in Sci. & Tech. Activities(person)**	**4944**	**5673**
#科学家工程师	Scientists and Engineers	4844	5591
R&D人员全时当量(人年)	**Persons in R&D into Full-time(person/year)**	**2398**	**2682**
#科学家工程师	Scientists and Engineers	2366	2641
基础研究	Fundamental Research	859	967
应用研究	Applied Research	1142	1313
试验发展	Experiment and Development	397	402
科技经费筹集额(万元)	**Funds for Science and Technology(10 000 yuan)**	**21350**	**23411**
#政府资金	Government Funds	13600	14160
自筹资金	Self-raised	805	
银行贷款	Bank Loans		
科技经费内部支出额(万元)	**Internal Expenditures of Funds of R&D(10 000 yuan)**	**19933**	**19923**
#劳务费	Labor Expenses	2585	2789
固定资产购建费	Expenditurd of Purchases of Fixed Assets	5033	4138
R&D经费内部支出(万元)	**Inter Expenditures of Funds of R&D(10 000 yuan)**	**13173**	**12405**
#基础研究	Fundamental Research	2789	2388
应用研究	Applied Research	8106	7173
试验发展	Experiment and Development	2278	2844

20-11 科技成果获奖

Number of Achievements in Scientific and Technological Research and National Prizes Won

单位：项 (item)

年份 Year	国家发明奖 Number of National Invention Prizes Awarded	国家科技进步奖 Number of National Scientific & Technological Prizes Awarded	国家自然科学奖 Number of National Natural Sciences Prizes Awarded	自治区科技进步奖 Number of Autonomous Regional Scientific & Technological Prizes Awarded	一等奖 First Class Prize	二等奖 Second Class Prize	三等奖 Third Class Prize
1983				126	2	32	92
1985	1	4		167	12	36	119
1986				96	8	20	68
1987			1	121	12	35	74
1988	2	3		103	3	22	78
1989		4		102	7	20	75
1990		3		103	5	20	78
1991		2	1	130	6	14	110
1992		4		105	3	15	87
1993	1	3		123	3	18	102
1994				104	4	14	86
1995	1	2		124	7	22	95
1996		3		129	5	21	103
1997		2		115	3	25	87
1998		1		123	4	22	97
1999	1	3	2	142	4	20	118
2000		1		89	5	16	68
2001		1		100	5	20	75
2002				93	4	20	69
2003		1		80	5	18	57
2004		1		83	7	21	55
2005		1		100	8	23	69
2006		1		98	8	24	66
2007		1		100	12	26	62

20-12 三种专利申请受理量及批准量

Three Types of Patent Applications Examined and Granted

单位：项 (item)

年份 Year	申请受理量合计 Number of Patent Applications Examined	发明 Inventions	实用新型 Utility Models	外观设计 Designs	批准量合计 Number of Patent Applications Granted	发明 Inventions	实用新型 Utility Models	外观设计 Designs
1985	76	42	32	2				
1986	90	31	48	11	17		16	1
1987	154	39	108	7	48	3	36	9
1988	228	46	176	6	63	7	53	3
1989	231	43	179	9	128	10	110	8
1990	347	54	270	23	170	5	158	7
1991	431	86	310	35	153	6	130	17
1992	510	102	366	42	242	14	212	16
1993	601	137	438	26	438	14	381	43
1994	731	124	474	133	337	7	296	34
1995	647	117	449	81	415	8	293	114
1996	859	215	507	137	326	6	265	55
1997	940	244	534	162	372	11	264	97
1998	785	125	519	141	523	12	375	136
1999	971	198	557	216	723	17	521	185
2000	1138	234	602	302	775	60	530	185
2001	1089	185	664	240	743	73	440	230
2002	1202	233	643	326	679	53	428	198
2003	1394	242	716	436	816	82	419	315
2004	1457	286	699	472	831	108	437	286
2005	1455	307	708	440	845	98	452	295
2006	1946	430	915	601	978	108	543	327
2007	2015	565	966	484	1313	120	788	405

20-13 文化艺术和文物事业机构、人员(2007年)

Number of Institutions and Personnel in Culture, Art and Cultural Relics(2007)

机构类别	Category of Institution	机构数(个) Number of Institutions (unit)	从业人数(人) Number of Persons Engaged (person)
文化事业合计	**Culture**	**1279**	**15096**
艺术事业	Art Institutions	140	5722
艺术表演团体	Art Performance Troupes	109	5184
话剧、儿童剧、滑稽剧团	Drama, Children Plays ,Comedy	2	103
歌剧、舞剧、歌舞剧团	Opera, Ballet and Dance Troupes	2	106
歌舞团、轻音乐团	Song and Dance Troupe, Light Music	15	1606
文工团、文宣队、乌兰牧骑	Cultural and Performance Troupes and Ulanmuchi (equestrain art troupes)	71	2414
戏曲剧团	Local Opera Troupes	12	713
#京剧	Local Beijing Opera Troupes	1	75
曲艺、杂技、木偶、皮影团	Recitation and Ballad, Acrobatics and Circus, Puppet Show, and Shadow Play Troupes	2	121
艺术表演场所	Art Centers	31	538
剧场、影剧院	Theaters and Music Halls	31	538
书场、曲艺场	Storytelling Places, Recitation and Ballad Places		
杂技、马戏场	Acrobatics, Circus Places		
音乐厅	Concert Halls		
图书馆事业	Libraries	113	1735
群众文化事业	Mass Culture	963	3725
群众艺术馆	Mass Art Centers	13	430
文化馆	Cultural Centers	102	1323
文化站	Cultural Stations	848	1972
#乡文化站	Township Cultural Stations	725	1764
艺术教育事业	Culture and Education	6	438
其他文化事业	Other Cultural Units	48	2836
艺术创作机构	Art Creation Institutions	8	45
艺术研究机构	Art Research Institutions	9	122
艺术展览机构	Art Exhibition Institutions	4	200
#美术馆	Art Gallery	1	9
其他	Others	18	1829
文化艺术经纪与代理业	Brokers and Agents for Cultural and Arts Activities	9	640
文物事业合计	**Cultural Relics**	**118**	**1623**
文物保护管理机构	Agency of Historical Relics Preservation	77	607
文物科研机构	Scientific and Research Historical Relics	1	58
其他文物机构	Other Historical Relics Agency	1	6
博物馆	Museums	37	895
综合性博物馆	Comprehensive Museum	34	853
历史类博物馆	Special Museum	1	8
自然科技类博物馆	Nature Science and Technology Museum	1	8
其他博物馆	Memorial Museum	1	26
文物商店	Cultural Relics Agencies	2	57

20-14 图书、杂志、报纸出版

Books, Magazines and Newspapers Published

项 目	Item	2006	2007
图 书	**Books Published**		
种 数(种)	Number of Publications(kind)	2971	2305
# 蒙 文(种)	Mongol(kind)	1031	920
新 出(种)	New Books(kind)	2506	873
重 印(种)	Republication(kind)	465	249
总印数(万册)	Total Printed Copies(10 000 copies)	8385.43	9046.3
总印张数(万印张)	Printed Sheets(10 000 sheets)	61159.84	62457.04
定价总金额(万元)	Total of Fixed Price(10 000 yuan)	71174.50	57409.8
杂 志	**Magazines Publised**		
种 数(种)	Number of Publications(kind)	150	151
# 蒙 文(种)	Mongol(kind)	47	47
总印数(万册)	Total Printed Copies(10 000 copies)	1174.20	1395.00
总印张数(万印张)	Printed Sheets(10 000 sheets)	5969.70	5904.60
定价总金额(万元)	Total of Fixed Price(10 000 yuan)	7921.50	7903.00
报 纸	**Newspapers Publised**		
种 数(种)	Number of News Published(kind)	61	50
# 蒙 文(种)	Mongol(kind)	13	13
总印数(万份)	Total Printed Copies(10 000 copies)	50815.00	27182.00
总印张数(万印张)	Printed Signatures(10 000 sheets)	40648.80	37095.30
定价总金额(万元)	Total of Fixed Price(10 000 yuan)	19218.00	18776.00

20-15 广播电视事业

Statistics on Broadcasting and Television Stations

项目	Item	2006	2007
广播	**Broadcasting**		
广播电台(座)	Number of Broadcasting Stations(set)	13	13
调频转播发射台座数(座)	Transmission Stations of Frequency Modulation(set)	466	490
中短波转播发射台座数(座)	Transmission Stations of Short and medium Wave(set)	57	56
广播人口覆盖率(%)	Listener Rating(%)	92.84	92.98
节目套数(套)	Number of Programs(set)	115	117
广播节目全年播出情况	**Annual Statistics on Broadcasting**		
新闻资讯类（小时：分）	News Programs(hour:minute)	95211:35	100085:44
专题服务类（小时：分）	Special Subject Programs(hour:minute)	116330:47	115619:53
综艺类（小时：分）	Programs of Entertainment(hour:minute)	196416:59	203715:56
广播剧类（小时：分）	Radio Play(hour:minute)	9955:20	16506:13
广告类（小时：分）	Programs of Advertisment(hour:minute)	28849:56	32367:23
其他类（小时：分）	Other Programs(hour:minute)	80342:25	84610:33
广播节目全年制作情况	**Annual Statistics on Production of Broadcasting**		
新闻资讯类（小时）	News Programs(hour)	28753	35891
专题服务类（小时）	Special Subject Programs(hour)	68721	65547
综艺类（小时）	Programs of Entertainment(hour)	55742	57468
广播剧类（小时）	Radio Play(hour)	21	327
广告类（小时）	Programs of Advertisment(hour)	16963	18695
其他类（小时）	Other Programs(hour)	9335	16672
电视	**Television**		
电视台(座)	Number of Television Stations(set)	14	14
电视转播发射台座数(座)	Transmission and Relaying Stations(set)	1838	1656
卫星地球站(座)	Satellits Television Station(set)	1	1
卫星收转站(座)	Satellits Transmission Stations(set)	57799	354797
电视人口覆盖率(%)	Viewer Rating(%)	91.23	91.44
节目套数(套)	Number of Programs(set)	118	119
电视节目全年播出情况	**Annual Statistics on Dissemination of TV Programs**		
新闻资讯类（小时：分）	News Programs(hour:minute)	57543:32	63492:12
专题服务类（小时：分）	Special Subject Programs(hour:minute)	57093:46	57444:11
综艺益智类（小时：分）	Programs of Entertainment(hour:minute)	48028:56	53437:43
影视剧类（小时：分）	Programs of Film and TV Play (hour:minute)	262660:09	262862:55
广告类（小时：分）	Programs of Advertisment(hour:minute)	55302:30	66842:21
其他类（小时：分）	Other Programs(hour:minute)	71430:00	70458:04
电视节目全年制作情况	**Annual Statistics on Production of TV Programs**		
新闻资讯类（小时）	News Programs(hour)	15083	16010
专题服务类（小时）	Special Subject Programs(hour)	14003	12560
综艺益智类（小时）	Programs of Entertainment(hour)	9002	8345
影视剧类（小时）	Programs of Film and TV Play (hour)	1248	48
广告类（小时）	Programs of Advertisment(hour)	16395	15145
其他类（小时）	Other Programs(hour)	4173	5050

主要统计指标解释

普通高等学校 指按照国家规定的设置标准和审批程序批准举办，通过国家统一招生考试，招收高中毕业生为主要培养对象，实施高等教育的全日制大学、独立设置的学院和高等专科学校、短期职业大学。

成人高等学校 指按照国家有关规定审批，招收通过全国成人高教统一招生考试的具有高中毕业或同等学历的在职从业人员，利用脱产、半脱产、业余或函授等多种形式对其实施高等学历教育，培养高等教育专科或本科毕业水平的专门人才，修业年限，课程设置和总学时数均按高等学历教育要求付诸实施的学校。包括广播电视大学、职工高等学校、农民高等学校、管理干部学院、教育学院、独立设备的函授学院等。

小学学龄儿童入学率 指调查范围内已入小学学习的学龄儿童占校内外学龄儿童总数(包括弱智儿童，不包括盲聋哑儿童)的比重。计算公式为：

小学学龄儿童入学率=已入学的小学学龄儿童数/校内外小学学龄儿童总数×100%

科技活动 指在自然科学、农业科学、医药科学、工程与技术科学、人文与社会科学领域(简称科学技术领域)中，与科技知识的产生、发展、传播和应用密切相关的有组织的活动。可分为研究与试验发展(R&D)、研究与试验发展成果应用及相关的科技服务三类活动。该定义是联合国教科文组织考虑成员国特别是发展中国家开展科技统计工作的需要，而对科技活动所作的统计界定。

科技活动人员 指直接从事科技活动、以及专门从事科技活动管理和为科技活动提供直接服务，累计的实际工作时间占全年制度工作时间 10%及以上的人员。(1)直接从事科技活动的人员包括：在独立核算的科学研究与技术开发机构、高等学校、各类企业及其他事业单位内设的研究室、实验室、技术开发中心及中试车间(基地)等机构中从事科技活动的研究人员、工程技术人员、技术工人及其它人员；虽不在上述机构工作，但编入科技活动项目(课题)组的人员；科技信息与文献机构中的专业技术人员；从事论文设计的研究生等。(2)专门从事科技活动管理和为科技活动提供直接服务的人员，包括：独立核算的科学研究与技术开发机构、科技信息与文献机构、高等学校、各类企业及其他事业单位主管科技工作的负责人，专门从事科技活动的计划、行政、人事、财务、物资供应、设备维护、图书资料管理等工作的各类人员，但不包括保卫、医疗保健人员、司机、食堂人员、茶炉工、水暖工、清洁工等为科技活动提供间接服务的人员。该指标用来反映投入科技活动人力的规模。

科学家与工程师 指科技活动人员中具有高、中级技术职称(职务)的人员和不具有高、中级技术职称(职务)的大学本科及以上学历人员。该指标用来反映投入科技活动人力的素质。

专业技术人员 指从事专业技术工作和专业技术管理工作的人员，即企事业单位中已经聘任专业技术职务从事专业技术工作和专业技术管理工作的人员，以及未聘任专业技术职务，现在专业技术岗位上工作的人员。包括工程技术人员，农业技术人员，科学研究人员，卫生技术人员，教学人员，经济人员，会计人员，统计人员，翻译人员，图书资料、档案、文博人员，新闻出版人员，律师、公证人员，广播电视播音人员，工艺美术人员，体育人员，艺术人员及企业政治思想工作人员，共十七个专业技术职务类别。用来反映科技人力资源情况。

研究与试验发展(R&D) 指在科学技术领域，为增加知识总量、以及运用这些知识去创造新的应用进行的系统的创造性的活动，包括基础研究、应用研究、试验发展三类活动。国际上通常采用 R&D 活动的规模和强度指标反映一国的科技实力和核心竞争力。

科技活动经费筹集 指从各种渠道筹集到的计划用于科技活动的经费，包括政府资金、企业资金、事业单位资金、金融机构贷款、国外资金和其他资金等。反映各社会经济主体对促进科技进步所做的努力。

专利 是专利权的简称，是对发明人的发明创造经审查合格后，由专利局依据专利法授予发明人和设计人对该项发明创造享有的专有权。包括发明、实用新型和外观设计。反映拥有自主知识产权的科技和设计成果情况。

发明 是专利法及其实施细则所称的发明，指对有关产品、方法或其改进所提出的新的技术方案。

实用新型 是专利法及其实施细则所称的实用新型，指对产品的形状、构造或者其结合所提出的适于实用的新的技术方案。

外观设计 是专利法及其实施细则所称的外观设计，指对产品的形状、图案、色彩或者其结合所作出的富有美感并适于工业上应用的新设计。

文化事业机构 指从事专业文化工作和为专业文化工作服务的独立建制的单位。不包括这些单位另外举办独立核算的其他机构和各部门的业余文化组织。

艺术表演团体 指从事戏曲、音乐、舞蹈、杂技等专业艺术表演，有独立帐户的单位，不包括半工半艺、半农半艺和民间职业剧团。

电影放映单位 指具有放映机器设备、固定或不固定的放映场所与专职或兼职的放映技术人员，经有关部门登记批准，经常为一定的观众对象放映电影的机构。

艺术表演观众人数(人次) 指售票、包场演出或民族地区免费演出的艺术表演观众人次数，不包括彩排审查和内部观摩演出的观看人次数。

Explanatory on Main Statistical Indicators

Regular Institutions of Higher Learning refer to educational establishments set up according to the government evaluation and approval procedures, enrolling graduates from senior secondary schools and providing higher education courses and training for senior professionals. They include fulltime universities, colleges, high professional schools and short-term professional universities.

Institutions of Higher Learning for Adults refer to educational establishments, set up in line with relevant rules approved by the government, enrolling staff and workers with senior secondary school or equivalent education, and providing higher education courses in many forms of full time, pray time, spare time, or correspondence for adults. Professionals thus trained receive a qualification equivalent to graduates studying regular courses at regular universities, colleges and professional colleges. Institutions of higher learning for adults include Radio and TV universities, schools of high education for staff and workers and peasants, colleges for management cadres, pedagogical colleges, independent correspondence colleges.

Enrollment Rate of Primary School age Children refers to the proportion of school age children enrolled at schools to the total number of school age children both in and outside schools (including retarded children, but excluding blind, deaf and mute children) . The formula is: Enrollment Rate of Primary School age Children=(Total Primary School age Children at Schools) ÷(Total Primary School age Children Both at and Outside Schools) ×100%

Scientific and Technological Activities (S&T Activities) refer to organized activities which are closely related with the creation, development, dissemination and application of the scientific and technical knowledge in t he fields of natural sciences, agricultural science, medical science, engineering and technological science, humanities and social sciences (referred to as scientific and technological fields) . S&T activities can be classified in to 3 categories: research and development (R&D) activities, application of R&D results, and related S&T services. This statistical definition is made by UNICHIEF for scientific and technological activities to meet the need of carrying out statistical work in this field for its member countries in particular those developing countries.

Personnel Engaged in S&T Activities refer to personnel directly engaged in S&T activities, in the management of S&T activities, and in providing direct service to S&T activities, who sp end over 10% of the total working hours in a year in S&T activities. (1) Personnel directly engaged in S&T activities include researchers, engineers, technicians and other related personnel engaged in S&T activities in independent-accounting R&D institutions, institutions of higher learning, and in research institutes, laboratories, technology development centers and central experiment workshops under enterprises and institutions. Also included are people working in S&T research project teams, professional and technical personnel working in S&T information archiving institutes, and graduate students working on the design of their thesis. (2) Personnel engaged in the management of S&T activities and in providing direct service to S&T activities include senior management people responsible for S&T activities in independent -accounting R&D institutions, S&T information archiving institutes, institutions of higher learning, and in enterprises and institutions where S&T activities are undertaken. Also included are people responsible for the planning, administration, personnel management, financial management, logistics supply, equipment maintenance, information and library management that are related with S&T activities. People providing indirect services are excluded, such as security, medical service, drivers, plumbers, cleaners and those providing catering and related service. This indicator reflects the size of personnel engaged in S&T activities.

Scientists and Engineers refer to persons engaged in S&T activities who have obtained titles of senior and middle level professional positions, and those without such position but have completed university or higher education. This indicator reflects the quality of personnel engaged in S&T activities.

Professional and Technical Personnel refer to persons engaged in professional and technical work or in the management of professional and technical activities, i. e. , people with professional or technical posit ions who are engaged in professional and technical work or in the management of professional and technical activities, and people without professional or technical positions but are working on professional or technical posts. They include professionals and technicians working in 17 categories of technical occupations including engineering, agriculture, scientific researches, medical service, teaching, economic research and application, accounting, statistics, translation, libraries, archives, cultural and museum service, journalism and publication, lawyers, notarization service, radio and television broadcasting, handicraft and fine arts, sports, performing art, and political workers in enterprises. This indicator reflects the condition of human resources in S&T.

Research and Development (R&D) refers to systematic and creative activities in the field of science and technology aiming at increasing the knowledge and using the knowledge for new application. R&D includes 3 categories of activities: basic research, applied research and experiments and development. The scale and intensity of R&D are widely us ed internationally to reflect the strength of S&T and the core competitiveness of a country in the world.

Funding for S&T Activities refers to funds obtained from various sources for S&T activities, including government funds, self-raised funds by enterprises, self-raised funds by institutions, loans from financial institutions, foreign funds and other funds . This indicator reflects the efforts made by various social economic entities in promoting the development of S&T.

Patent is an abbreviation for the patent right and refers to the exclusive right of ownership by the inventors or designers for the creation or inventions, given from the patent offices after due process of assessment and approval in accordance wit h the Patent Law. Patents are grant ed for inventions, utility model sand designs. This indicator reflects the achievements of S&T and design with in dependent intellectual property.

Inventions refer to the inventions as specified by the patent law and its detailed rules and regulations for implementation. They refer to the new technical proposals to the products or methods or their modifications.

Utility Models refer to the utility models as specified by the patent law and its detailed rules and regulations for implementation. They refer to the practical and new technical proposals on the shape and structure of the product or the combination of both.

Designs refer to the designs as specified by the Patent law and its detailed rules and regulation for implementation. They refer to the aesthetics and industry applicable new designs for the shape, pattern and color of the product, or their combinations.

Cultural Institutions refer to units which have their own organizational system and independent accounting system and specialize in or serve cultural development. They exclude other establishments run by these cultural institutions and amateur cultural groups established by various departments.

Art Troupe refers to the troupe which is engaged in drama, opera, music, dance, acrobatics or other art performance, opens independent accounts with banks and has self supporting accounting system; excluding the troupes which are engaged partly in industrial or agricultural activities, partly in art performance and the professional troupes organized by the people.

Film Projection Units refer to units with film projection equipment, full or part time projectionists, permanent or non permanent places, approved by related administrative departments to show films regularly for certain groups of audience, including those film projection units which have been approved to give commercial shows and run business with independent accounting system as well as those film renting units of the military system.

Number of Spectators at Art performance refers to the number of attendants at commercial shows, completely booked shows or free shows given in minority national areas, and does not include the number of spectators at rehearsals for examination and internal shows for study.

二十一 体育、卫生、社会福利、环境保护和其他

SPORTS,PUBLIC HEALTH,SOCIAL WELFARE, ENVIRONMENTAL PROTECTION AND OTHERS

资料整理：宋秀平 毅 茹 邰焱燚 唐子荣

Arranged by Song Xiuping, Yi Ru, Tai Yanyi, Tang Zirong

21-1 等级运动员分项发展情况(2007年)
Development of Athletes in Grade By Type of Sports(2007)

单位:人 (person)

项目	Item	合计 Total	国际级健将 Interna-tional Master of Sports	国家级运动健将 National Master of Sports	一级 First Grade Sportsmen	二级 Second Grade Sportsmen
总计	**Total**	**824**	**1**	**23**	**80**	**720**
#田径	Track and Field	387		4	15	368
游泳	Swimming	99			7	92
曲棍球	Hockey	8		8		
拳击	Boxing	18		2	6	10
国际式摔跤	Wrestling	55		5	28	22
跆拳道	Tackwonde	25		2	1	22
柔道	Judo	24		1	1	22
射击	Shooting	15		1	5	9
足球	Football	31				31
篮球	Basketball	27				27
排球	Volleyball	32			6	26
乒乓球	Table Tennis	25				25
铁人三项	Iron Man Three Items	3			3	
网球	Tennis	22				22
软式网球	Soft Tennis	1				1
速度滑冰	Speed Skating	1				1
越野滑雪	Cross-country Skiing	4			1	3
冬季两项	Winter Two Items	1				1
武术	Wu Shu	20			2	18
马术	Horsemanship	3			3	
围棋	Encirclement Chess	2				2
射箭	Archery	2			2	
健美	Healthy	7				7
健美操	Aerobics	11				11
轮滑	Roller Skating	1	1			

21-2 运动员获奖牌情况(2007年)
Medals Won by Athletes(2007)

单位：枚 (piece)

项目	Item	金牌 Gold Medal	银牌 Silver Medal	铜牌 Copper Medal
总计	**Total**	**459**	**465**	**508**
国际比赛	International Race	5	5	4
国内比赛	National Race	454	460	504

21-3 等级裁判员分项发展情况(2007年)

Development of Referees in Grades by Type of Sports(2007)

单位:人 (person)

项 目	Item	合 计 Total	国际裁判 International Referees	国家级 National Referees	一 级 First Grade Referees	二 级 Second Grade Referees
总 计	**Total**	**572**		**5**	**123**	**444**
#田 径	Track and Field	127			17	110
游 泳	Swimming	16				16
体 操	Gymnastics					
举 重	Weightlifting	2				2
拳 击	Boxing	15			10	5
国际式摔跤	Wrestling	17			6	11
中国式摔跤	Chinese Wrestling					
柔道	Judo	14			7	7
跆拳道	Tackwonde	24		1		23
射 击	Shooting	9			4	5
射 箭	Archery	7		3	4	
足 球	Football	23			6	17
篮 球	Basketball	152			11	141
排 球	Volleyball	9			2	7
乒 乓 球	Table Tennis	42			15	27
羽 毛 球	Badminton	26			1	25
网 球	Tennis	12			8	4
毽 球	Shuttlecock					
速度滑冰	Speed Skating	6			6	
台球	Billiards	7			1	6
武 术	Wu Shu	15			5	10
马 术	Horsemanship					
汽 车	Automobile	11			1	10
围 棋	Encirclement Chess	1				1
国际象棋	Chess	3				3
桥 牌	Bridge	1				1
马 球	Polo					
无线电测向	Radio Goniometry					
门球	Doorball	20			15	5
体育舞蹈	Physical Dance					
信鸽	Pigeon	1			1	
轮 滑	Roller Skating	1		1		
风筝	Kite	10			2	8
拔 河	Tug-of-War	1			1	

21-4 医疗卫生事业
Basic Statistics of Public Health

项 目	Item	2006	2007
卫生机构(个)	**Health Institutions(unit)**	**3693**	**7853**
#医院、卫生院	Hospitals	1820	1815
县及县以上医院	Hospitals at County and Higher Levels	474	478
乡镇卫生院	Health Center at Town	1325	1317
疗养院、所	Sanatoriums	8	8
门诊部	Clinics	61	61
社区卫生服务中心（站）	Health Service Center for Community	537	602
妇幼保健所、站	Maternity and Child Care Centers	113	114
疾病预防控制机构	CDC(Center for Disease Control)	140	140
床位(张)	**Beds(unit)**	**70284**	**73830**
#医院、卫生院	Hospitals	64816	65780
县及县以上医院	Hospitals at County and Higher Levels	51500	52458
乡镇卫生院	Health Center at Town	13148	13120
疗养院、所	Sanatoriums	1397	1217
职工人数(人)	**Persons Engaged in Health Institution(person)**	**120571**	**126155**
#卫生技术人员	Medical Technical Personnel	102336	105790
#执业医师	Permitted Doctors	42116	40398
助理执业医师	Assistant Permitted Doctors	8293	8005
注册护师、护士	Registered Senior and Junior Nurses	27601	29732
药剂人员	Pharmacists	8930	7530
检验人员	Laboratory Technical	4682	4183
其他技术人员	Other Technical Personnel	4331	4814
管理人员	Managerical Personnel	6324	6725
工勤人员	Logistics Workers	7580	8826

21-5 卫生机构

Number of Health Care Institutions

单位：个 (unit)

年份 Year	总计 Total	医院、卫生院 Hospitals & Public Health Clinic	疗养院所 Sanat-oriums	专科防治所站 Specialized Prevention & Treatment Centers or Stations	疾病预防控制中心 CDC	妇幼保健所站 Maternity & Child Care Centers	每万人口拥有卫生机构数 Number of Health Institutions Per 10000 Population
1947	55	28			1		0.10
1949	78	25	1	4	12		0.13
1952	538	103	9	14	5	93	0.75
1957	2152	136	3	28	59	234	2.30
1965	3820	436	16	18	116	116	2.95
1970	4952	1582	4	4	88	50	3.32
1975	3621	1612	9	8	113	110	2.08
1978	4000	1723	8	26	118	117	2.19
1979	4146	1743	8	34	117	116	2.24
1980	4350	1760	9	39	126	118	2.32
1981	4630	1794	12	42	136	120	2.43
1982	4660	1796	14	43	138	121	2.41
1983	4632	1819	14	45	135	120	2.37
1984	4711	1841	14	53	139	121	2.37
1985	4749	1763	14	55	141	120	2.37
1986	4905	1770	13	57	140	122	2.42
1987	4991	1780	12	60	143	123	2.42
1988	5120	1787	13	61	144	123	2.45
1989	5152	1810	11	62	150	118	2.43
1990	5161	1856	12	64	153	122	2.39
1991	5172	1927	12	66	155	122	2.37
1992	5253	1928	12	61	157	120	2.38
1993	4932	1987	11	64	190	119	2.21
1994	4918	2000	11	65	189	119	2.18
1995	4915	2003	11	64	188	117	2.16
1996	5037	2016	11	53	143	107	2.19
1997	4863	1991	11	63	183	113	2.10
1998	4641	1991	11	63	182	110	1.99
1999	4468	1982	11	63	183	108	1.89
2000	4427	1988	11	63	185	108	1.87
2001	4296	1892	11	61	187	107	1.85
2002	3768	1857	10	58	147	118	1.58
2003	3595	1819	9	57	146	117	1.51
2004	3715	1831	9	54	147	117	1.56
2005	3774	1834	9	54	146	116	1.58
2006	3693	1820	8	51	140	113	1.54
2007	7853	1815	8	54	140	114	3.30

21-6 卫生机构床位

Number of Beds in Health Institutions

单位：张 (unit)

年份 Year	总计 Total	医院、卫生院 Hospitals & Public Health Clinic	疗养院所 Sanat-oriums	专科防治所站 Specialized Prevention & Treatment Centers or Stations	疾病预防控制中心 CDC	妇幼保健所站 Maternity & Child Care Centers	每万人口卫生机构床位数 Number of Public Health Orgon Beds Per 10 000 Population
1947	519	519					0.92
1949	726	639	70				1.05
1952	2890	1274	1567				1.78
1957	7733	5700	194				6.09
1965	23241	15820	1669				12.20
1970	25614	24833	280				16.66
1975	22198	21089	500				21.87
1978	25023	24079	500				24.23
1979	48769	46495	1290				25.11
1980	49630	47271	1295				25.19
1981	51319	47942	1948				25.19
1982	51002	47339	2270				24.44
1983	52436	48739	2217				24.92
1984	52911	49307	2274				24.84
1985	53572	50567	2194				25.20
1986	54726	51566	2053			344	25.41
1987	57651	54354	1933	6		401	26.30
1988	59414	55867	2143	36		421	26.68
1989	60090	56776	1863	88		402	26.75
1990	60727	57558	1871	87		404	26.62
1991	62929	59268	2182	66	4	452	27.14
1992	64446	60730	2182	66	4	514	27.52
1993	65221	60893	2062	97	12	584	27.28
1994	65464	61425	2007	65		500	27.17
1995	66515	61933	2124	144	15	574	27.25
1996	65247	61667	2260	105	4	716	26.86
1997	65387	61918	2260	123		749	26.73
1998	65794	62499	2080	83		766	26.76
1999	66367	62832	2102	147		740	28.10
2000	66903	63156	1984	176		1000	28.24
2001	66682	63071	1884	191	25	1580	28.75
2002	64742	61909	1773	409	54	1944	27.30
2003	65072	60438	1768	224	26	1920	27.37
2004	66699	61155	1757	174	95	2269	28.00
2005	69440	64002	1554	234	77	2422	29.10
2006	70284	64816	1397	253	150	2388	29.38
2007	73830	65780	1217	202		2441	30.76

注：医院、卫生院2002年以前为医院口径。

a)The Data about Hospitals and Public Health Clinic Refer to Date of Hospitals before 2002.

21-7 卫生机构人员

Number of Persons Engaged in Health Institutions

单位：人 (person)

年份 Year	总计 Total	卫生技术人员 Medical Technical Personnel	# 医生 Doctors	# 执业医师 Certified Doctors	# 助理执业医师 Certified Assistant Doctors	# 注册护师、护士 Registered Senior and Junior Nurses	每万人口医生数 Number of Doctors per 10 000 Population
1947	6158	5979	4483			128	8
1949	7529	7204	4736			201	8
1952	12233	10727	6097			552	9
1957	21848	18290	10556			1977	11
1965	40695	33215	18027			4664	14
1970	42097	33333	17101			6490	11
1975	60529	47845	22114			7932	13
1978	75123	59277	26724			8225	15
1979	82855	65615	28417			7949	16
1980	88188	70022	31068			9129	17
1981	98165	77647	32184			10426	17
1982	101637	80450	32975			10969	17
1983	104446	82873	33456			11768	17
1984	107234	85185	34903			12264	18
1985	109210	87130	36467			12598	18
1986	112011	89257	38103			13427	19
1987	115164	91437	37781			14458	18
1988	117779	94095	42794			18605	20
1989	119044	94969	44579			21310	21
1990	121443	96764	41453			22123	19
1991	123935	97984	42520			22797	19
1992	126859	100365	46612			23157	21
1993	127494	99878	47171			23425	21
1994	129101	102220	48962			24575	22
1995	129483	102187	49345			24617	22
1996	130368	103606	50263			25313	22
1997	129306	102983	52438			25953	22
1998	129765	104890	56384			26163	24
1999	125632	101312	51602			25766	22
2000	124362	100688	52299			25726	22
2001	131931	109147	53021			26755	22
2002	120628	100665	48866	39901	8965	25740	21
2003	120264	101073	49304	40241	9063	25555	21
2004	120253	101730	50177	41252	8925	26517	21
2005	121180	102587	50308	41646	8662	27052	21
2006	120571	102336	50409	42116	8293	27601	21
2007	126155	105790	48403	40398	8005	29732	20

21-8 社会保障基本情况
Basic Statistics on Social Security

项目	Item	2006	2007
一、社会救济和社会优抚	**Persons Receiving Social Special Relief and Pensions**		
城镇居民最低生活保障人数(人)	Persons Receiving Lowest Cost-of-Living in Urban Area(person)	724082	800665
城镇居民最低生活保障户数(户)	Housholds(household)	347359	389638
农村居民最低生活保障人数(人)	Persons Receiving Lowest Cost-of-Living in Rural Area(person)	427541	905906
农村居民最低生活保障户数(户)	Housholds(household)	247420	548189
二、社会福利事业	**Social Welfare**		
收养性福利事业单位(个)	Adopting Social Welfare Institutions(unit)	790	806
优抚类收养性单位	Adopting Institution of Social Special Relief	33	33
福利类收养性单位	Adopting Institution of Social Welfare	757	773
收养性福利事业单位床位数(张)	Number of Beds of Adopting Social Welfare Instiutions(bed)	25332	40898
优抚类收养性单位	Adopting Institution of Social Special Relief	2014	2034
福利类收养性单位	Adopting Institution of Social Welfare	23318	38864
年末收养人数(人)	Number of Persons Adopted at the year-end(person)	18852	31611
优抚类收养性单位	Adopting Institution of Social Special Relief	1195	1194
福利类收养性单位	Adopting Institution of Social Welfare	17657	30417
社会福利事业支出(万元)	Expenditure for Social Welfare(10 000 yuan)	197140	283105
#抚恤、离退休和社会福利救济	Pensions and Relief Funds for Social Welfare	168955	216619
自然灾害生活救助	Life Salvation of Natural Calamity	18192	19733
三、社会福利企业	**Social Welfare Enterprises**		
单位数(个)	Number of Units(unit)	441	411
工作人员(人)	Number of Staff and Works(person)	16335	13596
四、社区服务	**Community Service**		
城镇社区服务设施(个)	Number of Urban Welfare Facilities(uint)	4985	3617
城镇便民利民服务网点(个)	Number of Urban Service Points for Civilian(uint)	23411	23803
五、社会保障	**Social Security**		
参加基本养老保险人数(万人)	People join in Basic Pension Insurance(10 000 persons)	357	371
参加基本养老保险离退休人数(万人)	Retirees join in Basic Pension Insurance(10 000 persons)	91	97
参加失业保险人数(万人)	Contributors of Unemployment Insurance(10 000 persons)	223	224
参加基本医疗保险人数(万人)	Contributors of Basic Medical Insurance(10 000 persons)	316	353
#参加大病统筹的人数(万人)	Contributors of Comprehensive Arrangement for Serious Disease(10 000 persons)	235	310
农村社会养老保险参保人数(万人)	Contributors of Rural Social Pension Insurance(10 000 persons)	73	56
养老、失业、医疗、工伤、生育保险基金收入(亿元)	Revenue of Pension, Unemployment, Medical, Work injury, Meternity insurance Fun(100 million yuan)	160.28	199.09
养老、失业、医疗、工伤、生育保险基金支出(亿元)	Expenses of Pension, Unemployment, Medical, Work injury, Meternity insurance Fun(100 million yuan)	118.43	149.75
#失业保险基金支出(亿元)	Relief Funds of Unemployment(100 million yuan)	2.42	2.96
养老、失业、医疗、工伤、生育保险基金累计节余(亿元)	Balance of Pension, Unemployment, Medical, Work injury, Meternity insurance Fun(100 million yuan)	117.32	166.64

21-9 社会福利事业、企业单位和工作人员

Number of Social Welfare Institutions and Enterprises and Persons Engaged

项　目	Item	机构(个) Number of Institutions or Enterprises(unit)		工作人员(人) Number of Persons Engaged(person)	
		2006	2007	2006	2007
全区总计	**Autonomous Regional Total**	**1762**	**1750**	**24604**	**22454**
收养性福利事业单位	Adopting Social Welfare Institutions	790	806	4233	4604
优抚类收养性单位	Adopting Institution of Social Special Relief	33	33	667	659
福利类收养性单位	Adopting Institution of Social Welfare	757	773	3566	3945
社会救助单位	Social Salvation Organizations	32	33	413	401
殡葬事业单位	Funeral and Intermert Instiutions	117	118	1661	1918
福利彩票发行单位	Welfare Lottery Ticket	14	16	136	173
慈善团体	Philanthropic Organizations	4	5	20	20
社区服务单位	Community Service Institutions	364	361	1806	1742
社会福利企业	Social Welfare Enterprises	441	411	16335	13596

21-10 收养性社会福利事业单位基本情况(2007年)

Basic Statistics on Social Welfare Institutions(2007)

项　目	Item	院数(个) Homes (unit)	工作人员(人) Staff and Workers (person)	床位(张) Beds (unit)	年末收养人数(人) Persons Housed year-end (person)
全区总计	**Autonomous Regional Total**	**806**	**4604**	**40898**	**31611**
优抚类单位	Institution of Social Special Relief	33	659	2034	1194
荣誉军人康复医院	Disable Veteran Hospital	1	82	40	26
复员军人疗养院	Sanatorium of Demobilized Soldier	2	72	290	43
复退军人精神病院	Psychiatric Hospital of Veteran	2	175	280	159
光荣院	Homes for Disabled Veterans	28	330	1424	966
福利类单位	Institution of Social Welfare	773	3945	38864	30417
社会福利院	Social Welfare Homes	38	736	4035	2840
儿童福利机构	Baby Welfare Homes	5	128	626	492
社会福利医院	Social Welfare Hospitals	3	192	600	430
城镇老年福利机构	Urban Adopting Elderly Units	45	287	2465	1747
农村老年福利机构	Rural Adopting Elderly Units	679	2544	30886	24742
其他老年福利机构	Others	3	58	252	166

21-11 享受补助、救济人员情况(2007年)

Persons Receiving Subsidies or Relief Funds(2007)

单位：人、户、人次 (person)(household)(person-time)

项　目	Item	2007
城镇社会救济情况	**Social Relief in Urban Area**	
城镇居民最低生活保障人数	Number of Persons Receiving Lowest Cost-of-Living in Urban Area	800665
城镇居民最低生活保障家庭数	Number of Households Receiving Lowest Cost-of-Living in Urban Area	389638
城镇临时救济人次数	Number of Poor Person-times Receiving Temporary Almsgiving in Urban Area	25434
农村社会救济情况	**Social Relief in Rural Area**	
农村居民最低生活保障人数	Number of Persons Receiving Lowest Cost-of-Living in Rural Area	905906
农村居民最低生活保障家庭数	Number of Housholds Receiving Lowest Cost-of-Living in Rural Area	548189
农村五保户供养人数	Number of Persons of Rural Guaranteed Five Aspects	88188
农村传统救济人数	Number of Persons Receiving Traditional Relief Funds	27623
农村临时救济人次数	Number of Poor Persons Receiving Temporary Almsgiving in Rural Area	100635

21-12 城镇社区服务设施

Basic Statistics on Urban Welfare Facilities

单位：个，人 (unit)(person)

项　目	Item	2006	2007
城镇社区服务设施数	Number of Urban Welfare Facilities	4985	3617
社区从业人员数	Number of People with Jobs in Community	82350	68250
# 安置下岗职工	Unemployed Workers Employed again	45224	14812
社区服务志愿者组织数	Number of Organization of Service Volunteer in Community	4369	4313
社区服务志愿者人数	Number of Service Volunteers in Community	120538	107537
城镇便民利民服务网点数	Urban Service Points for Civilian	23411	23803

21-13 年末离休、退休、退职人员

Number of Retired and Resigned Persons at the Year-end

单位：万人 (10000 persons)

项 目	Item	2006	2007
全区离休、退休、退职人员数	**Number of Retired and Resigned Persons**	**121.54**	**121.80**
# 企业人员	Enterprises	80.21	84.14
事业人员	Institutions	24.32	19.6
机关人员	Agencies & Organization	10.63	8.84
其他	Others	6.38	9.22

21-14 离休、退休、退职保险福利费

Insurance and Welfare for Retired and Resigned Persons

单位：万元 (10000 yuan)

项 目	Item	2006	2007
全区离休、退休、退职人员保险福利费	**Total Regional Social Insurauce and Welfare Fund of Retired and Resigned Persons**	**1405258**	**1520960**
企业人员	Enterprises	829025	901875
事业人员	Institutions	387848.7	353541
机关人员	Agencies & Organization	188384	190933
平均每人领取额(元)	Per Capita Funds(yuan)	11562	12486

21-15 工业"三废"排放及治理

Discharge and Treatment of Waste Water, Waste Gas and Solid Wastes by Industry Enterprises

项目		2006	2007
废 水	**Waste Water**		
工业废水排放总量(万吨)	Total Volume of Industrial Waste Water Discharged (10 000 tons)	27822.91	25020.84
工业废水排放达标量(万吨)	Volume of Industrial Waste Water up to the Standards for Discharge(10 000 tons)	21415.64	18436.98
工业废水排放达标率(%)	Percentage of Industrial Waste Water up to the Standards for Discharge(%)	77.00	73.69
废 气	**Waste Gas**		
工业废气排放总量(亿标立方米)	Total Volume of Industrial Waste Gas Diffused (100 Million cu.m)	18415.35	18199.65
工业二氧化硫排放量(万吨)	Volume of Sulphur Dioxide Diffused(10 000 tons)	138.36	128.33
工业二氧化硫排放达标率(%)		80.41	85.61
工业烟尘排放量(万吨)	Volume of Soot Diffused(10 000 tons)	48.84	50.40
工业烟尘排放达标率(%)		72.81	69.76
工业粉尘排放量(万吨)	Volume of Industrial Dust Diffused(10 000 tons)	26.98	20.04
工业粉尘排放达标率(%)		75.45	89.52
固体废物	**Solid Wastes**		
工业固体废物产生量(万吨)	Volume of Industrial Solid Wastes Produced (10 000 tons)	8170.20	10972.78
工业固体废物综合利用量(万吨)	Volume of Industrial Solid Wastes Utilized in a Comprehensive way(10 000 tons)	3890.72	6224.64
工业固体废物综合利用率(%)	Percentage of Industrial Solid Wastes Utilized in a Comprehensive way(%)	44.00	56.66
工业固体废物贮存量(万吨)	Volume of Industrial Solid Wastes Accumulated (10 000 tons)	2344.90	3172.12
工业固体废物处置量(万吨)	Volume of Industrial Solid Wastes Treated (10 000 tons)	2578.13	1609.09
工业固体废物排放量(万吨)	Volume of Industrial Solid Wastes Discharged (10 000 tons)	28.22	8.94
"三废"综合利用产品产值(万元)	Output Value of Products Made from Waste Gas, Waste Water and Solid Wastes(10 000 yuan)	83917.10	198533.20
污染治理	**Pollution Treatment**		
当年安排污染治理项目数(个)	Number of Projects for Pollution Treatment in the Year(unit)	195.00	150.00
污染治理项目本年完成投资额(万元)	Actual Investment in Pollution Treatment in the Year(10 000 yuan)	177234.80	167487.20
# 治理废水	Treatment of Waste Water	26040.40	38035.20
治理废气	Treatment of Waste Gas	144638.70	121184.80
治理固体废物	Treatment of Solid Wastes	517.00	6931.90
治理噪声	Noise Abatmenet	20.00	111.10
治理其他	Others	6018.70	1224.20
排污收费及使用	**Fee for Discharging Waste and Fines for Pollution**		
排污费交纳单位(个)	Number of Units Charged levied(unit)	18702.00	18541.00
排污费征收额(万元)	Amount of Pollution Charges(10 000 yuan)	34465.90	56194.82
排污费支出额(万元)	Outlays of Pollution levy Charges(10 000 yuan)		

21-16 分行业"三废"排放及处理情况(2007年)

行业	Branch	汇总企业数(个) Industrial Enterprises (unit)	工业废水处理量(万吨) Treatment of Waste Water (10 000 tons)
总计	**Total**	**1881**	**68569.35**
林业	**Forestry**		
畜牧业	**Animal Husbandry**		
采矿业	**Mining**	**316**	**4217.51**
煤炭开采和洗选业	Coal Mining & Processing	147	1679.16
石油和天然气开采业	Petroleum & Natural Gas Pumped	4	1.60
黑色金属矿采选业	Mining & Dressing of Ferrous Metals	66	1407.73
有色金属矿采选业	Mining & Dressing of Nonferrous Metals	80	1125.52
非金属矿采选业	Mining & Dressing of Nonmetal Minerals	15	3.50
其他采矿业	Mining of Other Mineral	4	
制造业	**Manufacturing**	**1332**	**58848**
农副食品加工业	Processing of Agricultural Side-Line Food	123	1111.37
食品制造业	Manufacturing of Food	83	1589.37
饮料制造业	Manufacturing of Beverage	59	789.76
烟草制品业	Tobacco Products	2	21.61
纺织业	Textile Industry	44	165.92
纺织服装、鞋、帽制造业	Textile, Clothes, Shoes & Hats	2	34.00
皮革、毛皮、羽毛(绒)及其制品业	Leather, Furs, Down & Related Products	6	0.01
木材加工及木、竹、藤、棕、草制品业	Timber Processing, Bamboo, Cane, Palm Fiber & Straw Products	9	314.24
造纸及纸制品业	Paper-making & Paper Products	16	2727.79
印刷业和记录媒介的复制	Printing & Record Pressing	2	
石油加工、炼焦及核燃料加工业	Petroleum Processing, Coke Products & Processing of Nuclear Fuel	31	387.57
化学原料及化学制品制造业	Chemical Materials & Products	259	6160.90
医药制造业	Manufacturing of Medicine	38	467.02
塑料制品业	Plastic Products		
非金属矿物制品业	Nonmetal Mineral Products	394	57.33
其中：水泥制造			
黑色金属冶炼及压延加工业	Smelting & Pressing of Ferrous Metals	183	44417.42
有色金属冶炼及压延加工业	Smelting & Pressing of Nonferrous Metals	35	528.11
金属制品业	Metal Products	7	
通用设备制造业	General-Purpose Equipment	11	
专用设备制造业	Special Equipment	14	75.40
交通运输设备制造业	Transported Equipment	6	
电气机械及器材制造业	Electric Equipment & Machinery	4	
通信设备、计算机及其他电子设备制造业	Manufacturing of Telecoms, Computer & Other Electronic Equipment	4	
仪器仪表及文化、办公用机械制造业	Instruments, Meters, Cultural & Office Machinery		
电力、燃气及水的生产和供应业	**Production & Supply of Electric Power,Gas & Water**	**195**	**5471.08**
电力、热力的生产和供应业	Production & Supply of Electric Power	190	5204.21
火力发电			
燃气生产和供应业	Production & Supply of Gas	2	32.14
水的生产和供应业	Production & Supply of Water	3	234.73
房屋和土木工程建筑业	**Housing & Civil Construction**		
铁路运输业	**Railway Transport**		
其他行业	**Other Sectors**	**38**	**32.95**

Emission and Treatment of Waste Gas, Water and Solid by Branch(2007)

工业废水 排放量 (万吨) Waste Water Discharged (10 000 tons)	工业废水 排放达标量 (万吨)Waste Water up to Standard for Discharge (10 000tons)	化学需氧 量去除量 (吨)OCD Removed (ton)	化学需氧 量排放量 (吨)OCD Discharged (ton)	工业废气 排放总量 (万标 立方米) Waste Gas Diffused (10 000 cu.m)	废气治理 设施数 (套) Facilities (set)
23209.61	**17347.66**	**395607.19**	**122744.02**	**181991787.00**	**3964.00**
5178.58	**2676.91**	**1700.86**	**23199.89**	**2904599.00**	**320.00**
2829.56	2368.96	1697.70	4038.91	2362059	201
1.70	1.70	0.25	0.09	26110	12
240.42	201.29		107.04	297182	27
2092.28	97.22	2.91	18988.36	168088	69
14.62	7.73		65.49	50870	10
				290	1
14157	**10866**	**392203**	**96675**	**75446929**	**2583**
1605.55	810.09	7291.94	12635.80	468864	104
1933.61	1656.75	21263.37	10653.12	1018419	116
1241.40	706.00	24593.36	13488.52	335865	85
5.88	5.88		18.04	26087	5
303.44	250.90	633.28	2254.47	311880	46
34.20	34.20	64.80	84.67	10678	4
23.82	10.78		82.68	5994	4
330.15	323.67	825.00	428.49	89632	18
3011.23	2235.48	285871.94	49981.95	299241	34
				515	3
141.77	134.48	3865.65	98.12	6831550	84
1464.47	930.79	13631.34	2903.29	10751219	341
500.17	412.55	16971.38	1766.53	637020	51
207.08	182.93	24.47	120.07	16274860	626
2855.72	2702.44	16736.36	1777.99	27118384	631
303.18	295.61	403.96	213.38	10926606	215
0.60	0.56		1.12	6613	4
8.19	5.80		23.35	20910	9
155.96	154.52	26.56	116.87	253958	146
13.88	5.81		10.81	25872	38
8.48	0.68		5.24	28052	15
7.86	6.20		10.11	4710	4
3754.37	**3719.91**	**474.51**	**2353.98**	**103290534**	**772**
3516.72	3482.26	473.20	2029.68	103280983	764
2.92	2.92		43.42	8875	6
234.73	234.73	1.31	280.88	676	2
120.03	**84.72**	**1228.43**	**515.52**	**349725**	**289**

21-16 续表

行业	Branch	工业二氧化硫去除量(吨) SO2 Removed(ton)	工业二氧化硫排放量(吨） SO2 Emission(ton)
总 计	**Total**	**942982.47**	**1200123.04**
林业	**Forestry**		
畜牧业	**Animal Husbandry**		
采矿业	**Mining**	**3290.84**	**35378.31**
煤炭开采和洗选业	Coal Mining & Processing	3244.26	27606.58
石油和天然气开采业	Petroleum & Natural Gas Pumped		913.94
黑色金属矿采选业	Mining & Dressing of Ferrous Metals	24.58	812.92
有色金属矿采选业	Mining & Dressing of Nonferrous Metals	22.00	5586.27
非金属矿采选业	Mining & Dressing of Nonmetal Minerals		385.22
其他采矿业	Mining of Other Mineral		73.4
制造业	**Manufacturing**	**328682.58**	**264988.14**
农副食品加工业	Processing of Agricultural Side-Line Food	368.69	3997.21
食品制造业	Manufacturing of Food	2952.48	9382.64
饮料制造业	Manufacturing of Beverage	395.20	2364.39
烟草制品业	Tobacco Products	30.32	107.49
纺织业	Textile Industry	274.69	3429.91
纺织服装、鞋、帽制造业	Textile, Clothes, Shoes & Hats		86.46
皮革、毛皮、羽毛(绒)及其制品业	Leather, Furs, Down & Related Products		139.13
木材加工及木、竹、藤、棕、草制品业	Timber Processing, Bamboo, Cane, Palm Fiber & Straw Products		978.69
造纸及纸制品业	Paper-making & Paper Products	79.64	3131.47
印刷业和记录媒介的复制	Printing & Record Pressing		15.20
石油加工、炼焦及核燃料加工业	Petroleum Processing, Coke Products & Processing of Nuclear Fuel	13541.82	24101.62
化学原料及化学制品制造业	Chemical Materials & Products	5860.73	48837.97
医药制造业	Manufacturing of Medicine	2447.51	2390.44
塑料制品业	Plastic Products		
非金属矿物制品业	Nonmetal Mineral Products	4909.49	68806.67
其中：水泥制造			
黑色金属冶炼及压延加工业	Smelting & Pressing of Ferrous Metals	61393.75	75010.76
有色金属冶炼及压延加工业	Smelting & Pressing of Nonferrous Metals	236237.34	21238.63
金属制品业	Metal Products		57.75
通用设备制造业	General-Purpose Equipment	30.24	111.35
专用设备制造业	Special Equipment	23.79	456.67
交通运输设备制造业	Transported Equipment	121.91	283.57
电气机械及器材制造业	Electric Equipment & Machinery	12.37	33.78
通信设备、计算机及其他电子设备制造业	Manufacturing of Telecoms, Computer & Other Electronic Equipment	2.60	26.34
仪器仪表及文化、办公用机械制造业	Instruments, Meters, Cultural & Office Machinery		
电力、燃气及水的生产和供应业	**Production & Supply of Electric Power,Gas & Water**	**610863.60**	**896684.06**
电力、热力的生产和供应业	Production & Supply of Electric Power	610863.60	896550.14
火力发电			
燃气生产和供应业	Production & Supply of Gas		125.70
水的生产和供应业	Production & Supply of Water		8.23
房屋和土木工程建筑业	**Housing & Civil Construction**		
铁路运输业	**Railway Transport**		
其他行业	**Other Sectors**	**145.45**	**3072.53**

continued

工业烟尘去除量(吨) Industrial Soot Removed(ton)	工业烟尘排放量(吨) Industrial Soot Emission (ton)	工业烟尘排放达标量 Volume of Industrial Soot Diffused up to Standard	工业粉尘去除量(吨) Industrial Dust Removed(ton)	工业粉尘排放量(吨) Industrial Dust Diffused(ton)	工业粉尘排放达标量 Volume of Industrial Dust Diffused up to Standard
18613582.72	**463890.33**	**323620.08**	**1948738.59**	**189870.35**	**162152.81**
305517.53	**16915.29**	**6298.04**	**17334.26**	**12299.59**	**1715.65**
279922.05	7934.00	3644.81	14752.64	7813.75	
2726.00	705.79	695.74			
5486.77	931.07	101.49	613.59	1810.76	1156.12
17324.15	7232.79	1796.31	1678.70	543.00	515.63
10.10	69.24	20.09	289.33	2131.50	43.40
48.5	42.39	39.6		0.57	0.50
752489.33	**178648.30**	**149801.61**	**1931404.34**	**177569.27**	**160437.16**
11877.91	4706.75	2340.03		1.59	
154179.09	5170.10	4265.27			
16869.16	1807.05	1005.40	1.15		
958.48	112.77	112.77			
21858.11	1434.96	1390.23			
26.28	8.28	8.28			
65.91	15.15	4.50			
2024.38	212.70	104.22			
13174.18	1241.55	600.79	21.50	7.83	7.83
73.97	25.36	22.50			
46846.50	4667.56	3120.45	16875.39	10373.52	8872.59
229027.97	33637.87	20396.31	38677.60	2317.93	2112.65
23139.33	6353.63	6036.63			
39666.60	78226.35	76570.58	1058531.76	112013.32	102529.66
128273.42	30415.77	23511.36	779480.85	49562.61	43844.27
61976.51	9800.71	9719.76	33361.61	2997.97	2798.19
74.88	39.87	17.84		240.00	220.80
801.85	102.89	43.80	6.61	1.09	1.09
603.28	467.35	350.87	4445.78	49.95	48.70
716.82	162.15	143.46			
157.46	24.35	24.35	2.08	3.47	1.39
97.26	15.13	12.21			
17542791.32	**265773.35**	**165876.84**			
17542649.49	265748.91	165854.22			
108.12	20.81	20.81			
33.71	3.63	1.81			
12784.54	**2553.40**	**1643.60**		**1.50**	

21-17 火灾、交通事故情况(2007年)

Basic Statistics on Fires(2007)

项 目	Item	合 计 Total	按事故发生程度分 By Serious Degree of Fires		
			特大 Extraordinarily Serious	重大 Serious	一般 Ordinary
一、火灾事故情况	**Fires**				
发 生(起)	Fires(case)	7292		2	6115
死 亡(人)	Deaths(person)	51		11	42
受 伤(人)	Injuries(person)	36		2	47
损失折款(万元)	Losses Converted into Cash(10 000 yuan)	3056.79		89.14	1336.92
平均每起事故损失(元)	Average Loss per Fire(yuan)	4191		445686	218
二、交通事故情况					
发 生(起)	Fires(case)	6302	64		
死 亡(人)	Deaths(person)	1834	230		
受 伤(人)	Injuries(person)	7165	133		
损失折款(万元)	Losses Coverted into Cash(10 000 yuan)	1799.34	186.68		

21-18 民间组织管理情况(2007年)

Statistics on Non Governmental Organizations(2007)

单位：个、人 (unit)(person)

项 目	Item	2007
社团管理	**Mass Organizations**	
年末实有社团数	The Number of Mass Organizations at Year-end	4319
社团负责人	The Number of Leaders of Mass Organizations	8454
# 女性	Female	1814
应建立党组织的社会团体	Mass Organizations Need Setting up Party Organization	988
民办非企业单位	**Nonbusinesses Run by Local People**	
年末实有民办非企业单位	Nonbusinesses Run by Local People at Year-end	1981
民办非企业单位负责人	Leaders of Nonbusinesses	3938
# 女性	Female	849
应建立党组织的民办非企业单位	Nonbusinesses Need Setting up Party Organization	692

主要统计指标解释

等级运动员人数　指经考核正式批准授予等级运动员称号的人数。运动员等级分为国际级运动健将，运动健将、一级运动员、二级运动员、三级运动员、少年级运动员。

等级裁判员人数　指经考核正式批准授予等级裁判员称号的人数。裁判员等级分为国际裁判、国家级裁判、一级裁判、二级裁判、三级裁判。

体育场　指有 400 米跑道(中心含足球场)，有固定道牙，跑道 6 条以上，并有固定看台的室外田径场地。体育场按看台容纳观众人数分为：甲级 25000 人以上，乙级 15000-25000 人，丙级 5000-15000 人，丁级 5000 人以下。

体育馆　指有固定看台，可供篮球、排球、羽毛球、乒乓球、体操等项目训练比赛活动用的室内运动场地。体育馆按看台容纳观众人数分为：甲级 6000 人以上，乙级 4000-6000 人，丙级 2000-4000 人，丁级 2000 人以下。

卫生机构　包括医疗机构、疾病预防控制中心(防疫站)、采供血机构、卫生监督及监测(检验)机构、医学科研和在职培训机构、健康教育所等。医疗机构包括医院、社区卫生服务中心(站)、疗养院、卫生院、门诊部、诊所(卫生所、医务室)、妇幼保健院(所、站)、专科疾病防治院(所、站)、急救中心(站)和临床检验中心。医疗机构分为非赢利性医疗机构和赢利性医疗机构。

医院　包括综合医院、中医医院、中西医结合医院、民族医院、各类专科医院和护理院。

卫生技术人员　指卫生机构中医生、护理人员、药剂人员、检验人员等卫生技术人员。

医生　指在医疗、预防保健机构工作且取得《执业医师证书》的执业医师和执业助理医师。

卫生服务总费用　反映全国当年用于医疗卫生保健服务所消耗的资金总额，用筹资来源法测算。政府预算卫生支出指各级政府用于卫生事业的财政预算拨款。社会卫生支出指政府预算外的卫生资金投入，主要表现为社会医疗保险。其中包括如企事业单位和乡村集体经济单位举办医疗卫生机构设施建设费，企业职工医疗卫生费，行政事业单位负担的职工公费医疗超支部分等。居民个人卫生支出指城乡居民用自己可支配的经济收入支付的各项医疗卫生费用和医疗保险费用。

社会福利事业单位　指集中收养社会孤老、残、幼的机构，包括由民政部门管理的社会福利院、儿童福利院、精神病人福利院和城镇集体举办的福利院及农村集体举办的敬老院以及优抚医院和具有收养能力的社区服务中心等。该指标主要反映我国在社会福利性单位投入的水平。

社会福利事业单位收养人数　包括民政部门管理和城镇、农村集体举办的社会福利事业单位中收养的老人、少年儿童、缺乏生活自理能力的残疾人员和精神病人。

社会福利企业单位　指以安置城镇有一定劳动能力的盲、聋、哑和肢体残疾人员就业为目的，享受国家减免税待遇的国有或集体企业。包括福利工厂、福利商业和服务业、假肢厂和安置农场等单位。

农村五保户　指农村中既无劳动能力，又无经济来源的老、弱、孤、残的农民，其生活由集体供养，实行保吃、保穿、保住、保医、保葬(孤儿保教)，简称“五保”。享受五保待遇的家庭叫五保户。

双扶户　包括被扶持的优抚户和贫困户。主要是对具有一定劳动能力且生活困难的两户给予一定的救济金以扶持其通过生产自救达到脱贫的目的。

基本养老保险

1. 参加保险人数：指报告期末按照国家法律、法规和有关政策规定参加基本养老保险的职工人数。包括不能正常缴费、已中断缴费但未终止保险关系的职工人数。

2. 社会统筹基金收入：指根据国家规定，由纳入基本养老保险范围的单位，按照国家规定的缴费基数和缴费比例缴纳的社会统筹基金， 以及通过其他方式取得的形成基金来源的收入，包括：单位缴纳的社会统筹基金收入、财政补贴收入、利息收入、其他收入。

3. 社会统筹基金支出：指按照国家政策规定的开支范围和开支标准从社会统筹基金中支付给参加基本养老保险的离休、退休、退职人员个人的养老金、丧葬抚恤补助，以及由于保险关系转移、上下级之间调剂资金等原因而发生的支出。包括：基础性养老金、过渡性养老金、离休金、退休金、退职金、补贴、丧葬抚恤补助、其他支出。

4. 社会统筹基金结余：指截止报告期末基本养老保险的社会统筹基金结余金额。包括银行存款、财政专户、债券投资和其他。

基本医疗保险

1. 参加保险人数：指报告期末按国家有关规定参加基本医疗保险的人数。包括参加保险的职工人数和退休人员人数。

2. 社会统筹基金收入：指根据国家有关规定，由纳入基本医疗保险范围的缴费单位， 按国家规定的缴费基数和缴费比例缴纳的社会统筹基金，以及通过其他方式取得的形成基金来源的款项，包括：单位缴纳的社会统筹基金收入、财政补贴收入、利息收入、其他收入。

3. 社会统筹基金支出：指按照国家政策规定的开支范围和开支标准从社会统筹基金中支付给参加基本医疗保险的职工和退休人员的医疗保险待遇支出及其他支出。包括：住院医疗费用支出、门急诊医疗费用支出、其他支出。

4. 社会统筹基金结余：指截止报告期末基本医疗保险的社会统筹基金结余金额。包括银行存款、财政专户、债券投资和其他。

失业保险

1. 参加保险人数：指报告期末按照国家法律、法规和有关政策规定参加了失业保险的城镇企业事业单位的职工及地方政府规定参加失业保险的其他人员的人数。

2. 失业保险金：指为保障失业人员的基本生活而按规定支付的失业保险金金额。保险福利费用总额指各单位在工资以外支付给职工和离休、退休、退职人员个人和用于集体的保险福利费用，不包括用于职工的劳动保护费用，由保险福利费用开支的医务人员工资，集体福利机构工作人员和病伤休息期满6个月以上人员的工资。

保险福利费用总额 指各单位在工资以外支付给职工和离休、退休、退职人员、个人和集体的保险福利费用，不包括用于职工的劳动保护费用，由保险福利费用开支的医务人员工资，具体福利机构工作人员和病伤休息期满6个月以上人员的工资。

离休、退休、退职人员 指正式办理了离休、退休、退职手续，并享受相应的离休、退休、退职待遇的人员。

离休、退休、退职人员保险福利费用 包括：

1.离休金：指发给离休干部的工资和按1982年国务院《关于老干部离职休养制度的几项规定的通知》发给符合规定的离休干部相当于一至两个月标准工资的生活补贴及1988年增发的生活补贴。

2.退休金：指按照国家有关规定发给退休职工的退休费和1988年增发的生活补贴。

3.退职生活费：指按照1978年国务院《关于工人退休、退职的暂行办法》发给退职人员的生活费用和1988年增发的生活补贴。

以上离退休、退职人员的离退休金、退职生活费还应包括发给离退休、退职人员的生活补贴和物价补贴。

4.医疗卫生费：指离休、退休、退职人员的医疗费、住院费以及住院伙食补助等费用。

5.其他：指上述费用以外的其他保险福利费用，如丧葬抚恤救济费、交通费补贴、冬季取暖补贴等。

工业废水排放量 指经过企业厂区所有排放口排到企业外部的工业废水量。包括生产废水、外排的直接冷却水、超标排放的矿井地下水和与工业废水混排的厂区生活污水，不包括外排的间接冷却水(清污不分流的间接冷却水应计算在内)。

工业废水排放达标量 指各项指标都达到国家或地方排放标准的外排工业废水量，包括未经处理外排达标和经过处理后外排达标两部分。

工业废水处理量 指报告期内各种水治理设施实际处理的工业废水量，包括处理后外排和处理后回用的工业废水量和虽经处理但未达到国家或地方排放标准的废水量。如车间和厂排放口均有治理设施，并对同一废水分级处理时，不应重复计算工业废水处理量。

工业废气排放量 指企业厂区内燃料燃烧和生产工艺过程中产生的各种排入空气的含有污染物的气体总量，按标准状态［273K，101325pa］计算。

工业二氧化硫排放量 指企业在燃料燃烧和生产工艺过程中排入大气的二氧化硫数量。 烟尘排放量 指企业厂区内燃料燃烧产生的烟气中夹带的颗粒物数量。

工业粉尘排放量 指企业在生产工艺过程中排放的颗粒物重量，如钢铁企业的耐火材料粉尘、焦化企业的筛焦系统粉尘、烧结机的粉尘、石灰窑的粉尘、建材企业的水泥粉尘等。不包括电厂排入大气的烟尘。

工业固体废物产生量 指企业在生产过程中产生的固体状、半固体状和高浓度液体状废弃物的总量，包括危险废物、冶炼废渣、粉煤灰、炉渣、煤矸石、尾矿、放射性废物和其他废物等；不包括矿山开采的剥离废石和掘进废石(煤矸石和呈酸性或碱性的废石除外)。酸性或碱性废石指采掘的废石其流经水、雨淋水的PH值小于4或PH值大于10.5者。

危险废物 指列入国家危险废物名录或根据国家规定的危险废物鉴别标准和鉴别方法认定的，具有爆炸性、易燃性、易氧化性、毒性、腐蚀性、易传染疾病等危险特性之一的废物。

工业固体废物综合利用量 指通过回收、加工、循环、交换等方式，从固体废物中提取或者使其转化为可以利用的资源、能源和其他原材料的固体废物量(包括当年利用往年的工业固体废物累计贮存量)，如用作农业肥料、生产建筑材料、筑路等。综合利用量由原产生固体废物的单位统计。

工业固体废物贮存量 指以综合利用或处置为目的，将固体废物暂时贮存或堆存在专设的贮存设施或专设的集中堆存场所内的数量。专设的固体废物贮存场所或贮存设施必须有防扩散、防流失、防渗漏、防止污染大气、水体的措施。

工业固体废物处置量 指将固体废物焚烧或者最终置于符合环境保护规定要求的场所，并不再回取的工业固体废物量(包括当年处置往年的工业固体废物累计贮存量)。处置方法有填埋(其中危险废物应安全填埋)、焚烧、专业贮存场(库)封场处理、深层灌注、回填矿井等。

工业固体废物排放量 指将所产生的固体废物排到固体废物污染防治设施、场所以外的数量，不包括矿山开采的剥离废石和掘进废石(煤矸石和呈酸性或碱性的废石除外)。

“三废”综合利用产品产值 指利用“三废”(废液、废气、废渣)作为主要原料生产的产品价值(现行价)，已经销售或准备销售的应计算产品价值，留作生产自用的不应计算产品价值。

“三废”综合利用产品利润 指利用“三废”(废液、废气、废渣)生产的产品，销售后所得到的利润。

环境污染与破坏事故 指由于违反环境保护法规的经济、社会活动与行为，以及意外因素的影响或不可抗拒的自然灾害等原因，致使环境受到污染，国家重点保护的野生动植物、自然保护区受到破坏，人体健康受到危害，社会经济和人民财产受到损失，造成不良社会影响的突发性事件。

Explanatory Notes on Main Statistical Indicators

Number of Athletes in Grades refers to the number of athletes who have been given titles through examination. The titles of athletes include international masters of sports, masters of sports, first grade, second grade and third grade sportsmen and young athletes.

Number of Referees in Grades refers to the number of referees who have been given titles after examination. They are classified as international referees, national referees and referees of the first, second and third grades.

Stadiums refer to stadiums for track and field events with six lane 400 meter tracks around soccer fields, permanent track marks and permanent bleachers. Stadiums are classified according to seating capacity. They include: Class A stadiums seating 25000 people each. Class B stadiums seating 15000 to 25000 people each. Class C stadiums seating 5000 to 15000 people each, and Class D stadiums seating fewer than 5000 people.

Gymnasiums refer to indoor sports grounds with permanent seats in which basketball, volleyball. Badminton, table tennis and gymnastics competitions can be held. Gymnasiums are classified according to seating capacity. They include Class A gymnasiums seating over 6000 people. Class B gymnasiums seating 4000 to 6000 people. Class C gymnasiums seating 2000 to 4000 people, and Class D gymnasiums seating fewer than 2000 people.

Medical Organizations include: hospitals, health service centers (stations) of communities, nursing homes, health centers, clinics, clinics (health stations and infirmaries) , maternity and child care agencies (centers and stations) , special disease prevention and curing agencies (centers and stations) , first aid centers (stations) and clinical inspection centers. Medical organizations are grouped by two types: profit- making and non- profit-making medical organizations.

Hospitals include: polyclinics, traditional Chinese medical hospitals, hospitals integrated with traditional Chinese therapeutics and western therapeutics, ethical hospitals, various specialties hospitals and nursing hospitals.

Medical Technical Personnel refers to doctors, assistant nurses, pharmacists, and laboratory technicians working in medical institutions.

Doctors refer to certified physicians and certified assistant physicians with certifications working in medical and health care and prevention agencies.

Total Cost of Health Services reflects the total expenditures on medical and health care services for the whole country, calculated on basis of sources of funding. Health expenditure from government budget refers to budgetary allocation for health undertakings by governments at all levels. Social health expenditure refers to non-government budgetary cap ital input, mainly the health insurance. It includes expenditure on health institutions run by enterprises and rural collective entities, expenditure on medical and health care of employees of enterprises, and excessive health expenditure of government employees that could be covered by the government health care system. Health expenditure on individuals refers to expenditure on health service and health insurance paid by residents from their disposable income.

Social Welfare Institutions refer to institutions taking care of old people without children, handicapped people and orphans. They include social welfare institutions run by civil affairs departments, children welfare institutions, social welfare institutions for mental patients, collective-owned old peoples homes in rural areas, convalescent homes and community service centers with the capaCity of receiving those people. This indicator reflects the input in social welfare institutions.

Number of People Taken in by Social Welfare Institutions refers to the number of old people, children, totally dependent handicapped people and mental patients taken in by social welfare institutions run by civil affairs departments and those run by collective units in urban and rural areas.

Social Welfare Enterprises are collective-owned enterprises which employ the blind, deaf mute, and other handicapped people who are able to work in cities and towns and enjoy exemption from state taxes, including welfare plants, welfare commercial services, artificial limb plants and farms, etc.

Rural Households with Livelihood Guaranteed in Five Aspects refer to the households in which there are old people without child, orphans and handicapped people who are unable to work and without financial resources in rural areas. They are taken care of by the collective units and their food, clothing, housing, medical care, funeral expenses (or schooling for orphans) are guaranteed to be provided for.

Households in the Poor Household Support Program refer to the households of martyrs and disabled servicemen, and poor households, who are able to work but in poor conditions, receiving government or collective relief funds. In this way, the households can get to work and make them break away from poverty.

Basic Endowment Insurance

1. Number of people participating in the insurance program: by the end of reference period, number of staff

and workers participating in the insurance program in line with national laws, regulations and related policies, including those who can not make regular payment or interrupt payment but not terminate the insurance program.

2. Revenue of social comprehensive funds: according to national provision, payments made by units covered in basic endowment insurance program, and income from other resources, including: income of social comprehensive funds paid by unites, financial subsidies, interest income and others.

3. Expenditure of social comprehensive funds: refer to payment made to those retired and resigned people covered in endowment insurance program in terms of pens ion or compensation within the expenditure scope and standards according to related national policies, and the expenditure occurred due to shift of the insurance relationship or adjustment funds among agencies, including: basic pension, transitional pension, pension for resigned people, pension for retired people, pension for people quitting jobs, subsidies, funeral subsidies and other expenditure.

4. Balance of social comprehensive funds: refer to the balance of basic endowment insurance of social comprehensive funds at the end of the reference period, including: bank savings, special fiscal account, investment in bonds and others.

Basic Medical Care Insurance:

1. Number of people participated in the insurance program: refer to number of people participated in the basic medical care insurance program according to related regulation by the end of reference period, including: number of staff and workers and retired persons participated in this insurance program.

2. Revenue of social comprehensive funds: according to national provision, payments made by units covered in basic medical care insurance program, and income from other resources, including: income of social comprehensive funds paid by unites, financial subsidies, interest income and others.

3. Expenditure of social comprehensive funds: refer to payment made to those retired and resigned people covered in basic medical care insurance within the expenditure scope and standards according to related national policies, including: expenditure on fee-for-service in hospital, expenditure on fee-for-service in clinic and other expenditure.

4. Balance of social comprehensive funds: refer to the balance of medical care insurance of social comprehensive funds at the end of the reference period, including: bank savings, special fiscal account, investment in bonds and others.

Unemployment Insurance

1. Number of people participated in unemployment insurance program: number of staff and workers in urban enterprises or institutions and other people according to local government regulations participated in unemployment insurance program in line with national law, regulations and related policies by the end of the reference period.

2. Sum of Unemployment Insurance: refer to total amount of insurance paid to un-employees to guarantee their basic lives according to related regulations.

Insurance and Welfare Funds refers to labor insurance and welfare fund paid by enterprises, organizations and institutions to their staff and workers as well as retired and resigned persons in addition to their wages and salaries excluding labor protection fees, wages paid to medical workers from insurance and welfare fund and wages paid to staff members working in collective welfare agencies and to people with over 6 months of sick-leave.

Retired or Resigned Personnel refers to the persons who have formally gone through the formalities for their retirement or quitting work and enjoy the corresponding treatments.

Insurance and Welfare Funds for Retired and Resigned Staff and Workers

1. Pensions for retired veteran cadres: They refer to pensions, other subsidies, and additional allowances paid to retired in line with relevant government documents.

2. Pensions for Retirement: They refer to living allowance; other subsidies and additional allowances paid to retired staff and workers in line with the relevant government documents.

3. Resignation Allowances for Living Expenses: They refer to living allowance, and additional allowances subsidies paid to resigned staff and workers in line with relevant government instructions.

It also includes living subsidies and prices subsidies paid to retired and resigned staff and workers.

4. Medical Care Allowance: refer to fee-for-service, cost of medical care and per diem subsidies during hospitalizations of retired and resigned staff and workers.

5. Others: They refer to other expenses, including other types of insurance and welfare fund, fees for funerals, traveling subsidies and heating subsidies during the winter time.

Volume of Industrial Waste Water Discharged refers to the volume of industrial waste water discharged, through all outlets, to the outside of industrial enterprises, including waste water produced, direct cooling water, underground water from mines that does not meet the standard of discharge, and the domestic sewage mixed up with industrial waste water when discharged, but excluding discharged indirect cooling water.

Volume of Treated Industrial Waste Water refers to the volume of industrial waste water after being treated and purified through various water treatment facilities in the reference period, including the volume discharged or recovered after being treated. The volume of waste water that fails to meet the national or local standards after treatment is also included. If there are treatment facilities both at the outlets of workshops and at the outlets of the factory, and the same volume of waste water has been treated twice, duplication should be avoided in the calculation of the volume of treated industrial waste water.

Volume of Waste Industrial Gas Emission refers to waste gas emitted from burning of fuels and from production process in the area of the factory, and is measured by 10000 standard cubic meters each year under normal condition.

Volume of Industrial Sulphur Dioxide Discharged refers to the volume of sulphur dioxide discharged to the air in the process of fuel burning or in the production process.

Volume of Industrial Soot Discharged refers to the volume of solid soot in the smoke discharged in the process of fuel burning in the area of the factory.

Industrial Dust Discharged refers to the total weight of solid dust discharged by industrial enterprises in the production process, such as dust of refractory materials from iron plants, dust from coke screening system or from sintering machines of coking plants, dust from lime kilns, cement dust from building material enterprises, etc. but excluding smoke and dust discharged by power plants.

Volume of Industrial Solid Wastes Produced refers to the total volume of solid, semi solid or high concentration liquid residue produced by industrial enterprises in their production process, including dangerous wastes, residues from melting, slag, powdered coal ash, gangue, chemical residues, tailings, radio active residues and other residues, but excluding stripped or dug stones in mining(except gangue and acid or alkali stones which are stones washed or soaked by water with a pH value smaller than 4 or larger than 10. 5)

Dangerous Wastes refers to the wastes which are listed by the government as the dangerous wastes or the

Profit Obtained from Utilization of Waste Gas, Waste Water and Industrial Solid Wastes refers to profit obtained from selling or own consumption of products made by industrial enterprises using recovered waste water, waste gas or solid wastes as main raw mate-

wastes which are explosive, inflammable, oxidizable, poisonous, corrosive or liable to cause infectious diseases or have other dangerous characteristics specified in accordance with the standards or methods stipulated by the government for identifying the dangerous wastes.

Volume of Industrial Solid Wastes Utilized in a Comprehensive Way refers to the volume of solid wastes from which useful materials can be extracted or which can be changed to be utilizable resources, energy or other materials, including the volume of industrial solid wastes stored up in the previous years and utilized in the current year, such as the solid wastes utilized as fertilizers, building materials, for making roads or for other purpose. Statistical data on utilization of industrial solid wastes are collected by solid wastes producing units.

Volume of Industrial Stored up Solid Wastes refers to the volume of industrial solid wastes temporarily stored up or piled with special facilities or piled in the special sites for purpose of utilization or treatment in future. The special facilities or special sites for the storing up solid wastes should have the measures against spreading or being washed away to other places, permeating the soil or causing air pollution or water contamination.

Volume of Industrial Solid Wastes Treated refers to solid wastes disposed of in a non recoverable place that meet the requirement of environmental protection, such as burying (The dangerous wastes should be buried safely) , burning, piling in designated sites, pouring water into the deep strata, filling of old mines, etc. (including treatment of solid wastes piled up in the previous years) .

Volume of Industrial Solid Wastes Discharged refers to the volume of industrial solid wastes produced and discharged at the places outside the special facilities or special sites for preventing against pollution, excluding stripped or dug stones in mining(except gangue and acid or alkali waste stones) .

Output Value of Products Made from Utilization of Waste Gas, Waste Water and Industrial Solid Wastes refers to the value of products (calculated at current prices) made by industrial enterprises using recovered waste water, waste gas or solid wastes as main raw materials. Only the value of the products which have been sold or are ready to be sold should be included. The value of the products which will be used in the production of the enterprises should not be included.

rials.

Accidents of Environment Pollution and Destruction refer to sudden accidents, due to economic and social behavior or activities in contrast with environment protection legislation, unexpected factors or irresistible natural disasters, that cause the pollution of environment, the destruction of natural protection zones, wild plants and animals, the danger to the health of people, and the loss in the property of the society and people.

二十二　盟市资料

STATISTICS OF LEAGUES AND CITIES

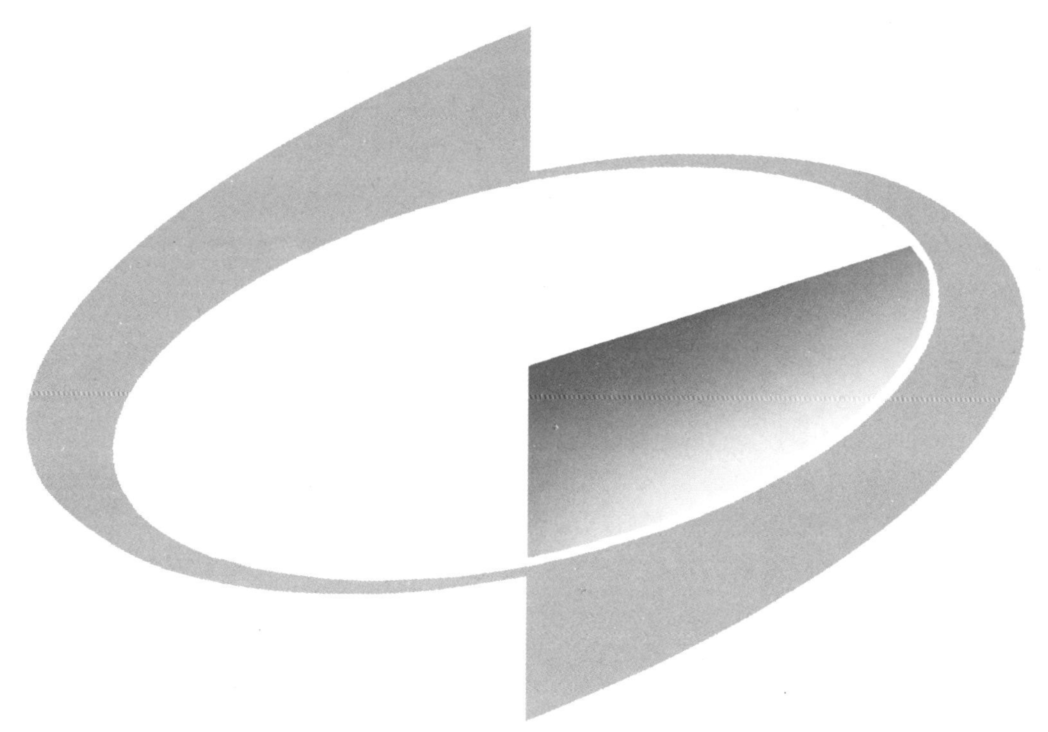

资料整理：包利军　包建钢

Arranged by Bao Lijun,Bao Jiangang

22-1 各盟市行政区域土地面积和城市建设(2007年)

Administrative Areas and Construction in Cities by Region(2007)

地 区	Region	行政区域土地面积(万平方公里) Gross Area (10 000 sq.km)	城市面积(平方公里) Areas of City (sq.km)	城市建成区面积(平方公里) Urban Developed Area (sq.km)	公园个数(个) Parks (unit)	公园面积(公顷) Area of Parks (hectare)	建成区绿化覆盖面积(公顷) Green Coverage Developed Area(hectare)
总 计	**Total**	**118.30**	**11858.24**	**886.68**	**99**	**6668**	**24892**
呼和浩特市	Hohhot City	1.72	2054.00	150.00	19	2380	5067
包 头 市	Baotou City	2.77	2591.00	180.00	17	1335	6583
呼伦贝尔市	Hulunbeier City	25.30	1804.44	117.83	11	703	3436
兴 安 盟	Xingan League	5.98	399.30	36.48	2	344	959
通 辽 市	Tongliao City	5.95	636.70	53.30	4	257	1674
赤 峰 市	Chifeng City	9.00	503.00	75.90	14	251	1722
锡林郭勒盟	Xilinguole League	20.26	428.60	43.60	3	62	632
乌兰察布市	Wulanchabu City	5.50	394.20	60.00	6	674	1126
鄂尔多斯市	Erdos City	8.68	625.00	99.68	10	210	1755
巴彦淖尔市	Bayannaoer City	6.44	668.00	32.38	7	118	774
乌 海 市	Wuhai City	0.17	1754.00	37.51	6	334	1164
阿拉善盟	Alashan League	27.02					

22-2 各盟市年末常住人口(2007年)

Number of Population at the Year end by Region(2007)

地 区	Region	年末常住人口(万人) Total Population(10 000 persons)			出生人口(万人) Birth (10 000 persons)	死亡人口(万人) Death (10 000 persons)
		合 计 Total	男 Male	女 Female		
呼和浩特市	Hohhot City	263.52	136.56	126.96	2.73	1.38
包 头 市	Baotou City	249.61	128.26	121.35	2.27	1.24
呼伦贝尔市	Hulunbeier City	270.56	138.52	132.04	2.63	1.55
兴 安 盟	Xingan League	160.34	82.24	78.10	1.74	0.91
通 辽 市	Tongliao City	309.46	157.75	151.71	3.51	1.69
赤 峰 市	Chifeng City	437.66	224.89	212.77	4.71	2.55
锡林郭勒盟	Xilinguole League	101.68	52.27	49.41	1.07	0.54
乌兰察布市	Wulanchabu City	213.82	110.97	102.85	1.87	1.61
鄂尔多斯市	Erdos City	154.79	81.06	73.73	1.63	0.85
巴彦淖尔市	Bayannaoer City	174.19	89.34	84.85	1.64	1.06
乌 海 市	Wuhai City	47.70	24.61	23.09	0.48	0.24
阿拉善盟	Alashan League	21.73	11.31	10.42	0.20	0.11

22-3 各盟市生产总值(2007年)
Gross Domestic Product by Region(2007)

单位：亿元 (100 million yuan)

地区	Region	生产总值 Gross Domestic Product	第一产业 Primary Industry	第二产业 Secondary Industry	工业 Industry	建筑业 Construc-tion	第三产业 Tertiary Industry	人均生产总值(元) Per Capita GDP(yuan)
呼和浩特市	Hohhot City	1101.13	62.14	415.50	346.20	69.30	623.49	42015
包头市	Baotou City	1277.20	45.15	657.47	587.46	70.01	574.57	51564
呼伦贝尔市	Hulunbeier City	505.04	123.37	167.22	138.71	28.51	214.45	18687
兴安盟	Xingan League	143.24	53.57	36.57	29.19	7.38	53.09	8947
通辽市	Tongliao City	586.14	125.02	271.79	240.28	31.51	189.32	18952
赤峰市	Chifeng City	590.14	121.43	280.09	247.67	32.42	188.62	13470
锡林郭勒盟	Xilinguole League	289.46	39.10	170.23	140.98	29.25	80.12	28691
乌兰察布市	Wulanchabu City	344.00	62.00	164.01	139.59	24.42	117.99	16077
鄂尔多斯市	Erdos City	1148.71	47.78	633.10	535.05	98.05	467.83	75021
巴彦淖尔市	Bayannaoer City	341.62	75.48	168.51	139.42	29.09	97.63	19644
乌海市	Wuhai City	190.06	2.32	124.56	114.54	10.02	63.17	40130
阿拉善盟	Alashan League	111.39	4.72	76.81	66.77	10.04	29.85	51616

注：本表按当年价格计算。

a)Data in value terms in this table are calculated at current prices.

22-4 各盟市生产总值指数(2007年)
Indices of Gross Domestic Product by Region(2007)

(上年=100) (preceding year=100)

地区	Region	生产总值 Gross Domestic Product	第一产业 Primary Industry	第二产业 Secondary Industry	工业 Industry	建筑业 Construc-tion	第三产业 Tertiary Industry	人均生产总值 Per Capita GDP
呼和浩特市	Hohhot City	118.1	103.7	119.3	122.8	104.3	118.7	116.8
包头市	Baotou City	119.9	103.5	120.2	121.1	112.6	120.9	118.2
呼伦贝尔市	Hulunbeier City	116.3	104.7	119.7	120.2	117.8	120.7	116.2
兴安盟	Xingan League	105.9	104.1	102.9	102.2	106.3	109.8	105.8
通辽市	Tongliao City	120.0	104.6	131.2	133.9	117.9	119.6	120.0
赤峰市	Chifeng City	119.8	103.8	129.8	131.5	120.4	119.5	120.0
锡林郭勒盟	Xilinguole League	122.6	104.3	128.9	130.0	124.3	121.3	122.0
乌兰察布市	Wulanchabu City	113.7	102.4	116.1	124.0	90.3	117.1	114.2
鄂尔多斯市	Erdos City	126.0	103.9	128.7	128.3	131.0	125.0	123.8
巴彦淖尔市	Bayannaoer City	117.2	102.7	124.5	127.7	113.6	118.9	116.8
乌海市	Wuhai City	118.4	104.4	120.4	122.6	100.4	115.4	116.9
阿拉善盟	Alashan League	121.2	103.2	126.6	130.5	107.8	113.1	119.8

注：本表按可比价格计算。

a)The indices in this table are calculated at comparable prices.

22-5 各盟市按三次产业分的年末就业人员(2007年)

Number of Employed Persons at the Year-end by Type of Industry and by Region(2007)

地区	Region	就业人员(万人) Number of Employed Persons (10 000 persons)	第一产业 Primary Industry	第二产业 Secondary Industry	第三产业 Tertiary Industry	构成(合计=100) Composition in Percentage(total=100) 第一产业 Primary Industry	第二产业 Secondary Industry	第三产业 Tertiary Industry
呼和浩特市	Hohhot City	152.80	44.10	45.40	63.30	28.9	29.7	41.4
包头市	Baotou City	127.76	25.16	39.96	62.64	19.7	31.3	49.0
呼伦贝尔市	Hulunbeier City	109.10	52.70	16.10	40.30	48.3	14.8	36.9
兴安盟	Xingan League	69.40	48.70	6.10	14.60	70.2	8.8	21.0
通辽市	Tongliao City	144.00	90.80	19.60	33.60	63.1	13.6	23.3
赤峰市	Chifeng City	225.48	123.89	44.27	57.32	54.9	19.6	25.5
锡林郭勒盟	Xilinguole League	48.13	25.14	5.84	17.15	52.2	12.2	35.6
乌兰察布市	Wulanchabu City	113.50	66.30	13.10	34.10	58.4	11.5	30.1
鄂尔多斯市	Erdos City	86.81	31.11	22.51	33.19	35.8	25.9	38.3
巴彦淖尔市	Bayannaoer City	88.80	49.90	12.80	26.10	56.2	14.4	29.4
乌海市	Wuhai City	21.70	2.60	9.70	9.40	12.0	44.7	43.3
阿拉善盟	Alashan League	10.59	3.87	2.79	3.93	36.5	26.3	37.2

22-6 各盟市城镇年末就业人员(2007年)

Number of Employed Persons at the Year-end in Urban Areas by Region(2007)

单位：人 (person)

地区	Region	合计 Total	国有单位 State-owned Units	集体单位 Collective-owned Units	其他单位 Units of Other Types of Ownership
呼和浩特市	Hohhot City	569153	202294	11259	85720
包头市	Baotou City	531048	122939	25966	179985
呼伦贝尔市	Hulunbeier City	401677	189227	5178	66738
兴安盟	Xingan League	169011	86841	4861	19015
通辽市	Tongliao City	304535	179493	10348	34613
赤峰市	Chifeng City	492827	199619	14180	100901
锡林郭勒盟	Xilinguole League	181035	75662	3727	23366
乌兰察布市	Wulanchabu City	244160	114054	4744	23953
鄂尔多斯市	Erdos City	288787	97571	3447	59481
巴彦淖尔市	Bayannaoer City	217278	102145	5537	41425
乌海市	Wuhai City	143575	26124	1340	78051
阿拉善盟	Alashan League	64751	23123	645	17174
直报单位	Units of Direct Reporting	227102	200984	19335	4084

注：表中私营企业和个体数据由工商部门提供。

a)The Statistics of Private Enterprises and Self-employed Individuals are provided by the Department of Industry and Commerce.

22-6 续表 continued

单位：人 (person)

地 区	Region	# 港澳台商投资单位 Economic Units Funded by Entrepreneurs from H. K,Macao and Taiwan	# 外商投资单位 Foreign Funded Units	私营企业 Private Enterprises	个 体 Self-employed Individuals
呼和浩特市	Hohhot City	2641	4447	161952	107928
包 头 市	Baotou City	2046	3240	83313	118845
呼伦贝尔市	Hulunbeier City	2627	956	47523	93011
兴 安 盟	Xingan League	334	554	17413	40881
通 辽 市	Tongliao City	503	4806	21137	58944
赤 峰 市	Chifeng City	552	77	81425	96702
锡林郭勒盟	Xilinguole League	109	324	26710	51570
乌兰察布市	Wulanchabu City	419	765	50660	50749
鄂尔多斯市	Erdos City	2548	9427	67806	60482
巴彦淖尔市	Bayannaoer City	2010	760	28873	39298
乌 海 市	Wuhai City	110	1159	16300	21760
阿拉善盟	Alashan League	17	220	12204	11605
直报单位	Units of Direct Reporting	1168		2699	

22-7 各盟市登记注册类型年末职工人数(2007年)

Number of Staff and Workers at the Year-end by Status of Registration and by Region(2007)

单位：人 (person)

地 区	Region	合 计 Total	国有单位 State-owned Units	城镇集体单位 Urban Collective-owned Units	其他单位 Units of Other Types of Ownership
呼和浩特市	Hohhot City	293742	201776	11222	80744
包 头 市	Baotou City	325852	122284	25886	177682
呼伦贝尔市	Hulunbeier City	259629	187928	5136	66565
兴 安 盟	Xingan League	109198	85993	4762	18443
通 辽 市	Tongliao City	224181	179258	10334	34589
赤 峰 市	Chifeng City	312901	197867	14157	100877
锡林郭勒盟	Xilinguole League	101339	74404	3718	23217
乌兰察布市	Wulanchabu City	137817	110885	3765	23167
鄂尔多斯市	Erdos City	159292	96501	3447	59344
巴彦淖尔市	Bayannaoer City	148261	101744	5492	41025
乌 海 市	Wuhai City	104598	26034	1334	77230
阿拉善盟	Alashan League	40731	22938	645	17148
直报单位	Units of Direct Reporting	217903	195002	18859	4042

22-8 各盟市登记注册类型女性年末就业人员(2007年)

Number of Female Employed by Registration Status and by Region at the Year-end(2007)

单位：人　　　　(person)

地 区	Region	合 计 Total	国有单位 State-owned Units	城镇集体单位 Urban Collective-owned Units	其他单位 Units of Other Types of Ownership
呼和浩特市	Hohhot City	128619	83189	4792	40638
包 头 市	Baotou City	132742	55588	11845	65309
呼伦贝尔市	Hulunbeier City	93860	73639	2283	17938
兴 安 盟	Xingan League	43312	35357	2287	5668
通 辽 市	Tongliao City	83719	69889	3880	9950
赤 峰 市	Chifeng City	110616	84236	4508	21872
锡林郭勒盟	Xilinguole League	39251	30329	1385	7537
乌兰察布市	Wulanchabu City	53616	42990	1669	8957
鄂尔多斯市	Erdos City	70034	40594	1426	28014
巴彦淖尔市	Bayannaoer City	61994	44895	2622	14477
乌 海 市	Wuhai City	34606	13023	358	21225
阿拉善盟	Alashan League	14009	10131	293	3585
直报单位	Units of Direct Reporting	56183	46387	8138	1658

22-9 各盟市私营企业年末就业人员(2007年)

Number of Employed Persons in Private Enterprises at the Year-end by Region(2007)

单位：户、人　　　　(enterprise, person)

地 区	Region	合 计 Total			城 镇 Urban Areas			乡 村 Rural Areas		
		户 数 Enter-prises	就业人数 Employed Persons	# 投资者 Empl-oyers	户 数 Enter-prises	就业人数 Employed Persons	# 投资者 Empl-oyers	户 数 Enter-prises	就业人数 Employed Persons	# 投资者 Empl-oyers
总 计	**Total**	**63270**	**828767**	**169889**	**50618**	**618015**	**135350**	**12652**	**210752**	**34539**
呼和浩特市	Hohhot City	15309	181865	40360	14636	161952	38295	673	19913	2065
包 头 市	Baotou City	10984	149844	29243	6538	83313	16424	4446	66531	12819
呼伦贝尔市	Hulunbeier City	4724	53345	11802	4241	47523	10576	483	5822	1226
兴 安 盟	Xingan League	1551	19400	3832	1442	17413	3578	109	1987	254
通 辽 市	Tongliao City	4758	27150	10399	4009	21137	9071	749	6013	1328
赤 峰 市	Chifeng City	7015	109024	20851	5130	81425	15646	1885	27599	5205
锡林郭勒盟	Xilinguole League	2507	29209	7437	2354	26710	6925	153	2499	512
乌兰察布市	Wulanchabu City	3190	64390	9030	2780	50660	7823	410	13730	1207
鄂尔多斯市	Erdos City	7164	105431	20996	5549	67806	16157	1615	37625	4839
巴彦淖尔市	Bayannaoer City	2440	36437	6060	1808	28873	4980	632	7564	1080
乌 海 市	Wuhai City	2220	30231	5985	2220	30231	5985			
阿拉善盟	Alashan League	965	19005	2603	716	12204	1828	249	6801	775

注：本资料由工商部门提供。

a)The Statistics are provided by the Department of Industry and Commerce.

22-10 各盟市年末个体就业人员(2007年)

Number of Self-Employed Individuals at the Year-end by Region(2007)

单位：户、人 (enterprise, person)

地区	Region	合计 Total		城镇 Urban Areas		乡村 Rural Areas	
		户数 Number of Households	就业人数 Number of Employed Individuals	户数 Number of Households	就业人数 Number of Employed Individuals	户数 Number of Households	就业人数 Number of Employed Individuals
总计	**Total**	**509393**	**935777**	**411153**	**751775**	**98240**	**184002**
呼和浩特市	Hohhot City	59220	117098	52963	107928	6257	9170
包头市	Baotou City	56931	146181	47149	118845	9782	27336
呼伦贝尔市	Hulunbeier City	71840	107355	62252	93011	9588	14344
兴安盟	Xingan League	25306	49297	19693	40881	5613	8416
通辽市	Tongliao City	50261	77327	37813	58944	12448	18383
赤峰市	Chifeng City	80076	136073	53651	96702	26425	39371
锡林郭勒盟	Xilinguole League	30778	57300	27844	51570	2934	5730
乌兰察布市	Wulanchabu City	31259	69270	27203	50749	4056	18521
鄂尔多斯市	Erdos City	48922	81135	38075	60482	10847	20653
巴彦淖尔市	Bayannaoer City	31569	57515	23452	39298	8117	18217
乌海市	Wuhai City	13955	21760	13955	21760		
阿拉善盟	Alashan League	9276	15466	7103	11605	2173	3861

注：本资料由工商部门提供。

a)The Statistics are provided by the Department of Industry and Commerce.

22-11 各盟市城镇登记年末失业人员

Number of Registered Unemployed Persons at the Year-end in Urban Areas by Region

单位：人 (person)

地区	Region	1995	2000	2005	2007
总计	**Total**	**139713**	**126478**	**177483**	**184573**
呼和浩特市	Hohhot City	11781	13120	24465	24254
包头市	Baotou City	27205	20412	31972	33116
呼伦贝尔市	Hulunbeier City	25887	29283	24601	25256
兴安盟	Xingan League	4079	5564	8539	10076
通辽市	Tongliao City	12559	8696	15027	14854
赤峰市	Chifeng City	14266	14374	21000	22450
锡林郭勒盟	Xilinguole League	4783	4943	7809	7710
乌兰察布市	Wulanchabu City	11337	9155	14271	14856
鄂尔多斯市	Erdos City	5900	3653	9620	10527
巴彦淖尔市	Bayannaoer City	11511	9562	11074	11660
乌海市	Wuhai City	8359	5715	6860	7324
阿拉善盟	Alashan League	2046	2001	2245	2490

注：本资料由劳动社会保障厅提供。

a)The Statistics are provided by the Bureau of Labour and Social Insurance

22-12 各盟市城镇登记失业率

Registered Unemployment Rate in Urban Areas by Region

单位：% (%)

地 区	Region	1995	2000	2005	2006	2007
总 计	**Total**	**3.17**	**3.34**	**4.26**	**4.13**	**4.00**
呼和浩特市	Hohhot City	2.41	3.01	4.29	4.11	3.85
包 头 市	Baotou City	3.81	3.44	4.14	3.92	3.82
呼伦贝尔市	Hulunbeier City	4.83	4.24	4.36	4.25	4.09
兴 安 盟	Xingan League	1.88	2.48	4.30	4.17	4.44
通 辽 市	Tongliao City	3.14	2.46	4.20	3.95	3.87
赤 峰 市	Chifeng City	3.13	2.90	4.22	4.20	4.14
锡林郭勒盟	Xilinguole League	2.77	3.25	4.65	4.27	3.90
乌兰察布市	Wulanchabu City	3.63	4.01	4.40	4.40	4.12
鄂尔多斯市	Erdos City	3.13	2.07	3.97	3.98	3.71
巴彦淖尔市	Bayannaoer City	4.49	3.84	4.25	4.13	4.11
乌 海 市	Wuhai City	5.12	4.40	4.50	4.50	4.28
阿拉善盟	Alashan League	4.00	3.46	4.12	3.92	3.99

注：本资料由劳动社会保障厅提供。

a)The Statistics are provided by the Bureau of Labour and Social Insurance

22-13 各盟市职工工资总额和指数(2007年)

Total Wages of Staff and Workers and Related Index by Region(2007)

地 区	Region	工资总额(万元) Total Wages(10 000 yuan)				指 数(上年=100) Index(preceding year=100)			
		合 计 Total	国有单位 State-owned Units	城镇集体单位 Urban Collect-iveowned Units	其他单位 Units of Other Types of Owner ship	合 计 Total	国有单位 State-owned Units	城镇集体单位 Urban Collect-iveowned Units	其他单位 Units of Other Types of Owner ship
呼和浩特市	Hohhot City	807126	629026	18524	159576	115.9	115.4	103.7	119.8
包 头 市	Baotou City	883220	375231	45152	462837	116.6	111.1	103.4	123.1
呼伦贝尔市	Hulunbeier City	504266	388591	7431	108244	118.2	117.7	115.5	120.3
兴 安 盟	Xingan League	157893	128439	4769	24684	112.9	113.6	114.9	109.1
通 辽 市	Tongliao City	385274	294144	16295	74835	123.8	116.9	143.0	155.6
赤 峰 市	Chifeng City	575838	395274	19678	160886	125.8	128.5	109.8	121.7
锡林郭勒盟	Xilinguole League	219861	172282	6629	40949	122.5	119.8	130.1	133.7
乌兰察布市	Wulanchabu City	278757	223987	5222	49549	124.1	128.5	102.2	109.7
鄂尔多斯市	Erdos City	502803	308739	8336	185728	124.9	123.1	145.0	127.1
巴彦淖尔市	Bayannaoer City	251385	170450	8717	72218	112.2	109.9	103.9	119.4
乌 海 市	Wuhai City	239925	70251	1472	168202	125.6	122.3	100.9	127.3
阿拉善盟	Alashan League	94579	60117	1599	32863	120.3	124.3	94.5	115.0

22-14 各盟市职工平均工资及指数(2007年)

Average Wage of Staff and Workers and Related Indices by Region(2007)

地区	Region	平均货币工资(元) Average Money Wage(yuan)				指数(上年=100)Indices (preceding year=100)			
		合计 Total	国有单位 State-owned Units	城镇集体单位 Urban Collective-owned Units	其他单位 Units of Other Types of Owner ship	合计 Total	国有单位 State-owned Units	城镇集体单位 Urban Collective-owned Units	其他单位 Units of Other Types of Owner -ship
呼和浩特市	Hohhot City	26732	30618	14727	19018	116.5	114.2	110.6	123.7
包头市	Baotou City	26867	30483	16989	25847	117.8	114.7	113.8	120.8
呼伦贝尔市	Hulunbeier City	19686	20659	14258	17223	117.7	117.9	121.5	117.0
兴安盟	Xingan League	14412	14971	9885	13032	116.7	116.2	115.1	118.8
通辽市	Tongliao City	17143	16407	15570	21382	123.3	117.2	125.8	154.3
赤峰市	Chifeng City	18261	19951	13908	15611	121.9	126.9	111.1	112.7
锡林郭勒盟	Xilinguole League	21165	23095	17864	16013	120.2	120.0	111.2	125.7
乌兰察布市	Wulanchabu City	20232	20424	14075	20309	122.4	124.3	96.4	118.2
鄂尔多斯市	Erdos City	31829	31911	24744	32104	117.6	116.8	131.4	118.4
巴彦淖尔市	Bayannaoer City	16266	16561	16113	15627	109.8	110.1	109.0	109.3
乌海市	Wuhai City	22389	27385	11248	20973	123.1	121.8	103.2	124.1
阿拉善盟	Alashan League	24973	27242	24977	21672	115.3	117.5	108.4	111.6

22-15 各盟市城乡划分全社会固定资产投资(2007年)

Total Investment in Fixed Assets by Channel of Management and by Region(2007)

单位：万元 (10 000 yuan)

地区	Region	总计 Total	城镇 Urban		农村 Rural
				#房地产开发 Real Estate Development	
呼和浩特市	Hohhot City	5702357	5678352	1298346	24005
包头市	Baotou City	8035077	8021244	819340	13833
呼伦贝尔市	Hulunbeier City	2432822	2427772	438846	5050
兴安盟	Xingan League	601579	582518	118368	19061
通辽市	Tongliao City	3546105	3526197	355274	19908
赤峰市	Chifeng City	4151264	3890899	390401	260365
锡林郭勒盟	Xilinguole League	3313358	3306908	132675	6450
乌兰察布市	Wulanchabu City	1958972	1916771	201335	42201
鄂尔多斯市	Erdos City	8620207	8606632	848623	13575
巴彦淖尔市	Bayannaoer City	2717821	2692476	172133	25345
乌海市	Wuhai City	709149	709149	184911	
阿拉善盟	Alashan League	924281	922623	48610	1658

注：农村未包括农户投资。

a)Investment in Fixed Assets of Rural don't included investment of Rural Households.

22-16 各盟市按建设性质分的城镇固定资产投资(2007年)
Investment in Capital Construction in Urban Area by Type of Construction and by Region(2007)

单位：万元 (10 000 yuan)

地区	Region	投资额 Investment	#新建 New Construction	#扩建 Expansion	#改建 Reconstruction
呼和浩特市	Hohhot City	4380006	1870048	1755885	302040
包头市	Baotou City	7201904	4714221	878968	1475846
呼伦贝尔市	Hulunbeier City	1988926	1456788	345342	146446
兴安盟	Xingan League	464150	300747	88345	42532
通辽市	Tongliao City	3170923	2178289	582034	239300
赤峰市	Chifeng City	3500498	2551825	760358	78944
锡林郭勒盟	Xilinguole League	3174233	2593515	384559	141974
乌兰察布市	Wulanchabu City	1715436	1123028	375613	171509
鄂尔多斯市	Erdos City	7758009	6356638	261446	988297
巴彦淖尔市	Bayannaoer City	2520343	1335615	697621	439595
乌海市	Wuhai City	524238	370798	36108	100232
阿拉善盟	Alashan League	874013	661042	155469	57502

注:本表不含房地产开发投资。

a)Data in this tabale indude real estate development.

22-17 各盟市城镇固定资产投资、投产项目和新增固定资产(2007年)
Capital Construction Projects and Put into Use and Newly Increased Fixed Assets by Region(2007)

地区	Region	施工项目(个) Number of Projects under Construction (unit)	全部建成投产项目(个) Number of Projects Completed & Put into Use (unit)	项目建成投产率(%) Rate of Projects Completed and Put into Use(%)	新增固定资产(万元) Newly Increased Fixed Assets (10 000 yuan)	固定资产交付使用率(%) Rate of Fixed Assets Put into Use(%)
呼和浩特市	Hohhot City	770	572	74.29	3657581	83.51
包头市	Baotou City	1746	1174	67.24	6208700	86.21
呼伦贝尔市	Hulunbeier City	783	563	71.90	1474509	74.14
兴安盟	Xingan League	315	213	67.62	505464	108.90
通辽市	Tongliao City	786	612	77.86	2870832	90.54
赤峰市	Chifeng City	1148	926	80.66	2424305	69.26
锡林郭勒盟	Xilinguole League	747	491	65.73	1125303	35.45
乌兰察布市	Wulanchabu City	498	422	84.74	1973569	115.05
鄂尔多斯市	Erdos City	945	709	75.03	5400313	69.61
巴彦淖尔市	Bayannaoer City	710	553	77.89	1489154	59.09
乌海市	Wuhai City	210	141	67.14	395253	75.40
阿拉善盟	Alashan League	187	74	39.57	225684	25.82

22-18 各盟市城镇固定资产投资房屋建筑面积(2007年)

Floor Space of Buildings Through Capital Construction by Region(2007)

单位：万平方米 (10 000 sq.m)

地区	Region	施工面积 Floor Space of Buildings Under Construction	#住宅 Residential Buildings	竣工面积 Floor Space of Buildings Completed	#住宅 Residential Buildings
呼和浩特市	Hohhot City	1034.73	386.95	436.13	179.44
包头市	Baotou City	1004.84	153.58	528.04	106.92
呼伦贝尔市	Hulunbeier City	284.22	61.78	164.21	49.50
兴安盟	Xingan League	113.21	52.14	93.62	51.67
通辽市	Tongliao City	313.25	28.91	214.66	26.02
赤峰市	Chifeng City	286.16	100.62	173.46	83.80
锡林郭勒盟	Xilinguole League	228.52	46.97	159.56	36.96
乌兰察布市	Wulanchabu City	210.16	49.92	150.36	48.12
鄂尔多斯市	Erdos City	354.38	135.84	127.14	51.17
巴彦淖尔市	Bayannaoer City	195.53	94.74	123.99	75.03
乌海市	Wuhai City	76.71	3.14	19.20	2.82
阿拉善盟	Alashan League	25.76	6.93	6.15	0.49

注:本表数字不含商品房。

a)Data in this doesn't include commercial house.

22-19 各盟市按构成分的城镇固定资产投资(2007年)

Investment in Innovation by Type of Construction and by Region(2007)

单位：万元 (10 000 yuan)

地区	Region	投资额 Investment	建筑工程 Construction Projects	安装工程 Installation Projects	设备工器具购置 Purchase of Equipment and Instruments	其他费用 Others
呼和浩特市	Hohhot City	4380006	2538902	187507	1160657	492940
包头市	Baotou City	7201904	4105128	738478	1696217	662081
呼伦贝尔市	Hulunbeier City	1988926	1477206	76578	350351	84791
兴安盟	Xingan League	464150	337606	15870	55473	55201
通辽市	Tongliao City	3170923	1441650	284901	1235278	209094
赤峰市	Chifeng City	3500498	2043742	218727	902881	335148
锡林郭勒盟	Xilinguole League	3174233	2011754	288938	692353	181188
乌兰察布市	Wulanchabu City	1715436	1094239	117541	422729	80927
鄂尔多斯市	Erdos City	7758009	5004702	881103	1335364	536840
巴彦淖尔市	Bayannaoer City	2520343	1731842	124769	513079	150653
乌海市	Wuhai City	524238	253745	83511	149107	37875
阿拉善盟	Alashan League	874013	620973	106480	142555	4005

22-20 各盟市按资金来源分的城镇固定资产(2007年)

Number of Innovation Projects Under Construction and Put into Use and Newly Increased Fixed Assets by Region(2007)

单位:万元 (10000 yuan)

地 区	Region	国家预算内资金 State Budgetary	国内贷款 Domestic Loans	利用外资 Foreign Investment	自筹资金 Fund Raising	其他资金 Others
呼和浩特市	Hohhot City	57481	306118	124464	3202568	258419
包头市	Baotou City	84671	244022	39515	6653765	208349
呼伦贝尔市	Hulunbeier City	118672	318497	25652	1281357	64540
兴安盟	Xingan League	27743	13075	8871	348784	93601
通辽市	Tongliao City	88216	636419	8300	2314301	55441
赤峰市	Chifeng City	134341	285008	30515	2851470	170864
锡林郭勒盟	Xilinguole League	139565	541574	15402	1974261	271754
乌兰察布市	Wulanchabu City	186557	493962	18863	927714	70997
鄂尔多斯市	Erdos City	351216	840479	16430	6341406	61094
巴彦淖尔市	Bayannaoer City	146729	213210	4173	2171364	55908
乌海市	Wuhai City	42940	99952	12	357587	3735
阿拉善盟	Alashan League	150668	112227		608081	3780

22-21 各盟市农村固定资产投资和房屋建筑面积(2007年)

Investment in Fixed Assets in Rural Area, Floor Space of Buildings by Region(2007)

地 区	Region	投资额(万元) Investment (10 000 yuan)	新增固定资产(万元) Newly Increased Fixed Assets (10 000 yuan)	房屋建筑面积(万平方米) Floor Space of Buildings(10 000 sq. m)			
				施工面积 Under Construction	#住宅 Residential Buildings	竣工面积 Completed	#住宅 Residential Buildings
呼和浩特市	Hohhot City	24005	27665	25.78	17.15	25.78	17.15
包头市	Baotou City	13833	21442	3.46		1.83	
呼伦贝尔市	Hulunbeier City	5050	5181	1.76	0.13	1.39	0.13
兴安盟	Xingan League	19061	19061	9.5	5.78	9.5	5.78
通辽市	Tongliao City	19908	17808	14.87	0.88	12.18	0.85
赤峰市	Chifeng City	260365	233260	55.85	16.63	31.66	15.93
锡林郭勒盟	Xilinguole League	6450	4936	1.59		1.39	
乌兰察布市	Wulanchabu City	42201	46701	4.63	0.11	3.63	0.11
鄂尔多斯市	Erdos City	13575	13575	0.69	0.05	0.67	0.05
巴彦淖尔市	Bayannaoer City	25345	25699	11.04	0.1	10.63	0.1
乌海市	Wuhai City						
阿拉善盟	Alashan League	1658	1037	0.22			

注:本表数据统计范围为农村范围内建设的计划总投资50万元以上项目。

a)Frame work in this table is construction projects over 500 thousand yuan in rural area.

22-22 各盟市城镇集体单位固定资产投资、新增固定资产和房屋建筑面积(2007年)

Investment in Fixed Assets of Urban Collective-Owned Units and Floor Space of Buildings by Region(2007)

地区	Region	投资额(万元) Investment (10 000 yuan)	新增固定资产(万元) Newly Increased Fixed Assets (10 000 yuan)	房屋建筑面积(万平方米) Floor Space of Buildings(10 000 sq. m)			
				施工面积 Under Construction	#住宅 Residential Buildings	竣工面积 Completed	#住宅 Residential Buildings
呼和浩特市	Hohhot City	141516	120125	157.44	141.38	68.36	55.79
包头市	Baotou City	232328	237856	90.14	23.81	37.39	19.96
呼伦贝尔市	Hulunbeier City	14916	16651	5.33	3.14	3.60	2.04
兴安盟	Xingan League	3868	14200	1.23		0.15	
通辽市	Tongliao City	1051	1051	0.38	0.06	0.38	0.06
赤峰市	Chifeng City	69076	41730	15.64	7.92	10.97	7.92
锡林郭勒盟	Xilinguole League	9655	18400	2.10		1.02	
乌兰察布市	Wulanchabu City	1410	2060	1.98	1.98	1.98	1.98
鄂尔多斯市	Erdos City	228580	494127	1.78	0.04	1.78	0.04
巴彦淖尔市	Bayannaoer City	23016	14016	1.30	1.08	1.30	1.08
乌海市	Wuhai City	26351	15632	2.32		0.32	
阿拉善盟	Alashan League	6928	4870				

22-23 各盟市房地产开发企业(单位)个数(2007年)

Number of Enterprises for Real Estate Development by Region(2007)

单位：个 (unit)

地区	Region	企业个数 Number of Enterprises	内资企业 Domestic Funded Enterprises	#国有 State-owned Enterprises	#集体 Collective Owned Enterprises	港、澳、台投资企业 Funded by Entrepreneurs from Hong Kong Macao & Taiwan	外商投资企业 Foreign Funded Enterprises
呼和浩特市	Hohhot City	278	275	4	1	1	2
包头市	Baotou City	188	183	11		4	1
呼伦贝尔市	Hulunbeier City	142	141	11		1	
兴安盟	Xingan League	66	66	1	1		
通辽市	Tongliao City	114	114	3			
赤峰市	Chifeng City	112	111		1		1
锡林郭勒盟	Xilinguole League	79	79	1			
乌兰察布市	Wulanchabu City	94	94				
鄂尔多斯市	Erdos City	177	177		1		
巴彦淖尔市	Bayannaoer City	59	59	1	2		
乌海市	Wuhai City	82	82	4			
阿拉善盟	Alashan League	24	24				

22-24 各盟市房地产开发企业(单位)年底从业人员(2007年)

Number of Employed Persons in Enterprises for Real Estate Development by Region(end of 2007)

单位：人 (person)

地区	Region	年末从业人数 Number of Employed Persons	内资企业 Domestic Funded Enterprises	#国有 State-owned Enterprises	#集体 Collective-owned Enterprises	港、澳、台投资企业 Funded by Entrepreneurs from Hong Kong Macao and Taiwan	外商投资企业 Foreign Funded Enterprises
呼和浩特市	Hohhot City	5061	4984	139	23	30	47
包头市	Baotou City	5105	4881	176		216	8
呼伦贝尔市	Hulunbeier City	1900	1872	213		28	
兴安盟	Xingan League	1043	1043	7	10		
通辽市	Tongliao City	1891	1891	41			
赤峰市	Chifeng City	4847	4837		10		10
锡林郭勒盟	Xilinguole League	1877	1877	4			
乌兰察布市	Wulanchabu City	2640	2640				
鄂尔多斯市	Erdos City	4440	4440		36		
巴彦淖尔市	Bayannaoer City	1497	1497	11	25		
乌海市	Wuhai City	989	989	33			
阿拉善盟	Alashan League	608	608				

22-25 各盟市按用途分的房地产开发企业(单位)完成投资额(2007年)

Actually Completed Investment of Enterprises for Real Estate Development by Region and by Use(2007)

单位：万元 (10 000 yuan)

地区	Region	本年完成投资额 Investment Made This Year	住宅 Residential Buildings	#经济适用房屋 Economical Houses	办公楼 Office Buildings	商业营业用房 Houses for Business Use	其他 Others
呼和浩特市	Hohhot City	1298346	964770	51993	65088	215691	52797
包头市	Baotou City	819340	682332	47165	18918	109671	8419
呼伦贝尔市	Hulunbeier City	438846	277953	15919	3251	46007	111635
兴安盟	Xingan League	118368	77127	4306	802	24135	16304
通辽市	Tongliao City	355274	266139	36744	1507	80707	6921
赤峰市	Chifeng City	390401	298087	4520	8720	54870	28724
锡林郭勒盟	Xilinguole League	132675	111437	12547	190	15971	5077
乌兰察布市	Wulanchabu City	201335	169859	28745	3050	26929	1497
鄂尔多斯市	Erdos City	848623	632588	63352	30886	137983	47166
巴彦淖尔市	Bayannaoer City	172133	148868	20259	321	17691	5253
乌海市	Wuhai City	184911	164728	16555	140	16863	3180
阿拉善盟	Alashan League	48610	45006	35367	1150	2234	220

22-26 各盟市商品房建筑面积和造价(2007年)

Floor Space of Buildings and Cost in Commercial House by Region(2007)

地 区	Region	施工房屋面积(万平方米) Floor Space of Buildings under Construction (10 000 sq.m)	竣工房屋面积(万平方米) Floor Space of Buildings Completed (10 000 sq.m)	房屋建筑面积竣工率(%) Rate of Floor Space of Buildings Completed (%)	竣工房屋价值(万元) Value of Buildings Completed (10 000 yuan)	竣工房屋造价(元/平方米) Cost of Buildings Completed (yuan/sq.m)
呼和浩特市	Hohhot City	1567.12	216.31	13.80	228569	1057
包 头 市	Baotou City	753.06	246.24	32.70	428183	1739
呼伦贝尔市	Hulunbeier City	412.97	267.10	64.68	293371	1098
兴 安 盟	Xingan League	135.67	59.18	43.63	59759	1010
通 辽 市	Tongliao City	437.10	155.35	35.54	170846	1100
赤 峰 市	Chifeng City	296.36	235.59	79.50	346697	1472
锡林郭勒盟	Xilinguole League	142.25	86.07	60.51	88111	1024
乌兰察布市	Wulanchabu City	279.22	171.09	61.27	196985	1151
鄂尔多斯市	Erdos City	723.00	262.69	36.33	436825	1663
巴彦淖尔市	Bayannaoer City	203.77	50.18	24.63	56802	1132
乌 海 市	Wuhai City	238.50	68.66	28.79	86981	1267
阿拉善盟	Alashan League	83.66	14.44	17.26	14774	1023

22-27 各盟市商品房屋销售情况(2007年)

Selling of Commercial Houses by Region(2007)

地 区	Region	房屋销售面积(万平方米) Floor Space of Selling House (10 000 sq. m)	#住宅 Residential Buildings	商品房销售额(万元) Total Sales of Commerical Houses (10 000 yuan)	#住宅 Residential Buildings
呼和浩特市	Hohhot City	225.89	213.33	586415	524528
包 头 市	Baotou City	306.86	265.63	940240	699922
呼伦贝尔市	Hulunbeier City	186.93	153.84	360739	256646
兴 安 盟	Xingan League	74.34	60.84	111631	79934
通 辽 市	Tongliao City	175.24	147.03	294023	219225
赤 峰 市	Chifeng City	201.71	179.93	375248	311486
锡林郭勒盟	Xilinguole League	77.37	63.84	106301	80215
乌兰察布市	Wulanchabu City	141.90	129.40	203691	174835
鄂尔多斯市	Erdos City	416.37	327.95	1181255	811187
巴彦淖尔市	Bayannaoer City	97.10	94.85	178223	167919
乌 海 市	Wuhai City	158.97	148.55	320064	288112
阿拉善盟	Alashan League	24.99	24.56	32185	31738

22-28 各盟市地方一般预算收支(2007年)

General Budgetary Financial Revenue and Expenditure by Region(2007)

单位：万元 (10 000 yuan)

地 区	Region	地方一般预算收入 General Budgetary Financial Revenue	地方一般预算支出 General Budgetary Financial Expenditure
呼和浩特市	Hohhot City	579620	1004158
包 头 市	Baotou City	767476	1143996
呼伦贝尔市	Hulunbeier City	289980	962616
兴 安 盟	Xingan League	40356	420066
通 辽 市	Tongliao City	236364	828681
赤 峰 市	Chifeng City	281825	1177493
锡林郭勒盟	Xilinguole League	182231	582348
乌兰察布市	Wulanchabu City	152285	682985
鄂尔多斯市	Erdos City	770239	1181999
巴彦淖尔市	Bayannaoer City	187938	597620
乌 海 市	Wuhai City	125501	218415
阿拉善盟	Alashan League	79944	227860

22-29 各盟市地方一般预算收入(2007年)

General Budgetary Financial Revenue by Region(2007)

单位：万元 (10 000 yuan)

地 区	Region	收入合计 Total Revenue	#增值税 Value-added Tax	#营业税 Operation Tax	#企业所得税 Enterprises Income Tax	#契税和耕地占用税 Contract Tax and Tax on The Occupancy of Cultuvated Land
呼和浩特市	Hohhot City	579620	68554	180444	44922	28816
包 头 市	Baotou City	767476	115245	148355	50902	27473
呼伦贝尔市	Hulunbeier City	289980	48481	55346	16156	10655
兴 安 盟	Xingan League	40356	6148	12224	1901	2521
通 辽 市	Tongliao City	236364	36753	54947	10884	9297
赤 峰 市	Chifeng City	281825	44532	58849	27902	13031
锡林郭勒盟	Xilinguole League	182231	30289	59583	7514	2942
乌兰察布市	Wulanchabu City	152285	36841	40650	4339	2624
鄂尔多斯市	Erdos City	770239	145658	146839	128163	26540
巴彦淖尔市	Bayannaoer City	187938	30831	44855	22048	4687
乌 海 市	Wuhai City	125501	37079	18997	6558	4932
阿拉善盟	Alashan League	79944	18115	17585	4157	1223

22-30 各盟市地方一般预算支出(2007年)

General Budgetary Financial Expenditure by Region(2007)

单位：万元 (10 000 yuan)

地区	Region	支出合计 Total Expenditure	#一般公共服务 General Public Services	#科学技术 Science and Technology	#医疗卫生支出 Expenditure for Medical treatment and Health
呼和浩特市	Hohhot City	1004158	178240	7150	42769
包头市	Baotou City	1143996	201266	16705	37281
呼伦贝尔市	Hulunbeier City	962616	164630	8131	45720
兴安盟	Xingan League	420066	70917	3766	14615
通辽市	Tongliao City	828681	141802	7649	38744
赤峰市	Chifeng City	1177493	181877	4950	48070
锡林郭勒盟	Xilinguole League	582348	101653	2997	24810
乌兰察布市	Wulanchabu City	682985	89658	4103	28330
鄂尔多斯市	Erdos City	1181999	202999	11335	46346
巴彦淖尔市	Bayannaoer City	597620	100818	3190	25933
乌海市	Wuhai City	218415	37224	2861	7854
阿拉善盟	Alashan League	227860	41997	1146	10967

22-30 续表 continued

单位：万元 (10 000 yuan)

地区	Region	#社会保障和就业 Social Security and Employment	#环境保护 Environment Protection	#教育支出 Expenditure for Education	#农林水事务 Expenses of Agriculture, Forestry and Water
呼和浩特市	Hohhot City	113611	21217	148773	90655
包头市	Baotou City	201266	25536	149685	83388
呼伦贝尔市	Hulunbeier City	157102	35133	137567	90916
兴安盟	Xingan League	62982	25898	77104	61582
通辽市	Tongliao City	108010	44502	143876	108437
赤峰市	Chifeng City	128180	84085	256620	149917
锡林郭勒盟	Xilinguole League	77392	54571	80331	55607
乌兰察布市	Wulanchabu City	129141	78001	107322	69528
鄂尔多斯市	Erdos City	109779	71680	148850	117089
巴彦淖尔市	Bayannaoer City	89984	37073	79330	102633
乌海市	Wuhai City	38672	2821	37594	12173
阿拉善盟	Alashan League	16219	17938	24560	31126

22-31 各盟市金融机构人民币存、贷款余额(2007年末)

Saving Deposits and loans of Financial Institutions by Region(end of 2007)

单位：万元　　(10 000 yuan)

地区	Region	金融机构存款 Deposits	# 企业存款 Deposits of Enterprises	# 居民储蓄存款 Urban and Rural Savings Deposits	定期 Time	活期 Demand
呼和浩特市	Hohhot City	12309395	3835807	5067901	2744947	2322954
包头市	Baotou City	10210139	3274556	4740067	2513970	2226097
呼伦贝尔市	Hulunbeier City	4258916	882234	2674668	1560443	1114225
兴安盟	Xingan League	1198085	240302	659609	326423	333187
通辽市	Tongliao City	2311627	518219	1358427	623030	735397
赤峰市	Chifeng City	4953554	1037864	3052098	1692714	1359384
锡林郭勒盟	Xilinguole League	1625598	373532	950016	354439	595577
乌兰察布市	Wulanchabu City	2156972	278077	1575605	856821	718784
鄂尔多斯市	Erdos City	4792639	1436350	2259952	504010	1755942
巴彦淖尔市	Bayannaoer City	2548832	457302	1616594	648049	968545
乌海市	Wuhai City	1608211	438936	1003408	481853	521555
阿拉善盟	Alashan League	675126	167052	373475	199494	173981

22-31 续表 continued

单位：万元　　(10 000 yuan)

地区	Region	金融机构贷款 Deposits	# 工业短期贷款 Short-term Industrial Loans	# 商业短期贷款 Short-term Commercial Loans	# 农业短期贷款 Short-term Agricultural Loans
呼和浩特市	Hohhot City	7105616	767558	515345	211278
包头市	Baotou City	5445744	1399474	505175	151809
呼伦贝尔市	Hulunbeier City	1925880	133640	386456	301927
兴安盟	Xingan League	981791	52897	412220	75184
通辽市	Tongliao City	2890190	487144	780860	169912
赤峰市	Chifeng City	2795932	328124	347256	434803
锡林郭勒盟	Xilinguole League	1375357	36875	86416	151716
乌兰察布市	Wulanchabu City	1512466	73279	104438	123816
鄂尔多斯市	Erdos City	5033578	932688	220293	226392
巴彦淖尔市	Bayannaoer City	1883200	261666	296404	333886
乌海市	Wuhai City	1220062	296407	41111	1052
阿拉善盟	Alashan League	793888	282651	34720	93553

22-32 各盟市中资保险公司业务经济技术指标(2007年)
Economic and Technical Indicators of Insurance Companies Funded with Chinese Capital by Region(2007)

单位：万元 (10 000 yuan)

地 区	Region	保险金额 Amount Insured	财产保险公司 Property Insurance Co	人身保险公司 Accident in Insurance Co	保 费 Premium	财产保险公司 Property Insurance Co	人身保险公司 Accident in Insurance Co
呼和浩特市	Hohhot City	66509232	29590161	36919071	184297	66962	117345
包 头 市	Baotou City	16756966	12352720	4404246	166010	60180	105830
呼伦贝尔市	Hulunbeier City	14390623	6712198	7678426	108252	35337	72915
兴 安 盟	Xingan League	4901297	3637238	1264059	37217	16011	21400
通 辽 市	Tongliao City	7471617	5254292	2217324	63328	29731	33596
赤 峰 市	Chifeng City	12539257	8870091	3669167	111302	38957	72343
锡林郭勒盟	Xilinguole League	3370950	2525675	845276	34075	13213	20862
乌兰察布市	Wulanchabu City	7079629	4491464	2588165	46489	18570	28099
鄂尔多斯市	Erdos City	18456444	12903524	5552920	127146	71092	56053
巴彦淖尔市	Bayannaoer City	16787758	12718263	4069495	57552	21201	35977
乌 海 市	Wuhai City	3209885	2438338	771547	27895	12250	15644
阿拉善盟	Alashan League	2131203	1483344	647859	13917	5979	7937

22-32 续表 continued

地 区	Region	赔款及给付(万元) Claim and Payment (10 000 yuan)	财产保险公司 Property Insurance Co	人身保险公司 Accident in Insurance Co	机构数(个) Number of Institution (unit)	财产保险公司 Property Insurance Co	人身保险公司 Accident in Insurance Co
呼和浩特市	Hohhot City	56528	31234	25293	109	38	71
包 头 市	Baotou City	46828	29329	17499	127	82	45
呼伦贝尔市	Hulunbeier City	41101	20982	20118	159	79	80
兴 安 盟	Xingan League	16697	10758	5939	24	12	12
通 辽 市	Tongliao City	25401	17072	8330	128	74	54
赤 峰 市	Chifeng City	37171	22332	14839	202	98	104
锡林郭勒盟	Xilinguole League	11559	6327	5232	102	72	30
乌兰察布市	Wulanchabu City	14745	9883	4862	54	22	32
鄂尔多斯市	Erdos City	42081	33668	8413	121	58	63
巴彦淖尔市	Bayannaoer City	16400	10190	6209	69	31	38
乌 海 市	Wuhai City	9485	6662	2823	35	15	20
阿拉善盟	Alashan League	4173	2648	1525	9	9	

22-33 各盟市财产保险业务收入与赔付(2007年)

Insurance Business Income of Property and Claim & Payment by Region(2007)

单位：万元 (10 000 yuan)

地区	Region	保费收入合计 Total Premium	#企业财产保险 Enterprise Property Insurance	#机动车辆保险 Motor Vehicle Insurance	#货物运输保险 Freight Transport Insurance	#责任保险 Insurance of Duty	#农业保险 Agriculture Insurance
呼和浩特市	Hohhot City	64711	4864	54299	542	1454	2113
包头市	Baotou City	57998	3845	48524	1228	802	1249
呼伦贝尔市	Hulunbeier City	34016	3642	17166	385	1158	10809
兴安盟	Xingan League	15562	511	6726	75	228	7862
通辽市	Tongliao City	28626	1356	19621	349	635	5948
赤峰市	Chifeng City	37193	2034	26454	153	863	6985
锡林郭勒盟	Xilinguole League	12376	537	10148	39	398	746
乌兰察布市	Wulanchabu City	17571	1206	13167	102	505	2379
鄂尔多斯市	Erdos City	68113	8223	53838	747	1160	1948
巴彦淖尔市	Bayannaoer City	20189	705	15542	220	580	2953
乌海市	Wuhai City	11687	711	10317	44	297	178
阿拉善盟	Alashan League	5528	880	3757	176	178	163

22-33 续表 continued

单位：万元 (10 000 yuan)

地区	Region	赔款支出合计 Claim and Payment	#企业财产保险 Enterprise Property Insurance	#机动车辆保险 Motor venicle Insurance	#货物运输保险 Frenight Transport Insurance	#责任保险 Insurance of Duty	#农业保险 Agriculture Insurance
呼和浩特市	Hohhot City	30332	1225	25846	380	671	1882
包头市	Baotou City	28153	2970	23005	144	195	628
呼伦贝尔市	Hulunbeier City	20268	2089	7377	87	421	10105
兴安盟	Xingan League	10488	419	3788	123	85	6031
通辽市	Tongliao City	16440	1163	9837	136	335	4606
赤峰市	Chifeng City	21287	1030	14780	72	382	4681
锡林郭勒盟	Xilinguole League	5935	239	4840	26	149	605
乌兰察布市	Wulanchabu City	9439	524	6411	66	119	2190
鄂尔多斯市	Erdos City	32336	3566	26779	122	582	1083
巴彦淖尔市	Bayannaoer City	9799	587	7359	84	300	1434
乌海市	Wuhai City	6262	1145	4920	8	34	152
阿拉善盟	Alashan League	2429	423	1656	48	26	158

22-34 各盟市人身保险业务收入与赔付(2007年)

Insurance Business Income and Settled Claim & Payment of Accident in Insurance by Region(2007)

单位：万元 (10 000 yuan)

地区	Region	保费收入 Remium	寿险 Life Insurance Business	意外伤害险 Personal Insurance Accident	健康险 Health Insurance
呼和浩特市	Hohhot City	119586	98632	8745	12210
包头市	Baotou City	108012	96828	3782	7402
呼伦贝尔市	Hulunbeier City	74236	68291	3670	2276
兴安盟	Xingan League	21655	19888	617	1150
通辽市	Tongliao City	34702	31607	2169	926
赤峰市	Chifeng City	74109	68230	3220	2658
锡林郭勒盟	Xilinguole League	21699	19426	1284	989
乌兰察布市	Wulanchabu City	28918	26492	1635	791
鄂尔多斯市	Erdos City	59032	50885	4671	3477
巴彦淖尔市	Bayannaoer City	37363	33308	2645	1410
乌海市	Wuhai City	16207	14674	1118	416
阿拉善盟	Alashan League	8388	6783	831	774

22-34 续表 continued

单位：万元 (10 000 yuan)

地区	Region	赔款支出与给付 Benefit Paidand Expenditare of Payment	寿险 Life Insurance Business	意外伤害险 Personal Accident Insurance	健康险 Health Insuranec
呼和浩特市	Hohhot City	26196	20436	2018	3742
包头市	Baotou City	18675	14431	1836	2409
呼伦贝尔市	Hulunbeier City	20833	18651	1220	962
兴安盟	Xingan League	6209	4859	346	1004
通辽市	Tongliao City	8961	7263	959	740
赤峰市	Chifeng City	15884	12631	1453	1800
锡林郭勒盟	Xilinguole League	5624	4629	574	421
乌兰察布市	Wulanchabu City	5306	4097	610	599
鄂尔多斯市	Erdos City	9745	6986	1726	1033
巴彦淖尔市	Bayannaoer City	6600	5103	894	603
乌海市	Wuhai City	3222	2434	533	255
阿拉善盟	Alashan League	1744	1192	348	205

22-35 各盟市居民消费价格分类指数(2007年)

Consumer Price Indices by Category and by Region(2007)

(上年=100) (preceding year=100)

地 区	Region	总指数 General Index	食 品 Food	衣 着 Clothing	家庭设备用品及维修服务 Household Appliances	医疗保健和个人用品 Health Care	交通和通信 Means of Transportation & Communication	娱乐教育文化用品及服务 Recreational, Educational & Cultural Goods	居 住 Housing
呼和浩特市	Hohhot City	103.7	109.9	99.3	101.0	100.3	97.5	99.4	107.3
包 头 市	Baotou City	103.7	111.6	98.0	102.2	98.5	96.5	101.8	105.5
呼伦贝尔市	Hulunbeier City	104.8	112.6	98.8	101.1	100.8	100.5	101.0	104.6
兴 安 盟	Xingan League	104.9	112.2	100.3	99.9	98.3	102.8	101.7	105.2
通 辽 市	Tongliao City	105.2	115.6	100.8	99.7	99.9	101.1	99.1	101.8
赤 峰 市	Chifeng City	104.5	114.3	99.4	98.8	100.7	98.8	99.8	101.7
锡林郭勒盟	Xilinguole League	105.3	112.6	103.3	101.1	102.4	100.6	101.6	103.8
乌兰察布市	Wulanchabu City	104.9	115.1	102.8	102.9	101.5	99.6	100.7	103.1
鄂尔多斯市	Erdos City	103.4	109.9	97.5	100.1	101.2	96.8	101.0	106.6
巴彦淖尔市	Bayannaoer City	104.0	110.8	98.8	99.0	101.3	99.0	101.1	104.7
乌 海 市	Wuhai City	104.2	111.8	100.2	99.8	98.0	99.9	99.9	106.1
阿拉善盟	Alashan League	106.1	112.2	101.8	103.4	101.1	106.3	103.3	105.3

22-36 各盟市城镇居民家庭基本情况(2007年)

Basic Conditions of Urban Households by Region(2007)

地 区	Region	调查户数(户) Number of Households Surveyed (household)	平均每户家庭人口数(人) Average Household Size (person)	平均每户就业人口(人) Average Number of Employed Persons per Household (person)	平均每户就业面(%) Percentage of Employment per Household (%)	平均每一就业者负担人数(人) Number of Persons Supported by Each Employee (person)
呼和浩特市	Hohhot City	500	2.85	1.44	52.6	1.90
包 头 市	Baotou City	500	2.75	1.49	55.2	1.81
呼伦贝尔市	Hulunbeier City	400	2.70	1.81	59.2	1.69
兴 安 盟	Xingan League	300	2.92	1.55	53.1	1.88
通 辽 市	Tongliao City	300	3.08	1.63	52.9	1.89
赤 峰 市	Chifeng City	400	2.95	1.66	55.0	1.82
锡林郭勒盟	Xilinguole League	300	3.05	1.60	52.3	1.91
乌兰察布市	Wulanchabu City	400	2.84	1.39	49.1	2.04
鄂尔多斯市	Erdos City	300	2.88	1.71	58.4	1.71
巴彦淖尔市	Bayannaoer City	400	2.93	1.62	55.3	1.81
乌 海 市	Wuhai City	150	2.82	1.73	61.3	1.63
阿拉善盟	Alashan League	130	2.99	1.53	51.2	1.95

22-36 续表 continued

地区	Region	平均每人实际收入(元) Per Capita Annual Income (yuan)	平均每人可支配收入(元) Per Capita Disposable Income (yuan)	平均每人消费支出(元) Per Capita Annual Living Expenditures for Consumption (yuan)	#食品支出 Food	平均每人居住面积(平方米) Per Capita Net Living Space in Urban Areas (sq.m)
呼和浩特市	Hohhot City	18351	16920	11432	3615	27.73
包头市	Baotou City	21410	17876	13613	4527	28.66
呼伦贝尔市	Hulunbeier City	10741	10364	7642	2327	25.64
兴安盟	Xingan League	8542	8386	6274	1812	24.93
通辽市	Tongliao City	11229	10150	7021	2188	24.42
赤峰市	Chifeng City	13242	10032	7145	2165	27.29
锡林郭勒盟	Xilinguole League	12036	10325	7759	3018	27.01
乌兰察布市	Wulanchabu City	10138	9774	7881	2229	26.12
鄂尔多斯市	Erdos City	18186	16226	12665	3288	38.23
巴彦淖尔市	Bayannaoer City	11204	10360	7029	2149	28.63
乌海市	Wuhai City	14515	13623	10655	2933	29.14
阿拉善盟	Alashan League	14330	12450	11010	3460	33.2

22-37 各盟市农村牧区居民家庭基本情况(2007年)
Basic Conditions of Rural Households by Region(2007)

地区	Region	调查户数(户) Number of Households Surveyed (household)	调查户人口(人) Number of Residents Surveyed (person)	平均每户常住人口(人) Average Number of Permanent Residents per Household (person)	平均每户整半劳动力(人) Average Number of Able bodied and Semiable-bodied Laborers per Household (person)	平均每个劳动力负担人口(人) Average Number of Persons Supported by a Laborer (person)
呼和浩特市	Hohhot City	265	966	3.65	2.64	1.38
包头市	Baotou City	305	1133	3.72	2.85	1.31
呼伦贝尔市	Hulunbeier City	340	1324	3.89	2.87	1.36
兴安盟	Xingan League	495	1928	3.90	2.86	1.36
通辽市	Tongliao City	617	2432	3.94	2.77	1.42
赤峰市	Chifeng City	915	3352	3.67	2.67	1.37
锡林郭勒盟	Xilinguole League	319	1183	3.71	2.69	1.38
乌兰察布市	Wulanchabu City	387	1189	3.07	2.27	1.35
鄂尔多斯市	Erdos City	300	1026	3.42	2.42	1.41
巴彦淖尔市	Bayannaoer City	633	2142	3.39	2.51	1.35
乌海市	Wuhai City	30	89	2.97	2.23	1.33
阿拉善盟	Alashan League	80	306	3.83	2.51	1.53

22-37 续表 continued

地区	Region	平均每人年收入(元) Per Capita Annual Income (yuan)	平均每人纯收入(元) Net Income (yuan)	平均每人现金收入(元) Cash Income (yuan)	平均每人年支出(元) Per Capita Annual Expenditure (yuan)	# 食品支出 Food
呼和浩特市	Hohhot City	9951.48	6121.10	8074.90	7201.44	1250.39
包头市	Baotou City	9940.30	6148.06	8502.39	7960.71	1621.90
呼伦贝尔市	Hulunbeier City	7301.21	4211.23	5985.69	6671.52	1153.10
兴安盟	Xingan League	4350.48	2533.51	3705.03	3910.57	937.75
通辽市	Tongliao City	6877.53	4342.00	5785.54	6186.26	1233.25
赤峰市	Chifeng City	5912.10	3680.63	4809.01	5072.45	1064.81
锡林郭勒盟	Xilinguole League	8474.87	4051.11	7254.83	8238.58	1374.54
乌兰察布市	Wulanchabu City	4897.13	3345.94	3929.68	4658.92	1062.11
鄂尔多斯市	Erdos City	10894.36	6123.14	8789.78	10748.94	1734.46
巴彦淖尔市	Bayannaoer City	10241.20	5435.49	8381.04	9382.86	1539.58
乌海市	Wuhai City	11220.52	6497.75	9425.27	9299.88	1974.44
阿拉善盟	Alashan League	11577.17	5072.87	11040.44	11319.95	1663.86

22-38 各盟市农牧民人均纯收入(2007年)
Per Capita Annual Net Income of Peasant and Herdsman Households by Region(2007)

单位：元 (yuan)

地区	Region	农牧民人均可支配收入 Annual Per Capita Disposable Income	农牧民人均纯收入 Per Capita Net Income	农民 Peasant	牧民 Herdsman
呼和浩特市	Hohhot City	5830.85	6121.10		
包头市	Baotou City	6046.00	6148.06	6112.50	6783.94
呼伦贝尔市	Hulunbeier City	3926.46	4211.23	4063.00	5895.00
兴安盟	Xingan League	2448.67	2533.51		
通辽市	Tongliao City	3951.50	4342.00		
赤峰市	Chifeng City	3500.60	3680.63	3697.00	3497.00
锡林郭勒盟	Xilinguole League	3702.58	4051.11	3270.00	5009.00
乌兰察布市	Wulanchabu City	2681.22	3345.94	3273.08	5233.27
鄂尔多斯市	Erdos City	5875.30	6123.14	6074.98	6208.16
巴彦淖尔市	Bayannaoer City	4804.84	5435.49	5510.10	3877.00
乌海市	Wuhai City	5807.61	6497.75		
阿拉善盟	Alashan League	4786.89	5072.87		

22-39 各盟市农村基层组织情况(2007年)

Basic Conditions of Rural Grassroots Units by Region(2007)

地区	Region	乡镇数(个) Number of Township & Town Govern-ments (unit)	# 镇数 Town Gover-nments	村民委员会(个) Number of Villagers' Committees (unit)	乡村户数(万户) Number of Households (10 000 households)	乡村人口数(万人) Rural Population (10 000 persons)	乡村从业人员(万人) Number of Rural Employers (10 000 persons)	男 Male	女 Fe-male
呼和浩特市	Hohhot City	40	23	1008	30.0	109.0	59.28	34.1	25.1
包头市	Baotou City	33	27	636	16.7	59.8	34.12	19.5	14.6
呼伦贝尔市	Hulunbeier City	61	34	780	22.7	90.6	44.36	25.6	18.8
兴安盟	Xingan League	38	32	868	27.8	107.9	51.87	30.7	21.2
通辽市	Tongliao City	76	59	2123	60.0	232.5	111.14	61.7	49.5
赤峰市	Chifeng City	119	80	2047	95.0	352.9	176.19	98.7	77.5
锡林郭勒盟	Xilinguole League	50	26	837	12.6	45.8	27.83	15.0	12.8
乌兰察布市	Wulanchabu City	71	40	1362	42.1	146.1	86.7	49.2	37.5
鄂尔多斯市	Erdos City	40	35	743	20.6	60.7	41.14	22.0	19.1
巴彦淖尔市	Bayannaoer City	48	40	651	26.7	105.2	58.77	31.4	27.4
乌海市	Wuhai City	3	3	62	1.2	3.7	2.5	1.4	1.0
阿拉善盟	Alashan League	23	13	191	1.7	5.8	4.11	2.2	1.9

22-40 各盟市乡村年末从业人员(2007年)

Rural Employers Force by Sector at the Year-end by Region(2007)

单位：人 (persons)

地区	Region	农林牧渔业 Farming Forestry Animal Husbandry and Fishery	工业 Industry	建筑业 Construc-tion	交通运输业、仓储及邮电通信业 Transportation and Storage	批发零售贸易业餐饮业 Wholesale, Retail Sale - Catering Trades	其他非农行业 Other Non-agricultural Trades
呼和浩特市	Hohhot City	437747	35932	46936	17739	35361	19150
包头市	Baotou City	243453	25743	18863	11495	24813	16849
呼伦贝尔市	Hulunbeier City	388080	7955	11582	3621	22853	9529
兴安盟	Xingan League	459425	10164	14576	2345	20156	12056
通辽市	Tongliao City	853577	49447	88779	17052	67618	34945
赤峰市	Chifeng City	1215374	101119	175982	38328	77862	153291
锡林郭勒盟	Xilinguole League	251421	1912	10200	1592	4796	8455
乌兰察布市	Wulanchabu City	656405	22727	41629	10664	26874	108720
鄂尔多斯市	Erdos City	309085	21515	19103	18129	30211	13369
巴彦淖尔市	Bayannaoer City	517407	17148	8136	10085	22847	12142
乌海市	Wuhai City	17075	2629	1378	1211	1963	603
阿拉善盟	Alashan League	36586	667	152	708	2034	980

22-41 各盟市农、林、牧、渔业总产值(2007年)

Gross Output Value of Farming, Forestry, Animal Husbandry and Fishery by Region(2007)

单位:万元 (10000 yuan)

地 区	Region	农林牧渔业总产值 Total	农 业 Farming	林 业 Forestry	牧 业 Animal Husbandry	渔 业 Fishery	农林牧渔服务业 Agricultural Services
呼和浩特市	Hohhot City	1088521	360461	21585	683824	10135	12517
包 头 市	Baotou City	782907	312885	5131	449756	3561	11573
呼伦贝尔市	Hulunbeier City	1997937	1080865	213304	623674	47188	32907
兴 安 盟	Xingan League	890314	465690	44615	359004	6703	14302
通 辽 市	Tongliao City	2068167	1187523	70998	775327	8580	25739
赤 峰 市	Chifeng City	2037035	971273	112012	908789	8311	36651
锡林郭勒盟	Xilinguole League	693298	199179	12230	466628	692	14570
乌兰察布市	Wulanchabu City	1064290	413752	45547	576036	2963	25992
鄂尔多斯市	Erdos City	799383	382563	45473	346960	6864	17523
巴彦淖尔市	Bayannaoer City	1225693	773020	57325	359742	13848	21758
乌 海 市	Wuhai City	38611	19405	2145	15814	174	1073
阿拉善盟	Alashan League	78282	37560	6494	30964	469	2795

注:本表绝对数按当年价格计算。

a)Data in value terms in this table are calculated at current prices.

22-42 各盟市造林、耕地及农作物播种面积(2007年)

Afforested Area, Cultivated Area and Sown Area of Farm Crops by Region(2007)

单位：千公顷 (1 000 hectares)

地 区	Region	造林面积 Afforested Area	耕地面积 Cultivated Area	农作物总播种面积 Total Sown Area	#粮食作物播种面积 Sown Area of Grain Crops	有效灌溉面积 Irrigated Area
呼和浩特市	Hohhot City	41.93	570.40	435.81	318.79	187.46
包 头 市	Baotou City	21.93	423.21	294.69	211.78	132.00
呼伦贝尔市	Hulunbeier City	14.20	1141.02	1513.12	1273.80	172.06
兴 安 盟	Xingan League	15.01	791.61	693.80	606.08	248.49
通 辽 市	Tongliao City	79.42	1072.60	1064.10	855.83	616.63
赤 峰 市	Chifeng City	98.63	1008.82	1023.32	821.54	422.45
锡林郭勒盟	Xilinguole League	53.82	239.09	234.51	119.00	21.58
乌兰察布市	Wulanchabu City	77.34	887.31	555.69	411.81	216.59
鄂尔多斯市	Erdos City	101.96	402.37	366.54	219.80	195.54
巴彦淖尔市	Bayannaoer City	61.36	581.04	485.72	241.60	593.43
乌 海 市	Wuhai City	4.77	7.02	6.96	4.73	10.39
阿拉善盟	Alashan League	18.19	20.74	30.41	17.03	

22-43 各盟市农业机械总动力和农村用电量及化肥施用量(2007年)

Total Power of Agricultural Machinery, Electricity Consumed in Rural Area and Consumption of Chemical Fertilizer by Region(2007)

地 区	Region	农业机械总动力(万千瓦) Total Power of Agricultural Machinery (10 000 kw)	农村用电量(万千瓦小时) Electricity Consumed in Rural Area (10 000 kwh)	农药使用量(吨) Consumption of Pesticide (ton)	化肥施用量(折纯量)(吨) Consumption of Chemical Fertilizer (ton)
呼和浩特市	Hohhot City	170.82	28941	276	86149
包头市	Baotou City	124.51	27436	728	63569
呼伦贝尔市	Hulunbeier City	269.14	19781	5109	160058
兴安盟	Xingan League	209.24	11835	1760	130490
通辽市	Tongliao City	345.70	54624	5136	375841
赤峰市	Chifeng City	299.40	93405	1112	195096
锡林郭勒盟	Xilinguole League	96.21	3967	403	9873
乌兰察布市	Wulanchabu City	154.58	18952	598	70758
鄂尔多斯市	Erdos City	215.10	33366	939	76765
巴彦淖尔市	Bayannaoer City	292.57	36508	1116	216196
乌海市	Wuhai City	12.63	3229	97	6693
阿拉善盟	Alashan League	19.34	8937	223	11443

22-44 各盟市主要农产品产量(2007年)

Yield of Major Farm Crops by Region(2007)

单位：万吨 (10 000 tons)

地 区	Region	粮食 Grain	谷物 Cereal	#小麦 Wheat	#玉米 Corn	豆类 Beans	薯类 Tubers	油料 Oil-bearing Crops
呼和浩特市	Hohhot City	107.38	87.15	3.08	75.97	3.30	16.93	3.33
包头市	Baotou City	97.62	83.69	6.05	75.80	0.13	13.81	2.36
呼伦贝尔市	Hulunbeier City	317.12	218.84	58.73	132.34	60.18	38.10	16.30
兴安盟	Xingan League	185.48	155.81	4.99	117.44	18.54	11.13	3.48
通辽市	Tongliao City	425.00	385.29	8.50	332.97	36.75	2.96	7.43
赤峰市	Chifeng City	293.39	265.84	5.42	193.74	8.50	19.05	5.09
锡林郭勒盟	Xilinguole League	10.06	4.03	1.91	1.30	0.09	5.94	0.18
乌兰察布市	Wulanchabu City	54.07	23.57	0.63	22.40	0.33	30.16	1.30
鄂尔多斯市	Erdos City	124.35	110.27	2.85	100.97	0.94	13.13	5.03
巴彦淖尔市	Bayannaoer City	180.61	177.80	82.00	95.13	0.34	2.47	33.55
乌海市	Wuhai City	3.00	2.93	0.41	2.44	0.00	0.07	0.17
阿拉善盟	Alashan League	13.00	12.83	1.37	10.88	0.00	0.17	1.23

22-45 各盟市大牲畜年中数(2007年)

Number of Large Animals at the Middle of Year by Region(2007)

单位：万头 (10 000 heads)

地区	Region	大牲畜 Large Animals	牛 Cattle and Buffalos	马 Horses	驴 Donkeys	骡 Mules	骆驼 Camels
呼和浩特市	Hohhot City	74.21	67.20	0.66	2.88	3.34	0.13
包头市	Baotou City	49.25	45.21	0.29	2.13	1.22	0.40
呼伦贝尔市	Hulunbeier City	160.15	143.21	15.53	0.80	0.42	0.18
兴安盟	Xingan League	59.90	47.37	5.91	6.01	0.61	
通辽市	Tongliao City	226.58	167.40	27.42	22.51	9.25	0.01
赤峰市	Chifeng City	238.53	163.69	13.42	47.20	14.16	0.05
锡林郭勒盟	Xilinguole League	102.63	91.97	9.33	0.53	0.06	0.75
乌兰察布市	Wulanchabu City	61.01	52.36	1.65	2.83	3.34	0.84
鄂尔多斯市	Erdos City	32.97	25.65	0.92	3.13	3.14	0.14
巴彦淖尔市	Bayannaoer City	24.38	14.65	0.70	2.95	4.94	1.14
乌海市	Wuhai City	0.65	0.43		0.10	0.12	0.00
阿拉善盟	Alashan League	9.13	1.01	0.08	0.26	0.05	7.73

22-46 各盟市大牲畜年末数(2007年)

Number of Large Animals at the Year-end by Region(2007)

单位：万头 (10 000 heads)

地区	Region	大牲畜 Large Animals	牛 Cattle and Buffalos	马 Horses	驴 Donkeys	骡 Mules	骆驼 Camels
呼和浩特市	Hohhot City	74.94	69.97	0.37	2.11	2.33	0.16
包头市	Baotou City	45.27	42.87	0.21	1.20	0.74	0.25
呼伦贝尔市	Hulunbeier City	100.27	86.75	12.22	0.80	0.34	0.17
兴安盟	Xingan League	50.51	37.08	6.52	6.00	0.91	
通辽市	Tongliao City	196.83	140.92	26.93	20.31	8.67	
赤峰市	Chifeng City	169.65	91.83	13.95	48.66	15.16	0.04
锡林郭勒盟	Xilinguole League	69.45	61.60	6.67	0.53	0.05	0.60
乌兰察布市	Wulanchabu City	53.29	46.58	1.28	1.84	3.31	0.28
鄂尔多斯市	Erdos City	33.91	27.81	0.65	2.65	2.73	0.06
巴彦淖尔市	Bayannaoer City	20.82	10.71	0.86	3.02	5.31	0.92
乌海市	Wuhai City	0.54	0.37		0.08	0.09	
阿拉善盟	Alashan League	7.26	0.95	0.07	0.21	0.05	5.97

22-47 各盟市羊和猪年中数(2007年)

Number of Sheep, Goats and Hogs at the Middle of Year by Region(2007)

单位：万只(头) (10 000 heads)

地 区	Region	羊 Sheep and Goats	绵羊 Sheep	山羊 Goats	生猪 Hogs
呼和浩特市	Hohhot City	222.81	176.63	46.18	38.94
包头市	Baotou City	288.27	193.10	95.18	37.87
呼伦贝尔市	Hulunbeier City	1283.13	1068.73	214.40	103.15
兴安盟	Xingan League	554.49	344.77	209.72	81.85
通辽市	Tongliao City	823.32	387.21	436.11	369.70
赤峰市	Chifeng City	1292.99	752.62	540.37	200.28
锡林郭勒盟	Xilinguole League	1332.71	1006.06	326.65	4.92
乌兰察布市	Wulanchabu City	717.82	656.80	61.02	78.34
鄂尔多斯市	Erdos City	1253.68	511.11	742.57	64.64
巴彦淖尔市	Bayannaoer City	825.14	574.95	250.19	55.99
乌海市	Wuhai City	10.50	3.98	6.52	3.90
阿拉善盟	Alashan League	169.74	48.11	121.63	0.89

22-48 各盟市羊和猪年末数(2007年)

Number of Sheep, Goats and Hogs at the Year-end by Region(2007)

单位：万只(头) (10 000 heads)

地 区	Region	羊 Sheep and Goats	绵羊 Sheep	山羊 Goats	生猪 Hogs	肉猪出栏头数 Slaughtered Fattened Hogs
呼和浩特市	Hohhot City	120.58	85.39	35.20	18.68	26.70
包头市	Baotou City	180.04	116.30	63.74	23.80	34.41
呼伦贝尔市	Hulunbeier City	584.32	468.19	116.13	33.70	40.41
兴安盟	Xingan League	381.26	220.59	160.67	65.89	78.01
通辽市	Tongliao City	563.66	313.48	250.18	259.63	310.84
赤峰市	Chifeng City	570.81	333.47	237.34	122.83	150.36
锡林郭勒盟	Xilinguole League	743.11	548.14	194.97	4.36	6.11
乌兰察布市	Wulanchabu City	451.03	423.18	27.85	38.90	45.24
鄂尔多斯市	Erdos City	778.26	271.68	506.58	39.79	46.18
巴彦淖尔市	Bayannaoer City	551.44	344.24	207.20	24.83	29.67
乌海市	Wuhai City	9.06	4.16	4.90	4.07	6.27
阿拉善盟	Alashan League	130.60	36.88	93.71	0.94	1.74

22-49 各盟市主要畜产品产量(2007年)
Output of Major Livestock Products by Region(2007)

地区	Region	肉类产量(吨) Output of Meat (ton)	# 猪牛羊肉 Output of Pork, Beef and Mutton	猪肉 Pork	牛肉 Beef	羊肉 Mutton	奶类(吨) Milk (ton)	# 牛奶 Cow Milk
呼和浩特市	Hohhot City	70028	65150	20064	21155	23931	2928857	2928857
包头市	Baotou City	94075	89536	25273	20332	43931	1383275	1383085
呼伦贝尔市	Hulunbeier City	199504	182857	31058	67067	84732	1318668	1312544
兴安盟	Xingan League	148383	135940	59959	16661	59320	468627	467895
通辽市	Tongliao City	428201	379546	238914	99496	41136	539784	539749
赤峰市	Chifeng City	410238	280624	121989	78689	79946	489225	429041
锡林郭勒盟	Xilinguole League	205888	201194	5031	52654	143509	396475	394745
乌兰察布市	Wulanchabu City	201647	189309	34769	24708	129832	957958	944519
鄂尔多斯市	Erdos City	143302	140758	35495	19296	85967	334962	295155
巴彦淖尔市	Bayannaoer City	138946	132251	24074	5499	102678	409397	409397
乌海市	Wuhai City	7556	7148	5083	208	1857	12447	12447
阿拉善盟	Alashan League	16813	13119	1342	339	11438	6944	6113

22-49 续表 continued

地区	Region	绵羊毛(吨) Sheep Wool (ton)	山羊毛(吨) Goat Wool (ton)	羊绒(吨) Cashmere (ton)	牛皮(万张) Cattle hide (10 000 pieces)	羊皮(万张) Sheep skin (10 000 pieces)	禽蛋(吨) Poultry Eggs (ton)
呼和浩特市	Hohhot City	3567	148	64	12.07	157.30	17230
包头市	Baotou City	2640	103	158	15.17	204.21	23407
呼伦贝尔市	Hulunbeier City	19376	821	408	52.82	682.84	28686
兴安盟	Xingan League	8610	1159	579	10.55	395.63	16886
通辽市	Tongliao City	8071	2664	911	60.21	348.39	38837
赤峰市	Chifeng City	17154	1848	1324	44.26	405.02	255911
锡林郭勒盟	Xilinguole League	11144	175	736	32.96	906.02	3808
乌兰察布市	Wulanchabu City	9808	220	73	19.06	811.18	12820
鄂尔多斯市	Erdos City	7136	1971	1642	14.41	488.21	9594
巴彦淖尔市	Bayannaoer City	7634	77	487	3.49	652.14	7516
乌海市	Wuhai City	107	81	11	0.13	11.70	2106
阿拉善盟	Alashan League	506	300	296	0.34	64.37	88

22-50 各盟市规模以上工业企业单位数和工业总产值(2007年)

Number of above Designated Size Industrial Enterprises and Their Gross Output Value by Region(2007)

单位：个、万元 (unit)(10 000 yuan)

地区	Region	规模以上企业 Enterprises above Designated Size		# 国有及国有控股企业 State-owned Enterprises	
		企业单位数 Number of Enterprises	总产值(当年价格) Gross Output Value (At Current Prices)	企业单位数 Number of Enterprises	总产值(当年价格) Gross Output Value (At Current Prices)
呼和浩特市	Hohhot City	293	8227778	46	3463283
包头市	Baotou City	480	12864088	89	8855535
呼伦贝尔市	Hulunbeier City	284	2581248	61	1055333
兴安盟	Xingan League	96	625812		
通辽市	Tongliao City	345	5866181	24	1226710
赤峰市	Chifeng City	376	5658640	50	1770673
锡林郭勒盟	Xilinguole League	289	2437416	46	919156
乌兰察布市	Wulanchabu City	297	3250111	27	695462
鄂尔多斯市	Erdos City	419	9594189	29	3008339
巴彦淖尔市	Bayannaoer City	228	3442382	17	474086
乌海市	Wuhai City	157	2184607	18	1032578
阿拉善盟	Alashan League	95	1362227	12	460267

22-50 续表 1 continued

单位：个、万元 (unit)(10 000 yuan)

地区	Region	# 集体企业 Collective-owned Enterprises		# 股份有限公司 Share Holding Enterprises	
		企业单位数 Number of Enterprises	总产值(当年价格) Gross Output Value (At Current Prices)	企业单位数 Number of Enterprises	总产值(当年价格) Gross Output Value (At Current Prices)
呼和浩特市	Hohhot City	7	8283	12	1980364
包头市	Baotou City	25	92403	33	4206110
呼伦贝尔市	Hulunbeier City	2	5913	12	82609
兴安盟	Xingan League			6	34754
通辽市	Tongliao City	17	378667	19	578270
赤峰市	Chifeng City	21	78302	29	919314
锡林郭勒盟	Xilinguole League	3	5560	16	482233
乌兰察布市	Wulanchabu City	2	11268	13	401642
鄂尔多斯市	Erdos City	13	30028	22	986079
巴彦淖尔市	Bayannaoer City	2	11315	10	420907
乌海市	Wuhai City			10	165538
阿拉善盟	Alashan League	1	2482	8	355781

22-50 续表 2 continued

单位：个、万元 (unit)(10 000 yuan)

地 区	Region	# 外商投资企业 Foreign Funded Enterprises		# 港澳台商投资企业 Enterprises Funded by Entrepreneurs from Hong Kong, Macao & Taiwan	
		企业单位数 Number of Enterprises	总产值(当年价格) Gross Output Value (At Current Prices)	企业单位数 Number of Enterprises	总产值(当年价格) Gross Output Value (At Current Prices)
呼和浩特市	Hohhot City	24	1355270	15	1208241
包头市	Baotou City	27	507543	14	179690
呼伦贝尔市	Hulunbeier City	15	179484	7	112417
兴安盟	Xingan League	6	68893	1	4729
通辽市	Tongliao City	12	967274	3	24098
赤峰市	Chifeng City	4	200027	4	60948
锡林郭勒盟	Xilinguole League	4	43025	1	15000
乌兰察布市	Wulanchabu City	3	77716	4	15912
鄂尔多斯市	Erdos City	19	1349910	6	98444
巴彦淖尔市	Bayannaoer City	9	195356	2	75735
乌海市	Wuhai City	2	16144	1	2126
阿拉善盟	Alashan League	1	21460	1	8014

22-50 续表 3 continued

单位：个、万元 (unit)(10 000 yuan)

地 区	Region	轻工业 Enterprises of Light Industry		重工业 Enterprises of Heavy Industry	
		企业单位数 Number of Enterprises	总产值(当年价格) Gross Output Value (At Current Prices)	企业单位数 Number of Enterprises	总产值(当年价格) Gross Output Value (At Current Prices)
呼和浩特市	Hohhot City	142	4656211	151	3571567
包头市	Baotou City	74	784276	406	12079813
呼伦贝尔市	Hulunbeier City	125	912642	159	1668606
兴安盟	Xingan League	47	298600	49	327213
通辽市	Tongliao City	157	2484369	188	3381812
赤峰市	Chifeng City	100	1039585	276	4619055
锡林郭勒盟	Xilinguole League	153	598464	136	1838952
乌兰察布市	Wulanchabu City	92	724130	205	2525981
鄂尔多斯市	Erdos City	84	1141059	335	8453130
巴彦淖尔市	Bayannaoer City	114	1451162	114	1991220
乌海市	Wuhai City	6	13464	151	2171143
阿拉善盟	Alashan League	13	74956	82	1287272

22-50 续表 4 continued

单位：个、万元 (unit) (10 000 yuan)

地区	Region	大型企业 Large Enterprises 企业单位数 Number of Enterprises	大型企业 总产值(当年价格) Gross Output Value (At Current Prices)	中型企业 Medium-sized Enterprises 企业单位数 Number of Enterprises	中型企业 总产值(当年价格) Gross Output Value (At Current Prices)	小型企业 Small Enterprises 企业单位数 Number of Enterprises	小型企业 总产值(当年价格) Gross Output Value (At Current Prices)
呼和浩特市	Hohhot City	5	2657720	47	3694568	241	1875489
包头市	Baotou City	12	6503881	66	3990921	402	2369286
呼伦贝尔市	Hulunbeier City	3	242821	19	857402	262	1481025
兴安盟	Xingan League	1	126111	7	187883	88	311818
通辽市	Tongliao City	3	783716	36	2082582	306	2999883
赤峰市	Chifeng City	8	1398142	55	1890919	313	2369580
锡林郭勒盟	Xilinguole League	1	285539	15	414683	273	1737194
乌兰察布市	Wulanchabu City	1	182892	19	869731	277	2197488
鄂尔多斯市	Erdos City	10	3277013	38	2109669	371	4207507
巴彦淖尔市	Bayannaoer City	1	63029	34	1574470	193	1804883
乌海市	Wuhai City	2	333690	32	1169048	123	681869
阿拉善盟	Alashan League	2	286835	18	589853	75	485539

22-51 各盟市规模以上工业企业主要指标(2007年)
Main Indicators of Industrial Enterprises above Designed Size by Region(2007)

单位：万元 (10 000 yuan)

地区	Region	工业增加值 Value Added of Industry	资产合计 Total Assets	负债合计 Total Liabilities	主营业务收入 Revenue of main business	利润总额 Total Profits
呼和浩特市	Hohhot City	3013887	7086474	4471055	7764260	769442
包头市	Baotou City	5269399	17351052	9714967	13130177	1215137
呼伦贝尔市	Hulunbeier City	1215632	4365733	2580817	2412953	282273
兴安盟	Xingan League	242478	678882	458309	583887	17492
通辽市	Tongliao City	2353066	3756306	2187171	5657022	937509
赤峰市	Chifeng City	2103211	5631168	3363635	5546546	519177
锡林郭勒盟	Xilinguole League	1352430	3116836	1906579	2084501	178218
乌兰察布市	Wulanchabu City	1216905	3704125	2769895	3301699	41920
鄂尔多斯市	Erdos City	5103187	14495900	7048178	9121721	1847994
巴彦淖尔市	Bayannaoer City	1284548	3042796	2065411	2950710	398712
乌海市	Wuhai City	1120036	3243340	2194841	2172775	87035
阿拉善盟	Alashan League	658058	1848840	1221397	1346135	70453

22-52 各盟市规模以上工业企业主要指标(2007年)

Main Indicators of Industrial Enterprises above Designed Size by Region(2007)

单位：万元 (10 000 yuan)

地 区	Region	所有者权益 Creditors Equity	利税总额 Total Profits and Taxes	本年应交增值税 Value Added Tax Payable	流动资产合计 Circulating Funds	固定资产合计 Total Fixed Assets
呼和浩特市	Hohhot City	2615419	1208983	288349	2635328	3198612
包 头 市	Baotou City	7650158	1909061	614982	6458097	6467893
呼伦贝尔市	Hulunbeier City	1784916	493482	170969	1631830	2629964
兴 安 盟	Xingan League	220573	78899	27104	264947	391184
通 辽 市	Tongliao City	1569135	1313356	253141	1233923	2257358
赤 峰 市	Chifeng City	2267533	1064711	352699	1910571	2875393
锡林郭勒盟	Xilinguole League	1210257	331885	131815	693967	2331994
乌兰察布市	Wulanchabu City	934230	201069	142024	810884	2670853
鄂尔多斯市	Erdos City	7447722	2635610	605648	4788835	6540075
巴彦淖尔市	Bayannaoer City	977385	574538	137912	1103394	1730111
乌 海 市	Wuhai City	1048499	294704	168630	1041953	1567368
阿拉善盟	Alashan League	627443	164674	72726	704147	755749

22-53 各盟市主要工业产品产量(2007年)

Output of Major Industrial Products by Region(2007)

地 区	Region	白酒 (千升) Liquor (1000 litres)	糖 (吨) Sugar (ton)	液体乳 (万吨) Milk (10000 tons)	卷 烟 (万支) Cigarettes (10 000 pcs)	布 (万米) Cloth (10 000 m)	毛 线(吨) Knitting Wool (ton)	呢 绒(万米) Woolen Piece Goods (10 000 m)
呼和浩特市	Hohhot City	10722		217.64	1575000	12862	169	
包 头 市	Baotou City	9108	33845	38.26		1848		5
呼伦贝尔市	Hulunbeier City	26620	10431	0.29				
兴 安 盟	Xingan League	24201	7141	16.45	575000			
通 辽 市	Tongliao City	111055	41194	13.24			157	425
赤 峰 市	Chifeng City	10252	44742	5.92		100.00		380
锡林郭勒盟	Xilinguole League	14578		3.99				
乌兰察布市	Wulanchabu City	31912	38189	5.96				
鄂尔多斯市	Erdos City	24139						22
巴彦淖尔市	Bayannaoer City	19030	19044	17.69				
乌 海 市	Wuhai City	3520						
阿拉善盟	Alashan League	570						

22-53 续表 1 continued

地区	Region	原盐(万吨) Salt (10 000 tons)	机制纸及纸板(吨) Machine-made Paper and Paperboards (ton)	原油(吨) Crude Oil (ton)	原煤(万吨) Coal (10 000 tons)	发电量(亿千瓦小时) Electricity (100 million kwh)	焦炭(万吨) Coke (10 000 tons)
呼和浩特市	Hohhot City		32554		663.28	378.59	27.86
包头市	Baotou City		3		188.08	242.52	424.72
呼伦贝尔市	Hulunbeier City		36504	502078	3319.45	99.46	
兴安盟	Xingan League					5.02	
通辽市	Tongliao City		4810		4448.79	103.95	
赤峰市	Chifeng City		59670	135034	2333.46	138.48	
锡林郭勒盟	Xilinguole League	11.69	37200	955374	2104.11	110.80	
乌兰察布市	Wulanchabu City		21565			303.53	
鄂尔多斯市	Erdos City	11.63	4036		19849.95	347.75	162.00
巴彦淖尔市	Bayannaoer City		62413	81310	140.90	56.57	
乌海市	Wuhai City				1762.97	145.15	462.72
阿拉善盟	Alashan League	223.13			626.94		362.94

22-53 续表 2 continued

地区	Region	钢(万吨) Steel (10 000 tons)	生铁(万吨) Pig Iron (10 000 tons)	成品钢材(万吨) Steel Products (10 000 tons)	水泥(万吨) Cement (10 000 tons)	化肥(万吨) Chemical Fertilizer (10 000 tons)
呼和浩特市	Hohhot City		32.15		337.38	29.40
包头市	Baotou City	919.44	1035.82	862.25	245.29	2.55
呼伦贝尔市	Hulunbeier City		1.41		240.73	0.94
兴安盟	Xingan League	42.11	37.82	43.37	59.75	
通辽市	Tongliao City	0.52	0.44	6.03	168.40	4.92
赤峰市	Chifeng City	57.96			328.09	19.30
锡林郭勒盟	Xilinguole League				118.69	
乌兰察布市	Wulanchabu City				338.73	2.00
鄂尔多斯市	Erdos City		35.59		675.48	1.85
巴彦淖尔市	Bayannaoer City		4.92		124.24	23.45
乌海市	Wuhai City	20.33	68.93	0.67	153.27	
阿拉善盟	Alashan League		43.02		81.12	

22-54 各盟市建筑业企业情况(2007年)

Main Indicators on Construction Enterprises by Region(2007)

地 区	Region	企业单位数(个) Enterprises (unit)	# 国有 State-owned	# 集体 Collective owned	从业人员(人) Persons Employed (person)	# 国有 State-owned	# 集体 Collective owned	建筑业总产值(万元) Gross Output Value (10 000 yuan)	# 国有 State-owned	# 集体 Collective owned
呼和浩特市	Hohhot City	154	6	2	93797	25932	526	1403546	327839	5876
包 头 市	Baotou City	95	2	2	50560	146	555	1086786	7949	7617
呼伦贝尔市	Hulunbeier City	74		2	29798		254	325253		
兴 安 盟	Xingan League	19			5365			80221		
通 辽 市	Tongliao City	60	2		17243	2373		404159	62532	
赤 峰 市	Chifeng City	133			117162			1215888		
锡林郭勒盟	Xilinguole League	29	1	1	8023	86	257	130755		1300
乌兰察布市	Wulanchabu City	36			7361			149959		
鄂尔多斯市	Erdos City	90	1		28760	1394		1455482	21255	
巴彦淖尔市	Bayannaoer City	53	3	1	15080	661	214	310466	15450	4464
乌 海 市	Wuhai City	30			11340			202186		
阿拉善盟	Alashan League	8			3864			32966		

22-55 各盟市房屋建筑面积(2007年)

Floor Space of Building by Region(2007)

单位：万平方米 (10 000 sq.m)

地 区	Region	房屋建筑面积 Floor Space of Building Construction			国有 State-owned		集体 Collective-owned	
		施工面积 Floor Space Under Construction	竣工面积 Floor Space Completed	# 住宅 Residential Buildings	施工面积 Floor Space Under Construction	竣工面积 Floor Space Completed	施工面积 Floor Space Under Construction	竣工面积 Floor Space Completed
呼和浩特市	Hohhot City	960.15	348.49	242.14	15.38	2.30		
包 头 市	Baotou City	1033.20	451.25	321.64	8.71	6.51	1.90	1.90
呼伦贝尔市	Hulunbeier City	196.26	159.65	114.78				
兴 安 盟	Xingan League	67.44	49.51	41.21				
通 辽 市	Tongliao City	211.28	176.66	141.46				
赤 峰 市	Chifeng City	1151.12	874.67	677.19				
锡林郭勒盟	Xilinguole League	145.64	98.14	71.54				
乌兰察布市	Wulanchabu City	205.23	104.23	82.17				
鄂尔多斯市	Erdos City	653.24	506.84	227.41				
巴彦淖尔市	Bayannaoer City	302.93	244.51	192.29			7.44	7.44
乌 海 市	Wuhai City	234.06	144.18	124.16				
阿拉善盟	Alashan League	31.55	22.16	15.19				

22-56 各盟市城镇自来水情况(2007年)

Basic Statistics on Tap Water Supply in Towns and Cities by Region(2007)

地 区	Region	年末供水管道长度(公里) Length of Water Supply Pipelines (year-end)(km)	全年供水总量(万吨) Total Annual Volume of Water Supply (10 000 tons)	# 生产运营用水 For Productive Use	# 生活用水 For Residential Use	用水人口(万人) Number of Residents with Access to Tap water (10 000 persons)
总　计	**Total**	**6877**	**56251**	**22520**	**13201**	**600.37**
呼和浩特市	Hohhot City	639	10259	3283	1945	126.64
包 头 市	Baotou City	1548	12080	3911	3427	132.07
呼伦贝尔市	Hulunbeier City	638	4508	1632	1632	61.12
兴 安 盟	Xingan League	135	972	23	220	21.40
通 辽 市	Tongliao City	821	7710	4147	1024	50.01
赤 峰 市	Chifeng City	653	4808	2082	1109	47.97
锡林郭勒盟	Xilinguole League	396	832	76	295	19.60
乌兰察布市	Wulanchabu City	352	3383	2394	601	36.00
鄂尔多斯市	Erdos City	589	1912	431	599	34.00
巴彦淖尔市	Bayannaoer City	141	831	128	493	28.00
乌 海 市	Wuhai City	965	8957	4414	1858	43.56
阿拉善盟	Alashan League					

22-57 各盟市城镇煤气、液化石油气、天然气(2007年)

Basic Statistics on Supply of Gas, Liquefied Petroleum Gas and Natural Gas in Towns and Cities by Region(2007)

地 区	Region	煤气供气量(万立方米) Coal Gas Supply (10 000 cu.m)	# 家庭用量 For Residential Use	天然气供气量(万立方米) Natural Gas Supply (10 000 cu.m)	# 家庭用量 For Residential Use	液化石油气供气量(吨) Liquefied Petroleum Gas Supply (ton)	# 家庭用量 For Residential Use
总计	**Total**	**7000**	**4498**	**30528**	**15866**	**73842**	**50102**
呼和浩特市	Hohhot City	3416	1017	13180	1342	18420	16212
包 头 市	Baotou City	3084	3081	14895	14192	4061	3581
呼伦贝尔市	Hulunbeier City					11785	10649
兴 安 盟	Xingan League					2885	2376
通 辽 市	Tongliao City			207	72	3670	3510
赤 峰 市	Chifeng City					8170	6850
锡林郭勒盟	Xilinguole League			5	2	1814	1504
乌兰察布市	Wulanchabu City			44	23	4200	2120
鄂尔多斯市	Erdos City			2197	235	2227	2016
巴彦淖尔市	Bayannaoer City					15010	
乌 海 市	Wuhai City	500	400			1600	1284
阿拉善盟	Alashan League						

22-58 各盟市城镇市政工程(2007年)

Basic Statistics on Municipal Engineering in Towns and Cities by Region(2007)

地 区	Region	污水排放量(万吨) Volume of Waste Water Discharged (10 000 tons)	城市污水日处理能力(万吨) Daily Disposal Capacity of Sewage (10 000 tons)	排水管道长度(公里) Length of Sewer Pipelines (km)	生活垃圾清运量(万吨) Volume of Garbage Disposal (10 000 tons)	生活垃圾无害化处理量(万吨) Volume of Garbage Treated (10 000 tons)
总 计	**Total**	**40096**	**116.2**	**5619**	**349.9**	**188.9**
呼和浩特市	Hohhot City	7826	10.0	489	39.9	37.0
包头市	Baotou City	8456	26.5	1423	65.3	59.5
呼伦贝尔市	Hulunbeier City	3304	12.4	356	57.1	
兴安盟	Xingan League	725	2.0	137	19.6	16.2
通辽市	Tongliao City	4683	24.0	713	32.0	
赤峰市	Chifeng City	3731	15.0	286	35.4	16.4
锡林郭勒盟	Xilinguole League	581	4.0	224	13.6	6.8
乌兰察布市	Wulanchabu City	2435	8.3	268	27.2	
鄂尔多斯市	Erdos City	1388	4.0	1049	22.2	19.4
巴彦淖尔市	Bayannaoer City	610	6.0	456	14.7	14.7
乌海市	Wuhai City	6357	4.0	218	23.0	19.0
阿拉善盟	Alashan League					

22-59 各盟市年末公路运输线路长度和运量(2007年)

Length of Highways for Transportation Routes and Traffic by Region(End of 2007)

地 区	Region	公路里程(公里) Total Length of Highways (km)			客运量(万人) Passenger Traffic (10 000 persons)	旅客周转量(万人公里) Passenger-Kilometers (10 000 passenger-km)	货运量(万吨) Freight Traffic (10 000 tons)	货物周转量(万吨公里) Freight Ton-Kilometers (10 000 ton-km)
			等级路 Expressway & Class I to IV Highway	等外路 Highway Below Class IV				
呼和浩特市	Hohhot City	6061	4941	1120	3842	296769	7356	499359
包头市	Baotou City	6551	4608	1943	10737	385454	13230	1196227
呼伦贝尔市	Hulunbeier City	15415	12509	2906	4241	218154	5764	399634
兴安盟	Xingan League	8698	6819	1879	630	77450	1655	139176
通辽市	Tongliao City	16107	5683	10424	2530	152823	6755	333821
赤峰市	Chifeng City	20063	14725	5338	2838	156160	7917	383187
锡林郭勒盟	Xilinguole League	14703	10317	4386	1891	189068	4484	305984
乌兰察布市	Wulanchabu City	11666	7491	4175	1676	166956	4277	210807
鄂尔多斯市	Erdos City	13824	9924	3900	2921	198543	12990	1036567
巴彦淖尔市	Bayannaoer City	18429	7230	11199	2774	25165	3301	152351
乌海市	Wuhai City	752	752		511	56595	4371	88847
阿拉善盟	Alashan League	6341	5824	517	448	46493	1200	174040

22-60 各盟市邮政业务基本情况(2007年)

Basic Conditions of Post Services by Region(2007)

地区	Region	邮政业务总量(万元) Business Volume of Post and Telecommunications (10 000 yuan)	函件(万件) Number of Letters (10 000 Pcs)	报刊期发数(万份) Newspapers and Magazines Circulation (10 000 copies)	邮政局所总数(处) Number of Post and Telecommunications Offices (unit)
呼和浩特市	Hohhot City	19023	1655	26	126
包头市	Baotou City	14611	717	23	120
呼伦贝尔市	Hulunbeier City	14547	289	17	212
兴安盟	Xingan League	4793	183	6	102
通辽市	Tongliao City	7184	146	13	154
赤峰市	Chifeng City	14047	389	24	287
锡林郭勒盟	Xilinguole League	3884	140	9	160
乌兰察布市	Wulanchabu City	7204	253	9	173
鄂尔多斯市	Erdos City	5520	187	15	159
巴彦淖尔市	Bayannaoer City	6403	236	14	145
乌海市	Wuhai City	4696	45	5	33
阿拉善盟	Alashan League	1962	31	3	31

22-61 各盟市社会消费品零售总额(2007年, 按销售单位所在地分)

Total Retail Sale of Consumer Goods by Location of Retailers by Region(2007)

单位：万元 (10 000 yuan)

地区	Region	社会消费品零售总额 Total Retail Sales of Consumer Goods	市 City	县 County	县以下 Under County Level
呼和浩特市	Hohhot City	4307960	3845819	304228	157913
包头市	Baotou City	4168580	3874728	206025	87827
呼伦贝尔市	Hulunbeier City	1517929	1085291	296165	136473
兴安盟	Xingan League	653813	382553	159907	111353
通辽市	Tongliao City	1331529	625046	354024	352459
赤峰市	Chifeng City	1922003	1004268	511896	405839
锡林郭勒盟	Xilinguole League	688351	257404	333416	97531
乌兰察布市	Wulanchabu City	922925	298779	379687	244459
鄂尔多斯市	Erdos City	2181383	1018071	746101	417211
巴彦淖尔市	Bayannaoer City	727027	227995	318353	180679
乌海市	Wuhai City	405384	405384		
阿拉善盟	Alashan League	214201		186340	27861

22-62 各盟市社会消费品零售总额(2007年，按行业分)

Total Retail Sale of Consumer Goods by Sector by Region(2007)

单位：万元　　(10 000 yuan)

地区	Region	批发零售贸易业 Whole-sale and Retail Sale Trade	住宿和餐饮业 Catering Trade	其他行业 Others
呼和浩特市	Hohhot City	3255546	1009674	42740
包头市	Baotou City	3256048	862888	49644
呼伦贝尔市	Hulunbeier City	1178088	299354	40487
兴安盟	Xingan League	529511	88915	35387
通辽市	Tongliao City	1120073	189969	21487
赤峰市	Chifeng City	1604243	239578	78182
锡林郭勒盟	Xilinguole League	538856	123331	26164
乌兰察布市	Wulanchabu City	711434	171758	39733
鄂尔多斯市	Erdos City	1756923	366296	58164
巴彦淖尔市	Bayannaoer City	576428	115610	34989
乌海市	Wuhai City	335452	68307	1625
阿拉善盟	Alashan League	173214	39307	1680

22-63 各盟市限额以上批发零售贸易、住宿餐饮业法人企业(2007年)

Number of Corporation Units above Designated Size in Wholesale and Retail Sale, Catering Trades (2007)

单位：个　　(unit)

地区	Region	合计 Total	批发业 Wholesale Trade	零售业 Retail Trade	住宿业	餐饮业 Catering Trade
呼和浩特市	Hohhot City	332	70	93	50	119
包头市	Baotou City	253	57	100	26	70
呼伦贝尔市	Hulunbeier City	86	32	23	23	8
兴安盟	Xingan League	38	13	12	10	3
通辽市	Tongliao City	67	19	32	14	2
赤峰市	Chifeng City	59	16	15	25	3
锡林郭勒盟	Xilinguole League	60	27	6	22	5
乌兰察布市	Wulanchabu City	27	3	6	13	5
鄂尔多斯市	Erdos City	146	21	63	15	47
巴彦淖尔市	Bayannaoer City	39	13	16	6	4
乌海市	Wuhai City	46	4	26		16
阿拉善盟	Alashan League	18	3	4	2	9

22-64 各盟市限额以上批发零售贸易、住宿餐饮业产业活动单位(2007年)

Number of Active Units above Designated Size in Wholesale and Retail Sale, Catering Trades (2007)

单位：个 (unit)

地区	Region	合计 Total	批发业 Wholesale Trade	零售业 Retail Trade	住宿业	餐饮业 Catering Trade
呼和浩特市	Hohhot City	547	241	114	54	138
包头市	Baotou City	356	66	142	35	113
呼伦贝尔市	Hulunbeier City	467	97	327	32	11
兴安盟	Xingan League	48	23	12	10	3
通辽市	Tongliao City	83	19	48	14	2
赤峰市	Chifeng City	117	50	36	26	5
锡林郭勒盟	Xilinguole League	175	37	111	22	5
乌兰察布市	Wulanchabu City	46	22	6	13	5
鄂尔多斯市	Erdos City	256	62	130	17	47
巴彦淖尔市	Bayannaoer City	113	80	22	6	5
乌海市	Wuhai City	102	4	79		19
阿拉善盟	Alashan League	49	5	33	2	9

22-65 各盟市限额以上批发零售贸易、住宿餐饮业从业人员(2007年)

Number of Persons Engaged in Enterprises above Designated Size in Wholesale and Retail Sale, Catering Trades (2007)

单位：人 (person)

地区	Region	合计 Total	批发业 Wholesale Trade	零售业 Retail Trade	住宿业	餐饮业 Catering Trade
呼和浩特市	Hohhot City	37952	6466	10571	10476	10439
包头市	Baotou City	34933	6105	15490	4565	8773
呼伦贝尔市	Hulunbeier City	11082	1800	5400	2716	1166
兴安盟	Xingan League	3543	2242	313	800	188
通辽市	Tongliao City	5617	1012	3199	1340	66
赤峰市	Chifeng City	9710	4059	2394	2753	504
锡林郭勒盟	Xilinguole League	4163	420	1806	1458	479
乌兰察布市	Wulanchabu City	6125	2664	1441	1380	640
鄂尔多斯市	Erdos City	19580	3593	5419	1438	9130
巴彦淖尔市	Bayannaoer City	5158	2892	1571	322	373
乌海市	Wuhai City	3469	842	1708		919
阿拉善盟	Alashan League	2182	1028	359	134	661

22-66 各盟市限额以上批发零售贸易业商品销售总额(2007年)

Total Sales of Enterprise above Designated Size in Wholesale and Retail Sale Trades by Region(2007)

单位：万元 (10 000 yuan)

地区	Region	销售总额 Total Sales	批发 Wholesale Trade	零售 Retail Trade
呼和浩特市	Hohhot City	3009829	1786116	1223713
包头市	Baotou City	2553144	1519608	1033537
呼伦贝尔市	Hulunbeier City	907624	639846	267779
兴安盟	Xingan League	318663	187532	131131
通辽市	Tongliao City	547793	222463	325331
赤峰市	Chifeng City	580169	379271	200898
锡林郭勒盟	Xilinguole League	525259	381721	143539
乌兰察布市	Wulanchabu City	278346	245587	32759
鄂尔多斯市	Erdos City	3082956	2342310	740646
巴彦淖尔市	Bayannaoer City	443358	325721	117637
乌海市	Wuhai City	435732	207565	228167
阿拉善盟	Alashan League	250238	176926	73312

22-67 各盟市限额以上批发零售贸易企业主要财务指标(2007年)

Main Financial Indicators of Enterprises above Designated Size in Wholesale and Retail by Region(2007)

单位：万元 (10 000 yuan)

地区	Region	商品销售收入 Sales Revenue	商品销售成本 Cost of Sales	经营费用 Management Cost	商品销售税金及附加 Sales Tax and Extra Changes	商品销售利润 Total Profits
呼和浩特市	Hohhot City	2978137	2567971	104290	6836	307481
包头市	Baotou City	2293015	1932908	82969	11308	242310
呼伦贝尔市	Hulunbeier City	903408	818608	41446	3046	69162
兴安盟	Xingan League	318666	280290	22394	285	37691
通辽市	Tongliao City	550339	490436	25460	959	56130
赤峰市	Chifeng City	577955	507479	32664	1086	64274
锡林郭勒盟	Xilinguole League	550756	415850	17714	1765	30367
乌兰察布市	Wulanchabu City	278346	244007	12693	678	32070
鄂尔多斯市	Erdos City	3083584	2585596	45088	11629	483865
巴彦淖尔市	Bayannaoer City	403456	342570	22950	1088	45840
乌海市	Wuhai City	435731	370558	34033	1123	61796
阿拉善盟	Alashan League	115719	105682	6299	130	8088

22-68 各盟市限额以上住宿和餐饮企业主要财务指标(2007年)

Main Financial Indicators of Enterprises above Designated Size in Catering Trade by Region(2007)

单位：万元 (10 000 yuan)

地 区	Region	营业收入 Sales Revenue	营业成本 Cost of Sales	营业费用 Management Cost	商品销售税金及附加 Sales Tax and Extra Changes	经营利润 Profits
呼和浩特市	Hohhot City	164727	66991	44816	8756	76101
包头市	Baotou City	76864	37169	20415	3551	33215
呼伦贝尔市	Hulunbeier City	20459	8982	5114	1170	10029
兴安盟	Xingan League	4788	2497	1313	291	1760
通辽市	Tongliao City	12317	5854	2441	497	5856
赤峰市	Chifeng City	14853	6390	7640	711	6561
锡林郭勒盟	Xilinguole League	18375	3953	3422	679	4398
乌兰察布市	Wulanchabu City	9413	3781	3416	476	3281
鄂尔多斯市	Erdos City	49014	26665	8569	2612	17734
巴彦淖尔市	Bayannaoer City	3508	2266	762	170	1002
乌海市	Wuhai City	14748	7938	3503	456	5352
阿拉善盟	Alashan League	4653	1896	5749	231	1487

22-69 各盟市入境旅游人数和外汇收入(2007年)

Number of Foreign Tourists and Foreign Exchange Earnings by Region(2007)

地 区	Region	入境旅游人数(人次) Total Number of International Tourists Inbound (person-times)	#外国人 Foreigners	旅游外汇收入(万美元) Earnings from International Tourism(USD 10 000)
呼和浩特市	Hohhot City	83153		4362.93
包头市	Baotou City	16387		646.67
呼伦贝尔市	Hulunbeier City	627609		22857.09
兴安盟	Xingan League	5150		257.01
通辽市	Tongliao City	10153		530.72
赤峰市	Chifeng City	25000		1337.30
锡林郭勒盟	Xilinguole League	660335		21952.12
乌兰察布市	Wulanchabu City	15100		277.77
鄂尔多斯市	Erdos City	12056		631.69
巴彦淖尔市	Bayannaoer City	21823		757.01
乌海市	Wuhai City	109		5.72
阿拉善盟	Alashan League	17630		869.82

22-70 各盟市普通高等学校基本情况(2007年)

Basic Statistics on Higher Education by Region(2007)

地区	Region	学校数(所) Number of Schools (unit)	毕业生数(人) Number of Graduates (person)	招生数(人) New Student Enrollment (person)	在校学生数(人) Student Enrollment (person)	教职工数(人) Number of Staff and Teachers (person)	# 专任教师 Full-time Teachers
总计	**Total**	**36**	**67204**	**99088**	**284057**	**31653**	**19483**
呼和浩特市	Hohhot City	19	40358	56201	165010	16964	10547
包头市	Baotou City	4	11337	17765	50922	4926	3146
呼伦贝尔市	Hulunbeier City	1	3120	3519	11432	1125	788
兴安盟	Xingan League	1	383	1006	1854	552	355
通辽市	Tongliao City	3	5094	6695	20849	2712	1540
赤峰市	Chifeng City	3	2128	4793	12295	1900	1115
锡林郭勒盟	Xilinguole League	1	577	1507	3141	715	386
乌兰察布市	Wulanchabu City	2	2435	4251	10587	1471	869
鄂尔多斯市	Erdos City		276		216		
巴彦淖尔市	Bayannaoer City	1	1414	2411	5649	1091	557
乌海市	Wuhai City	1	82	940	2102	197	180
阿拉善盟	Alashan League						

注：毕业生数、招生数、在校学生数包括成人高校附设普通班学生数。

a)Number of graduates and new student enrollment and student enrodment include the number of students of ordinary classes attached adult colleges.

22-71 各盟市成人高等学校基本情况(2007年)

Basic Statistics on Adult Education by Region(2007)

地区	Region	学校数(所) Number of Schools (unit)	毕业生数(人) Number of Graduates (person)	招生数(人) New Student Enrollment (person)	在校学生数(人) Student Enrollment (person)	教职工数(人) Number of Staff and Teachers (person)	# 专任教师 Full-time Teachers
总计	**Total**	**3**	**27713**	**22344**	**67216**	**768**	**364**
呼和浩特市	Hohhot City	1	14703	11664	37883	446	174
包头市	Baotou City	1	6787	5960	13618	100	48
呼伦贝尔市	Hulunbeier City		262	713	1467		
兴安盟	Xingan League		315	83	146		
通辽市	Tongliao City		2856	1115	4372		
赤峰市	Chifeng City		1172	1154	5101		
锡林郭勒盟	Xilinguole League		164	218	504		
乌兰察布市	Wulanchabu City		1240	937	3012		
鄂尔多斯市	Erdos City	1		5	189	222	142
巴彦淖尔市	Bayannaoer City		49	136	366		
乌海市	Wuhai City		165	359	558		
阿拉善盟	Alashan League						

注：毕业生数、招生数，在校学生数中包含普通高校附设成人班学生数。

a)Number of graduates and new student enrollment and student enrodment include the number of students of ordinary classes attached adult colleges.

22-72 各盟市中等专业学校基本情况(2007年)
Basic Statistics on Specialized Secondary Schools by Region(2007)

地 区	Region	学校数(所) Number of Schools (unit)	毕业生数(人) Number of Graduates (person)	招生数(人) New Student Enrollment (person)	在校学生数(人) Student Enrollment (person)	教职工数(人) Number of Staff and Teachers (person)	# 专任教师 Full-time Teacher
总 计	**Total**	**75**	**30933**	**52359**	**129312**	**7362**	**4447**
呼和浩特市	Hohhot City	20	9834	15983	38727	1228	660
包 头 市	Baotou City	13	5220	10361	27460	1345	818
呼伦贝尔市	Hulunbeier City	16	3798	5834	15246	1675	982
兴 安 盟	Xingan League	2	618	1446	2816	76	51
通 辽 市	Tongliao City	1	1415	1134	3822	41	17
赤 峰 市	Chifeng City	5	2787	6827	14363	904	601
锡林郭勒盟	Xilinguole League		551	1039	2778		
乌兰察布市	Wulanchabu City	5	671	2125	4691	716	389
鄂尔多斯市	Erdos City	6	3825	3348	9724	773	528
巴彦淖尔市	Bayannaoer City	6	1405	2989	6580	404	241
乌 海 市	Wuhai City	1	809	1273	3105	200	160
阿拉善盟	Alashan League						

22-73 各盟市普通中学基本情况(2007年)
Basic Statistics on Regular Secondary Schools by Region(2007)

地 区	Region	学校数(所) Number of Schools (unit)	毕业生数(人) Number of Graduates (person)			招生数(人) New Student Enrollment (person)		
				初 中 Junior Secondary Schools	高 中 Senior Secondary Schools		初 中 Junior Secondary Schools	高 中 Senior Secondary Schools
总 计	**Total**	**1382**	**481771**	**311655**	**170116**	**431339**	**245540**	**185799**
呼和浩特市	Hohhot City	131	47368	29921	17447	51341	32156	19185
包 头 市	Baotou City	119	46015	29423	16592	18214	80	18134
呼伦贝尔市	Hulunbeier City	224	49858	33128	16730	43002	24425	18577
兴 安 盟	Xingan League	116	28285	20248	8037	28849	19446	9403
通 辽 市	Tongliao City	196	61991	41485	20506	58425	37022	21403
赤 峰 市	Chifeng City	255	102264	63369	38895	95522	53983	41539
锡林郭勒盟	Xilinguole League	49	19379	12902	6477	14273	7559	6714
乌兰察布市	Wulanchabu City	84	44399	28794	15605	41306	22634	18672
鄂尔多斯市	Erdos City	75	29385	19105	10280	31893	19943	11950
巴彦淖尔市	Bayannaoer City	85	39443	24850	14593	33809	19104	14705
乌 海 市	Wuhai City	31	9272	5893	3379	10578	6600	3978
阿拉善盟	Alashan League	17	4112	2537	1575	4127	2588	1539

22-73 续表 continued

地 区	Region	在校学生数(人) Student Enrollment (person)	初中 Junior Secondary Schools	高中 Senior Secondary Schools	教职工数(人) Number of Staff and Teachers (person)	# 专任教师 Full-time Teacher
总 计	**Total**	**1480251**	**918851**	**561400**	**123577**	**94491**
呼和浩特市	Hohhot City	152965	95052	57913	11809	8381
包 头 市	Baotou City	143937	89823	54114	11842	8880
呼伦贝尔市	Hulunbeier City	152036	94941	57095	15561	12452
兴 安 盟	Xingan League	88533	61056	27477	8878	6762
通 辽 市	Tongliao City	196807	131589	65218	15691	12633
赤 峰 市	Chifeng City	306141	179526	126615	23935	18546
锡林郭勒盟	Xilinguole League	54528	32436	22092	5265	3968
乌兰察布市	Wulanchabu City	130802	78214	52588	9801	6954
鄂尔多斯市	Erdos City	104387	68588	35799	8743	6469
巴彦淖尔市	Bayannaoer City	104902	59214	45688	7926	6183
乌 海 市	Wuhai City	31184	19233	11951	2765	2185
阿拉善盟	Alashan League	14029	9179	4850	1361	1078

22-74 各盟市职业中学基本情况(2007年)
Basic Statistics on Vocational Secondary Schools by Region(2007)

地 区	Region	学校数(所) Number of Schools (unit)	毕业生数(人) Number of Graduates (person)	招生数(人) New Student Enrollment (person)	在校学生数(人) Student Enrollment (person)	教职工数(人) Number of Staff and Teachers (person)	# 专任教师 Full-time Teacher
总 计	**Total**	**183**	**36418**	**62282**	**151258**	**12251**	**9181**
呼和浩特市	Hohhot City	30	5376	8833	22084	1846	1278
包 头 市	Baotou City	10	2193	4599	9528	1033	732
呼伦贝尔市	Hulunbeier City	14	2754	4019	9546	942	784
兴 安 盟	Xingan League	9	1791	3832	7394	576	438
通 辽 市	Tongliao City	26	2731	8589	14510	1267	957
赤 峰 市	Chifeng City	30	9874	12653	36651	2605	2076
锡林郭勒盟	Xilinguole League	11	1134	2996	7356	482	362
乌兰察布市	Wulanchabu City	22	4615	7008	19442	1422	1110
鄂尔多斯市	Erdos City	19	2826	3318	9099	1097	629
巴彦淖尔市	Bayannaoer City	8	2746	5251	12842	809	677
乌 海 市	Wuhai City	1	82	593	1230	9	9
阿拉善盟	Alashan League	3	296	591	1576	163	129

22-75 各盟市小学基本情况(2007年)

Basic Statistics on Primary Schools by Region(2007)

地区	Region	学校数(所) Number of Schools (unit)	毕业生数(人) Number of Graduates (person)	招生数(人) New Student Enrollment (person)	在校学生数(人) Student Enrollment (person)	教职工数(人) Number of Staff and Teachers (person)	#专任教师 Full-time Teacher
总计	**Total**	**4177**	**251506**	**260093**	**1584593**	**138691**	**115205**
呼和浩特市	Hohhot City	580	34297	31702	186464	11795	10054
包头市	Baotou City	249	80	26098	164542	10197	8761
呼伦贝尔市	Hulunbeier City	413	25027	21317	139728	15767	13809
兴安盟	Xingan League	408	19490	15510	98087	10920	8681
通辽市	Tongliao City	746	37212	38099	221301	20351	18376
赤峰市	Chifeng City	952	55354	48785	300332	29842	23980
锡林郭勒盟	Xilinguole League	89	7566	11722	68110	5356	4381
乌兰察布市	Wulanchabu City	269	23652	21940	139639	13299	10326
鄂尔多斯市	Erdos City	147	20463	18114	97711	8381	5880
巴彦淖尔市	Bayannaoer City	265	19144	18593	119445	8793	7533
乌海市	Wuhai City	37	6600	5814	36312	2828	2425
阿拉善盟	Alashan League	22	2621	2399	12922	1162	999

22-76 各盟市幼儿园基本情况(2007年)

Basic Statistics on Kindergartens by Region(2007)

地区	Region	园数(所) Number of Kindergartens (unit)	幼儿数(人) Student Enrollment (person)	教职工数(人) Number of Staff and Teachers (person)	#教师 Teachers
总计	**Total**	**1554**	**290382**	**20404**	**12929**
呼和浩特市	Hohhot City	131	30826	3109	1656
包头市	Baotou City	110	23571	2539	1468
呼伦贝尔市	Hulunbeier City	304	30393	2731	1587
兴安盟	Xingan League	108	14646	810	542
通辽市	Tongliao City	21	29611	762	529
赤峰市	Chifeng City	481	66612	3739	2587
锡林郭勒盟	Xilinguole League	43	12303	827	537
乌兰察布市	Wulanchabu City	64	16666	967	695
鄂尔多斯市	Erdos City	104	30109	2247	1558
巴彦淖尔市	Bayannaoer City	142	24232	1646	1095
乌海市	Wuhai City	36	8320	659	417
阿拉善盟	Alashan League	10	3093	368	258

22-77 各盟市文化艺术、文物事业单位数(2007年)

Number of Institutions for Culture, Art and Cultural Relics by Region(2007)

单位：个 (unit)

地区	Region	艺术表演团体 Art Performance Troupes	艺术表演场所 Art Performance Places	文化馆 Cultural Centers	公共图书馆 Public Libraries	博物馆 Museums
总计	**Total**	**109**	**31**	**102**	**113**	**37**
呼和浩特市	Hohhot City	7	1	9	9	2
包头市	Baotou City	8	3	10	10	1
呼伦贝尔市	Hulunbeier City	14	2	13	14	11
兴安盟	Xingan League	7	3	6	7	1
通辽市	Tongliao City	9	6	8	9	3
赤峰市	Chifeng City	10	2	12	14	8
锡林郭勒盟	Xilinguole League	12	1	12	12	1
乌兰察布市	Wulanchabu City	13	2	11	12	3
鄂尔多斯市	Erdos City	10	4	8	9	1
巴彦淖尔市	Bayannaoer City	8	6	7	8	3
乌海市	Wuhai City	1	1	3	4	1
阿拉善盟	Alashan League	4		3	4	1
自治区直属	Units Attached to Autonomous Region	6			1	1

22-78 各盟市卫生机构、床位(2007年)

Number of Health Institutions, Beds by Region(2007)

地区	Region	机构数(个) Health Institutions (unit)	#医院、卫生院 Hospital	#疾病预防控制中心 CDC	#妇幼保健所、站 Maternity and Child Care Centers	床位合计(张) Beds Total (unit)	#医院、卫生院 Hospital
总计	**Total**	**7853**	**1815**	**140**	**114**	**73830**	**65780**
呼和浩特市	Hohhot City	899	146	12	12	9340	8230
包头市	Baotou City	1133	118	11	11	11453	9181
呼伦贝尔市	Hulunbeier City	1233	242	37	15	10454	9574
兴安盟	Xingan League	366	114	7	7	4417	3807
通辽市	Tongliao City	534	189	9	8	6581	6019
赤峰市	Chifeng City	851	302	11	13	12324	11510
锡林郭勒盟	Xilinguole League	530	145	14	13	2472	2291
乌兰察布市	Wulanchabu City	556	212	12	12	3959	3647
鄂尔多斯市	Erdos City	668	132	9	9	4274	4023
巴彦淖尔市	Bayannaoer City	671	132	9	8	5597	4825
乌海市	Wuhai City	254	27	5	3	2190	1967
阿拉善盟	Alashan League	158	56	4	3	769	706

22-79 各盟市卫生机构人员(2007年)

Number of Persons Engaged in Health Institutions by Region(2007)

单位：人 (person)

地 区	Region	卫生机构人员 Total	卫生技术人员 Medical Technical Personnel	执业医师、执业助理医师 Doctors	# 执业医师 Physician	注册护师、护士 Registered Senior and Junior Nurses
总 计	**Total**	**126155**	**105790**	**48403**	**40398**	**29732**
呼和浩特市	Hohhot City	17254	14043	6160	5412	4697
包 头 市	Baotou City	17115	14280	6031	5637	5251
呼伦贝尔市	Hulunbeier City	18418	15042	6946	5472	4601
兴 安 盟	Xingan League	7995	6569	2824	2187	1701
通 辽 市	Tongliao City	12153	10447	5178	4307	2579
赤 峰 市	Chifeng City	18813	15990	7255	5775	3550
锡林郭勒盟	Xilinguole League	5251	4453	2237	1977	1017
乌兰察布市	Wulanchabu City	8173	6888	3303	2430	1295
鄂尔多斯市	Erdos City	6681	5902	2884	2475	1472
巴彦淖尔市	Bayannaoer City	9358	8003	3699	3125	2243
乌 海 市	Wuhai City	3261	2714	1142	998	946
阿拉善盟	Alashan League	1683	1459	744	603	380

22-80 各盟市交通事故(2007年)

Basic Statistics on Traffic Accidents by Region(2007)

地 区	Region	发生数(起) Number of Traffic Accidents (case)	死亡人数(人) Number of Deaths (person)	受伤人数(人) Number of Injuries (person)	直接经济损失(万元) Direct Losses (10 000 yuan)
总 计	**Total**	**6302**	**1834**	**7165**	**1799**
呼和浩特市	Hohhot City	906	195	1041	124
包 头 市	Baotou City	1593	213	1771	186
呼伦贝尔市	Hulunbeier City	210	167	190	73
兴 安 盟	Xingan League	294	131	401	60
通 辽 市	Tongliao City	1130	168	1278	301
赤 峰 市	Chifeng City	593	246	643	112
锡林郭勒盟	Xilinguole League	105	68	95	40
乌兰察布市	Wulanchabu City	377	128	434	116
鄂尔多斯市	Erdos City	489	166	603	174
巴彦淖尔市	Bayannaoer City	263	133	265	101
乌 海 市	Wuhai City	84	52	111	77
阿拉善盟	Alashan League	112	38	144	54
高速公路支队	Expressway Detachment	146	129	189	381

22-81 各盟市火灾事故(2007年)

Basic Statistics on Fires by Region(2007)

地 区	Region	发生数(起) Number of Traffic Accidents (case)	死亡人数(人) Number of Deaths (person)	受伤人数(人) Number of Injuries (person)	直接经济损失(万元) Direct Losses (10 000 yuan)
总 计	**Total**	**7292**	**51**	**36**	**3057**
呼和浩特市	Hohhot City	1540	10	7	277
包 头 市	Baotou City	1561	2		242
呼伦贝尔市	Hulunbeier City	852	9	6	577
兴 安 盟	Xingan League	209	2		189
通 辽 市	Tongliao City	447	3	5	159
赤 峰 市	Chifeng City	1106	8	2	336
锡林郭勒盟	Xilinguole League	217	5		85
乌兰察布市	Wulanchabu City	217	4	3	195
鄂尔多斯市	Erdos City	367	1	2	236
巴彦淖尔市	Bayannaoer City	297		1	222
乌 海 市	Wuhai City	397	3	1	170
阿拉善盟	Alashan League	46	1	2	253
内蒙古森工集团	Inner Mongolia Forest Industy Co.,Ltd	36	3	7	116

22-82 年末环保系统机构、人员(2007年)

Environmental Protection Agencies and Persons Engaged by Region(2007)

地 区	Region	机构总数(个) Agencies (unit)	人员总数(人) Staff & Workers (person)	#科研人员 Scientific Research Personnel	#监测人员 Monitoring Personnel	#监理人员 Supervising & Administrative Personnel
总 计	**Total**	**327**	**4395**	**136**	**1168**	**1141**
呼和浩特市	Hohhot City	27	674	59	93	131
包 头 市	Baotou City	29	455	24	163	158
呼伦贝尔市	Hulunbeier City	41	320		101	86
兴 安 盟	Xingan League	23	231	2	65	80
通 辽 市	Tongliao City	24	227		91	49
赤 峰 市	Chifeng City	41	587	17	185	188
锡林郭勒盟	Xilinguole League	34	247		61	71
乌兰察布市	Wulanchabu City	38	491		131	222
鄂尔多斯市	Erdos City	28	385		73	71
巴彦淖尔市	Bayannaoer City	10	308		45	9
乌 海 市	Wuhai City	10	199		62	50
阿拉善盟	Alashan League	12	63	5	16	11
自治区直属	Directly Under Autonomous Region	10	208	29	82	15

22-83 各盟市县以上国有研究与开发机构及科技信息与文献机构、人员(2007年)

State-owned R & D and Information Literature Institutions at Above County Level & Persons Engaged by Region(2007)

地区	Region	合计 Total Number 机构(个) Institutions (unit)	从业人员(人) Employees (person)	#科技活动人员 S&T personnel	自然科学技术领域及转制科研机构 Field of Natural Sciences & Technology,Transformed Institution 机构(个) Institutions (unit)	从业人员(人) Employees (person)	#科技活动人员 S&T personnel
总 计	**Total**	**134**	**11376**	**7815**	**110**	**10642**	**7164**
呼和浩特市	Hohhot City	59	5859	4250	46	5315	3773
包头市	Baotou City	13	2359	1374	12	2340	1356
呼伦贝尔市	Hulunbeier City	11	468	376	10	456	365
兴安盟	Xingan League	6	134	85	5	119	72
通辽市	Tongliao City	7	519	300	5	491	274
赤峰市	Chifeng City	3	275	237	3	275	237
锡林郭勒盟	Xilinguole League	5	263	202	5	263	202
乌兰察布市	Wulanchabu City	6	337	210	5	296	174
鄂尔多斯市	Erdos City	9	387	312	7	347	277
巴彦淖尔市	Bayannaoer City	9	640	352	8	620	332
乌海市	Wuhai City	2	65	51	1	53	39
阿拉善盟	Alashan League	4	70	66	3	67	63

22-83 续表 continued

地区	Region	社会、人文科学技术领域 Field of Social Sciences & Humanities 机构(个) Institutions (unit)	从业人员(人) Employees (person)	#科技活动人员 S&T personnel	科技信息和文献机构 Scientific Technical Information & Literature Institutions 机构(个) Institutions (unit)	从业人员(人) Employees (person)	#科技活动人员 S&T personnel
总 计	**Total**	**12**	**508**	**450**	**12**	**226**	**201**
呼和浩特市	Hohhot City	10	468	412	3	76	65
包头市	Baotou City				1	19	18
呼伦贝尔市	Hulunbeier City				1	12	11
兴安盟	Xingan League				1	15	13
通辽市	Tongliao City	1	10	10	1	18	16
赤峰市	Chifeng City						
锡林郭勒盟	Xilinguole League						
乌兰察布市	Wulanchabu City				1	41	36
鄂尔多斯市	Erdos City	1	30	28	1	10	7
巴彦淖尔市	Bayannaoer City				1	20	20
乌海市	Wuhai City				1	12	12
阿拉善盟	Alashan League				1	3	3

22-84 各盟市旗县以上国有研究与开发机构及科技信息与文献机构科技经费筹集和支出总额(2007年)

Total Funds & Expenditures of State-Owned Research & Development Information & Literature Institutions at above County Level by Region(2007)

单位：万元 (10 000 yuan)

地区	Region	合计 Total		自然科学技术领域及转制机构 Field of Natural Sciences & Tech & Trasformed Institution			
		科技经费筹集总额 Scientific Funds	科技经费支出总额 Scientific Expenditures	科技经费筹集总额 Scientific Funds	# 政府拨款 Government Appropriations	科技经费支出总额 Scientific Expenditures	# 资产购建支出 For purchase & Construction of Assets
总计	**Total**	**100372**	**93599**	**94689**	**71704**	**86661**	**14400**
呼和浩特市	Hohhot City	68395	60981	63858	45256	55049	8973
包头市	Baotou City	11881	15863	11810	9150	15779	4119
呼伦贝尔市	Hulunbeier City	4223	3836	4153	4139	3771	225
兴安盟	Xingan League	865	691	798	798	627	297
通辽市	Tongliao City	2147	1936	2012	1940	1805	120
赤峰市	Chifeng City	2204	2031	2204	2204	2031	5
锡林郭勒盟	Xilinguole League	2712	1266	2712	1211	1266	185
乌兰察布市	Wulanchabu City	1225	1073	1097	1097	955	
鄂尔多斯市	Erdos City	2264	2120	1862	1737	1782	49
巴彦淖尔市	Bayannaoer City	3671	3075	3528	3525	2969	409
乌海市	Wuhai City	401	353	288	288	275	10
阿拉善盟	Alashan League	385	373	367	359	356	9

22-84 续表 continued

单位：万元 (10 000 yuan)

地区	Region	社会、人文科学技术领域 Field of Social Sciences and Humanities				科技信息和文献机构 Scientific Technical Information and Literature Institutions			
		科技经费筹集总额 Scientific Funds	# 政府拨款 Government Appropriations	科技经费支出总额 Scientific Expenditures	# 资产购建支出 For purchase & Construction of Assets	科技经费筹集总额 scientific Funds	# 政府拨款 Government Appropriations	科技经费支出总额 Scientific Expenditures	# 资产购建支出 For purchase & Construction of Assets
总计	**Total**	**4300**	**4282**	**5648**	**289**	**1383**	**1273**	**1292**	**79**
呼和浩特市	Hohhot City	3932	3914	5337	272	605	495	597	5
包头市	Baotou City					71	71	84	4
呼伦贝尔市	Hulunbeier City					70	70	66	7
兴安盟	Xingan League					67	67	65	29
通辽市	Tongliao City	53	53	53		82	82	79	15
赤峰市	Chifeng City								
锡林郭勒盟	Xilinguole League								
乌兰察布市	Wulanchabu City					128	128	119	
鄂尔多斯市	Erdos City	315	315	258	17	87	87	81	
巴彦淖尔市	Bayannaoer City					143	143	107	1
乌海市	Wuhai City					113	113	79	18
阿拉善盟	Alashan League					17	17	17	

二十三 旗县区资料

STATISTICS OF BANNERS,COUNTIES AND DISTRICTS

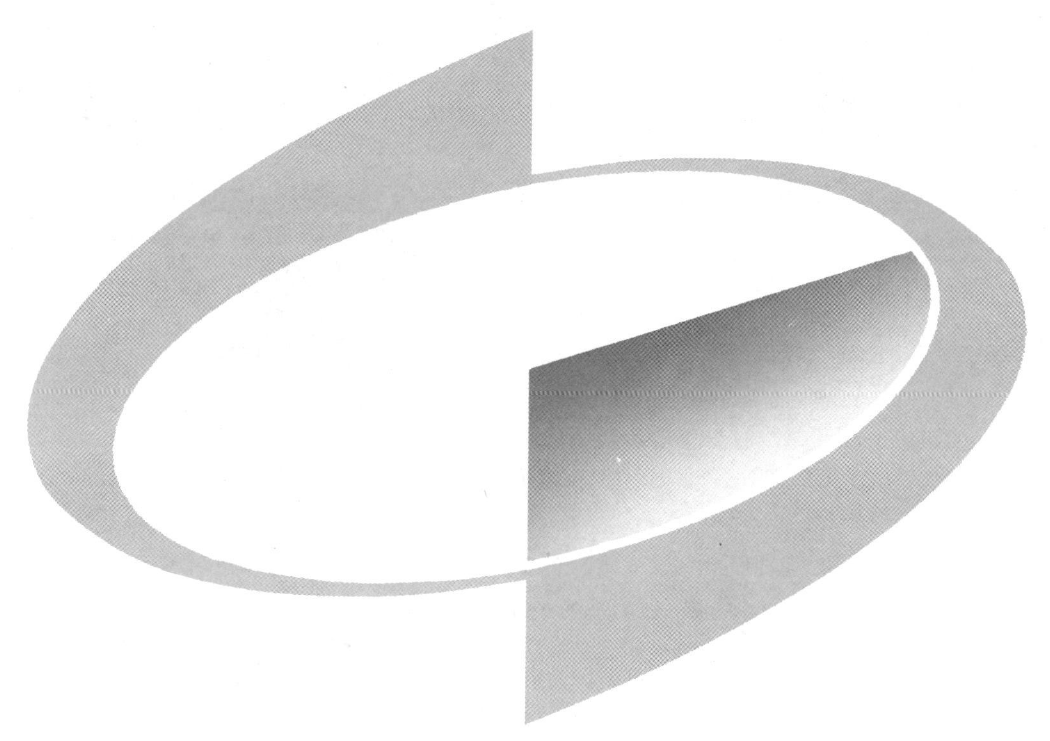

资料整理：包利军 斯日古楞 崔京英

Arranged by Bao Lijun, Si Riguleng, Cui Jingying

23-1 各旗县(区)按年末总人口排序(2007年)

Banners, Counties and Districts Ranked by Population (Year end of 2007)

单位：人 (person)

位次 Order	旗县(区)名称	Name of Banners, Counties and Districts	年末总人口 Total Population at the Year-end
1	通辽市科尔沁区	Keerqin District in Tongliao City	822075
2	赤峰市宁城县	Ningcheng County in Chifeng City	598116
3	赤峰市敖汉旗	Aohan Banner in Chifeng City	594594
4	包头市昆都仑区	Kundulun District in Baotou City	578800
5	巴彦淖尔市临河区	Linhe District in Bayannaoer City	550563
6	通辽市科尔沁左翼中旗	Keerqinzuoyizhong Banner in Tongliao City	537495
7	赤峰市松山区	Songshan District in Chifeng City	519567
8	赤峰市翁牛特旗	Wengniute Banner in Chifeng City	475055
9	包头市东河区	Donghe District in Baotou City	460200
10	通辽市奈曼旗	Naiman Banner in Tongliao City	441443
11	呼伦贝尔市扎兰屯市	Zhalantun City in Hulunbeier City	432237
12	包头市青山区	Qingshan District in Baotou City	418200
13	通辽市科尔沁左翼后旗	Keerqinzuoyihou Banner in Tongliao City	401697
14	兴安盟扎赉特旗	Zhalaite Banner in Xingan League	395599
15	通辽市开鲁县	Kailu County in Tongliao City	395575
16	呼和浩特市赛罕区	Saihan District in Hohhot City	383317
17	呼伦贝尔市牙克石市	Yakeshi City in Hulunbeier City	381858
18	兴安盟科尔沁右翼前旗	Keerqinyouyiqian Banner in Xingan League	358797
19	赤峰市巴林左旗	Balinzuo Banner in Chifeng City	358594
20	呼和浩特市土默特左旗	Tumotezuo Banner in Hohhot City	357024
21	鄂尔多斯市达拉特旗	Dalate Banner in Erdos City	348546
22	赤峰市红山区	Hongshan District in Chifeng City	347555
23	乌兰察布市商都县	Shangdu County in Wulanchabu City	346985
24	赤峰市喀喇沁旗	Kalaqin Banner in Chifeng City	341773
25	呼和浩特市新城区	Xincheng District in Hohhot City	340853
26	呼伦贝尔市莫力达瓦达斡尔族自治旗	Molidawadawoer National Autonomous Banner in Hulunbeier City	338499
27	巴彦淖尔市乌拉特前旗	Wulateqian Banner in Bayannaoer City	336825
28	乌兰察布市丰镇市	Fengzhen City in Wulanchabu City	336749
29	呼伦贝尔市阿荣旗	Arong Banner in Hulunbeier City	334413
30	赤峰市元宝山区	Yuanbaoshan District in Chifeng City	322718
31	巴彦淖尔市杭锦后旗	Hangjinhou Banner in Bayannaoer City	319595
32	乌兰察布市察哈尔右翼中旗	Chahaeryouyizhong Banner in Wulanchabu City	319038
33	乌兰察布市兴和县	Xinghe County in Wulanchabu City	317286
34	兴安盟突泉县	Tuquan County in Xingan League	313584

23-1 续表 1 continued

单位：人 (person)

位次 Order	旗县(区)名称	Name of Banners, Counties and Districts	年末总人口 Total Population at the Year-end
35	包头市土默特右旗	Tumoteyou Banner in Baotou City	310600
36	通辽市扎鲁特旗	Zhalute Banner in Tongliao City	310000
37	赤峰市阿鲁科尔沁旗	Alukeerqin Banner in Chifeng City	299293
38	乌兰察布市集宁区	Jining District in Wulanchabu City	298887
39	兴安盟乌兰浩特市	Wulanhaote City in Xingan League	293220
40	巴彦淖尔市五原县	Wuyuan County in Bayannaoer City	288646
41	鄂尔多斯市准格尔旗	Zhungeer Banner in Erdos City	285433
42	包头市九原区	Jiuyuan District in Baotou City	285000
43	呼伦贝尔市鄂伦春自治旗	Elunchun National Autonomous Banner in Hulunbeier City	280351
44	呼伦贝尔市海拉尔区	Hailaer District in Hulunbeier City	263005
45	兴安盟科尔沁右翼中旗	Keerqinyouyizhong Banner in Xingan League	257458
46	赤峰市克什克腾旗	Keshiketeng Banner in Chifeng City	250940
47	乌兰察布市察哈尔右翼前旗	Chahaeryouyiqian Banner in Wulanchabu City	247285
48	乌兰察布市凉城县	Liangcheng County in Wulanchabu City	246038
49	鄂尔多斯市东胜区	Dongsheng District in Erdos City	243429
50	乌海市海勃湾区	Haibowan District in Wuhai City	241000
51	赤峰市林西县	Linxi County in Chifeng City	238312
52	呼和浩特市回民区	Huimin District in Hohhot City	227951
53	乌兰察布市卓资县	Zhuozi County in Wulanchabu City	226144
54	乌兰察布市察哈尔右翼后旗	Chahaeryouyihou Banner in Wulanchabu City	217877
55	乌兰察布市四子王旗	Siziwang Banner in Wulanchabu City	210646
56	锡林郭勒盟太仆寺旗	Taipusi Banner in Xilinguole League	208758
57	呼和浩特市托克托县	Tuoketuo County in Hohhot City	199921
58	呼和浩特市玉泉区	Yuquan District in Hohhot City	192052
59	呼和浩特市和林格尔县	Helingeer County in Hohhot City	190950
60	赤峰市巴林右旗	Balinyou Banner in Chifeng City	181179
61	通辽市库伦旗	Kulun Banner in Tongliao City	177416
62	乌兰察布市化德县	Huade County in Wulanchabu City	175621
63	呼和浩特市武川县	Wuchuan County in Hohhot City	174452
64	包头市固阳县	Guyang County in Baotou City	174400
65	呼伦贝尔市根河市	Genhe City in Hulunbeier City	164912
66	锡林郭勒盟锡林浩特市	Xilinhaote City in Xilinguole League	163796
67	呼伦贝尔市满洲里市	Manzhouli City in Hulunbeier City	163441
68	鄂尔多斯市伊金霍洛旗	Yijinhuoluo Banner in Erdos City	151603

23-1 续表 2 continued

单位：人 (person)

位次 Order	旗县(区)名称	Name of Banners, Counties and Districts	年末总人口 Total Population at the Year-end
69	呼伦贝尔市鄂温克族自治旗	Ewenke National Autonomous Banner in Hulunbeier City	143806
70	阿拉善盟阿拉善左旗	Alashanzuo Banner in Alashan League	142051
71	呼和浩特市清水河县	Qingshuihe County in Hohhot City	141942
72	巴彦淖尔市乌拉特中旗	Wulatezhong Banner in Bayannaoer City	139823
73	鄂尔多斯市杭锦旗	Hangjin Banner in Erdos City	138880
74	乌海市乌达区	Wuda District in Wuhai City	131000
75	巴彦淖尔市磴口县	Dengkou County in Bayannaoer City	123980
76	乌海市海南区	Hainan District in Wuhai City	105000
77	鄂尔多斯市乌审旗	Wushen Banner in Erdos City	103066
78	锡林郭勒盟多伦县	Duolun County in Xilinguole League	102223
79	包头市达尔罕茂明安联合旗	Daerhanmaomingan Union Banner in Baotou City	101600
80	鄂尔多斯市鄂托克旗	Etuoke Banner in Erdos City	94720
81	呼伦贝尔市额尔古纳市	Eerguna City in Hulunbeier City	85051
82	锡林郭勒盟正蓝旗	Zhenglan Banner in Xilinguole League	80908
83	通辽市霍林郭勒市	Huolinguole City in Tongliao City	76268
84	鄂尔多斯市鄂托克前旗	Etuokeqian Banner in Erdos City	74226
85	锡林郭勒盟东乌珠穆沁旗	Dongwuzhumuqin Banner in Xilinguole League	74034
86	锡林郭勒盟西乌珠穆沁旗	xiwuzhumuqin Banner in Xilinguole League	73185
87	锡林郭勒盟正镶白旗	Zhengxiangbai Banner in Xilinguole League	72087
88	锡林郭勒盟苏尼特右旗	Suniteyou Banner in Xilinguole League	69163
89	巴彦淖尔市乌拉特后旗	Wulatehou Banner in Bayannaoer City	63554
90	呼伦贝尔市陈巴尔虎旗	Chenbaerhu Banner in Hulunbeier City	59831
91	兴安盟阿尔山市	Aershan City in Xingan League	48003
92	锡林郭勒盟阿巴嘎旗	Abaga Banner in Xilinguole League	43949
93	包头市石拐矿区	Shiguai District in Baotou City	42300
94	呼伦贝尔市新巴尔虎左旗	Xinbaerhuzuo Banner in Hulunbeier City	40910
95	呼伦贝尔市新巴尔虎右旗	Xinbaerhuyou Banner in Hulunbeier City	34232
96	锡林郭勒盟苏尼特左旗	Sunitezuo Banner in Xilinguole League	33700
97	锡林郭勒盟镶黄旗	Xianghuang Banner in Xilinguole League	30312
98	锡林郭勒盟二连浩特市	Erlianhaote City in Xilinguole League	24830
99	阿拉善盟阿拉善右旗	Alashanyou Banner in Alashan League	24590
100	包头市白云鄂博矿区	Baiyun Mineral District in Baotou City	24300
101	阿拉善盟额济纳旗	Ejina Banner in Alashan League	17240

23-2 各旗县（区）按生产总值排序（2007年）

Banners, Counties and Districts Ranked by Gross Domestic Product(2007)

单位：万元 (10 000 yuan)

位次 Order	旗县(区)名称	Name of Banners, Counties and Districts	生产总值 GDP
1	包头市昆都仑区	Kundulun District in Baotou City	4424222
2	鄂尔多斯市准格尔旗	Zhungeer Banner in Erdos City	3000267
3	鄂尔多斯市东胜区	Dongsheng District in Erdos City	2900100
4	包头市青山区	Qingshan District in Baotou City	2339396
5	呼和浩特市新城区	Xincheng District in Hohhot City	2336494
6	通辽市科尔沁区	Keerqin District in Tongliao City	2284798
7	鄂尔多斯市伊金霍洛旗	Yijinhuoluo Banner in Erdos City	2003806
8	呼和浩特市赛罕区	Saihan District in Hohhot City	1841131
9	包头市东河区	Donghe District in Baotou City	1663280
10	鄂尔多斯市达拉特旗	Dalate Banner in Erdos City	1599627
11	呼和浩特市回民区	Huimin District in Hohhot City	1485700
12	包头市九原区	Jiuyuan District in Baotou City	1316346
13	呼和浩特市玉泉区	Yuquan District in Hohhot City	1140536
14	呼和浩特市托克托县	Tuoketuo County in Hohhot City	1122819
15	鄂尔多斯市鄂托克旗	Etuoke Banner in Erdos City	1103330
16	巴彦淖尔市临河区	Linhe District in Bayannaoer City	1077553
17	赤峰市红山区	Hongshan District in Chifeng City	940455
18	呼和浩特市和林格尔县	Helingeer County in Hohhot City	919892
19	呼和浩特市土默特左旗	Tumotezuo Banner in Hohhot City	907718
20	赤峰市元宝山区	Yuanbaoshan District in Chifeng City	837392
21	阿拉善盟阿拉善左旗	Alashanzuo Banner in Alashan League	826588
22	通辽市霍林郭勒市	Huolinguole City in Tongliao City	803345
23	呼伦贝尔市满洲里市	Manzhouli City in Hulunbeier City	796410
24	呼伦贝尔市海拉尔区	Hailaer District in Hulunbeier City	789263
25	锡林郭勒盟锡林浩特市	Xilinhaote City in Xilinguole League	767243
26	乌海市海勃湾区	Haibowan District in Wuhai City	732539
27	鄂尔多斯市乌审旗	Wushen Banner in Erdos City	700082
28	包头市土默特右旗	Tumoteyou Banner in Baotou City	678433
29	包头市达尔罕茂明安联合旗	Daerhanmaomingan Union Banner in Baotou City	663431
30	赤峰市松山区	Songshan District in Chifeng City	660905
31	通辽市开鲁县	Kailu County in Tongliao City	614048
32	乌海市海南区	Hainan District in Wuhai City	609375
33	乌兰察布市集宁区	Jining District in Wulanchabu City	608086
34	巴彦淖尔市杭锦后旗	Hangjinhou Banner in Bayannaoer City	578825

23-2 续表 1 continued

单位：万元 (10 000 yuan)

位次 Order	旗县(区)名称	Name of Banners, Counties and Districts	生产总值 GDP
35	通辽市科尔沁左翼后旗	Keerqinzuoyihou Banner in Tongliao City	571729
36	巴彦淖尔市乌拉特前旗	Wulateqian Banner in Bayannaoer City	569765
37	乌海市乌达区	Wuda District in Wuhai City	558464
38	乌兰察布市丰镇市	Fengzhen City in Wulanchabu City	558412
39	通辽市科尔沁左翼中旗	Keerqinzuoyizhong Banner in Tongliao City	531023
40	呼伦贝尔市牙克石市	Yakeshi City in Hulunbeier City	528577
41	赤峰市敖汉旗	Aohan Banner in Chifeng City	519338
42	赤峰市宁城县	Ningcheng County in Chifeng City	507465
43	通辽市扎鲁特旗	Zhalute Banner in Tongliao City	502837
44	呼伦贝尔市扎兰屯市	Zhalantun City in Hulunbeier City	494888
45	呼伦贝尔市阿荣旗	Arong Banner in Hulunbeier City	490323
46	赤峰市翁牛特旗	Wengniute Banner in Chifeng City	477537
47	通辽市奈曼旗	Naiman Banner in Tongliao City	461981
48	兴安盟乌兰浩特市	Wulanhaote City in Xingan League	461667
49	乌兰察布市凉城县	Liangcheng County in Wulanchabu City	432415
50	巴彦淖尔市乌拉特后旗	Wulatehou Banner in Bayannaoer City	430185
51	赤峰市克什克腾旗	Keshiketeng Banner in Chifeng City	423971
52	赤峰市巴林左旗	Balinzuo Banner in Chifeng City	417261
53	呼伦贝尔市莫力达瓦达斡尔族自治旗	Molidawadawoer National Autonomous Banner in Hulunbeier City	397401
54	巴彦淖尔市五原县	Wuyuan County in Bayannaoer City	387920
55	包头市固阳县	Guyang County in Baotou City	384116
56	赤峰市喀喇沁旗	Kalaqin Banner in Chifeng City	371977
57	乌兰察布市察哈尔右翼前旗	Chahaeryouyiqian Banner in Wulanchabu City	345036
58	呼伦贝尔市鄂温克族自治旗	Ewenke National Autonomous Banner in Hulunbeier City	334102
59	锡林郭勒盟东乌珠穆沁旗	Dongwuzhumuqin Banner in Xilinguole League	330754
60	锡林郭勒盟正蓝旗	Zhenglan Banner in Xilinguole League	301673
61	鄂尔多斯市杭锦旗	Hangjin Banner in Erdos City	298142
62	赤峰市阿鲁科尔沁旗	Alukeerqin Banner in Chifeng City	297838
63	呼和浩特市武川县	Wuchuan County in Hohhot City	297151
64	包头市石拐矿区	Shiguai District in Baotou City	292445
65	呼伦贝尔市新巴尔虎右旗	Xinbaerhuyou Banner in Hulunbeier City	289632
66	乌兰察布市察哈尔右翼后旗	Chahaeryouyihou Banner in Wulanchabu City	279399
67	锡林郭勒盟西乌珠穆沁旗	xiwuzhumuqin Banner in Xilinguole League	272003
68	兴安盟扎赉特旗	Zhalaite Banner in Xingan League	266712

23-2 续表 2 continued

单位：万元 (10 000 yuan)

位次 Order	旗县(区)名称	Name of Banners, Counties and Districts	生产总值 GDP
69	兴安盟科尔沁右翼前旗	Keerqinyouyiqian Banner in Xingan League	264077
70	巴彦淖尔市乌拉特中旗	Wulatezhong Banner in Bayannaoer City	261136
71	乌兰察布市卓资县	Zhuozi County in Wulanchabu City	258058
72	锡林郭勒盟二连浩特市	Erlianhaote City in Xilinguole League	255013
73	巴彦淖尔市磴口县	Dengkou County in Bayannaoer City	254191
74	赤峰市林西县	Linxi County in Chifeng City	234372
75	呼伦贝尔市陈巴尔虎旗	Chenbaerhu Banner in Hulunbeier City	231185
76	鄂尔多斯市鄂托克前旗	Etuokeqian Banner in Erdos City	228845
77	乌兰察布市商都县	Shangdu County in Wulanchabu City	227314
78	乌兰察布市兴和县	Xinghe County in Wulanchabu City	223767
79	兴安盟突泉县	Tuquan County in Xingan League	223049
80	呼和浩特市清水河县	Qingshuihe County in Hohhot City	220976
81	乌兰察布市四子王旗	Siziwang Banner in Wulanchabu City	220161
82	通辽市库伦旗	Kulun Banner in Tongliao City	207701
83	赤峰市巴林右旗	Balinyou Banner in Chifeng City	207237
84	锡林郭勒盟多伦县	Duolun County in Xilinguole League	201471
85	呼伦贝尔市鄂伦春自治旗	Elunchun National Autonomous Banner in Hulunbeier City	200266
86	呼伦贝尔市根河市	Genhe City in Hulunbeier City	181593
87	锡林郭勒盟苏尼特右旗	Suniteyou Banner in Xilinguole League	174740
88	锡林郭勒盟太仆寺旗	Taipusi Banner in Xilinguole League	171123
89	乌兰察布市察哈尔右翼中旗	Chahaeryouyizhong Banner in Wulanchabu City	170235
90	兴安盟科尔沁右翼中旗	Keerqinyouyizhong Banner in Xingan League	165010
91	呼伦贝尔市额尔古纳市	Eerguna City in Hulunbeier City	157553
92	锡林郭勒盟苏尼特左旗	Sunitezuo Banner in Xilinguole League	157420
93	乌兰察布市化德县	Huade County in Wulanchabu City	150241
94	阿拉善盟额济纳旗	Ejina Banner in Alashan League	140056
95	包头市白云鄂博矿区	Baiyun Mineral District in Baotou City	126223
96	锡林郭勒盟阿巴嘎旗	Abaga Banner in Xilinguole League	125577
97	阿拉善盟阿拉善右旗	Alashanyou Banner in Alashan League	125070
98	锡林郭勒盟镶黄旗	Xianghuang Banner in Xilinguole League	122425
99	呼伦贝尔市新巴尔虎左旗	Xinbaerhuzuo Banner in Hulunbeier City	122089
100	锡林郭勒盟正镶白旗	Zhengxiangbai Banner in Xilinguole League	103713
101	兴安盟阿尔山市	Aershan City in Xingan League	51380

23-3 各旗县（区）按粮食产量排序（2007年）

Banners, Counties and Districts Ranked by Output of Grain （2007）

单位：吨 (ton)

位次 Order	旗县(区)名称	Name of Banners, Counties and Districts	粮食产量 Output of Grain
1	呼伦贝尔市莫力达瓦达斡尔族自治旗	Molidawadawoer National Autonomous Banner in Hulunbeier City	1068403
2	呼伦贝尔市阿荣旗	Arong Banner in Hulunbeier City	1000576
3	通辽市科尔沁区	Keerqin District in Tongliao City	869173
4	通辽市科尔沁左翼中旗	Keerqinzuoyizhong Banner in Tongliao City	782843
5	通辽市开鲁县	Kailu County in Tongliao City	767623
6	通辽市科尔沁左翼后旗	Keerqinzuoyihou Banner in Tongliao City	725166
7	包头市土默特右旗	Tumoteyou Banner in Baotou City	712866
8	呼伦贝尔市扎兰屯市	Zhalantun City in Hulunbeier City	622345
9	兴安盟扎赉特旗	Zhalaite Banner in Xingan League	603269
10	通辽市奈曼旗	Naiman Banner in Tongliao City	572290
11	鄂尔多斯市达拉特旗	Dalate Banner in Erdos City	557039
12	赤峰市松山区	Songshan District in Chifeng City	524810
13	赤峰市宁城县	Ningcheng County in Chifeng City	506809
14	赤峰市敖汉旗	Aohan Banner in Chifeng City	496012
15	兴安盟科尔沁右翼前旗	Keerqinyouyiqian Banner in Xingan League	491324
16	兴安盟突泉县	Tuquan County in Xingan League	468091
17	巴彦淖尔市乌拉特前旗	Wulateqian Banner in Bayannaoer City	444314
18	赤峰市翁牛特旗	Wengniute Banner in Chifeng City	428437
19	巴彦淖尔市杭锦后旗	Hangjinhou Banner in Bayannaoer City	406502
20	巴彦淖尔市临河区	Linhe District in Bayannaoer City	404872
21	呼和浩特市土默特左旗	Tumotezuo Banner in Hohhot City	402063
22	巴彦淖尔市五原县	Wuyuan County in Bayannaoer City	381267
23	通辽市扎鲁特旗	Zhalute Banner in Tongliao City	257570
24	通辽市库伦旗	Kulun Banner in Tongliao City	255108
25	兴安盟科尔沁右翼中旗	Keerqinyouyizhong Banner in Xingan League	234663
26	赤峰市阿鲁科尔沁旗	Alukeerqin Banner in Chifeng City	229977
27	鄂尔多斯市杭锦旗	Hangjin Banner in Erdos City	228819
28	呼伦贝尔市额尔古纳市	Eerguna City in Hulunbeier City	224272
29	呼伦贝尔市牙克石市	Yakeshi City in Hulunbeier City	220892
30	赤峰市巴林左旗	Balinzuo Banner in Chifeng City	217646
31	呼伦贝尔市鄂伦春自治旗	Elunchun National Autonomous Banner in Hulunbeier City	207295
32	乌兰察布市凉城县	Liangcheng County in Wulanchabu City	204262
33	呼和浩特市托克托县	Tuoketuo County in Hohhot City	201667
34	巴彦淖尔市乌拉特中旗	Wulatezhong Banner in Bayannaoer City	186833

23-3 续表 1 continued

单位：吨 (ton)

位次 Order	旗县(区)名称	Name of Banners, Counties and Districts	粮食产量 Output of Grain
35	呼和浩特市和林格尔县	Helingeer County in Hohhot City	182455
36	赤峰市林西县	Linxi County in Chifeng City	120361
37	包头市九原区	Jiuyuan District in Baotou City	117966
38	鄂尔多斯市乌审旗	Wushen Banner in Erdos City	117880
39	鄂尔多斯市准格尔旗	Zhungeer Banner in Erdos City	116972
40	鄂尔多斯市鄂托克前旗	Etuokeqian Banner in Erdos City	115398
41	阿拉善盟阿拉善左旗	Alashanzuo Banner in Alashan League	115124
42	呼伦贝尔市陈巴尔虎旗	Chenbaerhu Banner in Hulunbeier City	109355
43	赤峰市喀喇沁旗	Kalaqin Banner in Chifeng City	106628
44	赤峰市元宝山区	Yuanbaoshan District in Chifeng City	103127
45	巴彦淖尔市磴口县	Dengkou County in Bayannaoer City	100234
46	鄂尔多斯市伊金霍洛旗	Yijinhuoluo Banner in Erdos City	98068
47	呼和浩特市清水河县	Qingshuihe County in Hohhot City	92593
48	乌兰察布市四子王旗	Siziwang Banner in Wulanchabu City	88350
49	呼和浩特市赛罕区	Saihan District in Hohhot City	85482
50	包头市固阳县	Guyang County in Baotou City	83577
51	鄂尔多斯市鄂托克旗	Etuoke Banner in Erdos City	80109
52	赤峰市巴林右旗	Balinyou Banner in Chifeng City	77996
53	赤峰市克什克腾旗	Keshiketeng Banner in Chifeng City	75238
54	乌兰察布市丰镇市	Fengzhen City in Wulanchabu City	69246
55	包头市达尔罕茂明安联合旗	Daerhanmaomingan Union Banner in Baotou City	68381
56	呼和浩特市武川县	Wuchuan County in Hohhot City	52821
57	赤峰市红山区	Hongshan District in Chifeng City	46859
58	兴安盟乌兰浩特市	Wulanhaote City in Xingan League	46655
59	乌兰察布市卓资县	Zhuozi County in Wulanchabu City	46051
60	乌兰察布市察哈尔右翼前旗	Chahaeryouyiqian Banner in Wulanchabu City	42774
61	乌兰察布市兴和县	Xinghe County in Wulanchabu City	38555
62	呼和浩特市玉泉区	Yuquan District in Hohhot City	37927
63	鄂尔多斯市东胜区	Dongsheng District in Erdos City	36737
64	锡林郭勒盟多伦县	Duolun County in Xilinguole League	33072
65	锡林郭勒盟太仆寺旗	Taipusi Banner in Xilinguole League	32837
66	巴彦淖尔市乌拉特后旗	Wulatehou Banner in Bayannaoer City	29460
67	乌兰察布市商都县	Shangdu County in Wulanchabu City	25354
68	呼伦贝尔市海拉尔区	Hailaer District in Hulunbeier City	23402

23-3 续表 2 continued

单位：吨 (ton)

位次 Order	旗县(区)名称	Name of Banners, Counties and Districts	粮食产量 Output of Grain
69	乌兰察布市察哈尔右翼中旗	Chahaeryouyizhong Banner in Wulanchabu City	21508
70	锡林郭勒盟锡林浩特市	Xilinhaote City in Xilinguole League	20941
71	乌兰察布市察哈尔右翼后旗	Chahaeryouyihou Banner in Wulanchabu City	20872
72	通辽市霍林郭勒市	Huolinguole City in Tongliao City	20227
73	呼和浩特市新城区	Xincheng District in Hohhot City	16748
74	锡林郭勒盟正蓝旗	Zhenglan Banner in Xilinguole League	15505
75	阿拉善盟阿拉善右旗	Alashanyou Banner in Alashan League	14607
76	乌海市海南区	Hainan District in Wuhai City	14419
77	呼伦贝尔市鄂温克族自治旗	Ewenke National Autonomous Banner in Hulunbeier City	14147
78	兴安盟阿尔山市	Aershan City in Xingan League	10798
79	乌兰察布市化德县	Huade County in Wulanchabu City	10530
80	呼伦贝尔市新巴尔虎左旗	Xinbaerhuzuo Banner in Hulunbeier City	8474
81	乌兰察布市集宁区	Jining District in Wulanchabu City	8317
82	乌海市海勃湾区	Haibowan District in Wuhai City	8133
83	乌海市乌达区	Wuda District in Wuhai City	7461
84	锡林郭勒盟东乌珠穆沁旗	Dongwuzhumuqin Banner in Xilinguole League	6915
85	阿拉善盟额济纳旗	Ejina Banner in Alashan League	4364
86	呼伦贝尔市根河市	Genhe City in Hulunbeier City	3915
87	锡林郭勒盟正镶白旗	Zhengxiangbai Banner in Xilinguole League	3441
88	包头市石拐矿区	Shiguai District in Baotou City	3151
89	呼和浩特市回民区	Huimin District in Hohhot City	2011
90	锡林郭勒盟二连浩特市	Erlianhaote City in Xilinguole League	1197
91	呼伦贝尔市满洲里市	Manzhouli City in Hulunbeier City	1024
92	呼伦贝尔市新巴尔虎右旗	Xinbaerhuyou Banner in Hulunbeier City	492
93	锡林郭勒盟苏尼特右旗	Suniteyou Banner in Xilinguole League	150
94	锡林郭勒盟西乌珠穆沁旗	xiwuzhumuqin Banner in Xilinguole League	75
95	锡林郭勒盟镶黄旗	Xianghuang Banner in Xilinguole League	15
96	锡林郭勒盟阿巴嘎旗	Abaga Banner in Xilinguole League	
97	锡林郭勒盟苏尼特左旗	Sunitezuo Banner in Xilinguole League	
98	包头市白云鄂博矿区	Baiyun Mineral District in Baotou City	
99	包头市昆都仑区	Kundulun District in Baotou City	
100	包头市青山区	Qingshan District in Baotou City	
101	包头市东河区	Donghe District in Baotou City	

23-4 各旗县（区）按年末牲畜存栏头数排序（2007年）

Banners, Counties and Districts Ranked by Number of Livestock (Year end of 2007)

单位：万头（只） (10 000 heads)

位次 Order	旗县(区)名称	Name of Banners, Counties and Districts	年末牲畜存栏头数 Number of Livestock at the Year-end
1	兴安盟科尔沁右翼前旗	Keerqinyouyiqian Banner in Xingan League	202.16
2	鄂尔多斯市达拉特旗	Dalate Banner in Erdos City	194.03
3	通辽市科尔沁区	Keerqin District in Tongliao City	186.93
4	巴彦淖尔市临河区	Linhe District in Bayannaoer City	180.83
5	通辽市扎鲁特旗	Zhalute Banner in Tongliao City	180.05
6	锡林郭勒盟东乌珠穆沁旗	Dongwuzhumuqin Banner in Xilinguole League	175.72
7	呼伦贝尔市阿荣旗	Arong Banner in Hulunbeier City	160.10
8	呼伦贝尔市莫力达瓦达斡尔族自治旗	Molidawadawoer National Autonomous Banner in Hulunbeier City	159.89
9	通辽市开鲁县	Kailu County in Tongliao City	159.85
10	巴彦淖尔市杭锦后旗	Hangjinhou Banner in Bayannaoer City	155.70
11	赤峰市敖汉旗	Aohan Banner in Chifeng City	152.53
12	通辽市科尔沁左翼中旗	Keerqinzuoyizhong Banner in Tongliao City	150.96
13	通辽市奈曼旗	Naiman Banner in Tongliao City	146.76
14	兴安盟科尔沁右翼中旗	Keerqinyouyizhong Banner in Xingan League	145.06
15	鄂尔多斯市杭锦旗	Hangjin Banner in Erdos City	144.10
16	鄂尔多斯市乌审旗	Wushen Banner in Erdos City	131.70
17	鄂尔多斯市鄂托克旗	Etuoke Banner in Erdos City	130.37
18	巴彦淖尔市乌拉特前旗	Wulateqian Banner in Bayannaoer City	129.94
19	通辽市科尔沁左翼后旗	Keerqinzuoyihou Banner in Tongliao City	125.40
20	巴彦淖尔市乌拉特中旗	Wulatezhong Banner in Bayannaoer City	124.18
21	赤峰市翁牛特旗	Wengniute Banner in Chifeng City	122.47
22	呼伦贝尔市新巴尔虎右旗	Xinbaerhuyou Banner in Hulunbeier City	121.27
23	赤峰市阿鲁科尔沁旗	Alukeerqin Banner in Chifeng City	119.84
24	赤峰市巴林右旗	Balinyou Banner in Chifeng City	112.01
25	巴彦淖尔市五原县	Wuyuan County in Bayannaoer City	108.68
26	锡林郭勒盟西乌珠穆沁旗	xiwuzhumuqin Banner in Xilinguole League	107.68
27	赤峰市巴林左旗	Balinzuo Banner in Chifeng City	102.69
28	兴安盟扎赉特旗	Zhalaite Banner in Xingan League	99.26
29	锡林郭勒盟阿巴嘎旗	Abaga Banner in Xilinguole League	93.80
30	阿拉善盟阿拉善左旗	Alashanzuo Banner in Alashan League	89.23
31	包头市土默特右旗	Tumoteyou Banner in Baotou City	87.60
32	呼伦贝尔市扎兰屯市	Zhalantun City in Hulunbeier City	82.42
33	乌兰察布市四子王旗	Siziwang Banner in Wulanchabu City	81.22
34	鄂尔多斯市鄂托克前旗	Etuokeqian Banner in Erdos City	80.42

23-4 续表 1 continued

单位：万头（只） (10 000 heads)

位次 Order	旗县(区)名称	Name of Banners, Counties and Districts	年末牲畜存栏头数 Number of Livestock at the Year-end
35	包头市达尔罕茂明安联合旗	Daerhanmaomingan Union Banner in Baotou City	77.95
36	乌兰察布市丰镇市	Fengzhen City in Wulanchabu City	75.25
37	鄂尔多斯市准格尔旗	Zhungeer Banner in Erdos City	75.07
38	赤峰市克什克腾旗	Keshiketeng Banner in Chifeng City	73.42
39	呼伦贝尔市新巴尔虎左旗	Xinbaerhuzuo Banner in Hulunbeier City	71.78
40	锡林郭勒盟锡林浩特市	Xilinhaote City in Xilinguole League	71.51
41	通辽市库伦旗	Kulun Banner in Tongliao City	69.92
42	锡林郭勒盟苏尼特左旗	Sunitezuo Banner in Xilinguole League	67.27
43	鄂尔多斯市伊金霍洛旗	Yijinhuoluo Banner in Erdos City	65.80
44	乌兰察布市兴和县	Xinghe County in Wulanchabu City	65.06
45	乌兰察布市凉城县	Liangcheng County in Wulanchabu City	59.30
46	乌兰察布市察哈尔右翼中旗	Chahaeryouyizhong Banner in Wulanchabu City	58.09
47	乌兰察布市察哈尔右翼前旗	Chahaeryouyiqian Banner in Wulanchabu City	56.47
48	赤峰市松山区	Songshan District in Chifeng City	55.59
49	赤峰市林西县	Linxi County in Chifeng City	54.80
50	兴安盟突泉县	Tuquan County in Xingan League	53.75
51	锡林郭勒盟正镶白旗	Zhengxiangbai Banner in Xilinguole League	52.96
52	呼伦贝尔市陈巴尔虎旗	Chenbaerhu Banner in Hulunbeier City	50.60
53	锡林郭勒盟苏尼特右旗	Suniteyou Banner in Xilinguole League	48.86
54	赤峰市宁城县	Ningcheng County in Chifeng City	48.00
55	呼和浩特市和林格尔县	Helingeer County in Hohhot City	47.79
56	呼和浩特市土默特左旗	Tumotezuo Banner in Hohhot City	43.96
57	呼伦贝尔市鄂温克族自治旗	Ewenke National Autonomous Banner in Hulunbeier City	43.20
58	乌兰察布市卓资县	Zhuozi County in Wulanchabu City	40.56
59	巴彦淖尔市乌拉特后旗	Wulatehou Banner in Bayannaoer City	40.31
60	巴彦淖尔市磴口县	Dengkou County in Bayannaoer City	38.69
61	锡林郭勒盟正蓝旗	Zhenglan Banner in Xilinguole League	38.34
62	乌兰察布市商都县	Shangdu County in Wulanchabu City	37.81
63	赤峰市喀喇沁旗	Kalaqin Banner in Chifeng City	35.65
64	呼和浩特市武川县	Wuchuan County in Hohhot City	35.57
65	乌兰察布市化德县	Huade County in Wulanchabu City	34.13
66	锡林郭勒盟镶黄旗	Xianghuang Banner in Xilinguole League	31.22
67	呼伦贝尔市鄂伦春自治旗	Elunchun National Autonomous Banner in Hulunbeier City	31.06
68	包头市九原区	Jiuyuan District in Baotou City	30.56

23-4 续表 2 continued

单位：万头（只） (10 000 heads)

位次 Order	旗县(区)名称	Name of Banners, Counties and Districts	年末牲畜存栏头数 Number of Livestock at the Year-end
69	呼伦贝尔市牙克石市	Yakeshi City in Hulunbeier City	29.81
70	乌兰察布市察哈尔右翼后旗	Chahaeryouyihou Banner in Wulanchabu City	28.78
71	呼和浩特市清水河县	Qingshuihe County in Hohhot City	28.01
72	呼和浩特市托克托县	Tuoketuo County in Hohhot City	27.47
73	包头市固阳县	Guyang County in Baotou City	24.48
74	呼和浩特市赛罕区	Saihan District in Hohhot City	23.98
75	阿拉善盟阿拉善右旗	Alashanyou Banner in Alashan League	17.95
76	呼伦贝尔市额尔古纳市	Eerguna City in Hulunbeier City	17.58
77	鄂尔多斯市东胜区	Dongsheng District in Erdos City	16.76
78	通辽市霍林郭勒市	Huolinguole City in Tongliao City	16.51
79	锡林郭勒盟太仆寺旗	Taipusi Banner in Xilinguole League	15.25
80	兴安盟阿尔山市	Aershan City in Xingan League	14.51
81	锡林郭勒盟多伦县	Duolun County in Xilinguole League	14.40
82	赤峰市元宝山区	Yuanbaoshan District in Chifeng City	13.62
83	兴安盟乌兰浩特市	Wulanhaote City in Xingan League	11.07
84	呼伦贝尔市海拉尔区	Hailaer District in Hulunbeier City	10.10
85	赤峰市红山区	Hongshan District in Chifeng City	8.00
86	乌海市海南区	Hainan District in Wuhai City	7.40
87	呼伦贝尔市满洲里市	Manzhouli City in Hulunbeier City	6.77
88	乌兰察布市集宁区	Jining District in Wulanchabu City	6.55
89	阿拉善盟额济纳旗	Ejina Banner in Alashan League	6.41
90	包头市石拐矿区	Shiguai District in Baotou City	5.04
91	乌海市海勃湾区	Haibowan District in Wuhai City	4.42
92	呼和浩特市新城区	Xincheng District in Hohhot City	3.14
93	呼和浩特市玉泉区	Yuquan District in Hohhot City	2.98
94	锡林郭勒盟二连浩特市	Erlianhaote City in Xilinguole League	2.85
95	呼伦贝尔市根河市	Genhe City in Hulunbeier City	2.12
96	乌海市乌达区	Wuda District in Wuhai City	1.85
97	呼和浩特市回民区	Huimin District in Hohhot City	1.31
98	包头市白云鄂博矿区	Baiyun Mineral District in Baotou City	
99	包头市昆都仑区	Kundulun District in Baotou City	
100	包头市青山区	Qingshan District in Baotou City	
101	包头市东河区	Donghe District in Baotou City	

23-5 各旗县（区）按农牧民人均纯收入排序（2007年）

Banners, Counties and Districts Ranked by Net Income of Peasants and Herdsmen （2007）

单位：元 (yuan)

位次 Order	旗县(区)名称	Name of Banners, Counties and Districts	农牧民人均纯收入 Net Income of Peasants & Herdsmen
1	锡林郭勒盟东乌珠穆沁旗	Dongwuzhumuqin Banner in Xilinguole League	8583
2	呼和浩特市回民区	Huimin District in Hohhot City	7935
3	通辽市霍林郭勒市	Huolinguole City in Tongliao City	7894
4	呼和浩特市玉泉区	Yuquan District in Hohhot City	7704
5	呼和浩特市新城区	Xincheng District in Hohhot City	7597
6	呼伦贝尔市海拉尔区	Hailaer District in Hulunbeier City	7451
7	包头市九原区	Jiuyuan District in Baotou City	7425
8	呼和浩特市赛罕区	Saihan District in Hohhot City	7385
9	呼伦贝尔市额尔古纳市	Eerguna City in Hulunbeier City	6912
10	呼和浩特市土默特左旗	Tumotezuo Banner in Hohhot City	6713
11	乌海市海勃湾区	Haibowan District in Wuhai City	6680
12	赤峰市红山区	Hongshan District in Chifeng City	6587
13	乌海市乌达区	Wuda District in Wuhai City	6560
14	呼和浩特市托克托县	Tuoketuo County in Hohhot City	6353
15	鄂尔多斯市鄂托克前旗	Etuokeqian Banner in Erdos City	6318
16	鄂尔多斯市伊金霍洛旗	Yijinhuoluo Banner in Erdos City	6301
17	鄂尔多斯市乌审旗	Wushen Banner in Erdos City	6289
18	鄂尔多斯市准格尔旗	Zhungeer Banner in Erdos City	6288
19	鄂尔多斯市东胜区	Dongsheng District in Erdos City	6287
20	乌海市海南区	Hainan District in Wuhai City	6200
21	鄂尔多斯市达拉特旗	Dalate Banner in Erdos City	6198
22	鄂尔多斯市鄂托克旗	Etuoke Banner in Erdos City	6187
23	包头市土默特右旗	Tumoteyou Banner in Baotou City	6155
24	赤峰市元宝山区	Yuanbaoshan District in Chifeng City	6109
25	巴彦淖尔市临河区	Linhe District in Bayannaoer City	5998
26	鄂尔多斯市杭锦旗	Hangjin Banner in Erdos City	5995
27	呼伦贝尔市新巴尔虎左旗	Xinbaerhuzuo Banner in Hulunbeier City	5995
28	呼伦贝尔市新巴尔虎右旗	Xinbaerhuyou Banner in Hulunbeier City	5965
29	呼和浩特市和林格尔县	Helingeer County in Hohhot City	5873
30	呼伦贝尔市陈巴尔虎旗	Chenbaerhu Banner in Hulunbeier City	5817
31	锡林郭勒盟锡林浩特市	Xilinhaote City in Xilinguole League	5815
32	阿拉善盟额济纳旗	Ejina Banner in Alashan League	5792
33	呼伦贝尔市鄂温克族自治旗	Ewenke National Autonomous Banner in Hulunbeier City	5738
34	锡林郭勒盟西乌珠穆沁旗	xiwuzhumuqin Banner in Xilinguole League	5698

23-5 续表 1 continued

单位：元 (yuan)

位次 Order	旗县(区)名称	Name of Banners, Counties and Districts	农牧民人均纯收入 Net Income of Peasants & Herdsmen
35	巴彦淖尔市杭锦后旗	Hangjinhou Banner in Bayannaoer City	5666
36	巴彦淖尔市磴口县	Dengkou County in Bayannaoer City	5610
37	锡林郭勒盟阿巴嘎旗	Abaga Banner in Xilinguole League	5560
38	阿拉善盟阿拉善右旗	Alashanyou Banner in Alashan League	5538
39	包头市达尔罕茂明安联合旗	Daerhanmaomingan Union Banner in Baotou City	5524
40	通辽市科尔沁区	Keerqin District in Tongliao City	5501
41	巴彦淖尔市乌拉特前旗	Wulateqian Banner in Bayannaoer City	5456
42	巴彦淖尔市五原县	Wuyuan County in Bayannaoer City	5375
43	通辽市开鲁县	Kailu County in Tongliao City	5128
44	乌兰察布市集宁区	Jining District in Wulanchabu City	4892
45	包头市石拐矿区	Shiguai District in Baotou City	4790
46	包头市固阳县	Guyang County in Baotou City	4739
47	赤峰市松山区	Songshan District in Chifeng City	4616
48	阿拉善盟阿拉善左旗	Alashanzuo Banner in Alashan League	4527
49	呼伦贝尔市阿荣旗	Arong Banner in Hulunbeier City	4430
50	呼和浩特市清水河县	Qingshuihe County in Hohhot City	4364
51	兴安盟乌兰浩特市	Wulanhaote City in Xingan League	4320
52	乌兰察布市凉城县	Liangcheng County in Wulanchabu City	4161
53	巴彦淖尔市乌拉特中旗	Wulatezhong Banner in Bayannaoer City	4159
54	乌兰察布市丰镇市	Fengzhen City in Wulanchabu City	4141
55	锡林郭勒盟二连浩特市	Erlianhaote City in Xilinguole League	4112
56	通辽市扎鲁特旗	Zhalute Banner in Tongliao City	4059
57	锡林郭勒盟正蓝旗	Zhenglan Banner in Xilinguole League	4019
58	赤峰市宁城县	Ningcheng County in Chifeng City	3814
59	赤峰市克什克腾旗	Keshiketeng Banner in Chifeng City	3794
60	赤峰市巴林左旗	Balinzuo Banner in Chifeng City	3793
61	乌兰察布市察哈尔右翼前旗	Chahaeryouyiqian Banner in Wulanchabu City	3774
62	通辽市科尔沁左翼中旗	Keerqinzuoyizhong Banner in Tongliao City	3720
63	赤峰市巴林右旗	Balinyou Banner in Chifeng City	3700
64	赤峰市翁牛特旗	Wengniute Banner in Chifeng City	3683
65	通辽市科尔沁左翼后旗	Keerqinzuoyihou Banner in Tongliao City	3661
66	呼伦贝尔市牙克石市	Yakeshi City in Hulunbeier City	3650
67	呼伦贝尔市扎兰屯市	Zhalantun City in Hulunbeier City	3586
68	赤峰市敖汉旗	Aohan Banner in Chifeng City	3557

23-5 续表 2 continued

单位：元 (yuan)

位次 Order	旗县(区)名称	Name of Banners, Counties and Districts	农牧民人均纯收入 Net Income of Peasants & Herdsmen
69	锡林郭勒盟苏尼特左旗	Sunitezuo Banner in Xilinguole League	3506
70	赤峰市喀喇沁旗	Kalaqin Banner in Chifeng City	3498
71	通辽市奈曼旗	Naiman Banner in Tongliao City	3496
72	赤峰市林西县	Linxi County in Chifeng City	3493
73	锡林郭勒盟多伦县	Duolun County in Xilinguole League	3419
74	锡林郭勒盟太仆寺旗	Taipusi Banner in Xilinguole League	3410
75	锡林郭勒盟镶黄旗	Xianghuang Banner in Xilinguole League	3400
76	呼伦贝尔市莫力达瓦达斡尔族自治旗	Molidawadawoer National Autonomous Banner in Hulunbeier City	3396
77	通辽市库伦旗	Kulun Banner in Tongliao City	3280
78	乌兰察布市卓资县	Zhuozi County in Wulanchabu City	3277
79	锡林郭勒盟苏尼特右旗	Suniteyou Banner in Xilinguole League	3222
80	锡林郭勒盟正镶白旗	Zhengxiangbai Banner in Xilinguole League	3212
81	赤峰市阿鲁科尔沁旗	Alukeerqin Banner in Chifeng City	3186
82	乌兰察布市四子王旗	Siziwang Banner in Wulanchabu City	3109
83	呼和浩特市武川县	Wuchuan County in Hohhot City	3080
84	巴彦淖尔市乌拉特后旗	Wulatehou Banner in Bayannaoer City	3076
85	乌兰察布市察哈尔右翼后旗	Chahaeryouyihou Banner in Wulanchabu City	3053
86	乌兰察布市兴和县	Xinghe County in Wulanchabu City	2707
87	乌兰察布市化德县	Huade County in Wulanchabu City	2350
88	兴安盟科尔沁右翼前旗	Keerqinyouyiqian Banner in Xingan League	2289
89	乌兰察布市察哈尔右翼中旗	Chahaeryouyizhong Banner in Wulanchabu City	2269
90	兴安盟科尔沁右翼中旗	Keerqinyouyizhong Banner in Xingan League	2114
91	兴安盟扎赉特旗	Zhalaite Banner in Xingan League	2091
92	呼伦贝尔市鄂伦春自治旗	Elunchun National Autonomous Banner in Hulunbeier City	2063
93	乌兰察布市商都县	Shangdu County in Wulanchabu City	2051
94	兴安盟突泉县	Tuquan County in Xingan League	1987
95	包头市白云鄂博矿区	Baiyun Mineral District in Baotou City	
96	包头市昆都仑区	Kundulun District in Baotou City	
97	包头市青山区	Qingshan District in Baotou City	
98	包头市东河区	Donghe District in Baotou City	
99	呼伦贝尔市满洲里市	Manzhouli City in Hulunbeier City	
100	呼伦贝尔市根河市	Genhe City in Hulunbeier City	
101	兴安盟阿尔山市	Aershan City in Xingan League	

23-6 各旗县（区）按在岗职工平均工资排序（2007年）

Banners, Counties and Districts Ranked by Average Wage of Staff and Workers Employed in（2007）

单位：元 (yuan)

位次 Order	旗县(区)名称	Name of Banners, Counties and Districts	职工平均工资 Average Wage
1	鄂尔多斯市伊金霍洛旗	Yijinhuoluo Banner in Erdos City	38582
2	通辽市霍林郭勒市	Huolinguole City in Tongliao City	37932
3	鄂尔多斯市准格尔旗	Zhungeer Banner in Erdos City	35997
4	鄂尔多斯市东胜区	Dongsheng District in Erdos City	35533
5	乌兰察布市丰镇市	Fengzhen City in Wulanchabu City	31677
6	包头市白云鄂博矿区	Baiyun Mineral District in Baotou City	29959
7	锡林郭勒盟二连浩特市	Erlianhaote City in Xilinguole League	29563
8	包头市昆都仑区	Kundulun District in Baotou City	29301
9	包头市青山区	Qingshan District in Baotou City	29078
10	鄂尔多斯市鄂托克旗	Etuoke Banner in Erdos City	27835
11	包头市九原区	Jiuyuan District in Baotou City	26612
12	鄂尔多斯市达拉特旗	Dalate Banner in Erdos City	26367
13	呼和浩特市托克托县	Tuoketuo County in Hohhot City	25840
14	呼伦贝尔市鄂温克族自治旗	Ewenke National Autonomous Banner in Hulunbeier City	25424
15	阿拉善盟阿拉善左旗	Alashanzuo Banner in Alashan League	25308
16	包头市达尔罕茂明安联合旗	Daerhanmaomingan Union Banner in Baotou City	24771
17	阿拉善盟阿拉善右旗	Alashanyou Banner in Alashan League	24631
18	乌兰察布市四子王旗	Siziwang Banner in Wulanchabu City	24312
19	鄂尔多斯市鄂托克前旗	Etuokeqian Banner in Erdos City	24053
20	锡林郭勒盟太仆寺旗	Taipusi Banner in Xilinguole League	23391
21	锡林郭勒盟正蓝旗	Zhenglan Banner in Xilinguole League	23280
22	赤峰市元宝山区	Yuanbaoshan District in Chifeng City	23251
23	阿拉善盟额济纳旗	Ejina Banner in Alashan League	23183
24	鄂尔多斯市乌审旗	Wushen Banner in Erdos City	23147
25	乌海市乌达区	Wuda District in Wuhai City	23146
26	乌海市海勃湾区	Haibowan District in Wuhai City	22475
27	包头市东河区	Donghe District in Baotou City	22456
28	乌海市海南区	Hainan District in Wuhai City	22165
29	包头市固阳县	Guyang County in Baotou City	22090
30	呼伦贝尔市满洲里市	Manzhouli City in Hulunbeier City	22044
31	呼和浩特市赛罕区	Saihan District in Hohhot City	21942
32	呼和浩特市玉泉区	Yuquan District in Hohhot City	21794
33	呼和浩特市回民区	Huimin District in Hohhot City	21767
34	包头市石拐矿区	Shiguai District in Baotou City	21755

23-6 续表 1 continued

单位：元　　　　(yuan)

位次 Order	旗县(区)名称	Name of Banners, Counties and Districts	职工平均工资 Average Wage
35	呼伦贝尔市海拉尔区	Hailaer District in Hulunbeier City	21700
36	锡林郭勒盟镶黄旗	Xianghuang Banner in Xilinguole League	21528
37	乌兰察布市凉城县	Liangcheng County in Wulanchabu City	21125
38	锡林郭勒盟阿巴嘎旗	Abaga Banner in Xilinguole League	21071
39	锡林郭勒盟苏尼特右旗	Suniteyou Banner in Xilinguole League	20669
40	锡林郭勒盟多伦县	Duolun County in Xilinguole League	20655
41	赤峰市红山区	Hongshan District in Chifeng City	20652
42	呼和浩特市新城区	Xincheng District in Hohhot City	20412
43	巴彦淖尔市乌拉特后旗	Wulatehou Banner in Bayannaoer City	20407
44	锡林郭勒盟锡林浩特市	Xilinhaote City in Xilinguole League	20406
45	锡林郭勒盟苏尼特左旗	Sunitezuo Banner in Xilinguole League	20377
46	鄂尔多斯市杭锦旗	Hangjin Banner in Erdos City	20332
47	赤峰市松山区	Songshan District in Chifeng City	20207
48	锡林郭勒盟东乌珠穆沁旗	Dongwuzhumuqin Banner in Xilinguole League	20178
49	呼伦贝尔市新巴尔虎左旗	Xinbaerhuzuo Banner in Hulunbeier City	19811
50	呼伦贝尔市新巴尔虎右旗	Xinbaerhuyou Banner in Hulunbeier City	19501
51	乌兰察布市察哈尔右翼前旗	Chahaeryouyiqian Banner in Wulanchabu City	19421
52	锡林郭勒盟正镶白旗	Zhengxiangbai Banner in Xilinguole League	19095
53	乌兰察布市集宁区	Jining District in Wulanchabu City	19035
54	锡林郭勒盟西乌珠穆沁旗	xiwuzhumuqin Banner in Xilinguole League	19010
55	呼伦贝尔市牙克石市	Yakeshi City in Hulunbeier City	18976
56	乌兰察布市察哈尔右翼后旗	Chahaeryouyihou Banner in Wulanchabu City	18794
57	兴安盟乌兰浩特市	Wulanhaote City in Xingan League	18659
58	赤峰市克什克腾旗	Keshiketeng Banner in Chifeng City	18508
59	乌兰察布市察哈尔右翼中旗	Chahaeryouyizhong Banner in Wulanchabu City	18395
60	乌兰察布市化德县	Huade County in Wulanchabu City	18026
61	呼伦贝尔市陈巴尔虎旗	Chenbaerhu Banner in Hulunbeier City	17863
62	呼和浩特市清水河县	Qingshuihe County in Hohhot City	17857
63	乌兰察布市卓资县	Zhuozi County in Wulanchabu City	17814
64	包头市土默特右旗	Tumoteyou Banner in Baotou City	17692
65	呼和浩特市和林格尔县	Helingeer County in Hohhot City	17608
66	赤峰市敖汉旗	Aohan Banner in Chifeng City	17576
67	乌兰察布市商都县	Shangdu County in Wulanchabu City	17548
68	通辽市科尔沁区	Keerqin District in Tongliao City	17295

23-6 续表 2 continued

单位：元 (yuan)

位次 Order	旗县(区)名称	Name of Banners, Counties and Districts	职工平均工资 Average Wage
69	呼伦贝尔市莫力达瓦达斡尔族自治旗	Molidawadawoer National Autonomous Banner in Hulunbeier City	17049
70	赤峰市巴林左旗	Balinzuo Banner in Chifeng City	16823
71	呼伦贝尔市阿荣旗	Arong Banner in Hulunbeier City	16718
72	呼和浩特市武川县	Wuchuan County in Hohhot City	16504
73	巴彦淖尔市临河区	Linhe District in Bayannaoer City	16483
74	呼伦贝尔市扎兰屯市	Zhalantun City in Hulunbeier City	16443
75	呼和浩特市土默特左旗	Tumotezuo Banner in Hohhot City	16395
76	巴彦淖尔市杭锦后旗	Hangjinhou Banner in Bayannaoer City	16364
77	呼伦贝尔市额尔古纳市	Eerguna City in Hulunbeier City	16353
78	巴彦淖尔市乌拉特前旗	Wulateqian Banner in Bayannaoer City	16268
79	乌兰察布市兴和县	Xinghe County in Wulanchabu City	16137
80	赤峰市翁牛特旗	Wengniute Banner in Chifeng City	15918
81	赤峰市阿鲁科尔沁旗	Alukeerqin Banner in Chifeng City	15650
82	通辽市开鲁县	Kailu County in Tongliao City	15529
83	赤峰市宁城县	Ningcheng County in Chifeng City	15453
84	巴彦淖尔市乌拉特中旗	Wulatezhong Banner in Bayannaoer City	15193
85	通辽市扎鲁特旗	Zhalute Banner in Tongliao City	15190
86	通辽市库伦旗	Kulun Banner in Tongliao City	15075
87	巴彦淖尔市五原县	Wuyuan County in Bayannaoer City	15043
88	呼伦贝尔市鄂伦春自治旗	Elunchun National Autonomous Banner in Hulunbeier City	15036
89	赤峰市喀喇沁旗	Kalaqin Banner in Chifeng City	15011
90	通辽市科尔沁左翼后旗	Keerqinzuoyihou Banner in Tongliao City	14747
91	赤峰市巴林右旗	Balinyou Banner in Chifeng City	14722
92	赤峰市林西县	Linxi County in Chifeng City	14680
93	呼伦贝尔市根河市	Genhe City in Hulunbeier City	14384
94	通辽市科尔沁左翼中旗	Keerqinzuoyizhong Banner in Tongliao City	14349
95	通辽市奈曼旗	Naiman Banner in Tongliao City	14066
96	巴彦淖尔市磴口县	Dengkou County in Bayannaoer City	13418
97	兴安盟科尔沁右翼中旗	Keerqinyouyizhong Banner in Xingan League	12609
98	兴安盟扎赉特旗	Zhalaite Banner in Xingan League	12416
99	兴安盟科尔沁右翼前旗	Keerqinyouyiqian Banner in Xingan League	12181
100	兴安盟阿尔山市	Aershan City in Xingan League	11733
101	兴安盟突泉县	Tuquan County in Xingan League	11452

23-7 各旗县（区）按一般预算收入排序（2007年）

Banners, Counties and Districts Ranked by General Budgetary Financial Revenue(2007）

单位：万元　　(10 000 yuan)

位次 Order	旗县(区)名称	Name of Banners, Counties and Districts	一般预算收入 General Budgetary Financial Revenue
1	鄂尔多斯市准格尔旗	Zhungeer Banner in Erdos City	230183
2	鄂尔多斯市东胜区	Dongsheng District in Erdos City	217333
3	包头市青山区	Qingshan District in Baotou City	120597
4	鄂尔多斯市伊金霍洛旗	Yijinhuoluo Banner in Erdos City	118885
5	包头市昆都仑区	Kundulun District in Baotou City	107223
6	包头市九原区	Jiuyuan District in Baotou City	97209
7	呼和浩特市赛罕区	Saihan District in Hohhot City	95101
8	包头市东河区	Donghe District in Baotou City	91607
9	呼伦贝尔市满洲里市	Manzhouli City in Hulunbeier City	86150
10	呼和浩特市新城区	Xincheng District in Hohhot City	82684
11	呼和浩特市土默特左旗	Tumotezuo Banner in Hohhot City	54400
12	通辽市科尔沁区	Keerqin District in Tongliao City	53691
13	呼和浩特市玉泉区	Yuquan District in Hohhot City	52817
14	鄂尔多斯市达拉特旗	Dalate Banner in Erdos City	51209
15	呼和浩特市托克托县	Tuoketuo County in Hohhot City	49551
16	赤峰市红山区	Hongshan District in Chifeng City	47854
17	呼和浩特市回民区	Huimin District in Hohhot City	47483
18	包头市达尔罕茂明安联合旗	Daerhanmaomingan Union Banner in Baotou City	46497
19	鄂尔多斯市鄂托克旗	Etuoke Banner in Erdos City	46316
20	锡林郭勒盟锡林浩特市	Xilinhaote City in Xilinguole League	45910
21	巴彦淖尔市临河区	Linhe District in Bayannaoer City	43873
22	巴彦淖尔市乌拉特后旗	Wulatehou Banner in Bayannaoer City	41593
23	赤峰市元宝山区	Yuanbaoshan District in Chifeng City	41075
24	包头市土默特右旗	Tumoteyou Banner in Baotou City	39649
25	呼和浩特市和林格尔县	Helingeer County in Hohhot City	36502
26	通辽市霍林郭勒市	Huolinguole City in Tongliao City	34705
27	鄂尔多斯市乌审旗	Wushen Banner in Erdos City	30187
28	巴彦淖尔市乌拉特前旗	Wulateqian Banner in Bayannaoer City	29700
29	包头市固阳县	Guyang County in Baotou City	29525
30	赤峰市克什克腾旗	Keshiketeng Banner in Chifeng City	28013
31	阿拉善盟阿拉善左旗	Alashanzuo Banner in Alashan League	27881
32	乌兰察布市丰镇市	Fengzhen City in Wulanchabu City	26860
33	乌海市海勃湾区	Haibowan District in Wuhai City	26421
34	呼伦贝尔市海拉尔区	Hailaer District in Hulunbeier City	22450

23-7 续表 1 continued

单位：万元 (10 000 yuan)

位 次 Order	旗县(区)名称	Name of Banners, Counties and Districts	一般预算收入 General Budgetary Financial Revenue
35	乌兰察布市凉城县	Liangcheng County in Wulanchabu City	21546
36	锡林郭勒盟东乌珠穆沁旗	Dongwuzhumuqin Banner in Xilinguole League	20284
37	赤峰市松山区	Songshan District in Chifeng City	20276
38	呼伦贝尔市牙克石市	Yakeshi City in Hulunbeier City	19729
39	呼伦贝尔市鄂温克族自治旗	Ewenke National Autonomous Banner in Hulunbeier City	19010
40	呼伦贝尔市陈巴尔虎旗	Chenbaerhu Banner in Hulunbeier City	19010
41	锡林郭勒盟正蓝旗	Zhenglan Banner in Xilinguole League	18975
42	锡林郭勒盟西乌珠穆沁旗	xiwuzhumuqin Banner in Xilinguole League	18640
43	乌兰察布市集宁区	Jining District in Wulanchabu City	18638
44	乌海市海南区	Hainan District in Wuhai City	18576
45	乌海市乌达区	Wuda District in Wuhai City	16673
46	锡林郭勒盟多伦县	Duolun County in Xilinguole League	16221
47	赤峰市宁城县	Ningcheng County in Chifeng City	15588
48	巴彦淖尔市杭锦后旗	Hangjinhou Banner in Bayannaoer City	15539
49	赤峰市敖汉旗	Aohan Banner in Chifeng City	15002
50	赤峰市巴林左旗	Balinzuo Banner in Chifeng City	13809
51	通辽市扎鲁特旗	Zhalute Banner in Tongliao City	13710
52	锡林郭勒盟二连浩特市	Erlianhaote City in Xilinguole League	13582
53	呼伦贝尔市新巴尔虎右旗	Xinbaerhuyou Banner in Hulunbeier City	13463
54	鄂尔多斯市杭锦旗	Hangjin Banner in Erdos City	12807
55	赤峰市翁牛特旗	Wengniute Banner in Chifeng City	12780
56	兴安盟乌兰浩特市	Wulanhaote City in Xingan League	12491
57	巴彦淖尔市乌拉特中旗	Wulatezhong Banner in Bayannaoer City	12318
58	巴彦淖尔市五原县	Wuyuan County in Bayannaoer City	12236
59	包头市石拐矿区	Shiguai District in Baotou City	11851
60	通辽市奈曼旗	Naiman Banner in Tongliao City	11773
61	赤峰市喀喇沁旗	Kalaqin Banner in Chifeng City	11761
62	通辽市开鲁县	Kailu County in Tongliao City	11591
63	通辽市科尔沁左翼后旗	Keerqinzuoyihou Banner in Tongliao City	11361
64	锡林郭勒盟苏尼特右旗	Suniteyou Banner in Xilinguole League	10265
65	包头市白云鄂博矿区	Baiyun Mineral District in Baotou City	9848
66	赤峰市巴林右旗	Balinyou Banner in Chifeng City	9700
67	赤峰市林西县	Linxi County in Chifeng City	9384
68	鄂尔多斯市鄂托克前旗	Etuokeqian Banner in Erdos City	9370

23-7 续表 2 continued

单位：万元 (10 000 yuan)

位次 Order	旗县(区)名称	Name of Banners, Counties and Districts	一般预算收入 General Budgetary Financial Revenue
69	乌兰察布市察哈尔右翼前旗	Chahaeryouyiqian Banner in Wulanchabu City	9116
70	乌兰察布市兴和县	Xinghe County in Wulanchabu City	8507
71	呼和浩特市清水河县	Qingshuihe County in Hohhot City	8363
72	呼伦贝尔市阿荣旗	Arong Banner in Hulunbeier City	8329
73	阿拉善盟额济纳旗	Ejina Banner in Alashan League	8152
74	乌兰察布市察哈尔右翼后旗	Chahaeryouyihou Banner in Wulanchabu City	8054
75	呼伦贝尔市扎兰屯市	Zhalantun City in Hulunbeier City	7848
76	巴彦淖尔市磴口县	Dengkou County in Bayannaoer City	7587
77	乌兰察布市卓资县	Zhuozi County in Wulanchabu City	7042
78	赤峰市阿鲁科尔沁旗	Alukeerqin Banner in Chifeng City	6994
79	锡林郭勒盟正镶白旗	Zhengxiangbai Banner in Xilinguole League	6989
80	通辽市科尔沁左翼中旗	Keerqinzuoyizhong Banner in Tongliao City	6617
81	呼和浩特市武川县	Wuchuan County in Hohhot City	6474
82	锡林郭勒盟阿巴嘎旗	Abaga Banner in Xilinguole League	6355
83	兴安盟科尔沁右翼前旗	Keerqinyouyiqian Banner in Xingan League	6021
84	锡林郭勒盟镶黄旗	Xianghuang Banner in Xilinguole League	5837
85	锡林郭勒盟太仆寺旗	Taipusi Banner in Xilinguole League	5273
86	通辽市库伦旗	Kulun Banner in Tongliao City	5117
87	乌兰察布市商都县	Shangdu County in Wulanchabu City	5017
88	乌兰察布市四子王旗	Siziwang Banner in Wulanchabu City	4979
89	锡林郭勒盟苏尼特左旗	Sunitezuo Banner in Xilinguole League	4834
90	呼伦贝尔市莫力达瓦达斡尔族自治旗	Molidawadawoer National Autonomous Banner in Hulunbeier City	4700
91	阿拉善盟阿拉善右旗	Alashanyou Banner in Alashan League	4088
92	兴安盟扎赉特旗	Zhalaite Banner in Xingan League	3881
93	乌兰察布市察哈尔右翼中旗	Chahaeryouyizhong Banner in Wulanchabu City	3425
94	呼伦贝尔市鄂伦春自治旗	Elunchun National Autonomous Banner in Hulunbeier City	3232
95	兴安盟科尔沁右翼中旗	Keerqinyouyizhong Banner in Xingan League	3133
96	乌兰察布市化德县	Huade County in Wulanchabu City	3094
97	呼伦贝尔市根河市	Genhe City in Hulunbeier City	3060
98	呼伦贝尔市新巴尔虎左旗	Xinbaerhuzuo Banner in Hulunbeier City	2638
99	呼伦贝尔市额尔古纳市	Eerguna City in Hulunbeier City	2620
100	兴安盟突泉县	Tuquan County in Xingan League	2457
101	兴安盟阿尔山市	Aershan City in Xingan League	2029

23-8 呼和浩特市新城区

指标	Item	2006	2007	2007年比上年增长% Increase Rate in 2007 Over 2006(%)
行政区域土地面积(平方公里)	**Area of Administration(Sq.km)**	**700**	**700**	**0.0**
人口和就业	**Population & Employment**			
年末总人口(人)	Total Population Year-end(person)	332833	340853	2.4
#男性(人)	Male(person)	167166	171140	2.4
#乡村人口(人)	Rural(person)	48885	48685	-0.4
年末总户数(户)	Total Number of Households at the Year-end(Household)	109880	114165	3.9
#乡村户数(户)	Number of Rural Household(Household)	17104	17095	-0.1
出生人口(人)	Births(person)	2391	3297	37.9
死亡人口(人)	Deaths(person)	1063	801	-24.6
全社会就业人员(人)	Employment(person)	198021	229032	15.7
第一产业(人)	Primary Industry(person)	39604	27684	-30.1
第二产业(人)	Secondary Industry(person)	29703	61612	107.4
第三产业(人)	Tertiary Industry(person)	128714	139736	8.6
在岗职工人数(人)	Number of Staff & Workers Employed in(person)	10253	10569	3.1
乡村劳动力(人)	Number of Rural Laborers(person)	34031	34500	1.4
#农林牧渔业(人)	Farming,Forestry,Animal Husbandry & Fishery(person)	19789	19826	0.2
国民经济综合指标	**Summary Item on the National Economy**			
生产总值(万元)	Gross Domestic Product(10 000 yuan)	1897055	2336494	18.6
第一产业(万元)	Primary Industry(10 000 yuan)	10062	9753	-11.0
第二产业(万元)	Secondary Industry(10 000 yuan)	240107	269413	10.8
#工业(万元)	Industry(10 000 yuan)	137397	155512	10.0
第三产业(万元)	Tertiary Industry(10 000 yuan)	1646886	2057328	19.9
人均生产总值(元)	Per Capita GDP(yuan)	57528	69364	15.8
全社会固定资产投资(万元)	Total Investment in Fixed Assets(10 000 yuan)	684256	893363	30.6
按登记注册类型分	Grouped by Registered Type			
#国有(万元)	State-owned Enterprises(10 000 yuan)	208495	370345	77.6
集体(万元)	Collective-owned Enterprises(10 000 yuan)	13686	28056	105.0
有限责任公司(万元)	Limited Liability Corporations(10 000 yuan)	290129	196192	-32.4
股份有限公司(万元)	Share Holding Enterprises(10 000 yuan)	39050	122621	214.0
私营企业(万元)	Private Enterprises(10 000 yuan)	126803	144346	13.8
外商及港澳台投资企业(万元)	Funds from HK,Macao,Taiwan & Foreign(10 000 yuan)	159	8132	5014.5
按城乡渠道分	Grouped by Urban and Rural Area			
城镇（万元）	Urban(10 000 yuan)	684256	893363	30.6
农村（万元）	Rural(10 000 yuan)			
一般预算收入(万元)	General Budgetary Financial Revenue(10 000 yuan)	61045	82684	35.4
一般预算支出(万元)	General Budgetary Financial Expenditures(10 000 yuan)	36187	63678	76.0
城乡居民储蓄存款余额(万元)	Resident Saving Deposit in Urban & Rural(10 000 yuan)			
在岗职工工资总额(万元)	Total Wages of Staff & Workers Empioyed in(10 000 yuan)	18055	21465	18.9
在岗职工平均工资(元)	Average Wage of Staff & Workers Employed in(yuan)	17378	20412	17.5
农牧民人均纯收入(元)	Per Capita Net Income of Peasant & Herdsman(yuan)	6753	7597	12.5
农村牧区经济	**Economic Development in Rural & Pastoral Area**			
耕地面积(公顷)	Cultivated Area(hectare)	10847	10679	-1.5
农作物总播种面积(公顷)	Total Sown Area(hectare)	6874	7102	3.3
#粮食作物播种面积(公顷)	Sown Area of Grain Crops(hectare)	6064	6397	5.5
有效灌溉面积(公顷)	Irrigated Area(hectare)	2507	2507	0.0
农牧业机械总动力(万千瓦)	Total Power of Agricultural Machinery(10 000 kw)	3.90	4.39	12.6
化肥施用折纯量(吨)	Consumption of Chemical Fertilizer(ton)	122	122	0.0
农村用电量(万千瓦小时)	Electricity Consumed in Rural Area(10 000 kwh)	855	903	5.6
农林牧渔业总产值(万元)	Gross Output of Farming,Forestry,Animal Husbandry & Fishery(10 000 yuan)	16380	17083	-11.1
粮食产量(吨)	Yield of Grain(ton)	26183	16748	-36.0
油料产量(吨)	Yield of Oil-bearing Grops(ton)	293	114	-61.1
甜菜产量(吨)	Yield of Beetroots(ton)			
猪牛羊肉产量(吨)	Output of Pork, Beef & Mutton(ton)	1341	1224	-8.7
#猪肉产量(吨)	Output of Pork(ton)	681	517	-24.1
牛肉产量(吨)	Output of Beef(ton)	225	247	9.8
羊肉产量(吨)	Output of Mutton(ton)	435	460	5.7
羊毛产量(吨)	Output of Wool(ton)	57	51	-10.5

23-8 Xincheng District in Hohhot City

指 标	Item	2006	2007	2007年比上年增长% Increase Rate in 2007 Over 2006(%)
年末牲畜存栏头数(万头只)	Total Livestock at the Year-end(10 000 heads)	3.02	3.14	4.0
#大牲畜(万头只)	Large Animals(10 000 heads)	0.99	1.09	10.1
羊(万只)	Sheep & Goats(10 000 heads)	1.39	1.37	-1.4
猪(万头)	Hogs(10 000 heads)	0.64	0.68	6.3
规模以上工业	**Industrial Enterprises above Designated size**			
工业企业单位数(个)	Number of Industrial Enterprises(unit)	25	28	12.0
#内资企业(个)	Civil Funded Enterprises(unit)	24	26	8.3
工业总产值(万元)	Gross Industrial Output Value(10 000 yuan)	227057	267984	18.0
内资企业(万元)	Civil Funded Enterprises(10 000 yuan)	226507	266377	17.6
国有企业(万元)	State-owned Enterprises(10 000 yuan)	167626	188780	12.6
集体企业(万元)	Collective-owned Enterprises(10 000 yuan)	503	508	1.0
股份合作企业(万元)	Share Holding Enterprises(10 000 yuan)			
联营企业(万元)	Joint Owned Enterprises(10 000 yuan)			
有限责任公司(万元)	Limited Company(10 000 yuan)	13008	35004	169.1
股份有限公司(万元)	Share Holding Limited Company(10 000 yuan)	1985	2014	1.5
私营企业(万元)	Privately Owned Enterprises(10 000 yuan)	43385	40071	-7.6
其他企业(万元)	Enterprises of Other Ownership(10 000 yuan)			
港澳台商投资企业(万元)	Funds from HK,Macao & Taiwan(10 000 yuan)		890	
外商投资企业(万元)	Foreign Funded Enterprises(10 000 yuan)	550	716	30.2
工业企业增加值(万元)	Value Added of Industrial Enterprises(10 000 yuan)	81781	93218	8.1
工业企业资产总计(万元)	Total Assets of Industrial Enterprises(10 000 yuan)	491719	558362	13.6
工业企业负债合计(万元)	Total Liabilities of Industrial Enterprises(10 000 yuan)	370959	431013	16.2
工业企业产品销售收入(万元)	Sales of Revenue Industrial Enterprises(10 000 yuan)	95842	91093	-5.0
工业企业利润总额(万元)	Total Profits of Industrial Enterprises(10 000 yuan)	133	1983	1391.0
建筑业	**Construction**			
建筑企业单位数(个)	Number of Construction Enterprises(unit)	45	47	4.4
建筑企业从业人员(人)	Number of Employee in Construction Enterprises(person)	36178	47612	31.6
建筑业总产值(万元)	Gross Construction Output Value(10 000 yuan)	500419	548264	9.6
交通运输邮电通信业	**Transportation,Post & Telecommunications**			
公路里程(公里)	Total Length of Highways(km)			
邮电业务总量(万元)	Business Volume of Post & Telecoms(10 000 yuan)			
本地电话用户(户)	Number of Subscribers of Local Telephone(Household)			
国内贸易	**Demestic Trade**			
社会消费品零售总额(万元)	Total Retail Sales of Consumer Goods(10 000 yuan)	1127701	1360000	20.6
#贸易业(万元)	Wholesale & Retail Sales Trades(10 000 yuan)	866832	1021650	17.9
餐饮业(万元)	Catering Trade(10 000 yuan)	249849	325442	30.3
科技教育卫生	**Science,Education & Public Health**			
各类专业技术人员(人)	Speccial Technical Personnel(person)	3961	4150	4.8
幼儿园数(所)	Number of Kindergartens(unit)	25	23	-8.0
学龄儿童入学率(%)	Percentage of School-Age Children Enrolled(%)	100.0	100.0	0.0
小学学校数(所)	Number of Primary Schools(unit)	48	47	-2.1
小学专任教师数(人)	Number of Full-time Teachers of Primary Schools(person)	1694	1699	0.3
小学在校学生数(人)	Number of Student Enrollment of Primary Schools(person)	33893	34481	1.7
普通中学学校数(所)	Number of Regular Secondary Schools(unit)	25	24	-4.0
普通中学专任教师数(人)	Number of Teachers of Secondary Shools(person)	1667	1769	6.1
初中在校学生数(人)	Number of Student in Junior Secondary Schools(person)	15333	16912	10.3
高中在校学生数(人)	Number of Student in Senior Secondary Schools(person)	12056	11948	-0.9
卫生机构数(所)	Number of Health Institutions(unit)	21	22	4.8
#医院(所)	Hospitals(unit)	10	16	60.0
卫生院(所)	Township Hospitals(unit)	2	2	0.0
床位数(张)	Number of Beds(unit)	1867	1506	-19.3
#医院(张)	Hospitals(unit)	1847	1496	-19.0
卫生院(张)	Township Hospitals(unit)	10	10	0.0
卫生技术人员(人)	Medical Technical Presonnel(person)	1827	1468	-19.6
#医院(人)	Hospitals(person)	1480	1293	-12.6
卫生院(人)	Township Hospitals(person)	23	24	4.3

23-9 呼和浩特市回民区

指 标	Item	2006	2007	2007年比上年增长% Increase Rate in 2007 Over 2006(%)
行政区域土地面积(平方公里)	**Area of Administration(Sq.km)**	**175**	**175**	**0.0**
人口和就业	**Population & Employment**			
年末总人口(人)	Total Population Year-end(person)	222626	227951	2.4
#男性(人)	Male(person)	112283	115230	2.6
#乡村人口(人)	Rural(person)	33202	34666	4.4
年末总户数(户)	Total Number of Households at the Year-end(Household)	76651	79130	3.2
#乡村户数(户)	Number of Rural Household(Household)	9032	9171	1.5
出生人口(人)	Births(person)	1553	2028	30.6
死亡人口(人)	Deaths(person)	964	735	-23.8
全社会就业人员(人)	Employment(person)	132540	149532	12.8
第一产业(人)	Primary Industry(person)	5896	5862	-0.6
第二产业(人)	Secondary Industry(person)	48344	52067	7.7
第三产业(人)	Tertiary Industry(person)	78300	91603	17.0
在岗职工人数(人)	Number of Staff & Workers Employed in(person)	8899	9153	2.9
乡村劳动力(人)	Number of Rural Laborers(person)	24800	18511	-25.4
#农林牧渔业(人)	Farming,Forestry,Animal Husbandry & Fishery(person)	5896	4800	-18.6
国民经济综合指标	**Summary Item on the National Economy**			
生产总值(万元)	Gross Domestic Product(10 000 yuan)	1230539	1485700	15.1
第一产业(万元)	Primary Industry(10 000 yuan)	4147	4076	-9.1
第二产业(万元)	Secondary Industry(10 000 yuan)	263558	299005	15.1
#工业(万元)	Industry(10 000 yuan)	187262	206771	12.3
第三产业(万元)	Tertiary Industry(10 000 yuan)	962834	1182619	15.2
人均生产总值(元)	Per Capita GDP(yuan)	55500	65176	13.3
全社会固定资产投资(万元)	Total Investment in Fixed Assets(10 000 yuan)	461599	575322	24.6
按登记注册类型分	Grouped by Registered Type			
#国有(万元)	State-owned Enterprises(10 000 yuan)	103728	143716	38.6
集体(万元)	Collective-owned Enterprises(10 000 yuan)		450	
有限责任公司(万元)	Limited Liability Corporations(10 000 yuan)	199169	223775	12.4
股份有限公司(万元)	Share Holding Enterprises(10 000 yuan)	5130	24940	386.2
私营企业(万元)	Private Enterprises(10 000 yuan)	118260	157097	32.8
外商及港澳台投资企业(万元)	Funds from HK,Macao,Taiwan & Foreign(10 000 yuan)	35312	23744	-32.8
按城乡渠道分	Grouped by Urban and Rural Area			
城镇(万元)	Urban(10 000 yuan)	459873	575322	25.1
农村(万元)	Rural(10 000 yuan)	1726		
一般预算收入(万元)	General Budgetary Financial Revenue(10 000 yuan)	35544	47483	33.6
一般预算支出(万元)	General Budgetary Financial Expenditures(10 000 yuan)	36198	40687	12.4
城乡居民储蓄存款余额(万元)	Resident Saving Deposit in Urban & Rural(10 000 yuan)			
在岗职工工资总额(万元)	Total Wages of Staff & Workers Empioyed in(10 000 yuan)	16800	19819	18.0
在岗职工平均工资(元)	Average Wage of Staff & Workers Employed in(yuan)	18117	21767	20.1
农牧民人均纯收入(元)	Per Capita Net Income of Peasant & Herdsman(yuan)	6997	7935	13.4
农村牧区经济	**Economic Development in Rural & Pastoral Area**			
耕地面积(公顷)	Cultivated Area(hectare)	1361	1221	-10.3
农作物总播种面积(公顷)	Total Sown Area(hectare)	1277	1302	2.0
#粮食作物播种面积(公顷)	Sown Area of Grain Crops(hectare)	902	911	1.0
有效灌溉面积(公顷)	Irrigated Area(hectare)	938	798	-14.9
农牧业机械总动力(万千瓦)	Total Power of Agricultural Machinery(10 000 kw)	1.58	1.55	-1.9
化肥施用折纯量(吨)	Consumption of Chemical Fertilizer(ton)	291	256	-12.0
农村用电量(万千瓦小时)	Electricity Consumed in Rural Area(10 000 kwh)	1423	1456	2.3
农林牧渔业总产值(万元)	Gross Output of Farming,Forestry,Animal Husbandry & Fishery(10 000 yuan)	6706	7139	-9.3
粮食产量(吨)	Yield of Grain(ton)	3772	2011	-46.7
油料产量(吨)	Yield of Oil-bearing Grops(ton)	0	0	
甜菜产量(吨)	Yield of Beetroots(ton)	0	0	
猪牛羊肉产量(吨)	Output of Pork, Beef & Mutton(ton)	1011	537	-46.9
#猪肉产量(吨)	Output of Pork(ton)	438	331	-24.4
牛肉产量(吨)	Output of Beef(ton)	489	119	-75.7
羊肉产量(吨)	Output of Mutton(ton)	84	87	3.6
羊毛产量(吨)	Output of Wool(ton)	9	9	0.0

23-9 Huimin District in Hohhot City

指 标	Item	2006	2007	2007年比上年增长% Increase Rate in 2007 Over 2006(%)
年末牲畜存栏头数(万头只)	Total Livestock at the Year-end(10 000 heads)	1.28	1.31	2.3
#大牲畜(万头只)	Large Animals(10 000 heads)	0.39	0.41	5.1
羊(万只)	Sheep & Goats(10 000 heads)	0.40	0.41	2.5
猪(万头)	Hogs(10 000 heads)	0.49	0.48	-2.0
规模以上工业	**Industrial Enterprises above Designated size**			
工业企业单位数(个)	Number of Industrial Enterprises(unit)	27	36	33.3
#内资企业(个)	Civil Funded Enterprises(unit)	27	36	33.3
工业总产值(万元)	Gross Industrial Output Value(10 000 yuan)	275547	363295	31.8
内资企业(万元)	Civil Funded Enterprises(10 000 yuan)	221187	253769	14.7
国有企业(万元)	State-owned Enterprises(10 000 yuan)	17697	24351	37.6
集体企业(万元)	Collective-owned Enterprises(10 000 yuan)			
股份合作企业(万元)	Share Holding Enterprises(10 000 yuan)			
联营企业(万元)	Joint Owned Enterprises(10 000 yuan)			
有限责任公司(万元)	Limited Company(10 000 yuan)	118992	77135	-35.2
股份有限公司(万元)	Share Holding Limited Company(10 000 yuan)	53416	67121	25.7
私营企业(万元)	Privately Owned Enterprises(10 000 yuan)	31082	85162	174.0
其他企业(万元)	Enterprises of Other Ownership(10 000 yuan)			
港澳台商投资企业(万元)	Funds from HK,Macao & Taiwan(10 000 yuan)	54360	50641	-6.8
外商投资企业(万元)	Foreign Funded Enterprises(10 000 yuan)		58885	
工业企业增加值(万元)	Value Added of Industrial Enterprises(10 000 yuan)	121214	133257	12.1
工业企业资产总计(万元)	Total Assets of Industrial Enterprises(10 000 yuan)	499092	626274	25.5
工业企业负债合计(万元)	Total Liabilities of Industrial Enterprises(10 000 yuan)	375498	439649	17.1
工业企业产品销售收入(万元)	Sales of Revenue Industrial Enterprises(10 000 yuan)	179335	257253	43.4
工业企业利润总额(万元)	Total Profits of Industrial Enterprises(10 000 yuan)	4266	12725	198.3
建筑业	**Construction**			
建筑企业单位数(个)	Number of Construction Enterprises(unit)	31	32	3.2
建筑企业从业人员(人)	Number of Employee in Construction Enterprises(person)	20962	20214	-3.6
建筑业总产值(万元)	Gross Construction Output Value(10 000 yuan)	205636	247945	20.6
交通运输邮电通信业	**Transportation,Post & Telecommunications**			
公路里程(公里)	Total Length of Highways(km)			
邮电业务总量(万元)	Business Volume of Post & Telecoms(10 000 yuan)			
本地电话用户(户)	Number of Subscribers of Local Telephone(Household)			
国内贸易	**Demestic Trade**			
社会消费品零售总额(万元)	Total Retail Sales of Consumer Goods(10 000 yuan)	1049194	1211251	15.4
#贸易业(万元)	Wholesale & Retail Sales Trades(10 000 yuan)	847305	989674	16.8
餐饮业(万元)	Catering Trade(10 000 yuan)	192466	219415	14.0
科技教育卫生	**Science,Education & Public Health**			
各类专业技术人员(人)	Speccial Technical Personnel(person)	6082	6972	14.6
幼儿园数(所)	Number of Kindergartens(unit)	25	28	12.0
学龄儿童入学率(%)	Percentage of School-Age Children Enrolled(%)	100.0	100.0	0.0
小学学校数(所)	Number of Primary Schools(unit)	39	38	-2.6
小学专任教师数(人)	Number of Full-time Teachers of Primary Schools(person)	964	971	0.7
小学在校学生数(人)	Number of Student Enrollment of Primary Schools(person)	20425	20822	1.9
普通中学学校数(所)	Number of Regular Secondary Schools(unit)	22	20	-9.1
普通中学专任教师数(人)	Number of Teachers of Secondary Shools(person)	1505	1485	-1.3
初中在校学生数(人)	Number of Student in Junior Secondary Schools(person)	14150	14225	0.5
高中在校学生数(人)	Number of Student in Senior Secondary Schools(person)	12068	12206	1.1
卫生机构数(所)	Number of Health Institutions(unit)	16	21	31.2
#医院(所)	Hospitals(unit)	10	17	70.0
卫生院(所)	Township Hospitals(unit)	1	1	0.0
床位数(张)	Number of Beds(unit)	2348	3443	46.6
#医院(张)	Hospitals(unit)	2002	3418	70.7
卫生院(张)	Township Hospitals(unit)	25	25	0.0
卫生技术人员(人)	Medical Technical Presonnel(person)	2973	3885	30.7
#医院(人)	Hospitals(person)	2457	3869	57.5
卫生院(人)	Township Hospitals(person)	16	16	0.0

23-10 呼和浩特市玉泉区

指 标	Item	2006	2007	2007年比上年增长% Increase Rate in 2007 Over 2006(%)
行政区域土地面积(平方公里)	**Area of Administration(Sq.km)**	**258**	**258**	**0.0**
人口和就业	**Population & Employment**			
年末总人口(人)	Total Population Year-end(person)	187548	192052	2.4
#男性(人)	Male(person)	95286	97367	2.2
#乡村人口(人)	Rural(person)	45879	45679	-0.4
年末总户数(户)	Total Number of Households at the Year-end(Household)	69191	71466	3.3
#乡村户数(户)	Number of Rural Household(Household)	12580	13737	9.2
出生人口(人)	Births(person)	1585	2411	52.1
死亡人口(人)	Deaths(person)	691	523	-24.3
全社会就业人员(人)	Employment(person)	63471	81110	27.8
第一产业(人)	Primary Industry(person)	13906	14883	7.0
第二产业(人)	Secondary Industry(person)	21503	27484	27.8
第三产业(人)	Tertiary Industry(person)	28062	38743	38.1
在岗职工人数(人)	Number of Staff & Workers Employed in(person)	5641	5738	1.7
乡村劳动力(人)	Number of Rural Laborers(person)	21110	23314	10.4
#农林牧渔业(人)	Farming,Forestry,Animal Husbandry & Fishery(person)	13845	13545	-2.2
国民经济综合指标	**Summary Item on the National Economy**			
生产总值(万元)	Gross Domestic Product(10 000 yuan)	869460	1140536	21.3
第一产业(万元)	Primary Industry(10 000 yuan)	17460	16760	-11.8
第二产业(万元)	Secondary Industry(10 000 yuan)	332000	447584	24.2
#工业(万元)	Industry(10 000 yuan)	247000	331192	26.0
第三产业(万元)	Tertiary Industry(10 000 yuan)	520000	676192	20.6
人均生产总值(元)	Per Capita GDP(yuan)	46828	59383	19.2
全社会固定资产投资(万元)	Total Investment in Fixed Assets(10 000 yuan)	458034	570349	24.5
按登记注册类型分	Grouped by Registered Type			
#国有(万元)	State-owned Enterprises(10 000 yuan)	172036	222855	29.5
集体(万元)	Collective-owned Enterprises(10 000 yuan)	14650	18168	24.0
有限责任公司(万元)	Limited Liability Corporations(10 000 yuan)	102444	144305	40.9
股份有限公司(万元)	Share Holding Enterprises(10 000 yuan)	66840	37688	-43.6
私营企业(万元)	Private Enterprises(10 000 yuan)	92019	144533	57.1
外商及港澳台投资企业(万元)	Funds from HK,Macao,Taiwan & Foreign(10 000 yuan)	5500		
按城乡渠道分	Grouped by Urban and Rural Area			
城镇（万元）	Urban(10 000 yuan)	433384	563749	30.1
农村（万元）	Rural(10 000 yuan)	24650	6600	-73.2
一般预算收入(万元)	General Budgetary Financial Revenue(10 000 yuan)	39325	52817	34.3
一般预算支出(万元)	General Budgetary Financial Expenditures(10 000 yuan)	37997	41760	9.9
城乡居民储蓄存款余额(万元)	Resident Saving Deposit in Urban & Rural(10 000 yuan)			
在岗职工工资总额(万元)	Total Wages of Staff & Workers Empioyed in(10 000 yuan)	10337	12433	20.3
在岗职工平均工资(元)	Average Wage of Staff & Workers Employed in(yuan)	18426	21794	18.3
农牧民人均纯收入(元)	Per Capita Net Income of Peasant & Herdsman(yuan)	6814	7704	13.1
农村牧区经济	**Economic Development in Rural & Pastoral Area**			
耕地面积(公顷)	Cultivated Area(hectare)	5007	5179	3.4
农作物总播种面积(公顷)	Total Sown Area(hectare)	5241	5213	-0.5
#粮食作物播种面积(公顷)	Sown Area of Grain Crops(hectare)	3871	3778	-2.4
有效灌溉面积(公顷)	Irrigated Area(hectare)	4600	5000	8.7
农牧业机械总动力(万千瓦)	Total Power of Agricultural Machinery(10 000 kw)	5.73	7.90	37.9
化肥施用折纯量(吨)	Consumption of Chemical Fertilizer(ton)	931	1208	29.8
农村用电量(万千瓦小时)	Electricity Consumed in Rural Area(10 000 kwh)	1099	1043	-5.1
农林牧渔业总产值(万元)	Gross Output of Farming,Forestry,Animal Husbandry & Fishery(10 000 yuan)	29049	29358	1.1
粮食产量(吨)	Yield of Grain(ton)	38731	37927	-2.1
油料产量(吨)	Yield of Oil-bearing Grops(ton)	61	56	-8.2
甜菜产量(吨)	Yield of Beetroots(ton)			
猪牛羊肉产量(吨)	Output of Pork, Beef & Mutton(ton)	1202	1079	-10.2
#猪肉产量(吨)	Output of Pork(ton)	756	272	-64.0
牛肉产量(吨)	Output of Beef(ton)	332	685	106.3
羊肉产量(吨)	Output of Mutton(ton)	114	122	7.0
羊毛产量(吨)	Output of Wool(ton)	10	11	10.0

23-10 Yuquan District in Hohhot City

指 标	Item	2006	2007	2007年比上年增长% Increase Rate in 2007 Over 2006(%)
年末牲畜存栏头数(万头只)	Total Livestock at the Year-end(10 000 heads)	3.32	2.98	-10.2
# 大牲畜(万头只)	Large Animals(10 000 heads)	2.25	1.98	-12.0
羊(万只)	Sheep & Goats(10 000 heads)	0.74	0.59	-20.3
猪(万头)	Hogs(10 000 heads)	0.33	0.41	24.2
规模以上工业	**Industrial Enterprises above Designated size**			
工业企业单位数(个)	Number of Industrial Enterprises(unit)	24	19	-20.8
# 内资企业(个)	Civil Funded Enterprises(unit)	23	19	-17.4
工业总产值(万元)	Gross Industrial Output Value(10 000 yuan)	266543	315408	18.3
内资企业(万元)	Civil Funded Enterprises(10 000 yuan)	263443	315408	19.7
国有企业(万元)	State-owned Enterprises(10 000 yuan)	192988	243702	26.3
集体企业(万元)	Collective-owned Enterprises(10 000 yuan)	1879	1679	-10.7
股份合作企业(万元)	Share Holding Enterprises(10 000 yuan)			
联营企业(万元)	Joint Owned Enterprises(10 000 yuan)			
有限责任公司(万元)	Limited Company(10 000 yuan)	3948	5619	42.3
股份有限公司(万元)	Share Holding Limited Company(10 000 yuan)	28298	32928	16.4
私营企业(万元)	Privately Owned Enterprises(10 000 yuan)	36330	31480	-13.3
其他企业(万元)	Enterprises of Other Ownership(10 000 yuan)			
港澳台商投资企业(万元)	Funds from HK,Macao & Taiwan(10 000 yuan)			
外商投资企业(万元)	Foreign Funded Enterprises(10 000 yuan)	3100		
工业企业增加值(万元)	Value Added of Industrial Enterprises(10 000 yuan)	171395	235159	25.1
工业企业资产总计(万元)	Total Assets of Industrial Enterprises(10 000 yuan)	259002	275068	6.2
工业企业负债合计(万元)	Total Liabilities of Industrial Enterprises(10 000 yuan)	131494	103460	-21.3
工业企业产品销售收入(万元)	Sales of Revenue Industrial Enterprises(10 000 yuan)	266970	307681	15.2
工业企业利润总额(万元)	Total Profits of Industrial Enterprises(10 000 yuan)	34181	48281	41.3
建筑业	**Construction**			
建筑企业单位数(个)	Number of Construction Enterprises(unit)	19	17	-10.5
建筑企业从业人员(人)	Number of Employee in Construction Enterprises(person)	5101	5920	16.1
建筑业总产值(万元)	Gross Construction Output Value(10 000 yuan)	79122	92190	16.5
交通运输邮电通信业	**Transportation,Post & Telecommunications**			
公路里程(公里)	Total Length of Highways(km)			
邮电业务总量(万元)	Business Volume of Post & Telecoms(10 000 yuan)			
本地电话用户(户)	Number of Subscribers of Local Telephone(Household)			
国内贸易	**Demestic Trade**			
社会消费品零售总额(万元)	Total Retail Sales of Consumer Goods(10 000 yuan)	465369	608841	30.8
# 贸易业(万元)	Wholesale & Retail Sales Trades(10 000 yuan)	322962	425516	31.8
餐饮业(万元)	Catering Trade(10 000 yuan)	134994	173635	28.6
科技教育卫生	**Science,Education & Public Health**			
各类专业技术人员(人)	Speccial Technical Personnel(person)	1916	1923	0.4
幼儿园数(所)	Number of Kindergartens(unit)	20	19	-5.0
学龄儿童入学率(%)	Percentage of School-Age Children Enrolled(%)	100.0	100.0	0.0
小学学校数(所)	Number of Primary Schools(unit)	44	43	-2.3
小学专任教师数(人)	Number of Full-time Teachers of Primary Schools(person)	1165	1068	-8.3
小学在校学生数(人)	Number of Student Enrollment of Primary Schools(person)	23681	23318	-1.5
普通中学学校数(所)	Number of Regular Secondary Schools(unit)	17	20	17.6
普通中学专任教师数(人)	Number of Teachers of Secondary Shools(person)	793	743	-6.3
初中在校学生数(人)	Number of Student in Junior Secondary Schools(person)	8984	9238	2.8
高中在校学生数(人)	Number of Student in Senior Secondary Schools(person)	3939	4729	20.1
卫生机构数(所)	Number of Health Institutions(unit)	12	38	216.7
# 医院(所)	Hospitals(unit)	2	9	350.0
卫生院(所)	Township Hospitals(unit)	3	3	0.0
床位数(张)	Number of Beds(unit)	130	685	426.9
# 医院(张)	Hospitals(unit)	130	670	415.4
卫生院(张)	Township Hospitals(unit)		15	
卫生技术人员(人)	Medical Technical Presonnel(person)	311	1011	225.1
# 医院(人)	Hospitals(person)	110	556	405.5
卫生院(人)	Township Hospitals(person)	22	22	0.0

23-11 呼和浩特市赛罕区

指标	Item	2006	2007	2007年比上年增长% Increase Rate in 2007 Over 2006(%)
行政区域土地面积(平方公里)	**Area of Administration(Sq.km)**	**1025**	**1025**	**0.0**
人口和就业	**Population & Employment**			
年末总人口(人)	Total Population Year-end(person)	372095	383317	3.0
#男性(人)	Male(person)	189412	194999	2.9
#乡村人口(人)	Rural(person)	133081	132881	-0.2
年末总户数(户)	Total Number of Households at the Year-end(Household)	119392	123923	3.8
#乡村户数(户)	Number of Rural Household(Household)	42462	43999	3.6
出生人口(人)	Births(person)	3447	4338	25.8
死亡人口(人)	Deaths(person)	1307	624	-52.3
全社会就业人员(人)	Employment(person)	120030	119734	-0.2
第一产业(人)	Primary Industry(person)	53409	51098	-4.3
第二产业(人)	Secondary Industry(person)	19180	20011	4.3
第三产业(人)	Tertiary Industry(person)	47441	48625	2.5
在岗职工人数(人)	Number of Staff & Workers Employed in(person)	12716	12660	-0.4
乡村劳动力(人)	Number of Rural Laborers(person)	72476	85769	18.3
#农林牧渔业(人)	Farming,Forestry,Animal Husbandry & Fishery(person)	53409	51098	-4.3
国民经济综合指标	**Summary Item on the National Economy**			
生产总值(万元)	Gross Domestic Product(10 000 yuan)	1557998	1841131	12.4
第一产业(万元)	Primary Industry(10 000 yuan)	88253	108530	6.6
第二产业(万元)	Secondary Industry(10 000 yuan)	434697	418333	-3.6
#工业(万元)	Industry(10 000 yuan)	332758	335365	-8.3
第三产业(万元)	Tertiary Industry(10 000 yuan)	1035048	1314268	19.5
人均生产总值(元)	Per Capita GDP(yuan)	42373	48744	9.4
全社会固定资产投资(万元)	Total Investment in Fixed Assets(10 000 yuan)	716206	888467	24.1
按登记注册类型分	Grouped by Registered Type			
#国有(万元)	State-owned Enterprises(10 000 yuan)	402818	429253	6.6
集体(万元)	Collective-owned Enterprises(10 000 yuan)	56030	78329	39.8
有限责任公司(万元)	Limited Liability Corporations(10 000 yuan)	134870	209137	55.1
股份有限公司(万元)	Share Holding Enterprises(10 000 yuan)	26756	7881	-70.5
私营企业(万元)	Private Enterprises(10 000 yuan)	92232	135239	46.6
外商及港澳台投资企业(万元)	Funds from HK,Macao,Taiwan & Foreign(10 000 yuan)	1000	19808	1880.8
按城乡渠道分	Grouped by Urban and Rural Area			
城镇(万元)	Urban(10 000 yuan)	716206	888467	24.1
农村(万元)	Rural(10 000 yuan)			
一般预算收入(万元)	General Budgetary Financial Revenue(10 000 yuan)	67864	95101	40.1
一般预算支出(万元)	General Budgetary Financial Expenditures(10 000 yuan)	60315	78041	29.4
城乡居民储蓄存款余额(万元)	Resident Saving Deposit in Urban & Rural(10 000 yuan)			
在岗职工工资总额(万元)	Total Wages of Staff & Workers Empioyed in(10 000 yuan)	24190	27752	14.7
在岗职工平均工资(元)	Average Wage of Staff & Workers Employed in(yuan)	19169	21942	14.5
农牧民人均纯收入(元)	Per Capita Net Income of Peasant & Herdsman(yuan)	6530	7385	13.1
农村牧区经济	**Economic Development in Rural & Pastoral Area**			
耕地面积(公顷)	Cultivated Area(hectare)	43451	43350	-0.2
农作物总播种面积(公顷)	Total Sown Area(hectare)	29496	29489	0.0
#粮食作物播种面积(公顷)	Sown Area of Grain Crops(hectare)	23065	21789	-5.5
有效灌溉面积(公顷)	Irrigated Area(hectare)	20152	20789	3.2
农牧业机械总动力(万千瓦)	Total Power of Agricultural Machinery(10 000 kw)	21.11	21.20	0.4
化肥施用折纯量(吨)	Consumption of Chemical Fertilizer(ton)	9783	10032	2.5
农村用电量(万千瓦小时)	Electricity Consumed in Rural Area(10 000 kwh)	4389	5028	14.6
农林牧渔业总产值(万元)	Gross Output of Farming,Forestry,Animal Husbandry & Fishery(10 000 yuan)	162779	190104	16.8
粮食产量(吨)	Yield of Grain(ton)	104200	85482	-18.0
油料产量(吨)	Yield of Oil-bearing Grops(ton)	482	262	-45.6
甜菜产量(吨)	Yield of Beetroots(ton)			
猪牛羊肉产量(吨)	Output of Pork, Beef & Mutton(ton)	7757	8725	12.5
#猪肉产量(吨)	Output of Pork(ton)	3611	2729	-24.4
牛肉产量(吨)	Output of Beef(ton)	3556	5368	51.0
羊肉产量(吨)	Output of Mutton(ton)	590	628	6.4
羊毛产量(吨)	Output of Wool(ton)	90	90	0.0

23-11 Saihan District in Hohhot City

指 标	Item	2006	2007	2007年比上年增长% Increase Rate in 2007 Over 2006(%)
年末牲畜存栏头数(万头只)	Total Livestock at the Year-end(10 000 heads)	22.57	23.98	6.2
#大牲畜(万头只)	Large Animals(10 000 heads)	16.49	17.84	8.2
羊(万只)	Sheep & Goats(10 000 heads)	3.59	3.54	-1.4
猪(万头)	Hogs(10 000 heads)	2.49	2.60	4.7
规模以上工业	**Industrial Enterprises above Designated size**			
工业企业单位数(个)	Number of Industrial Enterprises(unit)	32	33	3.1
#内资企业(个)	Civil Funded Enterprises(unit)	30	30	0.0
工业总产值(万元)	Gross Industrial Output Value(10 000 yuan)	751469	777403	3.5
内资企业(万元)	Civil Funded Enterprises(10 000 yuan)	729794	750360	2.8
国有企业(万元)	State-owned Enterprises(10 000 yuan)	557240	50955	-90.9
集体企业(万元)	Collective-owned Enterprises(10 000 yuan)	1443	1923	33.3
股份合作企业(万元)	Share Holding Enterprises(10 000 yuan)			
联营企业(万元)	Joint Owned Enterprises(10 000 yuan)			
有限责任公司(万元)	Limited Company(10 000 yuan)	142920	157704	10.3
股份有限公司(万元)	Share Holding Limited Company(10 000 yuan)	14041	523867	3631.0
私营企业(万元)	Privately Owned Enterprises(10 000 yuan)	14150	15911	12.4
其他企业(万元)	Enterprises of Other Ownership(10 000 yuan)			
港澳台商投资企业(万元)	Funds from HK,Macao & Taiwan(10 000 yuan)	3716	8842	137.9
外商投资企业(万元)	Foreign Funded Enterprises(10 000 yuan)	17959	18201	1.4
工业企业增加值(万元)	Value Added of Industrial Enterprises(10 000 yuan)	262240	226377	-14.0
工业企业资产总计(万元)	Total Assets of Industrial Enterprises(10 000 yuan)	706500	747994	5.9
工业企业负债合计(万元)	Total Liabilities of Industrial Enterprises(10 000 yuan)	351334	428089	21.8
工业企业产品销售收入(万元)	Sales of Revenue Industrial Enterprises(10 000 yuan)	773932	808794	4.5
工业企业利润总额(万元)	Total Profits of Industrial Enterprises(10 000 yuan)	14928	26313	76.3
建筑业	**Construction**			
建筑企业单位数(个)	Number of Construction Enterprises(unit)	35	38	8.6
建筑企业从业人员(人)	Number of Employee in Construction Enterprises(person)	18646	14635	-21.5
建筑业总产值(万元)	Gross Construction Output Value(10 000 yuan)	358056	452400	26.3
交通运输邮电通信业	**Transportation,Post & Telecommunications**			
公路里程(公里)	Total Length of Highways(km)			
邮电业务总量(万元)	Business Volume of Post & Telecoms(10 000 yuan)			
本地电话用户(户)	Number of Subscribers of Local Telephone(Household)			
国内贸易	**Demestic Trade**			
社会消费品零售总额(万元)	Total Retail Sales of Consumer Goods(10 000 yuan)	525130	638728	21.6
#贸易业(万元)	Wholesale & Retail Sales Trades(10 000 yuan)	325201	409606	26.0
餐饮业(万元)	Catering Trade(10 000 yuan)	192575	229122	19.0
科技教育卫生	**Science,Education & Public Health**			
各类专业技术人员(人)	Speccial Technical Personnel(person)	4892	4962	1.4
幼儿园数(所)	Number of Kindergartens(unit)	21	21	0.0
学龄儿童入学率(%)	Percentage of School-Age Children Enrolled(%)	100.0	100.0	0.0
小学学校数(所)	Number of Primary Schools(unit)	84	85	1.2
小学专任教师数(人)	Number of Full-time Teachers of Primary Schools(person)	1666	1695	1.7
小学在校学生数(人)	Number of Student Enrollment of Primary Schools(person)	34835	37528	7.7
普通中学学校数(所)	Number of Regular Secondary Schools(unit)	24	21	-12.5
普通中学专任教师数(人)	Number of Teachers of Secondary Shools(person)	1524	1498	-1.7
初中在校学生数(人)	Number of Student in Junior Secondary Schools(person)	18793	19303	2.7
高中在校学生数(人)	Number of Student in Senior Secondary Schools(person)	10319	10131	-1.8
卫生机构数(所)	Number of Health Institutions(unit)	46	46	0.0
#医院(所)	Hospitals(unit)	22	22	0.0
卫生院(所)	Township Hospitals(unit)	7	7	0.0
床位数(张)	Number of Beds(unit)	2708	2714	0.2
#医院(张)	Hospitals(unit)	2650	2652	0.1
卫生院(张)	Township Hospitals(unit)	40	42	5.0
卫生技术人员(人)	Medical Technical Presonnel(person)	3478	3485	0.2
#医院(人)	Hospitals(person)	2790	2796	0.2
卫生院(人)	Township Hospitals(person)	43	45	4.7

23-12 呼和浩特市土默特左旗

指 标	Item	2006	2007	2007年比上年增长% Increase Rate in 2007 Over 2006(%)
行政区域土地面积(平方公里)	**Area of Administration(Sq.km)**	**2712**	**2712**	**0.0**
人口和就业	**Population & Employment**			
年末总人口(人)	Total Population Year-end(person)	352919	357024	1.2
#男性(人)	Male(person)	186097	188021	1.0
#乡村人口(人)	Rural(person)	301506	301306	-0.1
年末总户数(户)	Total Number of Households at the Year-end(Household)	105442	107791	2.2
#乡村户数(户)	Number of Rural Household(Household)	75983	77215	1.6
出生人口(人)	Births(person)	4147	4235	2.1
死亡人口(人)	Deaths(person)	820	1005	22.6
全社会就业人员(人)	Employment(person)	177730	188080	5.8
第一产业(人)	Primary Industry(person)	116830	124830	6.8
第二产业(人)	Secondary Industry(person)	28100	28950	3.0
第三产业(人)	Tertiary Industry(person)	32800	34300	4.6
在岗职工人数(人)	Number of Staff & Workers Employed in(person)	15597	15837	1.5
乡村劳动力(人)	Number of Rural Laborers(person)	146657	160394	9.4
#农林牧渔业(人)	Farming,Forestry,Animal Husbandry & Fishery(person)	114730	124080	8.1
国民经济综合指标	**Summary Item on the National Economy**			
生产总值(万元)	Gross Domestic Product(10 000 yuan)	720989	907718	17.7
第一产业(万元)	Primary Industry(10 000 yuan)	142100	186721	12.9
第二产业(万元)	Secondary Industry(10 000 yuan)	270909	319151	17.4
#工业(万元)	Industry(10 000 yuan)	186558	241295	28.0
第三产业(万元)	Tertiary Industry(10 000 yuan)	307980	401846	20.2
人均生产总值(元)	Per Capita GDP(yuan)	20521	25572	16.3
全社会固定资产投资(万元)	Total Investment in Fixed Assets(10 000 yuan)	334792	428460	28.0
按登记注册类型分	Grouped by Registered Type			
#国有(万元)	State-owned Enterprises(10 000 yuan)	125165	146348	16.9
集体(万元)	Collective-owned Enterprises(10 000 yuan)	640	1520	137.5
有限责任公司(万元)	Limited Liability Corporations(10 000 yuan)	70091	102476	46.2
股份有限公司(万元)	Share Holding Enterprises(10 000 yuan)	59420	44200	-25.6
私营企业(万元)	Private Enterprises(10 000 yuan)	28626	60619	111.8
外商及港澳台投资企业(万元)	Funds from HK,Macao,Taiwan & Foreign(10 000 yuan)			
按城乡渠道分	Grouped by Urban and Rural Area			
城镇(万元)	Urban(10 000 yuan)	334792	427170	27.6
农村(万元)	Rural(10 000 yuan)		1290	
一般预算收入(万元)	General Budgetary Financial Revenue(10 000 yuan)	27681	54400	96.5
一般预算支出(万元)	General Budgetary Financial Expenditures(10 000 yuan)	57766	97079	68.1
城乡居民储蓄存款余额(万元)	Resident Saving Deposit in Urban & Rural(10 000 yuan)	112298	141984	26.4
在岗职工工资总额(万元)	Total Wages of Staff & Workers Empioyed in(10 000 yuan)	22397	27157	21.3
在岗职工平均工资(元)	Average Wage of Staff & Workers Employed in(yuan)	13844	16395	18.4
农牧民人均纯收入(元)	Per Capita Net Income of Peasant & Herdsman(yuan)	5881	6713	14.1
农村牧区经济	**Economic Development in Rural & Pastoral Area**			
耕地面积(公顷)	Cultivated Area(hectare)	114409	114472	0.1
农作物总播种面积(公顷)	Total Sown Area(hectare)	71842	76090	5.9
#粮食作物播种面积(公顷)	Sown Area of Grain Crops(hectare)	57512	61064	6.2
有效灌溉面积(公顷)	Irrigated Area(hectare)	83088	83088	0.0
农牧业机械总动力(万千瓦)	Total Power of Agricultural Machinery(10 000 kw)	40.64	42.50	4.6
化肥施用折纯量(吨)	Consumption of Chemical Fertilizer(ton)	13279	13540	2.0
农村用电量(万千瓦小时)	Electricity Consumed in Rural Area(10 000 kwh)	7835	7842	0.1
农林牧渔业总产值(万元)	Gross Output of Farming,Forestry,Animal Husbandry & Fishery(10 000 yuan)	239519	327064	16.4
粮食产量(吨)	Yield of Grain(ton)	393950	402063	2.1
油料产量(吨)	Yield of Oil-bearing Grops(ton)	4300	3621	-15.8
甜菜产量(吨)	Yield of Beetroots(ton)	19480	20085	3.1
猪牛羊肉产量(吨)	Output of Pork, Beef & Mutton(ton)	18052	16505	-8.6
#猪肉产量(吨)	Output of Pork(ton)	9029	6767	-25.1
牛肉产量(吨)	Output of Beef(ton)	6306	6782	7.5
羊肉产量(吨)	Output of Mutton(ton)	2717	2956	8.8
羊毛产量(吨)	Output of Wool(ton)	269	290	7.8

23-12 Tumotezuo Banner in Hohhot City

指 标	Item	2006	2007	2007年比上年增长% Increase Rate in 2007 Over 2006(%)
年末牲畜存栏头数(万头只)	Total Livestock at the Year-end(10 000 heads)	42.22	43.96	4.1
# 大牲畜(万头只)	Large Animals(10 000 heads)	22.18	23.99	8.2
羊(万只)	Sheep & Goats(10 000 heads)	15.56	15.25	-2.0
猪(万头)	Hogs(10 000 heads)	4.48	4.72	5.4
规模以上工业	**Industrial Enterprises above Designated size**			
工业企业单位数(个)	Number of Industrial Enterprises(unit)	25	29	16.0
# 内资企业(个)	Civil Funded Enterprises(unit)	22	25	13.6
工业总产值(万元)	Gross Industrial Output Value(10 000 yuan)	159074	265542	66.9
内资企业(万元)	Civil Funded Enterprises(10 000 yuan)	137845	240348	74.4
国有企业(万元)	State-owned Enterprises(10 000 yuan)	715		
集体企业(万元)	Collective-owned Enterprises(10 000 yuan)			
股份合作企业(万元)	Share Holding Enterprises(10 000 yuan)			
联营企业(万元)	Joint Owned Enterprises(10 000 yuan)			
有限责任公司(万元)	Limited Company(10 000 yuan)	62557	146224	133.7
股份有限公司(万元)	Share Holding Limited Company(10 000 yuan)			
私营企业(万元)	Privately Owned Enterprises(10 000 yuan)	74573	94124	26.2
其他企业(万元)	Enterprises of Other Ownership(10 000 yuan)			
港澳台商投资企业(万元)	Funds from HK,Macao & Taiwan(10 000 yuan)			
外商投资企业(万元)	Foreign Funded Enterprises(10 000 yuan)	21229	25194	18.7
工业企业增加值(万元)	Value Added of Industrial Enterprises(10 000 yuan)	54822	93737	50.2
工业企业资产总计(万元)	Total Assets of Industrial Enterprises(10 000 yuan)	166023	228626	37.7
工业企业负债合计(万元)	Total Liabilities of Industrial Enterprises(10 000 yuan)	86821	121845	40.3
工业企业产品销售收入(万元)	Sales of Revenue Industrial Enterprises(10 000 yuan)	154580	254125	64.4
工业企业利润总额(万元)	Total Profits of Industrial Enterprises(10 000 yuan)	9287	19076	105.4
建筑业	**Construction**			
建筑企业单位数(个)	Number of Construction Enterprises(unit)	3	3	0.0
建筑企业从业人员(人)	Number of Employee in Construction Enterprises(person)	511	511	0.0
建筑业总产值(万元)	Gross Construction Output Value(10 000 yuan)	3105	6200	99.7
交通运输邮电通信业	**Transportation,Post & Telecommunications**			
公路里程(公里)	Total Length of Highways(km)	1114	1215	9.1
邮电业务总量(万元)	Business Volume of Post & Telecoms(10 000 yuan)	6015	11589	92.7
本地电话用户(户)	Number of Subscribers of Local Telephone(Household)	39678	35033	-11.7
国内贸易	**Demestic Trade**			
社会消费品零售总额(万元)	Total Retail Sales of Consumer Goods(10 000 yuan)	158420	186813	17.9
# 贸易业(万元)	Wholesale & Retail Sales Trades(10 000 yuan)	131001	138157	5.5
餐饮业(万元)	Catering Trade(10 000 yuan)	26222	47314	80.4
科技教育卫生	**Science,Education & Public Health**			
各类专业技术人员(人)	Speccial Technical Personnel(person)	4679	4547	-2.8
幼儿园数(所)	Number of Kindergartens(unit)	9	9	0.0
学龄儿童入学率(%)	Percentage of School-Age Children Enrolled(%)	100.0	100.0	0.0
小学学校数(所)	Number of Primary Schools(unit)	129	95	-26.4
小学专任教师数(人)	Number of Full-time Teachers of Primary Schools(person)	1772	1788	0.9
小学在校学生数(人)	Number of Student Enrollment of Primary Schools(person)	25680	23713	-7.7
普通中学学校数(所)	Number of Regular Secondary Schools(unit)	21	18	-14.3
普通中学专任教师数(人)	Number of Teachers of Secondary Shools(person)	886	911	2.8
初中在校学生数(人)	Number of Student in Junior Secondary Schools(person)	11591	12396	6.9
高中在校学生数(人)	Number of Student in Senior Secondary Schools(person)	6591	5756	-12.7
卫生机构数(所)	Number of Health Institutions(unit)	26	26	0.0
# 医院(所)	Hospitals(unit)	2	2	0.0
卫生院(所)	Township Hospitals(unit)	16	16	0.0
床位数(张)	Number of Beds(unit)	324	321	-0.9
# 医院(张)	Hospitals(unit)	140	140	0.0
卫生院(张)	Township Hospitals(unit)	164	161	-1.8
卫生技术人员(人)	Medical Technical Presonnel(person)	513	535	4.3
# 医院(人)	Hospitals(person)	189	223	18.0
卫生院(人)	Township Hospitals(person)	222	211	-5.0

23-13 呼和浩特市托克托县

指 标	Item	2006	2007	2007年比上年增长% Increase Rate in 2007 Over 2006(%)
行政区域土地面积(平方公里)	**Area of Administration(Sq.km)**	**1313**	**1313**	**0.0**
人口和就业	**Population & Employment**			
年末总人口(人)	Total Population Year-end(person)	196827	199921	1.6
# 男性(人)	Male(person)	101883	102102	0.2
# 乡村人口(人)	Rural(person)	148861	151235	1.6
年末总户数(户)	Total Number of Households at the Year-end(Household)	64699	66597	2.9
# 乡村户数(户)	Number of Rural Household(Household)	39097	39749	1.7
出生人口(人)	Births(person)	2163	2775	28.3
死亡人口(人)	Deaths(person)	624	2414	286.9
全社会就业人员(人)	Employment(person)	111815	115678	3.5
第一产业(人)	Primary Industry(person)	57468	58094	1.1
第二产业(人)	Secondary Industry(person)	24424	24669	1.0
第三产业(人)	Tertiary Industry(person)	29923	32915	10.0
在岗职工人数(人)	Number of Staff & Workers Employed in(person)	14199	15327	7.9
乡村劳动力(人)	Number of Rural Laborers(person)	83354	88056	5.6
# 农林牧渔业(人)	Farming,Forestry,Animal Husbandry & Fishery(person)	57468	58094	1.1
国民经济综合指标	**Summary Item on the National Economy**			
生产总值(万元)	Gross Domestic Product(10 000 yuan)	830916	1122819	22.3
第一产业(万元)	Primary Industry(10 000 yuan)	77005	97422	8.7
第二产业(万元)	Secondary Industry(10 000 yuan)	607027	839705	24.6
# 工业(万元)	Industry(10 000 yuan)	532117	784946	31.5
第三产业(万元)	Tertiary Industry(10 000 yuan)	146884	185692	20.2
人均生产总值(元)	Per Capita GDP(yuan)	42216	56169	22.1
全社会固定资产投资(万元)	Total Investment in Fixed Assets(10 000 yuan)	401720	310192	-22.8
按登记注册类型分	Grouped by Registered Type			
# 国有(万元)	State-owned Enterprises(10 000 yuan)	85372	64930	-23.9
集体(万元)	Collective-owned Enterprises(10 000 yuan)	4890	7453	52.4
有限责任公司(万元)	Limited Liability Corporations(10 000 yuan)	292153	221764	-24.1
股份有限公司(万元)	Share Holding Enterprises(10 000 yuan)	13375		
私营企业(万元)	Private Enterprises(10 000 yuan)	2180	3372	54.7
外商及港澳台投资企业(万元)	Funds from HK,Macao,Taiwan & Foreign(10 000 yuan)	2950	11633	294.3
按城乡渠道分	Grouped by Urban and Rural Area			
城镇（万元）	Urban(10 000 yuan)	400920	305552	-23.8
农村（万元）	Rural(10 000 yuan)	800	4640	480.0
一般预算收入(万元)	General Budgetary Financial Revenue(10 000 yuan)	48172	49551	2.9
一般预算支出(万元)	General Budgetary Financial Expenditures(10 000 yuan)	67591	79498	17.6
城乡居民储蓄存款余额(万元)	Resident Saving Deposit in Urban & Rural(10 000 yuan)	91384	116017	27.0
在岗职工工资总额(万元)	Total Wages of Staff & Workers Empioyed in(10 000 yuan)	30136	39606	31.4
在岗职工平均工资(元)	Average Wage of Staff & Workers Employed in(yuan)	19841	25840	30.2
农牧民人均纯收入(元)	Per Capita Net Income of Peasant & Herdsman(yuan)	5513	6353	15.2
农村牧区经济	**Economic Development in Rural & Pastoral Area**			
耕地面积(公顷)	Cultivated Area(hectare)	42813	42793	0.0
农作物总播种面积(公顷)	Total Sown Area(hectare)	49102	50416	2.7
# 粮食作物播种面积(公顷)	Sown Area of Grain Crops(hectare)	35215	35762	1.6
有效灌溉面积(公顷)	Irrigated Area(hectare)	32687	33255	1.7
农牧业机械总动力(万千瓦)	Total Power of Agricultural Machinery(10 000 kw)	19.30	24.90	29.0
化肥施用折纯量(吨)	Consumption of Chemical Fertilizer(ton)	30863	32227	4.4
农村用电量(万千瓦小时)	Electricity Consumed in Rural Area(10 000 kwh)	4737	5173	9.2
农林牧渔业总产值(万元)	Gross Output of Farming,Forestry,Animal Husbandry & Fishery(10 000 yuan)	131358	170686	10.8
粮食产量(吨)	Yield of Grain(ton)	195052	201667	3.4
油料产量(吨)	Yield of Oil-bearing Grops(ton)	5475	5533	1.1
甜菜产量(吨)	Yield of Beetroots(ton)	11220	18380	63.8
猪牛羊肉产量(吨)	Output of Pork, Beef & Mutton(ton)	10367	9403	-9.3
# 猪肉产量(吨)	Output of Pork(ton)	5049	3818	-24.4
牛肉产量(吨)	Output of Beef(ton)	2872	3005	4.6
羊肉产量(吨)	Output of Mutton(ton)	2446	2580	5.5
羊毛产量(吨)	Output of Wool(ton)	713	896	25.7

23-13 Tuoketuo County in Hohhot City

指 标	Item	2006	2007	2007年比上年增长% Increase Rate in 2007 Over 2006(%)
年末牲畜存栏头数(万头只)	Total Livestock at the Year-end(10 000 heads)	26.86	27.47	2.3
# 大牲畜(万头只)	Large Animals(10 000 heads)	9.66	10.43	8.0
羊(万只)	Sheep & Goats(10 000 heads)	15.42	15.17	-1.6
猪(万头)	Hogs(10 000 heads)	1.78	1.87	5.1
规模以上工业	**Industrial Enterprises above Designated size**			
工业企业单位数(个)	Number of Industrial Enterprises(unit)	22	23	4.5
# 内资企业(个)	Civil Funded Enterprises(unit)	20	19	-5.0
工业总产值(万元)	Gross Industrial Output Value(10 000 yuan)	1086506	1581721	45.6
内资企业(万元)	Civil Funded Enterprises(10 000 yuan)	964381	1327172	37.6
国有企业(万元)	State-owned Enterprises(10 000 yuan)	28922	3353	-88.4
集体企业(万元)	Collective-owned Enterprises(10 000 yuan)			
股份合作企业(万元)	Share Holding Enterprises(10 000 yuan)	3171	3025	-4.6
联营企业(万元)	Joint Owned Enterprises(10 000 yuan)			
有限责任公司(万元)	Limited Company(10 000 yuan)	841518	1215561	44.4
股份有限公司(万元)	Share Holding Limited Company(10 000 yuan)			
私营企业(万元)	Privately Owned Enterprises(10 000 yuan)	90770	105233	15.9
其他企业(万元)	Enterprises of Other Ownership(10 000 yuan)			
港澳台商投资企业(万元)	Funds from HK,Macao & Taiwan(10 000 yuan)	122125	220855	80.8
外商投资企业(万元)	Foreign Funded Enterprises(10 000 yuan)		33694	
工业企业增加值(万元)	Value Added of Industrial Enterprises(10 000 yuan)	490543	741044	33.0
工业企业资产总计(万元)	Total Assets of Industrial Enterprises(10 000 yuan)	1883031	2118856	12.5
工业企业负债合计(万元)	Total Liabilities of Industrial Enterprises(10 000 yuan)	1420373	1582729	11.4
工业企业产品销售收入(万元)	Sales of Revenue Industrial Enterprises(10 000 yuan)	1043752	1532401	46.8
工业企业利润总额(万元)	Total Profits of Industrial Enterprises(10 000 yuan)	224658	381534	69.8
建筑业	**Construction**			
建筑企业单位数(个)	Number of Construction Enterprises(unit)	6	6	0.0
建筑企业从业人员(人)	Number of Employee in Construction Enterprises(person)	1218	2144	76.0
建筑业总产值(万元)	Gross Construction Output Value(10 000 yuan)	21434	25293	18.0
交通运输邮电通信业	**Transportation,Post & Telecommunications**			
公路里程(公里)	Total Length of Highways(km)	910	931	2.3
邮电业务总量(万元)	Business Volume of Post & Telecoms(10 000 yuan)	2076	390	-81.2
本地电话用户(户)	Number of Subscribers of Local Telephone(Household)	27567	24438	-11.4
国内贸易	**Demestic Trade**			
社会消费品零售总额(万元)	Total Retail Sales of Consumer Goods(10 000 yuan)	127592	151081	18.4
# 贸易业(万元)	Wholesale & Retail Sales Trades(10 000 yuan)	116792	141267	21.0
餐饮业(万元)	Catering Trade(10 000 yuan)	9881	9814	-0.7
科技教育卫生	**Science,Education & Public Health**			
各类专业技术人员(人)	Speccial Technical Personnel(person)	4494	4039	-10.1
幼儿园数(所)	Number of Kindergartens(unit)	7	8	14.3
学龄儿童入学率(%)	Percentage of School-Age Children Enrolled(%)	100.0	100.0	0.0
小学学校数(所)	Number of Primary Schools(unit)	91	73	-19.8
小学专任教师数(人)	Number of Full-time Teachers of Primary Schools(person)	936	750	-19.9
小学在校学生数(人)	Number of Student Enrollment of Primary Schools(person)	15453	14317	-7.4
普通中学学校数(所)	Number of Regular Secondary Schools(unit)	6	6	0.0
普通中学专任教师数(人)	Number of Teachers of Secondary Shools(person)	729	664	-8.9
初中在校学生数(人)	Number of Student in Junior Secondary Schools(person)	9985	9274	-7.1
高中在校学生数(人)	Number of Student in Senior Secondary Schools(person)	4929	4778	-3.1
卫生机构数(所)	Number of Health Institutions(unit)	13	12	-7.7
# 医院(所)	Hospitals(unit)	2	2	0.0
卫生院(所)	Township Hospitals(unit)	9	9	0.0
床位数(张)	Number of Beds(unit)	243	230	-5.3
# 医院(张)	Hospitals(unit)	130	153	17.7
卫生院(张)	Township Hospitals(unit)	98	77	-21.4
卫生技术人员(人)	Medical Technical Presonnel(person)	461	445	-3.5
# 医院(人)	Hospitals(person)	126	182	44.4
卫生院(人)	Township Hospitals(person)	167	180	7.8

23-14 呼和浩特市和林格尔县

指 标	Item	2006	2007	2007年比上年增长% Increase Rate in 2007 Over 2006(%)
行政区域土地面积(平方公里)	**Area of Administration(Sq.km)**	**3401**	**3401**	**0.0**
人口和就业	**Population & Employment**			
年末总人口(人)	Total Population Year-end(person)	186902	190950	2.2
# 男性(人)	Male(person)	99091	101103	2.0
# 乡村人口(人)	Rural(person)	152266	152066	-0.1
年末总户数(户)	Total Number of Households at the Year-end(Household)	57169	59493	4.1
# 乡村户数(户)	Number of Rural Household(Household)	38849	39087	0.6
出生人口(人)	Births(person)	1189	3269	174.9
死亡人口(人)	Deaths(person)	550	417	-24.2
全社会就业人员(人)	Employment(person)	100291	105573	5.3
第一产业(人)	Primary Industry(person)	64416	64708	0.5
第二产业(人)	Secondary Industry(person)	16610	18886	13.7
第三产业(人)	Tertiary Industry(person)	19265	21979	14.1
在岗职工人数(人)	Number of Staff & Workers Employed in(person)	17667	18434	4.3
乡村劳动力(人)	Number of Rural Laborers(person)	78349	77134	-1.6
# 农林牧渔业(人)	Farming,Forestry,Animal Husbandry & Fishery(person)	64416	64708	0.5
国民经济综合指标	**Summary Item on the National Economy**			
生产总值(万元)	Gross Domestic Product(10 000 yuan)	786196	919892	14.5
第一产业(万元)	Primary Industry(10 000 yuan)	94270	117933	9.0
第二产业(万元)	Secondary Industry(10 000 yuan)	533742	602884	15.0
# 工业(万元)	Industry(10 000 yuan)	451281	541121	21.9
第三产业(万元)	Tertiary Industry(10 000 yuan)	158184	199075	16.0
人均生产总值(元)	Per Capita GDP(yuan)	43365	48691	12.5
全社会固定资产投资(万元)	Total Investment in Fixed Assets(10 000 yuan)	518546	512087	-1.2
按登记注册类型分	Grouped by Registered Type			
# 国有(万元)	State-owned Enterprises(10 000 yuan)	327424	336022	2.6
集体(万元)	Collective-owned Enterprises(10 000 yuan)			
有限责任公司(万元)	Limited Liability Corporations(10 000 yuan)	87372	68654	-21.4
股份有限公司(万元)	Share Holding Enterprises(10 000 yuan)		3900	
私营企业(万元)	Private Enterprises(10 000 yuan)			
外商及港澳台投资企业(万元)	Funds from HK,Macao,Taiwan & Foreign(10 000 yuan)	94750	103411	9.1
按城乡渠道分	Grouped by Urban and Rural Area			
城镇(万元)	Urban(10 000 yuan)	503614	496098	-1.5
农村(万元)	Rural(10 000 yuan)	14932	15989	7.1
一般预算收入(万元)	General Budgetary Financial Revenue(10 000 yuan)	26401	36502	38.3
一般预算支出(万元)	General Budgetary Financial Expenditures(10 000 yuan)	51095	69827	36.7
城乡居民储蓄存款余额(万元)	Resident Saving Deposit in Urban & Rural(10 000 yuan)	80091	97451	21.7
在岗职工工资总额(万元)	Total Wages of Staff & Workers Employed in(10 000 yuan)	25295	31152	23.2
在岗职工平均工资(元)	Average Wage of Staff & Workers Employed in(yuan)	15211	17608	15.8
农牧民人均纯收入(元)	Per Capita Net Income of Peasant & Herdsman(yuan)	5082	5873	15.6
农村牧区经济	**Economic Development in Rural & Pastoral Area**			
耕地面积(公顷)	Cultivated Area(hectare)	105842	105842	0.0
农作物总播种面积(公顷)	Total Sown Area(hectare)	70242	70961	1.0
# 粮食作物播种面积(公顷)	Sown Area of Grain Crops(hectare)	50296	51464	2.3
有效灌溉面积(公顷)	Irrigated Area(hectare)	17820	18012	1.1
农牧业机械总动力(万千瓦)	Total Power of Agricultural Machinery(10 000 kw)	31.21	32.76	5.0
化肥施用折纯量(吨)	Consumption of Chemical Fertilizer(ton)	6294	8139	29.3
农村用电量(万千瓦小时)	Electricity Consumed in Rural Area(10 000 kwh)	3085	4196	36.0
农林牧渔业总产值(万元)	Gross Output of Farming,Forestry,Animal Husbandry & Fishery(10 000 yuan)	156625	206573	12.4
粮食产量(吨)	Yield of Grain(ton)	178601	182455	2.2
油料产量(吨)	Yield of Oil-bearing Grops(ton)	4282	4295	0.3
甜菜产量(吨)	Yield of Beetroots(ton)			
猪牛羊肉产量(吨)	Output of Pork, Beef & Mutton(ton)	15739	16164	2.7
# 猪肉产量(吨)	Output of Pork(ton)	3168	2404	-24.1
牛肉产量(吨)	Output of Beef(ton)	3506	4004	14.2
羊肉产量(吨)	Output of Mutton(ton)	9065	9756	7.6
羊毛产量(吨)	Output of Wool(ton)	1486	1207	-18.8

23-14 Helingeer County in Hohhot City

指 标	Item	2006	2007	2007年比上年增长% Increase Rate in 2007 Over 2006(%)
年末牲畜存栏头数(万头只)	Total Livestock at the Year-end(10 000 heads)	47.15	47.79	1.4
#大牲畜(万头只)	Large Animals(10 000 heads)	13.29	14.23	7.1
羊(万只)	Sheep & Goats(10 000 heads)	31.15	30.65	-1.6
猪(万头)	Hogs(10 000 heads)	2.71	2.91	7.4
规模以上工业	**Industrial Enterprises above Designated size**			
工业企业单位数(个)	Number of Industrial Enterprises(unit)	18	20	11.1
#内资企业(个)	Civil Funded Enterprises(unit)	12	16	33.3
工业总产值(万元)	Gross Industrial Output Value(10 000 yuan)	1294310	1556813	20.3
内资企业(万元)	Civil Funded Enterprises(10 000 yuan)	303215	544773	79.7
国有企业(万元)	State-owned Enterprises(10 000 yuan)			
集体企业(万元)	Collective-owned Enterprises(10 000 yuan)			
股份合作企业(万元)	Share Holding Enterprises(10 000 yuan)			
联营企业(万元)	Joint Owned Enterprises(10 000 yuan)			
有限责任公司(万元)	Limited Company(10 000 yuan)	4100	100317	2346.8
股份有限公司(万元)	Share Holding Limited Company(10 000 yuan)			
私营企业(万元)	Privately Owned Enterprises(10 000 yuan)	299115	444456	48.6
其他企业(万元)	Enterprises of Other Ownership(10 000 yuan)			
港澳台商投资企业(万元)	Funds from HK,Macao & Taiwan(10 000 yuan)			
外商投资企业(万元)	Foreign Funded Enterprises(10 000 yuan)	991095	1012040	2.1
工业企业增加值(万元)	Value Added of Industrial Enterprises(10 000 yuan)	417811	503631	20.2
工业企业资产总计(万元)	Total Assets of Industrial Enterprises(10 000 yuan)	693016	756173	9.1
工业企业负债合计(万元)	Total Liabilities of Industrial Enterprises(10 000 yuan)	259739	338371	30.3
工业企业产品销售收入(万元)	Sales of Revenue Industrial Enterprises(10 000 yuan)	1226652	1488855	21.4
工业企业利润总额(万元)	Total Profits of Industrial Enterprises(10 000 yuan)	62981	93017	47.7
建筑业	**Construction**			
建筑企业单位数(个)	Number of Construction Enterprises(unit)	2	2	0.0
建筑企业从业人员(人)	Number of Employee in Construction Enterprises(person)	238	113	-52.5
建筑业总产值(万元)	Gross Construction Output Value(10 000 yuan)	2490	2713	9.0
交通运输邮电通信业	**Transportation,Post & Telecommunications**			
公路里程(公里)	Total Length of Highways(km)	650	650	0.0
邮电业务总量(万元)	Business Volume of Post & Telecoms(10 000 yuan)	6400	7680	20.0
本地电话用户(户)	Number of Subscribers of Local Telephone(Household)	25652	23400	-8.8
国内贸易	**Demestic Trade**			
社会消费品零售总额(万元)	Total Retail Sales of Consumer Goods(10 000 yuan)	64669	82069	26.9
#贸易业(万元)	Wholesale & Retail Sales Trades(10 000 yuan)	50168	61438	22.5
餐饮业(万元)	Catering Trade(10 000 yuan)	13175	19214	45.8
科技教育卫生	**Science,Education & Public Health**			
各类专业技术人员(人)	Speccial Technical Personnel(person)	2462	2563	4.1
幼儿园数(所)	Number of Kindergartens(unit)	2	2	0.0
学龄儿童入学率(%)	Percentage of School-Age Children Enrolled(%)	99.6	99.8	0.2
小学学校数(所)	Number of Primary Schools(unit)	97	78	-19.6
小学专任教师数(人)	Number of Full-time Teachers of Primary Schools(person)	659	657	-0.3
小学在校学生数(人)	Number of Student Enrollment of Primary Schools(person)	9527	11416	19.8
普通中学学校数(所)	Number of Regular Secondary Schools(unit)	6	6	0.0
普通中学专任教师数(人)	Number of Teachers of Secondary Shools(person)	593	615	3.7
初中在校学生数(人)	Number of Student in Junior Secondary Schools(person)	9660	7329	-24.1
高中在校学生数(人)	Number of Student in Senior Secondary Schools(person)	3955	4383	10.8
卫生机构数(所)	Number of Health Institutions(unit)	17	17	0.0
#医院(所)	Hospitals(unit)	1	1	0.0
卫生院(所)	Township Hospitals(unit)	13	13	0.0
床位数(张)	Number of Beds(unit)	226	246	8.8
#医院(张)	Hospitals(unit)	100	120	20.0
卫生院(张)	Township Hospitals(unit)	117	117	0.0
卫生技术人员(人)	Medical Technical Presonnel(person)	417	437	4.8
#医院(人)	Hospitals(person)	110	110	0.0
卫生院(人)	Township Hospitals(person)	216	236	9.3

23-15 呼和浩特市清水河县

指 标	Item	2006	2007	2007年比上年增长% Increase Rate in 2007 Over 2006(%)
行政区域土地面积(平方公里)	**Area of Administration(Sq.km)**	**2859**	**2859**	**0.0**
人口和就业	**Population & Employment**			
年末总人口(人)	Total Population Year-end(person)	133236	141942	6.5
#男性(人)	Male(person)	69598	73735	5.9
#乡村人口(人)	Rural(person)	97156	96956	-0.2
年末总户数(户)	Total Number of Households at the Year-end(Household)	40397	42075	4.2
#乡村户数(户)	Number of Rural Household(Household)	24820	25119	1.2
出生人口(人)	Births(person)	762	5405	609.3
死亡人口(人)	Deaths(person)	370	581	57.0
全社会就业人员(人)	Employment(person)	56370	58711	4.2
第一产业(人)	Primary Industry(person)	33149	34965	5.5
第二产业(人)	Secondary Industry(person)	11767	11968	1.7
第三产业(人)	Tertiary Industry(person)	11454	11778	2.8
在岗职工人数(人)	Number of Staff & Workers Employed in(person)	6090	7647	25.6
乡村劳动力(人)	Number of Rural Laborers(person)	44915	48826	8.7
#农林牧渔业(人)	Farming,Forestry,Animal Husbandry & Fishery(person)	33149	34965	5.5
国民经济综合指标	**Summary Item on the National Economy**			
生产总值(万元)	Gross Domestic Product(10 000 yuan)	160008	220976	24.8
第一产业(万元)	Primary Industry(10 000 yuan)	41758	47712	3.0
第二产业(万元)	Secondary Industry(10 000 yuan)	46675	84103	61.2
#工业(万元)	Industry(10 000 yuan)	34308	56265	47.7
第三产业(万元)	Tertiary Industry(10 000 yuan)	71575	89161	16.7
人均生产总值(元)	Per Capita GDP(yuan)	11850	16062	17.2
全社会固定资产投资(万元)	Total Investment in Fixed Assets(10 000 yuan)	55449	125302	126.0
按登记注册类型分	Grouped by Registered Type			
#国有(万元)	State-owned Enterprises(10 000 yuan)	25844	87369	238.1
集体(万元)	Collective-owned Enterprises(10 000 yuan)			
有限责任公司(万元)	Limited Liability Corporations(10 000 yuan)	29605	33473	13.1
股份有限公司(万元)	Share Holding Enterprises(10 000 yuan)			
私营企业(万元)	Private Enterprises(10 000 yuan)		4360	
外商及港澳台投资企业(万元)	Funds from HK,Macao,Taiwan & Foreign(10 000 yuan)			
按城乡渠道分	Grouped by Urban and Rural Area			
城镇(万元)	Urban(10 000 yuan)	55449	119560	115.6
农村(万元)	Rural(10 000 yuan)		5742	
一般预算收入(万元)	General Budgetary Financial Revenue(10 000 yuan)	5953	8363	40.5
一般预算支出(万元)	General Budgetary Financial Expenditures(10 000 yuan)	22929	30679	33.8
城乡居民储蓄存款余额(万元)	Resident Saving Deposit in Urban & Rural(10 000 yuan)	81008	92158	13.8
在岗职工工资总额(万元)	Total Wages of Staff & Workers Empioyed in(10 000 yuan)	9836	13739	39.7
在岗职工平均工资(元)	Average Wage of Staff & Workers Employed in(yuan)	13992	17857	27.6
农牧民人均纯收入(元)	Per Capita Net Income of Peasant & Herdsman(yuan)	3785	4364	15.3
农村牧区经济	**Economic Development in Rural & Pastoral Area**			
耕地面积(公顷)	Cultivated Area(hectare)	65324	65324	0.0
农作物总播种面积(公顷)	Total Sown Area(hectare)	58771	60964	3.7
#粮食作物播种面积(公顷)	Sown Area of Grain Crops(hectare)	42951	45373	5.6
有效灌溉面积(公顷)	Irrigated Area(hectare)	3178	3178	0.0
农牧业机械总动力(万千瓦)	Total Power of Agricultural Machinery(10 000 kw)	6.90	7.70	11.6
化肥施用折纯量(吨)	Consumption of Chemical Fertilizer(ton)	10353	10925	5.5
农村用电量(万千瓦小时)	Electricity Consumed in Rural Area(10 000 kwh)	732	823	12.4
农林牧渔业总产值(万元)	Gross Output of Farming,Forestry,Animal Husbandry & Fishery(10 000 yuan)	69280	83573	2.8
粮食产量(吨)	Yield of Grain(ton)	70491	92593	31.4
油料产量(吨)	Yield of Oil-bearing Grops(ton)	9234	8962	-2.9
甜菜产量(吨)	Yield of Beetroots(ton)			
猪牛羊肉产量(吨)	Output of Pork, Beef & Mutton(ton)	7279	6579	-9.6
#猪肉产量(吨)	Output of Pork(ton)	2134	1632	-23.5
牛肉产量(吨)	Output of Beef(ton)	805	301	-62.6
羊肉产量(吨)	Output of Mutton(ton)	4340	4646	7.1
羊毛产量(吨)	Output of Wool(ton)	260	494	90.0

23-15 Qingshuihe County in Hohhot City

指 标	Item	2006	2007	2007年比上年增长% Increase Rate in 2007 Over 2006(%)
年末牲畜存栏头数(万头只)	Total Livestock at the Year-end(10 000 heads)	28.10	28.01	-0.3
# 大牲畜(万头只)	Large Animals(10 000 heads)	2.15	2.28	6.0
羊(万只)	Sheep & Goats(10 000 heads)	23.07	22.70	-1.6
猪(万头)	Hogs(10 000 heads)	2.88	3.03	5.2
规模以上工业	**Industrial Enterprises above Designated size**			
工业企业单位数(个)	Number of Industrial Enterprises(unit)	15	15	0.0
# 内资企业(个)	Civil Funded Enterprises(unit)	14	14	0.0
工业总产值(万元)	Gross Industrial Output Value(10 000 yuan)	59657	96102	61.6
内资企业(万元)	Civil Funded Enterprises(10 000 yuan)	56699	92643	63.4
国有企业(万元)	State-owned Enterprises(10 000 yuan)	181		
集体企业(万元)	Collective-owned Enterprises(10 000 yuan)	1259	2495	98.2
股份合作企业(万元)	Share Holding Enterprises(10 000 yuan)			
联营企业(万元)	Joint Owned Enterprises(10 000 yuan)			
有限责任公司(万元)	Limited Company(10 000 yuan)	11185	24180	116.2
股份有限公司(万元)	Share Holding Limited Company(10 000 yuan)	21002	45628	117.3
私营企业(万元)	Privately Owned Enterprises(10 000 yuan)	23072	20340	-11.8
其他企业(万元)	Enterprises of Other Ownership(10 000 yuan)			
港澳台商投资企业(万元)	Funds from HK,Macao & Taiwan(10 000 yuan)	2958		
外商投资企业(万元)	Foreign Funded Enterprises(10 000 yuan)		3459	
工业企业增加值(万元)	Value Added of Industrial Enterprises(10 000 yuan)	25555	45128	47.6
工业企业资产总计(万元)	Total Assets of Industrial Enterprises(10 000 yuan)	91166	82754	-9.2
工业企业负债合计(万元)	Total Liabilities of Industrial Enterprises(10 000 yuan)	49315	54923	11.4
工业企业产品销售收入(万元)	Sales of Revenue Industrial Enterprises(10 000 yuan)	61252	87352	42.6
工业企业利润总额(万元)	Total Profits of Industrial Enterprises(10 000 yuan)	1228	3434	179.6
建筑业	**Construction**			
建筑企业单位数(个)	Number of Construction Enterprises(unit)	1	1	0.0
建筑企业从业人员(人)	Number of Employee in Construction Enterprises(person)	180	225	25.0
建筑业总产值(万元)	Gross Construction Output Value(10 000 yuan)	971	1945	100.3
交通运输邮电通信业	**Transportation,Post & Telecommunications**			
公路里程(公里)	Total Length of Highways(km)	721	729	1.1
邮电业务总量(万元)	Business Volume of Post & Telecoms(10 000 yuan)	4262	3933	-7.7
本地电话用户(户)	Number of Subscribers of Local Telephone(Household)	13093	9989	-23.7
国内贸易	**Demestic Trade**			
社会消费品零售总额(万元)	Total Retail Sales of Consumer Goods(10 000 yuan)	18253	21725	19.0
# 贸易业(万元)	Wholesale & Retail Sales Trades(10 000 yuan)	14909	18522	24.2
餐饮业(万元)	Catering Trade(10 000 yuan)	3228	3070	-4.9
科技教育卫生	**Science,Education & Public Health**			
各类专业技术人员(人)	Speccial Technical Personnel(person)	3016	3037	0.7
幼儿园数(所)	Number of Kindergartens(unit)	2	3	50.0
学龄儿童入学率(%)	Percentage of School-Age Children Enrolled(%)	100.0	100.0	0.0
小学学校数(所)	Number of Primary Schools(unit)	94	102	8.5
小学专任教师数(人)	Number of Full-time Teachers of Primary Schools(person)	694	727	4.8
小学在校学生数(人)	Number of Student Enrollment of Primary Schools(person)	10273	9180	-10.6
普通中学学校数(所)	Number of Regular Secondary Schools(unit)	7	8	14.3
普通中学专任教师数(人)	Number of Teachers of Secondary Shools(person)	389	390	0.3
初中在校学生数(人)	Number of Student in Junior Secondary Schools(person)	5353	6326	18.2
高中在校学生数(人)	Number of Student in Senior Secondary Schools(person)	1889	2708	43.4
卫生机构数(所)	Number of Health Institutions(unit)	18	18	0.0
# 医院(所)	Hospitals(unit)	1	1	0.0
卫生院(所)	Township Hospitals(unit)	14	14	0.0
床位数(张)	Number of Beds(unit)	200	198	-1.0
# 医院(张)	Hospitals(unit)	100	118	18.0
卫生院(张)	Township Hospitals(unit)	100	80	-20.0
卫生技术人员(人)	Medical Technical Presonnel(person)	349	353	1.1
# 医院(人)	Hospitals(person)	81	91	12.3
卫生院(人)	Township Hospitals(person)	102	102	0.0

23-16 呼和浩特市武川县

指 标	Item	2006	2007	2007年比上年增长% Increase Rate in 2007 Over 2006(%)
行政区域土地面积(平方公里)	**Area of Administration(Sq.km)**	**4885**	**4885**	**0.0**
人口和就业	**Population & Employment**			
年末总人口(人)	Total Population Year-end(person)	173065	174452	0.8
#男性(人)	Male(person)	92039	92489	0.5
#乡村人口(人)	Rural(person)	132118	131477	-0.5
年末总户数(户)	Total Number of Households at the Year-end(Household)	52207	53575	2.6
#乡村户数(户)	Number of Rural Household(Household)	33458	34673	3.6
出生人口(人)	Births(person)	1430	1887	32.0
死亡人口(人)	Deaths(person)	1698	500	-70.6
全社会就业人员(人)	Employment(person)	87045	87343	0.3
第一产业(人)	Primary Industry(person)	65084	65293	0.3
第二产业(人)	Secondary Industry(person)	8178	8480	3.7
第三产业(人)	Tertiary Industry(person)	13783	13570	-1.5
在岗职工人数(人)	Number of Staff & Workers Employed in(person)	8523	8782	3.0
乡村劳动力(人)	Number of Rural Laborers(person)	77119	75561	-2.0
#农林牧渔业(人)	Farming,Forestry,Animal Husbandry & Fishery(person)	65084	65293	0.3
国民经济综合指标	**Summary Item on the National Economy**			
生产总值(万元)	Gross Domestic Product(10 000 yuan)	240790	297151	18.9
第一产业(万元)	Primary Industry(10 000 yuan)	46496	32508	-39.3
第二产业(万元)	Secondary Industry(10 000 yuan)	128562	183335	41.4
#工业(万元)	Industry(10 000 yuan)	96148	149041	52.6
第三产业(万元)	Tertiary Industry(10 000 yuan)	65732	81308	16.7
人均生产总值(元)	Per Capita GDP(yuan)	13956	17093	17.3
全社会固定资产投资(万元)	Total Investment in Fixed Assets(10 000 yuan)	236009	235288	-0.3
按登记注册类型分	Grouped by Registered Type			
#国有(万元)	State-owned Enterprises(10 000 yuan)	60445	60921	0.8
集体(万元)	Collective-owned Enterprises(10 000 yuan)	100	3670	3570.0
有限责任公司(万元)	Limited Liability Corporations(10 000 yuan)	10030	100	-99.0
股份有限公司(万元)	Share Holding Enterprises(10 000 yuan)	162444	162905	0.3
私营企业(万元)	Private Enterprises(10 000 yuan)	2360	3892	64.9
外商及港澳台投资企业(万元)	Funds from HK,Macao,Taiwan & Foreign(10 000 yuan)	300	3700	1133.3
按城乡渠道分	Grouped by Urban and Rural Area			
城镇(万元)	Urban(10 000 yuan)	215237	233288	8.4
农村(万元)	Rural(10 000 yuan)	20772	2000	-90.4
一般预算收入(万元)	General Budgetary Financial Revenue(10 000 yuan)	5788	6474	11.9
一般预算支出(万元)	General Budgetary Financial Expenditures(10 000 yuan)	27797	37307	34.2
城乡居民储蓄存款余额(万元)	Resident Saving Deposit in Urban & Rural(10 000 yuan)	70655	82070	16.2
在岗职工工资总额(万元)	Total Wages of Staff & Workers Empioyed in(10 000 yuan)	12043	14312	18.8
在岗职工平均工资(元)	Average Wage of Staff & Workers Employed in(yuan)	14627	16504	12.8
农牧民人均纯收入(元)	Per Capita Net Income of Peasant & Herdsman(yuan)	3079	3080	0.0
农村牧区经济	**Economic Development in Rural & Pastoral Area**			
耕地面积(公顷)	Cultivated Area(hectare)	148667	148667	0.0
农作物总播种面积(公顷)	Total Sown Area(hectare)	135377	134270	-0.8
#粮食作物播种面积(公顷)	Sown Area of Grain Crops(hectare)	91883	92256	0.4
有效灌溉面积(公顷)	Irrigated Area(hectare)	12000	12330	2.8
农牧业机械总动力(万千瓦)	Total Power of Agricultural Machinery(10 000 kw)	25.20	25.37	0.7
化肥施用折纯量(吨)	Consumption of Chemical Fertilizer(ton)	10412	9700	-6.8
农村用电量(万千瓦小时)	Electricity Consumed in Rural Area(10 000 kwh)	2081	2477	19.0
农林牧渔业总产值(万元)	Gross Output of Farming,Forestry,Animal Husbandry & Fishery(10 000 yuan)	85344	56941	-43.1
粮食产量(吨)	Yield of Grain(ton)	161353	52821	-67.3
油料产量(吨)	Yield of Oil-bearing Grops(ton)	26803	10470	-60.9
甜菜产量(吨)	Yield of Beetroots(ton)			
猪牛羊肉产量(吨)	Output of Pork, Beef & Mutton(ton)	5993	4934	-17.7
#猪肉产量(吨)	Output of Pork(ton)	2174	1594	-26.7
牛肉产量(吨)	Output of Beef(ton)	1354	644	-52.4
羊肉产量(吨)	Output of Mutton(ton)	2465	2696	9.4
羊毛产量(吨)	Output of Wool(ton)	285	667	134.0

23-16 Wuchuan County in Hohhot City

指 标	Item	2006	2007	2007年比上年增长% Increase Rate in 2007 Over 2006(%)
年末牲畜存栏头数(万头只)	Total Livestock at the Year-end(10 000 heads)	35.99	35.57	-1.2
# 大牲畜(万头只)	Large Animals(10 000 heads)	2.71	2.69	-0.7
羊(万只)	Sheep & Goats(10 000 heads)	31.40	30.89	-1.6
猪(万头)	Hogs(10 000 heads)	1.88	1.99	5.9
规模以上工业	**Industrial Enterprises above Designated size**			
工业企业单位数(个)	Number of Industrial Enterprises(unit)	29	33	13.8
# 内资企业(个)	Civil Funded Enterprises(unit)	29	33	13.8
工业总产值(万元)	Gross Industrial Output Value(10 000 yuan)	115240	231756	101.1
内资企业(万元)	Civil Funded Enterprises(10 000 yuan)	115240	231756	101.1
国有企业(万元)	State-owned Enterprises(10 000 yuan)	208	47133	22560.1
集体企业(万元)	Collective-owned Enterprises(10 000 yuan)			
股份合作企业(万元)	Share Holding Enterprises(10 000 yuan)			
联营企业(万元)	Joint Owned Enterprises(10 000 yuan)			
有限责任公司(万元)	Limited Company(10 000 yuan)	33254	21317	-35.9
股份有限公司(万元)	Share Holding Limited Company(10 000 yuan)			
私营企业(万元)	Privately Owned Enterprises(10 000 yuan)	81778	163306	99.7
其他企业(万元)	Enterprises of Other Ownership(10 000 yuan)			
港澳台商投资企业(万元)	Funds from HK,Macao & Taiwan(10 000 yuan)			
外商投资企业(万元)	Foreign Funded Enterprises(10 000 yuan)			
工业企业增加值(万元)	Value Added of Industrial Enterprises(10 000 yuan)	54541	102437	75.4
工业企业资产总计(万元)	Total Assets of Industrial Enterprises(10 000 yuan)	101111	121485	20.2
工业企业负债合计(万元)	Total Liabilities of Industrial Enterprises(10 000 yuan)	67028	69943	4.3
工业企业产品销售收入(万元)	Sales of Revenue Industrial Enterprises(10 000 yuan)	112141	232873	107.7
工业企业利润总额(万元)	Total Profits of Industrial Enterprises(10 000 yuan)	2259	13145	481.9
建筑业	**Construction**			
建筑企业单位数(个)	Number of Construction Enterprises(unit)	3	1	-66.7
建筑企业从业人员(人)	Number of Employee in Construction Enterprises(person)	142	138	-2.8
建筑业总产值(万元)	Gross Construction Output Value(10 000 yuan)	640	213	-66.7
交通运输邮电通信业	**Transportation,Post & Telecommunications**			
公路里程(公里)	Total Length of Highways(km)	511	511	0.0
邮电业务总量(万元)	Business Volume of Post & Telecoms(10 000 yuan)	1940	2318	19.5
本地电话用户(户)	Number of Subscribers of Local Telephone(Household)	18993	16741	-11.9
国内贸易	**Demestic Trade**			
社会消费品零售总额(万元)	Total Retail Sales of Consumer Goods(10 000 yuan)	39316	46585	18.5
# 贸易业(万元)	Wholesale & Retail Sales Trades(10 000 yuan)	29742	35451	19.2
餐饮业(万元)	Catering Trade(10 000 yuan)	9341	10891	16.6
科技教育卫生	**Science,Education & Public Health**			
各类专业技术人员(人)	Speccial Technical Personnel(person)	2169	2342	8.0
幼儿园数(所)	Number of Kindergartens(unit)	20	19	-5.0
学龄儿童入学率(%)	Percentage of School-Age Children Enrolled(%)	100.0	100.0	0.0
小学学校数(所)	Number of Primary Schools(unit)	66	46	-30.3
小学专任教师数(人)	Number of Full-time Teachers of Primary Schools(person)	747	784	5.0
小学在校学生数(人)	Number of Student Enrollment of Primary Schools(person)	10199	8859	-13.1
普通中学学校数(所)	Number of Regular Secondary Schools(unit)	19	11	-42.1
普通中学专任教师数(人)	Number of Teachers of Secondary Shools(person)	455	405	-11.0
初中在校学生数(人)	Number of Student in Junior Secondary Schools(person)	5030	5010	-0.4
高中在校学生数(人)	Number of Student in Senior Secondary Schools(person)	3387	3935	16.2
卫生机构数(所)	Number of Health Institutions(unit)	26	24	-7.7
# 医院(所)	Hospitals(unit)	2	2	0.0
卫生院(所)	Township Hospitals(unit)	19	19	0.0
床位数(张)	Number of Beds(unit)	273	282	3.3
# 医院(张)	Hospitals(unit)	179	179	0.0
卫生院(张)	Township Hospitals(unit)	94	103	9.6
卫生技术人员(人)	Medical Technical Presonnel(person)	468	494	5.6
# 医院(人)	Hospitals(person)	136	159	16.9
卫生院(人)	Township Hospitals(person)	202	263	30.2

23-17 包头市东河区

指 标	Item	2006	2007	2007年比上年增长% Increase Rate in 2007 Over 2006(%)
行政区域土地面积(平方公里)	**Area of Administration(Sq.km)**	**85**	**85**	**0.0**
人口和就业	**Population & Employment**			
年末总人口(人)	Total Population Year-end(person)	459030	460200	0.3
#男性(人)	Male(person)	230300	230900	0.3
#乡村人口(人)	Rural(person)			
年末总户数(户)	Total Number of Households at the Year-end(Household)	167529	168030	0.3
#乡村户数(户)	Number of Rural Household(Household)			
出生人口(人)	Births(person)	2802	3091	10.3
死亡人口(人)	Deaths(person)	2185	2160	-1.1
全社会就业人员(人)	Employment(person)	209080	213280	2.0
第一产业(人)	Primary Industry(person)	6725	5988	-11.0
第二产业(人)	Secondary Industry(person)	65741	67361	2.5
第三产业(人)	Tertiary Industry(person)	136614	139931	2.4
在岗职工人数(人)	Number of Staff & Workers Employed in(person)	51861	50923	-1.8
乡村劳动力(人)	Number of Rural Laborers(person)			
#农林牧渔业(人)	Farming,Forestry,Animal Husbandry & Fishery(person)			
国民经济综合指标	**Summary Item on the National Economy**			
生产总值(万元)	Gross Domestic Product(10 000 yuan)	1300130	1663280	20.1
第一产业(万元)	Primary Industry(10 000 yuan)	6700	8408	2.4
第二产业(万元)	Secondary Industry(10 000 yuan)	566763	706948	18.4
#工业(万元)	Industry(10 000 yuan)	452249	549148	14.6
第三产业(万元)	Tertiary Industry(10 000 yuan)	726667	947924	21.6
人均生产总值(元)	Per Capita GDP(yuan)	28480	36190	19.3
全社会固定资产投资(万元)	Total Investment in Fixed Assets(10 000 yuan)	1000000	1360000	36.0
按登记注册类型分	Grouped by Registered Type			
#国有(万元)	State-owned Enterprises(10 000 yuan)	129620	292488	125.7
集体(万元)	Collective-owned Enterprises(10 000 yuan)	15246	42868	181.2
有限责任公司(万元)	Limited Liability Corporations(10 000 yuan)	656338	640355	-2.4
股份有限公司(万元)	Share Holding Enterprises(10 000 yuan)	9501	20450	115.2
私营企业(万元)	Private Enterprises(10 000 yuan)	130395	293015	124.7
外商及港澳台投资企业(万元)	Funds from HK,Macao,Taiwan & Foreign(10 000 yuan)	19800	4300	-78.3
按城乡渠道分	Grouped by Urban and Rural Area			
城镇(万元)	Urban(10 000 yuan)	1000000	1360000	36.0
农村(万元)	Rural(10 000 yuan)			
一般预算收入(万元)	General Budgetary Financial Revenue(10 000 yuan)	79783	91607	14.8
一般预算支出(万元)	General Budgetary Financial Expenditures(10 000 yuan)	83318	96328	15.6
城乡居民储蓄存款余额(万元)	Resident Saving Deposit in Urban & Rural(10 000 yuan)			
在岗职工工资总额(万元)	Total Wages of Staff & Workers Empioyed in(10 000 yuan)	93870	111280	18.5
在岗职工平均工资(元)	Average Wage of Staff & Workers Employed in(yuan)	18353	22456	22.4
农牧民人均纯收入(元)	Per Capita Net Income of Peasant & Herdsman(yuan)			
农村牧区经济	**Economic Development in Rural & Pastoral Area**			
耕地面积(公顷)	Cultivated Area(hectare)			
农作物总播种面积(公顷)	Total Sown Area(hectare)			
#粮食作物播种面积(公顷)	Sown Area of Grain Crops(hectare)			
有效灌溉面积(公顷)	Irrigated Area(hectare)			
农牧业机械总动力(万千瓦)	Total Power of Agricultural Machinery(10 000 kw)			
化肥施用折纯量(吨)	Consumption of Chemical Fertilizer(ton)			
农村用电量(万千瓦小时)	Electricity Consumed in Rural Area(10 000 kwh)			
农林牧渔业总产值(万元)	Gross Output of Farming,Forestry,Animal Husbandry & Fishery(10 000 yuan)			
粮食产量(吨)	Yield of Grain(ton)			
油料产量(吨)	Yield of Oil-bearing Grops(ton)			
甜菜产量(吨)	Yield of Beetroots(ton)			
猪牛羊肉产量(吨)	Output of Pork, Beef & Mutton(ton)			
#猪肉产量(吨)	Output of Pork(ton)			
牛肉产量(吨)	Output of Beef(ton)			
羊肉产量(吨)	Output of Mutton(ton)			
羊毛产量(吨)	Output of Wool(ton)			

23-17 Donghe District in Baotou City

指 标	Item	2006	2007	2007年比上年增长% Increase Rate in 2007 Over 2006(%)
年末牲畜存栏头数(万头只)	Total Livestock at the Year-end(10 000 heads)			
# 大牲畜(万头只)	Large Animals(10 000 heads)			
羊(万只)	Sheep & Goats(10 000 heads)			
猪(万头)	Hogs(10 000 heads)			
规模以上工业	**Industrial Enterprises above Designated size**			
工业企业单位数(个)	Number of Industrial Enterprises(unit)	46	63	37.0
# 内资企业(个)	Civil Funded Enterprises(unit)	43	57	32.6
工业总产值(万元)	Gross Industrial Output Value(10 000 yuan)	1081468	1303160	20.5
内资企业(万元)	Civil Funded Enterprises(10 000 yuan)	1075874	1120670	4.2
国有企业(万元)	State-owned Enterprises(10 000 yuan)	179942	27283	-84.8
集体企业(万元)	Collective-owned Enterprises(10 000 yuan)			
股份合作企业(万元)	Share Holding Enterprises(10 000 yuan)			
联营企业(万元)	Joint Owned Enterprises(10 000 yuan)			
有限责任公司(万元)	Limited Company(10 000 yuan)	759743	351977	-53.7
股份有限公司(万元)	Share Holding Limited Company(10 000 yuan)	74533	636111	753.5
私营企业(万元)	Privately Owned Enterprises(10 000 yuan)	61656	105299	70.8
其他企业(万元)	Enterprises of Other Ownership(10 000 yuan)			
港澳台商投资企业(万元)	Funds from HK,Macao & Taiwan(10 000 yuan)	3964	9055	128.4
外商投资企业(万元)	Foreign Funded Enterprises(10 000 yuan)	1630	173435	10540.2
工业企业增加值(万元)	Value Added of Industrial Enterprises(10 000 yuan)	360345	443448	17.8
工业企业资产总计(万元)	Total Assets of Industrial Enterprises(10 000 yuan)	1545228	3000523	94.2
工业企业负债合计(万元)	Total Liabilities of Industrial Enterprises(10 000 yuan)	1107746	965415	-12.8
工业企业产品销售收入(万元)	Sales of Revenue Industrial Enterprises(10 000 yuan)	957448	1209573	26.3
工业企业利润总额(万元)	Total Profits of Industrial Enterprises(10 000 yuan)	41848	174914	318.0
建筑业	**Construction**			
建筑企业单位数(个)	Number of Construction Enterprises(unit)	15	15	0.0
建筑企业从业人员(人)	Number of Employee in Construction Enterprises(person)	5822	7216	23.9
建筑业总产值(万元)	Gross Construction Output Value(10 000 yuan)	111355	157707	41.6
交通运输邮电通信业	**Transportation,Post & Telecommunications**			
公路里程(公里)	Total Length of Highways(km)	151	151	0.0
邮电业务总量(万元)	Business Volume of Post & Telecoms(10 000 yuan)	34110	48552	42.3
本地电话用户(户)	Number of Subscribers of Local Telephone(Household)	78226	74500	-4.8
国内贸易	**Demestic Trade**			
社会消费品零售总额(万元)	Total Retail Sales of Consumer Goods(10 000 yuan)	714473	850318	19.0
# 贸易业(万元)	Wholesale & Retail Sales Trades(10 000 yuan)	585080	676812	15.7
餐饮业(万元)	Catering Trade(10 000 yuan)	123199	168236	36.6
科技教育卫生	**Science,Education & Public Health**			
各类专业技术人员(人)	Speccial Technical Personnel(person)	13239	13501	2.0
幼儿园数(所)	Number of Kindergartens(unit)	10	9	-10.0
学龄儿童入学率(%)	Percentage of School-Age Children Enrolled(%)	100.0	100.0	0.0
小学学校数(所)	Number of Primary Schools(unit)	36	34	-5.6
小学专任教师数(人)	Number of Full-time Teachers of Primary Schools(person)	1298	1410	8.6
小学在校学生数(人)	Number of Student Enrollment of Primary Schools(person)	23087	27787	20.4
普通中学学校数(所)	Number of Regular Secondary Schools(unit)	28	28	0.0
普通中学专任教师数(人)	Number of Teachers of Secondary Shools(person)	2034	1927	-5.3
初中在校学生数(人)	Number of Student in Junior Secondary Schools(person)	22068	16291	-26.2
高中在校学生数(人)	Number of Student in Senior Secondary Schools(person)	11234	11105	-1.1
卫生机构数(所)	Number of Health Institutions(unit)	22	14	-36.4
# 医院(所)	Hospitals(unit)	13	13	0.0
卫生院(所)	Township Hospitals(unit)	9	1	-88.9
床位数(张)	Number of Beds(unit)	2791	2550	-8.6
# 医院(张)	Hospitals(unit)	2544	2550	0.2
卫生院(张)	Township Hospitals(unit)	247	0	-100.0
卫生技术人员(人)	Medical Technical Presonnel(person)	2579	2454	-4.8
# 医院(人)	Hospitals(person)	2404	2396	-0.3
卫生院(人)	Township Hospitals(person)	175	58	-66.9

23-18 包头市昆都仑区

指 标	Item	2006	2007	2007年比上年增长% Increase Rate in 2007 Over 2006(%)
行政区域土地面积(平方公里)	**Area of Administration(Sq.km)**	**103**	**103**	**0.0**
人口和就业	**Population & Employment**			
年末总人口(人)	Total Population Year-end(person)	572005	578800	1.2
#男性(人)	Male(person)	286600	290300	1.3
#乡村人口(人)	Rural(person)			
年末总户数(户)	Total Number of Households at the Year-end(Household)	211854	215330	1.6
#乡村户数(户)	Number of Rural Household(Household)			
出生人口(人)	Births(person)	2285	3453	51.1
死亡人口(人)	Deaths(person)	1689	1961	16.1
全社会就业人员(人)	Employment(person)	198724	203493	2.4
第一产业(人)	Primary Industry(person)	6305	6535	3.6
第二产业(人)	Secondary Industry(person)	85877	79884	-7.0
第三产业(人)	Tertiary Industry(person)	106542	117074	9.9
在岗职工人数(人)	Number of Staff & Workers Employed in(person)	109265	103892	-4.9
乡村劳动力(人)	Number of Rural Laborers(person)			
#农林牧渔业(人)	Farming,Forestry,Animal Husbandry & Fishery(person)			
国民经济综合指标	**Summary Item on the National Economy**			
生产总值(万元)	Gross Domestic Product(10 000 yuan)	3551239	4424222	25.1
第一产业(万元)	Primary Industry(10 000 yuan)	1800	2260	2.6
第二产业(万元)	Secondary Industry(10 000 yuan)	2124116	2560293	27.7
#工业(万元)	Industry(10 000 yuan)	2008552	2420345	28.4
第三产业(万元)	Tertiary Industry(10 000 yuan)	1425323	1861669	21.0
人均生产总值(元)	Per Capita GDP(yuan)	62566	76890	23.4
全社会固定资产投资(万元)	Total Investment in Fixed Assets(10 000 yuan)	1107000	1500000	35.5
按登记注册类型分	Grouped by Registered Type			
#国有(万元)	State-owned Enterprises(10 000 yuan)	210844	147230	-30.2
集体(万元)	Collective-owned Enterprises(10 000 yuan)	57322	37677	-34.3
有限责任公司(万元)	Limited Liability Corporations(10 000 yuan)	634162	1165456	83.8
股份有限公司(万元)	Share Holding Enterprises(10 000 yuan)	131981	50821	-61.5
私营企业(万元)	Private Enterprises(10 000 yuan)	8200	12360	50.7
外商及港澳台投资企业(万元)	Funds from HK,Macao,Taiwan & Foreign(10 000 yuan)	13835	2500	-81.9
按城乡渠道分	Grouped by Urban and Rural Area			
城镇(万元)	Urban(10 000 yuan)	1107000	1500000	35.5
农村(万元)	Rural(10 000 yuan)			
一般预算收入(万元)	General Budgetary Financial Revenue(10 000 yuan)	86058	107223	24.6
一般预算支出(万元)	General Budgetary Financial Expenditures(10 000 yuan)	85541	105387	23.2
城乡居民储蓄存款余额(万元)	Resident Saving Deposit in Urban & Rural(10 000 yuan)	1787644	1757241	-1.7
在岗职工工资总额(万元)	Total Wages of Staff & Workers Empioyed in(10 000 yuan)	264514	310653	17.4
在岗职工平均工资(元)	Average Wage of Staff & Workers Employed in(yuan)	24651	29301	18.9
农牧民人均纯收入(元)	Per Capita Net Income of Peasant & Herdsman(yuan)			
农村牧区经济	**Economic Development in Rural & Pastoral Area**			
耕地面积(公顷)	Cultivated Area(hectare)			
农作物总播种面积(公顷)	Total Sown Area(hectare)			
#粮食作物播种面积(公顷)	Sown Area of Grain Crops(hectare)			
有效灌溉面积(公顷)	Irrigated Area(hectare)			
农牧业机械总动力(万千瓦)	Total Power of Agricultural Machinery(10 000 kw)			
化肥施用折纯量(吨)	Consumption of Chemical Fertilizer(ton)			
农村用电量(万千瓦小时)	Electricity Consumed in Rural Area(10 000 kwh)			
农林牧渔业总产值(万元)	Gross Output of Farming,Forestry,Animal Husbandry & Fishery(10 000 yuan)			
粮食产量(吨)	Yield of Grain(ton)			
油料产量(吨)	Yield of Oil-bearing Grops(ton)			
甜菜产量(吨)	Yield of Beetroots(ton)			
猪牛羊肉产量(吨)	Output of Pork, Beef & Mutton(ton)			
#猪肉产量(吨)	Output of Pork(ton)			
牛肉产量(吨)	Output of Beef(ton)			
羊肉产量(吨)	Output of Mutton(ton)			
羊毛产量(吨)	Output of Wool(ton)			

23-18 Kundulun District in Baotou City

指 标	Item	2006	2007	2007年比上年增长% Increase Rate in 2007 Over 2006(%)
年末牲畜存栏头数(万头只)	Total Livestock at the Year-end(10 000 heads)			
# 大牲畜(万头只)	Large Animals(10 000 heads)			
羊(万只)	Sheep & Goats(10 000 heads)			
猪(万头)	Hogs(10 000 heads)			
规模以上工业	**Industrial Enterprises above Designated size**			
工业企业单位数(个)	Number of Industrial Enterprises(unit)	66	65	-1.5
# 内资企业(个)	Civil Funded Enterprises(unit)	64	63	-1.6
工业总产值(万元)	Gross Industrial Output Value(10 000 yuan)	4835626	5221079	8.0
内资企业(万元)	Civil Funded Enterprises(10 000 yuan)	4815782	5200976	8.0
国有企业(万元)	State-owned Enterprises(10 000 yuan)	187075	274645	46.8
集体企业(万元)	Collective-owned Enterprises(10 000 yuan)	48244	61437	27.3
股份合作企业(万元)	Share Holding Enterprises(10 000 yuan)			
联营企业(万元)	Joint Owned Enterprises(10 000 yuan)			
有限责任公司(万元)	Limited Company(10 000 yuan)	2104093	1674568	-20.4
股份有限公司(万元)	Share Holding Limited Company(10 000 yuan)	2023542	3046751	50.6
私营企业(万元)	Privately Owned Enterprises(10 000 yuan)	452828	143575	-68.3
其他企业(万元)	Enterprises of Other Ownership(10 000 yuan)			
港澳台商投资企业(万元)	Funds from HK,Macao & Taiwan(10 000 yuan)	16207	16735	3.3
外商投资企业(万元)	Foreign Funded Enterprises(10 000 yuan)	3637	3368	-7.4
工业企业增加值(万元)	Value Added of Industrial Enterprises(10 000 yuan)	1979946	2385715	28.9
工业企业资产总计(万元)	Total Assets of Industrial Enterprises(10 000 yuan)	5191116	7089169	36.6
工业企业负债合计(万元)	Total Liabilities of Industrial Enterprises(10 000 yuan)	2628890	3486054	32.6
工业企业产品销售收入(万元)	Sales of Revenue Industrial Enterprises(10 000 yuan)	4642596	5662105	22.0
工业企业利润总额(万元)	Total Profits of Industrial Enterprises(10 000 yuan)	179040	406631	127.1
建筑业	**Construction**			
建筑企业单位数(个)	Number of Construction Enterprises(unit)	20	25	25.0
建筑企业从业人员(人)	Number of Employee in Construction Enterprises(person)	18266	15201	-16.8
建筑业总产值(万元)	Gross Construction Output Value(10 000 yuan)	309700	368774	19.1
交通运输邮电通信业	**Transportation,Post & Telecommunications**			
公路里程(公里)	Total Length of Highways(km)	302	327	8.3
邮电业务总量(万元)	Business Volume of Post & Telecoms(10 000 yuan)	208780	295866	41.7
本地电话用户(户)	Number of Subscribers of Local Telephone(Household)	184474	170917	-7.3
国内贸易	**Demestic Trade**			
社会消费品零售总额(万元)	Total Retail Sales of Consumer Goods(10 000 yuan)	1132046	1359030	20.1
# 贸易业(万元)	Wholesale & Retail Sales Trades(10 000 yuan)	815831	984267	20.6
餐饮业(万元)	Catering Trade(10 000 yuan)	298899	356211	19.2
科技教育卫生	**Science,Education & Public Health**			
各类专业技术人员(人)	Speccial Technical Personnel(person)	27790	28583	2.9
幼儿园数(所)	Number of Kindergartens(unit)	25	26	4.0
学龄儿童入学率(%)	Percentage of School-Age Children Enrolled(%)	100.0	100.0	0.0
小学学校数(所)	Number of Primary Schools(unit)	40	40	0.0
小学专任教师数(人)	Number of Full-time Teachers of Primary Schools(person)	2007	2215	10.4
小学在校学生数(人)	Number of Student Enrollment of Primary Schools(person)	37208	45728	22.9
普通中学学校数(所)	Number of Regular Secondary Schools(unit)	33	31	-6.1
普通中学专任教师数(人)	Number of Teachers of Secondary Shools(person)	2685	2487	-7.4
初中在校学生数(人)	Number of Student in Junior Secondary Schools(person)	34710	25879	-25.4
高中在校学生数(人)	Number of Student in Senior Secondary Schools(person)	17362	17592	1.3
卫生机构数(所)	Number of Health Institutions(unit)	25	36	44.0
# 医院(所)	Hospitals(unit)	7	8	14.3
卫生院(所)	Township Hospitals(unit)	1	1	0.0
床位数(张)	Number of Beds(unit)	2093	2358	12.7
# 医院(张)	Hospitals(unit)	1998	2117	6.0
卫生院(张)	Township Hospitals(unit)	16	15	-6.2
卫生技术人员(人)	Medical Technical Presonnel(person)	3462	3639	5.1
# 医院(人)	Hospitals(person)	3014	2919	-3.2
卫生院(人)	Township Hospitals(person)	11	14	27.3

23-19 包头市青山区

指 标	Item	2006	2007	2007年比上年增长% Increase Rate in 2007 Over 2006(%)
行政区域土地面积(平方公里)	**Area of Administration(Sq.km)**	**67**	**67**	**0.0**
人口和就业	**Population & Employment**			
年末总人口(人)	Total Population Year-end(person)	411305	418200	1.7
#男性(人)	Male(person)	206100	209500	1.6
#乡村人口(人)	Rural(person)			
年末总户数(户)	Total Number of Households at the Year-end(Household)	151215	154900	2.4
#乡村户数(户)	Number of Rural Household(Household)			
出生人口(人)	Births(person)	2888	3199	10.8
死亡人口(人)	Deaths(person)	1197	1326	10.8
全社会就业人员(人)	Employment(person)	181899	186267	2.4
第一产业(人)	Primary Industry(person)	1225	1250	2.0
第二产业(人)	Secondary Industry(person)	89309	90320	1.1
第三产业(人)	Tertiary Industry(person)	91365	94697	3.6
在岗职工人数(人)	Number of Staff & Workers Employed in(person)	94338	95207	0.9
乡村劳动力(人)	Number of Rural Laborers(person)			
#农林牧渔业(人)	Farming,Forestry,Animal Husbandry & Fishery(person)			
国民经济综合指标	**Summary Item on the National Economy**			
生产总值(万元)	Gross Domestic Product(10 000 yuan)	1761547	2339396	23.1
第一产业(万元)	Primary Industry(10 000 yuan)	3757	4720	4.7
第二产业(万元)	Secondary Industry(10 000 yuan)	896323	1164498	24.2
#工业(万元)	Industry(10 000 yuan)	761595	1003229	25.8
第三产业(万元)	Tertiary Industry(10 000 yuan)	861467	1170178	22.0
人均生产总值(元)	Per Capita GDP(yuan)	43281	56398	20.8
全社会固定资产投资(万元)	Total Investment in Fixed Assets(10 000 yuan)	1073000	1450000	35.1
按登记注册类型分	Grouped by Registered Type			
#国有(万元)	State-owned Enterprises(10 000 yuan)	199065	449639	125.9
集体(万元)	Collective-owned Enterprises(10 000 yuan)	3850	1400	-63.6
有限责任公司(万元)	Limited Liability Corporations(10 000 yuan)	716721	821700	14.6
股份有限公司(万元)	Share Holding Enterprises(10 000 yuan)	19317	28660	48.4
私营企业(万元)	Private Enterprises(10 000 yuan)	52399	104011	98.5
外商及港澳台投资企业(万元)	Funds from HK,Macao,Taiwan & Foreign(10 000 yuan)	37538	22912	-39.0
按城乡渠道分	Grouped by Urban and Rural Area			
城镇(万元)	Urban(10 000 yuan)	1073000	1450000	35.1
农村(万元)	Rural(10 000 yuan)			
一般预算收入(万元)	General Budgetary Financial Revenue(10 000 yuan)	106656	120597	13.1
一般预算支出(万元)	General Budgetary Financial Expenditures(10 000 yuan)	97818	115166	17.7
城乡居民储蓄存款余额(万元)	Resident Saving Deposit in Urban & Rural(10 000 yuan)	1145998	1121900	-2.1
在岗职工工资总额(万元)	Total Wages of Staff & Workers Empioyed in(10 000 yuan)	239265	280216	17.1
在岗职工平均工资(元)	Average Wage of Staff & Workers Employed in(yuan)	24601	29078	18.2
农牧民人均纯收入(元)	Per Capita Net Income of Peasant & Herdsman(yuan)			
农村牧区经济	**Economic Development in Rural & Pastoral Area**			
耕地面积(公顷)	Cultivated Area(hectare)			
农作物总播种面积(公顷)	Total Sown Area(hectare)			
#粮食作物播种面积(公顷)	Sown Area of Grain Crops(hectare)			
有效灌溉面积(公顷)	Irrigated Area(hectare)			
农牧业机械总动力(万千瓦)	Total Power of Agricultural Machinery(10 000 kw)			
化肥施用折纯量(吨)	Consumption of Chemical Fertilizer(ton)			
农村用电量(万千瓦小时)	Electricity Consumed in Rural Area(10 000 kwh)			
农林牧渔业总产值(万元)	Gross Output of Farming,Forestry,Animal Husbandry & Fishery(10 000 yuan)			
粮食产量(吨)	Yield of Grain(ton)			
油料产量(吨)	Yield of Oil-bearing Grops(ton)			
甜菜产量(吨)	Yield of Beetroots(ton)			
猪牛羊肉产量(吨)	Output of Pork, Beef & Mutton(ton)			
#猪肉产量(吨)	Output of Pork(ton)			
牛肉产量(吨)	Output of Beef(ton)			
羊肉产量(吨)	Output of Mutton(ton)			
羊毛产量(吨)	Output of Wool(ton)			

23-19 Qingshan District in Baotou City

指 标	Item	2006	2007	2007年比上年增长% Increase Rate in 2007 Over 2006(%)
年末牲畜存栏头数(万头只)	Total Livestock at the Year-end(10 000 heads)			
# 大牲畜(万头只)	Large Animals(10 000 heads)			
羊(万只)	Sheep & Goats(10 000 heads)			
猪(万头)	Hogs(10 000 heads)			
规模以上工业	**Industrial Enterprises above Designated size**			
工业企业单位数(个)	Number of Industrial Enterprises(unit)	44	59	34.1
# 内资企业(个)	Civil Funded Enterprises(unit)	41	55	34.1
工业总产值(万元)	Gross Industrial Output Value(10 000 yuan)	2074576	2690325	29.7
内资企业(万元)	Civil Funded Enterprises(10 000 yuan)	1985538	2592854	30.6
国有企业(万元)	State-owned Enterprises(10 000 yuan)	579333	744477	28.5
集体企业(万元)	Collective-owned Enterprises(10 000 yuan)	11668	16724	43.3
股份合作企业(万元)	Share Holding Enterprises(10 000 yuan)			
联营企业(万元)	Joint Owned Enterprises(10 000 yuan)			
有限责任公司(万元)	Limited Company(10 000 yuan)	1219115	1633337	34.0
股份有限公司(万元)	Share Holding Limited Company(10 000 yuan)	154990	180474	16.4
私营企业(万元)	Privately Owned Enterprises(10 000 yuan)	20432	17842	-12.7
其他企业(万元)	Enterprises of Other Ownership(10 000 yuan)			
港澳台商投资企业(万元)	Funds from HK,Macao & Taiwan(10 000 yuan)	2689	6350	136.1
外商投资企业(万元)	Foreign Funded Enterprises(10 000 yuan)	86349	91121	5.5
工业企业增加值(万元)	Value Added of Industrial Enterprises(10 000 yuan)	649870	872629	27.2
工业企业资产总计(万元)	Total Assets of Industrial Enterprises(10 000 yuan)	2407958	3594066	49.3
工业企业负债合计(万元)	Total Liabilities of Industrial Enterprises(10 000 yuan)	1690154	2683183	58.8
工业企业产品销售收入(万元)	Sales of Revenue Industrial Enterprises(10 000 yuan)	2058974	2250494	9.3
工业企业利润总额(万元)	Total Profits of Industrial Enterprises(10 000 yuan)	132516	8490	-93.6
建筑业	**Construction**			
建筑企业单位数(个)	Number of Construction Enterprises(unit)	28	27	-3.6
建筑企业从业人员(人)	Number of Employee in Construction Enterprises(person)	11614	14950	28.7
建筑业总产值(万元)	Gross Construction Output Value(10 000 yuan)	290508	405966	39.7
交通运输邮电通信业	**Transportation,Post & Telecommunications**			
公路里程(公里)	Total Length of Highways(km)	256	256	0.0
邮电业务总量(万元)	Business Volume of Post & Telecoms(10 000 yuan)	29037	41251	42.1
本地电话用户(户)	Number of Subscribers of Local Telephone(Household)	75773	69205	-8.7
国内贸易	**Demestic Trade**			
社会消费品零售总额(万元)	Total Retail Sales of Consumer Goods(10 000 yuan)	921097	1105861	20.1
# 贸易业(万元)	Wholesale & Retail Sales Trades(10 000 yuan)	769796	912244	18.5
餐饮业(万元)	Catering Trade(10 000 yuan)	134819	175639	30.3
科技教育卫生	**Science,Education & Public Health**			
各类专业技术人员(人)	Speccial Technical Personnel(person)	26496	26023	-1.8
幼儿园数(所)	Number of Kindergartens(unit)	17	15	-11.8
学龄儿童入学率(%)	Percentage of School-Age Children Enrolled(%)	100.0	100.0	0.0
小学学校数(所)	Number of Primary Schools(unit)	23	23	0.0
小学专任教师数(人)	Number of Full-time Teachers of Primary Schools(person)	1122	1142	1.8
小学在校学生数(人)	Number of Student Enrollment of Primary Schools(person)	23755	28856	21.5
普通中学学校数(所)	Number of Regular Secondary Schools(unit)	17	17	0.0
普通中学专任教师数(人)	Number of Teachers of Secondary Shools(person)	1681	1527	-9.2
初中在校学生数(人)	Number of Student in Junior Secondary Schools(person)	22025	16460	-25.3
高中在校学生数(人)	Number of Student in Senior Sccondary Schools(person)	13038	13018	-0.2
卫生机构数(所)	Number of Health Institutions(unit)	25	22	-12.0
# 医院(所)	Hospitals(unit)	10	12	20.0
卫生院(所)	Township Hospitals(unit)	1	1	0.0
床位数(张)	Number of Beds(unit)	2785	2924	5.0
# 医院(张)	Hospitals(unit)	2780	2898	4.2
卫生院(张)	Township Hospitals(unit)	5	5	0.0
卫生技术人员(人)	Medical Technical Presonnel(person)	3193	3976	24.5
# 医院(人)	Hospitals(person)	3188	3215	0.8
卫生院(人)	Township Hospitals(person)	5	4	-20.0

23-20 包头市九原区

指 标	Item	2006	2007	2007年比上年增长% Increase Rate in 2007 Over 2006(%)
行政区域土地面积(平方公里)	**Area of Administration(Sq.km)**	**1700**	**1700**	**0.0**
人口和就业	**Population & Employment**			
年末总人口(人)	Total Population Year-end(person)	281905	285000	1.1
#男性(人)	Male(person)	145800	147300	1.0
#乡村人口(人)	Rural(person)	215400	189400	-12.1
年末总户数(户)	Total Number of Households at the Year-end(Household)	91826	93148	1.4
#乡村户数(户)	Number of Rural Household(Household)	72770	63986	-12.1
出生人口(人)	Births(person)	2816	3320	17.9
死亡人口(人)	Deaths(person)	1424	1315	-7.7
全社会就业人员(人)	Employment(person)	185306	188551	1.8
第一产业(人)	Primary Industry(person)	97446	98615	1.2
第二产业(人)	Secondary Industry(person)	48043	49004	2.0
第三产业(人)	Tertiary Industry(person)	39817	40932	2.8
在岗职工人数(人)	Number of Staff & Workers Employed in(person)	11953	11909	-0.4
乡村劳动力(人)	Number of Rural Laborers(person)	125877	127355	1.2
#农林牧渔业(人)	Farming,Forestry,Animal Husbandry & Fishery(person)	94430	95539	1.2
国民经济综合指标	**Summary Item on the National Economy**			
生产总值(万元)	Gross Domestic Product(10 000 yuan)	1051814	1316346	17.8
第一产业(万元)	Primary Industry(10 000 yuan)	89000	112700	3.3
第二产业(万元)	Secondary Industry(10 000 yuan)	486278	540530	17.8
#工业(万元)	Industry(10 000 yuan)	386015	435755	22.0
第三产业(万元)	Tertiary Industry(10 000 yuan)	476536	663116	20.9
人均生产总值(元)	Per Capita GDP(yuan)	37619	46432	16.2
全社会固定资产投资(万元)	Total Investment in Fixed Assets(10 000 yuan)	885000	1093000	23.5
按登记注册类型分	Grouped by Registered Type			
#国有(万元)	State-owned Enterprises(10 000 yuan)	553062	582607	5.3
集体(万元)	Collective-owned Enterprises(10 000 yuan)	44600	110000	146.6
有限责任公司(万元)	Limited Liability Corporations(10 000 yuan)	102735	192642	87.5
股份有限公司(万元)	Share Holding Enterprises(10 000 yuan)	10685	49334	361.7
私营企业(万元)	Private Enterprises(10 000 yuan)	54010	85374	58.1
外商及港澳台投资企业(万元)	Funds from HK,Macao,Taiwan & Foreign(10 000 yuan)	16200	8473	-47.7
按城乡渠道分	Grouped by Urban and Rural Area			
城镇(万元)	Urban(10 000 yuan)	871127	903547	3.7
农村(万元)	Rural(10 000 yuan)	13873	189453	1265.6
一般预算收入(万元)	General Budgetary Financial Revenue(10 000 yuan)	94138	97209	3.3
一般预算支出(万元)	General Budgetary Financial Expenditures(10 000 yuan)	110721	125011	12.9
城乡居民储蓄存款余额(万元)	Resident Saving Deposit in Urban & Rural(10 000 yuan)	290439	311565	7.3
在岗职工工资总额(万元)	Total Wages of Staff & Workers Empioyed in(10 000 yuan)	28365	34423	21.4
在岗职工平均工资(元)	Average Wage of Staff & Workers Employed in(yuan)	22918	26612	16.1
农牧民人均纯收入(元)	Per Capita Net Income of Peasant & Herdsman(yuan)	6410	7425	15.8
农村牧区经济	**Economic Development in Rural & Pastoral Area**			
耕地面积(公顷)	Cultivated Area(hectare)	45835	45835	0.0
农作物总播种面积(公顷)	Total Sown Area(hectare)	29215	28687	-1.8
#粮食作物播种面积(公顷)	Sown Area of Grain Crops(hectare)	18292	17988	-1.7
有效灌溉面积(公顷)	Irrigated Area(hectare)	31053	31053	0.0
农牧业机械总动力(万千瓦)	Total Power of Agricultural Machinery(10 000 kw)	33.37	33.25	-0.4
化肥施用折纯量(吨)	Consumption of Chemical Fertilizer(ton)	13034	13050	0.1
农村用电量(万千瓦小时)	Electricity Consumed in Rural Area(10 000 kwh)	11426	11358	-0.6
农林牧渔业总产值(万元)	Gross Output of Farming,Forestry,Animal Husbandry & Fishery(10 000 yuan)	169518	205466	3.3
粮食产量(吨)	Yield of Grain(ton)	119344	117966	-1.2
油料产量(吨)	Yield of Oil-bearing Grops(ton)	2229	2365	6.1
甜菜产量(吨)	Yield of Beetroots(ton)	11249	10354	-8.0
猪牛羊肉产量(吨)	Output of Pork, Beef & Mutton(ton)	15497	18214	17.5
#猪肉产量(吨)	Output of Pork(ton)	12168	10012	-17.7
牛肉产量(吨)	Output of Beef(ton)	720	5972	729.4
羊肉产量(吨)	Output of Mutton(ton)	2609	2230	-14.5
羊毛产量(吨)	Output of Wool(ton)	257	204	-20.6

23-20 Jiuyuan District in Baotou City

指 标	Item	2006	2007	2007年比上年增长% Increase Rate in 2007 Over 2006(%)
年末牲畜存栏头数(万头只)	Total Livestock at the Year-end(10 000 heads)	35.11	30.56	-13.0
#大牲畜(万头只)	Large Animals(10 000 heads)	17.90	13.40	-25.1
羊(万只)	Sheep & Goats(10 000 heads)	11.46	11.81	3.1
猪(万头)	Hogs(10 000 heads)	5.75	5.35	-7.0
规模以上工业	**Industrial Enterprises above Designated size**			
工业企业单位数(个)	Number of Industrial Enterprises(unit)	41	41	0.0
#内资企业(个)	Civil Funded Enterprises(unit)	39	39	0.0
工业总产值(万元)	Gross Industrial Output Value(10 000 yuan)	385797	706899	83.2
内资企业(万元)	Civil Funded Enterprises(10 000 yuan)	375956	697387	85.5
国有企业(万元)	State-owned Enterprises(10 000 yuan)	44824	92358	106.0
集体企业(万元)	Collective-owned Enterprises(10 000 yuan)	5425	7918	46.0
股份合作企业(万元)	Share Holding Enterprises(10 000 yuan)			
联营企业(万元)	Joint Owned Enterprises(10 000 yuan)	898	12713	1315.7
有限责任公司(万元)	Limited Company(10 000 yuan)	91677	292325	218.9
股份有限公司(万元)	Share Holding Limited Company(10 000 yuan)			
私营企业(万元)	Privately Owned Enterprises(10 000 yuan)	233132	292073	25.3
其他企业(万元)	Enterprises of Other Ownership(10 000 yuan)			
港澳台商投资企业(万元)	Funds from HK,Macao & Taiwan(10 000 yuan)			
外商投资企业(万元)	Foreign Funded Enterprises(10 000 yuan)	9841	9512	-3.3
工业企业增加值(万元)	Value Added of Industrial Enterprises(10 000 yuan)	128399	230863	48.6
工业企业资产总计(万元)	Total Assets of Industrial Enterprises(10 000 yuan)	375227	743014	98.0
工业企业负债合计(万元)	Total Liabilities of Industrial Enterprises(10 000 yuan)	273427	640274	134.2
工业企业产品销售收入(万元)	Sales of Revenue Industrial Enterprises(10 000 yuan)	417403	608078	45.7
工业企业利润总额(万元)	Total Profits of Industrial Enterprises(10 000 yuan)	4091	12823	213.4
建筑业	**Construction**			
建筑企业单位数(个)	Number of Construction Enterprises(unit)	5	5	0.0
建筑企业从业人员(人)	Number of Employee in Construction Enterprises(person)	227	513	126.0
建筑业总产值(万元)	Gross Construction Output Value(10 000 yuan)	17386	28527	64.1
交通运输邮电通信业	**Transportation,Post & Telecommunications**			
公路里程(公里)	Total Length of Highways(km)	1120	1120	0.0
邮电业务总量(万元)	Business Volume of Post & Telecoms(10 000 yuan)	8665	12158	40.3
本地电话用户(户)	Number of Subscribers of Local Telephone(Household)	40227	35271	-12.3
国内贸易	**Demestic Trade**			
社会消费品零售总额(万元)	Total Retail Sales of Consumer Goods(10 000 yuan)	238549	279183	17.0
#贸易业(万元)	Wholesale & Retail Sales Trades(10 000 yuan)	185773	217205	16.9
餐饮业(万元)	Catering Trade(10 000 yuan)	51858	60677	17.0
科技教育卫生	**Science,Education & Public Health**			
各类专业技术人员(人)	Speccial Technical Personnel(person)	4641	4179	-10.0
幼儿园数(所)	Number of Kindergartens(unit)	33	40	21.2
学龄儿童入学率(%)	Percentage of School-Age Children Enrolled(%)	100.0	100.0	0.0
小学学校数(所)	Number of Primary Schools(unit)	67	75	11.9
小学专任教师数(人)	Number of Full-time Teachers of Primary Schools(person)	1206	1266	5.0
小学在校学生数(人)	Number of Student Enrollment of Primary Schools(person)	16506	24700	49.6
普通中学学校数(所)	Number of Regular Secondary Schools(unit)	17	15	-11.8
普通中学专任教师数(人)	Number of Teachers of Secondary Shools(person)	1072	1027	-4.2
初中在校学生数(人)	Number of Student in Junior Secondary Schools(person)	13096	10239	-21.8
高中在校学生数(人)	Number of Student in Senior Secondary Schools(person)	3744	3394	-9.3
卫生机构数(所)	Number of Health Institutions(unit)	15	15	0.0
#医院(所)	Hospitals(unit)	3	3	0.0
卫生院(所)	Township Hospitals(unit)	10	10	0.0
床位数(张)	Number of Beds(unit)	380	344	-9.5
#医院(张)	Hospitals(unit)	232	199	-14.2
卫生院(张)	Township Hospitals(unit)	136	133	-2.2
卫生技术人员(人)	Medical Technical Presonnel(person)	428	425	-0.7
#医院(人)	Hospitals(person)	171	184	7.6
卫生院(人)	Township Hospitals(person)	182	166	-8.8

23-21 包头市石拐矿区

指 标	Item	2006	2007	2007年比上年增长% Increase Rate in 2007 Over 2006(%)
行政区域土地面积(平方公里)	**Area of Administration(Sq.km)**	**619**	**619**	**0.0**
人口和就业	**Population & Employment**			
年末总人口(人)	Total Population Year-end(person)	48399	42300	-12.6
#男性(人)	Male(person)	24699	21600	-12.5
#乡村人口(人)	Rural(person)	8700	7500	-13.8
年末总户数(户)	Total Number of Households at the Year-end(Household)	17794	15720	-11.7
#乡村户数(户)	Number of Rural Household(Household)	3178	3162	-0.5
出生人口(人)		325	146	-55.1
死亡人口(人)	Deaths(person)	355	231	-34.9
全社会就业人员(人)	Employment(person)	18399	19565	6.3
第一产业(人)	Primary Industry(person)	4266	4048	-5.1
第二产业(人)	Secondary Industry(person)	9325	9774	4.8
第三产业(人)	Tertiary Industry(person)	4808	5743	19.4
在岗职工人数(人)	Number of Staff & Workers Employed in(person)	5710	5720	0.2
乡村劳动力(人)	Number of Rural Laborers(person)	6827	6793	-0.5
#农林牧渔业(人)	Farming,Forestry,Animal Husbandry & Fishery(person)	4228	4018	-5.0
国民经济综合指标	**Summary Item on the National Economy**			
生产总值(万元)	Gross Domestic Product(10 000 yuan)	241122	292445	17.4
第一产业(万元)	Primary Industry(10 000 yuan)	2540	3202	2.6
第二产业(万元)	Secondary Industry(10 000 yuan)	203388	247655	18.4
#工业(万元)	Industry(10 000 yuan)	191661	233372	18.5
第三产业(万元)	Tertiary Industry(10 000 yuan)	35194	41588	13.5
人均生产总值(元)	Per Capita GDP(yuan)	49614	64415	25.7
全社会固定资产投资(万元)	Total Investment in Fixed Assets(10 000 yuan)	128000	165000	28.9
按登记注册类型分	Grouped by Registered Type			
#国有(万元)	State-owned Enterprises(10 000 yuan)	956	27563	2783.2
集体(万元)	Collective-owned Enterprises(10 000 yuan)		14750	
有限责任公司(万元)	Limited Liability Corporations(10 000 yuan)	13820		
股份有限公司(万元)	Share Holding Enterprises(10 000 yuan)			
私营企业(万元)	Private Enterprises(10 000 yuan)	96145	103235	7.4
外商及港澳台投资企业(万元)	Funds from HK,Macao,Taiwan & Foreign(10 000 yuan)			
按城乡渠道分	Grouped by Urban and Rural Area			
城镇(万元)	Urban(10 000 yuan)	128000	165000	28.9
农村(万元)	Rural(10 000 yuan)			
一般预算收入(万元)	General Budgetary Financial Revenue(10 000 yuan)	9330	11851	27.0
一般预算支出(万元)	General Budgetary Financial Expenditures(10 000 yuan)	25490	25939	1.8
城乡居民储蓄存款余额(万元)	Resident Saving Deposit in Urban & Rural(10 000 yuan)	51597	53127	3.0
在岗职工工资总额(万元)	Total Wages of Staff & Workers Empioyed in(10 000 yuan)	11886	12291	3.4
在岗职工平均工资(元)	Average Wage of Staff & Workers Employed in(yuan)	18127	21755	20.0
农牧民人均纯收入(元)	Per Capita Net Income of Peasant & Herdsman(yuan)	4204	4790	13.9
农村牧区经济	**Economic Development in Rural & Pastoral Area**			
耕地面积(公顷)	Cultivated Area(hectare)	5012	5012	0.0
农作物总播种面积(公顷)	Total Sown Area(hectare)	1897	1820	-4.1
#粮食作物播种面积(公顷)	Sown Area of Grain Crops(hectare)	1707	1581	-7.4
有效灌溉面积(公顷)	Irrigated Area(hectare)	1140	1140	0.0
农牧业机械总动力(万千瓦)	Total Power of Agricultural Machinery(10 000 kw)	4.28	4.28	0.0
化肥施用折纯量(吨)	Consumption of Chemical Fertilizer(ton)	670	661	-1.3
农村用电量(万千瓦小时)	Electricity Consumed in Rural Area(10 000 kwh)	263	274	4.2
农林牧渔业总产值(万元)	Gross Output of Farming,Forestry,Animal Husbandry & Fishery(10 000 yuan)	4404	5310	2.6
粮食产量(吨)	Yield of Grain(ton)	5082	3151	-38.0
油料产量(吨)	Yield of Oil-bearing Grops(ton)	6	3	-50.0
甜菜产量(吨)	Yield of Beetroots(ton)	200		
猪牛羊肉产量(吨)	Output of Pork, Beef & Mutton(ton)	823	747	-9.2
#猪肉产量(吨)	Output of Pork(ton)	287	251	-12.5
牛肉产量(吨)	Output of Beef(ton)	251	72	-71.3
羊肉产量(吨)	Output of Mutton(ton)	285	424	48.8
羊毛产量(吨)	Output of Wool(ton)	35	26	-25.7

23-21 Shiguai District in Baotou City

指 标	Item	2006	2007	2007年比上年增长% Increase Rate in 2007 Over 2006(%)
年末牲畜存栏头数(万头只)	Total Livestock at the Year-end(10 000 heads)	5.77	5.04	-12.7
#大牲畜(万头只)	Large Animals(10 000 heads)	0.40	0.08	-80.0
羊(万只)	Sheep & Goats(10 000 heads)	5.13	4.73	-7.8
猪(万头)	Hogs(10 000 heads)	0.24	0.23	-4.2
规模以上工业	**Industrial Enterprises above Designated size**			
工业企业单位数(个)	Number of Industrial Enterprises(unit)	30	30	0.0
#内资企业(个)	Civil Funded Enterprises(unit)	30	29	-3.3
工业总产值(万元)	Gross Industrial Output Value(10 000 yuan)	390557	479091	22.7
内资企业(万元)	Civil Funded Enterprises(10 000 yuan)	390557	476078	21.9
国有企业(万元)	State-owned Enterprises(10 000 yuan)	199688	236416	18.4
集体企业(万元)	Collective-owned Enterprises(10 000 yuan)			
股份合作企业(万元)	Share Holding Enterprises(10 000 yuan)			
联营企业(万元)	Joint Owned Enterprises(10 000 yuan)			
有限责任公司(万元)	Limited Company(10 000 yuan)	12402	5712	-53.9
股份有限公司(万元)	Share Holding Limited Company(10 000 yuan)			
私营企业(万元)	Privately Owned Enterprises(10 000 yuan)	178467	233950	31.1
其他企业(万元)	Enterprises of Other Ownership(10 000 yuan)			
港澳台商投资企业(万元)	Funds from HK,Macao & Taiwan(10 000 yuan)			
外商投资企业(万元)	Foreign Funded Enterprises(10 000 yuan)		3013	
工业企业增加值(万元)	Value Added of Industrial Enterprises(10 000 yuan)	182900	228612	17.6
工业企业资产总计(万元)	Total Assets of Industrial Enterprises(10 000 yuan)	165062	229601	39.1
工业企业负债合计(万元)	Total Liabilities of Industrial Enterprises(10 000 yuan)	146557	250527	70.9
工业企业产品销售收入(万元)	Sales of Revenue Industrial Enterprises(10 000 yuan)	361001	462869	28.2
工业企业利润总额(万元)	Total Profits of Industrial Enterprises(10 000 yuan)	-3347	-62918	
建筑业	**Construction**			
建筑企业单位数(个)	Number of Construction Enterprises(unit)	1	1	0.0
建筑企业从业人员(人)	Number of Employee in Construction Enterprises(person)	460	462	0.4
建筑业总产值(万元)	Gross Construction Output Value(10 000 yuan)	7402	7330	-1.0
交通运输邮电通信业	**Transportation,Post & Telecommunications**			
公路里程(公里)	Total Length of Highways(km)	139	229	64.7
邮电业务总量(万元)	Business Volume of Post & Telecoms(10 000 yuan)	1392	1822	30.9
本地电话用户(户)	Number of Subscribers of Local Telephone(Household)	4400	4196	-4.6
国内贸易	**Demestic Trade**			
社会消费品零售总额(万元)	Total Retail Sales of Consumer Goods(10 000 yuan)	23661	25961	9.7
#贸易业(万元)	Wholesale & Retail Sales Trades(10 000 yuan)	16789	18329	9.2
餐饮业(万元)	Catering Trade(10 000 yuan)	6370	7081	11.2
科技教育卫生	**Science,Education & Public Health**			
各类专业技术人员(人)	Speccial Technical Personnel(person)	2396	2513	4.9
幼儿园数(所)	Number of Kindergartens(unit)	2	2	0.0
学龄儿童入学率(%)	Percentage of School-Age Children Enrolled(%)	99.0	99.7	0.7
小学学校数(所)	Number of Primary Schools(unit)	10	9	-10.0
小学专任教师数(人)	Number of Full-time Teachers of Primary Schools(person)	365	204	-44.1
小学在校学生数(人)	Number of Student Enrollment of Primary Schools(person)	1357	1757	29.5
普通中学学校数(所)	Number of Regular Secondary Schools(unit)	3	3	0.0
普通中学专任教师数(人)	Number of Teachers of Secondary Shools(person)	192	147	-23.4
初中在校学生数(人)	Number of Student in Junior Secondary Schools(person)	1337	1105	-17.4
高中在校学生数(人)	Number of Student in Senior Secondary Schools(person)	366	282	-23.0
卫生机构数(所)	Number of Health Institutions(unit)	20	19	-5.0
#医院(所)	Hospitals(unit)	1	1	0.0
卫生院(所)	Township Hospitals(unit)	2	2	0.0
床位数(张)	Number of Beds(unit)	351	354	0.9
#医院(张)	Hospitals(unit)	334	334	0.0
卫生院(张)	Township Hospitals(unit)	17	15	-11.8
卫生技术人员(人)	Medical Technical Presonnel(person)	368	410	11.4
#医院(人)	Hospitals(person)	325	350	7.7
卫生院(人)	Township Hospitals(person)	10	8	-20.0

23-22 包头市白云鄂博矿区

指 标	Item	2006	2007	2007年比上年增长% Increase Rate in 2007 Over 2006(%)
行政区域土地面积(平方公里)	**Area of Administration(Sq.km)**	**303**	**303**	**0.0**
人口和就业	**Population & Employment**			
年末总人口(人)	Total Population Year-end(person)	24308	24300	0.0
#男性(人)	Male(person)	12200	12200	0.0
#乡村人口(人)	Rural(person)			
年末总户数(户)	Total Number of Households at the Year-end(Household)	8434	8440	0.1
#乡村户数(户)	Number of Rural Household(Household)			
出生人口(人)	Births(person)	162	138	-14.8
死亡人口(人)	Deaths(person)	67	75	11.9
全社会就业人员(人)	Employment(person)	13630	13680	0.4
第一产业(人)	Primary Industry(person)	217	104	-52.1
第二产业(人)	Secondary Industry(person)	8362	8464	1.2
第三产业(人)	Tertiary Industry(person)	5051	5112	1.2
在岗职工人数(人)	Number of Staff & Workers Employed in(person)	8739	8801	0.7
乡村劳动力(人)	Number of Rural Laborers(person)			
#农林牧渔业(人)	Farming,Forestry,Animal Husbandry & Fishery(person)			
国民经济综合指标	**Summary Item on the National Economy**			
生产总值(万元)	Gross Domestic Product(10 000 yuan)	101133	126223	19.5
第一产业(万元)	Primary Industry(10 000 yuan)	196	248	4.0
第二产业(万元)	Secondary Industry(10 000 yuan)	79940	97654	18.8
#工业(万元)	Industry(10 000 yuan)	74577	91701	19.6
第三产业(万元)	Tertiary Industry(10 000 yuan)	20997	28321	22.6
人均生产总值(元)	Per Capita GDP(yuan)	41448	51944	20.0
全社会固定资产投资(万元)	Total Investment in Fixed Assets(10 000 yuan)	63000	90000	42.9
按登记注册类型分	Grouped by Registered Type			
#国有(万元)	State-owned Enterprises(10 000 yuan)	25380	35884	41.4
集体(万元)	Collective-owned Enterprises(10 000 yuan)	34815	45212	29.9
有限责任公司(万元)	Limited Liability Corporations(10 000 yuan)			
股份有限公司(万元)	Share Holding Enterprises(10 000 yuan)			
私营企业(万元)	Private Enterprises(10 000 yuan)			
外商及港澳台投资企业(万元)	Funds from HK,Macao,Taiwan & Foreign(10 000 yuan)			
按城乡渠道分	Grouped by Urban and Rural Area			
城镇(万元)	Urban(10 000 yuan)	63000	90000	42.9
农村(万元)	Rural(10 000 yuan)			
一般预算收入(万元)	General Budgetary Financial Revenue(10 000 yuan)	8614	9848	14.3
一般预算支出(万元)	General Budgetary Financial Expenditures(10 000 yuan)	14576	15488	6.3
城乡居民储蓄存款余额(万元)	Resident Saving Deposit in Urban & Rural(10 000 yuan)	41700	43568	4.5
在岗职工工资总额(万元)	Total Wages of Staff & Workers Empioyed in(10 000 yuan)	22209	26046	17.3
在岗职工平均工资(元)	Average Wage of Staff & Workers Employed in(yuan)	25437	29959	17.8
农牧民人均纯收入(元)	Per Capita Net Income of Peasant & Herdsman(yuan)			
农村牧区经济	**Economic Development in Rural & Pastoral Area**			
耕地面积(公顷)	Cultivated Area(hectare)			
农作物总播种面积(公顷)	Total Sown Area(hectare)			
#粮食作物播种面积(公顷)	Sown Area of Grain Crops(hectare)			
有效灌溉面积(公顷)	Irrigated Area(hectare)			
农牧业机械总动力(万千瓦)	Total Power of Agricultural Machinery(10 000 kw)			
化肥施用折纯量(吨)	Consumption of Chemical Fertilizer(ton)			
农村用电量(万千瓦小时)	Electricity Consumed in Rural Area(10 000 kwh)			
农林牧渔业总产值(万元)	Gross Output of Farming,Forestry,Animal Husbandry & Fishery(10 000 yuan)			
粮食产量(吨)	Yield of Grain(ton)			
油料产量(吨)	Yield of Oil-bearing Grops(ton)			
甜菜产量(吨)	Yield of Beetroots(ton)			
猪牛羊肉产量(吨)	Output of Pork, Beef & Mutton(ton)			
#猪肉产量(吨)	Output of Pork(ton)			
牛肉产量(吨)	Output of Beef(ton)			
羊肉产量(吨)	Output of Mutton(ton)			
羊毛产量(吨)	Output of Wool(ton)			

23-22 Baiyun Mineral District in Baotou City

指 标	Item	2006	2007	2007年比上年增长% Increase Rate in 2007 Over 2006(%)
年末牲畜存栏头数(万头只)	Total Livestock at the Year-end(10 000 heads)			
#大牲畜(万头只)	Large Animals(10 000 heads)			
羊(万只)	Sheep & Goats(10 000 heads)			
猪(万头)	Hogs(10 000 heads)			
规模以上工业	**Industrial Enterprises above Designated size**			
工业企业单位数(个)	Number of Industrial Enterprises(unit)	6	5	-16.7
#内资企业(个)	Civil Funded Enterprises(unit)	6	5	-16.7
工业总产值(万元)	Gross Industrial Output Value(10 000 yuan)	21459	25023	16.6
内资企业(万元)	Civil Funded Enterprises(10 000 yuan)	21459	25023	16.6
国有企业(万元)	State-owned Enterprises(10 000 yuan)			
集体企业(万元)	Collective-owned Enterprises(10 000 yuan)	4016	6324	57.5
股份合作企业(万元)	Share Holding Enterprises(10 000 yuan)			
联营企业(万元)	Joint Owned Enterprises(10 000 yuan)			
有限责任公司(万元)	Limited Company(10 000 yuan)	14383	5341	-62.9
股份有限公司(万元)	Share Holding Limited Company(10 000 yuan)			
私营企业(万元)	Privately Owned Enterprises(10 000 yuan)	3060	13358	336.5
其他企业(万元)	Enterprises of Other Ownership(10 000 yuan)			
港澳台商投资企业(万元)	Funds from HK,Macao & Taiwan(10 000 yuan)			
外商投资企业(万元)	Foreign Funded Enterprises(10 000 yuan)			
工业企业增加值(万元)	Value Added of Industrial Enterprises(10 000 yuan)	9364	11331	26.7
工业企业资产总计(万元)	Total Assets of Industrial Enterprises(10 000 yuan)	18831	13963	-25.9
工业企业负债合计(万元)	Total Liabilities of Industrial Enterprises(10 000 yuan)	17643	13034	-26.1
工业企业产品销售收入(万元)	Sales of Revenue Industrial Enterprises(10 000 yuan)	20651	23495	13.8
工业企业利润总额(万元)	Total Profits of Industrial Enterprises(10 000 yuan)	179	64	-64.2
建筑业	**Construction**			
建筑企业单位数(个)	Number of Construction Enterprises(unit)	1	1	0.0
建筑企业从业人员(人)	Number of Employee in Construction Enterprises(person)	156	160	2.6
建筑业总产值(万元)	Gross Construction Output Value(10 000 yuan)	1391	2480	78.3
交通运输邮电通信业	**Transportation,Post & Telecommunications**			
公路里程(公里)	Total Length of Highways(km)	77	77	0.0
邮电业务总量(万元)	Business Volume of Post & Telecoms(10 000 yuan)	1972	2560	29.8
本地电话用户(户)	Number of Subscribers of Local Telephone(Household)	27100	28745	6.1
国内贸易	**Demestic Trade**			
社会消费品零售总额(万元)	Total Retail Sales of Consumer Goods(10 000 yuan)	20023	23333	16.5
#贸易业(万元)	Wholesale & Retail Sales Trades(10 000 yuan)	13879	16174	16.5
餐饮业(万元)	Catering Trade(10 000 yuan)	5928	6929	16.9
科技教育卫生	**Science,Education & Public Health**			
各类专业技术人员(人)	Speccial Technical Personnel(person)	1281	1466	14.4
幼儿园数(所)	Number of Kindergartens(unit)	1	1	0.0
学龄儿童入学率(%)	Percentage of School-Age Children Enrolled(%)	100.0	100.0	0.0
小学学校数(所)	Number of Primary Schools(unit)	3	3	0.0
小学专任教师数(人)	Number of Full-time Teachers of Primary Schools(person)	118	132	11.9
小学在校学生数(人)	Number of Student Enrollment of Primary Schools(person)	1808	2117	17.1
普通中学学校数(所)	Number of Regular Secondary Schools(unit)	2	2	0.0
普通中学专任教师数(人)	Number of Teachers of Secondary Shools(person)	105	99	-5.7
初中在校学生数(人)	Number of Student in Junior Secondary Schools(person)	1377	1070	-22.3
高中在校学生数(人)	Number of Student in Senior Secondary Schools(person)	425	410	-3.5
卫生机构数(所)	Number of Health Institutions(unit)	10	10	0.0
#医院(所)	Hospitals(unit)	2	2	0.0
卫生院(所)	Township Hospitals(unit)			
床位数(张)	Number of Beds(unit)	100	120	20.0
#医院(张)	Hospitals(unit)	100	120	20.0
卫生院(张)	Township Hospitals(unit)			
卫生技术人员(人)	Medical Technical Presonnel(person)	150	146	-2.7
#医院(人)	Hospitals(person)	144	122	-15.3
卫生院(人)	Township Hospitals(person)			

23-23 包头市土默特右旗

指 标	Item	2006	2007	2007年比上年增长% Increase Rate in 2007 Over 2006(%)
行政区域土地面积(平方公里)	**Area of Administration(Sq.km)**	**2368**	**2368**	**0.0**
人口和就业	**Population & Employment**			
年末总人口(人)	Total Population Year-end(person)	316378	310600	-1.8
#男性(人)	Male(person)	173000	169100	-2.3
#乡村人口(人)	Rural(person)	231900	220400	-5.0
年末总户数(户)	Total Number of Households at the Year-end(Household)	103223	101700	-1.5
#乡村户数(户)	Number of Rural Household(Household)	73145	72168	-1.3
出生人口(人)	Births(person)	2889	2801	-3.0
死亡人口(人)	Deaths(person)	1511	1559	3.2
全社会就业人员(人)	Employment(person)	173644	174548	0.5
第一产业(人)	Primary Industry(person)	113210	112003	-1.1
第二产业(人)	Secondary Industry(person)	22297	22350	0.2
第三产业(人)	Tertiary Industry(person)	38137	40195	5.4
在岗职工人数(人)	Number of Staff & Workers Employed in(person)	13738	13689	-0.4
乡村劳动力(人)	Number of Rural Laborers(person)	139829	133728	-4.4
#农林牧渔业(人)	Farming,Forestry,Animal Husbandry & Fishery(person)	99274	91471	-7.9
国民经济综合指标	**Summary Item on the National Economy**			
生产总值(万元)	Gross Domestic Product(10 000 yuan)	524010	678433	14.6
第一产业(万元)	Primary Industry(10 000 yuan)	141259	179057	3.4
第二产业(万元)	Secondary Industry(10 000 yuan)	177315	222353	18.5
#工业(万元)	Industry(10 000 yuan)	136029	178590	22.5
第三产业(万元)	Tertiary Industry(10 000 yuan)	205436	277023	19.6
人均生产总值(元)	Per Capita GDP(yuan)	16593	21641	15.7
全社会固定资产投资(万元)	Total Investment in Fixed Assets(10 000 yuan)	490000	650007	32.7
按登记注册类型分	Grouped by Registered Type			
#国有(万元)	State-owned Enterprises(10 000 yuan)	133065	146609	10.2
集体(万元)	Collective-owned Enterprises(10 000 yuan)			
有限责任公司(万元)	Limited Liability Corporations(10 000 yuan)	174367	129709	-25.6
股份有限公司(万元)	Share Holding Enterprises(10 000 yuan)		8700	
私营企业(万元)	Private Enterprises(10 000 yuan)	126250	339489	168.9
外商及港澳台投资企业(万元)	Funds from HK,Macao,Taiwan & Foreign(10 000 yuan)	22000	12200	-44.5
按城乡渠道分	Grouped by Urban and Rural Area			
城镇（万元）	Urban(10 000 yuan)	483620	613677	26.9
农村（万元）	Rural(10 000 yuan)	6380	36330	469.4
一般预算收入(万元)	General Budgetary Financial Revenue(10 000 yuan)	38773	39649	2.3
一般预算支出(万元)	General Budgetary Financial Expenditures(10 000 yuan)	69638	83232	19.5
城乡居民储蓄存款余额(万元)	Resident Saving Deposit in Urban & Rural(10 000 yuan)	152805	188843	23.6
在岗职工工资总额(万元)	Total Wages of Staff & Workers Empioyed in(10 000 yuan)	20920	24191	15.6
在岗职工平均工资(元)	Average Wage of Staff & Workers Employed in(yuan)	15769	17692	12.2
农牧民人均纯收入(元)	Per Capita Net Income of Peasant & Herdsman(yuan)	5379	6155	14.4
农村牧区经济	**Economic Development in Rural & Pastoral Area**			
耕地面积(公顷)	Cultivated Area(hectare)	102976	102982	0.0
农作物总播种面积(公顷)	Total Sown Area(hectare)	112931	113607	0.6
#粮食作物播种面积(公顷)	Sown Area of Grain Crops(hectare)	75057	78268	4.3
有效灌溉面积(公顷)	Irrigated Area(hectare)	91673	91763	0.1
农牧业机械总动力(万千瓦)	Total Power of Agricultural Machinery(10 000 kw)	14.95	26.28	75.8
化肥施用折纯量(吨)	Consumption of Chemical Fertilizer(ton)	28824	29308	1.7
农村用电量(万千瓦小时)	Electricity Consumed in Rural Area(10 000 kwh)	5369	5619	4.7
农林牧渔业总产值(万元)	Gross Output of Farming,Forestry,Animal Husbandry & Fishery(10 000 yuan)	260597	316500	3.4
粮食产量(吨)	Yield of Grain(ton)	632416	712866	12.7
油料产量(吨)	Yield of Oil-bearing Grops(ton)	24185	20923	-13.5
甜菜产量(吨)	Yield of Beetroots(ton)	230201	248114	7.8
猪牛羊肉产量(吨)	Output of Pork, Beef & Mutton(ton)	31026	39112	26.1
#猪肉产量(吨)	Output of Pork(ton)	15002	18925	26.1
牛肉产量(吨)	Output of Beef(ton)	8344	13187	58.0
羊肉产量(吨)	Output of Mutton(ton)	7680	7000	-8.9
羊毛产量(吨)	Output of Wool(ton)	623	632	1.4

23-23 Tumoteyou Banner in Baotou City

指 标	Item	2006	2007	2007年比上年增长% Increase Rate in 2007 Over 2006(%)
年末牲畜存栏头数(万头只)	Total Livestock at the Year-end(10 000 heads)	63.43	87.60	38.1
#大牲畜(万头只)	Large Animals(10 000 heads)	23.75	20.21	-14.9
羊(万只)	Sheep & Goats(10 000 heads)	29.01	56.63	95.2
猪(万头)	Hogs(10 000 heads)	10.67	10.76	0.8
规模以上工业	**Industrial Enterprises above Designated size**			
工业企业单位数(个)	Number of Industrial Enterprises(unit)	30	34	13.3
#内资企业(个)	Civil Funded Enterprises(unit)	29	31	6.9
工业总产值(万元)	Gross Industrial Output Value(10 000 yuan)	144867	225170	55.4
内资企业(万元)	Civil Funded Enterprises(10 000 yuan)	133223	193000	44.9
国有企业(万元)	State-owned Enterprises(10 000 yuan)		13746	
集体企业(万元)	Collective-owned Enterprises(10 000 yuan)			
股份合作企业(万元)	Share Holding Enterprises(10 000 yuan)			
联营企业(万元)	Joint Owned Enterprises(10 000 yuan)			
有限责任公司(万元)	Limited Company(10 000 yuan)	78595	89649	14.1
股份有限公司(万元)	Share Holding Limited Company(10 000 yuan)			
私营企业(万元)	Privately Owned Enterprises(10 000 yuan)	54628	89605	64.0
其他企业(万元)	Enterprises of Other Ownership(10 000 yuan)			
港澳台商投资企业(万元)	Funds from HK,Macao & Taiwan(10 000 yuan)	11644	32170	176.3
外商投资企业(万元)	Foreign Funded Enterprises(10 000 yuan)			
工业企业增加值(万元)	Value Added of Industrial Enterprises(10 000 yuan)	55282	82390	36.4
工业企业资产总计(万元)	Total Assets of Industrial Enterprises(10 000 yuan)	61885	130602	111.0
工业企业负债合计(万元)	Total Liabilities of Industrial Enterprises(10 000 yuan)	32718	78510	140.0
工业企业产品销售收入(万元)	Sales of Revenue Industrial Enterprises(10 000 yuan)	145380	223396	53.7
工业企业利润总额(万元)	Total Profits of Industrial Enterprises(10 000 yuan)	4861	27896	473.9
建筑业	**Construction**			
建筑企业单位数(个)	Number of Construction Enterprises(unit)	7	6	-14.3
建筑企业从业人员(人)	Number of Employee in Construction Enterprises(person)	3229	3702	14.6
建筑业总产值(万元)	Gross Construction Output Value(10 000 yuan)	21425	27914	30.3
交通运输邮电通信业	**Transportation,Post & Telecommunications**			
公路里程(公里)	Total Length of Highways(km)	2076	2105	1.4
邮电业务总量(万元)	Business Volume of Post & Telecoms(10 000 yuan)	7763	10522	35.5
本地电话用户(户)	Number of Subscribers of Local Telephone(Household)	25236	24481	-3.0
国内贸易	**Demestic Trade**			
社会消费品零售总额(万元)	Total Retail Sales of Consumer Goods(10 000 yuan)	128993	146455	13.5
#贸易业(万元)	Wholesale & Retail Sales Trades(10 000 yuan)	108286	124190	14.7
餐饮业(万元)	Catering Trade(10 000 yuan)	18236	20045	9.9
科技教育卫生	**Science,Education & Public Health**			
各类专业技术人员(人)	Speccial Technical Personnel(person)	4746	4800	1.1
幼儿园数(所)	Number of Kindergartens(unit)	4	2	-50.0
学龄儿童入学率(%)	Percentage of School-Age Children Enrolled(%)	99.8	99.8	0.0
小学学校数(所)	Number of Primary Schools(unit)	75	24	-68.0
小学专任教师数(人)	Number of Full-time Teachers of Primary Schools(person)	1167	955	-18.2
小学在校学生数(人)	Number of Student Enrollment of Primary Schools(person)	15539	18869	21.4
普通中学学校数(所)	Number of Regular Secondary Schools(unit)	18	11	-38.9
普通中学专任教师数(人)	Number of Teachers of Secondary Shools(person)	1009	782	-22.5
初中在校学生数(人)	Number of Student in Junior Secondary Schools(person)	13891	14382	3.5
高中在校学生数(人)	Number of Student in Senior Secondary Schools(person)	4647	5865	26.2
卫生机构数(所)	Number of Health Institutions(unit)	31	23	-25.8
#医院(所)	Hospitals(unit)	2	4	100.0
卫生院(所)	Township Hospitals(unit)	17	19	11.8
床位数(张)	Number of Beds(unit)	674	386	-42.7
#医院(张)	Hospitals(unit)	200	200	0.0
卫生院(张)	Township Hospitals(unit)	156	156	0.0
卫生技术人员(人)	Medical Technical Presonnel(person)	741	548	-26.0
#医院(人)	Hospitals(person)	213	268	25.8
卫生院(人)	Township Hospitals(person)	353	280	-20.7

23-24 包头市固阳县

指 标	Item	2006	2007	2007年比上年增长% Increase Rate in 2007 Over 2006(%)
行政区域土地面积(平方公里)	**Area of Administration(Sq.km)**	**5021**	**5021**	**0.0**
人口和就业	**Population & Employment**			
年末总人口(人)	Total Population Year-end(person)	177410	174400	-1.7
#男性(人)	Male(person)	99610	97200	-2.4
#乡村人口(人)	Rural(person)	132310	129000	-2.5
年末总户数(户)	Total Number of Households at the Year-end(Household)	54420	53620	-1.5
#乡村户数(户)	Number of Rural Household(Household)	35305	32312	-8.5
出生人口(人)	Births(person)	1437	1480	3.0
死亡人口(人)	Deaths(person)	763	702	-8.0
全社会就业人员(人)	Employment(person)	108947	110038	1.0
第一产业(人)	Primary Industry(person)	66270	66236	-0.1
第二产业(人)	Secondary Industry(person)	27101	27163	0.2
第三产业(人)	Tertiary Industry(person)	15576	16639	6.8
在岗职工人数(人)	Number of Staff & Workers Employed in(person)	8936	9881	10.6
乡村劳动力(人)	Number of Rural Laborers(person)	71720	59683	-16.8
#农林牧渔业(人)	Farming,Forestry,Animal Husbandry & Fishery(person)	52270	45337	-13.3
国民经济综合指标	**Summary Item on the National Economy**			
生产总值(万元)	Gross Domestic Product(10 000 yuan)	305177	384116	15.3
第一产业(万元)	Primary Industry(10 000 yuan)	48000	63600	3.8
第二产业(万元)	Secondary Industry(10 000 yuan)	187194	239668	19.9
#工业(万元)	Industry(10 000 yuan)	154794	202473	21.8
第三产业(万元)	Tertiary Industry(10 000 yuan)	69983	80848	11.4
人均生产总值(元)	Per Capita GDP(yuan)	17232	21837	16.2
全社会固定资产投资(万元)	Total Investment in Fixed Assets(10 000 yuan)	350000	460000	31.4
按登记注册类型分	Grouped by Registered Type			
#国有(万元)	State-owned Enterprises(10 000 yuan)	6838	19643	187.3
集体(万元)	Collective-owned Enterprises(10 000 yuan)	2300	713	-69.0
有限责任公司(万元)	Limited Liability Corporations(10 000 yuan)	215510	329570	52.9
股份有限公司(万元)	Share Holding Enterprises(10 000 yuan)	3700	5600	51.4
私营企业(万元)	Private Enterprises(10 000 yuan)	110340	64630	-41.4
外商及港澳台投资企业(万元)	Funds from HK,Macao,Taiwan & Foreign(10 000 yuan)			
按城乡渠道分	Grouped by Urban and Rural Area			
城镇(万元)	Urban(10 000 yuan)	349589	459203	31.4
农村(万元)	Rural(10 000 yuan)	411	797	93.9
一般预算收入(万元)	General Budgetary Financial Revenue(10 000 yuan)	28986	29525	1.9
一般预算支出(万元)	General Budgetary Financial Expenditures(10 000 yuan)	47536	54203	14.0
城乡居民储蓄存款余额(万元)	Resident Saving Deposit in Urban & Rural(10 000 yuan)	64906	79301	22.2
在岗职工工资总额(万元)	Total Wages of Staff & Workers Empioyed in(10 000 yuan)	16852	20917	24.1
在岗职工平均工资(元)	Average Wage of Staff & Workers Employed in(yuan)	18861	22090	17.1
农牧民人均纯收入(元)	Per Capita Net Income of Peasant & Herdsman(yuan)	4106	4739	15.4
农村牧区经济	**Economic Development in Rural & Pastoral Area**			
耕地面积(公顷)	Cultivated Area(hectare)	190314	190314	0.0
农作物总播种面积(公顷)	Total Sown Area(hectare)	116296	112611	-3.2
#粮食作物播种面积(公顷)	Sown Area of Grain Crops(hectare)	65756	82833	26.0
有效灌溉面积(公顷)	Irrigated Area(hectare)	13345	13345	0.0
农牧业机械总动力(万千瓦)	Total Power of Agricultural Machinery(10 000 kw)	30.59	30.58	0.0
化肥施用折纯量(吨)	Consumption of Chemical Fertilizer(ton)	12300	12590	2.4
农村用电量(万千瓦小时)	Electricity Consumed in Rural Area(10 000 kwh)	5030	5133	2.0
农林牧渔业总产值(万元)	Gross Output of Farming,Forestry,Animal Husbandry & Fishery(10 000 yuan)	88974	106678	3.8
粮食产量(吨)	Yield of Grain(ton)	93292	83577	-10.4
油料产量(吨)	Yield of Oil-bearing Grops(ton)	14155	6760	-52.2
甜菜产量(吨)	Yield of Beetroots(ton)	11003	11053	0.5
猪牛羊肉产量(吨)	Output of Pork, Beef & Mutton(ton)	24330	21977	-9.7
#猪肉产量(吨)	Output of Pork(ton)	9850	8571	-13.0
牛肉产量(吨)	Output of Beef(ton)	540	1605	197.2
羊肉产量(吨)	Output of Mutton(ton)	13940	11801	-15.3
羊毛产量(吨)	Output of Wool(ton)	701	621	-11.4

23-24 Guyang County in Baotou City

指 标	Item	2006	2007	2007年比上年增长% Increase Rate in 2007 Over 2006(%)
年末牲畜存栏头数(万头只)	Total Livestock at the Year-end(10 000 heads)	57.35	24.48	-57.3
#大牲畜(万头只)	Large Animals(10 000 heads)	4.01	2.25	-43.9
羊(万只)	Sheep & Goats(10 000 heads)	48.83	19.68	-59.7
猪(万头)	Hogs(10 000 heads)	4.51	2.55	-43.5
规模以上工业	**Industrial Enterprises above Designated size**			
工业企业单位数(个)	Number of Industrial Enterprises(unit)	18	23	27.8
#内资企业(个)	Civil Funded Enterprises(unit)	18	23	27.8
工业总产值(万元)	Gross Industrial Output Value(10 000 yuan)	120368	178328	48.2
内资企业(万元)	Civil Funded Enterprises(10 000 yuan)	120368	178328	48.2
国有企业(万元)	State-owned Enterprises(10 000 yuan)			
集体企业(万元)	Collective-owned Enterprises(10 000 yuan)			
股份合作企业(万元)	Share Holding Enterprises(10 000 yuan)			
联营企业(万元)	Joint Owned Enterprises(10 000 yuan)			
有限责任公司(万元)	Limited Company(10 000 yuan)	98442	132636	34.7
股份有限公司(万元)	Share Holding Limited Company(10 000 yuan)		3444	
私营企业(万元)	Privately Owned Enterprises(10 000 yuan)	21926	42248	92.7
其他企业(万元)	Enterprises of Other Ownership(10 000 yuan)			
港澳台商投资企业(万元)	Funds from HK,Macao & Taiwan(10 000 yuan)			
外商投资企业(万元)	Foreign Funded Enterprises(10 000 yuan)			
工业企业增加值(万元)	Value Added of Industrial Enterprises(10 000 yuan)	56985	95673	30.0
工业企业资产总计(万元)	Total Assets of Industrial Enterprises(10 000 yuan)	69932	101367	45.0
工业企业负债合计(万元)	Total Liabilities of Industrial Enterprises(10 000 yuan)	51779	74656	44.2
工业企业产品销售收入(万元)	Sales of Revenue Industrial Enterprises(10 000 yuan)	117141	171586	46.5
工业企业利润总额(万元)	Total Profits of Industrial Enterprises(10 000 yuan)	2416	5858	142.5
建筑业	**Construction**			
建筑企业单位数(个)	Number of Construction Enterprises(unit)	1	1	0.0
建筑企业从业人员(人)	Number of Employee in Construction Enterprises(person)	300	700	133.3
建筑业总产值(万元)	Gross Construction Output Value(10 000 yuan)	8162	4399	-46.1
交通运输邮电通信业	**Transportation,Post & Telecommunications**			
公路里程(公里)	Total Length of Highways(km)	1260	1260	0.0
邮电业务总量(万元)	Business Volume of Post & Telecoms(10 000 yuan)	1510	1775	17.5
本地电话用户(户)	Number of Subscribers of Local Telephone(Household)	9600	9900	3.1
国内贸易	**Demestic Trade**			
社会消费品零售总额(万元)	Total Retail Sales of Consumer Goods(10 000 yuan)	62690	71942	14.8
#贸易业(万元)	Wholesale & Retail Sales Trades(10 000 yuan)	40041	45450	13.5
餐饮业(万元)	Catering Trade(10 000 yuan)	22574	26426	17.1
科技教育卫生	**Science,Education & Public Health**			
各类专业技术人员(人)	Speccial Technical Personnel(person)	3010	3188	5.9
幼儿园数(所)	Number of Kindergartens(unit)	8	9	12.5
学龄儿童入学率(%)	Percentage of School-Age Children Enrolled(%)	99.7	99.9	0.2
小学学校数(所)	Number of Primary Schools(unit)	32	25	-21.9
小学专任教师数(人)	Number of Full-time Teachers of Primary Schools(person)	935	1012	8.2
小学在校学生数(人)	Number of Student Enrollment of Primary Schools(person)	7222	8359	15.7
普通中学学校数(所)	Number of Regular Secondary Schools(unit)	7	5	-28.6
普通中学专任教师数(人)	Number of Teachers of Secondary Shools(person)	588	531	-9.7
初中在校学生数(人)	Number of Student in Junior Secondary Schools(person)	7911	5949	-24.8
高中在校学生数(人)	Number of Student in Senior Secondary Schools(person)	2338	2423	3.6
卫生机构数(所)	Number of Health Institutions(unit)	32	32	0.0
#医院(所)	Hospitals(unit)	2	2	0.0
卫生院(所)	Township Hospitals(unit)	16	17	6.2
床位数(张)	Number of Beds(unit)	470	472	0.4
#医院(张)	Hospitals(unit)	198	198	0.0
卫生院(张)	Township Hospitals(unit)	272	274	0.7
卫生技术人员(人)	Medical Technical Presonnel(person)	501	498	-0.6
#医院(人)	Hospitals(person)	248	250	0.8
卫生院(人)	Township Hospitals(person)	253	248	-2.0

23-25 包头市达尔罕茂明安联合旗

指 标	Item	2006	2007	2007年比上年增长% Increase Rate in 2007 Over 2006(%)
行政区域土地面积(平方公里)	**Area of Administration(Sq.km)**	**17410**	**17410**	**0.0**
人口和就业	**Population & Employment**			
年末总人口(人)	Total Population Year-end(person)	101301	101600	0.3
#男性(人)	Male(person)	55027	55000	0.0
#乡村人口(人)	Rural(person)	44400	43500	-2.0
年末总户数(户)	Total Number of Households at the Year-end(Household)	30880	30960	0.3
#乡村户数(户)	Number of Rural Household(Household)	13540	13260	-2.1
出生人口(人)	Births(person)	518	1229	137.3
死亡人口(人)	Deaths(person)	531	709	33.5
全社会就业人员(人)	Employment(person)	62530	64781	3.6
第一产业(人)	Primary Industry(person)	37685	37059	-1.7
第二产业(人)	Secondary Industry(person)	7425	8193	10.3
第三产业(人)	Tertiary Industry(person)	17420	19529	12.1
在岗职工人数(人)	Number of Staff & Workers Employed in(person)	6702	6835	2.0
乡村劳动力(人)	Number of Rural Laborers(person)	35937	30215	-15.9
#农林牧渔业(人)	Farming,Forestry,Animal Husbandry & Fishery(person)	26058	21299	-18.3
国民经济综合指标	**Summary Item on the National Economy**			
生产总值(万元)	Gross Domestic Product(10 000 yuan)	522867	663431	15.4
第一产业(万元)	Primary Industry(10 000 yuan)	54300	70800	3.3
第二产业(万元)	Secondary Industry(10 000 yuan)	343699	433447	16.7
#工业(万元)	Industry(10 000 yuan)	286752	359985	15.2
第三产业(万元)	Tertiary Industry(10 000 yuan)	124868	159184	17.7
人均生产总值(元)	Per Capita GDP(yuan)	51362	65363	15.1
全社会固定资产投资(万元)	Total Investment in Fixed Assets(10 000 yuan)	500000	640000	28.0
按登记注册类型分	Grouped by Registered Type			
#国有(万元)	State-owned Enterprises(10 000 yuan)	137668	268110	94.8
集体(万元)	Collective-owned Enterprises(10 000 yuan)		800	
有限责任公司(万元)	Limited Liability Corporations(10 000 yuan)	264737	133659	-49.5
股份有限公司(万元)	Share Holding Enterprises(10 000 yuan)		36720	
私营企业(万元)	Private Enterprises(10 000 yuan)	67660	110980	64.0
外商及港澳台投资企业(万元)	Funds from HK,Macao,Taiwan & Foreign(10 000 yuan)			
按城乡渠道分	Grouped by Urban and Rural Area			
城镇(万元)	Urban(10 000 yuan)	496300	640000	29.0
农村(万元)	Rural(10 000 yuan)	3700		
一般预算收入(万元)	General Budgetary Financial Revenue(10 000 yuan)	48507	46497	-4.1
一般预算支出(万元)	General Budgetary Financial Expenditures(10 000 yuan)	79806	77869	-2.4
城乡居民储蓄存款余额(万元)	Resident Saving Deposit in Urban & Rural(10 000 yuan)	53893	62943	16.8
在岗职工工资总额(万元)	Total Wages of Staff & Workers Empioyed in(10 000 yuan)	14085	16921	20.1
在岗职工平均工资(元)	Average Wage of Staff & Workers Employed in(yuan)	21533	24771	15.0
农牧民人均纯收入(元)	Per Capita Net Income of Peasant & Herdsman(yuan)	4806	5524	14.9
农村牧区经济	**Economic Development in Rural & Pastoral Area**			
耕地面积(公顷)	Cultivated Area(hectare)	74843	74843	0.0
农作物总播种面积(公顷)	Total Sown Area(hectare)	52637	57220	8.7
#粮食作物播种面积(公顷)	Sown Area of Grain Crops(hectare)	35471	43070	21.4
有效灌溉面积(公顷)	Irrigated Area(hectare)	13227	13227	0.0
农牧业机械总动力(万千瓦)	Total Power of Agricultural Machinery(10 000 kw)	20.55	20.84	1.4
化肥施用折纯量(吨)	Consumption of Chemical Fertilizer(ton)	5109	6228	21.9
农村用电量(万千瓦小时)	Electricity Consumed in Rural Area(10 000 kwh)	1599	1632	2.1
农林牧渔业总产值(万元)	Gross Output of Farming,Forestry,Animal Husbandry & Fishery(10 000 yuan)	91491	110745	3.3
粮食产量(吨)	Yield of Grain(ton)	112830	68381	-39.4
油料产量(吨)	Yield of Oil-bearing Grops(ton)	3820	1736	-54.6
甜菜产量(吨)	Yield of Beetroots(ton)			
猪牛羊肉产量(吨)	Output of Pork, Beef & Mutton(ton)	21393	20166	-5.7
#猪肉产量(吨)	Output of Pork(ton)	3993	3775	-5.5
牛肉产量(吨)	Output of Beef(ton)	2100	3123	48.7
羊肉产量(吨)	Output of Mutton(ton)	15300	13268	-13.3
羊毛产量(吨)	Output of Wool(ton)	1010	1115	10.4

23-25 Daerhanmaomingan Union Banner in Baotou City

指 标	Item	2006	2007	2007年比上年增长% Increase Rate in 2007 Over 2006(%)
年末牲畜存栏头数(万头只)	Total Livestock at the Year-end(10 000 heads)	60.48	77.95	28.9
#大牲畜(万头只)	Large Animals(10 000 heads)	7.38	7.15	-3.1
羊(万只)	Sheep & Goats(10 000 heads)	50.79	68.96	35.8
猪(万头)	Hogs(10 000 heads)	2.31	1.84	-20.3
规模以上工业	**Industrial Enterprises above Designated size**			
工业企业单位数(个)	Number of Industrial Enterprises(unit)	27	30	11.1
#内资企业(个)	Civil Funded Enterprises(unit)	27	29	7.4
工业总产值(万元)	Gross Industrial Output Value(10 000 yuan)	313852	392532	25.1
内资企业(万元)	Civil Funded Enterprises(10 000 yuan)	313852	391182	24.6
国有企业(万元)	State-owned Enterprises(10 000 yuan)	13194	17672	33.9
集体企业(万元)	Collective-owned Enterprises(10 000 yuan)			
股份合作企业(万元)	Share Holding Enterprises(10 000 yuan)			
联营企业(万元)	Joint Owned Enterprises(10 000 yuan)			
有限责任公司(万元)	Limited Company(10 000 yuan)	78577	101511	29.2
股份有限公司(万元)	Share Holding Limited Company(10 000 yuan)			
私营企业(万元)	Privately Owned Enterprises(10 000 yuan)	222081	271999	22.5
其他企业(万元)	Enterprises of Other Ownership(10 000 yuan)			
港澳台商投资企业(万元)	Funds from HK,Macao & Taiwan(10 000 yuan)			
外商投资企业(万元)	Foreign Funded Enterprises(10 000 yuan)		1350	
工业企业增加值(万元)	Value Added of Industrial Enterprises(10 000 yuan)	153665	198088	15.8
工业企业资产总计(万元)	Total Assets of Industrial Enterprises(10 000 yuan)	189833	262841	38.5
工业企业负债合计(万元)	Total Liabilities of Industrial Enterprises(10 000 yuan)	122930	161624	31.5
工业企业产品销售收入(万元)	Sales of Revenue Industrial Enterprises(10 000 yuan)	316295	398613	26.0
工业企业利润总额(万元)	Total Profits of Industrial Enterprises(10 000 yuan)	20751	52340	152.2
建筑业	**Construction**			
建筑企业单位数(个)	Number of Construction Enterprises(unit)	2	2	0.0
建筑企业从业人员(人)	Number of Employee in Construction Enterprises(person)	449	576	28.3
建筑业总产值(万元)	Gross Construction Output Value(10 000 yuan)	6600	8580	30.0
交通运输邮电通信业	**Transportation,Post & Telecommunications**			
公路里程(公里)	Total Length of Highways(km)	1524	1524	0.0
邮电业务总量(万元)	Business Volume of Post & Telecoms(10 000 yuan)	2250	2895	'28.7
本地电话用户(户)	Number of Subscribers of Local Telephone(Household)	12331	13468	9.2
国内贸易	**Demestic Trade**			
社会消费品零售总额(万元)	Total Retail Sales of Consumer Goods(10 000 yuan)	67306	76375	13.5
#贸易业(万元)	Wholesale & Retail Sales Trades(10 000 yuan)	51958	57994	11.6
餐饮业(万元)	Catering Trade(10 000 yuan)	14364	17317	20.6
科技教育卫生	**Science,Education & Public Health**			
各类专业技术人员(人)	Speccial Technical Personnel(person)	2477	2099	-15.3
幼儿园数(所)	Number of Kindergartens(unit)	5	5	0.0
学龄儿童入学率(%)	Percentage of School-Age Children Enrolled(%)	99.6	100.0	0.4
小学学校数(所)	Number of Primary Schools(unit)	18	16	-11.1
小学专任教师数(人)	Number of Full-time Teachers of Primary Schools(person)	427	425	-0.5
小学在校学生数(人)	Number of Student Enrollment of Primary Schools(person)	5636	6369	13.0
普通中学学校数(所)	Number of Regular Secondary Schools(unit)	7	7	0.0
普通中学专任教师数(人)	Number of Teachers of Secondary Shools(person)	356	353	-0.8
初中在校学生数(人)	Number of Student in Junior Secondary Schools(person)	4327	3246	-25.0
高中在校学生数(人)	Number of Student in Senior Secondary Schools(person)	1242	1092	-12.1
卫生机构数(所)	Number of Health Institutions(unit)	23	28	21.7
#医院(所)	Hospitals(unit)	2	2	0.0
卫生院(所)	Township Hospitals(unit)	16	21	31.2
床位数(张)	Number of Beds(unit)	291	311	6.9
#医院(张)	Hospitals(unit)	180	160	-11.1
卫生院(张)	Township Hospitals(unit)	102	135	32.4
卫生技术人员(人)	Medical Technical Presonnel(person)	352	299	-15.1
#医院(人)	Hospitals(person)	150	131	-12.7
卫生院(人)	Township Hospitals(person)	121	117	-3.3

23-26 呼伦贝尔市海拉尔区

指 标	Item	2006	2007	2007年比上年增长% Increase Rate in 2007 Over 2006(%)
行政区域土地面积(平方公里)	**Area of Administration(Sq.km)**	**1440**	**1440**	**0.0**
人口和就业	**Population & Employment**			
年末总人口(人)	Total Population Year-end(person)	259705	263005	1.3
#男性(人)	Male(person)	127915	130841	2.3
#乡村人口(人)	Rural(person)	22488	17656	-21.5
年末总户数(户)	Total Number of Households at the Year-end(Household)	78840	79534	0.9
#乡村户数(户)	Number of Rural Household(Household)	5281	5540	4.9
出生人口(人)	Births(person)	1262	1681	33.2
死亡人口(人)	Deaths(person)	1146	1285	12.1
全社会就业人员(人)	Employment(person)	70449	77700	10.3
第一产业(人)	Primary Industry(person)	9711	9939	2.3
第二产业(人)	Secondary Industry(person)	11060	11161	0.9
第三产业(人)	Tertiary Industry(person)	49678	56600	13.9
在岗职工人数(人)	Number of Staff & Workers Employed in(person)	43191	44441	2.9
乡村劳动力(人)	Number of Rural Laborers(person)	8374	8487	1.3
#农林牧渔业(人)	Farming,Forestry,Animal Husbandry & Fishery(person)	7071	6293	-11.0
国民经济综合指标	**Summary Item on the National Economy**			
生产总值(万元)	Gross Domestic Product(10 000 yuan)	594312	789263	23.6
第一产业(万元)	Primary Industry(10 000 yuan)	39000	44901	-1.4
第二产业(万元)	Secondary Industry(10 000 yuan)	164116	235556	25.8
#工业(万元)	Industry(10 000 yuan)	131623	195603	26.4
第三产业(万元)	Tertiary Industry(10 000 yuan)	391196	508806	25.0
人均生产总值(元)	Per Capita GDP(yuan)	23026	30199	22.1
全社会固定资产投资(万元)	Total Investment in Fixed Assets(10 000 yuan)	244016	314842	29.0
按登记注册类型分	Grouped by Registered Type			
#国有(万元)	State-owned Enterprises(10 000 yuan)	82297	107377	30.5
集体(万元)	Collective-owned Enterprises(10 000 yuan)	1960	1000	-49.0
有限责任公司(万元)	Limited Liability Corporations(10 000 yuan)	140702	139905	-0.6
股份有限公司(万元)	Share Holding Enterprises(10 000 yuan)	77	6500	8341.6
私营企业(万元)	Private Enterprises(10 000 yuan)	13920	55380	297.8
外商及港澳台投资企业(万元)	Funds from HK,Macao,Taiwan & Foreign(10 000 yuan)	3050	4680	53.4
按城乡渠道分	Grouped by Urban and Rural Area			
城镇(万元)	Urban(10 000 yuan)	244016	314842	29.0
农村(万元)	Rural(10 000 yuan)			
一般预算收入(万元)	General Budgetary Financial Revenue(10 000 yuan)	17291	22450	29.8
一般预算支出(万元)	General Budgetary Financial Expenditures(10 000 yuan)	44560	57426	28.9
城乡居民储蓄存款余额(万元)	Resident Saving Deposit in Urban & Rural(10 000 yuan)	587882	599173	1.9
在岗职工工资总额(万元)	Total Wages of Staff & Workers Empioyed in(10 000 yuan)	80623	94883	17.7
在岗职工平均工资(元)	Average Wage of Staff & Workers Employed in(yuan)	18950	21700	14.5
农牧民人均纯收入(元)	Per Capita Net Income of Peasant & Herdsman(yuan)	6649	7451	12.1
农村牧区经济	**Economic Development in Rural & Pastoral Area**			
耕地面积(公顷)	Cultivated Area(hectare)	31139	31339	0.6
农作物总播种面积(公顷)	Total Sown Area(hectare)	25467	27572	8.3
#粮食作物播种面积(公顷)	Sown Area of Grain Crops(hectare)	13820	16394	18.6
有效灌溉面积(公顷)	Irrigated Area(hectare)	4230	4410	4.3
农牧业机械总动力(万千瓦)	Total Power of Agricultural Machinery(10 000 kw)	9.70	8.60	-11.3
化肥施用折纯量(吨)	Consumption of Chemical Fertilizer(ton)	3471	3300	-4.9
农村用电量(万千瓦小时)	Electricity Consumed in Rural Area(10 000 kwh)	711	764	7.5
农林牧渔业总产值(万元)	Gross Output of Farming,Forestry,Animal Husbandry & Fishery(10 000 yuan)	66373	62662	-5.6
粮食产量(吨)	Yield of Grain(ton)	32798	23402	-28.6
油料产量(吨)	Yield of Oil-bearing Grops(ton)	3475	1626	-53.2
甜菜产量(吨)	Yield of Beetroots(ton)			
猪牛羊肉产量(吨)	Output of Pork, Beef & Mutton(ton)	4290	4963	15.7
#猪肉产量(吨)	Output of Pork(ton)	1646	1885	14.5
牛肉产量(吨)	Output of Beef(ton)	2114	2612	23.6
羊肉产量(吨)	Output of Mutton(ton)	530	466	-12.1
羊毛产量(吨)	Output of Wool(ton)	97	95	-2.1

23-26 Hailaer District in Hulunbeier City

指 标	Item	2006	2007	2007年比上年增长% Increase Rate in 2007 Over 2006(%)
年末牲畜存栏头数(万头只)	Total Livestock at the Year-end(10 000 heads)	8.42	10.10	20.0
#大牲畜(万头只)	Large Animals(10 000 heads)	4.42	5.30	19.9
羊(万只)	Sheep & Goats(10 000 heads)	3.27	3.90	19.3
猪(万头)	Hogs(10 000 heads)	0.73	1.00	37.0
规模以上工业	**Industrial Enterprises above Designated size**			
工业企业单位数(个)	Number of Industrial Enterprises(unit)	33	36	9.1
#内资企业(个)	Civil Funded Enterprises(unit)	29	30	3.4
工业总产值(万元)	Gross Industrial Output Value(10 000 yuan)	299187	423741	39.2
内资企业(万元)	Civil Funded Enterprises(10 000 yuan)	249188	320777	28.7
国有企业(万元)	State-owned Enterprises(10 000 yuan)	47580	28310	40.5
集体企业(万元)	Collective-owned Enterprises(10 000 yuan)			
股份合作企业(万元)	Share Holding Enterprises(10 000 yuan)			
联营企业(万元)	Joint Owned Enterprises(10 000 yuan)			
有限责任公司(万元)	Limited Company(10 000 yuan)	181543	157318	13.3
股份有限公司(万元)	Share Holding Limited Company(10 000 yuan)		32077	
私营企业(万元)	Privately Owned Enterprises(10 000 yuan)	20065	115326	474.8
其他企业(万元)	Enterprises of Other Ownership(10 000 yuan)			
港澳台商投资企业(万元)	Funds from HK,Macao & Taiwan(10 000 yuan)	35880	12262	-65.5
外商投资企业(万元)	Foreign Funded Enterprises(10 000 yuan)	14119	90702	542.4
工业企业增加值(万元)	Value Added of Industrial Enterprises(10 000 yuan)	113582	175431	28.4
工业企业资产总计(万元)	Total Assets of Industrial Enterprises(10 000 yuan)	274315	273733	-0.2
工业企业负债合计(万元)	Total Liabilities of Industrial Enterprises(10 000 yuan)	200412	183254	-8.6
工业企业产品销售收入(万元)	Sales of Revenue Industrial Enterprises(10 000 yuan)	235863	365022	54.8
工业企业利润总额(万元)	Total Profits of Industrial Enterprises(10 000 yuan)	19740	25349	28.4
建筑业	**Construction**			
建筑企业单位数(个)	Number of Construction Enterprises(unit)	20	22	10.0
建筑企业从业人员(人)	Number of Employee in Construction Enterprises(person)	10205	11486	12.6
建筑业总产值(万元)	Gross Construction Output Value(10 000 yuan)	90425	119052	31.7
交通运输邮电通信业	**Transportation,Post & Telecommunications**			
公路里程(公里)	Total Length of Highways(km)	307	307	0.0
邮电业务总量(万元)	Business Volume of Post & Telecoms(10 000 yuan)	33651	26913	-20.0
本地电话用户(户)	Number of Subscribers of Local Telephone(Household)	160239	165370	3.2
国内贸易	**Demestic Trade**			
社会消费品零售总额(万元)	Total Retail Sales of Consumer Goods(10 000 yuan)	296273	358195	20.9
#贸易业(万元)	Wholesale & Retail Sales Trades(10 000 yuan)	219659	263984	20.2
餐饮业(万元)	Catering Trade(10 000 yuan)	47920	60769	26.8
科技教育卫生	**Science,Education & Public Health**			
各类专业技术人员(人)	Speccial Technical Personnel(person)	5175		
幼儿园数(所)	Number of Kindergartens(unit)	8	7	-12.5
学龄儿童入学率(%)	Percentage of School-Age Children Enrolled(%)	100.0	100.0	0.0
小学学校数(所)	Number of Primary Schools(unit)	21	18	-14.3
小学专任教师数(人)	Number of Full-time Teachers of Primary Schools(person)	1002	1000	-0.2
小学在校学生数(人)	Number of Student Enrollment of Primary Schools(person)	14486	16675	15.1
普通中学学校数(所)	Number of Regular Secondary Schools(unit)	24	23	-4.2
普通中学专任教师数(人)	Number of Teachers of Secondary Shools(person)	1599	1580	-1.2
初中在校学生数(人)	Number of Student in Junior Secondary Schools(person)	11600	8580	-26.0
高中在校学生数(人)	Number of Student in Senior Secondary Schools(person)	13509	13465	-0.3
卫生机构数(所)	Number of Health Institutions(unit)	132	188	42.4
#医院(所)	Hospitals(unit)	15	20	33.3
卫生院(所)	Township Hospitals(unit)	6	15	150.0
床位数(张)	Number of Beds(unit)	1855	1857	0.1
#医院(张)	Hospitals(unit)	1688	1806	7.0
卫生院(张)	Township Hospitals(unit)	66	51	-22.7
卫生技术人员(人)	Medical Technical Presonnel(person)	2283	2497	9.4
#医院(人)	Hospitals(person)	1599	1764	10.3
卫生院(人)	Township Hospitals(person)	74	142	91.9

23-27 呼伦贝尔市满洲里市

指 标	Item	2006	2007	2007年比上年增长% Increase Rate in 2007 Over 2006(%)
行政区域土地面积(平方公里)	**Area of Administration(Sq.km)**	**732**	**732**	**0.0**
人口和就业	**Population & Employment**			
年末总人口(人)	Total Population Year-end(person)	161256	163441	1.4
# 男性(人)	Male(person)	81798	82701	1.1
# 乡村人口(人)	Rural(person)			
年末总户数(户)	Total Number of Households at the Year-end(Household)	62628	64535	3.0
# 乡村户数(户)	Number of Rural Household(Household)			
出生人口(人)	Births(person)	829	1104	33.2
死亡人口(人)	Deaths(person)	584	761	30.3
全社会就业人员(人)	Employment(person)	65440	71834	9.8
第一产业(人)	Primary Industry(person)	909	841	-7.5
第二产业(人)	Secondary Industry(person)	19956	16417	-17.7
第三产业(人)	Tertiary Industry(person)	44575	54576	22.4
在岗职工人数(人)	Number of Staff & Workers Employed in(person)	33419	31482	-5.8
乡村劳动力(人)	Number of Rural Laborers(person)			
# 农林牧渔业(人)	Farming,Forestry,Animal Husbandry & Fishery(person)			
国民经济综合指标	**Summary Item on the National Economy**			
生产总值(万元)	Gross Domestic Product(10 000 yuan)	641539	796410	20.3
第一产业(万元)	Primary Industry(10 000 yuan)	13184	15242	-0.9
第二产业(万元)	Secondary Industry(10 000 yuan)	198568	254632	18.7
# 工业(万元)	Industry(10 000 yuan)	154323	210388	24.6
第三产业(万元)	Tertiary Industry(10 000 yuan)	429787	526536	21.6
人均生产总值(元)	Per Capita GDP(yuan)	32025	36200	13.0
全社会固定资产投资(万元)	Total Investment in Fixed Assets(10 000 yuan)	310000	435000	40.3
按登记注册类型分	Grouped by Registered Type			
# 国有(万元)	State-owned Enterprises(10 000 yuan)	164288	241793	47.2
集体(万元)	Collective-owned Enterprises(10 000 yuan)			
有限责任公司(万元)	Limited Liability Corporations(10 000 yuan)	85806	137137	59.8
股份有限公司(万元)	Share Holding Enterprises(10 000 yuan)	29877	16719	-44.0
私营企业(万元)	Private Enterprises(10 000 yuan)	26548	17141	-35.4
外商及港澳台投资企业(万元)	Funds from HK,Macao,Taiwan & Foreign(10 000 yuan)	3481	22210	538.0
按城乡渠道分	Grouped by Urban and Rural Area			
城镇(万元)	Urban(10 000 yuan)	310000	435000	40.3
农村(万元)	Rural(10 000 yuan)			
一般预算收入(万元)	General Budgetary Financial Revenue(10 000 yuan)	54960	86150	56.8
一般预算支出(万元)	General Budgetary Financial Expenditures(10 000 yuan)	90071	140877	56.4
城乡居民储蓄存款余额(万元)	Resident Saving Deposit in Urban & Rural(10 000 yuan)	534232	596100	11.6
在岗职工工资总额(万元)	Total Wages of Staff & Workers Empioyed in(10 000 yuan)	55676	69000	23.9
在岗职工平均工资(元)	Average Wage of Staff & Workers Employed in(yuan)	17549	22044	25.6
农牧民人均纯收入(元)	Per Capita Net Income of Peasant & Herdsman(yuan)			
农村牧区经济	**Economic Development in Rural & Pastoral Area**			
耕地面积(公顷)	Cultivated Area(hectare)	1839	1839	0.0
农作物总播种面积(公顷)	Total Sown Area(hectare)	1723	1723	0.0
# 粮食作物播种面积(公顷)	Sown Area of Grain Crops(hectare)	195	195	0.0
有效灌溉面积(公顷)	Irrigated Area(hectare)	1650	1650	0.0
农牧业机械总动力(万千瓦)	Total Power of Agricultural Machinery(10 000 kw)			
化肥施用折纯量(吨)	Consumption of Chemical Fertilizer(ton)	96	96	0.0
农村用电量(万千瓦小时)	Electricity Consumed in Rural Area(10 000 kwh)	100	100	0.0
农林牧渔业总产值(万元)	Gross Output of Farming,Forestry,Animal Husbandry & Fishery(10 000 yuan)	20985	28123	34.0
粮食产量(吨)	Yield of Grain(ton)	1024	1024	0.0
油料产量(吨)	Yield of Oil-bearing Grops(ton)			
甜菜产量(吨)	Yield of Beetroots(ton)			
猪牛羊肉产量(吨)	Output of Pork, Beef & Mutton(ton)	2109	1690	-19.9
# 猪肉产量(吨)	Output of Pork(ton)	1313	920	-29.9
牛肉产量(吨)	Output of Beef(ton)	405	351	-13.3
羊肉产量(吨)	Output of Mutton(ton)	391	419	7.2
羊毛产量(吨)	Output of Wool(ton)	92	90	-2.2

23-27 Manzhouli City in Hulunbeier City

指 标	Item	2006	2007	2007年比上年增长% Increase Rate in 2007 Over 2006(%)
年末牲畜存栏头数(万头只)	Total Livestock at the Year-end(10 000 heads)	5.33	6.77	27.0
#大牲畜(万头只)	Large Animals(10 000 heads)	0.43	0.33	-23.3
羊(万只)	Sheep & Goats(10 000 heads)	3.78	3.02	-20.1
猪(万头)	Hogs(10 000 heads)	1.12	3.42	205.4
规模以上工业	**Industrial Enterprises above Designated size**			
工业企业单位数(个)	Number of Industrial Enterprises(unit)	40	65	62.5
#内资企业(个)	Civil Funded Enterprises(unit)	37	59	59.5
工业总产值(万元)	Gross Industrial Output Value(10 000 yuan)	190470	303631	59.4
内资企业(万元)	Civil Funded Enterprises(10 000 yuan)	179380	280728	56.5
国有企业(万元)	State-owned Enterprises(10 000 yuan)	105208	114965	9.3
集体企业(万元)	Collective-owned Enterprises(10 000 yuan)			
股份合作企业(万元)	Share Holding Enterprises(10 000 yuan)	5070		.
联营企业(万元)	Joint Owned Enterprises(10 000 yuan)			
有限责任公司(万元)	Limited Company(10 000 yuan)	26030	62114	138.6
股份有限公司(万元)	Share Holding Limited Company(10 000 yuan)		3855	
私营企业(万元)	Privately Owned Enterprises(10 000 yuan)	43072	99794	131.7
其他企业(万元)	Enterprises of Other Ownership(10 000 yuan)			
港澳台商投资企业(万元)	Funds from HK,Macao & Taiwan(10 000 yuan)	10103	18100	79.2
外商投资企业(万元)	Foreign Funded Enterprises(10 000 yuan)	987	4803	386.6
工业企业增加值(万元)	Value Added of Industrial Enterprises(10 000 yuan)	78023	127153	63.0
工业企业资产总计(万元)	Total Assets of Industrial Enterprises(10 000 yuan)	290015	393064	35.5
工业企业负债合计(万元)	Total Liabilities of Industrial Enterprises(10 000 yuan)	183906	241281	31.2
工业企业产品销售收入(万元)	Sales of Revenue Industrial Enterprises(10 000 yuan)	188983	257020	36.0
工业企业利润总额(万元)	Total Profits of Industrial Enterprises(10 000 yuan)	3772	4530	20.1
建筑业	**Construction**			
建筑企业单位数(个)	Number of Construction Enterprises(unit)	9	10	11.1
建筑企业从业人员(人)	Number of Employee in Construction Enterprises(person)	1994	2051	2.9
建筑业总产值(万元)	Gross Construction Output Value(10 000 yuan)	100573	101234	0.7
交通运输邮电通信业	**Transportation,Post & Telecommunications**			
公路里程(公里)	Total Length of Highways(km)	214	214	0.0
邮电业务总量(万元)	Business Volume of Post & Telecoms(10 000 yuan)	14044	15246	8.6
本地电话用户(户)	Number of Subscribers of Local Telephone(Household)	35073	35000	-0.2
国内贸易	**Demestic Trade**			
社会消费品零售总额(万元)	Total Retail Sales of Consumer Goods(10 000 yuan)	296236	357782	20.8
#贸易业(万元)	Wholesale & Retail Sales Trades(10 000 yuan)	262169	306582	16.9
餐饮业(万元)	Catering Trade(10 000 yuan)	32057	51200	59.7
科技教育卫生	**Science,Education & Public Health**			
各类专业技术人员(人)	Speccial Technical Personnel(person)	3452	3523	2.1
幼儿园数(所)	Number of Kindergartens(unit)	4	6	50.0
学龄儿童入学率(%)	Percentage of School-Age Children Enrolled(%)	100.0	100.0	0.0
小学学校数(所)	Number of Primary Schools(unit)	16	14	-12.5
小学专任教师数(人)	Number of Full-time Teachers of Primary Schools(person)	863	884	2.4
小学在校学生数(人)	Number of Student Enrôllment of Primary Schools(person)	12941	12096	-6.5
普通中学学校数(所)	Number of Regular Secondary Schools(unit)	12	13	8.3
普通中学专任教师数(人)	Number of Teachers of Secondary Shools(person)	911	1034	13.5
初中在校学生数(人)	Number of Student in Junior Secondary Schools(person)	8972	9331	4.0
高中在校学生数(人)	Number of Student in Senior Secondary Schools(person)	3528	4678	32.6
卫生机构数(所)	Number of Health Institutions(unit)	20	20	0.0
#医院(所)	Hospitals(unit)	8	8	0.0
卫生院(所)	Township Hospitals(unit)	1	1	0.0
床位数(张)	Number of Beds(unit)	815	838	2.8
#医院(张)	Hospitals(unit)	715	690	-3.5
卫生院(张)	Township Hospitals(unit)	10	10	0.0
卫生技术人员(人)	Medical Technical Presonnel(person)	1165	1478	26.9
#医院(人)	Hospitals(person)	898	962	7.1
卫生院(人)	Township Hospitals(person)	24	19	-20.8

23-28 呼伦贝尔市扎兰屯市

指 标	Item	2006	2007	2007年比上年增长% Increase Rate in 2007 Over 2006(%)
行政区域土地面积(平方公里)	**Area of Administration(Sq.km)**	**16800**	**16800**	**0.0**
人口和就业	**Population & Employment**			
年末总人口(人)	Total Population Year-end(person)	431666	432237	0.1
#男性(人)	Male(person)	221725	222022	0.1
#乡村人口(人)	Rural(person)	298290	298578	0.1
年末总户数(户)	Total Number of Households at the Year-end(Household)	136306	140345	3.0
#乡村户数(户)	Number of Rural Household(Household)	83958	86813	3.4
出生人口(人)	Births(person)	3124	3989	27.7
死亡人口(人)	Deaths(person)	1441	1681	16.7
全社会就业人员(人)	Employment(person)	144031	155395	7.9
第一产业(人)	Primary Industry(person)	95900	105490	10.0
第二产业(人)	Secondary Industry(person)	15017	15467	3.0
第三产业(人)	Tertiary Industry(person)	33114	34438	4.0
在岗职工人数(人)	Number of Staff & Workers Employed in(person)	24609	24785	0.7
乡村劳动力(人)	Number of Rural Laborers(person)	110323	117136	6.2
#农林牧渔业(人)	Farming,Forestry,Animal Husbandry & Fishery(person)	100560	106770	6.2
国民经济综合指标	**Summary Item on the National Economy**			
生产总值(万元)	Gross Domestic Product(10 000 yuan)	364834	494888	24.4
第一产业(万元)	Primary Industry(10 000 yuan)	120005	180598	23.2
第二产业(万元)	Secondary Industry(10 000 yuan)	116894	158740	27.7
#工业(万元)	Industry(10 000 yuan)	103664	144550	30.5
第三产业(万元)	Tertiary Industry(10 000 yuan)	127935	155550	22.8
人均生产总值(元)	Per Capita GDP(yuan)	8426	11390	-29.1
全社会固定资产投资(万元)	Total Investment in Fixed Assets(10 000 yuan)	105085	141682	34.8
按登记注册类型分	Grouped by Registered Type			
#国有(万元)	State-owned Enterprises(10 000 yuan)	59673	49026	-17.8
集体(万元)	Collective-owned Enterprises(10 000 yuan)			
有限责任公司(万元)	Limited Liability Corporations(10 000 yuan)	32356	60152	85.9
股份有限公司(万元)	Share Holding Enterprises(10 000 yuan)	8597	24603	186.2
私营企业(万元)	Private Enterprises(10 000 yuan)			
外商及港澳台投资企业(万元)	Funds from HK,Macao,Taiwan & Foreign(10 000 yuan)	3509	6800	93.8
按城乡渠道分	Grouped by Urban and Rural Area			
城镇(万元)	Urban(10 000 yuan)	104039	137508	32.2
农村(万元)	Rural(10 000 yuan)	1046	4174	299.0
一般预算收入(万元)	General Budgetary Financial Revenue(10 000 yuan)	7058	7848	11.2
一般预算支出(万元)	General Budgetary Financial Expenditures(10 000 yuan)	54256	69504	28.1
城乡居民储蓄存款余额(万元)	Resident Saving Deposit in Urban & Rural(10 000 yuan)	194446	231993	19.3
在岗职工工资总额(万元)	Total Wages of Staff & Workers Empioyed in(10 000 yuan)	33150	40398	21.9
在岗职工平均工资(元)	Average Wage of Staff & Workers Employed in(yuan)	13926	16443	18.1
农牧民人均纯收入(元)	Per Capita Net Income of Peasant & Herdsman(yuan)	3064	3586	17.0
农村牧区经济	**Economic Development in Rural & Pastoral Area**			
耕地面积(公顷)	Cultivated Area(hectare)	220976	215255	-2.6
农作物总播种面积(公顷)	Total Sown Area(hectare)	205529	210028	2.2
#粮食作物播种面积(公顷)	Sown Area of Grain Crops(hectare)	163287	152681	-6.5
有效灌溉面积(公顷)	Irrigated Area(hectare)	6620	8990	35.8
农牧业机械总动力(万千瓦)	Total Power of Agricultural Machinery(10 000 kw)	41.00	50.30	22.7
化肥施用折纯量(吨)	Consumption of Chemical Fertilizer(ton)	27366	34306	25.4
农村用电量(万千瓦小时)	Electricity Consumed in Rural Area(10 000 kwh)	3207	3926	22.4
农林牧渔业总产值(万元)	Gross Output of Farming,Forestry,Animal Husbandry & Fishery(10 000 yuan)	199215	285058	43.1
粮食产量(吨)	Yield of Grain(ton)	415108	622345	49.9
油料产量(吨)	Yield of Oil-bearing Grops(ton)	32273	74631	131.2
甜菜产量(吨)	Yield of Beetroots(ton)	865	1024	18.4
猪牛羊肉产量(吨)	Output of Pork, Beef & Mutton(ton)	43767	33635	-23.1
#猪肉产量(吨)	Output of Pork(ton)	21804	5994	-72.5
牛肉产量(吨)	Output of Beef(ton)	9924	5636	-43.2
羊肉产量(吨)	Output of Mutton(ton)	12039	22005	82.8
羊毛产量(吨)	Output of Wool(ton)	2585	3986	54.2

23-28 Zhalantun City in Hulunbeier City

指 标	Item	2006	2007	2007年比上年增长% Increase Rate in 2007 Over 2006(%)
年末牲畜存栏头数(万头只)	Total Livestock at the Year-end(10 000 heads)	120.74	82.42	-31.7
#大牲畜(万头只)	Large Animals(10 000 heads)	14.00	11.41	-18.5
羊(万只)	Sheep & Goats(10 000 heads)	92.52	64.94	-29.8
猪(万头)	Hogs(10 000 heads)	14.22	6.07	-57.3
规模以上工业	**Industrial Enterprises above Designated size**			
工业企业单位数(个)	Number of Industrial Enterprises(unit)	32	39	21.9
#内资企业(个)	Civil Funded Enterprises(unit)	30	35	16.7
工业总产值(万元)	Gross Industrial Output Value(10 000 yuan)	230219	341691	48.4
内资企业(万元)	Civil Funded Enterprises(10 000 yuan)	186175	286288	53.8
国有企业(万元)	State-owned Enterprises(10 000 yuan)	14508	18429	27.0
集体企业(万元)	Collective-owned Enterprises(10 000 yuan)			
股份合作企业(万元)	Share Holding Enterprises(10 000 yuan)	4955	9845	98.7
联营企业(万元)	Joint Owned Enterprises(10 000 yuan)			
有限责任公司(万元)	Limited Company(10 000 yuan)	85757	107459	25.3
股份有限公司(万元)	Share Holding Limited Company(10 000 yuan)	25401	35926	41.4
私营企业(万元)	Privately Owned Enterprises(10 000 yuan)	55554	114629	106.3
其他企业(万元)	Enterprises of Other Ownership(10 000 yuan)			
港澳台商投资企业(万元)	Funds from HK,Macao & Taiwan(10 000 yuan)		2444	
外商投资企业(万元)	Foreign Funded Enterprises(10 000 yuan)	44045	52959	20.2
工业企业增加值(万元)	Value Added of Industrial Enterprises(10 000 yuan)	87848	127306	34.5
工业企业资产总计(万元)	Total Assets of Industrial Enterprises(10 000 yuan)	183136	202259	10.4
工业企业负债合计(万元)	Total Liabilities of Industrial Enterprises(10 000 yuan)	120552	120251	-0.2
工业企业产品销售收入(万元)	Sales of Revenue Industrial Enterprises(10 000 yuan)	192061	313603	63.3
工业企业利润总额(万元)	Total Profits of Industrial Enterprises(10 000 yuan)	11841	17214	45.4
建筑业	**Construction**			
建筑企业单位数(个)	Number of Construction Enterprises(unit)	7	7	0.0
建筑企业从业人员(人)	Number of Employee in Construction Enterprises(person)	1845	1691	-8.3
建筑业总产值(万元)	Gross Construction Output Value(10 000 yuan)	20040	18160	-9.4
交通运输邮电通信业	**Transportation,Post & Telecommunications**			
公路里程(公里)	Total Length of Highways(km)	1557	1557	0.0
邮电业务总量(万元)	Business Volume of Post & Telecoms(10 000 yuan)	11130	12243	10.0
本地电话用户(户)	Number of Subscribers of Local Telephone(Household)	71040	76043	7.0
国内贸易	**Demestic Trade**			
社会消费品零售总额(万元)	Total Retail Sales of Consumer Goods(10 000 yuan)	140370	168585	20.1
#贸易业(万元)	Wholesale & Retail Sales Trades(10 000 yuan)	122714	145262	18.4
餐饮业(万元)	Catering Trade(10 000 yuan)	15055	20920	39.0
科技教育卫生	**Science,Education & Public Health**			
各类专业技术人员(人)	Speccial Technical Personnel(person)	8612	8784	2.0
幼儿园数(所)	Number of Kindergartens(unit)	80	94	17.5
学龄儿童入学率(%)	Percentage of School-Age Children Enrolled(%)	100.0	100.0	0.0
小学学校数(所)	Number of Primary Schools(unit)	125	114	-8.8
小学专任教师数(人)	Number of Full-time Teachers of Primary Schools(person)	2043	1939	-5.1
小学在校学生数(人)	Number of Student Enrollment of Primary Schools(person)	19802	18167	-8.3
普通中学学校数(所)	Number of Regular Secondary Schools(unit)	29	32	10.3
普通中学专任教师数(人)	Number of Teachers of Secondary Shools(person)	1242	1470	18.4
初中在校学生数(人)	Number of Student in Junior Secondary Schools(person)	15082	14123	-6.4
高中在校学生数(人)	Number of Student in Senior Secondary Schools(person)	6113	6150	0.6
卫生机构数(所)	Number of Health Institutions(unit)	246	245	-0.4
#医院(所)	Hospitals(unit)	9	12	33.3
卫生院(所)	Township Hospitals(unit)	24	25	4.2
床位数(张)	Number of Beds(unit)	1502	1435	-4.5
#医院(张)	Hospitals(unit)	804	1113	38.4
卫生院(张)	Township Hospitals(unit)	321	322	0.3
卫生技术人员(人)	Medical Technical Presonnel(person)	1403	1368	-2.5
#医院(人)	Hospitals(person)	811	887	9.4
卫生院(人)	Township Hospitals(person)	365	332	-9.0

23-29 呼伦贝尔市牙克石市

指 标	Item	2006	2007	2007年比上年增长% Increase Rate in 2007 Over 2006(%)
行政区域土地面积(平方公里)	**Area of Administration(Sq.km)**	**27590**	**27590**	**0.0**
人口和就业	**Population & Employment**			
年末总人口(人)	Total Population Year-end(person)	385523	381858	-1.0
#男性(人)	Male(person)	195394	194319	-0.6
#乡村人口(人)	Rural(person)	4200	4640	10.5
年末总户数(户)	Total Number of Households at the Year-end(Household)	142516	143398	0.6
#乡村户数(户)	Number of Rural Household(Household)	1238	1654	33.6
出生人口(人)	Births(person)	1688	1845	9.3
死亡人口(人)	Deaths(person)	2210	2304	4.3
全社会就业人员(人)	Employment(person)	83857	85174	1.6
第一产业(人)	Primary Industry(person)	35595	34739	-2.4
第二产业(人)	Secondary Industry(person)	18447	14186	-23.1
第三产业(人)	Tertiary Industry(person)	29815	36249	21.6
在岗职工人数(人)	Number of Staff & Workers Employed in(person)	22838	23571	3.2
乡村劳动力(人)	Number of Rural Laborers(person)	3308	3457	4.5
#农林牧渔业(人)	Farming,Forestry,Animal Husbandry & Fishery(person)	2957	2841	-3.9
国民经济综合指标	**Summary Item on the National Economy**			
生产总值(万元)	Gross Domestic Product(10 000 yuan)	416084	528577	22.8
第一产业(万元)	Primary Industry(10 000 yuan)	110002	128000	-0.2
第二产业(万元)	Secondary Industry(10 000 yuan)	106847	135918	32.0
#工业(万元)	Industry(10 000 yuan)	94363	115101	25.9
第三产业(万元)	Tertiary Industry(10 000 yuan)	199235	264659	32.1
人均生产总值(元)	Per Capita GDP(yuan)	10740	13776	24.0
全社会固定资产投资(万元)	Total Investment in Fixed Assets(10 000 yuan)	60738	140161	130.8
按登记注册类型分	Grouped by Registered Type			
#国有(万元)	State-owned Enterprises(10 000 yuan)	33166	29190	-12.0
集体(万元)	Collective-owned Enterprises(10 000 yuan)			
有限责任公司(万元)	Limited Liability Corporations(10 000 yuan)	23792	81507	242.6
股份有限公司(万元)	Share Holding Enterprises(10 000 yuan)	2880	6611	129.5
私营企业(万元)	Private Enterprises(10 000 yuan)		18238	
外商及港澳台投资企业(万元)	Funds from HK,Macao,Taiwan & Foreign(10 000 yuan)	900	3665	307.2
按城乡渠道分	Grouped by Urban and Rural Area			
城镇(万元)	Urban(10 000 yuan)	60738	140161	130.8
农村(万元)	Rural(10 000 yuan)			
一般预算收入(万元)	General Budgetary Financial Revenue(10 000 yuan)	7549	19729	161.3
一般预算支出(万元)	General Budgetary Financial Expenditures(10 000 yuan)	44148	70410	59.5
城乡居民储蓄存款余额(万元)	Resident Saving Deposit in Urban & Rural(10 000 yuan)	452546	435250	-3.8
在岗职工工资总额(万元)	Total Wages of Staff & Workers Empioyed in(10 000 yuan)	35994	44499	23.6
在岗职工平均工资(元)	Average Wage of Staff & Workers Employed in(yuan)	15538	18976	22.1
农牧民人均纯收入(元)	Per Capita Net Income of Peasant & Herdsman(yuan)	3285	3650	11.1
农村牧区经济	**Economic Development in Rural & Pastoral Area**			
耕地面积(公顷)	Cultivated Area(hectare)	123990	133058	7.3
农作物总播种面积(公顷)	Total Sown Area(hectare)	100681	110232	9.5
#粮食作物播种面积(公顷)	Sown Area of Grain Crops(hectare)	65759	74598	13.4
有效灌溉面积(公顷)	Irrigated Area(hectare)	3160	3360	6.3
农牧业机械总动力(万千瓦)	Total Power of Agricultural Machinery(10 000 kw)	23.08	23.20	0.5
化肥施用折纯量(吨)	Consumption of Chemical Fertilizer(ton)	11059	11247	1.7
农村用电量(万千瓦小时)	Electricity Consumed in Rural Area(10 000 kwh)	1980	1971	-0.5
农林牧渔业总产值(万元)	Gross Output of Farming,Forestry,Animal Husbandry & Fishery(10 000 yuan)	179859	200000	11.2
粮食产量(吨)	Yield of Grain(ton)	243878	220892	-9.4
油料产量(吨)	Yield of Oil-bearing Grops(ton)	34997	32996	-5.7
甜菜产量(吨)	Yield of Beetroots(ton)	17730	5411	-69.5
猪牛羊肉产量(吨)	Output of Pork, Beef & Mutton(ton)	17543	20180	15.0
#猪肉产量(吨)	Output of Pork(ton)	8033	9723	21.0
牛肉产量(吨)	Output of Beef(ton)	5341	6901	29.2
羊肉产量(吨)	Output of Mutton(ton)	4169	3556	-14.7
羊毛产量(吨)	Output of Wool(ton)	476	550	15.5

23-29 Yakeshi City in Hulunbeier City

指标	Item	2006	2007	2007年比上年增长% Increase Rate in 2007 Over 2006(%)
年末牲畜存栏头数(万头只)	Total Livestock at the Year-end(10 000 heads)	25.15	29.81	18.5
#大牲畜(万头只)	Large Animals(10 000 heads)	6.84	6.84	0.0
羊(万只)	Sheep & Goats(10 000 heads)	15.33	18.06	17.8
猪(万头)	Hogs(10 000 heads)	2.98	4.91	64.8
规模以上工业	**Industrial Enterprises above Designated size**			
工业企业单位数(个)	Number of Industrial Enterprises(unit)	21	31	47.6
#内资企业(个)	Civil Funded Enterprises(unit)	19	29	52.6
工业总产值(万元)	Gross Industrial Output Value(10 000 yuan)	154839	228392	21.6
内资企业(万元)	Civil Funded Enterprises(10 000 yuan)	106243	153879	19.4
国有企业(万元)	State-owned Enterprises(10 000 yuan)	11607	23216	64.8
集体企业(万元)	Collective-owned Enterprises(10 000 yuan)			
股份合作企业(万元)	Share Holding Enterprises(10 000 yuan)			
联营企业(万元)	Joint Owned Enterprises(10 000 yuan)			
有限责任公司(万元)	Limited Company(10 000 yuan)	67848	82236	-0.1
股份有限公司(万元)	Share Holding Limited Company(10 000 yuan)	20162	7954	-67.5
私营企业(万元)	Privately Owned Enterprises(10 000 yuan)	6626	15976	98.7
其他企业(万元)	Enterprises of Other Ownership(10 000 yuan)		24497	
港澳台商投资企业(万元)	Funds from HK,Macao & Taiwan(10 000 yuan)	40005	62512	28.8
外商投资企业(万元)	Foreign Funded Enterprises(10 000 yuan)	8591	12001	15.1
工业企业增加值(万元)	Value Added of Industrial Enterprises(10 000 yuan)	64806	95455	24.6
工业企业资产总计(万元)	Total Assets of Industrial Enterprises(10 000 yuan)	156364	208884	33.6
工业企业负债合计(万元)	Total Liabilities of Industrial Enterprises(10 000 yuan)	115698	151190	30.7
工业企业产品销售收入(万元)	Sales of Revenue Industrial Enterprises(10 000 yuan)	111535	159358	42.9
工业企业利润总额(万元)	Total Profits of Industrial Enterprises(10 000 yuan)	10986	10677	-2.8
建筑业	**Construction**			
建筑企业单位数(个)	Number of Construction Enterprises(unit)	12	9	-25.0
建筑企业从业人员(人)	Number of Employee in Construction Enterprises(person)	1816	8329	358.6
建筑业总产值(万元)	Gross Construction Output Value(10 000 yuan)	74761	85235	14.0
交通运输邮电通信业	**Transportation,Post & Telecommunications**			
公路里程(公里)	Total Length of Highways(km)	1643	1898	15.5
邮电业务总量(万元)	Business Volume of Post & Telecoms(10 000 yuan)	12898	12765	-1.0
本地电话用户(户)	Number of Subscribers of Local Telephone(Household)	206856	198523	-4.0
国内贸易	**Demestic Trade**			
社会消费品零售总额(万元)	Total Retail Sales of Consumer Goods(10 000 yuan)	125676	151655	20.7
#贸易业(万元)	Wholesale & Retail Sales Trades(10 000 yuan)	90755	120883	33.2
餐饮业(万元)	Catering Trade(10 000 yuan)	32481	25038	-22.9
科技教育卫生	**Science,Education & Public Health**			
各类专业技术人员(人)	Speccial Technical Personnel(person)	3515	3566	1.5
幼儿园数(所)	Number of Kindergartens(unit)	56	50	-10.7
学龄儿童入学率(%)	Percentage of School-Age Children Enrolled(%)	100.0	100.0	0.0
小学学校数(所)	Number of Primary Schools(unit)	35	30	-14.3
小学专任教师数(人)	Number of Full-time Teachers of Primary Schools(person)	1509	1452	-3.8
小学在校学生数(人)	Number of Student Enrollment of Primary Schools(person)	17045	15112	-11.3
普通中学学校数(所)	Number of Regular Secondary Schools(unit)	32	31	-3.1
普通中学专任教师数(人)	Number of Teachers of Secondary Shools(person)	1736	1820	4.8
初中在校学生数(人)	Number of Student in Junior Secondary Schools(person)	13960	12619	-9.6
高中在校学生数(人)	Number of Student in Senior Secondary Schools(person)	11689	10939	-6.4
卫生机构数(所)	Number of Health Institutions(unit)	262	241	-8.0
#医院(所)	Hospitals(unit)	22	22	0.0
卫生院(所)	Township Hospitals(unit)	15	15	0.0
床位数(张)	Number of Beds(unit)	2188	2258	3.2
#医院(张)	Hospitals(unit)	2004	1975	-1.4
卫生院(张)	Township Hospitals(unit)	150	146	-2.7
卫生技术人员(人)	Medical Technical Presonnel(person)	2925	2963	1.3
#医院(人)	Hospitals(person)	2041	2096	2.7
卫生院(人)	Township Hospitals(person)	174	192	10.3

23-30 呼伦贝尔市额尔古纳市

指 标	Item	2006	2007	2007年比上年增长% Increase Rate in 2007 Over 2006(%)
行政区域土地面积(平方公里)	**Area of Administration(Sq.km)**	**28000**	**28000**	**0.0**
人口和就业	**Population & Employment**			
年末总人口(人)	Total Population Year-end(person)	85162	85051	-0.1
#男性(人)	Male(person)	43453	43370	-0.2
#乡村人口(人)	Rural(person)	1713	1936	13.0
年末总户数(户)	Total Number of Households at the Year-end(Household)	31486	32190	2.2
#乡村户数(户)	Number of Rural Household(Household)	503	508	1.0
出生人口(人)	Births(person)	427	528	23.7
死亡人口(人)	Deaths(person)	265	277	4.5
全社会就业人员(人)	Employment(person)	46919	43124	-8.1
第一产业(人)	Primary Industry(person)	25171	23861	-5.2
第二产业(人)	Secondary Industry(person)	7016	7178	2.3
第三产业(人)	Tertiary Industry(person)	14732	12085	-18.0
在岗职工人数(人)	Number of Staff & Workers Employed in(person)	23164	21398	-7.6
乡村劳动力(人)	Number of Rural Laborers(person)	1123	1331	18.5
#农林牧渔业(人)	Farming,Forestry,Animal Husbandry & Fishery(person)	841	922	9.6
国民经济综合指标	**Summary Item on the National Economy**			
生产总值(万元)	Gross Domestic Product(10 000 yuan)	135495	157553	3.5
第一产业(万元)	Primary Industry(10 000 yuan)	70001	76000	-8.0
第二产业(万元)	Secondary Industry(10 000 yuan)	18560	24212	8.1
#工业(万元)	Industry(10 000 yuan)	14521	19474	5.6
第三产业(万元)	Tertiary Industry(10 000 yuan)	46934	57341	19.2
人均生产总值(元)	Per Capita GDP(yuan)	15892	18512	3.7
全社会固定资产投资(万元)	Total Investment in Fixed Assets(10 000 yuan)	33403	40829	22.2
按登记注册类型分	Grouped by Registered Type			
#国有(万元)	State-owned Enterprises(10 000 yuan)	14551	12861	-11.6
集体(万元)	Collective-owned Enterprises(10 000 yuan)	600	9715	1519.2
有限责任公司(万元)	Limited Liability Corporations(10 000 yuan)	5907	14233	141.0
股份有限公司(万元)	Share Holding Enterprises(10 000 yuan)	150	1354	802.7
私营企业(万元)	Private Enterprises(10 000 yuan)	1945	785	-59.6
外商及港澳台投资企业(万元)	Funds from HK,Macao,Taiwan & Foreign(10 000 yuan)	10180	1640	-83.9
按城乡渠道分	Grouped by Urban and Rural Area			
城镇（万元）	Urban(10 000 yuan)	32356	39144	21.0
农村（万元）	Rural(10 000 yuan)	1047	1685	60.9
一般预算收入(万元)	General Budgetary Financial Revenue(10 000 yuan)	2124	2620	23.4
一般预算支出(万元)	General Budgetary Financial Expenditures(10 000 yuan)	22256	31189	40.1
城乡居民储蓄存款余额(万元)	Resident Saving Deposit in Urban & Rural(10 000 yuan)	96068	106031	10.4
在岗职工工资总额(万元)	Total Wages of Staff & Workers Empioyed in(10 000 yuan)	31483	35261	12.0
在岗职工平均工资(元)	Average Wage of Staff & Workers Employed in(yuan)	13574	16353	20.5
农牧民人均纯收入(元)	Per Capita Net Income of Peasant & Herdsman(yuan)	6291	6912	9.9
农村牧区经济	**Economic Development in Rural & Pastoral Area**			
耕地面积(公顷)	Cultivated Area(hectare)	158422	158422	0.0
农作物总播种面积(公顷)	Total Sown Area(hectare)	105035	106926	1.8
#粮食作物播种面积(公顷)	Sown Area of Grain Crops(hectare)	49266	70812	43.7
有效灌溉面积(公顷)	Irrigated Area(hectare)			
农牧业机械总动力(万千瓦)	Total Power of Agricultural Machinery(10 000 kw)	14.67	15.80	7.7
化肥施用折纯量(吨)	Consumption of Chemical Fertilizer(ton)	11992	12825	6.9
农村用电量(万千瓦小时)	Electricity Consumed in Rural Area(10 000 kwh)	1243	1496	20.4
农林牧渔业总产值(万元)	Gross Output of Farming,Forestry,Animal Husbandry & Fishery(10 000 yuan)	114454	122452	7.0
粮食产量(吨)	Yield of Grain(ton)	219779	224272	2.0
油料产量(吨)	Yield of Oil-bearing Grops(ton)	98280	54446	-44.6
甜菜产量(吨)	Yield of Beetroots(ton)			
猪牛羊肉产量(吨)	Output of Pork, Beef & Mutton(ton)	4077	6959	70.7
#猪肉产量(吨)	Output of Pork(ton)	812	870	7.1
牛肉产量(吨)	Output of Beef(ton)	2030	3994	96.7
羊肉产量(吨)	Output of Mutton(ton)	1235	2095	69.6
羊毛产量(吨)	Output of Wool(ton)	302	310	2.6

23-30 Eerguna City in Hulunbeier City

指 标	Item	2006	2007	2007年比上年增长% Increase Rate in 2007 Over 2006(%)
年末牲畜存栏头数(万头只)	Total Livestock at the Year-end(10 000 heads)	28.99	17.58	-39.4
#大牲畜(万头只)	Large Animals(10 000 heads)	7.93	6.50	-18.0
羊(万只)	Sheep & Goats(10 000 heads)	20.27	10.47	-48.3
猪(万头)	Hogs(10 000 heads)	0.78	0.62	-20.5
规模以上工业	**Industrial Enterprises above Designated size**			
工业企业单位数(个)	Number of Industrial Enterprises(unit)	8	8	0.0
#内资企业(个)	Civil Funded Enterprises(unit)	7	7	0.0
工业总产值(万元)	Gross Industrial Output Value(10 000 yuan)	33089	34100	3.1
内资企业(万元)	Civil Funded Enterprises(10 000 yuan)	17891	22326	24.8
国有企业(万元)	State-owned Enterprises(10 000 yuan)	3588	3525	-1.8
集体企业(万元)	Collective-owned Enterprises(10 000 yuan)	1282	2796	118.1
股份合作企业(万元)	Share Holding Enterprises(10 000 yuan)			
联营企业(万元)	Joint Owned Enterprises(10 000 yuan)			
有限责任公司(万元)	Limited Company(10 000 yuan)	13021	16005	22.9
股份有限公司(万元)	Share Holding Limited Company(10 000 yuan)			
私营企业(万元)	Privately Owned Enterprises(10 000 yuan)			
其他企业(万元)	Enterprises of Other Ownership(10 000 yuan)			
港澳台商投资企业(万元)	Funds from HK,Macao & Taiwan(10 000 yuan)			
外商投资企业(万元)	Foreign Funded Enterprises(10 000 yuan)	15198	11774	-22.5
工业企业增加值(万元)	Value Added of Industrial Enterprises(10 000 yuan)	12895	17845	6.0
工业企业资产总计(万元)	Total Assets of Industrial Enterprises(10 000 yuan)	37089	46152	24.4
工业企业负债合计(万元)	Total Liabilities of Industrial Enterprises(10 000 yuan)	27018	38931	44.1
工业企业产品销售收入(万元)	Sales of Revenue Industrial Enterprises(10 000 yuan)	28845	26341	-8.7
工业企业利润总额(万元)	Total Profits of Industrial Enterprises(10 000 yuan)	862	-4050	
建筑业	**Construction**			
建筑企业单位数(个)	Number of Construction Enterprises(unit)	2	2	0.0
建筑企业从业人员(人)	Number of Employee in Construction Enterprises(person)	664	987	48.6
建筑业总产值(万元)	Gross Construction Output Value(10 000 yuan)	6243	6868	10.0
交通运输邮电通信业	**Transportation,Post & Telecommunications**			
公路里程(公里)	Total Length of Highways(km)	2768	2768	0.0
邮电业务总量(万元)	Business Volume of Post & Telecoms(10 000 yuan)	3785	3834	1.3
本地电话用户(户)	Number of Subscribers of Local Telephone(Household)	24838	22000	-11.4
国内贸易	**Demestic Trade**			
社会消费品零售总额(万元)	Total Retail Sales of Consumer Goods(10 000 yuan)	34750	40436	16.4
#贸易业(万元)	Wholesale & Retail Sales Trades(10 000 yuan)	28555	33352	16.8
餐饮业(万元)	Catering Trade(10 000 yuan)	4689	5453	16.3
科技教育卫生	**Science,Education & Public Health**			
各类专业技术人员(人)	Speccial Technical Personnel(person)	2828	2740	-3.1
幼儿园数(所)	Number of Kindergartens(unit)	13	13	0.0
学龄儿童入学率(%)	Percentage of School-Age Children Enrolled(%)	100.0	100.0	0.0
小学学校数(所)	Number of Primary Schools(unit)	10	9	-10.0
小学专任教师数(人)	Number of Full-time Teachers of Primary Schools(person)	522	494	-5.4
小学在校学生数(人)	Number of Student Enrollment of Primary Schools(person)	5051	4744	-6.1
普通中学学校数(所)	Number of Regular Secondary Schools(unit)	11	11	0.0
普通中学专任教师数(人)	Number of Teachers of Secondary Shools(person)	497	513	3.2
初中在校学生数(人)	Number of Student in Junior Secondary Schools(person)	3653	3648	-0.1
高中在校学生数(人)	Number of Student in Senior Secondary Schools(person)	1261	1398	10.9
卫生机构数(所)	Number of Health Institutions(unit)	107	112	4.7
#医院(所)	Hospitals(unit)	7	7	0.0
卫生院(所)	Township Hospitals(unit)	3	3	0.0
床位数(张)	Number of Beds(unit)	416	419	0.7
#医院(张)	Hospitals(unit)	350	354	1.1
卫生院(张)	Township Hospitals(unit)	60	60	0.0
卫生技术人员(人)	Medical Technical Presonnel(person)	764	731	-4.3
#医院(人)	Hospitals(person)	443	401	-9.5
卫生院(人)	Township Hospitals(person)	55	56	1.8

23-31 呼伦贝尔市根河市

指 标	Item	2006	2007	2007年比上年增长% Increase Rate in 2007 Over 2006(%)
行政区域土地面积(平方公里)	**Area of Administration(Sq.km)**	**19659**	**19659**	**0.0**
人口和就业	**Population & Employment**			
年末总人口(人)	Total Population Year-end(person)	165747	164912	-0.5
#男性(人)	Male(person)	84304	83922	-0.5
#乡村人口(人)	Rural(person)			
年末总户数(户)	Total Number of Households at the Year-end(Household)	53971	54939	1.8
#乡村户数(户)	Number of Rural Household(Household)			
出生人口(人)	Births(person)	652	666	2.1
死亡人口(人)	Deaths(person)	755	850	12.6
全社会就业人员(人)	Employment(person)	45045	44806	-0.5
第一产业(人)	Primary Industry(person)	11255	11896	5.7
第二产业(人)	Secondary Industry(person)	11909	12062	1.3
第三产业(人)	Tertiary Industry(person)	21881	20848	-4.7
在岗职工人数(人)	Number of Staff & Workers Employed in(person)	37613	37218	-1.1
乡村劳动力(人)	Number of Rural Laborers(person)			
#农林牧渔业(人)	Farming,Forestry,Animal Husbandry & Fishery(person)			
国民经济综合指标	**Summary Item on the National Economy**			
生产总值(万元)	Gross Domestic Product(10 000 yuan)	158682	181593	9.3
第一产业(万元)	Primary Industry(10 000 yuan)	37788	44000	-0.1
第二产业(万元)	Secondary Industry(10 000 yuan)	45211	51028	2.2
#工业(万元)	Industry(10 000 yuan)	40965	46708	2.3
第三产业(万元)	Tertiary Industry(10 000 yuan)	75683	86565	18.8
人均生产总值(元)	Per Capita GDP(yuan)	9478	10984	10.1
全社会固定资产投资(万元)	Total Investment in Fixed Assets(10 000 yuan)	30330	35492	17.0
按登记注册类型分	Grouped by Registered Type			
#国有(万元)	State-owned Enterprises(10 000 yuan)	7240	21042	190.6
集体(万元)	Collective-owned Enterprises(10 000 yuan)			
有限责任公司(万元)	Limited Liability Corporations(10 000 yuan)	23090	7550	-67.3
股份有限公司(万元)	Share Holding Enterprises(10 000 yuan)			
私营企业(万元)	Private Enterprises(10 000 yuan)			
外商及港澳台投资企业(万元)	Funds from HK,Macao,Taiwan & Foreign(10 000 yuan)			
按城乡渠道分	Grouped by Urban and Rural Area			
城镇(万元)	Urban(10 000 yuan)	30330	35492	17.0
农村(万元)	Rural(10 000 yuan)			
一般预算收入(万元)	General Budgetary Financial Revenue(10 000 yuan)	2353	3060	30.0
一般预算支出(万元)	General Budgetary Financial Expenditures(10 000 yuan)	22394	39711	77.3
城乡居民储蓄存款余额(万元)	Resident Saving Deposit in Urban & Rural(10 000 yuan)	199567	181248	-9.2
在岗职工工资总额(万元)	Total Wages of Staff & Workers Empioyed in(10 000 yuan)	43827	52673	20.2
在岗职工平均工资(元)	Average Wage of Staff & Workers Employed in(yuan)	11887	14384	21.0
农牧民人均纯收入(元)	Per Capita Net Income of Peasant & Herdsman(yuan)			
农村牧区经济	**Economic Development in Rural & Pastoral Area**			
耕地面积(公顷)	Cultivated Area(hectare)	2168	2168	0.0
农作物总播种面积(公顷)	Total Sown Area(hectare)	2024	2046	1.1
#粮食作物播种面积(公顷)	Sown Area of Grain Crops(hectare)	1229	1320	7.4
有效灌溉面积(公顷)	Irrigated Area(hectare)			
农牧业机械总动力(万千瓦)	Total Power of Agricultural Machinery(10 000 kw)	1.45	2.10	44.8
化肥施用折纯量(吨)	Consumption of Chemical Fertilizer(ton)	674	320	-52.5
农村用电量(万千瓦小时)	Electricity Consumed in Rural Area(10 000 kwh)			
农林牧渔业总产值(万元)	Gross Output of Farming,Forestry,Animal Husbandry & Fishery(10 000 yuan)	62358	75473	21.0
粮食产量(吨)	Yield of Grain(ton)	3981	3915	-1.7
油料产量(吨)	Yield of Oil-bearing Grops(ton)	706	842	19.3
甜菜产量(吨)	Yield of Beetroots(ton)			
猪牛羊肉产量(吨)	Output of Pork, Beef & Mutton(ton)	2696	2587	-4.0
#猪肉产量(吨)	Output of Pork(ton)	1745	1951	11.8
牛肉产量(吨)	Output of Beef(ton)	721	433	-39.9
羊肉产量(吨)	Output of Mutton(ton)	230	203	-11.7
羊毛产量(吨)	Output of Wool(ton)	13	14	7.7

23-31 Genhe City in Hulunbeier City

指 标	Item	2006	2007	2007年比上年增长% Increase Rate in 2007 Over 2006(%)
年末牲畜存栏头数(万头只)	Total Livestock at the Year-end(10 000 heads)	2.76	2.12	-23.2
# 大牲畜(万头只)	Large Animals(10 000 heads)	0.30	0.27	-10.0
羊(万只)	Sheep & Goats(10 000 heads)	1.09	0.77	-29.4
猪(万头)	Hogs(10 000 heads)	1.37	1.07	-21.9
规模以上工业	**Industrial Enterprises above Designated size**			
工业企业单位数(个)	Number of Industrial Enterprises(unit)	3	8	166.7
# 内资企业(个)	Civil Funded Enterprises(unit)	3	8	166.7
工业总产值(万元)	Gross Industrial Output Value(10 000 yuan)	41459	55755	19.7
内资企业(万元)	Civil Funded Enterprises(10 000 yuan)	41459	55755	19.7
国有企业(万元)	State-owned Enterprises(10 000 yuan)	19554	18932	-6.1
集体企业(万元)	Collective-owned Enterprises(10 000 yuan)			
股份合作企业(万元)	Share Holding Enterprises(10 000 yuan)			
联营企业(万元)	Joint Owned Enterprises(10 000 yuan)			
有限责任公司(万元)	Limited Company(10 000 yuan)			
股份有限公司(万元)	Share Holding Limited Company(10 000 yuan)			
私营企业(万元)	Privately Owned Enterprises(10 000 yuan)			
其他企业(万元)	Enterprises of Other Ownership(10 000 yuan)	21905	36823	39.4
港澳台商投资企业(万元)	Funds from HK,Macao & Taiwan(10 000 yuan)			
外商投资企业(万元)	Foreign Funded Enterprises(10 000 yuan)			
工业企业增加值(万元)	Value Added of Industrial Enterprises(10 000 yuan)	17106	22086	3.3
工业企业资产总计(万元)	Total Assets of Industrial Enterprises(10 000 yuan)	27941	44467	59.1
工业企业负债合计(万元)	Total Liabilities of Industrial Enterprises(10 000 yuan)	32159	46319	44.0
工业企业产品销售收入(万元)	Sales of Revenue Industrial Enterprises(10 000 yuan)	30064	39901	32.7
工业企业利润总额(万元)	Total Profits of Industrial Enterprises(10 000 yuan)	-934	2464	
建筑业	**Construction**			
建筑企业单位数(个)	Number of Construction Enterprises(unit)	6	7	16.7
建筑企业从业人员(人)	Number of Employee in Construction Enterprises(person)	788	791	0.4
建筑业总产值(万元)	Gross Construction Output Value(10 000 yuan)	1495	1039	-30.5
交通运输邮电通信业	**Transportation,Post & Telecommunications**			
公路里程(公里)	Total Length of Highways(km)	980	980	0.0
邮电业务总量(万元)	Business Volume of Post & Telecoms(10 000 yuan)	4477	3615	-19.3
本地电话用户(户)	Number of Subscribers of Local Telephone(Household)	26960	27395	1.6
国内贸易	**Demestic Trade**			
社会消费品零售总额(万元)	Total Retail Sales of Consumer Goods(10 000 yuan)	54060	63301	17.1
# 贸易业(万元)	Wholesale & Retail Sales Trades(10 000 yuan)	48995	55832	14.0
餐饮业(万元)	Catering Trade(10 000 yuan)	5065	7469	47.5
科技教育卫生	**Science,Education & Public Health**			
各类专业技术人员(人)	Speccial Technical Personnel(person)	6599	7116	7.8
幼儿园数(所)	Number of Kindergartens(unit)	11	14	27.3
学龄儿童入学率(%)	Percentage of School-Age Children Enrolled(%)	100.0	100.0	0.0
小学学校数(所)	Number of Primary Schools(unit)	14	14	0.0
小学专任教师数(人)	Number of Full-time Teachers of Primary Schools(person)	975	950	-2.6
小学在校学生数(人)	Number of Student Enrollment of Primary Schools(person)	7715	6925	-10.2
普通中学学校数(所)	Number of Regular Secondary Schools(unit)	16	14	-12.5
普通中学专任教师数(人)	Number of Teachers of Secondary Shools(person)	819	784	-4.3
初中在校学生数(人)	Number of Student in Junior Secondary Schools(person)	4917	4865	-1.1
高中在校学生数(人)	Number of Student in Senior Secondary Schools(person)	3079	2964	-3.7
卫生机构数(所)	Number of Health Institutions(unit)	76	99	30.3
# 医院(所)	Hospitals(unit)	9	9	0.0
卫生院(所)	Township Hospitals(unit)	5	6	20.0
床位数(张)	Number of Beds(unit)	668	780	16.8
# 医院(张)	Hospitals(unit)	628	722	15.0
卫生院(张)	Township Hospitals(unit)	37	58	56.8
卫生技术人员(人)	Medical Technical Presonnel(person)	1074	1086	1.1
# 医院(人)	Hospitals(person)	815	795	-2.5
卫生院(人)	Township Hospitals(person)	65	85	30.8

23-32 呼伦贝尔市阿荣旗

指 标	Item	2006	2007	2007年比上年增长% Increase Rate in 2007 Over 2006(%)
行政区域土地面积(平方公里)	**Area of Administration(Sq.km)**	**12063**	**12063**	**0.0**
人口和就业	**Population & Employment**			
年末总人口(人)	Total Population Year-end(person)	327517	334413	2.1
# 男性(人)	Male(person)	167934	171224	2.0
# 乡村人口(人)	Rural(person)	240472	241027	0.2
年末总户数(户)	Total Number of Households at the Year-end(Household)	98501	95795	-2.7
# 乡村户数(户)	Number of Rural Household(Household)	58153	58768	1.1
出生人口(人)	Births(person)	2698	3088	14.5
死亡人口(人)	Deaths(person)	917	1008	9.9
全社会就业人员(人)	Employment(person)	132286	130151	-1.6
第一产业(人)	Primary Industry(person)	98051	93578	-4.6
第二产业(人)	Secondary Industry(person)	9035	9559	5.8
第三产业(人)	Tertiary Industry(person)	25200	27014	7.2
在岗职工人数(人)	Number of Staff & Workers Employed in(person)	18062	18145	0.5
乡村劳动力(人)	Number of Rural Laborers(person)	111816	112563	0.7
# 农林牧渔业(人)	Farming,Forestry,Animal Husbandry & Fishery(person)	86782	85325	-1.7
国民经济综合指标	**Summary Item on the National Economy**			
生产总值(万元)	Gross Domestic Product(10 000 yuan)	360637	490323	23.3
第一产业(万元)	Primary Industry(10 000 yuan)	187004	238906	11.2
第二产业(万元)	Secondary Industry(10 000 yuan)	85098	140662	49.1
# 工业(万元)	Industry(10 000 yuan)	61527	100730	63.7
第三产业(万元)	Tertiary Industry(10 000 yuan)	88535	110755	23.2
人均生产总值(元)	Per Capita GDP(yuan)	11155	13435	20.4
全社会固定资产投资(万元)	Total Investment in Fixed Assets(10 000 yuan)	132488	260036	96.3
按登记注册类型分	Grouped by Registered Type			
# 国有(万元)	State-owned Enterprises(10 000 yuan)	66896	85610	28.0
集体(万元)	Collective-owned Enterprises(10 000 yuan)			
有限责任公司(万元)	Limited Liability Corporations(10 000 yuan)	56362	148660	163.8
股份有限公司(万元)	Share Holding Enterprises(10 000 yuan)	4500	13930	209.6
私营企业(万元)	Private Enterprises(10 000 yuan)	4730	11836	150.2
外商及港澳台投资企业 (万元)	Funds from HK,Macao,Taiwan & Foreign(10 000 yuan)			
按城乡渠道分	Grouped by Urban and Rural Area			
城镇 (万元)	Urban(10 000 yuan)	130096	254006	95.2
农村 (万元)	Rural(10 000 yuan)	2392	6030	152.1
一般预算收入(万元)	General Budgetary Financial Revenue(10 000 yuan)	4923	8329	69.2
一般预算支出(万元)	General Budgetary Financial Expenditures(10 000 yuan)	45265	65349	44.4
城乡居民储蓄存款余额(万元)	Resident Saving Deposit in Urban & Rural(10 000 yuan)	95096	108575	14.2
在岗职工工资总额(万元)	Total Wages of Staff & Workers Empioyed in(10 000 yuan)	25193	32295	28.2
在岗职工平均工资(元)	Average Wage of Staff & Workers Employed in(yuan)	13059	16718	28.0
农牧民人均纯收入(元)	Per Capita Net Income of Peasant & Herdsman(yuan)	3760	4430	17.8
农村牧区经济	**Economic Development in Rural & Pastoral Area**			
耕地面积(公顷)	Cultivated Area(hectare)	283831	290497	2.3
农作物总播种面积(公顷)	Total Sown Area(hectare)	283831	290497	2.3
# 粮食作物播种面积(公顷)	Sown Area of Grain Crops(hectare)	240133	244503	1.8
有效灌溉面积(公顷)	Irrigated Area(hectare)	41533	42273	1.8
农牧业机械总动力(万千瓦)	Total Power of Agricultural Machinery(10 000 kw)	55.19	56.49	2.4
化肥施用折纯量(吨)	Consumption of Chemical Fertilizer(ton)	14201	16000	12.7
农村用电量(万千瓦小时)	Electricity Consumed in Rural Area(10 000 kwh)	3518	3586	1.9
农林牧渔业总产值(万元)	Gross Output of Farming,Forestry,Animal Husbandry & Fishery(10 000 yuan)	288689	377054	30.6
粮食产量(吨)	Yield of Grain(ton)	750983	1000576	33.2
油料产量(吨)	Yield of Oil-bearing Grops(ton)	15322	21920	43.1
甜菜产量(吨)	Yield of Beetroots(ton)	13670	19496	42.6
猪牛羊肉产量(吨)	Output of Pork, Beef & Mutton(ton)	44186	34373	-22.2
# 猪肉产量(吨)	Output of Pork(ton)	18244	8823	-51.6
牛肉产量(吨)	Output of Beef(ton)	6453	5683	-11.9
羊肉产量(吨)	Output of Mutton(ton)	19489	19867	1.9
羊毛产量(吨)	Output of Wool(ton)	3182	5240	64.7

23-32 Arong Banner in Hulunbeier City

指 标	Item	2006	2007	2007年比上年增长% Increase Rate in 2007 Over 2006(%)
年末牲畜存栏头数(万头只)	Total Livestock at the Year-end(10 000 heads)	202.05	160.10	-20.8
#大牲畜(万头只)	Large Animals(10 000 heads)	13.81	12.80	-7.3
羊(万只)	Sheep & Goats(10 000 heads)	169.90	141.40	-16.8
猪(万头)	Hogs(10 000 heads)	18.34	5.90	-67.8
规模以上工业	**Industrial Enterprises above Designated size**			
工业企业单位数(个)	Number of Industrial Enterprises(unit)	17	22	29.4
#内资企业(个)	Civil Funded Enterprises(unit)	17	22	29.4
工业总产值(万元)	Gross Industrial Output Value(10 000 yuan)	127427	210825	65.5
内资企业(万元)	Civil Funded Enterprises(10 000 yuan)	127427	210825	65.2
国有企业(万元)	State-owned Enterprises(10 000 yuan)	3540	4068	14.9
集体企业(万元)	Collective-owned Enterprises(10 000 yuan)			
股份合作企业(万元)	Share Holding Enterprises(10 000 yuan)			
联营企业(万元)	Joint Owned Enterprises(10 000 yuan)			
有限责任公司(万元)	Limited Company(10 000 yuan)	88488	154173	74.2
股份有限公司(万元)	Share Holding Limited Company(10 000 yuan)			
私营企业(万元)	Privately Owned Enterprises(10 000 yuan)	35399	52584	48.6
其他企业(万元)	Enterprises of Other Ownership(10 000 yuan)			
港澳台商投资企业(万元)	Funds from HK,Macao & Taiwan(10 000 yuan)			
外商投资企业(万元)	Foreign Funded Enterprises(10 000 yuan)			
工业企业增加值(万元)	Value Added of Industrial Enterprises(10 000 yuan)	42781	70718	42.7
工业企业资产总计(万元)	Total Assets of Industrial Enterprises(10 000 yuan)	42401	60631	43.0
工业企业负债合计(万元)	Total Liabilities of Industrial Enterprises(10 000 yuan)	26484	32707	23.5
工业企业产品销售收入(万元)	Sales of Revenue Industrial Enterprises(10 000 yuan)	128342	202474	57.8
工业企业利润总额(万元)	Total Profits of Industrial Enterprises(10 000 yuan)	1473	1408	-4.4
建筑业	**Construction**			
建筑企业单位数(个)	Number of Construction Enterprises(unit)	4	4	0.0
建筑企业从业人员(人)	Number of Employee in Construction Enterprises(person)	1928	2598	34.8
建筑业总产值(万元)	Gross Construction Output Value(10 000 yuan)	19083	31697	66.1
交通运输邮电通信业	**Transportation,Post & Telecommunications**			
公路里程(公里)	Total Length of Highways(km)	1747	2138	22.4
邮电业务总量(万元)	Business Volume of Post & Telecoms(10 000 yuan)	4655	5078	9.1
本地电话用户(户)	Number of Subscribers of Local Telephone(Household)	80976	109471	35.2
国内贸易	**Demestic Trade**			
社会消费品零售总额(万元)	Total Retail Sales of Consumer Goods(10 000 yuan)	79480	95908	20.7
#贸易业(万元)	Wholesale & Retail Sales Trades(10 000 yuan)	67670	81619	20.6
餐饮业(万元)	Catering Trade(10 000 yuan)	10637	12924	21.5
科技教育卫生	**Science,Education & Public Health**			
各类专业技术人员(人)	Speccial Technical Personnel(person)	5341	5547	3.9
幼儿园数(所)	Number of Kindergartens(unit)	14	15	7.1
学龄儿童入学率(%)	Percentage of School-Age Children Enrolled(%)	100.0	100.0	0.0
小学学校数(所)	Number of Primary Schools(unit)	109	79	-27.5
小学专任教师数(人)	Number of Full-time Teachers of Primary Schools(person)	1614	1669	3.4
小学在校学生数(人)	Number of Student Enrollment of Primary Schools(person)	14421	16290	13.0
普通中学学校数(所)	Number of Regular Secondary Schools(unit)	21	20	-4.8
普通中学专任教师数(人)	Number of Teachers of Secondary Shools(person)	1167	1200	2.8
初中在校学生数(人)	Number of Student in Junior Secondary Schools(person)	12875	9641	-25.1
高中在校学生数(人)	Number of Student in Senior Secondary Schools(person)	4323	4339	0.4
卫生机构数(所)	Number of Health Institutions(unit)	105	103	-1.9
#医院(所)	Hospitals(unit)	4	4	0.0
卫生院(所)	Township Hospitals(unit)	17	17	0.0
床位数(张)	Number of Beds(unit)	435	460	5.7
#医院(张)	Hospitals(unit)	272	297	9.2
卫生院(张)	Township Hospitals(unit)	143	143	0.0
卫生技术人员(人)	Medical Technical Presonnel(person)	689	690	0.1
#医院(人)	Hospitals(person)	370	371	0.3
卫生院(人)	Township Hospitals(person)	252	249	-1.2

23-33 呼伦贝尔市莫力达瓦达斡尔族自治旗

指 标	Item	2006	2007	2007年比上年增长% Increase Rate in 2007 Over 2006(%)
行政区域土地面积(平方公里)	**Area of Administration(Sq.km)**	**10500**	**10500**	**0.0**
人口和就业	**Population & Employment**			
年末总人口(人)	Total Population Year-end(person)	329269	338499	2.8
#男性(人)	Male(person)	170969	174766	2.2
#乡村人口(人)	Rural(person)	243322	237897	-2.2
年末总户数(户)	Total Number of Households at the Year-end(Household)	103072	107775	4.6
#乡村户数(户)	Number of Rural Household(Household)	71783	60922	-15.1
出生人口(人)	Births(person)	3450	4250	23.2
死亡人口(人)	Deaths(person)	511	602	17.8
全社会就业人员(人)	Employment(person)	116416	133270	14.5
第一产业(人)	Primary Industry(person)	99309	105268	6.0
第二产业(人)	Secondary Industry(person)	2390	7762	224.8
第三产业(人)	Tertiary Industry(person)	14717	20240	37.5
在岗职工人数(人)	Number of Staff & Workers Employed in(person)	22174	21928	-1.1
乡村劳动力(人)	Number of Rural Laborers(person)	107305	120406	12.2
#农林牧渔业(人)	Farming,Forestry,Animal Husbandry & Fishery(person)	88264	103390	17.1
国民经济综合指标	**Summary Item on the National Economy**			
生产总值(万元)	Gross Domestic Product(10 000 yuan)	300747	397401	21.8
第一产业(万元)	Primary Industry(10 000 yuan)	157848	220000	22.8
第二产业(万元)	Secondary Industry(10 000 yuan)	67901	88012	23.7
#工业(万元)	Industry(10 000 yuan)	45342	59657	22.6
第三产业(万元)	Tertiary Industry(10 000 yuan)	74998	89389	17.8
人均生产总值(元)	Per Capita GDP(yuan)	9182	10496	19.5
全社会固定资产投资(万元)	Total Investment in Fixed Assets(10 000 yuan)	121487	132627	9.2
按登记注册类型分	Grouped by Registered Type			
#国有(万元)	State-owned Enterprises(10 000 yuan)	22976	90662	294.6
集体(万元)	Collective-owned Enterprises(10 000 yuan)	909		
有限责任公司(万元)	Limited Liability Corporations(10 000 yuan)	64617	4510	-93.0
股份有限公司(万元)	Share Holding Enterprises(10 000 yuan)		600	
私营企业(万元)	Private Enterprises(10 000 yuan)	32985	17775	-46.1
外商及港澳台投资企业(万元)	Funds from HK,Macao,Taiwan & Foreign(10 000 yuan)		9000	
按城乡渠道分	Grouped by Urban and Rural Area			
城镇（万元）	Urban(10 000 yuan)	120470	129108	7.2
农村（万元）	Rural(10 000 yuan)	1017	3519	246.0
一般预算收入(万元)	General Budgetary Financial Revenue(10 000 yuan)	5675	4700	-17.2
一般预算支出(万元)	General Budgetary Financial Expenditures(10 000 yuan)	51968	64833	24.8
城乡居民储蓄存款余额(万元)	Resident Saving Deposit in Urban & Rural(10 000 yuan)	87819	99604	13.4
在岗职工工资总额(万元)	Total Wages of Staff & Workers Empioyed in(10 000 yuan)	33406	37181	11.3
在岗职工平均工资(元)	Average Wage of Staff & Workers Employed in(yuan)	15066	17049	13.2
农牧民人均纯收入(元)	Per Capita Net Income of Peasant & Herdsman(yuan)	2912	3396	16.6
农村牧区经济	**Economic Development in Rural & Pastoral Area**			
耕地面积(公顷)	Cultivated Area(hectare)	445999	433007	-2.9
农作物总播种面积(公顷)	Total Sown Area(hectare)	445998	433007	-2.9
#粮食作物播种面积(公顷)	Sown Area of Grain Crops(hectare)	409867	388007	-5.3
有效灌溉面积(公顷)	Irrigated Area(hectare)	36833	44837	21.7
农牧业机械总动力(万千瓦)	Total Power of Agricultural Machinery(10 000 kw)	42.00	43.00	2.4
化肥施用折纯量(吨)	Consumption of Chemical Fertilizer(ton)	42579	48609	14.2
农村用电量(万千瓦小时)	Electricity Consumed in Rural Area(10 000 kwh)	5218	5170	-0.9
农林牧渔业总产值(万元)	Gross Output of Farming,Forestry,Animal Husbandry & Fishery(10 000 yuan)	258090	371959	44.1
粮食产量(吨)	Yield of Grain(ton)	882560	1068403	21.1
油料产量(吨)	Yield of Oil-bearing Grops(ton)	4810	7515	56.2
甜菜产量(吨)	Yield of Beetroots(ton)	6454	544	-91.6
猪牛羊肉产量(吨)	Output of Pork, Beef & Mutton(ton)	24951	37627	50.8
#猪肉产量(吨)	Output of Pork(ton)	14031	12052	-14.1
牛肉产量(吨)	Output of Beef(ton)	3635	11862	226.3
羊肉产量(吨)	Output of Mutton(ton)	7285	13713	88.2
羊毛产量(吨)	Output of Wool(ton)	2467	2853	15.6

23-33 Molidawadawoer National Autonomous Banner in Hulunbeier City

指 标	Item	2006	2007	2007年比上年增长% Increase Rate in 2007 Over 2006(%)
年末牲畜存栏头数(万头只)	Total Livestock at the Year-end(10 000 heads)	140.25	159.89	14.0
# 大牲畜(万头只)	Large Animals(10 000 heads)	12.99	19.76	52.1
羊(万只)	Sheep & Goats(10 000 heads)	114.44	123.52	7.9
猪(万头)	Hogs(10 000 heads)	12.80	16.61	29.8
规模以上工业	**Industrial Enterprises above Designated size**			
工业企业单位数(个)	Number of Industrial Enterprises(unit)	14	17	21.4
# 内资企业(个)	Civil Funded Enterprises(unit)	14	16	14.3
工业总产值(万元)	Gross Industrial Output Value(10 000 yuan)	92048	130780	42.1
内资企业(万元)	Civil Funded Enterprises(10 000 yuan)	92048	118682	28.9
国有企业(万元)	State-owned Enterprises(10 000 yuan)	4734	5106	7.9
集体企业(万元)	Collective-owned Enterprises(10 000 yuan)	1703	3118	83.0
股份合作企业(万元)	Share Holding Enterprises(10 000 yuan)			
联营企业(万元)	Joint Owned Enterprises(10 000 yuan)			
有限责任公司(万元)	Limited Company(10 000 yuan)	76054		
股份有限公司(万元)	Share Holding Limited Company(10 000 yuan)			
私营企业(万元)	Privately Owned Enterprises(10 000 yuan)	9557	110458	1055.8
其他企业(万元)	Enterprises of Other Ownership(10 000 yuan)			
港澳台商投资企业(万元)	Funds from HK,Macao & Taiwan(10 000 yuan)		12098	
外商投资企业(万元)	Foreign Funded Enterprises(10 000 yuan)			
工业企业增加值(万元)	Value Added of Industrial Enterprises(10 000 yuan)	33478	50193	27.0
工业企业资产总计(万元)	Total Assets of Industrial Enterprises(10 000 yuan)	59032	97144	64.6
工业企业负债合计(万元)	Total Liabilities of Industrial Enterprises(10 000 yuan)	30920	53612	73.4
工业企业产品销售收入(万元)	Sales of Revenue Industrial Enterprises(10 000 yuan)	91734	130595	42.4
工业企业利润总额(万元)	Total Profits of Industrial Enterprises(10 000 yuan)	5058	8868	75.3
建筑业	**Construction**			
建筑企业单位数(个)	Number of Construction Enterprises(unit)	3	3	0.0
建筑企业从业人员(人)	Number of Employee in Construction Enterprises(person)	1093	1248	14.2
建筑业总产值(万元)	Gross Construction Output Value(10 000 yuan)	4775	6855	43.6
交通运输邮电通信业	**Transportation,Post & Telecommunications**			
公路里程(公里)	Total Length of Highways(km)	1719	1732	0.8
邮电业务总量(万元)	Business Volume of Post & Telecoms(10 000 yuan)	2895	6315	118.1
本地电话用户(户)	Number of Subscribers of Local Telephone(Household)	26235	36137	37.7
国内贸易	**Demestic Trade**			
社会消费品零售总额(万元)	Total Retail Sales of Consumer Goods(10 000 yuan)	80200	96246	20.0
# 贸易业(万元)	Wholesale & Retail Sales Trades(10 000 yuan)	60787	71135	17.0
餐饮业(万元)	Catering Trade(10 000 yuan)	13228	13133	-0.7
科技教育卫生	**Science,Education & Public Health**			
各类专业技术人员(人)	Speccial Technical Personnel(person)	5562	6119	10.0
幼儿园数(所)	Number of Kindergartens(unit)	33	42	27.3
学龄儿童入学率(%)	Percentage of School-Age Children Enrolled(%)	92.0	99.8	8.5
小学学校数(所)	Number of Primary Schools(unit)	150	56	-62.7
小学专任教师数(人)	Number of Full-time Teachers of Primary Schools(person)	1981	1956	-1.3
小学在校学生数(人)	Number of Student Enrollment of Primary Schools(person)	19669	19449	-1.1
普通中学学校数(所)	Number of Regular Secondary Schools(unit)	29	29	0.0
普通中学专任教师数(人)	Number of Teachers of Secondary Shools(person)	1225	1244	1.6
初中在校学生数(人)	Number of Student in Junior Secondary Schools(person)	13170	10350	-21.4
高中在校学生数(人)	Number of Student in Senior Secondary Schools(person)	3490	4005	14.8
卫生机构数(所)	Number of Health Institutions(unit)	29	29	0.0
# 医院(所)	Hospitals(unit)	6	6	0.0
卫生院(所)	Township Hospitals(unit)	19	19	0.0
床位数(张)	Number of Beds(unit)	459	471	2.6
# 医院(张)	Hospitals(unit)	281	301	7.1
卫生院(张)	Township Hospitals(unit)	158	150	-5.1
卫生技术人员(人)	Medical Technical Presonnel(person)	772	807	4.5
# 医院(人)	Hospitals(person)	329	375	14.0
卫生院(人)	Township Hospitals(person)	283	202	-28.6

23-34 呼伦贝尔市鄂伦春自治旗

指 标	Item	2006	2007	2007年比上年增长% Increase Rate in 2007 Over 2006(%)
行政区域土地面积(平方公里)	**Area of Administration(Sq.km)**	**59800**	**59800**	**0.0**
人口和就业	**Population & Employment**			
年末总人口(人)	Total Population Year-end(person)	280308	280351	0.0
#男性(人)	Male(person)	143113	143922	0.6
#乡村人口(人)	Rural(person)	63933	61698	-3.5
年末总户数(户)	Total Number of Households at the Year-end(Household)	96345	98025	1.7
#乡村户数(户)	Number of Rural Household(Household)	16101	15806	-1.8
出生人口(人)	Births(person)	2854	2565	-10.1
死亡人口(人)	Deaths(person)	947	979	3.4
全社会就业人员(人)	Employment(person)	73460	74811	1.8
第一产业(人)	Primary Industry(person)	40403	40162	-0.6
第二产业(人)	Secondary Industry(person)	16896	16673	-1.3
第三产业(人)	Tertiary Industry(person)	16161	17976	11.2
在岗职工人数(人)	Number of Staff & Workers Employed in(person)	14627	14360	-1.8
乡村劳动力(人)	Number of Rural Laborers(person)	34000	36612	7.7
#农林牧渔业(人)	Farming,Forestry,Animal Husbandry & Fishery(person)	31425	31234	-0.6
国民经济综合指标	**Summary Item on the National Economy**			
生产总值(万元)	Gross Domestic Product(10 000 yuan)	181525	200266	-1.3
第一产业(万元)	Primary Industry(10 000 yuan)	80695	84600	-11.7
第二产业(万元)	Secondary Industry(10 000 yuan)	23334	19342	-27.2
#工业(万元)	Industry(10 000 yuan)	19570	15979	-29.9
第三产业(万元)	Tertiary Industry(10 000 yuan)	77496	96324	18.8
人均生产总值(元)	Per Capita GDP(yuan)	6476	7144	-1.4
全社会固定资产投资(万元)	Total Investment in Fixed Assets(10 000 yuan)	27555	29967	8.8
按登记注册类型分	Grouped by Registered Type			
#国有(万元)	State-owned Enterprises(10 000 yuan)	20948	17924	-14.4
集体(万元)	Collective-owned Enterprises(10 000 yuan)		5	
有限责任公司(万元)	Limited Liability Corporations(10 000 yuan)	4957	3789	-23.6
股份有限公司(万元)	Share Holding Enterprises(10 000 yuan)			
私营企业(万元)	Private Enterprises(10 000 yuan)	1190	362	-69.6
外商及港澳台投资企业(万元)	Funds from HK,Macao,Taiwan & Foreign(10 000 yuan)		7887	
按城乡渠道分	Grouped by Urban and Rural Area			
城镇(万元)	Urban(10 000 yuan)	26565	28447	7.1
农村(万元)	Rural(10 000 yuan)	990	1520	53.5
一般预算收入(万元)	General Budgetary Financial Revenue(10 000 yuan)	2462	3232	31.3
一般预算支出(万元)	General Budgetary Financial Expenditures(10 000 yuan)	36002	53699	49.2
城乡居民储蓄存款余额(万元)	Resident Saving Deposit in Urban & Rural(10 000 yuan)	172391	171127	-0.7
在岗职工工资总额(万元)	Total Wages of Staff & Workers Empioyed in(10 000 yuan)	21268	21724	2.1
在岗职工平均工资(元)	Average Wage of Staff & Workers Employed in(yuan)	14502	15036	3.7
农牧民人均纯收入(元)	Per Capita Net Income of Peasant & Herdsman(yuan)	2221	2063	-7.1
农村牧区经济	**Economic Development in Rural & Pastoral Area**			
耕地面积(公顷)	Cultivated Area(hectare)	189805	189805	0.0
农作物总播种面积(公顷)	Total Sown Area(hectare)	184205	187502	1.8
#粮食作物播种面积(公顷)	Sown Area of Grain Crops(hectare)	180162	182279	1.2
有效灌溉面积(公顷)	Irrigated Area(hectare)			
农牧业机械总动力(万千瓦)	Total Power of Agricultural Machinery(10 000 kw)	28.70		
化肥施用折纯量(吨)	Consumption of Chemical Fertilizer(ton)	20270	21709	7.1
农村用电量(万千瓦小时)	Electricity Consumed in Rural Area(10 000 kwh)	933	927	-0.6
农林牧渔业总产值(万元)	Gross Output of Farming,Forestry,Animal Husbandry & Fishery(10 000 yuan)	132249	146086	10.5
粮食产量(吨)	Yield of Grain(ton)	250910	207295	-17.4
油料产量(吨)	Yield of Oil-bearing Grops(ton)	927	479	-48.3
甜菜产量(吨)	Yield of Beetroots(ton)			
猪牛羊肉产量(吨)	Output of Pork, Beef & Mutton(ton)	20263	18445	-9.0
#猪肉产量(吨)	Output of Pork(ton)	7702	3483	-54.8
牛肉产量(吨)	Output of Beef(ton)	4221	8195	94.1
羊肉产量(吨)	Output of Mutton(ton)	8340	6767	-18.9
羊毛产量(吨)	Output of Wool(ton)	627	490	-21.9

23-34 Elunchun National Autonomous Banner in Hulunbeier City

指 标	Item	2006	2007	2007年比上年增长% Increase Rate in 2007 Over 2006(%)
年末牲畜存栏头数(万头只)	Total Livestock at the Year-end(10 000 heads)	69.23	31.06	-55.1
# 大牲畜(万头只)	Large Animals(10 000 heads)	8.86	5.60	-36.8
羊(万只)	Sheep & Goats(10 000 heads)	53.72	19.94	-62.9
猪(万头)	Hogs(10 000 heads)	6.65	5.51	-17.1
规模以上工业	**Industrial Enterprises above Designated size**			
工业企业单位数(个)	Number of Industrial Enterprises(unit)	10	11	10.0
# 内资企业(个)	Civil Funded Enterprises(unit)	10	10	0.0
工业总产值(万元)	Gross Industrial Output Value(10 000 yuan)	42013	31606	-24.8
内资企业(万元)	Civil Funded Enterprises(10 000 yuan)	42013	31606	-24.8
国有企业(万元)	State-owned Enterprises(10 000 yuan)			
集体企业(万元)	Collective-owned Enterprises(10 000 yuan)			
股份合作企业(万元)	Share Holding Enterprises(10 000 yuan)			
联营企业(万元)	Joint Owned Enterprises(10 000 yuan)			
有限责任公司(万元)	Limited Company(10 000 yuan)	33666	26703	-20.7
股份有限公司(万元)	Share Holding Limited Company(10 000 yuan)			
私营企业(万元)	Privately Owned Enterprises(10 000 yuan)	8347	4903	-41.3
其他企业(万元)	Enterprises of Other Ownership(10 000 yuan)			
港澳台商投资企业(万元)	Funds from HK,Macao & Taiwan(10 000 yuan)			
外商投资企业(万元)	Foreign Funded Enterprises(10 000 yuan)			
工业企业增加值(万元)	Value Added of Industrial Enterprises(10 000 yuan)	15276	11609	-36.8
工业企业资产总计(万元)	Total Assets of Industrial Enterprises(10 000 yuan)	18242	41047	125.0
工业企业负债合计(万元)	Total Liabilities of Industrial Enterprises(10 000 yuan)	12312	13288	7.9
工业企业产品销售收入(万元)	Sales of Revenue Industrial Enterprises(10 000 yuan)	37182	28806	-22.5
工业企业利润总额(万元)	Total Profits of Industrial Enterprises(10 000 yuan)	-156	459	
建筑业	**Construction**			
建筑企业单位数(个)	Number of Construction Enterprises(unit)	4	6	50.0
建筑企业从业人员(人)	Number of Employee in Construction Enterprises(person)	528	660	25.0
建筑业总产值(万元)	Gross Construction Output Value(10 000 yuan)	2370	3549	49.7
交通运输邮电通信业	**Transportation,Post & Telecommunications**			
公路里程(公里)	Total Length of Highways(km)	1214	1214	0.0
邮电业务总量(万元)	Business Volume of Post & Telecoms(10 000 yuan)	7907	8262	4.5
本地电话用户(户)	Number of Subscribers of Local Telephone(Household)	99660	91006	-8.7
国内贸易	**Demestic Trade**			
社会消费品零售总额(万元)	Total Retail Sales of Consumer Goods(10 000 yuan)	74641	87493	17.2
# 贸易业(万元)	Wholesale & Retail Sales Trades(10 000 yuan)	58817	67052	14.0
餐饮业(万元)	Catering Trade(10 000 yuan)	11661	15701	34.6
科技教育卫生	**Science,Education & Public Health**			
各类专业技术人员(人)	Speccial Technical Personnel(person)	4178	4139	-0.9
幼儿园数(所)	Number of Kindergartens(unit)	31	31	0.0
学龄儿童入学率(%)	Percentage of School-Age Children Enrolled(%)	100.0	100.0	0.0
小学学校数(所)	Number of Primary Schools(unit)	82	57	-30.5
小学专任教师数(人)	Number of Full-time Teachers of Primary Schools(person)	1705	1723	1.1
小学在校学生数(人)	Number of Student Enrollment of Primary Schools(person)	18430	15954	-13.4
普通中学学校数(所)	Number of Regular Secondary Schools(unit)	27	27	0.0
普通中学专任教师数(人)	Number of Teachers of Secondary Shools(person)	1366	1377	0.8
初中在校学生数(人)	Number of Student in Junior Secondary Schools(person)	10695	10456	-2.2
高中在校学生数(人)	Number of Student in Senior Secondary Schools(person)	6505	6254	-3.9
卫生机构数(所)	Number of Health Institutions(unit)	93	34	-63.4
# 医院(所)	Hospitals(unit)	14	15	7.1
卫生院(所)	Township Hospitals(unit)	9	8	-11.1
床位数(张)	Number of Beds(unit)	877	890	1.5
# 医院(张)	Hospitals(unit)	782	802	2.6
卫生院(张)	Township Hospitals(unit)	81	78	-3.7
卫生技术人员(人)	Medical Technical Presonnel(person)	1590	1336	-16.0
# 医院(人)	Hospitals(person)	1078	1112	3.2
卫生院(人)	Township Hospitals(person)	96	94	-2.1

23-35 呼伦贝尔市鄂温克族自治旗

指 标	Item	2006	2007	2007年比上年增长% Increase Rate in 2007 Over 2006(%)
行政区域土地面积(平方公里)	**Area of Administration(Sq.km)**	**19111**	**19111**	**0.0**
人口和就业	**Population & Employment**			
年末总人口(人)	Total Population Year-end(person)	143270	143806	0.4
# 男性(人)	Male(person)	74892	75188	0.4
# 乡村人口(人)	Rural(person)	25413	22772	-10.4
年末总户数(户)	Total Number of Households at the Year-end(Household)	49087	49419	0.7
# 乡村户数(户)	Number of Rural Household(Household)	6039	6170	2.2
出生人口(人)	Births(person)	783	1117	42.7
死亡人口(人)	Deaths(person)	610	683	12.0
全社会就业人员(人)	Employment(person)	49565	50587	2.1
第一产业(人)	Primary Industry(person)	14478	14735	1.8
第二产业(人)	Secondary Industry(person)	22195	23083	4.0
第三产业(人)	Tertiary Industry(person)	12892	12769	-1.0
在岗职工人数(人)	Number of Staff & Workers Employed in(person)	30119	30664	1.8
乡村劳动力(人)	Number of Rural Laborers(person)	13862	14397	3.9
# 农林牧渔业(人)	Farming,Forestry,Animal Husbandry & Fishery(person)	12819	13283	3.6
国民经济综合指标	**Summary Item on the National Economy**			
生产总值(万元)	Gross Domestic Product(10 000 yuan)	314501	334102	6.0
第一产业(万元)	Primary Industry(10 000 yuan)	42664	46000	-8.7
第二产业(万元)	Secondary Industry(10 000 yuan)	190946	186408	1.9
# 工业(万元)	Industry(10 000 yuan)	165444	161852	2.8
第三产业(万元)	Tertiary Industry(10 000 yuan)	80891	101694	25.6
人均生产总值(元)	Per Capita GDP(yuan)	21993	23282	5.7
全社会固定资产投资(万元)	Total Investment in Fixed Assets(10 000 yuan)	301934	371138	22.9
按登记注册类型分	Grouped by Registered Type			
# 国有(万元)	State-owned Enterprises(10 000 yuan)	63428	80974	27.7
集体(万元)	Collective-owned Enterprises(10 000 yuan)			
有限责任公司(万元)	Limited Liability Corporations(10 000 yuan)	228507	279024	22.1
股份有限公司(万元)	Share Holding Enterprises(10 000 yuan)	1000	1000	0.0
私营企业(万元)	Private Enterprises(10 000 yuan)	7244	10140	40.0
外商及港澳台投资企业(万元)	Funds from HK,Macao,Taiwan & Foreign(10 000 yuan)			
按城乡渠道分	Grouped by Urban and Rural Area			
城镇(万元)	Urban(10 000 yuan)	301934	371138	22.9
农村(万元)	Rural(10 000 yuan)			
一般预算收入(万元)	General Budgetary Financial Revenue(10 000 yuan)	12884	19010	47.5
一般预算支出(万元)	General Budgetary Financial Expenditures(10 000 yuan)	45092	61179	35.7
城乡居民储蓄存款余额(万元)	Resident Saving Deposit in Urban & Rural(10 000 yuan)	133799	127358	-4.8
在岗职工工资总额(万元)	Total Wages of Staff & Workers Empioyed in(10 000 yuan)	54365	65734	20.9
在岗职工平均工资(元)	Average Wage of Staff & Workers Employed in(yuan)	20650	25424	23.1
农牧民人均纯收入(元)	Per Capita Net Income of Peasant & Herdsman(yuan)	5200	5738	10.3
农村牧区经济	**Economic Development in Rural & Pastoral Area**			
耕地面积(公顷)	Cultivated Area(hectare)	28592	27913	-2.4
农作物总播种面积(公顷)	Total Sown Area(hectare)	27488	27913	1.5
# 粮食作物播种面积(公顷)	Sown Area of Grain Crops(hectare)	17317	23403	35.1
有效灌溉面积(公顷)	Irrigated Area(hectare)			
农牧业机械总动力(万千瓦)	Total Power of Agricultural Machinery(10 000 kw)	9.25	9.46	2.3
化肥施用折纯量(吨)	Consumption of Chemical Fertilizer(ton)	5824	5919	1.6
农村用电量(万千瓦小时)	Electricity Consumed in Rural Area(10 000 kwh)	58	60	3.4
农林牧渔业总产值(万元)	Gross Output of Farming,Forestry,Animal Husbandry & Fishery(10 000 yuan)	69758	77595	11.2
粮食产量(吨)	Yield of Grain(ton)	59082	14147	-76.1
油料产量(吨)	Yield of Oil-bearing Grops(ton)	8082	895	-88.9
甜菜产量(吨)	Yield of Beetroots(ton)	5085	3746	-26.3
猪牛羊肉产量(吨)	Output of Pork, Beef & Mutton(ton)	11433	14152	23.8
# 猪肉产量(吨)	Output of Pork(ton)	1346	2707	101.1
牛肉产量(吨)	Output of Beef(ton)	5089	7340	44.2
羊肉产量(吨)	Output of Mutton(ton)	4998	4105	-17.9
羊毛产量(吨)	Output of Wool(ton)	1140	1234	8.2

23-35 Ewenke National Autonomous Banner in Hulunbeier City

指 标	Item	2006	2007	2007年比上年增长% Increase Rate in 2007 Over 2006(%)
年末牲畜存栏头数(万头只)	Total Livestock at the Year-end(10 000 heads)	60.59	43.20	-28.7
# 大牲畜(万头只)	Large Animals(10 000 heads)	13.47	10.18	-24.4
羊(万只)	Sheep & Goats(10 000 heads)	46.72	32.35	-30.8
猪(万头)	Hogs(10 000 heads)	0.40	0.67	67.5
规模以上工业	**Industrial Enterprises above Designated size**			
工业企业单位数(个)	Number of Industrial Enterprises(unit)	11	13	18.2
# 内资企业(个)	Civil Funded Enterprises(unit)	11	12	9.1
工业总产值(万元)	Gross Industrial Output Value(10 000 yuan)	312184	338214	8.3
内资企业(万元)	Civil Funded Enterprises(10 000 yuan)	306755	332040	8.2
国有企业(万元)	State-owned Enterprises(10 000 yuan)			
集体企业(万元)	Collective-owned Enterprises(10 000 yuan)			
股份合作企业(万元)	Share Holding Enterprises(10 000 yuan)			
联营企业(万元)	Joint Owned Enterprises(10 000 yuan)			
有限责任公司(万元)	Limited Company(10 000 yuan)	300320	322791	7.5
股份有限公司(万元)	Share Holding Limited Company(10 000 yuan)			
私营企业(万元)	Privately Owned Enterprises(10 000 yuan)	6435	9249	43.7
其他企业(万元)	Enterprises of Other Ownership(10 000 yuan)			
港澳台商投资企业(万元)	Funds from HK,Macao & Taiwan(10 000 yuan)			
外商投资企业(万元)	Foreign Funded Enterprises(10 000 yuan)	5429	6174	13.7
工业企业增加值(万元)	Value Added of Industrial Enterprises(10 000 yuan)	160938	157017	-2.7
工业企业资产总计(万元)	Total Assets of Industrial Enterprises(10 000 yuan)	1394870	1369148	-1.8
工业企业负债合计(万元)	Total Liabilities of Industrial Enterprises(10 000 yuan)	1174244	1119286	-4.7
工业企业产品销售收入(万元)	Sales of Revenue Industrial Enterprises(10 000 yuan)	279189	285742	2.3
工业企业利润总额(万元)	Total Profits of Industrial Enterprises(10 000 yuan)	40148	37384	-6.9
建筑业	**Construction**			
建筑企业单位数(个)	Number of Construction Enterprises(unit)	3	3	0.0
建筑企业从业人员(人)	Number of Employee in Construction Enterprises(person)	3341	3067	-8.2
建筑业总产值(万元)	Gross Construction Output Value(10 000 yuan)	39509	35076	-11.2
交通运输邮电通信业	**Transportation,Post & Telecommunications**			
公路里程(公里)	Total Length of Highways(km)	390	574	47.2
邮电业务总量(万元)	Business Volume of Post & Telecoms(10 000 yuan)	3805	4109	8.0
本地电话用户(户)	Number of Subscribers of Local Telephone(Household)	28610	28229	-1.3
国内贸易	**Demestic Trade**			
社会消费品零售总额(万元)	Total Retail Sales of Consumer Goods(10 000 yuan)	39049	46059	18.0
# 贸易业(万元)	Wholesale & Retail Sales Trades(10 000 yuan)	31251	36847	17.9
餐饮业(万元)	Catering Trade(10 000 yuan)	7798	9212	18.1
科技教育卫生	**Science,Education & Public Health**			
各类专业技术人员(人)	Speccial Technical Personnel(person)	3216	3186	-0.9
幼儿园数(所)	Number of Kindergartens(unit)	18	5	-72.2
学龄儿童入学率(%)	Percentage of School-Age Children Enrolled(%)	100.0	100.0	0.0
小学学校数(所)	Number of Primary Schools(unit)	11	22	100.0
小学专任教师数(人)	Number of Full-time Teachers of Primary Schools(person)	871	874	0.3
小学在校学生数(人)	Number of Student Enrollment of Primary Schools(person)	7544	9247	22.6
普通中学学校数(所)	Number of Regular Secondary Schools(unit)	14	18	28.6
普通中学专任教师数(人)	Number of Teachers of Secondary Shools(person)	876	849	-3.1
初中在校学生数(人)	Number of Student in Junior Secondary Schools(person)	6518	8492	30.3
高中在校学生数(人)	Number of Student in Senior Secondary Schools(person)	2994	2513	-16.1
卫生机构数(所)	Number of Health Institutions(unit)	76	76	0.0
# 医院(所)	Hospitals(unit)	6	6	0.0
卫生院(所)	Township Hospitals(unit)	10	10	0.0
床位数(张)	Number of Beds(unit)	707	721	2.0
# 医院(张)	Hospitals(unit)	491	613	24.8
卫生院(张)	Township Hospitals(unit)	96	108	12.5
卫生技术人员(人)	Medical Technical Presonnel(person)	870	795	-8.6
# 医院(人)	Hospitals(person)	521	594	14.0
卫生院(人)	Township Hospitals(person)	114	118	3.5

23-36 呼伦贝尔市新巴尔虎右旗

指 标	Item	2006	2007	2007年比上年增长% Increase Rate in 2007 Over 2006(%)
行政区域土地面积(平方公里)	**Area of Administration(Sq.km)**	**25102**	**25102**	**0.0**
人口和就业	**Population & Employment**			
年末总人口(人)	Total Population Year-end(person)	33814	34232	1.2
# 男性(人)	Male(person)	17046	17239	1.1
# 乡村人口(人)	Rural(person)	16108	16175	0.4
年末总户数(户)	Total Number of Households at the Year-end(Household)	11834	12077	2.1
# 乡村户数(户)	Number of Rural Household(Household)	4927	4953	0.5
出生人口(人)	Births(person)	272	363	33.5
死亡人口(人)	Deaths(person)	212	199	-6.1
全社会就业人员(人)	Employment(person)	19060	19409	1.8
第一产业(人)	Primary Industry(person)	9811	9721	-0.9
第二产业(人)	Secondary Industry(person)	4275	4642	8.6
第三产业(人)	Tertiary Industry(person)	4974	5046	1.4
在岗职工人数(人)	Number of Staff & Workers Employed in(person)	7031	7422	5.6
乡村劳动力(人)	Number of Rural Laborers(person)	13112	13124	0.1
# 农林牧渔业(人)	Farming,Forestry,Animal Husbandry & Fishery(person)	9553	9581	0.3
国民经济综合指标	**Summary Item on the National Economy**			
生产总值(万元)	Gross Domestic Product(10 000 yuan)	198991	289632	0.6
第一产业(万元)	Primary Industry(10 000 yuan)	23539	25160	-9.7
第二产业(万元)	Secondary Industry(10 000 yuan)	151505	232752	-1.4
# 工业(万元)	Industry(10 000 yuan)	133289	215559	-1.0
第三产业(万元)	Tertiary Industry(10 000 yuan)	23947	31720	32.8
人均生产总值(元)	Per Capita GDP(yuan)	58225	85129	1.1
全社会固定资产投资(万元)	Total Investment in Fixed Assets(10 000 yuan)	154649	147000	-4.9
按登记注册类型分	Grouped by Registered Type			
# 国有(万元)	State-owned Enterprises(10 000 yuan)	106783	128859	20.7
集体(万元)	Collective-owned Enterprises(10 000 yuan)			
有限责任公司(万元)	Limited Liability Corporations(10 000 yuan)	4303	7165	66.5
股份有限公司(万元)	Share Holding Enterprises(10 000 yuan)	6868	212	-96.9
私营企业(万元)	Private Enterprises(10 000 yuan)		1297	
外商及港澳台投资企业(万元)	Funds from HK,Macao,Taiwan & Foreign(10 000 yuan)	36210	8657	-76.1
按城乡渠道分	Grouped by Urban and Rural Area			
城镇（万元）	Urban(10 000 yuan)	154649	146780	-5.1
农村（万元）	Rural(10 000 yuan)		220	
一般预算收入(万元)	General Budgetary Financial Revenue(10 000 yuan)	8859	13463	52.0
一般预算支出(万元)	General Budgetary Financial Expenditures(10 000 yuan)	28775	34821	21.0
城乡居民储蓄存款余额(万元)	Resident Saving Deposit in Urban & Rural(10 000 yuan)	18442	25393	37.7
在岗职工工资总额(万元)	Total Wages of Staff & Workers Empioyed in(10 000 yuan)	12852	14893	15.9
在岗职工平均工资(元)	Average Wage of Staff & Workers Employed in(yuan)	18547	19501	5.1
农牧民人均纯收入(元)	Per Capita Net Income of Peasant & Herdsman(yuan)	4710	5965	26.6
农村牧区经济	**Economic Development in Rural & Pastoral Area**			
耕地面积(公顷)	Cultivated Area(hectare)	320	320	0.0
农作物总播种面积(公顷)	Total Sown Area(hectare)	1000	1207	20.7
# 粮食作物播种面积(公顷)	Sown Area of Grain Crops(hectare)	140	526	275.7
有效灌溉面积(公顷)	Irrigated Area(hectare)			
农牧业机械总动力(万千瓦)	Total Power of Agricultural Machinery(10 000 kw)	5.97	5.97	0.0
化肥施用折纯量(吨)	Consumption of Chemical Fertilizer(ton)	46	33	-28.3
农村用电量(万千瓦小时)	Electricity Consumed in Rural Area(10 000 kwh)	150	154	2.7
农林牧渔业总产值(万元)	Gross Output of Farming,Forestry,Animal Husbandry & Fishery(10 000 yuan)	36542	41038	12.3
粮食产量(吨)	Yield of Grain(ton)	55	492	794.5
油料产量(吨)	Yield of Oil-bearing Grops(ton)			
甜菜产量(吨)	Yield of Beetroots(ton)			
猪牛羊肉产量(吨)	Output of Pork, Beef & Mutton(ton)	15554	17743	14.1
# 猪肉产量(吨)	Output of Pork(ton)	37	46	24.3
牛肉产量(吨)	Output of Beef(ton)	2593	2265	-12.6
羊肉产量(吨)	Output of Mutton(ton)	12924	15432	19.4
羊毛产量(吨)	Output of Wool(ton)	2444	2144	-12.3

23-36 Xinbaerhuyou Banner in Hulunbeier City

指 标	Item	2006	2007	2007年比上年增长% Increase Rate in 2007 Over 2006(%)
年末牲畜存栏头数(万头只)	Total Livestock at the Year-end(10 000 heads)	113.21	121.27	7.1
# 大牲畜(万头只)	Large Animals(10 000 heads)	4.04	3.59	-11.1
羊(万只)	Sheep & Goats(10 000 heads)	109.09	117.68	7.9
猪(万头)	Hogs(10 000 heads)	0.08	0.08	0.0
规模以上工业	**Industrial Enterprises above Designated size**			
工业企业单位数(个)	Number of Industrial Enterprises(unit)	10	11	10.0
# 内资企业(个)	Civil Funded Enterprises(unit)	10	10	0.0
工业总产值(万元)	Gross Industrial Output Value(10 000 yuan)	281105	311847	10.9
内资企业(万元)	Civil Funded Enterprises(10 000 yuan)	281105	310775	10.6
国有企业(万元)	State-owned Enterprises(10 000 yuan)			
集体企业(万元)	Collective-owned Enterprises(10 000 yuan)			
股份合作企业(万元)	Share Holding Enterprises(10 000 yuan)			
联营企业(万元)	Joint Owned Enterprises(10 000 yuan)			
有限责任公司(万元)	Limited Company(10 000 yuan)	279347	308475	10.4
股份有限公司(万元)	Share Holding Limited Company(10 000 yuan)			
私营企业(万元)	Privately Owned Enterprises(10 000 yuan)	1758	2300	30.8
其他企业(万元)	Enterprises of Other Ownership(10 000 yuan)			
港澳台商投资企业(万元)	Funds from HK,Macao & Taiwan(10 000 yuan)			
外商投资企业(万元)	Foreign Funded Enterprises(10 000 yuan)		1072	
工业企业增加值(万元)	Value Added of Industrial Enterprises(10 000 yuan)	131971	214180	-1.1
工业企业资产总计(万元)	Total Assets of Industrial Enterprises(10 000 yuan)	478351	850943	77.9
工业企业负债合计(万元)	Total Liabilities of Industrial Enterprises(10 000 yuan)	68522	123133	79.7
工业企业产品销售收入(万元)	Sales of Revenue Industrial Enterprises(10 000 yuan)	281400	316001	12.3
工业企业利润总额(万元)	Total Profits of Industrial Enterprises(10 000 yuan)	185386	175230	-5.5
建筑业	**Construction**			
建筑企业单位数(个)	Number of Construction Enterprises(unit)			
建筑企业从业人员(人)	Number of Employee in Construction Enterprises(person)			
建筑业总产值(万元)	Gross Construction Output Value(10 000 yuan)			
交通运输邮电通信业	**Transportation,Post & Telecommunications**			
公路里程(公里)	Total Length of Highways(km)	523	691	32.1
邮电业务总量(万元)	Business Volume of Post & Telecoms(10 000 yuan)	1996	2469	23.7
本地电话用户(户)	Number of Subscribers of Local Telephone(Household)	5075	4981	-1.9
国内贸易	**Demestic Trade**			
社会消费品零售总额(万元)	Total Retail Sales of Consumer Goods(10 000 yuan)	14339	17205	20.0
# 贸易业(万元)	Wholesale & Retail Sales Trades(10 000 yuan)	11886	13827	16.3
餐饮业(万元)	Catering Trade(10 000 yuan)	2274	3144	38.3
科技教育卫生	**Science,Education & Public Health**			
各类专业技术人员(人)	Speccial Technical Personnel(person)	1121	1120	-0.1
幼儿园数(所)	Number of Kindergartens(unit)	4	4	0.0
学龄儿童入学率(%)	Percentage of School-Age Children Enrolled(%)	100.0	100.0	0.0
小学学校数(所)	Number of Primary Schools(unit)	2	2	0.0
小学专任教师数(人)	Number of Full-time Teachers of Primary Schools(person)	264	214	-18.9
小学在校学生数(人)	Number of Student Enrollment of Primary Schools(person)	1903	1667	-12.4
普通中学学校数(所)	Number of Regular Secondary Schools(unit)	2	2	0.0
普通中学专任教师数(人)	Number of Teachers of Secondary Shools(person)	172	127	-26.2
初中在校学生数(人)	Number of Student in Junior Secondary Schools(person)	1471	1514	2.9
高中在校学生数(人)	Number of Student in Senior Secondary Schools(person)			
卫生机构数(所)	Number of Health Institutions(unit)	25	25	0.0
# 医院(所)	Hospitals(unit)	2	2	0.0
卫生院(所)	Township Hospitals(unit)	13	13	0.0
床位数(张)	Number of Beds(unit)	154	154	0.0
# 医院(张)	Hospitals(unit)	77	77	0.0
卫生院(张)	Township Hospitals(unit)	48	48	0.0
卫生技术人员(人)	Medical Technical Presonnel(person)	230	230	0.0
# 医院(人)	Hospitals(person)	105	108	2.9
卫生院(人)	Township Hospitals(person)	62	44	-29.0

23-37 呼伦贝尔市新巴尔虎左旗

指 标	Item	2006	2007	2007年比上年增长% Increase Rate in 2007 Over 2006(%)
行政区域土地面积(平方公里)	**Area of Administration(Sq.km)**	**22000**	**22000**	**0.0**
人口和就业	**Population & Employment**			
年末总人口(人)	Total Population Year-end(person)	40143	40910	1.9
#男性(人)	Male(person)	21349	20947	-1.9
#乡村人口(人)	Rural(person)	18794	18977	1.0
年末总户数(户)	Total Number of Households at the Year-end(Household)	14640	15130	3.3
#乡村户数(户)	Number of Rural Household(Household)	5713	5878	2.9
出生人口(人)	Births(person)	494	396	-19.8
死亡人口(人)	Deaths(person)	270	220	-18.5
全社会就业人员(人)	Employment(person)	19040	19656	3.2
第一产业(人)	Primary Industry(person)	11740	11862	1.0
第二产业(人)	Secondary Industry(person)	959	1087	13.3
第三产业(人)	Tertiary Industry(person)	6341	6707	5.8
在岗职工人数(人)	Number of Staff & Workers Employed in(person)	4835	4445	-8.1
乡村劳动力(人)	Number of Rural Laborers(person)	12654	12993	2.7
#农林牧渔业(人)	Farming,Forestry,Animal Husbandry & Fishery(person)	10377	10539	1.6
国民经济综合指标	**Summary Item on the National Economy**			
生产总值(万元)	Gross Domestic Product(10 000 yuan)	97150	122089	16.0
第一产业(万元)	Primary Industry(10 000 yuan)	38232	30192	-37.6
第二产业(万元)	Secondary Industry(10 000 yuan)	29395	46697	52.1
#工业(万元)	Industry(10 000 yuan)	13319	21225	43.2
第三产业(万元)	Tertiary Industry(10 000 yuan)	29523	45200	53.6
人均生产总值(元)	Per Capita GDP(yuan)	24195	30126	24.5
全社会固定资产投资(万元)	Total Investment in Fixed Assets(10 000 yuan)	120948	212609	75.8
按登记注册类型分	Grouped by Registered Type			
#国有(万元)	State-owned Enterprises(10 000 yuan)	117631	203526	73.0
集体(万元)	Collective-owned Enterprises(10 000 yuan)			
有限责任公司(万元)	Limited Liability Corporations(10 000 yuan)	580	5397	830.5
股份有限公司(万元)	Share Holding Enterprises(10 000 yuan)	2607	2464	-5.5
私营企业(万元)	Private Enterprises(10 000 yuan)	130	919	606.9
外商及港澳台投资企业(万元)	Funds from HK,Macao,Taiwan & Foreign(10 000 yuan)		303	
按城乡渠道分	Grouped by Urban and Rural Area			
城镇(万元)	Urban(10 000 yuan)	120948	212609	75.8
农村(万元)	Rural(10 000 yuan)			
一般预算收入(万元)	General Budgetary Financial Revenue(10 000 yuan)	1267	2638	108.2
一般预算支出(万元)	General Budgetary Financial Expenditures(10 000 yuan)	19655	26788	36.3
城乡居民储蓄存款余额(万元)	Resident Saving Deposit in Urban & Rural(10 000 yuan)	11813	19402	64.2
在岗职工工资总额(万元)	Total Wages of Staff & Workers Empioyed in(10 000 yuan)	8360	8792	5.2
在岗职工平均工资(元)	Average Wage of Staff & Workers Employed in(yuan)	17432	19811	13.6
农牧民人均纯收入(元)	Per Capita Net Income of Peasant & Herdsman(yuan)	4815	5995	24.5
农村牧区经济	**Economic Development in Rural & Pastoral Area**			
耕地面积(公顷)	Cultivated Area(hectare)	30000	26000	-13.3
农作物总播种面积(公顷)	Total Sown Area(hectare)	23400	20195	-13.7
#粮食作物播种面积(公顷)	Sown Area of Grain Crops(hectare)	11718	9271	-20.9
有效灌溉面积(公顷)	Irrigated Area(hectare)			
农牧业机械总动力(万千瓦)	Total Power of Agricultural Machinery(10 000 kw)	5.85	6.07	3.8
化肥施用折纯量(吨)	Consumption of Chemical Fertilizer(ton)	610	897	47.0
农村用电量(万千瓦小时)	Electricity Consumed in Rural Area(10 000 kwh)	367	412	12.3
农林牧渔业总产值(万元)	Gross Output of Farming,Forestry,Animal Husbandry & Fishery(10 000 yuan)	62154	49245	-20.8
粮食产量(吨)	Yield of Grain(ton)	46031	8474	-81.6
油料产量(吨)	Yield of Oil-bearing Grops(ton)	9360	3575	-61.8
甜菜产量(吨)	Yield of Beetroots(ton)			
猪牛羊肉产量(吨)	Output of Pork, Beef & Mutton(ton)	17799	19747	10.9
#猪肉产量(吨)	Output of Pork(ton)	87	58	-33.3
牛肉产量(吨)	Output of Beef(ton)	4280	5919	38.3
羊肉产量(吨)	Output of Mutton(ton)	13432	13770	2.5
羊毛产量(吨)	Output of Wool(ton)	2905	2354	-19.0

23-37 Xinbaerhuzuo Banner in Hulunbeier City

指 标	Item	2006	2007	2007年比上年增长% Increase Rate in 2007 Over 2006(%)
年末牲畜存栏头数(万头只)	Total Livestock at the Year-end(10 000 heads)	97.51	71.78	-26.4
# 大牲畜(万头只)	Large Animals(10 000 heads)	9.14	8.06	-11.8
羊(万只)	Sheep & Goats(10 000 heads)	88.28	63.66	-27.9
猪(万头)	Hogs(10 000 heads)	0.09	0.07	-22.2
规模以上工业	**Industrial Enterprises above Designated size**			
工业企业单位数(个)	Number of Industrial Enterprises(unit)	7	10	42.9
# 内资企业(个)	Civil Funded Enterprises(unit)	7	10	42.9
工业总产值(万元)	Gross Industrial Output Value(10 000 yuan)	22744	34954	53.7
内资企业(万元)	Civil Funded Enterprises(10 000 yuan)	22744	34954	53.7
国有企业(万元)	State-owned Enterprises(10 000 yuan)	824	996	20.9
集体企业(万元)	Collective-owned Enterprises(10 000 yuan)			
股份合作企业(万元)	Share Holding Enterprises(10 000 yuan)			
联营企业(万元)	Joint Owned Enterprises(10 000 yuan)			
有限责任公司(万元)	Limited Company(10 000 yuan)	21256	32930	54.9
股份有限公司(万元)	Share Holding Limited Company(10 000 yuan)			
私营企业(万元)	Privately Owned Enterprises(10 000 yuan)			
其他企业(万元)	Enterprises of Other Ownership(10 000 yuan)	664	1028	54.8
港澳台商投资企业(万元)	Funds from HK,Macao & Taiwan(10 000 yuan)			
外商投资企业(万元)	Foreign Funded Enterprises(10 000 yuan)			
工业企业增加值(万元)	Value Added of Industrial Enterprises(10 000 yuan)	11948	19700	47.4
工业企业资产总计(万元)	Total Assets of Industrial Enterprises(10 000 yuan)	104881	153796	46.6
工业企业负债合计(万元)	Total Liabilities of Industrial Enterprises(10 000 yuan)	13612	16870	23.9
工业企业产品销售收入(万元)	Sales of Revenue Industrial Enterprises(10 000 yuan)	21494	34539	60.7
工业企业利润总额(万元)	Total Profits of Industrial Enterprises(10 000 yuan)	-1617	8270	
建筑业	**Construction**			
建筑企业单位数(个)	Number of Construction Enterprises(unit)			
建筑企业从业人员(人)	Number of Employee in Construction Enterprises(person)			
建筑业总产值(万元)	Gross Construction Output Value(10 000 yuan)			
交通运输邮电通信业	**Transportation,Post & Telecommunications**			
公路里程(公里)	Total Length of Highways(km)	743	743	0.0
邮电业务总量(万元)	Business Volume of Post & Telecoms(10 000 yuan)	2130	2835	33.1
本地电话用户(户)	Number of Subscribers of Local Telephone(Household)	5900	5108	-13.4
国内贸易	**Demestic Trade**			
社会消费品零售总额(万元)	Total Retail Sales of Consumer Goods(10 000 yuan)	16546	19992	20.8
# 贸易业(万元)	Wholesale & Retail Sales Trades(10 000 yuan)	13099	15376	17.4
餐饮业(万元)	Catering Trade(10 000 yuan)	3357	4370	30.2
科技教育卫生	**Science,Education & Public Health**			
各类专业技术人员(人)	Speccial Technical Personnel(person)	1423	1347	-5.3
幼儿园数(所)	Number of Kindergartens(unit)	10	10	0.0
学龄儿童入学率(%)	Percentage of School-Age Children Enrolled(%)	100.0	100.0	0.0
小学学校数(所)	Number of Primary Schools(unit)	5	3	-40.0
小学专任教师数(人)	Number of Full-time Teachers of Primary Schools(person)	335	311	-7.2
小学在校学生数(人)	Number of Student Enrollment of Primary Schools(person)	2146	1847	-13.9
普通中学学校数(所)	Number of Regular Secondary Schools(unit)	4	4	0.0
普通中学专任教师数(人)	Number of Teachers of Secondary Shools(person)	156	160	2.6
初中在校学生数(人)	Number of Student in Junior Secondary Schools(person)	1656	1502	-9.3
高中在校学生数(人)	Number of Student in Senior Secondary Schools(person)			
卫生机构数(所)	Number of Health Institutions(unit)	30	30	0.0
# 医院(所)	Hospitals(unit)	2	2	0.0
卫生院(所)	Township Hospitals(unit)	11	11	0.0
床位数(张)	Number of Beds(unit)	141	90	-36.2
# 医院(张)	Hospitals(unit)	85	39	-54.1
卫生院(张)	Township Hospitals(unit)	56	44	-21.4
卫生技术人员(人)	Medical Technical Presonnel(person)	273	266	-2.6
# 医院(人)	Hospitals(person)	183	111	-39.3
卫生院(人)	Township Hospitals(person)	90	89	-1.1

23-38 呼伦贝尔市陈巴尔虎旗

指 标	Item	2006	2007	2007年比上年增长% Increase Rate in 2007 Over 2006(%)
行政区域土地面积(平方公里)	**Area of Administration(Sq.km)**	**18600**	**18600**	**0.0**
人口和就业	**Population & Employment**			
年末总人口(人)	Total Population Year-end(person)	59351	59831	0.8
# 男性(人)	Male(person)	31102	30936	-0.5
# 乡村人口(人)	Rural(person)	12800	13024	1.8
年末总户数(户)	Total Number of Households at the Year-end(Household)	21260	22145	4.2
# 乡村户数(户)	Number of Rural Household(Household)	3575	3592	0.5
出生人口(人)	Births(person)	329	587	78.4
死亡人口(人)	Deaths(person)	211	231	9.5
全社会就业人员(人)	Employment(person)	26473	27926	5.5
第一产业(人)	Primary Industry(person)	15681	14579	-7.0
第二产业(人)	Secondary Industry(person)	3278	7517	129.3
第三产业(人)	Tertiary Industry(person)	7514	5830	-22.4
在岗职工人数(人)	Number of Staff & Workers Employed in(person)	15933	15420	-3.2
乡村劳动力(人)	Number of Rural Laborers(person)	6504	5843	-10.2
# 农林牧渔业(人)	Farming,Forestry,Animal Husbandry & Fishery(person)	5661	5677	0.3
国民经济综合指标	**Summary Item on the National Economy**			
生产总值(万元)	Gross Domestic Product(10 000 yuan)	185527	231185	13.9
第一产业(万元)	Primary Industry(10 000 yuan)	45025	52000	-1.1
第二产业(万元)	Secondary Industry(10 000 yuan)	73718	97162	14.5
# 工业(万元)	Industry(10 000 yuan)	52018	76983	24.1
第三产业(万元)	Tertiary Industry(10 000 yuan)	66784	82023	24.0
人均生产总值(元)	Per Capita GDP(yuan)	31343	38795	13.1
全社会固定资产投资(万元)	Total Investment in Fixed Assets(10 000 yuan)	180313	209778	16.3
按登记注册类型分	Grouped by Registered Type			
# 国有(万元)	State-owned Enterprises(10 000 yuan)	145752	94904	-34.9
集体(万元)	Collective-owned Enterprises(10 000 yuan)			
有限责任公司(万元)	Limited Liability Corporations(10 000 yuan)	11850	10600	-10.5
股份有限公司(万元)	Share Holding Enterprises(10 000 yuan)	11400	13500	18.4
私营企业(万元)	Private Enterprises(10 000 yuan)	11311	83174	635.3
外商及港澳台投资企业(万元)	Funds from HK,Macao,Taiwan & Foreign(10 000 yuan)		7600	
按城乡渠道分	Grouped by Urban and Rural Area			
城镇（万元）	Urban(10 000 yuan)	180313	209778	16.3
农村（万元）	Rural(10 000 yuan)			
一般预算收入(万元)	General Budgetary Financial Revenue(10 000 yuan)	7769	19010	144.7
一般预算支出(万元)	General Budgetary Financial Expenditures(10 000 yuan)	27061	31351	15.9
城乡居民储蓄存款余额(万元)	Resident Saving Deposit in Urban & Rural(10 000 yuan)	40793	46358	13.6
在岗职工工资总额(万元)	Total Wages of Staff & Workers Empioyed in(10 000 yuan)	25664	27146	5.8
在岗职工平均工资(元)	Average Wage of Staff & Workers Employed in(yuan)	16743	17863	6.7
农牧民人均纯收入(元)	Per Capita Net Income of Peasant & Herdsman(yuan)	4963	5817	17.2
农村牧区经济	**Economic Development in Rural & Pastoral Area**			
耕地面积(公顷)	Cultivated Area(hectare)	86229	84162	-2.4
农作物总播种面积(公顷)	Total Sown Area(hectare)	63764	64103	0.5
# 粮食作物播种面积(公顷)	Sown Area of Grain Crops(hectare)	36120	40692	12.7
有效灌溉面积(公顷)	Irrigated Area(hectare)			
农牧业机械总动力(万千瓦)	Total Power of Agricultural Machinery(10 000 kw)	13.40	14.92	11.3
化肥施用折纯量(吨)	Consumption of Chemical Fertilizer(ton)	4836	5078	5.0
农村用电量(万千瓦小时)	Electricity Consumed in Rural Area(10 000 kwh)	1033	1185	14.7
农林牧渔业总产值(万元)	Gross Output of Farming,Forestry,Animal Husbandry & Fishery(10 000 yuan)	85001	85697	0.8
粮食产量(吨)	Yield of Grain(ton)	143690	109355	-23.9
油料产量(吨)	Yield of Oil-bearing Grops(ton)	29735	19651	-33.9
甜菜产量(吨)	Yield of Beetroots(ton)			
猪牛羊肉产量(吨)	Output of Pork, Beef & Mutton(ton)	15735	16320	3.7
# 猪肉产量(吨)	Output of Pork(ton)	383	255	-33.4
牛肉产量(吨)	Output of Beef(ton)	8177	9878	20.8
羊肉产量(吨)	Output of Mutton(ton)	7175	6187	-13.8
羊毛产量(吨)	Output of Wool(ton)	802	800	-0.2

23-38 Chenbaerhu Banner in Hulunbeier City

指 标	Item	2006	2007	2007年比上年增长% Increase Rate in 2007 Over 2006(%)
年末牲畜存栏头数(万头只)	Total Livestock at the Year-end(10 000 heads)	70.98	50.60	-28.7
#大牲畜(万头只)	Large Animals(10 000 heads)	13.28	10.65	-19.8
羊(万只)	Sheep & Goats(10 000 heads)	57.56	39.79	-30.9
猪(万头)	Hogs(10 000 heads)	0.14	0.15	7.1
规模以上工业	**Industrial Enterprises above Designated size**			
工业企业单位数(个)	Number of Industrial Enterprises(unit)	10	11	10.0
#内资企业(个)	Civil Funded Enterprises(unit)	10	11	10.0
工业总产值(万元)	Gross Industrial Output Value(10 000 yuan)	95696	127635	33.4
内资企业(万元)	Civil Funded Enterprises(10 000 yuan)	95696	127635	33.4
国有企业(万元)	State-owned Enterprises(10 000 yuan)	83682	109945	31.4
集体企业(万元)	Collective-owned Enterprises(10 000 yuan)			
股份合作企业(万元)	Share Holding Enterprises(10 000 yuan)		15505	
联营企业(万元)	Joint Owned Enterprises(10 000 yuan)	2001		
有限责任公司(万元)	Limited Company(10 000 yuan)	782		
股份有限公司(万元)	Share Holding Limited Company(10 000 yuan)	1889		
私营企业(万元)	Privately Owned Enterprises(10 000 yuan)	7342		
其他企业(万元)	Enterprises of Other Ownership(10 000 yuan)		2185	
港澳台商投资企业(万元)	Funds from HK,Macao & Taiwan(10 000 yuan)			
外商投资企业(万元)	Foreign Funded Enterprises(10 000 yuan)			
工业企业增加值(万元)	Value Added of Industrial Enterprises(10 000 yuan)	48340	73013	25.4
工业企业资产总计(万元)	Total Assets of Industrial Enterprises(10 000 yuan)	120232	228971	90.4
工业企业负债合计(万元)	Total Liabilities of Industrial Enterprises(10 000 yuan)	60890	134850	121.5
工业企业产品销售收入(万元)	Sales of Revenue Industrial Enterprises(10 000 yuan)	95417	129158	35.4
工业企业利润总额(万元)	Total Profits of Industrial Enterprises(10 000 yuan)	10713	13794	28.8
建筑业	**Construction**			
建筑企业单位数(个)	Number of Construction Enterprises(unit)	1	1	0.0
建筑企业从业人员(人)	Number of Employee in Construction Enterprises(person)	125	178	42.4
建筑业总产值(万元)	Gross Construction Output Value(10 000 yuan)	252	1020	304.8
交通运输邮电通信业	**Transportation,Post & Telecommunications**			
公路里程(公里)	Total Length of Highways(km)	193	193	0.0
邮电业务总量(万元)	Business Volume of Post & Telecoms(10 000 yuan)	1344	3040	126.2
本地电话用户(户)	Number of Subscribers of Local Telephone(Household)	36918	45200	22.4
国内贸易	**Demestic Trade**			
社会消费品零售总额(万元)	Total Retail Sales of Consumer Goods(10 000 yuan)	12849	15072	17.3
#贸易业(万元)	Wholesale & Retail Sales Trades(10 000 yuan)	12114	13810	14.0
餐饮业(万元)	Catering Trade(10 000 yuan)	117	606	417.9
科技教育卫生	**Science,Education & Public Health**			
各类专业技术人员(人)	Speccial Technical Personnel(person)	1691	1542	-8.8
幼儿园数(所)	Number of Kindergartens(unit)	1	1	0.0
学龄儿童入学率(%)	Percentage of School-Age Children Enrolled(%)	100.0	100.0	0.0
小学学校数(所)	Number of Primary Schools(unit)	6	6	0.0
小学专任教师数(人)	Number of Full-time Teachers of Primary Schools(person)	387	370	-4.4
小学在校学生数(人)	Number of Student Enrollment of Primary Schools(person)	3676	3685	0.2
普通中学学校数(所)	Number of Regular Secondary Schools(unit)	5	5	0.0
普通中学专任教师数(人)	Number of Teachers of Secondary Shools(person)	272	275	1.1
初中在校学生数(人)	Number of Student in Junior Secondary Schools(person)	3213	2566	-20.1
高中在校学生数(人)	Number of Student in Senior Secondary Schools(person)	217	114	-47.5
卫生机构数(所)	Number of Health Institutions(unit)	14	15	7.1
#医院(所)	Hospitals(unit)	5	5	0.0
卫生院(所)	Township Hospitals(unit)	6	6	0.0
床位数(张)	Number of Beds(unit)	193	187	-3.1
#医院(张)	Hospitals(unit)	113	113	0.0
卫生院(张)	Township Hospitals(unit)	50	74	48.0
卫生技术人员(人)	Medical Technical Presonnel(person)	422	368	-12.8
#医院(人)	Hospitals(person)	306	310	1.3
卫生院(人)	Township Hospitals(person)	57	58	1.8

23-39 兴安盟乌兰浩特市

指 标	Item	2006	2007	2007年比上年增长% Increase Rate in 2007 Over 2006(%)
行政区域土地面积(平方公里)	**Area of Administration(Sq.km)**	**772**	**772**	**0.0**
人口和就业	**Population & Employment**			
年末总人口(人)	Total Population Year-end(person)	288981	293220	1.5
#男性(人)	Male(person)	143718	145621	1.3
#乡村人口(人)	Rural(person)	63999	63999	0.0
年末总户数(户)	Total Number of Households at the Year-end(Household)	101707	103124	1.4
#乡村户数(户)	Number of Rural Household(Household)	16654	16690	0.2
出生人口(人)	Births(person)	1077	1474	36.9
死亡人口(人)	Deaths(person)	580	577	-0.5
全社会就业人员(人)	Employment(person)	107007	106788	-0.2
第一产业(人)	Primary Industry(person)	26325	25645	-2.6
第二产业(人)	Secondary Industry(person)	23552	24009	1.9
第三产业(人)	Tertiary Industry(person)	57130	57134	0.0
在岗职工人数(人)	Number of Staff & Workers Employed in(person)	37655	37602	-0.1
乡村劳动力(人)	Number of Rural Laborers(person)	32438	32127	-1.0
#农林牧渔业(人)	Farming,Forestry,Animal Husbandry & Fishery(person)	25172	24479	-2.8
国民经济综合指标	**Summary Item on the National Economy**			
生产总值(万元)	Gross Domestic Product(10 000 yuan)	419429	461667	6.9
第一产业(万元)	Primary Industry(10 000 yuan)	41139	42709	-5.0
第二产业(万元)	Secondary Industry(10 000 yuan)	168744	185639	5.5
#工业(万元)	Industry(10 000 yuan)	146222	163639	6.8
第三产业(万元)	Tertiary Industry(10 000 yuan)	209546	233319	10.2
人均生产总值(元)	Per Capita GDP(yuan)	14568	15859	5.7
全社会固定资产投资(万元)	Total Investment in Fixed Assets(10 000 yuan)	128598	139082	8.2
按登记注册类型分	Grouped by Registered Type			
#国有(万元)	State-owned Enterprises(10 000 yuan)	84298	71389	-15.3
集体(万元)	Collective-owned Enterprises(10 000 yuan)	400	1240	210.0
有限责任公司(万元)	Limited Liability Corporations(10 000 yuan)	17064	12751	-25.3
股份有限公司(万元)	Share Holding Enterprises(10 000 yuan)			
私营企业(万元)	Private Enterprises(10 000 yuan)	26092	48092	84.3
外商及港澳台投资企业(万元)	Funds from HK,Macao,Taiwan & Foreign(10 000 yuan)	744	2610	250.8
按城乡渠道分	Grouped by Urban and Rural Area			
城镇(万元)	Urban(10 000 yuan)	120748	135962	12.6
农村(万元)	Rural(10 000 yuan)	7850	3120	-60.3
一般预算收入(万元)	General Budgetary Financial Revenue(10 000 yuan)	10462	12491	19.4
一般预算支出(万元)	General Budgetary Financial Expenditures(10 000 yuan)	41733	57168	37.0
城乡居民储蓄存款余额(万元)	Resident Saving Deposit in Urban & Rural(10 000 yuan)	334296	366583	9.7
在岗职工工资总额(万元)	Total Wages of Staff & Workers Empioyed in(10 000 yuan)	59262	70411	18.8
在岗职工平均工资(元)	Average Wage of Staff & Workers Employed in(yuan)	15379	18659	21.3
农牧民人均纯收入(元)	Per Capita Net Income of Peasant & Herdsman(yuan)	4000	4320	8.0
农村牧区经济	**Economic Development in Rural & Pastoral Area**			
耕地面积(公顷)	Cultivated Area(hectare)	25838	25838	0.0
农作物总播种面积(公顷)	Total Sown Area(hectare)	20908	22947	9.8
#粮食作物播种面积(公顷)	Sown Area of Grain Crops(hectare)	17548	20250	15.4
有效灌溉面积(公顷)	Irrigated Area(hectare)	9102	8607	-5.4
农牧业机械总动力(万千瓦)	Total Power of Agricultural Machinery(10 000 kw)	10.55	19.11	81.1
化肥施用折纯量(吨)	Consumption of Chemical Fertilizer(ton)	10815	9943	-8.1
农村用电量(万千瓦小时)	Electricity Consumed in Rural Area(10 000 kwh)	1573	1372	-12.8
农林牧渔业总产值(万元)	Gross Output of Farming,Forestry,Animal Husbandry & Fishery(10 000 yuan)	67808	75773	-2.2
粮食产量(吨)	Yield of Grain(ton)	60423	46655	-22.8
油料产量(吨)	Yield of Oil-bearing Grops(ton)	848	560	-34.0
甜菜产量(吨)	Yield of Beetroots(ton)	-	-	
猪牛羊肉产量(吨)	Output of Pork, Beef & Mutton(ton)	8986	6131	-31.8
#猪肉产量(吨)	Output of Pork(ton)	6824	3505	-48.6
牛肉产量(吨)	Output of Beef(ton)	1027	1635	59.2
羊肉产量(吨)	Output of Mutton(ton)	1135	991	-12.7
羊毛产量(吨)	Output of Wool(ton)	201	187	-7.0

23-39 Wulanhaote City in Xingan League

指 标	Item	2006	2007	2007年比上年增长% Increase Rate in 2007 Over 2006(%)
年末牲畜存栏头数(万头只)	Total Livestock at the Year-end(10 000 heads)	11.34	11.07	-2.4
#大牲畜(万头只)	Large Animals(10 000 heads)	5.10	4.56	-10.6
羊(万只)	Sheep & Goats(10 000 heads)	3.65	3.93	7.7
猪(万头)	Hogs(10 000 heads)	2.58	2.57	-0.4
规模以上工业	**Industrial Enterprises above Designated size**			
工业企业单位数(个)	Number of Industrial Enterprises(unit)	37	36	-2.7
#内资企业(个)	Civil Funded Enterprises(unit)	33	31	-6.1
工业总产值(万元)	Gross Industrial Output Value(10 000 yuan)	374733	396379	6.7
内资企业(万元)	Civil Funded Enterprises(10 000 yuan)	298998	325922	3.2
国有企业(万元)	State-owned Enterprises(10 000 yuan)	92214	131630	35.1
集体企业(万元)	Collective-owned Enterprises(10 000 yuan)	579	746	22.0
股份合作企业(万元)	Share Holding Enterprises(10 000 yuan)	891	501	-46.8
联营企业(万元)	Joint Owned Enterprises(10 000 yuan)			
有限责任公司(万元)	Limited Company(10 000 yuan)	182474	174320	-9.6
股份有限公司(万元)	Share Holding Limited Company(10 000 yuan)	13668	8767	-39.3
私营企业(万元)	Privately Owned Enterprises(10 000 yuan)	9172	9958	2.8
其他企业(万元)	Enterprises of Other Ownership(10 000 yuan)			
港澳台商投资企业(万元)	Funds from HK,Macao & Taiwan(10 000 yuan)	1820	4729	145.9
外商投资企业(万元)	Foreign Funded Enterprises(10 000 yuan)	73915	65728	-15.8
工业企业增加值(万元)	Value Added of Industrial Enterprises(10 000 yuan)	141364	158358	6.7
工业企业资产总计(万元)	Total Assets of Industrial Enterprises(10 000 yuan)	406912	464793	14.2
工业企业负债合计(万元)	Total Liabilities of Industrial Enterprises(10 000 yuan)	303009	335891	10.9
工业企业产品销售收入(万元)	Sales of Revenue Industrial Enterprises(10 000 yuan)	330423	360539	9.1
工业企业利润总额(万元)	Total Profits of Industrial Enterprises(10 000 yuan)	10551	14464	37.1
建筑业	**Construction**			
建筑企业单位数(个)	Number of Construction Enterprises(unit)	15	14	-6.7
建筑企业从业人员(人)	Number of Employee in Construction Enterprises(person)	1937	2224	14.8
建筑业总产值(万元)	Gross Construction Output Value(10 000 yuan)	36168	59806	65.4
交通运输邮电通信业	**Transportation,Post & Telecommunications**			
公路里程(公里)	Total Length of Highways(km)	434	434	0.0
邮电业务收入(万元)	Business Volume of Post & Telecoms(10 000 yuan)	18232	24877	36.4
本地电话用户(户)	Number of Subscribers of Local Telephone(Household)	131252	134185	2.2
国内贸易	**Demestic Trade**			
社会消费品零售总额(万元)	Total Retail Sales of Consumer Goods(10 000 yuan)	301829	353595	17.2
#贸易业(万元)	Wholesale & Retail Sales Trades(10 000 yuan)	244843	286704	17.1
餐饮业(万元)	Catering Trade(10 000 yuan)	45443	54710	20.4
科技教育卫生	**Science,Education & Public Health**			
各类专业技术人员(人)	Speccial Technical Personnel(person)	8809	10495	19.1
幼儿园数(所)	Number of Kindergartens(unit)	79	66	-16.5
学龄儿童入学率(%)	Percentage of School-Age Children Enrolled(%)	100.0	100.0	0.0
小学学校数(所)	Number of Primary Schools(unit)	36	34	-5.6
小学专任教师数(人)	Number of Full-time Teachers of Primary Schools(person)	1344	1352	0.6
小学在校学生数(人)	Number of Student Enrollment of Primary Schools(person)	19341	19445	0.5
普通中学学校数(所)	Number of Regular Secondary Schools(unit)	21	21	0.0
普通中学专任教师数(人)	Number of Teachers of Secondary Shools(person)	1553	1592	2.5
初中在校学生数(人)	Number of Student in Junior Secondary Schools(person)	14269	14403	0.9
高中在校学生数(人)	Number of Student in Senior Secondary Schools(person)	12502	12563	0.5
卫生机构数(所)	Number of Health Institutions(unit)	169	177	4.7
#医院(所)	Hospitals(unit)	14	12	-14.3
卫生院(所)	Township Hospitals(unit)	3	3	0.0
床位数(张)	Number of Beds(unit)	1288	1623	26.0
#医院(张)	Hospitals(unit)	1210	1418	17.2
卫生院(张)	Township Hospitals(unit)	32	32	0.0
卫生技术人员(人)	Medical Technical Presonnel(person)	1812	2371	30.8
#医院(人)	Hospitals(person)	1052	1593	51.4
卫生院(人)	Township Hospitals(person)	36	35	-2.8

23-40 兴安盟阿尔山市

指 标	Item	2006	2007	2007年比上年增长% Increase Rate in 2007 Over 2006(%)
行政区域土地面积(平方公里)	**Area of Administration(Sq.km)**	**7409**	**7409**	**0.0**
人口和就业	**Population & Employment**			
年末总人口(人)	Total Population Year-end(person)	46665	48003	2.9
#男性(人)	Male(person)	23836	24098	1.1
#乡村人口(人)	Rural(person)	1070	5973	458.2
年末总户数(户)	Total Number of Households at the Year-end(Household)	18421	19346	5.0
#乡村户数(户)	Number of Rural Household(Household)	267	2120	694.0
出生人口(人)	Births(person)	25	171	584.0
死亡人口(人)	Deaths(person)	20	92	360.0
全社会就业人员(人)	Employment(person)	13362	17275	29.3
第一产业(人)	Primary Industry(person)	8387	10175	21.3
第二产业(人)	Secondary Industry(person)	370	877	137.0
第三产业(人)	Tertiary Industry(person)	4605	6223	35.1
在岗职工人数(人)	Number of Staff & Workers Employed in(person)	5480	5679	3.6
乡村劳动力(人)	Number of Rural Laborers(person)	1011	3452	241.4
#农林牧渔业(人)	Farming,Forestry,Animal Husbandry & Fishery(person)	938	2664	184.0
国民经济综合指标	**Summary Item on the National Economy**			
生产总值(万元)	Gross Domestic Product(10 000 yuan)	48181	51380	2.6
第一产业(万元)	Primary Industry(10 000 yuan)	14553	14463	-11.5
第二产业(万元)	Secondary Industry(10 000 yuan)	6663	6840	1.0
#工业(万元)	Industry(10 000 yuan)	1693	1735	1.8
第三产业(万元)	Tertiary Industry(10 000 yuan)	26965	30077	10.1
人均生产总值(元)	Per Capita GDP(yuan)	10266	10855	1.7
全社会固定资产投资(万元)	Total Investment in Fixed Assets(10 000 yuan)	58982	41245	-30.1
按登记注册类型分	Grouped by Registered Type			
#国有(万元)	State-owned Enterprises(10 000 yuan)	29738	19337	-35.0
集体(万元)	Collective-owned Enterprises(10 000 yuan)			
有限责任公司(万元)	Limited Liability Corporations(10 000 yuan)	2414	6170	155.6
股份有限公司(万元)	Share Holding Enterprises(10 000 yuan)	10730	7350	-31.5
私营企业(万元)	Private Enterprises(10 000 yuan)	13800	3710	-73.1
外商及港澳台投资企业(万元)	Funds from HK,Macao,Taiwan & Foreign(10 000 yuan)			
按城乡渠道分	Grouped by Urban and Rural Area			
城镇(万元)	Urban(10 000 yuan)	58682	40245	-31.4
农村(万元)	Rural(10 000 yuan)	300	1000	233.3
一般预算收入(万元)	General Budgetary Financial Revenue(10 000 yuan)	1833	2029	10.7
一般预算支出(万元)	General Budgetary Financial Expenditures(10 000 yuan)	11366	11795	3.8
城乡居民储蓄存款余额(万元)	Resident Saving Deposit in Urban & Rural(10 000 yuan)	38181	42960	12.5
在岗职工工资总额(万元)	Total Wages of Staff & Workers Empioyed in(10 000 yuan)	5717	6705	17.3
在岗职工平均工资(元)	Average Wage of Staff & Workers Employed in(yuan)	10277	11733	14.2
农牧民人均纯收入(元)	Per Capita Net Income of Peasant & Herdsman(yuan)			
农村牧区经济	**Economic Development in Rural & Pastoral Area**			
耕地面积(公顷)	Cultivated Area(hectare)	16084	16084	0.0
农作物总播种面积(公顷)	Total Sown Area(hectare)	12030	11842	-1.6
#粮食作物播种面积(公顷)	Sown Area of Grain Crops(hectare)	8933	10025	12.2
有效灌溉面积(公顷)	Irrigated Area(hectare)			
农牧业机械总动力(万千瓦)	Total Power of Agricultural Machinery(10 000 kw)	5.13	4.86	-5.3
化肥施用折纯量(吨)	Consumption of Chemical Fertilizer(ton)	2150	2180	1.4
农村用电量(万千瓦小时)	Electricity Consumed in Rural Area(10 000 kwh)	10	12	20.0
农林牧渔业总产值(万元)	Gross Output of Farming,Forestry,Animal Husbandry & Fishery(10 000 yuan)	23818	23972	-10.9
粮食产量(吨)	Yield of Grain(ton)	34087	10798	-68.3
油料产量(吨)	Yield of Oil-bearing Grops(ton)	1599		
甜菜产量(吨)	Yield of Beetroots(ton)			
猪牛羊肉产量(吨)	Output of Pork, Beef & Mutton(ton)	2248	2342	4.2
#猪肉产量(吨)	Output of Pork(ton)	389	332	-14.7
牛肉产量(吨)	Output of Beef(ton)	584	889	52.2
羊肉产量(吨)	Output of Mutton(ton)	1275	1121	-12.1
羊毛产量(吨)	Output of Wool(ton)	427	499	16.9

23-40 Aershan City in Xingan League

指 标	Item	2006	2007	2007年比上年增长% Increase Rate in 2007 Over 2006(%)
年末牲畜存栏头数(万头只)	Total Livestock at the Year-end(10 000 heads)	14.48	14.51	0.2
#大牲畜(万头只)	Large Animals(10 000 heads)	0.75	0.78	4.0
羊(万只)	Sheep & Goats(10 000 heads)	13.40	13.37	-0.2
猪(万头)	Hogs(10 000 heads)	0.34	0.36	5.9
规模以上工业	**Industrial Enterprises above Designated size**			
工业企业单位数(个)	Number of Industrial Enterprises(unit)			
#内资企业(个)	Civil Funded Enterprises(unit)			
工业总产值(万元)	Gross Industrial Output Value(10 000 yuan)			
内资企业(万元)	Civil Funded Enterprises(10 000 yuan)			
国有企业(万元)	State-owned Enterprises(10 000 yuan)			
集体企业(万元)	Collective-owned Enterprises(10 000 yuan)			
股份合作企业(万元)	Share Holding Enterprises(10 000 yuan)			
联营企业(万元)	Joint Owned Enterprises(10 000 yuan)			
有限责任公司(万元)	Limited Company(10 000 yuan)			
股份有限公司(万元)	Share Holding Limited Company(10 000 yuan)			
私营企业(万元)	Privately Owned Enterprises(10 000 yuan)			
其他企业(万元)	Enterprises of Other Ownership(10 000 yuan)			
港澳台商投资企业(万元)	Funds from HK,Macao & Taiwan(10 000 yuan)			
外商投资企业(万元)	Foreign Funded Enterprises(10 000 yuan)			
工业企业增加值(万元)	Value Added of Industrial Enterprises(10 000 yuan)			
工业企业资产总计(万元)	Total Assets of Industrial Enterprises(10 000 yuan)			
工业企业负债合计(万元)	Total Liabilities of Industrial Enterprises(10 000 yuan)			
工业企业产品销售收入(万元)	Sales of Revenue Industrial Enterprises(10 000 yuan)			
工业企业利润总额(万元)	Total Profits of Industrial Enterprises(10 000 yuan)			
建筑业	**Construction**			
建筑企业单位数(个)	Number of Construction Enterprises(unit)			
建筑企业从业人员(人)	Number of Employee in Construction Enterprises(person)			
建筑业总产值(万元)	Gross Construction Output Value(10 000 yuan)			
交通运输邮电通信业	**Transportation,Post & Telecommunications**			
公路里程(公里)	Total Length of Highways(km)	582	582	0.0
邮电业务总量(万元)	Business Volume of Post & Telecoms(10 000 yuan)	2468	2993	21.3
本地电话用户(户)	Number of Subscribers of Local Telephone(Household)	17775	16147	-9.2
国内贸易	**Demestic Trade**			
社会消费品零售总额(万元)	Total Retail Sales of Consumer Goods(10 000 yuan)	32378	37611	16.2
#贸易业(万元)	Wholesale & Retail Sales Trades(10 000 yuan)	20622	24869	20.6
餐饮业(万元)	Catering Trade(10 000 yuan)	6577	7471	13.6
科技教育卫生	**Science,Education & Public Health**			
各类专业技术人员(人)	Speccial Technical Personnel(person)	224	250	11.6
幼儿园数(所)	Number of Kindergartens(unit)	3	2	-33.3
学龄儿童入学率(%)	Percentage of School-Age Children Enrolled(%)	100.0	99.8	-0.2
小学学校数(所)	Number of Primary Schools(unit)	5	5	0.0
小学专任教师数(人)	Number of Full-time Teachers of Primary Schools(person)	242	262	8.3
小学在校学生数(人)	Number of Student Enrollment of Primary Schools(person)	2418	2426	0.3
普通中学学校数(所)	Number of Regular Secondary Schools(unit)	4	4	0.0
普通中学专任教师数(人)	Number of Teachers of Secondary Shools(person)	174	169	-2.9
初中在校学生数(人)	Number of Student in Junior Secondary Schools(person)	1451	1158	-20.2
高中在校学生数(人)	Number of Student in Senior Secondary Schools(person)	453	447	-1.3
卫生机构数(所)	Number of Health Institutions(unit)	25	26	4.0
#医院(所)	Hospitals(unit)	4	4	0.0
卫生院(所)	Township Hospitals(unit)	1	1	0.0
床位数(张)	Number of Beds(unit)	665	519	-22.0
#医院(张)	Hospitals(unit)	140	140	0.0
卫生院(张)	Township Hospitals(unit)	12	12	0.0
卫生技术人员(人)	Medical Technical Presonnel(person)	247	279	13.0
#医院(人)	Hospitals(person)	159	166	4.4
卫生院(人)	Township Hospitals(person)	7	7	0.0

23-41 兴安盟科尔沁右翼前旗

指 标	Item	2006	2007	2007年比上年增长% Increase Rate in 2007 Over 2006(%)
行政区域土地面积(平方公里)	**Area of Administration(Sq.km)**	**19375**	**19375**	**0.0**
人口和就业	**Population & Employment**			
年末总人口(人)	Total Population Year-end(person)	356574	358797	0.6
#男性(人)	Male(person)	184460	185732	0.7
#乡村人口(人)	Rural(person)	298354	297710	-0.2
年末总户数(户)	Total Number of Households at the Year-end(Household)	104277	108494	4.0
#乡村户数(户)	Number of Rural Household(Household)	86880	85157	-2.0
出生人口(人)	Births(person)	1944	2216	14.0
死亡人口(人)	Deaths(person)	548	886	61.7
全社会就业人员(人)	Employment(person)	129260	138886	7.4
第一产业(人)	Primary Industry(person)	104054	110865	6.5
第二产业(人)	Secondary Industry(person)	5152	5873	14.0
第三产业(人)	Tertiary Industry(person)	20054	22148	10.4
在岗职工人数(人)	Number of Staff & Workers Employed in(person)	18599	17901	-3.8
乡村劳动力(人)	Number of Rural Laborers(person)	104485	114656	9.7
#农林牧渔业(人)	Farming,Forestry,Animal Husbandry & Fishery(person)	97452	104685	7.4
国民经济综合指标	**Summary Item on the National Economy**			
生产总值(万元)	Gross Domestic Product(10 000 yuan)	237167	264077	1.4
第一产业(万元)	Primary Industry(10 000 yuan)	117646	145316	6.5
第二产业(万元)	Secondary Industry(10 000 yuan)	57253	49010	-18.6
#工业(万元)	Industry(10 000 yuan)	49163	37709	-27.1
第三产业(万元)	Tertiary Industry(10 000 yuan)	62268	69751	11.0
人均生产总值(元)	Per Capita GDP(yuan)	6651	7383	1.1
全社会固定资产投资(万元)	Total Investment in Fixed Assets(10 000 yuan)	88817	129783	46.1
按登记注册类型分	Grouped by Registered Type			
#国有(万元)	State-owned Enterprises(10 000 yuan)	50957	68853	35.1
集体(万元)	Collective-owned Enterprises(10 000 yuan)			
有限责任公司(万元)	Limited Liability Corporations(10 000 yuan)	9460	51630	445.8
股份有限公司(万元)	Share Holding Enterprises(10 000 yuan)			
私营企业(万元)	Private Enterprises(10 000 yuan)	28400	8300	-70.8
外商及港澳台投资企业(万元)	Funds from HK,Macao,Taiwan & Foreign(10 000 yuan)			
按城乡渠道分	Grouped by Urban and Rural Area			
城镇(万元)	Urban(10 000 yuan)	84367	128783	52.6
农村(万元)	Rural(10 000 yuan)	4450	1000	-77.5
一般预算收入(万元)	General Budgetary Financial Revenue(10 000 yuan)	4178	6021	44.1
一般预算支出(万元)	General Budgetary Financial Expenditures(10 000 yuan)	52245	77242	47.8
城乡居民储蓄存款余额(万元)	Resident Saving Deposit in Urban & Rural(10 000 yuan)	31133	37885	21.7
在岗职工工资总额(万元)	Total Wages of Staff & Workers Empioyed in(10 000 yuan)	20493	22073	7.7
在岗职工平均工资(元)	Average Wage of Staff & Workers Employed in(yuan)	10404	12181	17.1
农牧民人均纯收入(元)	Per Capita Net Income of Peasant & Herdsman(yuan)	2119	2289	8.0
农村牧区经济	**Economic Development in Rural & Pastoral Area**			
耕地面积(公顷)	Cultivated Area(hectare)	163669	185333	13.2
农作物总播种面积(公顷)	Total Sown Area(hectare)	180138	186648	3.6
#粮食作物播种面积(公顷)	Sown Area of Grain Crops(hectare)	150221	157490	4.8
有效灌溉面积(公顷)	Irrigated Area(hectare)	54449	54449	0.0
农牧业机械总动力(万千瓦)	Total Power of Agricultural Machinery(10 000 kw)	41.85	42.55	1.7
化肥施用折纯量(吨)	Consumption of Chemical Fertilizer(ton)	32870	33005	0.4
农村用电量(万千瓦小时)	Electricity Consumed in Rural Area(10 000 kwh)	3869	3910	1.1
农林牧渔业总产值(万元)	Gross Output of Farming,Forestry,Animal Husbandry & Fishery(10 000 yuan)	194639	238766	5.8
粮食产量(吨)	Yield of Grain(ton)	471398	491324	4.2
油料产量(吨)	Yield of Oil-bearing Grops(ton)	14886	15888	6.7
甜菜产量(吨)	Yield of Beetroots(ton)	4391	4100	-6.6
猪牛羊肉产量(吨)	Output of Pork, Beef & Mutton(ton)	44626	34133	-23.5
#猪肉产量(吨)	Output of Pork(ton)	12915	8102	-37.3
牛肉产量(吨)	Output of Beef(ton)	6219	5875	-5.5
羊肉产量(吨)	Output of Mutton(ton)	25492	20156	-20.9
羊毛产量(吨)	Output of Wool(ton)	6065	6096	0.5

23-41 Keerqinyouyiqian Banner in Xingan League

指 标	Item	2006	2007	2007年比上年增长% Increase Rate in 2007 Over 2006(%)
年末牲畜存栏头数(万头只)	Total Livestock at the Year-end(10 000 heads)	187.70	202.16	7.7
#大牲畜(万头只)	Large Animals(10 000 heads)	11.37	12.10	6.4
羊(万只)	Sheep & Goats(10 000 heads)	162.00	175.27	8.2
猪(万头)	Hogs(10 000 heads)	14.32	14.79	3.3
规模以上工业	**Industrial Enterprises above Designated size**			
工业企业单位数(个)	Number of Industrial Enterprises(unit)	18	22	22.2
#内资企业(个)	Civil Funded Enterprises(unit)	17	21	23.5
工业总产值(万元)	Gross Industrial Output Value(10 000 yuan)	116384	86378	-31.9
内资企业(万元)	Civil Funded Enterprises(10 000 yuan)	113725	84870	-29.4
国有企业(万元)	State-owned Enterprises(10 000 yuan)	2289	2859	18.3
集体企业(万元)	Collective-owned Enterprises(10 000 yuan)	3495	2620	-29.0
股份合作企业(万元)	Share Holding Enterprises(10 000 yuan)			
联营企业(万元)	Joint Owned Enterprises(10 000 yuan)			
有限责任公司(万元)	Limited Company(10 000 yuan)	67833	28957	-59.6
股份有限公司(万元)	Share Holding Limited Company(10 000 yuan)			
私营企业(万元)	Privately Owned Enterprises(10 000 yuan)	40108	50434	19.0
其他企业(万元)	Enterprises of Other Ownership(10 000 yuan)			
港澳台商投资企业(万元)	Funds from HK,Macao & Taiwan(10 000 yuan)			
外商投资企业(万元)	Foreign Funded Enterprises(10 000 yuan)	2659	1508	-46.3
工业企业增加值(万元)	Value Added of Industrial Enterprises(10 000 yuan)	43863	31948	-31.9
工业企业资产总计(万元)	Total Assets of Industrial Enterprises(10 000 yuan)	75683	88515	17.0
工业企业负债合计(万元)	Total Liabilities of Industrial Enterprises(10 000 yuan)	54998	60016	9.1
工业企业产品销售收入(万元)	Sales of Revenue Industrial Enterprises(10 000 yuan)	115162	85163	-26.0
工业企业利润总额(万元)	Total Profits of Industrial Enterprises(10 000 yuan)	974	155	-84.1
建筑业	**Construction**			
建筑企业单位数(个)	Number of Construction Enterprises(unit)	2	2	0.0
建筑企业从业人员(人)	Number of Employee in Construction Enterprises(person)	212	137	-35.4
建筑业总产值(万元)	Gross Construction Output Value(10 000 yuan)	2918	2808	-3.8
交通运输邮电通信业	**Transportation,Post & Telecommunications**			
公路里程(公里)	Total Length of Highways(km)	2103	2336	11.1
邮电业务总量(万元)	Business Volume of Post & Telecoms(10 000 yuan)	2863	5115	78.7
本地电话用户(户)	Number of Subscribers of Local Telephone(Household)	20607	27596	33.9
国内贸易	**Demestic Trade**			
社会消费品零售总额(万元)	Total Retail Sales of Consumer Goods(10 000 yuan)	72573	83311	14.8
#贸易业(万元)	Wholesale & Retail Sales Trades(10 000 yuan)	65768	75752	15.2
餐饮业(万元)	Catering Trade(10 000 yuan)	4082	4608	12.9
科技教育卫生	**Science,Education & Public Health**			
各类专业技术人员(人)	Speccial Technical Personnel(person)	6884	6258	-9.1
幼儿园数(所)	Number of Kindergartens(unit)	11	8	-27.3
学龄儿童入学率(%)	Percentage of School-Age Children Enrolled(%)	100.0	100.0	0.0
小学学校数(所)	Number of Primary Schools(unit)	182	142	-22.0
小学专任教师数(人)	Number of Full-time Teachers of Primary Schools(person)	1984	2106	6.1
小学在校学生数(人)	Number of Student Enrollment of Primary Schools(person)	23188	21438	-7.5
普通中学学校数(所)	Number of Regular Secondary Schools(unit)	29	28	-3.4
普通中学专任教师数(人)	Number of Teachers of Secondary Shools(person)	1508	1558	3.3
初中在校学生数(人)	Number of Student in Junior Secondary Schools(person)	14888	12249	-17.7
高中在校学生数(人)	Number of Student in Senior Secondary Schools(person)	3236	3084	-4.7
卫生机构数(所)	Number of Health Institutions(unit)	32	32	0.0
#医院(所)	Hospitals(unit)	1	1	0.0
卫生院(所)	Township Hospitals(unit)	28	28	0.0
床位数(张)	Number of Beds(unit)	612	578	-5.6
#医院(张)	Hospitals(unit)	207	207	0.0
卫生院(张)	Township Hospitals(unit)	389	351	-9.8
卫生技术人员(人)	Medical Technical Presonnel(person)	1310	1244	-5.0
#医院(人)	Hospitals(person)	301	342	13.6
卫生院(人)	Township Hospitals(person)	764	730	-4.5

23-42 兴安盟科尔沁右翼中旗

指 标	Item	2006	2007	2007年比上年增长% Increase Rate in 2007 Over 2006(%)
行政区域土地面积(平方公里)	**Area of Administration(Sq.km)**	**15613**	**15613**	**0.0**
人口和就业	**Population & Employment**			
年末总人口(人)	Total Population Year-end(person)	254354	257458	1.2
#男性(人)	Male(person)	128636	130231	1.2
#乡村人口(人)	Rural(person)	168318	168991	0.4
年末总户数(户)	Total Number of Households at the Year-end(Household)	63060	64807	2.8
#乡村户数(户)	Number of Rural Household(Household)	40102	40726	1.6
出生人口(人)	Births(person)	3432	2891	-15.8
死亡人口(人)	Deaths(person)	1288	1021	-20.7
全社会就业人员(人)	Employment(person)	95908	103017	7.4
第一产业(人)	Primary Industry(person)	72365	79888	10.4
第二产业(人)	Secondary Industry(person)	6281	5782	-7.9
第三产业(人)	Tertiary Industry(person)	17262	17347	0.5
在岗职工人数(人)	Number of Staff & Workers Employed in(person)	15656	15663	0.0
乡村劳动力(人)	Number of Rural Laborers(person)	76381	83198	8.9
#农林牧渔业(人)	Farming,Forestry,Animal Husbandry & Fishery(person)	68263	75702	10.9
国民经济综合指标	**Summary Item on the National Economy**			
生产总值(万元)	Gross Domestic Product(10 000 yuan)	148845	165010	3.7
第一产业(万元)	Primary Industry(10 000 yuan)	69464	80356	2.3
第二产业(万元)	Secondary Industry(10 000 yuan)	29633	28871	-5.8
#工业(万元)	Industry(10 000 yuan)	22092	19016	-16.0
第三产业(万元)	Tertiary Industry(10 000 yuan)	49748	55783	11.1
人均生产总值(元)	Per Capita GDP(yuan)	5936	6448	1.6
全社会固定资产投资(万元)	Total Investment in Fixed Assets(10 000 yuan)	92140	113961	23.7
按登记注册类型分	Grouped by Registered Type			
#国有(万元)	State-owned Enterprises(10 000 yuan)	45792	66635	45.5
集体(万元)	Collective-owned Enterprises(10 000 yuan)	110	190	72.7
有限责任公司(万元)	Limited Liability Corporations(10 000 yuan)	6920	37976	448.8
股份有限公司(万元)	Share Holding Enterprises(10 000 yuan)	9800		
私营企业(万元)	Private Enterprises(10 000 yuan)	26400	5760	-78.2
外商及港澳台投资企业(万元)	Funds from HK,Macao,Taiwan & Foreign(10 000 yuan)	240		
按城乡渠道分	Grouped by Urban and Rural Area			
城镇(万元)	Urban(10 000 yuan)	88440	110961	25.5
农村(万元)	Rural(10 000 yuan)	3700	3000	-18.9
一般预算收入(万元)	General Budgetary Financial Revenue(10 000 yuan)	3741	3133	-16.3
一般预算支出(万元)	General Budgetary Financial Expenditures(10 000 yuan)	41768	61026	46.1
城乡居民储蓄存款余额(万元)	Resident Saving Deposit in Urban & Rural(10 000 yuan)	40005	50005	25.0
在岗职工工资总额(万元)	Total Wages of Staff & Workers Empioyed in(10 000 yuan)	16990	19732	16.1
在岗职工平均工资(元)	Average Wage of Staff & Workers Employed in(yuan)	10896	12609	15.7
农牧民人均纯收入(元)	Per Capita Net Income of Peasant & Herdsman(yuan)	1981	2114	6.7
农村牧区经济	**Economic Development in Rural & Pastoral Area**			
耕地面积(公顷)	Cultivated Area(hectare)	99419	129597	30.4
农作物总播种面积(公顷)	Total Sown Area(hectare)	107733	109675	1.8
#粮食作物播种面积(公顷)	Sown Area of Grain Crops(hectare)	91025	91800	0.9
有效灌溉面积(公顷)	Irrigated Area(hectare)	46348	46348	0.0
农牧业机械总动力(万千瓦)	Total Power of Agricultural Machinery(10 000 kw)	30.60	39.76	29.9
化肥施用折纯量(吨)	Consumption of Chemical Fertilizer(ton)	10040	10059	0.2
农村用电量(万千瓦小时)	Electricity Consumed in Rural Area(10 000 kwh)	1608	2319	44.2
农林牧渔业总产值(万元)	Gross Output of Farming,Forestry,Animal Husbandry & Fishery(10 000 yuan)	119050	137469	0.3
粮食产量(吨)	Yield of Grain(ton)	252763	234663	-7.2
油料产量(吨)	Yield of Oil-bearing Grops(ton)	6579	6238	-5.2
甜菜产量(吨)	Yield of Beetroots(ton)	18		
猪牛羊肉产量(吨)	Output of Pork, Beef & Mutton(ton)	29038	31215	7.5
#猪肉产量(吨)	Output of Pork(ton)	8129	7851	-3.4
牛肉产量(吨)	Output of Beef(ton)	11773	9357	-20.5
羊肉产量(吨)	Output of Mutton(ton)	9136	14007	53.3
羊毛产量(吨)	Output of Wool(ton)	3253	2603	-20.0

23-42 Keerqinyouyizhong Banner in Xingan League

指标	Item	2006	2007	2007年比上年增长% Increase Rate in 2007 Over 2006(%)
年末牲畜存栏头数(万头只)	Total Livestock at the Year-end(10 000 heads)	146.77	145.06	-1.2
#大牲畜(万头只)	Large Animals(10 000 heads)	13.71	15.82	15.4
羊(万只)	Sheep & Goats(10 000 heads)	118.40	114.23	-3.5
猪(万头)	Hogs(10 000 heads)	14.66	15.00	2.3
规模以上工业	**Industrial Enterprises above Designated size**			
工业企业单位数(个)	Number of Industrial Enterprises(unit)	11	9	-18.2
#内资企业(个)	Civil Funded Enterprises(unit)	10	8	-20.0
工业总产值(万元)	Gross Industrial Output Value(10 000 yuan)	34884	25736	-29.3
内资企业(万元)	Civil Funded Enterprises(10 000 yuan)	30936	24079	-26.3
国有企业(万元)	State-owned Enterprises(10 000 yuan)	3021	4288	34.3
集体企业(万元)	Collective-owned Enterprises(10 000 yuan)	6910	5363	-26.5
股份合作企业(万元)	Share Holding Enterprises(10 000 yuan)			
联营企业(万元)	Joint Owned Enterprises(10 000 yuan)			
有限责任公司(万元)	Limited Company(10 000 yuan)	4608	999	-79.5
股份有限公司(万元)	Share Holding Limited Company(10 000 yuan)			
私营企业(万元)	Privately Owned Enterprises(10 000 yuan)	16397	13429	-22.5
其他企业(万元)	Enterprises of Other Ownership(10 000 yuan)			
港澳台商投资企业(万元)	Funds from HK,Macao & Taiwan(10 000 yuan)			
外商投资企业(万元)	Foreign Funded Enterprises(10 000 yuan)	3948	1657	-60.3
工业企业增加值(万元)	Value Added of Industrial Enterprises(10 000 yuan)	14084	10311	-29.3
工业企业资产总计(万元)	Total Assets of Industrial Enterprises(10 000 yuan)	25380	35990	41.8
工业企业负债合计(万元)	Total Liabilities of Industrial Enterprises(10 000 yuan)	15869	18514	16.7
工业企业产品销售收入(万元)	Sales of Revenue Industrial Enterprises(10 000 yuan)	34888	25601	-26.6
工业企业利润总额(万元)	Total Profits of Industrial Enterprises(10 000 yuan)	479	1714	257.8
建筑业	**Construction**			
建筑企业单位数(个)	Number of Construction Enterprises(unit)			
建筑企业从业人员(人)	Number of Employee in Construction Enterprises(person)			
建筑业总产值(万元)	Gross Construction Output Value(10 000 yuan)			
交通运输邮电通信业	**Transportation,Post & Telecommunications**			
公路里程(公里)	Total Length of Highways(km)	1215	1500	23.5
邮电业务总量(万元)	Business Volume of Post & Telecoms(10 000 yuan)	4269	6285	47.2
本地电话用户(户)	Number of Subscribers of Local Telephone(Household)	30722	33898	10.3
国内贸易	**Demestic Trade**			
社会消费品零售总额(万元)	Total Retail Sales of Consumer Goods(10 000 yuan)	67473	76845	13.9
#贸易业(万元)	Wholesale & Retail Sales Trades(10 000 yuan)	55512	63363	14.1
餐饮业(万元)	Catering Trade(10 000 yuan)	4964	5794	16.7
科技教育卫生	**Science,Education & Public Health**			
各类专业技术人员(人)	Speccial Technical Personnel(person)	5610	5105	-9.0
幼儿园数(所)	Number of Kindergartens(unit)	2	2	0.0
学龄儿童入学率(%)	Percentage of School-Age Children Enrolled(%)	99.7	100.0	0.3
小学学校数(所)	Number of Primary Schools(unit)	27	23	-14.8
小学专任教师数(人)	Number of Full-time Teachers of Primary Schools(person)	1881	1578	-16.1
小学在校学生数(人)	Number of Student Enrollment of Primary Schools(person)	17566	16036	-8.7
普通中学学校数(所)	Number of Regular Secondary Schools(unit)	24	24	0.0
普通中学专任教师数(人)	Number of Teachers of Secondary Shools(person)	1086	1096	0.9
初中在校学生数(人)	Number of Student in Junior Secondary Schools(person)	10709	11167	4.3
高中在校学生数(人)	Number of Student in Senior Secondary Schools(person)	3892	3733	-4.1
卫生机构数(所)	Number of Health Institutions(unit)	47	46	-2.1
#医院(所)	Hospitals(unit)	5	5	0.0
卫生院(所)	Township Hospitals(unit)	19	19	0.0
床位数(张)	Number of Beds(unit)	608	715	17.6
#医院(张)	Hospitals(unit)	360	450	25.0
卫生院(张)	Township Hospitals(unit)	234	235	0.4
卫生技术人员(人)	Medical Technical Presonnel(person)	966	1088	12.6
#医院(人)	Hospitals(person)	509	518	1.8
卫生院(人)	Township Hospitals(person)	342	400	17.0

23-43 兴安盟扎赉特旗

指 标	Item	2006	2007	2007年比上年增长% Increase Rate in 2007 Over 2006(%)
行政区域土地面积(平方公里)	**Area of Administration(Sq.km)**	**11837**	**11837**	**0.0**
人口和就业	**Population & Employment**			
年末总人口(人)	Total Population Year-end(person)	393003	395599	0.7
#男性(人)	Male(person)	204805	205772	0.5
#乡村人口(人)	Rural(person)	295806	305139	3.2
年末总户数(户)	Total Number of Households at the Year-end(Household)	118024	124229	5.3
#乡村户数(户)	Number of Rural Household(Household)	70169	73562	4.8
出生人口(人)	Births(person)	4308	5460	26.7
死亡人口(人)	Deaths(person)	1984	1982	-0.1
全社会就业人员(人)	Employment(person)	174995	182372	4.2
第一产业(人)	Primary Industry(person)	138793	150914	8.7
第二产业(人)	Secondary Industry(person)	12134	9953	-18.0
第三产业(人)	Tertiary Industry(person)	24068	21505	-10.6
在岗职工人数(人)	Number of Staff & Workers Employed in(person)	20365	20097	-1.3
乡村劳动力(人)	Number of Rural Laborers(person)	150504	157233	4.5
#农林牧渔业(人)	Farming,Forestry,Animal Husbandry & Fishery(person)	132990	145442	9.4
国民经济综合指标	**Summary Item on the National Economy**			
生产总值(万元)	Gross Domestic Product(10 000 yuan)	221464	266712	9.6
第一产业(万元)	Primary Industry(10 000 yuan)	112428	141491	7.5
第二产业(万元)	Secondary Industry(10 000 yuan)	29539	37938	22.2
#工业(万元)	Industry(10 000 yuan)	22574	28866	21.5
第三产业(万元)	Tertiary Industry(10 000 yuan)	79497	87283	8.2
人均生产总值(元)	Per Capita GDP(yuan)	5644	6764	9.1
全社会固定资产投资(万元)	Total Investment in Fixed Assets(10 000 yuan)	85552	105279	23.1
按登记注册类型分	Grouped by Registered Type			
#国有(万元)	State-owned Enterprises(10 000 yuan)	45573	61920	35.9
集体(万元)	Collective-owned Enterprises(10 000 yuan)			
有限责任公司(万元)	Limited Liability Corporations(10 000 yuan)	12963	22455	73.2
股份有限公司(万元)	Share Holding Enterprises(10 000 yuan)	733		
私营企业(万元)	Private Enterprises(10 000 yuan)	22419	5561	-75.2
外商及港澳台投资企业(万元)	Funds from HK,Macao,Taiwan & Foreign(10 000 yuan)			
按城乡渠道分	Grouped by Urban and Rural Area			
城镇(万元)	Urban(10 000 yuan)	79077	100974	27.7
农村(万元)	Rural(10 000 yuan)	6475	4305	-33.5
一般预算收入(万元)	General Budgetary Financial Revenue(10 000 yuan)	3305	3881	17.4
一般预算支出(万元)	General Budgetary Financial Expenditures(10 000 yuan)	57299	78917	37.7
城乡居民储蓄存款余额(万元)	Resident Saving Deposit in Urban & Rural(10 000 yuan)	79754	87103	9.2
在岗职工工资总额(万元)	Total Wages of Staff & Workers Empioyed in(10 000 yuan)	23883	24953	4.5
在岗职工平均工资(元)	Average Wage of Staff & Workers Employed in(yuan)	11723	12416	5.9
农牧民人均纯收入(元)	Per Capita Net Income of Peasant & Herdsman(yuan)	1970	2091	6.1
农村牧区经济	**Economic Development in Rural & Pastoral Area**			
耕地面积(公顷)	Cultivated Area(hectare)	315222	315489	0.1
农作物总播种面积(公顷)	Total Sown Area(hectare)	224842	230640	2.6
#粮食作物播种面积(公顷)	Sown Area of Grain Crops(hectare)	205819	203815	-1.0
有效灌溉面积(公顷)	Irrigated Area(hectare)	77253	123306	59.6
农牧业机械总动力(万千瓦)	Total Power of Agricultural Machinery(10 000 kw)	43.25	67.75	56.6
化肥施用折纯量(吨)	Consumption of Chemical Fertilizer(ton)	40840	46872	14.8
农村用电量(万千瓦小时)	Electricity Consumed in Rural Area(10 000 kwh)	3455	3450	-0.1
农林牧渔业总产值(万元)	Gross Output of Farming,Forestry,Animal Husbandry & Fishery(10 000 yuan)	184784	232349	8.1
粮食产量(吨)	Yield of Grain(ton)	532728	603269	13.2
油料产量(吨)	Yield of Oil-bearing Grops(ton)	10352	8693	-16.0
甜菜产量(吨)	Yield of Beetroots(ton)	5970		
猪牛羊肉产量(吨)	Output of Pork, Beef & Mutton(ton)	41853	39430	-5.8
#猪肉产量(吨)	Output of Pork(ton)	24431	27183	11.3
牛肉产量(吨)	Output of Beef(ton)	5064	7049	39.2
羊肉产量(吨)	Output of Mutton(ton)	12358	5198	-57.9
羊毛产量(吨)	Output of Wool(ton)	2450	1408	-42.5

23-43 Zhalaite Banner in Xingan League

指 标	Item	2006	2007	2007年比上年增长% Increase Rate in 2007 Over 2006(%)
年末牲畜存栏头数(万头只)	Total Livestock at the Year-end(10 000 heads)	83.43	99.26	19.0
# 大牲畜(万头只)	Large Animals(10 000 heads)	10.69	11.39	6.5
羊(万只)	Sheep & Goats(10 000 heads)	49.41	63.63	28.8
猪(万头)	Hogs(10 000 heads)	23.33	24.24	3.9
规模以上工业	**Industrial Enterprises above Designated size**			
工业企业单位数(个)	Number of Industrial Enterprises(unit)	19	19	0.0
# 内资企业(个)	Civil Funded Enterprises(unit)	19	19	0.0
工业总产值(万元)	Gross Industrial Output Value(10 000 yuan)	51773	63926	29.8
内资企业(万元)	Civil Funded Enterprises(10 000 yuan)	51773	63926	29.8
国有企业(万元)	State-owned Enterprises(10 000 yuan)	6177	4198	-35.7
集体企业(万元)	Collective-owned Enterprises(10 000 yuan)			
股份合作企业(万元)	Share Holding Enterprises(10 000 yuan)			
联营企业(万元)	Joint Owned Enterprises(10 000 yuan)			
有限责任公司(万元)	Limited Company(10 000 yuan)	21733	24934	8.6
股份有限公司(万元)	Share Holding Limited Company(10 000 yuan)			
私营企业(万元)	Privately Owned Enterprises(10 000 yuan)	23863	34794	38.0
其他企业(万元)	Enterprises of Other Ownership(10 000 yuan)			
港澳台商投资企业(万元)	Funds from HK,Macao & Taiwan(10 000 yuan)			
外商投资企业(万元)	Foreign Funded Enterprises(10 000 yuan)			
工业企业增加值(万元)	Value Added of Industrial Enterprises(10 000 yuan)	16646	22837	29.8
工业企业资产总计(万元)	Total Assets of Industrial Enterprises(10 000 yuan)	35823	57217	59.7
工业企业负债合计(万元)	Total Liabilities of Industrial Enterprises(10 000 yuan)	16447	21783	32.4
工业企业产品销售收入(万元)	Sales of Revenue Industrial Enterprises(10 000 yuan)	46797	61802	32.1
工业企业利润总额(万元)	Total Profits of Industrial Enterprises(10 000 yuan)	1012	940	-7.1
建筑业	**Construction**			
建筑企业单位数(个)	Number of Construction Enterprises(unit)	1	1	0.0
建筑企业从业人员(人)	Number of Employee in Construction Enterprises(person)	960	1800	87.5
建筑业总产值(万元)	Gross Construction Output Value(10 000 yuan)	5291	7714	45.8
交通运输邮电通信业	**Transportation,Post & Telecommunications**			
公路里程(公里)	Total Length of Highways(km)	2081	2140	2.8
邮电业务总量(万元)	Business Volume of Post & Telecoms(10 000 yuan)	5217	7364	41.2
本地电话用户(户)	Number of Subscribers of Local Telephone(Household)	37547	39721	5.8
国内贸易	**Demestic Trade**			
社会消费品零售总额(万元)	Total Retail Sales of Consumer Goods(10 000 yuan)	90720	104701	15.4
# 贸易业(万元)	Wholesale & Retail Sales Trades(10 000 yuan)	78403	90462	15.4
餐饮业(万元)	Catering Trade(10 000 yuan)	7783	9244	18.8
科技教育卫生	**Science,Education & Public Health**			
各类专业技术人员(人)	Speccial Technical Personnel(person)	5536	5501	-0.6
幼儿园数(所)	Number of Kindergartens(unit)	19	26	36.8
学龄儿童入学率(%)	Percentage of School-Age Children Enrolled(%)	100.0	100.0	0.0
小学学校数(所)	Number of Primary Schools(unit)	131	112	-14.5
小学专任教师数(人)	Number of Full-time Teachers of Primary Schools(person)	2345	2087	-11.0
小学在校学生数(人)	Number of Student Enrollment of Primary Schools(person)	18803	18968	0.9
普通中学学校数(所)	Number of Regular Secondary Schools(unit)	28	27	-3.6
普通中学专任教师数(人)	Number of Teachers of Secondary Shools(person)	1561	1508	-3.4
初中在校学生数(人)	Number of Student in Junior Secondary Schools(person)	12616	11467	-9.1
高中在校学生数(人)	Number of Student in Senior Secondary Schools(person)	3323	3605	8.5
卫生机构数(所)	Number of Health Institutions(unit)	38	38	0.0
# 医院(所)	Hospitals(unit)	5	5	0.0
卫生院(所)	Township Hospitals(unit)	21	21	0.0
床位数(张)	Number of Beds(unit)	609	595	-2.3
# 医院(张)	Hospitals(unit)	384	364	-5.2
卫生院(张)	Township Hospitals(unit)	219	221	0.9
卫生技术人员(人)	Medical Technical Presonnel(person)	882	903	2.4
# 医院(人)	Hospitals(person)	409	452	10.5
卫生院(人)	Township Hospitals(person)	324	307	-5.2

23-44 兴安盟突泉县

指标	Item	2006	2007	2007年比上年增长% Increase Rate in 2007 Over 2006(%)
行政区域土地面积(平方公里)	**Area of Administration(Sq.km)**	**4800**	**4800**	**0.0**
人口和就业	**Population & Employment**			
年末总人口(人)	Total Population Year-end(person)	313160	313584	0.1
#男性(人)	Male(person)	160849	160975	0.1
#乡村人口(人)	Rural(person)	236648	236944	0.1
年末总户数(户)	Total Number of Households at the Year-end(Household)	92373	94886	2.7
#乡村户数(户)	Number of Rural Household(Household)	59624	59487	-0.2
出生人口(人)	Births(person)	2784	2460	-11.6
死亡人口(人)	Deaths(person)	834	485	-41.8
全社会就业人员(人)	Employment(person)	145637	145396	-0.2
第一产业(人)	Primary Industry(person)	111632	109363	-2.0
第二产业(人)	Secondary Industry(person)	13567	14109	4.0
第三产业(人)	Tertiary Industry(person)	20438	21924	7.3
在岗职工人数(人)	Number of Staff & Workers Employed in(person)	13260	12256	-7.6
乡村劳动力(人)	Number of Rural Laborers(person)	127738	128056	0.2
#农林牧渔业(人)	Farming,Forestry,Animal Husbandry & Fishery(person)	109027	106453	-2.4
国民经济综合指标	**Summary Item on the National Economy**			
生产总值(万元)	Gross Domestic Product(10 000 yuan)	196466	223049	3.6
第一产业(万元)	Primary Industry(10 000 yuan)	90863	111340	4.7
第二产业(万元)	Secondary Industry(10 000 yuan)	59996	60980	-2.8
#工业(万元)	Industry(10 000 yuan)	43779	44513	-2.7
第三产业(万元)	Tertiary Industry(10 000 yuan)	45607	50729	10.5
人均生产总值(元)	Per Capita GDP(yuan)	6334	7118	2.6
全社会固定资产投资(万元)	Total Investment in Fixed Assets(10 000 yuan)	76031	86229	13.4
按登记注册类型分	Grouped by Registered Type			
#国有(万元)	State-owned Enterprises(10 000 yuan)	22862	39168	71.3
集体(万元)	Collective-owned Enterprises(10 000 yuan)			
有限责任公司(万元)	Limited Liability Corporations(10 000 yuan)	4301	1500	-65.1
股份有限公司(万元)	Share Holding Enterprises(10 000 yuan)	30950	21366	-31.0
私营企业(万元)	Private Enterprises(10 000 yuan)	17918	21195	18.3
外商及港澳台投资企业(万元)	Funds from HK,Macao,Taiwan & Foreign(10 000 yuan)			
按城乡渠道分	Grouped by Urban and Rural Area			
城镇(万元)	Urban(10 000 yuan)	67142	51078	-23.9
农村(万元)	Rural(10 000 yuan)	8889	35151	295.4
一般预算收入(万元)	General Budgetary Financial Revenue(10 000 yuan)	2614	2457	-6.0
一般预算支出(万元)	General Budgetary Financial Expenditures(10 000 yuan)	38782	59225	52.7
城乡居民储蓄存款余额(万元)	Resident Saving Deposit in Urban & Rural(10 000 yuan)	62641	75073	19.8
在岗职工工资总额(万元)	Total Wages of Staff & Workers Empioyed in(10 000 yuan)	13471	14019	4.1
在岗职工平均工资(元)	Average Wage of Staff & Workers Employed in(yuan)	10016	11452	14.3
农牧民人均纯收入(元)	Per Capita Net Income of Peasant & Herdsman(yuan)	2269	1987	-12.4
农村牧区经济	**Economic Development in Rural & Pastoral Area**			
耕地面积(公顷)	Cultivated Area(hectare)	145234	145234	0.0
农作物总播种面积(公顷)	Total Sown Area(hectare)	126236	132046	4.6
#粮食作物播种面积(公顷)	Sown Area of Grain Crops(hectare)	115497	122700	6.2
有效灌溉面积(公顷)	Irrigated Area(hectare)	59547	59547	0.0
农牧业机械总动力(万千瓦)	Total Power of Agricultural Machinery(10 000 kw)	23.45	24.36	3.9
化肥施用折纯量(吨)	Consumption of Chemical Fertilizer(ton)	24462	28431	16.2
农村用电量(万千瓦小时)	Electricity Consumed in Rural Area(10 000 kwh)	765	772	0.9
农林牧渔业总产值(万元)	Gross Output of Farming,Forestry,Animal Husbandry & Fishery(10 000 yuan)	149309	181985	4.8
粮食产量(吨)	Yield of Grain(ton)	413401	468091	13.2
油料产量(吨)	Yield of Oil-bearing Grops(ton)	4075	3389	-16.8
甜菜产量(吨)	Yield of Beetroots(ton)	1721		
猪牛羊肉产量(吨)	Output of Pork, Beef & Mutton(ton)	17189	12624	-26.6
#猪肉产量(吨)	Output of Pork(ton)	11465	7492	-34.7
牛肉产量(吨)	Output of Beef(ton)	944	1074	13.8
羊肉产量(吨)	Output of Mutton(ton)	4780	4058	-15.1
羊毛产量(吨)	Output of Wool(ton)	1133	663	-41.5

23-44 Tuquan County in Xingan League

指 标	Item	2006	2007	2007年比上年增长% Increase Rate in 2007 Over 2006(%)
年末牲畜存栏头数(万头只)	Total Livestock at the Year-end(10 000 heads)	49.04	53.75	9.6
# 大牲畜(万头只)	Large Animals(10 000 heads)	6.41	5.85	-8.7
羊(万只)	Sheep & Goats(10 000 heads)	33.82	38.87	14.9
猪(万头)	Hogs(10 000 heads)	8.80	9.04	2.7
规模以上工业	**Industrial Enterprises above Designated size**			
工业企业单位数(个)	Number of Industrial Enterprises(unit)	12	10	-16.7
# 内资企业(个)	Civil Funded Enterprises(unit)	12	10	-16.7
工业总产值(万元)	Gross Industrial Output Value(10 000 yuan)	59825	53393	-15.0
内资企业(万元)	Civil Funded Enterprises(10 000 yuan)	59825	53393	-15.0
国有企业(万元)	State-owned Enterprises(10 000 yuan)	3460	4173	14.1
集体企业(万元)	Collective-owned Enterprises(10 000 yuan)	2775	3018	2.9
股份合作企业(万元)	Share Holding Enterprises(10 000 yuan)	6591		
联营企业(万元)	Joint Owned Enterprises(10 000 yuan)			
有限责任公司(万元)	Limited Company(10 000 yuan)	3625	4382	14.4
股份有限公司(万元)	Share Holding Limited Company(10 000 yuan)	22864	25987	7.6
私营企业(万元)	Privately Owned Enterprises(10 000 yuan)	20510	15833	-26.9
其他企业(万元)	Enterprises of Other Ownership(10 000 yuan)			
港澳台商投资企业(万元)	Funds from HK,Macao & Taiwan(10 000 yuan)			
外商投资企业(万元)	Foreign Funded Enterprises(10 000 yuan)			
工业企业增加值(万元)	Value Added of Industrial Enterprises(10 000 yuan)	21477	19024	-15.0
工业企业资产总计(万元)	Total Assets of Industrial Enterprises(10 000 yuan)	35178	32367	-8.0
工业企业负债合计(万元)	Total Liabilities of Industrial Enterprises(10 000 yuan)	21577	22105	2.4
工业企业产品销售收入(万元)	Sales of Revenue Industrial Enterprises(10 000 yuan)	56892	50782	-10.7
工业企业利润总额(万元)	Total Profits of Industrial Enterprises(10 000 yuan)	-77	219	
建筑业	**Construction**			
建筑企业单位数(个)	Number of Construction Enterprises(unit)	1	1	0.0
建筑企业从业人员(人)	Number of Employee in Construction Enterprises(person)	1220	1200	-1.6
建筑业总产值(万元)	Gross Construction Output Value(10 000 yuan)	10085	9893	-1.9
交通运输邮电通信业	**Transportation,Post & Telecommunications**			
公路里程(公里)	Total Length of Highways(km)	1704	1704	0.0
邮电业务总量(万元)	Business Volume of Post & Telecoms(10 000 yuan)	4419	5520	24.9
本地电话用户(户)	Number of Subscribers of Local Telephone(Household)	31830	29762	-6.5
国内贸易	**Demestic Trade**			
社会消费品零售总额(万元)	Total Retail Sales of Consumer Goods(10 000 yuan)	70743	80101	13.2
# 贸易业(万元)	Wholesale & Retail Sales Trades(10 000 yuan)	62652	70722	12.9
餐饮业(万元)	Catering Trade(10 000 yuan)	5886	7087	20.4
科技教育卫生	**Science,Education & Public Health**			
各类专业技术人员(人)	Speccial Technical Personnel(person)	5049	5086	0.7
幼儿园数(所)	Number of Kindergartens(unit)	4	4	0.0
学龄儿童入学率(%)	Percentage of School-Age Children Enrolled(%)	99.2	98.9	-0.3
小学学校数(所)	Number of Primary Schools(unit)	98	92	-6.1
小学专任教师数(人)	Number of Full-time Teachers of Primary Schools(person)	1288	1296	0.6
小学在校学生数(人)	Number of Student Enrollment of Primary Schools(person)	21818	19774	-9.4
普通中学学校数(所)	Number of Regular Secondary Schools(unit)	12	12	0.0
普通中学专任教师数(人)	Number of Teachers of Secondary Shools(person)	792	839	5.9
初中在校学生数(人)	Number of Student in Junior Secondary Schools(person)	9082	10612	16.8
高中在校学生数(人)	Number of Student in Senior Secondary Schools(person)	4140	4045	-2.3
卫生机构数(所)	Number of Health Institutions(unit)	34	47	38.2
# 医院(所)	Hospitals(unit)	3	3	0.0
卫生院(所)	Township Hospitals(unit)	12	12	0.0
床位数(张)	Number of Beds(unit)	419	387	-7.6
# 医院(张)	Hospitals(unit)	235	234	-0.4
卫生院(张)	Township Hospitals(unit)	174	143	-17.8
卫生技术人员(人)	Medical Technical Presonnel(person)	754	684	-9.3
# 医院(人)	Hospitals(person)	343	317	-7.6
卫生院(人)	Township Hospitals(person)	249	165	-33.7

23-45 通辽市科尔沁区

指 标	Item	2006	2007	2007年比上年增长% Increase Rate in 2007 Over 2006(%)
行政区域土地面积(平方公里)	**Area of Administration(Sq.km)**	**3212**	**3212**	**0.0**
人口和就业	**Population & Employment**			
年末总人口(人)	Total Population Year-end(person)	812785	822075	1.1
#男性(人)	Male(person)	409724	413596	0.9
#乡村人口(人)	Rural(person)	484518	464643	-4.1
年末总户数(户)	Total Number of Households at the Year-end(Household)	260897	270430	3.7
#乡村户数(户)	Number of Rural Household(Household)	127460	128573	0.9
出生人口(人)	Births(person)	6317	7895	25.0
死亡人口(人)	Deaths(person)	2484	2472	-0.5
全社会就业人员(人)	Employment(person)	352787	361914	2.6
第一产业(人)	Primary Industry(person)	221545	222966	0.6
第二产业(人)	Secondary Industry(person)	50544	52770	4.4
第三产业(人)	Tertiary Industry(person)	80698	86178	6.8
在岗职工人数(人)	Number of Staff & Workers Employed in(person)	93333	92062	-1.4
乡村劳动力(人)	Number of Rural Laborers(person)	221256	217787	-1.6
#农林牧渔业(人)	Farming,Forestry,Animal Husbandry & Fishery(person)	159600	172893	8.3
国民经济综合指标	**Summary Item on the National Economy**			
生产总值(万元)	Gross Domestic Product(10 000 yuan)	1553305	2284798	23.0
第一产业(万元)	Primary Industry(10 000 yuan)	246245	279971	6.5
第二产业(万元)	Secondary Industry(10 000 yuan)	787313	1378973	30.8
#工业(万元)	Industry(10 000 yuan)	626369	1178100	35.2
第三产业(万元)	Tertiary Industry(10 000 yuan)	519747	625854	19.0
人均生产总值(元)	Per Capita GDP(yuan)	19200	27795	22.5
全社会固定资产投资(万元)	Total Investment in Fixed Assets(10 000 yuan)	1453433	1901001	30.8
按登记注册类型分	Grouped by Registered Type			
#国有(万元)	State-owned Enterprises(10 000 yuan)	762277	1068091	40.1
集体(万元)	Collective-owned Enterprises(10 000 yuan)			
有限责任公司(万元)	Limited Liability Corporations(10 000 yuan)	533503	532197	-0.2
股份有限公司(万元)	Share Holding Enterprises(10 000 yuan)	116641	52446	-55.0
私营企业(万元)	Private Enterprises(10 000 yuan)	32572	18646	-42.8
外商及港澳台投资企业(万元)	Funds from HK,Macao,Taiwan & Foreign(10 000 yuan)	8440	15400	82.5
按城乡渠道分	Grouped by Urban and Rural Area			
城镇(万元)	Urban(10 000 yuan)	1314416	1748921	33.1
农村(万元)	Rural(10 000 yuan)	139017	152080	9.4
一般预算收入(万元)	General Budgetary Financial Revenue(10 000 yuan)	46620	53691	15.2
一般预算支出(万元)	General Budgetary Financial Expenditures(10 000 yuan)	85099	118415	39.1
城乡居民储蓄存款余额(万元)	Resident Saving Deposit in Urban & Rural(10 000 yuan)	620507	768105	23.8
在岗职工工资总额(万元)	Total Wages of Staff & Workers Empioyed in(10 000 yuan)	132312	161111	21.8
在岗职工平均工资(元)	Average Wage of Staff & Workers Employed in(yuan)	14247	17295	21.4
农牧民人均纯收入(元)	Per Capita Net Income of Peasant & Herdsman(yuan)	4816	5501	14.2
农村牧区经济	**Economic Development in Rural & Pastoral Area**			
耕地面积(公顷)	Cultivated Area(hectare)	140301	137905	-1.7
农作物总播种面积(公顷)	Total Sown Area(hectare)	147643	147355	-0.2
#粮食作物播种面积(公顷)	Sown Area of Grain Crops(hectare)	115154	114670	-0.4
有效灌溉面积(公顷)	Irrigated Area(hectare)	135954	122791	-9.7
农牧业机械总动力(万千瓦)	Total Power of Agricultural Machinery(10 000 kw)	46.66	49.86	6.9
化肥施用折纯量(吨)	Consumption of Chemical Fertilizer(ton)	80098	80112	0.0
农村用电量(万千瓦小时)	Electricity Consumed in Rural Area(10 000 kwh)	15125	24384	61.2
农林牧渔业总产值(万元)	Gross Output of Farming,Forestry,Animal Husbandry & Fishery(10 000 yuan)	416792	467127	8.2
粮食产量(吨)	Yield of Grain(ton)	886902	869173	-2.0
油料产量(吨)	Yield of Oil-bearing Grops(ton)	9113	6205	-31.9
甜菜产量(吨)	Yield of Beetroots(ton)	75	1755	2240.0
猪牛羊肉产量(吨)	Output of Pork, Beef & Mutton(ton)	124060	119098	-4.0
#猪肉产量(吨)	Output of Pork(ton)	70190	85782	22.2
牛肉产量(吨)	Output of Beef(ton)	29629	30708	3.6
羊肉产量(吨)	Output of Mutton(ton)	2600	2608	0.3
羊毛产量(吨)	Output of Wool(ton)	1486	1148	-22.7

23-45 Keerqin District in Tongliao City

指 标	Item	2006	2007	2007年比上年增长% Increase Rate in 2007 Over 2006(%)
年末牲畜存栏头数(万头只)	Total Livestock at the Year-end(10 000 heads)	167.00	186.93	11.9
#大牲畜(万头只)	Large Animals(10 000 heads)	27.36	61.85	126.1
羊(万只)	Sheep & Goats(10 000 heads)	58.95	68.14	15.6
猪(万头)	Hogs(10 000 heads)	79.76	87.38	9.6
规模以上工业	**Industrial Enterprises above Designated size**			
工业企业单位数(个)	Number of Industrial Enterprises(unit)	126	155	23.0
#内资企业(个)	Civil Funded Enterprises(unit)	116	143	23.3
工业总产值(万元)	Gross Industrial Output Value(10 000 yuan)	1669673	3121665	61.8
内资企业(万元)	Civil Funded Enterprises(10 000 yuan)	1253463	2502600	72.9
国有企业(万元)	State-owned Enterprises(10 000 yuan)	257948	624016	22.6
集体企业(万元)	Collective-owned Enterprises(10 000 yuan)	15946	165335	801.6
股份合作企业(万元)	Share Holding Enterprises(10 000 yuan)			
联营企业(万元)	Joint Owned Enterprises(10 000 yuan)			
有限责任公司(万元)	Limited Company(10 000 yuan)	480696	1093673	50.0
股份有限公司(万元)	Share Holding Limited Company(10 000 yuan)	248833	219912	137.7
私营企业(万元)	Privately Owned Enterprises(10 000 yuan)	250039	399664	57.6
其他企业(万元)	Enterprises of Other Ownership(10 000 yuan)			
港澳台商投资企业(万元)	Funds from HK,Macao & Taiwan(10 000 yuan)	200189	6276	13.3
外商投资企业(万元)	Foreign Funded Enterprises(10 000 yuan)	216021	612789	42.0
工业企业增加值(万元)	Value Added of Industrial Enterprises(10 000 yuan)	608849	1201593	42.5
工业企业资产总计(万元)	Total Assets of Industrial Enterprises(10 000 yuan)	1143471	1782441	55.9
工业企业负债合计(万元)	Total Liabilities of Industrial Enterprises(10 000 yuan)	668066	1036361	55.1
工业企业产品销售收入(万元)	Sales of Revenue Industrial Enterprises(10 000 yuan)	1601152	3026371	89.0
工业企业利润总额(万元)	Total Profits of Industrial Enterprises(10 000 yuan)	192612	681006	253.6
建筑业	**Construction**			
建筑企业单位数(个)	Number of Construction Enterprises(unit)	23	28	21.7
建筑企业从业人员(人)	Number of Employee in Construction Enterprises(person)	11335	12034	6.2
建筑业总产值(万元)	Gross Construction Output Value(10 000 yuan)	137447	304956	121.9
交通运输邮电通信业	**Transportation,Post & Telecommunications**			
公路里程(公里)	Total Length of Highways(km)	617	649	5.2
邮电业务总量(万元)	Business Volume of Post & Telecoms(10 000 yuan)	40064	42850	7.0
本地电话用户(户)	Number of Subscribers of Local Telephone(Household)	316391	325544	2.9
国内贸易	**Demestic Trade**			
社会消费品零售总额(万元)	Total Retail Sales of Consumer Goods(10 000 yuan)	495291	595355	20.2
#贸易业(万元)	Wholesale & Retail Sales Trades(10 000 yuan)	442945	528975	19.4
餐饮业(万元)	Catering Trade(10 000 yuan)	44503	52805	18.7
科技教育卫生	**Science,Education & Public Health**			
各类专业技术人员(人)	Speccial Technical Personnel(person)	21398	21465	0.3
幼儿园数(所)	Number of Kindergartens(unit)	6	6	0.0
学龄儿童入学率(%)	Percentage of School-Age Children Enrolled(%)	100.0	100.0	0.0
小学学校数(所)	Number of Primary Schools(unit)	165	149	-9.7
小学专任教师数(人)	Number of Full-time Teachers of Primary Schools(person)	3867	3736	-3.4
小学在校学生数(人)	Number of Student Enrollment of Primary Schools(person)	57434	61322	6.8
普通中学学校数(所)	Number of Regular Secondary Schools(unit)	51	45	-11.8
普通中学专任教师数(人)	Number of Teachers of Secondary Shools(person)	3690	3700	0.3
初中在校学生数(人)	Number of Student in Junior Secondary Schools(person)	41930	45585	8.7
高中在校学生数(人)	Number of Student in Senior Secondary Schools(person)	25675	26401	2.8
卫生机构数(所)	Number of Health Institutions(unit)	46	49	6.5
#医院(所)	Hospitals(unit)	15	16	6.7
卫生院(所)	Township Hospitals(unit)	21	23	9.5
床位数(张)	Number of Beds(unit)	2972	3065	3.1
#医院(张)	Hospitals(unit)	2524	2621	3.8
卫生院(张)	Township Hospitals(unit)	346	363	4.9
卫生技术人员(人)	Medical Technical Presonnel(person)	5131	5405	5.3
#医院(人)	Hospitals(person)	3595	3708	3.1
卫生院(人)	Township Hospitals(person)	776	800	3.1

23-46 通辽市霍林郭勒市

指 标	Item	2006	2007	2007年比上年增长% Increase Rate in 2007 Over 2006(%)
行政区域土地面积(平方公里)	**Area of Administration(Sq.km)**	**585**	**585**	**0.0**
人口和就业	**Population & Employment**			
年末总人口(人)	Total Population Year-end(person)	73655	76268	3.5
# 男性(人)	Male(person)	37946	39430	3.9
# 乡村人口(人)	Rural(person)	8484	10676	25.8
年末总户数(户)	Total Number of Households at the Year-end(Household)	23007	23097	0.4
# 乡村户数(户)	Number of Rural Household(Household)	2127	2937	38.1
出生人口(人)	Births(person)	575	803	39.7
死亡人口(人)	Deaths(person)	151	215	42.4
全社会就业人员(人)	Employment(person)	33690	34192	1.5
第一产业(人)	Primary Industry(person)	3905	4470	14.5
第二产业(人)	Secondary Industry(person)	14792	14846	0.4
第三产业(人)	Tertiary Industry(person)	14993	14876	-0.8
在岗职工人数(人)	Number of Staff & Workers Employed in(person)	11853	12297	3.7
乡村劳动力(人)	Number of Rural Laborers(person)	5539	6405	15.6
# 农林牧渔业(人)	Farming,Forestry,Animal Husbandry & Fishery(person)	1951	4365	123.7
国民经济综合指标	**Summary Item on the National Economy**			
生产总值(万元)	Gross Domestic Product(10 000 yuan)	500080	803345	28.2
第一产业(万元)	Primary Industry(10 000 yuan)	8940	12500	27.0
第二产业(万元)	Secondary Industry(10 000 yuan)	351927	550730	25.0
# 工业(万元)	Industry(10 000 yuan)	315627	506522	26.1
第三产业(万元)	Tertiary Industry(10 000 yuan)	139213	240115	19.7
人均生产总值(元)	Per Capita GDP(yuan)	68410	105332	28.0
全社会固定资产投资(万元)	Total Investment in Fixed Assets(10 000 yuan)	458567	603270	31.6
按登记注册类型分	Grouped by Registered Type			
# 国有(万元)	State-owned Enterprises(10 000 yuan)	153696	313567	104.0
集体(万元)	Collective-owned Enterprises(10 000 yuan)	239		
有限责任公司(万元)	Limited Liability Corporations(10 000 yuan)	235953	121790	-48.4
股份有限公司(万元)	Share Holding Enterprises(10 000 yuan)	51989	146877	182.5
私营企业(万元)	Private Enterprises(10 000 yuan)	5220	19936	281.9
外商及港澳台投资企业 (万元)	Funds from HK,Macao,Taiwan & Foreign(10 000 yuan)	650		
按城乡渠道分	Grouped by Urban and Rural Area			
城镇（万元）	Urban(10 000 yuan)	458567	603270	31.6
农村（万元）	Rural(10 000 yuan)			
一般预算收入(万元)	General Budgetary Financial Revenue(10 000 yuan)	32081	34705	8.2
一般预算支出(万元)	General Budgetary Financial Expenditures(10 000 yuan)	45753	58188	27.2
城乡居民储蓄存款余额(万元)	Resident Saving Deposit in Urban & Rural(10 000 yuan)	86953	108564	24.9
在岗职工工资总额(万元)	Total Wages of Staff & Workers Empioyed in(10 000 yuan)	27802	46646	67.8
在岗职工平均工资(元)	Average Wage of Staff & Workers Employed in(yuan)	23549	37932	61.1
农牧民人均纯收入(元)	Per Capita Net Income of Peasant & Herdsman(yuan)	5506	7894	43.4
农村牧区经济	**Economic Development in Rural & Pastoral Area**			
耕地面积(公顷)	Cultivated Area(hectare)	13090	13090	0.0
农作物总播种面积(公顷)	Total Sown Area(hectare)	9844	9684	-1.6
# 粮食作物播种面积(公顷)	Sown Area of Grain Crops(hectare)	6615	6615	0.0
有效灌溉面积(公顷)	Irrigated Area(hectare)	300	300	0.0
农牧业机械总动力(万千瓦)	Total Power of Agricultural Machinery(10 000 kw)	2.40	2.40	0.0
化肥施用折纯量(吨)	Consumption of Chemical Fertilizer(ton)	1468	1502	2.3
农村用电量(万千瓦小时)	Electricity Consumed in Rural Area(10 000 kwh)	465	491	5.6
农林牧渔业总产值(万元)	Gross Output of Farming,Forestry,Animal Husbandry & Fishery(10 000 yuan)	15853	26037	56.5
粮食产量(吨)	Yield of Grain(ton)	21004	20227	-3.7
油料产量(吨)	Yield of Oil-bearing Grops(ton)	552	450	-18.5
甜菜产量(吨)	Yield of Beetroots(ton)			
猪牛羊肉产量(吨)	Output of Pork, Beef & Mutton(ton)	3572	3913	9.5
# 猪肉产量(吨)	Output of Pork(ton)	1285	1663	29.4
牛肉产量(吨)	Output of Beef(ton)	513	425	-17.2
羊肉产量(吨)	Output of Mutton(ton)	1653	1825	10.4
羊毛产量(吨)	Output of Wool(ton)	640	400	-37.5

23-46 Huolinguole City in Tongliao City

指 标	Item	2006	2007	2007年比上年增长% Increase Rate in 2007 Over 2006(%)
年末牲畜存栏头数(万头只)	Total Livestock at the Year-end(10 000 heads)	20.09	16.51	-17.8
#大牲畜(万头只)	Large Animals(10 000 heads)	0.96	0.72	-25.0
羊(万只)	Sheep & Goats(10 000 heads)	18.43	15.35	-16.7
猪(万头)	Hogs(10 000 heads)	0.70	0.44	-37.1
规模以上工业	**Industrial Enterprises above Designated size**			
工业企业单位数(个)	Number of Industrial Enterprises(unit)	23	27	17.4
#内资企业(个)	Civil Funded Enterprises(unit)	21	25	19.0
工业总产值(万元)	Gross Industrial Output Value(10 000 yuan)	608423	937044	30.3
内资企业(万元)	Civil Funded Enterprises(10 000 yuan)	368114	582559	
国有企业(万元)	State-owned Enterprises(10 000 yuan)	1500	2396	38.9
集体企业(万元)	Collective-owned Enterprises(10 000 yuan)			
股份合作企业(万元)	Share Holding Enterprises(10 000 yuan)	466		
联营企业(万元)	Joint Owned Enterprises(10 000 yuan)			
有限责任公司(万元)	Limited Company(10 000 yuan)	92915	226081	
股份有限公司(万元)	Share Holding Limited Company(10 000 yuan)	190355	256802	105.6
私营企业(万元)	Privately Owned Enterprises(10 000 yuan)	82878	97281	
其他企业(万元)	Enterprises of Other Ownership(10 000 yuan)			
港澳台商投资企业(万元)	Funds from HK,Macao & Taiwan(10 000 yuan)			
外商投资企业(万元)	Foreign Funded Enterprises(10 000 yuan)	240310	354485	48.5
工业企业增加值(万元)	Value Added of Industrial Enterprises(10 000 yuan)	313926	448696	36.3
工业企业资产总计(万元)	Total Assets of Industrial Enterprises(10 000 yuan)	957331	1210479	26.4
工业企业负债合计(万元)	Total Liabilities of Industrial Enterprises(10 000 yuan)	635805	770483	21.2
工业企业产品销售收入(万元)	Sales of Revenue Industrial Enterprises(10 000 yuan)	537317	897102	67.0
工业企业利润总额(万元)	Total Profits of Industrial Enterprises(10 000 yuan)	102978	165281	60.5
建筑业	**Construction**			
建筑企业单位数(个)	Number of Construction Enterprises(unit)	5	6	20.0
建筑企业从业人员(人)	Number of Employee in Construction Enterprises(person)	3945	3451	-12.5
建筑业总产值(万元)	Gross Construction Output Value(10 000 yuan)	32139	37477	16.6
交通运输邮电通信业	**Transportation,Post & Telecommunications**			
公路里程(公里)	Total Length of Highways(km)	65	65	0.0
邮电业务总量(万元)	Business Volume of Post & Telecoms(10 000 yuan)	5854	8292	41.6
本地电话用户(户)	Number of Subscribers of Local Telephone(Household)	62500	102905	64.6
国内贸易	**Demestic Trade**			
社会消费品零售总额(万元)	Total Retail Sales of Consumer Goods(10 000 yuan)	91129	114940	26.1
#贸易业(万元)	Wholesale & Retail Sales Trades(10 000 yuan)	61069	80254	31.4
餐饮业(万元)	Catering Trade(10 000 yuan)	29580	34686	17.3
科技教育卫生	**Science,Education & Public Health**			
各类专业技术人员(人)	Speccial Technical Personnel(person)	1533	1663	8.5
幼儿园数(所)	Number of Kindergartens(unit)	6	5	-16.7
学龄儿童入学率(%)	Percentage of School-Age Children Enrolled(%)	99.9	99.9	0.0
小学学校数(所)	Number of Primary Schools(unit)	10	9	-10.0
小学专任教师数(人)	Number of Full-time Teachers of Primary Schools(person)	359	359	0.0
小学在校学生数(人)	Number of Student Enrollment of Primary Schools(person)	6872	7101	3.3
普通中学学校数(所)	Number of Regular Secondary Schools(unit)	7	7	0.0
普通中学专任教师数(人)	Number of Teachers of Secondary Shools(person)	538	530	-1.5
初中在校学生数(人)	Number of Student in Junior Secondary Schools(person)	3245	3728	14.9
高中在校学生数(人)	Number of Student in Senior Secondary Schools(person)	3634	3208	-11.7
卫生机构数(所)	Number of Health Institutions(unit)	6	6	0.0
#医院(所)	Hospitals(unit)	6	6	0.0
卫生院(所)	Township Hospitals(unit)			
床位数(张)	Number of Beds(unit)	398	350	-12.1
#医院(张)	Hospitals(unit)	398	350	-12.1
卫生院(张)	Township Hospitals(unit)			
卫生技术人员(人)	Medical Technical Presonnel(person)	322	346	7.5
#医院(人)	Hospitals(person)	322	346	7.5
卫生院(人)	Township Hospitals(person)			

23-47 通辽市科尔沁左翼中旗

指 标	Item	2006	2007	2007年比上年增长% Increase Rate in 2007 Over 2006(%)
行政区域土地面积(平方公里)	**Area of Administration(Sq.km)**	**9811**	**9811**	**0.0**
人口和就业	**Population & Employment**			
年末总人口(人)	Total Population Year-end(person)	527315	537495	1.9
# 男性(人)	Male(person)	269012	273957	1.8
# 乡村人口(人)	Rural(person)	445411	445713	0.1
年末总户数(户)	Total Number of Households at the Year-end(Household)	145016	150785	4.0
# 乡村户数(户)	Number of Rural Household(Household)	104281	104382	0.1
出生人口(人)	Births(person)	3855	5494	42.5
死亡人口(人)	Deaths(person)	626	993	58.6
全社会就业人员(人)	Employment(person)	236711	244013	3.1
第一产业(人)	Primary Industry(person)	159745	161870	1.3
第二产业(人)	Secondary Industry(person)	22191	26288	18.5
第三产业(人)	Tertiary Industry(person)	54775	55855	2.0
在岗职工人数(人)	Number of Staff & Workers Employed in(person)	26329	26114	-0.8
乡村劳动力(人)	Number of Rural Laborers(person)	205379	206484	0.5
# 农林牧渔业(人)	Farming,Forestry,Animal Husbandry & Fishery(person)	162931	158112	-3.0
国民经济综合指标	**Summary Item on the National Economy**			
生产总值(万元)	Gross Domestic Product(10 000 yuan)	395495	531023	17.2
第一产业(万元)	Primary Industry(10 000 yuan)	139251	165114	6.2
第二产业(万元)	Secondary Industry(10 000 yuan)	95942	153360	28.8
# 工业(万元)	Industry(10 000 yuan)	83714	138087	30.2
第三产业(万元)	Tertiary Industry(10 000 yuan)	160302	212549	20.3
人均生产总值(元)	Per Capita GDP(yuan)	7546	9974	17.0
全社会固定资产投资(万元)	Total Investment in Fixed Assets(10 000 yuan)	109000	147000	34.9
按登记注册类型分	Grouped by Registered Type			
# 国有(万元)	State-owned Enterprises(10 000 yuan)	48191	57609	19.5
集体(万元)	Collective-owned Enterprises(10 000 yuan)		350	
有限责任公司(万元)	Limited Liability Corporations(10 000 yuan)	46124	49165	6.6
股份有限公司(万元)	Share Holding Enterprises(10 000 yuan)	9362	14338	53.2
私营企业(万元)	Private Enterprises(10 000 yuan)		19814	
外商及港澳台投资企业(万元)	Funds from HK,Macao,Taiwan & Foreign(10 000 yuan)			
按城乡渠道分	Grouped by Urban and Rural Area			
城镇(万元)	Urban(10 000 yuan)	103892	121687	17.1
农村(万元)	Rural(10 000 yuan)	5108	24681	383.2
一般预算收入(万元)	General Budgetary Financial Revenue(10 000 yuan)	5344	6617	23.8
一般预算支出(万元)	General Budgetary Financial Expenditures(10 000 yuan)	58949	84120	42.7
城乡居民储蓄存款余额(万元)	Resident Saving Deposit in Urban & Rural(10 000 yuan)	63310	57911	-8.5
在岗职工工资总额(万元)	Total Wages of Staff & Workers Empioyed in(10 000 yuan)	34155	37721	10.4
在岗职工平均工资(元)	Average Wage of Staff & Workers Employed in(yuan)	13017	14349	10.2
农牧民人均纯收入(元)	Per Capita Net Income of Peasant & Herdsman(yuan)	3376	3720	10.2
农村牧区经济	**Economic Development in Rural & Pastoral Area**			
耕地面积(公顷)	Cultivated Area(hectare)	204280	204890	0.3
农作物总播种面积(公顷)	Total Sown Area(hectare)	204000	220117	7.9
# 粮食作物播种面积(公顷)	Sown Area of Grain Crops(hectare)	137333	169341	23.3
有效灌溉面积(公顷)	Irrigated Area(hectare)	150000	152090	1.4
农牧业机械总动力(万千瓦)	Total Power of Agricultural Machinery(10 000 kw)	57.00	63.25	11.0
化肥施用折纯量(吨)	Consumption of Chemical Fertilizer(ton)	45021	53126	18.0
农村用电量(万千瓦小时)	Electricity Consumed in Rural Area(10 000 kwh)	6165	8072	30.9
农林牧渔业总产值(万元)	Gross Output of Farming,Forestry,Animal Husbandry & Fishery(10 000 yuan)	229312	351193	45.8
粮食产量(吨)	Yield of Grain(ton)	795002	782843	-1.5
油料产量(吨)	Yield of Oil-bearing Grops(ton)	42590	22070	-48.2
甜菜产量(吨)	Yield of Beetroots(ton)	17385	8741	-49.7
猪牛羊肉产量(吨)	Output of Pork, Beef & Mutton(ton)	74848	59594	-20.4
# 猪肉产量(吨)	Output of Pork(ton)	31664	37147	17.3
牛肉产量(吨)	Output of Beef(ton)	20123	15992	-20.5
羊肉产量(吨)	Output of Mutton(ton)	5913	6455	9.2
羊毛产量(吨)	Output of Wool(ton)	1120	1065	-4.9

23-47 Keerqinzuoyizhong Banner in Tongliao City

指 标	Item	2006	2007	2007年比上年增长% Increase Rate in 2007 Over 2006(%)
年末牲畜存栏头数(万头只)	Total Livestock at the Year-end(10 000 heads)	149.25	150.96	1.1
#大牲畜(万头只)	Large Animals(10 000 heads)	31.98	33.19	3.8
羊(万只)	Sheep & Goats(10 000 heads)	77.80	81.02	4.1
猪(万头)	Hogs(10 000 heads)	39.47	36.75	-6.9
规模以上工业	**Industrial Enterprises above Designated size**			
工业企业单位数(个)	Number of Industrial Enterprises(unit)	27	31	14.8
#内资企业(个)	Civil Funded Enterprises(unit)	27	31	14.8
工业总产值(万元)	Gross Industrial Output Value(10 000 yuan)	182149	322803	56.2
内资企业(万元)	Civil Funded Enterprises(10 000 yuan)	182149	322803	56.2
国有企业(万元)	State-owned Enterprises(10 000 yuan)	4808	4827	-5.0
集体企业(万元)	Collective-owned Enterprises(10 000 yuan)	25770	34291	10.6
股份合作企业(万元)	Share Holding Enterprises(10 000 yuan)	17888	24129	-15.4
联营企业(万元)	Joint Owned Enterprises(10 000 yuan)			
有限责任公司(万元)	Limited Company(10 000 yuan)	23398	98915	57.5
股份有限公司(万元)	Share Holding Limited Company(10 000 yuan)	17211	19645	574.2
私营企业(万元)	Privately Owned Enterprises(10 000 yuan)	93074	140997	158.5
其他企业(万元)	Enterprises of Other Ownership(10 000 yuan)			
港澳台商投资企业(万元)	Funds from HK,Macao & Taiwan(10 000 yuan)			
外商投资企业(万元)	Foreign Funded Enterprises(10 000 yuan)			
工业企业增加值(万元)	Value Added of Industrial Enterprises(10 000 yuan)	70451	156866	31.2
工业企业资产总计(万元)	Total Assets of Industrial Enterprises(10 000 yuan)	141410	158809	12.3
工业企业负债合计(万元)	Total Liabilities of Industrial Enterprises(10 000 yuan)	75824	82425	8.7
工业企业产品销售收入(万元)	Sales of Revenue Industrial Enterprises(10 000 yuan)	161434	285742	77.0
工业企业利润总额(万元)	Total Profits of Industrial Enterprises(10 000 yuan)	15806	22900	44.9
建筑业	**Construction**			
建筑企业单位数(个)	Number of Construction Enterprises(unit)	1	1	0.0
建筑企业从业人员(人)	Number of Employee in Construction Enterprises(person)	18	50	177.8
建筑业总产值(万元)	Gross Construction Output Value(10 000 yuan)	402	2040	407.5
交通运输邮电通信业	**Transportation,Post & Telecommunications**			
公路里程(公里)	Total Length of Highways(km)	562	678	20.6
邮电业务总量(万元)	Business Volume of Post & Telecoms(10 000 yuan)	6981	9046	29.6
本地电话用户(户)	Number of Subscribers of Local Telephone(Household)	163792	153540	-6.3
国内贸易	**Demestic Trade**			
社会消费品零售总额(万元)	Total Retail Sales of Consumer Goods(10 000 yuan)	91001	106434	17.0
#贸易业(万元)	Wholesale & Retail Sales Trades(10 000 yuan)	68076	79141	16.3
餐饮业(万元)	Catering Trade(10 000 yuan)	20323	24453	20.3
科技教育卫生	**Science,Education & Public Health**			
各类专业技术人员(人)	Speccial Technical Personnel(person)	7031	7023	-0.1
幼儿园数(所)	Number of Kindergartens(unit)	1	1	0.0
学龄儿童入学率(%)	Percentage of School-Age Children Enrolled(%)	100.0	100.0	0.0
小学学校数(所)	Number of Primary Schools(unit)	167	135	-19.2
小学专任教师数(人)	Number of Full-time Teachers of Primary Schools(person)	3095	3014	-2.6
小学在校学生数(人)	Number of Student Enrollment of Primary Schools(person)	33977	31887	-6.2
普通中学学校数(所)	Number of Regular Secondary Schools(unit)	37	37	0.0
普通中学专任教师数(人)	Number of Teachers of Secondary Shools(person)	1875	1746	-6.9
初中在校学生数(人)	Number of Student in Junior Secondary Schools(person)	19840	18733	-5.6
高中在校学生数(人)	Number of Student in Senior Secondary Schools(person)	5988	5776	-3.5
卫生机构数(所)	Number of Health Institutions(unit)	37	38	2.7
#医院(所)	Hospitals(unit)	3	3	0.0
卫生院(所)	Township Hospitals(unit)	29	29	0.0
床位数(张)	Number of Beds(unit)	454	513	13.0
#医院(张)	Hospitals(unit)	231	282	22.1
卫生院(张)	Township Hospitals(unit)	215	223	3.7
卫生技术人员(人)	Medical Technical Presonnel(person)	1010	1011	0.1
#医院(人)	Hospitals(person)	292	290	-0.7
卫生院(人)	Township Hospitals(person)	564	568	0.7

23-48 通辽市科尔沁左翼后旗

指 标	Item	2006	2007	2007年比上年增长% Increase Rate in 2007 Over 2006(%)
行政区域土地面积(平方公里)	**Area of Administration(Sq.km)**	**11481**	**11481**	**0.0**
人口和就业	**Population & Employment**			
年末总人口(人)	Total Population Year-end(person)	398149	401697	0.9
# 男性(人)	Male(person)	204064	205972	0.9
# 乡村人口(人)	Rural(person)	331574	335878	1.3
年末总户数(户)	Total Number of Households at the Year-end(Household)	117863	120590	2.3
# 乡村户数(户)	Number of Rural Household(Household)	83309	84246	1.1
出生人口(人)	Births(person)	3794	4478	18.0
死亡人口(人)	Deaths(person)	820	1136	38.5
全社会就业人员(人)	Employment(person)	168007	169440	0.9
第一产业(人)	Primary Industry(person)	120077	120444	0.3
第二产业(人)	Secondary Industry(person)	9410	9437	0.3
第三产业(人)	Tertiary Industry(person)	38520	39559	2.7
在岗职工人数(人)	Number of Staff & Workers Employed in(person)	20609	20699	0.4
乡村劳动力(人)	Number of Rural Laborers(person)	120077	120444	0.3
# 农林牧渔业(人)	Farming,Forestry,Animal Husbandry & Fishery(person)	107042	107574	0.5
国民经济综合指标	**Summary Item on the National Economy**			
生产总值(万元)	Gross Domestic Product(10 000 yuan)	467252	571729	17.6
第一产业(万元)	Primary Industry(10 000 yuan)	125215	139008	6.2
第二产业(万元)	Secondary Industry(10 000 yuan)	119002	170309	33.5
# 工业(万元)	Industry(10 000 yuan)	96522	143236	38.1
第三产业(万元)	Tertiary Industry(10 000 yuan)	223035	262412	16.2
人均生产总值(元)	Per Capita GDP(yuan)	11802	14296	17.5
全社会固定资产投资(万元)	Total Investment in Fixed Assets(10 000 yuan)	135176	173235	28.2
按登记注册类型分	Grouped by Registered Type			
# 国有(万元)	State-owned Enterprises(10 000 yuan)	56990	75985	33.3
集体(万元)	Collective-owned Enterprises(10 000 yuan)	386	500	29.5
有限责任公司(万元)	Limited Liability Corporations(10 000 yuan)	19472	45697	134.7
股份有限公司(万元)	Share Holding Enterprises(10 000 yuan)	3680	1438	-60.9
私营企业(万元)	Private Enterprises(10 000 yuan)	50301	46700	-7.2
外商及港澳台投资企业(万元)	Funds from HK,Macao,Taiwan & Foreign(10 000 yuan)	3000	2000	-33.3
按城乡渠道分	Grouped by Urban and Rural Area			
城镇(万元)	Urban(10 000 yuan)	128156	171194	33.6
农村(万元)	Rural(10 000 yuan)	7020	2041	-70.9
一般预算收入(万元)	General Budgetary Financial Revenue(10 000 yuan)	7136	11361	59.2
一般预算支出(万元)	General Budgetary Financial Expenditures(10 000 yuan)	59316	76646	29.2
城乡居民储蓄存款余额(万元)	Resident Saving Deposit in Urban & Rural(10 000 yuan)	59742	66137	10.7
在岗职工工资总额(万元)	Total Wages of Staff & Workers Empioyed in(10 000 yuan)	26508	30950	16.8
在岗职工平均工资(元)	Average Wage of Staff & Workers Employed in(yuan)	12522	14747	17.8
农牧民人均纯收入(元)	Per Capita Net Income of Peasant & Herdsman(yuan)	3166	3661	15.6
农村牧区经济	**Economic Development in Rural & Pastoral Area**			
耕地面积(公顷)	Cultivated Area(hectare)	200067	200148	0.0
农作物总播种面积(公顷)	Total Sown Area(hectare)	190781	202474	6.1
# 粮食作物播种面积(公顷)	Sown Area of Grain Crops(hectare)	171534	195309	13.9
有效灌溉面积(公顷)	Irrigated Area(hectare)	79850	81720	2.3
农牧业机械总动力(万千瓦)	Total Power of Agricultural Machinery(10 000 kw)	40.54	41.15	1.5
化肥施用折纯量(吨)	Consumption of Chemical Fertilizer(ton)	50540	88588	75.3
农村用电量(万千瓦小时)	Electricity Consumed in Rural Area(10 000 kwh)	4436	4465	0.7
农林牧渔业总产值(万元)	Gross Output of Farming,Forestry,Animal Husbandry & Fishery(10 000 yuan)	213000	230134	6.5
粮食产量(吨)	Yield of Grain(ton)	738500	725166	-1.8
油料产量(吨)	Yield of Oil-bearing Grops(ton)	14830	12315	-17.0
甜菜产量(吨)	Yield of Beetroots(ton)			
猪牛羊肉产量(吨)	Output of Pork, Beef & Mutton(ton)	41005	30174	-26.4
# 猪肉产量(吨)	Output of Pork(ton)	14883	15440	3.7
牛肉产量(吨)	Output of Beef(ton)	12981	11504	-11.4
羊肉产量(吨)	Output of Mutton(ton)	2742	3230	17.8
羊毛产量(吨)	Output of Wool(ton)	1309	1120	-14.4

23-48 Keerqinzuoyihou Banner in Tongliao City

指标	Item	2006	2007	2007年比上年增长% Increase Rate in 2007 Over 2006(%)
年末牲畜存栏头数(万头只)	Total Livestock at the Year-end(10 000 heads)	116.42	125.40	7.7
#大牲畜(万头只)	Large Animals(10 000 heads)	38.64	40.02	3.6
羊(万只)	Sheep & Goats(10 000 heads)	55.99	62.08	10.9
猪(万头)	Hogs(10 000 heads)	21.79	23.30	6.9
规模以上工业	**Industrial Enterprises above Designated size**			
工业企业单位数(个)	Number of Industrial Enterprises(unit)	20	19	-5.0
#内资企业(个)	Civil Funded Enterprises(unit)	20	19	-5.0
工业总产值(万元)	Gross Industrial Output Value(10 000 yuan)	207185	327551	38.5
内资企业(万元)	Civil Funded Enterprises(10 000 yuan)	207185	327551	38.5
国有企业(万元)	State-owned Enterprises(10 000 yuan)	54032	55062	-12.5
集体企业(万元)	Collective-owned Enterprises(10 000 yuan)	5999	167628	2329.4
股份合作企业(万元)	Share Holding Enterprises(10 000 yuan)	5161	4522	-25.2
联营企业(万元)	Joint Owned Enterprises(10 000 yuan)			
有限责任公司(万元)	Limited Company(10 000 yuan)	38085	45792	4.5
股份有限公司(万元)	Share Holding Limited Company(10 000 yuan)	35943	1779	-94.5
私营企业(万元)	Privately Owned Enterprises(10 000 yuan)	67964	52768	-32.5
其他企业(万元)	Enterprises of Other Ownership(10 000 yuan)			
港澳台商投资企业(万元)	Funds from HK,Macao & Taiwan(10 000 yuan)			
外商投资企业(万元)	Foreign Funded Enterprises(10 000 yuan)			
工业企业增加值(万元)	Value Added of Industrial Enterprises(10 000 yuan)	86072	135786	32.4
工业企业资产总计(万元)	Total Assets of Industrial Enterprises(10 000 yuan)	124029	208466	68.1
工业企业负债合计(万元)	Total Liabilities of Industrial Enterprises(10 000 yuan)	67418	81504	20.9
工业企业产品销售收入(万元)	Sales of Revenue Industrial Enterprises(10 000 yuan)	206228	320380	55.4
工业企业利润总额(万元)	Total Profits of Industrial Enterprises(10 000 yuan)	8694	11510	32.4
建筑业	**Construction**			
建筑企业单位数(个)	Number of Construction Enterprises(unit)	1	1	0.0
建筑企业从业人员(人)	Number of Employee in Construction Enterprises(person)	476	2532	431.9
建筑业总产值(万元)	Gross Construction Output Value(10 000 yuan)	2983	10292	245.0
交通运输邮电通信业	**Transportation,Post & Telecommunications**			
公路里程(公里)	Total Length of Highways(km)	3000	3071	2.4
邮电业务总量(万元)	Business Volume of Post & Telecoms(10 000 yuan)	7260	8780	20.9
本地电话用户(户)	Number of Subscribers of Local Telephone(Household)	39500	52292	32.4
国内贸易	**Demestic Trade**			
社会消费品零售总额(万元)	Total Retail Sales of Consumer Goods(10 000 yuan)	102444	115834	13.1
#贸易业(万元)	Wholesale & Retail Sales Trades(10 000 yuan)	85167	97176	14.1
餐饮业(万元)	Catering Trade(10 000 yuan)	17277	18004	4.2
科技教育卫生	**Science,Education & Public Health**			
各类专业技术人员(人)	Speccial Technical Personnel(person)	8289	7636	-7.9
幼儿园数(所)	Number of Kindergartens(unit)	2	2	0.0
学龄儿童入学率(%)	Percentage of School-Age Children Enrolled(%)	100.0	100.0	0.0
小学学校数(所)	Number of Primary Schools(unit)	88	75	-14.8
小学专任教师数(人)	Number of Full-time Teachers of Primary Schools(person)	2517	2488	-1.2
小学在校学生数(人)	Number of Student Enrollment of Primary Schools(person)	24770	26878	8.5
普通中学学校数(所)	Number of Regular Secondary Schools(unit)	24	20	-16.7
普通中学专任教师数(人)	Number of Teachers of Secondary Shools(person)	1509	1504	-0.3
初中在校学生数(人)	Number of Student in Junior Secondary Schools(person)	13844	11423	-17.5
高中在校学生数(人)	Number of Student in Senior Secondary Schools(person)	5689	5987	5.2
卫生机构数(所)	Number of Health Institutions(unit)	39	39	0.0
#医院(所)	Hospitals(unit)	5	5	0.0
卫生院(所)	Township Hospitals(unit)	28	28	0.0
床位数(张)	Number of Beds(unit)	568	641	12.9
#医院(张)	Hospitals(unit)	236	256	8.5
卫生院(张)	Township Hospitals(unit)	300	357	19.0
卫生技术人员(人)	Medical Technical Presonnel(person)	981	1050	7.0
#医院(人)	Hospitals(person)	390	448	14.9
卫生院(人)	Township Hospitals(person)	406	467	15.0

23-49 通辽市开鲁县

指标	Item	2006	2007	2007年比上年增长% Increase Rate in 2007 Over 2006(%)
行政区域土地面积(平方公里)	**Area of Administration(Sq.km)**	**4488**	**4488**	**0.0**
人口和就业	**Population & Employment**			
年末总人口(人)	Total Population Year-end(person)	392464	395575	0.8
#男性(人)	Male(person)	200186	202598	1.2
#乡村人口(人)	Rural(person)	312321	315712	1.1
年末总户数(户)	Total Number of Households at the Year-end(Household)	123870	118912	-4.0
#乡村户数(户)	Number of Rural Household(Household)	83500	85188	2.0
出生人口(人)	Births(person)	3375	3680	9.0
死亡人口(人)	Deaths(person)	1476	908	-38.5
全社会就业人员(人)	Employment(person)	200832	202869	1.0
第一产业(人)	Primary Industry(person)	124006	124331	0.3
第二产业(人)	Secondary Industry(person)	34044	35029	2.9
第三产业(人)	Tertiary Industry(person)	42782	43509	1.7
在岗职工人数(人)	Number of Staff & Workers Employed in(person)	21023	21178	0.7
乡村劳动力(人)	Number of Rural Laborers(person)	167637	170914	2.0
#农林牧渔业(人)	Farming,Forestry,Animal Husbandry & Fishery(person)	124006	124331	0.3
国民经济综合指标	**Summary Item on the National Economy**			
生产总值(万元)	Gross Domestic Product(10 000 yuan)	454043	614048	17.1
第一产业(万元)	Primary Industry(10 000 yuan)	189184	213115	3.6
第二产业(万元)	Secondary Industry(10 000 yuan)	94513	183620	36.4
#工业(万元)	Industry(10 000 yuan)	72500	156514	42.3
第三产业(万元)	Tertiary Industry(10 000 yuan)	170346	217313	22.0
人均生产总值(元)	Per Capita GDP(yuan)	11609	15585	17.1
全社会固定资产投资(万元)	Total Investment in Fixed Assets(10 000 yuan)	200000	250248	25.1
按登记注册类型分	Grouped by Registered Type			
#国有(万元)	State-owned Enterprises(10 000 yuan)	38531	64120	66.4
集体(万元)	Collective-owned Enterprises(10 000 yuan)	55	145	163.6
有限责任公司(万元)	Limited Liability Corporations(10 000 yuan)	58287	94907	62.8
股份有限公司(万元)	Share Holding Enterprises(10 000 yuan)	36665	20250	-44.8
私营企业(万元)	Private Enterprises(10 000 yuan)	24967	60401	141.9
外商及港澳台投资企业(万元)	Funds from HK,Macao,Taiwan & Foreign(10 000 yuan)	1200	150	-87.5
按城乡渠道分	Grouped by Urban and Rural Area			
城镇(万元)	Urban(10 000 yuan)	182981	212767	16.3
农村(万元)	Rural(10 000 yuan)	17019	37481	120.2
一般预算收入(万元)	General Budgetary Financial Revenue(10 000 yuan)	8727	11591	32.8
一般预算支出(万元)	General Budgetary Financial Expenditures(10 000 yuan)	50673	75129	48.3
城乡居民储蓄存款余额(万元)	Resident Saving Deposit in Urban & Rural(10 000 yuan)	94640	102550	8.4
在岗职工工资总额(万元)	Total Wages of Staff & Workers Empioyed in(10 000 yuan)	27204	32888	20.9
在岗职工平均工资(元)	Average Wage of Staff & Workers Employed in(yuan)	12726	15529	22.0
农牧民人均纯收入(元)	Per Capita Net Income of Peasant & Herdsman(yuan)	4670	5128	9.8
农村牧区经济	**Economic Development in Rural & Pastoral Area**			
耕地面积(公顷)	Cultivated Area(hectare)	103388	103388	0.0
农作物总播种面积(公顷)	Total Sown Area(hectare)	125666	125566	-0.1
#粮食作物播种面积(公顷)	Sown Area of Grain Crops(hectare)	82000	82878	1.1
有效灌溉面积(公顷)	Irrigated Area(hectare)	82907	83707	1.0
农牧业机械总动力(万千瓦)	Total Power of Agricultural Machinery(10 000 kw)	67.41	79.65	18.2
化肥施用折纯量(吨)	Consumption of Chemical Fertilizer(ton)	23346	24131	3.4
农村用电量(万千瓦小时)	Electricity Consumed in Rural Area(10 000 kwh)	6608	7004	6.0
农林牧渔业总产值(万元)	Gross Output of Farming,Forestry,Animal Husbandry & Fishery(10 000 yuan)	320359	363136	8.2
粮食产量(吨)	Yield of Grain(ton)	785473	767623	-2.3
油料产量(吨)	Yield of Oil-bearing Grops(ton)	2811	4550	61.9
甜菜产量(吨)	Yield of Beetroots(ton)	11040	4776	-56.7
猪牛羊肉产量(吨)	Output of Pork, Beef & Mutton(ton)	74611	56234	-24.6
#猪肉产量(吨)	Output of Pork(ton)	36013	44348	23.1
牛肉产量(吨)	Output of Beef(ton)	10021	8151	-18.7
羊肉产量(吨)	Output of Mutton(ton)	4705	3735	-20.6
羊毛产量(吨)	Output of Wool(ton)	2220	2650	19.4

23-49 Kailu County in Tongliao City

指 标	Item	2006	2007	2007年比上年增长% Increase Rate in 2007 Over 2006(%)
年末牲畜存栏头数(万头只)	Total Livestock at the Year-end(10 000 heads)	145.66	159.85	9.7
# 大牲畜(万头只)	Large Animals(10 000 heads)	17.86	20.61	15.4
羊(万只)	Sheep & Goats(10 000 heads)	88.70	90.12	1.6
猪(万头)	Hogs(10 000 heads)	39.11	49.12	25.6
规模以上工业	**Industrial Enterprises above Designated size**			
工业企业单位数(个)	Number of Industrial Enterprises(unit)	31	35	12.9
# 内资企业(个)	Civil Funded Enterprises(unit)	31	35	12.9
工业总产值(万元)	Gross Industrial Output Value(10 000 yuan)	162471	377457	102.0
内资企业(万元)	Civil Funded Enterprises(10 000 yuan)	162471	377457	102.0
国有企业(万元)	State-owned Enterprises(10 000 yuan)	8907	11897	15.2
集体企业(万元)	Collective-owned Enterprises(10 000 yuan)			
股份合作企业(万元)	Share Holding Enterprises(10 000 yuan)	2106	111	-95.0
联营企业(万元)	Joint Owned Enterprises(10 000 yuan)			
有限责任公司(万元)	Limited Company(10 000 yuan)			
股份有限公司(万元)	Share Holding Limited Company(10 000 yuan)	4242	26054	434.2
私营企业(万元)	Privately Owned Enterprises(10 000 yuan)	147216	339395	100.5
其他企业(万元)	Enterprises of Other Ownership(10 000 yuan)			
港澳台商投资企业(万元)	Funds from HK,Macao & Taiwan(10 000 yuan)			
外商投资企业(万元)	Foreign Funded Enterprises(10 000 yuan)			
工业企业增加值(万元)	Value Added of Industrial Enterprises(10 000 yuan)	61597	141570	52.1
工业企业资产总计(万元)	Total Assets of Industrial Enterprises(10 000 yuan)	93884	124272	32.4
工业企业负债合计(万元)	Total Liabilities of Industrial Enterprises(10 000 yuan)	43862	50231	14.5
工业企业产品销售收入(万元)	Sales of Revenue Industrial Enterprises(10 000 yuan)	159319	372819	134.0
工业企业利润总额(万元)	Total Profits of Industrial Enterprises(10 000 yuan)	32696	23325	-28.7
建筑业	**Construction**			
建筑企业单位数(个)	Number of Construction Enterprises(unit)	3	3	0.0
建筑企业从业人员(人)	Number of Employee in Construction Enterprises(person)	1038	1413	36.1
建筑业总产值(万元)	Gross Construction Output Value(10 000 yuan)	9774	19356	98.0
交通运输邮电通信业	**Transportation,Post & Telecommunications**			
公路里程(公里)	Total Length of Highways(km)	2987	2987	0.0
邮电业务总量(万元)	Business Volume of Post & Telecoms(10 000 yuan)	7977	10709	34.2
本地电话用户(户)	Number of Subscribers of Local Telephone(Household)	50212	42449	-15.5
国内贸易	**Demestic Trade**			
社会消费品零售总额(万元)	Total Retail Sales of Consumer Goods(10 000 yuan)	108307	131301	21.2
# 贸易业(万元)	Wholesale & Retail Sales Trades(10 000 yuan)	89995	108625	20.7
餐饮业(万元)	Catering Trade(10 000 yuan)	13588	16085	18.4
科技教育卫生	**Science,Education & Public Health**			
各类专业技术人员(人)	Speccial Technical Personnel(person)	6041	5984	-0.9
幼儿园数(所)	Number of Kindergartens(unit)			
学龄儿童入学率(%)	Percentage of School-Age Children Enrolled(%)	100.0	100.0	0.0
小学学校数(所)	Number of Primary Schools(unit)	141	138	-2.1
小学专任教师数(人)	Number of Full-time Teachers of Primary Schools(person)	2415	2440	1.0
小学在校学生数(人)	Number of Student Enrollment of Primary Schools(person)	31478	31009	-1.5
普通中学学校数(所)	Number of Regular Secondary Schools(unit)	26	25	-3.8
普通中学专任教师数(人)	Number of Teachers of Secondary Shools(person)	1716	1719	0.2
初中在校学生数(人)	Number of Student in Junior Secondary Schools(person)	18752	17598	-6.2
高中在校学生数(人)	Number of Student in Senior Secondary Schools(person)	5190	5928	14.2
卫生机构数(所)	Number of Health Institutions(unit)	26	27	3.8
# 医院(所)	Hospitals(unit)	4	2	-50.0
卫生院(所)	Township Hospitals(unit)	18	18	0.0
床位数(张)	Number of Beds(unit)	434	462	6.5
# 医院(张)	Hospitals(unit)	200	182	-9.0
卫生院(张)	Township Hospitals(unit)	210	240	14.3
卫生技术人员(人)	Medical Technical Presonnel(person)	846	850	0.5
# 医院(人)	Hospitals(person)	340	381	12.1
卫生院(人)	Township Hospitals(person)	393	428	8.9

23-50 通辽市库伦旗

指 标	Item	2006	2007	2007年比上年增长% Increase Rate in 2007 Over 2006(%)
行政区域土地面积(平方公里)	**Area of Administration(Sq.km)**	**4650**	**4650**	**0.0**
人口和就业	**Population & Employment**			
年末总人口(人)	Total Population Year-end(person)	176304	177416	0.6
#男性(人)	Male(person)	90705	91279	0.6
#乡村人口(人)	Rural(person)	137670	133736	-2.9
年末总户数(户)	Total Number of Households at the Year-end(Household)	47656	49793	4.5
#乡村户数(户)	Number of Rural Household(Household)	34690	34738	0.1
出生人口(人)	Births(person)	1052	1614	53.4
死亡人口(人)	Deaths(person)	341	338	-0.9
全社会就业人员(人)	Employment(person)	94064	93514	-0.6
第一产业(人)	Primary Industry(person)	74944	74958	0.0
第二产业(人)	Secondary Industry(person)	6920	7329	5.9
第三产业(人)	Tertiary Industry(person)	12200	11227	-8.0
在岗职工人数(人)	Number of Staff & Workers Employed in(person)	10258	10386	1.2
乡村劳动力(人)	Number of Rural Laborers(person)	75297	78237	3.9
#农林牧渔业(人)	Farming,Forestry,Animal Husbandry & Fishery(person)	72956	72980	0.0
国民经济综合指标	**Summary Item on the National Economy**			
生产总值(万元)	Gross Domestic Product(10 000 yuan)	146106	207701	24.2
第一产业(万元)	Primary Industry(10 000 yuan)	41100	70336	29.4
第二产业(万元)	Secondary Industry(10 000 yuan)	49003	67306	23.1
#工业(万元)	Industry(10 000 yuan)	35851	51412	25.7
第三产业(万元)	Tertiary Industry(10 000 yuan)	56003	70059	21.3
人均生产总值(元)	Per Capita GDP(yuan)	8311	11744	23.5
全社会固定资产投资(万元)	Total Investment in Fixed Assets(10 000 yuan)	81202	105057	29.4
按登记注册类型分	Grouped by Registered Type			
#国有(万元)	State-owned Enterprises(10 000 yuan)	41702	39463	-5.4
集体(万元)	Collective-owned Enterprises(10 000 yuan)	4600	56	-98.8
有限责任公司(万元)	Limited Liability Corporations(10 000 yuan)	200	15580	7690.0
股份有限公司(万元)	Share Holding Enterprises(10 000 yuan)	9500	26500	178.9
私营企业(万元)	Private Enterprises(10 000 yuan)	25200	23458	-6.9
外商及港澳台投资企业(万元)	Funds from HK,Macao,Taiwan & Foreign(10 000 yuan)			
按城乡渠道分	Grouped by Urban and Rural Area			
城镇(万元)	Urban(10 000 yuan)	81202	105057	29.4
农村(万元)	Rural(10 000 yuan)			
一般预算收入(万元)	General Budgetary Financial Revenue(10 000 yuan)	4108	5117	24.6
一般预算支出(万元)	General Budgetary Financial Expenditures(10 000 yuan)	35632	45356	27.3
城乡居民储蓄存款余额(万元)	Resident Saving Deposit in Urban & Rural(10 000 yuan)	35828	41187	15.0
在岗职工工资总额(万元)	Total Wages of Staff & Workers Empioyed in(10 000 yuan)	13640	15653	14.8
在岗职工平均工资(元)	Average Wage of Staff & Workers Employed in(yuan)	13250	15075	13.8
农牧民人均纯收入(元)	Per Capita Net Income of Peasant & Herdsman(yuan)	2891	3280	13.5
农村牧区经济	**Economic Development in Rural & Pastoral Area**			
耕地面积(公顷)	Cultivated Area(hectare)	91882	96610	5.1
农作物总播种面积(公顷)	Total Sown Area(hectare)	82811	85325	3.0
#粮食作物播种面积(公顷)	Sown Area of Grain Crops(hectare)	68811	71146	3.4
有效灌溉面积(公顷)	Irrigated Area(hectare)	8766	7287	-16.9
农牧业机械总动力(万千瓦)	Total Power of Agricultural Machinery(10 000 kw)	17.02	18.95	11.3
化肥施用折纯量(吨)	Consumption of Chemical Fertilizer(ton)	27981	28368	1.4
农村用电量(万千瓦小时)	Electricity Consumed in Rural Area(10 000 kwh)	1616	2212	36.9
农林牧渔业总产值(万元)	Gross Output of Farming,Forestry,Animal Husbandry & Fishery(10 000 yuan)	70667	113445	21.4
粮食产量(吨)	Yield of Grain(ton)	175216	255108	45.6
油料产量(吨)	Yield of Oil-bearing Grops(ton)	11698	5560	-52.5
甜菜产量(吨)	Yield of Beetroots(ton)	922		
猪牛羊肉产量(吨)	Output of Pork, Beef & Mutton(ton)	26292	19609	-25.4
#猪肉产量(吨)	Output of Pork(ton)	11250	11346	0.9
牛肉产量(吨)	Output of Beef(ton)	6216	5845	-6.0
羊肉产量(吨)	Output of Mutton(ton)	2292	2418	5.5
羊毛产量(吨)	Output of Wool(ton)	334	401	20.1

23-50 Kulun Banner in Tongliao City

指 标	Item	2006	2007	2007年比上年增长% Increase Rate in 2007 Over 2006(%)
年末牲畜存栏头数(万头只)	Total Livestock at the Year-end(10 000 heads)	61.18	69.92	14.3
#大牲畜(万头只)	Large Animals(10 000 heads)	16.69	18.55	11.1
羊(万只)	Sheep & Goats(10 000 heads)	32.92	36.82	11.8
猪(万头)	Hogs(10 000 heads)	11.57	14.55	25.8
规模以上工业	**Industrial Enterprises above Designated size**			
工业企业单位数(个)	Number of Industrial Enterprises(unit)	11	11	0.0
#内资企业(个)	Civil Funded Enterprises(unit)	11	11	0.0
工业总产值(万元)	Gross Industrial Output Value(10 000 yuan)	73972	99532	32.9
内资企业(万元)	Civil Funded Enterprises(10 000 yuan)	73972	99532	31.9
国有企业(万元)	State-owned Enterprises(10 000 yuan)	6980	8950	25.7
集体企业(万元)	Collective-owned Enterprises(10 000 yuan)			
股份合作企业(万元)	Share Holding Enterprises(10 000 yuan)			
联营企业(万元)	Joint Owned Enterprises(10 000 yuan)			
有限责任公司(万元)	Limited Company(10 000 yuan)	41360	65060	114.7
股份有限公司(万元)	Share Holding Limited Company(10 000 yuan)			
私营企业(万元)	Privately Owned Enterprises(10 000 yuan)	25632	25522	181.9
其他企业(万元)	Enterprises of Other Ownership(10 000 yuan)			
港澳台商投资企业(万元)	Funds from HK,Macao & Taiwan(10 000 yuan)			
外商投资企业(万元)	Foreign Funded Enterprises(10 000 yuan)			
工业企业增加值(万元)	Value Added of Industrial Enterprises(10 000 yuan)	24741	35007	27.6
工业企业资产总计(万元)	Total Assets of Industrial Enterprises(10 000 yuan)	34657	73391	111.8
工业企业负债合计(万元)	Total Liabilities of Industrial Enterprises(10 000 yuan)	18326	45921	150.6
工业企业产品销售收入(万元)	Sales of Revenue Industrial Enterprises(10 000 yuan)	71934	97860	36.0
工业企业利润总额(万元)	Total Profits of Industrial Enterprises(10 000 yuan)	7779	9343	20.1
建筑业	**Construction**			
建筑企业单位数(个)	Number of Construction Enterprises(unit)	2	2	0.0
建筑企业从业人员(人)	Number of Employee in Construction Enterprises(person)	320	230	-28.1
建筑业总产值(万元)	Gross Construction Output Value(10 000 yuan)	2020	3801	88.2
交通运输邮电通信业	**Transportation,Post & Telecommunications**			
公路里程(公里)	Total Length of Highways(km)	1300	1382	6.3
邮电业务总量(万元)	Business Volume of Post & Telecoms(10 000 yuan)	3492	4352	24.6
本地电话用户(户)	Number of Subscribers of Local Telephone(Household)	72777	92050	26.5
国内贸易	**Demestic Trade**			
社会消费品零售总额(万元)	Total Retail Sales of Consumer Goods(10 000 yuan)	40687	50005	22.9
#贸易业(万元)	Wholesale & Retail Sales Trades(10 000 yuan)	31690	37936	19.7
餐饮业(万元)	Catering Trade(10 000 yuan)	5979	5821	-2.6
科技教育卫生	**Science,Education & Public Health**			
各类专业技术人员(人)	Speccial Technical Personnel(person)	3971	3906	-1.6
幼儿园数(所)	Number of Kindergartens(unit)	3	3	0.0
学龄儿童入学率(%)	Percentage of School-Age Children Enrolled(%)	100.0	100.0	0.0
小学学校数(所)	Number of Primary Schools(unit)	25	19	-24.0
小学专任教师数(人)	Number of Full-time Teachers of Primary Schools(person)	1652	1432	-13.3
小学在校学生数(人)	Number of Student Enrollment of Primary Schools(person)	12502	11992	-4.1
普通中学学校数(所)	Number of Regular Secondary Schools(unit)	11	12	9.1
普通中学专任教师数(人)	Number of Teachers of Secondary Shools(person)	736	793	7.7
初中在校学生数(人)	Number of Student in Junior Secondary Schools(person)	5743	6378	11.1
高中在校学生数(人)	Number of Student in Senior Secondary Schools(person)	3467	3262	-5.9
卫生机构数(所)	Number of Health Institutions(unit)	16	16	0.0
#医院(所)	Hospitals(unit)	2	2	0.0
卫生院(所)	Township Hospitals(unit)	10	10	0.0
床位数(张)	Number of Beds(unit)	304	273	-10.2
#医院(张)	Hospitals(unit)	160	130	-18.8
卫生院(张)	Township Hospitals(unit)	131	139	6.1
卫生技术人员(人)	Medical Technical Presonnel(person)	469	650	38.6
#医院(人)	Hospitals(person)	180	164	-8.9
卫生院(人)	Township Hospitals(person)	203	197	-3.0

23-51 通辽市奈曼旗

指 标	Item	2006	2007	2007年比上年增长% Increase Rate in 2007 Over 2006(%)
行政区域土地面积(平方公里)	**Area of Administration(Sq.km)**	**8120**	**8120**	**0.0**
人口和就业	**Population & Employment**			
年末总人口(人)	Total Population Year-end(person)	439573	441443	0.4
#男性(人)	Male(person)	225038	226072	0.5
#乡村人口(人)	Rural(person)	372288	373553	0.3
年末总户数(户)	Total Number of Households at the Year-end(Household)	123153	126769	2.9
#乡村户数(户)	Number of Rural Household(Household)	92362	97910	6.0
出生人口(人)	Births(person)	3907	3969	1.6
死亡人口(人)	Deaths(person)	1773	952	-46.3
全社会就业人员(人)	Employment(person)	215069	234802	9.2
第一产业(人)	Primary Industry(person)	154883	157798	1.9
第二产业(人)	Secondary Industry(person)	24839	35895	44.5
第三产业(人)	Tertiary Industry(person)	35347	41109	16.3
在岗职工人数(人)	Number of Staff & Workers Employed in(person)	18500	18449	-0.3
乡村劳动力(人)	Number of Rural Laborers(person)	186961	197346	5.6
#农林牧渔业(人)	Farming,Forestry,Animal Husbandry & Fishery(person)	154235	153416	-0.5
国民经济综合指标	**Summary Item on the National Economy**			
生产总值(万元)	Gross Domestic Product(10 000 yuan)	336998	461981	17.1
第一产业(万元)	Primary Industry(10 000 yuan)	106027	121102	5.4
第二产业(万元)	Secondary Industry(10 000 yuan)	77641	158041	38.7
#工业(万元)	Industry(10 000 yuan)	62000	143650	42.1
第三产业(万元)	Tertiary Industry(10 000 yuan)	153330	182838	14.8
人均生产总值(元)	Per Capita GDP(yuan)	7719	10487	17.0
全社会固定资产投资(万元)	Total Investment in Fixed Assets(10 000 yuan)	150600	191439	27.1
按登记注册类型分	Grouped by Registered Type			
#国有(万元)	State-owned Enterprises(10 000 yuan)	39363	87837	123.1
集体(万元)	Collective-owned Enterprises(10 000 yuan)			
有限责任公司(万元)	Limited Liability Corporations(10 000 yuan)	11500	12800	11.3
股份有限公司(万元)	Share Holding Enterprises(10 000 yuan)	60539	66330	9.6
私营企业(万元)	Private Enterprises(10 000 yuan)	39198	24472	-37.6
外商及港澳台投资企业(万元)	Funds from HK,Macao,Taiwan & Foreign(10 000 yuan)			
按城乡渠道分	Grouped by Urban and Rural Area			
城镇(万元)	Urban(10 000 yuan)	121556	179747	47.9
农村(万元)	Rural(10 000 yuan)	29044	11692	-59.7
一般预算收入(万元)	General Budgetary Financial Revenue(10 000 yuan)	7930	11773	48.5
一般预算支出(万元)	General Budgetary Financial Expenditures(10 000 yuan)	62988	83805	33.0
城乡居民储蓄存款余额(万元)	Resident Saving Deposit in Urban & Rural(10 000 yuan)	94188	109378	16.1
在岗职工工资总额(万元)	Total Wages of Staff & Workers Empioyed in(10 000 yuan)	22738	25858	13.7
在岗职工平均工资(元)	Average Wage of Staff & Workers Employed in(yuan)	12349	14066	13.9
农牧民人均纯收入(元)	Per Capita Net Income of Peasant & Herdsman(yuan)	3029	3496	15.4
农村牧区经济	**Economic Development in Rural & Pastoral Area**			
耕地面积(公顷)	Cultivated Area(hectare)	131115	131283	0.1
农作物总播种面积(公顷)	Total Sown Area(hectare)	131333	138858	5.7
#粮食作物播种面积(公顷)	Sown Area of Grain Crops(hectare)	103467	114912	11.1
有效灌溉面积(公顷)	Irrigated Area(hectare)	85870	87540	1.9
农牧业机械总动力(万千瓦)	Total Power of Agricultural Machinery(10 000 kw)	42.50	43.20	1.6
化肥施用折纯量(吨)	Consumption of Chemical Fertilizer(ton)	79662	74922	-6.0
农村用电量(万千瓦小时)	Electricity Consumed in Rural Area(10 000 kwh)	11275	9355	-17.0
农林牧渔业总产值(万元)	Gross Output of Farming,Forestry,Animal Husbandry & Fishery(10 000 yuan)	175113	187122	3.5
粮食产量(吨)	Yield of Grain(ton)	571018	572290	0.2
油料产量(吨)	Yield of Oil-bearing Grops(ton)	18919	12990	-31.3
甜菜产量(吨)	Yield of Beetroots(ton)	195		
猪牛羊肉产量(吨)	Output of Pork, Beef & Mutton(ton)	46495	43289	-6.9
#猪肉产量(吨)	Output of Pork(ton)	20910	29624	41.7
牛肉产量(吨)	Output of Beef(ton)	8379	10845	29.4
羊肉产量(吨)	Output of Mutton(ton)	3263	2820	-13.6
羊毛产量(吨)	Output of Wool(ton)	1495	1661	11.1

23-51 Naiman Banner in Tongliao City

指 标	Item	2006	2007	2007年比上年增长% Increase Rate in 2007 Over 2006(%)
年末牲畜存栏头数(万头只)	Total Livestock at the Year-end(10 000 heads)	127.06	146.76	15.5
# 大牲畜(万头只)	Large Animals(10 000 heads)	27.20	30.32	11.5
羊(万只)	Sheep & Goats(10 000 heads)	68.66	70.51	2.7
猪(万头)	Hogs(10 000 heads)	31.20	45.92	47.2
规模以上工业	**Industrial Enterprises above Designated size**			
工业企业单位数(个)	Number of Industrial Enterprises(unit)	25	31	24.0
# 内资企业(个)	Civil Funded Enterprises(unit)	24	30	25.0
工业总产值(万元)	Gross Industrial Output Value(10 000 yuan)	127700	360300	146.0
内资企业(万元)	Civil Funded Enterprises(10 000 yuan)	120226	342479	148.5
国有企业(万元)	State-owned Enterprises(10 000 yuan)	9617	10531	-0.5
集体企业(万元)	Collective-owned Enterprises(10 000 yuan)	3432	11413	189.2
股份合作企业(万元)	Share Holding Enterprises(10 000 yuan)			
联营企业(万元)	Joint Owned Enterprises(10 000 yuan)			
有限责任公司(万元)	Limited Company(10 000 yuan)	10968	7602	
股份有限公司(万元)	Share Holding Limited Company(10 000 yuan)	25312	54079	623.7
私营企业(万元)	Privately Owned Enterprises(10 000 yuan)	70896	258854	
其他企业(万元)	Enterprises of Other Ownership(10 000 yuan)			
港澳台商投资企业(万元)	Funds from HK,Macao & Taiwan(10 000 yuan)	7475	17821	107.3
外商投资企业(万元)	Foreign Funded Enterprises(10 000 yuan)			
工业企业增加值(万元)	Value Added of Industrial Enterprises(10 000 yuan)	44389	160814	45.8
工业企业资产总计(万元)	Total Assets of Industrial Enterprises(10 000 yuan)	73050	104336	42.8
工业企业负债合计(万元)	Total Liabilities of Industrial Enterprises(10 000 yuan)	52784	72817	38.0
工业企业产品销售收入(万元)	Sales of Revenue Industrial Enterprises(10 000 yuan)	126063	353820	180.7
工业企业利润总额(万元)	Total Profits of Industrial Enterprises(10 000 yuan)	8237	11221	36.2
建筑业	**Construction**			
建筑企业单位数(个)	Number of Construction Enterprises(unit)	3	4	33.3
建筑企业从业人员(人)	Number of Employee in Construction Enterprises(person)	130	205	57.7
建筑业总产值(万元)	Gross Construction Output Value(10 000 yuan)	7767	13237	70.4
交通运输邮电通信业	**Transportation,Post & Telecommunications**			
公路里程(公里)	Total Length of Highways(km)	2672	2724	1.9
邮电业务总量(万元)	Business Volume of Post & Telecoms(10 000 yuan)	2968	3035	2.3
本地电话用户(户)	Number of Subscribers of Local Telephone(Household)	124700	176500	41.5
国内贸易	**Demestic Trade**			
社会消费品零售总额(万元)	Total Retail Sales of Consumer Goods(10 000 yuan)	87935	106319	20.9
# 贸易业(万元)	Wholesale & Retail Sales Trades(10 000 yuan)	72530	81488	12.4
餐饮业(万元)	Catering Trade(10 000 yuan)	15398	24820	61.2
科技教育卫生	**Science,Education & Public Health**			
各类专业技术人员(人)	Speccial Technical Personnel(person)	7979	8012	0.4
幼儿园数(所)	Number of Kindergartens(unit)	2	2	0.0
学龄儿童入学率(%)	Percentage of School-Age Children Enrolled(%)	100.0	100.0	0.0
小学学校数(所)	Number of Primary Schools(unit)	162	168	3.7
小学专任教师数(人)	Number of Full-time Teachers of Primary Schools(person)	2495	2526	1.2
小学在校学生数(人)	Number of Student Enrollment of Primary Schools(person)	30659	28760	-6.2
普通中学学校数(所)	Number of Regular Secondary Schools(unit)	25	23	-8.0
普通中学专任教师数(人)	Number of Teachers of Secondary Shools(person)	1411	1387	-1.7
初中在校学生数(人)	Number of Student in Junior Secondary Schools(person)	18940	18543	-2.1
高中在校学生数(人)	Number of Student in Senior Secondary Schools(person)	8321	8692	4.5
卫生机构数(所)	Number of Health Institutions(unit)	30	30	0.0
# 医院(所)	Hospitals(unit)	3	3	0.0
卫生院(所)	Township Hospitals(unit)	21	21	0.0
床位数(张)	Number of Beds(unit)	606	593	-2.1
# 医院(张)	Hospitals(unit)	165	203	23.0
卫生院(张)	Township Hospitals(unit)	359	388	8.1
卫生技术人员(人)	Medical Technical Presonnel(person)	1008	1696	68.3
# 医院(人)	Hospitals(person)	270	288	6.7
卫生院(人)	Township Hospitals(person)	616	645	4.7

23-52 通辽市扎鲁特旗

指标	Item	2006	2007	2007年比上年增长% Increase Rate in 2007 Over 2006(%)
行政区域土地面积(平方公里)	**Area of Administration(Sq.km)**	**17193**	**17193**	**0.0**
人口和就业	**Population & Employment**			
年末总人口(人)	Total Population Year-end(person)	304849	310000	1.7
#男性(人)	Male(person)	155689	159346	2.3
#乡村人口(人)	Rural(person)	247277	245107	-0.9
年末总户数(户)	Total Number of Households at the Year-end(Household)	90417	91543	1.2
#乡村户数(户)	Number of Rural Household(Household)	61629	61629	0.0
出生人口(人)	Births(person)	2474	2963	19.8
死亡人口(人)	Deaths(person)	803	673	-16.2
全社会就业人员(人)	Employment(person)	150182	155773	3.7
第一产业(人)	Primary Industry(person)	104626	95142	-9.1
第二产业(人)	Secondary Industry(person)	11313	17270	52.7
第三产业(人)	Tertiary Industry(person)	34243	43361	26.6
在岗职工人数(人)	Number of Staff & Workers Employed in(person)	21663	22760	5.1
乡村劳动力(人)	Number of Rural Laborers(person)	114883	115467	0.5
#农林牧渔业(人)	Farming,Forestry,Animal Husbandry & Fishery(person)	95015	87041	-8.4
国民经济综合指标	**Summary Item on the National Economy**			
生产总值(万元)	Gross Domestic Product(10 000 yuan)	343040	502837	26.1
第一产业(万元)	Primary Industry(10 000 yuan)	109028	138165	14.9
第二产业(万元)	Secondary Industry(10 000 yuan)	87678	186422	55.1
#工业(万元)	Industry(10 000 yuan)	72112	167870	64.2
第三产业(万元)	Tertiary Industry(10 000 yuan)	146334	178250	17.4
人均生产总值(元)	Per Capita GDP(yuan)	11298	16221	26.0
全社会固定资产投资(万元)	Total Investment in Fixed Assets(10 000 yuan)	204000	235000	15.2
按登记注册类型分	Grouped by Registered Type			
#国有(万元)	State-owned Enterprises(10 000 yuan)	49841	78750	58.0
集体(万元)	Collective-owned Enterprises(10 000 yuan)	8160	12389	51.8
有限责任公司(万元)	Limited Liability Corporations(10 000 yuan)	23860	42211	76.9
股份有限公司(万元)	Share Holding Enterprises(10 000 yuan)	48720	76400	56.8
私营企业(万元)	Private Enterprises(10 000 yuan)	15498	25250	62.9
外商及港澳台投资企业(万元)	Funds from HK,Macao,Taiwan & Foreign(10 000 yuan)			
按城乡渠道分	Grouped by Urban and Rural Area			
城镇(万元)	Urban(10 000 yuan)	142800	164500	15.2
农村(万元)	Rural(10 000 yuan)	61200	70500	15.2
一般预算收入(万元)	General Budgetary Financial Revenue(10 000 yuan)	10858	13710	26.3
一般预算支出(万元)	General Budgetary Financial Expenditures(10 000 yuan)	60042	80604	34.2
城乡居民储蓄存款余额(万元)	Resident Saving Deposit in Urban & Rural(10 000 yuan)	74931	91500	22.1
在岗职工工资总额(万元)	Total Wages of Staff & Workers Empioyed in(10 000 yuan)	26776	34312	28.1
在岗职工平均工资(元)	Average Wage of Staff & Workers Employed in(yuan)	12404	15190	22.5
农牧民人均纯收入(元)	Per Capita Net Income of Peasant & Herdsman(yuan)	3625	4059	12.0
农村牧区经济	**Economic Development in Rural & Pastoral Area**			
耕地面积(公顷)	Cultivated Area(hectare)	147807	147806	0.0
农作物总播种面积(公顷)	Total Sown Area(hectare)	121408	134720	11.0
#粮食作物播种面积(公顷)	Sown Area of Grain Crops(hectare)	96148	100959	5.0
有效灌溉面积(公顷)	Irrigated Area(hectare)	55933	55930	0.0
农牧业机械总动力(万千瓦)	Total Power of Agricultural Machinery(10 000 kw)	36.46	38.92	6.7
化肥施用折纯量(吨)	Consumption of Chemical Fertilizer(ton)	18521	25092	35.5
农村用电量(万千瓦小时)	Electricity Consumed in Rural Area(10 000 kwh)	3405	5797	70.2
农林牧渔业总产值(万元)	Gross Output of Farming,Forestry,Animal Husbandry & Fishery(10 000 yuan)	192491	223820	12.5
粮食产量(吨)	Yield of Grain(ton)	319247	257570	-19.3
油料产量(吨)	Yield of Oil-bearing Grops(ton)	6042	10180	68.5
甜菜产量(吨)	Yield of Beetroots(ton)			
猪牛羊肉产量(吨)	Output of Pork, Beef & Mutton(ton)	52997	47635	-10.1
#猪肉产量(吨)	Output of Pork(ton)	12579	13564	7.8
牛肉产量(吨)	Output of Beef(ton)	16134	16026	-0.7
羊肉产量(吨)	Output of Mutton(ton)	17912	18045	0.7
羊毛产量(吨)	Output of Wool(ton)	2557	2290	-10.4

23-52 Zhalute Banner in Tongliao City

指 标	Item	2006	2007	2007年比上年增长% Increase Rate in 2007 Over 2006(%)
年末牲畜存栏头数(万头只)	Total Livestock at the Year-end(10 000 heads)	199.59	180.05	-9.8
#大牲畜(万头只)	Large Animals(10 000 heads)	23.43	22.91	-2.2
羊(万只)	Sheep & Goats(10 000 heads)	162.34	145.81	-10.2
猪(万头)	Hogs(10 000 heads)	13.82	11.32	-18.1
规模以上工业	**Industrial Enterprises above Designated size**			
工业企业单位数(个)	Number of Industrial Enterprises(unit)	25	36	44.0
#内资企业(个)	Civil Funded Enterprises(unit)	25	36	44.0
工业总产值(万元)	Gross Industrial Output Value(10 000 yuan)	112270	319829	154.9
内资企业(万元)	Civil Funded Enterprises(10 000 yuan)	112270	319829	154.9
国有企业(万元)	State-owned Enterprises(10 000 yuan)	5279	7714	31.1
集体企业(万元)	Collective-owned Enterprises(10 000 yuan)			
股份合作企业(万元)	Share Holding Enterprises(10 000 yuan)	9540	13198	24.1
联营企业(万元)	Joint Owned Enterprises(10 000 yuan)			
有限责任公司(万元)	Limited Company(10 000 yuan)	42183	115976	146.6
股份有限公司(万元)	Share Holding Limited Company(10 000 yuan)			
私营企业(万元)	Privately Owned Enterprises(10 000 yuan)	52311	182722	211.9
其他企业(万元)	Enterprises of Other Ownership(10 000 yuan)	2956	220	-93.3
港澳台商投资企业(万元)	Funds from HK,Macao & Taiwan(10 000 yuan)			
外商投资企业(万元)	Foreign Funded Enterprises(10 000 yuan)			
工业企业增加值(万元)	Value Added of Industrial Enterprises(10 000 yuan)	53690	153538	69.7
工业企业资产总计(万元)	Total Assets of Industrial Enterprises(10 000 yuan)	54858	94112	71.6
工业企业负债合计(万元)	Total Liabilities of Industrial Enterprises(10 000 yuan)	36480	47429	30.0
工业企业产品销售收入(万元)	Sales of Revenue Industrial Enterprises(10 000 yuan)	99827	302930	203.5
工业企业利润总额(万元)	Total Profits of Industrial Enterprises(10 000 yuan)	2886	12924	347.8
建筑业	**Construction**			
建筑企业单位数(个)	Number of Construction Enterprises(unit)	3	3	0.0
建筑企业从业人员(人)	Number of Employee in Construction Enterprises(person)	361	850	135.5
建筑业总产值(万元)	Gross Construction Output Value(10 000 yuan)	9216	12944	40.5
交通运输邮电通信业	**Transportation,Post & Telecommunications**			
公路里程(公里)	Total Length of Highways(km)	1193	1175	-1.5
邮电业务总量(万元)	Business Volume of Post & Telecoms(10 000 yuan)	6775	8476	25.1
本地电话用户(户)	Number of Subscribers of Local Telephone(Household)	133211	171098	28.4
国内贸易	**Demestic Trade**			
社会消费品零售总额(万元)	Total Retail Sales of Consumer Goods(10 000 yuan)	92813	111576	20.2
#贸易业(万元)	Wholesale & Retail Sales Trades(10 000 yuan)	83651	97745	16.8
餐饮业(万元)	Catering Trade(10 000 yuan)	9029	11989	32.8
科技教育卫生	**Science,Education & Public Health**			
各类专业技术人员(人)	Speccial Technical Personnel(person)	6303	6683	6.0
幼儿园数(所)	Number of Kindergartens(unit)	2	2	0.0
学龄儿童入学率(%)	Percentage of School-Age Children Enrolled(%)		100.0	
小学学校数(所)	Number of Primary Schools(unit)	68	53	-22.1
小学专任教师数(人)	Number of Full-time Teachers of Primary Schools(person)	2563	2381	-7.1
小学在校学生数(人)	Number of Student Enrollment of Primary Schools(person)	20375	22352	9.7
普通中学学校数(所)	Number of Regular Secondary Schools(unit)	28	27	-3.6
普通中学专任教师数(人)	Number of Teachers of Secondary Shools(person)	1313	1254	-4.5
初中在校学生数(人)	Number of Student in Junior Secondary Schools(person)	13303	9601	-27.8
高中在校学生数(人)	Number of Student in Senior Secondary Schools(person)	5854	5964	1.9
卫生机构数(所)	Number of Health Institutions(unit)	34	34	0.0
#医院(所)	Hospitals(unit)	2	4	100.0
卫生院(所)	Township Hospitals(unit)	26	26	0.0
床位数(张)	Number of Beds(unit)	389	389	0.0
#医院(张)	Hospitals(unit)	190	209	10.0
卫生院(张)	Township Hospitals(unit)	170	180	5.9
卫生技术人员(人)	Medical Technical Presonnel(person)	752	773	2.8
#医院(人)	Hospitals(person)	236	310	31.4
卫生院(人)	Township Hospitals(person)	380	365	-3.9

23-53 赤峰市红山区

指 标	Item	2006	2007	2007年比上年增长% Increase Rate in 2007 Over 2006(%)
行政区域土地面积(平方公里)	**Area of Administration(Sq.km)**	**507**	**507**	**0.1**
人口和就业	**Population & Employment**			
年末总人口(人)	Total Population Year-end(person)	342989	347555	1.3
# 男性(人)	Male(person)	170888	173195	1.4
# 乡村人口(人)	Rural(person)	81812	82459	0.8
年末总户数(户)	Total Number of Households at the Year-end(Household)	122073	125207	2.6
# 乡村户数(户)	Number of Rural Household(Household)	22411	25044	11.7
出生人口(人)	Births(person)	1689	3341	97.8
死亡人口(人)	Deaths(person)	535	742	38.7
全社会就业人员(人)	Employment(person)	143370	171766	19.8
第一产业(人)	Primary Industry(person)	21640	24817	14.7
第二产业(人)	Secondary Industry(person)	32578	33696	3.4
第三产业(人)	Tertiary Industry(person)	89152	113253	27.0
在岗职工人数(人)	Number of Staff & Workers Employed in(person)	48794	49193	0.8
乡村劳动力(人)	Number of Rural Laborers(person)	43866	57658	31.4
# 农林牧渔业(人)	Farming,Forestry,Animal Husbandry & Fishery(person)	21677	24535	13.2
国民经济综合指标	**Summary Item on the National Economy**			
生产总值(万元)	Gross Domestic Product(10 000 yuan)	704335	940455	20.0
第一产业(万元)	Primary Industry(10 000 yuan)	26060	32011	4.6
第二产业(万元)	Secondary Industry(10 000 yuan)	306347	452155	21.5
# 工业(万元)	Industry(10 000 yuan)	276914	415133	21.5
第三产业(万元)	Tertiary Industry(10 000 yuan)	371928	456289	20.1
人均生产总值(元)	Per Capita GDP(yuan)	20535	27236	18.4
全社会固定资产投资(万元)	Total Investment in Fixed Assets(10 000 yuan)	352838	483384	37.0
按登记注册类型分	Grouped by Registered Type			
# 国有(万元)	State-owned Enterprises(10 000 yuan)	110043	220877	100.7
集体(万元)	Collective-owned Enterprises(10 000 yuan)	2500	3060	22.4
有限责任公司(万元)	Limited Liability Corporations(10 000 yuan)	105470	80733	-23.5
股份有限公司(万元)	Share Holding Enterprises(10 000 yuan)	33606	53287	58.6
私营企业(万元)	Private Enterprises(10 000 yuan)	47885	99335	107.4
外商及港澳台投资企业(万元)	Funds from HK,Macao,Taiwan & Foreign(10 000 yuan)	32336	9836	-69.6
按城乡渠道分	Grouped by Urban and Rural Area			
城镇(万元)	Urban(10 000 yuan)	349288	476623	36.5
农村(万元)	Rural(10 000 yuan)	3550	6761	90.5
一般预算收入(万元)	General Budgetary Financial Revenue(10 000 yuan)	35891	47854	33.3
一般预算支出(万元)	General Budgetary Financial Expenditures(10 000 yuan)	41638	56761	36.3
城乡居民储蓄存款余额(万元)	Resident Saving Deposit in Urban & Rural(10 000 yuan)			
在岗职工工资总额(万元)	Total Wages of Staff & Workers Empioyed in(10 000 yuan)	73317	101590	38.6
在岗职工平均工资(元)	Average Wage of Staff & Workers Employed in(yuan)	16056	20652	28.6
农牧民人均纯收入(元)	Per Capita Net Income of Peasant & Herdsman(yuan)	5807	6587	13.4
农村牧区经济	**Economic Development in Rural & Pastoral Area**			
耕地面积(公顷)	Cultivated Area(hectare)	13207	12565	-4.9
农作物总播种面积(公顷)	Total Sown Area(hectare)	13625	12224	-10.3
# 粮食作物播种面积(公顷)	Sown Area of Grain Crops(hectare)	11902	10439	-12.3
有效灌溉面积(公顷)	Irrigated Area(hectare)	5030	5030	0.0
农牧业机械总动力(万千瓦)	Total Power of Agricultural Machinery(10 000 kw)	6.59	6.59	0.0
化肥施用折纯量(吨)	Consumption of Chemical Fertilizer(ton)	3894	4106	5.4
农村用电量(万千瓦小时)	Electricity Consumed in Rural Area(10 000 kwh)	2916	2295	-21.3
农林牧渔业总产值(万元)	Gross Output of Farming,Forestry,Animal Husbandry & Fishery(10 000 yuan)	44365	54320	5.1
粮食产量(吨)	Yield of Grain(ton)	54318	46859	-13.7
油料产量(吨)	Yield of Oil-bearing Grops(ton)	619	200	-67.7
甜菜产量(吨)	Yield of Beetroots(ton)			
猪牛羊肉产量(吨)	Output of Pork, Beef & Mutton(ton)	5757	4710	-18.2
# 猪肉产量(吨)	Output of Pork(ton)	1840	1150	-37.5
牛肉产量(吨)	Output of Beef(ton)	3440	2986	-13.2
羊肉产量(吨)	Output of Mutton(ton)	477	574	20.3
羊毛产量(吨)	Output of Wool(ton)	24	93	287.5

23-53 Hongshan District in Chifeng City

指 标	Item	2006	2007	2007年比上年增长% Increase Rate in 2007 Over 2006(%)
年末牲畜存栏头数(万头只)	Total Livestock at the Year-end(10 000 heads)	6.99	8.00	14.4
#大牲畜(万头只)	Large Animals(10 000 heads)	2.67	2.76	3.4
羊(万只)	Sheep & Goats(10 000 heads)	3.37	4.35	29.1
猪(万头)	Hogs(10 000 heads)	0.95	0.89	-6.3
规模以上工业	**Industrial Enterprises above Designated size**			
工业企业单位数(个)	Number of Industrial Enterprises(unit)	34	36	5.9
#内资企业(个)	Civil Funded Enterprises(unit)	28	32	14.3
工业总产值(万元)	Gross Industrial Output Value(10 000 yuan)	744512	1053902	41.6
内资企业(万元)	Civil Funded Enterprises(10 000 yuan)	572238	828255	44.7
国有企业(万元)	State-owned Enterprises(10 000 yuan)	145572	201194	38.2
集体企业(万元)	Collective-owned Enterprises(10 000 yuan)			
股份合作企业(万元)	Share Holding Enterprises(10 000 yuan)			
联营企业(万元)	Joint Owned Enterprises(10 000 yuan)			
有限责任公司(万元)	Limited Company(10 000 yuan)	300069	347280	15.7
股份有限公司(万元)	Share Holding Limited Company(10 000 yuan)			
私营企业(万元)	Privately Owned Enterprises(10 000 yuan)	126597	279781	121.0
其他企业(万元)	Enterprises of Other Ownership(10 000 yuan)			
港澳台商投资企业(万元)	Funds from HK,Macao & Taiwan(10 000 yuan)	32027	26820	-16.3
外商投资企业(万元)	Foreign Funded Enterprises(10 000 yuan)	140247	198827	41.8
工业企业增加值(万元)	Value Added of Industrial Enterprises(10 000 yuan)	214058	340433	22.1
工业企业资产总计(万元)	Total Assets of Industrial Enterprises(10 000 yuan)	780717	1108039	41.9
工业企业负债合计(万元)	Total Liabilities of Industrial Enterprises(10 000 yuan)	495525	703899	42.1
工业企业产品销售收入(万元)	Sales of Revenue Industrial Enterprises(10 000 yuan)	751527	1073989	42.9
工业企业利润总额(万元)	Total Profits of Industrial Enterprises(10 000 yuan)	43521	19321	-55.6
建筑业	**Construction**			
建筑企业单位数(个)	Number of Construction Enterprises(unit)	29	34	17.2
建筑企业从业人员(人)	Number of Employee in Construction Enterprises(person)	16105	20517	27.4
建筑业总产值(万元)	Gross Construction Output Value(10 000 yuan)	98590	220000	123.1
交通运输邮电通信业	**Transportation,Post & Telecommunications**			
公路里程(公里)	Total Length of Highways(km)	156	184	17.9
邮电业务总量(万元)	Business Volume of Post & Telecoms(10 000 yuan)			
本地电话用户(户)	Number of Subscribers of Local Telephone(Household)	91452	92153	0.8
国内贸易	**Demestic Trade**			
社会消费品零售总额(万元)	Total Retail Sales of Consumer Goods(10 000 yuan)	397939	476236	19.7
#贸易业(万元)	Wholesale & Retail Sales Trades(10 000 yuan)	330493	394306	19.3
餐饮业(万元)	Catering Trade(10 000 yuan)	60476	73357	21.3
科技教育卫生	**Science,Education & Public Health**			
各类专业技术人员(人)	Speccial Technical Personnel(person)	14232	15802	11.0
幼儿园数(所)	Number of Kindergartens(unit)	45	45	0.0
学龄儿童入学率(%)	Percentage of School-Age Children Enrolled(%)	100.0	100.0	0.0
小学学校数(所)	Number of Primary Schools(unit)	49	49	0.0
小学专任教师数(人)	Number of Full-time Teachers of Primary Schools(person)	1994	1858	-6.8
小学在校学生数(人)	Number of Student Enrollment of Primary Schools(person)	25831	25893	0.2
普通中学学校数(所)	Number of Regular Secondary Schools(unit)	21	23	9.5
普通中学专任教师数(人)	Number of Teachers of Secondary Shools(person)	2171	2244	3.4
初中在校学生数(人)	Number of Student in Junior Secondary Schools(person)	13476	13444	-0.2
高中在校学生数(人)	Number of Student in Senior Secondary Schools(person)	19290	21294	10.4
卫生机构数(所)	Number of Health Institutions(unit)	9	10	11.1
#医院(所)	Hospitals(unit)	2	2	0.0
卫生院(所)	Township Hospitals(unit)	3	4	33.3
床位数(张)	Number of Beds(unit)	640	641	0.2
#医院(张)	Hospitals(unit)	551	570	3.4
卫生院(张)	Township Hospitals(unit)	69	71	2.9
卫生技术人员(人)	Medical Technical Presonnel(person)	928	749	-19.3
#医院(人)	Hospitals(person)	738	529	-28.3
卫生院(人)	Township Hospitals(person)	103	160	55.3

23-54 赤峰市元宝山区

指标	Item	2006	2007	2007年比上年增长% Increase Rate in 2007 Over 2006(%)
行政区域土地面积(平方公里)	**Area of Administration(Sq.km)**	**952**	**952**	**0.0**
人口和就业	**Population & Employment**			
年末总人口(人)	Total Population Year-end(person)	321130	322718	0.5
#男性(人)	Male(person)	163525	164249	0.4
#乡村人口(人)	Rural(person)	165607	161415	-2.5
年末总户数(户)	Total Number of Households at the Year-end(Household)	108258	109389	1.0
#乡村户数(户)	Number of Rural Household(Household)	43409	43383	-0.1
出生人口(人)	Births(person)	1345	3605	168.0
死亡人口(人)	Deaths(person)	836	1305	56.1
全社会就业人员(人)	Employment(person)	158315	162009	2.3
第一产业(人)	Primary Industry(person)	42776	38977	-8.9
第二产业(人)	Secondary Industry(person)	73643	76947	4.5
第三产业(人)	summary Item on the National Economy	41896	46085	10.0
在岗职工人数(人)	Number of Staff & Workers Employed in(person)	42270	51562	22.0
乡村劳动力(人)	Number of Rural Laborers(person)	86669	85988	-0.8
#农林牧渔业(人)	Farming,Forestry,Animal Husbandry & Fishery(person)	42631	38797	-9.0
国民经济综合指标	**Summary Item on the National Economy**			
生产总值(万元)	Gross Domestic Product(10 000 yuan)	670810	837392	19.1
第一产业(万元)	Primary Industry(10 000 yuan)	63700	78407	4.8
第二产业(万元)	Secondary Industry(10 000 yuan)	374845	466845	18.8
#工业(万元)	Industry(10 000 yuan)	346283	431076	18.6
第三产业(万元)	Tertiary Industry(10 000 yuan)	232265	292140	23.3
人均生产总值(元)	Per Capita GDP(yuan)	20898	26014	18.6
全社会固定资产投资(万元)	Total Investment in Fixed Assets(10 000 yuan)	342389	467018	36.4
按登记注册类型分	Grouped by Registered Type			
#国有(万元)	State-owned Enterprises(10 000 yuan)	27701	65419	136.2
集体(万元)	Collective-owned Enterprises(10 000 yuan)	39167	50878	29.9
有限责任公司(万元)	Limited Liability Corporations(10 000 yuan)	217181	222775	2.6
股份有限公司(万元)	Share Holding Enterprises(10 000 yuan)	3065	550	-82.1
私营企业(万元)	Private Enterprises(10 000 yuan)	7485	31700	323.5
外商及港澳台投资企业(万元)	Funds from HK,Macao,Taiwan & Foreign(10 000 yuan)			
按城乡渠道分	Grouped by Urban and Rural Area			
城镇(万元)	Urban(10 000 yuan)	309962	415462	34.0
农村(万元)	Rural(10 000 yuan)	32427	51556	59.0
一般预算收入(万元)	General Budgetary Financial Revenue(10 000 yuan)	31259	41075	31.4
一般预算支出(万元)	General Budgetary Financial Expenditures(10 000 yuan)	44513	90322	102.9
城乡居民储蓄存款余额(万元)	Resident Saving Deposit in Urban & Rural(10 000 yuan)	379611	393884	3.8
在岗职工工资总额(万元)	Total Wages of Staff & Workers Empioyed in(10 000 yuan)	94121	113848	21.0
在岗职工平均工资(元)	Average Wage of Staff & Workers Employed in(yuan)	19287	23251	20.6
农牧民人均纯收入(元)	Per Capita Net Income of Peasant & Herdsman(yuan)	5283	6109	15.6
农村牧区经济	**Economic Development in Rural & Pastoral Area**			
耕地面积(公顷)	Cultivated Area(hectare)	23115	24522	6.1
农作物总播种面积(公顷)	Total Sown Area(hectare)	24731	16141	-34.7
#粮食作物播种面积(公顷)	Sown Area of Grain Crops(hectare)	17186	11355	-33.9
有效灌溉面积(公顷)	Irrigated Area(hectare)	13769	13998	1.7
农牧业机械总动力(万千瓦)	Total Power of Agricultural Machinery(10 000 kw)	11.60	11.33	-2.3
化肥施用折纯量(吨)	Consumption of Chemical Fertilizer(ton)	8958	7667	-14.4
农村用电量(万千瓦小时)	Electricity Consumed in Rural Area(10 000 kwh)	22125	13482	-39.1
农林牧渔业总产值(万元)	Gross Output of Farming,Forestry,Animal Husbandry & Fishery(10 000 yuan)	106262	130826	4.8
粮食产量(吨)	Yield of Grain(ton)	139307	103127	-26.0
油料产量(吨)	Yield of Oil-bearing Grops(ton)	1323	60	-95.5
甜菜产量(吨)	Yield of Beetroots(ton)	5168	6634	28.4
猪牛羊肉产量(吨)	Output of Pork, Beef & Mutton(ton)	13335	10916	-18.1
#猪肉产量(吨)	Output of Pork(ton)	4338	2505	-42.3
牛肉产量(吨)	Output of Beef(ton)	7207	6256	-13.2
羊肉产量(吨)	Output of Mutton(ton)	1790	2155	20.4
羊毛产量(吨)	Output of Wool(ton)	418	301	-28.0

23-54 Yuanbaoshan District in Chifeng City

指 标	Item	2006	2007	2007年比上年增长% Increase Rate in 2007 Over 2006(%)
年末牲畜存栏头数(万头只)	Total Livestock at the Year-end(10 000 heads)	11.87	13.62	14.7
#大牲畜(万头只)	Large Animals(10 000 heads)	6.64	7.59	14.3
羊(万只)	Sheep & Goats(10 000 heads)	1.73	2.77	60.1
猪(万头)	Hogs(10 000 heads)	3.50	3.26	-6.9
规模以上工业	**Industrial Enterprises above Designated size**			
工业企业单位数(个)	Number of Industrial Enterprises(unit)	36	47	30.6
#内资企业(个)	Civil Funded Enterprises(unit)	36	46	27.8
工业总产值(万元)	Gross Industrial Output Value(10 000 yuan)	670207	864500	29.0
内资企业(万元)	Civil Funded Enterprises(10 000 yuan)	670207	863300	28.8
国有企业(万元)	State-owned Enterprises(10 000 yuan)	4253	4288	0.8
集体企业(万元)	Collective-owned Enterprises(10 000 yuan)	31077	50396	62.2
股份合作企业(万元)	Share Holding Enterprises(10 000 yuan)		3098	
联营企业(万元)	Joint Owned Enterprises(10 000 yuan)			
有限责任公司(万元)	Limited Company(10 000 yuan)	577581	790800	36.9
股份有限公司(万元)	Share Holding Limited Company(10 000 yuan)	43718		
私营企业(万元)	Privately Owned Enterprises(10 000 yuan)	12503	13266	6.1
其他企业(万元)	Enterprises of Other Ownership(10 000 yuan)	1075	1452	35.1
港澳台商投资企业(万元)	Funds from HK,Macao & Taiwan(10 000 yuan)			
外商投资企业(万元)	Foreign Funded Enterprises(10 000 yuan)		1200	
工业企业增加值(万元)	Value Added of Industrial Enterprises(10 000 yuan)	283958	379876	20.1
工业企业资产总计(万元)	Total Assets of Industrial Enterprises(10 000 yuan)	1684009	1688931	0.3
工业企业负债合计(万元)	Total Liabilities of Industrial Enterprises(10 000 yuan)	1088888	1115872	2.5
工业企业产品销售收入(万元)	Sales of Revenue Industrial Enterprises(10 000 yuan)	645542	844711	30.9
工业企业利润总额(万元)	Total Profits of Industrial Enterprises(10 000 yuan)	10963	49209	348.9
建筑业	**Construction**			
建筑企业单位数(个)	Number of Construction Enterprises(unit)	11	11	0.0
建筑企业从业人员(人)	Number of Employee in Construction Enterprises(person)	7741	21886	182.7
建筑业总产值(万元)	Gross Construction Output Value(10 000 yuan)	61360	160535	161.6
交通运输邮电通信业	**Transportation,Post & Telecommunications**			
公路里程(公里)	Total Length of Highways(km)	672	685	1.9
邮电业务总量(万元)	Business Volume of Post & Telecoms(10 000 yuan)	12561	12668	0.9
本地电话用户(户)	Number of Subscribers of Local Telephone(Household)	60731	59881	-1.4
国内贸易	**Demestic Trade**			
社会消费品零售总额(万元)	Total Retail Sales of Consumer Goods(10 000 yuan)	239534	286932	19.8
#贸易业(万元)	Wholesale & Retail Sales Trades(10 000 yuan)	199362	237617	19.2
餐饮业(万元)	Catering Trade(10 000 yuan)	31875	39525	24.0
科技教育卫生	**Science,Education & Public Health**			
各类专业技术人员(人)	Speccial Technical Personnel(person)	6050	6061	0.2
幼儿园数(所)	Number of Kindergartens(unit)	100	108	8.0
学龄儿童入学率(%)	Percentage of School-Age Children Enrolled(%)	100.0	100.0	0.0
小学学校数(所)	Number of Primary Schools(unit)	67	66	-1.5
小学专任教师数(人)	Number of Full-time Teachers of Primary Schools(person)	2186	2184	-0.1
小学在校学生数(人)	Number of Student Enrollment of Primary Schools(person)	26916	24776	-8.0
普通中学学校数(所)	Number of Regular Secondary Schools(unit)	22	23	4.5
普通中学专任教师数(人)	Number of Teachers of Secondary Shools(person)	1659	1694	2.1
初中在校学生数(人)	Number of Student in Junior Secondary Schools(person)	17716	16514	-6.8
高中在校学生数(人)	Number of Student in Senior Secondary Schools(person)	11280	11440	1.4
卫生机构数(所)	Number of Health Institutions(unit)	50	61	22.0
#医院(所)	Hospitals(unit)	2	2	0.0
卫生院(所)	Township Hospitals(unit)	10	10	0.0
床位数(张)	Number of Beds(unit)	637	707	11.0
#医院(张)	Hospitals(unit)	340	413	21.5
卫生院(张)	Township Hospitals(unit)	199	179	-10.1
卫生技术人员(人)	Medical Technical Presonnel(person)	774	828	7.0
#医院(人)	Hospitals(person)	377	429	13.8
卫生院(人)	Township Hospitals(person)	243	214	-11.9

23-55 赤峰市松山区

指 标	Item	2006	2007	2007年比上年增长% Increase Rate in 2007 Over 2006(%)
行政区域土地面积(平方公里)	**Area of Administration(Sq.km)**	**5618**	**5618**	**0.0**
人口和就业	**Population & Employment**			
年末总人口(人)	Total Population Year-end(person)	515736	519567	0.7
#男性(人)	Male(person)	267751	269628	0.7
#乡村人口(人)	Rural(person)	429278	438177	2.1
年末总户数(户)	Total Number of Households at the Year-end(Household)	165119	158363	-4.1
#乡村户数(户)	Number of Rural Household(Household)	110191	117122	6.3
出生人口(人)	Births(person)	3161	5785	83.0
死亡人口(人)	Deaths(person)	548	4334	690.9
全社会就业人员(人)	Employment(person)	261979	255332	-2.5
第一产业(人)	Primary Industry(person)	134282	136972	2.0
第二产业(人)	Secondary Industry(person)	56205	59145	5.2
第三产业(人)	Tertiary Industry(person)	71492	59215	-17.2
在岗职工人数(人)	Number of Staff & Workers Employed in(person)	24568	27025	10.0
乡村劳动力(人)	Number of Rural Laborers(person)	220014	209854	-4.6
#农林牧渔业(人)	Farming,Forestry,Animal Husbandry & Fishery(person)	133377	135946	1.9
国民经济综合指标	**Summary Item on the National Economy**			
生产总值(万元)	Gross Domestic Product(10 000 yuan)	459318	660905	22.3
第一产业(万元)	Primary Industry(10 000 yuan)	143600	176694	4.8
第二产业(万元)	Secondary Industry(10 000 yuan)	167349	304613	40.0
#工业(万元)	Industry(10 000 yuan)	128672	260403	47.7
第三产业(万元)	Tertiary Industry(10 000 yuan)	148369	179598	17.9
人均生产总值(元)	Per Capita GDP(yuan)	9006	12767	21.0
全社会固定资产投资(万元)	Total Investment in Fixed Assets(10 000 yuan)	463641	577233	24.5
按登记注册类型分	Grouped by Registered Type			
#国有(万元)	State-owned Enterprises(10 000 yuan)	84428	137466	62.8
集体(万元)	Collective-owned Enterprises(10 000 yuan)	2210	1768	-20.0
有限责任公司(万元)	Limited Liability Corporations(10 000 yuan)	86461	45555	-47.3
股份有限公司(万元)	Share Holding Enterprises(10 000 yuan)	30840	33095	7.3
私营企业(万元)	Private Enterprises(10 000 yuan)	111384	46008	-58.7
外商及港澳台投资企业(万元)	Funds from HK,Macao,Taiwan & Foreign(10 000 yuan)		56800	
按城乡渠道分	Grouped by Urban and Rural Area			
城镇(万元)	Urban(10 000 yuan)	412943	504746	22.2
农村(万元)	Rural(10 000 yuan)	50698	72487	43.0
一般预算收入(万元)	General Budgetary Financial Revenue(10 000 yuan)	15891	20276	27.6
一般预算支出(万元)	General Budgetary Financial Expenditures(10 000 yuan)	80137	95072	18.6
城乡居民储蓄存款余额(万元)	Resident Saving Deposit in Urban & Rural(10 000 yuan)	210667	329009	56.2
在岗职工工资总额(万元)	Total Wages of Staff & Workers Empioyed in(10 000 yuan)	41295	54895	32.9
在岗职工平均工资(元)	Average Wage of Staff & Workers Employed in(yuan)	16788	20207	20.4
农牧民人均纯收入(元)	Per Capita Net Income of Peasant & Herdsman(yuan)	3850	4616	19.9
农村牧区经济	**Economic Development in Rural & Pastoral Area**			
耕地面积(公顷)	Cultivated Area(hectare)	141036	141217	0.1
农作物总播种面积(公顷)	Total Sown Area(hectare)	141796	141370	-0.3
#粮食作物播种面积(公顷)	Sown Area of Grain Crops(hectare)	107819	110586	2.6
有效灌溉面积(公顷)	Irrigated Area(hectare)	58910	60240	2.3
农牧业机械总动力(万千瓦)	Total Power of Agricultural Machinery(10 000 kw)	35.31	38.64	9.4
化肥施用折纯量(吨)	Consumption of Chemical Fertilizer(ton)	28605	26142	-8.6
农村用电量(万千瓦小时)	Electricity Consumed in Rural Area(10 000 kwh)	9999	13482	34.8
农林牧渔业总产值(万元)	Gross Output of Farming,Forestry,Animal Husbandry & Fishery(10 000 yuan)	242799	299835	5.4
粮食产量(吨)	Yield of Grain(ton)	580000	524810	-9.5
油料产量(吨)	Yield of Oil-bearing Grops(ton)	18302	6040	-67.0
甜菜产量(吨)	Yield of Beetroots(ton)	112118	100942	-10.0
猪牛羊肉产量(吨)	Output of Pork, Beef & Mutton(ton)	50338	33785	-32.9
#猪肉产量(吨)	Output of Pork(ton)	28907	17766	-38.5
牛肉产量(吨)	Output of Beef(ton)	16901	12366	-26.8
羊肉产量(吨)	Output of Mutton(ton)	4530	3653	-19.4
羊毛产量(吨)	Output of Wool(ton)	1300	1398	7.5

23-55 Songshan District in Chifeng City

指 标	Item	2006	2007	2007年比上年增长% Increase Rate in 2007 Over 2006(%)
年末牲畜存栏头数(万头只)	Total Livestock at the Year-end(10 000 heads)	48.75	55.59	14.0
# 大牲畜(万头只)	Large Animals(10 000 heads)	16.86	19.27	14.3
羊(万只)	Sheep & Goats(10 000 heads)	16.17	21.71	34.3
猪(万头)	Hogs(10 000 heads)	15.72	14.61	-7.1
规模以上工业	**Industrial Enterprises above Designated size**			
工业企业单位数(个)	Number of Industrial Enterprises(unit)	37	36	-2.7
# 内资企业(个)	Civil Funded Enterprises(unit)	37	35	-5.4
工业总产值(万元)	Gross Industrial Output Value(10 000 yuan)	236807	429427	81.3
内资企业(万元)	Civil Funded Enterprises(10 000 yuan)	236807	405852	71.4
国有企业(万元)	State-owned Enterprises(10 000 yuan)	12562	14191	13.0
集体企业(万元)	Collective-owned Enterprises(10 000 yuan)	2247	2553	13.6
股份合作企业(万元)	Share Holding Enterprises(10 000 yuan)	1256		
联营企业(万元)	Joint Owned Enterprises(10 000 yuan)			
有限责任公司(万元)	Limited Company(10 000 yuan)	60964	97616	60.1
股份有限公司(万元)	Share Holding Limited Company(10 000 yuan)	34934	16311	-53.3
私营企业(万元)	Privately Owned Enterprises(10 000 yuan)	124280	275181	121.4
其他企业(万元)	Enterprises of Other Ownership(10 000 yuan)	564		
港澳台商投资企业(万元)	Funds from HK,Macao & Taiwan(10 000 yuan)		23575	
外商投资企业(万元)	Foreign Funded Enterprises(10 000 yuan)			
工业企业增加值(万元)	Value Added of Industrial Enterprises(10 000 yuan)	78839	141801	60.4
工业企业资产总计(万元)	Total Assets of Industrial Enterprises(10 000 yuan)	340189	521214	53.2
工业企业负债合计(万元)	Total Liabilities of Industrial Enterprises(10 000 yuan)	134126	254434	89.7
工业企业产品销售收入(万元)	Sales of Revenue Industrial Enterprises(10 000 yuan)	231351	423547	83.1
工业企业利润总额(万元)	Total Profits of Industrial Enterprises(10 000 yuan)	29655	32209	8.6
建筑业	**Construction**			
建筑企业单位数(个)	Number of Construction Enterprises(unit)	20	25	25.0
建筑企业从业人员(人)	Number of Employee in Construction Enterprises(person)	23885	46442	94.4
建筑业总产值(万元)	Gross Construction Output Value(10 000 yuan)	86341	226675	162.5
交通运输邮电通信业	**Transportation,Post & Telecommunications**			
公路里程(公里)	Total Length of Highways(km)	1500	1505	0.3
邮电业务总量(万元)	Business Volume of Post & Telecoms(10 000 yuan)			
本地电话用户(户)	Number of Subscribers of Local Telephone(Household)	92000	92600	0.7
国内贸易	**Demestic Trade**			
社会消费品零售总额(万元)	Total Retail Sales of Consumer Goods(10 000 yuan)	176433	211857	20.1
# 贸易业(万元)	Wholesale & Retail Sales Trades(10 000 yuan)	142318	170728	20.0
餐饮业(万元)	Catering Trade(10 000 yuan)	33540	40320	20.2
科技教育卫生	**Science,Education & Public Health**			
各类专业技术人员(人)	Speccial Technical Personnel(person)	10944	10994	0.5
幼儿园数(所)	Number of Kindergartens(unit)	46	49	6.5
学龄儿童入学率(%)	Percentage of School-Age Children Enrolled(%)	100.0	100.0	0.0
小学学校数(所)	Number of Primary Schools(unit)	136	110	-19.1
小学专任教师数(人)	Number of Full-time Teachers of Primary Schools(person)	2369	2233	-5.7
小学在校学生数(人)	Number of Student Enrollment of Primary Schools(person)	35730	33010	-7.6
普通中学学校数(所)	Number of Regular Secondary Schools(unit)	31	27	-12.9
普通中学专任教师数(人)	Number of Teachers of Secondary Shools(person)	2437	2142	-12.1
初中在校学生数(人)	Number of Student in Junior Secondary Schools(person)	22747	20773	-8.7
高中在校学生数(人)	Number of Student in Senior Secondary Schools(person)	17553	17022	-3.0
卫生机构数(所)	Number of Health Institutions(unit)	39	40	2.6
# 医院(所)	Hospitals(unit)	3	3	0.0
卫生院(所)	Township Hospitals(unit)	28	28	0.0
床位数(张)	Number of Beds(unit)	687	742	8.0
# 医院(张)	Hospitals(unit)	225	233	3.6
卫生院(张)	Township Hospitals(unit)	430	477	10.9
卫生技术人员(人)	Medical Technical Presonnel(person)	803	895	11.5
# 医院(人)	Hospitals(person)	223	238	6.7
卫生院(人)	Township Hospitals(person)	480	552	15.0

23-56 赤峰市阿鲁科尔沁旗

指 标	Item	2006	2007	2007年比上年增长% Increase Rate in 2007 Over 2006(%)
行政区域土地面积(平方公里)	**Area of Administration(Sq.km)**	**14555**	**14555**	**0.0**
人口和就业	**Population & Employment**			
年末总人口(人)	Total Population Year-end(person)	297335	299293	0.7
#男性(人)	Male(person)	151669	152482	0.5
#乡村人口(人)	Rural(person)	253464	251528	-0.8
年末总户数(户)	Total Number of Households at the Year-end(Household)	98426	103085	4.7
#乡村户数(户)	Number of Rural Household(Household)	71299	72890	2.2
出生人口(人)	Births(person)	2873	2738	-4.7
死亡人口(人)	Deaths(person)	1327	1344	1.3
全社会就业人员(人)	Employment(person)	149556	150887	0.9
第一产业(人)	Primary Industry(person)	92642	93137	0.5
第二产业(人)	Secondary Industry(person)	14985	15115	0.9
第三产业(人)	Tertiary Industry(person)	41929	42635	1.7
在岗职工人数(人)	Number of Staff & Workers Employed in(person)	20243	20426	0.9
乡村劳动力(人)	Number of Rural Laborers(person)	138671	137904	-0.6
#农林牧渔业(人)	Farming,Forestry,Animal Husbandry & Fishery(person)	81434	103775	27.4
国民经济综合指标	**Summary Item on the National Economy**			
生产总值(万元)	Gross Domestic Product(10 000 yuan)	232611	297838	14.8
第一产业(万元)	Primary Industry(10 000 yuan)	65600	80581	4.6
第二产业(万元)	Secondary Industry(10 000 yuan)	76784	99103	6.5
#工业(万元)	Industry(10 000 yuan)	58620	84249	19.1
第三产业(万元)	Tertiary Industry(10 000 yuan)	90227	118154	27.4
人均生产总值(元)	Per Capita GDP(yuan)	7781	9940	15.1
全社会固定资产投资(万元)	Total Investment in Fixed Assets(10 000 yuan)	217685	193945	-10.9
按登记注册类型分	Grouped by Registered Type			
#国有(万元)	State-owned Enterprises(10 000 yuan)	162123	87039	-46.3
集体(万元)	Collective-owned Enterprises(10 000 yuan)			
有限责任公司(万元)	Limited Liability Corporations(10 000 yuan)	55562	96488	73.7
股份有限公司(万元)	Share Holding Enterprises(10 000 yuan)			
私营企业(万元)	Private Enterprises(10 000 yuan)			
外商及港澳台投资企业(万元)	Funds from HK,Macao,Taiwan & Foreign(10 000 yuan)			
按城乡渠道分	Grouped by Urban and Rural Area			
城镇(万元)	Urban(10 000 yuan)	198629	185102	-6.8
农村(万元)	Rural(10 000 yuan)	19056	8843	-53.6
一般预算收入(万元)	General Budgetary Financial Revenue(10 000 yuan)	5702	6994	22.7
一般预算支出(万元)	General Budgetary Financial Expenditures(10 000 yuan)	57824	73433	27.0
城乡居民储蓄存款余额(万元)	Resident Saving Deposit in Urban & Rural(10 000 yuan)	71961	83553	16.1
在岗职工工资总额(万元)	Total Wages of Staff & Workers Empioyed in(10 000 yuan)	26283	31966	21.6
在岗职工平均工资(元)	Average Wage of Staff & Workers Employed in(yuan)	12133	15650	29.0
农牧民人均纯收入(元)	Per Capita Net Income of Peasant & Herdsman(yuan)	2786	3186	14.4
农村牧区经济	**Economic Development in Rural & Pastoral Area**			
耕地面积(公顷)	Cultivated Area(hectare)	92505	110974	20.0
农作物总播种面积(公顷)	Total Sown Area(hectare)	78453	125169	59.5
#粮食作物播种面积(公顷)	Sown Area of Grain Crops(hectare)	55332	97165	75.6
有效灌溉面积(公顷)	Irrigated Area(hectare)	23710	24940	5.2
农牧业机械总动力(万千瓦)	Total Power of Agricultural Machinery(10 000 kw)	30.60	32.20	5.2
化肥施用折纯量(吨)	Consumption of Chemical Fertilizer(ton)	8269	11430	38.2
农村用电量(万千瓦小时)	Electricity Consumed in Rural Area(10 000 kwh)	4086	4118	0.8
农林牧渔业总产值(万元)	Gross Output of Farming,Forestry,Animal Husbandry & Fishery(10 000 yuan)	111677	136739	6.0
粮食产量(吨)	Yield of Grain(ton)	77280	229977	197.6
油料产量(吨)	Yield of Oil-bearing Grops(ton)	1523	6807	346.9
甜菜产量(吨)	Yield of Beetroots(ton)	1200	4517	276.4
猪牛羊肉产量(吨)	Output of Pork, Beef & Mutton(ton)	29910	27973	-6.5
#猪肉产量(吨)	Output of Pork(ton)	6153	3791	-38.4
牛肉产量(吨)	Output of Beef(ton)	13166	11429	-13.2
羊肉产量(吨)	Output of Mutton(ton)	10591	12753	20.4
羊毛产量(吨)	Output of Wool(ton)	1680	2226	32.5

23-56 Alukeerqin Banner in Chifeng City

指 标	Item	2006	2007	2007年比上年增长% Increase Rate in 2007 Over 2006(%)
年末牲畜存栏头数(万头只)	Total Livestock at the Year-end(10 000 heads)	125.30	119.84	-4.4
#大牲畜(万头只)	Large Animals(10 000 heads)	23.36	26.74	14.5
羊(万只)	Sheep & Goats(10 000 heads)	93.28	85.05	-8.8
猪(万头)	Hogs(10 000 heads)	8.66	8.05	-7.0
规模以上工业	**Industrial Enterprises above Designated size**			
工业企业单位数(个)	Number of Industrial Enterprises(unit)	27	30	11.1
#内资企业(个)	Civil Funded Enterprises(unit)	27	30	11.1
工业总产值(万元)	Gross Industrial Output Value(10 000 yuan)	114074	155152	36.0
内资企业(万元)	Civil Funded Enterprises(10 000 yuan)	114074	155152	36.0
国有企业(万元)	State-owned Enterprises(10 000 yuan)	66912	91676	37.0
集体企业(万元)	Collective-owned Enterprises(10 000 yuan)	4038	5118	26.7
股份合作企业(万元)	Share Holding Enterprises(10 000 yuan)			
联营企业(万元)	Joint Owned Enterprises(10 000 yuan)			
有限责任公司(万元)	Limited Company(10 000 yuan)	13618	22743	67.0
股份有限公司(万元)	Share Holding Limited Company(10 000 yuan)	3184	2865	-10.0
私营企业(万元)	Privately Owned Enterprises(10 000 yuan)	26322	32750	24.4
其他企业(万元)	Enterprises of Other Ownership(10 000 yuan)			
港澳台商投资企业(万元)	Funds from HK,Macao & Taiwan(10 000 yuan)			
外商投资企业(万元)	Foreign Funded Enterprises(10 000 yuan)			
工业企业增加值(万元)	Value Added of Industrial Enterprises(10 000 yuan)	43089	70153	16.9
工业企业资产总计(万元)	Total Assets of Industrial Enterprises(10 000 yuan)	84936	123797	45.8
工业企业负债合计(万元)	Total Liabilities of Industrial Enterprises(10 000 yuan)	34439	40446	17.4
工业企业产品销售收入(万元)	Sales of Revenue Industrial Enterprises(10 000 yuan)	114691	157797	37.6
工业企业利润总额(万元)	Total Profits of Industrial Enterprises(10 000 yuan)	19708	36630	85.9
建筑业	**Construction**			
建筑企业单位数(个)	Number of Construction Enterprises(unit)	3	2	-33.3
建筑企业从业人员(人)	Number of Employee in Construction Enterprises(person)	1220	1080	-11.5
建筑业总产值(万元)	Gross Construction Output Value(10 000 yuan)	7686	6370	-17.1
交通运输邮电通信业	**Transportation,Post & Telecommunications**			
公路里程(公里)	Total Length of Highways(km)	857	937	9.3
邮电业务总量(万元)	Business Volume of Post & Telecoms(10 000 yuan)	588	675	14.8
本地电话用户(户)	Number of Subscribers of Local Telephone(Household)	29429	29091	-1.1
国内贸易	**Demestic Trade**			
社会消费品零售总额(万元)	Total Retail Sales of Consumer Goods(10 000 yuan)	71531	85433	19.4
#贸易业(万元)	Wholesale & Retail Sales Trades(10 000 yuan)	63613	74069	16.4
餐饮业(万元)	Catering Trade(10 000 yuan)	7046	9020	28.0
科技教育卫生	**Science,Education & Public Health**			
各类专业技术人员(人)	Speccial Technical Personnel(person)	6769	6818	0.7
幼儿园数(所)	Number of Kindergartens(unit)	9	10	11.1
学龄儿童入学率(%)	Percentage of School-Age Children Enrolled(%)	100.0	100.0	0.0
小学学校数(所)	Number of Primary Schools(unit)	32	32	0.0
小学专任教师数(人)	Number of Full-time Teachers of Primary Schools(person)	1542	1602	3.9
小学在校学生数(人)	Number of Student Enrollment of Primary Schools(person)	20268	19612	-3.2
普通中学学校数(所)	Number of Regular Secondary Schools(unit)	16	15	-6.2
普通中学专任教师数(人)	Number of Teachers of Secondary Shools(person)	1125	1116	-0.8
初中在校学生数(人)	Number of Student in Junior Secondary Schools(person)	11860	12329	4.0
高中在校学生数(人)	Number of Student in Senior Secondary Schools(person)	6217	6226	0.1
卫生机构数(所)	Number of Health Institutions(unit)	53	33	-37.7
#医院(所)	Hospitals(unit)	2	4	100.0
卫生院(所)	Township Hospitals(unit)	23	22	-4.3
床位数(张)	Number of Beds(unit)	606	641	5.8
#医院(张)	Hospitals(unit)	210	400	90.5
卫生院(张)	Township Hospitals(unit)	376	211	-43.9
卫生技术人员(人)	Medical Technical Presonnel(person)	543	778	43.3
#医院(人)	Hospitals(person)	232	470	102.6
卫生院(人)	Township Hospitals(person)	221	187	-15.4

23-57 赤峰市巴林左旗

指 标	Item	2006	2007	2007年比上年增长% Increase Rate in 2007 Over 2006(%)
行政区域土地面积(平方公里)	**Area of Administration(Sq.km)**	**6713**	**6630**	**-1.2**
人口和就业	**Population & Employment**			
年末总人口(人)	Total Population Year-end(person)	356896	358594	0.5
#男性(人)	Male(person)	182144	182901	0.4
#乡村人口(人)	Rural(person)	302963	303560	0.2
年末总户数(户)	Total Number of Households at the Year-end(Household)	107942	110578	2.4
#乡村户数(户)	Number of Rural Household(Household)	78200	80228	2.6
出生人口(人)	Births(person)	3075	4020	30.7
死亡人口(人)	Deaths(person)	724	1970	172.1
全社会就业人员(人)	Employment(person)	190719	200100	4.9
第一产业(人)	Primary Industry(person)	121192	133250	9.9
第二产业(人)	Secondary Industry(person)	20027	31783	58.7
第三产业(人)	Tertiary Industry(person)	49500	35067	-29.2
在岗职工人数(人)	Number of Staff & Workers Employed in(person)	20470	20450	-0.1
乡村劳动力(人)	Number of Rural Laborers(person)	158333	170220	7.5
#农林牧渔业(人)	Farming,Forestry,Animal Husbandry & Fishery(person)	135222	128761	-4.8
国民经济综合指标	**Summary Item on the National Economy**			
生产总值(万元)	Gross Domestic Product(10 000 yuan)	288773	417261	20.2
第一产业(万元)	Primary Industry(10 000 yuan)	79060	97065	4.5
第二产业(万元)	Secondary Industry(10 000 yuan)	122314	212949	34.8
#工业(万元)	Industry(10 000 yuan)	110267	191460	31.3
第三产业(万元)	Tertiary Industry(10 000 yuan)	87399	107247	19.5
人均生产总值(元)	Per Capita GDP(yuan)	8131	11662	19.3
全社会固定资产投资(万元)	Total Investment in Fixed Assets(10 000 yuan)	157183	280571	78.5
按登记注册类型分	Grouped by Registered Type			
#国有(万元)	State-owned Enterprises(10 000 yuan)	96086	155953	62.3
集体(万元)	Collective-owned Enterprises(10 000 yuan)	7944	8341	5.0
有限责任公司(万元)	Limited Liability Corporations(10 000 yuan)			
股份有限公司(万元)	Share Holding Enterprises(10 000 yuan)			
私营企业(万元)	Private Enterprises(10 000 yuan)			
外商及港澳台投资企业(万元)	Funds from HK,Macao,Taiwan & Foreign(10 000 yuan)			
按城乡渠道分	Grouped by Urban and Rural Area			
城镇(万元)	Urban(10 000 yuan)	153088	227530	48.6
农村(万元)	Rural(10 000 yuan)	4095	53041	1195.3
一般预算收入(万元)	General Budgetary Financial Revenue(10 000 yuan)	8659	13809	59.5
一般预算支出(万元)	General Budgetary Financial Expenditures(10 000 yuan)	54116	74096	36.9
城乡居民储蓄存款余额(万元)	Resident Saving Deposit in Urban & Rural(10 000 yuan)	118402	146616	23.8
在岗职工工资总额(万元)	Total Wages of Staff & Workers Empioyed in(10 000 yuan)	28847	35341	22.5
在岗职工平均工资(元)	Average Wage of Staff & Workers Employed in(yuan)	14249	16823	18.1
农牧民人均纯收入(元)	Per Capita Net Income of Peasant & Herdsman(yuan)	3232	3793	17.4
农村牧区经济	**Economic Development in Rural & Pastoral Area**			
耕地面积(公顷)	Cultivated Area(hectare)	106655	106691	0.0
农作物总播种面积(公顷)	Total Sown Area(hectare)	106655	106701	0.0
#粮食作物播种面积(公顷)	Sown Area of Grain Crops(hectare)	74858	77029	2.9
有效灌溉面积(公顷)	Irrigated Area(hectare)	33515	28547	-14.8
农牧业机械总动力(万千瓦)	Total Power of Agricultural Machinery(10 000 kw)	25.90	28.50	10.0
化肥施用折纯量(吨)	Consumption of Chemical Fertilizer(ton)	14517	14168	-2.4
农村用电量(万千瓦小时)	Electricity Consumed in Rural Area(10 000 kwh)	5800	6884	18.7
农林牧渔业总产值(万元)	Gross Output of Farming,Forestry,Animal Husbandry & Fishery(10 000 yuan)	134592	164711	5.1
粮食产量(吨)	Yield of Grain(ton)	245000	217646	-11.2
油料产量(吨)	Yield of Oil-bearing Grops(ton)	1785	4183	134.3
甜菜产量(吨)	Yield of Beetroots(ton)	4183	17485	318.0
猪牛羊肉产量(吨)	Output of Pork, Beef & Mutton(ton)	25096	19261	-23.3
#猪肉产量(吨)	Output of Pork(ton)	16342	9472	-42.0
牛肉产量(吨)	Output of Beef(ton)	2239	1944	-13.2
羊肉产量(吨)	Output of Mutton(ton)	6515	7845	20.4
羊毛产量(吨)	Output of Wool(ton)	894	870	-2.7

23-57 Balinzuo Banner in Chifeng City

指 标	Item	2006	2007	2007年比上年增长% Increase Rate in 2007 Over 2006(%)
年末牲畜存栏头数(万头只)	Total Livestock at the Year-end(10 000 heads)	115.20	102.69	-10.9
#大牲畜(万头只)	Large Animals(10 000 heads)	13.60	9.92	-27.1
羊(万只)	Sheep & Goats(10 000 heads)	85.40	77.73	-9.0
猪(万头)	Hogs(10 000 heads)	16.20	15.04	-7.2
规模以上工业	**Industrial Enterprises above Designated size**			
工业企业单位数(个)	Number of Industrial Enterprises(unit)	27	30	11.1
#内资企业(个)	Civil Funded Enterprises(unit)	26	30	15.4
工业总产值(万元)	Gross Industrial Output Value(10 000 yuan)	245751	469630	91.1
内资企业(万元)	Civil Funded Enterprises(10 000 yuan)	244276	469630	92.3
国有企业(万元)	State-owned Enterprises(10 000 yuan)	139122	79853	-42.6
集体企业(万元)	Collective-owned Enterprises(10 000 yuan)	11686		
股份合作企业(万元)	Share Holding Enterprises(10 000 yuan)			
联营企业(万元)	Joint Owned Enterprises(10 000 yuan)			
有限责任公司(万元)	Limited Company(10 000 yuan)	47709	69139	44.9
股份有限公司(万元)	Share Holding Limited Company(10 000 yuan)	45759	316147	590.9
私营企业(万元)	Privately Owned Enterprises(10 000 yuan)		4491	
其他企业(万元)	Enterprises of Other Ownership(10 000 yuan)			
港澳台商投资企业(万元)	Funds from HK,Macao & Taiwan(10 000 yuan)	1475		
外商投资企业(万元)	Foreign Funded Enterprises(10 000 yuan)			
工业企业增加值(万元)	Value Added of Industrial Enterprises(10 000 yuan)	88223	165260	34.6
工业企业资产总计(万元)	Total Assets of Industrial Enterprises(10 000 yuan)	249059	262898	5.6
工业企业负债合计(万元)	Total Liabilities of Industrial Enterprises(10 000 yuan)	101413	103161	1.7
工业企业产品销售收入(万元)	Sales of Revenue Industrial Enterprises(10 000 yuan)	162745	374760	130.3
工业企业利润总额(万元)	Total Profits of Industrial Enterprises(10 000 yuan)	38938	83920	115.5
建筑业	**Construction**			
建筑企业单位数(个)	Number of Construction Enterprises(unit)	3	3	0.0
建筑企业从业人员(人)	Number of Employee in Construction Enterprises(person)	1440	1220	-15.3
建筑业总产值(万元)	Gross Construction Output Value(10 000 yuan)	13093	22811	74.2
交通运输邮电通信业	**Transportation,Post & Telecommunications**			
公路里程(公里)	Total Length of Highways(km)	937	937	0.0
邮电业务总量(万元)	Business Volume of Post & Telecoms(10 000 yuan)	4107	4797	16.8
本地电话用户(户)	Number of Subscribers of Local Telephone(Household)	33290	32759	-1.6
国内贸易	**Demestic Trade**			
社会消费品零售总额(万元)	Total Retail Sales of Consumer Goods(10 000 yuan)	92279	110598	19.9
#贸易业(万元)	Wholesale & Retail Sales Trades(10 000 yuan)	76844	92586	20.5
餐饮业(万元)	Catering Trade(10 000 yuan)	11266	13390	18.9
科技教育卫生	**Science,Education & Public Health**			
各类专业技术人员(人)	Speccial Technical Personnel(person)	7376	8250	11.8
幼儿园数(所)	Number of Kindergartens(unit)	14	23	64.3
学龄儿童入学率(%)	Percentage of School-Age Children Enrolled(%)	99.9	100.0	0.1
小学学校数(所)	Number of Primary Schools(unit)	114	98	-14.0
小学专任教师数(人)	Number of Full-time Teachers of Primary Schools(person)	2123	2088	-1.6
小学在校学生数(人)	Number of Student Enrollment of Primary Schools(person)	23629	22723	-3.8
普通中学学校数(所)	Number of Regular Secondary Schools(unit)	21	20	-4.8
普通中学专任教师数(人)	Number of Teachers of Secondary Shools(person)	1445	1393	-3.6
初中在校学生数(人)	Number of Student in Junior Secondary Schools(person)	16042	15042	-6.2
高中在校学生数(人)	Number of Student in Senior Secondary Schools(person)	7690	8462	10.0
卫生机构数(所)	Number of Health Institutions(unit)	30	30	0.0
#医院(所)	Hospitals(unit)	2	2	0.0
卫生院(所)	Township Hospitals(unit)	22	22	0.0
床位数(张)	Number of Beds(unit)	604	653	8.1
#医院(张)	Hospitals(unit)	280	320	14.3
卫生院(张)	Township Hospitals(unit)	324	313	-3.4
卫生技术人员(人)	Medical Technical Presonnel(person)	941	949	0.9
#医院(人)	Hospitals(person)	421	421	0.0
卫生院(人)	Township Hospitals(person)	412	417	1.2

23-58 赤峰市巴林右旗

指 标	Item	2006	2007	2007年比上年增长% Increase Rate in 2007 Over 2006(%)
行政区域土地面积(平方公里)	**Area of Administration(Sq.km)**	**9837**	**9837**	**0.0**
人口和就业	**Population & Employment**			
年末总人口(人)	Total Population Year-end(person)	179525	181179	0.9
# 男性(人)	Male(person)	91692	92524	0.9
# 乡村人口(人)	Rural(person)	123623	124586	0.8
年末总户数(户)	Total Number of Households at the Year-end(Household)	63111	64763	2.6
# 乡村户数(户)	Number of Rural Household(Household)	33153	33884	2.2
出生人口(人)	Births(person)	1294	1883	45.5
死亡人口(人)	Deaths(person)	377	619	64.2
全社会就业人员(人)	Employment(person)	80436	80599	0.2
第一产业(人)	Primary Industry(person)	44896	42085	-6.3
第二产业(人)	Secondary Industry(person)	6840	7258	6.1
第三产业(人)	Tertiary Industry(person)	28700	31256	8.9
在岗职工人数(人)	Number of Staff & Workers Employed in(person)	16530	17979	8.8
乡村劳动力(人)	Number of Rural Laborers(person)	48894	46169	-5.6
# 农林牧渔业(人)	Farming,Forestry,Animal Husbandry & Fishery(person)	44896	42085	-6.3
国民经济综合指标	**Summary Item on the National Economy**			
生产总值(万元)	Gross Domestic Product(10 000 yuan)	153053	207237	19.3
第一产业(万元)	Primary Industry(10 000 yuan)	40502	49701	4.5
第二产业(万元)	Secondary Industry(10 000 yuan)	57085	88957	29.7
# 工业(万元)	Industry(10 000 yuan)	39988	68111	38.7
第三产业(万元)	Tertiary Industry(10 000 yuan)	55466	68579	20.8
人均生产总值(元)	Per Capita GDP(yuan)	8559	11507	18.3
全社会固定资产投资(万元)	Total Investment in Fixed Assets(10 000 yuan)	225330	272179	20.8
按登记注册类型分	Grouped by Registered Type			
# 国有(万元)	State-owned Enterprises(10 000 yuan)	74137	151715	104.6
集体(万元)	Collective-owned Enterprises(10 000 yuan)			
有限责任公司(万元)	Limited Liability Corporations(10 000 yuan)	26310	34206	30.0
股份有限公司(万元)	Share Holding Enterprises(10 000 yuan)	10940	7290	-33.4
私营企业(万元)	Private Enterprises(10 000 yuan)	3100		
外商及港澳台投资企业(万元)	Funds from HK,Macao,Taiwan & Foreign(10 000 yuan)			
按城乡渠道分	Grouped by Urban and Rural Area			
城镇(万元)	Urban(10 000 yuan)	223148	269179	20.6
农村(万元)	Rural(10 000 yuan)	2182	3000	37.5
一般预算收入(万元)	General Budgetary Financial Revenue(10 000 yuan)	8041	9700	20.6
一般预算支出(万元)	General Budgetary Financial Expenditures(10 000 yuan)	58329	72933	25.0
城乡居民储蓄存款余额(万元)	Resident Saving Deposit in Urban & Rural(10 000 yuan)	72457	111951	54.5
在岗职工工资总额(万元)	Total Wages of Staff & Workers Empioyed in(10 000 yuan)	22585	28962	28.2
在岗职工平均工资(元)	Average Wage of Staff & Workers Employed in(yuan)	12725	14722	15.7
农牧民人均纯收入(元)	Per Capita Net Income of Peasant & Herdsman(yuan)	3305	3700	12.0
农村牧区经济	**Economic Development in Rural & Pastoral Area**			
耕地面积(公顷)	Cultivated Area(hectare)	50152	50152	0.0
农作物总播种面积(公顷)	Total Sown Area(hectare)	48904	61270	25.3
# 粮食作物播种面积(公顷)	Sown Area of Grain Crops(hectare)	35823	43502	21.4
有效灌溉面积(公顷)	Irrigated Area(hectare)	12461	14394	15.5
农牧业机械总动力(万千瓦)	Total Power of Agricultural Machinery(10 000 kw)	20.70	21.00	1.4
化肥施用折纯量(吨)	Consumption of Chemical Fertilizer(ton)	7067	7306	3.4
农村用电量(万千瓦小时)	Electricity Consumed in Rural Area(10 000 kwh)	2714	1992	-26.6
农林牧渔业总产值(万元)	Gross Output of Farming,Forestry,Animal Husbandry & Fishery(10 000 yuan)	68951	84338	5.1
粮食产量(吨)	Yield of Grain(ton)	68542	77996	13.8
油料产量(吨)	Yield of Oil-bearing Grops(ton)	1359	7152	426.3
甜菜产量(吨)	Yield of Beetroots(ton)		4723	
猪牛羊肉产量(吨)	Output of Pork, Beef & Mutton(ton)	21251	21146	-0.5
# 猪肉产量(吨)	Output of Pork(ton)	4033	2189	-45.7
牛肉产量(吨)	Output of Beef(ton)	5280	4583	-13.2
羊肉产量(吨)	Output of Mutton(ton)	11938	14374	20.4
羊毛产量(吨)	Output of Wool(ton)	1703	1728	1.5

23-58 Balinyou Banner in Chifeng City

指标	Item	2006	2007	2007年比上年增长% Increase Rate in 2007 Over 2006(%)
年末牲畜存栏头数(万头只)	Total Livestock at the Year-end(10 000 heads)	123.99	112.01	-9.7
#大牲畜(万头只)	Large Animals(10 000 heads)	10.17	11.69	14.9
羊(万只)	Sheep & Goats(10 000 heads)	110.72	97.44	-12.0
猪(万头)	Hogs(10 000 heads)	3.10	2.88	-7.1
规模以上工业	**Industrial Enterprises above Designated size**			
工业企业单位数(个)	Number of Industrial Enterprises(unit)	11	13	18.2
#内资企业(个)	Civil Funded Enterprises(unit)	11	13	18.2
工业总产值(万元)	Gross Industrial Output Value(10 000 yuan)	79855	166804	108.9
内资企业(万元)	Civil Funded Enterprises(10 000 yuan)	79855	166804	108.9
国有企业(万元)	State-owned Enterprises(10 000 yuan)	4974	5840	17.4
集体企业(万元)	Collective-owned Enterprises(10 000 yuan)			
股份合作企业(万元)	Share Holding Enterprises(10 000 yuan)			
联营企业(万元)	Joint Owned Enterprises(10 000 yuan)			
有限责任公司(万元)	Limited Company(10 000 yuan)	63218	144462	128.5
股份有限公司(万元)	Share Holding Limited Company(10 000 yuan)	8695	12955	49.0
私营企业(万元)	Privately Owned Enterprises(10 000 yuan)	2968	3547	19.5
其他企业(万元)	Enterprises of Other Ownership(10 000 yuan)			
港澳台商投资企业(万元)	Funds from HK,Macao & Taiwan(10 000 yuan)			
外商投资企业(万元)	Foreign Funded Enterprises(10 000 yuan)			
工业企业增加值(万元)	Value Added of Industrial Enterprises(10 000 yuan)	27545	48149	47.5
工业企业资产总计(万元)	Total Assets of Industrial Enterprises(10 000 yuan)	66811	81889	22.6
工业企业负债合计(万元)	Total Liabilities of Industrial Enterprises(10 000 yuan)	37943	53275	40.4
工业企业产品销售收入(万元)	Sales of Revenue Industrial Enterprises(10 000 yuan)	78221	167799	114.5
工业企业利润总额(万元)	Total Profits of Industrial Enterprises(10 000 yuan)	5843	34609	492.3
建筑业	**Construction**			
建筑企业单位数(个)	Number of Construction Enterprises(unit)	8	8	0.0
建筑企业从业人员(人)	Number of Employee in Construction Enterprises(person)	2115	3321	57.0
建筑业总产值(万元)	Gross Construction Output Value(10 000 yuan)	29996	82005	173.4
交通运输邮电通信业	**Transportation,Post & Telecommunications**			
公路里程(公里)	Total Length of Highways(km)	1588	1676	5.5
邮电业务总量(万元)	Business Volume of Post & Telecoms(10 000 yuan)	4943	5971	20.8
本地电话用户(户)	Number of Subscribers of Local Telephone(Household)	17600	17778	1.0
国内贸易	**Demestic Trade**			
社会消费品零售总额(万元)	Total Retail Sales of Consumer Goods(10 000 yuan)	60597	72683	19.9
#贸易业(万元)	Wholesale & Retail Sales Trades(10 000 yuan)	42651	47535	11.5
餐饮业(万元)	Catering Trade(10 000 yuan)	17366	20126	15.9
科技教育卫生	**Science,Education & Public Health**			
各类专业技术人员(人)	Speccial Technical Personnel(person)	4754	4860	2.2
幼儿园数(所)	Number of Kindergartens(unit)	15	18	20.0
学龄儿童入学率(%)	Percentage of School-Age Children Enrolled(%)	100.0	100.0	0.0
小学学校数(所)	Number of Primary Schools(unit)	29	24	-17.2
小学专任教师数(人)	Number of Full-time Teachers of Primary Schools(person)	1422	1371	-3.6
小学在校学生数(人)	Number of Student Enrollment of Primary Schools(person)	13599	13478	-0.9
普通中学学校数(所)	Number of Regular Secondary Schools(unit)	16	18	12.5
普通中学专任教师数(人)	Number of Teachers of Secondary Shools(person)	756	864	14.3
初中在校学生数(人)	Number of Student in Junior Secondary Schools(person)	7224	7903	9.4
高中在校学生数(人)	Number of Student in Senior Secondary Schools(person)	5086	5405	6.3
卫生机构数(所)	Number of Health Institutions(unit)	38	39	2.6
#医院(所)	Hospitals(unit)	5	5	0.0
卫生院(所)	Township Hospitals(unit)	30	30	0.0
床位数(张)	Number of Beds(unit)	525	523	-0.4
#医院(张)	Hospitals(unit)	299	299	0.0
卫生院(张)	Township Hospitals(unit)	226	224	-0.9
卫生技术人员(人)	Medical Technical Presonnel(person)	635	650	2.4
#医院(人)	Hospitals(person)	375	385	2.7
卫生院(人)	Township Hospitals(person)	246	255	3.7

23-59 赤峰市林西县

指 标	Item	2006	2007	2007年比上年增长% Increase Rate in 2007 Over 2006(%)
行政区域土地面积(平方公里)	**Area of Administration(Sq.km)**	**3933**	**3933**	**0.0**
人口和就业	**Population & Employment**			
年末总人口(人)	Total Population Year-end(person)	241825	238312	-1.5
#男性(人)	Male(person)	123035	120773	-1.8
#乡村人口(人)	Rural(person)	180064	188428	4.6
年末总户数(户)	Total Number of Households at the Year-end(Household)	82963	84410	1.7
#乡村户数(户)	Number of Rural Household(Household)	52076	52600	1.0
出生人口(人)	Births(person)	1969	2694	36.8
死亡人口(人)	Deaths(person)	988	4157	320.7
全社会就业人员(人)	Employment(person)	123655	119323	-3.5
第一产业(人)	Primary Industry(person)	59675	62826	5.3
第二产业(人)	Secondary Industry(person)	11878	20913	76.1
第三产业(人)	Tertiary Industry(person)	52102	35584	-31.7
在岗职工人数(人)	Number of Staff & Workers Employed in(person)	21097	21432	1.6
乡村劳动力(人)	Number of Rural Laborers(person)	93225	90158	-3.3
#农林牧渔业(人)	Farming,Forestry,Animal Husbandry & Fishery(person)	57116	62826	10.0
国民经济综合指标	**Summary Item on the National Economy**			
生产总值(万元)	Gross Domestic Product(10 000 yuan)	175129	234372	19.3
第一产业(万元)	Primary Industry(10 000 yuan)	42600	52329	4.6
第二产业(万元)	Secondary Industry(10 000 yuan)	63144	96269	27.9
#工业(万元)	Industry(10 000 yuan)	52189	83827	28.6
第三产业(万元)	Tertiary Industry(10 000 yuan)	69385	85774	21.2
人均生产总值(元)	Per Capita GDP(yuan)	7335	9759	18.7
全社会固定资产投资(万元)	Total Investment in Fixed Assets(10 000 yuan)	116032	162445	40.0
按登记注册类型分	Grouped by Registered Type			
#国有(万元)	State-owned Enterprises(10 000 yuan)	45309	58684	29.5
集体(万元)	Collective-owned Enterprises(10 000 yuan)	2800	350	-87.5
有限责任公司(万元)	Limited Liability Corporations(10 000 yuan)		6370	
股份有限公司(万元)	Share Holding Enterprises(10 000 yuan)	6600	20940	217.3
私营企业(万元)	Private Enterprises(10 000 yuan)	55730	71755	28.8
外商及港澳台投资企业(万元)	Funds from HK,Macao,Taiwan & Foreign(10 000 yuan)			
按城乡渠道分	Grouped by Urban and Rural Area			
城镇(万元)	Urban(10 000 yuan)	104471	148803	42.4
农村(万元)	Rural(10 000 yuan)	11561	13642	18.0
一般预算收入(万元)	General Budgetary Financial Revenue(10 000 yuan)	5821	9384	61.2
一般预算支出(万元)	General Budgetary Financial Expenditures(10 000 yuan)	49453	59272	19.9
城乡居民储蓄存款余额(万元)	Resident Saving Deposit in Urban & Rural(10 000 yuan)	91520	111906	22.3
在岗职工工资总额(万元)	Total Wages of Staff & Workers Empioyed in(10 000 yuan)	24201	30734	27.0
在岗职工平均工资(元)	Average Wage of Staff & Workers Employed in(yuan)	11735	14680	25.1
农牧民人均纯收入(元)	Per Capita Net Income of Peasant & Herdsman(yuan)	3045	3493	14.7
农村牧区经济	**Economic Development in Rural & Pastoral Area**			
耕地面积(公顷)	Cultivated Area(hectare)	61219	59984	-2.0
农作物总播种面积(公顷)	Total Sown Area(hectare)	62665	62445	-0.4
#粮食作物播种面积(公顷)	Sown Area of Grain Crops(hectare)	42792	45731	6.9
有效灌溉面积(公顷)	Irrigated Area(hectare)	24692	25377	2.8
农牧业机械总动力(万千瓦)	Total Power of Agricultural Machinery(10 000 kw)	20.80	21.57	3.7
化肥施用折纯量(吨)	Consumption of Chemical Fertilizer(ton)	6005	20507	241.5
农村用电量(万千瓦小时)	Electricity Consumed in Rural Area(10 000 kwh)	4500	7218	60.4
农林牧渔业总产值(万元)	Gross Output of Farming,Forestry,Animal Husbandry & Fishery(10 000 yuan)	72522	88797	5.1
粮食产量(吨)	Yield of Grain(ton)	158968	120361	-24.3
油料产量(吨)	Yield of Oil-bearing Grops(ton)	8291	5711	-31.1
甜菜产量(吨)	Yield of Beetroots(ton)	159284	156463	-1.8
猪牛羊肉产量(吨)	Output of Pork, Beef & Mutton(ton)	20950	17404	-16.9
#猪肉产量(吨)	Output of Pork(ton)	8772	5062	-42.3
牛肉产量(吨)	Output of Beef(ton)	6909	5998	-13.2
羊肉产量(吨)	Output of Mutton(ton)	5269	6344	20.4
羊毛产量(吨)	Output of Wool(ton)	1300	1377	5.9

23-59 Linxi County in Chifeng City

指 标	Item	2006	2007	2007年比上年增长% Increase Rate in 2007 Over 2006(%)
年末牲畜存栏头数(万头只)	Total Livestock at the Year-end(10 000 heads)	57.53	54.80	-4.7
#大牲畜(万头只)	Large Animals(10 000 heads)	9.06	10.68	17.9
羊(万只)	Sheep & Goats(10 000 heads)	39.73	35.99	-9.4
猪(万头)	Hogs(10 000 heads)	8.74	8.13	-7.0
规模以上工业	**Industrial Enterprises above Designated size**			
工业企业单位数(个)	Number of Industrial Enterprises(unit)	22	25	13.6
#内资企业(个)	Civil Funded Enterprises(unit)	22	25	13.6
工业总产值(万元)	Gross Industrial Output Value(10 000 yuan)	101205	186960	84.7
内资企业(万元)	Civil Funded Enterprises(10 000 yuan)	101205	186960	84.7
国有企业(万元)	State-owned Enterprises(10 000 yuan)	6323	7982	26.2
集体企业(万元)	Collective-owned Enterprises(10 000 yuan)			
股份合作企业(万元)	Share Holding Enterprises(10 000 yuan)	1700	1830	7.6
联营企业(万元)	Joint Owned Enterprises(10 000 yuan)	1071		
有限责任公司(万元)	Limited Company(10 000 yuan)	57586		
股份有限公司(万元)	Share Holding Limited Company(10 000 yuan)			
私营企业(万元)	Privately Owned Enterprises(10 000 yuan)	34525	172116	398.5
其他企业(万元)	Enterprises of Other Ownership(10 000 yuan)		5032	
港澳台商投资企业(万元)	Funds from HK,Macao & Taiwan(10 000 yuan)			
外商投资企业(万元)	Foreign Funded Enterprises(10 000 yuan)			
工业企业增加值(万元)	Value Added of Industrial Enterprises(10 000 yuan)	33025	81217	31.8
工业企业资产总计(万元)	Total Assets of Industrial Enterprises(10 000 yuan)	132366	136052	2.8
工业企业负债合计(万元)	Total Liabilities of Industrial Enterprises(10 000 yuan)	70349	66285	-5.8
工业企业产品销售收入(万元)	Sales of Revenue Industrial Enterprises(10 000 yuan)	101234	186223	84.0
工业企业利润总额(万元)	Total Profits of Industrial Enterprises(10 000 yuan)	19683	24654	25.3
建筑业	**Construction**			
建筑企业单位数(个)	Number of Construction Enterprises(unit)	2	2	0.0
建筑企业从业人员(人)	Number of Employee in Construction Enterprises(person)	485	599	23.5
建筑业总产值(万元)	Gross Construction Output Value(10 000 yuan)	6288	8580	36.5
交通运输邮电通信业	**Transportation,Post & Telecommunications**			
公路里程(公里)	Total Length of Highways(km)	527	527	0.0
邮电业务总量(万元)	Business Volume of Post & Telecoms(10 000 yuan)	4969	5804	16.8
本地电话用户(户)	Number of Subscribers of Local Telephone(Household)	20510	17835	-13.0
国内贸易	**Demestic Trade**			
社会消费品零售总额(万元)	Total Retail Sales of Consumer Goods(10 000 yuan)	76421	91743	20.0
#贸易业(万元)	Wholesale & Retail Sales Trades(10 000 yuan)	60767	72272	18.9
餐饮业(万元)	Catering Trade(10 000 yuan)	11691	14942	27.8
科技教育卫生	**Science,Education & Public Health**			
各类专业技术人员(人)	Speccial Technical Personnel(person)	4986	8460	69.7
幼儿园数(所)	Number of Kindergartens(unit)	27	28	3.7
学龄儿童入学率(%)	Percentage of School-Age Children Enrolled(%)	100.0	100.0	0.0
小学学校数(所)	Number of Primary Schools(unit)	22	22	0.0
小学专任教师数(人)	Number of Full-time Teachers of Primary Schools(person)	938	955	1.8
小学在校学生数(人)	Number of Student Enrollment of Primary Schools(person)	16947	16702	-1.4
普通中学学校数(所)	Number of Regular Secondary Schools(unit)	4	4	0.0
普通中学专任教师数(人)	Number of Teachers of Secondary Shools(person)	731	826	13.0
初中在校学生数(人)	Number of Student in Junior Secondary Schools(person)	8679	10179	17.3
高中在校学生数(人)	Number of Student in Senior Secondary Schools(person)	5242	5144	-1.9
卫生机构数(所)	Number of Health Institutions(unit)	35	35	0.0
#医院(所)	Hospitals(unit)	4	4	0.0
卫生院(所)	Township Hospitals(unit)	19	12	-36.8
床位数(张)	Number of Beds(unit)	591	653	10.5
#医院(张)	Hospitals(unit)	395	435	10.1
卫生院(张)	Township Hospitals(unit)	176	198	12.5
卫生技术人员(人)	Medical Technical Presonnel(person)	757	808	6.7
#医院(人)	Hospitals(person)	494	524	6.1
卫生院(人)	Township Hospitals(person)	120	141	17.5

23-60 赤峰市克什克腾旗

指 标	Item	2006	2007	2007年比上年增长% Increase Rate in 2007 Over 2006(%)
行政区域土地面积（平方公里）	**Area of Administration(Sq.km)**	**20673**	**20673**	**0.0**
人口和就业	**Population & Employment**			
年末总人口(人)	Total Population Year-end(person)	246779	250940	1.7
#男性(人)	Male(person)	126636	128576	1.5
#乡村人口(人)	Rural(person)	194870	196792	1.0
年末总户数(户)	Total Number of Households at the Year-end(Household)	80395	83968	4.4
#乡村户数(户)	Number of Rural Household(Household)	60271	60094	-0.3
出生人口(人)	Births(person)	1006	1021	1.5
死亡人口(人)	Deaths(person)	325	310	-4.6
全社会就业人员(人)	Employment(person)	116383	119170	2.4
第一产业(人)	Primary Industry(person)	82750	83789	1.3
第二产业(人)	Secondary Industry(person)	9164	10275	12.1
第三产业(人)	Tertiary Industry(person)	24469	25106	2.6
在岗职工人数(人)	Number of Staff & Workers Employed in(person)	12429	12260	-1.4
乡村劳动力(人)	Number of Rural Laborers(person)	119547	107863	-9.8
#农林牧渔业(人)	Farming,Forestry,Animal Husbandry & Fishery(person)	81561	76346	-6.4
国民经济综合指标	**Summary Item on the National Economy**			
生产总值(万元)	Gross Domestic Product(10 000 yuan)	256963	423971	33.4
第一产业(万元)	Primary Industry(10 000 yuan)	64600	79403	4.7
第二产业(万元)	Secondary Industry(10 000 yuan)	128549	263157	57.3
#工业(万元)	Industry(10 000 yuan)	107042	235767	65.7
第三产业(万元)	Tertiary Industry(10 000 yuan)	63814	81411	24.3
人均生产总值(元)	Per Capita GDP(yuan)	10522	17030	31.0
全社会固定资产投资(万元)	Total Investment in Fixed Assets(10 000 yuan)	239856	357625	49.1
按登记注册类型分	Grouped by Registered Type			
#国有(万元)	State-owned Enterprises(10 000 yuan)	61861	47554	-23.1
集体(万元)	Collective-owned Enterprises(10 000 yuan)	258	280	8.5
有限责任公司(万元)	Limited Liability Corporations(10 000 yuan)	105594	260562	146.8
股份有限公司(万元)	Share Holding Enterprises(10 000 yuan)	51050	29710	-41.8
私营企业(万元)	Private Enterprises(10 000 yuan)	7980	3052	-61.8
外商及港澳台投资企业(万元)	Funds from HK,Macao,Taiwan & Foreign(10 000 yuan)			
按城乡渠道分	Grouped by Urban and Rural Area			
城镇（万元）	Urban(10 000 yuan)	239506	357270	49.2
农村（万元）	Rural(10 000 yuan)	350	355	1.4
一般预算收入(万元)	General Budgetary Financial Revenue(10 000 yuan)	12537	28013	123.4
一般预算支出(万元)	General Budgetary Financial Expenditures(10 000 yuan)	60521	80575	33.1
城乡居民储蓄存款余额(万元)	Resident Saving Deposit in Urban & Rural(10 000 yuan)	86809	106981	23.2
在岗职工工资总额(万元)	Total Wages of Staff & Workers Empioyed in(10 000 yuan)	19799	25569	29.1
在岗职工平均工资(元)	Average Wage of Staff & Workers Employed in(yuan)	14353	18508	28.9
农牧民人均纯收入(元)	Per Capita Net Income of Peasant & Herdsman(yuan)	3311	3794	14.6
农村牧区经济	**Economic Development in Rural & Pastoral Area**			
耕地面积(公顷)	Cultivated Area(hectare)	68034	68188	0.2
农作物总播种面积(公顷)	Total Sown Area(hectare)	57714	60960	5.6
#粮食作物播种面积(公顷)	Sown Area of Grain Crops(hectare)	41717	47729	14.4
有效灌溉面积(公顷)	Irrigated Area(hectare)	11909	13629	14.4
农牧业机械总动力(万千瓦)	Total Power of Agricultural Machinery(10 000 kw)	16.10	19.40	20.5
化肥施用折纯量(吨)	Consumption of Chemical Fertilizer(ton)	4712	4012	-14.9
农村用电量(万千瓦小时)	Electricity Consumed in Rural Area(10 000 kwh)	4200	2756	-34.4
农林牧渔业总产值(万元)	Gross Output of Farming,Forestry,Animal Husbandry & Fishery(10 000 yuan)	109975	134740	5.1
粮食产量(吨)	Yield of Grain(ton)	111919	75238	-32.8
油料产量(吨)	Yield of Oil-bearing Grops(ton)	2899	2086	-28.0
甜菜产量(吨)	Yield of Beetroots(ton)	10633	12749	19.9
猪牛羊肉产量(吨)	Output of Pork, Beef & Mutton(ton)	27678	26011	-6.0
#猪肉产量(吨)	Output of Pork(ton)	5373	2916	-45.7
牛肉产量(吨)	Output of Beef(ton)	11280	9792	-13.2
羊肉产量(吨)	Output of Mutton(ton)	11025	13303	20.7
羊毛产量(吨)	Output of Wool(ton)	4960	3992	-19.5

23-60 Keshiketeng Banner in Chifeng City

指标	Item	2006	2007	2007年比上年增长% Increase Rate in 2007 Over 2006(%)
年末牲畜存栏头数(万头只)	Total Livestock at the Year-end(10 000 heads)	77.72	73.42	-5.5
#大牲畜(万头只)	Large Animals(10 000 heads)	16.91	18.34	8.5
羊(万只)	Sheep & Goats(10 000 heads)	56.69	51.25	-9.6
猪(万头)	Hogs(10 000 heads)	4.12	3.83	-7.0
规模以上工业	**Industrial Enterprises above Designated size**			
工业企业单位数(个)	Number of Industrial Enterprises(unit)	11	15	36.4
#内资企业(个)	Civil Funded Enterprises(unit)	11	15	36.4
工业总产值(万元)	Gross Industrial Output Value(10 000 yuan)	170996	483069	182.5
内资企业(万元)	Civil Funded Enterprises(10 000 yuan)	170996	483069	182.5
国有企业(万元)	State-owned Enterprises(10 000 yuan)	7917	15093	90.6
集体企业(万元)	Collective-owned Enterprises(10 000 yuan)			
股份合作企业(万元)	Share Holding Enterprises(10 000 yuan)			
联营企业(万元)	Joint Owned Enterprises(10 000 yuan)			
有限责任公司(万元)	Limited Company(10 000 yuan)	158279	461678	191.7
股份有限公司(万元)	Share Holding Limited Company(10 000 yuan)			
私营企业(万元)	Privately Owned Enterprises(10 000 yuan)	4800	6298	31.2
其他企业(万元)	Enterprises of Other Ownership(10 000 yuan)			
港澳台商投资企业(万元)	Funds from HK,Macao & Taiwan(10 000 yuan)			
外商投资企业(万元)	Foreign Funded Enterprises(10 000 yuan)			
工业企业增加值(万元)	Value Added of Industrial Enterprises(10 000 yuan)	85248	207667	76.9
工业企业资产总计(万元)	Total Assets of Industrial Enterprises(10 000 yuan)	295662	482179	63.1
工业企业负债合计(万元)	Total Liabilities of Industrial Enterprises(10 000 yuan)	205430	235447	14.6
工业企业产品销售收入(万元)	Sales of Revenue Industrial Enterprises(10 000 yuan)	169508	484392	185.8
工业企业利润总额(万元)	Total Profits of Industrial Enterprises(10 000 yuan)	36022	119824	232.6
建筑业	**Construction**			
建筑企业单位数(个)	Number of Construction Enterprises(unit)	4	4	0.0
建筑企业从业人员(人)	Number of Employee in Construction Enterprises(person)	3292	4859	47.6
建筑业总产值(万元)	Gross Construction Output Value(10 000 yuan)	21140	26422	25.0
交通运输邮电通信业	**Transportation,Post & Telecommunications**			
公路里程(公里)	Total Length of Highways(km)	1323	1432	8.3
邮电业务总量(万元)	Business Volume of Post & Telecoms(10 000 yuan)	508	1632	221.3
本地电话用户(户)	Number of Subscribers of Local Telephone(Household)	26835	41000	52.8
国内贸易	**Demestic Trade**			
社会消费品零售总额(万元)	Total Retail Sales of Consumer Goods(10 000 yuan)	79358	95086	19.8
#贸易业(万元)	Wholesale & Retail Sales Trades(10 000 yuan)	62059	74397	19.9
餐饮业(万元)	Catering Trade(10 000 yuan)	15752	18984	20.5
科技教育卫生	**Science,Education & Public Health**			
各类专业技术人员(人)	Speccial Technical Personnel(person)	5318	6141	15.5
幼儿园数(所)	Number of Kindergartens(unit)	3	1	-66.7
学龄儿童入学率(%)	Percentage of School-Age Children Enrolled(%)	100.0	100.0	0.0
小学学校数(所)	Number of Primary Schools(unit)	56	59	5.4
小学专任教师数(人)	Number of Full-time Teachers of Primary Schools(person)	1221	1189	-2.6
小学在校学生数(人)	Number of Student Enrollment of Primary Schools(person)	14961	13383	-10.5
普通中学学校数(所)	Number of Regular Secondary Schools(unit)	12	14	16.7
普通中学专任教师数(人)	Number of Teachers of Secondary Shools(person)	869	922	6.1
初中在校学生数(人)	Number of Student in Junior Secondary Schools(person)	8655	9626	11.2
高中在校学生数(人)	Number of Student in Senior Secondary Schools(person)	6027	6207	3.0
卫生机构数(所)	Number of Health Institutions(unit)	28	28	0.0
#医院(所)	Hospitals(unit)	2	2	0.0
卫生院(所)	Township Hospitals(unit)	21	21	0.0
床位数(张)	Number of Beds(unit)	799	853	6.8
#医院(张)	Hospitals(unit)	212	230	8.5
卫生院(张)	Township Hospitals(unit)	338	353	4.4
卫生技术人员(人)	Medical Technical Presonnel(person)	749	700	-6.5
#医院(人)	Hospitals(person)	283	271	-4.2
卫生院(人)	Township Hospitals(person)	319	280	-12.2

23-61 赤峰市翁牛特旗

指 标	Item	2006	2007	2007年比上年增长% Increase Rate in 2007 Over 2006(%)
行政区域土地面积(平方公里)	**Area of Administration(Sq.km)**	**11882**	**11882**	**0.0**
人口和就业	**Population & Employment**			
年末总人口(人)	Total Population Year-end(person)	471691	475055	0.7
#男性(人)	Male(person)	242630	244410	0.7
#乡村人口(人)	Rural(person)	420662	421276	0.1
年末总户数(户)	Total Number of Households at the Year-end(Household)	135078	137965	2.1
#乡村户数(户)	Number of Rural Household(Household)	107067	106579	-0.5
出生人口(人)	Births(person)	4624	5167	11.7
死亡人口(人)	Deaths(person)	550	3069	458.0
全社会就业人员(人)	Employment(person)	213297	217813	2.1
第一产业(人)	Primary Industry(person)	127442	144589	13.5
第二产业(人)	Secondary Industry(person)	19836	31983	61.2
第三产业(人)	Tertiary Industry(person)	66019	41241	-37.5
在岗职工人数(人)	Number of Staff & Workers Employed in(person)	23601	23768	0.7
乡村劳动力(人)	Number of Rural Laborers(person)	212983	217074	1.9
#农林牧渔业(人)	Farming,Forestry,Animal Husbandry & Fishery(person)	143200	143773	0.4
国民经济综合指标	**Summary Item on the National Economy**			
生产总值(万元)	Gross Domestic Product(10 000 yuan)	366221	477537	14.8
第一产业(万元)	Primary Industry(10 000 yuan)	147800	181343	4.5
第二产业(万元)	Secondary Industry(10 000 yuan)	126721	179212	20.8
#工业(万元)	Industry(10 000 yuan)	101855	147221	21.1
第三产业(万元)	Tertiary Industry(10 000 yuan)	91700	116982	23.4
人均生产总值(元)	Per Capita GDP(yuan)	7781	10095	13.5
全社会固定资产投资(万元)	Total Investment in Fixed Assets(10 000 yuan)	310803	417719	34.4
按登记注册类型分	Grouped by Registered Type			
#国有(万元)	State-owned Enterprises(10 000 yuan)	24119	22201	-8.0
集体(万元)	Collective-owned Enterprises(10 000 yuan)			
有限责任公司(万元)	Limited Liability Corporations(10 000 yuan)	110985	180702	62.8
股份有限公司(万元)	Share Holding Enterprises(10 000 yuan)	7000	2000	-71.4
私营企业(万元)	Private Enterprises(10 000 yuan)	33274	67500	102.9
外商及港澳台投资企业(万元)	Funds from HK,Macao,Taiwan & Foreign(10 000 yuan)			
按城乡渠道分	Grouped by Urban and Rural Area			
城镇(万元)	Urban(10 000 yuan)	282301	394749	39.8
农村(万元)	Rural(10 000 yuan)	28502	22970	-19.4
一般预算收入(万元)	General Budgetary Financial Revenue(10 000 yuan)	8835	12780	44.7
一般预算支出(万元)	General Budgetary Financial Expenditures(10 000 yuan)	64702	96353	48.9
城乡居民储蓄存款余额(万元)	Resident Saving Deposit in Urban & Rural(10 000 yuan)	130508	146246	12.1
在岗职工工资总额(万元)	Total Wages of Staff & Workers Empioyed in(10 000 yuan)	32839	38332	16.7
在岗职工平均工资(元)	Average Wage of Staff & Workers Employed in(yuan)	13982	15918	13.8
农牧民人均纯收入(元)	Per Capita Net Income of Peasant & Herdsman(yuan)	3202	3683	15.0
农村牧区经济	**Economic Development in Rural & Pastoral Area**			
耕地面积(公顷)	Cultivated Area(hectare)	146702	150703	2.7
农作物总播种面积(公顷)	Total Sown Area(hectare)	162332	106553	-34.4
#粮食作物播种面积(公顷)	Sown Area of Grain Crops(hectare)	128867	76576	-40.6
有效灌溉面积(公顷)	Irrigated Area(hectare)	57713	55756	-3.4
农牧业机械总动力(万千瓦)	Total Power of Agricultural Machinery(10 000 kw)	31.10	31.10	0.0
化肥施用折纯量(吨)	Consumption of Chemical Fertilizer(ton)	15039	17050	13.4
农村用电量(万千瓦小时)	Electricity Consumed in Rural Area(10 000 kwh)	6829	9813	43.7
农林牧渔业总产值(万元)	Gross Output of Farming,Forestry,Animal Husbandry & Fishery(10 000 yuan)	235034	288363	4.5
粮食产量(吨)	Yield of Grain(ton)	556907	428437	-23.1
油料产量(吨)	Yield of Oil-bearing Grops(ton)	17666	25383	43.7
甜菜产量(吨)	Yield of Beetroots(ton)	56130	99941	78.1
猪牛羊肉产量(吨)	Output of Pork, Beef & Mutton(ton)	44025	31305	-28.9
#猪肉产量(吨)	Output of Pork(ton)	26076	15484	-40.6
牛肉产量(吨)	Output of Beef(ton)	7228	6484	-10.3
羊肉产量(吨)	Output of Mutton(ton)	10721	9337	-12.9
羊毛产量(吨)	Output of Wool(ton)	1712	1916	11.9

23-61 Wengniute Banner in Chifeng City

指 标	Item	2006	2007	2007年比上年增长% Increase Rate in 2007 Over 2006(%)
年末牲畜存栏头数(万头只)	Total Livestock at the Year-end(10 000 heads)	126.15	122.47	-2.9
#大牲畜(万头只)	Large Animals(10 000 heads)	21.43	20.79	-3.0
羊(万只)	Sheep & Goats(10 000 heads)	87.47	89.02	1.8
猪(万头)	Hogs(10 000 heads)	17.25	12.66	-26.6
规模以上工业	**Industrial Enterprises above Designated size**			
工业企业单位数(个)	Number of Industrial Enterprises(unit)	32	34	6.2
#内资企业(个)	Civil Funded Enterprises(unit)	31	33	6.5
工业总产值(万元)	Gross Industrial Output Value(10 000 yuan)	202278	320415	58.4
内资企业(万元)	Civil Funded Enterprises(10 000 yuan)	194784	309862	59.1
国有企业(万元)	State-owned Enterprises(10 000 yuan)	8803	12327	40.0
集体企业(万元)	Collective-owned Enterprises(10 000 yuan)			
股份合作企业(万元)	Share Holding Enterprises(10 000 yuan)	3258	4951	52.0
联营企业(万元)	Joint Owned Enterprises(10 000 yuan)			
有限责任公司(万元)	Limited Company(10 000 yuan)	121987	184041	50.9
股份有限公司(万元)	Share Holding Limited Company(10 000 yuan)	9232	15525	68.2
私营企业(万元)	Privately Owned Enterprises(10 000 yuan)	51504	93018	80.6
其他企业(万元)	Enterprises of Other Ownership(10 000 yuan)			
港澳台商投资企业(万元)	Funds from HK,Macao & Taiwan(10 000 yuan)	7494	10553	40.8
外商投资企业(万元)	Foreign Funded Enterprises(10 000 yuan)			
工业企业增加值(万元)	Value Added of Industrial Enterprises(10 000 yuan)	68954	85082	20.3
工业企业资产总计(万元)	Total Assets of Industrial Enterprises(10 000 yuan)	39108	182770	367.3
工业企业负债合计(万元)	Total Liabilities of Industrial Enterprises(10 000 yuan)	22244	88490	297.8
工业企业产品销售收入(万元)	Sales of Revenue Industrial Enterprises(10 000 yuan)	123771	317624	156.6
工业企业利润总额(万元)	Total Profits of Industrial Enterprises(10 000 yuan)	11701	16982	45.1
建筑业	**Construction**			
建筑企业单位数(个)	Number of Construction Enterprises(unit)	7	7	0.0
建筑企业从业人员(人)	Number of Employee in Construction Enterprises(person)	8002	12409	55.1
建筑业总产值(万元)	Gross Construction Output Value(10 000 yuan)	48143	116795	142.6
交通运输邮电通信业	**Transportation,Post & Telecommunications**			
公路里程(公里)	Total Length of Highways(km)	3323	3323	0.0
邮电业务总量(万元)	Business Volume of Post & Telecoms(10 000 yuan)	7767	9017	16.1
本地电话用户(户)	Number of Subscribers of Local Telephone(Household)	39893	30705	-23.0
国内贸易	**Demestic Trade**			
社会消费品零售总额(万元)	Total Retail Sales of Consumer Goods(10 000 yuan)	106004	127247	20.0
#贸易业(万元)	Wholesale & Retail Sales Trades(10 000 yuan)	91923	109425	19.0
餐饮业(万元)	Catering Trade(10 000 yuan)	13191	16767	27.1
科技教育卫生	**Science,Education & Public Health**			
各类专业技术人员(人)	Speccial Technical Personnel(person)	8571	8811	2.8
幼儿园数(所)	Number of Kindergartens(unit)	23	23	0.0
学龄儿童入学率(%)	Percentage of School-Age Children Enrolled(%)	100.0	99.7	-0.3
小学学校数(所)	Number of Primary Schools(unit)	115	79	-31.3
小学专任教师数(人)	Number of Full-time Teachers of Primary Schools(person)	2575	2527	-1.9
小学在校学生数(人)	Number of Student Enrollment of Primary Schools(person)	28552	30768	7.8
普通中学学校数(所)	Number of Regular Secondary Schools(unit)	31	21	-32.3
普通中学专任教师数(人)	Number of Teachers of Secondary Shools(person)	1724	1670	-3.1
初中在校学生数(人)	Number of Student in Junior Secondary Schools(person)	19755	18486	-6.4
高中在校学生数(人)	Number of Student in Senior Secondary Schools(person)	11751	12019	2.3
卫生机构数(所)	Number of Health Institutions(unit)	35	35	0.0
#医院(所)	Hospitals(unit)	3	3	0.0
卫生院(所)	Township Hospitals(unit)	26	26	0.0
床位数(张)	Number of Beds(unit)	626	597	-4.6
#医院(张)	Hospitals(unit)	240	285	18.8
卫生院(张)	Township Hospitals(unit)	370	309	-16.5
卫生技术人员(人)	Medical Technical Presonnel(person)	1114	1266	13.6
#医院(人)	Hospitals(person)	414	507	22.5
卫生院(人)	Township Hospitals(person)	440	558	26.8

23-62 赤峰市喀喇沁旗

指标	Item	2006	2007	2007年比上年增长% Increase Rate in 2007 Over 2006(%)
行政区域土地面积(平方公里)	**Area of Administration(Sq.km)**	**3050**	**3050**	**0.0**
人口和就业	**Population & Employment**			
年末总人口(人)	Total Population Year-end(person)	338573	341773	0.9
#男性(人)	Male(person)	176500	178099	0.9
#乡村人口(人)	Rural(person)	301605	302736	0.4
年末总户数(户)	Total Number of Households at the Year-end(Household)	102566	106393	3.7
#乡村户数(户)	Number of Rural Household(Household)	79514	79652	0.2
出生人口(人)	Births(person)	2806	4066	44.9
死亡人口(人)	Deaths(person)	355	1627	358.3
全社会就业人员(人)	Employment(person)	147450	162236	10.0
第一产业(人)	Primary Industry(person)	79862	94238	18.0
第二产业(人)	Secondary Industry(person)	29782	37019	24.3
第三产业(人)	Tertiary Industry(person)	37806	30979	-18.1
在岗职工人数(人)	Number of Staff & Workers Employed in(person)	17266	18394	6.5
乡村劳动力(人)	Number of Rural Laborers(person)	150100	163946	9.2
#农林牧渔业(人)	Farming,Forestry,Animal Husbandry & Fishery(person)	79000	93313	18.1
国民经济综合指标	**Summary Item on the National Economy**			
生产总值(万元)	Gross Domestic Product(10 000 yuan)	206495	371977	32.9
第一产业(万元)	Primary Industry(10 000 yuan)	46820	57512	4.6
第二产业(万元)	Secondary Industry(10 000 yuan)	96405	236679	63.9
#工业(万元)	Industry(10 000 yuan)	83098	215217	65.5
第三产业(万元)	Tertiary Industry(10 000 yuan)	63270	77786	19.5
人均生产总值(元)	Per Capita GDP(yuan)	6144	10934	31.3
全社会固定资产投资(万元)	Total Investment in Fixed Assets(10 000 yuan)	161408	280216	73.6
按登记注册类型分	Grouped by Registered Type			
#国有(万元)	State-owned Enterprises(10 000 yuan)	18050	48470	168.5
集体(万元)	Collective-owned Enterprises(10 000 yuan)	1995	7451	273.5
有限责任公司(万元)	Limited Liability Corporations(10 000 yuan)	82507	102790	24.6
股份有限公司(万元)	Share Holding Enterprises(10 000 yuan)	260	3526	1256.2
私营企业(万元)	Private Enterprises(10 000 yuan)	42783	101713	137.7
外商及港澳台投资企业(万元)	Funds from HK,Macao,Taiwan & Foreign(10 000 yuan)			
按城乡渠道分	Grouped by Urban and Rural Area			
城镇(万元)	Urban(10 000 yuan)	128328	194940	51.9
农村(万元)	Rural(10 000 yuan)	33080	85276	157.8
一般预算收入(万元)	General Budgetary Financial Revenue(10 000 yuan)	6636	11761	77.2
一般预算支出(万元)	General Budgetary Financial Expenditures(10 000 yuan)	51015	73229	43.5
城乡居民储蓄存款余额(万元)	Resident Saving Deposit in Urban & Rural(10 000 yuan)	131189	160303	22.2
在岗职工工资总额(万元)	Total Wages of Staff & Workers Empioyed in(10 000 yuan)	24044	31381	30.5
在岗职工平均工资(元)	Average Wage of Staff & Workers Employed in(yuan)	12585	15011	19.3
农牧民人均纯收入(元)	Per Capita Net Income of Peasant & Herdsman(yuan)	2920	3498	19.8
农村牧区经济	**Economic Development in Rural & Pastoral Area**			
耕地面积(公顷)	Cultivated Area(hectare)	43618	43450	-0.4
农作物总播种面积(公顷)	Total Sown Area(hectare)	44791	45916	2.5
#粮食作物播种面积(公顷)	Sown Area of Grain Crops(hectare)	33158	34163	3.0
有效灌溉面积(公顷)	Irrigated Area(hectare)	15859	16278	2.6
农牧业机械总动力(万千瓦)	Total Power of Agricultural Machinery(10 000 kw)	17.10	17.20	0.6
化肥施用折纯量(吨)	Consumption of Chemical Fertilizer(ton)	13770	11611	-15.7
农村用电量(万千瓦小时)	Electricity Consumed in Rural Area(10 000 kwh)	5362	5740	7.0
农林牧渔业总产值(万元)	Gross Output of Farming,Forestry,Animal Husbandry & Fishery(10 000 yuan)	84706	97593	5.1
粮食产量(吨)	Yield of Grain(ton)	175058	106628	-39.1
油料产量(吨)	Yield of Oil-bearing Grops(ton)	5135	395	-92.3
甜菜产量(吨)	Yield of Beetroots(ton)	3316	11368	242.8
猪牛羊肉产量(吨)	Output of Pork, Beef & Mutton(ton)	12144	9003	-25.9
#猪肉产量(吨)	Output of Pork(ton)	8636	5290	-38.7
牛肉产量(吨)	Output of Beef(ton)	1521	1320	-13.2
羊肉产量(吨)	Output of Mutton(ton)	1987	2393	20.4
羊毛产量(吨)	Output of Wool(ton)	407	458	12.5

23-62 Kalaqin Banner in Chifeng City

指 标	Item	2006	2007	2007年比上年增长% Increase Rate in 2007 Over 2006(%)
年末牲畜存栏头数(万头只)	Total Livestock at the Year-end(10 000 heads)	30.07	35.65	18.6
#大牲畜(万头只)	Large Animals(10 000 heads)	7.46	7.89	5.8
羊(万只)	Sheep & Goats(10 000 heads)	16.03	21.64	35.0
猪(万头)	Hogs(10 000 heads)	6.58	6.12	-7.0
规模以上工业	**Industrial Enterprises above Designated size**			
工业企业单位数(个)	Number of Industrial Enterprises(unit)	24	33	37.5
#内资企业(个)	Civil Funded Enterprises(unit)	23	33	43.5
工业总产值(万元)	Gross Industrial Output Value(10 000 yuan)	274734	743991	170.8
内资企业(万元)	Civil Funded Enterprises(10 000 yuan)	274232	743991	171.3
国有企业(万元)	State-owned Enterprises(10 000 yuan)	7138	10142	42.1
集体企业(万元)	Collective-owned Enterprises(10 000 yuan)		2696	
股份合作企业(万元)	Share Holding Enterprises(10 000 yuan)			
联营企业(万元)	Joint Owned Enterprises(10 000 yuan)			
有限责任公司(万元)	Limited Company(10 000 yuan)	40263	319693	694.0
股份有限公司(万元)	Share Holding Limited Company(10 000 yuan)	215956	395693	83.2
私营企业(万元)	Privately Owned Enterprises(10 000 yuan)	10875	15767	45.0
其他企业(万元)	Enterprises of Other Ownership(10 000 yuan)			
港澳台商投资企业(万元)	Funds from HK,Macao & Taiwan(10 000 yuan)			
外商投资企业(万元)	Foreign Funded Enterprises(10 000 yuan)	502		
工业企业增加值(万元)	Value Added of Industrial Enterprises(10 000 yuan)	73679	175741	80.1
工业企业资产总计(万元)	Total Assets of Industrial Enterprises(10 000 yuan)	213675	641622	200.3
工业企业负债合计(万元)	Total Liabilities of Industrial Enterprises(10 000 yuan)	132767	463423	249.0
工业企业产品销售收入(万元)	Sales of Revenue Industrial Enterprises(10 000 yuan)	271611	743674	173.8
工业企业利润总额(万元)	Total Profits of Industrial Enterprises(10 000 yuan)	25185	77787	208.9
建筑业	**Construction**			
建筑企业单位数(个)	Number of Construction Enterprises(unit)	10	11	10.0
建筑企业从业人员(人)	Number of Employee in Construction Enterprises(person)	3584	5558	55.1
建筑业总产值(万元)	Gross Construction Output Value(10 000 yuan)	41944	124087	195.8
交通运输邮电通信业	**Transportation,Post & Telecommunications**			
公路里程(公里)	Total Length of Highways(km)	694	641	-7.6
邮电业务总量(万元)	Business Volume of Post & Telecoms(10 000 yuan)	2478	2504	1.0
本地电话用户(户)	Number of Subscribers of Local Telephone(Household)	30357	29583	-2.5
国内贸易	**Demestic Trade**			
社会消费品零售总额(万元)	Total Retail Sales of Consumer Goods(10 000 yuan)	62837	75447	20.1
#贸易业(万元)	Wholesale & Retail Sales Trades(10 000 yuan)	57567	69316	20.4
餐饮业(万元)	Catering Trade(10 000 yuan)	4923	5733	16.5
科技教育卫生	**Science,Education & Public Health**			
各类专业技术人员(人)	Speccial Technical Personnel(person)	5680	5786	1.9
幼儿园数(所)	Number of Kindergartens(unit)	8	8	0.0
学龄儿童入学率(%)	Percentage of School-Age Children Enrolled(%)	100.0	100.0	0.0
小学学校数(所)	Number of Primary Schools(unit)	142	137	-3.5
小学专任教师数(人)	Number of Full-time Teachers of Primary Schools(person)	2101	2215	5.4
小学在校学生数(人)	Number of Student Enrollment of Primary Schools(person)	22221	22278	0.3
普通中学学校数(所)	Number of Regular Secondary Schools(unit)	15	12	-20.0
普通中学专任教师数(人)	Number of Teachers of Secondary Shools(person)	1386	1335	-3.7
初中在校学生数(人)	Number of Student in Junior Secondary Schools(person)	9357	9281	-0.8
高中在校学生数(人)	Number of Student in Senior Secondary Schools(person)	9654	8809	-8.8
卫生机构数(所)	Number of Health Institutions(unit)	46	52	13.0
#医院(所)	Hospitals(unit)	3	3	0.0
卫生院(所)	Township Hospitals(unit)	17	17	0.0
床位数(张)	Number of Beds(unit)	770	770	0.0
#医院(张)	Hospitals(unit)	240	240	0.0
卫生院(张)	Township Hospitals(unit)	500	500	0.0
卫生技术人员(人)	Medical Technical Presonnel(person)	717	721	0.6
#医院(人)	Hospitals(person)	228	275	20.6
卫生院(人)	Township Hospitals(person)	338	305	-9.8

23-63 赤峰市宁城县

指 标	Item	2006	2007	2007年比上年增长% Increase Rate in 2007 Over 2006(%)
行政区域土地面积(平方公里)	**Area of Administration(Sq.km)**	**4305**	**4305**	**0.0**
人口和就业	**Population & Employment**			
年末总人口(人)	Total Population Year-end(person)	598227	598116	0.0
#男性(人)	Male(person)	310740	310851	0.0
#乡村人口(人)	Rural(person)	522556	521221	-0.3
年末总户数(户)	Total Number of Households at the Year-end(Household)	176175	187505	6.4
#乡村户数(户)	Number of Rural Household(Household)	139935	138357	-1.1
出生人口(人)	Births(person)	5855	7679	31.2
死亡人口(人)	Deaths(person)	3016	3549	17.7
全社会就业人员(人)	Employment(person)	272064	276336	1.6
第一产业(人)	Primary Industry(person)	146820	154633	5.3
第二产业(人)	Secondary Industry(person)	42357	53318	25.9
第三产业(人)	Tertiary Industry(person)	82887	68385	-17.5
在岗职工人数(人)	Number of Staff & Workers Employed in(person)	29527	29661	0.5
乡村劳动力(人)	Number of Rural Laborers(person)	242805	246534	1.5
#农林牧渔业(人)	Farming,Forestry,Animal Husbandry & Fishery(person)	146246	154055	5.3
国民经济综合指标	**Summary Item on the National Economy**			
生产总值(万元)	Gross Domestic Product(10 000 yuan)	360136	507465	21.1
第一产业(万元)	Primary Industry(10 000 yuan)	116480	143080	4.6
第二产业(万元)	Secondary Industry(10 000 yuan)	118893	205525	35.1
#工业(万元)	Industry(10 000 yuan)	97871	178611	37.1
第三产业(万元)	Tertiary Industry(10 000 yuan)	124763	158860	22.2
人均生产总值(元)	Per Capita GDP(yuan)	6047	8485	20.6
全社会固定资产投资(万元)	Total Investment in Fixed Assets(10 000 yuan)	251900	351401	39.5
按登记注册类型分	Grouped by Registered Type			
#国有(万元)	State-owned Enterprises(10 000 yuan)	80266	144558	80.1
集体(万元)	Collective-owned Enterprises(10 000 yuan)		10510	
有限责任公司(万元)	Limited Liability Corporations(10 000 yuan)	152800	81303	-46.8
股份有限公司(万元)	Share Holding Enterprises(10 000 yuan)	11641	26112	124.3
私营企业(万元)	Private Enterprises(10 000 yuan)	20453	95657	367.7
外商及港澳台投资企业(万元)	Funds from HK,Macao,Taiwan & Foreign(10 000 yuan)			
按城乡渠道分	Grouped by Urban and Rural Area			
城镇(万元)	Urban(10 000 yuan)	209440	310099	48.1
农村(万元)	Rural(10 000 yuan)	42460	41302	-2.7
一般预算收入(万元)	General Budgetary Financial Revenue(10 000 yuan)	11275	15588	38.3
一般预算支出(万元)	General Budgetary Financial Expenditures(10 000 yuan)	66935	91555	36.8
城乡居民储蓄存款余额(万元)	Resident Saving Deposit in Urban & Rural(10 000 yuan)	236858	297364	25.5
在岗职工工资总额(万元)	Total Wages of Staff & Workers Empioyed in(10 000 yuan)	39102	45750	17.0
在岗职工平均工资(元)	Average Wage of Staff & Workers Employed in(yuan)	13269	15453	16.5
农牧民人均纯收入(元)	Per Capita Net Income of Peasant & Herdsman(yuan)	3210	3814	18.8
农村牧区经济	**Economic Development in Rural & Pastoral Area**			
耕地面积(公顷)	Cultivated Area(hectare)	84286	84899	0.7
农作物总播种面积(公顷)	Total Sown Area(hectare)	94864	94373	-0.5
#粮食作物播种面积(公顷)	Sown Area of Grain Crops(hectare)	76316	77355	1.4
有效灌溉面积(公顷)	Irrigated Area(hectare)	34733	40222	15.8
农牧业机械总动力(万千瓦)	Total Power of Agricultural Machinery(10 000 kw)	28.90	26.80	-7.3
化肥施用折纯量(吨)	Consumption of Chemical Fertilizer(ton)	30000	29817	-0.6
农村用电量(万千瓦小时)	Electricity Consumed in Rural Area(10 000 kwh)	6000	7731	28.8
农林牧渔业总产值(万元)	Gross Output of Farming,Forestry,Animal Husbandry & Fishery(10 000 yuan)	198296	242794	5.2
粮食产量(吨)	Yield of Grain(ton)	575249	506809	-11.9
油料产量(吨)	Yield of Oil-bearing Grops(ton)	1279	1893	48.0
甜菜产量(吨)	Yield of Beetroots(ton)	29072	21546	-25.9
猪牛羊肉产量(吨)	Output of Pork, Beef & Mutton(ton)	21223	15609	-26.5
#猪肉产量(吨)	Output of Pork(ton)	12947	7781	-39.9
牛肉产量(吨)	Output of Beef(ton)	6355	5517	-13.2
羊肉产量(吨)	Output of Mutton(ton)	1921	2311	20.3
羊毛产量(吨)	Output of Wool(ton)	686	447	-34.8

23-63 Ningcheng County in Chifeng City

指 标	Item	2006	2007	2007年比上年增长% Increase Rate in 2007 Over 2006(%)
年末牲畜存栏头数(万头只)	Total Livestock at the Year-end(10 000 heads)	37.73	48.00	27.2
#大牲畜(万头只)	Large Animals(10 000 heads)	12.74	13.86	8.8
羊(万只)	Sheep & Goats(10 000 heads)	13.71	23.64	72.4
猪(万头)	Hogs(10 000 heads)	11.28	10.50	-6.9
规模以上工业	**Industrial Enterprises above Designated size**			
工业企业单位数(个)	Number of Industrial Enterprises(unit)	33	38	15.2
#内资企业(个)	Civil Funded Enterprises(unit)	33	38	15.2
工业总产值(万元)	Gross Industrial Output Value(10 000 yuan)	244921	436829	78.4
内资企业(万元)	Civil Funded Enterprises(10 000 yuan)	244921	436829	78.4
国有企业(万元)	State-owned Enterprises(10 000 yuan)	12572	17830	41.8
集体企业(万元)	Collective-owned Enterprises(10 000 yuan)	19232	120530	526.7
股份合作企业(万元)	Share Holding Enterprises(10 000 yuan)			
联营企业(万元)	Joint Owned Enterprises(10 000 yuan)			
有限责任公司(万元)	Limited Company(10 000 yuan)	182467	285309	56.4
股份有限公司(万元)	Share Holding Limited Company(10 000 yuan)			
私营企业(万元)	Privately Owned Enterprises(10 000 yuan)	26745		
其他企业(万元)	Enterprises of Other Ownership(10 000 yuan)	3905	13160	237.0
港澳台商投资企业(万元)	Funds from HK,Macao & Taiwan(10 000 yuan)			
外商投资企业(万元)	Foreign Funded Enterprises(10 000 yuan)			
工业企业增加值(万元)	Value Added of Industrial Enterprises(10 000 yuan)	69523	163792	41.7
工业企业资产总计(万元)	Total Assets of Industrial Enterprises(10 000 yuan)	220606	266719	20.9
工业企业负债合计(万元)	Total Liabilities of Industrial Enterprises(10 000 yuan)	117866	147682	25.3
工业企业产品销售收入(万元)	Sales of Revenue Industrial Enterprises(10 000 yuan)	229876	429488	86.8
工业企业利润总额(万元)	Total Profits of Industrial Enterprises(10 000 yuan)	4778	13780	188.4
建筑业	**Construction**			
建筑企业单位数(个)	Number of Construction Enterprises(unit)	11	18	63.6
建筑企业从业人员(人)	Number of Employee in Construction Enterprises(person)	5079	21122	315.9
建筑业总产值(万元)	Gross Construction Output Value(10 000 yuan)	24258	150969	522.3
交通运输邮电通信业	**Transportation,Post & Telecommunications**			
公路里程(公里)	Total Length of Highways(km)	2191	2226	1.6
邮电业务总量(万元)	Business Volume of Post & Telecoms(10 000 yuan)	4358	5088	16.8
本地电话用户(户)	Number of Subscribers of Local Telephone(Household)	55327	55149	-0.3
国内贸易	**Demestic Trade**			
社会消费品零售总额(万元)	Total Retail Sales of Consumer Goods(10 000 yuan)	148217	177527	19.8
#贸易业(万元)	Wholesale & Retail Sales Trades(10 000 yuan)	132433	158055	19.3
餐饮业(万元)	Catering Trade(10 000 yuan)	15514	19176	23.6
科技教育卫生	**Science,Education & Public Health**			
各类专业技术人员(人)	Speccial Technical Personnel(person)	19824	19806	-0.1
幼儿园数(所)	Number of Kindergartens(unit)	26	34	30.8
学龄儿童入学率(%)	Percentage of School-Age Children Enrolled(%)	100.0	100.0	0.0
小学学校数(所)	Number of Primary Schools(unit)	175	151	-13.7
小学专任教师数(人)	Number of Full-time Teachers of Primary Schools(person)	2702	2674	-1.0
小学在校学生数(人)	Number of Student Enrollment of Primary Schools(person)	34896	35008	0.3
普通中学学校数(所)	Number of Regular Secondary Schools(unit)	46	42	-8.7
普通中学专任教师数(人)	Number of Teachers of Secondary Shools(person)	2260	2113	-6.5
初中在校学生数(人)	Number of Student in Junior Secondary Schools(person)	22413	20133	-10.2
高中在校学生数(人)	Number of Student in Senior Secondary Schools(person)	13951	13529	-3.0
卫生机构数(所)	Number of Health Institutions(unit)	39	38	-2.6
#医院(所)	Hospitals(unit)	4	4	0.0
卫生院(所)	Township Hospitals(unit)	27	27	0.0
床位数(张)	Number of Beds(unit)	1273	1323	3.9
#医院(张)	Hospitals(unit)	618	743	20.2
卫生院(张)	Township Hospitals(unit)	586	580	-1.0
卫生技术人员(人)	Medical Technical Presonnel(person)	1446	1526	5.5
#医院(人)	Hospitals(person)	596	859	44.1
卫生院(人)	Township Hospitals(person)	667	667	0.0

23-64 赤峰市敖汉旗

指 标	Item	2006	2007	2007年比上年增长% Increase Rate in 2007 Over 2006(%)
行政区域土地面积(平方公里)	**Area of Administration(Sq.km)**	**8294**	**8294**	**0.0**
人口和就业	**Population & Employment**			
年末总人口(人)	Total Population Year-end(person)	588888	594594	1.0
# 男性(人)	Male(person)	305226	308334	1.0
# 乡村人口(人)	Rural(person)	524735	528584	0.7
年末总户数(户)	Total Number of Households at the Year-end(Household)	170318	173777	2.0
# 乡村户数(户)	Number of Rural Household(Household)	135701	139950	3.1
出生人口(人)	Births(person)	3192	5760	80.5
死亡人口(人)	Deaths(person)	762	2527	231.6
全社会就业人员(人)	Employment(person)	338837	362843	7.1
第一产业(人)	Primary Industry(person)	197956	214636	8.4
第二产业(人)	Secondary Industry(person)	25856	30569	18.2
第三产业(人)	Tertiary Industry(person)	115025	117638	2.3
在岗职工人数(人)	Number of Staff & Workers Employed in(person)	20405	21326	4.5
乡村劳动力(人)	Number of Rural Laborers(person)	314215	318181	1.3
# 农林牧渔业(人)	Farming,Forestry,Animal Husbandry & Fishery(person)	197956	214636	8.4
国民经济综合指标	**Summary Item on the National Economy**			
生产总值(万元)	Gross Domestic Product(10 000 yuan)	386440	519338	20.5
第一产业(万元)	Primary Industry(10 000 yuan)	151700	186144	4.5
第二产业(万元)	Secondary Industry(10 000 yuan)	124563	195431	41.0
# 工业(万元)	Industry(10 000 yuan)	98800	165620	47.6
第三产业(万元)	Tertiary Industry(10 000 yuan)	110177	137763	21.7
人均生产总值(元)	Per Capita GDP(yuan)	6562	8776	19.4
全社会固定资产投资(万元)	Total Investment in Fixed Assets(10 000 yuan)	295992	389229	31.5
按登记注册类型分	Grouped by Registered Type			
# 国有(万元)	State-owned Enterprises(10 000 yuan)	58852	71865	22.1
集体(万元)	Collective-owned Enterprises(10 000 yuan)		1850	
有限责任公司(万元)	Limited Liability Corporations(10 000 yuan)	34950	90095	157.8
股份有限公司(万元)	Share Holding Enterprises(10 000 yuan)	66050	104961	58.9
私营企业(万元)	Private Enterprises(10 000 yuan)	38030	28180	-25.9
外商及港澳台投资企业(万元)	Funds from HK,Macao,Taiwan & Foreign(10 000 yuan)			
按城乡渠道分	Grouped by Urban and Rural Area			
城镇(万元)	Urban(10 000 yuan)	226592	345807	52.6
农村(万元)	Rural(10 000 yuan)	69400	43422	-37.4
一般预算收入(万元)	General Budgetary Financial Revenue(10 000 yuan)	11037	15002	35.9
一般预算支出(万元)	General Budgetary Financial Expenditures(10 000 yuan)	69718	91461	31.2
城乡居民储蓄存款余额(万元)	Resident Saving Deposit in Urban & Rural(10 000 yuan)	160075	197019	23.1
在岗职工工资总额(万元)	Total Wages of Staff & Workers Empioyed in(10 000 yuan)	31361	37471	19.5
在岗职工平均工资(元)	Average Wage of Staff & Workers Employed in(yuan)	15447	17576	13.8
农牧民人均纯收入(元)	Per Capita Net Income of Peasant & Herdsman(yuan)	3052	3557	16.5
农村牧区经济	**Economic Development in Rural & Pastoral Area**			
耕地面积(公顷)	Cultivated Area(hectare)	193452	193076	-0.2
农作物总播种面积(公顷)	Total Sown Area(hectare)	194013	194009	0.0
# 粮食作物播种面积(公顷)	Sown Area of Grain Crops(hectare)	163691	166850	1.9
有效灌溉面积(公顷)	Irrigated Area(hectare)	56582	58151	2.8
农牧业机械总动力(万千瓦)	Total Power of Agricultural Machinery(10 000 kw)	40.15	48.96	21.9
化肥施用折纯量(吨)	Consumption of Chemical Fertilizer(ton)	31233	41280	32.2
农村用电量(万千瓦小时)	Electricity Consumed in Rural Area(10 000 kwh)	12581	17894	42.2
农林牧渔业总产值(万元)	Gross Output of Farming,Forestry,Animal Husbandry & Fishery(10 000 yuan)	256588	295467	5.7
粮食产量(吨)	Yield of Grain(ton)	556500	496012	-10.9
油料产量(吨)	Yield of Oil-bearing Grops(ton)	8547	9631	12.7
甜菜产量(吨)	Yield of Beetroots(ton)	53193	64045	20.4
猪牛羊肉产量(吨)	Output of Pork, Beef & Mutton(ton)	77792	46057	-40.8
# 猪肉产量(吨)	Output of Pork(ton)	57415	27873	-51.5
牛肉产量(吨)	Output of Beef(ton)	5344	4495	-15.9
羊肉产量(吨)	Output of Mutton(ton)	15033	13689	-8.9
羊毛产量(吨)	Output of Wool(ton)	3962	4026	1.6

23-64 Aohan Banner in Chifeng City

指 标	Item	2006	2007	2007年比上年增长% Increase Rate in 2007 Over 2006(%)
年末牲畜存栏头数(万头只)	Total Livestock at the Year-end(10 000 heads)	142.70	152.53	6.9
#大牲畜(万头只)	Large Animals(10 000 heads)	22.80	23.50	3.1
羊(万只)	Sheep & Goats(10 000 heads)	80.10	92.06	14.9
猪(万头)	Hogs(10 000 heads)	39.80	36.97	-7.1
规模以上工业	**Industrial Enterprises above Designated size**			
工业企业单位数(个)	Number of Industrial Enterprises(unit)	28	39	39.3
#内资企业(个)	Civil Funded Enterprises(unit)	28	39	39.3
工业总产值(万元)	Gross Industrial Output Value(10 000 yuan)	180447	347896	92.8
内资企业(万元)	Civil Funded Enterprises(10 000 yuan)	180447	347896	92.8
国有企业(万元)	State-owned Enterprises(10 000 yuan)	12279	16100	31.1
集体企业(万元)	Collective-owned Enterprises(10 000 yuan)			
股份合作企业(万元)	Share Holding Enterprises(10 000 yuan)			
联营企业(万元)	Joint Owned Enterprises(10 000 yuan)			
有限责任公司(万元)	Limited Company(10 000 yuan)			
股份有限公司(万元)	Share Holding Limited Company(10 000 yuan)	168168	329820	96.1
私营企业(万元)	Privately Owned Enterprises(10 000 yuan)			
其他企业(万元)	Enterprises of Other Ownership(10 000 yuan)		1976	
港澳台商投资企业(万元)	Funds from HK,Macao & Taiwan(10 000 yuan)			
外商投资企业(万元)	Foreign Funded Enterprises(10 000 yuan)			
工业企业增加值(万元)	Value Added of Industrial Enterprises(10 000 yuan)	72955	140797	42.8
工业企业资产总计(万元)	Total Assets of Industrial Enterprises(10 000 yuan)	84323	135058	60.2
工业企业负债合计(万元)	Total Liabilities of Industrial Enterprises(10 000 yuan)	53980	91222	69.0
工业企业产品销售收入(万元)	Sales of Revenue Industrial Enterprises(10 000 yuan)	177282	342541	93.2
工业企业利润总额(万元)	Total Profits of Industrial Enterprises(10 000 yuan)	7078	10253	44.9
建筑业	**Construction**			
建筑企业单位数(个)	Number of Construction Enterprises(unit)	4	4	0.0
建筑企业从业人员(人)	Number of Employee in Construction Enterprises(person)	4958	4544	-8.4
建筑业总产值(万元)	Gross Construction Output Value(10 000 yuan)	18938	71758	278.9
交通运输邮电通信业	**Transportation,Post & Telecommunications**			
公路里程(公里)	Total Length of Highways(km)	2407	2407	0.0
邮电业务总量(万元)	Business Volume of Post & Telecoms(10 000 yuan)	7932	9413	18.7
本地电话用户(户)	Number of Subscribers of Local Telephone(Household)	66095	70815	7.1
国内贸易	**Demestic Trade**			
社会消费品零售总额(万元)	Total Retail Sales of Consumer Goods(10 000 yuan)	91812	111214	21.1
#贸易业(万元)	Wholesale & Retail Sales Trades(10 000 yuan)	78243	94506	20.8
餐饮业(万元)	Catering Trade(10 000 yuan)	13141	16346	24.4
科技教育卫生	**Science,Education & Public Health**			
各类专业技术人员(人)	Speccial Technical Personnel(person)	8452	8651	2.4
幼儿园数(所)	Number of Kindergartens(unit)	39	40	2.6
学龄儿童入学率(%)	Percentage of School-Age Children Enrolled(%)	100.0	100.0	0.0
小学学校数(所)	Number of Primary Schools(unit)	164	140	-14.6
小学专任教师数(人)	Number of Full-time Teachers of Primary Schools(person)	3003	2862	-4.7
小学在校学生数(人)	Number of Student Enrollment of Primary Schools(person)	39291	39639	0.9
普通中学学校数(所)	Number of Regular Secondary Schools(unit)	36	37	2.8
普通中学专任教师数(人)	Number of Teachers of Secondary Shools(person)	2199	1657	-24.6
初中在校学生数(人)	Number of Student in Junior Secondary Schools(person)	29282	27305	-6.8
高中在校学生数(人)	Number of Student in Senior Secondary Schools(person)	11483	12817	11.6
卫生机构数(所)	Number of Health Institutions(unit)	40	41	2.5
#医院(所)	Hospitals(unit)	4	4	0.0
卫生院(所)	Township Hospitals(unit)	28	28	0.0
床位数(张)	Number of Beds(unit)	975	975	0.0
#医院(张)	Hospitals(unit)	534	548	2.6
卫生院(张)	Township Hospitals(unit)	402	415	3.2
卫生技术人员(人)	Medical Technical Presonnel(person)	1244	1261	1.4
#医院(人)	Hospitals(person)	538	546	1.5
卫生院(人)	Township Hospitals(person)	706	715	1.3

23-65 锡林郭勒盟二连浩特市

指 标	Item	2006	2007	2007年比上年增长% Increase Rate in 2007 Over 2006(%)
行政区域土地面积(平方公里)	**Area of Administration(Sq.km)**	**4015**	**4015**	**0.0**
人口和就业	**Population & Employment**			
年末总人口(人)	Total Population Year-end(person)	24108	24830	3.0
#男性(人)	Male(person)	12422	12808	3.1
#乡村人口(人)	Rural(person)	1807	1828	1.2
年末总户数(户)	Total Number of Households at the Year-end(Household)	8851	8859	0.1
#乡村户数(户)	Number of Rural Household(Household)	628	649	3.3
出生人口(人)	Births(person)	135	289	114.1
死亡人口(人)	Deaths(person)	32	29	-9.4
全社会就业人员(人)	Employment(person)	22698	23522	3.6
第一产业(人)	Primary Industry(person)	1041	1106	6.2
第二产业(人)	Secondary Industry(person)	1717	1799	4.8
第三产业(人)	Tertiary Industry(person)	19940	20617	3.4
在岗职工人数(人)	Number of Staff & Workers Employed in(person)	5136	4872	-5.1
乡村劳动力(人)	Number of Rural Laborers(person)	1084	1280	18.1
#农林牧渔业(人)	Farming,Forestry,Animal Husbandry & Fishery(person)	999	1106	10.7
国民经济综合指标	**Summary Item on the National Economy**			
生产总值(万元)	Gross Domestic Product(10 000 yuan)	191103	255013	25.6
第一产业(万元)	Primary Industry(10 000 yuan)	1518	1668	-8.8
第二产业(万元)	Secondary Industry(10 000 yuan)	42459	77960	48.7
#工业(万元)	Industry(10 000 yuan)	31838	60303	44.4
第三产业(万元)	Tertiary Industry(10 000 yuan)	147126	175385	18.7
人均生产总值(元)	Per Capita GDP(yuan)	21964	36081	54.6
全社会固定资产投资(万元)	Total Investment in Fixed Assets(10 000 yuan)	110616	150720	36.3
按登记注册类型分	Grouped by Registered Type			
#国有(万元)	State-owned Enterprises(10 000 yuan)	31032	63853	105.8
集体(万元)	Collective-owned Enterprises(10 000 yuan)			
有限责任公司(万元)	Limited Liability Corporations(10 000 yuan)		31447	
股份有限公司(万元)	Share Holding Enterprises(10 000 yuan)		1500	
私营企业(万元)	Private Enterprises(10 000 yuan)	79584	53920	-32.2
外商及港澳台投资企业(万元)	Funds from HK,Macao,Taiwan & Foreign(10 000 yuan)			
按城乡渠道分	Grouped by Urban and Rural Area			
城镇(万元)	Urban(10 000 yuan)	65120	150720	131.4
农村(万元)	Rural(10 000 yuan)	45496		
一般预算收入(万元)	General Budgetary Financial Revenue(10 000 yuan)	11698	13582	16.1
一般预算支出(万元)	General Budgetary Financial Expenditures(10 000 yuan)	28485	41675	46.3
城乡居民储蓄存款余额(万元)	Resident Saving Deposit in Urban & Rural(10 000 yuan)	124605	144623	16.1
在岗职工工资总额(万元)	Total Wages of Staff & Workers Empioyed in(10 000 yuan)	11890	14338	20.6
在岗职工平均工资(元)	Average Wage of Staff & Workers Employed in(yuan)	23373	29563	26.5
农牧民人均纯收入(元)	Per Capita Net Income of Peasant & Herdsman(yuan)	3252	4112	26.4
农村牧区经济	**Economic Development in Rural & Pastoral Area**			
耕地面积(公顷)	Cultivated Area(hectare)	330	320	-3.0
农作物总播种面积(公顷)	Total Sown Area(hectare)	330	320	-3.0
#粮食作物播种面积(公顷)	Sown Area of Grain Crops(hectare)		133	
有效灌溉面积(公顷)	Irrigated Area(hectare)	330	320	-3.0
农牧业机械总动力(万千瓦)	Total Power of Agricultural Machinery(10 000 kw)	0.13	0.23	76.9
化肥施用折纯量(吨)	Consumption of Chemical Fertilizer(ton)	84	98	16.7
农村用电量(万千瓦小时)	Electricity Consumed in Rural Area(10 000 kwh)		202	
农林牧渔业总产值(万元)	Gross Output of Farming,Forestry,Animal Husbandry & Fishery(10 000 yuan)	2740	3034	10.7
粮食产量(吨)	Yield of Grain(ton)		1197	
油料产量(吨)	Yield of Oil-bearing Grops(ton)			
甜菜产量(吨)	Yield of Beetroots(ton)			
猪牛羊肉产量(吨)	Output of Pork, Beef & Mutton(ton)	731	338	-53.8
#猪肉产量(吨)	Output of Pork(ton)	23	30	30.4
牛肉产量(吨)	Output of Beef(ton)	224	45	-79.9
羊肉产量(吨)	Output of Mutton(ton)	484	263	-45.7
羊毛产量(吨)	Output of Wool(ton)	76	28	-63.2

23-65 Erlianhaote City in Xilinguole League

指标	Item	2006	2007	2007年比上年增长% Increase Rate in 2007 Over 2006(%)
年末牲畜存栏头数(万头只)	Total Livestock at the Year-end(10 000 heads)	3.16	2.85	-9.8
# 大牲畜(万头只)	Large Animals(10 000 heads)	0.13	0.16	23.1
羊(万只)	Sheep & Goats(10 000 heads)	3.03	2.69	-11.2
猪(万头)	Hogs(10 000 heads)			
规模以上工业	**Industrial Enterprises above Designated size**			
工业企业单位数(个)	Number of Industrial Enterprises(unit)	11	14	27.3
# 内资企业(个)	Civil Funded Enterprises(unit)	11	14	27.3
工业总产值(万元)	Gross Industrial Output Value(10 000 yuan)	79173	134050	69.3
内资企业(万元)	Civil Funded Enterprises(10 000 yuan)	79173	134050	69.3
国有企业(万元)	State-owned Enterprises(10 000 yuan)	5996	7476	24.7
集体企业(万元)	Collective-owned Enterprises(10 000 yuan)			
股份合作企业(万元)	Share Holding Enterprises(10 000 yuan)			
联营企业(万元)	Joint Owned Enterprises(10 000 yuan)			
有限责任公司(万元)	Limited Company(10 000 yuan)		22682	
股份有限公司(万元)	Share Holding Limited Company(10 000 yuan)	1210		
私营企业(万元)	Privately Owned Enterprises(10 000 yuan)	71967	103892	44.4
其他企业(万元)	Enterprises of Other Ownership(10 000 yuan)			
港澳台商投资企业(万元)	Funds from HK,Macao & Taiwan(10 000 yuan)			
外商投资企业(万元)	Foreign Funded Enterprises(10 000 yuan)			
工业企业增加值(万元)	Value Added of Industrial Enterprises(10 000 yuan)	30798	55294	50.3
工业企业资产总计(万元)	Total Assets of Industrial Enterprises(10 000 yuan)	23413	36624	56.4
工业企业负债合计(万元)	Total Liabilities of Industrial Enterprises(10 000 yuan)	8189	16960	107.1
工业企业产品销售收入(万元)	Sales of Revenue Industrial Enterprises(10 000 yuan)	74692	132287	77.1
工业企业利润总额(万元)	Total Profits of Industrial Enterprises(10 000 yuan)	3949	8110	105.4
建筑业	**Construction**			
建筑企业单位数(个)	Number of Construction Enterprises(unit)		1	
建筑企业从业人员(人)	Number of Employee in Construction Enterprises(person)		45	
建筑业总产值(万元)	Gross Construction Output Value(10 000 yuan)		1572	
交通运输邮电通信业	**Transportation,Post & Telecommunications**			
公路里程(公里)	Total Length of Highways(km)	199	299	50.3
邮电业务总量(万元)	Business Volume of Post & Telecoms(10 000 yuan)	7452	7814	4.9
本地电话用户(户)	Number of Subscribers of Local Telephone(Household)	22526	18421	-18.2
国内贸易	**Demestic Trade**			
社会消费品零售总额(万元)	Total Retail Sales of Consumer Goods(10 000 yuan)	76798	91697	19.4
# 贸易业(万元)	Wholesale & Retail Sales Trades(10 000 yuan)	64682	73969	14.4
餐饮业(万元)	Catering Trade(10 000 yuan)	7925	14368	81.3
科技教育卫生	**Science,Education & Public Health**			
各类专业技术人员(人)	Speccial Technical Personnel(person)	652	880	35.0
幼儿园数(所)	Number of Kindergartens(unit)	7	7	0.0
学龄儿童入学率(%)	Percentage of School-Age Children Enrolled(%)	100.0	100.0	0.0
小学学校数(所)	Number of Primary Schools(unit)	5	5	0.0
小学专任教师数(人)	Number of Full-time Teachers of Primary Schools(person)	223	246	10.3
小学在校学生数(人)	Number of Student Enrollment of Primary Schools(person)	5859	6607	12.8
普通中学学校数(所)	Number of Regular Secondary Schools(unit)	4	4	0.0
普通中学专任教师数(人)	Number of Teachers of Secondary Shools(person)	221	309	39.8
初中在校学生数(人)	Number of Student in Junior Secondary Schools(person)	2746	2410	-12.2
高中在校学生数(人)	Number of Student in Senior Secondary Schools(person)	1325	1321	-0.3
卫生机构数(所)	Number of Health Institutions(unit)	6	6	0.0
# 医院(所)	Hospitals(unit)	1	1	0.0
卫生院(所)	Township Hospitals(unit)	2	2	0.0
床位数(张)	Number of Beds(unit)	119	119	0.0
# 医院(张)	Hospitals(unit)	100	100	0.0
卫生院(张)	Township Hospitals(unit)	4	4	0.0
卫生技术人员(人)	Medical Technical Presonnel(person)	207	212	2.4
# 医院(人)	Hospitals(person)	127	127	0.0
卫生院(人)	Township Hospitals(person)	7	7	0.0

23-66 锡林郭勒盟锡林浩特市

指 标	Item	2006	2007	2007年比上年增长% Increase Rate in 2007 Over 2006(%)
行政区域土地面积(平方公里)	**Area of Administration(Sq.km)**	**14592**	**14592**	**0.0**
人口和就业	**Population & Employment**			
年末总人口(人)	Total Population Year-end(person)	159566	163796	2.7
#男性(人)	Male(person)	80171	82280	2.6
#乡村人口(人)	Rural(person)	8442	8455	0.2
年末总户数(户)	Total Number of Households at the Year-end(Household)	57354	58882	2.7
#乡村户数(户)	Number of Rural Household(Household)	2286	2301	0.7
出生人口(人)	Births(person)	1663	1700	2.2
死亡人口(人)	Deaths(person)	763	454	-40.5
全社会就业人员(人)	Employment(person)	67677	70107	3.6
第一产业(人)	Primary Industry(person)	5800	5548	-4.3
第二产业(人)	Secondary Industry(person)	14972	16691	11.5
第三产业(人)	Tertiary Industry(person)	46905	47868	2.1
在岗职工人数(人)	Number of Staff & Workers Employed in(person)	40138	41505	3.4
乡村劳动力(人)	Number of Rural Laborers(person)	6632	6636	0.1
#农林牧渔业(人)	Farming,Forestry,Animal Husbandry & Fishery(person)	5634	5548	-1.5
国民经济综合指标	**Summary Item on the National Economy**			
生产总值(万元)	Gross Domestic Product(10 000 yuan)	600103	767243	22.8
第一产业(万元)	Primary Industry(10 000 yuan)	38000	45129	3.3
第二产业(万元)	Secondary Industry(10 000 yuan)	387329	498386	27.1
#工业(万元)	Industry(10 000 yuan)	350511	446023	24.8
第三产业(万元)	Tertiary Industry(10 000 yuan)	174774	223728	23.5
人均生产总值(元)	Per Capita GDP(yuan)	36194	45292	20.2
全社会固定资产投资(万元)	Total Investment in Fixed Assets(10 000 yuan)	385290	584135	51.6
按登记注册类型分	Grouped by Registered Type			
#国有(万元)	State-owned Enterprises(10 000 yuan)	198885	380607	91.4
集体(万元)	Collective-owned Enterprises(10 000 yuan)		550	
有限责任公司(万元)	Limited Liability Corporations(10 000 yuan)		81320	
股份有限公司(万元)	Share Holding Enterprises(10 000 yuan)		11665	
私营企业(万元)	Private Enterprises(10 000 yuan)	186405	46158	-75.2
外商及港澳台投资企业(万元)	Funds from HK,Macao,Taiwan & Foreign(10 000 yuan)		63835	
按城乡渠道分	Grouped by Urban and Rural Area			
城镇(万元)	Urban(10 000 yuan)	347313	581135	67.3
农村(万元)	Rural(10 000 yuan)	37977	3000	-92.1
一般预算收入(万元)	General Budgetary Financial Revenue(10 000 yuan)	32485	45910	41.3
一般预算支出(万元)	General Budgetary Financial Expenditures(10 000 yuan)	43459	59093	36.0
城乡居民储蓄存款余额(万元)	Resident Saving Deposit in Urban & Rural(10 000 yuan)	280232	323403	15.4
在岗职工工资总额(万元)	Total Wages of Staff & Workers Empioyed in(10 000 yuan)	69437	87090	25.4
在岗职工平均工资(元)	Average Wage of Staff & Workers Employed in(yuan)	16787	20406	21.6
农牧民人均纯收入(元)	Per Capita Net Income of Peasant & Herdsman(yuan)	4565	5815	27.4
农村牧区经济	**Economic Development in Rural & Pastoral Area**			
耕地面积(公顷)	Cultivated Area(hectare)	15540	14990	-3.5
农作物总播种面积(公顷)	Total Sown Area(hectare)	15910	15020	-5.6
#粮食作物播种面积(公顷)	Sown Area of Grain Crops(hectare)	5150	6757	31.2
有效灌溉面积(公顷)	Irrigated Area(hectare)	2830	2830	0.0
农牧业机械总动力(万千瓦)	Total Power of Agricultural Machinery(10 000 kw)	6.42	10.54	64.2
化肥施用折纯量(吨)	Consumption of Chemical Fertilizer(ton)	1004	1092	8.8
农村用电量(万千瓦小时)	Electricity Consumed in Rural Area(10 000 kwh)	667	626	-6.1
农林牧渔业总产值(万元)	Gross Output of Farming,Forestry,Animal Husbandry & Fishery(10 000 yuan)	67592	82805	22.5
粮食产量(吨)	Yield of Grain(ton)	14597	20941	43.5
油料产量(吨)	Yield of Oil-bearing Grops(ton)	138	195	41.3
甜菜产量(吨)	Yield of Beetroots(ton)			
猪牛羊肉产量(吨)	Output of Pork, Beef & Mutton(ton)	14164	16231	14.6
#猪肉产量(吨)	Output of Pork(ton)	428	224	-47.7
牛肉产量(吨)	Output of Beef(ton)	1968	3110	58.0
羊肉产量(吨)	Output of Mutton(ton)	11768	12897	9.6
羊毛产量(吨)	Output of Wool(ton)	1114	1208	8.4

23-66 Xilinhaote City in Xilinguole League

指 标	Item	2006	2007	2007年比上年增长% Increase Rate in 2007 Over 2006(%)
年末牲畜存栏头数(万头只)	Total Livestock at the Year-end(10 000 heads)	77.65	71.51	-7.9
#大牲畜(万头只)	Large Animals(10 000 heads)	3.53	5.13	45.3
羊(万只)	Sheep & Goats(10 000 heads)	73.95	65.61	-11.3
猪(万头)	Hogs(10 000 heads)	0.17	0.77	352.9
规模以上工业	**Industrial Enterprises above Designated size**			
工业企业单位数(个)	Number of Industrial Enterprises(unit)	57	63	10.5
#内资企业(个)	Civil Funded Enterprises(unit)	56	62	10.7
工业总产值(万元)	Gross Industrial Output Value(10 000 yuan)	522096	685863	31.4
内资企业(万元)	Civil Funded Enterprises(10 000 yuan)	518297	680115	31.2
国有企业(万元)	State-owned Enterprises(10 000 yuan)	46658	84675	81.5
集体企业(万元)	Collective-owned Enterprises(10 000 yuan)	981		
股份合作企业(万元)	Share Holding Enterprises(10 000 yuan)	759	1233	62.5
联营企业(万元)	Joint Owned Enterprises(10 000 yuan)			
有限责任公司(万元)	Limited Company(10 000 yuan)	55030	185967	237.9
股份有限公司(万元)	Share Holding Limited Company(10 000 yuan)	309510	285539	-7.7
私营企业(万元)	Privately Owned Enterprises(10 000 yuan)	105359	122701	16.5
其他企业(万元)	Enterprises of Other Ownership(10 000 yuan)			
港澳台商投资企业(万元)	Funds from HK,Macao & Taiwan(10 000 yuan)			
外商投资企业(万元)	Foreign Funded Enterprises(10 000 yuan)	3799	5748	51.3
工业企业增加值(万元)	Value Added of Industrial Enterprises(10 000 yuan)	340490	429894	25.3
工业企业资产总计(万元)	Total Assets of Industrial Enterprises(10 000 yuan)	674858	1186259	75.8
工业企业负债合计(万元)	Total Liabilities of Industrial Enterprises(10 000 yuan)	346063	647855	87.2
工业企业产品销售收入(万元)	Sales of Revenue Industrial Enterprises(10 000 yuan)	435980	603157	38.3
工业企业利润总额(万元)	Total Profits of Industrial Enterprises(10 000 yuan)	6070	28798	374.4
建筑业	**Construction**			
建筑企业单位数(个)	Number of Construction Enterprises(unit)	14	16	14.3
建筑企业从业人员(人)	Number of Employee in Construction Enterprises(person)	4657	5889	26.5
建筑业总产值(万元)	Gross Construction Output Value(10 000 yuan)	65725	107886	64.1
交通运输邮电通信业	**Transportation,Post & Telecommunications**			
公路里程(公里)	Total Length of Highways(km)	929	1034	11.3
邮电业务总量(万元)	Business Volume of Post & Telecoms(10 000 yuan)	22298	24975	12.0
本地电话用户(户)	Number of Subscribers of Local Telephone(Household)	78000	74000	-5.1
国内贸易	**Demestic Trade**			
社会消费品零售总额(万元)	Total Retail Sales of Consumer Goods(10 000 yuan)	143767	171183	19.1
#贸易业(万元)	Wholesale & Retail Sales Trades(10 000 yuan)	118880	141401	18.9
餐饮业(万元)	Catering Trade(10 000 yuan)	21643	26713	23.4
科技教育卫生	**Science,Education & Public Health**			
各类专业技术人员(人)	Speccial Technical Personnel(person)	2953	2988	1.2
幼儿园数(所)	Number of Kindergartens(unit)	5	6	20.0
学龄儿童入学率(%)	Percentage of School-Age Children Enrolled(%)	100.0	100.0	0.0
小学学校数(所)	Number of Primary Schools(unit)	13	13	0.0
小学专任教师数(人)	Number of Full-time Teachers of Primary Schools(person)	925	920	-0.5
小学在校学生数(人)	Number of Student Enrollment of Primary Schools(person)	13567	16891	24.5
普通中学学校数(所)	Number of Regular Secondary Schools(unit)	10	10	0.0
普通中学专任教师数(人)	Number of Teachers of Secondary Shools(person)	1147	1162	1.3
初中在校学生数(人)	Number of Student in Junior Secondary Schools(person)	10673	8128	-23.8
高中在校学生数(人)	Number of Student in Senior Secondary Schools(person)	12956	12984	0.2
卫生机构数(所)	Number of Health Institutions(unit)	23	23	0.0
#医院(所)	Hospitals(unit)	3	3	0.0
卫生院(所)	Township Hospitals(unit)	9	9	0.0
床位数(张)	Number of Beds(unit)	874	866	-0.9
#医院(张)	Hospitals(unit)	610	700	14.8
卫生院(张)	Township Hospitals(unit)	75	75	0.0
卫生技术人员(人)	Medical Technical Presonnel(person)	1277	1194	-6.5
#医院(人)	Hospitals(person)	621	627	1.0
卫生院(人)	Township Hospitals(person)	189	88	-53.4

23-67 锡林郭勒盟阿巴嘎旗

指 标	Item	2006	2007	2007年比上年增长% Increase Rate in 2007 Over 2006(%)
行政区域土地面积(平方公里)	**Area of Administration(Sq.km)**	**27494**	**27494**	**0.0**
人口和就业	**Population & Employment**			
年末总人口(人)	Total Population Year-end(person)	43021	43949	2.2
#男性(人)	Male(person)	21819	22266	2.0
#乡村人口(人)	Rural(person)	19288	19315	0.1
年末总户数(户)	Total Number of Households at the Year-end(Household)	14091	14762	4.8
#乡村户数(户)	Number of Rural Household(Household)	5481	5557	1.4
出生人口(人)	Births(person)	405	457	12.8
死亡人口(人)	Deaths(person)	156	172	10.3
全社会就业人员(人)	Employment(person)	19523	19066	-2.3
第一产业(人)	Primary Industry(person)	12990	12432	-4.3
第二产业(人)	Secondary Industry(person)	1115	1168	4.8
第三产业(人)	Tertiary Industry(person)	5418	5466	0.9
在岗职工人数(人)	Number of Staff & Workers Employed in(person)	3163	3167	0.1
乡村劳动力(人)	Number of Rural Laborers(person)	13244	13269	0.2
#农林牧渔业(人)	Farming,Forestry,Animal Husbandry & Fishery(person)	12686	12432	-2.0
国民经济综合指标	**Summary Item on the National Economy**			
生产总值(万元)	Gross Domestic Product(10 000 yuan)	104060	125577	16.0
第一产业(万元)	Primary Industry(10 000 yuan)	28148	32454	0.3
第二产业(万元)	Secondary Industry(10 000 yuan)	45822	56107	20.7
#工业(万元)	Industry(10 000 yuan)	28222	37121	21.6
第三产业(万元)	Tertiary Industry(10 000 yuan)	30090	37016	18.1
人均生产总值(元)	Per Capita GDP(yuan)	24188	28878	16.7
全社会固定资产投资(万元)	Total Investment in Fixed Assets(10 000 yuan)	130542	230541	76.6
按登记注册类型分	Grouped by Registered Type			
#国有(万元)	State-owned Enterprises(10 000 yuan)	63212	67464	6.7
集体(万元)	Collective-owned Enterprises(10 000 yuan)			
有限责任公司(万元)	Limited Liability Corporations(10 000 yuan)			
股份有限公司(万元)	Share Holding Enterprises(10 000 yuan)		153415	
私营企业(万元)	Private Enterprises(10 000 yuan)	67330	9662	-85.6
外商及港澳台投资企业(万元)	Funds from HK,Macao,Taiwan & Foreign(10 000 yuan)			
按城乡渠道分	Grouped by Urban and Rural Area			
城镇(万元)	Urban(10 000 yuan)	82750	230541	178.6
农村(万元)	Rural(10 000 yuan)	47792		
一般预算收入(万元)	General Budgetary Financial Revenue(10 000 yuan)	5197	6355	22.3
一般预算支出(万元)	General Budgetary Financial Expenditures(10 000 yuan)	21548	24201	12.3
城乡居民储蓄存款余额(万元)	Resident Saving Deposit in Urban & Rural(10 000 yuan)	29778	35078	17.8
在岗职工工资总额(万元)	Total Wages of Staff & Workers Empioyed in(10 000 yuan)	5684	6669	17.3
在岗职工平均工资(元)	Average Wage of Staff & Workers Employed in(yuan)	18213	21071	15.7
农牧民人均纯收入(元)	Per Capita Net Income of Peasant & Herdsman(yuan)	3984	5560	39.6
农村牧区经济	**Economic Development in Rural & Pastoral Area**			
耕地面积(公顷)	Cultivated Area(hectare)	1310	1080	-17.6
农作物总播种面积(公顷)	Total Sown Area(hectare)	22330	11750	-47.4
#粮食作物播种面积(公顷)	Sown Area of Grain Crops(hectare)	20		
有效灌溉面积(公顷)	Irrigated Area(hectare)	1310	1080	-17.6
农牧业机械总动力(万千瓦)	Total Power of Agricultural Machinery(10 000 kw)	3.96	4.04	2.0
化肥施用折纯量(吨)	Consumption of Chemical Fertilizer(ton)			
农村用电量(万千瓦小时)	Electricity Consumed in Rural Area(10 000 kwh)	28	30	7.1
农林牧渔业总产值(万元)	Gross Output of Farming,Forestry,Animal Husbandry & Fishery(10 000 yuan)	50068	61224	22.3
粮食产量(吨)	Yield of Grain(ton)	675		
油料产量(吨)	Yield of Oil-bearing Grops(ton)			
甜菜产量(吨)	Yield of Beetroots(ton)			
猪牛羊肉产量(吨)	Output of Pork, Beef & Mutton(ton)	22207	21646	-2.5
#猪肉产量(吨)	Output of Pork(ton)	36	13	-63.9
牛肉产量(吨)	Output of Beef(ton)	5252	5454	3.8
羊肉产量(吨)	Output of Mutton(ton)	16919	16179	-4.4
羊毛产量(吨)	Output of Wool(ton)	1060	966	-8.9

23-67 Abaga Banner in Xilinguole League

指 标	Item	2006	2007	2007年比上年增长% Increase Rate in 2007 Over 2006(%)
年末牲畜存栏头数(万头只)	Total Livestock at the Year-end(10 000 heads)	94.53	93.80	-0.8
# 大牲畜(万头只)	Large Animals(10 000 heads)	7.38	7.69	4.2
羊(万只)	Sheep & Goats(10 000 heads)	87.14	86.08	-1.2
猪(万头)	Hogs(10 000 heads)	0.01	0.03	200.0
规模以上工业	**Industrial Enterprises above Designated size**			
工业企业单位数(个)	Number of Industrial Enterprises(unit)	15	15	0.0
# 内资企业(个)	Civil Funded Enterprises(unit)	15	15	0.0
工业总产值(万元)	Gross Industrial Output Value(10 000 yuan)	45258	61046	34.9
内资企业(万元)	Civil Funded Enterprises(10 000 yuan)	45258	61046	34.9
国有企业(万元)	State-owned Enterprises(10 000 yuan)	9459	11350	20.0
集体企业(万元)	Collective-owned Enterprises(10 000 yuan)	3592	4560	26.9
股份合作企业(万元)	Share Holding Enterprises(10 000 yuan)			
联营企业(万元)	Joint Owned Enterprises(10 000 yuan)			
有限责任公司(万元)	Limited Company(10 000 yuan)	2418	7785	222.0
股份有限公司(万元)	Share Holding Limited Company(10 000 yuan)	6448	9745	51.1
私营企业(万元)	Privately Owned Enterprises(10 000 yuan)	23341	27606	18.3
其他企业(万元)	Enterprises of Other Ownership(10 000 yuan)			
港澳台商投资企业(万元)	Funds from HK,Macao & Taiwan(10 000 yuan)			
外商投资企业(万元)	Foreign Funded Enterprises(10 000 yuan)			
工业企业增加值(万元)	Value Added of Industrial Enterprises(10 000 yuan)	21093	29484	28.6
工业企业资产总计(万元)	Total Assets of Industrial Enterprises(10 000 yuan)	16734	22868	36.7
工业企业负债合计(万元)	Total Liabilities of Industrial Enterprises(10 000 yuan)	3404	3190	-6.3
工业企业产品销售收入(万元)	Sales of Revenue Industrial Enterprises(10 000 yuan)	45258	59659	31.8
工业企业利润总额(万元)	Total Profits of Industrial Enterprises(10 000 yuan)	1902	1780	-6.4
建筑业	**Construction**			
建筑企业单位数(个)	Number of Construction Enterprises(unit)			
建筑企业从业人员(人)	Number of Employee in Construction Enterprises(person)			
建筑业总产值(万元)	Gross Construction Output Value(10 000 yuan)			
交通运输邮电通信业	**Transportation,Post & Telecommunications**			
公路里程(公里)	Total Length of Highways(km)	1319	1682	27.5
邮电业务总量(万元)	Business Volume of Post & Telecoms(10 000 yuan)	1814	2107	16.2
本地电话用户(户)	Number of Subscribers of Local Telephone(Household)	9407	8145	-13.4
国内贸易	**Demestic Trade**			
社会消费品零售总额(万元)	Total Retail Sales of Consumer Goods(10 000 yuan)	29609	35040	18.3
# 贸易业(万元)	Wholesale & Retail Sales Trades(10 000 yuan)	21697	26274	21.1
餐饮业(万元)	Catering Trade(10 000 yuan)	6348	7127	12.3
科技教育卫生	**Science,Education & Public Health**			
各类专业技术人员(人)	Speccial Technical Personnel(person)	889	934	5.1
幼儿园数(所)	Number of Kindergartens(unit)	4	4	0.0
学龄儿童入学率(%)	Percentage of School-Age Children Enrolled(%)	100.0	100.0	0.0
小学学校数(所)	Number of Primary Schools(unit)	4	4	0.0
小学专任教师数(人)	Number of Full-time Teachers of Primary Schools(person)	171	172	0.6
小学在校学生数(人)	Number of Student Enrollment of Primary Schools(person)	2778	2581	-7.1
普通中学学校数(所)	Number of Regular Secondary Schools(unit)	2	2	0.0
普通中学专任教师数(人)	Number of Teachers of Secondary Shools(person)	162	167	3.1
初中在校学生数(人)	Number of Student in Junior Secondary Schools(person)	1312	1351	3.0
高中在校学生数(人)	Number of Student in Senior Secondary Schools(person)	263	257	-2.3
卫生机构数(所)	Number of Health Institutions(unit)	17	17	0.0
# 医院(所)	Hospitals(unit)	2	2	0.0
卫生院(所)	Township Hospitals(unit)	11	11	0.0
床位数(张)	Number of Beds(unit)	114	135	18.4
# 医院(张)	Hospitals(unit)	74	74	0.0
卫生院(张)	Township Hospitals(unit)	29	50	72.4
卫生技术人员(人)	Medical Technical Presonnel(person)	214	215	0.5
# 医院(人)	Hospitals(person)	116	116	0.0
卫生院(人)	Township Hospitals(person)	40	41	2.5

23-68 锡林郭勒盟苏尼特左旗

指 标	Item	2006	2007	2007年比上年增长% Increase Rate in 2007 Over 2006(%)
行政区域土地面积(平方公里)	**Area of Administration(Sq.km)**	**34251**	**34251**	**0.0**
人口和就业	**Population & Employment**			
年末总人口(人)	Total Population Year-end(person)	33488	33700	0.6
#男性(人)	Male(person)	16741	16885	0.9
#乡村人口(人)	Rural(person)	17261	16972	-1.7
年末总户数(户)	Total Number of Households at the Year-end(Household)	10689	10707	0.2
#乡村户数(户)	Number of Rural Household(Household)	4856	4866	0.2
出生人口(人)	Births(person)	325	379	16.6
死亡人口(人)	Deaths(person)	116	127	9.5
全社会就业人员(人)	Employment(person)	16386	16213	-1.1
第一产业(人)	Primary Industry(person)	9998	9515	-4.8
第二产业(人)	Secondary Industry(person)	1348	1413	4.8
第三产业(人)	Tertiary Industry(person)	5040	5285	4.9
在岗职工人数(人)	Number of Staff & Workers Employed in(person)	2792	2857	2.3
乡村劳动力(人)	Number of Rural Laborers(person)	10828	10875	0.4
#农林牧渔业(人)	Farming,Forestry,Animal Husbandry & Fishery(person)	9881	9515	-3.7
国民经济综合指标	**Summary Item on the National Economy**			
生产总值(万元)	Gross Domestic Product(10 000 yuan)	108704	157420	25.5
第一产业(万元)	Primary Industry(10 000 yuan)	17600	20870	3.2
第二产业(万元)	Secondary Industry(10 000 yuan)	71574	108057	34.5
#工业(万元)	Industry(10 000 yuan)	65064	89454	28.4
第三产业(万元)	Tertiary Industry(10 000 yuan)	19530	28493	18.3
人均生产总值(元)	Per Capita GDP(yuan)	30200	43034	23.2
全社会固定资产投资(万元)	Total Investment in Fixed Assets(10 000 yuan)	52141	100239	92.2
按登记注册类型分	Grouped by Registered Type			
#国有(万元)	State-owned Enterprises(10 000 yuan)	29702	77898	162.3
集体(万元)	Collective-owned Enterprises(10 000 yuan)			
有限责任公司(万元)	Limited Liability Corporations(10 000 yuan)	13139	18641	41.9
股份有限公司(万元)	Share Holding Enterprises(10 000 yuan)		3000	
私营企业(万元)	Private Enterprises(10 000 yuan)	9300	700	-92.5
外商及港澳台投资企业(万元)	Funds from HK,Macao,Taiwan & Foreign(10 000 yuan)			
按城乡渠道分	Grouped by Urban and Rural Area			
城镇(万元)	Urban(10 000 yuan)	45261	100239	121.5
农村(万元)	Rural(10 000 yuan)	6880		
一般预算收入(万元)	General Budgetary Financial Revenue(10 000 yuan)	3859	4834	25.3
一般预算支出(万元)	General Budgetary Financial Expenditures(10 000 yuan)	21190	23576	11.3
城乡居民储蓄存款余额(万元)	Resident Saving Deposit in Urban & Rural(10 000 yuan)	19191	22905	19.4
在岗职工工资总额(万元)	Total Wages of Staff & Workers Empioyed in(10 000 yuan)	4680	5824	24.4
在岗职工平均工资(元)	Average Wage of Staff & Workers Employed in(yuan)	16763	20377	21.6
农牧民人均纯收入(元)	Per Capita Net Income of Peasant & Herdsman(yuan)	2632	3506	33.2
农村牧区经济	**Economic Development in Rural & Pastoral Area**			
耕地面积(公顷)	Cultivated Area(hectare)	2000	2000	0.0
农作物总播种面积(公顷)	Total Sown Area(hectare)	1990	2360	18.6
#粮食作物播种面积(公顷)	Sown Area of Grain Crops(hectare)			
有效灌溉面积(公顷)	Irrigated Area(hectare)	2000	2000	0.0
农牧业机械总动力(万千瓦)	Total Power of Agricultural Machinery(10 000 kw)	6.25	5.80	-7.2
化肥施用折纯量(吨)	Consumption of Chemical Fertilizer(ton)	17	17	0.0
农村用电量(万千瓦小时)	Electricity Consumed in Rural Area(10 000 kwh)	10	10	3.0
农林牧渔业总产值(万元)	Gross Output of Farming,Forestry,Animal Husbandry & Fishery(10 000 yuan)	31306	36938	18.0
粮食产量(吨)	Yield of Grain(ton)			
油料产量(吨)	Yield of Oil-bearing Grops(ton)			
甜菜产量(吨)	Yield of Beetroots(ton)			
猪牛羊肉产量(吨)	Output of Pork, Beef & Mutton(ton)	13466	13583	0.9
#猪肉产量(吨)	Output of Pork(ton)	33	31	-6.1
牛肉产量(吨)	Output of Beef(ton)	3732	2623	-29.7
羊肉产量(吨)	Output of Mutton(ton)	9701	10929	12.7
羊毛产量(吨)	Output of Wool(ton)	520	559	7.5

23-68 Sunitezuo Banner in Xilinguole League

指 标	Item	2006	2007	2007年比上年增长% Increase Rate in 2007 Over 2006(%)
年末牲畜存栏头数(万头只)	Total Livestock at the Year-end(10 000 heads)	57.81	67.27	16.4
#大牲畜(万头只)	Large Animals(10 000 heads)	4.98	5.57	11.8
羊(万只)	Sheep & Goats(10 000 heads)	52.80	61.63	16.7
猪(万头)	Hogs(10 000 heads)	0.03	0.07	133.3
规模以上工业	**Industrial Enterprises above Designated size**			
工业企业单位数(个)	Number of Industrial Enterprises(unit)	17	16	-5.9
#内资企业(个)	Civil Funded Enterprises(unit)	17	16	-5.9
工业总产值(万元)	Gross Industrial Output Value(10 000 yuan)	107860	138290	28.2
内资企业(万元)	Civil Funded Enterprises(10 000 yuan)	107860	138290	28.2
国有企业(万元)	State-owned Enterprises(10 000 yuan)	771	872	13.1
集体企业(万元)	Collective-owned Enterprises(10 000 yuan)			
股份合作企业(万元)	Share Holding Enterprises(10 000 yuan)			
联营企业(万元)	Joint Owned Enterprises(10 000 yuan)			
有限责任公司(万元)	Limited Company(10 000 yuan)	93404	116098	24.3
股份有限公司(万元)	Share Holding Limited Company(10 000 yuan)	4500	7060	56.9
私营企业(万元)	Privately Owned Enterprises(10 000 yuan)	9185	14260	55.3
其他企业(万元)	Enterprises of Other Ownership(10 000 yuan)			
港澳台商投资企业(万元)	Funds from HK,Macao & Taiwan(10 000 yuan)			
外商投资企业(万元)	Foreign Funded Enterprises(10 000 yuan)			
工业企业增加值(万元)	Value Added of Industrial Enterprises(10 000 yuan)	62749	83842	27.1
工业企业资产总计(万元)	Total Assets of Industrial Enterprises(10 000 yuan)	58340	70543	20.9
工业企业负债合计(万元)	Total Liabilities of Industrial Enterprises(10 000 yuan)	29127	19837	-31.9
工业企业产品销售收入(万元)	Sales of Revenue Industrial Enterprises(10 000 yuan)	107860	138290	28.2
工业企业利润总额(万元)	Total Profits of Industrial Enterprises(10 000 yuan)	10659	19766	85.4
建筑业	**Construction**			
建筑企业单位数(个)	Number of Construction Enterprises(unit)		1	
建筑企业从业人员(人)	Number of Employee in Construction Enterprises(person)		240	
建筑业总产值(万元)	Gross Construction Output Value(10 000 yuan)		2513	
交通运输邮电通信业	**Transportation,Post & Telecommunications**			
公路里程(公里)	Total Length of Highways(km)	1672	1780	6.5
邮电业务总量(万元)	Business Volume of Post & Telecoms(10 000 yuan)	1316	1382	5.0
本地电话用户(户)	Number of Subscribers of Local Telephone(Household)	9301	5958	-35.9
国内贸易	**Demestic Trade**			
社会消费品零售总额(万元)	Total Retail Sales of Consumer Goods(10 000 yuan)	18490	22097	19.5
#贸易业(万元)	Wholesale & Retail Sales Trades(10 000 yuan)	13763	15288	11.1
餐饮业(万元)	Catering Trade(10 000 yuan)	3542	5459	54.1
科技教育卫生	**Science,Education & Public Health**			
各类专业技术人员(人)	Speccial Technical Personnel(person)	1126	874	-22.4
幼儿园数(所)	Number of Kindergartens(unit)	3	3	0.0
学龄儿童入学率(%)	Percentage of School-Age Children Enrolled(%)	100.0	100.0	0.0
小学学校数(所)	Number of Primary Schools(unit)	3	3	0.0
小学专任教师数(人)	Number of Full-time Teachers of Primary Schools(person)	272	170	-37.5
小学在校学生数(人)	Number of Student Enrollment of Primary Schools(person)	1918	1995	4.0
普通中学学校数(所)	Number of Regular Secondary Schools(unit)	2	2	0.0
普通中学专任教师数(人)	Number of Teachers of Secondary Shools(person)	130	117	-10.0
初中在校学生数(人)	Number of Student in Junior Secondary Schools(person)	1394	1370	-1.7
高中在校学生数(人)	Number of Student in Senior Secondary Schools(person)			
卫生机构数(所)	Number of Health Institutions(unit)	16	16	0.0
#医院(所)	Hospitals(unit)	2	2	0.0
卫生院(所)	Township Hospitals(unit)	11	11	0.0
床位数(张)	Number of Beds(unit)	90	86	-4.4
#医院(张)	Hospitals(unit)	53	53	0.0
卫生院(张)	Township Hospitals(unit)	33	29	-12.1
卫生技术人员(人)	Medical Technical Presonnel(person)	217	195	-10.1
#医院(人)	Hospitals(person)	87	95	9.2
卫生院(人)	Township Hospitals(person)	53	57	7.5

23-69 锡林郭勒盟苏尼特右旗

指 标	Item	2006	2007	2007年比上年增长% Increase Rate in 2007 Over 2006(%)
行政区域土地面积(平方公里)	**Area of Administration(Sq.km)**	**22461**	**22461**	**0.0**
人口和就业	**Population & Employment**			
年末总人口(人)	Total Population Year-end(person)	68773	69163	0.6
# 男性(人)	Male(person)	34818	35002	0.5
# 乡村人口(人)	Rural(person)	22867	23144	1.2
年末总户数(户)	Total Number of Households at the Year-end(Household)	23961	24582	2.6
# 乡村户数(户)	Number of Rural Household(Household)	6634	6785	2.3
出生人口(人)	Births(person)	623	653	4.8
死亡人口(人)	Deaths(person)	204	195	-4.4
全社会就业人员(人)	Employment(person)	33609	33052	-1.7
第一产业(人)	Primary Industry(person)	17650	16722	-5.3
第二产业(人)	Secondary Industry(person)	5846	6127	4.8
第三产业(人)	Tertiary Industry(person)	10113	10203	0.9
在岗职工人数(人)	Number of Staff & Workers Employed in(person)	7383	7464	1.1
乡村劳动力(人)	Number of Rural Laborers(person)	18192	18884	3.8
# 农林牧渔业(人)	Farming,Forestry,Animal Husbandry & Fishery(person)	15733	16722	6.3
国民经济综合指标	**Summary Item on the National Economy**			
生产总值(万元)	Gross Domestic Product(10 000 yuan)	139004	174740	20.0
第一产业(万元)	Primary Industry(10 000 yuan)	12000	15215	5.2
第二产业(万元)	Secondary Industry(10 000 yuan)	86985	110959	23.1
# 工业(万元)	Industry(10 000 yuan)	77121	101070	25.4
第三产业(万元)	Tertiary Industry(10 000 yuan)	40019	48566	18.3
人均生产总值(元)	Per Capita GDP(yuan)	18053	22119	17.0
全社会固定资产投资(万元)	Total Investment in Fixed Assets(10 000 yuan)	112549	110483	-1.8
按登记注册类型分	Grouped by Registered Type			
# 国有(万元)	State-owned Enterprises(10 000 yuan)	43995	43223	-1.8
集体(万元)	Collective-owned Enterprises(10 000 yuan)			
有限责任公司(万元)	Limited Liability Corporations(10 000 yuan)	42892	8450	-80.3
股份有限公司(万元)	Share Holding Enterprises(10 000 yuan)		21000	
私营企业(万元)	Private Enterprises(10 000 yuan)	25662	37810	47.3
外商及港澳台投资企业(万元)	Funds from HK,Macao,Taiwan & Foreign(10 000 yuan)			
按城乡渠道分	Grouped by Urban and Rural Area			
城镇(万元)	Urban(10 000 yuan)	68531	110483	61.2
农村(万元)	Rural(10 000 yuan)	44018		
一般预算收入(万元)	General Budgetary Financial Revenue(10 000 yuan)	10185	10265	0.8
一般预算支出(万元)	General Budgetary Financial Expenditures(10 000 yuan)	28658	32134	12.1
城乡居民储蓄存款余额(万元)	Resident Saving Deposit in Urban & Rural(10 000 yuan)	58145	65865	13.3
在岗职工工资总额(万元)	Total Wages of Staff & Workers Empioyed in(10 000 yuan)	14381	17085	18.8
在岗职工平均工资(元)	Average Wage of Staff & Workers Employed in(yuan)	17887	20669	15.6
农牧民人均纯收入(元)	Per Capita Net Income of Peasant & Herdsman(yuan)	2345	3222	37.4
农村牧区经济	**Economic Development in Rural & Pastoral Area**			
耕地面积(公顷)	Cultivated Area(hectare)	2420	2300	-5.0
农作物总播种面积(公顷)	Total Sown Area(hectare)	2850	2600	-8.8
# 粮食作物播种面积(公顷)	Sown Area of Grain Crops(hectare)	420	400	-4.8
有效灌溉面积(公顷)	Irrigated Area(hectare)	1600	1830	14.4
农牧业机械总动力(万千瓦)	Total Power of Agricultural Machinery(10 000 kw)	4.46	4.49	0.7
化肥施用折纯量(吨)	Consumption of Chemical Fertilizer(ton)	99	109	10.1
农村用电量(万千瓦小时)	Electricity Consumed in Rural Area(10 000 kwh)	169	212	25.5
农林牧渔业总产值(万元)	Gross Output of Farming,Forestry,Animal Husbandry & Fishery(10 000 yuan)	23123	29259	26.5
粮食产量(吨)	Yield of Grain(ton)	1920	150	-92.2
油料产量(吨)	Yield of Oil-bearing Grops(ton)		24	
甜菜产量(吨)	Yield of Beetroots(ton)			
猪牛羊肉产量(吨)	Output of Pork, Beef & Mutton(ton)	7062	8439	19.5
# 猪肉产量(吨)	Output of Pork(ton)	112	162	44.6
牛肉产量(吨)	Output of Beef(ton)	804	493	-38.7
羊肉产量(吨)	Output of Mutton(ton)	6146	7784	26.7
羊毛产量(吨)	Output of Wool(ton)	478	504	5.4

23-69 Suniteyou Banner in Xilinguole League

指 标	Item	2006	2007	2007年比上年增长% Increase Rate in 2007 Over 2006(%)
年末牲畜存栏头数(万头只)	Total Livestock at the Year-end(10 000 heads)	47.11	48.86	3.7
#大牲畜(万头只)	Large Animals(10 000 heads)	1.00	1.04	4.0
羊(万只)	Sheep & Goats(10 000 heads)	45.97	47.66	3.7
猪(万头)	Hogs(10 000 heads)	0.14	0.16	14.3
规模以上工业	**Industrial Enterprises above Designated size**			
工业企业单位数(个)	Number of Industrial Enterprises(unit)	25	28	12.0
#内资企业(个)	Civil Funded Enterprises(unit)	24	27	12.5
工业总产值(万元)	Gross Industrial Output Value(10 000 yuan)	147986	209897	41.8
内资企业(万元)	Civil Funded Enterprises(10 000 yuan)	147123	208869	42.0
国有企业(万元)	State-owned Enterprises(10 000 yuan)	13945	20720	48.6
集体企业(万元)	Collective-owned Enterprises(10 000 yuan)			
股份合作企业(万元)	Share Holding Enterprises(10 000 yuan)			
联营企业(万元)	Joint Owned Enterprises(10 000 yuan)			
有限责任公司(万元)	Limited Company(10 000 yuan)	53782	58189	8.2
股份有限公司(万元)	Share Holding Limited Company(10 000 yuan)			
私营企业(万元)	Privately Owned Enterprises(10 000 yuan)	79396	129960	63.7
其他企业(万元)	Enterprises of Other Ownership(10 000 yuan)			
港澳台商投资企业(万元)	Funds from HK,Macao & Taiwan(10 000 yuan)			
外商投资企业(万元)	Foreign Funded Enterprises(10 000 yuan)	863	1028	19.1
工业企业增加值(万元)	Value Added of Industrial Enterprises(10 000 yuan)	72639	94969	27.0
工业企业资产总计(万元)	Total Assets of Industrial Enterprises(10 000 yuan)	141036	142371	0.9
工业企业负债合计(万元)	Total Liabilities of Industrial Enterprises(10 000 yuan)	69712	78126	12.1
工业企业产品销售收入(万元)	Sales of Revenue Industrial Enterprises(10 000 yuan)	146210	207600	42.0
工业企业利润总额(万元)	Total Profits of Industrial Enterprises(10 000 yuan)	3758	6935	84.5
建筑业	**Construction**			
建筑企业单位数(个)	Number of Construction Enterprises(unit)	2	2	0.0
建筑企业从业人员(人)	Number of Employee in Construction Enterprises(person)	703	99	-85.9
建筑业总产值(万元)	Gross Construction Output Value(10 000 yuan)	4122	2409	-41.6
交通运输邮电通信业	**Transportation,Post & Telecommunications**			
公路里程(公里)	Total Length of Highways(km)	1389	1540	10.9
邮电业务总量(万元)	Business Volume of Post & Telecoms(10 000 yuan)	3200	4376	36.8
本地电话用户(户)	Number of Subscribers of Local Telephone(Household)	12000	15000	25.0
国内贸易	**Demestic Trade**			
社会消费品零售总额(万元)	Total Retail Sales of Consumer Goods(10 000 yuan)	42350	50650	19.6
#贸易业(万元)	Wholesale & Retail Sales Trades(10 000 yuan)	32595	39899	22.4
餐饮业(万元)	Catering Trade(10 000 yuan)	7745	8623	11.3
科技教育卫生	**Science,Education & Public Health**			
各类专业技术人员(人)	Speccial Technical Personnel(person)	1251	1392	11.3
幼儿园数(所)	Number of Kindergartens(unit)	4	4	0.0
学龄儿童入学率(%)	Percentage of School-Age Children Enrolled(%)	100.0	100.0	0.0
小学学校数(所)	Number of Primary Schools(unit)	8	8	0.0
小学专任教师数(人)	Number of Full-time Teachers of Primary Schools(person)	346	361	4.3
小学在校学生数(人)	Number of Student Enrollment of Primary Schools(person)	5845	5568	-4.7
普通中学学校数(所)	Number of Regular Secondary Schools(unit)	3	3	0.0
普通中学专任教师数(人)	Number of Teachers of Secondary Shools(person)	263	266	1.1
初中在校学生数(人)	Number of Student in Junior Secondary Schools(person)	2559	2499	-2.3
高中在校学生数(人)	Number of Student in Senior Secondary Schools(person)	989	900	-9.0
卫生机构数(所)	Number of Health Institutions(unit)	17	18	5.9
#医院(所)	Hospitals(unit)	2	2	0.0
卫生院(所)	Township Hospitals(unit)	12	12	0.0
床位数(张)	Number of Beds(unit)	155	160	3.2
#医院(张)	Hospitals(unit)	106	106	0.0
卫生院(张)	Township Hospitals(unit)	34	39	14.7
卫生技术人员(人)	Medical Technical Presonnel(person)	270	283	4.8
#医院(人)	Hospitals(person)	132	133	0.8
卫生院(人)	Township Hospitals(person)	72	70	-2.8

23-70 锡林郭勒盟东乌珠穆沁旗

指 标	Item	2006	2007	2007年比上年增长% Increase Rate in 2007 Over 2006(%)
行政区域土地面积(平方公里)	**Area of Administration(Sq.km)**	**47259**	**47259**	**0.0**
人口和就业	**Population & Employment**			
年末总人口(人)	Total Population Year-end(person)	72054	74034	2.7
#男性(人)	Male(person)	36871	37796	2.5
#乡村人口(人)	Rural(person)	31409	30908	-1.6
年末总户数(户)	Total Number of Households at the Year-end(Household)	21989	22914	4.2
#乡村户数(户)	Number of Rural Household(Household)	7664	7631	-0.4
出生人口(人)	Births(person)	849	1135	33.7
死亡人口(人)	Deaths(person)	321	333	3.7
全社会就业人员(人)	Employment(person)	42218	44423	5.2
第一产业(人)	Primary Industry(person)	19656	20576	4.7
第二产业(人)	Secondary Industry(person)	7286	8136	11.7
第三产业(人)	Tertiary Industry(person)	15276	15711	2.8
在岗职工人数(人)	Number of Staff & Workers Employed in(person)	9664	9628	-0.4
乡村劳动力(人)	Number of Rural Laborers(person)	22192	21705	-2.2
#农林牧渔业(人)	Farming,Forestry,Animal Husbandry & Fishery(person)	20895	20074	-3.9
国民经济综合指标	**Summary Item on the National Economy**			
生产总值(万元)	Gross Domestic Product(10 000 yuan)	243967	330754	19.4
第一产业(万元)	Primary Industry(10 000 yuan)	64700	74896	1.7
第二产业(万元)	Secondary Industry(10 000 yuan)	135164	196268	31.2
#工业(万元)	Industry(10 000 yuan)	103987	154213	33.2
第三产业(万元)	Tertiary Industry(10 000 yuan)	44103	59590	18.9
人均生产总值(元)	Per Capita GDP(yuan)	28180	37524	19.5
全社会固定资产投资(万元)	Total Investment in Fixed Assets(10 000 yuan)	233825	314662	34.6
按登记注册类型分	Grouped by Registered Type			
#国有(万元)	State-owned Enterprises(10 000 yuan)	72178	134969	87.0
集体(万元)	Collective-owned Enterprises(10 000 yuan)	620	650	4.8
有限责任公司(万元)	Limited Liability Corporations(10 000 yuan)	132832	91682	-31.0
股份有限公司(万元)	Share Holding Enterprises(10 000 yuan)		54852	
私营企业(万元)	Private Enterprises(10 000 yuan)	28195	6009	-78.7
外商及港澳台投资企业(万元)	Funds from HK,Macao,Taiwan & Foreign(10 000 yuan)		26500	
按城乡渠道分	Grouped by Urban and Rural Area			
城镇(万元)	Urban(10 000 yuan)	229511	314662	37.1
农村(万元)	Rural(10 000 yuan)	4314		
一般预算收入(万元)	General Budgetary Financial Revenue(10 000 yuan)	14047	20284	44.4
一般预算支出(万元)	General Budgetary Financial Expenditures(10 000 yuan)	35550	47320	33.1
城乡居民储蓄存款余额(万元)	Resident Saving Deposit in Urban & Rural(10 000 yuan)	51581	73982	43.4
在岗职工工资总额(万元)	Total Wages of Staff & Workers Empioyed in(10 000 yuan)	14491	19788	36.6
在岗职工平均工资(元)	Average Wage of Staff & Workers Employed in(yuan)	15926	20178	26.7
农牧民人均纯收入(元)	Per Capita Net Income of Peasant & Herdsman(yuan)	7084	8583	21.2
农村牧区经济	**Economic Development in Rural & Pastoral Area**			
耕地面积(公顷)	Cultivated Area(hectare)	28060	30840	9.9
农作物总播种面积(公顷)	Total Sown Area(hectare)	29430	32240	9.5
#粮食作物播种面积(公顷)	Sown Area of Grain Crops(hectare)	12320	16452	33.5
有效灌溉面积(公顷)	Irrigated Area(hectare)	1580	7730	389.2
农牧业机械总动力(万千瓦)	Total Power of Agricultural Machinery(10 000 kw)	12.63	14.01	10.9
化肥施用折纯量(吨)	Consumption of Chemical Fertilizer(ton)	2781	3121	12.2
农村用电量(万千瓦小时)	Electricity Consumed in Rural Area(10 000 kwh)	272	285	4.8
农林牧渔业总产值(万元)	Gross Output of Farming,Forestry,Animal Husbandry & Fishery(10 000 yuan)	115084	138314	20.2
粮食产量(吨)	Yield of Grain(ton)	39327	6915	-82.4
油料产量(吨)	Yield of Oil-bearing Grops(ton)	1865	24	-98.7
甜菜产量(吨)	Yield of Beetroots(ton)			
猪牛羊肉产量(吨)	Output of Pork, Beef & Mutton(ton)	49999	41178	-17.6
#猪肉产量(吨)	Output of Pork(ton)	341	97	-71.6
牛肉产量(吨)	Output of Beef(ton)	6263	7784	24.3
羊肉产量(吨)	Output of Mutton(ton)	43395	33297	-23.3
羊毛产量(吨)	Output of Wool(ton)	3678	2623	-28.7

23-70 Dongwuzhumuqin Banner in Xilinguole League

指 标	Item	2006	2007	2007年比上年增长% Increase Rate in 2007 Over 2006(%)
年末牲畜存栏头数(万头只)	Total Livestock at the Year-end(10 000 heads)	218.47	175.72	-19.6
#大牲畜(万头只)	Large Animals(10 000 heads)	7.34	6.37	-13.2
羊(万只)	Sheep & Goats(10 000 heads)	211.06	169.23	-19.8
猪(万头)	Hogs(10 000 heads)	0.07	0.12	71.4
规模以上工业	**Industrial Enterprises above Designated size**			
工业企业单位数(个)	Number of Industrial Enterprises(unit)	41	38	-7.3
#内资企业(个)	Civil Funded Enterprises(unit)	40	37	-7.5
工业总产值(万元)	Gross Industrial Output Value(10 000 yuan)	170151	247298	45.3
内资企业(万元)	Civil Funded Enterprises(10 000 yuan)	154027	221296	43.7
国有企业(万元)	State-owned Enterprises(10 000 yuan)	32198	32156	-0.1
集体企业(万元)	Collective-owned Enterprises(10 000 yuan)	1000	1000	0.0
股份合作企业(万元)	Share Holding Enterprises(10 000 yuan)			
联营企业(万元)	Joint Owned Enterprises(10 000 yuan)	8018	8236	2.7
有限责任公司(万元)	Limited Company(10 000 yuan)	4758	48690	923.3
股份有限公司(万元)	Share Holding Limited Company(10 000 yuan)	23111	38343	65.9
私营企业(万元)	Privately Owned Enterprises(10 000 yuan)	84942	92871	9.3
其他企业(万元)	Enterprises of Other Ownership(10 000 yuan)			
港澳台商投资企业(万元)	Funds from HK,Macao & Taiwan(10 000 yuan)			
外商投资企业(万元)	Foreign Funded Enterprises(10 000 yuan)	16124	26002	61.3
工业企业增加值(万元)	Value Added of Industrial Enterprises(10 000 yuan)	97383	143564	31.5
工业企业资产总计(万元)	Total Assets of Industrial Enterprises(10 000 yuan)	144428	195313	35.2
工业企业负债合计(万元)	Total Liabilities of Industrial Enterprises(10 000 yuan)	71331	114275	60.2
工业企业产品销售收入(万元)	Sales of Revenue Industrial Enterprises(10 000 yuan)	167133	241627	44.6
工业企业利润总额(万元)	Total Profits of Industrial Enterprises(10 000 yuan)	21435	33463	56.1
建筑业	**Construction**			
建筑企业单位数(个)	Number of Construction Enterprises(unit)	1	1	0.0
建筑企业从业人员(人)	Number of Employee in Construction Enterprises(person)	42	40	-4.8
建筑业总产值(万元)	Gross Construction Output Value(10 000 yuan)	1019	800	-21.5
交通运输邮电通信业	**Transportation,Post & Telecommunications**			
公路里程(公里)	Total Length of Highways(km)	1530	2572	68.1
邮电业务总量(万元)	Business Volume of Post & Telecoms(10 000 yuan)	4169	4243	1.8
本地电话用户(户)	Number of Subscribers of Local Telephone(Household)	19664	15951	-18.9
国内贸易	**Demestic Trade**			
社会消费品零售总额(万元)	Total Retail Sales of Consumer Goods(10 000 yuan)	65639	78542	19.7
#贸易业(万元)	Wholesale & Retail Sales Trades(10 000 yuan)	47082	56421	19.8
餐饮业(万元)	Catering Trade(10 000 yuan)	15924	19147	20.2
科技教育卫生	**Science,Education & Public Health**			
各类专业技术人员(人)	Speccial Technical Personnel(person)	1415	1306	-7.7
幼儿园数(所)	Number of Kindergartens(unit)	3	3	0.0
学龄儿童入学率(%)	Percentage of School-Age Children Enrolled(%)	100.0	100.0	0.0
小学学校数(所)	Number of Primary Schools(unit)	7	7	0.0
小学专任教师数(人)	Number of Full-time Teachers of Primary Schools(person)	407	403	-1.0
小学在校学生数(人)	Number of Student Enrollment of Primary Schools(person)	6182	6584	6.5
普通中学学校数(所)	Number of Regular Secondary Schools(unit)	5	5	0.0
普通中学专任教师数(人)	Number of Teachers of Secondary Shools(person)	336	341	1.5
初中在校学生数(人)	Number of Student in Junior Secondary Schools(person)	3235	2585	-20.1
高中在校学生数(人)	Number of Student in Senior Secondary Schools(person)	1069	866	-19.0
卫生机构数(所)	Number of Health Institutions(unit)	26	26	0.0
#医院(所)	Hospitals(unit)	3	3	0.0
卫生院(所)	Township Hospitals(unit)	18	18	0.0
床位数(张)	Number of Beds(unit)	236	223	-5.5
#医院(张)	Hospitals(unit)	140	135	-3.6
卫生院(张)	Township Hospitals(unit)	78	70	-10.3
卫生技术人员(人)	Medical Technical Presonnel(person)	332	327	-1.5
#医院(人)	Hospitals(person)	187	178	-4.8
卫生院(人)	Township Hospitals(person)	77	78	1.3

23-71 锡林郭勒盟西乌珠穆沁旗

指 标	Item	2006	2007	2007年比上年增长% Increase Rate in 2007 Over 2006(%)
行政区域土地面积(平方公里)	**Area of Administration(Sq.km)**	**22435**	**22435**	**0.0**
人口和就业	**Population & Employment**			
年末总人口(人)	Total Population Year-end(person)	71344	73185	2.6
#男性(人)	Male(person)	36035	36835	2.2
#乡村人口(人)	Rural(person)	37359	36710	-1.7
年末总户数(户)	Total Number of Households at the Year-end(Household)	20820	21899	5.2
#乡村户数(户)	Number of Rural Household(Household)	9564	9496	-0.7
出生人口(人)	Births(person)	827	991	19.8
死亡人口(人)	Deaths(person)	150	536	257.3
全社会就业人员(人)	Employment(person)	33552	37929	13.0
第一产业(人)	Primary Industry(person)	19100	22151	16.0
第二产业(人)	Secondary Industry(person)	4493	5231	16.4
第三产业(人)	Tertiary Industry(person)	9959	10547	5.9
在岗职工人数(人)	Number of Staff & Workers Employed in(person)	6283	6026	-4.1
乡村劳动力(人)	Number of Rural Laborers(person)	23839	23637	-0.8
#农林牧渔业(人)	Farming,Forestry,Animal Husbandry & Fishery(person)	21888	22651	3.5
国民经济综合指标	**Summary Item on the National Economy**			
生产总值(万元)	Gross Domestic Product(10 000 yuan)	190386	272003	18.4
第一产业(万元)	Primary Industry(10 000 yuan)	41100	47510	0.6
第二产业(万元)	Secondary Industry(10 000 yuan)	108983	175837	25.2
#工业(万元)	Industry(10 000 yuan)	66481	126131	35.9
第三产业(万元)	Tertiary Industry(10 000 yuan)	40303	48656	18.1
人均生产总值(元)	Per Capita GDP(yuan)	26686	37640	17.1
全社会固定资产投资(万元)	Total Investment in Fixed Assets(10 000 yuan)	252702	470389	86.1
按登记注册类型分	Grouped by Registered Type			
#国有(万元)	State-owned Enterprises(10 000 yuan)	71420	146441	105.0
集体(万元)	Collective-owned Enterprises(10 000 yuan)		420	
有限责任公司(万元)	Limited Liability Corporations(10 000 yuan)	163782	11317	-93.1
股份有限公司(万元)	Share Holding Enterprises(10 000 yuan)		279695	
私营企业(万元)	Private Enterprises(10 000 yuan)	17500	32516	85.8
外商及港澳台投资企业(万元)	Funds from HK,Macao,Taiwan & Foreign(10 000 yuan)			
按城乡渠道分	Grouped by Urban and Rural Area			
城镇(万元)	Urban(10 000 yuan)	252702	470389	86.1
农村(万元)	Rural(10 000 yuan)			
一般预算收入(万元)	General Budgetary Financial Revenue(10 000 yuan)	9022	18640	106.6
一般预算支出(万元)	General Budgetary Financial Expenditures(10 000 yuan)	25765	38201	48.3
城乡居民储蓄存款余额(万元)	Resident Saving Deposit in Urban & Rural(10 000 yuan)	40048	54782	36.8
在岗职工工资总额(万元)	Total Wages of Staff & Workers Empioyed in(10 000 yuan)	10720	11718	9.3
在岗职工平均工资(元)	Average Wage of Staff & Workers Employed in(yuan)	16692	19010	13.9
农牧民人均纯收入(元)	Per Capita Net Income of Peasant & Herdsman(yuan)	4820	5698	18.2
农村牧区经济	**Economic Development in Rural & Pastoral Area**			
耕地面积(公顷)	Cultivated Area(hectare)	1910	1890	-1.0
农作物总播种面积(公顷)	Total Sown Area(hectare)	5570	4570	-18.0
#粮食作物播种面积(公顷)	Sown Area of Grain Crops(hectare)	30	25	-16.7
有效灌溉面积(公顷)	Irrigated Area(hectare)	1910	1890	-1.0
农牧业机械总动力(万千瓦)	Total Power of Agricultural Machinery(10 000 kw)	5.60	5.68	1.4
化肥施用折纯量(吨)	Consumption of Chemical Fertilizer(ton)	88	89	1.1
农村用电量(万千瓦小时)	Electricity Consumed in Rural Area(10 000 kwh)	267	329	23.2
农林牧渔业总产值(万元)	Gross Output of Farming,Forestry,Animal Husbandry & Fishery(10 000 yuan)	73106	94956	29.9
粮食产量(吨)	Yield of Grain(ton)	79	75	-5.1
油料产量(吨)	Yield of Oil-bearing Grops(ton)			
甜菜产量(吨)	Yicld of Beetroots(ton)			
猪牛羊肉产量(吨)	Output of Pork, Beef & Mutton(ton)	27712	38485	38.9
#猪肉产量(吨)	Output of Pork(ton)	23		
牛肉产量(吨)	Output of Beef(ton)	5202	10386	99.7
羊肉产量(吨)	Output of Mutton(ton)	22487	28099	25.0
羊毛产量(吨)	Output of Wool(ton)	1571	1531	-2.5

23-71 xiwuzhumuqin Banner in Xilinguole League

指标	Item	2006	2007	2007年比上年增长% Increase Rate in 2007 Over 2006(%)
年末牲畜存栏头数(万头只)	Total Livestock at the Year-end(10 000 heads)	145.28	107.68	-25.9
#大牲畜(万头只)	Large Animals(10 000 heads)	10.23	8.81	-13.9
羊(万只)	Sheep & Goats(10 000 heads)	135.04	98.85	-26.8
猪(万头)	Hogs(10 000 heads)	0.01	0.02	100.0
规模以上工业	**Industrial Enterprises above Designated size**			
工业企业单位数(个)	Number of Industrial Enterprises(unit)	20	21	5.0
#内资企业(个)	Civil Funded Enterprises(unit)	20	20	0.0
工业总产值(万元)	Gross Industrial Output Value(10 000 yuan)	126929	212126	67.1
内资企业(万元)	Civil Funded Enterprises(10 000 yuan)	126929	197126	55.3
国有企业(万元)	State-owned Enterprises(10 000 yuan)	13324	20047	50.5
集体企业(万元)	Collective-owned Enterprises(10 000 yuan)			
股份合作企业(万元)	Share Holding Enterprises(10 000 yuan)			
联营企业(万元)	Joint Owned Enterprises(10 000 yuan)			
有限责任公司(万元)	Limited Company(10 000 yuan)	3008	8969	198.2
股份有限公司(万元)	Share Holding Limited Company(10 000 yuan)	99375	130077	30.9
私营企业(万元)	Privately Owned Enterprises(10 000 yuan)	11222	38033	238.9
其他企业(万元)	Enterprises of Other Ownership(10 000 yuan)			
港澳台商投资企业(万元)	Funds from HK,Macao & Taiwan(10 000 yuan)		15000	
外商投资企业(万元)	Foreign Funded Enterprises(10 000 yuan)			
工业企业增加值(万元)	Value Added of Industrial Enterprises(10 000 yuan)	63496	120076	35.9
工业企业资产总计(万元)	Total Assets of Industrial Enterprises(10 000 yuan)	111452	186492	67.3
工业企业负债合计(万元)	Total Liabilities of Industrial Enterprises(10 000 yuan)	58741	112753	91.9
工业企业产品销售收入(万元)	Sales of Revenue Industrial Enterprises(10 000 yuan)	126389	212547	68.2
工业企业利润总额(万元)	Total Profits of Industrial Enterprises(10 000 yuan)		40844	
建筑业	**Construction**			
建筑企业单位数(个)	Number of Construction Enterprises(unit)	1	2	100.0
建筑企业从业人员(人)	Number of Employee in Construction Enterprises(person)	300	626	108.7
建筑业总产值(万元)	Gross Construction Output Value(10 000 yuan)	1851	5005	170.4
交通运输邮电通信业	**Transportation,Post & Telecommunications**			
公路里程(公里)	Total Length of Highways(km)	1043	1176	12.8
邮电业务总量(万元)	Business Volume of Post & Telecoms(10 000 yuan)	1242	1269	2.2
本地电话用户(户)	Number of Subscribers of Local Telephone(Household)	13491	16310	20.9
国内贸易	**Demestic Trade**			
社会消费品零售总额(万元)	Total Retail Sales of Consumer Goods(10 000 yuan)	47708	57106	19.7
#贸易业(万元)	Wholesale & Retail Sales Trades(10 000 yuan)	37152	40761	9.7
餐饮业(万元)	Catering Trade(10 000 yuan)	9955	12546	26.0
科技教育卫生	**Science,Education & Public Health**			
各类专业技术人员(人)	Speccial Technical Personnel(person)	1891	1897	0.3
幼儿园数(所)	Number of Kindergartens(unit)	4	7	75.0
学龄儿童入学率(%)	Percentage of School-Age Children Enrolled(%)	100.0	100.0	0.0
小学学校数(所)	Number of Primary Schools(unit)	4	4	0.0
小学专任教师数(人)	Number of Full-time Teachers of Primary Schools(person)	327	266	-18.7
小学在校学生数(人)	Number of Student Enrollment of Primary Schools(person)	4524	4390	-3.0
普通中学学校数(所)	Number of Regular Secondary Schools(unit)	3	2	-33.3
普通中学专任教师数(人)	Number of Teachers of Secondary Shools(person)	230	229	-0.4
初中在校学生数(人)	Number of Student in Junior Secondary Schools(person)	1923	1810	-5.9
高中在校学生数(人)	Number of Student in Senior Secondary Schools(person)	649	712	9.7
卫生机构数(所)	Number of Health Institutions(unit)	20	20	0.0
#医院(所)	Hospitals(unit)	2	2	0.0
卫生院(所)	Township Hospitals(unit)	15	14	-6.7
床位数(张)	Number of Beds(unit)	212	202	-4.7
#医院(张)	Hospitals(unit)	120	120	0.0
卫生院(张)	Township Hospitals(unit)	78	68	-12.8
卫生技术人员(人)	Medical Technical Presonnel(person)	338	324	-4.1
#医院(人)	Hospitals(person)	156	153	-1.9
卫生院(人)	Township Hospitals(person)	110	85	-22.7

23-72 锡林郭勒盟太仆寺旗

指 标	Item	2006	2007	2007年比上年增长% Increase Rate in 2007 Over 2006(%)
行政区域土地面积(平方公里)	**Area of Administration(Sq.km)**	**3479**	**3479**	**0.0**
人口和就业	**Population & Employment**			
年末总人口(人)	Total Population Year-end(person)	204433	208758	2.1
# 男性(人)	Male(person)	106062	108049	1.9
# 乡村人口(人)	Rural(person)	133115	133615	0.4
年末总户数(户)	Total Number of Households at the Year-end(Household)	73096	77541	6.1
# 乡村户数(户)	Number of Rural Household(Household)	36730	38790	5.6
出生人口(人)	Births(person)	2395	3383	41.3
死亡人口(人)	Deaths(person)	1277	511	-60.0
全社会就业人员(人)	Employment(person)	90246	94771	5.0
第一产业(人)	Primary Industry(person)	66100	70160	6.1
第二产业(人)	Secondary Industry(person)	6389	6696	4.8
第三产业(人)	Tertiary Industry(person)	17757	17915	0.9
在岗职工人数(人)	Number of Staff & Workers Employed in(person)	6614	6559	-0.8
乡村劳动力(人)	Number of Rural Laborers(person)	81515	88316	8.3
# 农林牧渔业(人)	Farming,Forestry,Animal Husbandry & Fishery(person)	67250	70160	4.3
国民经济综合指标	**Summary Item on the National Economy**			
生产总值(万元)	Gross Domestic Product(10 000 yuan)	139357	171123	18.0
第一产业(万元)	Primary Industry(10 000 yuan)	53000	60080	0.3
第二产业(万元)	Secondary Industry(10 000 yuan)	39796	52626	26.3
# 工业(万元)	Industry(10 000 yuan)	31083	43297	25.8
第三产业(万元)	Tertiary Industry(10 000 yuan)	46561	58417	19.0
人均生产总值(元)	Per Capita GDP(yuan)	6841	10043	41.1
全社会固定资产投资(万元)	Total Investment in Fixed Assets(10 000 yuan)	71008	90108	26.9
按登记注册类型分	Grouped by Registered Type			
# 国有(万元)	State-owned Enterprises(10 000 yuan)	29078	66515	128.7
集体(万元)	Collective-owned Enterprises(10 000 yuan)			
有限责任公司(万元)	Limited Liability Corporations(10 000 yuan)	14110	6264	-55.6
股份有限公司(万元)	Share Holding Enterprises(10 000 yuan)		3519	
私营企业(万元)	Private Enterprises(10 000 yuan)	27820	13810	-50.4
外商及港澳台投资企业(万元)	Funds from HK,Macao,Taiwan & Foreign(10 000 yuan)			
按城乡渠道分	Grouped by Urban and Rural Area			
城镇（万元）	Urban(10 000 yuan)	65557	70781	8.0
农村（万元）	Rural(10 000 yuan)	5451	19327	254.6
一般预算收入(万元)	General Budgetary Financial Revenue(10 000 yuan)	4354	5273	21.1
一般预算支出(万元)	General Budgetary Financial Expenditures(10 000 yuan)	38555	42211	9.5
城乡居民储蓄存款余额(万元)	Resident Saving Deposit in Urban & Rural(10 000 yuan)	92643	72943	-21.3
在岗职工工资总额(万元)	Total Wages of Staff & Workers Empioyed in(10 000 yuan)	12698	15370	21.0
在岗职工平均工资(元)	Average Wage of Staff & Workers Employed in(yuan)	19043	23391	22.8
农牧民人均纯收入(元)	Per Capita Net Income of Peasant & Herdsman(yuan)	2608	3410	30.8
农村牧区经济	**Economic Development in Rural & Pastoral Area**			
耕地面积(公顷)	Cultivated Area(hectare)	58200	58200	0.0
农作物总播种面积(公顷)	Total Sown Area(hectare)	64540	63290	-1.9
# 粮食作物播种面积(公顷)	Sown Area of Grain Crops(hectare)	35900	35106	-2.2
有效灌溉面积(公顷)	Irrigated Area(hectare)	11750	11750	0.0
农牧业机械总动力(万千瓦)	Total Power of Agricultural Machinery(10 000 kw)	18.05	18.77	4.0
化肥施用折纯量(吨)	Consumption of Chemical Fertilizer(ton)	3005	2965	-1.3
农村用电量(万千瓦小时)	Electricity Consumed in Rural Area(10 000 kwh)	699	705	0.9
农林牧渔业总产值(万元)	Gross Output of Farming,Forestry,Animal Husbandry & Fishery(10 000 yuan)	92494	101756	10.0
粮食产量(吨)	Yield of Grain(ton)	69005	32837	-52.4
油料产量(吨)	Yield of Oil-bearing Grops(ton)	7715	1764	-77.1
甜菜产量(吨)	Yield of Beetroots(ton)			
猪牛羊肉产量(吨)	Output of Pork, Beef & Mutton(ton)	7526	8631	14.7
# 猪肉产量(吨)	Output of Pork(ton)	2249	1370	-39.1
牛肉产量(吨)	Output of Beef(ton)	1510	1916	26.9
羊肉产量(吨)	Output of Mutton(ton)	3767	5345	41.9
羊毛产量(吨)	Output of Wool(ton)	910	910	0.0

23-72 Taipusi Banner in Xilinguole League

指 标	Item	2006	2007	2007年比上年增长% Increase Rate in 2007 Over 2006(%)
年末牲畜存栏头数(万头只)	Total Livestock at the Year-end(10 000 heads)	33.25	15.25	-54.1
# 大牲畜(万头只)	Large Animals(10 000 heads)	3.18	4.22	32.7
羊(万只)	Sheep & Goats(10 000 heads)	28.49	10.32	-63.8
猪(万头)	Hogs(10 000 heads)	1.58	0.71	-55.1
规模以上工业	**Industrial Enterprises above Designated size**			
工业企业单位数(个)	Number of Industrial Enterprises(unit)	22	22	0.0
# 内资企业(个)	Civil Funded Enterprises(unit)	22	22	0.0
工业总产值(万元)	Gross Industrial Output Value(10 000 yuan)	48806	67654	38.6
内资企业(万元)	Civil Funded Enterprises(10 000 yuan)	48806	67654	38.6
国有企业(万元)	State-owned Enterprises(10 000 yuan)	2526	4328	71.3
集体企业(万元)	Collective-owned Enterprises(10 000 yuan)			
股份合作企业(万元)	Share Holding Enterprises(10 000 yuan)			
联营企业(万元)	Joint Owned Enterprises(10 000 yuan)			
有限责任公司(万元)	Limited Company(10 000 yuan)	14861	25791	73.5
股份有限公司(万元)	Share Holding Limited Company(10 000 yuan)	4480		
私营企业(万元)	Privately Owned Enterprises(10 000 yuan)	26939	37535	39.3
其他企业(万元)	Enterprises of Other Ownership(10 000 yuan)			
港澳台商投资企业(万元)	Funds from HK,Macao & Taiwan(10 000 yuan)			
外商投资企业(万元)	Foreign Funded Enterprises(10 000 yuan)			
工业企业增加值(万元)	Value Added of Industrial Enterprises(10 000 yuan)	22913	27023	25.8
工业企业资产总计(万元)	Total Assets of Industrial Enterprises(10 000 yuan)	26999	39981	48.1
工业企业负债合计(万元)	Total Liabilities of Industrial Enterprises(10 000 yuan)	15760	19802	25.6
工业企业产品销售收入(万元)	Sales of Revenue Industrial Enterprises(10 000 yuan)	48299	66695	38.1
工业企业利润总额(万元)	Total Profits of Industrial Enterprises(10 000 yuan)	1637	1737	6.1
建筑业	**Construction**			
建筑企业单位数(个)	Number of Construction Enterprises(unit)	3	3	0.0
建筑企业从业人员(人)	Number of Employee in Construction Enterprises(person)	1513	936	-38.1
建筑业总产值(万元)	Gross Construction Output Value(10 000 yuan)	5406	4263	-21.1
交通运输邮电通信业	**Transportation,Post & Telecommunications**			
公路里程(公里)	Total Length of Highways(km)	1229	1294	5.3
邮电业务总量(万元)	Business Volume of Post & Telecoms(10 000 yuan)	2600	3358	29.2
本地电话用户(户)	Number of Subscribers of Local Telephone(Household)	19000	15000	-21.1
国内贸易	**Demestic Trade**			
社会消费品零售总额(万元)	Total Retail Sales of Consumer Goods(10 000 yuan)	49114	58692	19.5
# 贸易业(万元)	Wholesale & Retail Sales Trades(10 000 yuan)	35677	46208	29.5
餐饮业(万元)	Catering Trade(10 000 yuan)	11534	10766	-6.7
科技教育卫生	**Science,Education & Public Health**			
各类专业技术人员(人)	Speccial Technical Personnel(person)	2331	2331	0.0
幼儿园数(所)	Number of Kindergartens(unit)	1	1	0.0
学龄儿童入学率(%)	Percentage of School-Age Children Enrolled(%)	100.0	100.0	0.0
小学学校数(所)	Number of Primary Schools(unit)	34	20	-41.2
小学专任教师数(人)	Number of Full-time Teachers of Primary Schools(person)	793	716	-9.7
小学在校学生数(人)	Number of Student Enrollment of Primary Schools(person)	9028	8722	-3.4
普通中学学校数(所)	Number of Regular Secondary Schools(unit)	10	11	10.0
普通中学专任教师数(人)	Number of Teachers of Secondary Shools(person)	533	533	0.0
初中在校学生数(人)	Number of Student in Junior Secondary Schools(person)	5361	4844	-9.6
高中在校学生数(人)	Number of Student in Senior Secondary Schools(person)	2411	2411	0.0
卫生机构数(所)	Number of Health Institutions(unit)	16	16	0.0
# 医院(所)	Hospitals(unit)	3	2	-33.3
卫生院(所)	Township Hospitals(unit)	11	11	0.0
床位数(张)	Number of Beds(unit)	207	179	-13.5
# 医院(张)	Hospitals(unit)	145	115	-20.7
卫生院(张)	Township Hospitals(unit)	40	42	5.0
卫生技术人员(人)	Medical Technical Presonnel(person)	322	300	-6.8
# 医院(人)	Hospitals(person)	187	155	-17.1
卫生院(人)	Township Hospitals(person)	79	78	-1.3

23-73 锡林郭勒盟镶黄旗

指 标	Item	2006	2007	2007年比上年增长% Increase Rate in 2007 Over 2006(%)
行政区域土地面积(平方公里)	**Area of Administration(Sq.km)**	**5144**	**5144**	**0.0**
人口和就业	**Population & Employment**			
年末总人口(人)	Total Population Year-end(person)	29716	30312	2.0
#男性(人)	Male(person)	14898	15137	1.6
#乡村人口(人)	Rural(person)	11725	12534	6.9
年末总户数(户)	Total Number of Households at the Year-end(Household)	10280	10773	4.8
#乡村户数(户)	Number of Rural Household(Household)	3464	3585	3.5
出生人口(人)	Births(person)	357	364	2.0
死亡人口(人)	Deaths(person)	103	105	1.9
全社会就业人员(人)	Employment(person)	12988	15060	16.0
第一产业(人)	Primary Industry(person)	6500	8436	29.8
第二产业(人)	Secondary Industry(person)	2021	2118	4.8
第三产业(人)	Tertiary Industry(person)	4467	4506	0.9
在岗职工人数(人)	Number of Staff & Workers Employed in(person)	2574	2651	3.0
乡村劳动力(人)	Number of Rural Laborers(person)	6399	9424	47.3
#农林牧渔业(人)	Farming,Forestry,Animal Husbandry & Fishery(person)	5320	8436	58.6
国民经济综合指标	**Summary Item on the National Economy**			
生产总值(万元)	Gross Domestic Product(10 000 yuan)	83435	122425	19.1
第一产业(万元)	Primary Industry(10 000 yuan)	14300	16716	1.7
第二产业(万元)	Secondary Industry(10 000 yuan)	47001	75462	27.5
#工业(万元)	Industry(10 000 yuan)	34780	66120	36.0
第三产业(万元)	Tertiary Industry(10 000 yuan)	22134	30247	18.5
人均生产总值(元)	Per Capita GDP(yuan)	28321	40789	16.9
全社会固定资产投资(万元)	Total Investment in Fixed Assets(10 000 yuan)	81633	102357	25.4
按登记注册类型分	Grouped by Registered Type			
#国有(万元)	State-owned Enterprises(10 000 yuan)	31750	44808	41.1
集体(万元)	Collective-owned Enterprises(10 000 yuan)			
有限责任公司(万元)	Limited Liability Corporations(10 000 yuan)	28394	10586	-62.7
股份有限公司(万元)	Share Holding Enterprises(10 000 yuan)		27779	
私营企业(万元)	Private Enterprises(10 000 yuan)	21489	19184	-10.7
外商及港澳台投资企业(万元)	Funds from HK,Macao,Taiwan & Foreign(10 000 yuan)			
按城乡渠道分	Grouped by Urban and Rural Area			
城镇(万元)	Urban(10 000 yuan)	75793	96659	27.5
农村(万元)	Rural(10 000 yuan)	5840	5698	-2.4
一般预算收入(万元)	General Budgetary Financial Revenue(10 000 yuan)	4280	5837	36.4
一般预算支出(万元)	General Budgetary Financial Expenditures(10 000 yuan)	17140	20223	18.0
城乡居民储蓄存款余额(万元)	Resident Saving Deposit in Urban & Rural(10 000 yuan)	19926	18293	-8.2
在岗职工工资总额(万元)	Total Wages of Staff & Workers Empioyed in(10 000 yuan)	4901	5709	16.5
在岗职工平均工资(元)	Average Wage of Staff & Workers Employed in(yuan)	19092	21528	12.8
农牧民人均纯收入(元)	Per Capita Net Income of Peasant & Herdsman(yuan)	2275	3400	49.5
农村牧区经济	**Economic Development in Rural & Pastoral Area**			
耕地面积(公顷)	Cultivated Area(hectare)	1940	1940	0.0
农作物总播种面积(公顷)	Total Sown Area(hectare)	5050	4430	-12.3
#粮食作物播种面积(公顷)	Sown Area of Grain Crops(hectare)	130	119	-8.5
有效灌溉面积(公顷)	Irrigated Area(hectare)	420	420	0.0
农牧业机械总动力(万千瓦)	Total Power of Agricultural Machinery(10 000 kw)	2.35	2.46	4.7
化肥施用折纯量(吨)	Consumption of Chemical Fertilizer(ton)	6	7	16.7
农村用电量(万千瓦小时)	Electricity Consumed in Rural Area(10 000 kwh)	59	6	-89.5
农林牧渔业总产值(万元)	Gross Output of Farming,Forestry,Animal Husbandry & Fishery(10 000 yuan)	21878	26533	21.3
粮食产量(吨)	Yield of Grain(ton)	26	15	-42.3
油料产量(吨)	Yield of Oil-bearing Grops(ton)	11	16	45.5
甜菜产量(吨)	Yield of Beetroots(ton)			
猪牛羊肉产量(吨)	Output of Pork, Beef & Mutton(ton)	6012	6700	11.4
#猪肉产量(吨)	Output of Pork(ton)	14	7	-50.0
牛肉产量(吨)	Output of Beef(ton)	1162	1465	26.1
羊肉产量(吨)	Output of Mutton(ton)	4836	5228	8.1
羊毛产量(吨)	Output of Wool(ton)	788	822	4.3

23-73 Xianghuang Banner in Xilinguole League

指 标	Item	2006	2007	2007年比上年增长% Increase Rate in 2007 Over 2006(%)
年末牲畜存栏头数(万头只)	Total Livestock at the Year-end(10 000 heads)	35.31	31.22	-11.6
#大牲畜(万头只)	Large Animals(10 000 heads)	1.30	1.05	-19.2
羊(万只)	Sheep & Goats(10 000 heads)	34.00	30.16	-11.3
猪(万头)	Hogs(10 000 heads)	0.01	0.01	0.0
规模以上工业	**Industrial Enterprises above Designated size**			
工业企业单位数(个)	Number of Industrial Enterprises(unit)	22	22	0.0
#内资企业(个)	Civil Funded Enterprises(unit)	22	22	0.0
工业总产值(万元)	Gross Industrial Output Value(10 000 yuan)	68065	123106	80.9
内资企业(万元)	Civil Funded Enterprises(10 000 yuan)	68065	123106	80.9
国有企业(万元)	State-owned Enterprises(10 000 yuan)	3329	2892	-13.1
集体企业(万元)	Collective-owned Enterprises(10 000 yuan)			
股份合作企业(万元)	Share Holding Enterprises(10 000 yuan)			
联营企业(万元)	Joint Owned Enterprises(10 000 yuan)			
有限责任公司(万元)	Limited Company(10 000 yuan)	6183	20688	234.6
股份有限公司(万元)	Share Holding Limited Company(10 000 yuan)			
私营企业(万元)	Privately Owned Enterprises(10 000 yuan)	58553	99526	70.0
其他企业(万元)	Enterprises of Other Ownership(10 000 yuan)			
港澳台商投资企业(万元)	Funds from HK,Macao & Taiwan(10 000 yuan)			
外商投资企业(万元)	Foreign Funded Enterprises(10 000 yuan)			
工业企业增加值(万元)	Value Added of Industrial Enterprises(10 000 yuan)	29202	59195	40.4
工业企业资产总计(万元)	Total Assets of Industrial Enterprises(10 000 yuan)	31592	49211	55.8
工业企业负债合计(万元)	Total Liabilities of Industrial Enterprises(10 000 yuan)	3448	3011	-12.7
工业企业产品销售收入(万元)	Sales of Revenue Industrial Enterprises(10 000 yuan)	67294	122032	81.3
工业企业利润总额(万元)	Total Profits of Industrial Enterprises(10 000 yuan)	8573	23151	170.0
建筑业	**Construction**			
建筑企业单位数(个)	Number of Construction Enterprises(unit)			
建筑企业从业人员(人)	Number of Employee in Construction Enterprises(person)			
建筑业总产值(万元)	Gross Construction Output Value(10 000 yuan)			
交通运输邮电通信业	**Transportation,Post & Telecommunications**			
公路里程(公里)	Total Length of Highways(km)	548	683	24.6
邮电业务总量(万元)	Business Volume of Post & Telecoms(10 000 yuan)	1125	1421	26.3
本地电话用户(户)	Number of Subscribers of Local Telephone(Household)	7600	4600	-39.5
国内贸易	**Demestic Trade**			
社会消费品零售总额(万元)	Total Retail Sales of Consumer Goods(10 000 yuan)	14022	16409	17.0
#贸易业(万元)	Wholesale & Retail Sales Trades(10 000 yuan)	10653	14231	33.6
餐饮业(万元)	Catering Trade(10 000 yuan)	2913	1414	-51.5
科技教育卫生	**Science,Education & Public Health**			
各类专业技术人员(人)	Speccial Technical Personnel(person)	1451	1451	0.0
幼儿园数(所)	Number of Kindergartens(unit)	1	1	0.0
学龄儿童入学率(%)	Percentage of School-Age Children Enrolled(%)	100.0	100.0	0.0
小学学校数(所)	Number of Primary Schools(unit)	2	2	0.0
小学专任教师数(人)	Number of Full-time Teachers of Primary Schools(person)	118	110	-6.8
小学在校学生数(人)	Number of Student Enrollment of Primary Schools(person)	1502	1636	8.9
普通中学学校数(所)	Number of Regular Secondary Schools(unit)	2	2	0.0
普通中学专任教师数(人)	Number of Teachers of Secondary Shools(person)	128	109	-14.8
初中在校学生数(人)	Number of Student in Junior Secondary Schools(person)	921	788	-14.4
高中在校学生数(人)	Number of Student in Senior Secondary Schools(person)	379	312	-17.7
卫生机构数(所)	Number of Health Institutions(unit)	9	9	0.0
#医院(所)	Hospitals(unit)	2	2	0.0
卫生院(所)	Township Hospitals(unit)	3	3	0.0
床位数(张)	Number of Beds(unit)	75	102	36.0
#医院(张)	Hospitals(unit)	48	70	45.8
卫生院(张)	Township Hospitals(unit)	14	16	14.3
卫生技术人员(人)	Medical Technical Presonnel(person)	225	233	3.6
#医院(人)	Hospitals(person)	95	119	25.3
卫生院(人)	Township Hospitals(person)	55	48	-12.7

23-74 锡林郭勒盟正镶白旗

指 标	Item	2006	2007	2007年比上年增长% Increase Rate in 2007 Over 2006(%)
行政区域土地面积(平方公里)	**Area of Administration(Sq.km)**	**6215**	**6215**	**0.0**
人口和就业	**Population & Employment**			
年末总人口(人)	Total Population Year-end(person)	71293	72087	1.1
#男性(人)	Male(person)	36910	37156	0.7
#乡村人口(人)	Rural(person)	53263	52556	-1.3
年末总户数(户)	Total Number of Households at the Year-end(Household)	22985	23971	4.3
#乡村户数(户)	Number of Rural Household(Household)	13950	13946	0.0
出生人口(人)	Births(person)	836	781	-6.6
死亡人口(人)	Deaths(person)	224	355	58.5
全社会就业人员(人)	Employment(person)	35354	34773	-1.6
第一产业(人)	Primary Industry(person)	27150	26423	-2.7
第二产业(人)	Secondary Industry(person)	1883	1973	4.8
第三产业(人)	Tertiary Industry(person)	6321	6377	0.9
在岗职工人数(人)	Number of Staff & Workers Employed in(person)	3576	3788	5.9
乡村劳动力(人)	Number of Rural Laborers(person)	27828	27771	-0.2
#农林牧渔业(人)	Farming,Forestry,Animal Husbandry & Fishery(person)	26726	26423	-1.1
国民经济综合指标	**Summary Item on the National Economy**			
生产总值(万元)	Gross Domestic Product(10 000 yuan)	77343	103713	20.3
第一产业(万元)	Primary Industry(10 000 yuan)	20500	23873	1.3
第二产业(万元)	Secondary Industry(10 000 yuan)	26098	41090	35.8
#工业(万元)	Industry(10 000 yuan)	17912	32149	49.0
第三产业(万元)	Tertiary Industry(10 000 yuan)	30745	38750	20.2
人均生产总值(元)	Per Capita GDP(yuan)	10848	14467	19.6
全社会固定资产投资(万元)	Total Investment in Fixed Assets(10 000 yuan)	54796	62171	13.5
按登记注册类型分	Grouped by Registered Type			
#国有(万元)	State-owned Enterprises(10 000 yuan)	26198	35028	33.7
集体(万元)	Collective-owned Enterprises(10 000 yuan)			
有限责任公司(万元)	Limited Liability Corporations(10 000 yuan)	12248	4773	-61.0
股份有限公司(万元)	Share Holding Enterprises(10 000 yuan)		5300	
私营企业(万元)	Private Enterprises(10 000 yuan)	16350	17070	4.4
外商及港澳台投资企业(万元)	Funds from HK,Macao,Taiwan & Foreign(10 000 yuan)			
按城乡渠道分	Grouped by Urban and Rural Area			
城镇(万元)	Urban(10 000 yuan)	40588	35412	-12.8
农村(万元)	Rural(10 000 yuan)	14208	26759	88.3
一般预算收入(万元)	General Budgetary Financial Revenue(10 000 yuan)	5847	6989	19.5
一般预算支出(万元)	General Budgetary Financial Expenditures(10 000 yuan)	23496	28181	19.9
城乡居民储蓄存款余额(万元)	Resident Saving Deposit in Urban & Rural(10 000 yuan)	36555	31499	-13.8
在岗职工工资总额(万元)	Total Wages of Staff & Workers Empioyed in(10 000 yuan)	6735	7877	17.0
在岗职工平均工资(元)	Average Wage of Staff & Workers Employed in(yuan)	17847	19095	7.0
农牧民人均纯收入(元)	Per Capita Net Income of Peasant & Herdsman(yuan)	2172	3212	47.9
农村牧区经济	**Economic Development in Rural & Pastoral Area**			
耕地面积(公顷)	Cultivated Area(hectare)	14150	14150	0.0
农作物总播种面积(公顷)	Total Sown Area(hectare)	13890	14610	5.2
#粮食作物播种面积(公顷)	Sown Area of Grain Crops(hectare)	3340	5665	69.6
有效灌溉面积(公顷)	Irrigated Area(hectare)	5980	4550	-23.9
农牧业机械总动力(万千瓦)	Total Power of Agricultural Machinery(10 000 kw)	6.67	6.99	4.8
化肥施用折纯量(吨)	Consumption of Chemical Fertilizer(ton)	345	345	0.0
农村用电量(万千瓦小时)	Electricity Consumed in Rural Area(10 000 kwh)	194	220	13.4
农林牧渔业总产值(万元)	Gross Output of Farming,Forestry,Animal Husbandry & Fishery(10 000 yuan)	32906	38818	18.0
粮食产量(吨)	Yield of Grain(ton)	8770	3441	-60.8
油料产量(吨)	Yield of Oil-bearing Grops(ton)	1500	1	-99.9
甜菜产量(吨)	Yield of Beetroots(ton)			
猪牛羊肉产量(吨)	Output of Pork, Beef & Mutton(ton)	9813	9091	-7.4
#猪肉产量(吨)	Output of Pork(ton)	105	140	33.3
牛肉产量(吨)	Output of Beef(ton)	3323	3379	1.7
羊肉产量(吨)	Output of Mutton(ton)	6385	5572	-12.7
羊毛产量(吨)	Output of Wool(ton)	1000	1097	9.7

23-74 Zhengxiangbai Banner in Xilinguole League

指 标	Item	2006	2007	2007年比上年增长% Increase Rate in 2007 Over 2006(%)
年末牲畜存栏头数(万头只)	Total Livestock at the Year-end(10 000 heads)	45.49	52.96	16.4
# 大牲畜(万头只)	Large Animals(10 000 heads)	4.26	5.20	22.1
羊(万只)	Sheep & Goats(10 000 heads)	41.15	47.63	15.7
猪(万头)	Hogs(10 000 heads)	0.08	0.13	62.5
规模以上工业	**Industrial Enterprises above Designated size**			
工业企业单位数(个)	Number of Industrial Enterprises(unit)	10	17	70.0
# 内资企业(个)	Civil Funded Enterprises(unit)	10	17	70.0
工业总产值(万元)	Gross Industrial Output Value(10 000 yuan)	31136	56924	82.8
内资企业(万元)	Civil Funded Enterprises(10 000 yuan)	31136	56924	82.8
国有企业(万元)	State-owned Enterprises(10 000 yuan)	2088	4037	93.3
集体企业(万元)	Collective-owned Enterprises(10 000 yuan)			
股份合作企业(万元)	Share Holding Enterprises(10 000 yuan)			
联营企业(万元)	Joint Owned Enterprises(10 000 yuan)			
有限责任公司(万元)	Limited Company(10 000 yuan)	14912	12591	-15.6
股份有限公司(万元)	Share Holding Limited Company(10 000 yuan)	5610	5082	-9.4
私营企业(万元)	Privately Owned Enterprises(10 000 yuan)	8526	35214	313.0
其他企业(万元)	Enterprises of Other Ownership(10 000 yuan)			
港澳台商投资企业(万元)	Funds from HK,Macao & Taiwan(10 000 yuan)			
外商投资企业(万元)	Foreign Funded Enterprises(10 000 yuan)			
工业企业增加值(万元)	Value Added of Industrial Enterprises(10 000 yuan)	14001	22232	51.8
工业企业资产总计(万元)	Total Assets of Industrial Enterprises(10 000 yuan)	20742	38402	85.1
工业企业负债合计(万元)	Total Liabilities of Industrial Enterprises(10 000 yuan)	12646	26576	110.2
工业企业产品销售收入(万元)	Sales of Revenue Industrial Enterprises(10 000 yuan)	31088	59092	90.1
工业企业利润总额(万元)	Total Profits of Industrial Enterprises(10 000 yuan)	726	2210	204.4
建筑业	**Construction**			
建筑企业单位数(个)	Number of Construction Enterprises(unit)	1	1	0.0
建筑企业从业人员(人)	Number of Employee in Construction Enterprises(person)	15	15	0.0
建筑业总产值(万元)	Gross Construction Output Value(10 000 yuan)	617	2591	319.9
交通运输邮电通信业	**Transportation,Post & Telecommunications**			
公路里程(公里)	Total Length of Highways(km)	766	700	-8.6
邮电业务总量(万元)	Business Volume of Post & Telecoms(10 000 yuan)	3847	2450	-36.3
本地电话用户(户)	Number of Subscribers of Local Telephone(Household)	11298	7963	-29.5
国内贸易	**Demestic Trade**			
社会消费品零售总额(万元)	Total Retail Sales of Consumer Goods(10 000 yuan)	21354	25518	19.5
# 贸易业(万元)	Wholesale & Retail Sales Trades(10 000 yuan)	17061	20503	20.2
餐饮业(万元)	Catering Trade(10 000 yuan)	3360	4017	19.6
科技教育卫生	**Science,Education & Public Health**			
各类专业技术人员(人)	Speccial Technical Personnel(person)	1432	1455	1.6
幼儿园数(所)	Number of Kindergartens(unit)	2	2	0.0
学龄儿童入学率(%)	Percentage of School-Age Children Enrolled(%)	100.0	100.0	0.0
小学学校数(所)	Number of Primary Schools(unit)	5	3	-40.0
小学专任教师数(人)	Number of Full-time Teachers of Primary Schools(person)	217	204	-6.0
小学在校学生数(人)	Number of Student Enrollment of Primary Schools(person)	3473	3590	3.4
普通中学学校数(所)	Number of Regular Secondary Schools(unit)	1	1	0.0
普通中学专任教师数(人)	Number of Teachers of Secondary Shools(person)	204	194	-4.9
初中在校学生数(人)	Number of Student in Junior Secondary Schools(person)	1668	1324	-20.6
高中在校学生数(人)	Number of Student in Senior Secondary Schools(person)	306	512	67.3
卫生机构数(所)	Number of Health Institutions(unit)	11	12	9.1
# 医院(所)	Hospitals(unit)	2	2	0.0
卫生院(所)	Township Hospitals(unit)	7	7	0.0
床位数(张)	Number of Beds(unit)	148	145	-2.0
# 医院(张)	Hospitals(unit)	107	107	0.0
卫生院(张)	Township Hospitals(unit)	31	28	-9.7
卫生技术人员(人)	Medical Technical Presonnel(person)	224	219	-2.2
# 医院(人)	Hospitals(person)	128	126	-1.6
卫生院(人)	Township Hospitals(person)	41	36	-12.2

23-75 锡林郭勒盟正蓝旗

指 标	Item	2006	2007	2007年比上年增长% Increase Rate in 2007 Over 2006(%)
行政区域土地面积(平方公里)	**Area of Administration(Sq.km)**	**10278**	**10278**	**0.0**
人口和就业	**Population & Employment**			
年末总人口(人)	Total Population Year-end(person)	79833	80908	1.3
#男性(人)	Male(person)	40576	41046	1.2
#乡村人口(人)	Rural(person)	51714	52170	0.9
年末总户数(户)	Total Number of Households at the Year-end(Household)	24367	26968	10.7
#乡村户数(户)	Number of Rural Household(Household)	12994	13044	0.4
出生人口(人)	Births(person)	1215	1340	10.3
死亡人口(人)	Deaths(person)	172	445	158.7
全社会就业人员(人)	Employment(person)	40061	38854	-3.0
第一产业(人)	Primary Industry(person)	23385	21927	-6.2
第二产业(人)	Secondary Industry(person)	3681	3857	4.8
第三产业(人)	Tertiary Industry(person)	12995	13070	0.6
在岗职工人数(人)	Number of Staff & Workers Employed in(person)	8469	7873	-7.0
乡村劳动力(人)	Number of Rural Laborers(person)	37001	38911	5.2
#农林牧渔业(人)	Farming,Forestry,Animal Husbandry & Fishery(person)	22814	21929	-3.9
国民经济综合指标	**Summary Item on the National Economy**			
生产总值(万元)	Gross Domestic Product(10 000 yuan)	161353	301673	40.6
第一产业(万元)	Primary Industry(10 000 yuan)	25400	29714	1.8
第二产业(万元)	Secondary Industry(10 000 yuan)	105825	234200	59.0
#工业(万元)	Industry(10 000 yuan)	74979	185240	60.7
第三产业(万元)	Tertiary Industry(10 000 yuan)	30128	37759	21.0
人均生产总值(元)	Per Capita GDP(yuan)	20347	37535	38.7
全社会固定资产投资(万元)	Total Investment in Fixed Assets(10 000 yuan)	409401	490351	19.8
按登记注册类型分	Grouped by Registered Type			
#国有(万元)	State-owned Enterprises(10 000 yuan)	345395	455131	31.8
集体(万元)	Collective-owned Enterprises(10 000 yuan)			
有限责任公司(万元)	Limited Liability Corporations(10 000 yuan)	63300	19440	-69.3
股份有限公司(万元)	Share Holding Enterprises(10 000 yuan)		100	
私营企业(万元)	Private Enterprises(10 000 yuan)	706	15680	2121.0
外商及港澳台投资企业(万元)	Funds from HK,Macao,Taiwan & Foreign(10 000 yuan)			
按城乡渠道分	Grouped by Urban and Rural Area			
城镇(万元)	Urban(10 000 yuan)	373741	393035	5.2
农村(万元)	Rural(10 000 yuan)	35660	97316	172.9
一般预算收入(万元)	General Budgetary Financial Revenue(10 000 yuan)	15053	18975	26.1
一般预算支出(万元)	General Budgetary Financial Expenditures(10 000 yuan)	38339	41967	9.5
城乡居民储蓄存款余额(万元)	Resident Saving Deposit in Urban & Rural(10 000 yuan)	38665	52657	36.2
在岗职工工资总额(万元)	Total Wages of Staff & Workers Empioyed in(10 000 yuan)	15768	18328	16.2
在岗职工平均工资(元)	Average Wage of Staff & Workers Employed in(yuan)	18801	23280	23.8
农牧民人均纯收入(元)	Per Capita Net Income of Peasant & Herdsman(yuan)	2931	4019	37.1
农村牧区经济	**Economic Development in Rural & Pastoral Area**			
耕地面积(公顷)	Cultivated Area(hectare)	19130	19130	0.0
农作物总播种面积(公顷)	Total Sown Area(hectare)	20930	20680	-1.2
#粮食作物播种面积(公顷)	Sown Area of Grain Crops(hectare)	9230	9646	4.5
有效灌溉面积(公顷)	Irrigated Area(hectare)	4210	4210	0.0
农牧业机械总动力(万千瓦)	Total Power of Agricultural Machinery(10 000 kw)	10.27	10.36	0.9
化肥施用折纯量(吨)	Consumption of Chemical Fertilizer(ton)	220	196	-10.9
农村用电量(万千瓦小时)	Electricity Consumed in Rural Area(10 000 kwh)	612	612	0.0
农林牧渔业总产值(万元)	Gross Output of Farming,Forestry,Animal Husbandry & Fishery(10 000 yuan)	45180	59258	31.2
粮食产量(吨)	Yield of Grain(ton)	24327	15505	-36.3
油料产量(吨)	Yield of Oil-bearing Grops(ton)	2635	227	-91.4
甜菜产量(吨)	Yield of Beetroots(ton)			
猪牛羊肉产量(吨)	Output of Pork, Beef & Mutton(ton)	9269	11177	20.6
#猪肉产量(吨)	Output of Pork(ton)	340	366	7.6
牛肉产量(吨)	Output of Beef(ton)	6877	7948	15.6
羊肉产量(吨)	Output of Mutton(ton)	2052	2863	39.5
羊毛产量(吨)	Output of Wool(ton)	777	898	15.6

23-75 Zhenglan Banner in Xilinguole League

指 标	Item	2006	2007	2007年比上年增长% Increase Rate in 2007 Over 2006(%)
年末牲畜存栏头数(万头只)	Total Livestock at the Year-end(10 000 heads)	39.19	38.34	-2.2
#大牲畜(万头只)	Large Animals(10 000 heads)	12.01	14.01	16.7
羊(万只)	Sheep & Goats(10 000 heads)	26.92	24.12	-10.4
猪(万头)	Hogs(10 000 heads)	0.26	0.21	-19.2
规模以上工业	**Industrial Enterprises above Designated size**			
工业企业单位数(个)	Number of Industrial Enterprises(unit)	17	17	0.0
#内资企业(个)	Civil Funded Enterprises(unit)	17	16	-5.9
工业总产值(万元)	Gross Industrial Output Value(10 000 yuan)	156026	387440	148.3
内资企业(万元)	Civil Funded Enterprises(10 000 yuan)	156026	377194	141.8
国有企业(万元)	State-owned Enterprises(10 000 yuan)	16110	1979	-87.7
集体企业(万元)	Collective-owned Enterprises(10 000 yuan)			
股份合作企业(万元)	Share Holding Enterprises(10 000 yuan)			
联营企业(万元)	Joint Owned Enterprises(10 000 yuan)			
有限责任公司(万元)	Limited Company(10 000 yuan)	137342	368285	168.2
股份有限公司(万元)	Share Holding Limited Company(10 000 yuan)	2574	4712	83.1
私营企业(万元)	Privately Owned Enterprises(10 000 yuan)		2218	
其他企业(万元)	Enterprises of Other Ownership(10 000 yuan)			
港澳台商投资企业(万元)	Funds from HK,Macao & Taiwan(10 000 yuan)			
外商投资企业(万元)	Foreign Funded Enterprises(10 000 yuan)		10246	
工业企业增加值(万元)	Value Added of Industrial Enterprises(10 000 yuan)	72584	176635	70.2
工业企业资产总计(万元)	Total Assets of Industrial Enterprises(10 000 yuan)	789344	1102238	39.6
工业企业负债合计(万元)	Total Liabilities of Industrial Enterprises(10 000 yuan)	634285	821727	29.6
工业企业产品销售收入(万元)	Sales of Revenue Industrial Enterprises(10 000 yuan)	72444	127444	75.9
工业企业利润总额(万元)	Total Profits of Industrial Enterprises(10 000 yuan)	4661	5801	24.5
建筑业	**Construction**			
建筑企业单位数(个)	Number of Construction Enterprises(unit)		1	
建筑企业从业人员(人)	Number of Employee in Construction Enterprises(person)		30	
建筑业总产值(万元)	Gross Construction Output Value(10 000 yuan)		2900	
交通运输邮电通信业	**Transportation,Post & Telecommunications**			
公路里程(公里)	Total Length of Highways(km)	1068	1126	5.4
邮电业务总量(万元)	Business Volume of Post & Telecoms(10 000 yuan)	925	803	-13.2
本地电话用户(户)	Number of Subscribers of Local Telephone(Household)	9742	9582	-1.6
国内贸易	**Demestic Trade**			
社会消费品零售总额(万元)	Total Retail Sales of Consumer Goods(10 000 yuan)	30895	36950	19.6
#贸易业(万元)	Wholesale & Retail Sales Trades(10 000 yuan)	23213	27086	16.7
餐饮业(万元)	Catering Trade(10 000 yuan)	6038	7300	20.9
科技教育卫生	**Science,Education & Public Health**			
各类专业技术人员(人)	Speccial Technical Personnel(person)	1266	1266	0.0
幼儿园数(所)	Number of Kindergartens(unit)	2	2	0.0
学龄儿童入学率(%)	Percentage of School-Age Children Enrolled(%)	100.0	100.0	0.0
小学学校数(所)	Number of Primary Schools(unit)	7	6	-14.3
小学专任教师数(人)	Number of Full-time Teachers of Primary Schools(person)	216	289	33.8
小学在校学生数(人)	Number of Student Enrollment of Primary Schools(person)	3743	3967	6.0
普通中学学校数(所)	Number of Regular Secondary Schools(unit)	4	4	0.0
普通中学专任教师数(人)	Number of Teachers of Secondary Shools(person)	225	250	11.1
初中在校学生数(人)	Number of Student in Junior Secondary Schools(person)	2389	1720	-28.0
高中在校学生数(人)	Number of Student in Senior Secondary Schools(person)	445	425	-4.5
卫生机构数(所)	Number of Health Institutions(unit)	19	19	0.0
#医院(所)	Hospitals(unit)	2	2	0.0
卫生院(所)	Township Hospitals(unit)	14	14	0.0
床位数(张)	Number of Beds(unit)	154	173	12.3
#医院(张)	Hospitals(unit)	71	88	23.9
卫生院(张)	Township Hospitals(unit)	73	75	2.7
卫生技术人员(人)	Medical Technical Presonnel(person)	217	223	2.8
#医院(人)	Hospitals(person)	102	107	4.9
卫生院(人)	Township Hospitals(person)	73	68	-6.8

23-76 锡林郭勒盟多伦县

指 标	Item	2006	2007	2007年比上年增长% Increase Rate in 2007 Over 2006(%)
行政区域土地面积(平方公里)	**Area of Administration(Sq.km)**	**3871**	**3871**	**0.0**
人口和就业	**Population & Employment**			
年末总人口(人)	Total Population Year-end(person)	99566	102223	2.7
#男性(人)	Male(person)	51667	52866	2.3
#乡村人口(人)	Rural(person)	69013	69298	0.4
年末总户数(户)	Total Number of Households at the Year-end(Household)	34081	36576	7.3
#乡村户数(户)	Number of Rural Household(Household)	19483	19491	0.0
出生人口(人)	Births(person)	1080	1667	54.4
死亡人口(人)	Deaths(person)	415	524	26.3
全社会就业人员(人)	Employment(person)	52188	53551	2.6
第一产业(人)	Primary Industry(person)	35430	36425	2.8
第二产业(人)	Secondary Industry(person)	3045	3191	4.8
第三产业(人)	Tertiary Industry(person)	13713	13935	1.6
在岗职工人数(人)	Number of Staff & Workers Employed in(person)	4761	4949	3.9
乡村劳动力(人)	Number of Rural Laborers(person)	42903	43521	1.4
#农林牧渔业(人)	Farming,Forestry,Animal Husbandry & Fishery(person)	36729	36425	-0.8
国民经济综合指标	**Summary Item on the National Economy**			
生产总值(万元)	Gross Domestic Product(10 000 yuan)	137394	201471	22.8
第一产业(万元)	Primary Industry(10 000 yuan)	40000	40210	-12.5
第二产业(万元)	Secondary Industry(10 000 yuan)	60533	114020	47.6
#工业(万元)	Industry(10 000 yuan)	25013	64146	62.4
第三产业(万元)	Tertiary Industry(10 000 yuan)	36861	47241	20.6
人均生产总值(元)	Per Capita GDP(yuan)	14157	19968	18.1
全社会固定资产投资(万元)	Total Investment in Fixed Assets(10 000 yuan)	419504	607202	44.7
按登记注册类型分	Grouped by Registered Type			
#国有(万元)	State-owned Enterprises(10 000 yuan)	14794	59149	299.8
集体(万元)	Collective-owned Enterprises(10 000 yuan)			
有限责任公司(万元)	Limited Liability Corporations(10 000 yuan)	383000	52858	-86.2
股份有限公司(万元)	Share Holding Enterprises(10 000 yuan)		483520	
私营企业(万元)	Private Enterprises(10 000 yuan)	21710	11675	-46.2
外商及港澳台投资企业(万元)	Funds from HK,Macao,Taiwan & Foreign(10 000 yuan)			
按城乡渠道分	Grouped by Urban and Rural Area			
城镇(万元)	Urban(10 000 yuan)	416304	607202	45.9
农村(万元)	Rural(10 000 yuan)	3200		
一般预算收入(万元)	General Budgetary Financial Revenue(10 000 yuan)	5571	16221	191.2
一般预算支出(万元)	General Budgetary Financial Expenditures(10 000 yuan)	31878	51325	61.0
城乡居民储蓄存款余额(万元)	Resident Saving Deposit in Urban & Rural(10 000 yuan)	37281	59342	59.2
在岗职工工资总额(万元)	Total Wages of Staff & Workers Empioyed in(10 000 yuan)	8080	10065	24.6
在岗职工平均工资(元)	Average Wage of Staff & Workers Employed in(yuan)	17549	20655	17.7
农牧民人均纯收入(元)	Per Capita Net Income of Peasant & Herdsman(yuan)	2610	3419	31.0
农村牧区经济	**Economic Development in Rural & Pastoral Area**			
耕地面积(公顷)	Cultivated Area(hectare)	50670	50670	0.0
农作物总播种面积(公顷)	Total Sown Area(hectare)	54740	53730	-1.8
#粮食作物播种面积(公顷)	Sown Area of Grain Crops(hectare)	29830	30444	2.1
有效灌溉面积(公顷)	Irrigated Area(hectare)	5300	5870	10.8
农牧业机械总动力(万千瓦)	Total Power of Agricultural Machinery(10 000 kw)	11.81	12.33	4.4
化肥施用折纯量(吨)	Consumption of Chemical Fertilizer(ton)	1784	1834	2.8
农村用电量(万千瓦小时)	Electricity Consumed in Rural Area(10 000 kwh)	626	729	16.5
农林牧渔业总产值(万元)	Gross Output of Farming,Forestry,Animal Husbandry & Fishery(10 000 yuan)	71149	73765	3.7
粮食产量(吨)	Yield of Grain(ton)	71274	33072	-53.6
油料产量(吨)	Yield of Oil-bearing Grops(ton)	583	263	-54.9
甜菜产量(吨)	Yield of Beetroots(ton)			
猪牛羊肉产量(吨)	Output of Pork, Beef & Mutton(ton)	14373	11637	-19.0
#猪肉产量(吨)	Output of Pork(ton)	2879	3059	6.3
牛肉产量(吨)	Output of Beef(ton)	8502	8051	-5.3
羊肉产量(吨)	Output of Mutton(ton)	2992	527	-82.4
羊毛产量(吨)	Output of Wool(ton)	850	145	-82.9

23-76 Duolun County in Xilinguole League

指 标	Item	2006	2007	2007年比上年增长% Increase Rate in 2007 Over 2006(%)
年末牲畜存栏头数(万头只)	Total Livestock at the Year-end(10 000 heads)	12.81	14.40	12.4
#大牲畜(万头只)	Large Animals(10 000 heads)	8.55	10.22	19.5
羊(万只)	Sheep & Goats(10 000 heads)	2.78	2.07	-25.5
猪(万头)	Hogs(10 000 heads)	1.48	2.11	42.6
规模以上工业	**Industrial Enterprises above Designated size**			
工业企业单位数(个)	Number of Industrial Enterprises(unit)	14	16	14.3
#内资企业(个)	Civil Funded Enterprises(unit)	14	16	14.3
工业总产值(万元)	Gross Industrial Output Value(10 000 yuan)	36685	113723	210.0
内资企业(万元)	Civil Funded Enterprises(10 000 yuan)	36685	113723	210.0
国有企业(万元)	State-owned Enterprises(10 000 yuan)	1413	4078	188.6
集体企业(万元)	Collective-owned Enterprises(10 000 yuan)			
股份合作企业(万元)	Share Holding Enterprises(10 000 yuan)	507	954	88.2
联营企业(万元)	Joint Owned Enterprises(10 000 yuan)			
有限责任公司(万元)	Limited Company(10 000 yuan)	2314	4212	82.0
股份有限公司(万元)	Share Holding Limited Company(10 000 yuan)	1257	1674	33.2
私营企业(万元)	Privately Owned Enterprises(10 000 yuan)	31194	102805	229.6
其他企业(万元)	Enterprises of Other Ownership(10 000 yuan)			
港澳台商投资企业(万元)	Funds from HK,Macao & Taiwan(10 000 yuan)			
外商投资企业(万元)	Foreign Funded Enterprises(10 000 yuan)			
工业企业增加值(万元)	Value Added of Industrial Enterprises(10 000 yuan)	19138	54868	98.2
工业企业资产总计(万元)	Total Assets of Industrial Enterprises(10 000 yuan)	34746	46534	33.9
工业企业负债合计(万元)	Total Liabilities of Industrial Enterprises(10 000 yuan)	14131	15466	9.4
工业企业产品销售收入(万元)	Sales of Revenue Industrial Enterprises(10 000 yuan)	36901	114072	209.1
工业企业利润总额(万元)	Total Profits of Industrial Enterprises(10 000 yuan)	1380	5624	307.5
建筑业	**Construction**			
建筑企业单位数(个)	Number of Construction Enterprises(unit)	1	1	0.0
建筑企业从业人员(人)	Number of Employee in Construction Enterprises(person)	6	103	1616.7
建筑业总产值(万元)	Gross Construction Output Value(10 000 yuan)		815	
交通运输邮电通信业	**Transportation,Post & Telecommunications**			
公路里程(公里)	Total Length of Highways(km)	802	818	2.0
邮电业务总量(万元)	Business Volume of Post & Telecoms(10 000 yuan)	2341	2956	26.3
本地电话用户(户)	Number of Subscribers of Local Telephone(Household)	12317	12000	-2.6
国内贸易	**Demestic Trade**			
社会消费品零售总额(万元)	Total Retail Sales of Consumer Goods(10 000 yuan)	36840	44467	20.7
#贸易业(万元)	Wholesale & Retail Sales Trades(10 000 yuan)	30174	36815	22.0
餐饮业(万元)	Catering Trade(10 000 yuan)	5048	5851	15.9
科技教育卫生	**Science,Education & Public Health**			
各类专业技术人员(人)	Speccial Technical Personnel(person)	1564	1559	-0.3
幼儿园数(所)	Number of Kindergartens(unit)	3	3	0.0
学龄儿童入学率(%)	Percentage of School-Age Children Enrolled(%)	100.0	100.0	0.0
小学学校数(所)	Number of Primary Schools(unit)	15	15	0.0
小学专任教师数(人)	Number of Full-time Teachers of Primary Schools(person)	531	521	-1.9
小学在校学生数(人)	Number of Student Enrollment of Primary Schools(person)	5721	5579	-2.5
普通中学学校数(所)	Number of Regular Secondary Schools(unit)	3	3	0.0
普通中学专任教师数(人)	Number of Teachers of Secondary Shools(person)	301	291	-3.3
初中在校学生数(人)	Number of Student in Junior Secondary Schools(person)	3883	3607	-7.1
高中在校学生数(人)	Number of Student in Senior Secondary Schools(person)	1443	1392	-3.5
卫生机构数(所)	Number of Health Institutions(unit)	12	13	8.3
#医院(所)	Hospitals(unit)	2	2	0.0
卫生院(所)	Township Hospitals(unit)	8	8	0.0
床位数(张)	Number of Beds(unit)	160	129	-19.4
#医院(张)	Hospitals(unit)	120	103	-14.2
卫生院(张)	Township Hospitals(unit)	30	18	-40.0
卫生技术人员(人)	Medical Technical Presonnel(person)	228	240	5.3
#医院(人)	Hospitals(person)	126	130	3.2
卫生院(人)	Township Hospitals(person)	47	53	12.8

23-77 乌兰察布市集宁区

指 标	Item	2006	2007	2007年比上年增长% Increase Rate in 2007 Over 2006(%)
行政区域土地面积(平方公里)	**Area of Administration(Sq.km)**	**418**	**418**	**0.0**
人口和就业	**Population & Employment**			
年末总人口(人)	Total Population Year-end(person)	294395	298887	1.5
#男性(人)	Male(person)	150267	152260	1.3
#乡村人口(人)	Rural(person)	54828	55102	0.5
年末总户数(户)	Total Number of Households at the Year-end(Household)	97654	108896	11.5
#乡村户数(户)	Number of Rural Household(Household)	18276	17204	-5.9
出生人口(人)	Births(person)	2129	2694	26.5
死亡人口(人)	Deaths(person)	776	585	-24.6
全社会就业人员(人)	Employment(person)	132179	132503	0.2
第一产业(人)	Primary Industry(person)	13012	13128	0.9
第二产业(人)	Secondary Industry(person)	34715	34854	0.4
第三产业(人)	Tertiary Industry(person)	84452	84521	0.1
在岗职工人数(人)	Number of Staff & Workers Employed in(person)	51707	56581	9.4
乡村劳动力(人)	Number of Rural Laborers(person)	42389	27230	-35.8
#农林牧渔业(人)	Farming,Forestry,Animal Husbandry & Fishery(person)	22504	16360	-27.3
国民经济综合指标	**Summary Item on the National Economy**			
生产总值(万元)	Gross Domestic Product(10 000 yuan)	466100	608086	18.8
第一产业(万元)	Primary Industry(10 000 yuan)	16700	18932	9.5
第二产业(万元)	Secondary Industry(10 000 yuan)	176699	257206	24.0
#工业(万元)	Industry(10 000 yuan)	124967	199391	29.6
第三产业(万元)	Tertiary Industry(10 000 yuan)	272701	332548	16.0
人均生产总值(元)	Per Capita GDP(yuan)	15832	20344	16.9
全社会固定资产投资(万元)	Total Investment in Fixed Assets(10 000 yuan)	264947	324440	22.5
按登记注册类型分	Grouped by Registered Type			
#国有(万元)	State-owned Enterprises(10 000 yuan)	108297	166085	53.4
集体(万元)	Collective-owned Enterprises(10 000 yuan)			
有限责任公司(万元)	Limited Liability Corporations(10 000 yuan)	55486	19800	-64.3
股份有限公司(万元)	Share Holding Enterprises(10 000 yuan)			
私营企业(万元)	Private Enterprises(10 000 yuan)	101164	138555	37.0
外商及港澳台投资企业(万元)	Funds from HK,Macao,Taiwan & Foreign(10 000 yuan)			
按城乡渠道分	Grouped by Urban and Rural Area			
城镇(万元)	Urban(10 000 yuan)	202397	324440	60.3
农村(万元)	Rural(10 000 yuan)			
一般预算收入(万元)	General Budgetary Financial Revenue(10 000 yuan)	17064	18638	9.2
一般预算支出(万元)	General Budgetary Financial Expenditures(10 000 yuan)	44095	59104	34.0
城乡居民储蓄存款余额(万元)	Resident Saving Deposit in Urban & Rural(10 000 yuan)	590966		
在岗职工工资总额(万元)	Total Wages of Staff & Workers Empioyed in(10 000 yuan)	86967	109156	25.5
在岗职工平均工资(元)	Average Wage of Staff & Workers Employed in(yuan)	16683	19035	14.1
农牧民人均纯收入(元)	Per Capita Net Income of Peasant & Herdsman(yuan)	4311	4892	13.5
农村牧区经济	**Economic Development in Rural & Pastoral Area**			
耕地面积(公顷)	Cultivated Area(hectare)	7850	7850	0.0
农作物总播种面积(公顷)	Total Sown Area(hectare)	5900	6000	1.7
#粮食作物播种面积(公顷)	Sown Area of Grain Crops(hectare)	3082	3400	10.3
有效灌溉面积(公顷)	Irrigated Area(hectare)	1333	1330	-0.2
农牧业机械总动力(万千瓦)	Total Power of Agricultural Machinery(10 000 kw)	7.50	6.77	-9.7
化肥施用折纯量(吨)	Consumption of Chemical Fertilizer(ton)	1980	1910	-3.5
农村用电量(万千瓦小时)	Electricity Consumed in Rural Area(10 000 kwh)	1580	1610	1.9
农林牧渔业总产值(万元)	Gross Output of Farming,Forestry,Animal Husbandry & Fishery(10 000 yuan)	27935	29099	2.2
粮食产量(吨)	Yield of Grain(ton)	12660	8317	-34.3
油料产量(吨)	Yield of Oil-bearing Grops(ton)	1477	1000	-32.3
甜菜产量(吨)	Yield of Beetroots(ton)	14175	4500	-68.3
猪牛羊肉产量(吨)	Output of Pork, Beef & Mutton(ton)	4669	1899	-59.3
#猪肉产量(吨)	Output of Pork(ton)	3349	581	-82.7
牛肉产量(吨)	Output of Beef(ton)	565	561	-0.7
羊肉产量(吨)	Output of Mutton(ton)	755	757	0.3
羊毛产量(吨)	Output of Wool(ton)	98	81	-17.3

23-77 Jining District in Wulanchabu City

指 标	Item	2006	2007	2007年比上年增长% Increase Rate in 2007 Over 2006(%)
年末牲畜存栏头数(万头只)	Total Livestock at the Year-end(10 000 heads)	6.08	6.55	7.7
#大牲畜(万头只)	Large Animals(10 000 heads)	1.40	1.76	25.7
羊(万只)	Sheep & Goats(10 000 heads)	3.31	3.05	-7.9
猪(万头)	Hogs(10 000 heads)	1.36	1.74	27.9
规模以上工业	**Industrial Enterprises above Designated size**			
工业企业单位数(个)	Number of Industrial Enterprises(unit)	40	44	10.0
#内资企业(个)	Civil Funded Enterprises(unit)	37	39	5.4
工业总产值(万元)	Gross Industrial Output Value(10 000 yuan)	333898	442909	30.2
内资企业(万元)	Civil Funded Enterprises(10 000 yuan)	317246	422030	31.0
国有企业(万元)	State-owned Enterprises(10 000 yuan)	210837	289953	35.5
集体企业(万元)	Collective-owned Enterprises(10 000 yuan)		685	
股份合作企业(万元)	Share Holding Enterprises(10 000 yuan)		4644	
联营企业(万元)	Joint Owned Enterprises(10 000 yuan)			
有限责任公司(万元)	Limited Company(10 000 yuan)	44399	75717	68.0
股份有限公司(万元)	Share Holding Limited Company(10 000 yuan)	21892	34337	54.0
私营企业(万元)	Privately Owned Enterprises(10 000 yuan)	40116	26695	-32.0
其他企业(万元)	Enterprises of Other Ownership(10 000 yuan)			
港澳台商投资企业(万元)	Funds from HK,Macao & Taiwan(10 000 yuan)		10823	
外商投资企业(万元)	Foreign Funded Enterprises(10 000 yuan)	16652	10056	-38.2
工业企业增加值(万元)	Value Added of Industrial Enterprises(10 000 yuan)	91324	160210	25.9
工业企业资产总计(万元)	Total Assets of Industrial Enterprises(10 000 yuan)	486826	610479	25.4
工业企业负债合计(万元)	Total Liabilities of Industrial Enterprises(10 000 yuan)	409244	439440	7.4
工业企业产品销售收入(万元)	Sales of Revenue Industrial Enterprises(10 000 yuan)	142125	451894	218.0
工业企业利润总额(万元)	Total Profits of Industrial Enterprises(10 000 yuan)	3447	-4999	
建筑业	**Construction**			
建筑企业单位数(个)	Number of Construction Enterprises(unit)	20	20	0.0
建筑企业从业人员(人)	Number of Employee in Construction Enterprises(person)	11127	4169	-62.5
建筑业总产值(万元)	Gross Construction Output Value(10 000 yuan)	67000	95638	42.7
交通运输邮电通信业	**Transportation,Post & Telecommunications**			
公路里程(公里)	Total Length of Highways(km)	174	245	40.8
邮电业务总量(万元)	Business Volume of Post & Telecoms(10 000 yuan)	13015	13158	1.1
本地电话用户(户)	Number of Subscribers of Local Telephone(Household)	68357	69504	1.7
国内贸易	**Demestic Trade**			
社会消费品零售总额(万元)	Total Retail Sales of Consumer Goods(10 000 yuan)	186649	216205	15.8
#贸易业(万元)	Wholesale & Retail Sales Trades(10 000 yuan)	128126	133957	4.6
餐饮业(万元)	Catering Trade(10 000 yuan)	53356	76834	44.0
科技教育卫生	**Science,Education & Public Health**			
各类专业技术人员(人)	Speccial Technical Personnel(person)	1470	1540	4.8
幼儿园数(所)	Number of Kindergartens(unit)	7	7	0.0
学龄儿童入学率(%)	Percentage of School-Age Children Enrolled(%)	100.0	100.0	0.0
小学学校数(所)	Number of Primary Schools(unit)	34	30	-11.8
小学专任教师数(人)	Number of Full-time Teachers of Primary Schools(person)	1523	1399	-8.1
小学在校学生数(人)	Number of Student Enrollment of Primary Schools(person)	24668	24374	-1.2
普通中学学校数(所)	Number of Regular Secondary Schools(unit)	17	19	11.8
普通中学专任教师数(人)	Number of Teachers of Secondary Shools(person)	1501	2446	63.0
初中在校学生数(人)	Number of Student in Junior Secondary Schools(person)	15240	15199	-0.3
高中在校学生数(人)	Number of Student in Senior Secondary Schools(person)	18275	20796	13.8
卫生机构数(所)	Number of Health Institutions(unit)	22	22	0.0
#医院(所)	Hospitals(unit)	7	5	-28.6
卫生院(所)	Township Hospitals(unit)	5	5	0.0
床位数(张)	Number of Beds(unit)	1431	1342	-6.2
#医院(张)	Hospitals(unit)	1341	1085	-19.1
卫生院(张)	Township Hospitals(unit)	43	48	11.6
卫生技术人员(人)	Medical Technical Presonnel(person)	2678	2897	8.2
#医院(人)	Hospitals(person)	1981	1580	-20.2
卫生院(人)	Township Hospitals(person)	66	72	9.1

23-78 乌兰察布市丰镇市

指 标	Item	2006	2007	2007年比上年增长% Increase Rate in 2007 Over 2006(%)
行政区域土地面积(平方公里)	**Area of Administration(Sq.km)**	**2704**	**2704**	**0.0**
人口和就业	**Population & Employment**			
年末总人口(人)	Total Population Year-end(person)	331414	336749	1.6
# 男性(人)	Male(person)	172386	174905	1.5
# 乡村人口(人)	Rural(person)	232366	231057	-0.6
年末总户数(户)	Total Number of Households at the Year-end(Household)	116640	124510	6.7
# 乡村户数(户)	Number of Rural Household(Household)	52534	49776	-5.2
出生人口(人)	Births(person)	2660	3733	40.3
死亡人口(人)	Deaths(person)	518	331	-36.1
全社会就业人员(人)	Employment(person)	169130	168700	-0.3
第一产业(人)	Primary Industry(person)	65881	65321	-0.9
第二产业(人)	Secondary Industry(person)	34124	34025	-0.3
第三产业(人)	Tertiary Industry(person)	69125	69354	0.3
在岗职工人数(人)	Number of Staff & Workers Employed in(person)	14932	13550	-9.3
乡村劳动力(人)	Number of Rural Laborers(person)	80925	77438	-4.3
# 农林牧渔业(人)	Farming,Forestry,Animal Husbandry & Fishery(person)	52199	40503	-22.4
国民经济综合指标	**Summary Item on the National Economy**			
生产总值(万元)	Gross Domestic Product(10 000 yuan)	458208	558412	11.0
第一产业(万元)	Primary Industry(10 000 yuan)	81200	87322	5.7
第二产业(万元)	Secondary Industry(10 000 yuan)	250723	308342	10.3
# 工业(万元)	Industry(10 000 yuan)	198953	281857	27.3
第三产业(万元)	Tertiary Industry(10 000 yuan)	126285	162748	15.5
人均生产总值(元)	Per Capita GDP(yuan)	13826	16585	9.4
全社会固定资产投资(万元)	Total Investment in Fixed Assets(10 000 yuan)	400465	200063	-50.0
按登记注册类型分	Grouped by Registered Type			
# 国有(万元)	State-owned Enterprises(10 000 yuan)	324957	165561	-49.1
集体(万元)	Collective-owned Enterprises(10 000 yuan)			
有限责任公司(万元)	Limited Liability Corporations(10 000 yuan)	66024	24772	-62.5
股份有限公司(万元)	Share Holding Enterprises(10 000 yuan)	6000	6100	1.7
私营企业(万元)	Private Enterprises(10 000 yuan)		1000	
外商及港澳台投资企业(万元)	Funds from HK,Macao,Taiwan & Foreign(10 000 yuan)			
按城乡渠道分	Grouped by Urban and Rural Area			
城镇(万元)	Urban(10 000 yuan)	388826	200063	-48.5
农村(万元)	Rural(10 000 yuan)	1109		
一般预算收入(万元)	General Budgetary Financial Revenue(10 000 yuan)	20668	26860	30.0
一般预算支出(万元)	General Budgetary Financial Expenditures(10 000 yuan)	45626	65177	42.9
城乡居民储蓄存款余额(万元)	Resident Saving Deposit in Urban & Rural(10 000 yuan)	168166	257536	53.1
在岗职工工资总额(万元)	Total Wages of Staff & Workers Empioyed in(10 000 yuan)	37103	42818	15.4
在岗职工平均工资(元)	Average Wage of Staff & Workers Employed in(yuan)	25218	31677	25.6
农牧民人均纯收入(元)	Per Capita Net Income of Peasant & Herdsman(yuan)	3638	4141	13.8
农村牧区经济	**Economic Development in Rural & Pastoral Area**			
耕地面积(公顷)	Cultivated Area(hectare)	51890	50910	-1.9
农作物总播种面积(公顷)	Total Sown Area(hectare)	50006	50006	0.0
# 粮食作物播种面积(公顷)	Sown Area of Grain Crops(hectare)	42672	42672	0.0
有效灌溉面积(公顷)	Irrigated Area(hectare)	4820	5400	12.0
农牧业机械总动力(万千瓦)	Total Power of Agricultural Machinery(10 000 kw)	10.50	13.62	29.7
化肥施用折纯量(吨)	Consumption of Chemical Fertilizer(ton)	3749	11708	212.3
农村用电量(万千瓦小时)	Electricity Consumed in Rural Area(10 000 kwh)	1106	1186	7.2
农林牧渔业总产值(万元)	Gross Output of Farming,Forestry,Animal Husbandry & Fishery(10 000 yuan)	124769	144806	14.1
粮食产量(吨)	Yield of Grain(ton)	144643	69246	-52.1
油料产量(吨)	Yield of Oil-bearing Grops(ton)	4984	1000	-79.9
甜菜产量(吨)	Yield of Beetroots(ton)			
猪牛羊肉产量(吨)	Output of Pork, Beef & Mutton(ton)	29197	20502	-29.8
# 猪肉产量(吨)	Output of Pork(ton)	12319	3641	-70.4
牛肉产量(吨)	Output of Beef(ton)	1438	1049	-27.1
羊肉产量(吨)	Output of Mutton(ton)	15440	15812	2.4
羊毛产量(吨)	Output of Wool(ton)	860	890	3.5

23-78 Fengzhen City in Wulanchabu City

指 标	Item	2006	2007	2007年比上年增长% Increase Rate in 2007 Over 2006(%)
年末牲畜存栏头数(万头只)	Total Livestock at the Year-end(10 000 heads)	86.93	75.25	-13.4
#大牲畜(万头只)	Large Animals(10 000 heads)	5.32	5.67	6.6
羊(万只)	Sheep & Goats(10 000 heads)	77.63	66.12	-14.8
猪(万头)	Hogs(10 000 heads)	3.98	3.46	-13.1
规模以上工业	**Industrial Enterprises above Designated size**			
工业企业单位数(个)	Number of Industrial Enterprises(unit)	33	36	9.1
#内资企业(个)	Civil Funded Enterprises(unit)	32	35	9.4
工业总产值(万元)	Gross Industrial Output Value(10 000 yuan)	456230	650795	40.2
内资企业(万元)	Civil Funded Enterprises(10 000 yuan)	452301	583135	27.1
国有企业(万元)	State-owned Enterprises(10 000 yuan)	5090	546	-80.3
集体企业(万元)	Collective-owned Enterprises(10 000 yuan)	7204	10582	45.2
股份合作企业(万元)	Share Holding Enterprises(10 000 yuan)	1983	7084	210.4
联营企业(万元)	Joint Owned Enterprises(10 000 yuan)			
有限责任公司(万元)	Limited Company(10 000 yuan)	241239	205471	-10.2
股份有限公司(万元)	Share Holding Limited Company(10 000 yuan)	173313	182892	5.4
私营企业(万元)	Privately Owned Enterprises(10 000 yuan)	16456	176561	874.0
其他企业(万元)	Enterprises of Other Ownership(10 000 yuan)	7013		-100.0
港澳台商投资企业(万元)	Funds from HK,Macao & Taiwan(10 000 yuan)			
外商投资企业(万元)	Foreign Funded Enterprises(10 000 yuan)	3928	67660	1400.5
工业企业增加值(万元)	Value Added of Industrial Enterprises(10 000 yuan)	171993	250329	32.5
工业企业资产总计(万元)	Total Assets of Industrial Enterprises(10 000 yuan)	332175	344063	3.6
工业企业负债合计(万元)	Total Liabilities of Industrial Enterprises(10 000 yuan)	314437	303623	-3.4
工业企业产品销售收入(万元)	Sales of Revenue Industrial Enterprises(10 000 yuan)	275122	702625	155.4
工业企业利润总额(万元)	Total Profits of Industrial Enterprises(10 000 yuan)	2728	4204	54.1
建筑业	**Construction**			
建筑企业单位数(个)	Number of Construction Enterprises(unit)	2	2	0.0
建筑企业从业人员(人)	Number of Employee in Construction Enterprises(person)	300	374	24.7
建筑业总产值(万元)	Gross Construction Output Value(10 000 yuan)	4000	4580	14.5
交通运输邮电通信业	**Transportation,Post & Telecommunications**			
公路里程(公里)	Total Length of Highways(km)	150	248	65.3
邮电业务总量(万元)	Business Volume of Post & Telecoms(10 000 yuan)	5590	5620	0.5
本地电话用户(户)	Number of Subscribers of Local Telephone(Household)	41199	42107	2.2
国内贸易	**Demestic Trade**			
社会消费品零售总额(万元)	Total Retail Sales of Consumer Goods(10 000 yuan)	84980	107713	26.8
#贸易业(万元)	Wholesale & Retail Sales Trades(10 000 yuan)	67225	82960	23.4
餐饮业(万元)	Catering Trade(10 000 yuan)	11879	17646	48.5
科技教育卫生	**Science,Education & Public Health**			
各类专业技术人员(人)	Speccial Technical Personnel(person)	752	842	12.0
幼儿园数(所)	Number of Kindergartens(unit)	3	3	0.0
学龄儿童入学率(%)	Percentage of School-Age Children Enrolled(%)	99.9	100.0	0.1
小学学校数(所)	Number of Primary Schools(unit)	58	31	-46.6
小学专任教师数(人)	Number of Full-time Teachers of Primary Schools(person)	1533	1524	-0.6
小学在校学生数(人)	Number of Student Enrollment of Primary Schools(person)	12534	14931	19.1
普通中学学校数(所)	Number of Regular Secondary Schools(unit)	9	9	0.0
普通中学专任教师数(人)	Number of Teachers of Secondary Shools(person)	819	1166	42.4
初中在校学生数(人)	Number of Student in Junior Secondary Schools(person)	9658	6923	-28.3
高中在校学生数(人)	Number of Student in Senior Secondary Schools(person)	3987	4502	12.9
卫生机构数(所)	Number of Health Institutions(unit)	27	38	40.7
#医院(所)	Hospitals(unit)	3	3	0.0
卫生院(所)	Township Hospitals(unit)	20	17	-15.0
床位数(张)	Number of Beds(unit)	358	463	29.3
#医院(张)	Hospitals(unit)	228	315	38.2
卫生院(张)	Township Hospitals(unit)	129	128	-0.8
卫生技术人员(人)	Medical Technical Presonnel(person)	534	562	5.2
#医院(人)	Hospitals(person)	278	266	-4.3
卫生院(人)	Township Hospitals(person)	107	109	1.9

23-79 乌兰察布市卓资县

指 标	Item	2006	2007	2007年比上年增长% Increase Rate in 2007 Over 2006(%)
行政区域土地面积(平方公里)	**Area of Administration(Sq.km)**	**3119**	**3119**	**0.0**
人口和就业	**Population & Employment**			
年末总人口(人)	Total Population Year-end(person)	223514	226144	1.2
#男性(人)	Male(person)	119095	120457	1.1
#乡村人口(人)	Rural(person)	189396	189246	-0.1
年末总户数(户)	Total Number of Households at the Year-end(Household)	78409	83553	6.6
#乡村户数(户)	Number of Rural Household(Household)	31806	31812	0.0
出生人口(人)	Births(person)	1534	3175	107.0
死亡人口(人)	Deaths(person)	1575	1018	-35.4
全社会就业人员(人)	Employment(person)	149578	150080	0.3
第一产业(人)	Primary Industry(person)	67276	67048	-0.3
第二产业(人)	Secondary Industry(person)	24108	24358	1.0
第三产业(人)	Tertiary Industry(person)	58194	58674	0.8
在岗职工人数(人)	Number of Staff & Workers Employed in(person)	5711	6127	7.3
乡村劳动力(人)	Number of Rural Laborers(person)	66167	65173	-1.5
#农林牧渔业(人)	Farming,Forestry,Animal Husbandry & Fishery(person)	53000	47950	-9.5
国民经济综合指标	**Summary Item on the National Economy**			
生产总值(万元)	Gross Domestic Product(10 000 yuan)	223998	258058	11.0
第一产业(万元)	Primary Industry(10 000 yuan)	46200	48546	3.6
第二产业(万元)	Secondary Industry(10 000 yuan)	108466	128776	10.5
#工业(万元)	Industry(10 000 yuan)	80498	108818	25.5
第三产业(万元)	Tertiary Industry(10 000 yuan)	69332	80736	17.0
人均生产总值(元)	Per Capita GDP(yuan)	10022	11413	10.0
全社会固定资产投资(万元)	Total Investment in Fixed Assets(10 000 yuan)	210193	150009	-28.6
按登记注册类型分	Grouped by Registered Type			
#国有(万元)	State-owned Enterprises(10 000 yuan)	8191	60686	640.9
集体(万元)	Collective-owned Enterprises(10 000 yuan)			
有限责任公司(万元)	Limited Liability Corporations(10 000 yuan)	197202	79011	-59.9
股份有限公司(万元)	Share Holding Enterprises(10 000 yuan)			
私营企业(万元)	Private Enterprises(10 000 yuan)	1100	9412	755.6
外商及港澳台投资企业(万元)	Funds from HK,Macao,Taiwan & Foreign(10 000 yuan)	3700	900	-75.7
按城乡渠道分	Grouped by Urban and Rural Area			
城镇(万元)	Urban(10 000 yuan)	206794	149509	-27.7
农村(万元)	Rural(10 000 yuan)	900	500	-44.4
一般预算收入(万元)	General Budgetary Financial Revenue(10 000 yuan)	6561	7042	7.3
一般预算支出(万元)	General Budgetary Financial Expenditures(10 000 yuan)	30552	42019	37.5
城乡居民储蓄存款余额(万元)	Resident Saving Deposit in Urban & Rural(10 000 yuan)	73970	100373	35.7
在岗职工工资总额(万元)	Total Wages of Staff & Workers Empioyed in(10 000 yuan)	8388	10565	26.0
在岗职工平均工资(元)	Average Wage of Staff & Workers Employed in(yuan)	14914	17814	19.4
农牧民人均纯收入(元)	Per Capita Net Income of Peasant & Herdsman(yuan)	2951	3277	11.0
农村牧区经济	**Economic Development in Rural & Pastoral Area**			
耕地面积(公顷)	Cultivated Area(hectare)	44020	44010	0.0
农作物总播种面积(公顷)	Total Sown Area(hectare)	42034	40556	-3.5
#粮食作物播种面积(公顷)	Sown Area of Grain Crops(hectare)	36985	32502	-12.1
有效灌溉面积(公顷)	Irrigated Area(hectare)	6340	6330	-0.2
农牧业机械总动力(万千瓦)	Total Power of Agricultural Machinery(10 000 kw)	8.20	8.64	5.4
化肥施用折纯量(吨)	Consumption of Chemical Fertilizer(ton)	2571	2177	-15.3
农村用电量(万千瓦小时)	Electricity Consumed in Rural Area(10 000 kwh)	715	725	1.4
农林牧渔业总产值(万元)	Gross Output of Farming,Forestry,Animal Husbandry & Fishery(10 000 yuan)	90500	78211	-11.6
粮食产量(吨)	Yield of Grain(ton)	89768	46051	-48.7
油料产量(吨)	Yield of Oil-bearing Grops(ton)	1937	951	-50.9
甜菜产量(吨)	Yield of Beetroots(ton)	83	2850	3333.7
猪牛羊肉产量(吨)	Output of Pork, Beef & Mutton(ton)	23061	12582	-45.4
#猪肉产量(吨)	Output of Pork(ton)	12325	3272	-73.5
牛肉产量(吨)	Output of Beef(ton)	1696	1657	-2.3
羊肉产量(吨)	Output of Mutton(ton)	9040	7653	-15.3
羊毛产量(吨)	Output of Wool(ton)	807	787	-2.5

23-79 Zhuozi County in Wulanchabu City

指 标	Item	2006	2007	2007年比上年增长% Increase Rate in 2007 Over 2006(%)
年末牲畜存栏头数(万头只)	Total Livestock at the Year-end(10 000 heads)	46.88	40.56	-13.5
#大牲畜(万头只)	Large Animals(10 000 heads)	5.46	5.71	4.6
羊(万只)	Sheep & Goats(10 000 heads)	37.51	31.06	-17.2
猪(万头)	Hogs(10 000 heads)	3.91	3.79	-3.1
规模以上工业	**Industrial Enterprises above Designated size**			
工业企业单位数(个)	Number of Industrial Enterprises(unit)	28	27	-3.6
#内资企业(个)	Civil Funded Enterprises(unit)	28	27	-3.6
工业总产值(万元)	Gross Industrial Output Value(10 000 yuan)	136398	244616	78.8
内资企业(万元)	Civil Funded Enterprises(10 000 yuan)	136398	244616	78.8
国有企业(万元)	State-owned Enterprises(10 000 yuan)	9425	10857	13.4
集体企业(万元)	Collective-owned Enterprises(10 000 yuan)			
股份合作企业(万元)	Share Holding Enterprises(10 000 yuan)			
联营企业(万元)	Joint Owned Enterprises(10 000 yuan)			
有限责任公司(万元)	Limited Company(10 000 yuan)	6238	95589	1300.0
股份有限公司(万元)	Share Holding Limited Company(10 000 yuan)	4430	10785	128.0
私营企业(万元)	Privately Owned Enterprises(10 000 yuan)	116304	127385	8.7
其他企业(万元)	Enterprises of Other Ownership(10 000 yuan)			
港澳台商投资企业(万元)	Funds from HK,Macao & Taiwan(10 000 yuan)			
外商投资企业(万元)	Foreign Funded Enterprises(10 000 yuan)			
工业企业增加值(万元)	Value Added of Industrial Enterprises(10 000 yuan)	47131	90056	33.3
工业企业资产总计(万元)	Total Assets of Industrial Enterprises(10 000 yuan)	52744	392700	644.5
工业企业负债合计(万元)	Total Liabilities of Industrial Enterprises(10 000 yuan)	15287	346263	2165.1
工业企业产品销售收入(万元)	Sales of Revenue Industrial Enterprises(10 000 yuan)	136152	244433	79.5
工业企业利润总额(万元)	Total Profits of Industrial Enterprises(10 000 yuan)	749	-6751	
建筑业	**Construction**			
建筑企业单位数(个)	Number of Construction Enterprises(unit)	2	2	0.0
建筑企业从业人员(人)	Number of Employee in Construction Enterprises(person)	766	459	-40.1
建筑业总产值(万元)	Gross Construction Output Value(10 000 yuan)	4775	5991	25.5
交通运输邮电通信业	**Transportation,Post & Telecommunications**			
公路里程(公里)	Total Length of Highways(km)	695	784	12.8
邮电业务总量(万元)	Business Volume of Post & Telecoms(10 000 yuan)	1685	1745	3.6
本地电话用户(户)	Number of Subscribers of Local Telephone(Household)	13785	13802	0.1
国内贸易	**Demestic Trade**			
社会消费品零售总额(万元)	Total Retail Sales of Consumer Goods(10 000 yuan)	48587	58069	19.5
#贸易业(万元)	Wholesale & Retail Sales Trades(10 000 yuan)	38457	43298	12.6
餐饮业(万元)	Catering Trade(10 000 yuan)	9150	13285	45.2
科技教育卫生	**Science,Education & Public Health**			
各类专业技术人员(人)	Speccial Technical Personnel(person)	489	540	10.4
幼儿园数(所)	Number of Kindergartens(unit)	12	12	0.0
学龄儿童入学率(%)	Percentage of School-Age Children Enrolled(%)	100.0	100.0	0.0
小学学校数(所)	Number of Primary Schools(unit)	28	20	-28.6
小学专任教师数(人)	Number of Full-time Teachers of Primary Schools(person)	851	671	-21.2
小学在校学生数(人)	Number of Student Enrollment of Primary Schools(person)	8912	7672	-13.9
普通中学学校数(所)	Number of Regular Secondary Schools(unit)	9	8	-11.1
普通中学专任教师数(人)	Number of Teachers of Secondary Shools(person)	612	819	33.8
初中在校学生数(人)	Number of Student in Junior Secondary Schools(person)	5847	7480	27.9
高中在校学生数(人)	Number of Student in Senior Secondary Schools(person)	3281	2247	-31.5
卫生机构数(所)	Number of Health Institutions(unit)	22	22	0.0
#医院(所)	Hospitals(unit)	1	1	0.0
卫生院(所)	Township Hospitals(unit)	18	17	-5.6
床位数(张)	Number of Beds(unit)	215	241	12.1
#医院(张)	Hospitals(unit)	110	116	5.5
卫生院(张)	Township Hospitals(unit)	100	117	17.0
卫生技术人员(人)	Medical Technical Presonnel(person)	258	316	22.5
#医院(人)	Hospitals(person)	92	88	-4.3
卫生院(人)	Township Hospitals(person)	112	106	-5.4

23-80 乌兰察布市化德县

指 标	Item	2006	2007	2007年比上年增长% Increase Rate in 2007 Over 2006(%)
行政区域土地面积(平方公里)	**Area of Administration(Sq.km)**	**2527**	**2527**	**0.0**
人口和就业	**Population & Employment**			
年末总人口(人)	Total Population Year-end(person)	167936	175621	4.6
# 男性(人)	Male(person)	87186	86102	-1.2
# 乡村人口(人)	Rural(person)	135441	134851	-0.4
年末总户数(户)	Total Number of Households at the Year-end(Household)	59939	67141	12.0
# 乡村户数(户)	Number of Rural Household(Household)	38289	37269	-2.7
出生人口(人)	Births(person)	8772	3619	-58.7
死亡人口(人)	Deaths(person)	535	308	-42.4
全社会就业人员(人)	Employment(person)	79681	79742	0.1
第一产业(人)	Primary Industry(person)	48895	48725	-0.3
第二产业(人)	Secondary Industry(person)	5745	5871	2.2
第三产业(人)	Tertiary Industry(person)	25096	25146	0.2
在岗职工人数(人)	Number of Staff & Workers Employed in(person)	5885	6271	6.6
乡村劳动力(人)	Number of Rural Laborers(person)	58481	54629	-6.6
# 农林牧渔业(人)	Farming,Forestry,Animal Husbandry & Fishery(person)	45772	44864	-2.0
国民经济综合指标	**Summary Item on the National Economy**			
生产总值(万元)	Gross Domestic Product(10 000 yuan)	124726	150241	12.4
第一产业(万元)	Primary Industry(10 000 yuan)	32800	31652	-2.9
第二产业(万元)	Secondary Industry(10 000 yuan)	65450	88289	19.6
# 工业(万元)	Industry(10 000 yuan)	56117	81476	28.1
第三产业(万元)	Tertiary Industry(10 000 yuan)	26476	30299	13.6
人均生产总值(元)	Per Capita GDP(yuan)	7427	8556	7.9
全社会固定资产投资(万元)	Total Investment in Fixed Assets(10 000 yuan)	70352	50854	-27.7
按登记注册类型分	Grouped by Registered Type			
# 国有(万元)	State-owned Enterprises(10 000 yuan)	38773	19984	-48.5
集体(万元)	Collective-owned Enterprises(10 000 yuan)			
有限责任公司(万元)	Limited Liability Corporations(10 000 yuan)	16837	28050	66.6
股份有限公司(万元)	Share Holding Enterprises(10 000 yuan)			
私营企业(万元)	Private Enterprises(10 000 yuan)	8150	2820	-65.4
外商及港澳台投资企业 (万元)	Funds from HK,Macao,Taiwan & Foreign(10 000 yuan)			
按城乡渠道分	Grouped by Urban and Rural Area			
城镇 (万元)	Urban(10 000 yuan)	66152	32788	-50.4
农村 (万元)	Rural(10 000 yuan)		18056	
一般预算收入(万元)	General Budgetary Financial Revenue(10 000 yuan)	2787	3094	11.0
一般预算支出(万元)	General Budgetary Financial Expenditures(10 000 yuan)	28326	41355	46.0
城乡居民储蓄存款余额(万元)	Resident Saving Deposit in Urban & Rural(10 000 yuan)	56356	65303	15.9
在岗职工工资总额(万元)	Total Wages of Staff & Workers Empioyed in(10 000 yuan)	7643	10759	40.8
在岗职工平均工资(元)	Average Wage of Staff & Workers Employed in(yuan)	13243	18026	36.1
农牧民人均纯收入(元)	Per Capita Net Income of Peasant & Herdsman(yuan)	2494	2350	-5.8
农村牧区经济	**Economic Development in Rural & Pastoral Area**			
耕地面积(公顷)	Cultivated Area(hectare)	55500	55500	0.0
农作物总播种面积(公顷)	Total Sown Area(hectare)	44698	44729	0.1
# 粮食作物播种面积(公顷)	Sown Area of Grain Crops(hectare)	27991	28486	1.8
有效灌溉面积(公顷)	Irrigated Area(hectare)	2466	2690	9.1
农牧业机械总动力(万千瓦)	Total Power of Agricultural Machinery(10 000 kw)	10.00	11.58	15.8
化肥施用折纯量(吨)	Consumption of Chemical Fertilizer(ton)	2090	2386	14.2
农村用电量(万千瓦小时)	Electricity Consumed in Rural Area(10 000 kwh)	562	667	18.7
农林牧渔业总产值(万元)	Gross Output of Farming,Forestry,Animal Husbandry & Fishery(10 000 yuan)	67943	50901	-23.1
粮食产量(吨)	Yield of Grain(ton)	56253	10530	-81.3
油料产量(吨)	Yield of Oil-bearing Grops(ton)	3964	750	-81.1
甜菜产量(吨)	Yield of Beetroots(ton)	3559	6750	89.7
猪牛羊肉产量(吨)	Output of Pork, Beef & Mutton(ton)	19841	14486	-27.0
# 猪肉产量(吨)	Output of Pork(ton)	9666	2811	-70.9
牛肉产量(吨)	Output of Beef(ton)	1950	1738	-10.9
羊肉产量(吨)	Output of Mutton(ton)	8225	9937	20.8
羊毛产量(吨)	Output of Wool(ton)	650	960	47.7

23-80 Huade County in Wulanchabu City

指 标	Item	2006	2007	2007年比上年增长% Increase Rate in 2007 Over 2006(%)
年末牲畜存栏头数(万头只)	Total Livestock at the Year-end(10 000 heads)	36.67	34.13	-6.9
#大牲畜(万头只)	Large Animals(10 000 heads)	2.67	3.25	21.7
羊(万只)	Sheep & Goats(10 000 heads)	30.22	26.83	-11.2
猪(万头)	Hogs(10 000 heads)	3.79	4.05	6.9
规模以上工业	**Industrial Enterprises above Designated size**			
工业企业单位数(个)	Number of Industrial Enterprises(unit)	21	24	14.3
#内资企业(个)	Civil Funded Enterprises(unit)	21	24	14.3
工业总产值(万元)	Gross Industrial Output Value(10 000 yuan)	140152	213938	50.1
内资企业(万元)	Civil Funded Enterprises(10 000 yuan)	140152	213938	50.1
国有企业(万元)	State-owned Enterprises(10 000 yuan)	4719	3876	-16.9
集体企业(万元)	Collective-owned Enterprises(10 000 yuan)			
股份合作企业(万元)	Share Holding Enterprises(10 000 yuan)	7246		-100.0
联营企业(万元)	Joint Owned Enterprises(10 000 yuan)			
有限责任公司(万元)	Limited Company(10 000 yuan)			
股份有限公司(万元)	Share Holding Limited Company(10 000 yuan)	2925	3152	6.8
私营企业(万元)	Privately Owned Enterprises(10 000 yuan)	125261	206910	61.6
其他企业(万元)	Enterprises of Other Ownership(10 000 yuan)			
港澳台商投资企业(万元)	Funds from HK,Macao & Taiwan(10 000 yuan)			
外商投资企业(万元)	Foreign Funded Enterprises(10 000 yuan)			
工业企业增加值(万元)	Value Added of Industrial Enterprises(10 000 yuan)	46683	70329	31.3
工业企业资产总计(万元)	Total Assets of Industrial Enterprises(10 000 yuan)	58161	105263	81.0
工业企业负债合计(万元)	Total Liabilities of Industrial Enterprises(10 000 yuan)	32177	55250	71.7
工业企业产品销售收入(万元)	Sales of Revenue Industrial Enterprises(10 000 yuan)	3476	3580	3.0
工业企业利润总额(万元)	Total Profits of Industrial Enterprises(10 000 yuan)	1890	2064	9.2
建筑业	**Construction**			
建筑企业单位数(个)	Number of Construction Enterprises(unit)	2	2	0.0
建筑企业从业人员(人)	Number of Employee in Construction Enterprises(person)	58	230	296.6
建筑业总产值(万元)	Gross Construction Output Value(10 000 yuan)	4810	5748	19.5
交通运输邮电通信业	**Transportation,Post & Telecommunications**			
公路里程(公里)	Total Length of Highways(km)	745	790	6.0
邮电业务总量(万元)	Business Volume of Post & Telecoms(10 000 yuan)	1884	1921	2.0
本地电话用户(户)	Number of Subscribers of Local Telephone(Household)	19800	20047	1.2
国内贸易	**Demestic Trade**			
社会消费品零售总额(万元)	Total Retail Sales of Consumer Goods(10 000 yuan)	32080	39045	21.7
#贸易业(万元)	Wholesale & Retail Sales Trades(10 000 yuan)	26564	33439	25.9
餐饮业(万元)	Catering Trade(10 000 yuan)	3684	3988	8.3
科技教育卫生	**Science,Education & Public Health**			
各类专业技术人员(人)	Speccial Technical Personnel(person)	459	507	10.5
幼儿园数(所)	Number of Kindergartens(unit)	12	12	0.0
学龄儿童入学率(%)	Percentage of School-Age Children Enrolled(%)	100.0	100.0	0.0
小学学校数(所)	Number of Primary Schools(unit)	16	16	0.0
小学专任教师数(人)	Number of Full-time Teachers of Primary Schools(person)	608	614	1.0
小学在校学生数(人)	Number of Student Enrollment of Primary Schools(person)	8571	7592	-11.4
普通中学学校数(所)	Number of Regular Secondary Schools(unit)	5	5	0.0
普通中学专任教师数(人)	Number of Teachers of Secondary Shools(person)	458	537	17.2
初中在校学生数(人)	Number of Student in Junior Secondary Schools(person)	5587	4135	-26.0
高中在校学生数(人)	Number of Student in Senior Secondary Schools(person)	2234	2553	14.3
卫生机构数(所)	Number of Health Institutions(unit)	17	26	52.9
#医院(所)	Hospitals(unit)	2	2	0.0
卫生院(所)	Township Hospitals(unit)	12	11	-8.3
床位数(张)	Number of Beds(unit)	171	252	47.4
#医院(张)	Hospitals(unit)	81	140	72.8
卫生院(张)	Township Hospitals(unit)	65	93	43.1
卫生技术人员(人)	Medical Technical Presonnel(person)	301	340	13.0
#医院(人)	Hospitals(person)	104	136	30.8
卫生院(人)	Township Hospitals(person)	89	77	-13.5

23-81 乌兰察布市商都县

指 标	Item	2006	2007	2007年比上年增长% Increase Rate in 2007 Over 2006(%)
行政区域土地面积(平方公里)	**Area of Administration(Sq.km)**	**4304**	**4304**	**0.0**
人口和就业	**Population & Employment**			
年末总人口(人)	Total Population Year-end(person)	342795	346985	1.2
# 男性(人)	Male(person)	177223	179012	1.0
# 乡村人口(人)	Rural(person)	290523	290146	-0.1
年末总户数(户)	Total Number of Households at the Year-end(Household)	121606	128145	5.4
# 乡村户数(户)	Number of Rural Household(Household)	51755	50492	-2.4
出生人口(人)	Births(person)	3077	4446	44.5
死亡人口(人)	Deaths(person)	654	276	-57.8
全社会就业人员(人)	Employment(person)	177735	177137	-0.3
第一产业(人)	Primary Industry(person)	100034	100128	0.1
第二产业(人)	Secondary Industry(person)	16912	16874	-0.2
第三产业(人)	Tertiary Industry(person)	60789	60135	-1.1
在岗职工人数(人)	Number of Staff & Workers Employed in(person)	8825	9468	7.3
乡村劳动力(人)	Number of Rural Laborers(person)	124610	104016	-16.5
# 农林牧渔业(人)	Farming,Forestry,Animal Husbandry & Fishery(person)	105049	78472	-25.3
国民经济综合指标	**Summary Item on the National Economy**			
生产总值(万元)	Gross Domestic Product(10 000 yuan)	194859	227314	13.3
第一产业(万元)	Primary Industry(10 000 yuan)	65200	64325	-1.8
第二产业(万元)	Secondary Industry(10 000 yuan)	61705	84218	23.8
# 工业(万元)	Industry(10 000 yuan)	52948	73675	24.4
第三产业(万元)	Tertiary Industry(10 000 yuan)	67954	78771	18.6
人均生产总值(元)	Per Capita GDP(yuan)	5684	6552	12.2
全社会固定资产投资(万元)	Total Investment in Fixed Assets(10 000 yuan)	68105	82037	20.5
按登记注册类型分	Grouped by Registered Type			
# 国有(万元)	State-owned Enterprises(10 000 yuan)	24855	28207	13.5
集体(万元)	Collective-owned Enterprises(10 000 yuan)			
有限责任公司(万元)	Limited Liability Corporations(10 000 yuan)	25770	45980	78.4
股份有限公司(万元)	Share Holding Enterprises(10 000 yuan)	6800	550	-91.9
私营企业(万元)	Private Enterprises(10 000 yuan)	9820	6660	-32.2
外商及港澳台投资企业(万元)	Funds from HK,Macao,Taiwan & Foreign(10 000 yuan)			
按城乡渠道分	Grouped by Urban and Rural Area			
城镇 (万元)	Urban(10 000 yuan)	56371	50990	-9.5
农村 (万元)	Rural(10 000 yuan)	9034	31047	243.7
一般预算收入(万元)	General Budgetary Financial Revenue(10 000 yuan)	3775	5017	32.9
一般预算支出(万元)	General Budgetary Financial Expenditures(10 000 yuan)	36764	49672	35.1
城乡居民储蓄存款余额(万元)	Resident Saving Deposit in Urban & Rural(10 000 yuan)	67506	105860	56.8
在岗职工工资总额(万元)	Total Wages of Staff & Workers Empioyed in(10 000 yuan)	11738	16562	41.1
在岗职工平均工资(元)	Average Wage of Staff & Workers Employed in(yuan)	13173	17548	33.2
农牧民人均纯收入(元)	Per Capita Net Income of Peasant & Herdsman(yuan)	2490	2051	-17.6
农村牧区经济	**Economic Development in Rural & Pastoral Area**			
耕地面积(公顷)	Cultivated Area(hectare)	154330	154320	0.0
农作物总播种面积(公顷)	Total Sown Area(hectare)	87024	85505	-1.7
# 粮食作物播种面积(公顷)	Sown Area of Grain Crops(hectare)	57705	59782	3.6
有效灌溉面积(公顷)	Irrigated Area(hectare)	2500	2800	12.0
农牧业机械总动力(万千瓦)	Total Power of Agricultural Machinery(10 000 kw)	18.46	19.02	3.0
化肥施用折纯量(吨)	Consumption of Chemical Fertilizer(ton)	7929	9798	23.6
农村用电量(万千瓦小时)	Electricity Consumed in Rural Area(10 000 kwh)	3400	3051	-10.3
农林牧渔业总产值(万元)	Gross Output of Farming,Forestry,Animal Husbandry & Fishery(10 000 yuan)	120547	106961	-9.3
粮食产量(吨)	Yield of Grain(ton)	76287	25354	-66.8
油料产量(吨)	Yield of Oil-bearing Grops(ton)	8513	466	-94.5
甜菜产量(吨)	Yield of Beetroots(ton)	51907	60255	16.1
猪牛羊肉产量(吨)	Output of Pork, Beef & Mutton(ton)	46318	18021	-61.1
# 猪肉产量(吨)	Output of Pork(ton)	27200	3661	-86.5
牛肉产量(吨)	Output of Beef(ton)	4718	3371	-28.6
羊肉产量(吨)	Output of Mutton(ton)	14400	10989	-23.7
羊毛产量(吨)	Output of Wool(ton)	810	891	10.0

23-81 Shangdu County in Wulanchabu City

指 标	Item	2006	2007	2007年比上年增长% Increase Rate in 2007 Over 2006(%)
年末牲畜存栏头数(万头只)	Total Livestock at the Year-end(10 000 heads)	39.87	37.81	-5.2
#大牲畜(万头只)	Large Animals(10 000 heads)	3.37	3.43	1.8
羊(万只)	Sheep & Goats(10 000 heads)	30.81	30.69	-0.4
猪(万头)	Hogs(10 000 heads)	5.69	3.70	-35.0
规模以上工业	**Industrial Enterprises above Designated size**			
工业企业单位数(个)	Number of Industrial Enterprises(unit)	21	20	-4.8
#内资企业(个)	Civil Funded Enterprises(unit)	21	20	-4.8
工业总产值(万元)	Gross Industrial Output Value(10 000 yuan)	109719	153970	38.1
内资企业(万元)	Civil Funded Enterprises(10 000 yuan)	109719	153970	387.1
国有企业(万元)	State-owned Enterprises(10 000 yuan)	2781	4283	52.0
集体企业(万元)	Collective-owned Enterprises(10 000 yuan)			
股份合作企业(万元)	Share Holding Enterprises(10 000 yuan)			
联营企业(万元)	Joint Owned Enterprises(10 000 yuan)			
有限责任公司(万元)	Limited Company(10 000 yuan)	34350	7341	-68.1
股份有限公司(万元)	Share Holding Limited Company(10 000 yuan)			
私营企业(万元)	Privately Owned Enterprises(10 000 yuan)	72587	142346	96.1
其他企业(万元)	Enterprises of Other Ownership(10 000 yuan)			
港澳台商投资企业(万元)	Funds from HK,Macao & Taiwan(10 000 yuan)			
外商投资企业(万元)	Foreign Funded Enterprises(10 000 yuan)			
工业企业增加值(万元)	Value Added of Industrial Enterprises(10 000 yuan)	39217	56505	30.9
工业企业资产总计(万元)	Total Assets of Industrial Enterprises(10 000 yuan)	47324	50519	6.8
工业企业负债合计(万元)	Total Liabilities of Industrial Enterprises(10 000 yuan)	18794	22711	20.8
工业企业产品销售收入(万元)	Sales of Revenue Industrial Enterprises(10 000 yuan)	107800	154212	43.1
工业企业利润总额(万元)	Total Profits of Industrial Enterprises(10 000 yuan)	1608	1754	9.1
建筑业	**Construction**			
建筑企业单位数(个)	Number of Construction Enterprises(unit)	1	1	0.0
建筑企业从业人员(人)	Number of Employee in Construction Enterprises(person)	445	190	-57.3
建筑业总产值(万元)	Gross Construction Output Value(10 000 yuan)	3300	5800	75.8
交通运输邮电通信业	**Transportation,Post & Telecommunications**			
公路里程(公里)	Total Length of Highways(km)	701	781	11.4
邮电业务总量(万元)	Business Volume of Post & Telecoms(10 000 yuan)	1753	1812	3.4
本地电话用户(户)	Number of Subscribers of Local Telephone(Household)	28600	29047	1.6
国内贸易	**Demestic Trade**			
社会消费品零售总额(万元)	Total Retail Sales of Consumer Goods(10 000 yuan)	116226	129466	11.4
#贸易业(万元)	Wholesale & Retail Sales Trades(10 000 yuan)	106410	112851	6.1
餐饮业(万元)	Catering Trade(10 000 yuan)	7116	14380	102.1
科技教育卫生	**Science,Education & Public Health**			
各类专业技术人员(人)	Speccial Technical Personnel(person)	739	840	13.7
幼儿园数(所)	Number of Kindergartens(unit)	5	5	0.0
学龄儿童入学率(%)	Percentage of School-Age Children Enrolled(%)	100.0	100.0	0.0
小学学校数(所)	Number of Primary Schools(unit)	33	30	-9.1
小学专任教师数(人)	Number of Full-time Teachers of Primary Schools(person)	1055	1065	0.9
小学在校学生数(人)	Number of Student Enrollment of Primary Schools(person)	16093	15800	-1.8
普通中学学校数(所)	Number of Regular Secondary Schools(unit)	14	13	-7.1
普通中学专任教师数(人)	Number of Teachers of Secondary Shools(person)	705	1033	46.5
初中在校学生数(人)	Number of Student in Junior Secondary Schools(person)	9821	9258	-5.7
高中在校学生数(人)	Number of Student in Senior Secondary Schools(person)	3624	4291	18.4
卫生机构数(所)	Number of Health Institutions(unit)	21	21	0.0
#医院(所)	Hospitals(unit)	2	2	0.0
卫生院(所)	Township Hospitals(unit)	15	19	26.7
床位数(张)	Number of Beds(unit)	337	326	-3.3
#医院(张)	Hospitals(unit)	221	220	-0.5
卫生院(张)	Township Hospitals(unit)	89	106	19.1
卫生技术人员(人)	Medical Technical Presonnel(person)	539	488	-9.5
#医院(人)	Hospitals(person)	258	271	5.0
卫生院(人)	Township Hospitals(person)	167	139	-16.8

23-82 乌兰察布市兴和县

指 标	Item	2006	2007	2007年比上年增长% Increase Rate in 2007 Over 2006(%)
行政区域土地面积(平方公里)	**Area of Administration(Sq.km)**	**3518**	**3518**	**0.0**
人口和就业	**Population & Employment**			
年末总人口(人)	Total Population Year-end(person)	308863	317286	2.7
# 男性(人)	Male(person)	160791	164954	2.6
# 乡村人口(人)	Rural(person)	199895	199601	-0.1
年末总户数(户)	Total Number of Households at the Year-end(Household)	98641	105797	7.3
# 乡村户数(户)	Number of Rural Household(Household)	51286	51450	0.3
出生人口(人)	Births(person)	5110	4487	-12.2
死亡人口(人)	Deaths(person)	3237	217	-93.3
全社会就业人员(人)	Employment(person)	190033	189630	-0.2
第一产业(人)	Primary Industry(person)	93521	93021	-0.5
第二产业(人)	Secondary Industry(person)	23254	23451	0.8
第三产业(人)	Tertiary Industry(person)	73258	73158	-0.1
在岗职工人数(人)	Number of Staff & Workers Employed in(person)	9038	9051	0.1
乡村劳动力(人)	Number of Rural Laborers(person)	110255	112175	1.7
# 农林牧渔业(人)	Farming,Forestry,Animal Husbandry & Fishery(person)	73312	74503	1.6
国民经济综合指标	**Summary Item on the National Economy**			
生产总值(万元)	Gross Domestic Product(10 000 yuan)	207291	223767	10.1
第一产业(万元)	Primary Industry(10 000 yuan)	66200	68078	1.9
第二产业(万元)	Secondary Industry(10 000 yuan)	64893	76949	13.6
# 工业(万元)	Industry(10 000 yuan)	47233	60171	21.2
第三产业(万元)	Tertiary Industry(10 000 yuan)	76198	78740	14.9
人均生产总值(元)	Per Capita GDP(yuan)	6711	7054	7.5
全社会固定资产投资(万元)	Total Investment in Fixed Assets(10 000 yuan)	171215	150080	-12.3
按登记注册类型分	Grouped by Registered Type			
# 国有(万元)	State-owned Enterprises(10 000 yuan)	86932	53077	-38.9
集体(万元)	Collective-owned Enterprises(10 000 yuan)			
有限责任公司(万元)	Limited Liability Corporations(10 000 yuan)	21910	6465	-70.5
股份有限公司(万元)	Share Holding Enterprises(10 000 yuan)		8400	
私营企业(万元)	Private Enterprises(10 000 yuan)	31834	66158	107.8
外商及港澳台投资企业(万元)	Funds from HK,Macao,Taiwan & Foreign(10 000 yuan)			
按城乡渠道分	Grouped by Urban and Rural Area			
城镇（万元）	Urban(10 000 yuan)	129675	97678	-24.7
农村（万元）	Rural(10 000 yuan)	9610	52402	445.3
一般预算收入(万元)	General Budgetary Financial Revenue(10 000 yuan)	8041	8507	5.8
一般预算支出(万元)	General Budgetary Financial Expenditures(10 000 yuan)	38788	45388	17.0
城乡居民储蓄存款余额(万元)	Resident Saving Deposit in Urban & Rural(10 000 yuan)	71601	116987	63.4
在岗职工工资总额(万元)	Total Wages of Staff & Workers Empioyed in(10 000 yuan)	12961	14606	12.7
在岗职工平均工资(元)	Average Wage of Staff & Workers Employed in(yuan)	14341	16137	12.5
农牧民人均纯收入(元)	Per Capita Net Income of Peasant & Herdsman(yuan)	2940	2707	-7.9
农村牧区经济	**Economic Development in Rural & Pastoral Area**			
耕地面积(公顷)	Cultivated Area(hectare)	103380	102000	-1.3
农作物总播种面积(公顷)	Total Sown Area(hectare)	66622	69952	5.0
# 粮食作物播种面积(公顷)	Sown Area of Grain Crops(hectare)	42588	46667	9.6
有效灌溉面积(公顷)	Irrigated Area(hectare)	24810	24810	0.0
农牧业机械总动力(万千瓦)	Total Power of Agricultural Machinery(10 000 kw)	13.20	13.66	3.5
化肥施用折纯量(吨)	Consumption of Chemical Fertilizer(ton)	6825	7237	6.0
农村用电量(万千瓦小时)	Electricity Consumed in Rural Area(10 000 kwh)	3759	2155	-42.7
农林牧渔业总产值(万元)	Gross Output of Farming,Forestry,Animal Husbandry & Fishery(10 000 yuan)	127685	113424	-9.2
粮食产量(吨)	Yield of Grain(ton)	104000	38555	-62.9
油料产量(吨)	Yield of Oil-bearing Grops(ton)	9791	3054	-68.8
甜菜产量(吨)	Yield of Beetroots(ton)	17843	10000	-44.0
猪牛羊肉产量(吨)	Output of Pork, Beef & Mutton(ton)	39075	26203	-32.9
# 猪肉产量(吨)	Output of Pork(ton)	19575	4513	-76.9
牛肉产量(吨)	Output of Beef(ton)	4730	4053	-14.3
羊肉产量(吨)	Output of Mutton(ton)	14770	17637	19.4
羊毛产量(吨)	Output of Wool(ton)	1300	99	-92.4

23-82 Xinghe County in Wulanchabu City

指 标	Item	2006	2007	2007年比上年增长% Increase Rate in 2007 Over 2006(%)
年末牲畜存栏头数(万头只)	Total Livestock at the Year-end(10 000 heads)	78.90	65.06	-17.5
#大牲畜(万头只)	Large Animals(10 000 heads)	6.31	7.73	22.5
羊(万只)	Sheep & Goats(10 000 heads)	67.31	51.39	-23.7
猪(万头)	Hogs(10 000 heads)	5.30	5.94	12.1
规模以上工业	**Industrial Enterprises above Designated size**			
工业企业单位数(个)	Number of Industrial Enterprises(unit)	11	13	18.2
#内资企业(个)	Civil Funded Enterprises(unit)	11	13	18.2
工业总产值(万元)	Gross Industrial Output Value(10 000 yuan)	102305	132549	28.8
内资企业(万元)	Civil Funded Enterprises(10 000 yuan)	102305	132549	28.8
国有企业(万元)	State-owned Enterprises(10 000 yuan)	4525	4839	5.7
集体企业(万元)	Collective-owned Enterprises(10 000 yuan)			
股份合作企业(万元)	Share Holding Enterprises(10 000 yuan)	10643		-100.0
联营企业(万元)	Joint Owned Enterprises(10 000 yuan)	25572	8644	-56.2
有限责任公司(万元)	Limited Company(10 000 yuan)	8482	34822	280.0
股份有限公司(万元)	Share Holding Limited Company(10 000 yuan)			
私营企业(万元)	Privately Owned Enterprises(10 000 yuan)	53082	84244	57.1
其他企业(万元)	Enterprises of Other Ownership(10 000 yuan)			
港澳台商投资企业(万元)	Funds from HK,Macao & Taiwan(10 000 yuan)			
外商投资企业(万元)	Foreign Funded Enterprises(10 000 yuan)			
工业企业增加值(万元)	Value Added of Industrial Enterprises(10 000 yuan)	35128	44336	21.2
工业企业资产总计(万元)	Total Assets of Industrial Enterprises(10 000 yuan)	81538	97282	19.3
工业企业负债合计(万元)	Total Liabilities of Industrial Enterprises(10 000 yuan)	44445	53088	19.4
工业企业产品销售收入(万元)	Sales of Revenue Industrial Enterprises(10 000 yuan)	84764	124062	46.4
工业企业利润总额(万元)	Total Profits of Industrial Enterprises(10 000 yuan)	1814	2732	50.6
建筑业	**Construction**			
建筑企业单位数(个)	Number of Construction Enterprises(unit)	1	1	0.0
建筑企业从业人员(人)	Number of Employee in Construction Enterprises(person)	882	489	-44.6
建筑业总产值(万元)	Gross Construction Output Value(10 000 yuan)	4540	4990	9.9
交通运输邮电通信业	**Transportation,Post & Telecommunications**			
公路里程(公里)	Total Length of Highways(km)	1116	1284	15.1
邮电业务总量(万元)	Business Volume of Post & Telecoms(10 000 yuan)	1452	1578	8.7
本地电话用户(户)	Number of Subscribers of Local Telephone(Household)	14583	14602	0.1
国内贸易	**Demestic Trade**			
社会消费品零售总额(万元)	Total Retail Sales of Consumer Goods(10 000 yuan)	63500	76200	20.0
#贸易业(万元)	Wholesale & Retail Sales Trades(10 000 yuan)	59086	71778	21.5
餐饮业(万元)	Catering Trade(10 000 yuan)	2308	2765	19.8
科技教育卫生	**Science,Education & Public Health**			
各类专业技术人员(人)	Speccial Technical Personnel(person)	610	758	24.3
幼儿园数(所)	Number of Kindergartens(unit)	1	1	0.0
学龄儿童入学率(%)	Percentage of School-Age Children Enrolled(%)	100.0	100.0	0.0
小学学校数(所)	Number of Primary Schools(unit)	38	26	-31.6
小学专任教师数(人)	Number of Full-time Teachers of Primary Schools(person)	967	999	3.3
小学在校学生数(人)	Number of Student Enrollment of Primary Schools(person)	15388	14082	-8.5
普通中学学校数(所)	Number of Regular Secondary Schools(unit)	6	5	-16.7
普通中学专任教师数(人)	Number of Teachers of Secondary Shools(person)	412	581	41.0
初中在校学生数(人)	Number of Student in Junior Secondary Schools(person)	6810	6074	-10.8
高中在校学生数(人)	Number of Student in Senior Secondary Schools(person)	2614	2600	-0.5
卫生机构数(所)	Number of Health Institutions(unit)	26	24	-7.7
#医院(所)	Hospitals(unit)	3	2	-33.3
卫生院(所)	Township Hospitals(unit)	19	13	-31.6
床位数(张)	Number of Beds(unit)	210	220	4.8
#医院(张)	Hospitals(unit)	99	122	23.2
卫生院(张)	Township Hospitals(unit)	107	98	-8.4
卫生技术人员(人)	Medical Technical Presonnel(person)	476	424	-10.9
#医院(人)	Hospitals(person)	218	194	-11.0
卫生院(人)	Township Hospitals(person)	149	112	-24.8

23-83 乌兰察布市凉城县

指 标	Item	2006	2007	2007年比上年增长% Increase Rate in 2007 Over 2006(%)
行政区域土地面积(平方公里)	**Area of Administration(Sq.km)**	**3451**	**3451**	**0.0**
人口和就业	**Population & Employment**			
年末总人口(人)	Total Population Year-end(person)	241871	246038	1.7
#男性(人)	Male(person)	129161	131125	1.5
#乡村人口(人)	Rural(person)	197014	183025	-7.1
年末总户数(户)	Total Number of Households at the Year-end(Household)	84339	90385	7.2
#乡村户数(户)	Number of Rural Household(Household)	50811	52492	3.3
出生人口(人)	Births(person)	3565	3570	0.1
死亡人口(人)	Deaths(person)	1723	399	-76.8
全社会就业人员(人)	Employment(person)	193238	191434	-0.9
第一产业(人)	Primary Industry(person)	81351	80542	-1.0
第二产业(人)	Secondary Industry(person)	29948	29864	-0.3
第三产业(人)	Tertiary Industry(person)	81939	81028	-1.1
在岗职工人数(人)	Number of Staff & Workers Employed in(person)	8705	8781	0.9
乡村劳动力(人)	Number of Rural Laborers(person)	92972	108236	16.4
#农林牧渔业(人)	Farming,Forestry,Animal Husbandry & Fishery(person)	66954	77190	15.3
国民经济综合指标	**Summary Item on the National Economy**			
生产总值(万元)	Gross Domestic Product(10 000 yuan)	343177	432415	11.3
第一产业(万元)	Primary Industry(10 000 yuan)	77700	95782	9.8
第二产业(万元)	Secondary Industry(10 000 yuan)	184044	222153	6.5
#工业(万元)	Industry(10 000 yuan)	132134	187114	23.3
第三产业(万元)	Tertiary Industry(10 000 yuan)	81433	114479	22.5
人均生产总值(元)	Per Capita GDP(yuan)	14188	17578	11.5
全社会固定资产投资(万元)	Total Investment in Fixed Assets(10 000 yuan)	196573	132697	-32.5
按登记注册类型分	Grouped by Registered Type			
#国有(万元)	State-owned Enterprises(10 000 yuan)	21466	63860	197.5
集体(万元)	Collective-owned Enterprises(10 000 yuan)			
有限责任公司(万元)	Limited Liability Corporations(10 000 yuan)	33772	44837	32.8
股份有限公司(万元)	Share Holding Enterprises(10 000 yuan)	128499	20800	-83.8
私营企业(万元)	Private Enterprises(10 000 yuan)	5970	3200	-46.4
外商及港澳台投资企业(万元)	Funds from HK,Macao,Taiwan & Foreign(10 000 yuan)			
按城乡渠道分	Grouped by Urban and Rural Area			
城镇(万元)	Urban(10 000 yuan)	186073	131437	-29.4
农村(万元)	Rural(10 000 yuan)	500	1260	152.0
一般预算收入(万元)	General Budgetary Financial Revenue(10 000 yuan)	11543	21546	86.7
一般预算支出(万元)	General Budgetary Financial Expenditures(10 000 yuan)	38899	53554	37.7
城乡居民储蓄存款余额(万元)	Resident Saving Deposit in Urban & Rural(10 000 yuan)	98292	152843	55.5
在岗职工工资总额(万元)	Total Wages of Staff & Workers Empioyed in(10 000 yuan)	13407	18850	40.6
在岗职工平均工资(元)	Average Wage of Staff & Workers Employed in(yuan)	15326	21125	37.8
农牧民人均纯收入(元)	Per Capita Net Income of Peasant & Herdsman(yuan)	3650	4161	14.0
农村牧区经济	**Economic Development in Rural & Pastoral Area**			
耕地面积(公顷)	Cultivated Area(hectare)	60600	60600	0.0
农作物总播种面积(公顷)	Total Sown Area(hectare)	60600	60600	0.0
#粮食作物播种面积(公顷)	Sown Area of Grain Crops(hectare)	48833	48045	-1.6
有效灌溉面积(公顷)	Irrigated Area(hectare)	16700	16700	0.0
农牧业机械总动力(万千瓦)	Total Power of Agricultural Machinery(10 000 kw)	11.85	12.58	6.2
化肥施用折纯量(吨)	Consumption of Chemical Fertilizer(ton)	10948	14983	36.9
农村用电量(万千瓦小时)	Electricity Consumed in Rural Area(10 000 kwh)	2370	1651	-30.3
农林牧渔业总产值(万元)	Gross Output of Farming,Forestry,Animal Husbandry & Fishery(10 000 yuan)	122525	156687	25.9
粮食产量(吨)	Yield of Grain(ton)	212520	204262	-3.9
油料产量(吨)	Yield of Oil-bearing Grops(ton)	5427	5175	-4.6
甜菜产量(吨)	Yield of Beetroots(ton)	37714	39329	4.3
猪牛羊肉产量(吨)	Output of Pork, Beef & Mutton(ton)	33661	22187	-34.1
#猪肉产量(吨)	Output of Pork(ton)	18378	4088	-77.8
牛肉产量(吨)	Output of Beef(ton)	3250	2915	-10.3
羊肉产量(吨)	Output of Mutton(ton)	12033	15184	26.2
羊毛产量(吨)	Output of Wool(ton)	764	787	3.0

23-83 Liangcheng County in Wulanchabu City

指 标	Item	2006	2007	2007年比上年增长% Increase Rate in 2007 Over 2006(%)
年末牲畜存栏头数(万头只)	Total Livestock at the Year-end(10 000 heads)	57.65	59.30	2.9
#大牲畜(万头只)	Large Animals(10 000 heads)	8.23	9.31	13.1
羊(万只)	Sheep & Goats(10 000 heads)	44.90	45.86	2.1
猪(万头)	Hogs(10 000 heads)	4.52	4.13	-8.6
规模以上工业	**Industrial Enterprises above Designated size**			
工业企业单位数(个)	Number of Industrial Enterprises(unit)	10	8	-20.0
#内资企业(个)	Civil Funded Enterprises(unit)	10	8	-20.0
工业总产值(万元)	Gross Industrial Output Value(10 000 yuan)	307987	355899	14.8
内资企业(万元)	Civil Funded Enterprises(10 000 yuan)	307987	355899	14.8
国有企业(万元)	State-owned Enterprises(10 000 yuan)	2477	1985	-18.0
集体企业(万元)	Collective-owned Enterprises(10 000 yuan)			
股份合作企业(万元)	Share Holding Enterprises(10 000 yuan)	12598	7332	-38.0
联营企业(万元)	Joint Owned Enterprises(10 000 yuan)			
有限责任公司(万元)	Limited Company(10 000 yuan)	284225	338131	17.0
股份有限公司(万元)	Share Holding Limited Company(10 000 yuan)			
私营企业(万元)	Privately Owned Enterprises(10 000 yuan)	8685	8450	-1.9
其他企业(万元)	Enterprises of Other Ownership(10 000 yuan)			
港澳台商投资企业(万元)	Funds from HK,Macao & Taiwan(10 000 yuan)			
外商投资企业(万元)	Foreign Funded Enterprises(10 000 yuan)			
工业企业增加值(万元)	Value Added of Industrial Enterprises(10 000 yuan)	124062	152886	35.0
工业企业资产总计(万元)	Total Assets of Industrial Enterprises(10 000 yuan)	735346	981600	33.5
工业企业负债合计(万元)	Total Liabilities of Industrial Enterprises(10 000 yuan)	628971	832540	32.4
工业企业产品销售收入(万元)	Sales of Revenue Industrial Enterprises(10 000 yuan)	296694	353934	19.3
工业企业利润总额(万元)	Total Profits of Industrial Enterprises(10 000 yuan)	15672	17903	14.2
建筑业	**Construction**			
建筑企业单位数(个)	Number of Construction Enterprises(unit)	2	2	0.0
建筑企业从业人员(人)	Number of Employee in Construction Enterprises(person)	350	435	24.3
建筑业总产值(万元)	Gross Construction Output Value(10 000 yuan)	74390	7010	-90.6
交通运输邮电通信业	**Transportation,Post & Telecommunications**			
公路里程(公里)	Total Length of Highways(km)	1107	1248	12.7
邮电业务总量(万元)	Business Volume of Post & Telecoms(10 000 yuan)	1554	1652	6.3
本地电话用户(户)	Number of Subscribers of Local Telephone(Household)	22100	22358	1.2
国内贸易	**Demestic Trade**			
社会消费品零售总额(万元)	Total Retail Sales of Consumer Goods(10 000 yuan)	60049	72032	20.0
#贸易业(万元)	Wholesale & Retail Sales Trades(10 000 yuan)	49784	61815	24.2
餐饮业(万元)	Catering Trade(10 000 yuan)	6655	6850	2.9
科技教育卫生	**Science,Education & Public Health**			
各类专业技术人员(人)	Speccial Technical Personnel(person)	74	84	13.5
幼儿园数(所)	Number of Kindergartens(unit)	2	2	0.0
学龄儿童入学率(%)	Percentage of School-Age Children Enrolled(%)	100.0	100.0	0.0
小学学校数(所)	Number of Primary Schools(unit)	52	40	-23.1
小学专任教师数(人)	Number of Full-time Teachers of Primary Schools(person)	943	907	-3.8
小学在校学生数(人)	Number of Student Enrollment of Primary Schools(person)	12733	11843	-7.0
普通中学学校数(所)	Number of Regular Secondary Schools(unit)	9	8	-11.1
普通中学专任教师数(人)	Number of Teachers of Secondary Shools(person)	600	746	24.3
初中在校学生数(人)	Number of Student in Junior Secondary Schools(person)	8208	6587	-19.7
高中在校学生数(人)	Number of Student in Senior Secondary Schools(person)	3751	4339	15.7
卫生机构数(所)	Number of Health Institutions(unit)	24	24	0.0
#医院(所)	Hospitals(unit)	1	1	0.0
卫生院(所)	Township Hospitals(unit)	19	19	0.0
床位数(张)	Number of Beds(unit)	248	256	3.2
#医院(张)	Hospitals(unit)	137	134	-2.2
卫生院(张)	Township Hospitals(unit)	110	114	3.6
卫生技术人员(人)	Medical Technical Presonnel(person)	310	312	0.6
#医院(人)	Hospitals(person)	129	109	-15.5
卫生院(人)	Township Hospitals(person)	110	98	-10.9

23-84 乌兰察布市察哈尔右翼前旗

指 标	Item	2006	2007	2007年比上年增长% Increase Rate in 2007 Over 2006(%)
行政区域土地面积(平方公里)	**Area of Administration(Sq.km)**	**2430**	**2430**	**0.0**
人口和就业	**Population & Employment**			
年末总人口(人)	Total Population Year-end(person)	242384	247285	2.0
#男性(人)	Male(person)	125640	127797	1.7
#乡村人口(人)	Rural(person)	196454	187757	-4.4
年末总户数(户)	Total Number of Households at the Year-end(Household)	86032	91080	5.9
#乡村户数(户)	Number of Rural Household(Household)	40692	40220	-1.2
出生人口(人)	Births(person)	1402	2667	90.2
死亡人口(人)	Deaths(person)	1109	226	-79.6
全社会就业人员(人)	Employment(person)	123225	122138	-0.9
第一产业(人)	Primary Industry(person)	68254	68371	0.2
第二产业(人)	Secondary Industry(person)	19645	19481	-0.8
第三产业(人)	Tertiary Industry(person)	35326	34286	-2.9
在岗职工人数(人)	Number of Staff & Workers Employed in(person)	10795	9211	-14.7
乡村劳动力(人)	Number of Rural Laborers(person)	84733	80204	-5.3
#农林牧渔业(人)	Farming,Forestry,Animal Husbandry & Fishery(person)	72457	70952	-2.1
国民经济综合指标	**Summary Item on the National Economy**			
生产总值(万元)	Gross Domestic Product(10 000 yuan)	256784	345036	19.8
第一产业(万元)	Primary Industry(10 000 yuan)	64100	64550	0.6
第二产业(万元)	Secondary Industry(10 000 yuan)	122567	185096	30.6
#工业(万元)	Industry(10 000 yuan)	105567	183928	32.6
第三产业(万元)	Tertiary Industry(10 000 yuan)	70117	95390	18.0
人均生产总值(元)	Per Capita GDP(yuan)	10594	13952	17.8
全社会固定资产投资(万元)	Total Investment in Fixed Assets(10 000 yuan)	132334	160018	20.9
按登记注册类型分	Grouped by Registered Type			
#国有(万元)	State-owned Enterprises(10 000 yuan)	25682	15275	-40.5
集体(万元)	Collective-owned Enterprises(10 000 yuan)			
有限责任公司(万元)	Limited Liability Corporations(10 000 yuan)	40150	61574	53.4
股份有限公司(万元)	Share Holding Enterprises(10 000 yuan)	17981	55620	209.3
私营企业(万元)	Private Enterprises(10 000 yuan)	7920	27549	247.8
外商及港澳台投资企业(万元)	Funds from HK,Macao,Taiwan & Foreign(10 000 yuan)			
按城乡渠道分	Grouped by Urban and Rural Area			
城镇(万元)	Urban(10 000 yuan)	103304	158192	53.1
农村(万元)	Rural(10 000 yuan)	22180	1826	-91.8
一般预算收入(万元)	General Budgetary Financial Revenue(10 000 yuan)	7161	9116	27.3
一般预算支出(万元)	General Budgetary Financial Expenditures(10 000 yuan)	34666	44569	28.6
城乡居民储蓄存款余额(万元)	Resident Saving Deposit in Urban & Rural(10 000 yuan)	70806	124928	76.4
在岗职工工资总额(万元)	Total Wages of Staff & Workers Empioyed in(10 000 yuan)	13833	13944	0.8
在岗职工平均工资(元)	Average Wage of Staff & Workers Employed in(yuan)	13005	19421	49.3
农牧民人均纯收入(元)	Per Capita Net Income of Peasant & Herdsman(yuan)	3355	3774	12.5
农村牧区经济	**Economic Development in Rural & Pastoral Area**			
耕地面积(公顷)	Cultivated Area(hectare)	73090	73150	0.1
农作物总播种面积(公顷)	Total Sown Area(hectare)	43334	43333	0.0
#粮食作物播种面积(公顷)	Sown Area of Grain Crops(hectare)	25334	25333	0.0
有效灌溉面积(公顷)	Irrigated Area(hectare)	19551	19550	0.0
农牧业机械总动力(万千瓦)	Total Power of Agricultural Machinery(10 000 kw)	13.00	12.06	-7.2
化肥施用折纯量(吨)	Consumption of Chemical Fertilizer(ton)	4015	3597	-10.4
农村用电量(万千瓦小时)	Electricity Consumed in Rural Area(10 000 kwh)	1446	1505	4.1
农林牧渔业总产值(万元)	Gross Output of Farming,Forestry,Animal Husbandry & Fishery(10 000 yuan)	123578	105631	-12.5
粮食产量(吨)	Yield of Grain(ton)	115500	42774	-63.0
油料产量(吨)	Yield of Oil-bearing Grops(ton)	3000	250	-91.7
甜菜产量(吨)	Yield of Beetroots(ton)	140000	170000	21.4
猪牛羊肉产量(吨)	Output of Pork, Beef & Mutton(ton)	34957	21859	-37.5
#猪肉产量(吨)	Output of Pork(ton)	16285	4018	-75.3
牛肉产量(吨)	Output of Beef(ton)	3513	3080	-12.3
羊肉产量(吨)	Output of Mutton(ton)	15159	14761	-2.6
羊毛产量(吨)	Output of Wool(ton)	704	730	3.7

23-84 Chahaeryouyiqian Banner in Wulanchabu City

指 标	Item	2006	2007	2007年比上年增长% Increase Rate in 2007 Over 2006(%)
年末牲畜存栏头数(万头只)	Total Livestock at the Year-end(10 000 heads)	56.66	56.47	-0.3
#大牲畜(万头只)	Large Animals(10 000 heads)	5.74	6.73	17.2
羊(万只)	Sheep & Goats(10 000 heads)	44.86	44.24	-1.4
猪(万头)	Hogs(10 000 heads)	6.06	5.51	-9.1
规模以上工业	**Industrial Enterprises above Designated size**			
工业企业单位数(个)	Number of Industrial Enterprises(unit)	30	42	40.0
#内资企业(个)	Civil Funded Enterprises(unit)	30	41	36.7
工业总产值(万元)	Gross Industrial Output Value(10 000 yuan)	304342	471397	52.8
内资企业(万元)	Civil Funded Enterprises(10 000 yuan)	304342	466308	52.8
国有企业(万元)	State-owned Enterprises(10 000 yuan)	5411	5029	-7.1
集体企业(万元)	Collective-owned Enterprises(10 000 yuan)	7622		-100.0
股份合作企业(万元)	Share Holding Enterprises(10 000 yuan)	6292		-100.0
联营企业(万元)	Joint Owned Enterprises(10 000 yuan)			
有限责任公司(万元)	Limited Company(10 000 yuan)	33627	59127	68.8
股份有限公司(万元)	Share Holding Limited Company(10 000 yuan)	62054	109167	72.1
私营企业(万元)	Privately Owned Enterprises(10 000 yuan)	189333	292986	51.7
其他企业(万元)	Enterprises of Other Ownership(10 000 yuan)			
港澳台商投资企业(万元)	Funds from HK,Macao & Taiwan(10 000 yuan)		5089	
外商投资企业(万元)	Foreign Funded Enterprises(10 000 yuan)			
工业企业增加值(万元)	Value Added of Industrial Enterprises(10 000 yuan)	96354	159604	37.7
工业企业资产总计(万元)	Total Assets of Industrial Enterprises(10 000 yuan)	117443	187576	59.7
工业企业负债合计(万元)	Total Liabilities of Industrial Enterprises(10 000 yuan)	80679	120001	48.7
工业企业产品销售收入(万元)	Sales of Revenue Industrial Enterprises(10 000 yuan)	299083	465680	55.7
工业企业利润总额(万元)	Total Profits of Industrial Enterprises(10 000 yuan)	7523	8589	14.2
建筑业	**Construction**			
建筑企业单位数(个)	Number of Construction Enterprises(unit)	1	1	0.0
建筑企业从业人员(人)	Number of Employee in Construction Enterprises(person)	450	178	-60.4
建筑业总产值(万元)	Gross Construction Output Value(10 000 yuan)	7625	2413	-68.4
交通运输邮电通信业	**Transportation,Post & Telecommunications**			
公路里程(公里)	Total Length of Highways(km)	690	720	4.3
邮电业务总量(万元)	Business Volume of Post & Telecoms(10 000 yuan)	1479	1581	6.9
本地电话用户(户)	Number of Subscribers of Local Telephone(Household)	19948	20147	1.0
国内贸易	**Demestic Trade**			
社会消费品零售总额(万元)	Total Retail Sales of Consumer Goods(10 000 yuan)	35405	44837	26.6
#贸易业(万元)	Wholesale & Retail Sales Trades(10 000 yuan)	23022	28364	23.2
餐饮业(万元)	Catering Trade(10 000 yuan)	4735	6407	35.3
科技教育卫生	**Science,Education & Public Health**			
各类专业技术人员(人)	Speccial Technical Personnel(person)	902	981	8.8
幼儿园数(所)	Number of Kindergartens(unit)	9	9	0.0
学龄儿童入学率(%)	Percentage of School-Age Children Enrolled(%)	100.0	100.0	0.0
小学学校数(所)	Number of Primary Schools(unit)	53	29	-45.3
小学专任教师数(人)	Number of Full-time Teachers of Primary Schools(person)	1085	909	-16.2
小学在校学生数(人)	Number of Student Enrollment of Primary Schools(person)	13604	15400	13.2
普通中学学校数(所)	Number of Regular Secondary Schools(unit)	7	7	0.0
普通中学专任教师数(人)	Number of Teachers of Secondary Shools(person)	508	642	26.4
初中在校学生数(人)	Number of Student in Junior Secondary Schools(person)	7614	6692	-12.1
高中在校学生数(人)	Number of Student in Senior Secondary Schools(person)	3108	2954	-5.0
卫生机构数(所)	Number of Health Institutions(unit)	25	25	0.0
#医院(所)	Hospitals(unit)	1	1	0.0
卫生院(所)	Township Hospitals(unit)	20	20	0.0
床位数(张)	Number of Beds(unit)	224	201	-10.3
#医院(张)	Hospitals(unit)	79	80	1.3
卫生院(张)	Township Hospitals(unit)	135	120	-11.1
卫生技术人员(人)	Medical Technical Presonnel(person)	447	409	-8.5
#医院(人)	Hospitals(person)	139	138	-0.7
卫生院(人)	Township Hospitals(person)	227	183	-19.4

23-85 乌兰察布市察哈尔右翼中旗

指 标	Item	2006	2007	2007年比上年增长% Increase Rate in 2007 Over 2006(%)
行政区域土地面积(平方公里)	**Area of Administration(Sq.km)**	**4200**	**4200**	**0.0**
人口和就业	**Population & Employment**			
年末总人口(人)	Total Population Year-end(person)	211148	319038	51.1
# 男性(人)	Male(person)	112712	116135	3.0
# 乡村人口(人)	Rural(person)	181572	153014	-15.7
年末总户数(户)	Total Number of Households at the Year-end(Household)	65907	74210	12.6
# 乡村户数(户)	Number of Rural Household(Household)	42092	42113	0.0
出生人口(人)	Births(person)	1852	2442	31.9
死亡人口(人)	Deaths(person)	1723	898	-47.9
全社会就业人员(人)	Employment(person)	123560	124762	1.0
第一产业(人)	Primary Industry(person)	77124	77614	0.6
第二产业(人)	Secondary Industry(person)	9984	10046	0.6
第三产业(人)	Tertiary Industry(person)	36452	37102	1.8
在岗职工人数(人)	Number of Staff & Workers Employed in(person)	6101	5811	-4.8
乡村劳动力(人)	Number of Rural Laborers(person)	98224	89152	-9.2
# 农林牧渔业(人)	Farming,Forestry,Animal Husbandry & Fishery(person)	88235	76629	-13.2
国民经济综合指标	**Summary Item on the National Economy**			
生产总值(万元)	Gross Domestic Product(10 000 yuan)	143743	170235	11.0
第一产业(万元)	Primary Industry(10 000 yuan)	50800	52030	-1.0
第二产业(万元)	Secondary Industry(10 000 yuan)	37939	52947	22.3
# 工业(万元)	Industry(10 000 yuan)	29539	44447	27.5
第三产业(万元)	Tertiary Industry(10 000 yuan)	55004	65258	12.8
人均生产总值(元)	Per Capita GDP(yuan)	6808	7773	7.5
全社会固定资产投资(万元)	Total Investment in Fixed Assets(10 000 yuan)	111190	120637	8.5
按登记注册类型分	Grouped by Registered Type			
# 国有(万元)	State-owned Enterprises(10 000 yuan)	105890	88422	-16.5
集体(万元)	Collective-owned Enterprises(10 000 yuan)			
有限责任公司(万元)	Limited Liability Corporations(10 000 yuan)	1500	22030	1368.7
股份有限公司(万元)	Share Holding Enterprises(10 000 yuan)			
私营企业(万元)	Private Enterprises(10 000 yuan)	2700	7460	176.3
外商及港澳台投资企业(万元)	Funds from HK,Macao,Taiwan & Foreign(10 000 yuan)			
按城乡渠道分	Grouped by Urban and Rural Area			
城镇（万元）	Urban(10 000 yuan)	107470	97858	-8.9
农村（万元）	Rural(10 000 yuan)	1720	22679	1218.5
一般预算收入(万元)	General Budgetary Financial Revenue(10 000 yuan)	2588	3425	32.3
一般预算支出(万元)	General Budgetary Financial Expenditures(10 000 yuan)	30645	42593	39.0
城乡居民储蓄存款余额(万元)	Resident Saving Deposit in Urban & Rural(10 000 yuan)	45685	59844	31.0
在岗职工工资总额(万元)	Total Wages of Staff & Workers Empioyed in(10 000 yuan)	9317	10687	14.7
在岗职工平均工资(元)	Average Wage of Staff & Workers Employed in(yuan)	15496	18395	18.7
农牧民人均纯收入(元)	Per Capita Net Income of Peasant & Herdsman(yuan)	2580	2269	-12.1
农村牧区经济	**Economic Development in Rural & Pastoral Area**			
耕地面积(公顷)	Cultivated Area(hectare)	87920	87920	0.0
农作物总播种面积(公顷)	Total Sown Area(hectare)	61317	62286	1.6
# 粮食作物播种面积(公顷)	Sown Area of Grain Crops(hectare)	49338	50685	2.7
有效灌溉面积(公顷)	Irrigated Area(hectare)	15240	15240	0.0
农牧业机械总动力(万千瓦)	Total Power of Agricultural Machinery(10 000 kw)	18.30	16.08	-12.1
化肥施用折纯量(吨)	Consumption of Chemical Fertilizer(ton)	3416	4632	35.6
农村用电量(万千瓦小时)	Electricity Consumed in Rural Area(10 000 kwh)	3457	3512	1.6
农林牧渔业总产值(万元)	Gross Output of Farming,Forestry,Animal Husbandry & Fishery(10 000 yuan)	82798	82446	-0.3
粮食产量(吨)	Yield of Grain(ton)	45850	21508	-53.1
油料产量(吨)	Yield of Oil-bearing Grops(ton)	1662	655	-60.6
甜菜产量(吨)	Yield of Beetroots(ton)			
猪牛羊肉产量(吨)	Output of Pork, Beef & Mutton(ton)	22536	19140	-15.1
# 猪肉产量(吨)	Output of Pork(ton)	5721	2693	-52.9
牛肉产量(吨)	Output of Beef(ton)	1747	2657	52.1
羊肉产量(吨)	Output of Mutton(ton)	15068	13790	-8.5
羊毛产量(吨)	Output of Wool(ton)	880	1055	19.9

23-85 Chahaeryouyizhong Banner in Wulanchabu City

指 标	Item	2006	2007	2007年比上年增长% Increase Rate in 2007 Over 2006(%)
年末牲畜存栏头数(万头只)	Total Livestock at the Year-end(10 000 heads)	52.10	58.09	11.5
# 大牲畜(万头只)	Large Animals(10 000 heads)	4.95	5.23	5.7
羊(万只)	Sheep & Goats(10 000 heads)	43.36	50.06	15.5
猪(万头)	Hogs(10 000 heads)	3.79	2.81	-25.9
规模以上工业	**Industrial Enterprises above Designated size**			
工业企业单位数(个)	Number of Industrial Enterprises(unit)	16	19	18.8
# 内资企业(个)	Civil Funded Enterprises(unit)	16	19	18.8
工业总产值(万元)	Gross Industrial Output Value(10 000 yuan)	70825	102373	42.2
内资企业(万元)	Civil Funded Enterprises(10 000 yuan)	70825	102373	42.2
国有企业(万元)	State-owned Enterprises(10 000 yuan)	10294	11256	8.7
集体企业(万元)	Collective-owned Enterprises(10 000 yuan)			
股份合作企业(万元)	Share Holding Enterprises(10 000 yuan)			
联营企业(万元)	Joint Owned Enterprises(10 000 yuan)	7008		-100.0
有限责任公司(万元)	Limited Company(10 000 yuan)	12689	24162	89.0
股份有限公司(万元)	Share Holding Limited Company(10 000 yuan)		13097	
私营企业(万元)	Privately Owned Enterprises(10 000 yuan)	40832	53858	30.1
其他企业(万元)	Enterprises of Other Ownership(10 000 yuan)			
港澳台商投资企业(万元)	Funds from HK,Macao & Taiwan(10 000 yuan)			
外商投资企业(万元)	Foreign Funded Enterprises(10 000 yuan)			
工业企业增加值(万元)	Value Added of Industrial Enterprises(10 000 yuan)	25419	41080	25.5
工业企业资产总计(万元)	Total Assets of Industrial Enterprises(10 000 yuan)	84612	199860	136.2
工业企业负债合计(万元)	Total Liabilities of Industrial Enterprises(10 000 yuan)	52640	135874	158.1
工业企业产品销售收入(万元)	Sales of Revenue Industrial Enterprises(10 000 yuan)	56811	101816	79.2
工业企业利润总额(万元)	Total Profits of Industrial Enterprises(10 000 yuan)	2999	4411	47.1
建筑业	**Construction**			
建筑企业单位数(个)	Number of Construction Enterprises(unit)	1	1	0.0
建筑企业从业人员(人)	Number of Employee in Construction Enterprises(person)	510	210	-58.8
建筑业总产值(万元)	Gross Construction Output Value(10 000 yuan)	2680	2800	4.5
交通运输邮电通信业	**Transportation,Post & Telecommunications**			
公路里程(公里)	Total Length of Highways(km)	958	1047	9.3
邮电业务总量(万元)	Business Volume of Post & Telecoms(10 000 yuan)	2347	2428	3.5
本地电话用户(户)	Number of Subscribers of Local Telephone(Household)	24206	24389	0.8
国内贸易	**Demestic Trade**			
社会消费品零售总额(万元)	Total Retail Sales of Consumer Goods(10 000 yuan)	35109	41137	17.2
# 贸易业(万元)	Wholesale & Retail Sales Trades(10 000 yuan)	29737	34080	14.6
餐饮业(万元)	Catering Trade(10 000 yuan)	3443	4355	26.5
科技教育卫生	**Science,Education & Public Health**			
各类专业技术人员(人)	Speccial Technical Personnel(person)	761	841	10.5
幼儿园数(所)	Number of Kindergartens(unit)	2	2	0.0
学龄儿童入学率(%)	Percentage of School-Age Children Enrolled(%)	100.0	100.0	0.0
小学学校数(所)	Number of Primary Schools(unit)	24	24	0.0
小学专任教师数(人)	Number of Full-time Teachers of Primary Schools(person)	814	782	-3.9
小学在校学生数(人)	Number of Student Enrollment of Primary Schools(person)	7866	7900	0.4
普通中学学校数(所)	Number of Regular Secondary Schools(unit)	5	3	-40.0
普通中学专任教师数(人)	Number of Teachers of Secondary Shools(person)	531	680	28.1
初中在校学生数(人)	Number of Student in Junior Secondary Schools(person)	5485	5248	-4.3
高中在校学生数(人)	Number of Student in Senior Secondary Schools(person)	2867	2988	4.2
卫生机构数(所)	Number of Health Institutions(unit)	30	30	0.0
# 医院(所)	Hospitals(unit)	1	2	100.0
卫生院(所)	Township Hospitals(unit)	26	25	-3.8
床位数(张)	Number of Beds(unit)	226	199	-11.9
# 医院(张)	Hospitals(unit)	100	85	-15.0
卫生院(张)	Township Hospitals(unit)	120	102	-15.0
卫生技术人员(人)	Medical Technical Presonnel(person)	290	292	0.7
# 医院(人)	Hospitals(person)	110	113	2.7
卫生院(人)	Township Hospitals(person)	109	93	-14.7

23-86 乌兰察布市察哈尔右翼后旗

指 标	Item	2006	2007	2007年比上年增长% Increase Rate in 2007 Over 2006(%)
行政区域土地面积(平方公里)	**Area of Administration(Sq.km)**	**3803**	**3803**	**0.0**
人口和就业	**Population & Employment**			
年末总人口(人)	Total Population Year-end(person)	211746	217877	2.9
#男性(人)	Male(person)	109587	112007	2.2
#乡村人口(人)	Rural(person)	177321	168828	-4.8
年末总户数(户)	Total Number of Households at the Year-end(Household)	72249	82252	13.8
#乡村户数(户)	Number of Rural Household(Household)	31055	28610	-7.9
出生人口(人)	Births(person)	3170	3835	21.0
死亡人口(人)	Deaths(person)	1012	535	-47.1
全社会就业人员(人)	Employment(person)	93949	93890	-0.1
第一产业(人)	Primary Industry(person)	51084	51002	-0.2
第二产业(人)	Secondary Industry(person)	13024	13107	0.6
第三产业(人)	Tertiary Industry(person)	29841	29781	-0.2
在岗职工人数(人)	Number of Staff & Workers Employed in(person)	8696	8862	1.9
乡村劳动力(人)	Number of Rural Laborers(person)	68288	57431	-15.9
#农林牧渔业(人)	Farming,Forestry,Animal Husbandry & Fishery(person)	56115	44591	-20.5
国民经济综合指标	**Summary Item on the National Economy**			
生产总值(万元)	Gross Domestic Product(10 000 yuan)	229396	279399	12.8
第一产业(万元)	Primary Industry(10 000 yuan)	54000	50639	-2.9
第二产业(万元)	Secondary Industry(10 000 yuan)	122966	159063	15.7
#工业(万元)	Industry(10 000 yuan)	109354	141369	13.7
第三产业(万元)	Tertiary Industry(10 000 yuan)	52430	69667	21.0
人均生产总值(元)	Per Capita GDP(yuan)	10834	12823	10.1
全社会固定资产投资(万元)	Total Investment in Fixed Assets(10 000 yuan)	75605	100636	33.1
按登记注册类型分	Grouped by Registered Type			
#国有(万元)	State-owned Enterprises(10 000 yuan)	17672	30396	72.0
集体(万元)	Collective-owned Enterprises(10 000 yuan)		400	
有限责任公司(万元)	Limited Liability Corporations(10 000 yuan)	18660	29240	56.7
股份有限公司(万元)	Share Holding Enterprises(10 000 yuan)	22560	22000	-2.5
私营企业(万元)	Private Enterprises(10 000 yuan)	11175	4300	-61.5
外商及港澳台投资企业(万元)	Funds from HK,Macao,Taiwan & Foreign(10 000 yuan)			
按城乡渠道分	Grouped by Urban and Rural Area			
城镇(万元)	Urban(10 000 yuan)	67860	100636	48.3
农村(万元)	Rural(10 000 yuan)	5795		
一般预算收入(万元)	General Budgetary Financial Revenue(10 000 yuan)	7907	8054	1.9
一般预算支出(万元)	General Budgetary Financial Expenditures(10 000 yuan)	36434	43221	18.6
城乡居民储蓄存款余额(万元)	Resident Saving Deposit in Urban & Rural(10 000 yuan)	70038	104442	49.1
在岗职工工资总额(万元)	Total Wages of Staff & Workers Empioyed in(10 000 yuan)	12184	16367	34.3
在岗职工平均工资(元)	Average Wage of Staff & Workers Employed in(yuan)	14864	18794	26.4
农牧民人均纯收入(元)	Per Capita Net Income of Peasant & Herdsman(yuan)	2948	3053	3.6
农村牧区经济	**Economic Development in Rural & Pastoral Area**			
耕地面积(公顷)	Cultivated Area(hectare)	50600	50600	0.0
农作物总播种面积(公顷)	Total Sown Area(hectare)	48666	48667	0.0
#粮食作物播种面积(公顷)	Sown Area of Grain Crops(hectare)	29200	34667	18.7
有效灌溉面积(公顷)	Irrigated Area(hectare)	8000	2500	-68.8
农牧业机械总动力(万千瓦)	Total Power of Agricultural Machinery(10 000 kw)	11.00	11.70	6.4
化肥施用折纯量(吨)	Consumption of Chemical Fertilizer(ton)	4198	4025	-4.1
农村用电量(万千瓦小时)	Electricity Consumed in Rural Area(10 000 kwh)	1201	1404	16.9
农林牧渔业总产值(万元)	Gross Output of Farming,Forestry,Animal Husbandry & Fishery(10 000 yuan)	88452	81885	-5.4
粮食产量(吨)	Yield of Grain(ton)	66184	20872	-68.5
油料产量(吨)	Yield of Oil-bearing Grops(ton)	1533	155	-89.9
甜菜产量(吨)	Yield of Beetroots(ton)	6234	15438	147.6
猪牛羊肉产量(吨)	Output of Pork, Beef & Mutton(ton)	23423	15385	-34.3
#猪肉产量(吨)	Output of Pork(ton)	9359	2808	-70.0
牛肉产量(吨)	Output of Beef(ton)	2227	2634	18.3
羊肉产量(吨)	Output of Mutton(ton)	11837	9953	-15.9
羊毛产量(吨)	Output of Wool(ton)	792	732	-7.6

23-86 Chahaeryouyihou Banner in Wulanchabu City

指 标	Item	2006	2007	2007年比上年增长% Increase Rate in 2007 Over 2006(%)
年末牲畜存栏头数(万头只)	Total Livestock at the Year-end(10 000 heads)	30.21	28.78	-4.7
#大牲畜(万头只)	Large Animals(10 000 heads)	2.69	1.71	-36.4
羊(万只)	Sheep & Goats(10 000 heads)	25.32	25.19	-0.5
猪(万头)	Hogs(10 000 heads)	2.20	1.88	-14.5
规模以上工业	**Industrial Enterprises above Designated size**			
工业企业单位数(个)	Number of Industrial Enterprises(unit)	30	33	10.0
#内资企业(个)	Civil Funded Enterprises(unit)	30	33	10.0
工业总产值(万元)	Gross Industrial Output Value(10 000 yuan)	269105	359217	32.5
内资企业(万元)	Civil Funded Enterprises(10 000 yuan)	269105	359217	32.5
国有企业(万元)	State-owned Enterprises(10 000 yuan)	8767	4865	-40.0
集体企业(万元)	Collective-owned Enterprises(10 000 yuan)			
股份合作企业(万元)	Share Holding Enterprises(10 000 yuan)			
联营企业(万元)	Joint Owned Enterprises(10 000 yuan)			
有限责任公司(万元)	Limited Company(10 000 yuan)	73775	82829	11.3
股份有限公司(万元)	Share Holding Limited Company(10 000 yuan)	46001	58213	25.1
私营企业(万元)	Privately Owned Enterprises(10 000 yuan)	140560	213310	48.1
其他企业(万元)	Enterprises of Other Ownership(10 000 yuan)			
港澳台商投资企业(万元)	Funds from HK,Macao & Taiwan(10 000 yuan)			
外商投资企业(万元)	Foreign Funded Enterprises(10 000 yuan)			
工业企业增加值(万元)	Value Added of Industrial Enterprises(10 000 yuan)	95623	128648	31.5
工业企业资产总计(万元)	Total Assets of Industrial Enterprises(10 000 yuan)	460512	619723	34.6
工业企业负债合计(万元)	Total Liabilities of Industrial Enterprises(10 000 yuan)	302860	391828	29.4
工业企业产品销售收入(万元)	Sales of Revenue Industrial Enterprises(10 000 yuan)	297788	375512	26.1
工业企业利润总额(万元)	Total Profits of Industrial Enterprises(10 000 yuan)	6910	6652	-3.7
建筑业	**Construction**			
建筑企业单位数(个)	Number of Construction Enterprises(unit)	3	3	0.0
建筑企业从业人员(人)	Number of Employee in Construction Enterprises(person)	268	427	59.3
建筑业总产值(万元)	Gross Construction Output Value(10 000 yuan)	17693	12930	-26.9
交通运输邮电通信业	**Transportation,Post & Telecommunications**			
公路里程(公里)	Total Length of Highways(km)	825	910	10.3
邮电业务总量(万元)	Business Volume of Post & Telecoms(10 000 yuan)	1606	1704	6.1
本地电话用户(户)	Number of Subscribers of Local Telephone(Household)	22986	23109	0.5
国内贸易	**Demestic Trade**			
社会消费品零售总额(万元)	Total Retail Sales of Consumer Goods(10 000 yuan)	54762	69604	27.1
#贸易业(万元)	Wholesale & Retail Sales Trades(10 000 yuan)	45257	56643	25.2
餐饮业(万元)	Catering Trade(10 000 yuan)	7392	10404	40.7
科技教育卫生	**Science,Education & Public Health**			
各类专业技术人员(人)	Speccial Technical Personnel(person)	612	650	6.2
幼儿园数(所)	Number of Kindergartens(unit)	3	3	0.0
学龄儿童入学率(%)	Percentage of School-Age Children Enrolled(%)	100.0	100.0	0.0
小学学校数(所)	Number of Primary Schools(unit)	14	14	0.0
小学专任教师数(人)	Number of Full-time Teachers of Primary Schools(person)	612	642	4.9
小学在校学生数(人)	Number of Student Enrollment of Primary Schools(person)	10260	12084	17.8
普通中学学校数(所)	Number of Regular Secondary Schools(unit)	9	3	-66.7
普通中学专任教师数(人)	Number of Teachers of Secondary Shools(person)	442	559	26.5
初中在校学生数(人)	Number of Student in Junior Secondary Schools(person)	5721	5749	0.5
高中在校学生数(人)	Number of Student in Senior Secondary Schools(person)	1389	1090	-21.5
卫生机构数(所)	Number of Health Institutions(unit)	25	25	0.0
#医院(所)	Hospitals(unit)	2	2	0.0
卫生院(所)	Township Hospitals(unit)	20	18	-10.0
床位数(张)	Number of Beds(unit)	210	208	-1.0
#医院(张)	Hospitals(unit)	110	110	0.0
卫生院(张)	Township Hospitals(unit)	100	88	-12.0
卫生技术人员(人)	Medical Technical Presonnel(person)	360	358	-0.6
#医院(人)	Hospitals(person)	133	140	5.3
卫生院(人)	Township Hospitals(person)	145	114	-21.4

23-87 乌兰察布市四子王旗

指 标	Item	2006	2007	2007年比上年增长% Increase Rate in 2007 Over 2006(%)
行政区域土地面积(平方公里)	**Area of Administration(Sq.km)**	**24016**	**24016**	**0.0**
人口和就业	**Population & Employment**			
年末总人口(人)	Total Population Year-end(person)	205563	210646	2.5
# 男性(人)	Male(person)	107963	110296	2.2
# 乡村人口(人)	Rural(person)	149682	149027	-0.4
年末总户数(户)	Total Number of Households at the Year-end(Household)	66443	70234	5.7
# 乡村户数(户)	Number of Rural Household(Household)	38474	38339	-0.4
出生人口(人)	Births(person)	2446	3042	24.4
死亡人口(人)	Deaths(person)	2702	302	-88.8
全社会就业人员(人)	Employment(person)	111508	111511	0.0
第一产业(人)	Primary Industry(person)	81247	80981	-0.3
第二产业(人)	Secondary Industry(person)	7104	7179	1.1
第三产业(人)	Tertiary Industry(person)	23157	23351	0.8
在岗职工人数(人)	Number of Staff & Workers Employed in(person)	6014	6105	1.5
乡村劳动力(人)	Number of Rural Laborers(person)	100054	95335	-4.7
# 农林牧渔业(人)	Farming,Forestry,Animal Husbandry & Fishery(person)	89300	84391	-5.5
国民经济综合指标	**Summary Item on the National Economy**			
生产总值(万元)	Gross Domestic Product(10 000 yuan)	188167	220161	11.8
第一产业(万元)	Primary Industry(10 000 yuan)	66100	69689	3.3
第二产业(万元)	Secondary Industry(10 000 yuan)	64788	79185	13.3
# 工业(万元)	Industry(10 000 yuan)	53374	67512	15.9
第三产业(万元)	Tertiary Industry(10 000 yuan)	57279	71286	19.9
人均生产总值(元)	Per Capita GDP(yuan)	9154	10454	9.0
全社会固定资产投资(万元)	Total Investment in Fixed Assets(10 000 yuan)	91444	100120	9.5
按登记注册类型分	Grouped by Registered Type			
# 国有(万元)	State-owned Enterprises(10 000 yuan)	21176	24504	15.7
集体(万元)	Collective-owned Enterprises(10 000 yuan)			
有限责任公司(万元)	Limited Liability Corporations(10 000 yuan)	4800	17460	263.8
股份有限公司(万元)	Share Holding Enterprises(10 000 yuan)	428		
私营企业(万元)	Private Enterprises(10 000 yuan)	64216	38026	-40.8
外商及港澳台投资企业 (万元)	Funds from HK,Macao,Taiwan & Foreign(10 000 yuan)		9800	
按城乡渠道分	Grouped by Urban and Rural Area			
城镇 (万元)	Urban(10 000 yuan)	72139	94988	31.7
农村 (万元)	Rural(10 000 yuan)		5132	
一般预算收入(万元)	General Budgetary Financial Revenue(10 000 yuan)	3005	4979	65.7
一般预算支出(万元)	General Budgetary Financial Expenditures(10 000 yuan)	44424	59408	33.7
城乡居民储蓄存款余额(万元)	Resident Saving Deposit in Urban & Rural(10 000 yuan)	65956	113795	72.5
在岗职工工资总额(万元)	Total Wages of Staff & Workers Empioyed in(10 000 yuan)	11042	14840	34.4
在岗职工平均工资(元)	Average Wage of Staff & Workers Employed in(yuan)	18239	24312	33.3
农牧民人均纯收入(元)	Per Capita Net Income of Peasant & Herdsman(yuan)	3189	3109	-2.5
农村牧区经济	**Economic Development in Rural & Pastoral Area**			
耕地面积(公顷)	Cultivated Area(hectare)	109720	109700	0.0
农作物总播种面积(公顷)	Total Sown Area(hectare)	80235	83337	3.9
# 粮食作物播种面积(公顷)	Sown Area of Grain Crops(hectare)	56603	62276	10.0
有效灌溉面积(公顷)	Irrigated Area(hectare)	20493	20030	-2.3
农牧业机械总动力(万千瓦)	Total Power of Agricultural Machinery(10 000 kw)	28.72	28.89	0.6
化肥施用折纯量(吨)	Consumption of Chemical Fertilizer(ton)	8492	8305	-2.2
农村用电量(万千瓦小时)	Electricity Consumed in Rural Area(10 000 kwh)	1482	1485	0.2
农林牧渔业总产值(万元)	Gross Output of Farming,Forestry,Animal Husbandry & Fishery(10 000 yuan)	116918	114238	-1.3
粮食产量(吨)	Yield of Grain(ton)	134725	88350	-34.4
油料产量(吨)	Yield of Oil-bearing Grops(ton)	6785	4195	-38.2
甜菜产量(吨)	Yield of Beetroots(ton)			
猪牛羊肉产量(吨)	Output of Pork, Beef & Mutton(ton)	33417	17045	-49.0
# 猪肉产量(吨)	Output of Pork(ton)	14467	2683	-81.5
牛肉产量(吨)	Output of Beef(ton)	1131	1003	-11.3
羊肉产量(吨)	Output of Mutton(ton)	17819	13359	-25.0
羊毛产量(吨)	Output of Wool(ton)	2065	2125	2.9

23-87 Siziwang Banner in Wulanchabu City

指 标	Item	2006	2007	2007年比上年增长% Increase Rate in 2007 Over 2006(%)
年末牲畜存栏头数(万头只)	Total Livestock at the Year-end(10 000 heads)	89.62	81.22	-9.4
#大牲畜(万头只)	Large Animals(10 000 heads)	2.39	2.77	15.9
羊(万只)	Sheep & Goats(10 000 heads)	85.84	76.55	-10.8
猪(万头)	Hogs(10 000 heads)	1.40	1.90	35.7
规模以上工业	**Industrial Enterprises above Designated size**			
工业企业单位数(个)	Number of Industrial Enterprises(unit)	28	31	10.7
#内资企业(个)	Civil Funded Enterprises(unit)	28	31	10.7
工业总产值(万元)	Gross Industrial Output Value(10 000 yuan)	83716	122449	42.1
内资企业(万元)	Civil Funded Enterprises(10 000 yuan)	83716	122449	42.1
国有企业(万元)	State-owned Enterprises(10 000 yuan)	3062	3889	26.0
集体企业(万元)	Collective-owned Enterprises(10 000 yuan)			
股份合作企业(万元)	Share Holding Enterprises(10 000 yuan)			
联营企业(万元)	Joint Owned Enterprises(10 000 yuan)			
有限责任公司(万元)	Limited Company(10 000 yuan)	5729	7356	24.0
股份有限公司(万元)	Share Holding Limited Company(10 000 yuan)			
私营企业(万元)	Privately Owned Enterprises(10 000 yuan)	74924	111204	45.0
其他企业(万元)	Enterprises of Other Ownership(10 000 yuan)			
港澳台商投资企业(万元)	Funds from HK,Macao & Taiwan(10 000 yuan)			
外商投资企业(万元)	Foreign Funded Enterprises(10 000 yuan)			
工业企业增加值(万元)	Value Added of Industrial Enterprises(10 000 yuan)	31174	43084	33.9
工业企业资产总计(万元)	Total Assets of Industrial Enterprises(10 000 yuan)	73745	115061	56.0
工业企业负债合计(万元)	Total Liabilities of Industrial Enterprises(10 000 yuan)	44676	69277	55.1
工业企业产品销售收入(万元)	Sales of Revenue Industrial Enterprises(10 000 yuan)	80208	114333	42.5
工业企业利润总额(万元)	Total Profits of Industrial Enterprises(10 000 yuan)	5855	5360	-8.5
建筑业	**Construction**			
建筑企业单位数(个)	Number of Construction Enterprises(unit)	1	1	0.0
建筑企业从业人员(人)	Number of Employee in Construction Enterprises(person)	185	165	-10.8
建筑业总产值(万元)	Gross Construction Output Value(10 000 yuan)	1966	2058	4.7
交通运输邮电通信业	**Transportation,Post & Telecommunications**			
公路里程(公里)	Total Length of Highways(km)	1400	1521	8.6
邮电业务总量(万元)	Business Volume of Post & Telecoms(10 000 yuan)	1460	1547	6.0
本地电话用户(户)	Number of Subscribers of Local Telephone(Household)	22121	22798	3.1
国内贸易	**Demestic Trade**			
社会消费品零售总额(万元)	Total Retail Sales of Consumer Goods(10 000 yuan)	58220	68615	17.9
#贸易业(万元)	Wholesale & Retail Sales Trades(10 000 yuan)	46521	52244	12.3
餐饮业(万元)	Catering Trade(10 000 yuan)	10049	14840	47.7
科技教育卫生	**Science,Education & Public Health**			
各类专业技术人员(人)	Speccial Technical Personnel(person)	564	608	7.8
幼儿园数(所)	Number of Kindergartens(unit)	4	4	0.0
学龄儿童入学率(%)	Percentage of School-Age Children Enrolled(%)	100.0	100.0	0.0
小学学校数(所)	Number of Primary Schools(unit)	51	24	-52.9
小学专任教师数(人)	Number of Full-time Teachers of Primary Schools(person)	719	814	13.2
小学在校学生数(人)	Number of Student Enrollment of Primary Schools(person)	10779	8959	-16.9
普通中学学校数(所)	Number of Regular Secondary Schools(unit)	5	4	-20.0
普通中学专任教师数(人)	Number of Teachers of Secondary Shools(person)	560	592	5.7
初中在校学生数(人)	Number of Student in Junior Secondary Schools(person)	8702	4869	-44.0
高中在校学生数(人)	Number of Student in Senior Secondary Schools(person)	3784	4228	11.7
卫生机构数(所)	Number of Health Institutions(unit)	29	29	0.0
#医院(所)	Hospitals(unit)	1	1	0.0
卫生院(所)	Township Hospitals(unit)	25	26	4.0
床位数(张)	Number of Beds(unit)	270	251	-7.0
#医院(张)	Hospitals(unit)	138	148	7.2
卫生院(张)	Township Hospitals(unit)	95	78	-17.9
卫生技术人员(人)	Medical Technical Presonnel(person)	395	480	21.5
#医院(人)	Hospitals(person)	169	175	3.6
卫生院(人)	Township Hospitals(person)	187	153	-18.2

23-88 鄂尔多斯市东胜区

指标	Item	2006	2007	2007年比上年增长% Increase Rate in 2007 Over 2006(%)
行政区域土地面积(平方公里)	**Area of Administration(Sq.km)**	**2512**	**2512**	**0.0**
人口和就业	**Population & Employment**			
年末总人口(人)	Total Population Year-end(person)	237319	243429	2.6
#男性(人)	Male(person)	119808	122873	2.6
#乡村人口(人)	Rural(person)	41128	33965	-17.4
年末总户数(户)	Total Number of Households at the Year-end(Household)	71245	75081	5.4
#乡村户数(户)	Number of Rural Household(Household)	13109	11790	-10.1
出生人口(人)	Births(person)	2399	3140	30.9
死亡人口(人)	Deaths(person)	341	404	18.5
全社会就业人员(人)	Employment(person)	218145	224689	3.0
第一产业(人)	Primary Industry(person)	28498	25003	-12.3
第二产业(人)	Secondary Industry(person)	77979	81979	5.1
第三产业(人)	Tertiary Industry(person)	111668	117707	5.4
在岗职工人数(人)	Number of Staff & Workers Employed in(person)	52203	56678	8.6
乡村劳动力(人)	Number of Rural Laborers(person)	30358	23284	-23.3
#农林牧渔业(人)	Farming,Forestry,Animal Husbandry & Fishery(person)	23869	15569	-34.8
国民经济综合指标	**Summary Item on the National Economy**			
生产总值(万元)	Gross Domestic Product(10 000 yuan)	1868974	2900100	34.2
第一产业(万元)	Primary Industry(10 000 yuan)	16350	19515	3.1
第二产业(万元)	Secondary Industry(10 000 yuan)	735581	1146100	39.9
#工业(万元)	Industry(10 000 yuan)	623111	954600	36.3
第三产业(万元)	Tertiary Industry(10 000 yuan)	1117043	1734485	30.9
人均生产总值(元)	Per Capita GDP(yuan)	52382	75720	25.1
全社会固定资产投资(万元)	Total Investment in Fixed Assets(10 000 yuan)	1109246	1882170	69.7
按登记注册类型分	Grouped by Registered Type			
#国有(万元)	State-owned Enterprises(10 000 yuan)	359252	636552	77.2
集体(万元)	Collective-owned Enterprises(10 000 yuan)			
有限责任公司(万元)	Limited Liability Corporations(10 000 yuan)	260854	420391	61.2
股份有限公司(万元)	Share Holding Enterprises(10 000 yuan)	89185	107627	20.7
私营企业(万元)	Private Enterprises(10 000 yuan)	384026	674032	75.5
外商及港澳台投资企业(万元)	Funds from HK,Macao,Taiwan & Foreign(10 000 yuan)	6380	43568	582.9
按城乡渠道分	Grouped by Urban and Rural Area			
城镇(万元)	Urban(10 000 yuan)	1097509	1873661	70.7
农村(万元)	Rural(10 000 yuan)	11737	8509	-27.5
一般预算收入(万元)	General Budgetary Financial Revenue(10 000 yuan)	154857	217333	40.3
一般预算支出(万元)	General Budgetary Financial Expenditures(10 000 yuan)	113900	204710	79.7
城乡居民储蓄存款余额(万元)	Resident Saving Deposit in Urban & Rural(10 000 yuan)	878529	1201617	36.8
在岗职工工资总额(万元)	Total Wages of Staff & Workers Empioyed in(10 000 yuan)	146707	196019	33.6
在岗职工平均工资(元)	Average Wage of Staff & Workers Employed in(yuan)	28103	35533	26.4
农牧民人均纯收入(元)	Per Capita Net Income of Peasant & Herdsman(yuan)	5430	6287	15.8
农村牧区经济	**Economic Development in Rural & Pastoral Area**			
耕地面积(公顷)	Cultivated Area(hectare)	32532	32388	-0.4
农作物总播种面积(公顷)	Total Sown Area(hectare)	13876	12636	-8.9
#粮食作物播种面积(公顷)	Sown Area of Grain Crops(hectare)	8062	8607	6.8
有效灌溉面积(公顷)	Irrigated Area(hectare)	2198	1605	-27.0
农牧业机械总动力(万千瓦)	Total Power of Agricultural Machinery(10 000 kw)	14.30	14.95	4.5
化肥施用折纯量(吨)	Consumption of Chemical Fertilizer(ton)	1798	1482	-17.6
农村用电量(万千瓦小时)	Electricity Consumed in Rural Area(10 000 kwh)	664	891	34.2
农林牧渔业总产值(万元)	Gross Output of Farming,Forestry,Animal Husbandry & Fishery(10 000 yuan)	27219	33047	3.1
粮食产量(吨)	Yield of Grain(ton)	21653	36737	69.7
油料产量(吨)	Yield of Oil-bearing Grops(ton)	1002	1030	2.8
甜菜产量(吨)	Yield of Beetroots(ton)	564	189	-66.5
猪牛羊肉产量(吨)	Output of Pork, Beef & Mutton(ton)	4950	3897	-21.3
#猪肉产量(吨)	Output of Pork(ton)	3398	1738	-48.9
牛肉产量(吨)	Output of Beef(ton)	162	778	380.2
羊肉产量(吨)	Output of Mutton(ton)	1390	1381	-0.6
羊毛产量(吨)	Output of Wool(ton)	175	78	-55.4

23-88 Dongsheng District in Erdos City

指 标	Item	2006	2007	2007年比上年增长% Increase Rate in 2007 Over 2006(%)
年末牲畜存栏头数(万头只)	Total Livestock at the Year-end(10 000 heads)	20.51	16.76	-18.3
# 大牲畜(万头只)	Large Animals(10 000 heads)	1.68	1.06	-36.9
羊(万只)	Sheep & Goats(10 000 heads)	15.33	13.89	-9.4
猪(万头)	Hogs(10 000 heads)	3.50	1.81	-48.3
规模以上工业	**Industrial Enterprises above Designated size**			
工业企业单位数(个)	Number of Industrial Enterprises(unit)	106	100	-5.7
# 内资企业(个)	Civil Funded Enterprises(unit)	87	81	-6.9
工业总产值(万元)	Gross Industrial Output Value(10 000 yuan)	1238795	1968622	58.9
内资企业(万元)	Civil Funded Enterprises(10 000 yuan)	728064	1368423	88.0
国有企业(万元)	State-owned Enterprises(10 000 yuan)	201681	651468	223.0
集体企业(万元)	Collective-owned Enterprises(10 000 yuan)			
股份合作企业(万元)	Share Holding Enterprises(10 000 yuan)	833	3100	272.1
联营企业(万元)	Joint Owned Enterprises(10 000 yuan)			
有限责任公司(万元)	Limited Company(10 000 yuan)	419044	558765	33.3
股份有限公司(万元)	Share Holding Limited Company(10 000 yuan)	23520	21041	-10.5
私营企业(万元)	Privately Owned Enterprises(10 000 yuan)	82466	87943	6.6
其他企业(万元)	Enterprises of Other Ownership(10 000 yuan)	520	46106	8766.5
港澳台商投资企业(万元)	Funds from HK,Macao & Taiwan(10 000 yuan)	46763	40207	-14.0
外商投资企业(万元)	Foreign Funded Enterprises(10 000 yuan)	463968	559992	20.7
工业企业增加值(万元)	Value Added of Industrial Enterprises(10 000 yuan)	545111	857372	39.4
工业企业资产总计(万元)	Total Assets of Industrial Enterprises(10 000 yuan)	2719676	4202600	54.5
工业企业负债合计(万元)	Total Liabilities of Industrial Enterprises(10 000 yuan)	1416791	2292800	61.8
工业企业产品销售收入(万元)	Sales of Revenue Industrial Enterprises(10 000 yuan)	1581171	2163500	36.8
工业企业利润总额(万元)	Total Profits of Industrial Enterprises(10 000 yuan)	276051	579800	110.0
建筑业	**Construction**			
建筑企业单位数(个)	Number of Construction Enterprises(unit)	42	55	31.0
建筑企业从业人员(人)	Number of Employee in Construction Enterprises(person)	42465	59013	39.0
建筑业总产值(万元)	Gross Construction Output Value(10 000 yuan)	750150	1134304	51.2
交通运输邮电通信业	**Transportation,Post & Telecommunications**			
公路里程(公里)	Total Length of Highways(km)	992	1155	16.4
邮电业务总量(万元)	Business Volume of Post & Telecoms(10 000 yuan)	81985	90489	10.4
本地电话用户(户)	Number of Subscribers of Local Telephone(Household)	119979	77531	-35.4
国内贸易	**Demestic Trade**			
社会消费品零售总额(万元)	Total Retail Sales of Consumer Goods(10 000 yuan)	840352	1046471	24.5
# 贸易业(万元)	Wholesale & Retail Sales Trades(10 000 yuan)	752265	940114	25.0
餐饮业(万元)	Catering Trade(10 000 yuan)	81641	93600	14.6
科技教育卫生	**Science,Education & Public Health**			
各类专业技术人员(人)	Speccial Technical Personnel(person)	12003	14041	17.0
幼儿园数(所)	Number of Kindergartens(unit)	11	11	0.0
学龄儿童入学率(%)	Percentage of School-Age Children Enrolled(%)	100.0	100.0	0.0
小学学校数(所)	Number of Primary Schools(unit)	23	25	8.7
小学专任教师数(人)	Number of Full-time Teachers of Primary Schools(person)	1092	1252	14.7
小学在校学生数(人)	Number of Student Enrollment of Primary Schools(person)	26473	27843	5.2
普通中学学校数(所)	Number of Regular Secondary Schools(unit)	14	14	0.0
普通中学专任教师数(人)	Number of Teachers of Secondary Shools(person)	1487	1527	2.7
初中在校学生数(人)	Number of Student in Junior Secondary Schools(person)	13916	14574	4.7
高中在校学生数(人)	Number of Student in Senior Secondary Schools(person)	13189	14352	8.8
卫生机构数(所)	Number of Health Institutions(unit)	29	29	0.0
# 医院(所)	Hospitals(unit)	15	15	0.0
卫生院(所)	Township Hospitals(unit)	7	7	0.0
床位数(张)	Number of Beds(unit)	2152	2470	14.8
# 医院(张)	Hospitals(unit)	1824	1956	7.2
卫生院(张)	Township Hospitals(unit)	58	514	786.2
卫生技术人员(人)	Medical Technical Presonnel(person)	2346	2456	4.7
# 医院(人)	Hospitals(person)	2147	2386	11.1
卫生院(人)	Township Hospitals(person)	60	70	16.7

23-89 鄂尔多斯市达拉特旗

指 标	Item	2006	2007	2007年比上年增长% Increase Rate in 2007 Over 2006(%)
行政区域土地面积(平方公里)	**Area of Administration(Sq.km)**	**8192**	**8192**	**0.0**
人口和就业	**Population & Employment**			
年末总人口(人)	Total Population Year-end(person)	341467	348546	2.1
#男性(人)	Male(person)	178152	181519	1.9
#乡村人口(人)	Rural(person)	177000	166086	-6.2
年末总户数(户)	Total Number of Households at the Year-end(Household)	116550	125000	7.3
#乡村户数(户)	Number of Rural Household(Household)	62468	58708	-6.0
出生人口(人)	Births(person)	2592	4096	58.0
死亡人口(人)	Deaths(person)	884	852	-3.6
全社会就业人员(人)	Employment(person)	197990	205032	3.6
第一产业(人)	Primary Industry(person)	81741	79166	-3.2
第二产业(人)	Secondary Industry(person)	37028	38546	4.1
第三产业(人)	Tertiary Industry(person)	79221	87320	10.2
在岗职工人数(人)	Number of Staff & Workers Employed in(person)	18731	19869	6.1
乡村劳动力(人)	Number of Rural Laborers(person)	113491	108507	-4.4
#农林牧渔业(人)	Farming,Forestry,Animal Husbandry & Fishery(person)	81741	79166	-3.2
国民经济综合指标	**Summary Item on the National Economy**			
生产总值(万元)	Gross Domestic Product(10 000 yuan)	1170906	1599627	25.2
第一产业(万元)	Primary Industry(10 000 yuan)	148608	169019	3.5
第二产业(万元)	Secondary Industry(10 000 yuan)	623346	864757	31.8
#工业(万元)	Industry(10 000 yuan)	520893	756362	37.4
第三产业(万元)	Tertiary Industry(10 000 yuan)	398952	565851	23.3
人均生产总值(元)	Per Capita GDP(yuan)	33038	46364	22.9
全社会固定资产投资(万元)	Total Investment in Fixed Assets(10 000 yuan)	1104771	1178285	6.7
按登记注册类型分	Grouped by Registered Type			
#国有(万元)	State-owned Enterprises(10 000 yuan)	281310	305245	8.5
集体(万元)	Collective-owned Enterprises(10 000 yuan)	230		
有限责任公司(万元)	Limited Liability Corporations(10 000 yuan)	131659	318921	142.2
股份有限公司(万元)	Share Holding Enterprises(10 000 yuan)	307163	220950	-28.1
私营企业(万元)	Private Enterprises(10 000 yuan)	85271	84000	-1.5
外商及港澳台投资企业(万元)	Funds from HK,Macao,Taiwan & Foreign(10 000 yuan)	3000	9200	206.7
按城乡渠道分	Grouped by Urban and Rural Area			
城镇（万元）	Urban(10 000 yuan)	1091602	1134665	3.9
农村（万元）	Rural(10 000 yuan)	13169	43620	231.2
一般预算收入(万元)	General Budgetary Financial Revenue(10 000 yuan)	36534	51209	40.2
一般预算支出(万元)	General Budgetary Financial Expenditures(10 000 yuan)	70105	91417	30.4
城乡居民储蓄存款余额(万元)	Resident Saving Deposit in Urban & Rural(10 000 yuan)	192831	207414	7.6
在岗职工工资总额(万元)	Total Wages of Staff & Workers Empioyed in(10 000 yuan)	44112	52258	18.5
在岗职工平均工资(元)	Average Wage of Staff & Workers Employed in(yuan)	23373	26367	12.8
农牧民人均纯收入(元)	Per Capita Net Income of Peasant & Herdsman(yuan)	5208	6198	19.0
农村牧区经济	**Economic Development in Rural & Pastoral Area**			
耕地面积(公顷)	Cultivated Area(hectare)	120640	120640	0.0
农作物总播种面积(公顷)	Total Sown Area(hectare)	113371	115179	1.6
#粮食作物播种面积(公顷)	Sown Area of Grain Crops(hectare)	77442	76943	-0.6
有效灌溉面积(公顷)	Irrigated Area(hectare)	88340	88340	0.0
农牧业机械总动力(万千瓦)	Total Power of Agricultural Machinery(10 000 kw)	43.60	45.66	4.7
化肥施用折纯量(吨)	Consumption of Chemical Fertilizer(ton)	29578	31917	7.9
农村用电量(万千瓦小时)	Electricity Consumed in Rural Area(10 000 kwh)	16326	17487	7.1
农林牧渔业总产值(万元)	Gross Output of Farming,Forestry,Animal Husbandry & Fishery(10 000 yuan)	251472	286905	3.0
粮食产量(吨)	Yield of Grain(ton)	551682	557039	1.0
油料产量(吨)	Yield of Oil-bearing Grops(ton)	11299	11796	4.4
甜菜产量(吨)	Yield of Beetroots(ton)	103798	127441	22.8
猪牛羊肉产量(吨)	Output of Pork, Beef & Mutton(ton)	48668	38431	-21.0
#猪肉产量(吨)	Output of Pork(ton)	24612	9491	-61.4
牛肉产量(吨)	Output of Beef(ton)	1579	5007	217.1
羊肉产量(吨)	Output of Mutton(ton)	22477	23933	6.5
羊毛产量(吨)	Output of Wool(ton)	631	673	6.7

23-89 Dalate Banner in Erdos City

指 标	Item	2006	2007	2007年比上年增长% Increase Rate in 2007 Over 2006(%)
年末牲畜存栏头数(万头只)	Total Livestock at the Year-end(10 000 heads)	212.16	194.03	-8.5
#大牲畜(万头只)	Large Animals(10 000 heads)	9.56	7.63	-20.2
羊(万只)	Sheep & Goats(10 000 heads)	193.81	181.03	-6.6
猪(万头)	Hogs(10 000 heads)	8.79	5.37	-38.9
规模以上工业	**Industrial Enterprises above Designated size**			
工业企业单位数(个)	Number of Industrial Enterprises(unit)	44	42	-4.5
#内资企业(个)	Civil Funded Enterprises(unit)	43	41	-4.7
工业总产值(万元)	Gross Industrial Output Value(10 000 yuan)	877154	1412431	61.0
内资企业(万元)	Civil Funded Enterprises(10 000 yuan)	866357	1400974	61.7
国有企业(万元)	State-owned Enterprises(10 000 yuan)			
集体企业(万元)	Collective-owned Enterprises(10 000 yuan)			
股份合作企业(万元)	Share Holding Enterprises(10 000 yuan)			
联营企业(万元)	Joint Owned Enterprises(10 000 yuan)			
有限责任公司(万元)	Limited Company(10 000 yuan)	781183	1199946	53.6
股份有限公司(万元)	Share Holding Limited Company(10 000 yuan)	19691	26820	36.2
私营企业(万元)	Privately Owned Enterprises(10 000 yuan)	65483	174208	166.0
其他企业(万元)	Enterprises of Other Ownership(10 000 yuan)			
港澳台商投资企业(万元)	Funds from HK,Macao & Taiwan(10 000 yuan)			
外商投资企业(万元)	Foreign Funded Enterprises(10 000 yuan)	10797	11457	6.1
工业企业增加值(万元)	Value Added of Industrial Enterprises(10 000 yuan)	419893	645362	45.6
工业企业资产总计(万元)	Total Assets of Industrial Enterprises(10 000 yuan)	1185663	1415044	19.3
工业企业负债合计(万元)	Total Liabilities of Industrial Enterprises(10 000 yuan)	804153	977714	21.6
工业企业产品销售收入(万元)	Sales of Revenue Industrial Enterprises(10 000 yuan)	854882	1390333	62.6
工业企业利润总额(万元)	Total Profits of Industrial Enterprises(10 000 yuan)	123871	130247	5.1
建筑业	**Construction**			
建筑企业单位数(个)	Number of Construction Enterprises(unit)	9	8	-11.1
建筑企业从业人员(人)	Number of Employee in Construction Enterprises(person)	6048	8137	34.5
建筑业总产值(万元)	Gross Construction Output Value(10 000 yuan)	127754	1615862	1164.8
交通运输邮电通信业	**Transportation,Post & Telecommunications**			
公路里程(公里)	Total Length of Highways(km)	1670	1837	10.0
邮电业务总量(万元)	Business Volume of Post & Telecoms(10 000 yuan)	12915	14500	12.3
本地电话用户(户)	Number of Subscribers of Local Telephone(Household)	35483	37639	6.1
国内贸易	**Demestic Trade**			
社会消费品零售总额(万元)	Total Retail Sales of Consumer Goods(10 000 yuan)	187118	213569	14.1
#贸易业(万元)	Wholesale & Retail Sales Trades(10 000 yuan)	155951	173292	11.1
餐饮业(万元)	Catering Trade(10 000 yuan)	23102	30397	31.6
科技教育卫生	**Science,Education & Public Health**			
各类专业技术人员(人)	Speccial Technical Personnel(person)	6458	7832	21.3
幼儿园数(所)	Number of Kindergartens(unit)	52	43	-17.3
学龄儿童入学率(%)	Percentage of School-Age Children Enrolled(%)	100.0	100.0	0.0
小学学校数(所)	Number of Primary Schools(unit)	28	21	-25.0
小学专任教师数(人)	Number of Full-time Teachers of Primary Schools(person)	805	794	-1.4
小学在校学生数(人)	Number of Student Enrollment of Primary Schools(person)	17093	16235	-5.0
普通中学学校数(所)	Number of Regular Secondary Schools(unit)	22	20	-9.1
普通中学专任教师数(人)	Number of Teachers of Secondary Shools(person)	1265	1059	-16.3
初中在校学生数(人)	Number of Student in Junior Secondary Schools(person)	16695	15620	-6.4
高中在校学生数(人)	Number of Student in Senior Secondary Schools(person)	9571	9887	3.3
卫生机构数(所)	Number of Health Institutions(unit)	27	29	7.4
#医院(所)	Hospitals(unit)	2	3	50.0
卫生院(所)	Township Hospitals(unit)	20	20	0.0
床位数(张)	Number of Beds(unit)	685	712	3.9
#医院(张)	Hospitals(unit)	447	436	-2.5
卫生院(张)	Township Hospitals(unit)	128	240	87.5
卫生技术人员(人)	Medical Technical Presonnel(person)	847	833	-1.7
#医院(人)	Hospitals(person)	425	442	4.0
卫生院(人)	Township Hospitals(person)	341	323	-5.3

23-90 鄂尔多斯市准格尔旗

指 标	Item	2006	2007	2007年比上年增长% Increase Rate in 2007 Over 2006(%)
行政区域土地面积(平方公里)	**Area of Administration(Sq.km)**	**7539**	**7539**	**0.0**
人口和就业	**Population & Employment**			
年末总人口(人)	Total Population Year-end(person)	277949	285433	2.7
#男性(人)	Male(person)	146932	150275	2.3
#乡村人口(人)	Rural(person)	152000	147900	-2.7
年末总户数(户)	Total Number of Households at the Year-end(Household)	101127	114281	13.0
#乡村户数(户)	Number of Rural Household(Household)	48319	47404	-1.9
出生人口(人)	Births(person)	3142	3222	2.5
死亡人口(人)	Deaths(person)	1203	1281	6.5
全社会就业人员(人)	Employment(person)	156877	161101	2.7
第一产业(人)	Primary Industry(person)	48181	47062	-2.3
第二产业(人)	Secondary Industry(person)	51622	52480	1.7
第三产业(人)	Tertiary Industry(person)	57074	61559	7.9
在岗职工人数(人)	Number of Staff & Workers Employed in(person)	21965	22034	0.3
乡村劳动力(人)	Number of Rural Laborers(person)	86006	85767	-0.3
#农林牧渔业(人)	Farming,Forestry,Animal Husbandry & Fishery(person)	48181	47062	-2.3
国民经济综合指标	**Summary Item on the National Economy**			
生产总值(万元)	Gross Domestic Product(10 000 yuan)	2000027	3000267	25.3
第一产业(万元)	Primary Industry(10 000 yuan)	45864	54812	4.0
第二产业(万元)	Secondary Industry(10 000 yuan)	1296189	1818910	22.4
#工业(万元)	Industry(10 000 yuan)	1140144	1517563	16.0
第三产业(万元)	Tertiary Industry(10 000 yuan)	657974	1126545	32.7
人均生产总值(元)	Per Capita GDP(yuan)	67568	99347	23.8
全社会固定资产投资(万元)	Total Investment in Fixed Assets(10 000 yuan)	1125734	1983327	76.2
按登记注册类型分	Grouped by Registered Type			
#国有(万元)	State-owned Enterprises(10 000 yuan)	128633	175556	36.5
集体(万元)	Collective-owned Enterprises(10 000 yuan)		17240	
有限责任公司(万元)	Limited Liability Corporations(10 000 yuan)	665946	942032	41.5
股份有限公司(万元)	Share Holding Enterprises(10 000 yuan)	196059	409386	108.8
私营企业(万元)	Private Enterprises(10 000 yuan)	135096	281591	108.4
外商及港澳台投资企业(万元)	Funds from HK,Macao,Taiwan & Foreign(10 000 yuan)			
按城乡渠道分	Grouped by Urban and Rural Area			
城镇(万元)	Urban(10 000 yuan)	1110205	1961802	76.7
农村(万元)	Rural(10 000 yuan)	15529	21525	38.6
一般预算收入(万元)	General Budgetary Financial Revenue(10 000 yuan)	164355	230183	40.1
一般预算支出(万元)	General Budgetary Financial Expenditures(10 000 yuan)	158269	249482	57.6
城乡居民储蓄存款余额(万元)	Resident Saving Deposit in Urban & Rural(10 000 yuan)	403000	414000	2.7
在岗职工工资总额(万元)	Total Wages of Staff & Workers Empioyed in(10 000 yuan)	74795	80098	7.1
在岗职工平均工资(元)	Average Wage of Staff & Workers Employed in(yuan)	33971	35997	6.0
农牧民人均纯收入(元)	Per Capita Net Income of Peasant & Herdsman(yuan)	5412	6288	16.2
农村牧区经济	**Economic Development in Rural & Pastoral Area**			
耕地面积(公顷)	Cultivated Area(hectare)	84444	83970	-0.6
农作物总播种面积(公顷)	Total Sown Area(hectare)	70622	71878	1.8
#粮食作物播种面积(公顷)	Sown Area of Grain Crops(hectare)	35758	38990	9.0
有效灌溉面积(公顷)	Irrigated Area(hectare)	10111	11177	10.5
农牧业机械总动力(万千瓦)	Total Power of Agricultural Machinery(10 000 kw)	41.90	42.34	1.1
化肥施用折纯量(吨)	Consumption of Chemical Fertilizer(ton)	6903	8128	17.7
农村用电量(万千瓦小时)	Electricity Consumed in Rural Area(10 000 kwh)	2692	3097	15.0
农林牧渔业总产值(万元)	Gross Output of Farming,Forestry,Animal Husbandry & Fishery(10 000 yuan)	77667	92216	8.2
粮食产量(吨)	Yield of Grain(ton)	89741	116972	30.3
油料产量(吨)	Yield of Oil-bearing Grops(ton)	3473	3146	-9.4
甜菜产量(吨)	Yield of Beetroots(ton)	855	2063	141.3
猪牛羊肉产量(吨)	Output of Pork, Beef & Mutton(ton)	23160	22198	-4.2
#猪肉产量(吨)	Output of Pork(ton)	14174	12749	-10.1
牛肉产量(吨)	Output of Beef(ton)	2631	2047	-22.2
羊肉产量(吨)	Output of Mutton(ton)	6355	7402	16.5
羊毛产量(吨)	Output of Wool(ton)	1135	753	-33.7

23-90 Zhungeer Banner in Erdos City

指 标	Item	2006	2007	2007年比上年增长% Increase Rate in 2007 Over 2006(%)
年末牲畜存栏头数(万头只)	Total Livestock at the Year-end(10 000 heads)	72.53	75.07	3.5
# 大牲畜(万头只)	Large Animals(10 000 heads)	2.25	1.99	-11.6
羊(万只)	Sheep & Goats(10 000 heads)	63.67	65.78	3.3
猪(万头)	Hogs(10 000 heads)	6.61	7.30	10.4
规模以上工业	**Industrial Enterprises above Designated size**			
工业企业单位数(个)	Number of Industrial Enterprises(unit)	146	131	-10.3
# 内资企业(个)	Civil Funded Enterprises(unit)	146	131	-10.3
工业总产值(万元)	Gross Industrial Output Value(10 000 yuan)	1697789	2125865	25.2
内资企业(万元)	Civil Funded Enterprises(10 000 yuan)	1697789	2123491	25.1
国有企业(万元)	State-owned Enterprises(10 000 yuan)	115358	134246	16.4
集体企业(万元)	Collective-owned Enterprises(10 000 yuan)	11091	6001	-45.9
股份合作企业(万元)	Share Holding Enterprises(10 000 yuan)	167171	363836	117.6
联营企业(万元)	Joint Owned Enterprises(10 000 yuan)			
有限责任公司(万元)	Limited Company(10 000 yuan)			
股份有限公司(万元)	Share Holding Limited Company(10 000 yuan)	1281869	1557649	21.5
私营企业(万元)	Privately Owned Enterprises(10 000 yuan)			
其他企业(万元)	Enterprises of Other Ownership(10 000 yuan)	122300	61759	-49.5
港澳台商投资企业(万元)	Funds from HK,Macao & Taiwan(10 000 yuan)		2374	
外商投资企业(万元)	Foreign Funded Enterprises(10 000 yuan)			
工业企业增加值(万元)	Value Added of Industrial Enterprises(10 000 yuan)	939000	1203163	15.1
工业企业资产总计(万元)	Total Assets of Industrial Enterprises(10 000 yuan)	2828258	4097143	44.9
工业企业负债合计(万元)	Total Liabilities of Industrial Enterprises(10 000 yuan)	1029293	1733359	68.4
工业企业产品销售收入(万元)	Sales of Revenue Industrial Enterprises(10 000 yuan)	1789795	2291241	28.0
工业企业利润总额(万元)	Total Profits of Industrial Enterprises(10 000 yuan)	573282	573101	0.0
建筑业	**Construction**			
建筑企业单位数(个)	Number of Construction Enterprises(unit)	8	7	-12.5
建筑企业从业人员(人)	Number of Employee in Construction Enterprises(person)	1940	2846	46.7
建筑业总产值(万元)	Gross Construction Output Value(10 000 yuan)	53000	43919	-17.1
交通运输邮电通信业	**Transportation,Post & Telecommunications**			
公路里程(公里)	Total Length of Highways(km)	2700	2700	0.0
邮电业务总量(万元)	Business Volume of Post & Telecoms(10 000 yuan)	22464	28121	25.2
本地电话用户(户)	Number of Subscribers of Local Telephone(Household)	58000	59000	1.7
国内贸易	**Demestic Trade**			
社会消费品零售总额(万元)	Total Retail Sales of Consumer Goods(10 000 yuan)	281000	326075	16.0
# 贸易业(万元)	Wholesale & Retail Sales Trades(10 000 yuan)	201459	229020	13.7
餐饮业(万元)	Catering Trade(10 000 yuan)	66402	79274	19.4
科技教育卫生	**Science,Education & Public Health**			
各类专业技术人员(人)	Speccial Technical Personnel(person)	7364	7386	0.3
幼儿园数(所)	Number of Kindergartens(unit)	10	10	0.0
学龄儿童入学率(%)	Percentage of School-Age Children Enrolled(%)	100.0	100.0	0.0
小学学校数(所)	Number of Primary Schools(unit)	45	38	-15.6
小学专任教师数(人)	Number of Full-time Teachers of Primary Schools(person)	1357	1240	-8.6
小学在校学生数(人)	Number of Student Enrollment of Primary Schools(person)	19803	20489	3.5
普通中学学校数(所)	Number of Regular Secondary Schools(unit)	21	16	-23.8
普通中学专任教师数(人)	Number of Teachers of Secondary Shools(person)	1350	1343	-0.5
初中在校学生数(人)	Number of Student in Junior Secondary Schools(person)	14949	14466	-3.2
高中在校学生数(人)	Number of Student in Senior Secondary Schools(person)	5059	5447	7.7
卫生机构数(所)	Number of Health Institutions(unit)	155	225	45.2
# 医院(所)	Hospitals(unit)	3	3	0.0
卫生院(所)	Township Hospitals(unit)	22	21	-4.5
床位数(张)	Number of Beds(unit)	1441	1466	1.7
# 医院(张)	Hospitals(unit)	1009	1016	0.7
卫生院(张)	Township Hospitals(unit)	332	386	16.3
卫生技术人员(人)	Medical Technical Presonnel(person)	1024	1131	10.4
# 医院(人)	Hospitals(person)	682	694	1.8
卫生院(人)	Township Hospitals(person)	114	126	10.5

23-91 鄂尔多斯市鄂托克前旗

指 标	Item	2006	2007	2007年比上年增长% Increase Rate in 2007 Over 2006(%)
行政区域土地面积(平方公里)	**Area of Administration(Sq.km)**	**12180**	**12180**	**0.0**
人口和就业	**Population & Employment**			
年末总人口(人)	Total Population Year-end(person)	73368	74226	1.2
#男性(人)	Male(person)	37726	38040	0.8
#乡村人口(人)	Rural(person)	36782	36455	-0.9
年末总户数(户)	Total Number of Households at the Year-end(Household)	25632	26369	2.9
#乡村户数(户)	Number of Rural Household(Household)	10264	10138	-1.2
出生人口(人)	Births(person)	664	959	44.4
死亡人口(人)	Deaths(person)	268	653	143.7
全社会就业人员(人)	Employment(person)	42553	44384	4.3
第一产业(人)	Primary Industry(person)	24473	26015	6.3
第二产业(人)	Secondary Industry(person)	5239	5328	1.7
第三产业(人)	Tertiary Industry(person)	12841	13041	1.6
在岗职工人数(人)	Number of Staff & Workers Employed in(person)	4229	4320	2.2
乡村劳动力(人)	Number of Rural Laborers(person)	26214	27995	6.8
#农林牧渔业(人)	Farming,Forestry,Animal Husbandry & Fishery(person)	23205	25715	10.8
国民经济综合指标	**Summary Item on the National Economy**			
生产总值(万元)	Gross Domestic Product(10 000 yuan)	168199	228845	19.5
第一产业(万元)	Primary Industry(10 000 yuan)	41880	50102	3.4
第二产业(万元)	Secondary Industry(10 000 yuan)	40525	78403	46.9
#工业(万元)	Industry(10 000 yuan)	23366	52859	49.5
第三产业(万元)	Tertiary Industry(10 000 yuan)	85794	100340	14.0
人均生产总值(元)	Per Capita GDP(yuan)	24408	33903	21.3
全社会固定资产投资(万元)	Total Investment in Fixed Assets(10 000 yuan)	106860	184842	73.0
按登记注册类型分	Grouped by Registered Type			
#国有(万元)	State-owned Enterprises(10 000 yuan)	56032	99846	78.2
集体(万元)	Collective-owned Enterprises(10 000 yuan)			
有限责任公司(万元)	Limited Liability Corporations(10 000 yuan)	7290	7200	-1.2
股份有限公司(万元)	Share Holding Enterprises(10 000 yuan)	14000	15993	14.2
私营企业(万元)	Private Enterprises(10 000 yuan)	21714	1940	-91.1
外商及港澳台投资企业(万元)	Funds from HK,Macao,Taiwan & Foreign(10 000 yuan)			
按城乡渠道分	Grouped by Urban and Rural Area			
城镇（万元）	Urban(10 000 yuan)	105221	182169	73.1
农村（万元）	Rural(10 000 yuan)	1639	2673	63.1
一般预算收入(万元)	General Budgetary Financial Revenue(10 000 yuan)	8535	9370	9.8
一般预算支出(万元)	General Budgetary Financial Expenditures(10 000 yuan)	30009	39959	33.2
城乡居民储蓄存款余额(万元)	Resident Saving Deposit in Urban & Rural(10 000 yuan)	30355	35850	18.1
在岗职工工资总额(万元)	Total Wages of Staff & Workers Empioyed in(10 000 yuan)	8483	10458	23.3
在岗职工平均工资(元)	Average Wage of Staff & Workers Employed in(yuan)	19926	24053	20.7
农牧民人均纯收入(元)	Per Capita Net Income of Peasant & Herdsman(yuan)	5485	6318	15.2
农村牧区经济	**Economic Development in Rural & Pastoral Area**			
耕地面积(公顷)	Cultivated Area(hectare)	27126	27496	1.4
农作物总播种面积(公顷)	Total Sown Area(hectare)	27038	27223	0.7
#粮食作物播种面积(公顷)	Sown Area of Grain Crops(hectare)	10434	14687	40.8
有效灌溉面积(公顷)	Irrigated Area(hectare)	27126	27496	1.4
农牧业机械总动力(万千瓦)	Total Power of Agricultural Machinery(10 000 kw)	11.87	12.12	2.1
化肥施用折纯量(吨)	Consumption of Chemical Fertilizer(ton)	3873	3570	-7.8
农村用电量(万千瓦小时)	Electricity Consumed in Rural Area(10 000 kwh)	2405	2487	3.4
农林牧渔业总产值(万元)	Gross Output of Farming,Forestry,Animal Husbandry & Fishery(10 000 yuan)	70101	85096	3.7
粮食产量(吨)	Yield of Grain(ton)	79931	115398	44.4
油料产量(吨)	Yield of Oil-bearing Grops(ton)	661	554	-16.2
甜菜产量(吨)	Yield of Beetroots(ton)	525	-	
猪牛羊肉产量(吨)	Output of Pork, Beef & Mutton(ton)	17297	15484	-10.5
#猪肉产量(吨)	Output of Pork(ton)	5652	1955	-65.4
牛肉产量(吨)	Output of Beef(ton)	2232	3058	37.0
羊肉产量(吨)	Output of Mutton(ton)	9413	10471	11.2
羊毛产量(吨)	Output of Wool(ton)	1135	1357	19.6

23-91 Etuokeqian Banner in Erdos City

指标	Item	2006	2007	2007年比上年增长% Increase Rate in 2007 Over 2006(%)
年末牲畜存栏头数(万头只)	Total Livestock at the Year-end(10 000 heads)	101.32	80.42	-20.6
#大牲畜(万头只)	Large Animals(10 000 heads)	4.94	3.68	-25.5
羊(万只)	Sheep & Goats(10 000 heads)	93.33	73.74	-21.0
猪(万头)	Hogs(10 000 heads)	3.05	3.00	-1.6
规模以上工业	**Industrial Enterprises above Designated size**			
工业企业单位数(个)	Number of Industrial Enterprises(unit)	12	9	-25.0
#内资企业(个)	Civil Funded Enterprises(unit)	12	9	-25.0
工业总产值(万元)	Gross Industrial Output Value(10 000 yuan)	31474	79861	153.7
内资企业(万元)	Civil Funded Enterprises(10 000 yuan)	31474	79861	153.7
国有企业(万元)	State-owned Enterprises(10 000 yuan)	4378	4764	8.8
集体企业(万元)	Collective-owned Enterprises(10 000 yuan)			
股份合作企业(万元)	Share Holding Enterprises(10 000 yuan)			
联营企业(万元)	Joint Owned Enterprises(10 000 yuan)			
有限责任公司(万元)	Limited Company(10 000 yuan)			
股份有限公司(万元)	Share Holding Limited Company(10 000 yuan)	27096	75097	177.2
私营企业(万元)	Privately Owned Enterprises(10 000 yuan)			
其他企业(万元)	Enterprises of Other Ownership(10 000 yuan)			
港澳台商投资企业(万元)	Funds from HK,Macao & Taiwan(10 000 yuan)			
外商投资企业(万元)	Foreign Funded Enterprises(10 000 yuan)			
工业企业增加值(万元)	Value Added of Industrial Enterprises(10 000 yuan)	10366	38759	107.9
工业企业资产总计(万元)	Total Assets of Industrial Enterprises(10 000 yuan)	56644	46184	-18.5
工业企业负债合计(万元)	Total Liabilities of Industrial Enterprises(10 000 yuan)	13375	29598	121.3
工业企业产品销售收入(万元)	Sales of Revenue Industrial Enterprises(10 000 yuan)	30781	76313	147.9
工业企业利润总额(万元)	Total Profits of Industrial Enterprises(10 000 yuan)	916	565	-38.3
建筑业	**Construction**			
建筑企业单位数(个)	Number of Construction Enterprises(unit)	3	4	33.3
建筑企业从业人员(人)	Number of Employee in Construction Enterprises(person)	1070	1516	41.7
建筑业总产值(万元)	Gross Construction Output Value(10 000 yuan)	7787	19549	151.0
交通运输邮电通信业	**Transportation,Post & Telecommunications**			
公路里程(公里)	Total Length of Highways(km)	1477	1570	6.3
邮电业务总量(万元)	Business Volume of Post & Telecoms(10 000 yuan)	2910	3375	16.0
本地电话用户(户)	Number of Subscribers of Local Telephone(Household)	6768	4359	-35.6
国内贸易	**Demestic Trade**			
社会消费品零售总额(万元)	Total Retail Sales of Consumer Goods(10 000 yuan)	48946	55096	12.6
#贸易业(万元)	Wholesale & Retail Sales Trades(10 000 yuan)	37081	42089	13.5
餐饮业(万元)	Catering Trade(10 000 yuan)	9697	10790	11.3
科技教育卫生	**Science,Education & Public Health**			
各类专业技术人员(人)	Speccial Technical Personnel(person)	1631	1641	0.6
幼儿园数(所)	Number of Kindergartens(unit)	10	10	0.0
学龄儿童入学率(%)	Percentage of School-Age Children Enrolled(%)	100.0	100.0	0.0
小学学校数(所)	Number of Primary Schools(unit)	7	7	0.0
小学专任教师数(人)	Number of Full-time Teachers of Primary Schools(person)	606	475	-21.6
小学在校学生数(人)	Number of Student Enrollment of Primary Schools(person)	5245	4688	-10.6
普通中学学校数(所)	Number of Regular Secondary Schools(unit)	5	5	0.0
普通中学专任教师数(人)	Number of Teachers of Secondary Shools(person)	581	502	-13.6
初中在校学生数(人)	Number of Student in Junior Secondary Schools(person)	2753	2644	-4.0
高中在校学生数(人)	Number of Student in Senior Secondary Schools(person)	1696	1811	6.8
卫生机构数(所)	Number of Health Institutions(unit)	42	40	-4.8
#医院(所)	Hospitals(unit)	2	2	0.0
卫生院(所)	Township Hospitals(unit)	8	9	12.5
床位数(张)	Number of Beds(unit)	241	253	5.0
#医院(张)	Hospitals(unit)	125	150	20.0
卫生院(张)	Township Hospitals(unit)	101	88	-12.9
卫生技术人员(人)	Medical Technical Presonnel(person)	306	290	-5.2
#医院(人)	Hospitals(person)	102	100	-2.0
卫生院(人)	Township Hospitals(person)	101	99	-2.0

23-92 鄂尔多斯市鄂托克旗

指 标	Item	2006	2007	2007年比上年增长% Increase Rate in 2007 Over 2006(%)
行政区域土地面积(平方公里)	**Area of Administration(Sq.km)**	**20064**	**20064**	**0.0**
人口和就业	**Population & Employment**			
年末总人口(人)	Total Population Year-end(person)	93945	94720	0.8
#男性(人)	Male(person)	48430	48650	0.5
#乡村人口(人)	Rural(person)	39819	37132	-6.7
年末总户数(户)	Total Number of Households at the Year-end(Household)	33884	35434	4.6
#乡村户数(户)	Number of Rural Household(Household)	11750	11749	0.0
出生人口(人)	Births(person)	768	1168	52.1
死亡人口(人)	Deaths(person)	218	764	250.5
全社会就业人员(人)	Employment(person)	77379	81307	5.1
第一产业(人)	Primary Industry(person)	20693	23955	15.8
第二产业(人)	Secondary Industry(person)	32064	32532	1.5
第三产业(人)	Tertiary Industry(person)	24622	24820	0.8
在岗职工人数(人)	Number of Staff & Workers Employed in(person)	16374	18411	12.4
乡村劳动力(人)	Number of Rural Laborers(person)	27237	28006	2.8
#农林牧渔业(人)	Farming,Forestry,Animal Husbandry & Fishery(person)	23696	24330	2.7
国民经济综合指标	**Summary Item on the National Economy**			
生产总值(万元)	Gross Domestic Product(10 000 yuan)	790849	1103330	24.8
第一产业(万元)	Primary Industry(10 000 yuan)	27914	34097	3.4
第二产业(万元)	Secondary Industry(10 000 yuan)	616090	864616	26.4
#工业(万元)	Industry(10 000 yuan)	503234	719355	27.0
第三产业(万元)	Tertiary Industry(10 000 yuan)	146845	204617	22.5
人均生产总值(元)	Per Capita GDP(yuan)	65631	90068	22.8
全社会固定资产投资(万元)	Total Investment in Fixed Assets(10 000 yuan)	954152	1204716	26.3
按登记注册类型分	Grouped by Registered Type			
#国有(万元)	State-owned Enterprises(10 000 yuan)	183748	478200	160.2
集体(万元)	Collective-owned Enterprises(10 000 yuan)			
有限责任公司(万元)	Limited Liability Corporations(10 000 yuan)	272307	372173	36.7
股份有限公司(万元)	Share Holding Enterprises(10 000 yuan)	435579	210308	-51.7
私营企业(万元)	Private Enterprises(10 000 yuan)	49004	119770	144.4
外商及港澳台投资企业(万元)	Funds from HK,Macao,Taiwan & Foreign(10 000 yuan)		6000	
按城乡渠道分	Grouped by Urban and Rural Area			
城镇(万元)	Urban(10 000 yuan)	950888	1200021	26.2
农村(万元)	Rural(10 000 yuan)	3264	4695	43.8
一般预算收入(万元)	General Budgetary Financial Revenue(10 000 yuan)	34473	46316	34.4
一般预算支出(万元)	General Budgetary Financial Expenditures(10 000 yuan)	56457	85282	51.1
城乡居民储蓄存款余额(万元)	Resident Saving Deposit in Urban & Rural(10 000 yuan)	148379	167171	12.7
在岗职工工资总额(万元)	Total Wages of Staff & Workers Empioyed in(10 000 yuan)	36868	52555	42.5
在岗职工平均工资(元)	Average Wage of Staff & Workers Employed in(yuan)	22522	27835	23.6
农牧民人均纯收入(元)	Per Capita Net Income of Peasant & Herdsman(yuan)	5189	6187	19.2
农村牧区经济	**Economic Development in Rural & Pastoral Area**			
耕地面积(公顷)	Cultivated Area(hectare)	15965	16592	3.9
农作物总播种面积(公顷)	Total Sown Area(hectare)	15584	16324	4.7
#粮食作物播种面积(公顷)	Sown Area of Grain Crops(hectare)	9861	11714	18.8
有效灌溉面积(公顷)	Irrigated Area(hectare)	15965	16592	3.9
农牧业机械总动力(万千瓦)	Total Power of Agricultural Machinery(10 000 kw)	16.56	20.43	23.4
化肥施用折纯量(吨)	Consumption of Chemical Fertilizer(ton)	2618	2873	9.7
农村用电量(万千瓦小时)	Electricity Consumed in Rural Area(10 000 kwh)	747	710	-5.0
农林牧渔业总产值(万元)	Gross Output of Farming,Forestry,Animal Husbandry & Fishery(10 000 yuan)	48862	59699	4.8
粮食产量(吨)	Yield of Grain(ton)	66424	80109	20.6
油料产量(吨)	Yield of Oil-bearing Grops(ton)	1535	1585	3.3
甜菜产量(吨)	Yield of Beetroots(ton)			
猪牛羊肉产量(吨)	Output of Pork, Beef & Mutton(ton)	13411	15590	16.2
#猪肉产量(吨)	Output of Pork(ton)	2681	1029	-61.6
牛肉产量(吨)	Output of Beef(ton)	1021	1353	32.5
羊肉产量(吨)	Output of Mutton(ton)	9709	13208	36.0
羊毛产量(吨)	Output of Wool(ton)	1154	765	-33.7

23-92 Etuoke Banner in Erdos City

指 标	Item	2006	2007	2007年比上年增长% Increase Rate in 2007 Over 2006(%)
年末牲畜存栏头数(万头只)	Total Livestock at the Year-end(10 000 heads)	131.83	130.37	-1.1
#大牲畜(万头只)	Large Animals(10 000 heads)	1.41	2.05	45.4
羊(万只)	Sheep & Goats(10 000 heads)	129.27	126.74	-2.0
猪(万头)	Hogs(10 000 heads)	1.15	1.58	37.4
规模以上工业	**Industrial Enterprises above Designated size**			
工业企业单位数(个)	Number of Industrial Enterprises(unit)	51	46	-9.8
#内资企业(个)	Civil Funded Enterprises(unit)	51	43	-15.7
工业总产值(万元)	Gross Industrial Output Value(10 000 yuan)	889033	1309867	47.3
内资企业(万元)	Civil Funded Enterprises(10 000 yuan)	889033	754910	-15.1
国有企业(万元)	State-owned Enterprises(10 000 yuan)	14916	19096	28.0
集体企业(万元)	Collective-owned Enterprises(10 000 yuan)	9421	10863	15.3
股份合作企业(万元)	Share Holding Enterprises(10 000 yuan)			
联营企业(万元)	Joint Owned Enterprises(10 000 yuan)			
有限责任公司(万元)	Limited Company(10 000 yuan)	81070	6425	-92.1
股份有限公司(万元)	Share Holding Limited Company(10 000 yuan)	339314	160649	-52.7
私营企业(万元)	Privately Owned Enterprises(10 000 yuan)	444312	557877	25.6
其他企业(万元)	Enterprises of Other Ownership(10 000 yuan)			
港澳台商投资企业(万元)	Funds from HK,Macao & Taiwan(10 000 yuan)			
外商投资企业(万元)	Foreign Funded Enterprises(10 000 yuan)		554957	
工业企业增加值(万元)	Value Added of Industrial Enterprises(10 000 yuan)	433234	637255	30.2
工业企业资产总计(万元)	Total Assets of Industrial Enterprises(10 000 yuan)	1518618	1727805	13.8
工业企业负债合计(万元)	Total Liabilities of Industrial Enterprises(10 000 yuan)	834281	865101	3.7
工业企业产品销售收入(万元)	Sales of Revenue Industrial Enterprises(10 000 yuan)	842168	1259109	49.5
工业企业利润总额(万元)	Total Profits of Industrial Enterprises(10 000 yuan)	46698	132574	183.9
建筑业	**Construction**			
建筑企业单位数(个)	Number of Construction Enterprises(unit)	4	4	0.0
建筑企业从业人员(人)	Number of Employee in Construction Enterprises(person)	808	1131	40.0
建筑业总产值(万元)	Gross Construction Output Value(10 000 yuan)	21555	22291	3.4
交通运输邮电通信业	**Transportation,Post & Telecommunications**			
公路里程(公里)	Total Length of Highways(km)	1601	1995	24.6
邮电业务总量(万元)	Business Volume of Post & Telecoms(10 000 yuan)	21520	30500	41.7
本地电话用户(户)	Number of Subscribers of Local Telephone(Household)	29066	32387	11.4
国内贸易	**Demestic Trade**			
社会消费品零售总额(万元)	Total Retail Sales of Consumer Goods(10 000 yuan)	146748	167415	14.1
#贸易业(万元)	Wholesale & Retail Sales Trades(10 000 yuan)	94624	104381	10.3
餐饮业(万元)	Catering Trade(10 000 yuan)	47840	58257	21.8
科技教育卫生	**Science,Education & Public Health**			
各类专业技术人员(人)	Speccial Technical Personnel(person)	2712	2946	8.6
幼儿园数(所)	Number of Kindergartens(unit)	10	11	10.0
学龄儿童入学率(%)	Percentage of School-Age Children Enrolled(%)	100.0	100.0	0.0
小学学校数(所)	Number of Primary Schools(unit)	8	8	0.0
小学专任教师数(人)	Number of Full-time Teachers of Primary Schools(person)	580	611	5.3
小学在校学生数(人)	Number of Student Enrollment of Primary Schools(person)	8101	7637	-5.7
普通中学学校数(所)	Number of Regular Secondary Schools(unit)	7	7	0.0
普通中学专任教师数(人)	Number of Teachers of Secondary Shools(person)	579	578	-0.2
初中在校学生数(人)	Number of Student in Junior Secondary Schools(person)	5756	5972	3.8
高中在校学生数(人)	Number of Student in Senior Secondary Schools(person)	2015	1815	-9.9
卫生机构数(所)	Number of Health Institutions(unit)	136	140	2.9
#医院(所)	Hospitals(unit)	6	6	0.0
卫生院(所)	Township Hospitals(unit)	13	13	0.0
床位数(张)	Number of Beds(unit)	488	509	4.3
#医院(张)	Hospitals(unit)	380	401	5.5
卫生院(张)	Township Hospitals(unit)	108	108	0.0
卫生技术人员(人)	Medical Technical Presonnel(person)	283	326	15.2
#医院(人)	Hospitals(person)	220	263	19.5
卫生院(人)	Township Hospitals(person)	63	63	0.0

23-93 鄂尔多斯市杭锦旗

指 标	Item	2006	2007	2007年比上年增长% Increase Rate in 2007 Over 2006(%)
行政区域土地面积(平方公里)	**Area of Administration(Sq.km)**	**18903**	**18903**	**0.0**
人口和就业	**Population & Employment**			
年末总人口(人)	Total Population Year-end(person)	137069	138880	1.3
#男性(人)	Male(person)	71765	72500	1.0
#乡村人口(人)	Rural(person)	66481	65000	-2.2
年末总户数(户)	Total Number of Households at the Year-end(Household)	46681	51888	11.2
#乡村户数(户)	Number of Rural Household(Household)	20971	20775	-0.9
出生人口(人)	Births(person)	1016	957	-5.8
死亡人口(人)	Deaths(person)	235	318	35.3
全社会就业人员(人)	Employment(person)	73095	76232	4.3
第一产业(人)	Primary Industry(person)	45136	46942	4.0
第二产业(人)	Secondary Industry(person)	14554	14970	2.9
第三产业(人)	Tertiary Industry(person)	13405	14320	6.8
在岗职工人数(人)	Number of Staff & Workers Employed in(person)	10124	11675	15.3
乡村劳动力(人)	Number of Rural Laborers(person)	53450	51676	-3.3
#农林牧渔业(人)	Farming,Forestry,Animal Husbandry & Fishery(person)	42535	42805	0.6
国民经济综合指标	**Summary Item on the National Economy**			
生产总值(万元)	Gross Domestic Product(10 000 yuan)	288630	298142	2.2
第一产业(万元)	Primary Industry(10 000 yuan)	59656	68892	3.5
第二产业(万元)	Secondary Industry(10 000 yuan)	148546	129258	-9.4
#工业(万元)	Industry(10 000 yuan)	130150	100932	-18.0
第三产业(万元)	Tertiary Industry(10 000 yuan)	80428	99992	19.8
人均生产总值(元)	Per Capita GDP(yuan)	21317	21608	0.3
全社会固定资产投资(万元)	Total Investment in Fixed Assets(10 000 yuan)	136564	200657	46.9
按登记注册类型分	Grouped by Registered Type			
#国有(万元)	State-owned Enterprises(10 000 yuan)	42103	73157	73.8
集体(万元)	Collective-owned Enterprises(10 000 yuan)			
有限责任公司(万元)	Limited Liability Corporations(10 000 yuan)	93661	126500	35.1
股份有限公司(万元)	Share Holding Enterprises(10 000 yuan)			
私营企业(万元)	Private Enterprises(10 000 yuan)	800	1000	25.0
外商及港澳台投资企业(万元)	Funds from HK,Macao,Taiwan & Foreign(10 000 yuan)			
按城乡渠道分	Grouped by Urban and Rural Area			
城镇(万元)	Urban(10 000 yuan)	136044	200657	47.5
农村(万元)	Rural(10 000 yuan)	520		
一般预算收入(万元)	General Budgetary Financial Revenue(10 000 yuan)	10460	12807	22.4
一般预算支出(万元)	General Budgetary Financial Expenditures(10 000 yuan)	43217	51534	19.2
城乡居民储蓄存款余额(万元)	Resident Saving Deposit in Urban & Rural(10 000 yuan)	82986	101803	22.7
在岗职工工资总额(万元)	Total Wages of Staff & Workers Empioyed in(10 000 yuan)	15364	21104	37.4
在岗职工平均工资(元)	Average Wage of Staff & Workers Employed in(yuan)	15176	20332	34.0
农牧民人均纯收入(元)	Per Capita Net Income of Peasant & Herdsman(yuan)	4997	5995	20.0
农村牧区经济	**Economic Development in Rural & Pastoral Area**			
耕地面积(公顷)	Cultivated Area(hectare)	61530	64812	5.3
农作物总播种面积(公顷)	Total Sown Area(hectare)	55927	58696	5.0
#粮食作物播种面积(公顷)	Sown Area of Grain Crops(hectare)	32514	33338	2.5
有效灌溉面积(公顷)	Irrigated Area(hectare)	41865	41892	0.1
农牧业机械总动力(万千瓦)	Total Power of Agricultural Machinery(10 000 kw)	34.00	40.00	17.6
化肥施用折纯量(吨)	Consumption of Chemical Fertilizer(ton)	19666	20024	1.8
农村用电量(万千瓦小时)	Electricity Consumed in Rural Area(10 000 kwh)	2824	2930	3.8
农林牧渔业总产值(万元)	Gross Output of Farming,Forestry,Animal Husbandry & Fishery(10 000 yuan)	100000	115035	8.7
粮食产量(吨)	Yield of Grain(ton)	222286	228819	2.9
油料产量(吨)	Yield of Oil-bearing Grops(ton)	41933	48625	16.0
甜菜产量(吨)	Yield of Beetroots(ton)	11771	2951	-74.9
猪牛羊肉产量(吨)	Output of Pork, Beef & Mutton(ton)	17130	14461	-15.6
#猪肉产量(吨)	Output of Pork(ton)	5500	1828	-66.8
牛肉产量(吨)	Output of Beef(ton)	1087	441	-59.4
羊肉产量(吨)	Output of Mutton(ton)	10543	12192	15.6
羊毛产量(吨)	Output of Wool(ton)	574	480	-16.4

23-93 Hangjin Banner in Erdos City

指 标	Item	2006	2007	2007年比上年增长% Increase Rate in 2007 Over 2006(%)
年末牲畜存栏头数(万头只)	Total Livestock at the Year-end(10 000 heads)	151.00	144.10	-4.6
#大牲畜(万头只)	Large Animals(10 000 heads)	2.00	1.20	-40.0
羊(万只)	Sheep & Goats(10 000 heads)	146.00	141.10	-3.4
猪(万头)	Hogs(10 000 heads)	3.00	1.80	-40.0
规模以上工业	**Industrial Enterprises above Designated size**			
工业企业单位数(个)	Number of Industrial Enterprises(unit)	26	19	-26.9
#内资企业(个)	Civil Funded Enterprises(unit)	26	19	-26.9
工业总产值(万元)	Gross Industrial Output Value(10 000 yuan)	246056	187223	-23.9
内资企业(万元)	Civil Funded Enterprises(10 000 yuan)	246056	187223	-23.9
国有企业(万元)	State-owned Enterprises(10 000 yuan)	11414	12690	11.2
集体企业(万元)	Collective-owned Enterprises(10 000 yuan)	63600		
股份合作企业(万元)	Share Holding Enterprises(10 000 yuan)	19200		
联营企业(万元)	Joint Owned Enterprises(10 000 yuan)			
有限责任公司(万元)	Limited Company(10 000 yuan)			
股份有限公司(万元)	Share Holding Limited Company(10 000 yuan)	234642	174533	-25.6
私营企业(万元)	Privately Owned Enterprises(10 000 yuan)			
其他企业(万元)	Enterprises of Other Ownership(10 000 yuan)			
港澳台商投资企业(万元)	Funds from HK,Macao & Taiwan(10 000 yuan)			
外商投资企业(万元)	Foreign Funded Enterprises(10 000 yuan)			
工业企业增加值(万元)	Value Added of Industrial Enterprises(10 000 yuan)	112150	78900	-23.4
工业企业资产总计(万元)	Total Assets of Industrial Enterprises(10 000 yuan)	197300	172843	-12.4
工业企业负债合计(万元)	Total Liabilities of Industrial Enterprises(10 000 yuan)	147000	123623	-15.9
工业企业产品销售收入(万元)	Sales of Revenue Industrial Enterprises(10 000 yuan)	223612	85289	-61.9
工业企业利润总额(万元)	Total Profits of Industrial Enterprises(10 000 yuan)	7129	4852	-31.9
建筑业	**Construction**			
建筑企业单位数(个)	Number of Construction Enterprises(unit)	2	2	0.0
建筑企业从业人员(人)	Number of Employee in Construction Enterprises(person)	386	367	-4.9
建筑业总产值(万元)	Gross Construction Output Value(10 000 yuan)	4390	8075	83.9
交通运输邮电通信业	**Transportation,Post & Telecommunications**			
公路里程(公里)	Total Length of Highways(km)	1582	1652	4.4
邮电业务总量(万元)	Business Volume of Post & Telecoms(10 000 yuan)	2039	2390	17.2
本地电话用户(户)	Number of Subscribers of Local Telephone(Household)	10320	8929	-13.5
国内贸易	**Demestic Trade**			
社会消费品零售总额(万元)	Total Retail Sales of Consumer Goods(10 000 yuan)	96221	107021	11.2
#贸易业(万元)	Wholesale & Retail Sales Trades(10 000 yuan)	63041	74633	18.4
餐饮业(万元)	Catering Trade(10 000 yuan)	29486	29161	-1.1
科技教育卫生	**Science,Education & Public Health**			
各类专业技术人员(人)	Speccial Technical Personnel(person)	3425	3530	3.1
幼儿园数(所)	Number of Kindergartens(unit)	11	11	0.0
学龄儿童入学率(%)	Percentage of School-Age Children Enrolled(%)	100.0	100.0	0.0
小学学校数(所)	Number of Primary Schools(unit)	18	15	-16.7
小学专任教师数(人)	Number of Full-time Teachers of Primary Schools(person)	525	511	-2.7
小学在校学生数(人)	Number of Student Enrollment of Primary Schools(person)	5938	5480	-7.7
普通中学学校数(所)	Number of Regular Secondary Schools(unit)	6	6	0.0
普通中学专任教师数(人)	Number of Teachers of Secondary Shools(person)	330	510	54.5
初中在校学生数(人)	Number of Student in Junior Secondary Schools(person)	3384	5458	61.3
高中在校学生数(人)	Number of Student in Senior Secondary Schools(person)	1679	1595	-5.0
卫生机构数(所)	Number of Health Institutions(unit)	62	62	0.0
#医院(所)	Hospitals(unit)	2	2	0.0
卫生院(所)	Township Hospitals(unit)	12	12	0.0
床位数(张)	Number of Beds(unit)	410	365	-11.0
#医院(张)	Hospitals(unit)	260	250	-3.8
卫生院(张)	Township Hospitals(unit)	150	115	-23.3
卫生技术人员(人)	Medical Technical Presonnel(person)	430	387	-10.0
#医院(人)	Hospitals(person)	312	301	-3.5
卫生院(人)	Township Hospitals(person)	118	86	-27.1

23-94 鄂尔多斯市乌审旗

指 标	Item	2006	2007	2007年比上年增长% Increase Rate in 2007 Over 2006(%)
行政区域土地面积(平方公里)	**Area of Administration(Sq.km)**	**11645**	**11645**	**0.0**
人口和就业	**Population & Employment**			
年末总人口(人)	Total Population Year-end(person)	100991	103066	2.1
#男性(人)	Male(person)	53037	53270	0.4
#乡村人口(人)	Rural(person)	57272	55001	-4.0
年末总户数(户)	Total Number of Households at the Year-end(Household)	32761	35982	9.8
#乡村户数(户)	Number of Rural Household(Household)	17695	17711	0.1
出生人口(人)	Births(person)	1538	1542	0.3
死亡人口(人)	Deaths(person)	208	416	100.0
全社会就业人员(人)	Employment(person)	65175	68952	5.8
第一产业(人)	Primary Industry(person)	39774	39425	-0.9
第二产业(人)	Secondary Industry(person)	9851	10967	11.3
第三产业(人)	Tertiary Industry(person)	15550	18560	19.4
在岗职工人数(人)	Number of Staff & Workers Employed in(person)	6276	6329	0.8
乡村劳动力(人)	Number of Rural Laborers(person)	39774	39369	-1.0
#农林牧渔业(人)	Farming,Forestry,Animal Husbandry & Fishery(person)	35457	31162	-12.1
国民经济综合指标	**Summary Item on the National Economy**			
生产总值(万元)	Gross Domestic Product(10 000 yuan)	426443	700082	45.0
第一产业(万元)	Primary Industry(10 000 yuan)	49991	58767	3.4
第二产业(万元)	Secondary Industry(10 000 yuan)	307403	540099	58.8
#工业(万元)	Industry(10 000 yuan)	262175	459910	62.5
第三产业(万元)	Tertiary Industry(10 000 yuan)	69049	101216	17.7
人均生产总值(元)	Per Capita GDP(yuan)	44889	72925	44.0
全社会固定资产投资(万元)	Total Investment in Fixed Assets(10 000 yuan)	508468	709571	39.6
按登记注册类型分	Grouped by Registered Type			
#国有(万元)	State-owned Enterprises(10 000 yuan)	305305	400724	31.3
集体(万元)	Collective-owned Enterprises(10 000 yuan)		4447	
有限责任公司(万元)	Limited Liability Corporations(10 000 yuan)	87492	119186	36.2
股份有限公司(万元)	Share Holding Enterprises(10 000 yuan)	53736	157000	192.2
私营企业(万元)	Private Enterprises(10 000 yuan)	60	5955	9825.0
外商及港澳台投资企业(万元)	Funds from HK,Macao,Taiwan & Foreign(10 000 yuan)	36350	11791	-67.6
按城乡渠道分	Grouped by Urban and Rural Area			
城镇(万元)	Urban(10 000 yuan)	504208	707882	40.4
农村(万元)	Rural(10 000 yuan)	4260	1689	-60.4
一般预算收入(万元)	General Budgetary Financial Revenue(10 000 yuan)	22726	30187	32.8
一般预算支出(万元)	General Budgetary Financial Expenditures(10 000 yuan)	48557	60812	25.2
城乡居民储蓄存款余额(万元)	Resident Saving Deposit in Urban & Rural(10 000 yuan)	50183	67757	35.0
在岗职工工资总额(万元)	Total Wages of Staff & Workers Empioyed in(10 000 yuan)	11297	14288	26.5
在岗职工平均工资(元)	Average Wage of Staff & Workers Employed in(yuan)	19297	23147	20.0
农牧民人均纯收入(元)	Per Capita Net Income of Peasant & Herdsman(yuan)	5443	6289	15.5
农村牧区经济	**Economic Development in Rural & Pastoral Area**			
耕地面积(公顷)	Cultivated Area(hectare)	38098	39135	2.7
农作物总播种面积(公顷)	Total Sown Area(hectare)	38098	39135	2.7
#粮食作物播种面积(公顷)	Sown Area of Grain Crops(hectare)	16414	17651	7.5
有效灌溉面积(公顷)	Irrigated Area(hectare)	36462	37499	2.8
农牧业机械总动力(万千瓦)	Total Power of Agricultural Machinery(10 000 kw)	30.76	32.96	7.2
化肥施用折纯量(吨)	Consumption of Chemical Fertilizer(ton)	4709	4743	0.7
农村用电量(万千瓦小时)	Electricity Consumed in Rural Area(10 000 kwh)	1705	1806	5.9
农林牧渔业总产值(万元)	Gross Output of Farming,Forestry,Animal Husbandry & Fishery(10 000 yuan)	85165	100936	3.5
粮食产量(吨)	Yield of Grain(ton)	106720	117880	10.5
油料产量(吨)	Yield of Oil-bearing Grops(ton)	1007	1254	24.5
甜菜产量(吨)	Yield of Beetroots(ton)			
猪牛羊肉产量(吨)	Output of Pork, Beef & Mutton(ton)	37704	29187	-22.6
#猪肉产量(吨)	Output of Pork(ton)	23399	14270	-39.0
牛肉产量(吨)	Output of Beef(ton)	7642	6733	-11.9
羊肉产量(吨)	Output of Mutton(ton)	6663	8184	22.8
羊毛产量(吨)	Output of Wool(ton)	4491	4347	-3.2

23-94 Wushen Banner in Erdos City

指 标	Item	2006	2007	2007年比上年增长% Increase Rate in 2007 Over 2006(%)
年末牲畜存栏头数(万头只)	Total Livestock at the Year-end(10 000 heads)	133.96	131.70	-1.7
# 大牲畜(万头只)	Large Animals(10 000 heads)	12.71	13.75	8.2
羊(万只)	Sheep & Goats(10 000 heads)	105.44	103.53	-1.8
猪(万头)	Hogs(10 000 heads)	15.81	14.42	-8.8
规模以上工业	**Industrial Enterprises above Designated size**			
工业企业单位数(个)	Number of Industrial Enterprises(unit)	17	21	23.5
# 内资企业(个)	Civil Funded Enterprises(unit)	14	17	21.4
工业总产值(万元)	Gross Industrial Output Value(10 000 yuan)	568194	981977	72.8
内资企业(万元)	Civil Funded Enterprises(10 000 yuan)	484042	719332	48.6
国有企业(万元)	State-owned Enterprises(10 000 yuan)	1892	2009	6.2
集体企业(万元)	Collective-owned Enterprises(10 000 yuan)			
股份合作企业(万元)	Share Holding Enterprises(10 000 yuan)			
联营企业(万元)	Joint Owned Enterprises(10 000 yuan)			
有限责任公司(万元)	Limited Company(10 000 yuan)	18999	63730	235.4
股份有限公司(万元)	Share Holding Limited Company(10 000 yuan)	440674	606081	37.5
私营企业(万元)	Privately Owned Enterprises(10 000 yuan)	22477	47512	111.4
其他企业(万元)	Enterprises of Other Ownership(10 000 yuan)			
港澳台商投资企业(万元)	Funds from HK,Macao & Taiwan(10 000 yuan)	4443	64890	1360.5
外商投资企业(万元)	Foreign Funded Enterprises(10 000 yuan)	79709	197755	148.1
工业企业增加值(万元)	Value Added of Industrial Enterprises(10 000 yuan)	255175	451860	64.1
工业企业资产总计(万元)	Total Assets of Industrial Enterprises(10 000 yuan)	351348	621184	76.8
工业企业负债合计(万元)	Total Liabilities of Industrial Enterprises(10 000 yuan)	236277	356946	51.1
工业企业产品销售收入(万元)	Sales of Revenue Industrial Enterprises(10 000 yuan)	544204	958945	76.2
工业企业利润总额(万元)	Total Profits of Industrial Enterprises(10 000 yuan)	74587	120340	61.3
建筑业	**Construction**			
建筑企业单位数(个)	Number of Construction Enterprises(unit)	4	4	0.0
建筑企业从业人员(人)	Number of Employee in Construction Enterprises(person)	1344	1242	-7.6
建筑业总产值(万元)	Gross Construction Output Value(10 000 yuan)	18265	25258	38.3
交通运输邮电通信业	**Transportation,Post & Telecommunications**			
公路里程(公里)	Total Length of Highways(km)	1110	1805	62.6
邮电业务总量(万元)	Business Volume of Post & Telecoms(10 000 yuan)	4910	7839	59.7
本地电话用户(户)	Number of Subscribers of Local Telephone(Household)	15111	8237	-45.5
国内贸易	**Demestic Trade**			
社会消费品零售总额(万元)	Total Retail Sales of Consumer Goods(10 000 yuan)	94882	107408	13.2
# 贸易业(万元)	Wholesale & Retail Sales Trades(10 000 yuan)	65184	72728	11.6
餐饮业(万元)	Catering Trade(10 000 yuan)	26868	31662	17.8
科技教育卫生	**Science,Education & Public Health**			
各类专业技术人员(人)	Speccial Technical Personnel(person)	2111	2249	6.5
幼儿园数(所)	Number of Kindergartens(unit)	3	4	33.3
学龄儿童入学率(%)	Percentage of School-Age Children Enrolled(%)	100.0	100.0	0.0
小学学校数(所)	Number of Primary Schools(unit)	22	17	-22.7
小学专任教师数(人)	Number of Full-time Teachers of Primary Schools(person)	577	529	-8.3
小学在校学生数(人)	Number of Student Enrollment of Primary Schools(person)	6390	6594	3.2
普通中学学校数(所)	Number of Regular Secondary Schools(unit)	9	9	0.0
普通中学专任教师数(人)	Number of Teachers of Secondary Shools(person)	550	562	2.2
初中在校学生数(人)	Number of Student in Junior Secondary Schools(person)	5116	5031	-1.7
高中在校学生数(人)	Number of Student in Senior Secondary Schools(person)	1678	1624	-3.2
卫生机构数(所)	Number of Health Institutions(unit)	17	18	5.9
# 医院(所)	Hospitals(unit)	2	2	0.0
卫生院(所)	Township Hospitals(unit)	13	13	0.0
床位数(张)	Number of Beds(unit)	292	290	-0.7
# 医院(张)	Hospitals(unit)	119	120	0.8
卫生院(张)	Township Hospitals(unit)	145	142	-2.1
卫生技术人员(人)	Medical Technical Presonnel(person)	240	260	8.3
# 医院(人)	Hospitals(person)	80	87	8.8
卫生院(人)	Township Hospitals(person)	95	118	24.2

23-95 鄂尔多斯市伊金霍洛旗

指 标	Item	2006	2007	2007年比上年增长% Increase Rate in 2007 Over 2006(%)
行政区域土地面积(平方公里)	**Area of Administration(Sq.km)**	**5565**	**5565**	**0.0**
人口和就业	**Population & Employment**			
年末总人口(人)	Total Population Year-end(person)	147892	151603	2.5
# 男性(人)	Male(person)	78087	79333	1.6
# 乡村人口(人)	Rural(person)	69391	72270	4.1
年末总户数(户)	Total Number of Households at the Year-end(Household)	52329	57349	9.6
# 乡村户数(户)	Number of Rural Household(Household)	22564	23231	3.0
出生人口(人)	Births(person)	2084	2335	12.0
死亡人口(人)	Deaths(person)	511	1114	118.0
全社会就业人员(人)	Employment(person)	130135	133854	2.9
第一产业(人)	Primary Industry(person)	40954	38386	-6.3
第二产业(人)	Secondary Industry(person)	47853	50786	6.1
第三产业(人)	Tertiary Industry(person)	41328	44682	8.1
在岗职工人数(人)	Number of Staff & Workers Employed in(person)	17668	19985	13.1
乡村劳动力(人)	Number of Rural Laborers(person)	49893	49262	-1.3
# 农林牧渔业(人)	Farming,Forestry,Animal Husbandry & Fishery(person)	40954	38386	-6.3
国民经济综合指标	**Summary Item on the National Economy**			
生产总值(万元)	Gross Domestic Product(10 000 yuan)	1300031	2003806	26.2
第一产业(万元)	Primary Industry(10 000 yuan)	37418	44532	6.1
第二产业(万元)	Secondary Industry(10 000 yuan)	597260	1029329	30.0
# 工业(万元)	Industry(10 000 yuan)	469175	858464	30.4
第三产业(万元)	Tertiary Industry(10 000 yuan)	665353	929945	24.3
人均生产总值(元)	Per Capita GDP(yuan)	85528	126224	27.1
全社会固定资产投资(万元)	Total Investment in Fixed Assets(10 000 yuan)	1095139	1505474	37.5
按登记注册类型分	Grouped by Registered Type			
# 国有(万元)	State-owned Enterprises(10 000 yuan)	609078	718402	17.9
集体(万元)	Collective-owned Enterprises(10 000 yuan)	9433	916	-90.3
有限责任公司(万元)	Limited Liability Corporations(10 000 yuan)	279400	408349	46.2
股份有限公司(万元)	Share Holding Enterprises(10 000 yuan)	105707	135335	28.0
私营企业(万元)	Private Enterprises(10 000 yuan)	60815	179175	194.6
外商及港澳台投资企业(万元)	Funds from HK,Macao,Taiwan & Foreign(10 000 yuan)			
按城乡渠道分	Grouped by Urban and Rural Area			
城镇(万元)	Urban(10 000 yuan)	1065037	1488849	39.8
农村(万元)	Rural(10 000 yuan)	30102	16625	-44.8
一般预算收入(万元)	General Budgetary Financial Revenue(10 000 yuan)	84397	118885	40.9
一般预算支出(万元)	General Budgetary Financial Expenditures(10 000 yuan)	105885	131403	24.1
城乡居民储蓄存款余额(万元)	Resident Saving Deposit in Urban & Rural(10 000 yuan)	219719	461205	109.9
在岗职工工资总额(万元)	Total Wages of Staff & Workers Empioyed in(10 000 yuan)	65289	76026	16.4
在岗职工平均工资(元)	Average Wage of Staff & Workers Employed in(yuan)	34057	38582	13.3
农牧民人均纯收入(元)	Per Capita Net Income of Peasant & Herdsman(yuan)	5446	6301	15.7
农村牧区经济	**Economic Development in Rural & Pastoral Area**			
耕地面积(公顷)	Cultivated Area(hectare)	35257	35263	0.0
农作物总播种面积(公顷)	Total Sown Area(hectare)	33487	34033	1.6
# 粮食作物播种面积(公顷)	Sown Area of Grain Crops(hectare)	15701	18565	18.2
有效灌溉面积(公顷)	Irrigated Area(hectare)	20590	26270	27.6
农牧业机械总动力(万千瓦)	Total Power of Agricultural Machinery(10 000 kw)	21.90	27.00	23.3
化肥施用折纯量(吨)	Consumption of Chemical Fertilizer(ton)	3748	4027	7.4
农村用电量(万千瓦小时)	Electricity Consumed in Rural Area(10 000 kwh)	3269	5527	69.1
农林牧渔业总产值(万元)	Gross Output of Farming,Forestry,Animal Husbandry & Fishery(10 000 yuan)	57566	75167	8.3
粮食产量(吨)	Yield of Grain(ton)	83703	98068	17.2
油料产量(吨)	Yield of Oil-bearing Grops(ton)	1402	683	-51.3
甜菜产量(吨)	Yield of Beetroots(ton)	985	336	-65.9
猪牛羊肉产量(吨)	Output of Pork, Beef & Mutton(ton)	15577	14207	-8.8
# 猪肉产量(吨)	Output of Pork(ton)	6407	4480	-30.1
牛肉产量(吨)	Output of Beef(ton)	1118	1821	62.9
羊肉产量(吨)	Output of Mutton(ton)	8052	7906	-1.8
羊毛产量(吨)	Output of Wool(ton)	883	750	-15.1

23-95 Yijinhuoluo Banner in Erdos City

指 标	Item	2006	2007	2007年比上年增长% Increase Rate in 2007 Over 2006(%)
年末牲畜存栏头数(万头只)	Total Livestock at the Year-end(10 000 heads)	73.98	65.80	-11.1
# 大牲畜(万头只)	Large Animals(10 000 heads)	2.58	1.29	-50.0
羊(万只)	Sheep & Goats(10 000 heads)	66.78	60.30	-9.7
猪(万头)	Hogs(10 000 heads)	4.62	4.21	-8.9
规模以上工业	**Industrial Enterprises above Designated size**			
工业企业单位数(个)	Number of Industrial Enterprises(unit)	53	53	0.0
# 内资企业(个)	Civil Funded Enterprises(unit)	52	52	0.0
工业总产值(万元)	Gross Industrial Output Value(10 000 yuan)	987769	1518167	53.7
内资企业(万元)	Civil Funded Enterprises(10 000 yuan)	982415	1513920	54.1
国有企业(万元)	State-owned Enterprises(10 000 yuan)	10816	22250	105.7
集体企业(万元)	Collective-owned Enterprises(10 000 yuan)	4986	10054	101.6
股份合作企业(万元)	Share Holding Enterprises(10 000 yuan)	1287	3050	137.0
联营企业(万元)	Joint Owned Enterprises(10 000 yuan)			
有限责任公司(万元)	Limited Company(10 000 yuan)	943051	1415295	50.1
股份有限公司(万元)	Share Holding Limited Company(10 000 yuan)			
私营企业(万元)	Privately Owned Enterprises(10 000 yuan)			
其他企业(万元)	Enterprises of Other Ownership(10 000 yuan)	22275	63271	184.0
港澳台商投资企业(万元)	Funds from HK,Macao & Taiwan(10 000 yuan)	5354	4247	-20.7
外商投资企业(万元)	Foreign Funded Enterprises(10 000 yuan)			
工业企业增加值(万元)	Value Added of Industrial Enterprises(10 000 yuan)	391175	775500	36.3
工业企业资产总计(万元)	Total Assets of Industrial Enterprises(10 000 yuan)	1375694	2246265	63.3
工业企业负债合计(万元)	Total Liabilities of Industrial Enterprises(10 000 yuan)	538676	686517	27.4
工业企业产品销售收入(万元)	Sales of Revenue Industrial Enterprises(10 000 yuan)	811470	1563038	92.6
工业企业利润总额(万元)	Total Profits of Industrial Enterprises(10 000 yuan)	155023	638701	312.0
建筑业	**Construction**			
建筑企业单位数(个)	Number of Construction Enterprises(unit)	3	3	0.0
建筑企业从业人员(人)	Number of Employee in Construction Enterprises(person)	584	865	48.1
建筑业总产值(万元)	Gross Construction Output Value(10 000 yuan)	11516	40500	251.7
交通运输邮电通信业	**Transportation,Post & Telecommunications**			
公路里程(公里)	Total Length of Highways(km)	1683	1764	4.8
邮电业务总量(万元)	Business Volume of Post & Telecoms(10 000 yuan)	2102	2181	3.8
本地电话用户(户)	Number of Subscribers of Local Telephone(Household)	23111	36700	58.8
国内贸易	**Demestic Trade**			
社会消费品零售总额(万元)	Total Retail Sales of Consumer Goods(10 000 yuan)	131885	158327	20.0
# 贸易业(万元)	Wholesale & Retail Sales Trades(10 000 yuan)	100067	120666	20.6
餐饮业(万元)	Catering Trade(10 000 yuan)	27847	33155	19.1
科技教育卫生	**Science,Education & Public Health**			
各类专业技术人员(人)	Speccial Technical Personnel(person)	5100	5324	4.4
幼儿园数(所)	Number of Kindergartens(unit)	13	13	0.0
学龄儿童入学率(%)	Percentage of School-Age Children Enrolled(%)	100.0	100.0	0.0
小学学校数(所)	Number of Primary Schools(unit)	19	19	0.0
小学专任教师数(人)	Number of Full-time Teachers of Primary Schools(person)	910	1045	14.8
小学在校学生数(人)	Number of Student Enrollment of Primary Schools(person)	9113	8777	-3.7
普通中学学校数(所)	Number of Regular Secondary Schools(unit)	10	9	-10.0
普通中学专任教师数(人)	Number of Teachers of Secondary Shools(person)	819	895	9.3
初中在校学生数(人)	Number of Student in Junior Secondary Schools(person)	5883	6832	16.1
高中在校学生数(人)	Number of Student in Senior Secondary Schools(person)	3067	2407	-21.5
卫生机构数(所)	Number of Health Institutions(unit)	33	33	0.0
# 医院(所)	Hospitals(unit)	1	1	0.0
卫生院(所)	Township Hospitals(unit)	15	15	0.0
床位数(张)	Number of Beds(unit)	272	366	34.6
# 医院(张)	Hospitals(unit)	100	112	12.0
卫生院(张)	Township Hospitals(unit)	150	153	2.0
卫生技术人员(人)	Medical Technical Presonnel(person)	356	357	0.3
# 医院(人)	Hospitals(person)	311	316	1.6
卫生院(人)	Township Hospitals(person)	45	41	-8.9

23-96 巴彦淖尔市临河区

指 标	Item	2006	2007	2007年比上年增长% Increase Rate in 2007 Over 2006(%)
行政区域土地面积(平方公里)	**Area of Administration(Sq.km)**	**2354**	**2354**	**0.0**
人口和就业	**Population & Employment**			
年末总人口(人)	Total Population Year-end(person)	540363	550563	1.9
#男性(人)	Male(person)	269900	274217	1.6
#乡村人口(人)	Rural(person)	255899	246028	-3.9
年末总户数(户)	Total Number of Households at the Year-end(Household)	159595	162422	1.8
#乡村户数(户)	Number of Rural Household(Household)	60484	60574	0.1
出生人口(人)	Births(person)	2959	5546	87.4
死亡人口(人)	Deaths(person)	767	839	9.4
全社会就业人员(人)	Employment(person)	275169	281097	2.2
第一产业(人)	Primary Industry(person)	114759	115005	0.2
第二产业(人)	Secondary Industry(person)	30451	31455	3.3
第三产业(人)	Tertiary Industry(person)	129959	134637	3.6
在岗职工人数(人)	Number of Staff & Workers Employed in(person)	62593	63927	2.1
乡村劳动力(人)	Number of Rural Laborers(person)	154538	157581	2.0
#农林牧渔业(人)	Farming,Forestry,Animal Husbandry & Fishery(person)	114759	118005	2.8
国民经济综合指标	**Summary Item on the National Economy**			
生产总值(万元)	Gross Domestic Product(10 000 yuan)	859300	1077553	21.9
第一产业(万元)	Primary Industry(10 000 yuan)	199500	233963	9.6
第二产业(万元)	Secondary Industry(10 000 yuan)	329300	452783	37.1
#工业(万元)	Industry(10 000 yuan)	271600	376700	39.8
第三产业(万元)	Tertiary Industry(10 000 yuan)	330500	390807	16.3
人均生产总值(元)	Per Capita GDP(yuan)	16018	19755	21.9
全社会固定资产投资(万元)	Total Investment in Fixed Assets(10 000 yuan)	508934	649960	27.7
按登记注册类型分	Grouped by Registered Type			
#国有(万元)	State-owned Enterprises(10 000 yuan)	150047	392384	161.5
集体(万元)	Collective-owned Enterprises(10 000 yuan)			
有限责任公司(万元)	Limited Liability Corporations(10 000 yuan)	240844	122685	-49.1
股份有限公司(万元)	Share Holding Enterprises(10 000 yuan)	15510	13518	-12.8
私营企业(万元)	Private Enterprises(10 000 yuan)	72033	60323	-16.3
外商及港澳台投资企业(万元)	Funds from HK,Macao,Taiwan & Foreign(10 000 yuan)	30500	61050	100.2
按城乡渠道分	Grouped by Urban and Rural Area			
城镇(万元)	Urban(10 000 yuan)	499904	542859	8.6
农村(万元)	Rural(10 000 yuan)	9030	107101	1086.1
一般预算收入(万元)	General Budgetary Financial Revenue(10 000 yuan)	32820	43873	33.7
一般预算支出(万元)	General Budgetary Financial Expenditures(10 000 yuan)	67758	87624	29.3
城乡居民储蓄存款余额(万元)	Resident Saving Deposit in Urban & Rural(10 000 yuan)	678712	755389	11.3
在岗职工工资总额(万元)	Total Wages of Staff & Workers Employed in(10 000 yuan)	105512	114688	8.7
在岗职工平均工资(元)	Average Wage of Staff & Workers Employed in(yuan)	15426	16483	6.9
农牧民人均纯收入(元)	Per Capita Net Income of Peasant & Herdsman(yuan)	5265	5998	13.9
农村牧区经济	**Economic Development in Rural & Pastoral Area**			
耕地面积(公顷)	Cultivated Area(hectare)	127111	127111	0.0
农作物总播种面积(公顷)	Total Sown Area(hectare)	102738	102937	0.2
#粮食作物播种面积(公顷)	Sown Area of Grain Crops(hectare)	52371	53143	1.5
有效灌溉面积(公顷)	Irrigated Area(hectare)	127111	127111	0.0
农牧业机械总动力(万千瓦)	Total Power of Agricultural Machinery(10 000 kw)	57.04	62.07	8.8
化肥施用折纯量(吨)	Consumption of Chemical Fertilizer(ton)	51428	52262	1.6
农村用电量(万千瓦小时)	Electricity Consumed in Rural Area(10 000 kwh)	7821	8159	4.3
农林牧渔业总产值(万元)	Gross Output of Farming,Forestry,Animal Husbandry & Fishery(10 000 yuan)	338118	396548	17.3
粮食产量(吨)	Yield of Grain(ton)	400780	404872	1.0
油料产量(吨)	Yield of Oil-bearing Grops(ton)	96062	86100	-10.4
甜菜产量(吨)	Yield of Beetroots(ton)	178660	108964	-39.0
猪牛羊肉产量(吨)	Output of Pork, Beef & Mutton(ton)	78248	70397	-10.0
#猪肉产量(吨)	Output of Pork(ton)	27430	20944	-23.6
牛肉产量(吨)	Output of Beef(ton)	2704	2539	-6.1
羊肉产量(吨)	Output of Mutton(ton)	48114	46914	-2.5
羊毛产量(吨)	Output of Wool(ton)	1652	1653	0.1

23-96 Linhe District in Bayannaoer City

指 标	Item	2006	2007	2007年比上年增长% Increase Rate in 2007 Over 2006(%)
年末牲畜存栏头数(万头只)	Total Livestock at the Year-end(10 000 heads)	206.93	180.83	-12.6
#大牲畜(万头只)	Large Animals(10 000 heads)	8.08	7.55	-6.6
羊(万只)	Sheep & Goats(10 000 heads)	178.74	156.35	-12.5
猪(万头)	Hogs(10 000 heads)	20.11	16.93	-15.8
规模以上工业	**Industrial Enterprises above Designated size**			
工业企业单位数(个)	Number of Industrial Enterprises(unit)	63	75	19.0
#内资企业(个)	Civil Funded Enterprises(unit)	60	72	20.0
工业总产值(万元)	Gross Industrial Output Value(10 000 yuan)	710558	1032481	45.3
内资企业(万元)	Civil Funded Enterprises(10 000 yuan)	671180	953213	42.0
国有企业(万元)	State-owned Enterprises(10 000 yuan)	141280	198858	40.8
集体企业(万元)	Collective-owned Enterprises(10 000 yuan)			
股份合作企业(万元)	Share Holding Enterprises(10 000 yuan)			
联营企业(万元)	Joint Owned Enterprises(10 000 yuan)			
有限责任公司(万元)	Limited Company(10 000 yuan)	150914	278636	84.6
股份有限公司(万元)	Share Holding Limited Company(10 000 yuan)	71509	121241	69.6
私营企业(万元)	Privately Owned Enterprises(10 000 yuan)	307477	354478	15.3
其他企业(万元)	Enterprises of Other Ownership(10 000 yuan)			
港澳台商投资企业(万元)	Funds from HK,Macao & Taiwan(10 000 yuan)	23552	43444	84.5
外商投资企业(万元)	Foreign Funded Enterprises(10 000 yuan)	15825	35823	126.4
工业企业增加值(万元)	Value Added of Industrial Enterprises(10 000 yuan)	262519	370841	42.0
工业企业资产总计(万元)	Total Assets of Industrial Enterprises(10 000 yuan)	827933	980800	18.5
工业企业负债合计(万元)	Total Liabilities of Industrial Enterprises(10 000 yuan)	735015	822335	11.9
工业企业产品销售收入(万元)	Sales of Revenue Industrial Enterprises(10 000 yuan)	460954	679528	47.4
工业企业利润总额(万元)	Total Profits of Industrial Enterprises(10 000 yuan)	10487	61936	490.6
建筑业	**Construction**			
建筑企业单位数(个)	Number of Construction Enterprises(unit)	37	37	0.0
建筑企业从业人员(人)	Number of Employee in Construction Enterprises(person)	8928	11949	33.8
建筑业总产值(万元)	Gross Construction Output Value(10 000 yuan)	147286	272015	84.7
交通运输邮电通信业	**Transportation,Post & Telecommunications**			
公路里程(公里)	Total Length of Highways(km)	1064	1064	0.0
邮电业务总量(万元)	Business Volume of Post & Telecoms(10 000 yuan)	59489	73876	24.2
本地电话用户(户)	Number of Subscribers of Local Telephone(Household)	149000	90890	-39.0
国内贸易	**Domestic Trade**			
社会消费品零售总额(万元)	Total Retail Sales of Consumer Goods(10 000 yuan)	257004	305806	19.0
#贸易业(万元)	Wholesale & Retail Sales Trades(10 000 yuan)	182652	220605	20.8
餐饮业(万元)	Catering Trade(10 000 yuan)	43932	66998	52.5
科技教育卫生	**Science,Education & Public Health**			
各类专业技术人员(人)	Special Technical Personnel(person)	17704	17986	1.6
幼儿园数(所)	Number of Kindergartens(unit)	29	35	20.7
学龄儿童入学率(%)	Percentage of School-Age Children Enrolled(%)	100.0	100.0	0.0
小学学校数(所)	Number of Primary Schools(unit)	83	45	-45.8
小学专任教师数(人)	Number of Full-time Teachers of Primary Schools(person)	1934	2072	7.1
小学在校学生数(人)	Number of Student Enrollment of Primary Schools(person)	36190	35923	-0.7
普通中学学校数(所)	Number of Regular Secondary Schools(unit)	28	18	-35.7
普通中学专任教师数(人)	Number of Teachers of Secondary Shools(person)	1740	1570	-9.8
初中在校学生数(人)	Number of Student in Junior Secondary Schools(person)	16279	15934	-2.1
高中在校学生数(人)	Number of Student in Senior Secondary Schools(person)	13896	12521	-9.9
卫生机构数(所)	Number of Health Institutions(unit)	47	335	612.8
#医院(所)	Hospitals(unit)	9	9	0.0
卫生院(所)	Township Hospitals(unit)	17	25	47.1
床位数(张)	Number of Beds(unit)	2527	2569	1.7
#医院(张)	Hospitals(unit)	1686	1743	3.4
卫生院(张)	Township Hospitals(unit)	298	538	80.5
卫生技术人员(人)	Medical Technical Presonnel(person)	2720	3688	35.6
#医院(人)	Hospitals(person)	1568	1873	19.5
卫生院(人)	Township Hospitals(person)	225	535	137.8

23-97 巴彦淖尔市五原县

指 标	Item	2006	2007	2007年比上年增长% Increase Rate in 2007 Over 2006(%)
行政区域土地面积(平方公里)	**Area of Administration(Sq.km)**	**2493**	**2493**	**0.0**
人口和就业	**Population & Employment**			
年末总人口(人)	Total Population Year-end(person)	280496	288646	2.9
#男性(人)	Male(person)	144158	147705	2.5
#乡村人口(人)	Rural(person)	200563	202916	1.2
年末总户数(户)	Total Number of Households at the Year-end(Household)	80068	82596	3.2
#乡村户数(户)	Number of Rural Household(Household)	48910	49028	0.2
出生人口(人)	Births(person)	1639	3029	84.8
死亡人口(人)	Deaths(person)	234	1473	529.5
全社会就业人员(人)	Employment(person)	168206	162577	-3.3
第一产业(人)	Primary Industry(person)	117843	116433	-1.2
第二产业(人)	Secondary Industry(person)	18976	17268	-9.0
第三产业(人)	Tertiary Industry(person)	31387	28876	-8.0
在岗职工人数(人)	Number of Staff & Workers Employed in(person)	11128	11050	-0.7
乡村劳动力(人)	Number of Rural Laborers(person)	130346	133352	2.3
#农林牧渔业(人)	Farming,Forestry,Animal Husbandry & Fishery(person)	102143	106932	4.7
国民经济综合指标	**Summary Item on the National Economy**			
生产总值(万元)	Gross Domestic Product(10 000 yuan)	339000	387920	13.6
第一产业(万元)	Primary Industry(10 000 yuan)	129400	161108	8.2
第二产业(万元)	Secondary Industry(10 000 yuan)	113300	114448	20.3
#工业(万元)	Industry(10 000 yuan)	59600	80500	13.2
第三产业(万元)	Tertiary Industry(10 000 yuan)	96300	112364	15.1
人均生产总值(元)	Per Capita GDP(yuan)	12273	13632	13.6
全社会固定资产投资(万元)	Total Investment in Fixed Assets(10 000 yuan)	247459	282945	14.3
按登记注册类型分	Grouped by Registered Type			
#国有(万元)	State-owned Enterprises(10 000 yuan)	48491	131855	171.9
集体(万元)	Collective-owned Enterprises(10 000 yuan)		650	
有限责任公司(万元)	Limited Liability Corporations(10 000 yuan)	99196	101291	2.1
股份有限公司(万元)	Share Holding Enterprises(10 000 yuan)	13950	5590	-59.9
私营企业(万元)	Private Enterprises(10 000 yuan)	85102	43559	-48.8
外商及港澳台投资企业(万元)	Funds from HK,Macao,Taiwan & Foreign(10 000 yuan)	720		
按城乡渠道分	Grouped by Urban and Rural Area			
城镇(万元)	Urban(10 000 yuan)	238665	222088	-6.9
农村(万元)	Rural(10 000 yuan)	8794	60857	592.0
一般预算收入(万元)	General Budgetary Financial Revenue(10 000 yuan)	14149	12236	-13.5
一般预算支出(万元)	General Budgetary Financial Expenditures(10 000 yuan)	44818	49033	9.4
城乡居民储蓄存款余额(万元)	Resident Saving Deposit in Urban & Rural(10 000 yuan)	154633	179145	15.9
在岗职工工资总额(万元)	Total Wages of Staff & Workers Employed in(10 000 yuan)	16874	16517	-2.1
在岗职工平均工资(元)	Average Wage of Staff & Workers Employed in(yuan)	13542	15043	11.1
农牧民人均纯收入(元)	Per Capita Net Income of Peasant & Herdsman(yuan)	4693	5375	14.5
农村牧区经济	**Economic Development in Rural & Pastoral Area**			
耕地面积(公顷)	Cultivated Area(hectare)	120632	133471	10.6
农作物总播种面积(公顷)	Total Sown Area(hectare)	131020	131613	0.5
#粮食作物播种面积(公顷)	Sown Area of Grain Crops(hectare)	60940	58020	-4.8
有效灌溉面积(公顷)	Irrigated Area(hectare)	120632	133471	10.6
农牧业机械总动力(万千瓦)	Total Power of Agricultural Machinery(10 000 kw)	66.19	69.77	5.4
化肥施用折纯量(吨)	Consumption of Chemical Fertilizer(ton)	59370	57781	-2.7
农村用电量(万千瓦小时)	Electricity Consumed in Rural Area(10 000 kwh)	5038	5362	6.4
农林牧渔业总产值(万元)	Gross Output of Farming,Forestry,Animal Husbandry & Fishery(10 000 yuan)	217385	269412	23.9
粮食产量(吨)	Yield of Grain(ton)	392795	381267	-2.9
油料产量(吨)	Yield of Oil-bearing Grops(ton)	159975	140102	-12.4
甜菜产量(吨)	Yield of Beetroots(ton)	183591	319365	74.0
猪牛羊肉产量(吨)	Output of Pork, Beef & Mutton(ton)	33316	26611	-20.1
#猪肉产量(吨)	Output of Pork(ton)	15270	10474	-31.4
牛肉产量(吨)	Output of Beef(ton)	421	482	14.5
羊肉产量(吨)	Output of Mutton(ton)	17625	15655	-11.2
羊毛产量(吨)	Output of Wool(ton)	1243	1250	0.6

23-97 Wuyuan County in Bayannaoer City

指 标	Item	2006	2007	2007年比上年增长% Increase Rate in 2007 Over 2006(%)
年末牲畜存栏头数(万头只)	Total Livestock at the Year-end(10 000 heads)	111.69	108.68	-2.7
#大牲畜(万头只)	Large Animals(10 000 heads)	3.12	2.52	-19.2
羊(万只)	Sheep & Goats(10 000 heads)	96.27	96.41	0.1
猪(万头)	Hogs(10 000 heads)	12.30	9.74	-20.8
规模以上工业	**Industrial Enterprises above Designated size**			
工业企业单位数(个)	Number of Industrial Enterprises(unit)	24	22	-8.3
#内资企业(个)	Civil Funded Enterprises(unit)	24	22	-8.3
工业总产值(万元)	Gross Industrial Output Value(10 000 yuan)	152292	192080	26.1
内资企业(万元)	Civil Funded Enterprises(10 000 yuan)	152292	192080	26.1
国有企业(万元)	State-owned Enterprises(10 000 yuan)	320		
集体企业(万元)	Collective-owned Enterprises(10 000 yuan)			
股份合作企业(万元)	Share Holding Enterprises(10 000 yuan)			
联营企业(万元)	Joint Owned Enterprises(10 000 yuan)			
有限责任公司(万元)	Limited Company(10 000 yuan)	72144	112399	55.8
股份有限公司(万元)	Share Holding Limited Company(10 000 yuan)	10028	4534	-54.8
私营企业(万元)	Privately Owned Enterprises(10 000 yuan)	69800	75147	7.7
其他企业(万元)	Enterprises of Other Ownership(10 000 yuan)			
港澳台商投资企业(万元)	Funds from HK,Macao & Taiwan(10 000 yuan)			
外商投资企业(万元)	Foreign Funded Enterprises(10 000 yuan)			
工业企业增加值(万元)	Value Added of Industrial Enterprises(10 000 yuan)	56402	69773	12.5
工业企业资产总计(万元)	Total Assets of Industrial Enterprises(10 000 yuan)	126637	171709	35.6
工业企业负债合计(万元)	Total Liabilities of Industrial Enterprises(10 000 yuan)	87934	114825	30.6
工业企业产品销售收入(万元)	Sales of Revenue Industrial Enterprises(10 000 yuan)	130639	154709	18.4
工业企业利润总额(万元)	Total Profits of Industrial Enterprises(10 000 yuan)	2689	8339	210.1
建筑业	**Construction**			
建筑企业单位数(个)	Number of Construction Enterprises(unit)	4	4	0.0
建筑企业从业人员(人)	Number of Employee in Construction Enterprises(person)	810	930	14.8
建筑业总产值(万元)	Gross Construction Output Value(10 000 yuan)	6373	9713	52.4
交通运输邮电通信业	**Transportation,Post & Telecommunications**			
公路里程(公里)	Total Length of Highways(km)	1624	2507	54.4
邮电业务总量(万元)	Business Volume of Post & Telecoms(10 000 yuan)	10440	12873	23.3
本地电话用户(户)	Number of Subscribers of Local Telephone(Household)	32500	39681	22.1
国内贸易	**Domestic Trade**			
社会消费品零售总额(万元)	Total Retail Sales of Consumer Goods(10 000 yuan)	78057	91561	17.3
#贸易业(万元)	Wholesale & Retail Sales Trades(10 000 yuan)	67309	81665	21.3
餐饮业(万元)	Catering Trade(10 000 yuan)	6591	7025	6.6
科技教育卫生	**Science,Education & Public Health**			
各类专业技术人员(人)	Special Technical Personnel(person)	4628	4670	0.9
幼儿园数(所)	Number of Kindergartens(unit)	35	37	5.7
学龄儿童入学率(%)	Percentage of School-Age Children Enrolled(%)	100.0	100.0	0.0
小学学校数(所)	Number of Primary Schools(unit)	61	46	-24.6
小学专任教师数(人)	Number of Full-time Teachers of Primary Schools(person)	1097	1119	2.0
小学在校学生数(人)	Number of Student Enrollment of Primary Schools(person)	19215	19231	0.1
普通中学学校数(所)	Number of Regular Secondary Schools(unit)	8	13	62.5
普通中学专任教师数(人)	Number of Teachers of Secondary Shools(person)	800	1037	29.6
初中在校学生数(人)	Number of Student in Junior Secondary Schools(person)	10481	11106	6.0
高中在校学生数(人)	Number of Student in Senior Secondary Schools(person)	6982	6429	-7.9
卫生机构数(所)	Number of Health Institutions(unit)	25	62	148.0
#医院(所)	Hospitals(unit)	3	5	66.7
卫生院(所)	Township Hospitals(unit)	19	20	5.3
床位数(张)	Number of Beds(unit)	609	748	22.8
#医院(张)	Hospitals(unit)	370	447	20.8
卫生院(张)	Township Hospitals(unit)	189	253	33.9
卫生技术人员(人)	Medical Technical Presonnel(person)	627	893	42.4
#医院(人)	Hospitals(person)	344	474	37.8
卫生院(人)	Township Hospitals(person)	169	204	20.7

23-98 巴彦淖尔市磴口县

指标	Item	2006	2007	2007年比上年增长% Increase Rate in 2007 Over 2006(%)
行政区域土地面积(平方公里)	**Area of Administration(Sq.km)**	**4167**	**4167**	**0.0**
人口和就业	**Population & Employment**			
年末总人口(人)	Total Population Year-end(person)	123798	123980	0.1
#男性(人)	Male(person)	63149	63210	0.1
#乡村人口(人)	Rural(person)	56136	55906	-0.4
年末总户数(户)	Total Number of Households at the Year-end(Household)	38566	39005	1.1
#乡村户数(户)	Number of Rural Household(Household)	14581	16300	11.8
出生人口(人)	Births(person)	901	1088	20.8
死亡人口(人)	Deaths(person)	650	1105	70.0
全社会就业人员(人)	Employment(person)	60936	61786	1.4
第一产业(人)	Primary Industry(person)	34745	34971	0.7
第二产业(人)	Secondary Industry(person)	10184	10322	1.4
第三产业(人)	Tertiary Industry(person)	16007	16493	3.0
在岗职工人数(人)	Number of Staff & Workers Employed in(person)	12337	11588	-6.1
乡村劳动力(人)	Number of Rural Laborers(person)	40579	40637	0.1
#农林牧渔业(人)	Farming,Forestry,Animal Husbandry & Fishery(person)	29520	29425	-0.3
国民经济综合指标	**Summary Item on the National Economy**			
生产总值(万元)	Gross Domestic Product(10 000 yuan)	214000	254191	16.5
第一产业(万元)	Primary Industry(10 000 yuan)	41900	50480	6.0
第二产业(万元)	Secondary Industry(10 000 yuan)	128300	153950	21.9
#工业(万元)	Industry(10 000 yuan)	109200	128700	22.3
第三产业(万元)	Tertiary Industry(10 000 yuan)	43800	49761	12.8
人均生产总值(元)	Per Capita GDP(yuan)	17365	20518	16.5
全社会固定资产投资(万元)	Total Investment in Fixed Assets(10 000 yuan)	145795	180465	23.8
按登记注册类型分	Grouped by Registered Type			
#国有(万元)	State-owned Enterprises(10 000 yuan)	71293	82477	15.7
集体(万元)	Collective-owned Enterprises(10 000 yuan)			
有限责任公司(万元)	Limited Liability Corporations(10 000 yuan)	50920	27108	-46.8
股份有限公司(万元)	Share Holding Enterprises(10 000 yuan)	10239	52059	408.4
私营企业(万元)	Private Enterprises(10 000 yuan)	10843	13921	28.4
外商及港澳台投资企业(万元)	Funds from HK,Macao,Taiwan & Foreign(10 000 yuan)	2500	4900	96.0
按城乡渠道分	Grouped by Urban and Rural Area			
城镇(万元)	Urban(10 000 yuan)	141676	144483	2.0
农村(万元)	Rural(10 000 yuan)	4119	35982	773.6
一般预算收入(万元)	General Budgetary Financial Revenue(10 000 yuan)	6739	7587	12.6
一般预算支出(万元)	General Budgetary Financial Expenditures(10 000 yuan)	26309	32973	25.3
城乡居民储蓄存款余额(万元)	Resident Saving Deposit in Urban & Rural(10 000 yuan)	119806	97816	-18.4
在岗职工工资总额(万元)	Total Wages of Staff & Workers Employed in(10 000 yuan)	15525	16008	3.1
在岗职工平均工资(元)	Average Wage of Staff & Workers Employed in(yuan)	12463	13418	7.7
农牧民人均纯收入(元)	Per Capita Net Income of Peasant & Herdsman(yuan)	4922	5610	14.0
农村牧区经济	**Economic Development in Rural & Pastoral Area**			
耕地面积(公顷)	Cultivated Area(hectare)	39776	40029	0.6
农作物总播种面积(公顷)	Total Sown Area(hectare)	27616	27620	0.0
#粮食作物播种面积(公顷)	Sown Area of Grain Crops(hectare)	14184	14073	-0.8
有效灌溉面积(公顷)	Irrigated Area(hectare)	38544	38797	0.7
农牧业机械总动力(万千瓦)	Total Power of Agricultural Machinery(10 000 kw)	17.15	17.15	0.0
化肥施用折纯量(吨)	Consumption of Chemical Fertilizer(ton)	10026	10112	0.9
农村用电量(万千瓦小时)	Electricity Consumed in Rural Area(10 000 kwh)	908	1014	11.7
农林牧渔业总产值(万元)	Gross Output of Farming,Forestry,Animal Husbandry & Fishery(10 000 yuan)	63143	76138	20.6
粮食产量(吨)	Yield of Grain(ton)	103015	100234	-2.7
油料产量(吨)	Yield of Oil-bearing Grops(ton)	17014	16850	-1.0
甜菜产量(吨)	Yield of Beetroots(ton)	48198	3441	-92.9
猪牛羊肉产量(吨)	Output of Pork, Beef & Mutton(ton)	8527	7447	-12.7
#猪肉产量(吨)	Output of Pork(ton)	2954	2563	-13.2
牛肉产量(吨)	Output of Beef(ton)	366	394	7.7
羊肉产量(吨)	Output of Mutton(ton)	5207	4490	-13.8
羊毛产量(吨)	Output of Wool(ton)	308	309	0.3

23-98 Dengkou County in Bayannaoer City

指 标	Item	2006	2007	2007年比上年增长% Increase Rate in 2007 Over 2006(%)
年末牲畜存栏头数(万头只)	Total Livestock at the Year-end(10 000 heads)	37.60	38.69	2.9
# 大牲畜(万头只)	Large Animals(10 000 heads)	3.46	3.59	3.8
羊(万只)	Sheep & Goats(10 000 heads)	31.08	31.58	1.6
猪(万头)	Hogs(10 000 heads)	3.06	3.52	15.0
规模以上工业	**Industrial Enterprises above Designated size**			
工业企业单位数(个)	Number of Industrial Enterprises(unit)	26	20	-23.1
# 内资企业(个)	Civil Funded Enterprises(unit)	23	17	-26.1
工业总产值(万元)	Gross Industrial Output Value(10 000 yuan)	306811	330595	7.8
内资企业(万元)	Civil Funded Enterprises(10 000 yuan)	198908	216010	8.6
国有企业(万元)	State-owned Enterprises(10 000 yuan)	25266	9611	-62.0
集体企业(万元)	Collective-owned Enterprises(10 000 yuan)			
股份合作企业(万元)	Share Holding Enterprises(10 000 yuan)			
联营企业(万元)	Joint Owned Enterprises(10 000 yuan)			
有限责任公司(万元)	Limited Company(10 000 yuan)	96410	119478	23.9
股份有限公司(万元)	Share Holding Limited Company(10 000 yuan)	30129	38063	26.3
私营企业(万元)	Privately Owned Enterprises(10 000 yuan)	47103	48858	3.7
其他企业(万元)	Enterprises of Other Ownership(10 000 yuan)			
港澳台商投资企业(万元)	Funds from HK,Macao & Taiwan(10 000 yuan)			
外商投资企业(万元)	Foreign Funded Enterprises(10 000 yuan)	107903	114585	6.2
工业企业增加值(万元)	Value Added of Industrial Enterprises(10 000 yuan)	89782	123000	22.6
工业企业资产总计(万元)	Total Assets of Industrial Enterprises(10 000 yuan)	124790	116146	-6.9
工业企业负债合计(万元)	Total Liabilities of Industrial Enterprises(10 000 yuan)	66986	57928	-13.5
工业企业产品销售收入(万元)	Sales of Revenue Industrial Enterprises(10 000 yuan)	270130	303482	12.3
工业企业利润总额(万元)	Total Profits of Industrial Enterprises(10 000 yuan)	13555	5834	-57.0
建筑业	**Construction**			
建筑企业单位数(个)	Number of Construction Enterprises(unit)	1	1	0.0
建筑企业从业人员(人)	Number of Employee in Construction Enterprises(person)	18	1320	7233.3
建筑业总产值(万元)	Gross Construction Output Value(10 000 yuan)	3500	5210	48.9
交通运输邮电通信业	**Transportation,Post & Telecommunications**			
公路里程(公里)	Total Length of Highways(km)	485	485	0.0
邮电业务总量(万元)	Business Volume of Post & Telecoms(10 000 yuan)	4151	4807	15.8
本地电话用户(户)	Number of Subscribers of Local Telephone(Household)	28120	45000	60.0
国内贸易	**Domestic Trade**			
社会消费品零售总额(万元)	Total Retail Sales of Consumer Goods(10 000 yuan)	42040	48704	15.9
# 贸易业(万元)	Wholesale & Retail Sales Trades(10 000 yuan)	35615	37560	5.5
餐饮业(万元)	Catering Trade(10 000 yuan)	5193	8388	61.5
科技教育卫生	**Science,Education & Public Health**			
各类专业技术人员(人)	Special Technical Personnel(person)	3329	3410	2.4
幼儿园数(所)	Number of Kindergartens(unit)	8	8	0.0
学龄儿童入学率(%)	Percentage of School-Age Children Enrolled(%)	100.0	100.0	0.0
小学学校数(所)	Number of Primary Schools(unit)	29	27	-6.9
小学专任教师数(人)	Number of Full-time Teachers of Primary Schools(person)	529	549	3.8
小学在校学生数(人)	Number of Student Enrollment of Primary Schools(person)	8151	8130	-0.3
普通中学学校数(所)	Number of Regular Secondary Schools(unit)	8	8	0.0
普通中学专任教师数(人)	Number of Teachers of Secondary Shools(person)	409	405	-1.0
初中在校学生数(人)	Number of Student in Junior Secondary Schools(person)	4856	4650	-4.2
高中在校学生数(人)	Number of Student in Senior Secondary Schools(person)	2529	2247	-11.2
卫生机构数(所)	Number of Health Institutions(unit)	11	35	218.2
# 医院(所)	Hospitals(unit)	2	2	0.0
卫生院(所)	Township Hospitals(unit)	7	7	0.0
床位数(张)	Number of Beds(unit)	320	302	-5.6
# 医院(张)	Hospitals(unit)	212	212	0.0
卫生院(张)	Township Hospitals(unit)	69	50	-27.5
卫生技术人员(人)	Medical Technical Presonnel(person)	337	380	12.8
# 医院(人)	Hospitals(person)	214	212	-0.9
卫生院(人)	Township Hospitals(person)	43	33	-23.3

23-99 巴彦淖尔市乌拉特前旗

指标	Item	2006	2007	2007年比上年增长% Increase Rate in 2007 Over 2006(%)
行政区域土地面积(平方公里)	**Area of Administration(Sq.km)**	**7476**	**7476**	**0.0**
人口和就业	**Population & Employment**			
年末总人口(人)	Total Population Year-end(person)	335964	336825	0.3
#男性(人)	Male(person)	173019	172894	-0.1
#乡村人口(人)	Rural(person)	231225	228809	-1.0
年末总户数(户)	Total Number of Households at the Year-end(Household)	104600	105994	1.3
#乡村户数(户)	Number of Rural Household(Household)	58939	59145	0.3
出生人口(人)	Births(person)	2195	3537	61.1
死亡人口(人)	Deaths(person)	768	4687	510.3
全社会就业人员(人)	Employment(person)	149245	165450	10.9
第一产业(人)	Primary Industry(person)	103581	117620	13.6
第二产业(人)	Secondary Industry(person)	14154	17171	21.3
第三产业(人)	Tertiary Industry(person)	31510	30659	-2.7
在岗职工人数(人)	Number of Staff & Workers Employed in(person)	24198	27894	15.3
乡村劳动力(人)	Number of Rural Laborers(person)	135135	147431	9.1
#农林牧渔业(人)	Farming,Forestry,Animal Husbandry & Fishery(person)	93488	107726	15.2
国民经济综合指标	**Summary Item on the National Economy**			
生产总值(万元)	Gross Domestic Product(10 000 yuan)	448200	569765	16.6
第一产业(万元)	Primary Industry(10 000 yuan)	132300	168089	7.6
第二产业(万元)	Secondary Industry(10 000 yuan)	185700	245863	22.7
#工业(万元)	Industry(10 000 yuan)	151900	209800	27.8
第三产业(万元)	Tertiary Industry(10 000 yuan)	130200	155813	17.3
人均生产总值(元)	Per Capita GDP(yuan)	13380	16937	16.6
全社会固定资产投资(万元)	Total Investment in Fixed Assets(10 000 yuan)	287777	288438	0.2
按登记注册类型分	Grouped by Registered Type			
#国有(万元)	State-owned Enterprises(10 000 yuan)	33337	120632	261.9
集体(万元)	Collective-owned Enterprises(10 000 yuan)	3394	981	-71.1
有限责任公司(万元)	Limited Liability Corporations(10 000 yuan)	13670	28210	106.4
股份有限公司(万元)	Share Holding Enterprises(10 000 yuan)	169687	32314	-81.0
私营企业(万元)	Private Enterprises(10 000 yuan)	63689	94801	48.8
外商及港澳台投资企业(万元)	Funds from HK,Macao,Taiwan & Foreign(10 000 yuan)	4000	11500	187.5
按城乡渠道分	Grouped by Urban and Rural Area			
城镇(万元)	Urban(10 000 yuan)	248246	255947	3.1
农村(万元)	Rural(10 000 yuan)	39531	32491	-17.8
一般预算收入(万元)	General Budgetary Financial Revenue(10 000 yuan)	21923	29700	35.5
一般预算支出(万元)	General Budgetary Financial Expenditures(10 000 yuan)	53828	75199	39.7
城乡居民储蓄存款余额(万元)	Resident Saving Deposit in Urban & Rural(10 000 yuan)	227741	255469	12.2
在岗职工工资总额(万元)	Total Wages of Staff & Workers Employed in(10 000 yuan)	36667	45928	25.3
在岗职工平均工资(元)	Average Wage of Staff & Workers Employed in(yuan)	14597	16268	11.4
农牧民人均纯收入(元)	Per Capita Net Income of Peasant & Herdsman(yuan)	4743	5456	15.0
农村牧区经济	**Economic Development in Rural & Pastoral Area**			
耕地面积(公顷)	Cultivated Area(hectare)	141370	148782	5.2
农作物总播种面积(公顷)	Total Sown Area(hectare)	124277	136894	10.2
#粮食作物播种面积(公顷)	Sown Area of Grain Crops(hectare)	60939	65621	7.7
有效灌溉面积(公顷)	Irrigated Area(hectare)	106181	113593	7.0
农牧业机械总动力(万千瓦)	Total Power of Agricultural Machinery(10 000 kw)	63.82	67.59	5.9
化肥施用折纯量(吨)	Consumption of Chemical Fertilizer(ton)	27967	30805	10.1
农村用电量(万千瓦小时)	Electricity Consumed in Rural Area(10 000 kwh)	11767	11863	0.8
农林牧渔业总产值(万元)	Gross Output of Farming,Forestry,Animal Husbandry & Fishery(10 000 yuan)	219043	277172	26.5
粮食产量(吨)	Yield of Grain(ton)	416935	444314	6.6
油料产量(吨)	Yield of Oil-bearing Grops(ton)	110474	130873	18.5
甜菜产量(吨)	Yield of Beetroots(ton)	89160	178555	100.3
猪牛羊肉产量(吨)	Output of Pork, Beef & Mutton(ton)	33194	29426	-11.4
#猪肉产量(吨)	Output of Pork(ton)	10948	8597	-21.5
牛肉产量(吨)	Output of Beef(ton)	753	667	-11.4
羊肉产量(吨)	Output of Mutton(ton)	21493	20162	-6.2
羊毛产量(吨)	Output of Wool(ton)	1410	1416	0.4

23-99 Wulateqian Banner in Bayannaoer City

指 标	Item	2006	2007	2007年比上年增长% Increase Rate in 2007 Over 2006(%)
年末牲畜存栏头数(万头只)	Total Livestock at the Year-end(10 000 heads)	136.56	129.94	-4.8
#大牲畜(万头只)	Large Animals(10 000 heads)	1.77	1.76	-0.6
羊(万只)	Sheep & Goats(10 000 heads)	126.20	120.19	-4.8
猪(万头)	Hogs(10 000 heads)	8.59	7.99	-7.0
规模以上工业	**Industrial Enterprises above Designated size**			
工业企业单位数(个)	Number of Industrial Enterprises(unit)	48	33	-31.2
#内资企业(个)	Civil Funded Enterprises(unit)	46	31	-32.6
工业总产值(万元)	Gross Industrial Output Value(10 000 yuan)	386054	482709	25.0
内资企业(万元)	Civil Funded Enterprises(10 000 yuan)	368770	454835	23.3
国有企业(万元)	State-owned Enterprises(10 000 yuan)	1148		
集体企业(万元)	Collective-owned Enterprises(10 000 yuan)	543	2100	286.7
股份合作企业(万元)	Share Holding Enterprises(10 000 yuan)			
联营企业(万元)	Joint Owned Enterprises(10 000 yuan)	596		
有限责任公司(万元)	Limited Company(10 000 yuan)	93459	89599	-4.1
股份有限公司(万元)	Share Holding Limited Company(10 000 yuan)	64725	158773	145.3
私营企业(万元)	Privately Owned Enterprises(10 000 yuan)	208299	204363	-1.9
其他企业(万元)	Enterprises of Other Ownership(10 000 yuan)			
港澳台商投资企业(万元)	Funds from HK,Macao & Taiwan(10 000 yuan)			
外商投资企业(万元)	Foreign Funded Enterprises(10 000 yuan)	17284	27874	61.3
工业企业增加值(万元)	Value Added of Industrial Enterprises(10 000 yuan)	151574	182632	28.8
工业企业资产总计(万元)	Total Assets of Industrial Enterprises(10 000 yuan)	698545	750090	7.4
工业企业负债合计(万元)	Total Liabilities of Industrial Enterprises(10 000 yuan)	552875	552057	-0.1
工业企业产品销售收入(万元)	Sales of Revenue Industrial Enterprises(10 000 yuan)	305072	452688	48.4
工业企业利润总额(万元)	Total Profits of Industrial Enterprises(10 000 yuan)	19873	45915	131.0
建筑业	**Construction**			
建筑企业单位数(个)	Number of Construction Enterprises(unit)	7	7	0.0
建筑企业从业人员(人)	Number of Employee in Construction Enterprises(person)	175	624	256.6
建筑业总产值(万元)	Gross Construction Output Value(10 000 yuan)	13100	12096	-7.7
交通运输邮电通信业	**Transportation,Post & Telecommunications**			
公路里程(公里)	Total Length of Highways(km)	2910	2968	2.0
邮电业务总量(万元)	Business Volume of Post & Telecoms(10 000 yuan)	10661	14073	32.0
本地电话用户(户)	Number of Subscribers of Local Telephone(Household)	46657	56966	22.1
国内贸易	**Domestic Trade**			
社会消费品零售总额(万元)	Total Retail Sales of Consumer Goods(10 000 yuan)	87589	102829	17.4
#贸易业(万元)	Wholesale & Retail Sales Trades(10 000 yuan)	73516	86107	17.1
餐饮业(万元)	Catering Trade(10 000 yuan)	7800	11269	44.5
科技教育卫生	**Science,Education & Public Health**			
各类专业技术人员(人)	Special Technical Personnel(person)	7030	7171	2.0
幼儿园数(所)	Number of Kindergartens(unit)	38	34	-10.5
学龄儿童入学率(%)	Percentage of School-Age Children Enrolled(%)	100.0	100.0	0.0
小学学校数(所)	Number of Primary Schools(unit)	71	54	-23.9
小学专任教师数(人)	Number of Full-time Teachers of Primary Schools(person)	1411	1361	-3.5
小学在校学生数(人)	Number of Student Enrollment of Primary Schools(person)	20996	23150	10.3
普通中学学校数(所)	Number of Regular Secondary Schools(unit)	22	19	-13.6
普通中学专任教师数(人)	Number of Teachers of Secondary Shools(person)	1208	1145	-5.2
初中在校学生数(人)	Number of Student in Junior Secondary Schools(person)	12104	9324	-23.0
高中在校学生数(人)	Number of Student in Senior Secondary Schools(person)	10399	9963	-4.2
卫生机构数(所)	Number of Health Institutions(unit)	27	71	163.0
#医院(所)	Hospitals(unit)	4	4	0.0
卫生院(所)	Township Hospitals(unit)	21	21	0.0
床位数(张)	Number of Beds(unit)	781	791	1.3
#医院(张)	Hospitals(unit)	388	390	0.5
卫生院(张)	Township Hospitals(unit)	318	313	-1.6
卫生技术人员(人)	Medical Technical Presonnel(person)	1002	1176	17.4
#医院(人)	Hospitals(person)	372	442	18.8
卫生院(人)	Township Hospitals(person)	437	427	-2.3

23-100 巴彦淖尔市乌拉特中旗

指 标	Item	2006	2007	2007年比上年增长% Increase Rate in 2007 Over 2006(%)
行政区域土地面积(平方公里)	**Area of Administration(Sq.km)**	**23096**	**23096**	**0.0**
人口和就业	**Population & Employment**			
年末总人口(人)	Total Population Year-end(person)	139475	139823	0.2
#男性(人)	Male(person)	71229	71264	0.0
#乡村人口(人)	Rural(person)	86227	86493	0.3
年末总户数(户)	Total Number of Households at the Year-end(Household)	45785	47656	4.1
#乡村户数(户)	Number of Rural Household(Household)	23377	23365	-0.1
出生人口(人)	Births(person)	733	1866	154.6
死亡人口(人)	Deaths(person)	358	1652	361.5
全社会就业人员(人)	Employment(person)	63388	67317	6.2
第一产业(人)	Primary Industry(person)	42155	42595	1.0
第二产业(人)	Secondary Industry(person)	8857	9218	4.1
第三产业(人)	Tertiary Industry(person)	12376	15504	25.3
在岗职工人数(人)	Number of Staff & Workers Employed in(person)	10070	10010	-0.6
乡村劳动力(人)	Number of Rural Laborers(person)	59665	61882	3.7
#农林牧渔业(人)	Farming,Forestry,Animal Husbandry & Fishery(person)	40417	42595	5.4
国民经济综合指标	**Summary Item on the National Economy**			
生产总值(万元)	Gross Domestic Product(10 000 yuan)	202000	261136	14.5
第一产业(万元)	Primary Industry(10 000 yuan)	68500	83415	5.0
第二产业(万元)	Secondary Industry(10 000 yuan)	96400	141653	22.1
#工业(万元)	Industry(10 000 yuan)	77100	115400	22.6
第三产业(万元)	Tertiary Industry(10 000 yuan)	37100	36068	12.0
人均生产总值(元)	Per Capita GDP(yuan)	14587	18699	14.5
全社会固定资产投资(万元)	Total Investment in Fixed Assets(10 000 yuan)	179855	300951	67.3
按登记注册类型分	Grouped by Registered Type			
#国有(万元)	State-owned Enterprises(10 000 yuan)	87196	151050	73.2
集体(万元)	Collective-owned Enterprises(10 000 yuan)	450	3650	711.1
有限责任公司(万元)	Limited Liability Corporations(10 000 yuan)	64291	120045	86.7
股份有限公司(万元)	Share Holding Enterprises(10 000 yuan)			
私营企业(万元)	Private Enterprises(10 000 yuan)	13918	9228	-33.7
外商及港澳台投资企业(万元)	Funds from HK,Macao,Taiwan & Foreign(10 000 yuan)	14000	16978	21.3
按城乡渠道分	Grouped by Urban and Rural Area			
城镇（万元）	Urban(10 000 yuan)	176473	295738	67.6
农村（万元）	Rural(10 000 yuan)	8815	2863	-67.5
一般预算收入(万元)	General Budgetary Financial Revenue(10 000 yuan)	9475	12318	30.0
一般预算支出(万元)	General Budgetary Financial Expenditures(10 000 yuan)	50274	53433	6.3
城乡居民储蓄存款余额(万元)	Resident Saving Deposit in Urban & Rural(10 000 yuan)	78297	91699	17.1
在岗职工工资总额(万元)	Total Wages of Staff & Workers Employed in(10 000 yuan)	13590	15296	12.6
在岗职工平均工资(元)	Average Wage of Staff & Workers Employed in(yuan)	13794	15193	10.1
农牧民人均纯收入(元)	Per Capita Net Income of Peasant & Herdsman(yuan)	3614	4159	15.1
农村牧区经济	**Economic Development in Rural & Pastoral Area**			
耕地面积(公顷)	Cultivated Area(hectare)	68198	66871	-1.9
农作物总播种面积(公顷)	Total Sown Area(hectare)	56970	68029	19.4
#粮食作物播种面积(公顷)	Sown Area of Grain Crops(hectare)	29690	35130	18.3
有效灌溉面积(公顷)	Irrigated Area(hectare)	47675	46348	-2.8
农牧业机械总动力(万千瓦)	Total Power of Agricultural Machinery(10 000 kw)	24.20	24.51	1.3
化肥施用折纯量(吨)	Consumption of Chemical Fertilizer(ton)	5957	6289	5.6
农村用电量(万千瓦小时)	Electricity Consumed in Rural Area(10 000 kwh)	5105	5283	3.5
农林牧渔业总产值(万元)	Gross Output of Farming,Forestry,Animal Husbandry & Fishery(10 000 yuan)	108103	131778	21.9
粮食产量(吨)	Yield of Grain(ton)	176650	186833	5.8
油料产量(吨)	Yield of Oil-bearing Grops(ton)	59335	60586	2.1
甜菜产量(吨)	Yield of Beetroots(ton)	8356	11179	33.8
猪牛羊肉产量(吨)	Output of Pork, Beef & Mutton(ton)	17420	13056	-25.1
#猪肉产量(吨)	Output of Pork(ton)	3486	2543	-27.1
牛肉产量(吨)	Output of Beef(ton)	453	328	-27.6
羊肉产量(吨)	Output of Mutton(ton)	13481	10185	-24.4
羊毛产量(吨)	Output of Wool(ton)	1275	1276	0.1

23-100 Wulatezhong Banner in Bayannaoer City

指 标	Item	2006	2007	2007年比上年增长% Increase Rate in 2007 Over 2006(%)
年末牲畜存栏头数(万头只)	Total Livestock at the Year-end(10 000 heads)	131.68	124.18	-5.7
#大牲畜(万头只)	Large Animals(10 000 heads)	0.62	0.63	1.6
羊(万只)	Sheep & Goats(10 000 heads)	128.17	121.34	-5.3
猪(万头)	Hogs(10 000 heads)	2.89	2.21	-23.5
规模以上工业	**Industrial Enterprises above Designated size**			
工业企业单位数(个)	Number of Industrial Enterprises(unit)	24	24	0.0
#内资企业(个)	Civil Funded Enterprises(unit)	23	23	0.0
工业总产值(万元)	Gross Industrial Output Value(10 000 yuan)	188646	278362	47.6
内资企业(万元)	Civil Funded Enterprises(10 000 yuan)	182903	267498	46.3
国有企业(万元)	State-owned Enterprises(10 000 yuan)	162		
集体企业(万元)	Collective-owned Enterprises(10 000 yuan)	6521	9215	41.3
股份合作企业(万元)	Share Holding Enterprises(10 000 yuan)			
联营企业(万元)	Joint Owned Enterprises(10 000 yuan)			
有限责任公司(万元)	Limited Company(10 000 yuan)	131398	195446	48.7
股份有限公司(万元)	Share Holding Limited Company(10 000 yuan)	26760	35265	31.8
私营企业(万元)	Privately Owned Enterprises(10 000 yuan)	18062	27572	52.7
其他企业(万元)	Enterprises of Other Ownership(10 000 yuan)			
港澳台商投资企业(万元)	Funds from HK,Macao & Taiwan(10 000 yuan)	5743		
外商投资企业(万元)	Foreign Funded Enterprises(10 000 yuan)		10864	
工业企业增加值(万元)	Value Added of Industrial Enterprises(10 000 yuan)	77021	115355	23.8
工业企业资产总计(万元)	Total Assets of Industrial Enterprises(10 000 yuan)	110157	168277	52.8
工业企业负债合计(万元)	Total Liabilities of Industrial Enterprises(10 000 yuan)	61661	113793	84.5
工业企业产品销售收入(万元)	Sales of Revenue Industrial Enterprises(10 000 yuan)	181106	269599	48.9
工业企业利润总额(万元)	Total Profits of Industrial Enterprises(10 000 yuan)	18524	17435	-5.9
建筑业	**Construction**			
建筑企业单位数(个)	Number of Construction Enterprises(unit)	2	2	0.0
建筑企业从业人员(人)	Number of Employee in Construction Enterprises(person)	117	180	53.8
建筑业总产值(万元)	Gross Construction Output Value(10 000 yuan)	1569	2314	47.5
交通运输邮电通信业	**Transportation,Post & Telecommunications**			
公路里程(公里)	Total Length of Highways(km)	3704	3704	0.0
邮电业务总量(万元)	Business Volume of Post & Telecoms(10 000 yuan)	1755	1869	6.5
本地电话用户(户)	Number of Subscribers of Local Telephone(Household)	19253	19833	3.0
国内贸易	**Domestic Trade**			
社会消费品零售总额(万元)	Total Retail Sales of Consumer Goods(10 000 yuan)	49765	57976	16.5
#贸易业(万元)	Wholesale & Retail Sales Trades(10 000 yuan)	43187	50306	16.5
餐饮业(万元)	Catering Trade(10 000 yuan)	4822	6067	25.8
科技教育卫生	**Science,Education & Public Health**			
各类专业技术人员(人)	Special Technical Personnel(person)	1971	2016	2.3
幼儿园数(所)	Number of Kindergartens(unit)	18	16	-11.1
学龄儿童入学率(%)	Percentage of School-Age Children Enrolled(%)	100.0	100.0	0.0
小学学校数(所)	Number of Primary Schools(unit)	15	13	-13.3
小学专任教师数(人)	Number of Full-time Teachers of Primary Schools(person)	595	598	0.5
小学在校学生数(人)	Number of Student Enrollment of Primary Schools(person)	7341	7088	-3.4
普通中学学校数(所)	Number of Regular Secondary Schools(unit)	6	6	0.0
普通中学专任教师数(人)	Number of Teachers of Secondary Shools(person)	429	416	-3.0
初中在校学生数(人)	Number of Student in Junior Secondary Schools(person)	3651	3426	-6.2
高中在校学生数(人)	Number of Student in Senior Secondary Schools(person)	1070	1191	11.3
卫生机构数(所)	Number of Health Institutions(unit)	23	47	104.3
#医院(所)	Hospitals(unit)	2	2	0.0
卫生院(所)	Township Hospitals(unit)	19	12	-36.8
床位数(张)	Number of Beds(unit)	356	321	-9.8
#医院(张)	Hospitals(unit)	147	147	0.0
卫生院(张)	Township Hospitals(unit)	149	114	-23.5
卫生技术人员(人)	Medical Technical Presonnel(person)	411	478	16.3
#医院(人)	Hospitals(person)	175	189	8.0
卫生院(人)	Township Hospitals(person)	153	123	-19.6

23-101 巴彦淖尔市乌拉特后旗

指 标	Item	2006	2007	2007年比上年增长% Increase Rate in 2007 Over 2006(%)
行政区域土地面积(平方公里)	**Area of Administration(Sq.km)**	**24925**	**24925**	**0.0**
人口和就业	**Population & Employment**			
年末总人口(人)	Total Population Year-end(person)	62060	63554	2.4
#男性(人)	Male(person)	32187	32818	2.0
#乡村人口(人)	Rural(person)	22929	23858	4.1
年末总户数(户)	Total Number of Households at the Year-end(Household)	21581	22343	3.5
#乡村户数(户)	Number of Rural Household(Household)	6478	6649	2.6
出生人口(人)	Births(person)	532	696	30.8
死亡人口(人)	Deaths(person)	96	375	290.6
全社会就业人员(人)	Employment(person)	27714	31540	13.8
第一产业(人)	Primary Industry(person)	14321	17081	19.3
第二产业(人)	Secondary Industry(person)	7005	7458	6.5
第三产业(人)	Tertiary Industry(person)	6388	7001	9.6
在岗职工人数(人)	Number of Staff & Workers Employed in(person)	9598	10187	6.1
乡村劳动力(人)	Number of Rural Laborers(person)	16574	18207	9.9
#农林牧渔业(人)	Farming,Forestry,Animal Husbandry & Fishery(person)	14321	15542	8.5
国民经济综合指标	**Summary Item on the National Economy**			
生产总值(万元)	Gross Domestic Product(10 000 yuan)	270300	430185	18.6
第一产业(万元)	Primary Industry(10 000 yuan)	12800	17361	7.0
第二产业(万元)	Secondary Industry(10 000 yuan)	219000	367500	19.7
#工业(万元)	Industry(10 000 yuan)	208300	308700	17.7
第三产业(万元)	Tertiary Industry(10 000 yuan)	38500	45324	15.6
人均生产总值(元)	Per Capita GDP(yuan)	46134	68493	18.6
全社会固定资产投资(万元)	Total Investment in Fixed Assets(10 000 yuan)	201676	303381	50.4
按登记注册类型分	Grouped by Registered Type			
#国有(万元)	State-owned Enterprises(10 000 yuan)	52150	81801	56.9
集体(万元)	Collective-owned Enterprises(10 000 yuan)			
有限责任公司(万元)	Limited Liability Corporations(10 000 yuan)	93634	221580	136.6
股份有限公司(万元)	Share Holding Enterprises(10 000 yuan)	54962		
私营企业(万元)	Private Enterprises(10 000 yuan)	930		
外商及港澳台投资企业(万元)	Funds from HK,Macao,Taiwan & Foreign(10 000 yuan)			
按城乡渠道分	Grouped by Urban and Rural Area			
城镇(万元)	Urban(10 000 yuan)	201670	303381	50.4
农村(万元)	Rural(10 000 yuan)			
一般预算收入(万元)	General Budgetary Financial Revenue(10 000 yuan)	20845	41593	99.5
一般预算支出(万元)	General Budgetary Financial Expenditures(10 000 yuan)	46663	64977	39.2
城乡居民储蓄存款余额(万元)	Resident Saving Deposit in Urban & Rural(10 000 yuan)	43764	49511	13.1
在岗职工工资总额(万元)	Total Wages of Staff & Workers Employed in(10 000 yuan)	15771	20544	30.3
在岗职工平均工资(元)	Average Wage of Staff & Workers Employed in(yuan)	16826	20407	21.3
农牧民人均纯收入(元)	Per Capita Net Income of Peasant & Herdsman(yuan)	2474	3076	24.3
农村牧区经济	**Economic Development in Rural & Pastoral Area**			
耕地面积(公顷)	Cultivated Area(hectare)	5346	6722	25.7
农作物总播种面积(公顷)	Total Sown Area(hectare)	6084	6100	0.3
#粮食作物播种面积(公顷)	Sown Area of Grain Crops(hectare)	4098	4209	2.7
有效灌溉面积(公顷)	Irrigated Area(hectare)	3841	5217	35.8
农牧业机械总动力(万千瓦)	Total Power of Agricultural Machinery(10 000 kw)	4.20	5.47	30.2
化肥施用折纯量(吨)	Consumption of Chemical Fertilizer(ton)	2577	2588	0.4
农村用电量(万千瓦小时)	Electricity Consumed in Rural Area(10 000 kwh)	1169	1178	0.8
农林牧渔业总产值(万元)	Gross Output of Farming,Forestry,Animal Husbandry & Fishery(10 000 yuan)	18012	24452	35.8
粮食产量(吨)	Yield of Grain(ton)	28340	29460	4.0
油料产量(吨)	Yield of Oil-bearing Grops(ton)	1943	2070	6.5
甜菜产量(吨)	Yield of Beetroots(ton)	32	1064	3225.0
猪牛羊肉产量(吨)	Output of Pork, Beef & Mutton(ton)	5068	3846	-24.1
#猪肉产量(吨)	Output of Pork(ton)	248	281	13.3
牛肉产量(吨)	Output of Beef(ton)	42	23	-45.2
羊肉产量(吨)	Output of Mutton(ton)	4778	3542	-25.9
羊毛产量(吨)	Output of Wool(ton)	132	133	0.8

23-101 Wulatehou Banner in Bayannaoer City

指 标	Item	2006	2007	2007年比上年增长% Increase Rate in 2007 Over 2006(%)
年末牲畜存栏头数(万头只)	Total Livestock at the Year-end(10 000 heads)	43.91	40.31	-8.2
#大牲畜(万头只)	Large Animals(10 000 heads)	0.92	1.03	12.0
羊(万只)	Sheep & Goats(10 000 heads)	42.67	38.96	-8.7
猪(万头)	Hogs(10 000 heads)	0.32	0.32	0.0
规模以上工业	**Industrial Enterprises above Designated size**			
工业企业单位数(个)	Number of Industrial Enterprises(unit)	33	29	-12.1
#内资企业(个)	Civil Funded Enterprises(unit)	32	27	-15.6
工业总产值(万元)	Gross Industrial Output Value(10 000 yuan)	530029	740769	39.8
内资企业(万元)	Civil Funded Enterprises(10 000 yuan)	518095	702266	35.6
国有企业(万元)	State-owned Enterprises(10 000 yuan)	14020		
集体企业(万元)	Collective-owned Enterprises(10 000 yuan)			
股份合作企业(万元)	Share Holding Enterprises(10 000 yuan)			
联营企业(万元)	Joint Owned Enterprises(10 000 yuan)			
有限责任公司(万元)	Limited Company(10 000 yuan)	448127	683144	52.4
股份有限公司(万元)	Share Holding Limited Company(10 000 yuan)			
私营企业(万元)	Privately Owned Enterprises(10 000 yuan)	55948	19122	-65.8
其他企业(万元)	Enterprises of Other Ownership(10 000 yuan)			
港澳台商投资企业(万元)	Funds from HK,Macao & Taiwan(10 000 yuan)		32292	
外商投资企业(万元)	Foreign Funded Enterprises(10 000 yuan)	11934	6211	-48.0
工业企业增加值(万元)	Value Added of Industrial Enterprises(10 000 yuan)	203400	285459	17.8
工业企业资产总计(万元)	Total Assets of Industrial Enterprises(10 000 yuan)	486440	666338	37.0
工业企业负债合计(万元)	Total Liabilities of Industrial Enterprises(10 000 yuan)	241813	293439	21.3
工业企业产品销售收入(万元)	Sales of Revenue Industrial Enterprises(10 000 yuan)	532476	757869	42.3
工业企业利润总额(万元)	Total Profits of Industrial Enterprises(10 000 yuan)	223217	227591	2.0
建筑业	**Construction**			
建筑企业单位数(个)	Number of Construction Enterprises(unit)			
建筑企业从业人员(人)	Number of Employee in Construction Enterprises(person)			
建筑业总产值(万元)	Gross Construction Output Value(10 000 yuan)			
交通运输邮电通信业	**Transportation,Post & Telecommunications**			
公路里程(公里)	Total Length of Highways(km)	1444	1444	0.0
邮电业务总量(万元)	Business Volume of Post & Telecoms(10 000 yuan)	785	871	11.0
本地电话用户(户)	Number of Subscribers of Local Telephone(Household)	6937	7210	3.9
国内贸易	**Domestic Trade**			
社会消费品零售总额(万元)	Total Retail Sales of Consumer Goods(10 000 yuan)	21229	27725	30.6
#贸易业(万元)	Wholesale & Retail Sales Trades(10 000 yuan)	15986	22612	41.4
餐饮业(万元)	Catering Trade(10 000 yuan)	2611	4618	76.9
科技教育卫生	**Science,Education & Public Health**			
各类专业技术人员(人)	Special Technical Personnel(person)	2103	2131	1.3
幼儿园数(所)	Number of Kindergartens(unit)	1	1	0.0
学龄儿童入学率(%)	Percentage of School-Age Children Enrolled(%)	100.0	100.0	0.0
小学学校数(所)	Number of Primary Schools(unit)	8	7	-12.5
小学专任教师数(人)	Number of Full-time Teachers of Primary Schools(person)	328	349	6.4
小学在校学生数(人)	Number of Student Enrollment of Primary Schools(person)	3181	3339	5.0
普通中学学校数(所)	Number of Regular Secondary Schools(unit)	3	3	0.0
普通中学专任教师数(人)	Number of Teachers of Secondary Shools(person)	192	231	20.3
初中在校学生数(人)	Number of Student in Junior Secondary Schools(person)	1192	1208	1.3
高中在校学生数(人)	Number of Student in Senior Secondary Schools(person)	478	513	7.3
卫生机构数(所)	Number of Health Institutions(unit)	15	32	113.3
#医院(所)	Hospitals(unit)	2	2	0.0
卫生院(所)	Township Hospitals(unit)	11	9	-18.2
床位数(张)	Number of Beds(unit)	154	176	14.3
#医院(张)	Hospitals(unit)	68	118	73.5
卫生院(张)	Township Hospitals(unit)	80	58	-27.5
卫生技术人员(人)	Medical Technical Presonnel(person)	221	255	15.4
#医院(人)	Hospitals(person)	62	94	51.6
卫生院(人)	Township Hospitals(person)	125	85	-32.0

23-102 巴彦淖尔市杭锦后旗

指 标	Item	2006	2007	2007年比上年增长% Increase Rate in 2007 Over 2006(%)
行政区域土地面积(平方公里)	**Area of Administration(Sq.km)**	**1767**	**1767**	**0.0**
人口和就业	**Population & Employment**			
年末总人口(人)	Total Population Year-end(person)	311948	319595	2.5
# 男性(人)	Male(person)	157932	160998	1.9
# 乡村人口(人)	Rural(person)	215304	208159	-3.3
年末总户数(户)	Total Number of Households at the Year-end(Household)	88860	93923	5.7
# 乡村户数(户)	Number of Rural Household(Household)	52434	51843	-1.1
出生人口(人)	Births(person)	2272	3373	48.5
死亡人口(人)	Deaths(person)	948	1757	85.3
全社会就业人员(人)	Employment(person)	142185	144460	1.6
第一产业(人)	Primary Industry(person)	103466	97778	-5.5
第二产业(人)	Secondary Industry(person)	12482	13860	11.0
第三产业(人)	Tertiary Industry(person)	26237	32822	25.1
在岗职工人数(人)	Number of Staff & Workers Employed in(person)	13587	13605	0.1
乡村劳动力(人)	Number of Rural Laborers(person)	126498	121498	-4.0
# 农林牧渔业(人)	Farming,Forestry,Animal Husbandry & Fishery(person)	102855	97182	-5.5
国民经济综合指标	**Summary Item on the National Economy**			
生产总值(万元)	Gross Domestic Product(10 000 yuan)	449900	578825	16.0
第一产业(万元)	Primary Industry(10 000 yuan)	138900	175707	7.0
第二产业(万元)	Secondary Industry(10 000 yuan)	178500	241247	24.1
# 工业(万元)	Industry(10 000 yuan)	126600	174400	25.9
第三产业(万元)	Tertiary Industry(10 000 yuan)	132500	161871	15.0
人均生产总值(元)	Per Capita GDP(yuan)	14588	18330	16.0
全社会固定资产投资(万元)	Total Investment in Fixed Assets(10 000 yuan)	306702	352922	15.1
按登记注册类型分	Grouped by Registered Type			
# 国有(万元)	State-owned Enterprises(10 000 yuan)	166294	143795	-13.5
集体(万元)	Collective-owned Enterprises(10 000 yuan)	0	300	
有限责任公司(万元)	Limited Liability Corporations(10 000 yuan)	4120	12465	202.5
股份有限公司(万元)	Share Holding Enterprises(10 000 yuan)	50008	56934	13.8
私营企业(万元)	Private Enterprises(10 000 yuan)	86280	139428	61.6
外商及港澳台投资企业 (万元)	Funds from HK,Macao,Taiwan & Foreign(10 000 yuan)			
按城乡渠道分	Grouped by Urban and Rural Area			
城镇（万元）	Urban(10 000 yuan)	302244	339473	12.3
农村（万元）	Rural(10 000 yuan)	4458	13449	201.7
一般预算收入(万元)	General Budgetary Financial Revenue(10 000 yuan)	15481	15539	0.4
一般预算支出(万元)	General Budgetary Financial Expenditures(10 000 yuan)	49270	56509	14.7
城乡居民储蓄存款余额(万元)	Resident Saving Deposit in Urban & Rural(10 000 yuan)	167700	187959	12.1
在岗职工工资总额(万元)	Total Wages of Staff & Workers Employed in(10 000 yuan)	20021	22406	11.9
在岗职工平均工资(元)	Average Wage of Staff & Workers Employed in(yuan)	14870	16364	10.0
农牧民人均纯收入(元)	Per Capita Net Income of Peasant & Herdsman(yuan)	4909	5666	15.4
农村牧区经济	**Economic Development in Rural & Pastoral Area**			
耕地面积(公顷)	Cultivated Area(hectare)	84854	84874	0.0
农作物总播种面积(公顷)	Total Sown Area(hectare)	82490	83344	1.0
# 粮食作物播种面积(公顷)	Sown Area of Grain Crops(hectare)	49538	49629	0.2
有效灌溉面积(公顷)	Irrigated Area(hectare)	84854	84874	0.0
农牧业机械总动力(万千瓦)	Total Power of Agricultural Machinery(10 000 kw)	44.13	46.01	4.3
化肥施用折纯量(吨)	Consumption of Chemical Fertilizer(ton)	50327	56359	12.0
农村用电量(万千瓦小时)	Electricity Consumed in Rural Area(10 000 kwh)	3614	3650	1.0
农林牧渔业总产值(万元)	Gross Output of Farming,Forestry,Animal Husbandry & Fishery(10 000 yuan)	227385	288696	27.0
粮食产量(吨)	Yield of Grain(ton)	403985	406502	0.6
油料产量(吨)	Yield of Oil-bearing Grops(ton)	24845	21865	-12.0
甜菜产量(吨)	Yield of Beetroots(ton)	9775	8005	-18.1
猪牛羊肉产量(吨)	Output of Pork, Beef & Mutton(ton)	49877	43104	-13.6
# 猪肉产量(吨)	Output of Pork(ton)	18156	13716	-24.5
牛肉产量(吨)	Output of Beef(ton)	1501	2067	37.7
羊肉产量(吨)	Output of Mutton(ton)	30220	27321	-9.6
羊毛产量(吨)	Output of Wool(ton)	1671	1674	0.2

23-102 Hangjinhou Banner in Bayannaoer City

指 标	Item	2006	2007	2007年比上年增长% Increase Rate in 2007 Over 2006(%)
年末牲畜存栏头数(万头只)	Total Livestock at the Year-end(10 000 heads)	167.34	155.70	-7.0
#大牲畜(万头只)	Large Animals(10 000 heads)	7.95	8.34	4.9
羊(万只)	Sheep & Goats(10 000 heads)	145.37	134.44	-7.5
猪(万头)	Hogs(10 000 heads)	14.02	12.92	-7.8
规模以上工业	**Industrial Enterprises above Designated size**			
工业企业单位数(个)	Number of Industrial Enterprises(unit)	27	25	-7.4
#内资企业(个)	Civil Funded Enterprises(unit)	27	25	-7.4
工业总产值(万元)	Gross Industrial Output Value(10 000 yuan)	307979	396389	28.7
内资企业(万元)	Civil Funded Enterprises(10 000 yuan)	307979	396389	28.7
国有企业(万元)	State-owned Enterprises(10 000 yuan)	31691	2233	-93.0
集体企业(万元)	Collective-owned Enterprises(10 000 yuan)	1580		
股份合作企业(万元)	Share Holding Enterprises(10 000 yuan)	3919	5339	36.2
联营企业(万元)	Joint Owned Enterprises(10 000 yuan)			
有限责任公司(万元)	Limited Company(10 000 yuan)	96400	147779	53.3
股份有限公司(万元)	Share Holding Limited Company(10 000 yuan)	53021	63029	18.9
私营企业(万元)	Privately Owned Enterprises(10 000 yuan)	121368	178009	46.7
其他企业(万元)	Enterprises of Other Ownership(10 000 yuan)			
港澳台商投资企业(万元)	Funds from HK,Macao & Taiwan(10 000 yuan)			
外商投资企业(万元)	Foreign Funded Enterprises(10 000 yuan)			
工业企业增加值(万元)	Value Added of Industrial Enterprises(10 000 yuan)	110919	137300	27.4
工业企业资产总计(万元)	Total Assets of Industrial Enterprises(10 000 yuan)	201993	186935	-7.5
工业企业负债合计(万元)	Total Liabilities of Industrial Enterprises(10 000 yuan)	110426	108534	-1.7
工业企业产品销售收入(万元)	Sales of Revenue Industrial Enterprises(10 000 yuan)	276483	374541	35.5
工业企业利润总额(万元)	Total Profits of Industrial Enterprises(10 000 yuan)	12553	11643	-7.2
建筑业	**Construction**			
建筑企业单位数(个)	Number of Construction Enterprises(unit)	2	2	0.0
建筑企业从业人员(人)	Number of Employee in Construction Enterprises(person)	218	288	32.1
建筑业总产值(万元)	Gross Construction Output Value(10 000 yuan)	5919	9116	54.0
交通运输邮电通信业	**Transportation,Post & Telecommunications**			
公路里程(公里)	Total Length of Highways(km)	480	480	0.0
邮电业务总量(万元)	Business Volume of Post & Telecoms(10 000 yuan)	9566	12914	35.0
本地电话用户(户)	Number of Subscribers of Local Telephone(Household)	52320	63880	22.1
国内贸易	**Domestic Trade**			
社会消费品零售总额(万元)	Total Retail Sales of Consumer Goods(10 000 yuan)	78794	92425	17.3
#贸易业(万元)	Wholesale & Retail Sales Trades(10 000 yuan)	66271	77574	17.1
餐饮业(万元)	Catering Trade(10 000 yuan)	10222	11245	10.0
科技教育卫生	**Science,Education & Public Health**			
各类专业技术人员(人)	Special Technical Personnel(person)	4320	4406	2.0
幼儿园数(所)	Number of Kindergartens(unit)	7	7	0.0
学龄儿童入学率(%)	Percentage of School-Age Children Enrolled(%)	100.0	100.0	0.0
小学学校数(所)	Number of Primary Schools(unit)	87	70	-19.5
小学专任教师数(人)	Number of Full-time Teachers of Primary Schools(person)	1412	1263	-10.6
小学在校学生数(人)	Number of Student Enrollment of Primary Schools(person)	18786	17495	-6.9
普通中学学校数(所)	Number of Regular Secondary Schools(unit)	14	13	-7.1
普通中学专任教师数(人)	Number of Teachers of Secondary Shools(person)	991	913	-7.9
初中在校学生数(人)	Number of Student in Junior Secondary Schools(person)	11482	11048	-3.8
高中在校学生数(人)	Number of Student in Senior Secondary Schools(person)	6131	6051	-1.3
卫生机构数(所)	Number of Health Institutions(unit)	24	84	250.0
#医院(所)	Hospitals(unit)	3	2	-33.3
卫生院(所)	Township Hospitals(unit)	18	18	0.0
床位数(张)	Number of Beds(unit)	633	684	8.1
#医院(张)	Hospitals(unit)	336	286	-14.9
卫生院(张)	Township Hospitals(unit)	234	338	44.4
卫生技术人员(人)	Medical Technical Presonnel(person)	766	890	16.2
#医院(人)	Hospitals(person)	406	347	-14.5
卫生院(人)	Township Hospitals(person)	161	209	29.8

23-103 乌海市海勃湾区

指 标	Item	2006	2007	2007年比上年增长% Increase Rate in 2007 Over 2006(%)
行政区域土地面积(平方公里)	**Area of Administration(Sq.km)**	**529**	**529**	**0.0**
人口和就业	**Population & Employment**			
年末总人口(人)	Total Population Year-end(person)	227830	241000	5.8
#男性(人)	Male(person)	115627	123000	6.4
#乡村人口(人)	Rural(person)	18300	18351	0.3
年末总户数(户)	Total Number of Households at the Year-end(Household)	79940	85614	7.1
#乡村户数(户)	Number of Rural Household(Household)	5700	5720	0.4
出生人口(人)	Births(person)	2273	2635	15.9
死亡人口(人)	Deaths(person)	1128	1234	9.4
全社会就业人员(人)	Employment(person)	90874	91474	0.7
第一产业(人)	Primary Industry(person)	12789	12239	-4.3
第二产业(人)	Secondary Industry(person)	34070	34070	0.0
第三产业(人)	Tertiary Industry(person)	44015	45165	2.6
在岗职工人数(人)	Number of Staff & Workers Employed in(person)	51741	52141	0.8
乡村劳动力(人)	Number of Rural Laborers(person)	11485	13278	15.6
#农林牧渔业(人)	Farming,Forestry,Animal Husbandry & Fishery(person)	7586	7036	-7.3
国民经济综合指标	**Summary Item on the National Economy**			
生产总值(万元)	Gross Domestic Product(10 000 yuan)	602599	732539	18.7
第一产业(万元)	Primary Industry(10 000 yuan)	6163	7395	4.6
第二产业(万元)	Secondary Industry(10 000 yuan)	333647	396675	20.8
#工业(万元)	Industry(10 000 yuan)	288223	362561	24.1
第三产业(万元)	Tertiary Industry(10 000 yuan)	262789	328469	16.9
人均生产总值(元)	Per Capita GDP(yuan)	26687	31247	11.2
全社会固定资产投资(万元)	Total Investment in Fixed Assets(10 000 yuan)	283424	290554	2.5
按登记注册类型分	Grouped by Registered Type			
#国有(万元)	State-owned Enterprises(10 000 yuan)	135069	97936	-27.5
集体(万元)	Collective-owned Enterprises(10 000 yuan)			
有限责任公司(万元)	Limited Liability Corporations(10 000 yuan)	136834	162284	18.6
股份有限公司(万元)	Share Holding Enterprises(10 000 yuan)	318	9270	2815.1
私营企业(万元)	Private Enterprises(10 000 yuan)	9324	8665	-7.1
外商及港澳台投资企业(万元)	Funds from HK,Macao,Taiwan & Foreign(10 000 yuan)			
按城乡渠道分	Grouped by Urban and Rural Area			
城镇(万元)	Urban(10 000 yuan)	283424	290554	2.5
农村(万元)	Rural(10 000 yuan)			
一般预算收入(万元)	General Budgetary Financial Revenue(10 000 yuan)	19432	26421	36.0
一般预算支出(万元)	General Budgetary Financial Expenditures(10 000 yuan)	37028	45698	23.4
城乡居民储蓄存款余额(万元)	Resident Saving Deposit in Urban & Rural(10 000 yuan)	446152	571731	28.1
在岗职工工资总额(万元)	Total Wages of Staff & Workers Empioyed in(10 000 yuan)	96243	116738	21.3
在岗职工平均工资(元)	Average Wage of Staff & Workers Employed in(yuan)	18601	22475	20.8
农牧民人均纯收入(元)	Per Capita Net Income of Peasant & Herdsman(yuan)	5940	6680	12.5
农村牧区经济	**Economic Development in Rural & Pastoral Area**			
耕地面积(公顷)	Cultivated Area(hectare)	1892	1892	0.0
农作物总播种面积(公顷)	Total Sown Area(hectare)	1830	2056	12.3
#粮食作物播种面积(公顷)	Sown Area of Grain Crops(hectare)	1138	1329	16.8
有效灌溉面积(公顷)	Irrigated Area(hectare)	1892	1892	0.0
农牧业机械总动力(万千瓦)	Total Power of Agricultural Machinery(10 000 kw)	3.98	6.09	53.0
化肥施用折纯量(吨)	Consumption of Chemical Fertilizer(ton)	2478	2528	2.0
农村用电量(万千瓦小时)	Electricity Consumed in Rural Area(10 000 kwh)	1380	1410	2.2
农林牧渔业总产值(万元)	Gross Output of Farming,Forestry,Animal Husbandry & Fishery(10 000 yuan)	9783	11700	8.7
粮食产量(吨)	Yield of Grain(ton)	7919	8133	2.7
油料产量(吨)	Yield of Oil-bearing Grops(ton)	368	767	108.4
甜菜产量(吨)	Yield of Beetroots(ton)			
猪牛羊肉产量(吨)	Output of Pork, Beef & Mutton(ton)	2833	2432	-14.2
#猪肉产量(吨)	Output of Pork(ton)	2203	1728	-21.6
牛肉产量(吨)	Output of Beef(ton)	115	157	36.5
羊肉产量(吨)	Output of Mutton(ton)	515	547	6.2
羊毛产量(吨)	Output of Wool(ton)	43	41	-4.7

23-103 Haibowan District in Wuhai City

指 标	Item	2006	2007	2007年比上年增长% Increase Rate in 2007 Over 2006(%)
年末牲畜存栏头数(万头只)	Total Livestock at the Year-end(10 000 heads)	4.55	4.42	-2.9
#大牲畜(万头只)	Large Animals(10 000 heads)	0.22	0.19	-13.6
羊(万只)	Sheep & Goats(10 000 heads)	2.78	2.48	-10.8
猪(万头)	Hogs(10 000 heads)	1.55	1.75	12.9
规模以上工业	**Industrial Enterprises above Designated size**			
工业企业单位数(个)	Number of Industrial Enterprises(unit)	36	40	11.1
#内资企业(个)	Civil Funded Enterprises(unit)	36	40	11.1
工业总产值(万元)	Gross Industrial Output Value(10 000 yuan)	550721	695974	24.9
内资企业(万元)	Civil Funded Enterprises(10 000 yuan)	550721	695974	24.9
国有企业(万元)	State-owned Enterprises(10 000 yuan)	171716	212712	8.1
集体企业(万元)	Collective-owned Enterprises(10 000 yuan)			
股份合作企业(万元)	Share Holding Enterprises(10 000 yuan)	12376	628	-95.6
联营企业(万元)	Joint Owned Enterprises(10 000 yuan)			
有限责任公司(万元)	Limited Company(10 000 yuan)	116224	111515	-5.2
股份有限公司(万元)	Share Holding Limited Company(10 000 yuan)	10908	16432	31.5
私营企业(万元)	Privately Owned Enterprises(10 000 yuan)	239497	354687	29.2
其他企业(万元)	Enterprises of Other Ownership(10 000 yuan)			
港澳台商投资企业(万元)	Funds from HK,Macao & Taiwan(10 000 yuan)			
外商投资企业(万元)	Foreign Funded Enterprises(10 000 yuan)			
工业企业增加值(万元)	Value Added of Industrial Enterprises(10 000 yuan)	270462	358850	24.9
工业企业资产总计(万元)	Total Assets of Industrial Enterprises(10 000 yuan)	653544	777274	18.9
工业企业负债合计(万元)	Total Liabilities of Industrial Enterprises(10 000 yuan)	535096	647924	21.1
工业企业产品销售收入(万元)	Sales of Revenue Industrial Enterprises(10 000 yuan)	316723	686988	116.9
工业企业利润总额(万元)	Total Profits of Industrial Enterprises(10 000 yuan)	4597	138592	2914.8
建筑业	**Construction**			
建筑企业单位数(个)	Number of Construction Enterprises(unit)	30	26	-13.3
建筑企业从业人员(人)	Number of Employee in Construction Enterprises(person)	11906	8340	-30.0
建筑业总产值(万元)	Gross Construction Output Value(10 000 yuan)	148291	179066	20.8
交通运输邮电通信业	**Transportation,Post & Telecommunications**			
公路里程(公里)	Total Length of Highways(km)	465	468	0.6
邮电业务总量(万元)	Business Volume of Post & Telecoms(10 000 yuan)	2900	2984	2.9
本地电话用户(户)	Number of Subscribers of Local Telephone(Household)	108512	87700	-19.2
国内贸易	**Demestic Trade**			
社会消费品零售总额(万元)	Total Retail Sales of Consumer Goods(10 000 yuan)	227339	273400	20.3
#贸易业(万元)	Wholesale & Retail Sales Trades(10 000 yuan)	184198	218500	18.6
餐饮业(万元)	Catering Trade(10 000 yuan)	42867	54776	27.8
科技教育卫生	**Science,Education & Public Health**			
各类专业技术人员(人)	Speccial Technical Personnel(person)	13407	14263	6.4
幼儿园数(所)	Number of Kindergartens(unit)	9	10	11.1
学龄儿童入学率(%)	Percentage of School-Age Children Enrolled(%)	99.9	100.0	0.1
小学学校数(所)	Number of Primary Schools(unit)	19	17	-10.5
小学专任教师数(人)	Number of Full-time Teachers of Primary Schools(person)	1121	1107	-1.2
小学在校学生数(人)	Number of Student Enrollment of Primary Schools(person)	19352	19493	0.7
普通中学学校数(所)	Number of Regular Secondary Schools(unit)	14	14	0.0
普通中学专任教师数(人)	Number of Teachers of Secondary Shools(person)	1173	1219	3.9
初中在校学生数(人)	Number of Student in Junior Secondary Schools(person)	10269	10540	2.6
高中在校学生数(人)	Number of Student in Senior Secondary Schools(person)	7372	8210	11.4
卫生机构数(所)	Number of Health Institutions(unit)	142	145	2.1
#医院(所)	Hospitals(unit)	9	11	22.2
卫生院(所)	Township Hospitals(unit)	2	2	0.0
床位数(张)	Number of Beds(unit)	1069	1167	9.2
#医院(张)	Hospitals(unit)	959	971	1.3
卫生院(张)	Township Hospitals(unit)	40	26	-35.0
卫生技术人员(人)	Medical Technical Presonnel(person)	1388	1480	6.6
#医院(人)	Hospitals(person)	928	888	-4.3
卫生院(人)	Township Hospitals(person)	17	21	23.5

23-104 乌海市海南区

指 标	Item	2006	2007	2007年比上年增长% Increase Rate in 2007 Over 2006(%)
行政区域土地面积(平方公里)	**Area of Administration(Sq.km)**	**1005**	**1005**	**0.0**
人口和就业	**Population & Employment**			
年末总人口(人)	Total Population Year-end(person)	109519	105000	-4.1
#男性(人)	Male(person)	58482	56000	-4.2
#乡村人口(人)	Rural(person)	12700	12665	-0.3
年末总户数(户)	Total Number of Households at the Year-end(Household)	38428	36988	-3.7
#乡村户数(户)	Number of Rural Household(Household)	4600	4547	-1.2
出生人口(人)	Births(person)	1101	1073	-2.5
死亡人口(人)	Deaths(person)	584	640	9.6
全社会就业人员(人)	Employment(person)	66435	66635	0.3
第一产业(人)	Primary Industry(person)	3557	3560	0.1
第二产业(人)	Secondary Industry(person)	35863	35866	0.0
第三产业(人)	Tertiary Industry(person)	27015	27209	0.7
在岗职工人数(人)	Number of Staff & Workers Employed in(person)	29098	29538	1.5
乡村劳动力(人)	Number of Rural Laborers(person)	10576	10586	0.1
#农林牧渔业(人)	Farming,Forestry,Animal Husbandry & Fishery(person)	8304	8314	0.1
国民经济综合指标	**Summary Item on the National Economy**			
生产总值(万元)	Gross Domestic Product(10 000 yuan)	495318	609375	15.9
第一产业(万元)	Primary Industry(10 000 yuan)	7705	9561	3.6
第二产业(万元)	Secondary Industry(10 000 yuan)	349734	437107	17.4
#工业(万元)	Industry(10 000 yuan)	309539	399289	19.9
第三产业(万元)	Tertiary Industry(10 000 yuan)	137879	162707	12.9
人均生产总值(元)	Per Capita GDP(yuan)	45184	56807	18.7
全社会固定资产投资(万元)	Total Investment in Fixed Assets(10 000 yuan)	187779	278741	48.4
按登记注册类型分	Grouped by Registered Type			
#国有(万元)	State-owned Enterprises(10 000 yuan)	35017	35318	0.9
集体(万元)	Collective-owned Enterprises(10 000 yuan)			
有限责任公司(万元)	Limited Liability Corporations(10 000 yuan)	86727	180281	107.9
股份有限公司(万元)	Share Holding Enterprises(10 000 yuan)	5849	10360	77.1
私营企业(万元)	Private Enterprises(10 000 yuan)	33316	35100	5.4
外商及港澳台投资企业(万元)	Funds from HK,Macao,Taiwan & Foreign(10 000 yuan)			
按城乡渠道分	Grouped by Urban and Rural Area			
城镇(万元)	Urban(10 000 yuan)	187779	278741	48.4
农村(万元)	Rural(10 000 yuan)			
一般预算收入(万元)	General Budgetary Financial Revenue(10 000 yuan)	14709	18576	26.3
一般预算支出(万元)	General Budgetary Financial Expenditures(10 000 yuan)	29142	38941	33.6
城乡居民储蓄存款余额(万元)	Resident Saving Deposit in Urban & Rural(10 000 yuan)	214458	212274	-1.0
在岗职工工资总额(万元)	Total Wages of Staff & Workers Empioyed in(10 000 yuan)	53035	64984	22.5
在岗职工平均工资(元)	Average Wage of Staff & Workers Employed in(yuan)	18226	22165	21.6
农牧民人均纯收入(元)	Per Capita Net Income of Peasant & Herdsman(yuan)	5360	6200	15.7
农村牧区经济	**Economic Development in Rural & Pastoral Area**			
耕地面积(公顷)	Cultivated Area(hectare)	2797	2942	5.2
农作物总播种面积(公顷)	Total Sown Area(hectare)	2900	2847	-1.8
#粮食作物播种面积(公顷)	Sown Area of Grain Crops(hectare)	2302	2201	-4.4
有效灌溉面积(公顷)	Irrigated Area(hectare)	2430	2622	7.9
农牧业机械总动力(万千瓦)	Total Power of Agricultural Machinery(10 000 kw)	6.60	3.58	-45.8
化肥施用折纯量(吨)	Consumption of Chemical Fertilizer(ton)	3410	2559	-25.0
农村用电量(万千瓦小时)	Electricity Consumed in Rural Area(10 000 kwh)	915	1060	15.8
农林牧渔业总产值(万元)	Gross Output of Farming,Forestry,Animal Husbandry & Fishery(10 000 yuan)	13941	17128	22.9
粮食产量(吨)	Yield of Grain(ton)	16080	14419	-10.3
油料产量(吨)	Yield of Oil-bearing Grops(ton)	323	237	-26.6
甜菜产量(吨)	Yield of Beetroots(ton)			
猪牛羊肉产量(吨)	Output of Pork, Beef & Mutton(ton)	4253	3570	-16.1
#猪肉产量(吨)	Output of Pork(ton)	3187	2483	-22.1
牛肉产量(吨)	Output of Beef(ton)	59	35	-40.7
羊肉产量(吨)	Output of Mutton(ton)	1007	1052	4.5
羊毛产量(吨)	Output of Wool(ton)	101	127	25.7

23-104 Hainan District in Wuhai City

指 标	Item	2006	2007	2007年比上年增长% Increase Rate in 2007 Over 2006(%)
年末牲畜存栏头数(万头只)	Total Livestock at the Year-end(10 000 heads)	7.23	7.40	2.4
#大牲畜(万头只)	Large Animals(10 000 heads)	0.27	0.23	-14.8
羊(万只)	Sheep & Goats(10 000 heads)	5.89	5.66	-3.9
猪(万头)	Hogs(10 000 heads)	1.07	1.50	40.2
规模以上工业	**Industrial Enterprises above Designated size**			
工业企业单位数(个)	Number of Industrial Enterprises(unit)	51	58	13.7
#内资企业(个)	Civil Funded Enterprises(unit)	49	56	14.3
工业总产值(万元)	Gross Industrial Output Value(10 000 yuan)	549693	737431	25.2
内资企业(万元)	Civil Funded Enterprises(10 000 yuan)	534056	721287	35.1
国有企业(万元)	State-owned Enterprises(10 000 yuan)	714	10679	1303.1
集体企业(万元)	Collective-owned Enterprises(10 000 yuan)			
股份合作企业(万元)	Share Holding Enterprises(10 000 yuan)		5784	
联营企业(万元)	Joint Owned Enterprises(10 000 yuan)		143409	
有限责任公司(万元)	Limited Company(10 000 yuan)	121113	310824	147.0
股份有限公司(万元)	Share Holding Limited Company(10 000 yuan)	195214	53895	-72.4
私营企业(万元)	Privately Owned Enterprises(10 000 yuan)	217015	122108	-52.5
其他企业(万元)	Enterprises of Other Ownership(10 000 yuan)		74588	
港澳台商投资企业(万元)	Funds from HK,Macao & Taiwan(10 000 yuan)	405		
外商投资企业(万元)	Foreign Funded Enterprises(10 000 yuan)	15232	16144	-0.1
工业企业增加值(万元)	Value Added of Industrial Enterprises(10 000 yuan)	272193	377577	29.4
工业企业资产总计(万元)	Total Assets of Industrial Enterprises(10 000 yuan)	887451	1337819	50.7
工业企业负债合计(万元)	Total Liabilities of Industrial Enterprises(10 000 yuan)	546514	710368	30.0
工业企业产品销售收入(万元)	Sales of Revenue Industrial Enterprises(10 000 yuan)	429302	761849	77.5
工业企业利润总额(万元)	Total Profits of Industrial Enterprises(10 000 yuan)	12167	-3173	
建筑业	**Construction**			
建筑企业单位数(个)	Number of Construction Enterprises(unit)	2	2	0.0
建筑企业从业人员(人)	Number of Employee in Construction Enterprises(person)	258	202	-21.7
建筑业总产值(万元)	Gross Construction Output Value(10 000 yuan)	2062	2886	40.0
交通运输邮电通信业	**Transportation,Post & Telecommunications**			
公路里程(公里)	Total Length of Highways(km)	187	192	2.7
邮电业务总量(万元)	Business Volume of Post & Telecoms(10 000 yuan)	553	693	25.3
本地电话用户(户)	Number of Subscribers of Local Telephone(Household)	37188	29751	-20.0
国内贸易	**Demestic Trade**			
社会消费品零售总额(万元)	Total Retail Sales of Consumer Goods(10 000 yuan)	43617	52340	20.0
#贸易业(万元)	Wholesale & Retail Sales Trades(10 000 yuan)	39209	47050	20.0
餐饮业(万元)	Catering Trade(10 000 yuan)	4408	5290	20.0
科技教育卫生	**Science,Education & Public Health**			
各类专业技术人员(人)	Speccial Technical Personnel(person)	2792	2971	6.4
幼儿园数(所)	Number of Kindergartens(unit)	22	14	-36.4
学龄儿童入学率(%)	Percentage of School-Age Children Enrolled(%)	100.0	100.0	0.0
小学学校数(所)	Number of Primary Schools(unit)	14	12	-14.3
小学专任教师数(人)	Number of Full-time Teachers of Primary Schools(person)	611	593	-2.9
小学在校学生数(人)	Number of Student Enrollment of Primary Schools(person)	8655	7978	-7.8
普通中学学校数(所)	Number of Regular Secondary Schools(unit)	9	11	22.2
普通中学专任教师数(人)	Number of Teachers of Secondary Shools(person)	342	330	-3.5
初中在校学生数(人)	Number of Student in Junior Secondary Schools(person)	3993	3910	-2.1
高中在校学生数(人)	Number of Student in Senior Secondary Schools(person)	141	141	0.0
卫生机构数(所)	Number of Health Institutions(unit)	81	81	0.0
#医院(所)	Hospitals(unit)	3	3	0.0
卫生院(所)	Township Hospitals(unit)	3	2	-33.3
床位数(张)	Number of Beds(unit)	371	323	-12.9
#医院(张)	Hospitals(unit)	347	222	-36.0
卫生院(张)	Township Hospitals(unit)	24	0	-100.0
卫生技术人员(人)	Medical Technical Presonnel(person)	385	444	15.3
#医院(人)	Hospitals(person)	349	330	-5.4
卫生院(人)	Township Hospitals(person)	22	13	-40.9

23-105 乌海市乌达区

指标	Item	2006	2007	2007年比上年增长% Increase Rate in 2007 Over 2006(%)
行政区域土地面积(平方公里)	**Area of Administration(Sq.km)**	**220**	**220**	**0.0**
人口和就业	**Population & Employment**			
年末总人口(人)	Total Population Year-end(person)	132751	131000	-1.3
#男性(人)	Male(person)	69031	68000	-1.5
#乡村人口(人)	Rural(person)	5800	6157	6.2
年末总户数(户)	Total Number of Households at the Year-end(Household)	46579	46507	-0.2
#乡村户数(户)	Number of Rural Household(Household)	2000	2119	5.9
出生人口(人)	Births(person)	1149	1086	-5.5
死亡人口(人)	Deaths(person)	701	568	-19.0
全社会就业人员(人)	Employment(person)	58691	58891	0.3
第一产业(人)	Primary Industry(person)	6729	6100	-9.3
第二产业(人)	Secondary Industry(person)	35915	36015	0.3
第三产业(人)	Tertiary Industry(person)	16047	16776	4.5
在岗职工人数(人)	Number of Staff & Workers Employed in(person)	21211	21771	2.6
乡村劳动力(人)	Number of Rural Laborers(person)	7484	5233	-30.1
#农林牧渔业(人)	Farming,Forestry,Animal Husbandry & Fishery(person)	6028	4215	-30.1
国民经济综合指标	**Summary Item on the National Economy**			
生产总值(万元)	Gross Domestic Product(10 000 yuan)	424410	558464	19.5
第一产业(万元)	Primary Industry(10 000 yuan)	5393	6225	2.9
第二产业(万元)	Secondary Industry(10 000 yuan)	305094	411964	21.9
#工业(万元)	Industry(10 000 yuan)	274489	383696	23.3
第三产业(万元)	Tertiary Industry(10 000 yuan)	113923	140275	14.2
人均生产总值(元)	Per Capita GDP(yuan)	32184	42348	24.9
全社会固定资产投资(万元)	Total Investment in Fixed Assets(10 000 yuan)	145209	139854	-3.7
按登记注册类型分	Grouped by Registered Type			
#国有(万元)	State-owned Enterprises(10 000 yuan)	36521	37258	2.0
集体(万元)	Collective-owned Enterprises(10 000 yuan)			
有限责任公司(万元)	Limited Liability Corporations(10 000 yuan)	98348	69804	-29.0
股份有限公司(万元)	Share Holding Enterprises(10 000 yuan)	2824	1460	-48.3
私营企业(万元)	Private Enterprises(10 000 yuan)	1400	17102	1121.6
外商及港澳台投资企业(万元)	Funds from HK,Macao,Taiwan & Foreign(10 000 yuan)	3259	10000	206.8
按城乡渠道分	Grouped by Urban and Rural Area			
城镇(万元)	Urban(10 000 yuan)	145209	139854	-3.7
农村(万元)	Rural(10 000 yuan)			
一般预算收入(万元)	General Budgetary Financial Revenue(10 000 yuan)	12678	16673	31.5
一般预算支出(万元)	General Budgetary Financial Expenditures(10 000 yuan)	29311	38363	30.9
城乡居民储蓄存款余额(万元)	Resident Saving Deposit in Urban & Rural(10 000 yuan)	260092	252195	-3.0
在岗职工工资总额(万元)	Total Wages of Staff & Workers Empioyed in(10 000 yuan)	41728	49743	19.2
在岗职工平均工资(元)	Average Wage of Staff & Workers Employed in(yuan)	19673	23146	17.7
农牧民人均纯收入(元)	Per Capita Net Income of Peasant & Herdsman(yuan)	5860	6560	11.9
农村牧区经济	**Economic Development in Rural & Pastoral Area**			
耕地面积(公顷)	Cultivated Area(hectare)	1899	1899	0.0
农作物总播种面积(公顷)	Total Sown Area(hectare)	1651	2059	24.7
#粮食作物播种面积(公顷)	Sown Area of Grain Crops(hectare)	1021	1197	17.2
有效灌溉面积(公顷)	Irrigated Area(hectare)	1824	1824	0.0
农牧业机械总动力(万千瓦)	Total Power of Agricultural Machinery(10 000 kw)	7.34	2.96	-59.7
化肥施用折纯量(吨)	Consumption of Chemical Fertilizer(ton)	925	1606	73.6
农村用电量(万千瓦小时)	Electricity Consumed in Rural Area(10 000 kwh)	1105	33	-97.0
农林牧渔业总产值(万元)	Gross Output of Farming,Forestry,Animal Husbandry & Fishery(10 000 yuan)	8493	9783	15.2
粮食产量(吨)	Yield of Grain(ton)	7418	7461	0.6
油料产量(吨)	Yield of Oil-bearing Grops(ton)	475	676	42.3
甜菜产量(吨)	Yield of Beetroots(ton)			
猪牛羊肉产量(吨)	Output of Pork, Beef & Mutton(ton)	1836	1845	0.5
#猪肉产量(吨)	Output of Pork(ton)	1194	872	-27.0
牛肉产量(吨)	Output of Beef(ton)	18	16	-11.1
羊肉产量(吨)	Output of Mutton(ton)	246	258	4.9
羊毛产量(吨)	Output of Wool(ton)	10	20	100.0

23-105 Wuda District in Wuhai City

指 标	Item	2006	2007	2007年比上年增长% Increase Rate in 2007 Over 2006(%)
年末牲畜存栏头数(万头只)	Total Livestock at the Year-end(10 000 heads)	1.96	1.85	-5.6
# 大牲畜(万头只)	Large Animals(10 000 heads)	0.13	0.11	-15.4
羊(万只)	Sheep & Goats(10 000 heads)	0.63	0.92	46.0
猪(万头)	Hogs(10 000 heads)	1.20	0.82	-31.7
规模以上工业	**Industrial Enterprises above Designated size**			
工业企业单位数(个)	Number of Industrial Enterprises(unit)	58	59	1.7
# 内资企业(个)	Civil Funded Enterprises(unit)	57	58	1.8
工业总产值(万元)	Gross Industrial Output Value(10 000 yuan)	569257	751202	23.1
内资企业(万元)	Civil Funded Enterprises(10 000 yuan)	567967	749076	23.6
国有企业(万元)	State-owned Enterprises(10 000 yuan)	843	270806	29879.0
集体企业(万元)	Collective-owned Enterprises(10 000 yuan)			
股份合作企业(万元)	Share Holding Enterprises(10 000 yuan)			
联营企业(万元)	Joint Owned Enterprises(10 000 yuan)			
有限责任公司(万元)	Limited Company(10 000 yuan)	257647	160663	-41.8
股份有限公司(万元)	Share Holding Limited Company(10 000 yuan)	85797	95211	3.6
私营企业(万元)	Privately Owned Enterprises(10 000 yuan)	223680	222396	-10.3
其他企业(万元)	Enterprises of Other Ownership(10 000 yuan)			
港澳台商投资企业(万元)	Funds from HK,Macao & Taiwan(10 000 yuan)	1290	2126	53.8
外商投资企业(万元)	Foreign Funded Enterprises(10 000 yuan)			
工业企业增加值(万元)	Value Added of Industrial Enterprises(10 000 yuan)	259450	383609	23.8
工业企业资产总计(万元)	Total Assets of Industrial Enterprises(10 000 yuan)	985003	1128247	14.5
工业企业负债合计(万元)	Total Liabilities of Industrial Enterprises(10 000 yuan)	674283	836549	24.1
工业企业产品销售收入(万元)	Sales of Revenue Industrial Enterprises(10 000 yuan)	552486	723939	31.0
工业企业利润总额(万元)	Total Profits of Industrial Enterprises(10 000 yuan)	-763	-48385	
建筑业	**Construction**			
建筑企业单位数(个)	Number of Construction Enterprises(unit)	2	2	0.0
建筑企业从业人员(人)	Number of Employee in Construction Enterprises(person)	3349	2798	-16.5
建筑业总产值(万元)	Gross Construction Output Value(10 000 yuan)	23853	20249	-15.1
交通运输邮电通信业	**Transportation,Post & Telecommunications**			
公路里程(公里)	Total Length of Highways(km)	94	94	0.0
邮电业务总量(万元)	Business Volume of Post & Telecoms(10 000 yuan)	747	1023	36.9
本地电话用户(户)	Number of Subscribers of Local Telephone(Household)	40300	30646	-24.0
国内贸易	**Demestic Trade**			
社会消费品零售总额(万元)	Total Retail Sales of Consumer Goods(10 000 yuan)	66864	80237	20.0
# 贸易业(万元)	Wholesale & Retail Sales Trades(10 000 yuan)	58672	70406	20.0
餐饮业(万元)	Catering Trade(10 000 yuan)	6862	8234	20.0
科技教育卫生	**Science,Education & Public Health**			
各类专业技术人员(人)	Speccial Technical Personnel(person)	3450	3670	6.4
幼儿园数(所)	Number of Kindergartens(unit)	10	10	0.0
学龄儿童入学率(%)	Percentage of School-Age Children Enrolled(%)	100.0	100.0	0.0
小学学校数(所)	Number of Primary Schools(unit)	14	10	-28.6
小学专任教师数(人)	Number of Full-time Teachers of Primary Schools(person)	719	725	0.8
小学在校学生数(人)	Number of Student Enrollment of Primary Schools(person)	9217	8841	-4.1
普通中学学校数(所)	Number of Regular Secondary Schools(unit)	10	6	-40.0
普通中学专任教师数(人)	Number of Teachers of Secondary Shools(person)	581	636	9.5
初中在校学生数(人)	Number of Student in Junior Secondary Schools(person)	4705	4783	1.7
高中在校学生数(人)	Number of Student in Senior Secondary Schools(person)	3481	3600	3.4
卫生机构数(所)	Number of Health Institutions(unit)	82	77	-6.1
# 医院(所)	Hospitals(unit)	3	3	0.0
卫生院(所)	Township Hospitals(unit)	5	6	20.0
床位数(张)	Number of Beds(unit)	701	700	-0.1
# 医院(张)	Hospitals(unit)	589	700	18.8
卫生院(张)	Township Hospitals(unit)	26	0	-100.0
卫生技术人员(人)	Medical Technical Presonnel(person)	727	753	3.6
# 医院(人)	Hospitals(person)	347	464	33.7
卫生院(人)	Township Hospitals(person)	30	34	13.3

23-106 阿拉善盟阿拉善左旗

指 标	Item	2006	2007	2007年比上年增长% Increase Rate in 2007 Over 2006(%)
行政区域土地面积(平方公里)	**Area of Administration(Sq.km)**	**80412**	**80412**	**0.0**
人口和就业	**Population & Employment**			
年末总人口(人)	Total Population Year-end(person)	140741	142051	0.9
#男性(人)	Male(person)	71942	72570	0.9
#乡村人口(人)	Rural(person)	46210	46002	-0.5
年末总户数(户)	Total Number of Households at the Year-end(Household)	54440	55483	1.9
#乡村户数(户)	Number of Rural Household(Household)	13496	13496	0.0
出生人口(人)	Births(person)	1215	1224	0.7
死亡人口(人)	Deaths(person)	487	494	1.4
全社会就业人员(人)	Employment(person)	71777	81859	14.0
第一产业(人)	Primary Industry(person)	31205	31600	1.3
第二产业(人)	Secondary Industry(person)	14927	19413	30.1
第三产业(人)	Tertiary Industry(person)	25645	30846	20.3
在岗职工人数(人)	Number of Staff & Workers Employed in(person)	28944	31440	8.6
乡村劳动力(人)	Number of Rural Laborers(person)	36021	36539	1.4
#农林牧渔业(人)	Farming,Forestry,Animal Husbandry & Fishery(person)	30020	30387	1.2
国民经济综合指标	**Summary Item on the National Economy**			
生产总值(万元)	Gross Domestic Product(10 000 yuan)	611889	826588	25.7
第一产业(万元)	Primary Industry(10 000 yuan)	29548	32615	-0.5
第二产业(万元)	Secondary Industry(10 000 yuan)	437158	613095	30.1
#工业(万元)	Industry(10 000 yuan)	364158	534100	36.0
第三产业(万元)	Tertiary Industry(10 000 yuan)	145183	180878	18.0
人均生产总值(元)	Per Capita GDP(yuan)	43606	58459	27.2
全社会固定资产投资(万元)	Total Investment in Fixed Assets(10 000 yuan)	655191	752033	14.8
按登记注册类型分	Grouped by Registered Type			
#国有(万元)	State-owned Enterprises(10 000 yuan)	349364	422588	21.0
集体(万元)	Collective-owned Enterprises(10 000 yuan)		3078	
有限责任公司(万元)	Limited Liability Corporations(10 000 yuan)	26028	21607	-17.0
股份有限公司(万元)	Share Holding Enterprises(10 000 yuan)	215676	167732	-22.2
私营企业(万元)	Private Enterprises(10 000 yuan)	14802	89910	507.4
外商及港澳台投资企业(万元)	Funds from HK,Macao,Taiwan & Foreign(10 000 yuan)			
按城乡渠道分	Grouped by Urban and Rural Area			
城镇(万元)	Urban(10 000 yuan)	652611	739741	13.4
农村(万元)	Rural(10 000 yuan)	2580	12292	376.4
一般预算收入(万元)	General Budgetary Financial Revenue(10 000 yuan)	28359	27881	-1.7
一般预算支出(万元)	General Budgetary Financial Expenditures(10 000 yuan)	71001	88811	25.1
城乡居民储蓄存款余额(万元)	Resident Saving Deposit in Urban & Rural(10 000 yuan)	283324	297304	4.9
在岗职工工资总额(万元)	Total Wages of Staff & Workers Employed in(10 000 yuan)	60192	72518	20.5
在岗职工平均工资(元)	Average Wage of Staff & Workers Employed in(yuan)	22081	25308	14.6
农牧民人均纯收入(元)	Per Capita Net Income of Peasant & Herdsman(yuan)	4003	4527	13.1
农村牧区经济	**Economic Development in Rural & Pastoral Area**			
耕地面积(公顷)	Cultivated Area(hectare)	23341	23654	1.3
农作物总播种面积(公顷)	Total Sown Area(hectare)	22122	23548	6.4
#粮食作物播种面积(公顷)	Sown Area of Grain Crops(hectare)	14143	14864	5.1
有效灌溉面积(公顷)	Irrigated Area(hectare)	23870	23980	0.5
农牧业机械总动力(万千瓦)	Total Power of Agricultural Machinery(10 000 kw)	19.25	19.38	0.7
化肥施用折纯量(吨)	Consumption of Chemical Fertilizer(ton)	7916	8420	6.4
农村用电量(万千瓦小时)	Electricity Consumed in Rural Area(10 000 kwh)	7406	8166	10.3
农林牧渔业总产值(万元)	Gross Output of Farming,Forestry,Animal Husbandry & Fishery(10 000 yuan)	50081	52671	0.1
粮食产量(吨)	Yield of Grain(ton)	110117	115124	4.5
油料产量(吨)	Yield of Oil-bearing Grops(ton)	10261	16381	59.6
甜菜产量(吨)	Yield of Beetroots(ton)	1554	118	-92.4
猪牛羊肉产量(吨)	Output of Pork, Beef & Mutton(ton)	8441	8439	0.0
#猪肉产量(吨)	Output of Pork(ton)	504	538	6.7
牛肉产量(吨)	Output of Beef(ton)	279	239	-14.3
羊肉产量(吨)	Output of Mutton(ton)	7658	7662	0.1
羊毛产量(吨)	Output of Wool(ton)	842	687	-18.4

23-106 Alashanzuo Banner in Alashan League

指 标	Item	2006	2007	2007年比上年增长% Increase Rate in 2007 Over 2006(%)
年末牲畜存栏头数(万头只)	Total Livestock at the Year-end(10 000 heads)	92.51	89.23	-3.5
#大牲畜(万头只)	Large Animals(10 000 heads)	4.67	4.30	-7.9
羊(万只)	Sheep & Goats(10 000 heads)	87.39	84.45	-3.4
猪(万头)	Hogs(10 000 heads)	0.45	0.47	4.4
规模以上工业	**Industrial Enterprises above Designated size**			
工业企业单位数(个)	Number of Industrial Enterprises(unit)	56	66	17.9
#内资企业(个)	Civil Funded Enterprises(unit)	54	64	18.5
工业总产值(万元)	Gross Industrial Output Value(10 000 yuan)	747796	1126489	50.6
内资企业(万元)	Civil Funded Enterprises(10 000 yuan)	712516	1097015	54.0
国有企业(万元)	State-owned Enterprises(10 000 yuan)	100930	149051	47.7
集体企业(万元)	Collective-owned Enterprises(10 000 yuan)	6041	2481	-58.9
股份合作企业(万元)	Share Holding Enterprises(10 000 yuan)	1177	419	-64.4
联营企业(万元)	Joint Owned Enterprises(10 000 yuan)			
有限责任公司(万元)	Limited Company(10 000 yuan)	65342	122514	87.5
股份有限公司(万元)	Share Holding Limited Company(10 000 yuan)	198608	307038	54.6
私营企业(万元)	Privately Owned Enterprises(10 000 yuan)	238784	506374	112.1
其他企业(万元)	Enterprises of Other Ownership(10 000 yuan)	101634	9138	-91.0
港澳台商投资企业(万元)	Funds from HK,Macao & Taiwan(10 000 yuan)	5223	8014	53.4
外商投资企业(万元)	Foreign Funded Enterprises(10 000 yuan)	30057	21460	-28.6
工业企业增加值(万元)	Value Added of Industrial Enterprises(10 000 yuan)	345558	510800	37.4
工业企业资产总计(万元)	Total Assets of Industrial Enterprises(10 000 yuan)	1144016	1639010	43.3
工业企业负债合计(万元)	Total Liabilities of Industrial Enterprises(10 000 yuan)	762113	1083869	42.2
工业企业产品销售收入(万元)	Sales of Revenue Industrial Enterprises(10 000 yuan)	667618	1156767	73.3
工业企业利润总额(万元)	Total Profits of Industrial Enterprises(10 000 yuan)	29443	62062	110.8
建筑业	**Construction**			
建筑企业单位数(个)	Number of Construction Enterprises(unit)	7	6	-14.3
建筑企业从业人员(人)	Number of Employee in Construction Enterprises(person)	2897	3292	13.6
建筑业总产值(万元)	Gross Construction Output Value(10 000 yuan)	23778	30041	26.3
交通运输邮电通信业	**Transportation,Post & Telecommunications**			
公路里程(公里)	Total Length of Highways(km)	2414	2739	13.5
邮电业务总量(万元)	Business Volume of Post & Telecoms(10 000 yuan)	27862	43718	56.9
本地电话用户(户)	Number of Subscribers of Local Telephone(Household)	69241	79032	14.1
国内贸易	**Domestic Trade**			
社会消费品零售总额(万元)	Total Retail Sales of Consumer Goods(10 000 yuan)	129760	156025	20.2
#贸易业(万元)	Wholesale & Retail Sales Trades(10 000 yuan)	103221	128496	24.5
餐饮业(万元)	Catering Trade(10 000 yuan)	26539	27529	3.7
科技教育卫生	**Science,Education & Public Health**			
各类专业技术人员(人)	Special Technical Personnel(person)	8146	8319	2.1
幼儿园数(所)	Number of Kindergartens(unit)	6	5	-16.7
学龄儿童入学率(%)	Percentage of School-Age Children Enrolled(%)	100.0	100.0	0.0
小学学校数(所)	Number of Primary Schools(unit)	24	20	-16.7
小学专任教师数(人)	Number of Full-time Teachers of Primary Schools(person)	496	719	45.0
小学在校学生数(人)	Number of Student Enrollment of Primary Schools(person)	10155	10102	-0.5
普通中学学校数(所)	Number of Regular Secondary Schools(unit)	13	13	0.0
普通中学专任教师数(人)	Number of Teachers of Secondary Shools(person)	890	899	1.0
初中在校学生数(人)	Number of Student in Junior Secondary Schools(person)	7857	7749	-1.4
高中在校学生数(人)	Number of Student in Senior Secondary Schools(person)	4001	4005	0.1
卫生机构数(所)	Number of Health Institutions(unit)	46	46	0.0
#医院(所)	Hospitals(unit)	9	9	0.0
卫生院(所)	Township Hospitals(unit)	29	29	0.0
床位数(张)	Number of Beds(unit)	555	504	-9.2
#医院(张)	Hospitals(unit)	391	367	-6.1
卫生院(张)	Township Hospitals(unit)	120	91	-24.2
卫生技术人员(人)	Medical Technical Presonnel(person)	1037	1057	1.9
#医院(人)	Hospitals(person)	634	614	-3.2
卫生院(人)	Township Hospitals(person)	170	202	18.8

23-107 阿拉善盟阿拉善右旗

指 标	Item	2006	2007	2007年比上年增长% Increase Rate in 2007 Over 2006(%)
行政区域土地面积(平方公里)	**Area of Administration(Sq.km)**	**75226**	**75226**	**0.0**
人口和就业	**Population & Employment**			
年末总人口(人)	Total Population Year-end(person)	24290	24590	1.2
#男性(人)	Male(person)	12221	12334	0.9
#乡村人口(人)	Rural(person)	7624	7972	4.6
年末总户数(户)	Total Number of Households at the Year-end(Household)	9002	9200	2.2
#乡村户数(户)	Number of Rural Household(Household)	2174	2325	6.9
出生人口(人)	Births(person)	138	172	24.6
死亡人口(人)	Deaths(person)	91	96	5.5
全社会就业人员(人)	Employment(person)	12883	12732	-1.2
第一产业(人)	Primary Industry(person)	4495	3689	-17.9
第二产业(人)	Secondary Industry(person)	4744	3969	-16.3
第三产业(人)	Tertiary Industry(person)	3644	5074	39.2
在岗职工人数(人)	Number of Staff & Workers Employed in(person)	4743	4635	-2.3
乡村劳动力(人)	Number of Rural Laborers(person)	5178	5236	1.1
#农林牧渔业(人)	Farming,Forestry,Animal Husbandry & Fishery(person)	4948	3357	-32.2
国民经济综合指标	**Summary Item on the National Economy**			
生产总值(万元)	Gross Domestic Product(10 000 yuan)	101898	125070	21.1
第一产业(万元)	Primary Industry(10 000 yuan)	9700	10702	-0.6
第二产业(万元)	Secondary Industry(10 000 yuan)	65493	81073	19.3
#工业(万元)	Industry(10 000 yuan)	55993	72820	26.1
第三产业(万元)	Tertiary Industry(10 000 yuan)	26705	33295	34.2
人均生产总值(元)	Per Capita GDP(yuan)	39804	48250	19.8
全社会固定资产投资(万元)	Total Investment in Fixed Assets(10 000 yuan)	79954	67418	-15.7
按登记注册类型分	Grouped by Registered Type			
#国有(万元)	State-owned Enterprises(10 000 yuan)	23944	33086	38.2
集体(万元)	Collective-owned Enterprises(10 000 yuan)			
有限责任公司(万元)	Limited Liability Corporations(10 000 yuan)	25400	21087	-17.0
股份有限公司(万元)	Share Holding Enterprises(10 000 yuan)		5050	
私营企业(万元)	Private Enterprises(10 000 yuan)	30163	6500	-78.5
外商及港澳台投资企业(万元)	Funds from HK,Macao,Taiwan & Foreign(10 000 yuan)			
按城乡渠道分	Grouped by Urban and Rural Area			
城镇(万元)	Urban(10 000 yuan)	61513	58885	-4.3
农村(万元)	Rural(10 000 yuan)	18441	8533	-53.7
一般预算收入(万元)	General Budgetary Financial Revenue(10 000 yuan)	5086	4088	-19.6
一般预算支出(万元)	General Budgetary Financial Expenditures(10 000 yuan)	28670	31822	11.0
城乡居民储蓄存款余额(万元)	Resident Saving Deposit in Urban & Rural(10 000 yuan)	44725	42802	-4.3
在岗职工工资总额(万元)	Total Wages of Staff & Workers Employed in(10 000 yuan)	9633	11749	22.0
在岗职工平均工资(元)	Average Wage of Staff & Workers Employed in(yuan)	20332	24631	21.1
农牧民人均纯收入(元)	Per Capita Net Income of Peasant & Herdsman(yuan)	4748	5538	16.6
农村牧区经济	**Economic Development in Rural & Pastoral Area**			
耕地面积(公顷)	Cultivated Area(hectare)	3140	3140	0.0
农作物总播种面积(公顷)	Total Sown Area(hectare)	2675	2678	0.1
#粮食作物播种面积(公顷)	Sown Area of Grain Crops(hectare)	1900	1743	-8.3
有效灌溉面积(公顷)	Irrigated Area(hectare)			
农牧业机械总动力(万千瓦)	Total Power of Agricultural Machinery(10 000 kw)	1.62	1.72	6.2
化肥施用折纯量(吨)	Consumption of Chemical Fertilizer(ton)	262	542	106.9
农村用电量(万千瓦小时)	Electricity Consumed in Rural Area(10 000 kwh)	418	469	12.2
农林牧渔业总产值(万元)	Gross Output of Farming,Forestry,Animal Husbandry & Fishery(10 000 yuan)	16897	17740	5.0
粮食产量(吨)	Yield of Grain(ton)	14348	14607	1.8
油料产量(吨)	Yield of Oil-bearing Grops(ton)	21	460	2090.5
甜菜产量(吨)	Yield of Beetroots(ton)			
猪牛羊肉产量(吨)	Output of Pork, Beef & Mutton(ton)	2698	2567	-4.9
#猪肉产量(吨)	Output of Pork(ton)	40	208	420.0
牛肉产量(吨)	Output of Beef(ton)	3	2	-20.0
羊肉产量(吨)	Output of Mutton(ton)	2655	2357	-11.2
羊毛产量(吨)	Output of Wool(ton)	154	100	-35.1

23-107 Alashanyou Banner in Alashan League

指 标	Item	2006	2007	2007年比上年增长% Increase Rate in 2007 Over 2006(%)
年末牲畜存栏头数(万头只)	Total Livestock at the Year-end(10 000 heads)	18.58	17.95	-3.4
# 大牲畜(万头只)	Large Animals(10 000 heads)	2.60	1.59	-38.8
羊(万只)	Sheep & Goats(10 000 heads)	15.95	16.31	2.3
猪(万头)	Hogs(10 000 heads)	0.02	0.06	200.0
规模以上工业	**Industrial Enterprises above Designated size**			
工业企业单位数(个)	Number of Industrial Enterprises(unit)	18	18	0.0
# 内资企业(个)	Civil Funded Enterprises(unit)	18	18	0.0
工业总产值(万元)	Gross Industrial Output Value(10 000 yuan)	97581	133059	36.4
内资企业(万元)	Civil Funded Enterprises(10 000 yuan)	97581	133059	36.4
国有企业(万元)	State-owned Enterprises(10 000 yuan)	171		
集体企业(万元)	Collective-owned Enterprises(10 000 yuan)			
股份合作企业(万元)	Share Holding Enterprises(10 000 yuan)	2041	636	-68.8
联营企业(万元)	Joint Owned Enterprises(10 000 yuan)			
有限责任公司(万元)	Limited Company(10 000 yuan)	54365	28237	-48.1
股份有限公司(万元)	Share Holding Limited Company(10 000 yuan)			
私营企业(万元)	Privately Owned Enterprises(10 000 yuan)	41004	104186	154.1
其他企业(万元)	Enterprises of Other Ownership(10 000 yuan)			
港澳台商投资企业(万元)	Funds from HK,Macao & Taiwan(10 000 yuan)			
外商投资企业(万元)	Foreign Funded Enterprises(10 000 yuan)			
工业企业增加值(万元)	Value Added of Industrial Enterprises(10 000 yuan)	50993	66320	26.8
工业企业资产总计(万元)	Total Assets of Industrial Enterprises(10 000 yuan)	144741	119182	-17.7
工业企业负债合计(万元)	Total Liabilities of Industrial Enterprises(10 000 yuan)	90241	79189	-12.2
工业企业产品销售收入(万元)	Sales of Revenue Industrial Enterprises(10 000 yuan)	93940	121767	29.6
工业企业利润总额(万元)	Total Profits of Industrial Enterprises(10 000 yuan)	6118	7450	21.8
建筑业	**Construction**			
建筑企业单位数(个)	Number of Construction Enterprises(unit)	1	1	0.0
建筑企业从业人员(人)	Number of Employee in Construction Enterprises(person)	376	376	0.0
建筑业总产值(万元)	Gross Construction Output Value(10 000 yuan)	378	948	150.8
交通运输邮电通信业	**Transportation,Post & Telecommunications**			
公路里程(公里)	Total Length of Highways(km)	1751	1730	-1.2
邮电业务总量(万元)	Business Volume of Post & Telecoms(10 000 yuan)	1812	1773	-2.2
本地电话用户(户)	Number of Subscribers of Local Telephone(Household)	4163	4498	8.0
国内贸易	**Domestic Trade**			
社会消费品零售总额(万元)	Total Retail Sales of Consumer Goods(10 000 yuan)	18728	21641	15.6
# 贸易业(万元)	Wholesale & Retail Sales Trades(10 000 yuan)	13916	17784	27.8
餐饮业(万元)	Catering Trade(10 000 yuan)	3412	3857	13.1
科技教育卫生	**Science,Education & Public Health**			
各类专业技术人员(人)	Special Technical Personnel(person)	854	899	5.3
幼儿园数(所)	Number of Kindergartens(unit)	2	2	0.0
学龄儿童入学率(%)	Percentage of School-Age Children Enrolled(%)	100.0	100.0	0.0
小学学校数(所)	Number of Primary Schools(unit)	5	6	20.0
小学专任教师数(人)	Number of Full-time Teachers of Primary Schools(person)	157	173	10.2
小学在校学生数(人)	Number of Student Enrollment of Primary Schools(person)	1723	1571	-8.8
普通中学学校数(所)	Number of Regular Secondary Schools(unit)	4	2	-50.0
普通中学专任教师数(人)	Number of Teachers of Secondary Shools(person)	120	101	-15.8
初中在校学生数(人)	Number of Student in Junior Secondary Schools(person)	822	823	0.1
高中在校学生数(人)	Number of Student in Senior Secondary Schools(person)	476	476	0.0
卫生机构数(所)	Number of Health Institutions(unit)	13	13	0.0
# 医院(所)	Hospitals(unit)	3	3	0.0
卫生院(所)	Township Hospitals(unit)	7	7	0.0
床位数(张)	Number of Beds(unit)	102	102	0.0
# 医院(张)	Hospitals(unit)	67	55	-17.9
卫生院(张)	Township Hospitals(unit)	30	47	56.7
卫生技术人员(人)	Medical Technical Presonnel(person)	221	222	0.5
# 医院(人)	Hospitals(person)	122	104	-14.8
卫生院(人)	Township Hospitals(person)	99	118	19.2

23-108 阿拉善盟额济纳旗

指 标	Item	2006	2007	2007年比上年增长% Increase Rate in 2007 Over 2006(%)
行政区域土地面积(平方公里)	**Area of Administration(Sq.km)**	**114606**	**114606**	**0.0**
人口和就业	**Population & Employment**			
年末总人口(人)	Total Population Year-end(person)	17023	17240	1.3
#男性(人)	Male(person)	8624	8723	1.1
#乡村人口(人)	Rural(person)	4154	4256	2.5
年末总户数(户)	Total Number of Households at the Year-end(Household)	6414	6602	2.9
#乡村户数(户)	Number of Rural Household(Household)	1349	1389	3.0
出生人口(人)	Births(person)	115	148	28.7
死亡人口(人)	Deaths(person)	59	68	15.3
全社会就业人员(人)	Employment(person)	10457	10901	4.2
第一产业(人)	Primary Industry(person)	3641	3654	0.4
第二产业(人)	Secondary Industry(person)	2502	2677	7.0
第三产业(人)	Tertiary Industry(person)	4314	4570	5.9
在岗职工人数(人)	Number of Staff & Workers Employed in(person)	4431	4656	5.1
乡村劳动力(人)	Number of Rural Laborers(person)	3280	3285	0.2
#农林牧渔业(人)	Farming,Forestry,Animal Husbandry & Fishery(person)	3006	2842	-5.5
国民经济综合指标	**Summary Item on the National Economy**			
生产总值(万元)	Gross Domestic Product(10 000 yuan)	105189	140056	23.6
第一产业(万元)	Primary Industry(10 000 yuan)	6200	7645	11.1
第二产业(万元)	Secondary Industry(10 000 yuan)	53782	71865	30.3
#工业(万元)	Industry(10 000 yuan)	47282	58703	20.5
第三产业(万元)	Tertiary Industry(10 000 yuan)	45207	60546	17.6
人均生产总值(元)	Per Capita GDP(yuan)	62036	81239	31.0
全社会固定资产投资(万元)	Total Investment in Fixed Assets(10 000 yuan)	55584	105525	89.8
按登记注册类型分	Grouped by Registered Type			
#国有(万元)	State-owned Enterprises(10 000 yuan)	27663	51210	85.1
集体(万元)	Collective-owned Enterprises(10 000 yuan)	140		
有限责任公司(万元)	Limited Liability Corporations(10 000 yuan)	22289	41764	87.4
股份有限公司(万元)	Share Holding Enterprises(10 000 yuan)	2850	2390	-16.1
私营企业(万元)	Private Enterprises(10 000 yuan)	2642	8061	205.1
外商及港澳台投资企业(万元)	Funds from HK,Macao,Taiwan & Foreign(10 000 yuan)			
按城乡渠道分	Grouped by Urban and Rural Area			
城镇(万元)	Urban(10 000 yuan)	55012	100910	83.4
农村(万元)	Rural(10 000 yuan)	572	4615	706.8
一般预算收入(万元)	General Budgetary Financial Revenue(10 000 yuan)	9622	8152	-15.3
一般预算支出(万元)	General Budgetary Financial Expenditures(10 000 yuan)	29219	36606	25.3
城乡居民储蓄存款余额(万元)	Resident Saving Deposit in Urban & Rural(10 000 yuan)	32000	36402	13.8
在岗职工工资总额(万元)	Total Wages of Staff & Workers Employed in(10 000 yuan)	8816	10312	17.0
在岗职工平均工资(元)	Average Wage of Staff & Workers Employed in(yuan)	20459	23183	13.3
农牧民人均纯收入(元)	Per Capita Net Income of Peasant & Herdsman(yuan)	5000	5792	15.8
农村牧区经济	**Economic Development in Rural & Pastoral Area**			
耕地面积(公顷)	Cultivated Area(hectare)	5938	5937	0.0
农作物总播种面积(公顷)	Total Sown Area(hectare)	4439	5200	17.1
#粮食作物播种面积(公顷)	Sown Area of Grain Crops(hectare)	479	657	37.2
有效灌溉面积(公顷)	Irrigated Area(hectare)	5938	5937	0.0
农牧业机械总动力(万千瓦)	Total Power of Agricultural Machinery(10 000 kw)	2.57	2.63	2.3
化肥施用折纯量(吨)	Consumption of Chemical Fertilizer(ton)	1360	2381	75.1
农村用电量(万千瓦小时)	Electricity Consumed in Rural Area(10 000 kwh)	778	302	-61.2
农林牧渔业总产值(万元)	Gross Output of Farming,Forestry,Animal Husbandry & Fishery(10 000 yuan)	11480		
粮食产量(吨)	Yield of Grain(ton)	3212	4364	35.9
油料产量(吨)	Yield of Oil-bearing Grops(ton)			
甜菜产量(吨)	Yield of Beetroots(ton)			
猪牛羊肉产量(吨)	Output of Pork, Beef & Mutton(ton)	2011	2078	3.3
#猪肉产量(吨)	Output of Pork(ton)	1004	1056	5.2
牛肉产量(吨)	Output of Beef(ton)	13	10	-23.1
羊肉产量(吨)	Output of Mutton(ton)	592	558	-5.7
羊毛产量(吨)	Output of Wool(ton)	30	30	0.0

23-108 Ejina Banner in Alashan League

指 标	Item	2006	2007	2007年比上年增长% Increase Rate in 2007 Over 2006(%)
年末牲畜存栏头数(万头只)	Total Livestock at the Year-end(10 000 heads)	7.28	6.41	-12.0
#大牲畜(万头只)	Large Animals(10 000 heads)	1.25	1.08	-13.6
羊(万只)	Sheep & Goats(10 000 heads)	5.78	5.09	-11.9
猪(万头)	Hogs(10 000 heads)	0.25	0.18	-28.0
规模以上工业	**Industrial Enterprises above Designated size**			
工业企业单位数(个)	Number of Industrial Enterprises(unit)	11	11	0.0
#内资企业(个)	Civil Funded Enterprises(unit)	11	11	0.0
工业总产值(万元)	Gross Industrial Output Value(10 000 yuan)	81340	102679	26.2
内资企业(万元)	Civil Funded Enterprises(10 000 yuan)	81340	102679	26.2
国有企业(万元)	State-owned Enterprises(10 000 yuan)	906	1355	26.2
集体企业(万元)	Collective-owned Enterprises(10 000 yuan)			
股份合作企业(万元)	Share Holding Enterprises(10 000 yuan)			
联营企业(万元)	Joint Owned Enterprises(10 000 yuan)			
有限责任公司(万元)	Limited Company(10 000 yuan)	69980	38571	-44.9
股份有限公司(万元)	Share Holding Limited Company(10 000 yuan)		48742	
私营企业(万元)	Privately Owned Enterprises(10 000 yuan)	10454	14011	34.0
其他企业(万元)	Enterprises of Other Ownership(10 000 yuan)			
港澳台商投资企业(万元)	Funds from HK,Macao & Taiwan(10 000 yuan)			
外商投资企业(万元)	Foreign Funded Enterprises(10 000 yuan)			
工业企业增加值(万元)	Value Added of Industrial Enterprises(10 000 yuan)	44782	55612	20.6
工业企业资产总计(万元)	Total Assets of Industrial Enterprises(10 000 yuan)	81314	90648	11.5
工业企业负债合计(万元)	Total Liabilities of Industrial Enterprises(10 000 yuan)	37518	58340	55.5
工业企业产品销售收入(万元)	Sales of Revenue Industrial Enterprises(10 000 yuan)	80077	67601	-15.6
工业企业利润总额(万元)	Total Profits of Industrial Enterprises(10 000 yuan)	1192	941	-21.1
建筑业	**Construction**			
建筑企业单位数(个)	Number of Construction Enterprises(unit)	1	1	0.0
建筑企业从业人员(人)	Number of Employee in Construction Enterprises(person)	193	196	1.6
建筑业总产值(万元)	Gross Construction Output Value(10 000 yuan)	1207	1977	63.8
交通运输邮电通信业	**Transportation,Post & Telecommunications**			
公路里程(公里)	Total Length of Highways(km)	1619	2686	65.9
邮电业务总量(万元)	Business Volume of Post & Telecoms(10 000 yuan)	3838	4145	8.0
本地电话用户(户)	Number of Subscribers of Local Telephone(Household)	3345	3800	13.6
国内贸易	**Domestic Trade**			
社会消费品零售总额(万元)	Total Retail Sales of Consumer Goods(10 000 yuan)	31032	37216	19.9
#贸易业(万元)	Wholesale & Retail Sales Trades(10 000 yuan)	22782	29350	28.8
餐饮业(万元)	Catering Trade(10 000 yuan)	4729	7866	66.3
科技教育卫生	**Science,Education & Public Health**			
各类专业技术人员(人)	Special Technical Personnel(person)	765	644	-15.8
幼儿园数(所)	Number of Kindergartens(unit)	3	3	0.0
学龄儿童入学率(%)	Percentage of School-Age Children Enrolled(%)	100.0	100.0	0.0
小学学校数(所)	Number of Primary Schools(unit)	2	2	0.0
小学专任教师数(人)	Number of Full-time Teachers of Primary Schools(person)	108	191	76.9
小学在校学生数(人)	Number of Student Enrollment of Primary Schools(person)	1247	1249	0.2
普通中学学校数(所)	Number of Regular Secondary Schools(unit)	2	2	0.0
普通中学专任教师数(人)	Number of Teachers of Secondary Shools(person)	79	112	41.8
初中在校学生数(人)	Number of Student in Junior Secondary Schools(person)	636	607	-4.6
高中在校学生数(人)	Number of Student in Senior Secondary Schools(person)	405	369	-8.9
卫生机构数(所)	Number of Health Institutions(unit)	10	10	0.0
#医院(所)	Hospitals(unit)	3	3	0.0
卫生院(所)	Township Hospitals(unit)	5	5	0.0
床位数(张)	Number of Beds(unit)	162	161	-0.6
#医院(张)	Hospitals(unit)	110	110	0.0
卫生院(张)	Township Hospitals(unit)	42	41	-2.4
卫生技术人员(人)	Medical Technical Presonnel(person)	170	168	-1.2
#医院(人)	Hospitals(person)	111	111	0.0
卫生院(人)	Township Hospitals(person)	35	30	-14.3

二十四　企业资料

STATISTICS OF ENTERPRISES

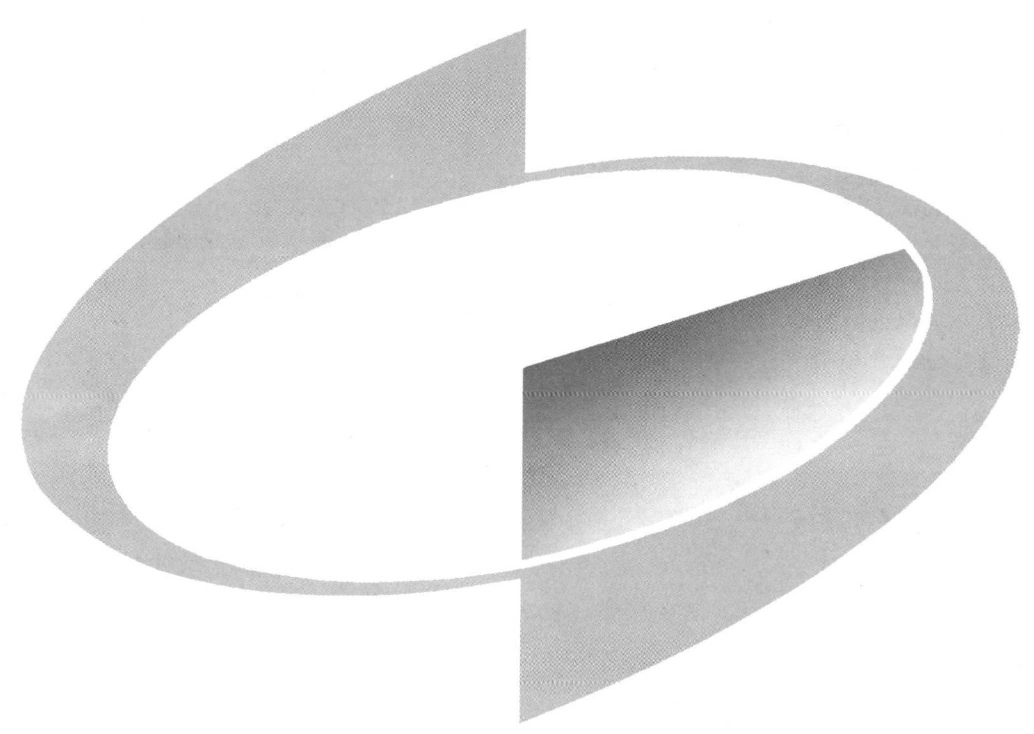

资料整理：杨文武 云俊生 王亦兵 梅长华 欧 青
张晓春 蔡雨成

Arranged by Yang Wenwu, Yun Junsheng,Wang Yibing,
Mei Changhua, Ou Qing,Zhang Xiaochun, Cai Yucheng

24-1 全区资产总计最大的100家大中型工业企业(2007年)

Autonomous Regional Top 100 Large-scale and Medium-scale Industrial Enterprises of Total Assets(2007)

位次 Order	企业名称	Name of Enterprise	资产总计 (万元) Total Assets (10 000 yuan)
1	内蒙古包钢钢联股份有限公司	Inner Mongolia Baotou Steel Union Co.,Ltd	3270030
2	包头钢铁（集团）有限责任公司	Baotou Iron & Steel (Group) Co.,Ltd	2600000
3	内蒙古大唐国际托克托发电有限责任公司	Datang International Tuoketuo Power Plant	1663810
4	神东集团神府东胜煤炭有限责任公司	Shen Dong Group Dongsheng Coal Industry Co.,Ltd	1559414
5	包头铝业（集团）有限责任公司	Baotou Aluminium Industry (Group) Co.,Ltd	1451208
6	华能伊敏煤电有限责任公司	Yiminhe HuaNeng Coal & Electricity Co.,Ltd	1257037
7	内蒙古伊泰煤炭股份有限公司	Inner Mongolia Yi Tai Coal Industry Co.,Ltd	1201508
8	神华集团准格尔能源有限责任公司	ShenHua Group Zhungeer Energy Co.,Ltd	1187247
9	内蒙第一机械制造集团有限公司	Inner Mongolia No.1 Machinery Co.,Ltd	781756
10	内蒙古伊利实业集团股份有限公司	Inner Mongolia YiLi Industrial Group Co.,Ltd	776243
11	内蒙古平庄煤业集团有限责任公司	Inner Mongolia Pingzhuang Coal Industry Co.,Ltd	767671
12	鄂尔多斯电力冶金股份有限公司	Erdos Electric Power Metallurgy Co.,Ltd	759356
13	元宝山发电有限责任公司	Yuanbaoshan Electric Power Co.,Ltd	724274
14	鄂尔多斯羊绒制品股份有限公司	Erdos Cashmere Product Share-Holding Co.,Ltd	684365
15	大庆油田有限责任公司呼伦贝尔分公司	Daqing Oilfield Co.,Ltd Hulunbeier Branch	675954
16	内蒙古霍煤鸿骏铝电有限责任公司	Huolinhe Hong Jun Aluminium & Power Co.,Ltd	603267
17	内蒙古北方重工集团有限公司	Inner Mongolia North Industry Group Co.,Ltd	601710
18	内蒙古伊东煤炭集团有限责任公司	Inner Mongolia Yi Dong Coal Group Co.,Ltd	590838
19	内蒙古蒙牛乳业（集团）股份有限公司	MengNiu Milk Industry(Group) Co.,Ltd	590832
20	中国神华能源万利煤炭分公司	ShenHua Energy WanLi Coal Branch	562821
21	内蒙古华电包头发电有限公司	Inner Mongolia Huadian Baotou Power Plant Co.,Ltd	553559
22	内蒙古乌兰水泥有限责任公司	Inner Mongolia Wu Lan Cement Co.,Ltd	485708
23	内蒙古西水创业股份有限公司	Inner Mongolia West Water Venture Co., Ltd.	472965
24	蒙电华能包头二电厂	MenDian HuaNeng Baotou No.2 Heat & Power Plant	468672
25	内蒙古国华准格尔发电有限责任公司	Inner Mongolia GuoHua Zhungeer Power Plant Co.,Ltd	442804
26	东方希望包头稀土铝业有限责任公司	East Hope Baotou Rare-earth & Al Industry Co.,Ltd	441952
27	包头北方奔驰重型汽车有限公司	Baotou North Benz Heavy-duty Automobile Co.,Ltd	433010
28	包头铝业股份有限公司	Baotou Aluminium Industry Co.,Ltd	423685
29	北方联合电力乌海热电厂	Wuhai Redian Factory	399107
30	内蒙古东达蒙古王集团公司	Dongda MongoliaKing Group Co.,Ltd	389933
31	包头华资实业股份有限公司	Baotou HuaZi Industry Share-Holding Co.,Ltd	379209
32	内蒙古霍林河露天煤业股份有限公司	Inner Mongolia Huolinhe Coal Industry Co.,Ltd	352454
33	内蒙古满世煤炭运销有限责任公司	ManShi Coal Transport & Selling Co.,Ltd	345517

24-1 续表 1 continued

位次 Order	企业名称	Name of Enterprise	资产总计 (万元) Total Assets (10 000 yuan)
34	内蒙古庆华集团庆华焦化有限责任公司	Inner Mongolia QingHua Group Jiaohua Co.,Ltd	331732
35	神华集团金烽煤炭公司东胜煤矿	ShenHua Jinfeng Coal Co.Dongsheng Coal Mine	329700
36	赤峰金锋铜业有限公司	Chifeng JinFeng Copper Industry Co.,Ltd	327787
37	内蒙古能源发电投资有限公司锡林热电厂	Xilin Heat & Power Plant	308117
38	中国石油华北油田二连分公司	Erlian Branch of North Oilfield Petroleum China	303997
39	包头东华热电有限公司	Baotou Donghua thermoelectric Co., Ltd.	297652
40	内蒙古太西煤集团股份有限责任公司	Inner Mongolia Taixi Coal Group Co.,Ltd	291158
41	大雁煤业有限责任公司	Inner Mongolia DaYan Coal Industry Co.,Ltd	283451
42	包头供电局	Baotou City Power Suppy Bureau	276368
43	北方联合电力有限责任公司包头第三热电厂	Baotou third Heat & Power Plant	268142
44	包头明天科技股份有限公司	Baotou Tomorrow Technology Share-Holding Co.,Ltd	262520
45	通辽梅花生物科技有限公司	Tongliao Meihua Bio-technology Co.,Ltd	256975
46	内蒙古天野化工（集团）有限责任公司	TianYe Chemical Industry(Group) Co.,Ltd	239051
47	东方希望包头热电有限责任公司	East Hope Baotou Heat & Power Industry Co.,Ltd	238359
48	内蒙古海吉氯碱化工股份有限责任公司	Inner Mongolia Haiji Chorine-Alkai Chemical Co.,Ltd	237564
49	内蒙古银都矿业有限责任公司	Inner Mongolia Silver mining industry Co.,Ltd	233505
50	神华集团乌达矿业有限责任公司	ShenHua Group Wuda Mining Industry Co.,Ltd	233333
51	神华集团海勃湾矿业有限责任公司	Shenhua Group Haibowan Mining Industry Co.,Ltd	227568
52	蒙电华能丰镇发电厂	MengDian HuaNeng Fengzhen Power Plant	221745
53	内蒙古包钢稀土高科股份有限公司	Baotou Iron & Steel Rare-earth High-tech Co.,Ltd	220880
54	乌海市君正能源化工有限责任公司	Wuhai Junzheng the Energy-Jun Chemical Co., Ltd.	220463
55	呼和浩特市自来水公司	Hohhot City Piped Water Corporation	215735
56	中石油呼和浩特石化分公司	Petroleum China Hohhot Branch	213724
57	内蒙古蒙西水泥有限公司	Inner Mongolia Meng Xi Cement Co.,Ltd	211997
58	创维电子（内蒙古）有限公司	Skyworth Electronics (Inner Mongolia) Co., Ltd.	210684
59	鄂尔多斯市蒙泰煤电有限责任公司	Erdos City Meng Tai Coal & Electricity Co.,Ltd	206241
60	内蒙古鹿王羊绒有限公司	Inner Mongolia King Deer Cashmere Group	203906
61	中电投霍林河煤电集团铝业股份有限公司	Huolinhe Coal & Elec Group Alu Industry Co.,Ltd	194561
62	内蒙古兰太实业股份有限公司	Inner Mongolia LanTai Industrial Co.,Ltd	194039
63	内蒙古华业特钢有限公司	Inner Mongolia Huaye Special Steel Co.,Ltd	191618
64	乌兰察布电业局	Wulanchabu City Electric Power Bureau	189020
65	赤峰市电业局	Chifeng City Electric Power Bureau	188246

24-1 续表 2 continued

位次 Order	企业名称	Name of Enterprise	资产总计（万元） Total Assets (10 000 yuan)
66	赤峰富龙热电股份有限公司	Chifeng Fu Lung Thermoelectric Co.,Ltd	185891
67	赤峰远建钢铁实业有限责任公司	ChiFeng Yuanjian Iron & Steel Industry Co.,Ltd	185849
68	内蒙古昆明卷烟有限责任公司	Inner Mongolia KunMing Cigarette Co.,Ltd	185654
69	内蒙古北方重型汽车股份有限公司	North Heavy-duty Automobile Share-Holding Co.,Ltd	183072
70	神华宝日希勒能源有限责任公司	ShenHua Baorixile Energy Co.,Ltd	178268
71	神华蒙西煤化股份有限公司	ShenHua MengXi Coal & Chemical Co.,Ltd	174074
72	扎赉诺尔煤业有限责任公司	Zhalainuoer Coal Industry Co.,Ltd	171326
73	呼和浩特中燃城市燃气发展有限公司	Burning in Hohhot City Gas Development Co., Ltd.	169152
74	包头北方创业股份有限公司	Baotou North ChuangYe Share-Holding Co., Ltd	165004
75	神华北电胜利能源有限公司	ShenHua North Electric Shengli Energy Co.,Ltd	164089
76	赤峰热电厂	Chifeng City Heat and Power Plant	158783
77	神华集团包头矿业有限责任公司	ShenHua Baotou Mining Industry Co.,Ltd	156613
78	通辽发电总厂	Tongliao General Power Plant	153459
79	乌海市电业局	Wuhai City Electric Power Bureau	152811
80	巴彦淖尔西部铜业有限公司	Bayannaoer Westen Copper Industry Co.,Ltd	152220
81	中核北方核燃料元件公司	Zhonghe North Nuclear Fuel Element Co.,Ltd	151958
82	北方联合电力有限责任公司乌海热电厂	Wuhai Heat and Power Plant	150133
83	包钢（集团）公司友谊轧钢厂	Baotou Iron & Steel (Group) YouYi Rolling Mill	145248
84	蒙电华能包头第　热	MengDian HuaNeng Baotou No.1 Power Plant	142818
85	通辽电业局	Tongliao City Electric Power Bureau	141778
86	内蒙古准能矸电有限责任公司	Inner Mongolia Zhunnneg Electric Power Co.,Ltd	141233
87	中盐吉兰泰盐化集团有限责任公司	Jilantai Salt & Chemical Industry Group	134327
88	巴彦淖尔紫金有色金属公司	Bayannaoer Zijin Colour Metal Co.,Ltd	131958
89	赤峰中色库博红烨锌业有限公司	Chifeng City Kubo HongYe Zinc Smelt Co.,Ltd	130945
90	内蒙古鄂尔多斯酒业有限责任公司	Inner Mongolia Erdos Wine Industry Co.,Ltd	128003
91	鄂尔多斯市乌兰煤炭集团有限责任公司	Erdos City Wulan Coal Group Co.,Ltd	127616
92	内蒙古阜丰生物科技有限公司	Inner Mongolia Fu Feng Bio. Technology Co., Ltd.	127302
93	内蒙古乌拉山化肥有限责任公司	Inner Mongolia Wulashan Fertilizer Co.,Ltd	126417
94	神东天隆集团有限责任公司	Shen Dong Tianlong Group Co.,Ltd	113111
95	石药集团中润制药（内蒙古）有限公司	ZhongRun Medicine(Inner Mongolia)Co.,Ltd	105208
96	包头大安钢铁有限责任公司	Baotou Daan Iron and Steel Company Ltd.	98741
97	乌兰浩特钢铁有限责任公司	Wulanhaote Iron & Steel Co.,Ltd	97688
98	内蒙古星光煤炭集团有限责任公司	Inner Mongolia Xing Guang Coal Group Co.,Ltd	97629
99	赤峰制药集团	Chifeng City Pharmaceutical Group Co.,Ltd	97081
100	内蒙古特弘煤电集团有限责任公司	Inner Mongolia Tehong Coal Power Group Co., Ltd.	95445

24-2 全区工业总产值最大的100家大中型工业企业(2007年)

Autonomous Regional Top 100 Large-scale and Medium-scale Industrial Enterprise of Gross Output Value(2007)

位次 Order	企业名称	Name of Enterprise	工业总产值 (万元) Gross Industrial Output Value (10 000 yuan)
1	内蒙古包钢钢联股份有限公司	Inner Mongolia Baotou Steel Union Co.,Ltd	2464719
2	包头钢铁（集团）有限责任公司	Baotou Iron & Steel (Group) Co.,Ltd	1463947
3	内蒙古蒙牛乳业（集团）股份有限公司	MengNiu Milk Industry (Group) Co.,Ltd	940048
4	内蒙古伊利实业集团股份有限公司	Inner Mongolia YiLi Industrial Group Co.,Ltd	895178
5	大唐国际托克托发电有限责任公司	Datang Tuoketuo Power Generation Company	887571
6	神东集团神府东胜煤炭有限责任公司	Shen Dong Dongsheng Coal Industry Co.,Ltd	838443
7	包头供电局	Baotou City Power Suppy Bureau	648642
8	神华集团准格尔能源有限责任公司	ShenHua Group Zhungeer Energy Co.,Ltd	581678
9	包头铝业股份有限公司	Baotou Aluminium Industry Co.,Ltd	557214
10	东方希望包头稀土铝业有限责任公司	EastHope Baotou Rare-earth & Al Industry Co.,Ltd	545214
11	内蒙第一机械制造集团有限公司	Inner Mongolia No.1 Machinery Co.,Ltd	517403
12	创维电子（内蒙古）有限公司	Skyworth Electronics (Inner Mongolia) Co.,Ltd	509649
13	中国石油呼和浩特石化分公司	Petroleum China Hohhot Branch	506898
14	通辽梅花生物科技有限公司	Tongliao Meihua Bio-technology Co.,Ltd	481875
15	包头北方奔驰重型汽车有限公司	Baotou North Benz Heavy-duty Auto. Co.,Ltd	414885
16	赤峰金锋铜业有限公司	Chifeng JinFeng Copper Industry Co.,Ltd	395693
17	内蒙古北方重工集团有限公司	Inner Mongolia North Industry Group Co.,Ltd	392564
18	内蒙古伊泰煤炭股份有限公司	Inner Mongolia YiTai Coal Industry Co.,Ltd	386094
19	鄂尔多斯电力冶金股份有限公司	Erdos Electric Power Metallurgy Co.,Ltd	379276
20	霍煤鸿骏铝电有限责任公司	Huolinhe Coal Hong Jun Alu. & Power Co.,Ltd	353686
21	内蒙古伊东煤炭集团有限责任公司	Inner Mongolia Yi Dong Coal Group Co.,Ltd	353552
22	内蒙古东达蒙古王集团公司	Dongda MongoliaKing Group Co.,Ltd	325064
23	内蒙古TCL王牌电器有限公司	TCL King Electric Appliance Co.,Ltd	320449
24	内蒙古平庄煤业集团有限责任公司	Inner Mongolia Pingzhuang Coal Industry Co.,Ltd	295176
25	中石油华北油田二连分公司	North China Oilfield Erlian Branch	285539
26	金河集团实业有限公司	Inner Mongolia Jinhe Group Industry Co.,Ltd	270468
27	内蒙古华业特钢有限公司	Inner Mongolia Huaye Special Steel Co.,Ltd	266656
28	乌兰察布电业局	Wulanchabu City Electric Power Bureau	264720
29	巴彦淖尔紫金有色金属公司	Bayannaoer Zijin Colour Metal Co.,Ltd	262336
30	通辽金锣食品有限责任公司	Tongliao JinLuo Foods Co.,Ltd	260043
31	中电投霍林河煤电集团铝业股份有限公司	Huolinhe Coal & Elec Group Alu Industry Co.,Ltd	259591
32	内蒙古霍林河露天煤业股份有限公司	Inner Mongolia Huolinhe Coal Industry Co.,Ltd	256802
33	华能伊敏煤电有限责任公司	Yiminhe HuaNeng Coal & Electricity Co.,Ltd	253747

24-2 续表 1 continued

位次 Order	企业名称	Name of Enterprise	工业总产值(万元) Gross Industrial Output Value (10 000 yuan)
34	包钢（集团）公司友谊轧钢厂	Baotou Iron & Steel (Group) YouYi Rolling Mill	245287
35	内蒙古昆明卷烟有限责任公司	Inner Mongolia KunMing Cigarette Co.,Ltd	237069
36	元宝山发电有限责任公司	Yuanbaoshan Electric Power Co.,Ltd	231286
37	神华集团包头矿业有限责任公司	ShenHua Baotou Mining Industry Co.,Ltd	221543
38	鄂尔多斯市蒙泰煤电有限责任公司	Erdos City Meng Tai Coal & Electricity Co.,Ltd	212440
39	乌海市电业局	Wuhai City Electric Power Bureau	209235
40	内蒙古西蒙煤炭有限责任公司	Inner Mongolia Ximeng Coal Co.,Ltd	201037
41	内蒙古兰太实业股份有限公司	Inner Mongolia LanTai Industrial Co.,Ltd	193089
42	通辽市电业局	Tongliao Electric Power Bureau	188656
43	神华万利煤炭分公司	ShenHua Energy Wan Li Coal Branch	187778
44	大庆油田有限责任公司呼伦贝尔分公司	Daqing Oilfield Co.,Ltd Hulunbeier Branch	182931
45	蒙电华能丰镇发电厂	MengDian HuaNeng Fengzhen Power Plant	182892
46	赤峰库博红烨锌业有限公司	Chifeng City Kubo HongYe Zinc Smelt Co.,Ltd	182646
47	神华集团乌达矿业有限责任公司	Shenhua Group Wuda Mining Industry Co.,Ltd	179460
48	内蒙古银都矿业有限责任公司	Inner Mongolia Silver mining Industry Co.,Ltd	179283
49	鄂尔多斯市乌兰煤炭集团有限责任公司	Erdos City Wulan Coal Group Co.,Ltd	169838
50	包头北方创业股份有限公司	Baotou North ChuangYe Share-Holding Co.,Ltd	169282
51	内蒙古黄岗矿业有限责任公司	Huanggang Mining Industry Co.,Ltd	164722
52	巴林左旗南塔锌业有限公司	Balinzuo Banner Nan Ta Zinc Smelt Co.,Ltd	163504
53	内蒙古蒙西水泥股份有限公司	Inner Mongolia Meng Xi Cement Co.,Ltd	163259
54	内蒙古鹿王羊绒有限公司	Inner Mongolia King deer Cashmere Group	160399
55	内蒙古三维资源集团有限公司	Inner Mongolia SanWei Resource Group Co.,Ltd	159995
56	神华集团金烽煤炭公司东胜煤矿	ShenHua Jinfeng Coal Co.Dongsheng Coal Mine	159954
57	神华集团海勃湾矿业有限责任公司	Shenhua Group Haibowan Mining Industry Co.,Ltd	154230
58	石药集团中润制药（内蒙古）有限公司	ZhongRun Medicine(Inner Mongolia)Co.,Ltd	153403
59	赤峰金剑铜业有限责任公司	Chifeng City JinJian Copper Industry Co.,Ltd	152974
60	赤峰电业局	Chifeng City Electric Power Bureau	149597
61	内蒙古华电包头发电有限公司	Huadian Baotou Power Plant Co.,Ltd	145506
62	北方联合电力有限责任公司乌海发电厂	Wuhai Power Plant	143410
63	赤峰远建钢铁实业有限责任公司	ChiFeng Yuanjian Iron & Steel Industry Co.,Ltd	142251
64	内蒙古满世煤炭运销有限责任公司	ManShi Coal Transport & Selling Co.,Ltd	139129
65	鄂尔多斯羊绒制品股份有限公司	Erdos Cashmere Product Share-Holding Co.,Ltd	128761

24-2 续表 2 continued

位次 Order	企业名称	Name of Enterprise	工业总产值 (万元) Gross Output Value (10 000 yuan)
66	内蒙古塞飞亚集团有限责任公司	Inner Mongolia Saifeiya Group Co.,Ltd	128677
67	乌兰浩特钢铁有限责任公司	Wulanhaote Iron & Steel Co.,Ltd	126111
68	内蒙古阜丰生物科技有限公司	Inner Mongolia Fu Feng Bio. Technology Co., Ltd.	123410
69	神东天隆集团有限责任公司	Shen Dong TianLong Group Co.,Ltd	120127
70	内蒙古兆旺羊绒制品有限责任公司	Inner Mongolia ZhaoWang Cashmere Co.,Ltd	120097
71	内蒙古阿左旗泰升煤炭有限责任公司	Alashanzuo Banner Taisheng Coal Co.,Ltd	119929
72	内蒙古天野化工（集团）有限责任公司	Tianye Chemical Industry (Group) Co.,Ltd	114605
73	内蒙古包钢稀土高科股份有限公司	Baotou Iron & Steel Rare-earth High-tech Co.,Ltd	110433
74	通辽岳泰股份有限公司	Tongliao Yuetai Co., Ltd.	109991
75	荣成华泰汽车有限公司鄂尔多斯市分公司	Rongcheng Huatai Auto. Erdos Branch	108729
76	通辽发电总厂	Tongliao General Power Plant	108137
77	神华宝日希勒能源有限责任公司	Shenhua Baorixile energy Co.,Ltd	106549
78	巴彦淖尔西部铜业有限公司	Bayannaoer Westen Copper Industry Co.,Ltd	105656
79	内蒙古利牛生物化工有限责任公司	Inner Mongolia Liniu Bio-Chemical Co.,Ltd	105168
80	包头华鼎铜业发展有限公司	Baotou HuaDing Copper Industry Co.,Ltd	104510
81	内蒙古北方重型汽车股份有限公司	North Heavy-duty Auto. Share-Holding Co.,Ltd	103263
82	赤峰宝山能源（集团）有限公司	ChiFeng Baoshan Energy (Group) Co.,Ltd	101914
83	蒙电华能包头二电厂	Baotou No.2 Heat & Power Plant	100405
84	内蒙古万世宝羊绒制品有限公司	Inner Mongolia Wan Shi Bao Cashmere Co.,Ltd	96898
85	内蒙古伊利实业乌兰察布乳品厂	Wulanchabu Dairy Plant	96750
86	通辽万顺达淀粉有限公司	Tongliao Wanshunda Starch Co.,Ltd	96222
87	内蒙古太西煤集团股份有限责任公司	Inner Mongolia Taixi Coal Group Co.,Ltd	93747
88	内蒙古庆华集团庆华焦化有限责任公司	Inner Mongolia QingHua Group Jiaohua Co.,Ltd	93667
89	包头东华热电有限公司	Baotou Donghua thermoelectric Co., Ltd.	93597
90	内蒙古蒙牛乳业包头有限责任公司	Inner Mongolia MengNiu Co.,Ltd Baotou Branch	91121
91	包头伊利乳业有限责任公司	Baotou Yili Dairy Co., Ltd.	89587
92	鄂尔多斯市新华结晶硅有限责任公司	Erdos City XinHua Crystalling Silicon Co.,Ltd	87852
93	内蒙古玉龙矿业股份有限公司	Inner Mongolia Yulong Mining Co., Ltd.	85212
94	内蒙古黄河工贸集团万腾钢铁有限责任公司	Yellow River Wanteng Iron & Steel Co., Ltd.	85190
95	巴彦淖尔市大兴羊绒制品有限公司	Bayannaoer DaXing Cashmere Product Co.,Ltd	83873
96	内蒙古国华准格尔发电有限责任公司	Inner Mongolia GuoHua Zhungeer Power Co.,Ltd	83021
97	内蒙古东升庙矿业有限责任公司	Dongshengmiao Mining Industry Co.,Ltd	81243
98	内蒙古临海化工股份有限公司	Inner Mongolia Linhai Chemical Co., Ltd.	79981
99	内蒙古春雪羊绒有限公司	Inner Mongolia Chun Xue Cashmere Co.,Ltd	79681
100	内蒙古双河羊绒集团有限公司	Shuang He Cashmere Group Co.,Ltd	79275

24-3 全区工业主营业务收入最大的100家大中型工业企业(2007年)

Autonomous Regional Top 100 Large-scale and Medium-scale Industrial Enterprises of Main Business Revenue(2007)

位次 Order	企业名称	Name of Enterprise	主营业务收入(万元) Revenues of Main Business (10 000 yuan)
1	内蒙古包钢钢联股份有限公司	Inner Mongolia Baotou Steel Union Co.,Ltd	2710201
2	包头钢铁（集团）有限责任公司	Baotou Iron & Steel (Group) Co.,Ltd	1649063
3	内蒙古蒙牛乳业(集团)股份有限公司	MengNiu Milk Industry (Group) Co.,Ltd	904850
4	内蒙古大唐国际托克托发电有限责任公司	Datang International Tuoketuo Power Plant	887571
5	内蒙古伊利实业集团股份有限公司	Inner Mongolia YiLi Industrial Group Co.,Ltd	882347
6	神东集团神府东胜煤炭有限责任公司	Shen Dong Dongsheng Coal Industry Co.,Ltd	841725
7	神华集团准格尔能源有限责任公司	ShenHua Group Zhungeer Energy Co.,Ltd	688392
8	包头供电局	Baotou City Power Suppy Bureau	636883
9	包头铝业股份有限公司	Baotou Aluminium Industry Co.,Ltd	558580
10	内蒙古第一机械制造(集团)有限公司	Inner Mongolia No.1 Machinery (Group) Co.,Ltd	509003
11	中石油呼和浩特石化分公司	Petroleum China Hohhot Branch	506325
12	东方希望包头稀土铝业有限责任公司	EastHope Baotou Rare-earth & Al Industry Co.,Ltd	502117
13	内蒙古伊泰煤炭股份有限公司	Inner Mongolia Yi Tai Coal Industry Co.,Ltd	497422
14	创维电子（内蒙古）有限公司	Skyworth Electronics (Inner Mongolia) Co., Ltd.	472386
15	通辽梅花生物科技有限公司	Tongliao Meihua Bio-technology Co.,Ltd	465110
16	包头北方奔驰重型汽车有限公司	Baotou North Benz Heavy-duty Auto. Co.,Ltd	405833
17	赤峰金峰铜业有限公司	Chifeng City Jin Feng Copper Industry Co.,Ltd	395693
18	内蒙古北方重工集团有限公司	Inner Mongolia North Industry Group Co.,Ltd	393461
19	内蒙古霍煤鸿骏铝电有限责任公司	Huolinhe Hong Jun Aluminium & Power Co.,Ltd	344584
20	鄂尔多斯电力冶金股份有限公司	Erdos Electric Power Metallurgy Co.,Ltd	344270
21	内蒙古TCL王牌电器有限公司	TCL King Electric Appliance Co.,Ltd	320450
22	内蒙古东达蒙古王集团公司	Dongda MongoliaKing Group Co.,Ltd	312749
23	包钢（集团）公司友谊轧钢厂	Baotou Iron & Steel (Group) YouYi Rolling Mill	307589
24	内蒙古平庄煤业集团有限责任公司	Inner Mongolia Pingzhuang Coal Industry Co.,Ltd	292683
25	巴彦淖尔紫金有色金属有限公司	Bayannaoer Zijin Colour Metal Co.,Ltd	286108
26	中国石油华北油田二连分公司	Erlian Branch of North Oilfield Petroleum China	278297
27	内蒙古伊东煤炭集团有限责任公司	Inner Mongolia Yi Dong Coal Group Co.,Ltd	274025
28	乌兰察布电业局	Wulanchabu City Electric Power Bureau	263083
29	鄂尔多斯羊绒制品股份有限公司	Erdos Cashmere Product Share-Holding Co.,Ltd	261290
30	内蒙古电力（集团）有限责任公司	Inner Mongolia Electric Power (Group) Co.,Ltd	258332
31	金河集团实业有限公司	Inner Mongolia Jinhe Group Industry Co.,Ltd	256836
32	中电投霍林河煤电集团铝业股份有限公司	Huolinhe Coal & Elec Aluminium Industry Co.,Ltd	255729
33	内蒙古霍林河露天煤业股份有限公司	Inner Mongolia Huolinhe Coal Industry Co.,Ltd	254974

24-3 续表 1 continued

位次 Order	企业名称	Name of Enterprise	主营业务收入 (万元) Revenues of Main Business (10 000 yuan)
34	通辽金锣食品有限责任公司	Tongliao JinLuo Foods Co.,Ltd	241503
35	内蒙古华业特钢有限公司	Inner Mongolia Huaye Special Steel Co.,Ltd	240565
36	元宝山发电有限责任公司	Yuanbaoshan Electric Power Co.,Ltd	231286
37	内蒙古昆明卷烟有限责任公司	Inner Mongolia Kunming Cigarette Co.,Ltd	227830
38	华能伊敏煤电有限责任公司	Yiminhe HuaNeng Coal & Electricity Co.,Ltd	223201
39	神华集团金烽煤炭公司东胜煤矿	ShenHua Jinfeng Coal Co.Dongsheng Coal Mine	221402
40	鄂尔多斯市蒙泰煤电有限责任公司	Erdos City MengTai Coal & Electricity Co.,Ltd	212027
41	内蒙古满世煤炭运销有限责任公司	ManShi Coal Transport & Selling Co.,Ltd	211470
42	乌海市电业局	Wulhai City Electric Power Bureau	208797
43	赤峰库博红烨锌业有限公司	Chifeng City Kubo HongYe Zinc Smelt Co.,Ltd	207882
44	内蒙古西蒙煤炭有限责任公司	Inner Mongolia Ximeng Coal Co.,Ltd	207037
45	神华集团包头矿业有限责任公司	ShenHua Baotou Mining Industry Co.,Ltd	205350
46	内蒙古兰太实业股份有限公司	Inner Mongolia LanTai Industrial Co.,Ltd	193311
47	通辽电业局	Tongliao City Electric Power Bureau	189854
48	蒙电华能丰镇发电厂	MengDian HuaNeng Fengzhen Power Plant	182892
49	神华集团海勃湾矿业有限责任公司	Shenhua Group Haibowan Mining Industry Co.,Ltd	182429
50	内蒙古银都矿业有限责任公司	Inner Mongolia Silver mining industry Co.,Ltd	182065
51	大庆油田有限责任公司呼伦贝尔分公司	Daqing Oilfield Co.,Ltd Hulunbeier Branch	181345
52	鄂尔多斯市乌兰煤炭集团有限责任公司	Erdos City Wu Lan Coal Group Co.,Ltd	169838
53	包头北方创业股份有限公司	Baotou North Chuangye Share-Holding Co.,Ltd	169676
54	神华集团乌达矿业有限责任公司	ShenHua Group Wuda Mining Industry Co.,Ltd	169371
55	内蒙古黄岗矿业有限责任公司	Huanggang Mining Industry Co.,Ltd	163960
56	中国神华能源万利煤炭分公司	ShenHua Energy WanLi Coal Branch	161199
57	内蒙古三维资源集团有限公司	Inner Mongolia SanWei Resource Group Co.,Ltd	158999
58	赤峰金剑铜业有限责任公司	Chifeng City JinJian Copper Industry Co.,Ltd	152974
59	赤峰市电业局	Chifeng City Electric Power Bureau	149597
60	北方联合电力有限责任公司乌海发电厂	Wuhai Power Plant	143409
61	赤峰远建钢铁实业有限责任公司	ChiFeng Yuanjian Iron & Steel Industry Co.,Ltd	142251
62	石药集团中润制药（内蒙古）有限公司	ZhongRun Medicine(Inner Mongolia)Co.,Ltd	141497
63	内蒙古蒙西水泥股份有限公司	Inner Mongolia Meng Xi Cement Co.,Ltd	140462
64	巴林左旗南塔锌业有限公司	Balinzuo Banner Nan Ta Zinc Smelt Co.,Ltd	139590
65	神东天隆集团有限责任公司	Shen Dong TianLong Group Co.,Ltd	139211

24-3 续表 2 continued

位次 Order	企业名称	Name of Enterprise	主营业务收入(万元) Revenues of Main Business (10 000 yuan)
66	内蒙古庆华集团庆华焦化有限责任公司	Inner Mongolia QingHua Group Jiaohua Co.,Ltd	138770
67	内蒙古太西煤集团股份有限责任公司	Inner Mongolia Taixi Coal Group Co.,Ltd	135331
68	乌兰浩特钢铁有限责任公司	Wulanhaote Iron & Steel Co.,Ltd	132374
69	内蒙古塞飞亚集团有限责任公司	Inner Mongolia Saifeiya Group Co.,Ltd	127876
70	内蒙古天野化工(集团)有限责任公司	Tianye Chemical Industry (Group) Co.,Ltd	121608
71	内蒙古阜丰生物科技有限公司	Inner Mongolia Fu Feng Biological Tech. Co., Ltd	118502
72	内蒙古包钢稀土高科股份有限公司	Baotou Iron & Steel Rare-earth High-tech Co.,Ltd	118157
73	内蒙古兆旺羊绒制品有限责任公司	Inner Mongolia ZhaoWang Cashmere Co.,Ltd	114305
74	通辽发电总厂	Tongliao General Power Plant	108137
75	内蒙古华电包头发电有限公司	Inner Mongolia Huadian Baotou Power Co.,Ltd	107039
76	神华宝日希勒能源有限责任公司	ShenHua Baorixile Energy Co.,Ltd	104732
77	巴彦淖尔西部铜业有限公司	Bayannaoer Westen Copper Industry Co.,Ltd	104559
78	通辽岳泰股份有限公司	Tongliao Yuetai Co., Ltd.	104259
79	内蒙古利牛生物化工有限责任公司	Inner Mongolia Liniu Bio-Chemical Co.,Ltd	103595
80	内蒙古鹿王羊绒有限公司	Inner Mongolia King Deer Cashmere Group	102011
81	赤峰宝山能源(集团)有限公司	ChiFeng Baoshan Energy (Group) Co.,Ltd	101914
82	内蒙古北方重型汽车股份有限公司	North Heavy-duty Automobile Co.,Ltd	101684
83	包头华鼎铜业发展有限公司	Baotou HuaDing Copper Industry Co.,Ltd	100620
84	蒙电华能包头二电厂	Baotou No.2 Heat & Power Plant	100405
85	神华蒙西煤化股份有限公司	ShenHua MengXi Coal & Chemical Co.,Ltd	100110
86	内蒙古万世宝羊绒制品有限公司	Inner Mongolia Wan Shi Bao Cashmere Co.,Ltd	98008
87	内蒙古伊利集团乌兰察布乳品厂	Inner Mongolia Yili Wulanchabu Dairy Plant	95951
88	阿左旗泰升煤炭有限责任公司	Alashanzuo Banner Taisheng Coa Co.,Ltd	94126
89	通辽万顺达淀粉有限公司	Tongliao Wanshunda Starch Co.,Ltd	93260
90	包头华美稀土高科有限公司	Baotou Huamei Rare-earth Hi-tech Co.,Ltd	92499
91	内蒙古蒙牛乳业包头有限责任公司	Inner Mongolia MengNiu Co.,Ltd Baotou Branch	90441
92	包头伊利乳业有限责任公司	Baotou Yili Dairy Co., Ltd.	90359
93	大雁煤业有限责任公司	Inner Mongolia DaYan Coal Industry Co.,Ltd	87334
94	鄂尔多斯市新华结晶硅有限责任公司	Erdos City XinHua Crystalling Silicon Co.,Ltd	87000
95	内蒙古特弘煤电集团有限责任公司	Inner Mongolia Tehong Coal Power Co., Ltd.	86739
96	内蒙古黄河工贸集团万腾钢铁有限责任公司	Yellow River Wanteng Iron & Steel Co., Ltd.	85397
97	内蒙古玉龙矿业股份有限公司	Inner Mongolia Yulong Mining Co., Ltd.	83912
98	内蒙古东升庙矿业有限责任公司	Dongshengmiao Mining Industry Co.,Ltd	83599
99	内蒙古国华准格尔发电有限责任公司	GuoHua Zhungeer Power Plant Co.,Ltd	83236
100	包头明天科技股份有限公司	Baotou Tomorrow Technology Co.,Ltd	81279

24-4 全区实现利税总额最大的100家大中型工业企业(2007年)

Autonomous Regional Top 100 Large-scale and Medium-scale Industrial Enterprises of Profit and Taxes(2007)

位次 Order	企业名称	Name of Enterprise	利税总额 (万元) Profit & Taxes (10 000 yuan)
1	内蒙古包钢钢联股份有限公司	Inner Mongolia Baotou Steel Union Co.,Ltd	1096917
2	包头钢铁（集团）有限责任公司	Baotou Iron & Steel (Group) Co.,Ltd	801227
3	内蒙古蒙牛乳业（集团）股份有限公司	MengNiu Milk Industry (Group) Co.,Ltd	571157
4	内蒙古伊利实业集团股份有限公司	Inner Mongolia YiLi Industrial Group Co.,Ltd	537645
5	中国石油呼和浩特石化分公司	Petroleum China Hohhot Branch	454456
6	包头供电局	Baotou City Power Suppy Bureau	449397
7	创维电子（内蒙古）有限公司	Skyworth Electronics (Inner Mongolia) Co., Ltd.	366502
8	内蒙古大唐国际托克托发电有限责任公司	Datang International Tuoketuo Power Plant	364702
9	赤峰金峰铜业有限公司	Chifeng City Jin Feng Copper Industry Co.,Ltd	351528
10	内蒙古第一机械制造(集团)有限公司	Inner Mongolia No.1 Machinery (Group) Co.,Ltd	344987
11	东方希望包头稀土铝业有限责任公司	East Hope Baotou Rare-earth & Al Industry Co.,Ltd	334572
12	包头北方奔驰重型汽车有限公司	Baotou North Benz Heavy-duty Automobile Co.,Ltd	325570
13	包头铝业股份有限公司	Baotou Aluminium Industry Co.,Ltd	315660
14	通辽梅花生物科技有限公司	Tongliao Meihua Bio-technology Co.,Ltd	313529
15	内蒙古TCL王牌电器有限公司	Inner Mongolia TCL King Electric Appliance Co.,Ltd	255772
16	内蒙古北方重工集团有限公司	Inner Mongolia North Industry Group Co.,Ltd	220099
17	巴彦淖尔紫金有色金属有限公司	Bayannaoer Zijin Colour Metal Co.,Ltd	219613
18	内蒙古霍煤鸿骏铝电有限责任公司	Huolinhe Hong Jun Aluminium & Power Co.,Ltd	214108
19	中电投霍林河煤电集团铝业股份有限公司	Huolinhe Coal & Elec Group Alu Industry Co.,Ltd	196712
20	金河集团实业有限公司	Inner Mongolia Jinhe Group Industry Co.,Ltd	187372
21	鄂尔多斯电力冶金股份有限公司	Erdos Electric Power Metallurgy Co.,Ltd	187101
22	内蒙古华业特钢有限公司	Inner Mongolia Huaye Special Steel Co.,Ltd	171367
23	元宝山发电有限责任公司	Yuanbaoshan Electric Power Co.,Ltd	154861
24	包钢（集团）公司友谊轧钢厂	Baotou Iron & Steel YouYi Rolling Mill	146898
25	通辽电业局	Tongliao City Electric Power Bureau	136285
26	内蒙古东达蒙古王集团公司	Dongda MongoliaKing Group Co.,Ltd	131021
27	通辽金锣食品有限责任公司	Tongliao JinLuo Foods Co.,Ltd	128498
28	赤峰金剑铜业有限责任公司	Chifeng City JinJian Copper Industry Co.,Ltd	120537
29	内蒙古平庄煤业集团有限责任公司	Inner Mongolia Pingzhuang Coal Industry Co.,Ltd	116009
30	赤峰市电业局	Chifeng City Electric Power Bureau	113152
31	蒙电华能热电股份有限公司丰镇发电厂	Meng Dian Hua Neng Group Fengzhen Power Plant	107626
32	包头北方创业股份有限公司	Baotou North ChuangYie Share-Holding Co., Ltd	106260
33	内蒙古塞飞亚集团有限责任公司	Inner Mongolia Saifeiya Group Co.,Ltd	101395

24-4 续表 1 continued

位次 Order	企 业 名 称	Name of Enterprise	利税总额 (万元) Profit & Taxes (10 000 yuan)
34	石药集团中润制药（内蒙古）有限公司	ZhongRun Medicine(Inner Mongolia)Co.,Ltd	96047
35	神东集团神府东胜煤炭有限责任公司	Shen Dong Group Dongsheng Coal Industry Co.,Ltd	92865
36	赤峰远建钢铁实业有限责任公司	ChiFeng Yuanjian Iron & Steel Industry Co.,Ltd	92325
37	内蒙古昆明卷烟有限责任公司	Inner Mongolia Kunming Cigarette Co.,Ltd	89191
38	乌兰浩特钢铁有限责任公司	Wulanhaote Iron & Steel Co.,Ltd	88793
39	内蒙古蒙西水泥股份有限公司	Inner Mongolia Meng Xi Cement Co.,Ltd	87393
40	巴林左旗南塔锌业有限公司	Balinzuo Banner Nan Ta Zinc Smelt Co.,Ltd	84547
41	内蒙古兆旺羊绒制品有限责任公司	Inner Mongolia ZhaoWang Cashmere Co.,Ltd	81815
42	内蒙古兰太实业股份有限公司	Inner Mongolia LanTai Industrial Co.,Ltd	80951
43	内蒙古霍林河露天煤业股份有限公司	Inner Mongolia Huolinhe Coal Industry Co.,Ltd	78252
44	神华集团准格尔能源有限责任公司	ShenHua Group Zhungeer Energy Co.,Ltd	78087
45	内蒙古三维资源集团有限公司	Inner Mongolia SanWei Resource Group Co.,Ltd	77457
46	内蒙古阜丰生物科技有限公司	Inner Mongolia Fu Feng Bio. Tech.Co., Ltd.	76488
47	鄂尔多斯羊绒制品股份有限公司	Erdos Cashmere Product Share-Holding Co.,Ltd	73002
48	中国神华能源万利煤炭分公司	ShenHua Energy WanLi Coal Branch	72921
49	赤峰宝山能源(集团)有限公司	ChiFeng Baoshan Energy (Group) Co.,Ltd	71713
50	内蒙古鹿王羊绒有限公司	Inner Mongolia King Deer Cashmere Group	71456
51	包头华鼎铜业发展有限公司	Baotou HuaDing Copper Industry Co.,Ltd	69169
52	巴彦淖尔西部铜业有限公司	Bayannaoer Westen Copper Industry Co., Ltd	68237
53	内蒙古西蒙煤炭有限责任公司	Inner Mongolia Ximeng Coal Co.,Ltd	66057
54	内蒙古万世宝羊绒制品有限公司	Inner Mongolia Wan Shi Bao Cashmere Co.,Ltd	63602
55	通辽岳泰股份有限公司	Tongliao Yuetai Co., Ltd.	63282
56	巴彦淖尔市大兴羊绒制品有限公司	Bayannaoer DaXing Cashmere Product Co.,Ltd	63245
57	内蒙古北方重型汽车股份有限公司	North Heavy-duty Auto. Share-Holding Co.,Ltd	61686
58	内蒙古春雪羊绒有限公司	Inner Mongolia Chun Xue Cashmere Co.,Ltd	61319
59	华能伊敏煤电有限责任公司	Yiminhe HuaNeng Coal & Electricity Co.,Ltd	61293
60	包头铝业（集团）有限责任公司	Baotou Aluminium Industry (Group) Co.,Ltd	60821
61	内蒙古天野化工（集团）有限责任公司	Tianye Chemical Industry (Group) Co.,Ltd	60002
62	荣成华泰汽车有限公司鄂尔多斯市分公司	Rongcheng Huatai Auto. Co., Ltd. erdos City Branch	59752
63	伊利实业乌兰察布乳品厂	Yili Industrial Wulanchabu Dairy Plant	58352
64	内蒙古利牛生物化工有限责任公司	Inner Mongolia Liniu Bio-Chemical Industry Co.,Ltd	58138
65	黄河工贸腾钢铁有限责任公司	Yellow River Group Wanteng Iron & Steel Co., Ltd.	56465

24-4 续表 2 continued

位次 Order	企业名称	Name of Enterprise	利税总额 (万元) Profit and Taxes (10 000yuan)
66	蒙电华能热电股份有限公司包头第一热电厂	MengDian HuaNeng Baotou No.1 Power Plant	56417
67	内蒙古双河羊绒集团有限公司	Shuang He Cashmere Group Co.,Ltd	55181
68	乌海市君正实业有限责任公司	Wuhai City Junzheng Co.,Ltd	54923
69	内蒙古华电包头发电有限公司	Baotou Power Plant Co.,Ltd	54252
70	内蒙古浩森羊绒制品有限公司	Inner Mongolia Haosen Cashmere Products Co., Ltd.	54088
71	内蒙古临海化工股份有限公司	Inner Mongolia Linhai Chemical Co., Ltd.	53913
72	通辽发电总厂	Tongliao General Power Plant	53436
73	内蒙古乌拉山化肥有限责任公司	Inner Mongolia Wulashan Fertilizer Co.,Ltd	51991
74	蒙牛乳业（磴口巴彦高勒）有限责任公司	MengNiu Milk Industry (Denkou) Co.,Ltd	51665
75	神华集团包头矿业有限责任公司	ShenHua Baotou Mining Industry Co.,Ltd	51575
76	包头东华热电有限公司	Baotou Donghua thermoelectric Co., Ltd.	50509
77	内蒙古铁骑纺织有限责任公司	Inner Mongolia TieQi Textile Co.,Ltd	50375
78	内蒙古包钢稀土高科股份有限公司	Baotou Iron & Steel Rare-earth High-tech Co.,Ltd	50139
79	内蒙古黄岗矿业有限责任公司	Huanggang Mining Industry Co.,Ltd	49900
80	内蒙古蒙牛乳业包头有限责任公司	Inner Mongolia MengNiu Co.,Ltd Baotou Branch	49865
81	包头华美稀土高科有限公司	BaotouHuamei Rare-earth Hi-tech Co.,Ltd	49446
82	赤峰市碾子沟矿业有限责任公司	Chifeng City Nianzigou Ming Industrial Co.,Ltd	49201
83	中化三联塑胶（内蒙古）有限责任公司	China Chem. Inner Mongolia Sanlian Plastic Co.,Ltd	48964
84	包头伊利乳业有限责任公司	Baotou Yili Dairy Co., Ltd.	48450
85	神华集团乌达矿业有限责任公司	ShenHua Group Wuda Mining Industry Co.,Ltd	47443
86	内蒙古三联化工股份有限公司	Inner Mongolia SanLian Chemical Industry Co.,Ltd	46903
87	内蒙古草原兴发食品有限公司	Inner Mongolia Grassland Xingfa Food Co., Ltd.	46816
88	鄂尔多斯市蒙泰煤电有限责任公司	Erdos City Meng Tai Coal & Electricity Co.,Ltd	45686
89	内蒙古阿左旗泰升煤炭有限责任公司	Alashanzuo Banner Taisheng Coal Co.,Ltd	45165
90	赤峰国维矿业有限公司	Chifeng City Guowei Ming Industrial Co.,Ltd	45161
91	内蒙古宇航人高技术产业有限责任公司	Yuhangren Hi-Tech Industrial Co., Ltd.,	45108
92	北方联合电力有限责任公司乌海发电厂	Wuhai Power Plant	45081
93	内蒙古呼伦贝尔中集木业有限公司	Hulunbeier Zhongji Wood Industry Co.,Ltd	44428
94	中核北方核燃料元件公司	Zhonghe North Nuclear Fuel Element Co.,Ltd	44292
95	石药集团中禾制药（内蒙古）有限公司	ZhongHe Medicine(Inner Mongolia)Co.,Ltd	44052
96	通辽万顺达淀粉有限公司	Tongliao Wanshunda Starch Co.,Ltd	43283
97	内蒙古星光煤炭集团有限责任公司	Inner Mongolia Xing Guang Coal Group Co.,Ltd	43153
98	包头明天科技股份有限公司	Baotou Tomorrow Technology Co.,Ltd	42634
99	赤峰热电厂	Chifeng City Heat and Power Plant	42612
100	赤峰市白音诺尔铅锌矿	Chifeng City Baiyinnuoer Lead and Zinc Mineral	42433

24-5 全区实现利润最大的100家大中型工业企业(2007年)

Autonomous Regional Top 100 Large-scale and Medium-scale Industrial Enterprises of Total Profit(2007)

位次 Order	企业名称	Name of Enterprise	利润总额 (万元) Total Profit (10 000yuan)
1	神东集团神府东胜煤炭有限责任公司	Shen Dong Group Dongsheng Coal Industry Co..Ltd	444535
2	内蒙古大唐国际托克托发电有限责任公司	Datang International Tuoketuo Power Plant	351577
3	内蒙古包钢钢联股份有限公司	Inner Mongolia Baotou Steel Union Co.,Ltd	205429
4	神华集团准格尔能源有限责任公司	ShenHua Group Zhungeer Energy Co.,Ltd	190641
5	内蒙古伊泰煤炭股份有限公司	Inner Mongolia YiTai Coal Industry Co.,Ltd	182505
6	乌海市电业局	Wuhai City Electric Power Bureau	157234
7	通辽梅花生物科技有限公司	Tongliao Meihua Bio-technology Co.,Ltd	150165
8	包头供电局	Baotou City Power Suppy Bureau	133148
9	大庆油田有限责任公司呼伦贝尔分公司	Daqing Oilfield Co.,Ltd Hulunbeier Branch	118214
10	东方希望包头稀土铝业有限责任公司	East Hope Baotou Rare-earth & Al Industry Co.,Ltd	101254
11	内蒙古霍煤鸿骏铝电有限责任公司	Huolinhe Hong Jun Aluminium & Power Co.,Ltd	93135
12	通辽金锣食品有限责任公司	Tongliao JinLuo Foods Co.,Ltd	90321
13	内蒙古蒙牛乳业（集团）股份有限公司	MengNiu Milk Industry (Group) Co.,Ltd	76092
14	内蒙古伊利实业集团股份有限公司	Inner Mongolia YiLi Industrial Group Co.,Ltd	74887
15	包钢（集团）公司友谊轧钢厂	Baotou Iron & Steel (Group) YouYi Rolling Mill	73287
16	中电投霍林河煤电集团铝业股份有限公司	Huolinhe Coal & Elec Group Alu Industry Co.,Ltd	70377
17	内蒙古东卂庙矿业有限责任公司	Dongshengmiao Mining Industry Co.,Ltd	63535
18	包头铝业股份有限公司	Baotou Aluminium Industry Co.,Ltd	63344
19	内蒙古银都矿业有限责任公司	Inner Mongolia Silver mining industry Co.,Ltd	58002
20	神华集团包头矿业有限责任公司	ShenHua Baotou Mining Industry Co.,Ltd	57921
21	赤峰金峰铜业有限公司	Chifeng City Jin Feng Copper Industry Co.,Ltd	56298
22	内蒙古霍林河露天煤业股份有限公司	Inner Mongolia Huolinhe Coal Industry Co.,Ltd	55142
23	鄂尔多斯电力冶金股份有限公司	Erdos Electric Power Metallurgy Co.,Ltd	50079
24	巴彦淖尔西部铜业有限公司	Bayannaoer Westen Copper Industry Co.,Ltd	50065
25	准格尔旗弓家塔宝平湾煤炭有限责任公司	Zhungeer Banner Gongjiatabaopingwan Coal Co.,Ltd	48059
26	内蒙古伊东煤炭集团有限责任公司	Inner Mongolia Yi Dong Coal Group Co.,Ltd	47638
27	万城商务东升庙有限公司	Wancheng Business Dongshengmiao Ltd.	45731
28	内蒙古黄岗矿业有限责任公司	Huanggang Mining Industry Co.,Ltd	43573
29	乌拉特后旗紫金矿业有限公司	Wulatehou Banner Zijin Mining Industry Co.,Ltd	43465
30	鄂尔多斯市乌兰煤炭集团有限责任公司	Erdos City Wu Lan Coal Group Co.,Ltd	42108
31	神华万利煤炭分公司	ShenHua Energy Wan Li Coal Branch	42042
32	内蒙古东达蒙古王集团公司	Dongda Mongolia King Group Co.,Ltd	41493
33	内蒙古包钢稀土高科股份有限公司	Baotou Iron & Steel Rare-earth High-tech Co.,Ltd	41262

24-5 续表 1 continued

位次 Order	企业名称	Name of Enterprise	利润总额 (万元) Total Profit (10 000yuan)
34	华能伊敏煤电有限责任公司	Yiminhe HuaNeng Coal & Electricity Co.,Ltd	41121
35	通辽电业局	Tongliao City Electric Power Bureau	40178
36	通辽万顺达淀粉有限公司	Tongliao Wanshunda Starch Co.,Ltd	39794
37	内蒙古华业特钢有限公司	Inner Mongolia Huaye Special Steel Co.,Ltd	38572
38	内蒙古玉龙矿业股份有限公司	Inner Mongolia Yulong Mining Co., Ltd.	36990
39	内蒙古华电包头发电有限公司	Inner Mongolia Huadian Baotou Power Plant Co.,Ltd	32603
40	北方联合电力有限责任公司乌海发电厂	Northern Electric Power Co., Ltd. Wuhai Power Plant	32079
41	创维电子（内蒙古）有限公司	Skyworth Electronics (Inner Mongolia) Co., Ltd.	32019
42	神东天隆集团有限责任公司	Shen Dong Tianlong Group Co.,Ltd	31910
43	鄂尔多斯市蒙泰煤电有限责任公司	Erdos City Meng Tai Coal & Electricity Co.,Ltd	31866
44	内蒙古昆明卷烟有限责任公司	Inner Mongolia Kunming Cigarette Co.,Ltd	31692
45	内蒙古大中矿业有限责任公司	Inner Mongolia Dazhong Mining Industry Co.,Ltd	29425
46	鄂尔多斯羊绒制品股份有限公司	Erdos Cashmere Product Share-Holding Co.,Ltd	29087
47	赤峰市白音诺尔铅锌矿	Chifeng City Baiyinnuoer Lead and Zinc Mineral	26705
48	新巴尔虎右旗荣达矿业有限责任公司	Xinbaerhuyou Banner Rongda Mining Co.,Ltd	24820
49	内蒙古蒙西水泥股份有限公司	Inner Mongolia Meng Xi Cement Co.,Ltd	21590
50	包头东华热电有限公司	Baotou Donghua thermoelectric Co., Ltd.	20570
51	内蒙古平庄煤业集团有限责任公司	Inner Mongolia Pingzhuang Coal Industry Co.,Ltd	20459
52	巴林左旗南塔锌业有限公司	Balinzuo Banner Nan Ta Zinc Smelt Co.,Ltd	20426
53	内蒙古天野化工（集团）有限责任公司	Tianye Chemical Industry (Group) Co.,Ltd	20131
54	天蒙羊绒有限公司	Inner Mongolia Tianmeng Cashmere Group	20108
55	包头市达茂旗石宝铁矿集团有限责任公司	Damaoqi shibao Steel Mine Group Co.,Ltd	19534
56	石药集团中润制药（内蒙古）有限公司	Shiyao Zhongrun Pharmaceutical Co.,Ltd	19301
57	内蒙古三维资源集团有限公司	Inner Mongolia San Wei Resource Group Co.,Ltd	18976
58	包头华鼎铜业发展有限公司	Baotou HuaDing Copper Industry Co.,Ltd	18827
59	乌海市君正能源化工有限责任公司	Wuhai City Junzheng the energy-jun Chemical Co., Ltd.	18297
60	东方希望包头热电有限责任公司	East Hope Baotou Heat & Power Industry Co.,Ltd	18052
61	内蒙古西蒙煤炭有限责任公司	Inner Mongolia Ximeng Coal Co.,Ltd	17453
62	福耀集团通辽有限公司	Fuyao Group Tongliao Co.,Ltd	17138
63	通辽发电总厂	Tongliao General Power Plant	16728
64	新巴尔虎右旗甲乌拉矿业有限责任公司	Xinbaerhuyou Banner Jiawula Mining Co.,Ltd	16457
65	内蒙古蒙牛乳业包头有限责任公司	Inner Mongolia MengNiu Co.,Ltd Baotou Branch	15552

24-5 续表 2 continued

位次 Order	企业名称	Name of Enterprise	利润总额(万元) Total Profit (10 000 yuan)
66	金宇保灵生物药品有限公司	Jinyu Bao Ling biological pharmaceuticals Co., Ltd.	14423
67	包头华资实业股份有限公司	Baotou HuaZi Industry Share-Holding Co.,Ltd	14267
68	包头市吉宇钢铁有限责任公司	Baotou Jiyu Iron & Steel Co.,Ltd	13589
69	神华宝日希勒能源有限责任公司	ShenHua Baorixile Energy Co.,Ltd	13488
70	赤峰大井子矿业有限公司	Chifeng City Dajingzi Ming Industrial Co.,Ltd	12997
71	乌中旗天宝矿业有限责任公司	Wulatezhong Banner Tianbao Mining Co.,Ltd	12887
72	内蒙古满世煤炭运销有限责任公司	ManShi Coal Transport & Selling Co.,Ltd	12865
73	内蒙古庆华集团庆华焦化有限责任公司	Inner Mongolia QingHua Group Jiaohua Co.,Ltd	12780
74	内蒙古兴业矿业股份有限公司东乌旗多金属矿	Xingye mining Dongwu Banner Polymetal	12558
75	巴彦淖尔紫金有色金属有限公司	Bayannaoer Zijin Colour Metal Co.,Ltd	12514
76	玖龙兴安浆纸(内蒙古)有限公司	Jiulong Xingan Paper Pulp (Inner Mongolia) Co.,Ltd	12265
77	神华北电胜利能源有限公司	ShenHua North Electric Shengli Energy Co.,Ltd	12045
78	内蒙古华禹铬业有限公司	Inner Mongolia Huayu Chromium Industry Co.,Ltd	12018
79	神华蒙西煤化股份有限公司	ShenHua MengXi Coal & Chemical Co.,Ltd	11934
80	通辽市通华蓖麻化工有限责任公司	Tongliao City, castor-Chemical Co., Ltd.	11666
81	内蒙古河套酒业集团股份有限公司	He Tao Liquor Industry Group Co.,Ltd	11580
82	内蒙古西蒙科工贸有限公司公司弓家塔煤矿	Inner Mongolia Ximeng Gongjiata Coal Co.,Ltd	11574
83	海拉尔蒙西水泥有限公司	Hailaer City MengXi Cement Co.,Ltd	11237
84	内蒙古TCL王牌电器有限公司	Inner Mongolia TCL King Electric Appliance Co.,Ltd	11129
85	通辽市热电有限责任公司	Tongliao Heat&Power Industry Co.,Ltd	10977
86	包头大安钢铁有限责任公司	Baotou Daan Iron and Steel Company Ltd.	10859
87	神华集团金烽煤炭公司东胜煤矿	ShenHua Jinfeng Coal Co.Dongsheng Coal Mine	10804
88	内蒙古临海化工股份有限公司	Inner Mongolia Linhai Chemical Co., Ltd.	10610
89	内蒙古冀东水泥有限责任公司	Inner Mongolia Jidong Cement Co.,Ltd	10582
90	包头华美稀土高科有限公司	BaotouHuamei Rare-earth Hi-tech Co.,Ltd	10396
91	中化三联塑胶（内蒙古）有限责任公司	China Chemical Inner Mongolia Sanlian Plastic Co.,Ltd	10329
92	内蒙古包头吉鑫钢铁有限责任公司	Baotou Jixin Iron & Steel Co.,Ltd	10285
93	鄂旗棋盘井矿业有限责任公司	Qipanjing Mining Industry Co.,Ltd	10070
94	赤峰宝山能源(集团)有限公司	ChiFeng Baoshan Energy (Group) Co.,Ltd	9935
95	巴林左旗红岭铅锌矿	Balinzuo Banner Honglin Leedand Zinc Mining	9783
96	包头市宝源钢铁有限责任公司	Baotou Steel Group Baoyuan Iron & Steel Co. Ltd.	9592
97	包头钢铁（集团）有限责任公司	Baotou Iron & Steel (Group) Co.,Ltd	9500
98	内蒙古乌拉山化肥有限责任公司	Inner Mongolia Wulashan Fertilizer Co.,Ltd	8435
99	内蒙古双利矿业有限公司	Inner Mongolia Shuangli Ming Industrial Co.,Ltd	8008
100	包头伊利乳业有限责任公司	Baotou Yili Dairy Co., Ltd.	7763

24-6 全区施工产值最大的50家建筑企业(2007年)

The Autonomous Regional 50 Construction Enterprises by Gross Output Value of Construction(2007)

位次 Order	企业名称	Name of Enterprise	施工产值 (万元) Gross Output Value (10 000 yuan)
1	内蒙古兴泰建筑有限责任公司	Inner Mongolia XingTai Construction Co.,Ltd	238990
2	中国第二冶金建设有限责任公司	The 2nd Metallurgical Construction Co.,Ltd	204138
3	内蒙古送变电有限责任公司	Inner Mongolia Transmission & Transformation Co., Ltd	170580
4	内蒙古自治区公路工程局	Inner Mongolia Railway Engineering Bureau	160000
5	鄂尔多斯市东方路桥集团股份有限公司	Erdos City DongFang Road & Bridge Co.,Ltd	152265
6	中铁十九局集团第四工程有限公司	China Railway 19th Bureau Group of the Fourth Engineering Co.,Ltd	119888
7	中铁六局集团呼和浩特铁路建设有限公司	China Railway Sixth Group Huhhot Railway Construcion Co.,Ltd	114361
8	内蒙古包头市兴业集团股份有限公司	Inner Mongolia Baotou XingYe Group Co.,Ltd	98760
9	内蒙古东源水利市政工程有限责任公司	Inner Mongolia Dong Yuan Water Conse wancy & Municipal Engineering Co.,Ltd	94800
10	鄂尔多斯市大华建筑（集团）有限责任公司	Erdos City Dahua Construction (Group) Co.	80864
11	内蒙古第二电力建设工程有限责任公司	Inner Mongolia No.2 Electric Power Construction Co.	76857
12	内蒙古第一电力建设有限责任公司	Inner Mongolia No.1 Electric Power Construction Co.,Ltd	70269
13	中国内蒙森林工业集团森天建设有限公司	Inner Mongolia Forest Group Sentian Construction Co.,Ltd	63785
14	内蒙古广厦建安工程有限责任公司	Inner Mongolia Guang Sha Construction & Installation Engineering Co.,Ltd	61892
15	赤峰宝昌建筑工程有限公司	Chifeng Baochang Construction Engineering Co.,Ltd	61300
16	赤峰宏基建筑（集团）有限责任公司	Chifeng City HongJi Construction(Group) Co.,Ltd	61114
17	内蒙古天骄公路工程有限责任公司	Inner Mongolia Tianjiao Highway Engineering Co., Ltd.	60280
18	赤峰平源建工集团有限公司	Chifeng PingYuan Construction Engneering Co.,Ltd	60100
19	内蒙古精益建筑有限公司(原华裕)	Inner Mongolia Jingyi Construction Co.,Ltd(formerly Hua Yu)	57640
20	内蒙古巨华集团大华建筑安装有限公司	Inner Mongolia Juhua Group Dahua Construction & Installation Co.,Ltd	56000
21	内蒙古黄河辽河工程局股份有限公司	Yellow & Liao River Engineering Bureau of Inner Mongolia Co.,Ltd	53651
22	呼市建筑工程有限责任公司	Hohhot City Construction Engineering Co.,Ltd	52760
23	包头市第一建筑工程股份有限公司	Baotou City No.1 Construction Engineering Co.,Ltd	52461
24	赤峰建设建筑有限责任公司	Chifeng City JianShe Construction Engineering Co.,Ltd	50350
25	内蒙古鄂尔多斯市五鑫建筑有限公司	Erdos City Wuxin Construction Engineering Co.,Ltd	48092

24-6 续表 continued

位次 Order	企业名称	Name of Enterprise	施工产值 (万元) Gross Output Value (10 000 yuan)
26	鄂尔多斯市新大地建设集团股份有限公司	Erdos City Xindadi Construction (Group) Co., Ltd.	45614
27	包头市公路工程股份有限公司	Baotou City Highway Engineering Co.	44336
28	内蒙古世龙股份有限公司	Inner Mongolia Dragon World Co., Ltd.	43880
29	翁牛特旗路源建筑工程有限公司	Wengniute Banner Luyuan Construction Co.	41800
30	通辽市交通工程局	Tongliao City Traffic Engineering Bureau	41392
31	赤峰阜升建筑工程有限责任公司	Chifeng Fusheng Construction Co.,Ltd	40350
32	内蒙古亨元路桥有限责任公司	Inner Mongolia HengYuanRoad & Bridge Co.,Ltd	40208
33	鄂尔多斯市东联建筑集团有限责任公司	Erdos City DongLian Construction (Group) Co.,Ltd	40060
34	内蒙古第三建筑工程有限公司	Inner Mongolia No.3 Construction Co.	40000
35	内蒙古第二建设股份有限公司	Inner Mongolia No.2 Construction Co.,Ltd	39875
36	达拉特旗万通路桥有限责任公司	Dalate Banner WanTong Road & Bridge Co.,Ltd	39650
37	内蒙古鑫隆有限公司	Inner Mongolia Xinlong Ltd.	39185
38	内蒙古第三电力建设工程有限责任公司	Inner Mongolia No.3 Electric Power Construction Co.	38860
39	内蒙古隆升建筑安装工程有限公司	Inner Mongolia LongSheng Construction & Installation Co.,Ltd	38246
40	内蒙古兴天建筑有限公司	Inner Mongolia Xingtian Construction Co. Ltd.	38040
41	鄂尔多斯市大兴建筑有限责任公司	Erdos City Daxing Construction Co. Ltd.	36312
42	内蒙古经纬建设有限公司	Inner Mongolia Jing Wei Construction Co.,Ltd	34623
43	呼伦贝尔天成建筑安装工程有限公司	Hulunbeier City Tiancheng Construction & Installation Co.,Ltd	33538
44	赤峰市中城建筑工程有限公司	Chifeng City Zhongcheng Engineering Co.,Ltd	33170
45	内蒙古丰华建筑安装有限公司	Inner Mongolia Fenghua Construction and Installation Co., Ltd.	32320
46	呼伦贝尔道路桥梁建筑有限责任公司	Hulunbeier City Road & Bridge Construction Co.,Ltd	32100
47	鄂尔多斯市奇桦建筑有限责任公司	Erdos City Qihua Construction Co. Ltd.	32010
48	赤峰西城建筑有限公司	Chifeng West City Construction Co. Ltd.	31234
49	鄂尔多斯市金威建筑路桥（集团）有限责任公司	Ordos City Jinwei Road and Bridge Construction (Group) Co. Ltd.	31000
50	赤峰龙兴建筑有限公司	Chifeng Longxing Construction Co. Ltd.	30428

24-7 全区商品销售总额最大的50家批发零售贸易企业(2007年)

Autonomous Regional 50 Top Wholesale & Retail Enteprises of Sales Volume(2007)

位次 Order	企业名称	Name of Enterprise	商品销售总额(万元) Sales Volume (10 000 yuan)
1	神华煤炭运销公司结算部	Department of Settling of Shenhua Coal Transport and Sale Co.	1839379
2	中国石油内蒙古鄂尔多斯销售分公司	Petro-China Erdos City Sales Co.	312281
3	呼和浩特市美通商贸有限责任公司	Huhhot Mei Tong Trad Co.,Ltd	263660
4	中国石油内蒙古通辽销售分公司	Petro-China Tongliao Sales Co.	260820
5	中国石油呼和浩特销售分公司	Petro-China Hohhot City Sales Co.	260066
6	中国石油内蒙古赤峰销售分公司	Petro-China Chifeng City Sales Co.	247221
7	神华煤焦化工有限责任公司	Shen Hua Group Coking Coal&Chemial Co.,Ltd	240572
8	内蒙古铁鑫煤化有限公司	Inner Mongolia Tie Xin Coal&Chemical Co.,Ltd	212995
9	中国石油内蒙古呼伦贝尔销售分公司	Petro-China Hulunbeier City Sales Co.	200531
10	中国石油内蒙古包头销售分公司	Petro-China Baotou City Sales Co.	187006
11	神华包头煤炭销售分公司	Shen Hua Energy Co.,Ltd Baotou Coal Sales Branch	186376
12	内蒙古自治区烟草公司呼和浩特市分公司	Huhhot Tobacco Branch Co.	186160
13	中国石油内蒙古乌兰察布销售分公司	Petro-China Wulanchabu City Sales Co.	183794
14	中国石油内蒙古锡林郭勒销售分公司	Petro-China Xilinguole City Sales Co.	169153
15	中国石油内蒙古巴彦淖尔销售分公司	Petro-China Bayannaoer City Sales Co.	167692
16	内蒙古西蒙煤炭有限责任公司	Inner Mongolia Ximeng Coal Co.,Ltd	161037
17	内蒙古包头东宝煤炭物流配送中心	Inner Mongolia Baotou City Dong Bao Coal and Material Issue Centre	159313
18	神华集团包头矿业有限责任公司运销处	Shen Hua Group Baotou Mining Industry Co.,Ltd	156423
19	内蒙古自治区烟草公司包头分公司	Inner Mongolia Tobacco Co.Baotou Branch	156267
20	内蒙古民族商场有限责任公司	Inner Mongolia National Commercial Building Co.,Ltd	145721
21	内蒙古圣际达商贸有限责任公司	Inner Mongolia ShengJiDa Trade Co.,Ltd	132124
22	包头宁鹿石油有限公司	Baotou City Ninglu Petroleum Sales Co.	123252
23	内蒙古鄂尔多斯烟草分公司	Tobacco Company of Inner Mongolia Erdos Branch	122992
24	中国石油内蒙古兴安盟销售分公司	Petro-China Xingan League Sales Co.	119452
25	满洲里华强投资发展有限公司	Manzhouli Huaqiang Investment Development Co., Ltd.	113309

24-7 续表 continued

位次 Order	企业名称	Name of Enterprise	商品销售总额(万元) Sales Volume (10 000 yuan)
26	中国石化西北公司内蒙古分公司	Petro & Chemical of China North-West Company Inner Mongolia Branch	106597
27	内蒙古自治区烟草公司赤峰市分公司	Tobacco Company of Inner Mongolia Chifeng Branch	104344
28	中国石油内蒙古乌海销售分公司	Petro-China Wuhai City Sales Co.	103981
29	内蒙古大唐托克托电力燃料有限公司	Inner Mongolia Datang Tuoketuo electricity and fuel Ltd.	100925
30	内蒙古利丰集团有限公司	Inner Mongolia Lifeng Group Co.,Ltd	98310
31	内蒙古农牧业生产资料股份有限公司	Inner Mongolia Agricultural Means of Production Co.,Ltd	97105
32	内蒙古阿拉善盟吉兰泰进出口贸易公司	Inner Mongolia Alashan League Jilantai Import&Export Trade Co.	85593
33	内蒙古自治区烟草公司乌兰察布分公司	Inner Mongolia Tobacco Co.Wulanchabu League Branch	82251
34	内蒙古自治区烟草公司通辽市分公司	Inner Mongolia Tobacco Co.Tongliao Branch	80064
35	二连浩特市宏基贸易有限责任公司	Erlian City Hong Ji Trade Co.,Ltd	79306
36	包头市华银工程机械有限公司	Baotou City Huayin Construction Machinery Co., Ltd.	78793
37	内蒙古新宝源煤业有限责任公司	Inner Monglia Xin Bao Yuan Coal Industry Co.,Ltd	77086
38	内蒙古烟草公司巴彦淖尔市分公司	Tobacco Company of Inner Mongolia Bayannaoer Branch	74085
39	呼伦贝尔烟草公司	Hulunbeier Tobacco Co.	65599
40	满洲里恒超经贸有限公司	Manzhouli City HengChao Trade Co.,Ltd	63046
41	乌兰浩特市捷成粮食购销公司	Wulanhaote City Jiecheng grain purchase and marketing company	63019
42	包头王府井百货有限责任公司	Baotou Wangfujing Department Store Co., Ltd.	61590
43	内蒙古交通物资有限责任公司	Inner Mongolia Transport and Meterial Co.,Ltd	60959
44	中国石油内蒙古阿拉善销售分公司	Petro-China Alashan League Sales Co.	59152
45	包头市金荣装饰建材城有限责任公司	Baotou City Jin Rong Center Of Decorative Building Material Co.,Ltd	59005
46	中石油天然气股份有限责任公司包达旗经销部	Petro-China Baotou Da Banner Sales Co.	58920
47	包头西北汽车商城有限公司	Baotou City North-West Automobile Commercial Center Co.,Ltd	58867
48	内蒙古贸发粮油进出口有限公司	Inner Mongolia Maofa Grain and Oil Import and Export Co., Ltd.	56062
49	包头百货大楼股份有限公司	Baotou Department Store Co., Ltd.	56046
50	内蒙古河套酒业集团销售有限公司	Inner Monglia He Tao Liquor Industry Group Sale Co.	55536

24-8 全区企业集团按营业收入排序(2007年)

Arranging in Main Business Revenue of Autonomous Regional Enterprise

位次 Order	企业名称	Name of Enterprise	营业收入(万元) Revenues of Main Business (10 000 yuan)
1	包钢（集团）公司	Baotou Iron & Steel (Group) Co.,Ltd	3284946
2	内蒙古电力（集团）有限责任公司	Inner Mongolia Electric Power (Group) Co.,Ltd	2606653
3	内蒙古蒙牛乳业（集团）股份有限公司	MengNiu Milk Industry (Group) Co.,Ltd	2118375
4	内蒙古伊利实业集团股份有限公司	Inner Mongolia YiLi Industrial Group Co.,Ltd	1935969
5	北方联合电力有限责任公司	Northern Electric Power Co., Ltd.	1391530
6	内蒙古鄂尔多斯羊绒集团有限责任公司	Erdos Cashmere Product Share-Holding Co.,Ltd	1233042
7	中电投霍林河煤电集团有限责任公司	Huolinhe Coal & Elec Group Co.,Ltd	1146451
8	内蒙古伊泰集团有限公司	Inner Mongolia YiTai Coal Industry Co.,Ltd	1023310
9	内蒙古第一机械制造（集团）有限公司	Inner Mongolia No.1 Machinery (Group) Co.,Ltd	918233
10	包头铝业（集团）有限责任公司	Baotou Aluminium Industry (Group) Co.,Ltd	662942
11	内蒙古北方重工业集团有限公司	Inner Mongolia North Industry Group Co.,Ltd	568624
12	内蒙古庆华集团有限公司	Inner Mongolia QingHua Group Co.,Ltd	407819
13	内蒙古平庄煤业（集团）有限责任公司	Pingzhuang Coal Industry (Group) Co.,Ltd	359759
14	内蒙古伊东煤炭集团有限责任公司	Inner Mongolia Yi Dong Coal Group Co.,Ltd	348200
15	内蒙古东达蒙古王集团有限公司	Dongda MongoliaKing Group Co.,Ltd	312749
16	中国内蒙古森林工业集团有限责任公司	Inner Mongolia Forest Industry Group Co., Ltd.	307598
17	鄂尔多斯市亿利资源集团有限责任公司	Erdos City Elion Resource Group Co.,Ltd	268342
18	内蒙古博源投资集团有限公司	Inner Mongolia BoYuan Investment Group Co.,Ltd	265691
19	内蒙古兴泰置业集团有限公司	Inner Mongolia Xingtai home buyers Holdings Ltd.	237842
20	内蒙古汇能煤电集团有限公司	Huineng Coal & Electricity Group Co.,Ltd	225348
21	内蒙古铁鑫煤化集团有限公司	Inner Mongolia Tie Xin Coal&Chemical Co.,Ltd	212995
22	内蒙古蒙泰煤电集团有限公司	Meng Tai Coal & Electricity Co.,Ltd	212027
23	金河集团实业有限公司	Inner Mongolia Jinhe Group Industry Co.,Ltd	197836
24	神东天隆集团有限责任公司	Shen Dong TianLong Group Co.,Ltd	169841
25	鄂尔多斯市乌兰煤炭集团有限责任公司	Erdos City Wu Lan Coal Group Co.,Ltd	169838
26	内蒙古蒙西高新技术集团有限公司	Inner Mongolia Mengxi High-tech Group Co., Ltd.	150100
27	内蒙古太西煤集团股份有限公司	Inner Mongolia Taixi Coal Group Co.,Ltd	135331
28	包头市石宝铁矿集团有限责任公司	Baotou Shibao Steel Mine Group Co.,Ltd	128417
29	内蒙古塞飞亚集团有限责任公司	Inner Mongolia Saifeiya Group Co.,Ltd	124066
30	中盐吉兰泰盐化集团有限公司	Jilantai Salt & Chemical Industry Group	120374
31	内蒙古乌兰水泥集团有限公司	Inner Mongolia Wu Lan Cement Co.,Ltd	111729
32	鄂尔多斯东方路桥集团	Erdos Group of the East Bridge	103046
33	内蒙古三联化工集团	Sanlian Chemical Industry(Group) Co.,Ltd	101189
34	内蒙古河套酒业集团股份有限公司	He Tao Liquor Industry Group Co.,Ltd	97420
35	内蒙古特弘煤电集团	Inner Mongolia Tehong Coal Power Group Co., Ltd.	81850
36	内蒙古奈伦（集团）股份有限公司	Inner Mongolia Nailun (Group) Co., Ltd.	75797

24-8 续表 continued

位次 Order	企业名称	Name of Enterprise	营业收入(万元) Revenues of Main Business (10 000 yuan)
37	内蒙古金宇集团股份有限公司	Inner Mongolia Jinyu Group Co., Ltd.	70218
38	内蒙古三维集团	Inner Mongolia SanWei Resource Group Co.,Ltd	68753
39	内蒙古星光煤炭集团有限责任公司	Inner Mongolia Xing Guang Coal Group Co.,Ltd	65290
40	内蒙古巨华集团	Inner Mongolia Juhua Group	62028
41	包头市粮油（集团）有限公司	Baotou Grain and Oil Import and Export Co., Ltd.	61659
42	赤峰九天建化（集团）有限责任公司	Chifeng construction of nine days (Group) Co., Ltd.	56239
43	赤峰富龙公用（集团）有限责任公司	Chifeng Fu Lung common (Group) Co.,Ltd	54916
44	内蒙古晨宏力集团	Inner Mongolia Chenhongli Group	52143
45	包头市百货大楼集团公司	Baotou Department Store Building Group Co.	47903
46	内蒙古元和（集团）有限责任公司	Inner Mongolia Yuanhe (Group) Co.,Ltd	44842
47	内蒙古海神煤炭集团有限责任公司	Inner Mongolia Haishen Coal GroupCo.,Ltd	38329
48	内蒙古牙克石五九煤炭（集团）有限责任公司	May 9 Yakeshi, Inner Mongolia Coal (Group) Co., Ltd.	37072
49	包头草原糖业集团	Baotou Grassland Sugar Industry Group Co., Ltd	36906
50	赤峰制药（集团）有限责任公司	Chifeng Pharmaceutical (Group) Co.,Ltd	36123
51	包头市恒通（集团）有限责任公司	Baotou City Heng Tong (Group) Co., Ltd	34517
52	呼和浩特众环（集团）有限责任公司	Hohhot Zhong Huan (Group) Co., Ltd	33085
53	内蒙古恒茂（集团）有限责任公司	Inner Mongolia Hengmao (Group) Co., Ltd	30668
54	内蒙古小肥羊餐饮连锁有限公司	Inner Mongolia Little Sheep Meal Chain Co.,Ltd	20355
55	内蒙古自治区民航机场集团有限责任公司	Civil Aviation Airport Group Co.,Ltd	20119
56	内蒙古仕奇集团有限责任公司	Inner Mongolia ShiQi Group Co., Ltd	19887
57	海拉尔啤酒（集团）有限责任公司	Hailaer Beer (Group) Co., Ltd	19171
58	包头市公交运输集团有限责任公司	Baotou City Public Transportation Group Co., Ltd	18950
59	鄂尔多斯市大华建筑集团有限责任公司	Erdos City Da hua Construction Group Co., Ltd	18513
60	内蒙古盘古集团有限责任公司	Inner Mongolia Pan Gu Cashmere Group Co.,Ltd	9864
61	海德投资控股集团有限责任公司	Hyde Investment Holding Group Co., Ltd.	9433
62	驰誉科工贸（集团）有限总公司	Chiyu Scientific Industry & Trade (Group) Co., Ltd	4800
63	内蒙古力仁集团有限公司	Inner Mongolia Li Ren Group Co., Ltd	4131
64	包头市金荣集团公司	Baotou City Jinrong Group Co.	3548

24-9 全区企业集团按资产排序(2007年)

Autonomous Regional Enterprise Groups Ranked by Total Assets(2007)

位次 Order	企业名称	Name of Enterprise	年末资产总计(万元) Total Assets at Yearend (10 000 yuan)
1	北方联合电力有限责任公司	Northern Electric Power Co., Ltd.	6304095
2	包钢（集团）公司	Baotou Iron & Steel (Group) Co.,	5717226
3	内蒙古电力（集团）有限责任公司	Inner Mongolia Electric Power (Group) Co.,Ltd	3973370
4	中电投霍林河煤电集团有限责任公司	Huolinhe Coal & Elec Group Co.,Ltd	2305914
5	包头铝业（集团）有限责任公司	Baotou Aluminium Industry (Group) Corp.,Ltd	1890105
6	内蒙古鄂尔多斯羊绒集团有限责任公司	Erdos Cashmere Product Co.,Ltd	1832819
7	内蒙古伊泰集团有限公司	Inner Mongolia YiTai Coal Industry Co.,Ltd	1600414
8	内蒙古第一机械制造（集团）有限公司	Inner Mongolia No.1 Machinery (Group) Co.,Ltd	1190622
9	内蒙古伊利实业集团股份有限公司	Inner Mongolia YiLi Industrial Group Co.,Ltd	1017390
10	中国内蒙古森林工业集团有限责任公司	Inner Mongolia Forest Industry Group Co., Ltd.	1000857
11	鄂尔多斯市亿利资源集团有限责任公司	Ordos city Yili Resources Group Co., Ltd.	873446
12	内蒙古蒙牛乳业（集团）股份有限公司	MengNiu Milk Industry (Group) Co.,Ltd	864358
13	内蒙古庆华集团有限公司	Inner Mongolia Qing Hua Group	844894
14	内蒙古北方重工业集团有限公司	North Heavy Industry Group Corp.,Ltd	810224
15	内蒙古平庄煤业（集团）有限责任公司	Inner Mongolia Pingzhuang Coal (Group) Co., Ltd	779596
16	内蒙古伊东煤炭集团有限责任公司	Inner Mongolia Yi Dong Coal Group Co.,Ltd	590838
17	内蒙古博源投资集团有限公司	Inner Mongolia Boyuan Investment Group Co., Ltd.	588465
18	中盐吉兰泰盐化集团有限公司	Jilantai Salt & Chemical Industry Group	520203
19	内蒙古乌兰水泥集团有限公司	Inner Mongolia Wu Lan Cement Co.,Ltd	487022
20	鄂尔多斯东方路桥集团	Erdos Group of the East Bridge	424392
21	内蒙古奈伦（集团）股份有限公司	Inner Mongolia Nailun (Group) Co., Ltd.	419534
22	包头草原糖业集团	Baotou Grassland Sugar Industry Group Co., Ltd	400848
23	内蒙古东达蒙古王集团有限公司	Dongda Mongolia King Cashmere Group Co.,Ltd	389933
24	内蒙古汇能煤电集团有限公司	Huineng Coal & Electricity Group Co.,Ltd	363004
25	内蒙古蒙西高新技术集团有限公司	Inner Mongolia Mengxi High-tech Group Co., Ltd.	336996
26	赤峰富龙公用（集团）有限责任公司	Chifeng Fulong Public (Group) Co., Ltd	321617
27	内蒙古太西煤集团股份有限公司	Inner Mongolia Taixi Coal Group Co., Ltd	291158
28	内蒙古兴泰置业集团有限公司	Inner Mongolia Xingtai home buyers Holdings Ltd.	286659
29	内蒙古自治区民航机场集团有限责任公司	Civil Aviation Airport Group Co.,Ltd	282646
30	内蒙古巨华集团	Inner Mongolia Ju Hua Group	274642
31	内蒙古蒙泰煤电集团有限公司	MengTai Coal & Electric Group Co.,Ltd	206241
32	神东天隆集团有限责任公司	Shen Dong Tianlong Group Co.,Ltd	163382
33	内蒙古三联化工集团	San Lian Chemical Industry Co.,LTD	157725
34	内蒙古河套酒业集团股份有限公司	He Tao Liquor Industry Group Co.,Ltd	149040
35	内蒙古金宇集团股份有限公司	Inner Mongolia Jin Yu Group Co., Ltd	129520
36	鄂尔多斯市乌兰煤炭集团有限责任公司	Erdos City Wulan Coal Group Co.,Ltd	127616

24-9 续表 continued

位次 Order	企业名称	Name of Enterprise	年末资产总计（万元） Total Assets at Yearend (10 000 yuan)
37	包头市石宝铁矿集团有限责任公司	Baotou Shibao Steel Mine Group Co.,Ltd	114437
38	内蒙古晨宏力集团	Inner Mongolia Chenhongli Group	109081
39	内蒙古元和（集团）有限责任公司	Inner Mongolia Yuanhe (Group) Co.,Ltd	108105
40	内蒙古星光煤炭集团有限责任公司	Inner Mongolia XingGuang Coal Group Co.,Ltd	97629
41	赤峰制药（集团）有限责任公司	Chifeng Pharmaceutical (Group) Co.,Ltd	97080
42	内蒙古特弘煤电集团	Inner Mongolia Tehong Coal Power Group Co., Ltd.	95445
43	金河集团实业有限公司	Inner Mongolia Jinhe Group Industry Co.,Ltd	83615
44	包头市恒通（集团）有限责任公司	Baotou City Heng Tong (Group) Co., Ltd	83440
45	内蒙古塞飞亚集团有限责任公司	Inner Mongolia Saifeiya Group Co., Ltd	79888
46	内蒙古仕奇集团有限责任公司	Inner Mongolia ShiQi Group Co., Ltd	76208
47	内蒙古三维集团	Inner Mongolia SanWei Resource Group Co.,Ltd	67484
48	内蒙古牙克石五九煤炭（集团）有限责任公司	May 9 Yakeshi, Inner Mongolia Coal (Group) Co., Ltd.	66030
49	赤峰九天建化（集团）有限责任公司	Chifeng Jiu Tian Jianhua (Group) Co.,Ltd	65145
50	内蒙古铁鑫煤化集团有限公司	Tie Xin Coal Chemical Group Co.,Ltd	61452
51	内蒙古小肥羊餐饮连锁有限公司	Little Sheep Meal Chain Co.,Ltd	56929
52	呼和浩特众环（集团）有限责任公司	Hohhot Zhong Huan (Group) Co., Ltd	55608
53	内蒙古海神煤炭集团有限责任公司	Inner Mongolia Haishen Coal GroupCo.,Ltd	53557
54	内蒙古盘古集团有限责任公司	Inner Mongolia Pan Gu Cashmere Group Co.,Ltd	51568
55	海德投资控股集团有限责任公司	Hyde Investment Holding Group Co., Ltd.	43918
56	包头市公交运输集团有限责任公司	Baotou City Public Transportation Group Co., Ltd	36640
57	包头市粮油（集团）有限公司	Baotou City Foodstuff (Group) Co., Ltd	32254
58	包头市金荣集团公司	Baotou City Jinrong Group Co.	28258
59	海拉尔啤酒（集团）有限责任公司	Hailaer Beer (Group) Co., Ltd	25400
60	鄂尔多斯市大华建筑集团有限责任公司	Erdos City Da hua Construction Group Co., Ltd	20472
61	包头市百货大楼集团公司	Baotou Department Store Building Group Co.	20305
62	驰誉科工贸（集团）有限总公司	Chiyu Scientific Industry & Trade (Group) Co., Ltd	20102
63	内蒙古恒茂（集团）有限责任公司	Inner Mongolia Hengmao (Group) Co., Ltd	14969
64	内蒙古力仁集团有限公司	Inner Mongolia Li Ren Group Co., Ltd	11227

24-10 上市公司发展基本情况(2007年)

上市公司名称	Name of Listed Companies
内蒙古蒙电华能热电股份有限公司(内蒙华电)	Inner Mongolia Meng Dian Hua Neng Co.,Ltd
鄂尔多斯羊绒制品股份有限公司(鄂绒B股)	Inner Mongolia Erdos Cashmere Products Co.,Ltd
鄂尔多斯羊绒制品股份有限公司(鄂尔多斯A股)	Inner Mongolia Erdos Cashmere Products Co.,Ltd
内蒙古伊利实业股份有限公司(伊利股份)	Inner Mongolia YiLi Industrial Group Co.,Ltd
赤峰富龙热电股份有限公司(富龙热电)	Chifeng FuLong Thermal Power Co.,Ltd
内蒙古远兴能源股份有限公司(远兴能源)	Inner Mongolia Yuan Xing Energy Co.,Ltd
内蒙古平庄能源股份有限公司(ST平能)	Inner Mongolia PingZhuang Energy Co.,Ltd
包头明天科技股份有限公司(明天科技)	Baotou Tomorrow Technology Co.,Ltd
内蒙古伊泰煤炭股份有限公司(伊煤B股)	Inner Mongolia Yi Tai Coal Industry Co.,Ltd
内蒙古包钢稀土高科技股份有限公司(稀土高科)	Inner Mongolia Baotou Steel Rare-earth Hi-tech Co.,Ltd
包头华资实业股份有限公司(华资实业)	Baotou Hua Zi Industry Sale-Holding Co.,Ltd
内蒙古金宇集团股份有限公司(金宇集团)	Inner Mongolia Jin Yu Group Co.,Ltd
北方重型股份有限公司(北方股份)	North Heavy-duty Automobile Co.,Ltd
内蒙古亿利科技实业股份有限公司(亿利科技)	Inner Mongolia YiLi Science and Technological Industry Co.,Ltd
内蒙古西水创业股份有限公司(西水股份)	Xishui Strong Year Co.,Ltd Inner Mongolia
内蒙古兰太实业股份有限公司(兰太实业)	Inner Mongolia LanTai Industrial Co.,Ltd
内蒙古包钢钢联股份有限公司(包钢股份)	Inner Mongolia Baotou Steel Union Co.,Ltd
内蒙古时代科技股份有限公司(时代科技)	Inner Mongolia ShiDai Science and Technological Co.,Ltd
包头北方创业股份有限公司(北方创业)	Baotou Beifang Chuangye Co.,Ltd
内蒙古霍林河露天煤业股份有限公司(露天煤业)	Inner Mongolia Huolinhe Opencut Coal Industry Co., Ltd

Inner Mongolia Autonomous Regional Development of Listed Companies(2007)

股票类别	Classification of Shares	行业划分	Classification of Industries
上证A股	A Shares of Shanghai Stock Exchange	电力、煤气及水的生产和供应业	Production & Supply of Elec. Power Gas & Water
上证B股	B Shares of Shanghai Stock Exchange	纺织、服装、皮毛	Textile Clothes and Furs
上证A股	A Shares of Shanghai Stock Exchange		
上证A股	A Shares of Shanghai Stock Exchange	食品、饮料	Foodstuff, Drinks
深证A股	A Shares of Shenzhen Stock Exchange	电力、煤气及水的生产和供应业	Production & Supply of Elec. Power Gas & Water
深证A股	A Shares of Shenzhen Stock Exchange	石油、化学、塑胶、塑料	Petroleum, Chemical, Synthetic Resin Plastics
深证A股	A Shares of Shenzhen Stock Exchange	食品、饮料	Foodstuff, Drinks
上证A股	A Shares of Shanghai Stock Exchange	石油、化学、塑胶、塑料	Petroleum, Chemical, Synthetic Resin Plastics
上证B股	B Shares of Shanghai Stock Exchange	采掘业	Mining
上证A股	A Shares of Shanghai Stock Exchange	金属、非金属	Metal and Nonmetal
上证A股	A Shares of Shanghai Stock Exchange	食品、饮料	Foodstuff, Drinks
上证A股	A Shares of Shanghai Stock Exchange	医药、生物制品	Biological Pharmacy
上证A股	A Shares of Shanghai Stock Exchange	机械、设备、仪表	Machinery, Equipment and Meter
上证A股	A Shares of Shanghai Stock Exchange	石油、化学、塑胶、塑料	Petroleum, Chemical, Synthetic Resin Plastics
上证A股	A Shares of Shanghai Stock Exchange	金属、非金属	Metal and Nonmetal
上证A股	A Shares of Shanghai Stock Exchange	石油、化学、塑胶、塑料	Petroleum, Chemical, Synthetic Resin Plastics
上证A股	A Shares of Shanghai Stock Exchange	金属、非金属	Metal and Nonmetal
深证A股	A Shares of Shenzhen Stock Exchange	机械、设备、仪表	Machinery, Equipment and Meter
上证A股	A Shares of Shanghai Stock Exchange	机械、设备、仪表	Machinery, Equipment and Meter
深证A股	A Shares of Shenzhen Stock Exchange	采掘业	Mining

24-10 续表 1

上市公司名称	Name of Listed Companies
总计	**Total**
内蒙古蒙电华能热电股份有限公司(内蒙华电)	Inner Mongolia Meng Dian Hua Neng Co.,Ltd
鄂尔多斯羊绒制品股份有限公司(鄂绒B股)	Inner Mongolia Erdos Cashmere Products Co.,Ltd
鄂尔多斯羊绒制品股份有限公司(鄂尔多斯A股)	Inner Mongolia Erdos Cashmere Products Co.,Ltd
内蒙古伊利实业股份有限公司(伊利股份)	Inner Mongolia YiLi Industrial Group Co.,Ltd
内蒙古伊利实业股份有限公司(伊利股份)	Inner Mongolia YiLi Industrial Group Co.,Ltd
赤峰富龙热电股份有限公司(富龙热电)	Chifeng FuLong Thermal Power Co.,Ltd
内蒙古远兴能源股份有限公司(远兴能源)	Inner Mongolia Yuan Xing Energy Co.,Ltd
内蒙古平庄能源股份有限公司(ST平能)	Inner Mongolia PingZhuang Energy Co.,Ltd
包头明天科技股份有限公司(明天科技)	Baotou Tomorrow Technology Co.,Ltd
包头明天科技股份有限公司(明天科技)	Baotou Tomorrow Technology Co.,Ltd
内蒙古伊泰煤炭股份有限公司(伊煤B股)	Inner Mongolia Yi Tai Coal Industry Co.,Ltd
内蒙古包钢稀土高科技股份有限公司(稀土高科)	Inner Mongolia Baotou Steel Rare earth Hi tech Co.,Ltd
包头华资实业股份有限公司(华资实业)	Baotou Hua Zi Industry Co.,Ltd
内蒙古金宇集团股份有限公司(金宇集团)	Inner Mongolia JinYu Group Co.,Ltd
北方重型股份有限公司(北方股份)	North Heavy duty Automobile Co.,Ltd
内蒙古亿利科技实业股份有限公司(亿利科技)	Inner Mongolia YiLi Science and Technological Industry Co.,Ltd
内蒙古西水创业股份有限公司(西水股份)	Xishui Strong Year Co.,Ltd Inner Mongolia
内蒙古兰太实业股份有限公司(兰太实业)	Inner Mongolia LanTai Industrial Co.,Ltd
内蒙古包钢钢联股份有限公司(包钢股份)	Inner Mongolia Baotou Steel Union Co.,Ltd
内蒙古时代科技股份有限公司(时代科技)	Inner Mongolia ShiDai Science and Technological Co.,Ltd
包头北方创业股份有限公司(北方创业)	Baotou Beifang Chuangye Co.Ltd
内蒙古霍林河露天煤业股份有限公司(露天煤业)	Inner Mongolia Huolinhe Opencut Coal Industry Co., Ltd

continued

2007年末股本结构(万股) Composition of Capital at the End of 2006 (10 000 shares)		股票发行情况 Issuing Summary for Stocks			
总股本 Total Issued Capital	流通股 Negotiable Shares	发行日期 Issuing Date	发行价格(元/股) Price of Issuing (yuan/share)	发行量(万股) Amount Issued (10 000 shares)	股票发行筹资额 (亿元) Raised Capital (100 million yuan)
198122	57294	1994-03-30	3.90	5000	1.95
42000	42000	1995-09-25	3.98	11000	4.38
61200	19200	2001-03-26	16.80	8000	13.44
66610	60646	1996-01-25	5.98	1800	1.02
		2002-08-28	16.85	增发A股4896	8.25
38068	20073	1996-08-01	5.88	1370	0.81
46900	21969	1997-01-13	5.11	6500	3.32
101431	39130	1997-05-19	5.66	4000	2.16
33653	30617	1997-06-13	5.28	3700	1.95
		2002-06-06	8.82	增发A股11000	9.70
73200	33200	1997-07-18	3.38	16600	5.24
40367	20642	1997-08-28	4.43	8000	3.40
30308	13814	1998-11-02	4.30	5600	3.01
28081	23410	1998-12-02	6.83	3500	2.39
17000	6600	2000-06-09	8.00	5500	4.40
17380	9093	2000-07-04	8.88	5800	5.15
16000	11947	2000-07-13	6.38	6000	3.83
35912	18268	2000-11-30	7.88	6000	4.52
642331	272029	2001-02-14	5.18	35000	17.57
24756	12138	1996-09-20	6.48	1850	1.20
13000	8790	2004-04-26	7.20	5000	3.49
65418	7800	2007-04-18	9.80	7800	7.64

24-10 续表 2

上市公司名称	Name of Listed Companies
总 计	**Total**
内蒙古蒙电华能热电股份有限公司(内蒙华电)	Inner Mongolia Meng Dian Hua Neng Co.,Ltd
鄂尔多斯羊绒制品股份有限公司(鄂绒B股)	Inner Mongolia Erdos Cashmere Products Co.,Ltd
鄂尔多斯羊绒制品股份有限公司(鄂尔多斯A股)	Inner Mongolia Erdos Cashmere Products Co.,Ltd
内蒙古伊利实业股份有限公司(伊利股份)	Inner Mongolia YiLi Industrial Group Co.,Ltd
赤峰富龙热电股份有限公司(富龙热电)	Chifeng FuLong Thermal Power Co.,Ltd
内蒙古远兴能源股份有限公司(远兴能源)	Inner Mongolia Yuan Xing Energy Co.,Ltd
内蒙古平庄能源股份有限公司(ST平能)	Inner Mongolia PingZhuang Energy Co.,Ltd
包头明天科技股份有限公司(明天科技)	Baotou Tomorrow Technology Co.,Ltd
内蒙古伊泰煤炭股份有限公司(伊煤B股)	Inner Mongolia Yi Tai Coal Industry Co.,Ltd
内蒙古包钢稀土高科技股份有限公司(稀土高科)	Inner Mongolia Rare-earth Hi-tech Co.,Ltd
包头华资实业股份有限公司(华资实业)	Baotou Hua Zi Industry Co.,Ltd
内蒙古金宇集团股份有限公司(金宇集团)	Inner Mongolia Jin Yu Group Co.,Ltd
北方重型股份有限公司(北方股份)	North Heavy-duty Automobile Co.,Ltd
内蒙古亿利科技实业股份有限公司(亿利科技)	Inner Mongolia YiLi Science and Technological Industry Co.,Ltd
内蒙古西水创业股份有限公司(西水股份)	Xishui Strong Year Co.,Ltd Inner Mongolia
内蒙古兰太实业股份有限公司(兰太实业)	Inner Mongolia LanTai Industrial Co.,Ltd
内蒙古包钢钢联股份有限公司(包钢股份)	Inner Mongolia Baotou Steel Union Co.,Ltd
内蒙古时代科技股份有限公司(时代科技)	Inner Mongolia ShiDai Science and Technological Co.,Ltd
包头北方创业股份有限公司(北方创业)	Baotou Beifang Chuangye Co.Ltd
内蒙古霍林河露天煤业股份有限公司(露天煤业)	Inner Mongolia Huolinhe Opencut Coal Industry Co., Ltd

continued

股票上市情况 Listed Summary for Stocks		股票配售情况 Distribution of Stocks				股票筹资总额(亿元) Total Raised Capital (100 million yuan)
上市日期 Listed Date	上市价格(元/股) Listed Price Per Share (yuan/share)	配股时间 Date of Distribution	配股价格(元/股) Price of Distribution Per Share (yuan/share)	配股比例 Proportion of Distribution	配股筹资额(亿元) Raised Capital Owing to Distribution (100 million yuan)	
1994-05-20	5.18	1996-11-25	4.00	10∶3	0.60	6.29
		1998-12-17	5.00	10∶8	3.74	
1995-10-20	USD0.518		6.88	10000股(share)	6.88	11.26
2001-04-26						13.44
1996-03-12	9.00	1997-04-12	6.80	10∶3	2.04	14.17
		1998-11-08	15.00	10∶3	2.86	
1996-08-29	10.32	1998-05-11	8.00	10∶4	3.51	6.59
		2001-05-03	13.20	10∶3	2.27	
1997-01-31	11.80	1998-08-07	8.60	10∶3	3.35	6.67
1997-06-06	15.49	1999-08-31	8.00	10∶3	2.50	12.50
		2003-10-01	6.43	10∶7	7.84	
1997-07-04	8.18	1999-12-10	14.23	10∶3	3.43	15.08
1997-08-08	USD0.4073					5.61
1997-09-24	7.38	2000-03-08	7.60	10∶3	2.98	6.38
1998-12-10	7.80	2000-09-28	15.00	10∶3	3.50	6.51
1999-01-15	13.68	2000-12-29	17.00	10∶3	2.00	4.39
2000-06-30	15.70					4.40
2000-07-25	18.18					5.15
2000-07-31	12.12					3.83
2000-12-22	17.78					4.72
2004-11-10						18.13
1996-10-08	10.68	1998-12-11	4.28	10.∶2.5	0.89	2.09
2004-05-18	10.00					3.49
2007-04-18	9.80					7.64

24-10 续表 3

上市公司名称	Name of Listed Companies
总计	**Total**
内蒙古蒙电华能热电股份有限公司(内蒙华电)	Inner Mongolia Meng Dian Hua Neng Co.,Ltd
鄂尔多斯羊绒制品股份有限公司(鄂绒B股、A股)	Inner Mongolia Erdos Cashmere Products Co.,Ltd
内蒙古伊利实业股份有限公司(伊利股份)	Inner Mongolia YiLi Industrial Group Co.,Ltd
赤峰富龙热电股份有限公司(富龙热电)	Chifeng FuLong Thermal Power Co.,Ltd
内蒙古远兴能源股份有限公司(远兴能源)	Inner Mongolia Yuan Xing Energy Co.,Ltd
内蒙古平庄能源股份有限公司(ST平能)	Inner Mongolia PingZhuang Energy Co.,Ltd
包头明天科技股份有限公司(明天科技)	Baotou Tomorrow Technology Co.,Ltd
内蒙古伊泰煤炭股份有限公司(伊煤B股)	Inner Mongolia Yi Tai Coal Industry Co.,Ltd
内蒙古包钢稀土高科技股份有限公司(稀土高科)	Inner Mongolia Baotou Steel Rare-earth Hi-tech Co.,Ltd
包头华资实业股份有限公司(华资实业)	Baotou Hua Zi Industry Co.,Ltd
内蒙古金宇集团股份有限公司(金宇集团)	Inner Mongolia Jin Yu Group Co.,Ltd
北方重型股份有限公司(北方股份)	North Heavy-duty Automobile Co.,Ltd
内蒙古亿利科技实业股份有限公司(亿利科技)	Inner Mongolia YiLi Science and Technological Industry Co.,Ltd
内蒙古西水创业股份有限公司(西水股份)	Xishui Strong Year Co.,Ltd Inner Mongolia
内蒙古兰太实业股份有限公司(兰太实业)	Inner Mongolia LanTai Industrial Co.,Ltd
内蒙古包钢钢联股份有限公司(包钢股份)	Inner Mongolia Baotou Steel Union Co.,Ltd continued
内蒙古时代科技股份有限公司(时代科技)	Inner Mongolia ShiDai Science and Technological Co.,Ltd
包头北方创业股份有限公司(北方创业)	Baotou Beifang Chuangye Co.Ltd
内蒙古霍林河露天煤业股份有限公司(露天煤业)	Inner Mongolia Huolinhe Opencut Coal Industry Co., Ltd

continued

主营业务收入(万元) Main Business Revenue(10 000 yuan)		利润总额(万元) Total Profit(10 000 yuan)		净利润(万元) Net Profit(10 000 yuan)	
2006	2007	2006	2007	2006	2007
587848	610078	42312	39562	20833	19988
400271	665584	34905	84033	20448	51962
1633899	1920844	56178	10639	34459	-2060
49503	53228	3159	1853	1631	579
108886	132203	17826	19166	16852	11450
43476	105059	259	30322	651	12461
83215	62394	-11221	1018	-5881	1024
363728	496372	87269	179464	70648	153998
132768	219121	16111	51506	7906	30815
50252	35281	2162	4136	1417	4310
56187	70122	5692	13407	3746	9293
75118	127257	1262	2925	1898	2626
144554	167781	4001	5253	2084	2961
44755	51881	-12199	3753	-12345	3176
78005	81808	4572	8034	5967	5911
1826546	2636261	73213	194184	65380	174645
24847	27443	2993	4392	2604	3828
124817	169770	951	2397	983	2520
188610	254974	46646	55142	39461	46394

24-10 续表 4

上市公司名称	Name of Listed Companies
总计	**Total**
内蒙古蒙电华能热电股份有限公司(内蒙华电)	Inner Mongolia Meng Dian Hua Neng Co.,Ltd
鄂尔多斯羊绒制品股份有限公司(鄂绒B、A股)	Inner Mongolia Erdos Cashmere Products Co.,Ltd
内蒙古伊利实业股份有限公司(伊利股份)	Inner Mongolia YiLi Industrial Group Co.,Ltd
赤峰富龙热电股份有限公司(富龙热电)	Chifeng FuLong Thermal Power Co.,Ltd
内蒙古远兴能源股份有限公司(远兴能源)	Inner Mongolia Yuan Xing Energy Co.,Ltd
内蒙古平庄能源股份有限公司(ST平能)	Inner Mongolia PingZhuang Energy Co.,Ltd
包头明天科技股份有限公司(明天科技)	Baotou Tomorrow Technology Co.,Ltd
内蒙古伊泰煤炭股份有限公司(伊煤B股)	Inner Mongolia Yi Tai Coal Industry Co.,Ltd
内蒙古包钢稀土高科技股份有限公司(稀土高科)	Inner Mongolia Baotou Steel Rare earth Hi tech Co.,Ltd
包头华资实业股份有限公司(华资实业)	Baotou Hua Zi Industry Co.,Ltd
内蒙古金宇集团股份有限公司(金宇集团)	Inner Mongolia Jin Yu Group Co.,Ltd
北方重型股份有限公司(北方股份)	North Heavy-duty Automobile Co.,Ltd
内蒙古亿利科技实业股份有限公司(亿利科技)	Inner Mongolia YiLi Science and Technological Industry Co.,Ltd
内蒙古西水创业股份有限公司(西水股份)	Xishui Strong Year Co.,Ltd Inner Mongolia
内蒙古兰太实业股份有限公司(兰太实业)	Inner Mongolia LanTai Industrial Co.,Ltd
内蒙古包钢钢联股份有限公司(包钢股份)	Inner Mongolia Baotou Steel Union Co.,Ltd
内蒙古时代科技股份有限公司(时代科技)	Inner Mongolia ShiDai Science and Technological Co.,Ltd
包头北方创业股份有限公司(北方创业)	Baotou Beifang Chuangye Co.Ltd
内蒙古霍林河露天煤业股份有限公司(露天煤业)	Inner Mongolia Huolinhe Opencut Coal Industry Co., Ltd

continued

总资产(万元) Total Assets(10 000 yuan)		股东权益(万元) Shareholder's Eguity(10 000 yuan)		资产负债率(%) Assets-Liability Ratio(%)	
2006	2007	2006	2007	2006	2007
2134413	2370121	425957	631790	71.1	73.3
1276237	1358885	329923	536910	60.7	60.5
752476	1017390	261115	470723	60.8	53.7
272288	252863	130803	135063	49.7	46.6
241582	363372	47255	105717	65.8	70.9
251684	336554	16665	170133	92.9	49.4
264082	253122	186694	185359	29.1	26.8
543500	1202775	217912	453025	56.0	62.3
251992	370262	122690	191417	43.0	48.3
202851	359708	130195	265663	30.7	26.1
94008	129521	60401	70854	35.6	45.3
191577	231791	64418	69996	64.5	69.8
226322	227290	84907	98823	58.1	56.5
109682	489456	55626	385275	47.3	21.3
170221	192334	85087	91164	50.5	52.6
1385391	3362646	781975	1407469	43.6	58.1
66278	86218	36769	59966	40.7	30.4
133617	137515	48313	54373	61.3	60.5
300156	352454	107311	208031	64.2	41.0

24-10 续表 5

上市公司名称	Name of Listed Companies
总计	**Total**
内蒙古蒙电华能热电股份有限公司(内蒙华电)	Inner Mongolia Meng Dian Hua Neng Co.,Ltd
鄂尔多斯羊绒制品股份有限公司(鄂绒B、A股)	Inner Mongolia Erdos Cashmere Products Co.,Ltd
内蒙古伊利实业股份有限公司(伊利股份)	Inner Mongolia YiLi Industrial Group Co.,Ltd
赤峰富龙热电股份有限公司(富龙热电)	Chifeng FuLong Thermal Power Co.,Ltd
内蒙古远兴能源股份有限公司(远兴能源)	Inner Mongolia Yuan Xing Energy Co.,Ltd
内蒙古平庄能源股份有限公司(ST平能)	Inner Mongolia PingZhuang Energy Co.,Ltd
包头明天科技股份有限公司(明天科技)	Baotou Tomorrow Technology Co.,Ltd
内蒙古伊泰煤炭股份有限公司(伊煤B股)	Inner Mongolia Yi Tai Coal Industry Co.,Ltd
内蒙古包钢稀土高科技股份有限公司(稀土高科)	Inner Mongolia Baotou Steel Rare-earth Hi-tech Co.,Ltd
包头华资实业股份有限公司(华资实业)	Baotou Hua Zi Industry Co.,Ltd
内蒙古金宇集团股份有限公司(金宇集团)	Inner Mongolia Jin Yu Group Co.,Ltd
北方重型股份有限公司(北方股份)	North Heavy-duty Automobile Co.,Ltd
内蒙古亿利科技实业股份有限公司(亿利科技)	Inner Mongolia YiLi Science and Technological Industry Co.,Ltd
内蒙古西水创业股份有限公司(西水股份)	Xishui Strong Year Co.,Ltd Inner Mongolia
内蒙古兰太实业股份有限公司(兰太实业)	Inner Mongolia LanTai Industrial Co.,Ltd
内蒙古包钢钢联股份有限公司(包钢股份)	Inner Mongolia Baotou Steel Union Co.,Ltd
内蒙古时代科技股份有限公司(时代科技)	Inner Mongolia ShiDai Science and Technological Co.,Ltd
包头北方创业股份有限公司(北方创业)	Baotou Beifang Chuangye Co.Ltd
内蒙古霍林河露天煤业股份有限公司(露天煤业)	Inner Mongolia Huolinhe Opencut Coal Industry Co., Ltd

continued

每股收益(元) Profit Per Share(yuan)		每股净资产(元) Net Assets Per Share(yuan)		净资产收益率(%) Ratio of Net Assets' Per Profit(%)	
2006	2007	2006	2007	2006	2007
0.11	0.10	2.15	2.13	4.89	4.73
0.20	0.50	3.20	3.28	6.20	15.34
0.67	-0.04	5.06	6.32	13.20	-0.49
0.05	0.02	3.78	3.45	1.25	0.44
0.36	0.24	1.01	1.36	35.66	18.00
0.01	0.17	0.27	1.68	3.91	7.32
-0.17	0.03	5.55	5.50	-3.15	0.55
1.93	2.10	5.95	4.96	32.42	42.39
0.20	0.76	3.04	3.76	6.44	20.31
0.05	0.14	4.30	8.74	1.09	1.63
0.13	0.33	2.15	2.48	6.20	13.32
0.11	0.15	3.79	3.89	2.95	3.97
0.12	0.17	4.89	5.07	2.45	3.36
-0.77	0.20	3.48	23.94	-22.19	0.83
0.17	0.16	2.37	2.56	7.01	6.43
0.19	0.36	2.31	2.19	8.36	12.41
0.12	0.17	1.70	2.31	7.08	6.70
0.08	0.19	3.72	3.91	2.04	4.96
0.68	0.74	1.85	3.16	36.99	22.45

二十五 附录

APPENDIX

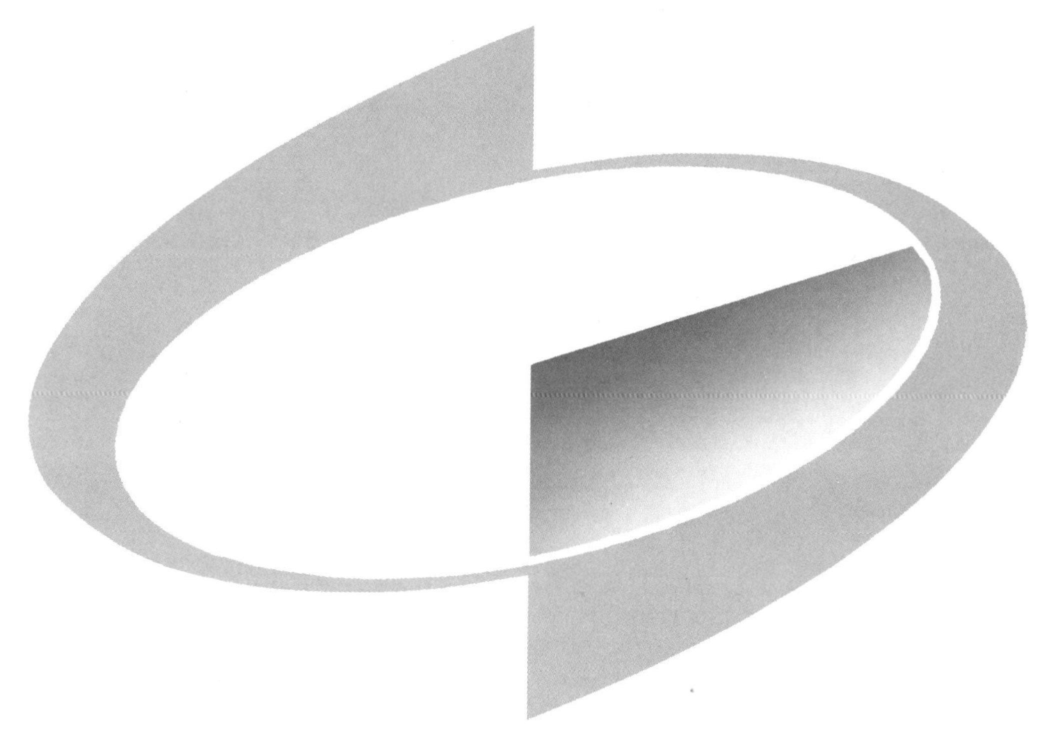

资料整理：张晶 杨力英

Arranged by Zhang Jing, Yang Liying

25-1 内蒙古自治区国民经济主要指标占全国的比重(2007年)

Inner Mongolia Main Indicators of National Economy as Percentage of Whole Nation(2007)

指标	Item	全国 Whole Nation	内蒙古 Inner Mongolia	内蒙古所占比重(%) Percentage (%)
土地面积(万平方公里)	Land Area(10 000 sq.km)	960.0	118.3	12.3
年末总人口数(万人)	Population at the Year-end(10 000 persons)	132129.0	2405.1	1.8
社会就业人员(万人)	Employment(10 000 persons)	76990.0	1081.5	1.4
生产总值(当年价)(亿元)	Gross Domestic Product(current pirces) (100 million yuan)	249529.9	6091.1	2.2
第一产业	Primary Industry	28095.0	762.1	2.6
第二产业	Secondray industry	121381.3	3154.6	2.3
# 工业	Industry	107367.2	2742.7	2.2
第三产业	Tertiary Industry	100053.5	2174.5	2.0
规模以上工业企业单位数(个)	Number of Industry above Designated Size (unit)	323793	3364	1.0
规模以上工业利润总额(亿元)	Total Profits of Industry	22950.7	642.0	2.8
能源生产总量(万吨标准煤)	Total Production of Energy(10000 tons of SCE)	237000.0	26557.6	11.2
能源消费总量(万吨标准煤)	Total Consumption of Energy(10000 tons of SCE)	265480.0	12681.8	5.0
农林牧渔业总产值(当年价)(亿元)	Gross Output Value of Farming, Forestry, Animal Husbandry & Fishery (current prices)(100 million yuan)	48893.0	1276.4	2.6
农业	Farming	24658.8	620.4	2.6
林业	Forestry	1861.6	63.7	3.4
牧业	Animal Husbandry	16125.2	559.7	3.5
渔业	Fishery	4457.5	11.0	0.2
工农业主要产品产量	Output of Major Farm & Industrial Products			
粗钢(万吨)	Steel(10 000 tons)	48966.0	1040.3	2.1
原煤(亿吨)	Coal(100 million tons)	25.36	3.54	14.0
发电量(亿千瓦小时)	Electricity(10 000 million Kwh)	32777.2	1931.9	5.9
汽车(万辆)	Motor Vehicles(10 000 vehicles)	888.7	2.1	0.2
粮食(万吨)	Grain(10 000 vehiches)	50148.3	1811.1	3.6
油料(万吨)	Oil-bearing Crops(10 000 tons)	2548.9	79.4	3.1
货物运输总量(亿吨)	Total Freight Traffic(100 milion tons)	227.44	10.3	4.5
客运总量(亿人次)	Total Passenger Traffic(100 million Person-times)	222.78	3.9	1.7
邮电业务总量(亿元)	Total Business Revenue of Postal & Telecommunication Services(100 million yuan)	19758.7	364.0	1.8
社会消费品零售总额(亿元)	Retail Sales of Consumer Goods (100 million yuan)	89210.0	1904.1	2.1
海关进出口总额(亿美元)	Total Imports and Exports(USD 100 million)	21738.3	77.4	0.4
全社会固定资产投资(亿元)	Total Investment in Fixed Assets (100 million yuan)	137239.0	4404.8	3.2
# 城镇	Urban	117413.9	4286.9	3.7
农村牧区	Rural	19825.1	117.9	0.6
房地产开发	Real Estate Development	25279.7	500.9	2.0
地方财政收入(亿元)	Local Financial Revenue(100 million yuan)	23565.0	835.5	3.5
年末城乡居民储蓄余额(亿元)	Year-end Saving Deposits of Urban & Rural Residents(100 million yuan)	176213.0	2541.9	1.4

25-2 西部地区国民经济和社会发展主要指标(2007年)

指标	Item	内蒙古 Inner Mongolia	广西 Guangxi	重庆 Chongqing
土地面积(万平方公里)	Land Area(10 000 sq.km)	118.3	23.7	8.2
年末总人口(万人)	Population at the Year-end(10 000 persons)	2405	4768	2816
人口自然增长率(‰)	Natural Growth Rate of Population(‰)	4.48	8.20	3.80
人口密度(人/平方公里)	Population Density (persons/sq.km)	20.3	201.2	343.4
在岗职工人数(万人)	Staff and Workers at Post(10 000 persons)	243.5	271.8	220.8
生产总值(亿元)	Gross Domestic Product(100 million yuan)	6091.1	5885.9	4111.8
第一产业	Primary Industry	762.1	1264.6	531.7
第二产业	Secondray industry	3154.6	2335.4	1832.2
#工业	Industry	2742.7	2001.2	1514.7
第三产业	Tertiary Industry	2174.5	2285.9	1748.0
人均生产总值(元)	Per Capita GDP(yuan)	25393	12408	14622
生产总值指数(上年=100)	Indices of Gross Domestic Product (preceding year=100)	119.1	114.9	115.6
第一产业	Primary Industry	103.9	105.9	109.5
第二产业	Secondray industry	125.8	120.5	120.3
#工业	Industry	128.1	121.8	122.1
第三产业	Tertiary Industry	115.7	114.2	112.8
全社会固定资产投资(亿元)	Total Investment in Fixed Assets (100 million yuan)	4404.75	2942.90	3130.42
#城镇	Urban	4286.9	2599.8	2937.5
农村牧区	Rural	117.9	343.2	192.9
房地产开发	Real Estate Development	500.9	536.7	849.9
全社会固定资产投资指数(上年=100)	Indices of Gross Total Investment in Fixed Assets(preceding year=100)	129.3	132.2	128.9
#城镇	Urban	129.6	131.7	129.7
农村牧区	Rural	119.6	136.7	118.3
房地产开发	Real Estate Development	154.1	145.1	135.0
地方财政一般预算收入(亿元)	Local Financial General Budgetary Revenue (100 million yuan)	492.36	418.83	442.23
地方财政一般预算支出(亿元)	Local Financial General Budgetary Expenditures (100 million yuan)	1083.57	973.72	766.87
金融机构人民币存款余额(亿元)	RMB Deposit Balance(100 million yuan)	4953.70	5749.94	6576.68
#储蓄存款余额	Saving Deposits of Urban and Rural Residents	2541.92	3185.28	3228.15
金融机构人民币贷款余额(亿元)	RMB Loan Balance(100 million yuan)	3767.74	4287.79	5131.69
粮食产量(万吨)	Grain(10 000 tons)	1811.10	1396.60	1088.00
油料产量(万吨)	Oil-bearing Crops(10 000 tons)	79.40	33.80	30.68
糖料产量(万吨)	Sugar(10 000 tons)	118.50	7037.50	11.26
肉类总产量(万吨)	Output of Meat(10 000 tons)	206.46	329.04	159.27
#猪肉	Pork	60.31	206.16	130.27
牛肉	Beef	40.61	11.65	4.18
羊肉	Mutton	80.83	2.67	1.60
奶类产量(万吨)	Milk(10 000 tons)	924.66	6.96	8.71
规模以上工业增加值(亿元)	Value Added of Industry(100 million yuan)	2534.1	1430.9	1234.1
规模以上工业增加值指数(上年=100)	Indices of Value Added of Industry (preceding year=100)	130.0	126.5	125.1
规模以上工业企业主营业务收入(亿元)	Revenue of Industry above Designated	5775.3	3747.0	3721.3
规模以上工业产品税金总额(亿元)	Total Tax above Designated Size	408.87	222.9	188.5
规模以上工业产品利润总额(亿元)	Total profit above Designated Size	642.0	240.8	195.4

注：本表数据来源于各地区2007年统计公报初步统计数。

Main Indicators of National Economic and Social Development of Western Region(2007)

四川 Sichuan	贵州 Guizhou	云南 Yunnan	西藏 Tibet	陕西 Shanxi	甘肃 Gansu	青海 Qinghai	宁夏 Ningxia	新疆 Xinjiang
48.5	17.6	39.4	122.8	20.6	45.4	72.1	5.2	166.0
8127	3762	4514	284	3748	2617	552	610	2095
2.92	6.68	6.86	11.30	4.05	6.49	8.80	9.76	11.78
167.6	213.8	114.6	2.3	181.9	57.6	7.7	117.3	12.6
520.4	207.5	280.7	17.8	330.9	190.5	43.1	56.3	239.4
10505.3	2710.3	4721.8	342.2	5369.9	2699.2	761.0	834.2	3494.4
2092.1	455.7	868.1	55.3	594.7	386.4	85.9	97.9	628.2
4595.5	1145.6	2040.4	96.6	2917.0	1282.2	396.7	420.3	1620.6
3868.6	1006.0	1701.8	25.7	2498.2	1066.7	324.1	348.7	1378.5
3817.7	1109.0	1813.2	190.3	1858.2	1030.6	278.5	316.0	1245.7
12893	6835	10496	12109	14350	10335	13836	13743	16860
114.2	113.7	112.3	114.0	114.4	112.1	112.5	112.4	112.2
104.4	104.8	106.1	104.3	106.7	104.0	104.9	106.5	107.0
119.1	113.9	115.1	115.9	117.0	116.8	114.8	115.8	113.4
121.3	115.2	117.0	117.1		116.5	117.3	116.2	115.0
113.0	117.3	112.1	116.2	113.1	110.0	111.7	110.0	113.3
5639.66	1485.56	2705.18	269.65	3414.78	1302.92	482.81	599.79	1845.1
5045.8	1286.1	2443.5	229.2	3168.6	1177.5	443.8	527.7	1652.4
593.8	199.4	261.7	40.5	246.2	125.5	39.0	72.1	192.7
1331.5	248.5	422.9	8.3	535.3	134.1	34.2	93.1	169.8
129.1	124.0	126.1	116.7	139.5	127.9	116.2	120.7	118.1
	122.1	122.1	114.8	140.6	127.2			117.0
	137.9	162.4	129.6	126.3	134.3		120.1	129.0
145.6	132.8	136.3	131.2	135.6	137.2	109.7	121.0	140.5
850.3	284.94	486.52	20.14	474.48	190.60	56.60	80.00	286.02
1760.9	787.59	1134.70	275.37	1050.71	675.10	281.97	241.49	795.49
13950.40	3826.40	7170.87		8501.39	3747.11		1278.52	4614.62
7507.17	1790.10	3046.40	160.13	4273.59	1915.24	444.97	613.96	2054.91
9200.90	3128.60	5671.66		5121.16	2403.63		1184.57	2685.00
3027.00	1100.86	1448.71	93.86	1067.91	824.00	106.18	323.52	867.04
204.26	69.66	22.06	5.23	39.15	42.36	28.02	7.75	26.90
102.21	67.01	1491.20		5.41	27.80	0.69	0.31	453.87
564.17	150.59	266.10	23.72	96.02	76.89	31.44	22.79	125.74
408.47	125.63	203.60	1.21	70.15	41.80	7.58	8.30	17.55
28.60	9.47	24.77	14.19	7.59	14.50	14.52	6.50	31.44
23.80	2.78	10.19	8.18	7.00	14.60	8.68	5.70	60.55
65.50	4.08	44.65	28.94	180.26	35.22	26.51	77.45	203.85
3580.7	843.7	1494.4	22.5	2190.0	956.7	324.1	325.3	1324.2
125.4	116.8	117.5	117.6	119.6	117.1	118.4	117.0	115.2
9185.6	2044.6	3812.4	32.8	4675.4	2837.4	715.5	911.5	3020.7
453.0	199.3	542.4	3.9	322.2	187.5	56.4	45.6	240.3
567.8	152.7	366.2	5.6	577.2	197.8	132.2	38.2	635.5

a)Data in the table are obtained from every regional statistical bulletin in Western Region, and are the preliminary statistics.

25-2 续表

指 标	Item	内蒙古 Inner Mongolia	广 西 Guangxi	重 庆 Chongqing
原煤产量(万吨)	Coal(10 000 tons)	35438.00	597.90	2711.65
发电量(亿千瓦时)	Electricity(100 million Kwh)	1931.95	631.80	351.96
粗钢(万吨)	Stee(10 000 tons)	1040.36	764.40	356.26
生铁(万吨)	Pig Iron(10 000 tons)	1260.1	635.3	327.1
成品钢材(万吨)	Steel Products(10 000 tons)	912.3	981.1	436.6
水泥(万吨)	Cement(10 000 tons)	2871.2	4239.4	2819.9
化肥(万吨)	Chemical Fertilizer(10 000 tons)	84.3	91.1	154.2
汽车(万辆)	Motor Vehicles(10 000 vehicles)	2.1	60.5	70.8
建筑业增加值(亿元)	Construction(100 million yuan)	411.9	334.2	317.5
建筑业增加值指数(上年=100)	(preceding year=100)	112.7	113.4	112.3
建筑业施工面积(万平方米)	Floor Space under Construction(10 000 sq.m)	4948.1	8169.5	13411.0
建筑业竣工面积(万平方米)	Floor Space Completed(10 000 sq.m)	2930.7	2814.1	5145.7
交通运输货运量(万吨)	Total Freight Troffic(10 000 tons)	102907	48860	50273
# 铁路	Railway	29605	7954	2358
公路	Highway	73300	34190	42011
交通运输客运量(万人次)	Passenger Traffic(10 000 persons-times)	38781	60793	76945
# 铁路	Railway	3489	2329	2263
公路	Highway	35039	57351	73316
邮电业务总量(亿元)	Business Volume of Postal and Telecommun -ication Services(100 million yuan)	364.00	479.47	365.81
社会消费品零售总额(亿元)	Retail Sales of Goods(100 Million yuan)	1904.1	1897.9	1661.2
对外贸易进出口总额(亿美元)	Total Imports and Exports(USD 100 million)	77.4	92.7	74.4
# 出口总额	Imports	29.5	51.1	45.1
实际外商直接投资额(亿美元)	Actually Foreign Direct Investment	21.49	6.84	10.85
国际旅游人数(万人次)	International Tourists(10 000 person-times)	149.5	205.5	76.2
国际旅游外汇收入(亿美元)	Foreign Exchange Earning from International Tourism(USD 100 million)	5.45	5.77	3.82
在校学生数(万人)	Student Enrolment(10 000 persons)			
普通高等学校	Colleges and Universities	28.40	43.44	41.37
普通中学	Secondary Schools	148.02	297.55	183.44
小学	Primary Schools	158.46	452.48	238.45
广播人口覆盖率(%)	Listener Rating(%)	92.98	90.00	
电视人口覆盖率(%)	Viewer Rating(%)	91.44	94.00	96.00
卫生机构个数(个)	Number of Health Care Institutions(unit)	7853	10775	2410
卫生机构床位数(万张)	Beds of Health Care Institutions(unit)	7.38	9.50	7.09
执业医师和助理医师数(万人)	Doctors(10 000 persons)	4.84	5.90	3.86
在岗职工平均工资(元)	Annual Average Wages of Staff and Wokrers at Post(yuan)	21884	21898	23098
城镇居民人均可支配收入(元)	Urban Households Per Capita Average Disposable Income(yuan)	12378	12200	12591
城镇居民人均消费性支出(元)	Urban Households Per Capita Expen -ditures for Consumptiom(yuan)	9281	8151	9890
农村居民人均纯收入(元)	Rural Huseholds Per Capita Average Net Income(yuan)	3953	3224	3509
农村居民人均生活消费支出(元)	Rural Households Per Capita Living Expen -ditures for Consumption(yuan)	2965	2748	2527

continued

四川 Sichuan	贵州 Guizhou	云南 Yunnan	西藏 Tibet	陕西 Shanxi	甘肃 Gansu	青海 Qinghai	宁夏 Ningxia	新疆 Xinjiang
7758.76	10864.18	3738.86		18313.26	3555.08	896.11	3729.90	3986.78
1182.55	1166.32	856.70	15.17	698.76	609.96	297.18	451.16	404.33
1411.90	349.36	883.85		396.27	602.80	114.71	0.36	445.83
1464.7	342.6	1179.9		365.6	592.8	90.1	42.5	387.1
1589.5	328.1	788.1		559.7	597.9	109.0	41.5	469.2
6214.2	1943.1	3380.0	159.7	3026.12	1492.7	436.9	808.4	1455.6
	321.8	317.6		112.3	99.50	237.3	86.4	138.1
7.2		4.7		17.1				0.23
	139.6	338.7	70.9		215.5	72.6	71.6	
	105.8	106.6	115.4		118.5	105.1	113.7	
22864.2	3773.6	5743.1	151.4	6945.6	3640.8	371.6	1335.3	3478.2
9633.3	1135.1	3061.1	96.4	2477.2	1286.0	134.2	579.4	1704.0
81426	26787	71512	372	49175	30528	8050	10540	32669
8621	7288	5713	12	9321	5150	1772	3957	5829
69163	18834	65537	360	39736	25325	6278	6583	26840
207174	74440	45668	549	48772	20483	5607	8134	27648
6190	2979	2156	89	4848	1727	393	382	1300
196871	70377	42913	460	43555	18510	5214	7752	26348
747.00	282.59	468.56	30.93	511.20	219.71	53.74		303.65
4015.6	821.8	1394.5	112.0	1800.9	833.3	208.3	233.3	847.7
143.8	22.7	87.8	3.9	68.9	55.0	6.1	15.8	137.2
86.1	14.7	47.4	3.3	46.7	16.6	3.9	10.9	115.0
20.11	1.27	3.00	0.24	11.95	1.18	3.10	1.70	1.25
170.9	43.0	221.9	36.5	123.1	33.1	5.0	0.9	43.8
5.12	1.29	8.60	1.35	6.12	0.70	0.16	0.03	1.62
91.80	24.17	31.11	2.68	77.56	29.60	3.77	6.24	21.64
505.50	258.83	251.76	18.02	300.09	203.66	32.69	41.91	152.91
696.50	466.31	453.32	32.06	305.53	284.63	53.12	70.07	205.89
95.90	84.12	92.65	85.80	94.42	91.23	88.00	91.42	93.50
97.10	91.06	94.02	86.90	95.92	91.50	93.50	96.67	93.50
24318	6200	9693	1343	4751	12135	5827	1530	
21.00	6.71	11.90	0.75	11.78	6.59	1.55	1.89	
12.10			0.43	5.78	3.45	0.90	1.12	
21312	20668	20481	46098	21296	20987	26166	26210	21434
11098	10678	11496	11131	10763	10012	10276	10859	10313
8692	7759	7922	7532	8427	7876	7512	7817	7874
3547	2374	2634	2788	2645	2329	2684	3181	3183
2747	1914	2637	2218	2560	2017	2447	2529	2351

西部概况

中国西部地区包括内蒙古、广西、重庆、四川、云南、贵州、西藏、陕西、甘肃、宁夏、青海和新疆等 12 个省、市、自治区。其土地面积 687.1 万平方公里，占全国陆地面积的 71.6%；2007 年末人口总数 3.63 亿人，占全国总人数的 27.5%；全年实现国内生产总值 47527 亿元，占全国的 17.4%。

西部地区拥有辽阔的疆域，丰富的自然资源和人力资源，具有极大的开发潜力，是我国国民经济长期持续发展的重要后备基地。

西部地区是我国的四条主要河流，即长江、黄河、珠江、雅鲁藏布江的发源地和主要流域所在地，水能蕴藏量达 5.57 亿千瓦，占全国水能蕴藏量的 82.5%，目前已开发利用的尚不足 1%，开发潜力十分可观，全国规划中的十大水电基地有 7 个分布在西部。西部地区的地质条件复杂，矿产资源极为丰富。在全国已探明的 140 多种矿产资源中，西部地区有 120 多种，其中煤炭储量占全国的 39.4%，石油储量占 27.8%，天然气储量占 87.5%，一些稀有金属的储量名列全国乃至世界前茅。如内蒙古稀土储量居世界之首，煤炭储量居全国第一，特别是新探明的内蒙古鄂尔多斯盆地苏里格天然气田，是迄今我国发现的几个为数不多的世界级陆上特大整装气田。

西部是我国目前自然风貌保持最完好的地区，旅游资源得天独厚。气势恢宏的秦兵马俑，享誉世界的敦煌莫高窟，人间仙境九寨沟、黄龙寺，驰名中外的长江三峡，独具魅力的内蒙古草原文化旅游。可以预见，在不久的将来，旅游产业将作为西部地区的支柱产业而焕发出勃勃生机。

西部地区地广人稀，经济发展相对缓慢，剩余劳动力较多，每年都有大量劳动力向外转移，劳动力供给丰富，成本低廉，具有人力资源方面的独特优势。

西部地区边境线漫长，与周边国家交流频繁，是中国向西、向北和向南亚国家开放的门户地区，具有特殊的区位优势。西部地区有 20 多个少数民族与邻国属同一民族，各民族族缘关系悠久，语言文字相通，习俗相近，很多民族有着共同的宗教信仰，与周边各国有着传统的经济文化联系，在资源结构和经济技术结构方面与周边国家存在很强的互补性。西部地区在历史上曾出现过“丝绸之路”时期的开放繁荣，随着国家对外开放由东向西推进，西部将发展成为我国对外开放的“前沿”地区。

新中国成立 50 多年来，中国西部地区经济社会有了较大的发展，积累了较强的经济技术基础。“三线”建设时期，由于国家的重点投入，西部各省、市、自治区建立起了 2000 多个大中型企业，形成了一批专业化程度高，幅射能力强的行业，培养了一批专业技术人才，积累了较强的技术力量，不少领域的技术水平领先于全国甚至全世界，从而确立了西部地区在全国工业布局中的重要地位。此外，西部各省、市、自治区还依托本地资源优势，大力发展特色工业，使西部地区在电力、有色金属采选、航空航天、冶炼及压延加工业，通讯设备制造、煤炭、烟草加工等行业形成优势。

西部地区在中国历史上有过耀眼的辉煌。如今，西部又面临着前所未有的机遇。随着西部大开发进军号角的奏响，西部地区各项事业的发展必将进入一个崭新的阶段。

General Introduction of Western Region

The western region embraces six provinces of Shanxi, Gansu, Qinghai, Sichuan, Yunnan and Guizhou, five autonomous regions of Inner Mongolia, Guangxi, Ningxia, Xinjiang and Tibet, and Chongqing Municipality that is directly under the administration of the Central Government. The region, covering 6. 87 million square km, takes up 71. 6 percent of the country's total land areas. In 2007, there are 0. 36 billion persons living in the region, which is home to 27. 5 percent of the nation's total population. In 2007 GDP of the western region was4752.7 billion yuan, contributing 17.4 percent of the national GDP.

The region enjoys vast territory, rich natural resources and plentiful labor power. With tremendous developing potential, the region is the key reserve base for sustainable development of national economy.

As the source and main valley of four major rivers in China: Yangtze, Yellow, Pearl and Yarlung Zangbo Rivers, hydropower capacity of the western region amounts 0. 56 billion kw, accounting for 82. 5 percent of national total. However, developed and utilized hydropower is less than 1 percent. 7 of 10 hydropower bases in plan are located in the region for substantial developing potential. Physical features are very complicated, abundant mineral resources are contained in the region. Among 140 sorts of surveyed mineral resources, more than 120 sorts of mineral resources have been found in the western region. Of this total, coal is as much as 39. 4 percent of national total; petroleum, 27. 8 percent; and natural gas, 87. 5 percent. Capacities of some rare metals are top in China, even in the world. Such as in Inner Mongolia, the reserve of rare-earth is the first in the world, the coal reserves is the second in China. Recently discovered natural gas field in Sulige Erdos of Inner Mongolia is a few world level super scale whole field of natural gas in China. Natural appearances of the region are preserved best in China at present, so that it is rich in tourism resources. It is famous for grand Majesty Terra-cotta Army. World-famous Macao Grottoes, wonderland Jiuzhai-Huanglong, well-known the Three Gorges, and Mongolian grassland cultural tourism. It can be foreseen that tourism will be the pillar industry of the western region and is to be vigorous in the future. With vast territory and low population density, the region's economic development is relatively slow. There are many spare labor forces, and most of them transfer to outside every year. It has the unique advantage on labor power for rich supply and low cost.

The region has long boundary. Exchanges with neighboring countries are frequent. As the door opening to west, to north and to South Asia, the western region enjoys special territorial advantage. More than 20 minority nationalities in the western region are part of the same tribe as the citizen of neighboring countries.

With long history of relationship, they share the same language and character, and close custom. Most of minority nationalities believe the same religion, and traditional economic and cultural relations with neighboring countries are kept well for a long time. So complementarities with neighboring countries in the structures of resources, economy and technology are available. The western region was booming in the period of the silk Road. While the opening police is carried out from east to west, the western region is bound to be another foreland area opening to outside.

Since the foundation of PRC, the social and economic development of the region has advanced greatly, and laid tough basis of economy and technology. During the Period of constructing remote regions away from the coastal areas, with the emphasized input by the state, more than 2000 large and medium sized enterprises had been set up in every province (municipality, autonomous region) . A batch of industries of high specialty and strong influence has been formed. Lots of competent persons of specialized techniques have been brought up. Technical level in some fields is at the top of the state even of the world. The western region is regarded as the important role in the national industrial distribution. Besides, in support of rich resources, provinces (municipalities, autonomous regions) of the region made great efforts to develop characteristic industry, forming advanced industries of electricity, nonferrous metals mining and dressing, aviation and aerospace technology, smelting and pressing, communication facility manufacturing, coal and tobacco processing.

The western region once was brilliant in history. Today the region faces unprecedented opportunity. While westward bound is brought into effect, development of all causes in the region will enter a new phase.

中国统计出版社最新资料书简目

(仅供参考,以最后出书为准)

中国统计年鉴-2008
中国统计摘要-2008
国际统计年鉴-2008
2008中国发展报告
中国区域经济统计年鉴-2008
长江和珠江三角洲及港澳特别行政区统计年鉴-2008
中国社会统计年鉴-2008
中国第三产业统计年鉴-2008
中国城市统计年鉴-2007
中国劳动统计年鉴-2008
中国人口和就业统计年鉴-2008
中国工业经济统计年鉴-2008
中国建筑业统计年鉴-2008
中国房地产统计年鉴-2008
中国城市（镇）生活与价格年鉴-2008
中国商品交易市场统计年鉴-2008
中国零售和餐饮业连锁经营统计年鉴-2008
中国能源统计年鉴-2008
全国农产品成本收益资料汇编-2008
中国贸易外经统计年鉴-2008
中国基本单位统计年鉴-2008
中国民政统计年鉴-2008
中国农村统计年鉴-2008
中国农村住户调查年鉴-2008（中文）
中国农村住户调查年鉴-2008（英文）
中国县（市）社会经济调查年鉴-2008
中国农产品价格调查年鉴-2008
中国经济普查年鉴-2004
中国白强县（市）发展年鉴-2008
中国教育经费统计年鉴-2007
中国农村全面建设小康监测报告-2008
中国农村贫困监测报告-2008
中国生产总值核算历史资料(1952-2004)
中国季度生产总值核算历史资料(1992-2005)
中国高技术产业统计年鉴-2008
中国科学技术协会统计年鉴-2008
工业企业科技活动资料-2008
中国棉花年鉴-2006/2007
2004年经济普查年鉴系列
2005年中国1%人口抽样调查系列资料
第二次全国残疾人抽样调查资料系列
北京统计年鉴-2008
天津统计年鉴-2008
河北经济年鉴-2008
山西统计年鉴-2008
内蒙古统计年鉴-2008
辽宁统计年鉴-2008
吉林统计年鉴-2008

黑龙江统计年鉴-2008
上海统计年鉴-2008
江苏统计年鉴-2008
浙江统计年鉴-2008
安徽统计年鉴-2008
福建统计年鉴-2008
江西统计年鉴-2008
山东统计年鉴-2008
河南统计年鉴-2008
湖北统计年鉴-2008
湖南统计年鉴-2008
广东统计年鉴-2008
广西统计年鉴-2008
海南统计年鉴-2008
重庆统计年鉴-2008
四川统计年鉴-2008
贵州统计年鉴-2008
云南统计年鉴-2008
西藏统计年鉴-2008
陕西统计年鉴-2008
甘肃年鉴-2008
青海统计年鉴-2008
宁夏统计年鉴-2008
新疆统计年鉴-2008
新疆生产建设兵团统计年鉴-2008
石家庄统计年鉴-2008
唐山统计年鉴-2008
邯郸统计年鉴-2008
呼和浩特经济统计年鉴-2008
包头统计年鉴-2008
沈阳年鉴-2008
大连统计年鉴-2008
长春统计年鉴-2008
吉林市社会经济统计年鉴-2008
四平统计年鉴-2008
延吉统计年鉴-2008
哈尔滨统计年鉴-2008
齐齐哈尔经济统计年鉴-2008
黑龙江垦区统计年鉴-2008
上海浦东新区统计年鉴-2008
苏州统计年鉴-2008
无锡统计年鉴-2008
常州统计年鉴-2008
徐州统计年鉴-2008
南通统计年鉴-2008
盐城统计年鉴-2008
镇江统计年鉴-2008
江阴统计年鉴-2008
丹阳统计年鉴-2008

杭州统计年鉴-2008
宁波统计年鉴-2008
绍兴统计年鉴-2008
台州统计年鉴-2008
舟山统计年鉴-2008
温州统计年鉴-2008
金华统计年鉴-2008
嘉兴统计年鉴-2008
湖州统计年鉴-2008
衢州统计年鉴-2008
安庆统计年鉴-2008
福州统计年鉴-2008
福州经济技术开发区年鉴-2008
厦门经济特区年鉴-2008
南昌统计年鉴-2008
上饶经济社会统计年鉴-2008
九江统计年鉴-2008
济南统计年鉴-2008
青岛统计年鉴-2008
潍坊统计年鉴-2008
东营统计年鉴-2008
郑州统计年鉴-2008
洛阳统计年鉴-2008
三门峡统计年鉴-2008
南阳统计年鉴-2008
武汉统计年鉴-2008
宜昌统计年鉴-2008
十堰统计年鉴-2008
荆州统计年鉴-2008
黄冈统计年鉴-2008
长沙统计年鉴-2008
广州统计年鉴-2008
东莞统计年鉴-2008
惠州统计年鉴-2008
深圳统计年鉴-2008
桂林经济社会统计年鉴-2008
南宁统计年鉴-2008
柳州经济统计年鉴-2008
来宾市统计年鉴-2008
河池统计年鉴-2008
海口统计年鉴-2008
成都统计年鉴-2008
贵阳统计年鉴-2008
昆明统计年鉴-2008
西安统计年鉴-2008
庆阳年鉴-2008
银川统计年鉴-2008
乌鲁木齐统计年鉴-2008
吐鲁番统计年鉴-2008

土默特中学

呼和浩特市市委书记韩志然来学校

夕阳下的土中

土中教学楼

校园俯视

国旗在土中上空飘扬

内蒙古自治区团委

自治区团委书记胡达古拉参加"青春展风采"系列活动

共青团内蒙古自治区第十二次代表大会

第二届"思想草原"文化之旅系列大型公益讲座

2007 年，全区各级团组织坚持以邓小平理论和"三个代表"重要思想为指导，认真贯彻落实科学发展观，按照自治区党委和团中央的工作部署，紧密结合我区实际，团结带领广大团员青年为落实自治区第八次党代会提出的各项任务作出了新的贡献。

一是组织青年建功立业。积极推进农村牧区青年增收成才行动，举办培训班 150 余次，培训青年农牧民 6 万人次，33 名青年农牧民荣获全国农村青年创业致富带头人称号，促成 5 万农村牧区青年富余劳动力向二、三产业和城镇转移就业、自主创业，为进城务工青年提供岗位 6000 多个。

二是引导青年明德砺志。扎实推进学习宣传贯彻十七大精神活动，有效地把广大团员青年的思想统一到了党的十七大精神上来，把力量凝聚到了实现党的十七大提出的各项任务上来。

三是服务青年成长成才。组织了关爱进城务工人员子女、服刑（劳教）人员未成年人子女、失足青少年和预防青少年违法犯罪专项行动，广泛开展"真情助困进万家"活动，切实关心帮助困难青少年群体。

四是维护青少年合法权益。进一步加强《未成年人保护法》、《预防未成年人犯罪法》的宣传贯彻力度，开展了"百城千校律师普法进校园"、"双六十"优秀青少年维权岗和优秀青少年维权律师事务所创建等活动。

五是不断加强共青团的自身建设。在农村牧区，推广"基层团委＋青年中心"的模式，已建成城乡青年中心 495 个。召开了全区"两新"组织团建工作会议并与自治区党委组织部联合下发了《关于加强新经济组织和新社会组织团建工作的意见（试行）》，"两新"组织团建工作进入新阶段。

成功举办内蒙古青联委员、青年企业家"东部行——走进呼伦贝尔"活动

六十对新人参加"奉献草原，情定终生"集体婚礼

团中央、青联志愿者艺术团来我区进行慰问演出

内蒙古广播电视大学

校长　韩　竞

校园一角

开放教育学员网上学习
(远和教育)

内蒙古广播电视大学于1979年经内蒙古自治区人民政府批准成立的一所自治区直属高等学校。

30年来，内蒙古电大经过艰苦创业和不懈奋斗，已成为一所利用广播电视、卫星通信、计算机网络等现代信息传输手段和先进教育技术，采用文字、音像、计算机网络课件等多种教学媒体资源进行现代远程教育的新型开放大学，是中国广播电视大学系统和自治区高等教育的重要组成部分。2007年1月29日经内蒙古自治区教育厅批准，内蒙古现代远程开放教育中心在内蒙古广播电视大学成立。

学校实行"统筹规划，分级办学，分级管理"的办学体制。经过近30年的建设与发展，已经形成了以内蒙古电大校部为中心，基本覆盖全区城乡的现代远程开放教育系统，特别是2000年实施"中央广播电视大学人才培养模式改革和开放教育试点"项目以来，电大进入高速发展时期。

为适应远程开放教育发展的需要，学校逐年加大投入力度，促进现代教育基础设施的建设，改善办学条件，建成了覆盖全校的千兆光纤校园网，实现了校园网与百兆公网和百兆教育科研网的互联，并备有10兆带宽的无线公网备份系统。目前，学校建有与中央电大和全区电大各分校互联的双向视频会议系统以及VOD视频点播系统、校内闭路电视播出系统、KU波段数字卫星接收系统和远程教学平台、远程办公平台、教务管理系统、数字图书馆、多媒体投影教室、多功能视听教室、电子阅览室、网络计算机室、语音教室、视听阅览室等软硬件设施。

学校紧密结合自治区经济建设和社会发展的实际，坚持面向地方、面向基层、面向农村、牧区和面向民族地区的办学方向，按需办学，形成了多种层次、多种规格、多种功能、多种形式的办学格局。目前，全区电大系统共设立盟市级、旗县级教学点109个；全区电大系统现有专职教师3719人；累计开设理工、文经、政法、师范、农医等学科135个专业，累计招生18万余人；已为自治区培养各类应用型合格人才约13万人；开展非学历继续教育岗位培训约17万人次。

内蒙古电大全面贯彻党的教育方针，全面落实科学发展观，以构建学习型社会、办好自治区人民满意的现代远程开放教育为宗旨，严格执行中央电大的有关部门规定，实行"五统一"的教学管理制度。建立了以加强教学支持服务、强化教学过程化管理和严格考试制度为主要内容的教学质量保证体系和监控体系。2005年10月，顺利通过了教育部专家组对学校开展"人才培养模式改革和开放教育试点"项目的总结性评估。

内蒙古电大的现代远程教育设施建设和覆盖全区的网络系统以及富有特色的教学支持服务体系在自治区独树一帜，作为自治区现代远程高等教育的主力军，以其独有的办学形式在自治区高等教育大众化进程中发挥着重要作用。

通辽市人民政府

通辽市市长　傅铁钢

通辽市位于内蒙古自治区东部，地处北纬 42° 15′ –45° 41′ 、东经 119° 15′ –123° 43′ 之间，总面积 59535 平方公里，南北长约 418 公里，东西宽约 370 公里。东靠吉林省、西接赤峰市、南依辽宁省、西北和北边分别与锡盟、兴安盟为邻，属东北和华北地区的交汇处。

通辽市的前身为哲里木盟，始建于清朝崇德元年（1636 年）。1999 年 10 月，撤销哲里木盟和县级通辽市，成立地级通辽市，辖科尔沁区、霍林郭勒市、科左中旗、科左后旗、开鲁县、库伦旗、奈曼旗、扎鲁特旗。市政府所在地科尔沁区是全市政治、经济、文化的中心。

通辽市境内居住着蒙、汉、满、回、朝鲜 、达翰尔等 32 个民族。总人口 310.92 万人，其中蒙古族人口 140.45 万人，是全国蒙古族人口最集中的地区。

通辽市地处松辽平原西端，科尔沁草原腹地，属于蒙古高原递降到低山丘陵和倾斜冲击平原地带。北部山区属大兴安岭余脉，面积 19349 平方公里，占全市总面积的 32.5%，海拔高度 1000——1400 米。中部属西辽河、新开河、教来河冲击平原，面积 12502 平方公里，占全市总面积的 21.0%，平原区由西向东逐渐倾斜，海拔由 320 米降到 90 米。南部和西部属于辽西山区的边缘地带，由浅山、丘陵、沟壑、沙沼构成，面积 27684 平方公里，占 46.5%，海拔 400–600 米。全市境内较大的山有罕山、阿其玛山、老道山和青龙山。

通辽市属温带大陆性气候。春季干旱多风，夏季短促温热，降水集中；秋季凉爽；冬季干冷。大部分地区无霜期为 90 至 150 天。年降雨量 350 – 450 毫米。风能丰富，风能有效时数（3 – 20 米 / 秒）为 5000 至 6000 小时。年有效风功率密度为 100 至 150 瓦 / 平方米。

通辽市有大小河流 43 条，主要有西辽河、新开河、西拉木伦河、教来河、老哈河等。大型水库 5 座、中型水库 10 座、小型水库 10 座、塘坝 80 座。总库容达 99178 万立方米，可养鱼水面 38 万亩，现有鱼类 39 种。

通辽市森林面积 125 万公倾，林木总蓄积量 1745 万立方米。林木树种有 46 科、80 属、220 种。通辽市野生动物繁多，有国家一级保护动物丹顶鹤、白鹳、鸨、梅花鹿、紫貂 5 种；国家二级保护动物灰鹤、蓑羽鹤、鸳鸯、天鹅、猞猁、马鹿、黄羊等近 30 种。国家级自然保护区大清沟还有环颈雉、斑翘山鹑、野兔、狐狸、斑鸠。一般经济动物，遍布全市各地。鸟类有 18 目，49 科，212 种。野生植物麻黄、甘草、山杏、沙棘等资源品种独特，质地优良。

通辽市矿产资源丰富，初步探明的矿藏41种，矿床和矿点190多处。全市煤炭保有量121亿吨；石油远景储量为8亿吨左右；铁、锌、钨、铜等金属矿藏10多处，矿点30多个，为世人瞩目的"801"矿富含铌、钽、铍、锆等稀有金属和重稀土，总储量680万吨；天然硅砂的储量居全国之首，被称为"冶炼之宝"的石墨储量也很可观，功能神奇的中华麦饭石蜚声海内外。

街心一景

通辽市历史悠久，文化灿烂。这里不仅是蒙古族的文化发祥地，也是中华民族璀璨的红山文化和富河文化的发祥地之一。清初的孝端文皇后、孝庄文皇后、清代名将僧格林沁、民族英雄嘎达梅林皆生于此，革命烈士麦新、吕明仁、徐永清等也都牺牲在这里。目前尚存的名胜古迹有奈曼旗和库伦旗的燕国北长城，扎鲁特旗金代界壕，开鲁县元代佛塔，奈曼旗清代王爷府，库伦旗清代的兴源寺、福源寺。著名的旅游景点有：国家自然保护区大青沟、亚洲最大的沙漠水库和世界最长的人工沙坝莫力庙水库、具有草原民族特色的珠日河旅游区。

蒙药集团

通辽市是东北地区的交通要塞。境内有6条铁路交汇、4条国道贯穿。通辽站是全国40个铁路重点枢纽站之一。民航机场可起降737等大中型客机。

通辽市素有"内蒙古粮仓"之称，土地肥沃，是国家重要的商品粮基地。盛产玉米、荞麦、小麦、水稻、大豆等，2007年全市粮食总产量达435万吨。通辽市是国家畜牧业生产基地，被誉为"黄牛之乡"。2007年末家畜饲养量达1029万头只。近年来，在坚持科学发展、和谐发展的基础上，大力推进产业延伸、产业升级和产业多元，实现了由农牧业资源大市向绿色工业城市的转变，走出了一条在自治区农牧业资源富集地区推进工业化的新路子。工业经济跃居自治区东部盟市之首。

"十五"期末全市完成生产总值326.4亿元，实现了在2000年基础上翻一番，在经济总量上再造一个通辽的目标。按可比价格计算，"十五"时期，全市生产总值年平均增长17.6%，比年平均增长14.9%的目标高出2.7个百分点。2007年全市生产总值达到586.14亿元，其中第二产业比重为46%。整体上已从"九五"时期的中低收入地区进入中等收入地区。在东北三省36个地级以上城市中，通辽市生产总值由2006年的第14位上升到2007年的第9位。

幸福家园

内蒙古气象局

自治区接待办副主任
贾志奇为自治区气象台送铜匾

2007年，在中国气象局和自治区各级党委政府的亲切关怀和领导下，全区广大气象干部职工认真贯彻落实科学发展观，同心同德、扎实工作，圆满完成了各项工作任务。

气象灾害防御机制逐步建立 气象灾害监测预警、信息发布、防灾抗灾科普及气象灾害评估组成的气象灾害防御体系初步形成。《内蒙古自治区气象灾害防御条例》7月1日正式实施，自治区政府办公厅下发了《关于进一步加强气象灾害防御工作的实施意见》。全年发布预警信号48次，发布预警信息72次，受众628万人次，最大程度地减少了气象灾害造成的经济损失。

自治区党委书记储波(右二)、政府主席杨晶(右一)会见中国气象局局长郑国光(左二)

公共气象服务效益显著 自治区成立60周年庆典和中国首届民族商品交易会的气象保障服务成绩突出，区局受到大庆组委会和民交会组委会表彰，5个盟(市)气象局受到当地组委会表彰。深化与森警、林业部门的合作机制，在大兴安岭9.19等林火扑救中发挥重要作用。8架增雨飞机累计飞行作业127架次352小时，226部增雨火箭发射火箭弹6536枚，738门防雹高炮发射炮弹30201发，在抗旱、水库蓄水、生态恢复、防扑火等工作中发挥重要作用。优质气象服务得到各级领导和社会各界好评，自治区党委储波书记专门批示给予肯定。

自治区成立60周年服务表彰会

现代化建设稳步发展 全区共建有119个气象台站，其中8个台站开展了沙尘暴观测，8个台站开展了气象辐射观测，8个台站开展了酸雨特种观测，4个台站进行牧业气象试验、4个台站进行大气成分监测、1个台站承担农业气象试验、1个台站承担蔬菜气象试验，建成了5部新一代天气雷达和6部数字化天气雷达，新建了480个区域气象观测站。

自治区气象局加强执政能力建设，获得“全区民族团结进步先进集体”和“党建工作先进厅局”称号。

通辽市新一代天气雷达大楼

内蒙古自治区推进农牧业产业化办公室

2007年，全区农牧业产业化经营继续保持平稳较快增长，呈现出规模扩大、效益提升、贡献增大的良好态势。全区销售收入百万元以上农畜产品加工企业达到2033家，同比增加213家；实现销售收入1517.1亿元，同比增长30.8%；完成增加值482亿元，同比增长28.2%；实现利润总额118.3亿元，同比增长30.7%；实际上交税金53.3亿元，同比增长24.9%；收购农畜产品资金达到517.8亿元，同比增长50.3%。农畜产品加工业继续保持全区工业第三大主导产业的强势地位。全区投资规模1000万元以上产业化在建项目达到613个，投资规模554.8亿元，年内完成投资180.1亿元。全区共有180万农牧户参与到产业化经营的链条中来，农牧民通过产业化渠道人均实现的纯收入达2164元，同比增长50.4%，产业化对农牧民增收的贡献进一步增大。

一年来，在自治区党委、政府领导下，在农牧业厅党组的直接指导下，自治区产业化办公室以科学发展观为指导，认真履行职能职责，采取有力措施，推动全区农牧业产业化工作稳步发展。成功召开了全区发展现代农牧业、推进新农村新牧区建设工作会议，进一步加大了对龙头企业和基地建设的扶持力度，加强了产业状况调研和发展趋势分析预测工作，加大了项目建设和招商引资工作力度，强化了产业化信息宣传工作，加强了与兄弟省、市、自治区的工作交流，承办了全国农产品加工技术创新工作会议等一系列全国性专业会议，为促进我区农牧业产业化发展发挥了重要作用。

自治区推进农牧业产业化办公室周文毅主任在中国(江苏)优秀农业龙头企业名优产品展销暨投资贸易洽谈会上了解我区企业展销情况(左一)

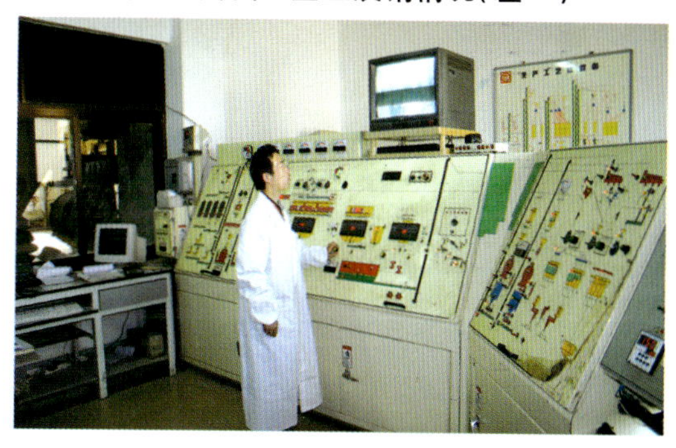

内蒙古大公食品有限责任公司面粉车间主控室

科尔沁牛业加工车间

内蒙古伊利实业股份有限公司加工车间

内蒙古中基番茄制品公司番茄加工车间

内蒙古自治区劳动和社会保障厅

内蒙古自治区劳动和社会保障厅是综合管理全区就业再就业、社会等社会保障体系的贯彻、落实、执行、监督检查的重要职能部门。多年来劳动和社会保障厅认真贯彻中央和自治区党委、政府关于劳动和社会保障的方针政策，围绕构建和谐社会这条主线，坚持以人为本。突出抓好就业再就业、社会保障和劳动关系协调三项重要工作。着重解决群众最关心、最直接、最现实的利益问题。积极推进劳动保障制度和机制建设步伐，取得了明显成效。

一、全区就业再就业工作形势总体保持稳定

近几年来，全区累计新增就业 102 万人，累计帮助 74 万人下岗失业人员重新实现了就业。2007 年全区城镇就业 25.1 万人。2005 年以来在全区组织开展的“零就业家庭”就业援助行动中，累计帮助 3.3 万户“零就业家庭”4 万人实现就业，实现了确保“零就业家庭”成员至少有一人实现就业的承诺。

二、我区社会保障体系建设已进入“快车道”这一时期是群众受益最多、基金增长最快、待遇水平提高幅度最大的时期。社会保险覆盖面也不断扩大。基金征缴水平也大幅提高。2007 年全区社会保险费征缴收入为 141.19 亿元，全区社会保险基金累计结余突破 150 亿元。进一步完善了多层次的城镇职工医疗保险体系；加大了工伤保险工作力度，进一步完善了社保基金监管制度，保证了社保基金的安全运行。

三、劳动关系协调机制逐步完善，劳动者合法权益得到有效维护，首先下大力度解决国有企业拖欠工资问题，全区国有企业累计拖欠的 3.4 亿元工资基本清理完毕，企业工资分配宏观调控得到加强；同时不断加大劳动保障监察执法力度，大力实施“劳动合同制度三年行动计划”，2007 年全区各类企业劳动合同签定率为 90.9%。

四、农牧民工工作取得重大进展，农牧民工的就业培训和权益保障得到加强。2007 年全区农村劳动力转移就业达到 219.9 万人；全区农牧民工参加医疗保险工伤人数分别达到 15.3 万人和 24.6 万人。通过继续开展“清理拖欠农牧民工工资专项行动”，通过了受理拖欠工资案件的“绿色通道”，2003 年以来拖欠农民工工资的举报案件逐步下降，全区累积偿付被拖欠的农民工工资 9.1 亿元。

五、劳动保障政策法规体系初步形成，基础建设进一步加强。自治区先后颁布实施了相关地方性法规，出台了一系列政策，有利推进了劳动保障工作制度改革和长效机制的建立。进一步加强劳动保障平台建设和社保经办机构基础管理。全区共建立乡镇、街道、社区劳动保障新站 2722 个，在提供就业服务，扶持困难群体、开发就业岗位以及社会保障等方面发挥了重要的基础性作用。同时在社保工程建设中取得阶段性成果，11 个盟市开展了数据中心生产区建设，6 个盟市进行了交换区建设，9 个盟市进行了“五险合一”的管理信息系统建设，其中 3 个盟市被确为全国首批“金保工程建设示范单位”并受到劳动保障部的表彰。

内蒙古自治区福利彩票发行中心

自治区福彩中心主任　杨文勇

领导班子合影

送去慰问金

自治区福彩中心党总支书记傅江、
副主任李玉生慰问内蒙古荣誉军人康复医院

清水河县

209 国道通车仪式

清水河县 220KV 变电站

老牛湾全景

生态建设

清水河县位于内蒙古自治区首府呼和浩特市南部，东南以古长城为界与山西省平鲁区、偏关县接壤，西与准格尔旗隔黄河相望，北与和林格尔、托克托县毗邻。全县总面积达 2859 平方公里，辖 3 乡 3 镇，102 个行政村 6 个居委会，2007 年年末总人口 14.2 万人，其中农业人口 11.9 万人。

县境内已探明矿产种类 33 种。且具有储量大、品位高、易开采等特点。已发现开采的有煤、耐火粘土、高岭土、铝土、紫砂泥、石灰岩、白云岩、花岗岩，其中高岭土被宜兴陶研所誉为“全国之冠”，具有广阔的开发前景；地上资源丰富，全县林木保存面积 132.5 万亩，森林覆盖率达到 31.7%，林果种植面积 20 万亩。农副产品小香米、海红果、紫皮蒜、大葱以其独特的风味闻名区内外。县境内旅游资源众多。该县依托资源优势，不断发展壮大县域经济.

2007 年，国民经济和社会各项事业取得了显著成绩。实现了年初县委、县政府提出的全县国民经济和社会发展的主要预期目标，推进了全县经济的全面协调可持续发展。

国民经济持续发展，综合实力不断增强。2007 年全县地区生产总值完成 22.1 亿元，较上年增长 38.1%，其中第一产业增加值完成 4.78 亿元，较上年增长 14.4%。第二产业增加值完成 8.41 亿元，同比增长 80.1%。第三产业增加值完成 8.92 亿元，较上年增长 24.6%。财政总收入实现 1.89 亿元，其中地方财政收入预计达到 8863 万元。经济运行质量明显好转，逐步迈入又好又快的发展轨道。

内蒙古红旗化工有限责任公司

呼和浩特富泰热力股份有限公司

呼和浩特富泰热力股份有限公司办公大楼

呼和浩特富泰热力股份有限公司是一家国有控股的具有公用服务性质的股份制企业。以供热生产服务为主，兼营热力设计、供热管道安装、建筑施工及生产保温材料，经过多年发展已成为热电联产集中供热和区域锅炉房供热两种方式并举，集生产、经营、工程设计、开发建设为一体的综合性企业。

富泰热力公司的前身是呼和浩特市热力公司，筹建于1983年，1987年初步建成并投入运行，1997年进行了股份制改造，创建了呼和浩特富泰热力股份有限公司。现有在职职工1200余名，其中中高级专业技术人员262名。公司现有供暖分公司14个、一个供热设备生产的全资子公司，一个供热的控股子公司，另外还有检修分公司、安装分公司、设计室、化验中心、采购中心五个二级单位。主要担负呼和浩特市呼伦路以东部分区域内380万平方米集中供热；另外还肩负着座落于呼市四个区内20余座锅炉房340万平方米的区域联合供热，总计供热面积为720万平方米。

多年来，公司坚持“供好热、服好务，内强素质、外塑形象”的企业宗旨，以“团结拼搏，争创一流，务实创新、勇于奉献”的精神，努力提高供热质量和服务水平，为城市建设发展，美化净化城市环境，改善人民生活质量做出了不懈努力，在社会上赢得了较高的声誉，树立了良好的形象，先后获得“市级文明单位”、“文明窗口示范单位”、“劳动关系和谐单位”等荣誉称号，2005年公司荣列“首府百姓最满意的公共服务品牌”单位。

从2006年开始，公司相继筹备了呼和浩特西区三个热源厂集中供热工程项目。其中光明热源厂自筹资金已经建成投入运行。巴彦热源厂和范家营热源厂利用日元贷款建设项目，目前资金已经落实，正在按程序进行招投标工作。随着这些项目的启动，将给公司的发展带来更为广阔的发展空间，上述工程建成后，将产生显著的环保效益、社会效益和经济效益，公司必将驶入大规模、跨越式健康发展的快车道，同时也为呼市的集中供热事业的蓬勃发展，人居环境的进一步改善，以及为我市创建环境模范城市做出应有的贡献。

按照市委的要求和市供热规划的总体部署，公司近两年来，克服了许多困难，投入了大量的人力、物力、财力接管了团结小区、昭君新村等20余座弃管或破产的锅炉房，并对团结小区锅炉房、玉泉区（大召区块）锅炉房进行了拆并整合，极大地改善了上述区域的供热状况。今后，公司还将按照上级部门的指示，继续搞好我市锅炉房拆并整合和既有管网改造工程项目的建设，以实现供热资源更加合理配置，不断提高供热质量。

呼和浩特市光明热源厂鸟瞰图

供热站一角

随着城市建设的快速发展，供热事业的发展也将面临着新的机遇，面对着激烈的市场竞争，公司将依靠科技进步，大力开拓供热市场，同时挖掘自身潜力，加强经营管理，与时俱进，开拓创新，继往开来，为呼和浩特市的供热事业蓬勃发展做出应有的贡献。

内蒙古呼运（集团）有限责任公司

旅客满意的服务

客运站

内蒙古呼运(集团)有限责任公司，始建于1950年，是自治区交通行业的知名企业。企业规模达到交通部规定的交通运输中型二级企业标准，取得交通部道路旅客运输二级客运企业的经营资质等级，公司所属的呼和浩特汽车站被交通部评为一级汽车站，百灵庙汽车站、武川汽车站、乌兰花汽车站被评为二级汽车站，清水河汽车站、和林汽车站被评为三级汽车站。公司于2003年通过ISO9001:2000质量管理体系认证。

公司所属的经营企业有客运一分公司、客运二分公司、客运三分公司、客运五分公司、客运六分公司、高客分公司、城市快运分公司、出租汽车服务分公司、王府饭店、交通大厦、地方铁路分公司、驾驶员培训学校、汽车修理厂、物流中心、汽车贸易公司、旅行社等十六个，此外，联合经营的公司有包头祥鹿公司、二连浩特远顺公司、二连浩特鸿达公司、商都公司、前旗公司、兴和公司、清水河运输公司等七家公司，构成了呼运(集团)公司的经济构架。呼运(集团)公司客运各分公司拥有各类营运客车500辆。其中中高级客车281辆，经营客运班线300条，开通跨省班线110条，跨盟市班线110条，为出行旅客提供舒适、便捷、安全的优质服务，取得良好的社会效益。

随着呼和浩特申报旅游城市的成功，公司积极参与呼市政府每年举办国际草原文化和昭君文化节的活动，相继开办草原文化旅游和黄河文化旅游，有成吉思汗陵游、希拉穆仁草原游、格根塔拉草原游，同时开设呼和浩特周边省市历史名胜古迹的旅游。

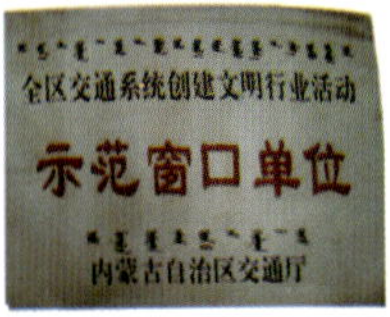

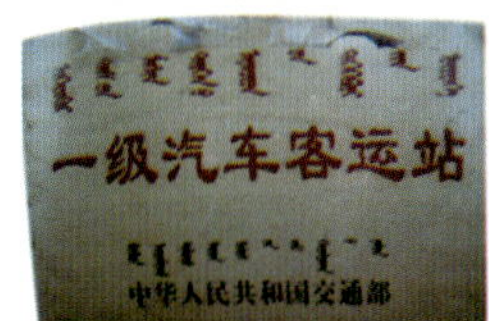

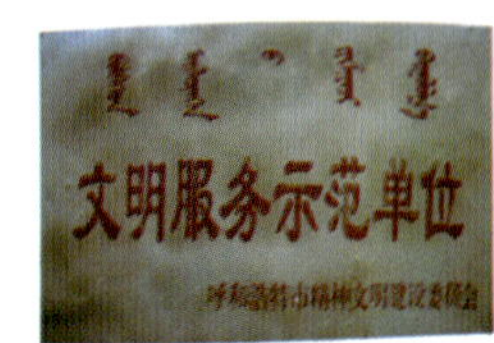

为您服务是我们的宗旨

呼和浩特市水资源管理局

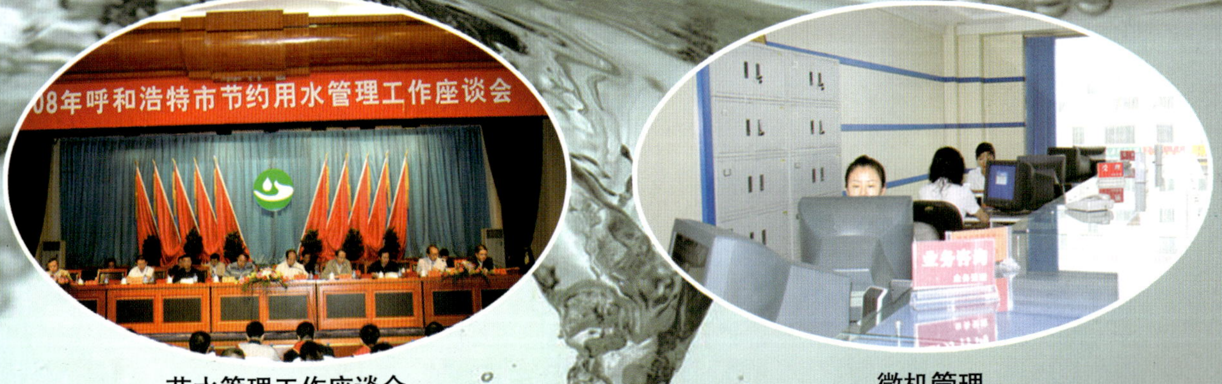

节水管理工作座谈会

微机管理

宣传展板

宣传展板

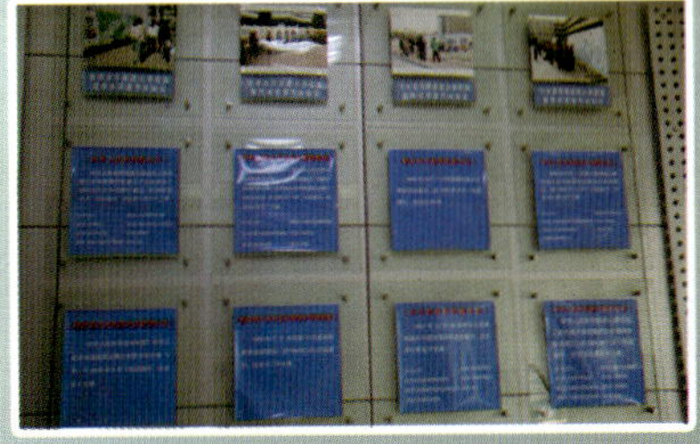
宣传展板

蒙牛乳业集团

——中国乳都核心区的缔造者

共创辉煌－蒙牛与肯德基策略联盟签约仪式

成立于1999年初的蒙牛乳业集团，总部设在中国乳都核心区——呼和浩特市和林格尔县盛乐经济园区，拥有总资产超过80亿元，职工近3万人，乳制品年生产能力达500万吨。

作为中国乳业的"冠军"企业，蒙牛本着"致力于人类健康的牛奶制造服务商"的企业定位，在短短九年中达到主营业务收入213亿元，利润、税收分别突破10亿元的优良业绩，创造出了举世瞩目的"蒙牛速度"和"蒙牛奇迹"。

作为中国乳业的领军企业，蒙牛已在全国15个省市区建立生产基地20多个，拥有液态奶、酸奶、冰淇淋、奶品、奶酪五大系列200多个品项，产品覆盖国内市场，并出口到美国、蒙古、俄罗斯、新加坡及港澳等国家和地区。

作为农业产业化国家重点龙头企业，蒙牛已在全国各生产基地的周边地区建立奶站共计4000多个，联系奶农达300万户，累计收购鲜奶超过1000万吨，为农牧民累计发放奶款超过200亿元。被形象地誉为西部大开发以来"最大的造饭碗企业"。

作为中国最具创造力的乳品企业，蒙牛高端产品"特仑苏"在27届世界乳业大会上，从技术、品牌、品质、工艺等各方面都超越其他竞争对手，勇夺"IDF产品开发奖"，实现了中国在世界乳业史上金牌"零的突破"，为我们的国家和民族争了光。

作为勇于承担社会责任的民族企业，蒙牛积极致力于社会公益事业，累计投入捐资助学、扶危济困和抗灾重建资金超过3亿元，并与中国奶业协会等19家单位，联合发起了"中国牛奶爱心行动"，为促进国人饮奶观念的树立，提升国人身体素质做着自己的贡献。

2007年蒙牛第三次蝉联香港最受消费者欢迎10大品牌

目前，蒙牛正按照确保在2011年跻身"世界乳业15强"的既定目标，为中国乳业的发展，为国人体魄的强健，为内蒙经济的腾飞做着自己不懈的努力。

蒙牛乳品研发中心

蒙牛六期生产线

锡林郭勒盟

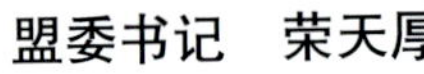

盟委书记 荣天厚

盟长 张国华

2007 年，全盟上下坚持以"三个代表"重要思想为指导，以科学发展观统揽全局，牢牢把握第一要务，坚持走新型工业化道路，全力推进经济转型，做大经济总量，国民经济继续保持了又好又快的发展势头。

一、经济总量进一步扩大，经济结构不断优化

2007 年，全盟实现地区生产总值 291.18 亿元，同比增长 22%，较上年提高 3.4 个百分点。其中，第一产业增加值 40.81 亿元，增长 2.6%。第二产业增加值 170.23 亿元，增长 28.9%，同比提高 2.7 个百分点。第三产业增加值 80.13 亿元，增长 21.3%，同比提高 5.8 个百分点。经济结构进一步优化，三次产业结构演进为 14.0:58.5:27.5，工业成为拉动国民经济持续快速健康发展的主导力量。

二、农牧业生产稳步发展，经营方式进一步转变

2007 年，受持续严重干旱影响，全盟粮食总产量为 11.4 万吨，同比减少 3.82 万吨，下降 50.4%。主动压减牲畜头数，着力优化畜牧业结构。2007 年日历年度末，全盟大小畜存栏 715.5 万头(只)，减少 90.7 万头(只)，下降 11.3%；出栏 818.3 万头(只)，增加 51.5 万(只)，增长 6.7%。畜群结构进一步优化，年末，全盟良种和改良种牲畜达 688.3 万头(只)，占大小畜存栏总数的 96.2%，同比提高 4.1 个百分点。能繁母畜 616.1 万头(只)，母畜比重达 86.1%，同比提高 1.8 个百分点。接活冬羔早春羔 538 万只，全年加工量 920 万羊单位。

三、工业发展持续推进，总量和效益同步提升

2007 年末，全盟规模以上工业企业达 300 户，年产值超亿元的工业企业由 24 户增加到 50 户，主要工业品产量大幅增长，其中发电量、煤炭、有色金属分别增长 2.8 倍、88%和 37%。全年累计完成规模以上工业增加值 130.17 亿元，增长 33.1%。规模以上工业经济效益综合指数达 353.61，提高 55.71 点。规模以上工业产品销售收入达 205.61 亿元，增长 52.0%。实现

自治区党委书记储波与盟领导来到群众家中并亲切交谈

利润总额 16.47 亿元，增长 86.4%，实现税金总额 15.56 亿元，增长 55.5%。

四、重点项目拉动有力，固定资产投资高速增长

2007 年，全盟累计完成全社会固定资产投资额 331.34 亿元，增长 43.2%。分经济类型看，国有投资完成 172.84 亿元，增长 80.2%；非国有投资完成 158.5 亿元，增长 16.9%。分产业看，第一产业完成投资 4.72 亿元，下降 69.8%；第二产业完成投资 207.41 亿元，增长 36.7%；第三产业完成投资 119.21 亿元，增长 84.9%，第三产业投资增速居各产业之首。

五、传统服务业良性发展，新型服务业增势强劲

2007 年，全盟社会消费品零售总额实现 68.84 亿元，增长 19.7%。外贸进出口总额实现 8.07 亿美元，增长 17.2%。公路交通运输业完成货运周转量 903931 万吨公里，增长 72.9%。完成客运周转量 315890 万人公里，增长 36.4%。邮政业务总量完成 4045 万元，增长 16.9%。在传统服务业快速增长的同时，以金融、信息、房地产为代表的新型服务业也显现出旺盛的发展活力。2007 年，全盟电信业务量完成 15.15 亿元，增长 58.2%。金融机构各项人民币存款余额 162.56 亿元，增长 32.8%。金融机构各项人民币贷款余额 137.54 亿元，增长 27.0%。全盟累计接待旅游者 235 万人次，增长 32%。旅游总收入 27.8 亿元，增长 26%。

六、财政实力明显增强，人民生活水平稳步提高

2007 年，我盟财政总收入（原口径）累计完成 42.76 亿元，增长 45.6%。地方财政总收入（新口径）完成 35.32 亿元，增长 48.8%。全盟地方财政支出 59.02 亿元，增长 33.8%。全盟城镇居民可支配收入大幅度增长，历史上首次突破 1 万元，达 10325 元，增加 1888 元，增长 22.4%，增速比上年快 15.6 个百分点。农牧民人均纯收入 4051 元，增长 22.4%，增速比上年提高 7.9 个百分点。

锡盟草原风光

风力发电成为锡盟的一道景观

蒙元文化苑

上都电厂

呼伦贝尔军分区

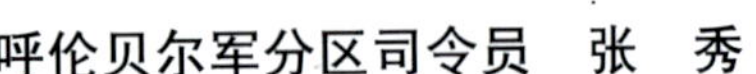

呼伦贝尔军分区司令员 张 秀

呼伦贝尔军分区政委 马誉炜

2007 年，分区各级党委紧紧围绕“突出抓班子，重点抓帮建，合力抓中心，严格抓制度”的工作思路，扎实打基础，科学抓落实，部队全面建设和民兵预备役建设保持了继承发展、科学发展、协调发展、安全发展的良好态势。

党委班子和干部队伍建设不断加强。在团以上党委班子中召开常委民主生活会；从“学会把握大局、提高团结质量、加强作风建设、增强创新本领”四个环节入手，适时对团级党委班子和干部队伍进行帮助指导和考核讲评，班子成员科学思维、创新解难、自我约束的能力不断提高。积极开展调查研究活动，全年有 52 篇研究成果在军内外报刊发表。探索实践了通过“双考”选拔副团职领导干部的方法路子，做法先后被总政《干部工作情况》和军区《政治工作通讯》刊载。分区被内蒙古军区表彰为党风廉政建设先进单位。

边防执勤和军事训练成果显著。党委(支部)定期分析边境管理形势，研究解决存在问题；坚持立功受奖向执勤训练倾斜，全年先后为 28 名同志记功，各级发放奖金达 20 万元；边防一体化建设成果得到较好巩固和深化，越境偷渡问题有所下降；边防设施建设力度不断加大，圆满完成了内蒙古军区代表团出访会晤等保障任务。分区举行了第二届岗位技能比武暨军事体育运动会，参加了北京军区参谋教练员比武竞赛，取得了 1 金、2 银、4 铜的好成绩。广泛开展“实案化、实战化”课题研究和演练，完善配套了“三室两库”建设；以“应付突发事件”为课题，组织首长机关和边防团队进行应急指挥机构战备拉练、网上演练和冬季适应性训练，全面

检验了首长机关快速反应能力和部队战斗力水平。

基层全面建设扎实推进。结合建军 80 周年和自治区成立 60 周年迎庆活动，举办了分区业余文艺汇演和书法、绘画、摄影展，创办了《北疆杜鹃》网络文学期刊；采取分区和团队相结合的办法，集中开展了“帮建到一线、送法上哨所、排忧进兵中”活动；深入开展评选和宣扬“十大优秀戍边青年”活动，激发了基层争先创优的热情；坚持以人为本，先后为 3 个连队、6 个哨所接通了常电，为 11 个边防哨所和 2 个直属单位联通了光缆。66355 部队一连被北京军区表彰为先进基层单位，荣立集体一等功。

后装保障能力全面跃升。按照“系统配套、野战实用”的原则，为建制连队配发了野战给养器材和制式野战炊具。狠抓“菜篮子”工程建设，所属 66127 部队、66423 部队被总后评为全军边远艰苦地区“菜篮子”工程建设先进单位。注重深化“两成两力”建设成果，全年筹集资金 1550 万元，先后完成了大型船艇库、一线连队保养间、弹药库、艇库和滑道等新建任务和车辆、船艇的大中修任务。在内蒙古军区举行的“强能——2007”装备车船工化专业比武中，一举夺得 8 个竞赛项目的 5 个第一和团体第一。分区修理所被总装评为优秀达标单位。

后备力量建设和双拥共建有新的进步。年初，协调召开了市委议军暨人武部党委第一书记述职会；积极开展平安建设，新右旗经验做法先后被总政和北京军区转发；协调 3 个旗市为人武部新建了办公楼；组织市、旗(区)党政领导参加的“军事日”活动，组织了 10 万余人参加的国防知识竞赛，全年军训学生和职工 4 万多人。大力开展扶贫帮困、捐资助学、抢险救灾、生态建设，促进了双拥工作的深入开展，呼伦贝尔市和满洲里市再次被评为“全国双拥模范城”，满洲里市人大原副主任孙菊亭被评为“中国优秀母亲”。

司令员张秀看望新战士

政治委员马誉炜深入基层

“兵妈妈”孙菊亭到哨所慰问官兵

军民一家似亲人

为牧民巡诊送药

巡逻在界河河畔

内蒙古自治区公安厅

公安厅举办的廉政晚会现场

公安厅举办的廉政晚会现场

自治区在包头市成功举办“护城河3号”反恐实兵演习

“护城河3号”反恐实兵演习

改革开放三十年以来，内蒙古自治区公安厅机关在党中央和自治区党委、政府领导下，以中国特色社会主义理论体系为指导，与时俱进，改革创新，忠实履行职责，执法理念进一步端正，各项业务工作面貌、队伍面貌、装备技术水平发生了巨大的可喜的变化，基层基础进一步夯实，维护了自治区社会政治稳定、边疆安宁和治安稳定，发挥了首都“护城河”作用，为自治区改革开放和现代化建设创造了良好社会环境。

一、卓有成效地维护了北部边疆民族地区社会政治稳定。牢牢把握对敌斗争的主动权，有效防范、打击了敌对势力、敌对分子的颠覆破坏活动。以法成功处置了发生的重大突发事件。全区形成了边境防线、环京地区“护城河”防线、中心城市维稳区相协调的维稳格局。

二、发挥了首都“护城河”作用。全区公安机关以重大政治活动、重要会议、重大节假日安全保卫工作为重点，加强领导，精心组织，周密部署，狠抓落实，扎扎实实地开展相关工作，圆满完成了各项安全保卫任务。

三、深入开展严打整治斗争，社会治安工作取得新的明显进步。以“打黑除恶”为龙头，打击严重暴力犯罪、严重经济犯罪、多发性犯罪，取得了显著成果，每年立破刑事案件数以万计，查处治安案件数以万计，查处交通、火灾事故均数以千计，查处案件、事故绝对数逐步上升。

四、改革和加强公安行政管理，服务了自治区改革开放和经济建设大局。自治区公安厅和各盟市公安局先后出台各项规范和意见，着力服务个体、私营经济、服务国企改革发展、服务农村牧区经济和农牧业生产、服务西部打开发，有针对性地改革和加强了治安、户政、出入境、边防、交通、消防等方面的行政管理工作，提高了服务水平。

五、实施抓基层、打基础的“三基”工程，增强了全区公安工作发展后劲。基层所人正规化水平明显提高。全区公安机关以实施“金盾工程”为契机，不等不靠，想方设法筹措资金，加大投入，提高了公安工作的科技含量。

六、坚持不懈地狠抓队伍建设，公安队伍的整体素质和战斗力明显提高。全区公安机关坚持政治建警、以法治警、从严治警方针，深入开展理论武装工作，进行思想、纪律整顿，严格管理训练，确保队伍经受住了改革开放和市场经济的考验。同时，创造条件落实从优待警的各项措施，解除后顾之忧，不断增强民警工作积极性。

公安部“开展大练兵送车万里行”活动内蒙古现场

公安部“开展大练兵送车万里行”活动内蒙古现场

中国人民武装警察部队内蒙古总队

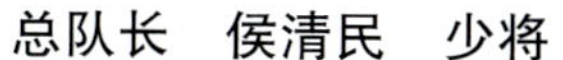
总队长　侯清民　少将

政委　张如平　大校

从将军到士兵，踊跃参加捐助活动

1983 年，武警内蒙古总队正式组建，1999 年由正师级升格为副军级。部队主要担负自治区党政领导机关的警卫、重要工厂及科研机构等重要目标的守卫、城市武装巡逻及看押、看守、处置突发事件、“反恐”等内卫勤务。

组建二十五年来，全体官兵以对党和人民的赤胆忠心，履行肩负的神圣使命，实践全心全意为人民服务的宗旨，出色地完成了党和人民赋予的各项任务，用实际行动铸牢了首都的北部屏障，树立了威武之师、文明之师的良好形象。

总队各级党委靠科学理论统班子、靠民主集中制建班子、靠规章制度管班子、靠党的事业兴班子，党委的创造力、凝聚力和战斗力不断提升。始终把思想政治建设作为部队建设的“生命线”，紧紧抓住高举旗帜、听党指挥这个根本，深入开展以“争做党和人民忠诚卫士”为主题的“四个教育”，确保部队高度稳定和集中统一。坚持以执勤和“处突”为中心，牢固树立上一线、打头阵的意识，忠于职守，顽强作战，确保执勤目标万无一失，为自治区的战略发展机遇提供了坚强的安全保障。不断提高部队的保障能力，实现了遇有情况能拉得动、开得进、供得上、打得赢。积极开展双拥共建和扶贫帮困活动，以实际行动支援驻地经济建设。

总队及所属单位连续多年被国务院、国家民委和自治区党委政府授予“民族团结进步先进集体”荣誉称号；4 次被国家防汛抗旱总指挥部评为“抗洪先进集体”；3 次被国务院、解放军总政治部评为“全国计划生育模范集体”，2 次被自治区党委政府评为“扶贫先进集体”。先后有 4 个单位被武警总部授予“基层建设标兵单位”荣誉称号，有 13 名官兵荣立一等功，95 名官兵荣立二等功，1 个单位荣立集体一等功、14 个单位荣立集体二等功，96 人受到自治区以上表彰。4 人被武警部队评选为“十大忠诚卫士”。

2007 年，总队党委按照胡主席关于武警部队“肩负着保卫国家安全，维护社会稳定，保障人民群众生命财产安全的神圣使命”的要求，以邓小平理论、“三个代表”重要思想和科学发展观为指导，推动部队又好又快地发展。全体官兵坚决听从党中央、中央军委和胡主席的指挥，认真落实总部党委“抓班子、打基础、谋发展、保稳定”的工作思路和“建设信息化武警，实现跨越式发展”的战略部署，以高昂的斗志、开拓的步伐，巩固、创新和安全发展，为维护边疆社会稳定、保卫人民群众安居乐业做出了更大的贡献。

精心组织、科学布兵、执行勤务

维护社会稳定、人民安居乐业

冲锋陷阵、战胜洪魔

总队官兵帮助驻地群众脱贫致富

神华集团海勃湾矿业有限责任公司

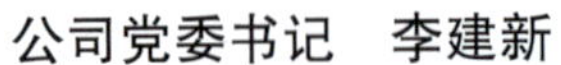

公司党委书记　李建新

全国劳动模范、公司董事长　李怀国

公司总经理　冯振流

神华集团海勃湾矿业有限责任公司位于内蒙古自治区乌海市境内，前身是成立于 1974 年的海勃湾矿务局，原属国家煤炭工业部管理，1998 年划归神华集团公司，2001 年经神华集团批准改制为公司。公司现有 4 个生产矿、4 座洗煤厂，煤炭资源丰富，开采历史悠久，原煤生产能力 750 万吨 / 年，洗煤入洗能力 750 万吨 / 年，是神华集团在内蒙古自治区生产焦煤的重要煤炭基地之一。现开采的为桌子山煤田卡布其浅部区、老石旦矿区、公乌素矿区三个勘探区，保有储量 4.6 亿吨，可采储量 3.5 亿吨，矿区为二迭系含煤地层，主要煤种有焦煤、1/3 焦煤等。原煤生产主要是井工生产，机械化程度达到 97%。产品主要有洗精煤和洗混煤两种，洗精煤牌号有 1/3 焦煤和焦煤两个品种，主要供冶金系统炼焦用，洗混煤主要供国内电厂发电用。拥有资产总额 227578 万元。全公司现有在职职工 9919 人。2007 年公司原煤产量完成 731.57 万吨；掘进进米完成 43487 米；商品煤产量完成 626.42 万吨；商品煤销量实现 606.49 万吨；销售收入 18.24 亿元；上缴各种税金 2.3 亿元。均创历史最好水平。

近年来，在集团公司的正确领导下公司先后获得全国厂务公开民主管理先进单位、神华集团安全生产先进集体、安康杯竞赛优胜单位、优秀基层党组织、全国内审先进集体、乌海市综治优秀单位、消防优秀单位、纳税先进单位等荣誉称号。

综采工作面

桃园国际商务会馆

前台接待大厅

多功能影视厅

免费多功能餐台

桃园国际商务会馆坐落在呼和浩特市回民区光明路，总面积18000多平米，继承古典与现代的欧美建筑风格，以非凡的气质，至臻完善的配套设施，皇家贵族似的享受，传动的礼仪，为你全程提供完美的服务！

会馆一楼设有男女浴区，这里格调高雅，服务贴心、干蒸房、湿蒸房、泡跑浴、冲浪峪、热水池、凉水池、旋转水池和世界一流德国水处理设备，在助浴师的精心服务下，让您享受沐浴的欢快与轻松。

会馆二楼设有餐饮区、茶艺区、儿童乐园、网吧休闲区、四溢的茶香，诱人的餐饮，"英派斯"品牌健身器械，专业斯诺克乒乓球台，让您在运动和休闲中自由享受生活的乐趣，给忙碌工作的你带来一份都市之外的闲情惬意会馆三楼影视厅让您体验到超大屏幕的美国丽讯立体声投影机和专业环绕立体声音响效果，带给您无穷的影视享受。无烟休息厅，为您准备了高档休息床，液晶纯平电视让您在休息之余观赏各类节目，是您更加的放松，尽享你忠密的空间并增添您的心情。

会馆客房在三、四、五、六楼，设有单人间、双人间、三人间、标准间、豪华套间、温馨的环境，精致的布局、完善的设施，是您休息与商务休闲的绝佳选择，会馆棋牌室供麻将和棋牌爱好者使用。房间配备智能麻将桌，使您休闲过程更加便捷轻松，客房设有VOD系统，VOD点播系统有各类最新影视大片和技师点钟，会馆介绍等，欢迎您届时欣赏，休闲愉快。

更衣大厅

洗浴池

淋浴间

内蒙古医院

内蒙古医院院长　张文挺

内蒙古自治区医院是一所有着近60年发展历史的大型综合性医院。有着雄厚的技术力量和科学合理的人才梯队，以及完善有序的学科建设，先进领先的医疗设备。以技术创新为主题的学习型医院，学习型科室，学习型人才的实践活动蔚然成风。在技术创新、挑战自治区医学领域的难度和高度以及填补自治区医学领域空白等方面取得可喜的成绩。

一座座现代化建筑拔地而起，成为内蒙古医院改善老百姓就医环境的一道道亮丽风景。

原自治区主席杨晶主视察医院

内蒙古医院外科大楼是一座投资1亿多元、建筑面积为2.3万平方米、上下为9层具有现代化新的人性化设计理念的、被评为国家级样板工程的医用住院大楼。其内设216间设施齐备、环境整洁温馨的现代化标准病房；500多张目前最先进的四折三摇的病床；15间具有国内一流水平的以"无菌区"、洁净区、生活区、污染区、而组成的"四区分离式"的层流洁净手术室以及无菌程度极高的"人流、物流、气流"，"三流"独立设置的无菌消毒供应室和国际一流的制氧供氧系统。同时，病区内设置的以人的舒适度为标准来调节"温度、温度、空气"的现代化中央自动控制系统，现代化无菌控制系统以及现代化网络对讲、视屏音乐控制系统、安全保障监控系统等。

卫生厅杨成旺厅长视察医院

近几十年来，医疗技术与设备的发展日新月异，医疗管理方式也不断变化，为了适应这种趋势，内蒙古医院内科住院楼在设计上因地制宜，利用现有的空间体系、人流、车流交通流线，做到高效、合理、有序。医院内的新旧建筑相辅相成，塑造出一所卫生、高效、可持续性发展和体现人性化关怀的现代医院建筑。

医院的各功能区紧密、便捷的联系在一起，在布局中以集中式的布局特点，为医院院落周边留出了较大的绿化用地。医院主入口处设计广场，为患者及医务人员提供舒适宜人、环境优美的就诊、治疗和工作场所，体现以人为本的设计思想，构成"花园中的医院，医院中的花园"的主题。

团结、务实的医院领导班子

内科住院楼护理单元的设计是根据近年来国际上发展趋势趋于小型化、高档化的要求而设计的。每单元的病床数不宜过多、护理路线不宜过长，以保证医疗服务的高质量与高效率。为此，内科住院楼每层设两个护理单元，护士站采用开敞式的布置方式，使护士可以观察到所有病房，大大缩短护理半径，使每个病人都享受到亲切体贴关怀。

护理单元分别设置工作人员办公区，病员走廊和污物电梯，污物的运输独立并有专门的电梯负责，避免污染和交叉感染。

内科住院楼充分体现了"以人为本"的设计理念，特别是体现了对病人、家属和医院医护人员的尊重与关怀。分区分科候诊的方式避免了病员间的相互传染，同时宽敞明亮的候诊区为病人提供了舒适健康的就诊环境。方便、便捷的连廊，联系了不同的医疗区域，所有的医疗活动足不出户。

一楼大厅设立总服务台，为病人家属提供办理出入院手续、结算收费、咨询等一系列服务。计算机联网及物流传输系统的应用更减少了等候时间。

入口大厅：医院高峰时期的人流量相当大，为了给患者提供了一个舒适、宜人的候诊环境，其内部设置了完善的交通（多部电梯）、优质的服务（导医、咨询）、舒适、休闲（等候座椅、休闲茶座、室内绿化、引入外部景色的玻璃幕墙等）的设施，以彻底改变人们对医院拥挤、嘈杂、忙乱的形象认识。

住院部设计：以"高科技＋高情感"为原则，既注重适宜现代化医院设备复杂、综合管线多的特点，又系统地考虑病人的行为心理，引入"现代技术环境美学"的概念，创造医院人性化的室内环境。如护理单元采用单廊式布局方式，护士站开敞布置，护士视野宽阔，有利于提高护理质量，提高护理效率。

内科住院楼体现了现代医疗建筑无障碍设计，即体现对弱势群体——患者的关怀。在医院规划设计中，充分考虑医疗建筑的服务对象，照顾年老体衰、身体虚弱病人以及各类残疾病人的特点，进行了无障碍设计和室内外无障碍通行。同时，为视觉障碍者设置盲道、栏杆。为肢体障碍者设置坡道、残疾人厕所，内部空间设计考虑轮椅的回转要求。同时尊重弱势人群的特殊使用要求，进行相应设计，采用彩色灯光信息图标，形成简洁明了的导向标识系统，方便患者使用。

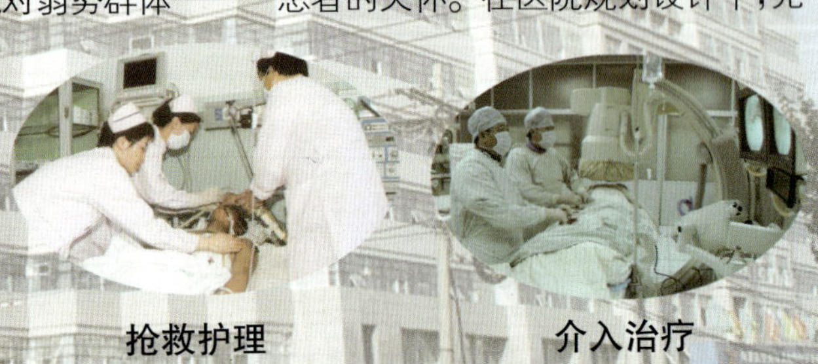
抢救护理　　介入治疗

内蒙古医学院附属医院

内蒙古医学院附属医院于1958年3月1日正式成立开诊。五十年的不懈追求，我们终于有了丰硕的收获。“三级甲等医院”、“爱婴医院”、“全国百姓放心示范医院”、“全国卫生系统先进集体”、“全国卫生系统行业作风建设先进集体”、“全国青年文明号”、“全国省级综合性医院优秀党组织”、“自治区文明单位”……一项项荣誉真实地记录着我们前进道路上的一串串脚步，真切地见证着我们执着追求的轨迹和梦想。

书记　马仲奎

院长　欧阳晓晖

建院初期，医院占地面积34,060平方米，建筑面积17,982平方米，其中门诊医疗用房4,128平方米，病房区用房12,054平方米。到2008年5月，我院占地面积为53400平方米、总建筑面积(含生活用房):193456平方米、门诊医疗用房10752平方米、病房区用房71892平方米。设置床位数为1667张。医院在岗人数2081人(含医疗系编制63人)，其中专业技术人员1819人，管理人员58人，工勤人员205人。具有博士学历50人、硕士学历301人、本科学历577人。专业技术人员中具有正高职称148名、副高职称248名、中级职称505名。享受国务院特殊津贴的知名专家23人，自治区有突出贡献的中青年专家9人。全院共有医疗科室34个，医技科室10个，行政职能及后勤部门38个。达到了现代化医院“学科合理、门类齐全、医技配套、功能完备”的组织架构要求。

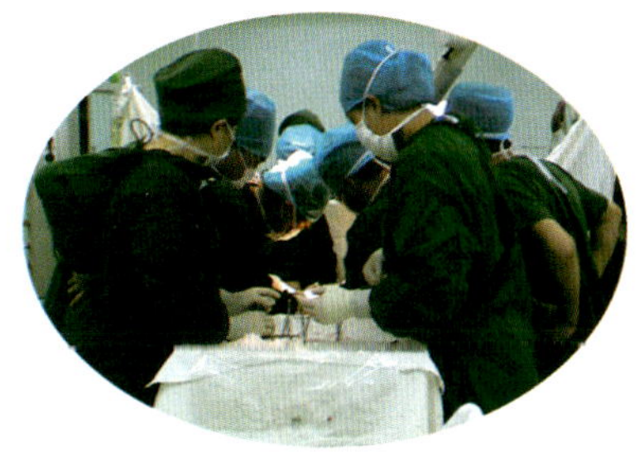

开展多项高难度手术、填补区内空白造福百姓

截至2007年底，全院共有在岗护士882名，其中主任护师1名、副主任护师44名、主管护师260名、护师162名、护士415名(本科学历护士103名，专科学历护士320名)。

从建院到现在，我院共获得各级各类科研立项259项、获科研经费2133.61万元。获内蒙古自治区科技进步奖99项，其中一等奖1项、二等奖12项、三等奖71项、四等奖15项;获内蒙古自治区医学会科学技术奖44项，其中一等奖2项、二等奖13项、三等奖29　项。以我院为第一作者署名发表在省级以上刊物的学术论文4000余篇。

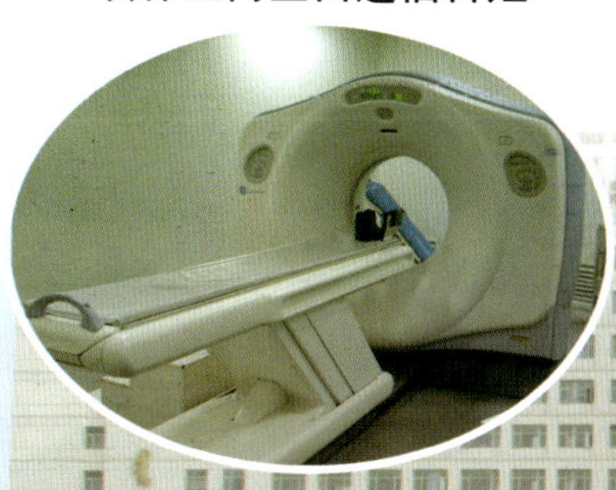

自治区首家引进PET-CT

成就在昨天，事业在今天，希望在明天，内蒙古医学院附属医院白衣天使们正在以饱满的热情、无私的奉献，向着实现一流的医疗水平、一流的服务水平、一流的科研教学水平、一流的管理水平、一流的设施设备、一流的就医环境的奋斗目标而努力工作着。

她们将继续用自己无私的爱为患者拨响生命的琴弦!

现代化的手术室

呼和浩特市第一医院

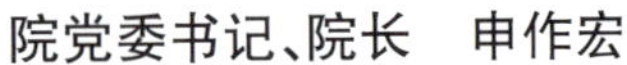
院党委书记、院长　申作宏

院领导集体

呼和浩特市第一医院始建于1921年，1997年经内蒙卫生厅评审批准为“三级乙等”医院。经过86年的励精图治与锐意进取，呼和浩特市第一医院已成为具有相当规模和鲜明特色的综合医院，以医疗、教学、科研为主体，大力发展健康产业、推行全方位的后勤服务社会化为“两翼”，创立了“一体两翼”的经营模式。全院在职职工824人，编制床位412张。我院承担着全市252万人口的主体医疗保健任务。

医院始终坚持以病人为中心，以质量为核心，大力推行“人性化”服务，是内蒙和呼市两级医保、五个旗县农村合作医疗、13家内蒙商业保险医疗的定点医院。我院还承担着内蒙古医学院、内蒙古民族大学、乌盟卫生学校、呼市卫校和内蒙古医院卫校的生产实习与课间实习的教学任务。先后获得“内蒙古自治区百佳医院”、“患者信得过医院”、“百姓放心医院”、“明码标价示范医院”等殊荣。

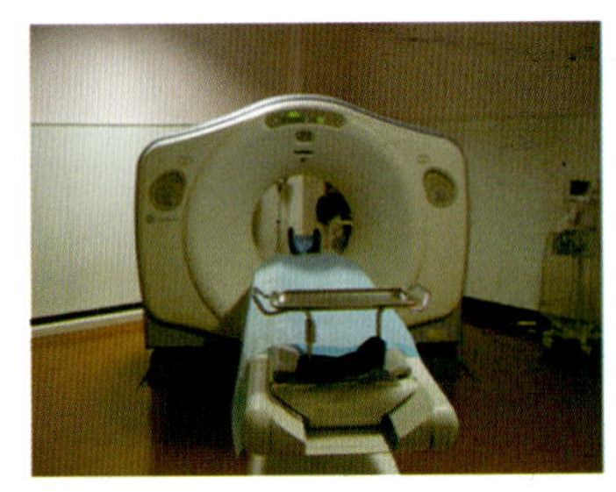

16排螺旋CT机

目前，全院共有学科带头人24名，优秀青年人才25名，主任医师68名，副主任医师63名，返聘医学专家12名，技术力量形成梯队，医院各专业科室布局合理，设置了内、外、妇、儿、血液透析中心、五官、肿瘤、神经内外科、康复科、骨科、中蒙医科、干部保健病房等26个临床科室30余种专业和影像、检验、物理诊疗等9个医技科室。近年来，医院相继引进了美国16排螺旋CT、彩色超声检查仪、血气分析仪、美国“雅培”全自动免疫发光仪、德国的人工肾、日本的数字胃肠造影机、等大型进口医疗设备，泌尿内科的血液净化中心为医院的重点学科之一，现有进口设备18台，可以为患者提供全方位优质服务。

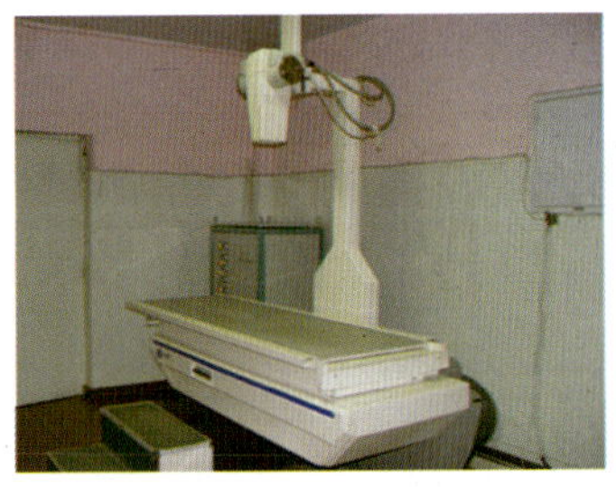

DR机

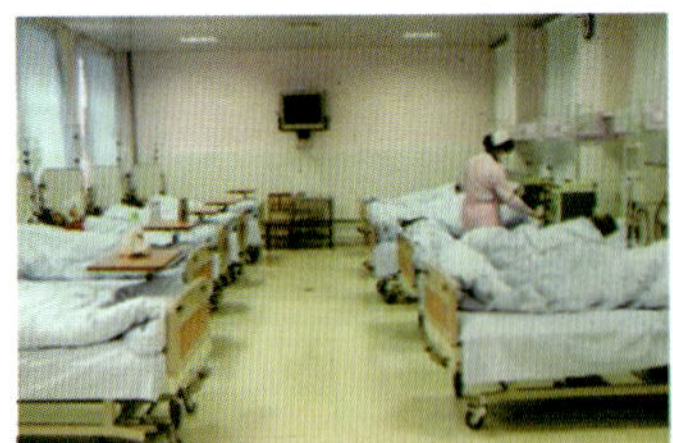

恪守职责　认真护理

呼和浩特市第四医院

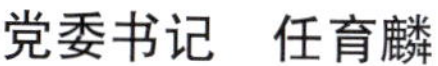

党委书记　任育麟

院长　高方方

医院班子成员

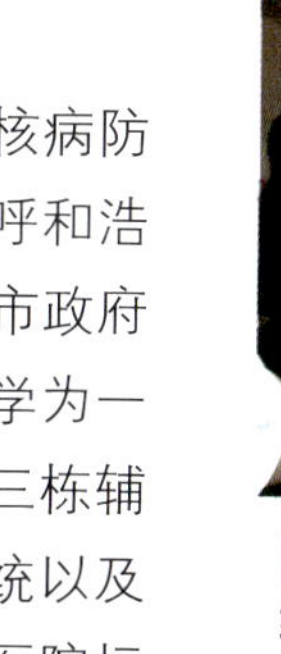

医院党委书记兼自治区结核病防治研究所所长任育麟到患者家防视病人

内蒙古自治区第四医院(原内蒙古胸科医院)、内蒙古自治区结核病防治研究所、内蒙古自治区公共卫生突发事件医疗救治中心座落在呼和浩特市新城区罗家营乡黑土洼村附近，占地面积 502 亩，距呼和浩特市政府 8 公里，呼和浩特市机场 2 公里处，是集医疗、预防、保健、科研、教学为一体的大型医院，为非营利医疗卫生事件单位。病房分一栋主楼和三栋辅楼，按国际标准传染病房设计，设有国内先进的中央控制和监测系统以及物流传输系统。目前建设规模为 600 张床位，并逐步达到三等甲级医院标准。内蒙古自治区结核病防治研究所与医院合属办公。院领导成员：院长高方方、书记兼结防所所长任育麟；副院长：韩国新、高飞、付鱼鹰。

职业范围：以传染病防治为主，防治结合，主要负责结核病、SRAS 病等呼吸道传染病，肝炎、痢疾等消化道传染病以及虫媒传染病，经血液和性传播等传染病的防治工作；负责重大食物中毒、职业中毒、群体不明原因疾病、各种自然灾害引发疾病等的医疗救治工作。同时开展必要的综合医疗服务，设置综合医疗科室。突出发展胸外科、心外科、肿瘤科、骨科、肝病科等。形成以传染病防治为主，“大专科、小综合”的自治区处理突发公共卫生事件医疗救治、传染病防治的医疗、科研、培训、技术指导中心。并与卫生部所属传染病救治机构—北京地坛医院建立了长期协作关系，成为全区首家与国家级协作的传染病医疗机构单位。

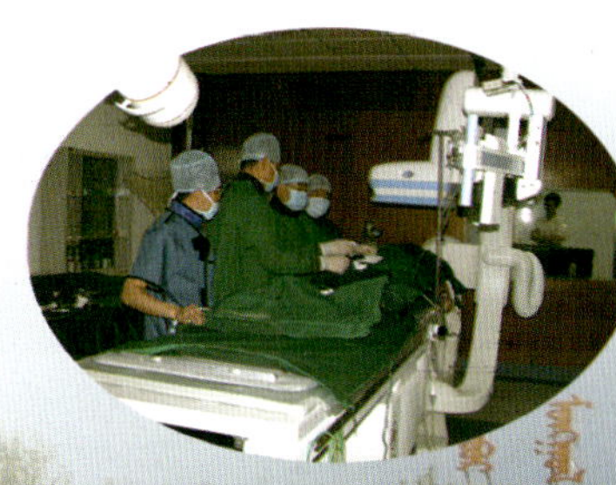

国内最新医学影象设备可为心脏病患者进行血管介入治疗

医院目前已拥有的大型医疗设备有核磁共振机、64 拍 CT、DR、血管造影系统、大型生化检验系统、全身彩色超声扫描系统、电子内窥镜系统、血液透析系统、高压氧仓、大型 X 光机、动态心电分析系统、肌电图诱发电位仪、床旁血液净化系统等大型医疗设备都已达到了国际领先水平。大型现代化污水处理线、大型垃圾转运系统及现代化焚烧炉为医院及其周围提供了绿色环境保障。

医院环境优雅，景色宜人，是医疗、保健、预防的理想之所。

满洲里市人民政府

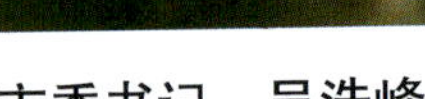

市委书记　吴浩峰

政府市长　杜学军

满洲里市坐落在美丽富饶的呼伦贝尔大草原，东依兴安之脉，南濒呼伦之水，西临蒙古国，北接俄罗斯。全市辖区面积730平方公里，人口30万，居住着蒙、汉、回、朝鲜、鄂温克、鄂伦春、俄罗斯等20多个民族。市辖国家级中俄互市贸易区、边境经济合作区、国家大型煤炭能源基地扎赉诺尔矿区和自治区级创汇农业区东湖区。

满洲里是一座具有百年历史的口岸城市。满洲里1901年因东清铁路的修建而得名，历史上就是亚欧交往的重要商埠，素有“东亚之窗”的美誉，是亚欧第一大陆桥上极为重要、快捷的国际大通道，承担着中俄贸易70%以上的陆路运输任务，是中国最大的陆路口岸。满洲里对内背靠我国东北三省、与环渤海地区相贯通，经济腹地辽阔；对外连接俄罗斯西伯利亚大铁路直至荷兰鹿特丹，所经沿线是俄罗斯人口最多、资源最富集的地区；东连海参崴、纳霍德卡等天然良港，与东北亚各国相望；在东北亚经济区域中的战略地位显要，是亚太地区国家进入亚欧大陆的理想门户。

满洲里是一座资源富集的城市。有面积2300多平方公里的中国北方第一大淡水湖——呼伦湖，盛产鱼虾；有蕴藏百亿吨的优质低硫褐煤，有珍珠岩和膨润土、石灰石、硅石等矿藏；更有绵延无际、水草丰美的呼伦贝尔大草原及丰富的乳肉资源。毗邻的俄罗斯西伯利亚地区是“二十一世纪人类自然资源的宝库”。其能源储量占世界总储量的1/3以上。毗邻的蒙古国矿产资源储量也十分可观，特别是铁、锌、铜等有色金属资源非常丰富，开发潜力巨大。

满洲里是一座独具魅力的城市。满洲里市的旅游资源得天独厚，被誉为“北疆明珠”，是一座独领中俄蒙

三国风情、中西文化交融的城市，被评为 CCTV2006 年度中国十佳魅力城市。绿草如茵的呼伦贝尔大草原，辽远无际；碧波荡漾的呼伦湖，纤尘不染；巍峨耸立的国门，庄严肃穆；热情奔放的蒙古风情，雄浑厚重；承继远古文明的扎赉诺尔文化，源远流长；中西交融的城市风格，独具魅力。这一切编织成一幅幅自然生态与现代景观、远古文化与现代文明、民族文化与异域风情交融和谐的优美画面，令无数海内外游人心驰神往。

满洲里是一座经济活跃的城市。2007 年，全市地区生产总值完成 80 亿元，增长 20.3%；人均地区生产总值超过 5000 美元，是全国平均水平的 2.2 倍。财政总收入突破 20 亿元大关，增长 49.7%，增幅位列自治区各盟市之首。外贸进出口总额达到 33.4 亿美元，增长 27.5%，占自治区外贸进出口总额的一半以上。进出口货运量达到 2402 万吨，增长 10.6%，继续保持了全国最大陆路口岸的地位。上缴关税、代征税 79.1 亿元，增长 14.5%，占全国上缴关税总量的 1%强。满洲里已然成为东北亚经济区域中人流、物流、资金流和信息流最活跃的集散地之一，在中国全方位对外开放格局中占有举足轻重的战略地位。

满洲里市正以服务全国、面向世界的博大胸怀，与时俱进的创新精神，奋发有为的进取姿态，加快向沿边地区最具潜力、最集合力、最有实力、最显魅力、最富活力的典范城市迈进。

满洲里第五代国门

俄罗斯套娃广场

世纪大道

市民广场

呼和浩特市大同众鑫房地产开发有限责任公司

——用心铸就精品住宅

呼和浩特市大同众鑫房地产开发有限责任公司成立于 2006 年 3 月，本公司因草原明珠住宅小区项目而生。2004 年初通过呼和浩特市回民区政府招商引资，大同市众鑫房地产开发有限责任公司进入了呼和浩特市，并在回民区政府的大力支持下，选定草原明珠住宅小区作为投资项目。

大同市众鑫房地产开发有限责任公司成立于 1993 年，是一家专业从事房地产开发和经营的企业，各类专业技术人员占职工总数的 80%以上。成立以来，先后投资开发建设了大同市云啤集团住宅楼、大同市开关小区、大同市云波里住宅小区、呼市草原明珠住宅小区等项目，规模均在 6 万平方米以上。在近几年的开发过程中，公司稳步进入了物业管理、装饰装潢、足球俱乐部等相关领域，积累了丰富的经验，并取得了不俗的成绩。2002 年获得大同市劳动模范先进单位；在大同市建设的云波里小区荣获“优秀户型”奖；2003 年获得大同市人民政府颁发的房地产“优秀企业”奖；同时获得大同市房产管理局“示范住宅小区”、山西省品牌协会“会员单位”。并在 2002 年通过了 ISO9001：2000 国际质量管理体系认证，成为大同市较早通过质量管理体系认证的房地产开发企业。在呼和浩特市，大通众鑫品牌被中共呼和浩特市委宣传部、呼市城调队、呼消协等 6 家单位评为 2006 年（第二届）首府百姓最满意的优秀房产商前三甲品牌；被内蒙古日报社、内蒙古自治区商务厅、内蒙古国土资源局等 6 家单位评为 2006 年受内蒙古家庭欢迎的十大楼盘；被中共内蒙古自治区委宣传部、内蒙古自治区质量技术监督局等 6 家单位评为 2006 年度、2007 年度全国质量月工程质量用户满意单位；被呼和浩特市工商局评为 2006 年度“免检企业”、“诚信企业”。

草原明珠小区共分为三期建设，总占地面积 300 亩，总建筑面积 29 万平方米，容积率达到 1.2，绿化率达到 42%。两栋综合楼，40 栋多层住宅楼现全部竣工，2006 年 11 月开始陆续交付使用，入住率现已达到 70%。一直以来，草原明珠作为首批经济适用住房，不仅受到回民区政府的极大鼓励，而且连市政府都给予了极大的关注。功夫不负有心人，在四年的不懈努力中，公司为政府解决就业 1600 余人，为老百姓安置低价住房 3000 余户，为回民区上缴利税 1900 万元，成为回民区的纳税大户。

内蒙古名都房地产开发有限责任开发公司

董事长　李晓冰

总经理　邢其坤

内蒙古名都房地产开发有限责任公司设立于 2005 年 4 月 30 日。公司的经营范围是房地产开发。是中华人民共和国企业法人，公司注册资本人民币 5000 万元。

“名都·枫景”住宅小区项目位于呼和浩特市新城区爱民东路北侧、展览馆东路西侧。所处的地段为呼和浩特市新城区海拉尔东路核心住宅区。在不到一公里的范围内已有三个建筑面积超过 20 万平方米并已落成使用的住宅小区。项目占地 131,522 平方米，为响应国家节约土地资源的号召，规划建设小高层和高层住宅，使同等面积的土地居住更多的居民。名都·枫景”住宅小区项目总投资 4.7 亿元，由中国城市建设研究院和加拿大 CANTUS(坎塔斯)国际设计公司负责建筑设计，由内蒙城市建设研究院负责景观设计，由内蒙古蒙建建筑安装公司和中国 22 冶金建筑公司负责建筑施工。

“名都·枫景”住宅小区项目为现代欧式围合式建筑风格；分为“枫韵园、枫姿园、枫盈园、枫硕园、枫登园”五个独立的建筑组团。“名都·枫景”住宅小区将蒙古族文化元素融入现代建筑之中，使整个小区建筑既体现出现代建筑的动感，又有浓郁的地方少数民族文化特征。还采用乔、灌为主，地被植物为辅的绿化模式，既减少了绿化用水的消耗，也有利于风沙的防御。“名都·枫景”住宅小区建有以枫树为主要绿化植物的大型景观公园——宽 48 米、长 400 米的“枫林大道”。每个组团又各有自己的景观，住宅小区园中有园、景中有景、环环相扣，相映成趣，满足了少年儿童好动、老年人好静等多方面的人文关怀需求。住宅小区通过主题景观公园、立体园林绿化、大型会所为业主提供健康、运动、散步、休闲、娱乐等丰富的精神生活条件。

名都·枫景住宅小区将蒙古族文化名都·枫景住宅小区秉承为百姓建造健康住宅的理念，充分体现建设节约型社会的要求。目前正在申报建设部节能住宅样板项目，力争把项目建成健康、节能、环保、舒适的人文气息浓厚的住宅小区，满足广大百姓高品质居家置业的需求，以高品质的产品面向广大普通百姓。

名都·枫景住宅小区在满足居住功能完善的同时，力求户型的合理设计，人性化的设计，主打户型 90～130 平方米，充分满足实际居住功能需求的合适居住面积。崇尚自然□贴近生活是小区建设的理念。幽静舒适□休闲健康是小区建设的宗旨。节能环保□精细营造是小区建设的追求。

公司地址：新城区展东路与爱民路交汇处
联系电话：6569002

内蒙古晟基置业公司

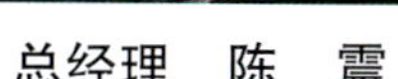
总经理　陈　震

开盘盛况

内蒙古晟基置业有限公司成立于2005年，由山西煤炭进出口集团公司投资设立的专业性房地产开发公司。公司自成立以来一直秉承“晟志高远，基承天下”的品牌地产发展理念，凭借自身雄厚的资金优势和独特的企业魅力，树立了良好的品牌形象和信誉口碑。

公司组织机构完善，拥有一支学历高、年龄轻、富有朝气的专业化队伍。在逐步发展的过程中形成了从项目策划、设计、施工管理到物业服务等全过程专业人才云集的智慧型协作团队。在这两年多的实践中，公司的业务得到了全面的发展，取得了良好的业绩。使公司日渐发展成为一个区域性的房地产企业。公司的使命是为城市建设经典建筑，为城市居民创造品质住宅，为小区业主营造舒适生活。

香格里小区是内蒙古晟基置业有限公司品牌发展战略的重点项目。小区位于内蒙古自治区行政办公区，西邻腾飞路，东邻滨河景观带，北部与500亩的绿色城市广场相接，与自治区党政办公大楼遥相呼应。小区占地231.45亩，建设面积33万平方米，计划投资近10亿元，容积率1.99，绿化率42.3%。

香格里小区由LACIME International Pte Ltd(新加坡)担纲设计。以“生活在花园里，运动在家园中”为设计理念，秉承“以人为本、尊重文化、崇尚自然、追求健康”的设计理念，运用主次分明的布局、尺度层次错落的空间处理、巧妙借景等设计手法，将高层、小高层建筑主体与周边商业配套及自然环境有机融为一体，把香格里小区打造成一个集休闲、娱乐、购物、居住于一体的高品质、现代化的生活家园。

目前，香格里小区一期工程7栋高层、小高层建筑近10万平方米已于2007年9月底封顶，预计2008年10月底即可入住；同时二期工程9栋高层、小高层建筑近12万平方米计划于2008年下半年开工。为了保证一流的设计理念在工程建设中得以充分体现，公司在源头上严把工程质量关，从施工单位、监理单位的选择到建筑材料的选定，全部通过公开招投标程序，并最终选定了两家队伍过硬、管理严格的一级施工企业——山西四建集团有限公司和泛华工程有限公司为香格里一期工程Ⅰ、Ⅱ标段施工单位，同时建筑材料均选用了国内外知名品牌，如三菱电梯、弗洛伦莎暖气片、美心防盗门、秦皇岛耀华玻璃及山东华建型材等，为打造高品质住宅奠定了坚实基础。

在今后的发展道路上，内蒙古晟基置业将一如既往地秉承“质量第一、客户至上”的理念，凭借先进的设计方案、科学的施工技术、严格的施工管理打造高标准、高质量、可持续发展的绿色生态建筑小区，为青城人民奉献“和谐、绿色、自然”的生态空间！

集团观摩团

规划项目鸟瞰图

荣斌房地产

总经理　贾　斌

北　门

竹　园

商　业

内蒙古荣斌房地产开发有限责任公司，是2004年房地产企业，具有国家肆级房地产开发资质。几年来，公司在董事会的正确领导下，积极进取，艰苦奋斗，荣斌房地产公司秉承着“务实、诚信、创新、卓越”的经营理念，一贯主张与坚持“自然、舒适、和谐”的开发理念与产品特色，并将“和谐”提升至公司品牌建设的战略高度。公司设立以来对和谐生活的孜孜以求及务实、高效、成信的稳健风格也赢得了广大消费者的赞誉与信赖。

荣斌地产从诞生伊始即坚持诚信经营稳健务实的作风，以产品和服务创造价值，为客户提供的不仅仅是建筑和空间，更是生活的元素与境界。2006年开发建设的新教小区总建筑面积2万平方米，2007年在呼和浩特市赛区开发的竹园小区总建筑面积48万平方米，得到了广大用户的信赖，整个园区将竹文化体现的淋淳尽致，可谓“宁可食无肉，不可居无竹”。

2008年2月2日，公司被呼和浩特市房产管理局以实力强、规模大、信誉好、经营规范，评为2007年度呼市房地产开发企业资质免检企业，是全区十几家免检企业之一，位列首府房地产开发企业旗舰队伍之中。

荣斌地产已经站在崭新的起点，迎来跨越式发展的历史契机。规范企业管理体系，对内建立现代企业制度，对外规范诚信经营行为，不断提高管理水平；继续以人为本，培养人才，锻炼出一支专业化、知识化、年轻化的人才队伍。

真诚服务业主，致力于打造首府和谐人居。我们将继续弘扬荣斌精神，诚信经营，认真履行一个企业的社会责任，回馈社会，对客户负责，赢得市场的更多肯定和客户的忠实信赖，再创辉煌。

荣斌房地产作为免检房地产企业并将一如既往地打造荣斌精品，真诚服务首府，致力于打造首府和谐人居。

内蒙古浙宇实业有限公司

总经理　沈玉龙

内蒙古浙宇实业有限公司于2004年1月注册成立，注册资本4100万元。“青城华府”为该公司的第一个项目，项目地址：呼和浩特市中山西路138号（假日酒店对面）。

“青城华府”位于呼和浩特市核心街区，被称为青城华府第一街的中山西路。东街“青城公园”，西靠公园西路，北临商业繁华的中山西路，面迎假日酒店，东旁有高22层的办公楼——国贸大厦。区域为呼和浩特市集便捷交通、完善配套、优美环境于一体的商住宝地。

本项目总占地面积约17亩，将建二幢高层住宅，北楼也称B楼临中山西路为主楼，地上27层，其中1-3层为商用，4-27层为住宅；南楼也称A楼16层，整体住户约为487户，商业31套。沿中山西路及公园西路设三层商业裙房，中心广场有5000平方为左右的集中中央绿化，地下也称C楼设两层15000平方米的大型停车场，C楼项目规划总建筑面积约80000平方米。

该项目现已封顶。于2008年8月30日交付使用。现销售比例：住宅81%，商业39%。

通辽库伦旗政府

政府办公大楼

各民族团结、和谐载歌载舞

奋力攀升、工业强旗

[LUSTA]

真诚·纯朴·善良·发展

住宅及商業不動產行銷代理專家

——北京蓮禾房地產經紀有限公司

"我希望与我的企业共生，与我的员工共创，与我的开发商共赢，与我的客户共享，莲禾以及莲禾的每个员工，都将因独特的价值而存在，我们将用心，用努力，用实绩，成为您最信赖的朋友"

范志凌

公司简介

莲禾企业2001年始创于北京，源于房地产行销业已成熟完善的台湾市场，公司核心领导层由从业平均15年以上的房产专业人士构成，中级管理层亦为上海、北京等一线城市的行销精英，目前员工总数近260名，代理范围包括住宅、公寓、别墅、写字楼、酒店、大型多功能综合商业楼等，是一个综合性房地产全程行销代理机构。2003年，莲禾企业建立呼市分公司，以绝对优势的代理总量和销售实绩，成为呼市代理行业的领军者。

莲禾企业行销体系是由房地产行销代理机构、专业建筑设计事务机构以及资深的商业管理顾问公司共同构成，能够真正做到全程整合、系统化运作。业务范围不仅包括项目可行性评估、市场定位研究、规划设计咨询服务、广告企划、行销代理、企业VI管理服务，更以高档综合性商业地产全程行销代理著称市场。

多年来，莲禾企业秉承"真诚、淳朴、善良、发展"的核心精神，把境外深厚根基与本土实战经验相结合，凭借过硬的专业素养、精准的产品定位，创新灵活的战略战术，一路精进，以最具挑战、最具专业难度的项目代理实绩，赢得不断赞誉，成为众多开发商企业的忠诚合作伙伴。

截至2008年初，莲禾一手房代理楼盘累计50多个，项目足迹已遍及北京、大连、太原、呼和浩特、哈尔滨、大庆、威海等全国各大中小城市，业务结构日趋完善，运营经验更为成熟，成为能够操作高难度、高风险、高整合性项目的地产营销专家。

发展历程

[2001——2004年]莲开北京，攻城掠地 >>>>>>>>>>>>>>

□首府广场（呼市）□都市华庭（呼市）□青城之恋（呼市）□汇豪天下一期（呼市）□未来城（北京）□苏荷雅居（北京）□白领居易（北京）□士海一家（大连）□谷埠街国际商城（广西）□合山商贸城（广西）□山西世贸中心(太原)□香榭丽广场（大庆）□创意空间（大庆）等；

[2005年]不蔓不枝，区域战略 >>>>>>>>>>>>>>>>>>>>>>>>>>

□汇豪天下二期（呼市）□东达城市广场写字楼、公寓（呼市）□丽苑阳光城三期（呼市）□龙悦大厦（哈尔滨）□八度空间（哈尔滨）等；

[2006年]映日荷花，莲开并蒂 >>>>>>>>>>>>>>>>>>>>>>>>>>>>>>>>>>>>>>

□新希望家园二期（呼市）□亿峰岛璞园（呼市）□波士名人国际（呼市）□幸福易居（呼市）□康城（鄂尔多斯）□揽胜苑（鄂尔多斯）□兴泰星园（鄂尔多斯）□帝景（哈尔滨）□领秀1+1（大庆）等；

[2007年]花中君子，无冕之王 >>>>>>>>>>>>>>>>>>>>>>>>>>>>>>>>>>>>

□新希望家园三期（呼市）□东达小镇（呼市）□华门世家（呼市）□巨鹰国际（大庆）□长滩印象（威海）□绿景（威海）□美丽家园（大庆）□四季花城（大庆）□提香草堂（大庆）等；

仁和物业公司

高素质管理、形象化服务

维护修理

终于职守

一丝不苟

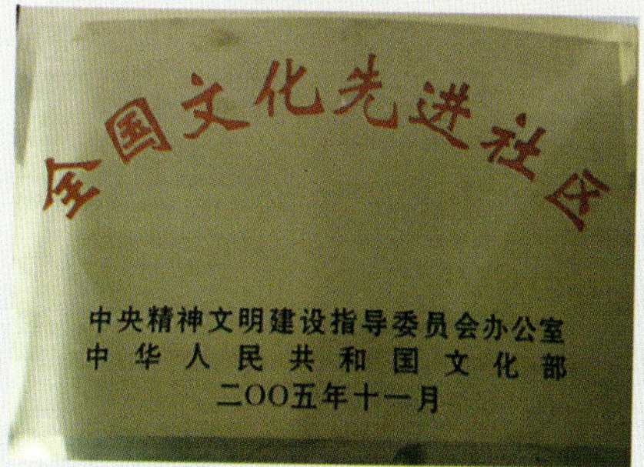

全国文化先进社区

全国物业管理示范住宅小区

内蒙古经贸外语职业学院

院长 吴宏

办学层次:2006年4月经内蒙古自治区人民政府批准、教育部备案的普通高等职业院校，列入国家高考统一招生计划，具有颁发国家承认的高等专科学历资格。根据自治区政府119号文件精神,经自治区教育厅批准成立内蒙古博达职业技术学校,学院办学层次为高等职业教育、中等职业教育、成人教育和职业培训。

基础设施:占地面积875亩,建筑面积37648□。包括办公区、教学区、宿舍区、大礼堂、运动场、学生餐厅、计算机房、图书馆、阅览室、电子阅览室、医务室、浴室及新建多媒体教室(3个)、48座新型数字化语音室(2个)、网络教室(100兆光纤)等设施和设备。学生宿舍及各办公室均安装网通、电信两部电话,校园内安装有IP卡电话,各班教室配备了有线电视。

专业及院系设置.高职现设4个系、16个专业。中职现设5个专业。

师资队伍:经国家外专局批准具有外教聘用资格,长期有两名以上外籍教师教授英语课程。学院现有专职教师36人,兼职教师73人,学历全部为本科以上,副高以上职称26人。

学院荣誉:(1)2006年5月,被中国民办教育发展促进会评为"中国民办优秀品牌学校";(2)被"2006年度第五届教育改变中国系列行动"评为"十大最受企业欢迎人才培养基地"、"全国大学生就业模范院校";(3)2006年内蒙古社会扶贫工作促进会授予学院"内蒙古扶贫助学联合工程2004—2005年度先进单位";(4)2007年1月，被中国民办教育协会评为 "全国民办学校先进单位";(5)2007年11月被中国民办教育协会授予"全国民办学校'守诚信,重教学质量'双保障示范单位"。

招生及就业前景:学院一直保持着93%以上的就业率,与区内外几十家企业建立了稳定的就业渠道,已向社会输送各类专业人才万余人,毕业生具有良好的就业前景。

远景规划图

发展中的准格尔旗

准格尔旗旗委书记　白　智

准格尔旗旗长　阿　木

准格尔旗地处内蒙古自治区西南部，鄂尔多斯高原东端，晋陕蒙三省区交界处。全旗总面积7692平方公里，总人口27.6万人，辖1个自治区级开发区（准格尔经济开发区）、1个新区（大路新区）、8个乡镇、1个苏木，居住着蒙、汉、回、满、藏、壮、达斡尔、鄂温克、鄂伦春等14个民族。北、东、南为黄河环绕，过境长度197公里。旗府薛家湾镇北倚自治区首府呼和浩特100公里，毗邻钢城包头180公里，东距首都北京650公里，西距鄂尔多斯市120公里。

准格尔旗地域辽阔，资源富集。全旗境内有矿藏近20种。现已探明煤炭储量544亿吨，远景储量1000亿吨；软质高岭土探明储量60多亿吨；石灰石储量50亿吨；铝矾土储量1亿吨。现已建成并投入运营的坑口火电厂5座，装机容量244.4万千瓦。水电站1座，装机108万千瓦，在建水电站1座，装机42万千瓦。境内有大准铁路、准东铁路、呼准铁路，109国道横贯东西，呼准高速公路与呼包、包东高速公路连为一体，交通运输十分便利。境内巨石林立、天水一色的黄河峡谷，充满神奇色彩的千年古松“中国油松王”，蒙汉民族水乳交融的民间艺术奇葩“漫瀚调”等旅游文化资源让国内外旅客流连忘返。

“十五”以来，准格尔旗借助资源优势和区位优势，认真落实科学发展观，本着“聚精会神搞建设、一心一意谋发展”的理念，充分尊重自然规律、经济规律和社会发展规律，结合准格尔旗实际提出并实施了一系列新的发展措施，实现了经济社会较好较快发展。2007年，全旗煤炭产量达到9641万吨，地区生产总值300亿元，财政收入60亿元，城镇居民人均可支配收入17416元，农民人均纯收入6288元，全社会固定资产投资197.5亿元，三产协调发展，经济保持突飞猛进的态势。在第七届全国县域经济基本竞争力评价中，列全国2002个县域单位第57位，西部百强第3位；在第二届中国中小城市科学发展评价中，列2006年度全国中小城市综合实力百强第68位。2006年准格尔旗被评为全国民政工作先进旗和鄂尔多斯市民族团结进步模范集体；2007年又评为中国生态小康建设十大政府创新典型和内蒙古工业十强旗县市区、全区防沙治沙先进单位、自治区双拥模范旗。

黄河峡谷

党政大楼

今后，准格尔旗将认真贯彻落实十七大精神，以科学发展观统揽经济社会发展全局，加快发展循环经济，切实转变经济增长方式，扎实推进社会主义新农村建设，加快建设资源节约型、环境友好型社会，实现经济快速发展，率先建成和谐的小康社会。预计到2012年，地区生产总值达到800亿元，财政收入超120亿元，城乡居民人均收入分别超25000元和11400元，固定资产投资累计完成1000亿元，建成中国西部重要的能源重化工基地、先进制造业基地、区域性商贸物流中心和旅游佳地，综合实力进入全国百强前50位，基本实现全面小康。

准格尔召庙群

准格尔电厂

伊金霍洛旗

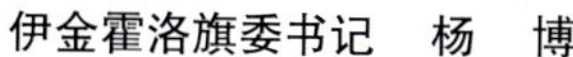

伊金霍洛旗委书记　杨　博

伊金霍洛旗政府旗长　云卫东

伊金霍洛（汉意为“圣主的陵园”）旗地处鄂尔多斯高原东南部，毛乌素沙漠东北边缘，东与准格尔旗、陕西省府谷县接壤，西与乌审旗、杭锦旗交界，南与陕西省神木县毗连，北与市政府所在地康巴什新区隔河相望，系鄂尔多斯市“一市两区、三个组团”城镇框架核心区之一，是一代天骄成吉思汗长眠之地，享有“煤海绿洲，天骄圣地”的美誉。全旗总面积5600平方公里，辖7个镇，总人口15.16万人，其中少数民族人口1万人。

伊旗生态环境良好，植被覆盖度为86%，森林覆盖率为34.6%，先后被评为“全国绿化先进旗”、“全国绿化百佳县”和“全国退耕还林后续产业先进旗”。境内地下水资源比较丰富，永久储量151亿立方米，地表有6条大的内流河，有2条外流河干流，水质良好。区位环境优越，地处呼—包—鄂“金三角”区域，公路总里程1803公里。包茂高速、109国道高速纵横交错，包西铁路、包神铁路、东乌铁路穿越旗境，鄂尔多斯机场距旗府所在地14公里，已基本形成集铁路、公路、航空于一体的立体交通网络，成为鄂尔多斯及周边地区的重要交通枢纽。人文资源独特，除全国重点文物保护单位、全国旅游胜地“四十佳”之一的成吉思汗陵外，还有距今4000年历史的仰韶文化晚期至早商时期的“朱开沟文化”遗址，有保存完好的战国秦长城遗址，有世界珍稀动物遗鸥保护区、古城堡、古树化石、大仙洞、现代化矿区等一大批自然人文景观。现已成为成吉思汗祭祀文化、鄂尔多斯风土人情和草原文化的汇集地。矿产资源富集，特别是煤炭资源储量大，赋存条件好，素有“地下煤海”之称，是神府东胜煤田的主采区，国内重要的能源基地之一。现已探明煤炭储量148.5亿吨，具有低灰、低硫、低磷、发热量高、埋藏浅、易开采等特点，素有“精煤”之称。除煤炭外，还有天然气、煤层气、天然碱、泥炭、石英砂、石灰岩、高岭土、粘土等矿产资源。

伊旗坚持立足实际谋发展，以结构调整为主线，进一步优化一产，壮大二产，提升三产，形成了各产业之间协调发展的良性互动格局。第一产业主要形成了肉羊、绒山羊、林沙三大产业，建成了苏布尔嘎镇“敏盖”内蒙古白绒山羊和札萨克镇兴绿原肉羊两大畜牧业种源基地，引进培育了碧海木业和天骄人造板两大林沙龙头企业。第二产业以煤炭为龙头，初步形成了煤炭、煤电、煤化工三大支柱产业。煤炭行业共有煤矿73个（国有重点矿12个，地方煤矿61个），2007年全旗原煤产量达到7000万吨（其中地方煤矿原煤产量达到2200万吨）。煤电行业主要有5个资源综合利用电厂，总装机容量达到23.6万KW。煤化工行业重点引进了总投资250亿元的神华集团煤液化项目，总建设规模为年产油品500万吨。第三产业主要依托成吉思汗陵旅游景区和世界级现代化煤田，倾力打造旅游精品，用浓郁的民族文化提升旅游业层次，用旅游业的快速发展扩大民族文化影响力和知名度，形成了成陵旅游和工业旅游两大特殊旅游品牌。2007年旅游业收入达到3.9亿元，全社会消费品零售总额达到15亿元。

在加快调整产业结构的同时，伊旗紧紧抓住鄂尔多斯市建设“一市两区、三个组团”现代化城市核心区的战略机遇，把城市建设作为推进“三化互动”的重要突破口，确立了“北连南拓，东退西缩，中心辐射”的总体发展思路，逐步形成了以阿镇、伊金霍洛镇、乌兰木伦镇为核心的城镇框架核心区。阿镇积极与康巴什新区对接，旧城区拆迁改造与新城区建设同步推进，先后被评为“全国绿化先进小城镇”、“全国创建文明城镇工作先进单位”和“全国卫生城镇”。伊金霍洛镇完成了集镇整体搬迁，充满浓郁民族特色的现代化新镇区成为全市城镇建设的一大亮点。乌兰木伦镇突出绿色煤都建设，全面加强道路改造、镇容整治和绿地建设，被评为首批“全国文明镇”。全旗城镇化率由2003年的44.4%提高到2007年的55.8%，城镇面貌大为改观，市政基础设施显著改善，集聚产业和吸纳人口能力进一步增强。

近年来，在上级党委、政府的正确领导和亲切关怀下，伊旗紧紧抓住西部大开发、国家能源战略西移和神华集团大建设三大历史机遇，依托资源、区位和人文三大优势，不断调整经济结构，转变发展方式，经济建设和社会各项事业有了长足发展，综合经济实力不断壮大，人民生活水平显著提高，主要经济指标连续6年平均以40%以上的速度增长。特别是2007年，全旗经济社会呈现出历年来最好的发展势头，地区生产总值完成200.38亿元，财政收入完成30.9亿元，城镇居民人均可支配收入达到17381元，农牧民人均纯收入达到6301元,全社会固定资产投资完成150.5亿元。全旗呈现出经济繁荣、社会和谐、民族团结、政治稳定的良好发展势头，走出了一条具有伊旗特色的跨越式发展道路。在第七届全国县域经济基本竞争力评价中，伊旗跃居全国百强第72位、西部百强第4位，稳居全区69个旗县第2位，不仅成为全国县域经济基本竞争力提升速度最快的百强县（市）之一，而且也成为带动鄂尔多斯经济快速发展的重要增长极。在经济快速发展的同时，伊旗始终遵循“共创财富、共享成果、共建和谐”的理念，高度关注民生，坚持在科学发展中推进跨越，在把握规律中构建和谐，2004年以来，先后实施了“十大民心工程”和“十大惠民工程”等一系列惠民富民的政策措施。2005年，伊旗被中央党校《理论前沿》课题确定为全国构建和谐社会的样板旗县。

“十一五”时期是伊旗改革和发展又将取得重大突破的重要时期，面对新的形势和任务，伊旗将认真贯彻党的十七大精神，始终围绕跨越式发展与构建和谐两大主题，推进城乡发展模式、产业结构、社会管理三个战略转型，努力实现综合经济实力、城市建设水平、社会事业发展水平、人民生活水平四大跨越，力争综合实力跨进全国县域经济百强前50位，在全区率先建成全面小康社会，推动全旗经济社会又好又快发展。

发展亮丽的伊金霍洛旗

成吉思汗陵旅游景区一角

温馨舒适的住宅小区

现代化的煤炭开采

星级宾馆夜景

街景一角

市镇建设一角

成吉思汗陵园

四通八达的交通网络

青年文明号免费电瓶公交车

大型现代化煤矿

蓬勃发展的民族教育

铁 路 大 桥

内蒙古伊泰集团有限公司

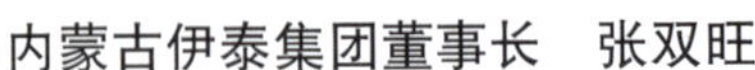
内蒙古伊泰集团董事长　张双旺

内蒙古伊泰总经理

内蒙古伊泰集团有限公司是以煤炭生产、经营为主业，以铁路运输、煤制油为产业延伸，以太阳能、生物制药、房地产开发等非煤产业为互补的大型现代化企业。公司为中国企业500强（第412位）、全国煤炭企业百强（第21位）、铁道部确定的百家运输大客户和内蒙古自治区煤炭50强之首，被内蒙古自治区人民政府确定为到2010年煤炭产销超过5000万吨的重点企业，被国务院列为全国规划建设的13个大型煤炭基地骨干企业之一。

公司现总资产160亿元，下属内蒙古伊泰煤炭股份有限公司、伊泰准东铁路有限责任公司、呼准铁路有限责任公司、伊泰煤制油有限责任公司、中科合成油技术有限公司、伊泰药业有限责任公司等直接和间接控股公司22家。伊泰煤炭股份有限公司为煤炭行业首家B股上市公司。“伊泰”商标为煤炭行业第一枚“中国驰名商标”，“伊泰精煤”被国家质量监督检验检疫总局认定为“国家免检产品”。

伊泰集团现有大中型煤矿14座。所生产经营的煤炭具有低灰、特低磷、特低硫、中高发热量等特点，是天然的“环保型”优质动力煤。公司现已建成全长72.6公里准东电气化铁路（运输能力3100万吨/年）、124公里呼准铁路和122公里曹羊公路（复线）；正在建设全长65.5公里的准东铁路二期工程和26.8公里的酸刺沟煤矿铁路专用线。公司在秦皇岛、天津、京唐等港口设有货场和转运站，在北京、天津、上海、广州、秦皇岛等地设有销售机构，形成了产、运、销完整的体系。

伊泰集团在内蒙古自治区和鄂尔多斯市党委、政府及有关部门的关怀和支持下，认真贯彻“三个代表”重

要思想，落实科学的发展观，坚持“四个不变”的办企原则，即：坚持加强党对企业的领导，集团公司党委是领导核心不变；坚持合法经营，照章纳税，两个文明协调发展的方向不变；坚持依靠广大职工，充分尊重广大职工的主人翁地位的宗旨不变；坚持为地方和国家的社会主义建设积极做出贡献的思想不变，各项事业取得快速发展。集团公司党委被中组部授予“全国先进基层党组织”称号；公司被原国家煤炭工业部评为“现场管理最佳企业”，并授予全国煤炭工业优秀企业“金石奖”；被中华全国总工会、劳动和社会保障部、全国工商联联合授予“全国就业与社会保障先进民营企业”；被内蒙古自治区认定为“标兵文明单位”。集团公司董事长张双旺、总经理张东海先后被评为全国劳动模范。

伊泰集团确定下一步发展目标为：“十一五”即2010年，煤炭产销突破5000万吨，进入全国煤炭企业10强。

伊泰纳林庙煤矿二号井

伊泰太阳能光伏电站

伊泰大厦

伊泰公路

中国人民解放军内蒙古

为灾区捐款

支援地方防凌防汛

改善市容市貌

炮兵分队黄河炸凌

陆军预备役步兵第三十师

捐资助学活动

植树造林　再造秀美山川

嘹亮歌声响彻军营

大唐托电预备役护卫队

悠久的文化历史 独特的农副产品资源 武川县

武川县位于内蒙古自治区中部、大青山北麓，背靠希拉穆仁大草原，南临土默川平原，距首府呼和浩特33公里，是首府呼和浩特市所属五个旗县之一。辖区总面积4885平方公里，县境东西长约110公里，南北最宽约60公里。地形南山北丘，山地占41.9%，丘陵占50.4%，滩地河谷占7.7%，海拔在1600—2000米之间。气候特点为春季干燥风沙多，夏季短促降雨少，冬季严寒时间长，年平均气温3℃，降水量350mm左右，无霜期105天左右。全县辖5乡3镇，93个行政村，964个自然村，总人口17.1万人，其中农业人口14.1万人，蒙古族占1.8%，汉族占98%，其他少数民族占0.2%。

武川县资源丰富。一是有广阔的土地资源，全县耕地面积203万亩，天然优质草牧场373万亩，其中淖尔梁天然牧场为自治区极少见的高山湿地，林地275.23万亩，森林覆盖率15.4%。二是有丰富的矿产资源，县境内发现有金、银、铜、铁、褐煤、腐植酸、石墨、石灰石等矿藏28种，其中石灰石矿已探明储量在1亿吨以上。铁矿资源遍布全县，远景储量3.5亿吨。被称为“乌金石”的风化煤已探明储量5000万吨，腐植酸含量达50%以上，可广泛应用于工业、种养业及医药等领域，极具深度开发价值。三是有独特的农副产品资源，主要农作物有马铃薯、小麦、莜麦、荞麦、豆类、油料等，其中马铃薯、莜麦、荞麦在国内外市场均享有盛誉。2004年，武川县被“中国—新西部高层论坛”命名为“中国马铃薯之乡”，2008年被国家质监总局批准为“国家级绿色马铃薯种植标准化示范区”，武川马铃薯被确定为2008年北京奥运会特供食品。武川素有“正北芪之乡”的美誉，黄芪品质纯正，药性强，历史久。牲畜头数近年来基本稳定在80万头（只）左右，乳、肉、绒、毛、皮等畜产品丰富充裕。四是有优越的人文、地理优势。武川县自北魏建镇以来已有1600余年的历史，文化底蕴深厚，为北魏北周文化、隋唐文化、白道文化的发祥地，素有“帝王之乡”的美誉。县境内有井尔沟、大青山抗日根据地遗址，已开发的哈达门国家森林公园、李齐沟、得胜沟旅游区，都是休闲旅游的好景点。五是有便利的交通条件。104、101省道、呼百（呼和浩特—百灵庙）、呼武（呼和浩特—武川县）公路纵通南北，集固（乌兰察布市集宁—包头市固阳）公路横贯东西，全县8个乡镇都有直达油路。

武川县水资源丰富，水质好，地下水总储量87.62亿立方米，县城可镇和主要开发区供水条件良好。通讯设施完善，长途通讯线路和光缆通讯线路全部并入国际国内长途电话自动网，8个乡镇及服务中心全部实现了通讯程控和数字传输，拥有电报、电话、自动直拨、移动通讯等一系列先进的信息传输手段。

近年来，武川县以实现富民强县、构建和谐武川为目标，确立了“654321”发展战略，努力做大做强绿色种养、金属采选冶炼、水泥建材、农畜产品加工、旅游服务和清洁能源六大主导产业，着力打造马铃薯、肉羊养殖、水泥建材、旅游度假和清洁能源五大基地，不断强化交通、水利、电力、生态四大基础设施，加速推进工业强县、农牧业大县和旅游名县建设步伐，财政收入和城乡居民收入水平有了大幅度提高，经济建设和社会事业发展态势良好。

呼和浩特市广场管理处

新华广场管理处成立于1997年9月1日，隶属于呼市建设局，负责新华广场的设施、环境、秩序的管理维护及社会各类公益活动的配合协调等工作。2001年根据广场建设管理的实际情况，市政府将新华广场管理处更名为呼和浩特广场管理处，同时接管了新建的伊利广场，2004年6月管理处升格为准处级单位。管理处成立后对广场进行了全面系统的建设管理，在短期内彻底改变了新华广场设施落后、周边环境差的旧面貌，在广场环境治理和秩序维护方面取得了突出成绩。管理处建立健全了各项规章制度，狠抓了队伍建设和作风建设，使广场的建设与管理工作年年上一个新台阶，年年都有新变化，1997年至2002年获得了回民区政府颁发的“爱国卫生工作先进单位”、“综合治理先进集体”、“计划生育先进单位”等称号；2000年在全区行业评比中获得“内蒙古自治区城建监察先进集体”称号；2000年和2001年在呼市举办的春节元宵节和消夏文化节活动中被市政府授予“优秀组织奖”；2003年被呼市精神文明委员会授予“抗非典、讲文明、做奉献先进集体”称号；在历年的建设局系统评优活动中被评为“优秀党支部和红旗党支部”；2004年被中国企业文化协会授予“中国优秀文化广场奖”。2006年，呼市新华广场凭借其“活动形式多样、群众参与广泛、富有地方特色”获得了全国特色文化广场奖项；2007年由呼和浩特市委宣传部、呼和浩特市旅游局、呼和浩特日报社主办的呼和浩特新八景评选活动揭晓，新华广场在4个最具吸引力特色景点中被评为呼和浩特最具吸引力广场文化特色景色，管理处评为建委系统迎60周年大庆先进集体。

呼市广场管理处加强了内部管理，在成立初期就重视规章制度建设，于一九九九年第一次将规章制度汇编成册；于二〇〇五年进行了修篡，二〇〇八年做了第三次的完善。

广场管理处在上级的领导下，将进一步解放思想、与时俱进，优化开放环境，以更高的建设管理水平和服务水平，更规范的行政执法措施，把三大广场装扮的更加靓丽多姿。

内蒙古盛业房地产开发有限责任公司

董事长　陈乃新

内蒙古盛业房地产开发有限责任公司成立于2000年，总部设在内蒙古呼和浩特市。公司在董事长陈乃新先生的领导下，引进高端人才，强化管理，使公司快速的成长，凭借在商业、房地产、酒店经营等领域积累的丰富运作经验，运用总部理论，投资15亿元倾力打造连接三北的商品交易、批发中心——盛业商品交易总部基地。

盛业商品交易总部基地位于呼和浩特市寸土寸金的车站东街，与火车站、长途汽车站相距咫尺，距白塔国际机场12公里，公共交通政府住宅区、铁路工人文化宫、喜来登大酒店，学校、邮局、银行、医院等配套设施一应俱全。

盛业商品交易总部基地集商业、LOFT公寓、酒店式公寓、住宅、写字楼于一体，整体可容纳近5000家商户，停车位近5000个。商业采用立体式步行街的建筑设计，配备卸货区、物流中心、电子商务平台、金融及餐饮等服务设计，一期盛业城市广场的开发，为打造盛业地产商业航母奠定了坚实的基础，是盛业地产迈入快速发展轨道的标志。

盛业商品交易总部基地的开发，将形成一站式商品交易中心，为商户提供一个商品交易的最佳平台，给投资者带来巨大的商机。为确保商户经营升级与可持续发展，项目盛邀国内知名商业运营商鑫海智桥商业管理集团，为项目商业运营提供规划、招商、管理、宣传服务，提升了商业地产的价值，为商户经营与发展提供了有力的保障。

内蒙古巨华集团

董事长　王国斌

公司高层管理人员

内蒙古巨华集团是以房地产开发为龙头，以建筑施工为主体，以物业管理、建材贸易为支撑，以农牧林综合开发为基础以及宾馆酒店、合作办学等多种经营的企业联合体。集团公司拥有注册资金 2.28 亿元，固定资产 5000 多万元，流动资金 1.8 亿元，年均职工 3000 余人，各类专业技术人员 330 余人，1999 年公司成立了党支部和工会组织，加强了私营企业的党建工作和职工劳动保护工作。

集团公司始终以其特有的做人原则，脚踏实地的为国家、为社会，奉献着自己的全部精力。从事建筑业二十多年来，在集团公司董事会的领导下，带领公司全体职工始终坚持“自我积累、自我完善、加快改造、滚动发展”的路子，把艰苦创业，顽强拼搏、以质量求生存、以信誉求发展、以管理求效益作为成功的基础，把用户至上、诚信为本、质量第一、一丝不苟作为企业坚定不移的服务宗旨和兴业之本。公司始终以优质的质量和出色的管理面对社会，面对用户。近年来集团公司连续被评为：全国“光彩之星”企业、“质量信誉 AAA 企业”、全国“安康杯竞赛”先进单位、自治区“先进私营企业”、“用户满意企业”、“十佳诚信企业”、“光彩之星”企业、“重合同守信誉、百佳诚信私营企业”、“劳动关系和谐单位”等称号。

巨华房地产

景色宜人　环境优美

中国农业发展银行内蒙古自治区分行

行　长　卢纯才

领导班子

中国农业发展银行内蒙古自治区分行成立于1995年2月13日，自治区分行机关设在首府呼和浩特市，下辖盟市二级分行(营业部)12个、旗县级支行(营业部)71个，遍布全区主要粮食主产旗县区。2007年末，全行在册干部职工1957人，各项贷款余额368.2亿元，各项存款余额92.6亿元，实现账面利润8.2亿元，是内蒙古自治区唯一的农业政策性银行。

主要任务是：按照国家的法律、法规和方针、政策，以国家信用为基础，筹集农业政策性信贷资金，承担国家规定的农业政策性和经批准开办的涉农商业性金融业务，代理财政性支农资金的拨付，为农业和农村经济发展服务。

主要业务是：1.办理粮食、棉花、油料收购、储备、调销贷款；2.办理肉类、食糖、烟叶、羊毛、化肥等专项储备贷款；3.办理粮食、棉花、油料加工企业和农、林、牧、副、渔业的产业化龙头企业贷款；4.办理粮食、棉花、油料种子贷款；5.办理粮食仓储设施及棉花企业技术设备改造贷款；6.办理农业小企业贷款和农业科技贷款；7.办理农村基础设施建设贷款。支持农村路网、电网、水网(包括饮水工程)、信息网(财政、电信)建设，农村能源和环境设施；8.办理农业综合开发贷款。支持农田水利基本建设和改造，农业生产基地开发与建设，农业生态环境建设和农业技术服务体系建设；9.办理农业生产资料贷款。支持农业生产资料的流通和销售环节；10.代理财政支农资金的拨付；11.办理业务范围内企事业单位的存款及协议存款、同业存款等业务；12.办理开户企事业单位结算；13.发行金融债券；14.资金交易业务；15.办理代理保险、代理资金结算、代收代付等中间业务；16.办理粮棉油政策性贷款企业进出口贸易项下的国际结算业务以及与国际结算业务相配套的外汇存款、外汇汇款、同业外汇拆借、代客外汇买卖和结汇、售汇业务；17.办理国务院或中国银行业监督管理委员会批准的其他业务。

中国农业发展银行内蒙古自治区分行系统内实行垂直领导，在总行的授权内依法开展业务。

农发行营业室

呼和浩特市烟草专卖局
内蒙古自治区烟草公司呼和浩特市公司

经理　郑子林

副经理　梁　磊

副经理　跃　述

副经理　谢振瀛

副经理　于小芹

国家局李克明副局长视察工作

国家局副局长何泽华视察工作

半自动卷烟分拣线

呼市烟草公司物流中心

呼和浩特市烟草专卖局、内蒙古自治区烟草公司呼和浩特市公司组建于1984年，为内蒙古自治区烟草专卖局（公司）的下属单位（全资子公司）。现下设十三个科室，五个旗县局（营销部）、四个城区局。我公司现有总资产4238万元，固定资产774万元，流动资产3644万元，资产负债率32.51%。现有职工565人，其中在岗职工460人，离退休职工105人。

下设：办公室、人事劳资科、营销中心、财计科、信息指挥中心、审计督察考科、纪检监察科、安全保卫科、政工科、物流中心、专卖稽查中心、营销中心、多经公司。

五个旗县烟草专卖局（营销部）分别为：和林县烟草专卖局（营销部）、清水河县烟草专卖局（营销部）、托克托县烟草专卖局（营销部）、武川县烟草专卖局（营销部）、土默特左旗烟草专卖局（营销部）。

四个城区烟草专卖局分别为：新城区烟草专卖局、回民区烟草专卖局、赛罕区烟草专卖局、玉泉区烟草专卖局。

近几年，我们紧紧围绕烟草行业工作重点和战略部署，顽强拼搏，开拓进取，企业经营工作硕果累累，各项经济指标大幅度攀升，社会效益和经济效益取得了优异成绩，促进了全市烟草行业的持续、稳定、健康发展，为地方经济的发展作出了积极的贡献。2007年实现利润37,203万元，增幅为79.18%，2008年各项主要经济指标均创历史同期最好水平，位居全区烟草商业企业前列。

与此同时，我们还在实践中积累了许多成功的经营管理思想和经验，创造了不少珍贵的无形资产及精神财富，组织编印了分公司《制度汇编》、企业《文化建设读本》和《道德建设读本》，研发了"烟草职工教育网台"，为组织开展职工远程教育培训奠定了基础。企业先后荣获全国烟草行业先进集体、全国精神文明建设先进单位、"中国企业最佳形象AAA级"、"自治区用户服务满意企业"、"内蒙古烟草行业先进单位"、"自治区优秀质量管理小组"、"自治区社会治安综合治理先进单位"、"自治区文明单位标兵"、"自治区人民满意的行政执法单位"、"企业档案工作目标管理国家二级"、呼和浩特市"完成全市主要经济指标先进单位双十佳奖"、"内蒙古自治区质量效益型先进企业"等多项荣誉称号，可以说是"双文明"建设硕果累累。